Frank Nordhausen
unter Mitarbeit von Liane v. Billerbeck

Psycho-Sekten

Die Praktiken der Seelenfänger

Ch. Links Verlag, Berlin

Auf eigenen Wunsch oder zu ihrem Schutz haben einige der Informanten andere Namen erhalten. Diese sind bei der ersten Nennung mit einem * gekennzeichnet.

Die Deutsche Bibliothek – CIP-Einheitsaufnahme

Nordhausen, Frank:
Psycho-Sekten : die Praktiken der Seelenfänger /
Frank Nordhausen ; Liane v. Billerbeck. - Berlin : Links, 1997
ISBN 3-86153-135-6

1. Auflage, Oktober 1997

Zehdenicker Straße 1, 10119 Berlin, Tel. (030) 449 00 21
Umschlaggestaltung: KahaneDesign, Berlin
Satz und Lithos: LVD GmbH, Berlin
Druck und Bindung: Wagner GmbH, Nördlingen
ISBN 3-86153-135-6

Inhaltsverzeichnis

Vorwort

Viele Menschen wollen es so: Je komplizierter die Fragen, desto einfacher sollen die Antworten sein. Doch solche schlichten Antworten muß schuldig bleiben, wer es ehrlich meint. Die Welt ist zu schillernd, um ihr Abbild nur aus schwarz und weiß zu malen.

Und doch gibt es sie, diese Schwarz-Weiß-Maler. Und es werden immer mehr. Sie nennen sich Erleuchteter, Vater, Verkünder oder auch mal fachliche Leiterin. Mit psychologischem Geschick bringen sie Menschen dazu, einzig ihre Antworten für die richtigen zu halten. Die ausgeklügelten Methoden, die sie dazu benutzen, wurden in den vergangenen vier Jahrzehnten verfeinert.

Viele Psycho-Gruppen arbeiten heute mit Methoden der Bewußtseinskontrolle (mind control) und bringen ihre Anhänger in Abhängigkeit. Doch nicht jede Gruppierung benutzt dieselben Mittel und nicht jede ist gleich als Sekte anzusehen. Es gibt keine Instanz, die solche »Gruppen mit vereinnahmender Tendenz« in Sekten und Nicht-Sekten trennt. Letztlich bleibt die Bezeichnung Meinungssache.

Die Übergänge zwischen Sekten, sektenartig strukturierten Organisationen und anderen Kultgruppen sind ohnehin fließend. Manche Mechanismen und Techniken kennt man inzwischen auch von anderswo: aus Trainingsseminaren großer Unternehmen, von Weiterbildungskursen an Volkshochschulen oder Universitäten. Das heißt nicht, daß sie sich dadurch der kritischen Nachfrage entziehen. Dieser Umstand zeigt nur, wie tief Techniken zum Kontrollieren von Köpfen bereits in den Alltag eingedrungen sind. Je komplizierter die Arbeitszusammenhänge und je stärker der Leistungsdruck, desto schwieriger wird es, geistig unabhängig zu bleiben.

In unserem Buch geht es um Macht, Geld und Gehorsam. Es zeigt, wie der freie Willen in Psycho-Sekten gebrochen wird, wie Menschen im Dienst einer »höheren Weisheit« oder eines selbsternannten Führers entwürdigt werden und letztlich, wie solche totalitären Systeme funktionieren.

Frank Nordhausen
und Liane v. Billerbeck

Berlin, September 1997

Tödlicher Kult um den Kometen

Heaven's Gate

Massenselbstmord in San Diego

Die Kleinstadt Rancho Santa Fe nördlich von San Diego macht einen adretten Eindruck. Sie liegt in einem grünen Tal voller Palmen, weit genug vom Pazifik entfernt, daß kein Nebel morgens die Sicht trübt. Die Bougainvilleas blühen mit betörendem Duft. Große Eukalyptusbäume säumen die blitzsauberen Straßen. Der Polizeibericht verzeichnet als letzten Eintrag den Diebstahl einer Mülltonne. Nichts stört die schläfrige Ruhe des kalifornischen Frühlings im Schickeria-Vorort der Hafenstadt am Pazifik. Bis zum Mittwoch, dem 26. März 1997, drei Tage vor Ostern.

An diesem Tag bricht in Rancho Santa Fe das Chaos aus.[1] Polizeisirenen heulen, Krankenwagen bahnen sich ihren Weg, Fernseh-Hubschrauber knattern über die niedrigen Villen. Während Schaulustige die wenigen Zufahrtsstraßen blockieren, geht die High-Tech-Armada des medialen Zeitalters in Stellung. Mobile Satellitenschüsseln, Fernsehübertragungswagen, Kamerateams. Heerscharen von Rechercheuren grasen Nachbarhäuser und Shopping Malls ab. Der Nachrichtensender CNN berichtet rund um die Uhr. Rancho Santa Fe rückt auf Seite eins der Weltpresse.

Stunden zuvor sind Polizisten in das 850-Quadratmeter-Anwesen Nr. 18241 an der Colina Norte eingedrungen. Ein Landhaus im spanischen Stil mit neun Zimmern, Swimmingpool und Tennisplatz. Luxus, wie er hier nicht unüblich ist; in der Region leben rund fünf Prozent der US-Millionäre. Ein Computerunternehmer namens Nick Matzorkis aus Beverly Hills hat die Cops alarmiert. Als diese das Haus betreten, bietet sich ihnen zunächst ein überaus friedliches Bild. Auf Etagenbetten und Matratzen liegen 39 Menschen, auf dem Rücken, die Hände zur Seite gelegt. Es sieht aus, als ob sie schlafen. Merkwürdig aber: Sie alle sind mit großen Tüchern zugedeckt, lila wie die christliche Farbe der Buße. »Der stechende, giftgasähnliche Geruch war ein weiteres Zeichen, daß irgend etwas nicht stimmt«, sagt Jerry Lipscomb, Polizeisprecher von San Diego.

Lipscomb gehört zu den ersten, die erschrocken die Quelle des penetranten Geruchs erkennen: Leichen, alles Leichen. Die Stille des Hauses ist die Stille des Todes. Robert Brunk und Laura Gacek von der Polizei aus San Diego County nennen den Anblick der scheinbar Schlafenden in einer blitzblanken Umgebung später »unbeschreiblich bizarr und surreal«. Es fällt den Beamten auf den ersten Blick schwer, das Geschlecht der Toten zu bestimmen: Alle haben kurzgeschorene Haare, sind mit langärmligen schwarzen T-Shirts, schwarzen Jeans und nagelneuen schwarzen *Nike*-Turnschuhen bekleidet. Am Fußende jedes Totenlagers stehen schwarze Koffer wie zur Abreise gepackt, neben einigen Leichen liegen säuberlich zusammengelegte Brillen. Jedes Opfer hat eine Fünfdollarnote und ein paar Münzen in der Tasche.

Wie sich herausstellt, waren die Toten zwischen 26 und 72 Jahren alt, kamen aus verschiedenen Landesteilen und hatten unterschiedliche Hautfarbe. Sie stammten aus allen gesellschaftlichen Schichten. Unter ihnen befanden sich die Tochter eines Bundesrichters, ein Postangestellter, der Sohn eines prominenten Geschäftsmanns, ein Automechaniker, eine Modedesignerin. Offenbar um die Identifizierung zu erleichtern, hatten sie ihre Pässe, ID-Cards und Geburtsurkunden in die Hemdtaschen gesteckt. Keine Spur von einem Kampf, kein Blut, keine aufgerissenen Schränke. »Fremdverschulden können wir mit Sicherheit ausschließen«, erklärt der Gerichtsmediziner Brian Blackbourne bereits am nächsten Tag.

Schon bald steht fest, daß die Toten von Rancho Santa Fe nicht nur Mitarbeiter einer erfolgreichen Computergrafik-Firma namens *Higher Source* (Höhere Quelle) waren, sondern auch ein Dopppelleben führten, von dem kaum jemand etwas ahnte. Alle gehörten einem mysteriösen Psycho-Kult an, der als *Heaven's Gate* (Tor zum Himmel) auftrat. Ihr Schicksal verknüpften sie mit dem Kometen Hale-Bopp, der im Winter strahlend hell über der kalifornischen Nacht aufgetaucht war.

Einer ist dem Horror noch rechtzeitig entkommen. Er nennt sich »Rio DiAngelo«, bürgerlich Richard Ford, und ist Mitarbeiter der Firma *Interact Entertainment Co.* von Nick Matzorkis in Beverly Hills; für dieses Unternehmen arbeitete auch die Sektenfirma *Higher Source*. DiAngelo hatte den Kult gerade einen Monat vorher verlassen; Matzorkis kannte einige der Sektenmitglieder. Ohne die beiden hätte die Polizei ihren grausamen Fund wohl erst viel später gemacht.

DiAngelo hatte am Dienstag abend per Expreß ein Päckchen mit zwei Videobändern, zwei Computerdisketten und einem Brief erhalten – eine Art Multimedia-Mappe zum Massenselbstmord. Darin erläuterten die Kultmitglieder ihren Freitod und sagten fröhlich »Auf Wiedersehen«. »Wir werden gegangen sein – mehrere Dutzend von uns«, hieß es in dem Begleitbrief. DiAngelo schaute sich spät nachts noch die Bänder an. Als er am Mittwoch morgen ins Büro kam, sagte er zu Matzorkis, er sei davon überzeugt, daß seine früheren Genossen allesamt tot seien. Die beiden stiegen ins Auto und fuhren zur Villa in Rancho Santa Fe. Di Angelo ging hinein, und als er wieder herauskam, war er, so Matzorkis, »bleich wie ein Laken«. Sie alarmierten sofort das Büro des Sheriffs von San Diego. Wenig später drangen Polizisten, ausgerüstet mit einem Durchsuchungsbefehl, in die Millionenvilla ein. Sie fanden ein Massengrab.

Wie die Gerichtsmediziner bei der Autopsie feststellen, hatten alle Opfer vor ihrem Tod einen Gift-Cocktail aus einer Überdosis Beruhigungsmitteln, Apfelmus und Pudding gelöffelt und anschließend Wodka getrunken. Das entsprechende Rezept steht auf kleinen Zetteln, die die meisten der Toten in der Tasche trugen: »Nimm Pudding oder Apfelsauce und vermische sie mit Phenobarbital, trink dies zusammen mit Alkohol, dann lehne dich zurück und entspanne.« Später stellte sich heraus, daß die Selbstmörder außerdem noch ein halbsynthetisches Opiat eingenommen hatten. Die meisten starben allerdings nicht am Gift, sondern waren erstickt. Auf der Pressekonferenz am Tag nach der grausigen Entdeckung kann der Gerichtsmediziner Brian Blackbourne mitteilen, daß der kollektive Suizid »sorgfältig vorbereitet« war und sich »über Tage« hingezogen hatte.

Tatsächlich waren die 21 Frauen und 18 Männer erschreckend diszipliniert an ihr irres Werk gegangen. Als die Polizei die Leichen findet, sind einige schon seit drei Tagen tot, andere erst ein paar Stunden. Als erste hatten fünfzehn »Himmelspförtner« den Todestrunk eingenommen und sich dann von den anderen eine weiße Plastiktüte über den Kopf ziehen lassen. In einer zweiten Schicht folgten am nächsten Tag weitere fünfzehn auf die gleiche Weise, die übrigen neun am dritten Tag. Die Überlebenden reinigten jeweils die Toten und nahmen ihnen die Plastiktüten ab. Zwei Helfer blieben übrig. Sie verließen die Welt als letzte und trugen deshalb die Tüten noch über dem Kopf.

Die Polizei richtet sofort eine telefonische Hotline ein, um Verwandte der Toten zu beraten und weitere Hinweise zu der Tragödie zu erhalten. Innerhalb von drei Tagen gehen 1500 Anrufe ein. Eine Freundin der Familie des 63jährigen Opfers John Craig gibt an, der Mann sei vor 22 Jahren verschwunden und habe damals einen Zettel mit der Notiz hinterlassen, er werde eine »Fahrt mit einem Raumschiff« unternehmen. Wie in diesem Fall, so ein Polizeisprecher, hätten die meisten Angehörigen seit vielen Jahren nichts mehr von den Sektenjüngern gehört. Trotzdem sei das Ausmaß ihrer Trauer und der Erschütterung »unbeschreiblich«.

Das Drama von San Diego ist der bisher größte Massenselbstmord auf dem Boden der Vereinigten Staaten. Und es ist der bislang bizarrste.

»Wenn eine Gruppe Massenselbstmord verüben will, sollte sie einen Masterplan haben«, leitet das »Time Magazine« am 7. April 1997 seine Titelgeschichte über den »Todeskult« von San Diego ironisch ein: »geeignete Begräbnisutensilien, gepackte Koffer, Listen, Abschiedsvideos, am besten sogar Totenscheine«. Jedenfalls nicht solch ein »greuliches Drunter und Drüber der Körper«, wie man sie beim bislang größten kollektiven Suizid der Geschichte 1978 in Jonestown (Guayana) vorgefunden hatte.

Die Selbstmörder von San Diego hatten ihre Lektion gelernt. Nicht nur, daß sie die Villa in Rancho Santa Fe sauberer hinterließen als bei ihrem Einzug, sie verabschiedeten sich auch so von der Welt, daß kein Zweifel an ihren Absichten blieb. Am Donnerstag, dem 27. März 1997 zeigt der amerikanische Fernsehsender ABC erstmals ein Amateurvideo, aufgenommen wenige Tage vor der Katastrophe. Am nächsten Tag läuft es weltweit auf allen Kanälen. Darin bekunden unauffällig bekleidete Sektenjünger, daß sie mit ihren »Brüdern und Schwestern« freudig in den Tod gingen. Auf den Schultern ihrer Hemden ist ein kleiner dreieckiger Aufnäher mit der Schrift *Heaven's Gate* zu sehen. Ein Mittdreißiger mit Milchgesicht, Brille und rosigen Wangen sagt: »Ich bin gespannt auf unseren nächsten großen Schritt. Mit ihm streifen wir die primitive Hülle ab. Wir bewegen uns zur nächsthöheren Entwicklungssphäre. Sie liegt über der Evolutionsstufe des Menschen.«

Die Videoaufnahmen erscheinen wie eine »Gartenparty der Apokalypse« (»Time«): kalifornische Sonne, eine leichte Brise in den Bäumen, Ferienstimmung. Die Redner wirken locker und erwartungsvoll, jedenfalls nicht, als ob sie bald eine Überdosis Schlaftabletten einnehmen wollten. Eine kurzhaarige Frau strahlt: »Wir werden hierzu in keiner Weise gezwungen ... Wir freuen uns, sind glücklich und aufgeregt, weil wir diese Wahl getroffen haben.« Ein 30jähriger tröstet seine Angehörigen: »It's not a big deal«, keine große Sache. Und ein anderes, sehr junges Mitglied der Sekte wiederholt, worum ihr Denken in den letzten Tagen vor der Tat wohl ununterbrochen kreiste: »Ich möchte Do und Ti meinen Dank dafür aussprechen, daß sie mir helfen, den Weg zur Ebene höherer Existenz zu gehen.«

Do und Ti – so nannten sich der Anführer der Gruppe und seine Freundin, die schon vor Jahren verstarb. Der Guru selbst erscheint auch auf dem Abschiedsvideo und wird am Osterwochenende von Rio de Janeiro bis Moskau und von Tokio bis Kapstadt immer wieder auf den Bildschirmen auftauchen. »Captain Do« ist ein hagerer Mann mit Halbglatze, weißem Haarkranz und hochgeschlossenem schwarzen Hemd, das an die Kleidung von TV-Helden aus Serien wie »Sea Quest« oder »Star Trek« erinnert: bürgerlich Marshall Herff Applewhite, 65 Jahre alt. Mit milder Stimme befiehlt er Unglaubliches: »Folgt mir in die nächste Ebene. Wir müssen unsere Körper, diese irdischen Container, jetzt verlassen. Im All wartet ein besseres Leben!«

Applewhite, den die Medien bald »Kommandant des Todes« taufen, erteilte den Befehl zum Freitod in der vorletzten Märzwoche. Für Sterngläubige war es ein geradezu perfektes Datum: Frühlingsbeginn, Vollmond, partielle Mondfinsternis, und über allem Hale-Bopp. Der Komet war zu diesem Zeitpunkt der Erde am nächsten und strahlte hell über dem Nordhimmel. Im »Video des Todes« erklären die Kultmitglieder, daß ein Ufo im Schweif von Hale-Bopp die Erde anfliege, um sie abzuholen. »Beam me up«, ruft eine Frau zum Abschied und blickt gespannt nach oben. Zur gleichen Zeit zählte *Heaven's Gate* im Internet den Countdown an: »Red Alert« – Alarmstufe Rot: »Hale Bopp schließt das Sternentor«.

Wenig später vergiften sich 39 Menschen mit dem tödlichen Wodka-Pudding-Gift-Gemisch. Auch Marshall Herff Apllewhite stirbt. Man findet ihn alleine im Chef-Schlafzimmer der Todesvilla.

Mit Spock und Picard zum Sternentor

Sektenexperten haben eine Katastrophe wie in San Diego schon lange kommen sehen. Im Fernsehsender CNN treten am Tag danach zahlreiche Fachleute vor die Kamera, die das Drama meist gleichlautend bewerten. Der Religionswissenschaftler Philip Lucas schätzt, daß mindestens hundert der etwa 2000 religiösen Sekten in den USA glauben, sie könnten mit außerirdischen Raumschiffen in höhere Sphären abheben. Michael Apter, Psychologe an der Georgetown University in Guayana, prophezeit bis zur Jahrtausendwende weitere Massenselbstmorde nach dem Muster von *Heaven's Gate*. »Wenn man berücksichtigt, was bei der ersten Jahrtausendwende alles geschah«, sagt er – Flagellanten, Überfälle, Massenhysterie – »dann kann man nur zu dem Schluß kommen: Es wird wieder Leute geben, die solch bizarre und verrückte Sachen machen.«

Es gibt sie schon. Am Sonnabend, dem 22. März 1997, etwa zur gleichen Zeit, als die ersten *Heaven's Gate*-Mitglieder das tödliche Gift nahmen, ging eines kleines Ferienhaus im kanadischen Saint Casimir nahe Montreal in Flammen auf. In dem Haus fand die Polizei fünf Mitglieder des französischen *Sonnentempler*-Ordens. Sie hatten Schlaftabletten geschluckt, sich dann in der Form eines Kreuzes auf ein großes Bett gelegt und drei Propangastanks gezündet. In einem Schuppen fand man drei Kinder; vor die Alternative gestellt, mit ihren Eltern zu sterben oder am Leben zu bleiben, hatten sie sich fürs Leben entschieden. Die Opfer lebten äußerst zurückgezogen; ersten Ermittlungen der Polizei zufolge waren sie sehr enttäuscht, nicht bereits bei der ersten »Überfahrt zu Sirius« – neun Lichtjahre entfernt – dabeigewesen zu sein. Im Jahr 1994 waren in der Schweiz 48 und in Quebec fünf weitere Angehörige der Sekte durch eigene und fremde Hand gestorben.

Innerhalb von nur einer Woche versenden die Nachrichtenagenturen zum zweiten Mal ihre Chroniken spektakulärer Massen(selbst)morde und Endzeitkatastrophen. Im Jahr 1978 starben 912 Mitglieder einer obskuren *Volkstempler*-Sekte auf Befehl ihres Gurus Jim Jones im Dschungel von Guayana; die meisten Opfer nahmen einen tödlichen Zyankali-Trunk ein, andere wurden erschossen. 1993 lieferte sich die *Davidianer*-Sekte des selbsternannten Messias David Koresh 51 Tage lang einen bewaffneten Kampf mit dem FBI, bevor sie ihr festungsartiges Anwesen in Waco (Texas) mit Sprengstoff in die Luft jagte. 78 Menschen fanden dabei den Tod. In beiden Fällen erfuhr die Welt erst durch den Massenmord von der

Existenz der Kultgruppe. »Wer kannte Jim Jones vor Jonestown? Wer hat vor Waco etwas von David Koresh gehört?« fragt der amerikanische Soziologe und Sektenexperte Ronald Enroth aus Santa Barbara. »Da draußen gibt es viele Gruppen, die nicht auf sich aufmerksam gemacht haben und ein erhebliches Gewaltpotential besitzen.«

Auch Applewhite hatte seine Gruppe offenbar für den Endkampf wappnen wollen. Eine Woche nach dem kollektiven Freitod teilte die Polizei von San Diego mit, daß *Heaven's Gate* über ein Waffendepot mit Sturmgewehren und Schnellfeuerwaffen verfügt habe. In einem von der Sekte gemieteten Schuppen hatten Fahnder drei Sturmgewehre mit Zielfernrohren entdeckt, dazu fünf teils halbautomatische Pistolen und Munition. Außerdem lagerten dort Dokumentenkisten mit Unterlagen über unbekannte Flugobjekte, Computerdisketten und Hunderte von Videobändern. Der gesamte Bestand wurde beschlagnahmt.

Ehemalige »Himmelspförtner« wollen den Vergleich mit den *Volkstemplern* oder *Davidianern* jedoch nicht gelten lassen und äußern sich überzeugt, daß ihre einstigen Genossen wirklich mit einer Raumfähre unterwegs seien. Ex-Mitglied Dick Joslin sagte in einem Interview, in San Diego seien schließlich keine Kinder gestorben, und es habe keine gewaltsamen Tötungen gegeben: »Jeder hat es aus eigenem Antrieb gemacht. Nach jedem Schritt ließen die Führer die Möglichkeit, weiterzugehen oder auszusteigen.« Auch Wayne »Nick« Cooke, dessen Frau Suzanne unter den Toten der Nobelvilla war, erklärte dem Fernsehsender CBS, sie habe »lediglich ihre Hülle abgestreift« und sei in einen besseren Körper gewechselt. »Das ist eine Weiterentwicklung«, sagte er. Cooke bedauerte, daß er selbst vor drei Jahren ausgestiegen sei: »Ich wünschte, ich hätte die Kraft besessen, in der Gruppe zu bleiben.«

Wieso wollten die Mitglieder von *Heaven's Gate* ihre »Hüllen abstreifen«? Weshalb glaubten sie ernsthaft daran, mit einem Ufo zum Himmelstor fliegen zu können? Warum folgten sie ihrem Guru Do Applewhite in den Tod? Man kann darüber staunen oder erschrecken. Aber soviel ist sicher: Sie taten es nicht, weil sie hoffnungslos anachronistisch waren. Im Gegenteil, sie befanden sich ganz auf der Höhe der Zeit. Thomas Gandow, der Sektenbeauftragte der evangelischen Kirche von Berlin und Brandenburg, sagt sogar: »Die gingen mit ihrem Guru gar nicht in den Tod, sondern in den Transit zu einem anderen Planeten. Und den haben sie planmäßig organisiert.«[2] Mit Raumfahrerdress, kleinen Bordcases, mit Zahnbürste, Rasierzeug, Lippenstift – und sogar Banknoten, als ob sie die an Bord wechseln könnten.

Im Abschiedsvideo bezeichnen sich die Kultmitglieder als Fans von Mr. Spock, Captain Picard und Luke Skywalker. »Wir sehen viel Star Trek, Star Wars – es ist für uns, als würden wir auf dem Holodeck trainieren«, sagt ein etwa 40jähriger Mann. Dann fügt er hinzu: »Wir haben auf dem

Holodeck trainiert, aber jetzt ist es Zeit, damit aufzuhören. (...) Wir setzen die Virtual-Reality-Helme ab ... verlassen das Holodeck und gehen raus in die Realität, um die anderen Crewmitgliedern im Himmel zu treffen.« Das Holodeck ist ein holografischer Erlebnisraum in Raumschiffen der »Star-Trek«-Serie.

Die Büros der Gruppe in San Diego waren mit Postern von Aliens aus »E. T.« und der TV-Mystery-Serie »The X-Files« (»Akte X«) geschmückt, in der die US-Regierung versucht, die Landung Außerirdischer zu vertuschen. Daß sich unter den Toten der Verwandte eines leibhaftigen TV-Serienstars befand, ließ die Grenzen zwischen Realität und Science Fiction noch mehr verschwimmen. Die US-Schauspielerin Michelle Nichols, besser bekannt als Lieutenant Uhura aus der ersten »Star Trek«-Staffel, befand in einer CNN-Talkshow über den Tod ihres Bruders Thomas: »Mein Bruder hat seine Wahl getroffen, und wir respektieren diese Wahl.«

Nach Angaben der Zeitung »USA Today« glauben 98 Prozent der Amerikaner an Gott, 90 Prozent an den Himmel und immerhin 73 Prozent an die Hölle. Doch erstaunliche 48 Prozent der US-Bürger – über 100 Millionen Menschen – sind außerdem davon überzeugt, daß Ufos existieren. Weitere 37 Prozent halten für sicher, daß die US-Regierung geheime Kontakte mit Außerirdischen unterhält.[3] Die Ufo-Ideologie durchzieht nicht ohne Grund die amerikanische Pop-Kultur vom kryptonischen Findelkind »Superman« über »E. T.« (Extra Terrestrian) bis zu »ALF« (Alien Life Form). Im Glauben an außerirdische Flugobjekte und »gute« Aliens begegnet Amerika seinem eigenen Traum – dem Traum von der Überschreitung der Grenzen, dem Versprechen auf ein besseres Leben, wie es die Verfassung des Landes garantiert, und nicht zuletzt der Sehnsucht nach einem starken großen Bruder. Sich aber gemeinsam mit anderen umzubringen, dazu gehört mehr als der naive Ufo-Glaube an außerirdische Raumfähren. Die Frage nach dem Warum des Todes in Rancho Santa Fe ist daher auch die Frage nach dem Wie des Lebens davor. Und sie ist die Frage: Wie konnten intelligente, wenn auch wohl etwas unbedarfte Menschen dazu gebracht werden, auf das Kommando eines verrückten Gurus ihren Verstand auszuschalten?

Geldquelle Internet

In Rancho Santa Fe schätzt und schützt man die Privatsphäre. Private Sicherheitsdienste behüten die älteste Schlafstadt Kaliforniens, die ein Eisenbahnbaron vor 70 Jahren gründete. »Dies war immer ein Unterschlupf für die Wohlhabenden«, beschreibt die Maklerin Sheri Okum aus San Diego die Gegend. Da die Einfamilienhäuser hier auf einer vorgeschriebenen Grundstücksgröße von mindestens anderthalb Hektar stehen, sieht man nicht viel vom Nachbarn. Es gilt der Grundsatz: Leben und leben lassen.

So ist es nicht weiter verwunderlich, daß die Sternensucher um »Captain« Marshall Applewhite weitgehend unbeachtet in ihrer Nobelherberge wohnten. Es war ein idealer Platz für eine Sekte, die das Licht der Öffentlichkeit scheute. Tatsächlich wußten die Anrainer der 5000-Seelen-Gemeinde kaum etwas von den Kultmitgliedern. Obwohl Gerüchte über religiöse Aktivitäten umliefen, interessierte sich doch niemand näher für die Rituale der Gruppe, die das Anwesen an der Colina Norte für 7000 Dollar monatlich gemietet hatte.

Das 1,6-Millionen-Dollar-Haus, das die Gruppe gemietet hatte, stand seit Wochen zum Verkauf. Es gehörte Sam Koutchesfahani, einem Geschäftsmann aus dem Nahen Osten, dem 1996 in San Diego wegen Steuerhinterziehung und anderer Vergehen der Prozeß gemacht worden war; er wollte wohl von dem Erlös seine Steuerschulden begleichen. Interessenten, die die Villa besichtigten, mußten laut »Time« am Eingang ihre Schuhe aus- und sterile Operations-Schlappen anziehen. Übereinstimmend berichten sie, daß die Bewohner konzentriert vor ihren Computern saßen. Sie hätten seltsam androgyn gewirkt – ein bißchen verrückt, aber ungefährlich –, und sie hätten sich mit »Bruder« oder »Schwester« angeredet. »Sie strahlten, sie waren einzigartig, aber sehr nett«, sagte Bill Grivas, ein Interessent, dem Fernsehsender KGTV. »Mir wurde gesagt, sie nähmen ihre Religion sehr ernst.« Wie er erzählte, durfte man das Haus nur zu bestimmten Zeiten besichtigen, weil die »Mönche« es als »Kloster« nutzten. Grivas: »Man sah das sofort: Sie waren ja alle in schwarze Pyjamas gekleidet und sahen aus wie Viet Kong.«

Seines Wissens hätten sich die Hausbewohner als »Engel in menschlichen Hüllen« verstanden, äußerte dagegen der Anwalt des Hausbesitzers. Die angeblichen »Ordensleute« fielen nur durch ihren Bürstenhaarschnitt und die Angewohnheit auf, Hemd oder Bluse nie in die Hose zu stecken. Zwar ist es in Rancho Santa Fe nicht gerade üblich, eine Villa an eine Wohngemeinschaft zu vermieten, aber solange niemand herumlärmt, wird kein Nachbar nörgeln. Die Anwohner erklärten den Journalisten denn auch, sie hätten nie etwas Negatives bemerkt; die Bewohner der Nobelvilla seien alles »sanfte, höfliche, intelligente Leute« gewesen. Sie hätten sich allerdings nie auf ein längeres Gespräch eingelassen und seien ansonsten »mit ihren Computern befaßt« gewesen. Tatsächlich finanzierte sich der Kult, indem seine Firma *Higher Source* für Privatunternehmen sogenannte Websites entwarf, elektronische Schaufensterseiten im weltweiten Internet.

Diese Tätigkeit der Sektierer weckte das besondere Interesse deutscher Kommentatoren. Die »BILD-Zeitung« erklärte die Gruppe zur »ersten High-Tech-Sekte der Welt«.[4] Die »Sächsische Zeitung« meinte: »Sie entwickelten eine Mischung aus Aberglauben und Hochtechnologie. Eine gefährliche Kombination, eine tödliche sogar. Und weltweit möglich, weil wieder mal das Internet als Medium diente.«[5] In der »Frankfurter Allgemeinen Zeitung« kommentierte Dirk Schümer die »digitale Himmelfahrt«: Den Selbstmördern seien ihre Körper »beim Programmieren von künstlichen Welten nur hinderlich« gewesen, nachdem ihr »charismatischer Führer sein Wahngebäude mit Hilfe der Informatik« errichtet habe.[6] Urteil der Berliner »Tageszeitung«: »Wer sonst nichts weiß über das Internet, weiß wenigstens, daß es zu nichts Gutem führt.«[7]

Ähnliches ließe sich mit der »FAZ«-Logik auch über die *Nike*-Schuhe der Opfer sagen; lautet doch der Firmen-Slogan: »Just *do* it!« In Wirklichkeit war Marshall Applewhites Truppe weder eine High-Tech-Sekte, noch war ihr Chef ein genialer Informatiker. Die Himmelspförtner schrieben keine Computerprogramme, sondern legten lediglich Homepages an. Das heißt: Sie waren im PR-Fach tätig, also bestenfalls elektronische Lay-Outer, keineswegs aber Computerspezialisten. Frank Rieger vom Berliner *Chaos Computer Club* sagt: »Websites anzulegen ist technisch gesehen simpel, es ist eher eine kreative Frage.«[8]

Auf den Dreh mit dem Internet war »Captain Do« 1996 verfallen, weil er irgendwie seine Brötchen verdienen mußte und nicht, weil er per Datennetz höhere Sphären erklimmen wollte. *Higher Source* belieferte ihre Kunden zu Dumpingpreisen, die nur etwa ein Viertel des Marktüblichen betrugen. Die Homepage des kommerziellen Unternehmens enthielt keinerlei religiösen Themen oder Hinweise auf Kultaktivitäten. Die Firma des angeblichen Cyber-Kults bot ihre Dienste sogar in ziemlich konventioneller Form an; Referenzkunden waren eine Filmproduktion, ein Importeur britischer Autos, verschiedene Musikverlage und sogar der exklusive Polo-Klub von Rancho Santa Fe. Das Geschäft florierte.

Ein charismatischer Führer

Eigentlich ging es Marshall Herff Applewhite in puncto Cash nach langen Jahren erstmals gut. Aber den Kultführer plagten trotzdem existentielle Sorgen. Immer wieder klagte er, er sei unheilbar an Krebs erkrankt – der wahre Grund für den dramatischen Abgang? Ironie des Schicksals oder Spiel mit dem Schrecken: Sein Krebsleiden war pure Einbildung. Die Obduktion seiner Leiche ergab keinerlei Hinweise auf eine tödliche Krankheit.

Hirngespinste verfolgten den »Captain«, seit er vor über dreißig Jahren mit den strengen Normen des tiefen amerikanischen Südens kollidiert war. Geboren als Sohn eines presbyterianischen Wanderpredigers in der Kleinstadt Spur in Texas, schien er zunächst für ein gut amerikanisch-bürgerliches Leben bestimmt. Nach der Schule studierte er Theologie in Sherman, einer Kleinstadt 100 Kilometer nördlich von Dallas. 1952 schrieb er sich in das presbyterianische Priesterseminar in Richmond (Virginia) ein, warf die Ausbildung allerdings ein Jahr später hin, heiratete und wurde Chorleiter in einer Presbyterianer-Gemeinde in Gastonia (North Carolina). 1954 wurde er zum Wehrdienst eingezogen und diente unter anderem bei der US-Army in Süddeutschland. Zwei Jahre später kehrte er zusammen mit seiner hübschen Frau nach Amerika zurück. Sie bekam zwei Kinder, und Applewhite jobbte als Chorleiter und Organist in verschiedenen Kirchengemeinden der Südstaaten.

Der New Yorker Musikkritiker David Daniel lernte den späteren Sektenchef Anfang der 60er Jahre auf der Musikschule der University of Alabama in Tuscaloosa kennen.[9] Applewhite war sein Gesangslehrer, nebenbei leitete er auch den Universitätschor. Oft ging der Lehrer nach dem Unterricht mit seinem Schüler noch einen Tee trinken oder einen Happen essen; die beiden wurden Freunde. David Daniel gibt Hinweise darauf, wieso es Applewhite später gelingen konnte, so viele Menschen hinter sich zu scharen und sogar mit in den Tod zu nehmen. »Er hatte einen umwerfenden Charme«, schreibt er, »und er war ein talentierter Lehrer.« Daniel schildert den Professor als einen offenen, freigiebigen Menschen mit charismatischer Persönlichkeit: »Er war der glamouröseste und zugleich ausgeglichenste Mann, den ich jemals getroffen habe. Er hatte die Ausstrahlung eines Stars. Das merkte ich sofort, auch wenn ich noch nie einen Star kennengelernt hatte. Es war sein Blick, nicht sein Aussehen.«

Applewhite lächelte viel und hatte eine schöne Baritonstimme mit einem unerwartet metallischen Beiklang. Er trug teure Tweed-Jackets und sah immer aus, als sei er gerade aus der Dusche gekommen. Er war damals auch musikalischer Direktor einer der größten Kirchen von Tuscaloosa und bereitete sowohl die wöchentlichen Gottesdienste vor wie auch die geistlichen Feiern zu Weihnachten, Ostern und anderen Festtagen. Daniel: »Doch es war immer etwas Verdächtiges an ihm.« Man tuschelte – über seine Angewohnheit, anderen dauernd zuzuzwinkern, über sein langes Haar, über seine vielen bunten Pullover.

Mit etwa dreißig Jahren rutschte Applewhite plötzlich ab. Quasi über Nacht verlor er seinen Job und seine Familie. Seine Frau nahm die Kinder und kam nie wieder zurück. Damit zahlte der Lehrer einen hohen Preis für seine Homosexualität und den gelegentlichen Ausbruch aus kleinstädtischer Enge und »moralischer« Konformität. David Daniel erinnert sich: »Ich war mit einem jungen, sehr talentierten Mann eng befreundet, der eine Affäre mit Applewhite hatte: Diese Beziehung zerstörte Applewhites Ehe und führte dazu, daß er Tuscaloosa verließ.« Ein intriganter Professor, dem ebenfalls homosexuelle Neigungen nachgesagt wurden, habe die Entlassung befördert. Daniel: »Als ich Applewhite das letzte Mal in Alabama sah, war er aschfahl und unrasiert. Ich dachte aber, er würde aus dem Schlamassel wieder rauskommen. Offenbar hat es nicht geklappt.«

Doch Marshall Applewhite bekam noch eine zweite Chance. Er ver-

Traum vom All – irdischer Tod: Marshall Herff Applewhite, Chef der Sekte Heaven's Gate

schwand zwar aus Tuscaloosa, tauchte aber Jahre später wieder in bürgerlicher Umgebung auf, und zwar in Houston (Texas). Dort fand er an der katholischen University von St. Thomas 1966 eine neue Anstellung als Musikprofessor. Wieder begann er eine erfolgreiche Karriere, wurde Mitglied des Opernchors der Millionenstadt und sang als Bariton sogar kleinere Solorollen. In einer Produktion stand er mehrfach mit Placido Domingo auf der Bühne.

Doch abermals, und diesmal endgültig, warf ihn seine sexuelle Orientierung aus der Bahn. 1970 kam erneut eine Affäre mit einem Studenten ans Licht, und wieder verlor Applewhite seinen Posten; die Hochschule dementiert allerdings einen direkten Zusammenhang. Sicher ist: Applewhite erlebte einen totalen Nervenzusammenbruch und geriet nach Darstellung seiner Schwester Louise Winant »an den Rand des Todes«. Ihr hatte er erzählt, er leide an einer schweren Herzkrankheit. In Wahrheit ließ er sich in eine psychiatrische Anstalt einweisen, um sich dort von seiner Homosexualität »heilen« zu lassen. Dort lernte er die 42jährige Krankenschwester Bonnie Lu Trusdale Nettles kennen. Sie war geschieden und Mutter von vier Kindern. Applewhites Schwester glaubt, daß ihr Bruder erst durch den Einfluß der Pflegerin auf die Idee kam, eine Sekte zu gründen.

Die neue Freundin beschäftigte sich intensiv mit Astrologie, betätigte sich in ihrer Freizeit als Wahrsagerin und war fest davon überzeugt, daß Außerirdische geheime Botschaften zur Erde sandten; ob Applewhite damals selbst schon an Ufos glaubte oder erst durch Bonnie Nettles dem Raumschiff-Wahn verfiel, ist umstritten. Jedenfalls wurden die beiden platonisch unzertrennlich. Sie nannten sich »Er« und »Sie«, »Schweinchen« und »Meer«, »Bo« und »Peep« und schließlich »Do« und »Ti« (frei nach dem ersten und letzten Ton der italienischen Tonleiter). Applewhite bezeichnete sich als die Inkarnation von Jesus Christus, seine Gefährtin als die Wiedergeburt Gottes auf Erden. Ein anderes Mal erklärten sie sich für die beiden Zeugen der Apokalypse aus der Offenbarung des Johannes – alles in allem gute Voraussetzungen, um ins Sektengeschäft einzusteigen.

Geburt eines Psycho-Kults

Zunächst versuchten die beiden, durchaus naheliegend, eine Karriere als christliche Propheten und gründeten in Houston 1971 ein Christian Art Center, kombiniert mit astrologischem Buchladen. Dort predigten sie regelmäßig über die religiöse Bedeutung von Ufos. Schon ein Jahr später aber machten sie ihren Buchladen dicht, verließen Texas für immer und gingen an die Westküste; offenbar hofften sie, dort genügend Hippies zu finden, die offene Ohren für ihre Ufologie hätten. Mit beträchtlichem Elan begannen sie, Anhänger zu werben.

Es war die große Zeit der Sektengründer. Die amerikanische Gesellschaft erlebte damals eine Ära des Umbruchs: Vietnamkrieg, Demonstrationen, Black Panther, die Ölkrise. Studenten und junge Leute aus der Mittelschicht rebellierten gegen den hergebrachten »American Way of Life«. Ihre Gegenwelt hieß Flower-Power, hieß LSD und Rockmusik; sie verehrten den Ethnologen Carlos Castañeda, die Westcoast-Band »Grateful Dead« und den Guru Maharishi. Damals entstanden besonders in Kalifornien viele kleine Kultgruppen, Kommunen und Meditationszirkel, die sich aus Versatzstücken esoterischer Lehren, Verschwörungstheorien, fernöstlicher Mystik und der Pop-Kultur ihre eigene »Religion« bastelten.

Auch Do und Ti kombinierten Elemente aus dieser, Methoden aus jener Doktrin zu einer eigenen New-Age-Philosophie – sie verrührten Seelenwanderung mit christlichen Endzeitvorstellungen und Mystery-fiction à la »Akte X«, bevor es »Akte X« überhaupt gab. Kernpunkt ihrer Selfmade-Theologie: Die wirkliche Heimat des Menschen sei der Weltraum; nirgends sonst könne er Erfüllung finden. Sex in jeder Art und Weise sei des Teufels und daher abzulehnen. Nur so könne man sich ordentlich auf die Ankunft der Raumschiffe vorbereiten, die dereinst kommen und alle wahren Gläubigen mitnehmen würden – im Weltraum existiere kein Sex. Applewhite ließ sich später sogar kastrieren. Er sah wohl keinen anderen Weg, um seine Sexualität, die ihm wie ein böser Dämon erschien, endgültig auszulöschen.

Mit Meetings über Themen wie »Ufo Space Aliens und ihr letzter Kampf um die Schätze der Erde« versuchten die frischgebackenen Kultgründer, Interesse zu wecken. Ein paar Träumer, spirituelle Sucher und Hippies schlossen sich ihnen tatsächlich an. Mit den ersten Jüngern wanderten sie von Staat zu Staat im amerikanischen Westen und gründeten immer wieder neue Gruppen, die sich vor allem mit außerirdischen Problemen befaßten. Die Namen wechselten; zeitweilig nannten sie ihre Gruppe *Total Overcomers Anonymus* (Anonyme Überlebende), ein andermal *Next Level Crew* (Besatzung der nächsten Ebene) oder auch *Human Individual Metamorphosis* (Individuelle menschliche Verwandlung). Der Künstler Albert Volpe, der damals mit Applewhite umherzog, erinnert sich: »Do legte einen großen Enthusiasmus an den Tag und hatte diese völlig kindliche Unschuld in den Augen.«[10]

Wegen ihrer aggressiven Werbemethoden wurden die beiden Kultführer 1974 in Oregon verhaftet. Auch finanziell gab es Probleme. So mußte Applewhite im Jahr 1975 ins Gefängnis, weil er Autos und Kreditkarten gestohlen hatte. Doch im September desselben Jahres gelang Do und Ti zugleich ihr größter Coup. In dem kleinen Ort Waldport an der Pazifikküste Oregons versammelten sich 150 der 600 Einwohner zum Info-Abend mit den beiden im Versammlungsraum eines Motels. Zwanzig Waldporter waren so beeindruckt, daß sie sofort alles stehen und liegen ließen, um den Ufologen zu folgen. In den folgenden zwei Jahren zog die Gruppe mit Zelten und Wohnwagen durch Kalifornien, Oregon und Colorado; innerhalb von zwei Jahren wuchs sie auf 400 Mitglieder an. 1977 bestellte Applewhite seine Jünger nach Grand Junction im Bundesstaat Colorado. Er prophezeite ihnen, daß ein Ufo landen und sie in das »Königreich des Himmels« bringen werde. Als das Ufo trotz tagelangen Wartens nicht auftauchte, verließen die meisten Anhänger enttäuscht die Gruppe, und die Presse machte sich über den »Ufo-Kult« lustig.

Wenig später schloß sich der Soziologe und Sektenexperte Robert Balch aus Montana zwei Monate incognito der kleinen Schar an.[11] Balch reiste mit den Aplewhite-Jüngern durch Kalifornien und Arizona. Er stellte fest, daß die Gruppe zunächst unter dramatischen Verschleißerscheinungen litt. Doch nach dem Debakel mit der geplatzten Ufo-Landung änderten die beiden Chefs ihren liberalen Führungsstil und führten plötzlich psychische Manipulationstechniken ein. Genauer: Sie etablierten eine »intensive Reglementierung«, so Balch. Damit besaßen Do und Ti endlich ein mächtiges Instrument, um ihre Anhänger fest an sich zu binden. Aus der lockeren Hippietruppe wurde eine straff gesteuerte Sekte.

Auf Befehl des Gurus mußten die Jünger allen weltlichen Besitz aufgeben und den Kontakt zu ihren Familien abbrechen. Do ließ seine Rekruten einen drakonischen Stundenplan befolgen. Sie mußten zu einer bestimmten Zeit aufstehen und beten, zu anderen Zeiten Vitamine, Hefebrötchen und flüssiges Protein zu sich nehmen. Dann folgten geistige und körperliche Übungen als tägliches Fitneßtraining für den Weltraum. Die Kultmitglieder lebten spartanisch; Drogen, Alkohol und Sex, ja sogar normale Berührungen waren streng verboten – Vorbereitung auf den schlichten Lebensstil der Aliens. Applewhite experimentierte auch mit Schlafentzug und strikten Diäten. Damit wollte er die Körper seiner Anhänger »brechen«, so daß diese besser »unter Kontrolle« kämen. Eine Zeitlang mußten die Jünger alle 12 Minuten Bericht erstatten und selbst bei großer Hitze Helme tragen.

Die strengen Direktiven wirkten Wunder. Die Gruppe stabilisierte sich, zugleich verstärkten sich aber ihre Isolation und Geheimnistuerei. Auf dem Höhepunkt ihrer Kult-Karriere scharten der »Captain« und seine Muse Ende der 70er Jahre in San Francisco mehr als 200 Anhänger um sich. Im August 1979 tauchten die Applewhite-Leute in den Rocky Mountains von Wyoming auf. Als es zu schneien begann, zogen sie sich auf eine Ranch in Nordtexas zurück. Damals berichtete »Time« erstmals über den seltsamen Haufen und sprach ein Mitglied auf Analogien zum Massaker von Jonestown an; offenbar gab es dafür Anzeichen. Der Mann antwortete: »Jeder kann die Gruppe jederzeit verlassen. Wir müssen uns nur aus einer Raupe in einen Schmetterling verwandeln, dann sind wir so weit.«[12]

Doch als die Sektenchefin Bonnie Lu Nettles ihren körperlichen »Container« 1985 auf tragische Weise verließ – sie starb an Leberkrebs –, brach die Gruppe fast auseinander. Es wurde eine Weile ruhig um Marshall Herff Applewhite. Er sei aber weiter im Land herumgereist und habe in Esoterik-Buchläden und Öko-Läden Flugblätter verteilt, erläuterte der Journalist und Sektenexperte Peter Klebnikov im Fernsehsender CNN. In seinen Pamphleten verkündete Applewhite, daß die Menschen »nur noch eine einzige Chance« hätten, »um sich zu retten«: den Abflug mit einem Ufo. 1993 war der »Captain« wieder da. Mit einer ganzseitigen Anzeige in der auflagenstarken Zeitung »USA Today« gab er großspurig seine Rückkehr bekannt: »Ufo-Kult taucht mit finaler Offerte wieder auf.« Wer mitmachen wolle, müsse jedes »menschliche und Säugetierverhalten aufgeben«.[13] Gleichzeitig erschien die Sekte unter dem Namen *Heaven's Gate* erstmals im Internet – mit endzeitlichen Vorstellungen, die sich im Vergleich zu Applewhites Anfängen dramatisch radikalisiert hatten. Die Suche nach dem »Höheren Ort« hatte begonnen.

Plötzlich erschienen lässig gekleidete Himmelspförtner im ganzen Land, um Rekruten zu werben. Neugierigen erklärten sie, ihnen ginge es nicht um Geld, sondern nur um neue Mitglieder. Auf einer Werbetour in New Hampshire warnten Kultmitglieder 1994 ihre Zuhörer, die Erde werde bald »recycled« – furchtbare Katastrophen stünden ihr bevor. Ein Reporter aus Tampa in Florida namens Michael Upledger führte damals ein Interview mit fünf Applewhite-Anhängern. Er erinnert sich, daß ihre ganze Leidenschaft der Science-fiction galt: »Sie liebten ›Akte X‹ und ›Star Trek: The

Next Generation‹«, sagt er. »Als wir darüber sprachen, blühten sie auf und wurden richtig lebendig. Wir diskutierten lange darüber, welche Star-Trek-Staffel besser war, die alte oder die neue.«[14]

Für den alternden Kult-Führer ging es schon lange um viel mehr als um den Unterschied zwischen Captain Kirk und Captain Picard. »Wir haben nichts zu verbergen, auch wenn wir für Euch eine gefährliche Sekte sind, die die traditionellen Werte gefährdet«, sagt Marshall Herff Applewhite im Abschiedsvideo und starrt mit harten Augen in die Kamera. »Dies ist eine sehr aufregende Zeit für uns. Wer sind wir? Ich bin Do, um den Anfang zu machen. Es hängt von Dir ab, ob Du das glaubst oder nicht.«

Geschichte eines Überlebenden

Glauben oder nicht glauben, wissen oder nicht wissen – für Rio DiAngelo wurde das zu einer existentiellen Frage. Im Januar 1997 bekam der Mann, der eigentlich Richard Ford heißt, ein »mulmiges Gefühl«. Hale-Bopp war aufgegangen, und Marshall Herff Applewhite hatte sich entgegen seiner sonstigen Art sehr deutlich ausgedrückt. Die Ankunft des Kometen sei das langersehnte Zeichen. Nun würde die Erde »umgegraben«. Die Erlösung sei nahe. DiAngelo kam ins Grübeln – und langsam wurde ihm klar, daß dies (noch) nicht seine »Mission« war. Im März 1997 nahm er einen Job in der realen Welt an.

Der einzige überlebende Insider der Katastrophe von Rancho Santa Fe wurde über Nacht ein berühmter Mann. Nur er konnte Zeugnis davon ablegen, was sich wirklich hinter den Bildern der Leichen mit den lila Tüchern verbarg. Er konnte berichten, wie Applewhite absolut über seine Jünger herrschte und sie bis zuletzt mit teils subtilen, teils brachialen Mitteln der mentalen Kontrolle (mind control) manipulierte.

Am 7. April 1997 erschien das amerikanische Nachrichtenmagazin »Newsweek« mit der Schlagzeile: »Exklusiv – Die unbekannte Geschichte des letzten Insiders – Die Geheimnisse des Kults«. Vom Titel blickt Richard Ford alias Rio DiAngelo, 43 Jahre alt, leicht dämonisch inszeniert: der kahlköpfige Schädel in rotes Licht getaucht, asketischer Leib, schmallippig, mit starren Augen. Der Mann, der als erster in die Todesvilla geschaut hatte, packte aus. Seine Geschichte führt in die bizarre Innenwelt eines Kultes zwischen Kastration und Kosmos.[15]

DiAngelo war ein Neuling in der Gruppe, verglichen mit den meisten anderen Jüngern, von denen viele Applewhite schon seit den 70er Jahren folgten. Er behauptet zwar, daß es keinerlei Plan für den Massenselbstmord gegeben habe, aber er wußte andererseits schon vor seinem Ausstieg von einer »Prozedur«, die den wahren Gläubigen helfen sollte, ihre »Container« zu verlassen. Er wußte auch, daß einige Mitglieder Anfang März

1997 nach Mexiko gefahren waren, um Phenobarbital zu besorgen. Vielleicht aktivierte dieses Wissen seinen Selbsterhaltungstrieb. Vielleicht *sollte* er aber auch überleben, um »Captain Dos« Botschaft in die Welt zu tragen. Aber DiAngelo war, wie »Newsweek« schreibt, zu keinem Zeitpunkt eine reine Schachfigur im irren Spiel des Gurus.

DiAngelo sagte den Journalisten, seine ehemaligen Genossen seien sicher stolz auf den späteren Medienrummel: »Sie wollten, daß die ganze Welt ihre Informationen bekam, aber niemand hörte ihnen zu. Ich glaube, jetzt wären sie glücklich.« Als er mit »Newsweek« sprach, hatte er sich innerlich noch keineswegs völlig vom Kult gelöst. Er nannte sich selbst »Mitglied« und nicht »Ex-Mitglied« und äußerte die Hoffnung, seine »Brüder und Schwestern« eines Tages wiederzusehen. In der US-weit ausgestrahlten Talkshow »Primetime Live« sagte er, *Heaven's Gate* sei keine Sekte gewesen, sondern eine »fortgeschrittene Klasse der höheren Erziehung«. Doch es besteht Hoffnung, daß der Beauftragte der »anderen Welt« sich in der irdischen Welt wieder einrichtet. Denn dem »Newsweek«-Team erklärte Rio DiAngelo: »Selbstmord ist nicht Teil meines Plans.« Während des Interviews trank er Wein, zeigte gesunden Appetit und handfesten Geschäftssinn: Schon eine Woche nach dem Drama hatte er die TV-Spielfilmrechte seiner Story an den Sender ABC verkauft; auch das erste Buch über den Kult wurde schon annonciert. Der Überlebende wirkte cool und beherrscht.

DiAngelo trat in die Sekte aus Gründen ein, wie sie für viele Mitglieder auch anderer Kulte typisch sind: Kaputte Familie, kaum Freunde, diffuse religiöse Bedürfnisse. Er hatte nie einen Ankerpunkt in seinem Leben gefunden. Als er drei Jahre alt war, verließ sein Vater die Mutter, die Mutter hatte keine Zeit und schob ihn zur Großmutter ab, und wenn diese mal da war, schlug sie den Jungen. Der kam nirgends wirklich zurecht, weder in der Schule noch in den verschiedenen Kirchen, in die er im Laufe der Zeit geschickt wurde. Später probierte er alles mögliche aus, war Hippie, Musiker, Künstler, experimentierte mit fernöstlicher Religion und las Bücher über Ufos. Er heiratete und hatte einen Sohn. Dann kam die Scheidung, und er zog zurück zu seiner Mutter und ihrem letzten Ehemann. Mit Malerarbeiten für Filmfirmen hielt er sich mehr schlecht als recht über Wasser.

Als DiAngelo gerade 40 geworden war, hörte er sich im Januar 1994 in einem Hotel an der kalifornischen Küste einen Vortrag an über die »letzte Chance, das Menschliche zu überwinden«. Neun lässig gekleidete, androgyne Figuren mit Kurzhaarschnitt schilderten die Erde als einen »Garten für Seelen, um sie auf den Aufstieg in eine höhere Ebene vorzubereiten«. Der Vortrag wirkte auf DiAngelo wie eine Offenbarung, und er hatte den »überwältigenden Wunsch«, sich der Gruppe anzuschließen. »Es war wie, okay, Monty, Tür Nummer zwei, bam«, erinnert er sich.

Einziges Problem: Der Kult nahm damals keine neuen Jünger mehr an. DiAngelo bat trotzdem hartnäckig um Aufnahme und erklärte sich bereit,

Der Überlebende der UFO-Sekte: Richard Ford alias Rio DiAngelo

die strengen Regeln gewissenhaft zu befolgen. Nach mehreren Gesprächen wurde er schließlich in die »Klasse«, wie die Kurzhaarigen sich nannten, eingelassen. »In der wirklichen Welt hatte ich ja nichts«, sagt er. Doch tatsächlich hatte er eine Wohnung in Los Angeles, eine Freundin und ein Bankkonto: Das alles gab er auf. Er mußte sich auch von seinem Sohn trennen, den er alle 14 Tage am Wochenende sah. DiAngelo erzählte dem Kind, er gehe weg, um zu lernen, wie man in den Himmel kommt: »Ich glaube, das hat er verstanden.«

Dann schnitt der Rekrut seinen Pony ab und gab sich einen neuen Namen, wie es die Gruppe von ihm verlangte. Intern hieß er nun »Neody«, und für die Außenwelt wurde aus Richard Ford – Rio DiAngelo (Fluß der Engel). Mit zwei Kultgenossen namens »Srrody« und »Jwnody« begann er eine Werbetour von der West- bis zur Ostküste der USA. Er verteilte Applewhite-Schriftgut an skeptische Erdlinge, versuchte täglich, Geld oder etwas Eßbares aufzutreiben, und verlor schließlich jedes Zeit- und Ortsgefühl. Ende 1994 landete die kleine Gruppe wieder in Kalifornien. Drei Monate lebten sie in einem Schuppen in San Clemente an der Pazifikküste und nahmen dort nichts anderes zu sich als ein Gebräu, das sie »Meisterreiniger« nannten. Der Trunk bestand aus Limonade, Cayenne-Pfeffer und Ahornsirup; er sollte das Junk Food, das sie während der langen Reise genossen hatten, aus ihren »Vehikeln« spülen. Im Interview bezeichnete

DiAngelo seinen Körper stets als »mein Vehikel« – als unvollkommenes, irdisches Behältnis für die Seele, die eigentlich aus einer besseren Sphäre stamme und dorthin auch wieder zurückkehren könne.

Im Frühjahr 1995 zogen die »Himmelspförtner« nach Utah, wo sie in einem Skigebiet für freie Unterkunft und Verpflegung putzten und kochten. Geld war immer knapp. Während dieser ganzen Zeit hörte DiAngelo über den Kultführer Do Applewhite zwar viele Geschichten, aber er bekam ihn nur selten zu Gesicht. Das erste Mal traf er den Guru, als er etwa einen Monat bei der Sekte war und seine Gruppe gerade in der Wüste bei Phoenix (Arizona) kampierte. Applewhite tauchte plötzlich mit zwei Jüngern am Lagerfeuer auf und nahm den Neuling in Augenschein. Der Chef habe die »Vibrationen« neuer Studenten jedoch nur schwer ertragen, erzählt DiAngelo, weil neue Mitglieder »ihre Wut und Lust noch in den Griff zu bekommen« versuchten. Im Klartext: Sie hatten ihre »Vehikel« noch nicht unter Kontrolle. Das Ziel des Kults bestand aber gerade darin, den menschlichen Körper zu »reprogrammieren«, denn auf der »nächsten Ebene«, predigte Do, gebe es keine Geschlechter mehr. Wie DiAngelo »Newsweek« erläuterte, bestand das Problem aber darin, daß »das Vehikel einen eigenen Kopf hat«. DiAngelo gelang es immerhin nach und nach, seine »Sexualsucht« leidlich zu zähmen. Mit einer Ausnahme: »Leider sind Träume eben schwer zu kontrollieren«.

Um die teuflischen Anfechtungen ein für allemal abzustellen, wurde in der Gruppe immer häufiger über die »Neutralisierung« des »Vehikels« gesprochen. Etwa ein Jahr vor ihrer »Himmelfahrt« entschloß sich Do, voranzugehen. »Er tat es bei seinem eigenen Vehikel, um sicherzugehen«, sagte DiAngelo. Doch Applewhite hatte Schwierigkeiten, einen Arzt für den Eingriff zu finden; die meisten Mediziner wollten ihn gleich zum Psychiater schicken. Als »es« dann vollbracht war, folgten fünf Jünger freudig seinem Beispiel und ließen sich ebenfalls die Hodenstränge entfernen. »Sie waren völlig aus dem Häuschen«, erinnert sich der Aussteiger. Zwei andere Mitglieder waren schon früher nach Mexiko gegangen, um sich kastrieren zu lassen. Vielleicht erklärt dies ihre seltsam abgeklärte, milde Art auf den Abschiedsvideos.

Während es in diesem Fall jedem freistand, sein »Vehikel« zu »neutralisieren«, gab es sonst für die Mitglieder wenig zu entscheiden. *Heaven's Gate* war strikt hierarchisch aufgebaut, alle Orders kamen von oben. An der Spitze – im Himmel – stand Ti, die die »höhere Ebene« bereits erreicht hatte. Do konnte Ti im Himmel »anrufen« und besprach alle Entscheidungen mit ihr, ob es sich nun um die täglichen Gesänge handelte oder den Aufstieg zur »nächsten Ebene«. Der Guru hielt sich meist nicht direkt bei der Gruppe, aber irgendwo in ihrer Nähe auf. Er gab seine Befehle an die »Aufseher« weiter, altgediente Kader, die dann wiederum die Mitglieder instruierten. Um nicht in die Gefahr zu geraten, eigenständig zu handeln, hatte jeder einen speziellen »Check-Partner«, der ihn auch vor den Eigenheiten des »Vehikels« schützen sollte.

Das gesamte Leben war von vorne bis hinten reglementiert. »Captain Do« kontrollierte jede Bewegung, jede Entscheidung, letztlich jeden Gedanken. Wer etwas einkaufen wollte, ging nicht ins Geschäft, sondern stellte einen Antrag bei der »Abteilung für Einzelwünsche«. Um sich gegen Stolz und zu großes Selbstvertrauen zu schützen, sollten die Jünger stets vorsichtig, im Konjunktiv, in der Möglichkeitsform reden: »Ich kann mich irren, aber mir scheint, daß ...« Wer ein Vergehen beging wie etwa »sinnliche Gedanken«, wurde, wenn es herauskam, isoliert und einer gründlichen »Entgiftung« unterzogen.

DiAngelo fühlte sich trotzdem wohl in der Gruppe, weil er das erste Mal in seinem Leben das Gefühl hatte, eine Heimat zu haben und ein echtes Ziel zu besitzen. Außerdem hatte der »Captain« inzwischen die härteren Mind-Control-Praktiken früherer Tage abgestellt; er brauchte sie wohl nicht mehr. Die Gruppe funktionierte und gehorchte auf jedes Fingerschnippen. Nur eines sorgte für Irritationen: DiAngelo berichtet, daß es ständig Unruhe gab, weil ihnen niemand sagte, wann endlich das ersehnte Raumschiff käme. Jeder hatte aber das Gefühl, daß der Zeitpunkt immer näher rückte. Die äußeren Zeichen sprachen eindeutig dafür: Die Erde wurde immer unwirtlicher, es gab immer mehr Katastrophen; Kriege und Umweltdesaster nahmen zu. »Du darfst nicht wie ein Mensch denken, darfst nicht an Sex denken, oder daß du dich rasieren mußt«, gibt DiAngelo die Gruppenstimmung wieder. »Du mußt jederzeit bereit sein.«

Doch nicht nur über den Zeitpunkt, auch über die exakte Form der Abreise herrschte Verwirrung. Eine Zeitlang schien Do einen finalen Showdown zu bevorzugen. Seit der Tragödie von Waco befürchtete er einen Angriff der »Feds« – der Bundespolizei FBI – auch auf sich und seine Anhänger. Deshalb erwarb er 1994, aus welchen Mitteln auch immer, ein 16 Hektar großes Grundstück etwa 80 Kilometer südlich von Albuquerque in New Mexico. Dort ließ der Chef seine Jünger eine Art Festung mit Beton und alten Reifen in die Wüste bauen, die er auf den Namen »Erdenschiff« taufte. Damals befahl er auch den Kauf der halbautomatischen Waffen. Aber in seiner sanften Truppe hatte offenbar niemand rechte Lust auf hartes Schießtraining; es fehlten auch geeignete Ausbilder. Schließlich empfing Do eine Botschaft von Ti: Ein Schußwechsel mit den Luziferianern sei nicht das richtige Mittel, um zur »höheren Ebene« zu gelangen. Aber was dann? Sie warteten auf ein Zeichen. Von Zeit zu Zeit gingen die »Himmelspförtner« einfach in die Wüste, setzten sich hin und hofften darauf, daß Ti sie im Himmel sehen und abholen würde. Selbst wenn das nie klappte, hatten die meisten ihren »Spaß« dabei, wie DiAngelo angibt.

Der Aussteiger bezeugt, daß die Gruppe auch ohne Sex »jede Menge Spaß« hatte. *Heaven's Gate* sei voller »sehr flexibler und offener Menschen«

gewesen, die »Spaß liebten«. Spaß machten die Exkursionen zu Ufo-Museen und die gemeinsamen Kinobesuche – natürlich vorher von Do geprüft und genehmigt. Spaß machten die sporadischen Feste, und Spaß machte gutes Essen. Spaß machten auch die Fernsehabende in Rancho Santa Fe. Dabei bekamen alle einen festen Sitz zugewiesen und eine kuriose Mischung aus ernsten und leichten Filmen vorgesetzt. Am liebsten sahen sie »Star Trek«. Eine Dokumentation über Thomas Jefferson stand auf der Positivliste, aber »Golden Eye« mit Pierce Brosnan als James Bond galt als pures Gift. Erweckten die Bildschirmakteure sinnliche Gefühle in einem »Klassenmitglied«, so erwartete man, daß derjenige sich dezent wegdrehte.

Als Hale-Bopp im Winter 1996 näher kam, hatte die Gruppe mehr und mehr Spaß. Inzwischen saßen sie in der Nobelvilla in Rancho Santa Fe und verdienten gutes Geld im Cyberspace. Sie konnten sich jetzt teure Ausflüge leisten. Im Januar fuhren sie zu einer Ufo-Konferenz nach Nevada, im Februar vergnügten sich alle vierzig im Stratosphere Hotel Amusement Park in Las Vegas. Im März folgten Kinobesuche (»Star Wars«), Ausflüge nach Mexiko, ein Besuch im Wild Animal Park von San Diego und ein Abstecher zum Sea World Park. Sie planten sogar, einen Film über ihr irdisches Leben und ihren Glauben an ein »Gottesreich« nach dem Tod zu drehen mit dem Titel »Jenseits des Menschlichen: Rückkehr zur nächsten Ebene«.[16] An den drei Tagen vor dem Start ihrer Selbstmordserie gingen die »Himmelspförtner« abends zusammen essen: in eine Pizzeria, ein Steakhaus und zum letzten gemeinsamen Abendmahl in das noble Marie Callender's Restaurant in der Ortschaft Carlsbad.

Zu diesem Zeitpunkt war DiAngelo schon nicht mehr dabei. Anfang März wurde er so unruhig, daß er etwas tat, was gegen alle Regeln der »Klasse« verstieß: Er bat Applewhite um ein privates Treffen. Normale Mitglieder konnten mit dem Guru sonst nur schriftlich kommunizieren. DiAngelo erklärte seinem Chef, er wolle die Gruppe nicht verlassen, habe aber das Gefühl, daß ihn eine Aufgabe in der Außenwelt erwarte; außerdem habe er einen Ganztagsjob bei der Firma *Interact Entertainment* angeboten bekommen. Do dachte eine Weile nach. »Dann sagte er, er habe soeben mit Ti geredet«, erinnert sich DiAngelo. »Er habe das Gefühl, daß mein Vorhaben Teil eines Plans sein könnte, den ich nicht verstünde und den er auch nicht verstünde.« Später wurde DiAngelo schlagartig klar, daß Applewhite ihn ziehen ließ, damit er aller Welt die Geschichte von *Heaven's Gate* erzählen konnte.

Einen Befehl zum Massenselbstmord, so DiAngelo, würde Do jedoch nie erteilt haben. Der Kultführer habe zwar davon geredet, daß seine Jünger ihre »Vehikel verlassen« würden, aber nur freiwillig. Allerdings würde natürlich niemand zurückbleiben wollen, wenn Do selbst hinüberging. Der Aussteiger sagt: »Das wäre ja, als würde man nicht dorthin wollen, wo sein eigener Vater hinwill.«

DiAngelo blieb über E-Mail mit der Gruppe in Verbindung, bis er auf seine Botschaften am Montag nach Palmsonntag keine Antwort mehr bekam. Am Dienstag brachte der Expreßbote das Abschiedspaket. DiAngelo sagte zu »Newsweek«, er habe sofort gewußt, was passiert war. Aber er schaute sich den Inhalt des Päckchens erst spät in der Nacht an. Ein kurzer Blick auf den Abschiedsbrief bestätigte seine Ahnung: »Wenn Du das liest, werden wir unsere Vehikel verlassen haben.« Als DiAngelo am nächsten Tag als erster das Geisterhaus in Rancho Santa Fe betrat, nahm er eine Videokamera mit, »damit die Fakten nicht verfälscht werden«.

Noch einen Monat nach der Katastrophe war unklar, wieviele Überlebende es gab. Zwei Wochen danach zirkulierten im Internet Gerüchte, daß dreizehn Sektierer im Südwesten des US-Bundesstaats Arizona darauf warteten, von einem fremden Raumschiff »abgeholt« zu werden. Der Sciencefiction-Autor Lee Shargel sagte dem Fernsehsender CBS, er habe Telefaxe überlebender Mitglieder des Kultes erhalten. Offenbar wollten sich diese versammeln, weil sie ein »Signal« erhalten hätten. Applewhite hatte ein Faible für Shargels Bücher und noch wenige Wochen vor dem Selbstmord mit dem Autor gesprochen. In verschiedenen TV-Sendern traten angebliche Sektenmitglieder und Sympathisanten auf und erklärten, die Toten von San Diego befänden sich wohlbehalten auf dem »Mutterraumschiff«.

Für den Polizeisprecher von San Diego, Jerry Lipscomb, waren all diese Geschichten »bizarre Gerüchte«, die ins Reich der Fabel gehörten. Lipscomb erklärte in der zweiten Aprilwoche 1997, daß es außer den 39 Selbstmördern »keine aktiven Mitglieder der Sekte« mehr gebe. *Heaven's Gate* habe keine Splittergruppen oder Verbindungen zu anderen Sekten gehabt. Das einzige Kultmitglied, das »noch nicht bereit« gewesen sei, »auf die nächste Ebene zu gehen«, sei Richard Ford alias Rio DiAngelo gewesen. Doch zumindest einen Nachahmer gab es. Der 58jährige Robert Leon nahm sich zu Ostern 1997 in seinem Wohnwagen in Marysville (Nordkalifornien) auf die gleiche Weise das Leben wie die Himmelspförtner. Die Polizei fand ihn mit einer Plastiktüte über dem Kopf und in ein lila Tuch gehüllt. Auf einem Zettel hinterließ er die Nachricht, er wolle sich den Sektenmitgliedern anschließen, um ebenfalls die »höhere Ebene« zu erreichen.

Botschaften im Datennetz

Als die Polizisten aus San Diego am 26. März 1997 die »Villa des Todes« in Rancho Santa Fe betraten, fanden sie dort an vielen Wänden Bilder von Außerirdischen, die für Applewhite die »höhere Ebene« verkörperten. Sie sahen aus wie von »Akte X« abgekupfert: Bläulich schimmernd, bekleidet mit einer Art Rollkragenpulli, geschlechtslos und schmächtig, mit aerodynamischem Schädel, großen Augen, aber kümmerlichen Lippen, Ohren und Nasen – moderne Boten der Apokalypse, deren Bildnis *Heaven's Gate* auch im Internet weltweit verbreitete. Über die Aktivitäten der Gruppe im Datennetz wurden nach und nach immer mehr Einzelheiten bekannt. Voller Erstaunen registrierte die Öffentlichkeit, daß die »Himmelspförtner« der Welt deutlich gesagt hatten, was sie glaubten und was sie tun würden. Es hatte bloß keiner zugehört.

Der Cyberspace ist ein Tummelplatz von Eigenbrötlern, Schwärmern und Phantasten aller Art. Informationen oder »Dokumente«, die für ein paar Groschen auf die elektronische Reise geschickt werden, können von Millionen vernetzter Computer abgerufen werden. Deshalb nutzen zahllose Sekten, Kultgruppen und Esoterik-Zirkel das Internet, um ihre Ansichten schnell, diskret und tausendfach zu verbreiten – von *Scientology* über die *Mun*-Bewegung bis hin zu Gruppen wie *Killer Cults* oder *The Satanic Network*. Selbst bizarre Botschaften, meint der amerikanische Psychologe David Greenfield, gewinnen im Internet eine neue Qualität und erreichen »eine Menge haltloser Menschen«.

Der Berliner Chaos-Computer-Mann Frank Rieger sieht ähnliche Gefahren: »Es gibt im Internet durchaus eine Klientel, die für Sekten aller Art interessant ist – gutbezahlte junge Leute ohne größeren sozialen Kontext.« Er glaubt zwar nicht an Web-Seiten, die Menschen ohne weiteres in einen Selbstmord-Kult ziehen: »Die Sekten haben die gleichen Schwierigkeiten mit ihrer Werbung wie sonst auch.« Das Netz sei im Grunde wie ein Buchladen, man könne sich eine Sekten-Werbung, aber auch Kritisches herunterladen. »Aber man muß das auch wollen«, sagt der Computerexperte.[17] Gefährdet seien deshalb vor allem Leute, die den Umgang mit kritischen Informationen nicht gelernt hätten. Und wirklich: Wie in einem Buchladen ist man auch im Internet der Gehirnwäsche keinesfalls hilflos ausgesetzt – vorausgesetzt, man findet das richtige »Regal«. Die Gurus treffen im Cyberspace inzwischen auf eine wachsende Zahl von Sektenkritikern, ehemaligen Kultmitgliedern und Initiativgruppen, die der Propaganda harte Fakten entgegenhalten können.

Als hätte Do Applewhite noch seine Finger im Spiel, avancierte das Datennetz in der letzten Märzwoche 1997 zum eigentlichen Hauptdarsteller im Sektendrama von San Diego. Kaum hatten die Agenturen das Ereignis gemeldet, liefen jene Server in Kalifornien heiß, von denen man die Webseiten des Applewhite-Kults *(www.heavensgate.com)* abrufen konnte. Als dort wegen Überlastung kein Durchkommen mehr war, übernahmen andere Anbieter wie die »Washington Post« oder »Time« die elektronischen Dokumente und stellten sie allen Nutzern weiter zur Verfügung. So wurden im Handumdrehen detaillierte Informationen über die Selbstmordsekte weltweit verfügbar. In Windeseile konnten Netzbenutzer einen Überblick über Geschichte, Ideologie und sogar ein Psychogramm der Gruppe erhalten. Es war das erste Mal, daß das Internet selbst Teil einer Informationslage wurde. Und Marshall Herff Applewhite erzielte eine Wirkung, von der er zu Lebzeiten nur hatte träumen können.

Möglich wurde das nur, weil die »Himmelspförtner« überall im Netz ihre Fingerabdrücke hinterlassen hatten. Im Cyberspace konnten sie ihr Doppelleben als Web-Designer und Kultmitglieder zusammenführen. Außerdem sahen sie dort eine Chance, Menschen zu interessieren, die sie auf ihren anstrengenden und deprimierend erfolglosen Werbetouren nicht erreichen konnten. Nicht zuletzt konnte sich »Captain Do« als Cyber-Messias aufspielen – eine zweifelhafte Ehre allerdings, die er mit Hunderten von Konkurrenz-Gurus teilen mußte.

Die Berliner »Tageszeitung« hat recherchiert, in welchen Verästelungen des Internets »Captain Do« nach neuen Jüngern fischte.[18] *Heaven's Gate* suchte Opfer in religiösen Newsgruppen (biblische Prophezeiungen, Buddhisten, aber auch Atheisten), in Diskussionsforen von Anarchisten und militanten Rechten sowie in Foren für Esoteriker und Mystiker (PSI-Phänomene, Astrologie, Außeriridische, nichtlineare Wissenschaft). Die größten Rekrutierungserfolge versprach sich Guru Applewhite aber offenbar von Foren über Selbstmord, Depressionen, Mißbrauchsopfer und Mißbrauchstäter. Eine »letzte Warnung für mögliche Überlebende« sollte beispielsweise potentielle Selbstmörder anlocken. Da die Gruppe professionell Webseiten entwarf, konnte sie ihre eigene Homepage mit farbigen Fotos von Sternen, Kometen und interstellaren Staubwolken sehr attraktiv gestalten.

Meldungen, wonach mehrere Mitglieder der Gruppe per Internet zu Dos kleiner Truppe gestoßen seien, entpuppten sich jedoch als falsch. Tatsächlich hat Applewhite in drei Jahren gerade mal einen neuen Jünger über das Datennetz rekrutiert. Das Internet ist gnadenlos: Der Preis der grenzenlosen Freiheit ist grenzenlose Indifferenz. Obwohl die Alarmsignale der Himmelspförtner mit der Zeit immer schriller wurden, hatte sich niemand ernsthaft dafür interessiert. Im Gegenteil, Spott und Hohn waren der Dank für die obskuren Botschaften aus San Diego. *Heaven's Gate* galt als eine der vielen Ufo-Sekten, Vereinigungen von Verschwörungstheoretikern und sonstigen Paranoikern, die täglich die elektronischen Diskussionsräume bevölkern. So wurden im Frühjahr 1997 allein zum Stichwort Ufos 62 448 verschiedene Seiten (Homepages) im Internet aufgelistet, vom »Zentrum zur Erforschung extraterrestrischer Intelligenz« bis zum »Ufo Andenkenshop«.[19]

Aufmerksame Web-Surfer stolperten aber doch hin und wieder über Dos Ufo-Kult. »Mir fiel ein hoher Grad an Paranoia auf«, sagt Joe Szimhart, ein Sektenexperte und Berater aus Pottstown in Pennsylvania. »Ich hielt sie für New-Age-Fundamentalisten.«[20] Mit hübschen Space-Bildchen garniert, diskutierte die Gruppe scheinbar über Raumschiffe, Außerirdische, den Anfang und das Ende der Welt – aber in Wirklichkeit ging es meist nur um eines: den Selbstmord. »Ist es Zeit, für Gott zu sterben?«, hieß es in einem

Traktat, daß Applewhite alias »der Repräsentant« im Sommer 1996 an verschiedene Newsgruppen schickte. »Ob wir es mögen oder nicht, das Armageddon – die Mutter der Heiligen Kriege – hat begonnen.«[21]. In einem seltsamen Dokument mit dem Titel »Unsere Position gegen den Selbstmord«[22] verglich sich *Heaven's Gate* mit den *Davidianern* (»es könnte Versuche geben, uns einzukerkern oder ... zu foltern wie etwa in ... Waco«) und zog Vergleiche mit den jüdischen Verteidigern der Festung Masada im Jahre 73, die aus Verzweiflung Selbstmord verübten: »Wir haben uns geistig auf diesen Fall vorbereitet.«

»Time« nannte die Internet-Ergüsse der Sektierer die »kunstvollste Selbstmord-Nachricht der Geschichte«[23]. Tatsächlich hatte es Ähnliches noch nicht gegeben: die Ankündigung eines kollektiven Freitods in Multimedia und Hypertext; tödlicher Sektenwahn mit erheblichem Unterhaltungswert. Da suggerierten beispielsweise versteckte elektronische Botschaften (»Space Alien, Yoda, Yoga ...«) spezielles Geheimwissen. Da gaben die bunten Bilder aus dem Weltraum grotesken Selbstmordtexten einen glamourösen Rahmen. Da blinkte »Alarmstufe Rot« im Cyberraum als bizarrer Countdown für Giftbecher und Erstickungstod. Wer sucht, findet Hunderte von Seiten, gefüllt mit apokalyptischem Raunen. Die gesamte Geschichte der Applewhite-Truppe ist im Netz gespeichert, genauso wie ihre schwer verdauliche Kosmologie.

Sterben für den Guru

Die Kultmitglieder glaubten, daß die Außerirdischen vor 2000 Jahren entschieden hatten, menschliche Körper als »Container« zu benutzen und auserwählten Erdlingen das »himmlische Königreich« zu predigen. Bei Applewhite liest sich das etwa so: Die Fremden aus dem Weltraum schickten eine Seele in einen »Container« namens Jesus, doch er wurde von bösen Mächten getötet, die sein Vermächtnis anschließend in eine »verwässerte Country-Club-Religion« verwandelten. Um 1970 verpflanzten die guten Aliens erneut außerirdische Seelen in menschliche »Vehikel«. Als Nachfolger Jesu wählten sie diesmal Ti und Do aus. Der »Captain« verkündete im Internet: »Ich bin in der gleichen Position gegenüber der heutigen Gesellschaft wie der Eine, der damals in Jesus war.« Die Gruppe glaubte, daß die irdische Gesellschaft und all ihre Normen von dämonischen Außerirdischen kontrolliert würden, die Applewhite als »Luziferianer« identifizierte. Ihr Ziel: die Menschen zu »perfekten Sklaven ihrer Gesellschaft« zu machen; ihr teuflisches Programm: »Heiraten, Kinder kriegen, in die Kirche gehen, Versicherung bezahlen ...«.[24]

Doch jetzt sei die Erde im Begriff, »recycled« und »umgegraben«, sprich: vernichtet zu werden, um dann als Garten für eine neue menschliche Zivi-

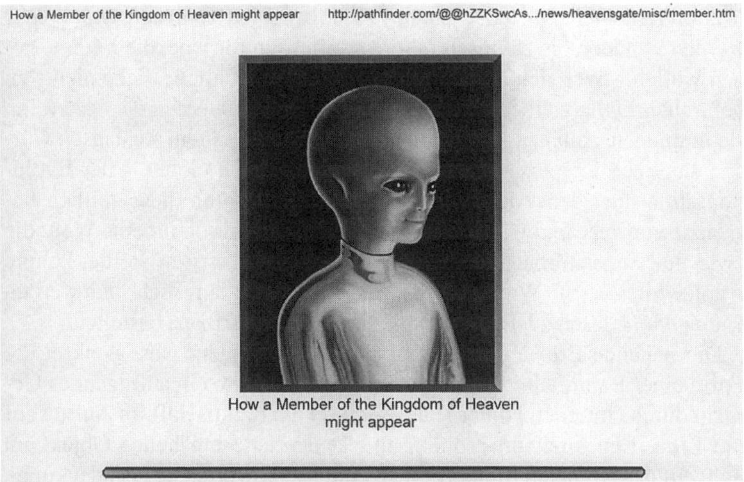

Weltweite Verbreitung: Internet-Seiten der Ufo-Sekte

lisation zu dienen. Die letzte Chance zur Flucht biete *Heaven's Gate*: »Wir werden von jetzt bis zu unserer Abreise alles tun für jene, die mit uns gehen wollen.« Wer sich der himmlischen Crew anschließe, habe nichts zu befürchten. »Sie werden auch den Tod nicht kennenlernen – sogar, wenn sie ihren menschlichen Körper dabei einbüßen.« Denn im Austausch würden sie einen Körper aus dem »wahren Königreich Gottes – der Evolutionsstufe über dem Menschen« erhalten: »Sie lassen diese zeitlich begrenzte und vergängliche Welt hinter sich im Austausch für eine Welt, die ewig und unzerstörbar ist.« Wer es noch genauer wissen wollte, konnte Applewhites Buch »Wie und wann das Himmelstor durchschritten werden kann« *online* lesen oder für 45 Dollar in Phoenix, Arizona bestellen.[25]

Die nahende Erlösung nahm für die Kultmitglieder ganz konkret die Form einer Raumfähre an. Im November 1996 fegte ein aufregendes Gerücht durchs Internet: Hinter Hale-Bopp sei ein Raumschiff im Anflug auf die Erde. Ein Amateurastronom aus Texas hatte ein helles Objekt im Schweif des Kometen fotografiert. Wenig später wurde die »Entdeckung« in einer Radio-Talkshow amerikaweit bekanntgemacht. Ein Politologe der Emory-Universität aus Atlanta sagte, es handele sich zweifellos um ein Ufo, dessen Existenz die etablierten Astronomen und die NASA verheimlichen wollten. Danach konnte niemand mehr die Spekulationen über das Hale-Bopp-Ufo stoppen, die sich vorzugsweise in Internet-Foren abspielten, wie zum Beispiel – kaum verwunderlich – in der Newsgruppe *alt.conspiracy*.

Zwar untersuchten Berufs-Astronomen die fraglichen Fotos und konnten alle darauf sichtbaren Himmelsobjekte klar identifizieren. Das angebliche Ufo war ein alter Bekannter. Es handelte sich um den vom Smithsonian Astrophysical Observatory (SAO) in Cambridge (Massachusetts) katalogisierten Stern SAO 141894. Aber die Gerüchte im Datennetz wollten nicht verstummen. »Seit der Entdeckung von Hale-Bopp gibt es Behauptungen, daß der Komet eine Art extraterrestrisches Mutterschiff ist oder sich zumindest unter intelligenter Kontrolle befindet«, schrieb Alan Hale, einer der Entdecker des Kometen, in der englischen Zeitschrift »The Skeptical Inquirer«. Zum Massenselbstmord sagt Hale: »Sie deuteten Hale-Bopp als göttlichen Boten. Er ist aber nur ein schmutziger Schneeball.«[26]

Marshall Herff Applewhite aber konnte oder wollte nicht mehr zurück und ließ den Countdown anlaufen. »Hale-Bopp ist das Zeichen, auf das wir gewartet haben«, verkündete er im Cyberspace; die »Ankunft des Raumschiffs von der übermenschlichen Ebene« stehe unmittelbar bevor. »Wir sind glücklich darauf vorbereitet, diese Welt zu verlassen und mit Ti's Crew zusammenzutreffen.«[27] Es sei an der Zeit, die »Container« abzulegen.

Das Erscheinen von Kometen wird seit dem Mittelalter mit einem drohenden Weltuntergang in Verbindung gebracht. Noch 1910 fürchteten viele Menschen, daß der Halleysche Komet das Ende bringe. Damals mußte die

Polizei in Oklahoma eine Sekte stoppen, die drauf und dran war, eine Jungfrau zu opfern.

Auch die High-Tech-Aufmachung von *Heaven's Gate* kann schwerlich kaschieren, daß sich dahinter schlichter Aberglaube verbirgt. Zugleich verdecken die Astro-Schnörkel ein eigenwillig verformtes Christentum. *Heaven's Gate* verspottete zwar die jüdische und christliche Religion, zitierte aber zugleich immer wieder voller Respekt die Bibel – Armageddon, das Königreich des Himmels, die Evangelien. Und die Vorstellung, der Körper sei nur eine gottfeindliche Last, von dem die Seele befreit sein wolle, erinnert an alte christliche »Irrlehren« der Gnostiker aus dem 2. Jahrhundert.

»Die halten unsere Welt für schlecht und ihren Körper für ein Gefängnis ihrer Seele«, meint der US-Religionsexperte Richard Lucas über ähnliche Gruppen. »Aus deren Sicht ist es nur logisch, daß sie den Körper loswerden wollen, um zu ihrer ›himmlischen Familie‹ aufzusteigen.«[28] Die meisten Angehörigen der Selbstmörder hatten jedoch Schwierigkeiten, diesen Schritt nachzuempfinden. »Sie war die letzte, bei der ich gedacht hätte, daß sie so enden könnte«, sagte eine Verwandte von Yvonne McCurdy-Hill, einer Postangestellten aus Cinicinnati (Ohio), die dem Kult im August 1996 beigetreten war. Die 39jährige verkaufte ihren BMW und ihr Haus, ließ sich ihre Pension auszahlen und teilte ihre fünf Kinder unter ihren Verwandten auf. Mit ihrem Mann Steven trat sie *Heaven's Gate* in Kalifornien bei. Ihr Mann verließ die Gruppe wieder, sie selbst blieb ihr treu bis zum tödlichen Ende. David Geoffrey Moore aus Berkeley in Kalifornien geriet 1976 an den Kult, als er 19 Jahre alt war und gerade von der Highschool kam. Seine Mutter Nancie Brown gründete damals eine Elterninitiative von *Heaven's Gate*-Opfern. »Ich sagte meinem Sohn, ich würde nie in sein Leben eingreifen, so lange er sich und andere nicht schädigt«, sagte sie nach der Katastrophe. »Aber ich hätte nie gedacht, daß sie tun würden, was sie taten.«

Warum folgten sie ihrem Guru in den Tod? Ein Opfer läßt ahnen, daß nicht alle so glücklich ins Jenseits gingen, wie es offiziell schien. »Vielleicht sind sie alle verrückt«, erklärt diese Frau im Abschiedsvideo. »Aber ich habe keine Wahl außer mitzugehen, denn ich war auf diesem Planeten 31 Jahre, und es gibt hier einfach nichts für mich.« Es gab offenbar nichts anderes, um die spirituelle Leere zu heilen, die Applewhite mit seiner verquasten »Star Trek«-Religion gefüllt hatte; es gab keinen Ausweg mehr, als der Guru Ernst machte. »Ich betrachte es nicht als Selbstmord. Ich betrachte es als Mord«, sagt Janja Lalich, eine Sektenexpertin, die *Heaven's Gate* seit 1994 beobachtete, nachdem verzweifelte Eltern sie wegen ihrer vermißten Kinder kontaktiert hatten. »Applewhite kontrollierte alles«, stellt sie fest. »Diese Leute waren nur Schachfiguren in seiner persönlichen Fantasiewelt.«[29]

Wie sehr der Kult-Boß tatsächlich mit seinen gutgläubigen Anhängern spielte, konnte man in der »San Diego Tribune« nachlesen.[30] Zwei Monate vor dem Selbstmord erschienen zwei Gestalten namens »Bruder Hal« und »Bruder Logan« im größten Fachgeschäft für optische Geräte von San Diego County und fragten nach Instrumenten, um den Himmel zu beobachten. Die beiden hätten, so der Verkäufer, wie zwei Science-Fiction-Freaks gewirkt, »die sich 8000 Star-Trek-Folgen reingezogen haben« und nun selbst einmal »da oben nach dem Rechten sehen« wollten. Sie entschieden sich schließlich für ein 3645 Dollar teures Spitzenteleskop mit computergesteuerter Optik, das nahezu 65 000 Sterne automatisch erfassen konnte. Doch schon eine Woche später reklamierten die Kunden das Gerät »total frustriert« als unbrauchbar, mit der Begründung: »Wir haben zwar den Kometen gefunden, aber nichts, was ihm in seinem Schweif folgt.« Wie sich später herausstellte, handelte es sich bei den seltsamen Brüdern um Marshall Applewhite und einen seiner ältesten Anhänger, den 63jährigen John M. Craig. »Captain Do« wußte also genau, daß das Raumschiff nicht existierte. Aber er gab die Entwarnung offensichtlich nicht an seine Jünger weiter. Und ging mit ihnen in den Tod.

Im Supermarkt der Sinnanbieter

Sekten auf dem Vormarsch

Im Februar 1997 erlebte die Bundesrepublik Deutschland ein politisches Schauspiel neuer Art. In einem »Offenen Brief« an Bundeskanzler Helmut Kohl behaupteten 34 prominente Hollywoodstars in einer ganzseitigen Anzeige der »International Herald Tribune«, daß Mitglieder der *Scientology*-Organisation in der Bundesrepublik verfolgt würden wie die Juden im Dritten Reich: »In den 30er Jahren waren es die Juden. Heute sind es die Scientologen.«[1] Zu den Unterzeichnern gehörten die Schauspieler Dustin Hoffmann und Goldie Hawn sowie der bekannte Regisseur Oliver Stone (»JFK«). Bundeskanzler Kohl erklärte, die Prominenten hätten »keine Ahnung von Deutschland« und wischte das Papier kurzerhand vom Tisch.[2] Politiker aller Parteien und der Zentralrat der Juden in Deutschland äußerten sich empört über den »skandalösen Vergleich des heutigen Deutschland mit der faschistischen Hitlerei«, wie es der SPD-Fraktionschef Rudolf Scharping ausdrückte. Außenminister Klaus Kinkel sagte: »Wenn Scientology ihre Behandlung in Deutschland mit dem Holocaust vergleicht, so betreibt sie Geschichtsfälschung.«

Doch die Propaganda-Attacke war gut gezielt; sie sollte den empfindlichsten Punkt des deutschen Ansehens in der Welt treffen. Sie war professionell vorbereitet und zudem bestens abgefedert. Denn auch der aktuelle Menschenrechtsbericht des US-Außenministeriums von 1997, Papiere der UN-Menschenrechtskommission und sogar der KSZE kritisierten die angebliche Diskriminierung »religiöser Minderheiten« in Deutschland. Zum ersten Mal in der Geschichte der Bundesrepublik avancierte eine Sekte zum Top-Thema der innen- wie außenpolitischen Diskussion. Wochenlang mußten sich Bundespolitiker immer wieder mit der *Scientology*-Kampagne befassen. Es gab politische Konsultationen vor und hinter den Kulissen. Als die neue US-Außenministerin Madelaine Albright Mitte Februar 1997 die Bundesrepublik besuchte, war die *Scientology*-Attacke ein Gesprächsthema.

Der Offene Brief war Teil einer beispiellosen Anzeigenserie in großen amerikanischen Zeitungen wie der »New York Times«, mit der der Psycho-Konzern seit 1994 ein Nazi-Revival in Deutschland beschwört. Ziel ist es, die öffentliche Meinung in den USA gegen die Bundesregierung aufzubringen. Nicht ohne Erfolg: Bereits im Spätsommer 1996 beklagten sich US-Senatoren und Mitglieder des Repräsentantenhauses beim amerikanischen Außenministerium über das Verhalten deutscher Behörden gegenüber der amerikanischen Sekte. Mitglieder der Jungen Union hatten gegen den Hollywoodfilm »Mission: Impossible« protestiert; darin spielt der Schauspieler und bekennende Scientologe Tom Cruise die Hauptrolle. Die Proteste der Jungunionisten waren allerdings nicht so sehr von politischem Instinkt geleitet – der Film spielte trotz oder gerade wegen der unverhofften »Werbung« Millionen ein – als vielmehr Symptom für ein allgemein wachsendes Unbehagen in der deutschen Gesellschaft. Ein Unbehagen, das den *Scientology*-Strategen weit mehr Kopfzerbrechen bereitet als die Anfeindungen gegen ihr prominentestes Mitglied.

Seit Anfang der 90er Jahre hatten immer neue Enthüllungen über wirtschaftliche und gesellschaftliche Unterwanderungsstrategien des Psycho-Konzerns Politiker fast aller Parteien alarmiert. Bundesarbeitsminister Norbert Blüm nannte *Scientology* eine »verbrecherische Geldwäscheorganisation, die unter dem Deckmantel der Religion ihre verblendende Ideologie weltweit verbreiten will und dabei vor nichts zurückschreckt«.[3] Seit 1993 steht das Thema immer wieder auf der Tagesordnung der Justiz- und Innenministerkonferenz; letztere bezeichnete *Scientology* im März 1994 als eine Organisation, »die unter dem Deckmantel einer Religionsgemeinschaft Elemente der Wirtschaftskriminalität und des Psychoterrors vereint«.[4] Am 6. Juni 1997 faßte die deutsche Innenministerkonferenz sogar den Beschluß, *Scientology* künftig bundesweit vom Verfassungsschutz beobachten zu lassen, und zwar auch mit nachrichtendienstlichen Mitteln. Es gebe genügend Anhaltspunkte dafür, daß sich die Tätigkeit der Organisation gegen die freiheitlich-demokratische Grundordnung richte. In einer Umfrage der ARD vom Februar 1997 stimmten 59,2 Prozent der Deutschen einer nachrichtendienstlichen Überwachung der Sekte zu.[5]

Scientology ist zwar die schillerndste und gefährlichste Gruppe auf dem Markt der Sinnanbieter, aber letztlich nur eine unter vielen. Von der Öffentlichkeit kaum wahrgenommen, haben sich Sekten und sektenähnliche Gruppen in den letzten Jahren immer stärker ausgebreitet. Sie tragen Namen wie *Verein zur Förderung der Psychologischen Menschenkenntnis (VPM), Universelles Leben* oder *Zentrum zur Experimentellen Gesellschaftsgestaltung, Vereinigungskirche, Boston Church of Christ* oder *Fiat Lux*. Die einen sind milde Schwärmer, die anderen militante Fanatiker oder gnadenlose Abzocker. Sie schotten sich radikal ab, predigen den nahen Weltuntergang oder wollen ihre Mitglieder »fit machen fürs Überleben«. Manche sind multinationale Firmen mit Zehntausenden Mitgliedern, andere treffen sich in schlecht beheizten Altbauwohnungen mit nur ein paar Dutzend Anhängern; die einen leben in Wohngemeinschaften, andere getrennt. Ihre Führer sind indische Gurus, aus der Bahn geratene Psychologen, ehemalige Models oder amerikanische Science-Fiction-Autoren.

Die erfolgreichsten Sekten haben sich längst zu mächtigen Konzernen entwickelt. Sie unterhalten Industriekomplexe, setzen Milliarden um und legen Millionen auf ihren (geheimen) Konten an. Sie haben eigene Radiosender und Zeitungen, beraten Regierungschefs und Wirtschaftsunternehmen. Sie unterhalten Kindergärten, Schulen und Ausbildungszentren. Sie dringen in viele Bereiche der Gesellschaft und des öffentlichen Lebens vor und nutzen die Wirtschaft für ihre Zwecke. Einige Gruppen haben sich auch in Deutschland fest etabliert wie die *Zeugen Jehovas*, die *Mormonen* oder die *Neuapostolische Kirche*. Andere, noch vor zehn Jahren als »Jugendreligionen« eingestuft und als mehr oder weniger harmlose Spinner belächelt, sind entweder verschwunden oder aber aus den Kinderschuhen gewachsen. Sie bedienen den lukrativen Esoterik-Markt wie die *Sannyasins* der *Bhagwan-Osho*-Bewegung, sie gründen politische Parteien wie die Anhänger der *Transzendentalen Meditation (Naturgesetz-Partei)*, oder sie leiten Wirtschaftsimperien wie *Scientology*.

Einflußreiche Gemeinschaften mit sektenartigen Strukturen existieren aber auch unter dem Dach der großen christlichen Kirchen oder an deren Rändern: das *Opus Dei*, die *Ritter vom Heiligen Grabe zu Jerusalem*, das *Engelwerk* in der katholischen oder die große Zahl christlich-evangelikaler Gemeinden in der evangelischen Kirche. Dutzende von Secondhand-Gurus, selbsternannten Therapeuten und schwarzen Pädagogen im Gewand von Management-Trainern besetzen jede denkbare Marktnische. »Sekten sind ein Riesengeschäft«, sagt Thomas Gandow, der Sektenbeauftragte der evangelischen Kirche in Berlin-Brandenburg. Nach Recherchen des Magazins »Stern« werden in der Bundesrepublik jährlich 18 Milliarden Mark für okkulte Waren und Dienstleistungen umgesetzt.[6]

Religion als Handelsware: Die spirituellen Anbieter stoßen auf eine wachsende Nachfrage. Der Börsenverein des Deutschen Buchhandels schätzt, daß inzwischen nahezu jede dritte in Deutschland erscheinende Ratgeber-Publikation der Esoterik gilt, von Bachblütentherapie über Psi-Phänomene bis zu Nostradamus. Gewiß ist das meiste davon nicht wirklich gefährlich, sondern vor allem dem Geldbeutel abträglich. Doch in vielen Esoterika weisen Geistheiler, Tantra-»Therapeuten«, aber auch straff organisierte Gruppen mit Name und Adresse auf (sekten)eigene Kursanbieter oder Veranstalter hin, die dann erst richtig zulangen. Buchhändler bekommen beispielsweise außergewöhnliche Provisionen bis zu fünfzig Prozent, wenn sie die *Scientology*-Bibel »Dianetik«[7] oder die Science-Fiction-Werke des Sektengründers L. Ron Hubbard (1913–1986) ins Sortiment aufnehmen. Darin finden Kunden dann den diskreten Hinweis auf das nächstgelegene Dianetik-Center. Hubbard ging davon aus, daß man pro 25 verkauften Dianetik-Büchern einen neuen Jünger gewinnt. Worum es ihm wirklich geht, hat wohl kein anderer Guru so unverblümt zum Ausdruck gebracht wie der verblichene *Scientology*-Chef. In einer internen Anweisung über die Aufgabe der Sekten-Filialen (»Orgs«) schrieb L. Ron Hubbard: »Der einzige Grund, aus dem es Orgs gibt, ist Material und Dienstleistungen an die Leute zu liefern und zu verkaufen und dafür zu sorgen, daß die Leute ebenfalls Material und Dienstleistungen liefern und verkaufen. Das Ziel ist: total befreite Kunden ... Deshalb: sorge dafür, daß es funktioniert. Die Sterne warten.«[8]

Die Sterne warteten auch auf die Anhänger von Marshall Herff Applewhite, als er den Befehl zum Abflug auf die »höhere Ebene« erteilte. Die Tragödie von San Diego bewegte die Menschen vor ihren Fernsehern, doch in Wirklichkeit schockierte sie wohl niemanden mehr. Katastrophen im Umkreis von Sekten wirken inzwischen wie ein Terroranschlag oder der Absturz eines Jumbo-Jets. Ob Massenselbstmorde, Giftgasattentate, Folterungen oder Erziehungslager – die Berichte aus dem religiösen Untergrund sind beunruhigend, aber schon längst Teil der »normalen« Nachrichten geworden. Fast täglich finden sich in den Zeitungen Meldungen wie »Jeder zehnte Jugendliche hatte Kontakt zu Sekten«[9] oder »Uriella beteuert Unschuld – Sektenchefin kann sich vor Gericht an Einzelheiten nicht mehr erinnern«[10].

Auch die Unterhaltungsbranche hat den Sektenwahn entdeckt. Wie Drogen oder Rechtsradikale gehören arglistige Gurus inzwischen zur Grundausstattung jeder ordentlichen Krimiserie, ob »Tatort«, »Derrick« oder »Der große Sat-1-Film«. Da wird viel übertrieben und geflunkert, aber soviel ist klar: Ein Film wie »Anna im Banne des Bösen« (Sat 1) spiegelt auch die bundesdeutsche Realität in den 90ern. Die Heilsversprecher rücken näher. Bei einer Zahl von mindestens einer Million Mitgliedern dürfte fast jeder Bundesbürger selbst Sektenjünger kennen oder zumindest von einem Fall aus der nächsten Bekanntschaft wissen.

Der Begriff Sekte kann von den lateinischen Verben sequi (nachfolgen) oder secare (abtrennen) abgeleitet werden und wurde ursprünglich für Abspaltungen von den großen Religionen benutzt. Danach wären viele moderne Gruppen wie etwa *Scientology*, die *Transzendentale Meditation* oder der *Verein zur Förderung Psychologischer Menschenkenntnis* keine »Sekten«, denn sie stammen häufig von keiner Religion ab; und ebenso oft sind sie nicht einmal religiös geprägt. Doch im heutigen Sprachgebrauch bezeichnet das Wort allgemein Gemeinschaften mit einem (charismatischen) Führer, einem rettenden Konzept (sei es religiös, therapeutisch oder politisch), einer autoritären Machtstruktur, starkem Gruppendruck, deutlichen Feindbildern und dem Bewußtsein, als Elitemenschen eine besondere Mission zu erfüllen. Sekten sind demnach Gruppen, die von den allgemein akzeptierten ethischen Überzeugungen abweichen, indem sie statt Freiheit und Selbstentfaltung Abhängigkeit produzieren, die Menschen entwürdigen und zur Intoleranz anleiten.[11] In der Praxis sind die inneren Strukturen so verschieden wie die Sektenführer und ihre Botschaften. Von

»Yogische Flieger«: Werbung für die Naturgesetzpartei
Wahlplakat der Naturgesetzpartei, dem politischen Arm der Transzendentalen Meditation

den großen Kirchen oder wohltätigen Organisationen unterscheiden sich Sekten dadurch, daß sie ihre Mitglieder mit raffinierten psychologischen Methoden manipulieren, sich öffentlicher Kontrolle entziehen und in der Regel keinerlei soziales Engagement entwickeln. In den USA ist dafür der Begriff »cult« oder »destructive cult« gebräuchlich.

Sicher: Viele Gruppen sind nicht wirklich bedrohlich, und nicht alle verfolgen hinterhältige Ziele. Sekte ist nicht gleich Sekte und Psycho-Kult nicht gleich Psycho-Kult. Auch die in diesem Buch vorgestellten Gruppen sind in bezug auf ihre Struktur und Gefährlichkeit keineswegs gleichzusetzen. Doch so verschieden sie auch auftreten und so vielfältig ihre Ideologien sind, eines haben jedenfalls die harten Sekten und Psycho-Kulte gemeinsam: Sie greifen nach der absoluten Macht über Menschen. Jahr für Jahr zerstören sie den Lebensweg Tausender, zerbrechen Freundschaften, zerrütten Familien, ruinieren Karrieren und nehmen oft genug den Anhängern ihr Hab und Gut. Sie bringen Menschen dazu, ihr bisheriges Leben völlig über den Haufen zu werfen und sich Regeln zu beugen, die von ihnen im Extremfall sogar Mord und Selbstmord verlangen, wie bei den *Volkstemplern* in Guayana, bei *Heaven's Gate* oder der japanischen Giftgas-Sekte *Aum Shinrikyo*. Totalitäre Methoden werden aber auch Gruppen vorgeworfen, die weithin als seriös gelten, den *Zeugen Jehovas* etwa oder der *Neuapostolischen Kirche*. Das eigentlich Beunruhigende daran ist: Sektenmitglieder sind keine Zombies, sondern ganz normale Menschen – die Nachbarin, der Hausarzt oder die Lehrerin der Kinder.

»Es sind normalerweise keine Sucher, die dort hineingehen«, sagt der Sektenexperte Thomas Gandow, »eigentlich werden die Leute hineingezogen.«[12] Und es sind nicht in erster Linie die Schwachen, die Problembeladenen, Außenseiter oder Labilen, die in den Bann der Seelenfänger geraten. Gandow erläutert: »Die harten Psychokulte und Sekten suchen keine Trottel oder Schwächlinge, sondern sensible, intelligente Menschen.« Gefragt sind Leute mit Energie, die sich einmischen wollen; auch besondere Fähigkeiten, Verbindungen oder finanzielle Mittel werden keineswegs verschmäht. Im Grunde wirken *Hare-Krishna*-Mönche im orangefarbenen Gewand und mit kahlgeschorenem Schädel heute exotischer als noch vor zehn Jahren. Der moderne Sektenjünger könnte zum Beispiel in der Softwarefirma nebenan sitzen. Er ist zwischen 25 und 45 Jahren alt, oft Akademiker, gut gekleidet und eigentlich unauffällig. Zum *Scientology*-Seminar über »Probleme der Arbeit« fährt er mit dem BMW, zur Massenmeditation in Poona fliegt er mit der *Lufthansa*. Oder er ist Postbeamter und versieht nachmittags an der Straßenecke seinen »Predigtdienst« als *Zeuge Jehovas*.

Charismatiker und New Age

Deutschland ist keine Insel. Ob auf den Philippinen, Japan oder Rußland: Die Aktivitäten von Sekten und destruktiven Kulten nehmen global zu. Auf etwa 20 000 schätzt Michael Kropveld, Direktor der Beratungsstelle Infocult im kanadischen Montreal, weltweit die Zahl der »neuen religiösen Bewegungen«, auch wenn er nur 200 davon, also ein Prozent, als »extrem« einstuft.[13] In den USA geht man von rund 3000 Kultgruppen aus, aber auch in Europa existieren nach Expertenmeinung bereits 1300 Sekten. Einige wie die *Weiße Bruderschaft* in der Ukraine, der *Mutter-Gottes*-Kult in Moskau oder die *Marienkinder*-Sekte in Bayern sind eigene Gewächse der Alten Welt. Aber die neue Sektenwelle stammt vor allem aus den Vereinigten Staaten von Amerika. Denn nirgends wird so intensiv mit neuen Lebens- und religiösen Ausdrucksformen experimentiert wie dort. Es herrscht eine praktisch unbegrenzte Religionsfreiheit, so daß, wie der »Stern« spottete, »selbst hiphoppende Rapper, die sich einmal in der Woche zu ekstatischen Tänzen treffen, noch als Religion anerkannt sind«.[14]

Die Toleranz hat historische Wurzeln. Die USA wurden von religiösen Abweichlern, Querdenkern und Sektierern gegründet. Viele Einwanderer flohen nicht nur aus ökonomischen Gründen nach Amerika, sondern auch, weil sie daheim religiös verfolgt wurden: *Puritaner, Baptisten, Mennoniten*. In der Neuen Welt sorgten sie für eine Gesetzgebung, die ihnen freie Entfaltung und die strikte Trennnung von Staat und Religion garantierte. Umgekehrt wurde Europa seine Dissidenten auf elegante Weise los. Doch als sich das Abendland nach und nach demokratisierte, präsentierten die Sekten aus der Neuen Welt die offene Rechnung. Im 19. Jahrhundert tauchten in Europa *Mormonen* und *Zeugen Jehovas* auf, im 20. Jahrhundert *Pfingstler* und moderne Bibel-Fundamentalisten. Deren aktuelle Nachfolger sind die apokalyptisch geprägten evangelikalen Christen – die prozentual am schnellsten wachsende religiöse Bewegung der Erde.

»Was um Himmels willen ist los?« fragte die Londoner »Daily Mail« 1994.[15] Wie ein Fieber breitete sich selbst in der ehrwürdigen Anglikanischen Kirche eine Art Massenhysterie aus. Menschen, die im Gottesdienst ekstatisch stammeln, stöhnen, unkontrolliert kichern und ihre Arme weit ausbreiten – spätestens seit im Januar 1994 die erstaunlichen Bilder aus einer Kirche nahe dem Flughafen von Toronto (»Toronto-Segen«) um die Welt gingen, hat das »Heiliggeistfieber« hunderttausende von »wiedergeborenen Christen« in der ganzen Welt angesteckt. Die *Charismatiker* glauben, daß Charismata – Gaben, die der Heilige Geist den Jüngern Christi zu Pfingsten verlieh – auch heutige Menschen befallen können; vor allem das prophetische Reden in »Zungen«. Sie glauben an ihre Neugeburt als »wahre Christen« und halten den Teufel für allgegenwärtig. Sie legen die Bibel strikt wörtlich aus, verdammen Homosexualität genauso wie Abtreibung und erwarten im nahen Ende der Geschichte die Wiederkunft Christi auf Erden.

Der »Segen« jener bis dato kaum bekannten Toronto-Gemeinde namens *Airport Vineyard Church* hat die Bewegung in einem Maß angeheizt, die auch Experten vollkommen überraschte. Die *Vineyard Church* lehrt, daß die Macht des Heiligen Geistes – aber auch des Teufels – am Ende des 20. Jahrhunderts die Menschen erschüttern werde wie nie zuvor. Ihre Prophezeiung gab der charismatischen Bewegung einen gewaltigen Schub. Weltweit entstanden tausende neuer Gemeinden; zu den »Kriegern des Heiligen Geistes« (»Stern«) gehören mächtige Gruppen wie das *US Center for World Mission*, die aggressiv missionieren und über das konservativ-evangelikale Netzwerk *AD 2000* lose verknüpft sind.

Die Hoffnung, daß die böse Welt, Not und Versuchungen im finalen Showdown bereinigt werden, verbindet die charismatischen Sekten mit einer neureligiösen Strömung, die den »wahren Christen« als Ausgeburt Satans erscheint: der New-Age-Bewegung. New Age ist neben dem konservativ-evangelikalen Christentum der zweite rasch wachsende Glauben des Westens. Es ist eine City-Religion, entstanden in den Millionenstädten Nordamerikas. Viele der neuen religiösen Bewegungen und Psycho-Kulte sind mehr oder weniger seine Kinder. Der Begriff New Age – neues Zeitalter – stammt aus der Hippiebewegung der späten 60er Jahre. Studenten aus der weißen Mittelklasse feierten damals den »Sommer der Liebe« in Haight Ashbury, einem Stadtteil von San Francisco. Sie rauchten Marihuana, lasen Bücher von Karl Marx und über den Zen-Buddhismus und kehrten dem »Establishment« den Rücken. Sie demonstrierten gegen den Vietnamkrieg und gegen Atomkraftwerke, erwärmten sich für die Ökologie und experimentierten mit alternativen Lebensformen. Eine Gegenkultur entstand, aufklärerisch, links, auf freiheitliche Utopien gerichtet.

Die »romantische« Gegenbewegung ließ nicht lange auf sich warten. Enttäuscht von den mangelnden Möglichkeiten, wirklich etwas zu verändern, oder einfach gelangweilt gaben sich viele Aktivisten der Mystik und dem Okkulten hin. Seitdem hoffen sie auf das »Zeitalter des Wassermanns«, das »sanfte« Jahrtausend der Weisheit, der Weiblichkeit und des Lichts. Obwohl sie nicht im traditionellen Sinn »missionieren«, sondern vor allem Bücher, Videos, Seminare und Fernkurse verkaufen, ist ihr Erfolg überwältigend. In den 80er Jahren rollte die New-Age-Welle bereits weltweit, und in den 90ern ist sie nicht mehr zu stoppen. Die Anhänger des neuen Glaubens sind in der Regel wohlsituierte Mitglieder des (weißen) Mittelstandes aus der Nachkriegsgeneration der sogenannten Baby-Boomer.

Die entscheidenden Impulse des New Age gingen wohl nicht ohne Grund von Kalifornien aus. Der Soziologe Dick Madsen von der Universität von Kalifornien in San Diego glaubt, daß Kalifornien die Heimat von künstlichen und spirituellen Paradiesen wurde, weil der Bundesstaat am Pazifik sozusagen der Endpunkt des amerikanischen Traums (»Go West«) gewesen sei.[16] Millionen von Einwanderern, die nicht nur Raum für ihren Traum von wirtschaftlichem Erfolg suchten, sondern auch spirituelle Erneuerung, prallten an eine natürliche Grenze. Enttäuscht mußten sie ihre Hoffnungen auf ein *ganz neues* Leben begraben. Ihnen blieb nur die Flucht in synthetische Welten und ein künstliches Arkadien. Wenn Madsen recht hat, erklärt dies auch die von Kalifornien ausstrahlende Vermischung von Ersatzreligion und Ersatzrealität: Dort liegen die Traumfabriken Hollywoods, das Silicon Valley, die Geburtsorte der Ufo-Kulte und die Hauptquartiere von Psycho-Sekten wie *Scientology*. Der Kultführer Charles Manson, der 1969 ein Massaker mit neun Toten in Beverly Hills anrichtete, fand seine Anhänger in der Filmindustrie; der Satanist Anton Szandor LaVey spielte den Teufel in Roman Polanskis »Rosemary's Baby«, bevor er seine *First Church of Satan* gründete; und *Scientology* herrscht nach Berichten in der amerikanischen Presse heute in Hollywood wie früher die Mafia.[17]

Was New Age eigentlich bedeutet, ist weit schwerer zu fassen als sein Ursprung. New-Ager glauben, daß das jetzige alte Zeitalter (Old Age) mit seiner Umweltzerstörung und Wissenschaftsgläubigkeit restlos abgewirtschaftet hat. Nach einem »Paradigmenwechsel« im kommenden »weiblichen« Zeitalter könnten Rationalität und Spiritualität ausgesöhnt werden und aus dem Zusammenfall der Gegensätze eine neue spirituelle »Ganzheitlichkeit« von Mensch, Gesellschaft und Kosmos entstehen.[18] Diesen mystischen Epochenwechsel sagt beispielsweise der Physiker und New-Age-Vordenker Fritjof Capra in seinem Buch »Wendezeit« voraus.[19]

Was das alles konkret heißen soll, erfährt man am besten beim Rundgang durch den Esoterik-Laden gleich um die Ecke. »Die etwas unscharfe öffentliche Wahrnehmung des New Age als einer Mixtur aus Kristallen, Astrologie, geheimnisvollen Kreisen in Getreidefeldern und Shirley McLaine ist nicht so weit von der Wahrheit entfernt«, schreibt der britische Journalist Damian Thompson in seinem Buch »Das Ende der Zeiten«.[20] Tatsächlich wird man eine geschlossene Doktrin des New Age vergeblich suchen; alles hat irgendwie mit allem zu tun – oder auch nicht –, und die gegensätzlichsten Ideen werden auf eine »oft beklemmende Art« (Thompson) zusammengerührt. Zudem sind die Glaubensinhalte ständig im Fluß, je nachdem, was gerade »in« ist: gestern Kontakt mit Geistern per telepathischem Channeling, heute psalmodierende Mönche, morgen indianische Schwitzhütten.

Etwas genauer ausgedrückt: New Age ist ein triviales Mischmasch aus östlicher Weisheit, westlicher Psychologie, Okkultismus, Spiritismus, Verschwörungstheorien und vor allem der Theosophie. Die Theosophie war ein Versuch des 19. Jahrhunderts, durch den Import indischer Lehren – zum Beispiel der Reinkarnation – in die westliche Welt eine Art »Weltharmonie« zu schaffen; sie ist ein Fortschrittsglaube über den Tod hinaus, ähnlich wie bei der *Heaven's Gate*-Sekte. Vor allem aber war die Theosophie ein Rückfall hinter alle Erkenntnisse der Aufklärung in den schieren Aberglauben. Als Begründerin und Guru der Bewegung gilt die Russin Helena Blavatsky, die 1888 ihr theosophisches Grundlagenwerk »Die Geheimlehre« veröffentlichte. »Nahezu sämtliche Werke der Theosophie und heutzutage des New Age sind bestenfalls Variationen des in diesem Buch vorgestellten Weltbildes«, sagt der Münchener Psychologe Colin Goldner, Mitarbeiter der Zeitschrift »Psychologie Heute«.[21]

Hoch oben im Himalaya, behauptet Blavatsky, tage ein erhabener Kreis aus Krishna, Buddha, Jesus, Franz von Assisi, Leonardo da Vinci und Johann Wolfgang von Goethe – die »Große Weiße Bruderschaft«.[22] Die Bruderschaft überwache im Auftrag der »Galaktischen Hierarchie« insgeheim das Leben der Menschen auf der Erde und habe die Aufgabe, die Menschen in ein »Goldenes Zeitalter« zu geleiten. Auserkorene Menschen könnten mit den Nirwana-Meistern Kontakt aufnehmen und der Menschheit als Führer ins »Licht« dienen. »Die Verwirklichung des ›Neuen Zeitalters‹ kommt der in der Evolution am weitesten fortgeschrittenen Rasse zu: den Ariern«, faßt Colin Goldner zusammen.[23] Daraus ergebe sich zwingend, daß alle »niederen Rassen« – Indianer, Eskimos, Aboriginis, Papuas und so weiter – wegen ihres »schlechten Karmas« aussterben müssen. Karma ist nach der indischen Reinkarnationslehre die Summe der Taten, Gefühle und Gedanken in diesem und früheren Leben.

Blavatskys rassistische Lehre vom arischen Übermenschen begeisterte nicht nur Rudolf Steiner, den Begründer der Anthroposophie und den englischen Neosatanisten Aleister Crowley, sondern spielte auch innerhalb der NSDAP eine wichtige Rolle. Schon in der Weimarer Republik griffen esoterische rechtsradikale Geheimbünde wie der *Thule-Orden* (Mitglieder waren zum Beispiel die späteren Nazi-Größen Himmler, Heß, Rosenberg) die rassistische Idee vom arisch-spirituellen Zeitalter auf. Sie nannten es das »Dritte Reich«, dem angeblich »Dunkelrassen« wie die Juden im Wege stünden, und ihr »Messias« hieß Adolf Hitler. Der österreichische Autor René Freund schreibt: »Hitler wurde nicht nur zum Führer, er wurde zum Erlöser gemacht.«[24] Da wundert es kaum noch, daß das Hakenkreuz ursprünglich ein Lieblingssymbol der Theosophen war und daß führende Nazis wie Heinrich Himmler ein besonderes Faible für Tibet hegten (auch wenn Hitler selbst von der Okkultisterei nicht viel hielt).

Im New Age feiert der Theosophen-Spuk eine ungeahnte Auferstehung; Helena Blavatsky gilt allgemein als die »Stammutter« des neuen Glaubens.[25] »Die heutigen New-Age-Vertreter führen die reaktionäre Ideologie der Theosophen ungebrochen fort«, sagt der Psychologe Colin Goldner. »Selbstredend *propagieren* sie nicht die Ausbeutung der Völker der Dritten und Vierten Welt. Sie sagen es nicht *laut*, daß die Slums und Elendsviertel dieser Welt Tummelplätze für niedere Seelen sind, denen nur Recht widerfährt. All das Rassistische, Antisemitische, Faschistoide bleibt unterschwellig, verborgen.«[26] Nur manchmal, eher versehentlich, reden New-Age-Leute Klartext. Dann schadroniert etwa der Münchener Star-Esoteriker Erhard Freitag im Fernsehen davon, daß die sechs Millionen jüdischen Opfer des Holocaust irgendwelche Vergehen aus früheren Leben zu büßen hatten – die Nazis hätten ihnen lediglich geholfen, ihr »schlechtes Karma« abzutragen. Auch wenn New-Ager »Kraftorte« aufsuchen, um die »Versöhnung mit der Mutter Erde« zu begehen und sich selbst als »Teil des Ganzen« zu erfahren, winkt am Horizont die Blut- und Boden-Ideologie der Nationalsozialisten. Apropos Blut und Boden: Mit den Nazis verbindet New-Ager auch ihr allgemeines Mißtrauen gegen die moderne Zivilisation.

New-Age-Anhänger bestreiten jedoch den Zusammenhang mit »brauner Magie« und verweisen auf die Vielfalt ihrer Bewegung. Doch so mühsam die Suche nach einem gemeinsamen Nenner im New-Age-Dschungel auch ist, so weist der Journalist Damian Thompson doch auf eine entscheidende Gemeinsamkeit hin, die auch auf Helena Blavatsky zurückgeht: »Das New Age ist apokalyptisch; es glaubt an eine Endzeit.«[27] Ob Ufologen, Astrologen oder Anhänger der Gaia-Theorie, die die Erde als lebendes Wesen ansehen – sie alle sind davon überzeugt, daß der Menschheit dramatische Katastrophen und Umwälzungen mit Millionen von Toten bevorstehen, bevor das jetzige »Zeitalter der Fische« nach der Zeitenwende vom »Zeitalter des Wassermanns« abgelöst wird.

»Nach einem Atomkrieg könnte die Erde in neuer Schönheit entstehen«, erklärte etwa Georg Trevelyan, Gründer des amerikanischen New-Age-Zentrums Findhorn.[28] Und der deutsche New-Age-Guru Erhard Freitag bedauerte, daß es in Tschernobyl zu wenig Tote gab: »Leiden schafft Erleuchtung. Ich hätte gerne gehabt, wenn es eine Million Tote gegeben hätte.« Die Endzeit überdauern sollen im Elitedenken des New Age natürlich die »spirituell am weitesten fortgeschrittenen Rassen«, urteilt Colin Goldner. Auch die Sehnsucht nach einem Erlöser gedeiht wieder auf dem Boden der Weltuntergangsphantasien.[29] Rettung erhoffen sich viele New-Ager insbesondere von außerirdischen Ufos, in denen Wesen säßen, die weiter als die Menschen entwickelt seien und ihnen als »esoterische Lehrmeister« dienen könnten. Die Ufologie ist längst zu einer neuen Religion des 20. Jahrhunderts geworden; aber sie ist meist nichts anderes als Theosophie im Science-Fiction-Gewand. Denn die Außerirdischen wenden sich bevorzugt an »reife Völker« – gemeint sind natürlich »Weiße« –, und sie sind offenbar, obwohl weitgereist, überzeugte Antisemiten.[30]

Endzeit und Übergang sehen im New Age meist jedoch etwas sanfter aus als in den rabiaten Vorstellungen charismatischer Christen; zudem treibt New Ager häufig noch echte Sorge um die Erhaltung der Menschheit an. Doch obwohl sich *Charismatiker* und Anhänger des New Age gegenseitig spinnefeind sind, sind ihre Vorstellungen nicht nur seltsam ähnlich, was den Zeitpunkt der Apokalypse – um das Jahr 2000 – betrifft. Beide Bewegungen glauben auch übereinstimmend eher an körperlose Stimmen als an Visionen, beide sehen körperliche Gesundheit als ein Zeichen spirituellen Wohlbefindens an. Und beide legen ungeheuren Wert auf die persönliche Erfahrung des Spirituellen – den unmittelbaren Zugang zur Göttlichkeit per Erleuchtung oder Offenbarung. »Könnte es sein«, fragt Damian Thompson, »daß es sich in einiger Hinsicht um praktisch die gleiche Religion handelt?«[31]

Soviel jedenfalls ist sicher: Da sowohl die Ideen der New Ager wie auch der *Charismatiker* gemessen am Mainstream der Gesellschaft (noch) als eine Beleidigung des normalen Verstandes gelten, werden sie bislang von der Mehrheit der Gesellschaft abgelehnt. Deshalb müssen sich beide Bewegungen selbst erklären, warum das so ist. *Charismatiker* besitzen dafür ein reiches Instrumentarium apokalyptischer Lehren (wie z. B.: »Homosexuelle sind vom Antichrist besessen«); die New-Ager behelfen sich vor allem mit abenteuerlichen Verschwörungstheorien. Warum wird die Landung von Ufos nicht in den Nachrichten gemeldet? Weil die US-Regierung mit den Außerirdischen zusammenarbeitet und alle Berichte über sie zensiert.

Da Verschwörungstheoretiker früher oder später offenbar zwangsläufig ein gigantisches Komplott der Juden am Werk sehen, gerät das New-Age-Milieu – eigentlich in grün-alternativen Kreisen zu Hause – auch in dieser Hinsicht häufig in eine gefährliche Nähe zum Rechtsradikalismus. So wurde 1987 das Buch »Das Goldene Band. Esoterischer Hitlerismus« des chilenischen Diplomaten Miguel Serrano ein Renner in deutschen Esoterik-Kreisen. Serrano schwafelt von einer »unsichtbaren Regierung« von (jüdischen) Freimaurern, er behauptet, die Judenvernichtung sei »einer der größten Betrugsfälle der Menschheit und erklärt, Hitler sei ein okkultmagisch »Eingeweihter« gewesen.[32] Auf Serranos Buch folgten unter dem Signum »esoterischer Hitlerismus« zahlreiche ähnliche Bücher, die an einem neuen Hitler-»Mythos« basteln und inzwischen einen regelrechten Zweig der New-Age-Industrie ausmachen.

Der aktuellste Fall ist das anonym erschienene Buch »Geheimgesellschaften und ihre Macht im 20. Jahrhundert«, dessen Autor den Holocaust leugnet und behauptet, die Welt werde insgeheim von Bankiers und Freimaurern regiert, hinter denen sich jüdische Geheimgesellschaften verbergen.[33] Eine solche Weltverschwörung sieht wiederum auch die religiöse christliche Rechte am Werk, die vor allem in den bibelgläubigen ländlichen Gebieten der USA (»Bible Belt«) beheimatet ist. In ihrem Weltbild verschmelzen Freimaurer, Juden und neuerdings die Vereinten Nationen zu einer teuflischen Koalition, die längst die Regierung der Vereinigten Staaten kontrolliert und angebliche Freiheitskämpfer wie die *Davidianer*-Sekte in Waco kaltblütig in die Luft jagt.

Die Geschichte von David Koresh, Chef der Davidianer-Sekte von Waco/Texas, als Tatsachen-Krimi

Der *Davidianer*-Chef David Koresh war ein christlich-apokalyptischer Prophet des Endkampfes zwischen Gut und Böse, aber er glaubte auch – obwohl unzweifelhaft kein Anhänger des New Age –, daß er bei einem Israel-Besuch 1985 von Engeln per Raumschiff in den Himmel transportiert worden war.[34] Der Mischmasch von Glaubenssystemen in den neuen Sekten ist fraglos eine Folge des New Age; aber er ist auch ein Effekt der Globalisierung. Jeder Ideologiebrocken – ob altägyptisch, ob ufologisch – ist weltweit verfügbar. Fernsehen und Internet sorgen für blitzschnelle Verbreitung auch entlegener Ideengebäude. Im Ergebnis sind die Texte der Gurus oft kindisch und kosmisch zugleich, sie verquirlen das Erhabene mit dem Profanen und das Okkulte mit politisch-extremistischen Vorstellungen.

So mischte der japanische »Giftgas-Guru« Shoko Asahara in seiner *Aum*-Sekte einen tödlichen Ideologie-Cocktail aus Jesus, Buddha und Adolf Hitler. Die französischen *Sonnentempler* bedienten sich im Arsenal des New Age; ihr Programm umfaßte Umweltthemen, Astrologie, Science Fiction, Homöopathie, Okkultmagie und rechtsradikale Verschwörungstheorien. Von Verschwörern fühlte sich auch der »Pulp Fiction«-Schreiber L. Ron Hubbard umgeben, der seine *Scientology* aus Science Fiction, einem Schuß

Psychoanalyse und dem Okkultismus des theosophisch geschulten Magiers Aleister Crowley schuf. Bhagwan Shree Rajneesh, der 1990 verstorbene Sex- und Drogen-Guru aus Poona verrührte okkulte Praktiken, psychotherapeutische Techniken und indische Traditionen, um seine Anhäner zur »Zertrümmerung des Ego« zu führen.

High-Tech-Kommunikation und das Zusammenwachsen der Staaten haben auch den Gurus den schnellen Zugriff auf den weltweiten Markt gesichert. Ein Geistheiler aus dem Amazonasdschungel kann von heute auf morgen Kongreßzentren füllen; eine Marienerscheinung im ländlichen Polen führt zuverlässig zu Verkehrsstaus an den Grenzen. Die terroristische japanische *Aum*-Sekte warb in nur drei Jahren über 10 000 Anhänger in Rußland. Evangelikale Sekten feiern unglaubliche Erfolge in Lateinamerika, wo es Ende der 60er Jahre gerade 5 Millionen Protestanten gab; heute sind es über 40 Millionen. *Charismatiker*, die *Zeugen Jehovas, Scientology* und die *Mun*-Bewegung haben in kürzester Zeit im ehemaligen Ostblock Fuß gefaßt. Nirgends aber sind die Umwälzungen größer als in China: Dort haben charismatische Kultführer bis 1997 schon über 20 Millionen »wahre Christen« missioniert.[35]

Zufällig sind diese Erfolge nicht. Die multinationale Expansion wird generalstabsmäßig geplant und ins Werk gesetzt. *Scientology* fordert von ihren Mitgliedern »planetarische Verbreitung jetzt«; die *Boston Church of Christ* schickt Missionskommandos, um »in allen Ländern der Erde im Jahr 2000« vertreten zu sein, und die charismatische Bewegung verfolgt eine aggressive Theologie der »spirituellen Kriegführung«, um im »weltweiten Kampf zwischen Gut und Böse« über die Dämonen zu siegen.

Hare Krishna, Mun, Sri Chimnoy

Berlin, Frühjahr 1997, später Nachmittag. Vor dem KaDeWe verteilen fünf *Scientologen* Handzettel mit Einstein-Bild. Nahe der Gedächtniskirche haben »Junge Leute für Jesus« einen Lautsprecher aufgebaut. Unweit davon tanzen Krishna-Devotees und murmeln unverdrossen ihr Mantra. In der U-Bahn laden »wahre Christen« »ganz unverbindlich« zu einem Grillfest ein. Durch die Kneipen im Bezirk Prenzlauer Berg ziehen Kurzhaarige und verteilen Handzettel für ein Yoga-Zentrum. Ihnen folgen »Studenten«, die die »Prenzlberger Ansichten« der *Humanistischen Bewegung* des argentinischen Psycho-Gurus Mario Luis Rodriguez Cobos (»Silo«) auslegen. Während Dutzende Esoterik-Läden Feierabend machen, beginnen in Hunderten von Wohnungen, Fabriketagen und teuren Villen esoterische Seminare, Workshops, »Therapien« und Meditationen. Wahrsager holen die Kugel aus der Truhe, Kartenleger legen ihr Blatt zurecht, Astrologen ihre Sternenkarte. In einem noblen Hotel startet die Großveranstaltung eines Strukturvertriebs. Und wer dann noch nicht weiß, wohin, blättert einfach mal in »Berlin Okkult«, dem »ersten esoterischen Stadtführer der Welt«.[36]

»Westberlin war bereits vor der Maueröffnung ein Mekka solcher Gruppen, vergleichbar mit San Francisco oder Amsterdam«, sagt der Sektenexperte Thomas Gandow. »Jetzt entwickelt sich die Stadt zu einem besonderen Sammelbecken wegen ihrer Drehscheiben-Funktion zwischen Ost und West.« Doch Berlin ist überall. Auf rund 600 schätzen Experten die Zahl der Sekten, Kulte und Psycho-Gruppen in Deutschland, nicht mitgerechnet diejenigen Strukturvertriebe, Schneeballsysteme und Management-Trainings, die mit sektenartigen Methoden Kunden kobern.

»Niemand kann den spirituellen Supermarkt mehr überblicken«, sagt Berlins Sektenbeauftragte Anne Rühle. Spiritualität ist der ultimative Trend der 90er: Für praktisch jede Altersgruppe, für jeden Berufsstand, für jedes intellektuelle Niveau steht die passende Kultgruppe bereit. Jugendliche zum Beispiel geraten heute weniger in den Bann von »Jugendsekten« als vielmehr von Beschwörern übersinnlicher Geister: Nach aktuellen Studien kennen fast alle jungen Leute okkulte Praktiken, und ein Drittel der Schüler hat bereits selbst das Pendel geschwungen, die Karten gelesen oder Gläser gerückt.[37] Ältere Leute landen häufig bei den *Zeugen Jehovas.* »Da kommt jemand an die Tür, die Leute sind einsam und freuen sich über den Kontakt«, meint Anne Rühle. Und während die charismatische Bewegung einen Trend »zurück zu den Wurzeln« nutzt und Menschen bindet, die irgendwie diffus an christliche Traditionen anknüpfen wollen, setzen sowohl New-Age-Schamanen wie Psycho-Sekten auf die »psychologisierte« Nachkriegsgeneration aus dem Mittelstand.

Nach einer »Infratest«-Umfrage unter 11 000 Bundesbürgern vom April 1997 sind rund 800 000 Bundesbürger Mitglied einer religiösen oder einer anderen weltanschaulichen Gruppe. Drei Viertel der Befragten verschwiegen allerdings die Gemeinschaft, der sie nahestehen; daher sind die Angaben über die Mitgliederzahlen der einzelnen Gruppen unbrauchbar.[38] Nach seriösen Schätzungen besitzen beispielsweise die *Neuapostolische Kirche* zirka 400 000, die *Zeugen Jehovas* rund 170 000 Mitglieder, das *Universelle Leben* etwa 40 000, *Scientology* um die 20 000 Anhänger.[39] Die »Infratest«-Befragung brachte aber immerhin einigen Aufschluß über die Sozialstruktur der Sekten-Jünger. Unter den bekennenden Sektierern fanden sich überdurchschnittlich häufig Freiberufler, Selbständige und Singles, unter der »Laufkundschaft« für Seminare und Workshops: Singles, Großstadtmenschen, Besserverdienende – und Personen mit einem Einkommen *unter* 3000 Mark monatlich. Deutlich wird: Nicht mehr Aussteiger, sondern Einsteiger sind gefragt. Auf dem Markt der »verdeckten« Kursanbieter erwies sich *Scientology* als absoluter Spitzenreiter; etwa 110 000 Menschen haben laut Umfrage ein- oder mehrmals an ihren Seminaren teilgenommen.[40]

Wer vor dreißig Jahren in der Bundesrepublik über Sekten sprach, meinte christlich inspirierte Gruppen wie die *Zeugen Jehovas*, die *Mormonen*, die *Siebenten-Tags-Adventisten* und die *Neuapostolische Kirche*. Doch um 1968 geschah Seltsames auf westdeutschen Straßen und Plätzen. Da ertönte nicht nur der Ruf »Ho-Ho-Ho-Chi-Minh« auf dem Ku'damm; im Windschatten der Studentenrevolte tauchten auch die Vorboten des New Age auf. Im Sommer des Jahres 1968 schickte Swami Prabhupada, der Begründer der *Hare-Krishna*-Bewegung *(ISKCON)*, seinen ersten Missionar aus Amerika nach Europa, einen Deserteur aus der US-Army.[41] Aus naheliegenden Gründen – gemeinsame Sprache und Kultur – rollte die erste Welle der »neuen religiösen Bewegungen« aus den USA damals zunächst nach Großbritannien. Der Krishna-Mönch wurde jedoch in England von der Einwanderungsbehörde abgewiesen, ging von dort nach Amsterdam und wurde dann von seinen Oberen nach Deutschland beordert.

Schnell fand die Bewegung in Universitätsstädten wie Berlin, München und Heidelberg Anklang und konnte sich von 1974 bis 1980 sogar ein festes Domizil im Taunus-Schloß Rettershof einrichten. Obwohl sie in der Bundesrepublik wohl nie mehr als 200 Anhänger hatten, erlangten die bunten Vögel wegen ihrer exotischen Gewänder und seltsam reduzierten Sprechgesänge (»Hare Hare«) in kurzer Zeit eine Bekanntheit wie altgediente Christen-Sekten. Sie wurden zum Synonym all jener Kulte, die wie aus dem Nichts plötzlich überall erschienen und damals »Jugendreligionen« getauft wurden, weil sie zunächst vor allem Jugendliche in ihren Bann zogen. »Einigen der neuen Sekten kann man den religiösen Charakter kaum absprechen«, sagt Sektenexperte Thomas Gandow. Dazu zählen für ihn beispielsweise die *Hare Krishnas*, die *Mun*-Bewegung oder die Organisation des Inders Chinmoy Kumar Ghose *(Sri Chinmoy)*.

Bald gehörten die aggressiven Werber der *Mun*-Bewegung, der *Transzendentalen Meditation*, der *Divine Light Mission* oder der *Kinder Gottes* ebenso zum Straßenbild wie die unerbittlich lächelnden Hubbard-Jünger, deren Organisation man damals noch *Scientology Church* nannte. Die *Scientologen* besaßen zwar schon seit den 50er Jahren ein paar Fans in Deutschland, doch sie nahmen die Bundesrepublik erst systematisch ins Visier, als sie Ende der 60er Jahre in ihren Hochburgen massive Schwierigkeiten bekamen. Anders als heute, recherchierten damals in den USA das Finanzamt und das FBI hinter ihnen her; in Südafrika, Australien und England hatten parlamentarische Untersuchungsausschüsse untragbare Zustände in Hubbards Heilsbüros aufgedeckt. So hieß es im australischen »Anderson-Report« von 1965: »Scientology ist böse; ihre Techniken sind böse; ihre Praxis ist eine ernste Bedrohung der Gesellschaft, medizinisch, moralisch und sozial.«[42] Großbritannien verwies wie zuvor schon Australien und Rhodesien (heute Zimbabwe) 1968 alle ausländischen *Scientologen* des Landes, darunter den Sektenchef L. Ron Hubbard. Auch der korea-

Der Sektenbeauftragte der evangelischen Kirche Berlin-Brandenburg Pfarrer Thomas Gandow (l.) mit Scientology-Expertin Ursula Dyckhoff und seinem Kollegen Kurt-Helmuth Eimuth aus Frankfurt a. M.

nische »Messias« San Myung Mun darf bis heute englischen Boden nicht betreten; der Grund: »Störung der öffentlichen Ordnung«.[43]

Von all dem wußte die deutsche Öffentlichkeit so gut wie nichts. Sie wurden als Kuriosum belächelt und als Spinner verspottet – doch die neuen Kulte faßten Fuß. Das Problem wurde zwar durch die Studentenrevolte überlagert. Aber anders als in England, Holland oder im liberalen Skandinavien – ihren Einfallstoren nach Europa – trafen die »Jugendsekten« in Deutschland auf einen Widerstand, mit dem sie nicht gerechnet hatten. In der Bundesrepublik beschäftigten die großen Kirchen sogenannte Sektenbeauftragte. Sie sollten in der Nachkriegszeit dabei helfen, die vielen christlichen Sektierer unter den Ost-Vertriebenen in die großen Kirchen zu integrieren. Ende der 60er Jahre war das – soweit möglich – geglückt, und die Beauftragten suchten nach einer neuen Aufgabe. »In dem Moment bimmelt's an der Tür, und die Hare Krishnas sind da«, erinnert sich Thomas Gandow. »Da sagten die Beauftragten: Wunderbar, dieses Problem gehört auf unseren Tisch.«

Gleichzeitig suchten immer mehr Eltern, deren Kinder in einer Sekte versackt waren, Information und Hilfe, und die Kirchen waren die ersten und zunächst einzigen, die das geben konnten. In den 70er Jahren entstanden Eltern- und Betroffeneninitiativen. Für ein Verbot der *Scientology*-Organisation wurden zum Beispiel 50 000 Unterschriften gesammelt. Der Staat hielt sich indessen zurück, nach dem Motto: Sollen die Kirchen ihre bizarren Konkurrenten doch selbst kontrollieren! Doch die spektakulären Enthüllungen über Unterwanderungsstrategien des *Scientology*-Konzerns erzeugten seit Anfang der 90er Jahre einen so massiven öffentlichen Druck, daß auch die Politiker reagieren mußten. Am weitesten ging die Hansestadt Hamburg. Sie installierte eine eigene Arbeitsgruppe *Scientology* mit vier Mitarbeitern. Über deren Erfolge sagt die Leiterin der Arbeitsgruppe, Ursula Caberta: »Ohne uns hätte es nie eine Diskussion über Scientology als politische Gefahr gegeben.« Gegen massiven Widerstand, nicht nur der Sekten, sondern auch von politischen Lobbyisten und der Grünen Partei, setzte schließlich der Deutsche Bundestag im Frühjahr 1997 eine Enquete-Kommission »Sogenannte Sekten und Psychogruppen« ein, die im März 1998 ihren Abschlußbericht vorlegen wird.

Vielleicht wird sich dann etwas daran ändern, daß den Opfern bisher außer mit Solidarität und gutem Zuspruch kaum geholfen werden kann. Zwar überzieht heute das wohl weltweit dichteste Netz von staatlichen und kirchlichen Beratungsstellen, Sektenbeauftragten und Elterninitiativen die Bundesrepublik. Doch seit 1992 darf der Staat keine privaten derartigen Hilfsorganisationen mehr unterstützen; das entschied das Bundesverwaltungsgericht in einem Prozeß, den die *Bhagwan-Osho*-Sekte gegen den Dachverband der Elterninitiativen *AGPF* in Bonn angestrengt hatte. Die Folge: Planstellen wurden gestrichen, die Beratung stark eingeschränkt. Auch die Justiz tut sich schwer, denn viele Richter haben kaum Informationen über die Kultgruppen, und Straftaten müssen im Einzelfall nachgewiesen werden. Selbst wenn sie Menschen grob mißhandeln, bleiben die *Organisationen* unbeklagt – sie berufen sich auf die Religionsfreiheit.

Simple Antworten in Zeiten der Orientierungslosigkeit

In schweren Zeiten wächst die Sehnsucht nach Orientierung und Heil. Doch die westlichen Demokratien sind, wie es der Soziologe Ralf Dahrendorf ausdrückt, »cold projects«, kalte Projekte: Sie schaffen einen Rahmen für freiheitliche Verhältnisse, aber als Objekt heißer Gefühlswallungen und heftiger politischer Leidenschaft sind sie nicht geeignet. Die offizielle Politik ist in großen Teilen zum Ritual erstarrt. Im Lehrplan der Schulen kommen die großen philosophischen Fragen kaum noch vor: Wer bin ich? Woher komme ich? Wohin gehe ich? Welchen Sinn kann ich meiner Existenz geben?

Und die großen Kirchen? Sie haben sich zwar grundlegend demokratisiert, haben Freiräume für Kritik und eigenes Denken geschaffen. Aber gleichzeitig haben sie sich dabei quasi selbst dem rationalen Zeitgeist geopfert, haben manch sakrale Elemente leichtfertig über Bord geworfen und keine eindeutigen Konzepte mehr anzubieten. Die Sehnsüchte spiritueller Sucher können sie kaum mehr befriedigen. Nicht ohne Grund kaufen so viele Menschen Bücher über die »Landung der Götter«, »ganzheitliche

Wunderheilung« oder »alternative Naturwissenschaft«.[44] Sie tun es, weil sie weder dem traditionellen christlichen Glauben noch den Forschungen der Historiker und Naturwissenschaftler vertrauen. Sie tun es auch, weil in der rationalisierten Welt die unterschwellige Sehnsucht nach Träumen, Engeln, Dämonen und Göttern keinen Halt findet. Und wo alles in Frage gestellt ist, bastelt sich eben jeder seinen Lebensentwurf selbst zusammen. Schon der Schriftsteller Gilbert K. Chesterton sagte: »Wenn Menschen aufhören, an etwas zu glauben, dann glauben sie nicht an nichts; sie glauben an alles mögliche.«[45] Sie beginnen, Führer mit Kraft und Charisma zu suchen.

In die Leere, die der Verlust sicherer Orientierung und die Angst vor dem sozialen Abstieg aufreißen, stoßen Verführer aller Art. Die Kulte haben aus dem gleichen Grund Erfolg wie Neo-Nationalisten und Rechtsradikale: Sie geben Ziele, Rückendeckung, Wärme. Sie besitzen simple Lösungen für jedes nur denkbare Problem. Sie kennen die Ursache des Bösen. Und sie sagen, was zu tun ist, nach dem Motto: »Mach, was wir dir sagen, und dir geht es super!« Aber sie verraten niemals den Preis, den der Eintritt ins künstliche Paradies kostet: die Aufgabe der eigenen Persönlichkeit, die totale psychische, körperliche und finanzielle Unterwerfung. »Wenn ich gewußt hätte, was mich erwartet, hätte ich mich nie darauf eingelassen«, sagt zum Beispiel Annette Müller* aus Berlin, die fünf Jahre Mitglied beim *Verein zur Förderung der Psychologischen Menschenkenntnis* war.

Wenn eintrifft, was Hans-Peter Martin und Harald Schumann, die Autoren des Buches »Die Globalisierungsfalle« prognostizieren, dann werden in Zukunft nicht weniger, sondern noch weit mehr Sekten in Deutschland und Europa auftauchen.[46] Der Grund: Die Globalisierung – das Zusammenwachsen der Märkte – frißt immer mehr Arbeitsplätze und treibt immer mehr Menschen in unsichere Verhältnisse. Die beiden Journalisten warnen vor der Ein-Fünftel-Gesellschaft: Einem Fünftel der Menschen geht es gut, der Rest lebt mit einer unterschwelligen Angst um die eigene Existenz. Martin und Schumann schreiben: »Nur naive Theoretiker oder kurzsichtige Politiker glauben, man könne, wie derzeit in Europa, Jahr für Jahr Millionen Menschen um Jobs und soziale Sicherheit bringen, ohne dafür irgendwann den politischen Preis zu bezahlen.«[47]

Die Spaltung der Gesellschaft in eine Minderheit von Gewinnern und eine Mehrheit von Verlierern ist der ideale Nährboden für Weltverbesserer, politische Verführer und Kultgruppen aller Art. Sekten haben gerade deshalb Erfolg, weil sie in Wirklichkeit nichts Exotisches sind, sondern aus der Mitte der Gesellschaft kommen. Und das nicht nur aus Angst oder Orientierungslosigkeit. Es ist auch das Wechselspiel zwischen Macht und Unterordnung, Herrschaft und Gehorsam. Hierarchien gibt es überall in der Gesellschaft; auch in der Firma, im Sportverein und in der Familie wird Anpassung verlangt. »Der Gehorsam, den ›Sekten‹-Mitglieder ihren Führern entgegenbringen, wurde außerhalb der ›Sekte‹ gelernt«, schreibt Andreas Schlothauer, ehemaliges Mitglied der österreichischen Psycho-Sekte *Aktions-Analytische Organisation (AAO)*.[48] Jede Gesellschaft, könnte man sagen, erhält die Sekten, die sie verdient.

Der Griff zur Macht über Menschen ist denn auch das wichtigste gemeinsame Merkmal vieler Sekten und Kultgruppen. Harte Sekten sind die Erben der Zuchtanstalten, Kasernenhöfe und Beichtstühle früherer Zeiten. In ihnen feiert die »schwarze Pädagogik«, die totalitäre Erziehungspraxis des bürgerlichen Zeitalters, fröhliche Auferstehung.[49] Gerade sitzen, Ohren spitzen, Mund halten, Hände falten – die schwarzen Pädagogen waren wie Dompteure, die aus »Tieren« Menschen machen wollten. Dazu zwängten sie die Kinder in starre Schulbänke und starres Denken, züchtigten sie nach Herzenslust, spürten der Onanie nach und sahen den künftigen Staatsbürger am liebsten in Reih und Glied strammstehen. Die Gehirnwäsche im Dienst von Familie und Vaterland wollte – nach dem Vorbild der Jesuiten – »vollkommene Menschen« produzieren, das Ergebnis waren folgsame Untertanen. Was schwarze Pädagogik bedeutet, wird am deutlichsten aus einem Sprichwort der preußischen Militärtradition: Man muß den Rekruten erst das Rückgrat brechen und sie dann wieder zusammenflicken. Nichts anderes passiert in vielen Sekten.

Psycho-Gruppen und Psycho-Sekten

Viele, die an nichts mehr glauben, erwarten Wunderdinge von der Psychotherapie und allem, was damit zusammenhängt. In der Tat hat jede Therapie einen quasireligiösen Einschlag: Der Therapeut ist seit Sigmund Freund wie ein Priester, der die Beichte abnimmt und dann seinem Patienten die Absolution erteilt. Zudem besitzt die klassische Psychoanalyse ebenso wie die Tiefenpsychologie einen utopischen Kern. Sie will den Patienten von Blockaden und Hemmungen befreien – ihn durch den schmerzlichen Gang ins Unterbewußtsein zum Licht führen: voilà, ein neuer Mensch! Schließlich vermittelt jede Therapie auch Weltanschauung, und sei es nur die verbreitete utopische Vorstellung, daß die moderne Medizin alles kann – der Traum von der vollständig herstellbaren Gesundheit und die Utopie der Selbstverwirklichung. Es leuchtet ein, daß spirituelle Führer und Scharlatane dabei leicht eigene Rettungsideen aufsatteln können. Im Machtgefälle zwischen Therapeut und Patient liegt die zweite große Chance der selbsternannten Heiler: Es schafft eine »natürliche« Abhängigkeit. Kurz gesagt: Die ehrbare alte Psychotherapie ist auch die Mutter aller Psycho- und Lifestyle-Gruppen.

Immer mehr Menschen strömen in Selbsterfahrungs-, Psycho- und Esoterikkurse, um »ihre Grenzen zu erfahren«, einen höheren Sinn in der eigenen Existenz zu finden oder einfach mehr Erfolg zu haben. Wo alles möglich und erlaubt ist – Reisen in den letzten Winkel der Welt, radikale Selbstentblößung in Talkshows – winkt der Weg in den »inneren Kontinent« als letztes Abenteuer. Andere suchen in den Anzeigenspalten der Stadtmagazine nach Ersatz für eine Psychotherapie. Das kann erschreckende Folgen haben. »Nach bestimmten Kursen füllen sich die Betten der Psychiatrie«, sagt der Psychotherapeut Jürgen Kriz, Professor an der Universität Osnabrück.[50] Denn Psycho-Kurse sind kein Ausgleich für eine echte Therapie, die meist Monate oder Jahre dauert. Sie sind ein Angebot für »Gesunde«, die am Wochenende neue Erfahrungen und spirituelle Erlebnisse suchen – und die sich zutrauen, das Geschehen hinterher allein zu verarbeiten.[51] Wer dieses Risiko eingeht, hat eine fast unbeschränkte Wahl. Doch im riesigen Sortiment zwischen sanfter Massage und hartem Erfolgstraining mischen auch Hunderte von dubiosen Gurus und Sekten mit. Und die Übergänge sind fließend.

Psycho-Gruppen und Psycho-Sekten sind mit wenigen Ausnahmen (wie etwa *Scientology*) ein Produkt der letzten dreißig Jahre und ohne die Entwicklung der Psychologie und Psychotherapie nicht denkbar. Diese Gruppen haben häufig eine offenere Organisationsstruktur als religiöse Sekten und zeichnen sich außerdem durch ihr Angebot von Kursen, Seminaren und Trainingsformen mit quasitherapeutischen Zielen aus – sie vermarkten psychologische Techniken. Oft bieten sie Workshops und Seminare über »innere Einsichten«, »Erleuchtung« oder »Erfolg« an. Im Seminar werden dann mit bestimmten Psycho-Tricks »Schlüsselerlebnisse« erzeugt, die die Teilnehmer dazu motivieren sollen, teure weiterführende Kurse zu besuchen. Nicht alle diese Gruppen sind Sekten. Viele Anbieter zielen nur darauf ab, ihre Kunden für eine Zeitlang an sich zu binden und auszubeuten; sie motivieren sie aber gleichzeitig, neue Teilnehmer zu finden. Allen ist jedoch gemeinsam, daß sie mit Psycho-Techniken das Verhalten der Kunden manipulieren. Die Absolventen können sich leicht im Netz dieser Kurse und – im Extremfall – dem totalitären System einer Sekte verstrikken.

Ausgehend vom Ziel der Psychotherapie, das Individuum zu heilen, sind Psycho-Sekten und Psycho-Gruppen »Ego-Kulte«. Ihr Slogan lautet: »Alles, was Menschen widerfährt, haben sie selbst geschaffen, durch ihr Denken geschaffen.«[52] Nicht radikale Veränderung der Gesellschaft, sondern die »Selbstbefreiung des Einzelnen« erscheint als Programm der neuen Kulte. Die Egozentrik wird, ganz im Trend der orientierungslos gewordenen Moderne, zum Heilsweg. Erlösung gibt es nur noch individuell – doch den genauen Weg zum Glück kennt nur der Meister. »Erlösungsbedarf wird immer noch – als Grundbedingung für das rettende Eingreifen eines Gurus – gepredigt«, schreibt der Wiener Autor René Freund.[53] Mit diesem

Trick schaffen es die Psycho-Gruppen, den Trend der modernen Gesellschaft zu immer mehr Individualismus und persönlicher Freiheit in sein Gegenteil zu verkehren. Und ihre Lockmittel sind stark, denn Psycho-Gruppen versprechen Heilung und Glück auf einfachstem und schnellstem Weg. Die Anbieter auf dem boomenden Psycho-Markt lassen sich letztlich in drei Gruppen zusammenfassen.

1. Psycho-Gruppen und Psycho-Sekten mit einem religiösen Konzept. Sie stehen in der New-Age-Tradition wie die *Bhagwan-Osho*-Bewegung, *Heaven's Gate* oder das *Zentrum für experimentelle Gesellschaftsgestaltung*. Therapeutische Konzeptionen und auf modernen Psycho-Techniken beruhenden Methoden vermengen sich mit religiösen Vorstellungen wie zum Beispiel einem »kosmisches Bewußtsein«, dem Glauben an Ufos oder an Gaia, die Erde als lebendiges Wesen. Hunderte, wenn nicht Tausende von Einzelpersonen oder Gruppen bedienen in Deutschland den »weichen« Psycho-Markt: selbsternannte Schamanen, Astrologen, Tantra-Masseure oder Kraftfeld-Propheten – ein Milieu sonderbarer, faszinierender, aber auch suspekter und äußerst halbseidener Gestalten. Die wenigsten Anbieter der »Fast-Food-Religion« für die geplagte Seele gehören zu straff geführten Sekten, und viele vertreten nicht einmal einen absoluten Heilsanspruch; häufig sind sie sogar nur nebenberuflich tätig. Mag sein, daß der Eso-Markt zahlreiche Sinnsucher auffängt, die – aufgeschreckt von der Diskussion über die Gefahren der harten Sekten – sich sonst einer fest organisierten Gemeinschaft angeschlossen hätten.

Die New-Age-»Therapeuten« locken mit einem bunten Mix von Selbsterfahrung, Abenteuer und Weltanschauung. Meist setzen sie besonders auf »Körperarbeit«, denn ihr Ziel ist es, das allgemeine Mißverhältnis zwischen Geist und Körper zu korrigieren und dadurch auch die seelischen Verletzungen aus früherer Zeit zu heilen. Das New-Age-Sortiment ist nur für Insider durchschaubar und umfaßt zum Beispiel Feldenkrais (eine körperbetonte Bewegungstherapie), Channeling (Kontakt mit Außerirdischen), Rebirthing (Atempraktik, um die Geburt noch einmal zu erleben), Rolfing (körperorientierte Massage, um den Energiefluß zu erhöhen), Biodynamische Therapie (Massage zur Lockerung von Verkrustungen), Reiki (Wecken der Lichtenergie durch Handauflegen), Tai Chi Chuan (fernöstliche Bewegungskunst), Tantra (indische Sex-Therapie), Ta Ke Ti Na (ganzkörperliche Rhythmuserfahrung) oder Autogenes Training (Entspannung und Selbsterfahrung).

Das Publikum – gutbürgerliche Leute, mehrheitlich Frauen – rennt den Alternativ-Therapeuten die Seminarräume ein, um beispielsweise Hilfe bei Streß, Rückenschmerzen oder gestörter Sexualität zu finden. Die Erfolge sind zwiespältig. Zwar mag die BAT-III-Angestellte per Rebalancing-Massage ein neues Körpergefühl erlangen, der gestreßte Manager mag durch Sannyas-Reiki vor dem drohenden Herzinfarkt geschützt werden, und die Teilnehmer des Seminars »Magie der Berührung – Männer berühren Männer« mögen zu tiefen Einsichten über ihr Geschlecht kommen. Aber genauso häufig fallen sie Spiritisten in die Hände, die ihnen okkulte Wahnideeen einpflanzen, Dilettanten, die ihre Gesundheit mit unverstandenen Meditationspraktiken schädigen oder Gurus, die mit gefährlichen Hypnosetechniken ihre Psyche malträtieren und manipulieren. Vor allem aber: Sie geben sich einem Weltbild hin, das Aufklärung und kritisches Bewußtsein durch Mystik, Magie, okkulte Praktiken und häufig auch einen messianischen Führerkult ersetzt.

2. Psycho-Gruppen und Psycho-Sekten zur »menschlichen Optimierung« (ohne religiöses Konzept). In Gruppen wie *Erhard Seminar Training (EST), Lifespring* und *Scientology* erscheint die religiöse Botschaft als zweitrangig oder ist gleich Null. An ihre Stelle treten dubiose Therapieversprechen, wirtschaftliche Motive oder radikale Politparolen. Es sind meist streng organisierte Psycho-Gruppen und Psycho-Kulte, die den schnellen Weg zum »optimalen« Menschen versprechen. Ihr Motto lautet: »Erfolg durch Persönlichkeitsentwicklung« oder durch »psychologische Menschenkenntnis«. Auch diese Gruppen wollen das Bewußtsein verändern, aber weniger im Sinne von Heilung, als im Sinne von Reparatur. Sie bieten »Techniken« an, um das Denken und Fühlen zu kontrollieren und zu »verbessern«. Aus der Psychotherapie entlehnte Methoden sollen helfen, das eigene Leben oder – bei *Scientology* – sogar das »Universum« in »den Griff« zu kriegen.

Die Führer dieser Gruppen beanspruchen zwar besondere Fähigkeiten und Erkenntnisse, aber nicht aufgrund überirdischer Eingebungen. Da sie an den Menschen als prinzipiell allmächtigen Herrscher seines Schicksals glauben, brauchen sie keine Religion oder einen »Gott«. Die Ideologie, soweit vorhanden, dient eher dazu, den wahren Zielen – Geld, Einfluß, Macht – ein weltanschauliches Mäntelchen umzuhängen. Viele dieser Anbieter betonen sogar, daß es ihnen vor allem um wirtschaftliche Ziele geht. Um den wirtschaftlichen Erfolg zu sichern, benutzen sie Methoden und entwickeln Bindungskräfte, die – soweit sie nicht schon Sekten sind – denen von Sekten oft bis aufs Haar ähneln. Einige wie das *Erhard Seminar Training* oder der *Hannes-Scholl*-Kult besitzen auch Berührungspunkte zum New Age.

3. Sektenähnliche Wirtschaftsunternehmen. In den letzten Jahrzehnten sind in der Grauzone zwischen Psycho-Kult, Psychotherapie und Marketing zahlreiche Organisationen entstanden, die mit sektenartigen Psycho-Techniken arbeiten: Psycho-Trainings, Pyramidenspiele und auch Strukturvertriebe. Sie haben keine religiöse Botschaft. Ihnen geht es nur um eines: Geld zu verdienen. Ihre Jünger ködern sie mit der Hoffnung, schnell Erfolg zu haben und reich zu werden. Viele Firmen auf dem staatlich nicht kontrollierten »grauen Kapitalmarkt« drillen ihre Verkäufer mit Psycho-Techniken, um sie für ihre Tätigkeit zu motivieren, die vor allem darin besteht, neue Kunden einzufangen.

Außerdem verbreiten sich sektenähnliche Drücker-Firmen, die in Zeitungsannoncen »interessante Reisetätigkeit« und »gute Aufstiegsmöglichkeiten« versprechen; sie suchen willige Mitarbeiter, die Illustriertenabos, Kochtöpfe und anderes an der Haustür verscherbeln. Die »Einstellungsgespräche« finden in Hotelzimmern statt, für »Verkaufsschulungen« müssen die Adepten erst einmal bezahlen. Darin werden sie dann häufig mit Psycho-Techniken auf die Firma eingeschworen und anschließend mit Kleinbussen irgendwohin gekarrt, um die Ware zu verkaufen. Wie in einer Sekte werden sie mittels Angst und Schuldgefühlen manipuliert und oftmals vom Unternehmen auch finanziell abhängig gemacht. »Diese Menschen werden zu Sklaven der ›Firma‹ und geben auch noch ihr Geld ab, um für ihre ›Unterhaltskosten‹ aufzukommen«, schreibt der amerikanische Sektenkritiker Steven Hassan.[54]

Sicher ist: Wachsende Zukunftssorgen auf der einen und der Trend zur »Erlebnis- und Therapiegesellschaft« auf der anderen Seite schaffen eine zunehmende Nachfrage für Sinnanbieter aller Art. »Weiche« New-Age-Gruppen können sich in »harte« Psycho-Kulte verwandeln, wenn ein Führer Gefallen an der Macht findet, und harte Kulte verwenden Praktiken, Bilder und Gedanken aus der Esoterik. Ähnlich wie die New-Age-Szene ist auch der harte Psycho-Markt in den letzten Jahren unüberschaubar geworden. Betriebswirtschaftlich gesehen, ist der Psycho-Markt heute noch die Domäne kleiner und mittelgroßer »Dienstleister«. Allerdings mit klarer Tendenz zur Expansion: Einige Gruppen wie *Scientology* oder bestimmte Strukturvertriebe haben schon längst die Größe von Konzernen erreicht.

Häufig ist es aber schwierig, genaue Trennlinien zu ziehen. Sind die *Sonnentempler* eine Psycho-Sekte oder ein Orden mit theosophischem Programm? War Marshall Applewhites New-Age-Kult überhaupt eine Psycho-Sekte, weil er doch eine starke »religiöse« Botschaft hatte? Ist die *Mun*-Bewegung wirklich religiös, oder vermarktet sie nicht vor allem Psycho-Techniken? Die Experten sind sich darüber oft auch nicht einig; so wird beispielsweise die *Bhagwan-Osho*-Bewegung von den einen als »Jugendreligion«[55], von anderen als »Kult mit hinduistischem Hintergrund«[56], und von wieder anderen als »Psycho-Kult«[57] eingestuft; ähnliches widerfährt der *Mun*-Bewegung. Und was ist mit Kulten, die kein religiöses oder therapeutisches, sondern ein rein weltliches, ja politisches Programm besitzen? Die rechtsextreme *EAP (Europäische Arbeiterpartei)* des US-Amerikaners Lyndon LaRouche beispielsweise ordnen Experten sowohl als Polit-, wie als Psycho-Sekte ein; ähnliches gilt für das früher links- und heute rechtsgerichtete *Rote Forum (Bund gegen Anpassung)* aus Freiburg oder die *Humana-Tvind*-Bewegung aus Dänemark. Letztlich ist aber nicht die Kategorie oder das Etikett entscheidend, sondern es kommt darauf an, die Praktiken der jeweiligen Gruppen daraufhin zu prüfen, wie gefährlich sie sind und ob sie die freie Entfaltung der Persönlichkeit, die körperliche und seelische Gesundheit, die sozialen Beziehungen und den Besitz des einzelnen bedrohen.

Mißbrauch der Psychotherapie

Während frühere Sektenführer sich ihre Führungspraktiken mühsam erarbeiten mußten, profitieren die Psycho-Gruppen von den Fortschritten der psychologischen Forschung in den letzten fünfzig Jahren, vor allem der Gruppentherapie, der Gruppendynamik und der Hypnose. Viele Techniken wurden mit den besten Absichten entwickelt, um den Patienten Entlastung von quälenden Neurosen, Angstattacken und psychosomatischen Leiden zu bringen. Es ist unstreitig, daß psychische Beeinflussung und Autosuggestion unter fachlicher Aufsicht wahre Wunder vollbringen können: Raucher werden ihre Sucht los, Menschen mit Platzangst können wieder in einen Fahrstuhl steigen, und Gehemmte lernen selbstbewußtes Auftreten.

Doch wie die Atomenergie oder die Biotechnologie besitzt die Psychotherapie ein Janusgesicht. »Ursprünglich wurden diese gruppendynamischen Methoden nur mit willigen Teilnehmern praktiziert, und viele von ihnen berichteten von positiven Erfahrungen«, schreibt der US-Psychologe Steven Hassan. »Doch schon bald sickerten einige dieser Techniken in die allgemeine Psychoszene durch, wo sie für jedermann zum Mißbrauch verfügbar wurden. Skrupellose Geschäftemacher benutzten sie, um zu Geld oder Macht zu kommen, indem sie einen Zirkel von Anhängern manipulierten.«[58] So entstand das moderne Sektenphänomen.

Unzählige Menschen wurden und werden mit der Hilfe dieser Psycho-Techniken malträtiert. Umso erstaunlicher ist es, daß Psychologieprofessoren von Sekten, Psycho-Gruppen und ähnlichem Wildwuchs am liebsten gar nichts wissen wollen; auf den Lehrplänen deutscher Psychologiefakultäten taucht das Thema so gut wie nie auf. »Vom Thema Sekten fühlen sich die meisten bedroht«, sagte der Psychotherapeut Bernhard Trenkle der Hamburger Wochenzeitung »Die Woche«.[59] Auf dem weltgrößten Hypnose-Kongreß, den die Milton Erickson Gesellschaft für Klinische Hypnose im Oktober 1995 in München abhielt, wurde der bekannte amerikanische Sektenexperte Steven Hassan eigens eingeflogen, um auf einer Podiumsveranstaltung über den Mißbrauch der Hypnose in Sekten zu diskutieren. Doch von über 2000 Psychologen hatte sich laut »Woche« nur ein einziger zu der Veranstaltung angemeldet.

Vielleicht scheuen die Fachleute davor zurück, sich mit der dunklen Seite ihrer Wissenschaft auseinanderzusetzen, die man als »schwarze Psychologie« bezeichnen könnte. Für viele ist es sicher schwer zu verdauen, daß psychologische Methoden, die, verantwortungsbewußt eingesetzt, Heilung bewirken, auch totalitär genutzt werden und heute einen Grad von Raffiniertheit erreicht haben, den man sich noch vor wenigen Jahren kaum vorstellen konnte. Psycho-Sekten kehren den therapeutischen Prozeß um: Die Psycho-Technik steht nicht am Anfang einer Therapie, um Erkenntnis in Gang zu bringen, sondern sie ist Selbstzweck und Machtinstrument, um Menschen zu erniedrigen und zu manipulieren. Dabei ist die Psycho-Technik selbst weder gut noch böse; erst wenn Manipulateure sie mit Bedeutung aufladen, wird sie zum Instrument gefährlicher Indoktrination.

Psycho-Gurus haben ihr Handwerk meist durch Beobachten und Ausprobieren gelernt. Viele haben selbst entsprechende Seminare besucht, andere gehörten zuvor bereits einer Sekte an, wieder andere waren Verkäufer oder Therapeuten. Sie alle beherrschen die uralten Methoden der Massenpsychologie und der Überredungskunst, aber sie mißbrauchen auch therapeutische Praktiken, die vor allem aus der Humanistischen Psychologie, der Primärtherapie, der klinischen Hypnose sowie der Transpersonalen Psychologie stammen. In der Hand von Ausbeutern, Schwindlern und Dilettanten können deren Methoden nicht nur hochwirksam, sondern auch hochgefährlich sein.

Die Humanistische Psychologie ist eine breite Strömung der Psychologie, die in den USA nach dem Zweiten Weltkrieg zur Geltung kam.[60] Humanistische Psychologen glauben, daß der Mensch in seinem innersten Kern gut ist. Sie nehmen im Sinn von »Ganzheitlichkeit« an, daß der Mensch nicht einen Geist und einen Körper *hat*, sondern Körper und Geist *ist*. Störungen und Blockaden dieses *einen* Organismus, hervorgerufen durch Erziehung und Zivilisation, wollen sie wieder aufheben und das Individuum im Sinne einer »Bewußtseinsveränderung« heilen. Ihr Stichwort heißt »Selbstverwirklichung«: Sie glauben an die menschliche Freiheit und wollen Kreativität, Phantasie und persönliche Entfaltung unterstützen – häufig auf dem Weg von Gruppensitzungen. Ausgerechnet diese freiheitlich gesinnte Psychologie wurde zu einer ergiebigen Fundgrube für totalitäre Psycho-Gruppen. In den 60er Jahren wurden Formen der Gruppentherapie populär, die aus dem Repertoire humanistischer Therapien wie der Gestalttherapie, des »Psychodramas«, des Encounter und der körperorientierten Psychotherapie stammen und die sehr schnell von der Psycho-Szene aufgegriffen wurden.

Viele Psycho-Gurus sehen den Freud-Schüler Wilhelm Reich und seine körperorientierte Psychotherapie als ihren wichtigsten Ahnherren an. Nach Reichs »Charakterpanzer«-Theorie hat jeder Mensch muskuläre Verspannungen aus erstarrten körperlichen und emotionalen Prozessen, sogenannte »Panzerungen«, ausgebildet, zum Beispiel, um bestimmte frühkindliche Probleme zu bewältigen.[61] Starre Körperhaltungen, so die Theorie, führen auch zu starren Weltanschauungen und eintönigen Gefühlen. Mit teils massiven Methoden sollen die »Panzerungen« aufgebrochen werden, die angestauten Lebens- und Sexualenergien (»Orgon«) wieder frei fließen. Neben einem genauen Anschauen und Ertasten des Körpers gehören zur Therapie bestimmte Atemtechniken, massageähnliche Praktiken, die »Befreiung des Orgasmus«, aber auch Aggressionsmethoden, die in der Hand von Psycho-Dilettanten schwere seelische Schäden anrichten können.

Psycho-Techniken à la Wilhelm Reich wurden weithin bekannt, als der indische Psycho-Guru Bhagwan Shree Rajneesh sie einsetzte, um seine Jünger zur »Erleuchtung« zu führen. Großes Aufsehen erregte Bhagwan auch mit seinen berüchtigten Encounter-Praktiken, wobei sich Leute unter Leitung eines meist fachlich ungeschulten »Therapeuten« gegenseitig »analysierten«, beschimpften oder sogar verprügelten. Encounter heißt aber eigentlich Begegnung und wurde von den amerikanischen Psychologen Carl Rogers und Kurt Lewin zur Arbeit in sogenannten Selbsterfahrungsgruppen entwickelt, die seit Ende der 60er Jahre unter dem Stichwort Human Potential Movement einen enormen Zulauf fanden.[62] Die Gruppen sollten »Gesunden« helfen, ihre »inneren Potentiale« wie schöpferische Energie, Kreativität und Spontaneität zu entdecken, indem sie gemeinsam über ihre Wahrnehmungen und Gefühle »im Hier und Jetzt« redeten. Niemals hatten die Erfinder der Methoden daran gedacht, daß diese einmal dazu dienen könnten, Menschen auf einen Guru zu programmieren.

Das lag selbstredend auch Jacob L. Moreno fern, dem berühmten Begründer des »Psychodramas«, einer Therapieform, bei der die Gruppenmitglieder gemeinsam Szenen aus ihrer Kindheit, aber auch aus dem Alltag, aus Märchen oder Träumen nachspielen.[63] Die Teilnehmer gehen dabei spielerisch mit ihren Problemen und Konflikten um, können sie erneut durchleben und erhalten dadurch Anregungen, das eigene Verhalten positiv zu verändern. In der Hand von Psycho-Gurus wie dem Österreicher Otto Mühl ist diese Technik zu einem Unterwerfungsritual geworden, bei dem der Sektenchef den Ablauf des »Spiels« steuert und bewertet.

Wie das »Psychodrama«, so verwandelten sich auch Techniken der Gestalttherapie in der Hand von Psycho-Sekten zu einem gefährlichen Manipulationsinstrument. Viele dieser Praktiken hat der ehemalige Freud-Schüler Fritz Perls entwickelt, der sich nach seiner Flucht vor den Nazis schließlich in Kalifornien niederließ.[64] Die Gestalttherapie will wie das »Psychodrama« weniger die Vergangenheit aktivieren, als vielmehr aktuelle Blockaden (im »Hier und Jetzt«) lösen, neue Reaktionsmuster einüben und den Menschen zur Selbstverantwortung führen. Dazu dienen Rollenspiele oder zum Beispiel das Sensitivity Training. Dabei werden die Teilnehmer dazu ermutigt, über ihre intimsten Probleme mit anderen in einer Gruppensitzung zu sprechen.

Für dieses Beichtritual wurde häufig die Technik des »Hot Seat«, des

»Heißen Stuhls« benutzt: Ein Teilnehmer sitzt in der Mitte des Kreises und wird von den anderen mit seinen Schwächen und Problemen konfrontiert, er wird befragt oder auch beschimpft. »Es ist klar, daß eine solche Methode ohne die Beaufsichtigung durch einen versierten Therapeuten erhebliche Möglichkeiten des Mißbrauchs eröffnet«, schreibt der Psychologe Steven Hassan.[65] Der »Hot Seat« wurde zu einem »Klassiker« der Bewußtseinsmanipulation. Viele Sekten und Psycho-Gruppen verwenden diese Psycho-Technik, um ihre Mitglieder zu erniedrigen und intime Kenntnisse zu gewinnen, die bei Bedarf auch zur Erpressung verwendet werden. Eine andere »Gestalt«-Technik sind die sogenannten »Experimente«. Dabei soll der Klient im Rahmen der Therapie neue Handlungsmuster ausprobieren, zum Beispiel auch mal etwas Unfreundliches sagen. Häufig bekommt er noch die »Hausaufgabe«, neues Verhalten auch im Alltag einzuüben; das dient dazu, sein Selbstbewußtsein zu stärken. Diese sinnvolle Technik wird in sektenähnlichen Psycho-Seminaren zum Befehl: So sollten Teilnehmer einer Berliner Psycho-Gruppe zum Beispiel eine Zahnbürste an der Leine führen und »Fiffi komm!« rufen.

Es war wiederum Bhagwan Shree Rajneesh, der den weltweiten Siegeszug einer weiteren Psycho-Praktik begründete, die heute zum Standardrepertoire zahlreicher Psycho- und New-Age-Gurus gehört: dem »Urschrei« nach Art der Primärtherapie oder ihrer trivialen New-Age-Variante, dem Rebirthing. Im Mittelpunkt der Methode steht eine rein physiologische Technik: das schnelle Atmen oder Schreien ohne Pause, die sogenannte Hyperventilation. Wird sie nur sacht angewendet, fühlt man sich benommen, beschwipst und high; das klare Denken läßt nach. Forciert der Proband die Atmung, so verliert er weitgehend die Körperkontrolle, er zuckt und zittert, schreit, ächzt und stöhnt – er erlebt Angst, Panik und rauschartige Extremerfahrungen. Nach der Prozedur fühlt er sich wie nach einem Thriller im Kino – verängstigt, aber auch entspannt und erlöst. Im Extremfall können aber, so der Münchnener Psychologe Colin Goldner, »Krampfzustände, Durchblutungsstörungen im Gehirn, Schwindel, Ohnmacht oder Blackouts«, ja sogar epileptische Anfälle vorkommen.[66] Die äußerst riskante Methode sollte nur von erfahrenen Therapeuten angewendet werden.

Zu einer Psycho-Technik wird die Hyperventilation durch die Bedeutungen, mit denen sie versehen wird. Der Begründer der Primärtherapie, Arthur Janov, nahm ähnlich wie Wilhelm Reich an, daß jedes Trauma aus der Kindheit eine Art Schmerzenergie im Organismus hinterläßt: Muskelspannungen und Neurosen. Um sie zu lösen, soll der Klient hyperventilieren, sich dabei in die frühe Kindheit bis hin zum Geburtserlebnis versetzen und dann den »Urschmerz« vom Leibe schreien. Hyperventilation ist zunächst »wertfrei«. Menschen, die die simple körpereigene Reaktion auf das schnelle Atmen nicht kennen, werden davon überwältigt und geraten in Erregungszustände, die sie sich nicht erklären können. Das macht sie anfällig für psychische Beeinflussung; die Technik läßt sich mit jeder Art von Inhalt versehen. Wer dabei erwartet, seine Geburt oder – bei den christlichen Charismatikern – das »Reden in Zungen« zu erleben, der wird dies in der Regel auch erfahren.

Ein ehemaliger Verkäufer, Leonard Orr aus Kalifornien, entdeckte, daß sich Hyperventilation, mystisch gedeutet, hervorragend in klingende Münze verwandeln ließ. Orr entwickelte Ende der 60er Jahre in seiner Badewanne das Rebirthing, das inzwischen zur wohl wichtigsten New-Age-Therapie wurde. Auch Orrs Klienten sollen frühere Traumata, vor allem die Geburt, aber auch »elterliche Mißbilligung«, »negatives Denken« und »frühere Leben« noch einmal erleben und durch »positive Entladung« auflösen.[67] Darüber hinaus sollen per Rebirthing alle denkbaren sozialen, psychischen und physischen Leiden geheilt werden – bis hin zu Diabetes, Hämorrhoiden und Krebs. Rebirthing soll sogar ein Mittel zur »Gottesbegegnung« und zur Erlangung der eigenen »physischen Unsterblichkeit« sein. Leonard Orr gründete 1974 sein »Theta«-Seminar in San Francisco, von wo aus er das Rebirthing seither vermarktet.

Trefflich vermarktet werden inzwischen auch Methoden, um Menschen in hypnotische Trancezustände zu versetzen; dazu gehören beispielsweise das stundenlange Chanten (monotones Singen) und rhythmisierte Vorträge mit ständigen Wiederholungen – etwa in Wirtschaftssekten (oder bei evangelikalen Predigern). Hypnosetechniken wurden vor allem durch das Neurolinguistische Programmieren (NLP) populär und für jedermann verwendbar.[68] Die US-Amerikaner John Grinder und Richard Bandler entwickelten diese Psycho-Technik 1979, indem sie die Methoden der Gestalt- und Familientherapie und vor allem der klinischen Hypnose nach Milton Erickson mit Verkäufer-Schulungen verglichen, dann die angeblich erfolgreichsten Techniken herausfilterten und daraus ein »Meta-Modell« destillierten.

Die Technik dient dazu, positives Denken zu entwickeln (statt: »Ich kann nicht radfahren« – »Ich werde radfahren lernen«) und psychische »Störungen« durch eine Neu-Konditionierung mittels hypnotischer Technik *schnell* zu beseitigen. NLP-Schüler lernen aber auch, sich geschickt auf andere Menschen einzustellen, um sie durch Sprache, Atemtechnik und Körpersignale unmerklich dahin zu dirigieren, wohin man sie haben möchte. Dieses »Pacing« und »Leading« – auf den anderen eingehen und ihn führen – funktioniert ganz ohne Druck und Befehle. Das NLP wurde, weil leicht erlern- und einsetzbar, schnell zu einem wirksamen Instrument für die Machtspiele gewissenloser Menschen-Manipulateure. Damit rächt es sich, daß John Grinder und Richard Bandler meinten, sie könnten auf eine Diskussion über die ethischen Folgen ihrer Entdeckungen verzichten.

Besonders Psycho-Gurus aus der New-Age-Szene berufen sich häufig auf eine therapeutische Richtung, die als Tochter der Humanistischen Psychologie gilt und dem New Age tatsächlich entscheidende Impulse gab: die Transpersonale Psychologie.[69] Gegen Ende der 60er Jahre begründeten die Psychologen Anthony Sutich und Abraham Maslow zusammen mit dem Mediziner und LSD-Experimentator Stanislav Grof diese neue Richtung der Psychologie im kalifornischen Therapiezentrum Esalen. Die Transpersonale Psychologie will Spiritualität und Psychologie zusammenfügen, ohne sich auf eine bestimmte religiöse Richtung festzulegen. Sie befaßt sich mit »jenseitigen« Erfahrungen, die »über die Person hinausgehen«, wie zum Beispiel Erleuchtung, mystische Wahrnehmung, Gipfel- und Grenzerfahrungen, Psi-Phänomene und ähnliches mehr. Als Vorläufer gelten unter anderem der Psychologe Carl Gustav Jung und der Anthroposoph Rudolf Steiner.

Die Techniken der Transpersonalen Psychologie sind eine wahre Fundgrube für Psycho-Gurus aller Art. Dazu gehören östliche Meditationspraktiken, bewußtseinserweiternde Drogen, Isolationserfahrungen sowie mystische und schamanistische Rituale, um »paranormale« Erfahrungen zu erreichen. Der bekannteste transpersonale Psychologe ist der aus der Tschechoslowakei stammende Psychiater Stanislav Grof. Er entwickelte aus der Hyperventilationstechnik seine Holotrope (auf das Ganze zutreibende) Therapie. Darin kombiniert er Atemtechnik und Musik, Massage und Mandala-Malen. Im »holotropen Bewußtseinszustand« sollen sich angeblich Raum, Zeit und die Grenzen des Ich auflösen, es soll dabei zu Geist-Reisen in ferne Länder, auf andere Planeten oder in andere Menschen, zu Begegnungen mit Göttern, Dämonen oder mit früheren Inkarnationen kommen.

Grof gilt daher auch als einer der wichtigsten Anreger der Reinkarnationstherapie, mit der New-Ager seit dem Ende der 60er Jahre in »frühere Leben« aufbrechen.[70] Ihre Anhänger behaupten, daß alle heutigen Beschwerden der Menschen aus früheren Leben stammen und durch »Rückführungen« geheilt werden können, indem man die traumatischen Schicksalsschläge vor hundert oder tausend Jahren noch einmal durchlebt. Praktisch werden die Leute mit Hypnose oder einer suggestiven Fragetechnik in die Zeit vor ihrer Geburt versetzt: »Gehen Sie zurück zu einer wichtigen Situation! – Weiter! Weiter! Weiter!«[71]

An diesen Hokuspokus muß man glauben, sonst funktioniert er nicht. Bewiesen ist bisher jedenfalls noch kein einziger Fall von echter Rückführung. Es handelt sich dabei entweder um Suggestionen von Seiten des »Therapeuten«, der alle Äußerungen des Klienten mit Interesse »belohnt«, wenn sie nur in Richtung Wiedergeburt gehen – oder um »Gefälligkeitsphantasien« des Klienten für den Therapeuten, der genau das erwartet. Möglich ist auch die Aktivierung verschütteter Gedächtnisinhalte. »Angebliche Präexistenzen im alten Rom gehen demzufolge auf Filme wie ›Ben Hur‹ oder ›Quo Vadis‹ zurück«, schreibt der Wissenschaftsjournalist Holdger Platta.[72]

Psychotherapeutische Techniken in der Hand von Scharlatanen und Sektenführern können, so der Münchner Psychologe Colin Goldner, »schwere psychische und psychosomatische Störungen« bis hin zum Selbstmord zur Folge haben.[73] Die Gruppen sind auf Notfälle meist nicht vorbereitet; es fehlt in der Regel jegliche fachliche Ausbildung, um mit psychischen Problemen adäquat umzugehen oder akut auftretende Psychosen behandeln zu können. Kein Wunder, daß immer wieder Berichte auftauchen, wonach Sektenmitglieder in tiefe Depressionen stürzten oder sogar in der Psychiatrie gelandet sind. Im Klartext: Sekten und Psycho-Kulte führen Experimente mit Menschen durch, ohne es diesen mitzuteilen und ohne in irgendeiner Weise dabei kontrolliert zu werden.

Es geht nicht nur um *Scientology.* Viel mehr Gruppen, als die meisten Menschen ahnen, hantieren inzwischen mit raffinierten Praktiken der psycho-sozialen Kontrolle. Schon lange wenden sie sich nicht mehr nur an Randgruppen oder Jugendliche. Ihre Programme zielen mittlerweile auf breite Schichten der Gesellschaft; und längst haben sie in bedeutenden Feldern von Wirtschaft, Gesellschaft und Politik Tritt gefaßt. Sekten und sektenähnliche Organisationen begegnen jedem von uns im ganz normalen Alltag – oftmals, ohne daß wir etwas davon wissen. Sie können sich hinter politischen Parteien verbergen, hinter Medien, hinter harmlos klingenden Vereinigungen oder hinter dem Persönlichkeitsseminar, in das der Chef seine Mitarbeiter beordert. Sie werben im Fernsehen, auf großen Plakatwänden, mit Postwurfsendungen und Autoaufklebern. Tausende von Kunden füttern mit ihrem Geld totalitäre Gruppen, wenn sie bei bestimmten Anbietern eine Immobilie kaufen, eine Lebensversicherung abschließen oder zum Beispiel Schlankheitsmittel und eine Stereoanlage erwerben. Diese Entwicklung bedroht die Demokratie. Denn viele Sekten und Psycho-Kulte sind ihrem Wesen nach zutiefst antidemokratisch, sie unterbinden die Freiheit der Rede, die Freiheit der Information und die Freiheit der persönlichen Entfaltung.

Um Sekten und Psycho-Gruppen zu beurteilen, gibt es in der Bundesrepublik einen klaren Maßstab – den Artikel eins des Grundgesetzes. Er lautet: »Die Würde des Menschen ist unantastbar.« Noch aber ist der einzelne so gut wie gar nicht davor geschützt, durch Sekten, Psycho-Gruppen und Pseudoreligionen psychisch manipuliert, brutal ausgebeutet und sozial isoliert zu werden. »Was heißt schon sittenwidrig, was ist Betrug, wenn das neue Mitglied dreimal eigenhändig unterschrieben hat, völlig freiwillig seine Menschenwürde dem Meister, Führer, Medium, Therapeuten, dem Guru, der Prophetin oder dem Kollektiv überantworten zu wollen?« fragt Hans-Peter Bartels, der Sektenbeauftragte Schleswig-Holsteins.[74]

Bisher gibt es noch nicht einmal ein Gesetz, das wenigstens die simpelsten Gebote des Verbraucherschutzes auf dem Markt der Heilsversprecher regelt. Was verbirgt sich hinter einem Produkt oder Behandlungskonzept?

Wer steckt hinter welcher Firma? Wie lassen sich seriöse Anbieter von Psycho-Sekten und pseudotherapeutischen Verfahren unterscheiden?

Das Entscheidende sind denn auch nicht die *Inhalte* der jeweiligen Ideologie, sondern die angewandten *Methoden*. Für das jeweilige Opfer ist es nämlich völlig gleichgültig, ob es im Namen San Myung Muns, L. Ron Hubbards oder Bhagwan Shree Rajneeshs »beglückt« wird. In vielen Sekten werden Religion oder Idealismus mißbraucht, um die Mitglieder auszubeuten und zu beherrschen. Die extremen Gruppen haben – oft mit Hilfe der Psychologie – ausgefeilte Methoden entwickelt, um ihre Jünger an sich zu binden und möglichst nicht wieder loszulassen. Diese Praktiken sind kein Privileg von Psycho-Sekten. Manchmal kommen totalitäre Gruppen sogar im Turnschuh-Gewand eines »modernen Christentums« daher.

Exkurs: Soldaten für Gott – *Boston Church of Christ*

Es ist wie eine Sucht. Prediger Mark Shaw breitet die Arme aus und fällt in einen rhythmischen Sprechgesang: »Wir sind eklig, wir sind schuldig, wir alle haben schwer gesündigt.« 150 junge Männer und Frauen antworten verzückt: »Amen«, »weiter, weiter« und »nur zu« und klatschen immer wieder in die Hände. Zu Gospelmusik umarmen sich die jungen Leute und singen »Hosianna«. Ein Vorbeter ruft: »Wahnsinn, dieser Gottesdienst.« Er rudert mit den Armen. »Ihr seid einfach toll.« – »Amen«, schallt es zurück, »ja, gib's uns, Amen.«

Zwei Stunden lang haben die deutschen Anführer der *Boston Church of Christ* die Versammlung fest im Griff.[75] Szenen wie diese in einer angemieteten Berliner Tanzschule spielen sich immer häufiger in deutschen Großstädten ab. Immer mehr junge Leute fühlen sich vom »göttlichen Licht« der *Boston Church* »erleuchtet«. Der Berliner Sektenexperte Thomas Gandow sagt: »Ich kenne derzeit keine Sekte, die aggressiver wirbt.« Den evangelischen Sektenbeauftragten erreichten allein im Kalenderjahr 1996 »mehr als fünfzig Anfragen« besorgter Eltern, deren Sprößlinge sich total verändert haben, seit sie zur *Boston Church* gehören.

Ein 25jähriger stellt sich beim Gottesdienst in Berlin-Schöneberg als »Rudi« vor und dankt für seine »Chance, von vorne anzufangen«. Er habe einst seine Mutter angeschrien und Drogen genommen. »Oh, oh, oh!«, seufzt die Menge. »Ich habe Pornographie verschlungen und war stolz wie ein Pharisäer«, beichtet der junge Berliner. Schließlich fleht er mit Tränen in den Augen: »Laßt uns die Mauer der Sünde einreißen zwischen Gott und mir.« Die Gläubigen antworten: »Amen, nur zu!« So wie Rudi sollen alle Sektenneulinge ihre Sünden offenbaren – und sie tun es auch vor den anderen.[76] Das Bekenntnis mache sie fit, die Welt »vor dem Satan zu retten«, predigen die Abgesandten der *Boston Church*.

Die heile Welt des Kip McKean: Werbebroschüre der Boston Church

Die meisten Jünger ahnen nicht, daß die Gruppe mit dem unverfänglichen Namen *Gemeinde Jesu Christi* zu einem Heils-Imperium gehört, das Zuwachsraten wie kaum eine andere religiöse Sekte aufweist. Unter dem Titel *International Churches of Christ* steuert die *Boston Church* von Los Angeles bis London, von Wladiwostok bis Johannesburg bereits weit mehr als 120 000 Anhänger.[77] Und sie drückt aufs Tempo. »Wir werden unser Leben dafür geben, die Welt in einer Generation zu missionieren«, verkündeten *Boston*-Führer im Jahr 1988; in mehr als 70 Ländern sind sie jetzt bereits vertreten.[78] Mit einem »Plan für den Blitzkrieg« sollte ab 1988 auch Deutschland befreit werden. In einem internen Schreiben hieß es: »Vor 45 Jahren hat Hitlers Strategie des Blitzkriegs versagt, weil sie nicht von Gott war. Aber mit Gott als seinem Führer wird ein Blitzkrieg deutschen Boden treffen, der Satans Festung zerstören wird ...«[79]

»Wir werden Berlin erobern«, ruft der Vorbeter. »Steig in die Schlacht! Spring ins Feuer!« In Berlin, München und Düsseldorf folgen der Bewegung schon bis zu tausend begeisterte junge Leute; auch in Dresden und Wien sind ihre Sendboten unterwegs.[80] Besonders unter Studenten, Angestellten und Akademikern gewinnt die Sekte mit ihrer Botschaft vom »wahren Christentum«, von Schuld und Sünde Gefolgschaft. Anfällig seien vor allem Menschen, sagt Sektenexperte Gandow, die »so ein religiöses Grummeln im Bauch fühlen, aber nicht wissen, wohin damit«.

Das Erfolgsrezept heißt Discipling – zu deutsch: Jünger machen.[81] Jeder

Neuling bekommt einen persönlichen Hirten (Discipler) zugeteilt, der mit ihm täglich redet. Der ist dann Beichtvater und Wachhund zugleich und läßt sein Opfer nicht mehr aus den Augen. Der Discipler diktiert praktisch den Terminkalender, schreibt vor, was sein Eleve anziehen, essen und denken soll – so berichten Sektenopfer. Und jeder Discipler hat selbst einen Discipler, der auch wieder einen Discipler hat. »Ich dachte, ich hätte eine neue Freundin gefunden«, sagt eine Ehemalige über ihren Discipler, »heute weiß ich, die Freundlichkeit ist antrainiert.« Die Sekte bestreitet dagegen totalitäre Strukturen und bezeichnet den Discipler als guten Hirten – alle gegenteiligen Behauptungen seien »unrichtig«.

Unbestreitbar aber ist die intensive Ausforschung des Opfers, denn dazu geben die internen Schriften außerordentlich detaillierte Anweisungen. In dem offiziellen Regelbuch der Sekte »Machet zu Jüngern« heißt es: »Schlage der Person vor, eine Liste aller von ihr begangenen Sünden zu machen.«[82] Genannt werden unter anderem »Ehebruch, vorehelicher Geschlechtsverkehr, Homosexualität, Inzucht, Lüsternheit, Pornographie«, aber auch »Rauchen« oder »Trunkenheit«.[83] Die Person, so schreibt das Brevier vor, müsse »erkennen, daß sie ein Sünder ist« – und »wenn man es richtig angeht, wird der Person klarwerden, daß sie verloren ist«. Rettung biete allein die *Boston Church*.

Markus Wende vom Institut für Religionswissenschaften an der FU Berlin hält die *Boston Church* für einen »hochgradig totalitären Kult«. Aussteiger erzählen, sie seien »wie vernebelt« gewesen; man habe ihnen massive Schuldgefühle und Ängste eingeimpft. Die 32jährige Karin* aus Berlin hat die Sekte verlassen und sagt: »Ich habe alles erzählt, meine Depressionen und intimsten Details. Danach hieß es: Amen, danke für deine Offenheit.«

Zungenküsse, verkünden die »Gemeindeleiter« der *Boston Church*, seien schon eine Vorstufe der Unzucht. Strikte Trennung der Geschlechter in vielen Gruppen und Veranstaltungen der Sekte solle »unmoralische Gedanken« im Keim abtöten.[84] Eine 30jährige Frau wurde in der Berliner Gemeinde als »Hure« beschimpft, weil sie zugegeben hatte, sie habe bereits vier bis fünf Männer näher gekannt. Rick Bauer, ein hochrangiger Aussteiger aus den USA, bezeugt, derartige Geständnisse würden »an die Kirchenführer weitergegeben, die sie manchmal benutzen, um widerspenstige Mitglieder zu brechen«.[85]

Die frommen Einpeitscher und Sündenforscher berufen sich auf einen charismatischen Oberhirten, der das ausgeklügelte Überwachungssystem von Los Angeles aus dirigiert: Sektenchef Thomas »Kip« McKean, geboren 1954. Mit Hilfe seiner Familie und einiger treu ergebener Elders (Älteren) herrscht der selbsternannte Prophet theokratisch über seine Gläubigen – als deren oberster Discipler. In der Sektenzeitschrift »Upside Down« wird er als vorbildlicher Familienvater mit drei Kindern und bescheidenem Häuschen vorgestellt.[86] McKean gründete seine Christusbewegung 1979 in Boston als Abspaltung von den konservativen *Churches of Christ*, einem Bund autonomer Baptistengemeinden. Er legt die Bibel wortwörtlich aus, verdammt alle Evolutionstheorien und glaubt, daß »Satan wirklich existiert«. Innerhalb von nur vier Jahren brachte er die Bostoner Gemeinde von 30 auf 4000 Mitglieder und baute sie dann zu einem weltweiten Heilsimperium aus. Seine Botschaft lautet: »Als Christen haben wir die Antwort auf alle Probleme – und das ist Jesus Christus.«[87]

Die Sekte verbreitet sich mit ebenso einfachen wie wirksamen Methoden: Kip McKeans Prediger engagieren sich etwa in bestehenden Christengemeinden und bringen sie geschickt auf *Boston*-Kurs.[88] Aussteiger Rick Bauer sagt: »Sie wollen eine Armee von Tausenden und Tausenden Leuten haben, die alles tun, was Kip McKean sagt.«[89] Massenhaften Zulauf gewannen die »Soldaten für Gott« zuerst an amerikanischen Universitäten. Inzwischen füllt die Sekte, die keine eigenen Kirchen baut, sondern Räume anmietet, lässig riesige Hallen. Wie zum Beispiel am 12. Juni 1994, als in der Los Angeles Sports Arena zehntausend Anhänger zusammenkamen, um neue Missionsteams nach Vietnam, Libanon und Guatemala zum »Angriff auf die Finsternis« zu schicken.[90]

In ihren Hochglanzblättern drucken die »Kirchenführer« gern Bilder, die sie mit prominenten Schauspielern und Politikern zeigen – beispielsweise mit dem früheren US-Präsidenten Jimmy Carter und dem jetzigen Staatsoberhaupt Bill Clinton. Sie nennen sich selbst »Gottes moderne Bewegung«.[91] Ein Berliner Mitglied äußert: »Ich lebte voller Selbstsucht, und Gott war für mich nicht existent. Änderung kam erst in mein Leben, als ich die Gemeinde Jesu Christi kennenlernte. Seitdem folge ich der Bibel und habe Liebe, Hoffnung und Zuversicht gefunden – Jesus Christus hat mein Leben verändert.« Doch US-Organisationen, die sich um Sektenopfer kümmern, haben nach Satanismus, *Mun*-Sekte und *Scientology* am meisten mit der *Boston Church of Christ* zu tun.

In Deutschland operieren die Missionskommandos seit 1989. Die freundlichen Seelenfänger – oft ausgesprochen hübsche Frauen – tauchen immer häufiger an Hochschulen oder in der U-Bahn auf. »Ich hatte ein Glücksgefühl, als würde ich auf Wolken schweben«, schwärmt Aussteigerin Karin noch heute vom ersten Kontakt mit der Sekte. Das war bei einem Grillfest. »Locker und fröhlich« sei es gewesen, lauter adrette junge Leute in Jeans und T-Shirt, »man konnte über alles reden«. Von *Boston Church* war dabei nicht die Rede. Karin hatte gerade eine Trennung hinter sich und fühlte sich einsam – da kamen ihr die folgenden Einladungen zu Tanzparties und geselligen Zusammenkünften wie gerufen. »Es läuft alles ganz persönlich, man merkt erst gar nichts von einer Sekte«, berichtet auch die ehemalige *Boston-Church*-Anhängerin Ulrike*, eine junge Studentin aus Berlin.

Doch nach dem Motto »Die Gemeinde ist eine Gruppe von Leuten, die dem Missionsbefehl gehorcht«[92], wissen die Neulinge bald nicht mehr, wo ihnen der Kopf steht – vor lauter Gottesdiensten, gemeinsamen Freizeiten und nächtlichen Bibelstunden. Mehr als sechs Stunden Schlaf finde kaum ein Jünger, Außenkontakte würden radikal eingeschränkt, berichten ehemalige *Boston*-Mitglieder aus Berlin.[93] »Da blieb nicht einmal mehr die Zeit zu fragen: Hoppla, was passiert hier eigentlich?« sagt der 24jährige Frank. Versäumte etwa einer den Bibelkreis, klingelten die Leute von der Sekte den Sünder noch spät nachts aus dem Bett, denn die Teilnahme an allen Veranstaltungen der Gemeinde ist Pflicht. »Wer sich ansprechen läßt und zum ersten Treffen geht«, erläutert Thomas Gandow, »der ist drin.«

Als »Schlüssel zum christlichen Leben« gilt »das Prinzip der Unterordnung«.[94] Unverblümt heißt es in den Sektenrichtlinien: »Gib deinen unabhängigen Geist auf.«[95] Tatsächlich verlieren die Jünger bald jedes Interesse an »weltlichen Dingen«, an Disco, Ferien oder Zeitungen. »Das eigene Ich verschwindet«, bestätigt Karin. Nur noch die Sekte zählt. Und ihr reaktionäres Welt- und Menschenbild: Frauen sollen dem Manne untertan sein und dürfen keine leitenden Funktionen in der *Boston Church* bekleiden. Aussteigerinnen berichten, sie sollten weder Taxi fahren noch ins Fitneß-Center gehen. Eine Berlinerin, die den Oralverkehr mit ihrem Ehemann verabscheute, bekam den Ratschlag, dieser sei in der Ehe keine Sünde, sie solle dem Manne besser dienen und mehr beten. Ungehorsame Kinder werden schon mal von Sektenmitgliedern gezüchtigt, denn laut Studierfibel zerstört »eine rebellische Einstellung geistiges Wachstum«.[96] Die Aussteigerin Karin war selbst dabei, als ein vierjähriges Kind vor der Mahlzeit nicht mitbeten wollte. Als die Mutter das Kind im Nebenraum verprügelte, gab es Lob für solch bibelgemäßes Handeln von der »Leiterin des Bibelkreises«.

In der Außenwelt, so lernen die Jünger, regiert Satan: »Die Hölle ist real.« Um ihnen das auch deutlich vor Augen zu führen, wurden Berliner *Boston*-Anwärter zu einer Art Psychoschauspiel gebeten. Beim mehrstündigen »Kreuzabend« führten ihnen Schauspieler die Kreuzigung Christi als Schattenspiel mit grausigen Details vor Augen. Solch sadistisch ausgemalte Horrorszenarien gehören zum *Boston*-Repertoire; im Sekten-Katechismus wird zum Beispiel die Geißelung Jesu detailliert beschrieben: »Dann, während die Schläge fortdauern, dringen sie tief bis in das Unterhautzellgewebe ein, was zuerst ein Herausquellen von Blut durch geplatzte Kapillaren und Venen hervorruft. Dann spritzt arterielles Blut aus den Gefäßen der darunterliegenden Muskeln. Die kleinen Bleikugeln verursachen große, tiefe Quetschungen, die durch nachfolgende Schläge aufgebrochen werden. Schließlich hängt die Haut in langen Streifen vom Rücken herab und ist nur noch eine unkenntliche Masse von zerriebenem, blutenden Gewebe. Wenn der Hauptmann feststellt, daß der Gefangene dem Tode naht, wird die Folter endlich abgebrochen. Der fast ohnmächtige Jesus wird jetzt

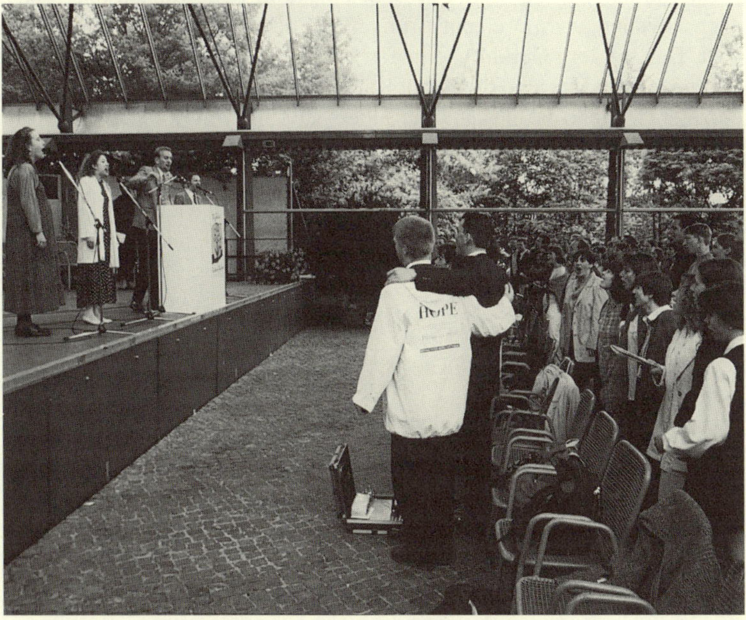

Veranstaltung der Boston Church of Christ in Berlin-Britz

abgebunden und darf sich auf den steinernen Boden, von eigenen Blut übergossen, fallen lassen.«[97]

Angesichts der Grusel-Shows spricht Hans Liebl, katholischer Sektenbeauftragter aus München, von einer »Perversion des Neuen Testaments«. Aber die Vorführungen erfüllen offenbar ihren Zweck. »Mir kamen die Tränen, so erschüttert war ich«, berichtet der *Boston*-Aussteiger Frank; andere Neulinge mußten sich sogar übergeben. Über den Sinn des Ganzen sagt Frank: »Wir sollten erkennen, daß wir Jesus ans Kreuz geschlagen haben und daher verloren sind.« Anschließend bestimmen die Richtlinien: »Schreibe einige Dinge über dein altes ›Ich‹ auf, die bewirken, daß du den Tod verdienst.«[98]

Haben die Neulinge erst einmal kapiert, daß sie schuldig sind, verspricht ihnen der Erlöser Kip McKean Vergebung und Heil. »Es heißt: entweder die Boston Bewegung oder die Hölle – du mußt dich entscheiden«, erläutert der ehemalige Gemeindeführer Rick Bauer. Aber schnell muß es gehen, denn nach dem Tod »gibt es keine zweite Chance«. Deshalb werden die neuen Jünger zur baldigen Taufe gebeten. Wer ins Wasser geht, erklärt zuvor feierlich, sein Leben »unter die Zucht Gottes« zu stellen und dem Befehl zum Kreuzzug jederzeit Folge zu leisten. »Du wirst verfolgt werden, niemand weiß, in welchem Ausmaß. Sei bereit, für Jesus zu sterben«, heißt es im Sektenbrevier.[99]

Das Initiationsritual findet in Deutschland in Badewannen oder Seen, aber zuweilen auch in einem Brunnen auf dem Berliner Alexanderplatz statt. Das sei »ein Gefühl wie neu geboren zu werden, denn alle Schuld fällt mit einem Mal ab«, schwärmt Karin noch heute vom Tauferlebnis. Ihr einziger Gedanke dabei war: »Die andern sind alle von Dämonen befallen, aber ich bin jetzt wirklich Christ und brauche mich vor nichts mehr zu fürchten.« Möglichst oft und heftig sollen dann die neuen »Baby-Christen« (Sektenjargon) auf Mission ziehen. »Wir haben wie verrückt fremde Leute angequatscht – ziemlich oft fanden wir dabei Interessierte«, sagt Karin. In den internen Anweisungsbüchern wird detailliert beschrieben, wie dabei vorzugehen sei: »Schreibe dir mindestens drei verschiedene Orte auf, wo du heute hingehen wirst; bete dann dafür, daß du Gottes Botschaft dorthin bringst.«[100] Vor allem aber: »Überschlage die Kosten mit dem Zonenleiter.«[101]

Die Discipler bestimmen nicht nur die Planzahlen für missionarische Anwerbungen, sie mischen sich auch in die Partnerwahl ein. »Ihr könnt alles machen, wenn ihr nur verheiratet seid«, predigen sie. Deshalb ging Karin nach der Taufe auftragsgemäß zum ersten Treffen mit einem von der Sekte für sie Auserkorenen. Hinterher sollte sie zum Rapport. Ihr Discipler wollte später die Entscheidung treffen, welchen Mann sie ehelichen dürfe. Nach Berichten in amerikanischen Zeitungen soll es sogar vorgekommen sein, daß Discipler die Häufigkeit des Geschlechtsverkehrs festlegten.[102]

Die *Boston Church* bestreitet all dies. Aber in ihrem Katechismus heißt es schwarz auf weiß: »Da wir nur Jünger heiraten können, sollten wir auch nur Jünger treffen.«[103] Und als »Jünger« oder »Christen« gelten nur Mitglieder mit *Boston*-Taufe.

Neuzugängen legen die Sektenoberen zuweilen sogar nahe, sich von ihrem Partner zu trennen. »Trennung ist kein Muß, aber es ist ein Muß, Sünde aus der Beziehung zu verbannen«, heißt es in der Sektenfibel.[104] Auch Kontakte zu Freunden und Angehörigen werden abgebrochen, wenn diese nicht bereit sind, ebenfalls zu konvertieren. »Sie predigen immer wieder, es sei wichtiger, sich an die göttliche Familie zu halten als an die leibliche«, erzählt ein betroffener Vater. Manche Adepten ziehen gleich in sektennahe Wohngemeinschaften, natürlich des gleichen Geschlechts. Karin berichtet, daß ihr Discipler die Mitglieder schon um halb fünf in der Früh' – zur »Kraftzeit« – aus den Betten holte, »um den Herrn zu loben«.[105] Heute sagt sie: »Diese Kraftzeiten haben mich echt fertiggemacht.«

Ein rigides Strafsystem sorgt für Gehorsam. Wer Probleme macht, dem droht die Verbannung aus der Gemeinschaft. Amerikanische Aussteiger berichten, sie seien zwei Wochen im Keller eingesperrt oder gezwungen worden, zehn Tage zu fasten.[106] Als kritische Berichte in den amerikanischen Medien zunahmen, gaben die *Boston*-Führer zu, daß einige Discipler »wohl zu weit gegangen« seien, und erklärten, sie würden die Praktiken »in Ordnung bringen«[107]. Der *Boston*-Veteran Al Baird sagte, die Leiter dürften zwar Missionsbemühungen fordern, aber sie sollten ihren Schäfchen nicht die »Wahl des Essens, des Autos, der Kleidung oder der Höhe ihrer Spenden« vorschreiben: »Wir machen nichts, was Jesus nicht auch tun würde.« Jünger dürften durchaus mal den Rat des Disciplers zurückweisen, »ohne damit gleich zu sündigen«. Doch die deutschen Aussteiger haben davon nicht viel bemerkt. »Ich habe erlebt, wie eine Frau für zwei Wochen ausgeschlossen wurde«, berichtet Karin. »Ihr wurde gesagt, sie solle sich im Zimmer einschließen, beten und die Bibel lesen. Sie war wohl nicht aktiv genug gewesen.«

Auch finanziell geraten viele Mitglieder nach kurzer Zeit bei der *Boston Church* unter Streß. Die kassiert mindestens ein Zehntel des Jahreseinkommens (»guter Anfang«), dazu jährlich eine saftige Sonderkollekte – jedoch beides »niemals aus Zwang«, wie die Sekte behauptet. Eine Aussteigerin erzählt: »Es wurde gesagt, Gott haßt Geizhälse. Wir sollten mit lachendem Gesicht in die Kollekte geben.« Da sie nicht flüssig war, sollte sie ihr Scherflein durch Blutspenden verdienen. »Es ist doch in Ordnung, wenn man seinen Körper für Gott einsetzt«, verteidigten *Boston*-Mitglieder diese Praxis.[108] Im amerikanischen Fernsehsender ABC berichteten Aussteiger, sie hätten bis zu 200 000 Dollar bei der *Boston Church* gelassen.[109] »Aus Schuldgefühl und Gelddruck brechen dann viele alle Brücken ab und werden Vollzeitmissionar«, weiß der Thomas Gandow. Das Geld wird für die Angestellten und Missionare benötigt, die unermüdlich die »Weltevangelisation« vorantreiben. »Laßt uns mit einer Entschlossenheit gemeinsam vorwärtsziehen, die nicht einmal von den Pforten der Hölle aufgehalten werden kann«, tönte Kip McKean. »Nur der Himmel erwartet uns.«[110]

Wer trotz allem mit der *Boston Church* bricht, gilt als Opfer des Satans. Die Sektierer terrorisierten einzelne Abtrünnige am Telefon und durch ständige Besuche. Aussteiger in Berlin und München wechselten deshalb die Wohnung und besorgten sich Geheimnummern. »Ich war kaputt, hatte totale Angst, konnte nicht schlafen«, bezeugt Karin aus Berlin. »Erst wenn man auf die andere Seite des Vorhangs kommt«, sagt der amerikanische Aussteiger Rick Bauer, »merkt man, wie böse und hinterlistig das ganze System ist.«[111] Die Berliner Sektenbeauftragte Anne Rühle warnt inzwischen mit einer Broschüre auch vor der *Boston Church*.[112] Trotzdem fanden die Fundamentalisten in Berlin 1996 ein neues Domizil für ihre Gottesdienste – bei einer charismatischen Kirchengemeinde. Das besonders umstrittene Regelbuch »Machet zu Jüngern« habe man nach der zunehmenden öffentlichen Kritik 1996 »eingestampft«, erklärt Thomas Herrmann von der Berliner Gemeinde *Jesu Christi*; die übrigen Bücher (mit teils gleichlautenden Formulierungen) seien aber weiter im Gebrauch.

Thomas Gandow bezeichnet die *Boston Church of Christ* als ein »geradezu klassisches Beispiel« für die Psycho-Tricks, mit denen moderne Sekten ihre Jünger werben, indoktrinieren und in eine verhängnisvolle Abhängigkeit verstricken. Diese Methoden ähneln sich in vielen Gruppen, so unterschiedlich ihre Ideologien auch sind. Das System der psycho-sozialen Bewußtseinskontrolle funktioniert in einigen religiösen Sekten sogar strikter und »perfekter« als in manchen Psycho-Gruppen. Da die Rekrutierung und Indoktrinierung neuer Jünger in religiösen wie in Psycho-Sekten nach ähnlichen Mustern abläuft, sollen sie im folgenden exemplarisch dargestellt werden, wobei Beispiele aus ganz verschiedenartigen Sekten und Kulten Berücksichtigung finden – auch religiöser Gruppen wie der *Zeugen Jehovas*, des *Opus Dei*, der *Charismatiker* oder von *Ananda Marga*. Die Indoktrinierung erfolgt in drei Hauptphasen, die sich teilweise überschneiden und durchdringen: Aufbrechen – Verändern – Fixieren.

Das System der Bewußtseinskontrolle

Anwerben: Fragebogen, Fortbildungskurs oder Sex

Thierry Huguenin ist sich sicher: Was er erlebt hat, werden die meisten Menschen nicht begreifen. Vielen werde er vermutlich vorkommen wie »ein Verblendeter, ein Schwächling oder ein Feigling«. Doch Thierry Hugeunin ist fest davon überzeugt, »nichts von alledem zu sein«. Er hält sich für einen ganz normalen, vernünftigen Menschen. Der Zahntechniker aus Genf war fünfzehn Jahre lang Mitglied der französischen *Sonnentempler* und sollte 1994 eigentlich mit dem Rest des Ordens zum Himmel – genauer: zum Stern Sirius – auffahren. 53 Mitglieder der Okkult-Sekte starben damals durch eigene oder fremde Hand. Huguenin sollte das 54. Opfer sein, aber er entkam unter abenteuerlichen Umständen. Wenig später schrieb er ein Buch über seine Erlebnisse, »damit so etwas nie wieder geschehen kann«.[1]

Und doch ist es wieder geschehen – und jederzeit kann es zu neuen Katastrophen kommen. Seitdem 1978 die Luftaufnahmen der 912 Toten im Dschungel von Guayana über die Bildschirme flimmerten, wurde die Welt immer wieder Zeuge tödlicher Sektendramen. Im September 1985 starben 68 Mitglieder des Bergstammes der Ata auf den Philippinen an einem giftigen Brei, den sie auf Anweisung ihres Medizinmannes Mangayanon Butaog gegessen hatten. Der Zauberer hatte den Massenselbstmord mit den Worten ausgelöst: »Wenn ihr gegessen habt, geht schlafen – wenn ihr aufwacht, werdet ihr wie Götter sein.«[2] Im August 1987 wurden 32 Anhänger der »Priesterin« Park Soon Ja in der Nähe von Seoul tot aufgefunden. Sie hatten Gift zu sich genommen; weil die Dosis aber offenbar zu gering war, um sie zu töten, wurde den meisten außerdem die Kehle durchgeschnitten.

Im April 1993 erschütterte der Feuersturm von Waco Amerika und die Welt; fünf Monate später folgte der kollektive Selbstmord von 52 Mitgliedern einer Weltuntergangssekte in Vietnam. Ihr blinder Anführer Ca Van Lieng hatte seinen Jüngern die Rettung vor einer Sintflut im Jahr 2000 versprochen, wenn sie eine erhebliche Geldsumme an ihn zahlten. Als er befürchtete, sein Betrug werde aufgedeckt, befahl er den Anhängern, erst ihn und dann sich selbst zu töten. Einen Monat nach dem Drama von Vietnam kündigte die ukrainische Sekte *Weiße Bruderschaft* an, zum Himmel aufzusteigen, weil das Jüngste Gericht unmittelbar bevorstehe. Tausende Menschen strömten nach Kiew, um ihren Propheten Juri Kriwonogow und Maria Dewi Christos zu folgen. Da die Behörden die Anführer rechtzeitig

Der Überlebende des Massakers der Sonnentempler in der Schweiz, Thierry Huguenin, veröffentlichte inzwischen seine Erfahrungen

hinter Gitter brachten, blieb die Katastrophe aus. Auch auf den Philippinen konnten die Behörden zum Jahreswechsel 1995/96 den befürchteten Massenselbstmord einer Sekte namens *Pfingstliche Internationale Christengemeinschaft* verhindern; der Guru Ponciano Lumboy entzog sich der Festnahme durch die Flucht, die Mitglieder gingen enttäuscht nach Hause.[3]

»Giftgas-Terror in Tokios U-Bahn«, titelten die Zeitungen am 21. März 1995.[4] Zwölf Menschen starben und über 5 200 wurden bei einem Sarin-Attentat tags zuvor zum Teil schwer verletzt. Die japanische New-Age-Sekte *Aum Shinrikyo* (Erhabene Wahrheit) versetzte die 12-Millionen-Metropole und ganz Japan mit ihrem scheinbar ziellosen Terror wochenlang in Angst und Schrecken. Der *Aum*-Guru Shoko Asahara wollte, da die von ihm prophezeite Apokalypse auf sich warten ließ, die Endzeit mit eigenen Mitteln herbeiführen. Ebenso fassungslos wie die Japaner erlebten die US-Amerikaner, wie ein Bombenanschlag am 19. April 1995 ein Behördengebäude in Oklahoma City zerstörte und 168 Menschen tötete – es war das bislang schlimmste Terrorattentat in den Vereinigten Staaten. Bis heute wollen die Gerüchte nicht verstummen, daß der 1997 zum Tode verurteilte Attentäter Timothy McVeigh Verbindungen zu einer rechtsradikalen Sekte hatte – einer sogenannten *Militia* oder der rassistisch-christlichen Gruppe *Christian Identity* in Elohim City (Oklahoma).

Aber Sekten greifen nicht nur zu Terror, Gewalt, Folter und Mord, sie stiften ihre Mitglieder auch zu kriminellen Handlungen wie Entführung, Erpressung, unterlassener Hilfeleistung, Betrug, Diebstahl, Steuerhinterziehung und anderen Wirtschaftsdelikten an. Im August 1997 wurde ein Berliner Kriminalhauptkommissar in zweiter Instanz zu 9 000 Mark Strafe wegen Verstoßes gegen das Datenschutzgesetz verurteilt. Er hatte persönliche Daten von Polizeianwärtern in den *Scientology*-Computer eingegeben. Zwei Scientologen aus Norddeutschland erhielten 1993 Strafen von bis zu 26 Monaten Gefängnis, weil sie 2,8 Millionen Mark Steuern hinterzogen hatten. Sie hatten mindestens sechs Millionen Mark am Finanzamt vorbei an *Scientology* überwiesen. Im Januar 1997 standen in der Türkei 121 Mitglieder der radikal-islamischen Sekte *Aczmendi* vor Gericht. Ihnen wurde neben anderen Delikten sogar vorgeworfen, einen Umsturz in der Türkei geplant zu haben.

Warum geraten Menschen in den Bann autoritärer Kulte? Noch steckt die wissenschaftliche Forschung in den Kinderschuhen. Die soziale Stellung jedenfalls ist weder ein Indiz noch ein Schutz. Während die meisten Toten der Katastrophe von Jonestown arm waren, bevorzugten die *Sonnentempler* das (sehr) gehobene Bürgertum – Bürgermeister, Regierungsbeamte, Unternehmer und Kaufleute. Beispielsweise waren die Frau und der Sohn des Gründers der Brillenfirma *Vuarnet* dort Mitglied. Der *VPM* rekrutiert Pädagogen und Psychologen, *Scientology* zieht besonders viele junge Unternehmer an, und die »urchristliche« Ufo-Sekte *Universelles Leben* zählt Ärzte, Architekten und Lufthansa-Kapitäne, aber auch einfache Leute zur Elite ihrer *Bundgemeinde Neues Jerusalem*.

Für die meisten Zeitgenossen bleibt es ein Geheimnis, wieso Menschen sich mit Haut und Haar einer Sekte ausliefern können. Der Berliner »Tagesspiegel« reklamierte dafür in einem Artikel über *Scientology* ausdrücklich ein Recht auf Dummheit: »In unserem Gemeinwesen darf bekanntlich jeder nach seiner Façon selig werden. Mehr noch: Jeder darf auch nach seiner Façon unglücklich werden, jeder darf dumm sein.«[5] Dagegen wäre nichts einzuwenden, wenn es wirklich nur um Dummheit oder Intelligenz ginge. Doch der Weg in eine totalitäre Sekte hat fast nie mit einer freien Entscheidung zu tun. »Man muß sich immer wieder klarmachen, daß in den meisten Fällen die Leute nicht den Sekten beitreten. Die Sekten werben die Leute an«, schreibt der amerikanische Psychologe und Sektenexperte Steven Hassan, der mit seinem Buch *Combatting Cult Mind Control (Ausbruch aus dem Bann der Sekten)* Anfang der 90er Jahre weltberühmt wurde.[6]

Nach der (umstrittenen) Snapping-Theorie der US-Psychologen Flo Conway und Jim Siegelman kann im Prinzip jeder Mensch in die Sektenfalle geraten, auch jemand, der »fest im Leben steht«. Demnach »schnappen« die Sektenwerber ihre Opfer mit ausgefeilten Psychotricks schon beim ersten Kontakt; haben die Opfer ein akutes psychisches Problem, schnappen sie noch besser. Entscheidend, so Conway und Siegelman, sei es, daß der Proband einen Anflug von Neugier entwickelt.[7] Und Neugier zu erwecken ist schließlich das Ziel fast jeder Werbung, ob für Zigaretten, Telefonsex auf den Antillen – oder eben den Guru Maharishi.

Bei den *Scientologen* war es lange üblich, neue Jünger mit der Frage zu ködern: »Wieviele Paar Schuhe haben Sie an?«[8] Diese Frage macht die meisten Menschen stutzig, weil sie eine »kognitive Dissonanz« erzeugt. Nach der »Dissonanztheorie«[9] versucht der Mensch immer, im Gleichgewicht mit seinen Gedanken, Meinungen, Erinnerungen und Wahrnehmungen zu bleiben. Kommt es nun zu einer »kognitiven Dissonanz« – einer Störung dieser Balance –, versucht er sofort, sie wieder herzustellen. Eine kognitive Dissonanz besteht zum Beispiel, wenn man den Wasserhahn aufdreht, aber wider Erwarten kein Wasser fließt. Man wird sofort versuchen, eine Erklärung für die Störung zu finden, um die Dissonanz zu beseitigen, etwa: »Vielleicht ist ein Rohr gebrochen« oder: »Der Idiot von Nachbar spielt mir einen Streich«. Die *Scientologen*-Frage nach den Schuhen wirkt ganz genauso. Der Angesprochene hat zwei Möglichkeiten: Entweder er reduziert die Dissonanz, indem er sich sagt: »Der will mich auf den Arm nehmen oder will mir etwas verkaufen«, indem er sich wegdreht und weitergeht. Oder er fängt an, über die Frage nachzudenken: »Der sieht ja ganz normal aus, da muß etwas dahinterstecken.« Dann ist er bereits interessiert; er wird vielleicht eine Broschüre nehmen, das »Dianetik«-Buch kaufen oder seine Adresse hinterlassen.

»Wir nutzen nur 10 Prozent unseres geistigen Potentials« – Neugier weckt auch ein bunter Prospekt mit diesem Spruch und dem Bildnis Albert Einsteins, der sich immer wieder tausendfach in deutschen Briefkästen findet. Wer auf den Text anspringt und vielleicht die restlichen 90 Prozent seiner Fähigkeiten auch kennenlernen möchte – und wer wollte das nicht? – der wird auf das »Dianetik«-Buch oder an das nächstgelegene Dianetik-Center verwiesen. Oft liegt dem Schreiben ein Fragebogen bei, der angeblich helfen soll, »verborgene Stärken und Schwächen« besser zu erkennen. In Wahrheit ist der Test einzig dazu da, »Defizite« beim Probanden zu entdecken, bei denen *Scientology* sofortige Hilfe verspricht – per »Kommunikationskurs« oder Erfolgsstraining. Steigt der »Kunde« nun ein, hat er einen Pakt geschlossen, dessen Konsequenzen er nicht überschaut und die ihm wohlweislich auch niemand darlegt. Abgesehen von den psychischen Folgen: Der Weg durch das nach oben offene Kurssystem der *Scientology* (»Brücke zur totalen geistigen Freiheit«) kann locker 300 000 Mark oder sogar das Doppelte kosten. Und niemand ahnt, daß der ganze Ablauf – vom

Zu Tausenden in den Briefkästen: Werbung mit Einstein für den scientologischen Persönlichkeitstest

Ansprechen bis zum Auswertungsgespräch – hundertfach geprobt und wie eine Schauspielszene einstudiert wurde.

Ausgeklügelte Marketingstrategien halten aber nicht nur die *Scientologen* oder die *Boston Church of Christ* parat. So gut wie alle harten Sekten und Psycho-Kulte drillen und trainieren intensiv die Rekrutierung neuer Anhänger. Die Werbekommandos lernen, Schwachstellen von Menschen sofort zu erkennen. Als »Mutter aller destruktiven Kulte« gilt die *Mun*-Bewegung, weil viele Psycho-Methoden dort zuerst ausprobiert und perfektioniert wurden. Bei den *Munies* werden die potentiellen Opfer in vier Gruppen eingeteilt und mit einer jeweils maßgeschneiderten Gesprächsstrategie angesprochen, wie der Sektenexperte Steven Hassan berichtet.[10] Danach wurde zum Beispiel mit »Fühlern« – Menschen, die sich dem Leben gefühlsmäßig nähern – ständig über Liebe geredet und darüber, daß es zuwenig Liebe in der Welt gebe. »Denker« sprach man auf der intellektuellen Ebene an, indem man ihnen Bilder von Nobelpreisträgern oder Philosophen zeigte, die auf Kongressen der *Mun*-Bewegung auftraten.[11]

Ziel der ganzen Übung ist es, den Angesprochenen ins nächste *Mun*-Zentrum zu lotsen, um ihn dort in Ruhe bearbeiten zu können und möglichst viel über ihn zu erfahren: seine Hoffnungen, Träume, Ängste, Beziehungen, Interessen. Zugleich wird dem Adepten, nicht nur bei *Mun*, sondern bei jeder Sekte, der Eindruck vermittelt: Die reden nicht nur, die tun was! Und ihre propagierten Ideale sind in der Regel solche, für die es sich auch zu kämpfen lohnt – egal, ob es um die »Verbreitung der Worte Christi«, die »Menschenrechte« oder die »Revolution« geht. Bei der *Mun*-Bewegung wird vielleicht die ganze Zeit von einem »Reverend Mun«, einer »wahren Familie« oder gar einer *Vereinigungskirche* noch gar nicht die Rede sein; auch bei den *Scientologen* hört der Interessierte meist erst viel später von L. Ron Hubbard und der *Church of Scientology*. Entscheidend ist der Kontakt: Der soll nun nicht mehr abreißen. Ununterbrochen klingelt das Telefon, wichtige Seminare, Abendessen, Workshops und andere Treffen warten. Der Neuling hängt am Haken.

Besonders berüchtigt wurde das Flirty Fishing (intern »FFing« genannt) eines anderen Alt-Kultes. Die *Familie der Liebe* (früher: *Kinder Gottes*), eine Psycho-Sekte, die 1968 in Kalifornien entstand, hält sich für »das wahre Israel« und rekrutierte zunächst Hippies und andere Aussteiger. Ihr Guru David Berg (1919–1994) erlangte fragwürdige Bekanntheit durch seine obszönen Mo-Briefe wie »Hügelige Maid« oder »Blicke der Liebe«, in denen er die weiblichen Jünger anwies, mit Sex Geld und neue Mitglieder »für Jesus« zu »angeln«. In einem Brief forderte er: »Die Ehemänner müssen praktisch Zuhälter ihrer eigenen Frauen sein! Gott segne sie! Sie müssen ihnen helfen, sie anleiten, schützen und führen. Die Frauen brauchen einen Fischer, der ihnen beim Angeln hilft! Unmengen von Männern in der Welt tun das für Geld! Warum wollt ihr das dann nicht für Gott tun?«[12]

In einer Fernsehsendung bestätigten ehemalige *Kinder Gottes*, daß sie die Befehle tatsächlich befolgten und als »Nutten für Jesus« für ihren Guru »Jünger machten«.[13] Als Reaktion auf die scharfe öffentliche Kritik an den Rekrutierungspraktiken und aus Angst vor Aids verbot David Berg allerdings 1987 das Flirty Fishing offiziell. Heute gibt sich die *Familie der Liebe* geläutert und behauptet, die »kontroversen Arbeitsmethoden« seien samt und sonders abgeschafft; selbstredend lehne sie Inzest, Prostitution, Vergewaltigung und Gruppensex ab.[14] »Doch die Kritikunfähigkeit und die Diskriminierung von ehemaligen Mitgliedern erschüttert die Glaubwürdigkeit solcher Beteuerungen«, meint dazu der Frankfurter Pädagoge und Sektenexperte Kurt-Helmuth Eimuth.[15]

Egal, ob Flirty Fishing oder »kognitive Dissonanz«, das Snapping funktioniert immer dann besonders gut, wenn die »Zielperson« eine gewisse psychische Empfänglichkeit besitzt, um der Verführung zu erliegen. Andernfalls, meint der evangelische Sektenbeauftragte Hansjörg Hemminger aus Stuttgart, wären schon längst Millionen von Deutschen in einer Sekte gelandet – und nicht nur etwa ein Prozent der Bevölkerung. Hemminger sagt: »Es gibt eben Menschen, die trotz schlimmer Probleme nie für Sekten empfänglich sind.« Sicher ist: Eine akute Lebenskrise oder ein aktuelles Stimmungstief verbessert die Chancen der Sektenwerber erheblich. Beispielsweise rutschten die meisten *Heaven's-Gate*-Anhänger in den Kult, weil sie eine Lebenskrise durchlitten, weil sie gerade einen nahen Angehörigen verloren hatten oder weil sie sich in dieser harten Welt einfach einsam fühlten.

Als Folge der vermehrten Konkurrenz sind die Marketing-Praktiken der Kulte und sektenartigen Gruppen subtiler und breiter geworden; die »Anbieter« präsentieren sich heute vor allem »zielgruppenorientiert«. Sie stecken Unsummen in teure Kampagnen, bezahlen routinierte Marketing-Firmen und lassen PR-Fachleute ihre Strategien entwerfen. Mit Hochglanzbroschüren, aufwendigen Videos und Prominenten gehen sie auf Kundenfang. Sie werben nicht nur in der Fußgängerzone, sondern auch in Zeitschriften wie »Psychologie heute« oder in der »Brigitte« – etwa für Meditationskurse oder für »Imageberatung«. Sie schalten Stellenanzeigen und laden mit aufwendig gestalteten Annoncen zu Seminaren über Managementtechniken oder »schnellen Erfolg im Beruf«. Eine Unzahl von Tarnorganisationen und Firmen mit harmlos klingenden Namen wie Kontext GmbH, Schiller-Institut oder *Verband Engagierter Manager* locken »Kunden« an, die dann ahnungslos in die Psycho-Falle tappen. Das Geld, das sie ihren Mitgliedern aus der Tasche ziehen, stecken sie wieder in kostspielige Marketing-Kampagnen; und der Zyklus beginnt von vorn.

Die Sekten profitieren dabei von einem Trend in der Werbewirtschaft, der seit ein paar Jahren aus den USA nach Deutschland schwappt: der Verschmelzung von Marketing und Spiritualität. »Die Nachfrage nach Emotionen, Mythen und Kult wird von den alten Lieferanten, den Kirchen, nicht mehr glaubwürdig befriedigt. Die Werbung füllt die entstandene Lücke«, schrieb das Fachblatt »Werben & Verkaufen« in einer Titelgeschichte über »Werbung als Religion«.[16] Die amerikanische Werbung arbeitet schon seit Jahren mit religiösen und spirituellen Symbolen. Weltkonzerne wie *Apple, British Airways, Timex*, der Telefonkonzern *MCI* oder *VW-USA* transportieren ihre Botschaften zunehmend mit Bildern vom Himmel, biblischen Wüsten, indianischen Kultstätten, kosmischen Räumen und besonders gern mit New-Age-Musik.

Die US-Autorin Leslie Salvan verweist darauf, daß die erste Nachkriegs-Generation (die Baby-Boomer) anfange, sich mit dem Tod auseinanderzusetzen und nach mehr als nur materiellem Konsum zu sehnen.[17] Den nicht sehr profitfördernden Widerspruch versuche die Werbewirtschaft dadurch aufzuheben, daß sie einfach die Produkte mythisch auflädt (»spiritual taste«). »Das religiöse Bedürfnis wächst, und es muß bedient werden«, sagt Norbert Bolz, Kommunikationswissenschaftler aus Essen. »Es ist nicht erstaunlich, daß gerade die Werbung das Religionsbedürfnis in großen Teilen befriedigt.« Bolz meint, neue Götter könne »immer nur ein Kommunikationssystem« bieten.

Die neuen Götter sitzen aber nicht *im* Kommunikationssystem, sie hocken am anderen Ende der Leitung. Die Werbung beobachtet ihre Käuferschichten und lädt Millionen Menschen Tag für Tag mit Bildern, Sehnsüchten und Gefühlen auf, die profit- und machthungrige Gurus nur noch abrufen müssen. Die Möwe Jonathan, ein starkes New-Age-Symbol, flattert durch die *Scientology*-Reklame ebenso wie durch die Broschüren des Münchner Psycho-Gurus Hannes Scholl oder die Werbung des Strukturvertriebs *Allgemeiner Wirtschaftsdienst (AWD; Finanzdienstleistungen)*. Die *Westdeutsche Landesbank (WestLB)* wirbt mit dem Bild einer Brücke übers Meer in den Sonnenaufgang, die den Darstellungen der *Scientologen* (»Brücke zur totalen geistigen Freiheit«) verblüffend ähnelt, genauso wie der Werbetext einer anderen Annonce. *WestLB*: »Wir sind groß und gut genug, Träume zu verwirklichen.«[18] *Scientology*: »Unsere Ziele sind einfach, aber groß.«[19]

Aufbrechen und Verwirren: Ekstase, Hypnose, Trance

Bevor Thierry Huguenin zum *Sonnentempler-Orden* kam, erschien ihm das ganze Dasein »als eine unerträgliche Last«. Der Zahntechniker aus Genf hatte in seinem Leben bereits zahlreiche Tiefschläge erlitten. Deshalb suchte er immer wieder nach einem »spirituellen Halt« und hatte sich gemeinsam mit seiner Frau schon mit Reinkarnation, »früheren Leben« und »inneren Stimmen« beschäftigt; das Mittelalter und das alte Ägypten zogen ihn besonders an. Da stellte ihm eine Freundin, die er regelmäßig für »Rückführungen« besuchte, im November 1979 dem steinreichen Großmeister des *Sonnentempler-Ordens*, Joseph di Mambro, vor. Die Persönlichkeit des »Tempelritters« nahm den damals 29jährigen Huguenin so gefangen, daß er nach dem Treffen an nichts anderes mehr denken konnte.

»Endlich war ich Lenker meines Lebens, endlich hatte ich meinen Führer gefunden, dem ich nur noch zu folgen brauchte«, schreibt er. »Ich war nicht mehr dieses Opfer, das unter einem Hagel von Schlägen blind hin und her lief. Mein bislang wirres, chaotisches, zielloses Leben verlief plötzlich in festen Bahnen.«[20] Er fühlte sich geehrt, weil man ausgerechnet ihn erkoren hatte, geriet von heute auf morgen in einen Taumel »dringender Seminare« und fast täglicher Zusammenkünfte. Schrittweise wurde er immer tiefer in die bombastischen Rituale des Ordens eingeweiht und in eine Gemeinschaft von Auserwählten aufgenommen. Die neuen Freunde wirkten auf ihn wie eine Offenbarung. »Weißt Du, Nathalie«, sagte er zu seiner Frau, die er einen Monat später auch in den Orden holte, »man könnte meinen, daß sie von innen heraus strahlen. Sie haben nichts mit den Leuten gemein, die uns sonst so begegnen. Sie wirken, als ob sie auf einem anderen Planeten leben.«[21]

Merkwürdigerweise ist der häufigste Weg in einen Kult gleichzeitig der am wenigsten bekannte: In den meisten Fällen werden neue Mitglieder durch den Lebenspartner, einen Freund, Mitschüler, Kommilitonen, Kollegen oder einen Kompagnon geworben. Oftmals ahnt man nicht mal, daß man gerade angeworben wird. »Der Freund oder Verwandte hat einfach einige sagenhafte Einsichten gewonnen und Erfahrungen gemacht und möchte diese mit Ihnen teilen«, beschreibt Steven Hassan eine gängige Masche. »Oder er möchte ›nur Ihre Meinung dazu hören‹ und tut so, als brauche er Ihre Hilfe, während er in Wahrheit versucht, Sie in eine Indoktrinationsveranstaltung zu locken.«[22] In vielen Fällen reicht wirklich schon ein »vegetarisches Festessen«, ein Wochenendseminar oder ein »Kommunikationskurs«, um sich unmerklich, aber rasend schnell im Psychostrudel zu verlieren.

Der Beginn einer Sektenkarriere ist oft wie Alices Aufbruch ins Wunderland. Zunächst staunen die Neulinge über all die netten Menschen, die freundliche Atmosphäre, die Aufmerksamkeit und Zuwendung, die man ihnen entgegenbringt. »Ich hatte das Gefühl: Da hast du eine nette Gruppe gefunden, überall bist du herzlich willkommen«, schwärmt Frank aus Berlin noch heute vom Erstkontakt mit den jungen Leuten bei der *Boston Church of Christ*. Er wußte nicht, daß er auf eine Psychotechnik ansprach, die als Love Bombing bekannt wurde – ein Ausdruck, den einst die *Mun*-Bewegung erfand: Der Neuling wird »mit Liebe überschüttet«. Die Sektenleute können sehr charmant und umgänglich sein. Viele Probanden verlieben sich anfangs auch in ein Sektenmitglied. »In den ersten Wochen oder Monaten nach dem Beitritt durchlebt der Neubekehrte meist eine euphorische Phase. Er wird behandelt wie ein König«, faßt Sektenexperte Steven Hassan zusammen, der von 1974 bis 1976 selbst stellvertretender Direktor der *Mun-Bewegung* in deren amerikanischem Hauptquartier in New York war.[23]

Doch mit dem Love Bombing beginnt die Bewußtseinskontrolle oder mentale Kontrolle (Mind Control). Mentale Kontrolle ist die elegante Schwester der »Gehirnwäsche«. Ihre Methoden sind subtiler, ihre Wirkung ist mächtiger, ihre psychischen Folgen sind noch ernster als alle Menschenmanipulation, die in den 50er Jahren die Welt schockierte. Als amerikanische Kriegsgefangene im Koreakrieg oder führende Dissidenten im früheren Ostblock plötzlich fiktive Verbrechen gestanden, wurden sie zu dieser »Gehirnwäsche« mit Gewalt und Folter gezwungen; sobald sie dem Zwangssystem entronnen waren, ließ die Wirkung in der Regel sofort nach – und sie widerriefen.

Moderne Sekten aber nehmen Menschen seelisch gefangen, ohne daß diese selbst es richtig merken. Niemand wird mit dem Gewehr in den Kult getrieben – er wirkt an der Veränderung seines Bewußtseins aktiv mit. »Schreibe drei Emotionen auf, die in deinem Leben beherrscht und kontrolliert werden müssen«, fordert beispielsweise die *Boston Church*.[24] Ganz sanft, aber unerbittlich schiebt sich dann eine neue Identität über die alte Persönlichkeit, bis diese fast verschwindet. »Das ist wie die hybride Mutation eines bösartigen Virusstamms!« sagte der New Yorker Psychologe Robert Jay Lifton über die Bewußtseinskontroll-Praktiken der *Mun*-Bewegung, als er 1976 zum ersten Mal davon erfuhr. Lifton hatte 1961 ein Standardwerk über Gehirnwäsche in Korea und China und einen inzwischen berühmten Acht-Punkte-Katalog jener Techniken veröffentlicht, mit denen Gehirnwäsche arbeitet – etwa »Milieukontrolle«, »Kult des Sündenbekenntnisses« oder »Manipulation der Sprache«.[25]

In vielen harten Sekten ist eine Welt Realität geworden, wie sie George Orwell in seinem Buch »1984« schildert. Immer mehr Sekten wurden zu beängstigenden Orten, wo eine »Gedankenpolizei« das Leben der Mitglieder total beherrscht, jede geistige Regung kontrolliert und jede Bewegung überwacht. »Inseln des Totalitarismus innerhalb einer größeren Gesellschaft« nennt sie Lifton.[26] Es sind Orte, in denen es ein Verbrechen ist, Zeitung zu lesen, unabhängig zu denken oder sich ohne Zustimmung des Meisters zu verlieben. Wie im »Dritten Reich« und in der schlimmen Utopie George Orwells wird Sprache in dieser totalitären Welt zum Medium manipulativer Gewalt. »Krieg ist Frieden« oder »Freiheit ist Sklaverei« heißt es im Orwellschen »Neusprech«. Bei *Scientology* bedeutet »Kommunikation« – Konfrontation; ein »PC« ist kein Personalcomputer, sondern ein »Preclear« – ein Mensch, der noch nicht gleichgeschaltet ist; und das Wort »Ethik« wird in sein Gegenteil »redefiniert«: »Der Zweck von

Ethik ist: Gegenabsichten aus der Umwelt zu entfernen. Nachdem das erreicht worden ist, hat sie zum Zweck, Fremdabsichten aus der Umwelt zu entfernen.«[27]

Gegenabsichten? Fremdabsichten? Gedankenpolizei? Kein Neuling erfährt irgend etwas davon in seiner Schnupperphase. Niemand sagt ihm, daß er für die Sekte Raw Meat ist – rohes Fleisch, wie es die *Scientologen* in geradezu erfrischender Klarheit ausdrücken. Die abstrusen Lehren der neuen Freunde lernen die Jünger erst nach und nach kennen, ihre strengen Gebote ganz zum Schluß, und von möglichen Kritikpunkten erfahren sie nie etwas. Wer würde freiwillig den *Munies* beitreten, wenn er wüßte, daß die *Vereinigungskirche* mit der *CIA* und dem koreanischen Geheimdienst kooperierte oder daß ihr Anführer San Myung Mun sich schon 1967 mit Yoshi Kodama, einem Führer der japanischen Yakuza-Mafia verband?[28] Wer schlösse sich der *Scientology* an, wenn er zu Anfang erführe, daß laut L. Ron Hubbard alle Menschen von Dämonen (»Körperthetanen«) besessen sind, die ein außerirdischer Fürst namens Xenu in Wasserstoffbomben stopfte und dann in einem Vulkan explodieren ließ, um sie über die ganze Erde zu verstreuen?[29] Wer würde Mitglied bei der Psycho-Sekte *EAP (Europäische Arbeiter-Partei)*, wenn er ahnte, daß deren amerikanischer Führer Lyndon LaRouche von 1989 bis 1993 wegen Verschwörung und Steuerhinterziehung im Gefängnis saß?

Das Muster, mit dem Menschen nach und nach gefügig gemacht werden können, hat der Amerikaner Edgar Schein schon 1971 in seinem Buch »Coercive Persuasion« (Zwingende Überzeugung) beschrieben.[30] Schein hatte sich wie Lifton intensiv mit den Gehirnwäschepraktiken der 50er Jahre (in China) beschäftigt und ein Dreistufenmodell der Gehirnwäsche herauskristallisiert, das sich genauso auf die mentale Kontrolle beziehen läßt. Nach Schein bezeichnet *Aufbrechen* die völlige Destabilisierung einer Person, *Verändern* den eigentlichen Indoktrinationsprozeß und *Fixieren* das Aufbauen und Stabilisieren einer neuen Persönlichkeit.[31]

Hat der Neuling erst einmal angebissen, wird er Schritt für Schritt auf die radikale Veränderung vorbereitet. Er wird »aufgebrochen« – seine bisherige Realität wird in Frage gestellt. Alles, was ihm früher wichtig war, gerät ins Wanken. Von heute auf morgen verändert sich sein ganzes Leben. Plötzlich ist er keine Minute mehr allein. Ohne daß er recht weiß wie ihm geschieht, findet er sich in einem Terminstreß wieder, der ihn keine Luft mehr holen läßt. Bibelstunden, Meditationen, Vorträge, Kurse – systematisch wird sein gesamter Zeitplan von der Sekte vereinnahmt. Das hat Methode: Er soll nicht mehr zur Ruhe kommen, soll keine Zeit zum Gespräch mit Freunden, Bekannten und Verwandten mehr haben.[32]

Der ehemalige Sonnentempler Thierry Huguenin beschreibt eine typische Szene: Als er nach einem seiner ersten Besuche in der »Stiftung« – dem damaligen Sektenzentrum in Genf – nach Hause kommt und sich freut, mal wieder etwas Zeit für seine Frau Nathalie zu haben, klingelt prompt das Telefon:

»Thierry? François ist am Apparat.«

»Ah! Francois, ja, guten Abend. Wie geht es dir seit vorhin?«

»Hör zu, Thierry, kannst du sofort zurück zur Stiftung kommen?

»Jetzt gleich? Aber François, da komme ich doch gerade her … Versteh doch, ich habe das ganze Wochenende in der Stiftung verbracht und meine Frau und meine Kinder keine Minute gesehen.«

»Jo (di Mambro) bittet dich darum, Thierry. Es ist wichtig, sehr wichtig …«

»In Ordnung, ich werde mal sehen.«[33]

Wer sich schon den Zeitplan diktieren läßt, wird auch »zur Musterung einbestellt«, wie es der Berliner »Sektenpfarrer« Thomas Gandow ausdrückt. Ein Drei-Tage-Workshop, eine Evangelisation oder ein Meditations-Retreat versetzt den Probanden für ein paar Tage in eine Art außerirdische Atmosphäre; der Versammlungsort ist von der Außenwelt abgeschottet und meist auch einige hundert Kilometer vom Wohnort entfernt: ein Zeltlager, ein Sommercamp, ein Hotel auf dem Lande. Die Trennung von seiner Familie, den Freunden und Bekannten bewirkt, daß der Mensch eher bereit ist, sich der neuen Gruppe anzupassen. Dort stürzt nun ein Bombardement von ausgeklügelten Techniken auf den Neuling ein, die nur ein Ziel haben: ihn so zu verwirren und gleichzeitig zu beglücken, daß sein Geist aufhört, rational zu funktionieren. Da er normalerweise keine Sekte kennt, ist er auf das, was auf ihn zukommt, in keiner Weise vorbereitet.

In einigen Sekten ist es die Hypnose, in anderen die Endlos-Therapie, das inbrünstige Gebet oder der Gesang, die die Anhänger in eine Trance befördern. Manchmal ist es Übermüdung oder Unterernährung, manchmal Reizüberflutung, manchmal Reizentzug. Viele Sekten putschen ihre Adepten hoch, indem sie ihnen eine proteinarme Ernährung mit viel Zucker verabreichen. Wer tagelang kaum schläft oder nichts zu essen bekommt, verliert einen Teil seiner Urteilsfähigkeit, fängt leicht an zu halluzinieren und wird in diesem Zustand ein leichtes Opfer für professionelle Manipulateure. Methoden der körperlichen Entspannung wie das Autogene Training, die Muskelentspannung und fernöstliche Meditation sind besonders geeignet, Menschen von Reizen der Außenwelt trennen. Die Angeworbenen fühlen sich wohl und werden empfänglich für Suggestionen, die ihnen die Sektenlehrer einimpfen. Manche dieser Praktiken wie Fasten, wenig Schlaf und Meditation wurden jahrhundertelang von religiösen Gruppen praktiziert, etwa in christlichen Klöstern; doch die Mönche wurden dabei nicht auf einen Guru eingeschworen, und die Klosterregeln waren allgemein bekannt.

Zugleich versetzen verhörähnliche Gespräche, verwirrende Botschaften und Psycho-Streß in ungewohnten Gruppenprozessen den Probanden in

Zwischen Verhör und Beichte: scientologisches Auditing mit dem sogenannten E-Meter (Werbebroschüre der Sekten-Zentrale Flag)

eine latente Spannung. Als besonders effektiv haben sich dabei Atemtechniken nach Art der Hyperventilation (beispielsweise Rebirthing) und hypnotische Prozesse in Anlehnung an das Neurolinguistische Programmieren herausgestellt. Steven Hassan nennt das Beispiel einer speziellen Hypnosetechnik. Dabei versorgt der Sektenführer die Menschen mit widersprüchlichen Informationen, die er aber im Ton völliger Normalität und Logik vorträgt: »Je mehr Sie versuchen zu verstehen, was ich sage, desto weniger werden Sie jemals in der Lage sein, es zu verstehen. Verstehen Sie?«[34] Werden solche Botschaften massiv verwendet und hat der Neuling keine Möglichkeit, in Ruhe darüber nachzudenken, wird er seine kritischen Verstand irgendwann ausschalten und das Gefühl für die Realität einbüßen. Er wird, da alle anderen ja zu »verstehen« scheinen, an sich selbst zweifeln und sich an die Stimmung in der Gruppe anpassen. In Psycho-Trainings, wie sie zum Beispiel *Scientology* verwendet, werden die Adepten mit massiven Konfrontationserlebnissen seelisch aufgewühlt. Sie müssen sich stundenlang starr in die Augen blicken (»Trainingsroutine Null«), anschreien oder versuchen, aus der Fassung zu bringen.

All diese Techniken werden gezielt eingesetzt und mit einer überbordenden Fülle von gefühlsintensiven Signalen verknüpft, seien es Berührungen, intensive Gespräche, Rollenspiele, gemeinsames Singen oder Beichtrituale. Ergebnis: Die Widerstandskräfte schwinden; das Opfer wird eingelullt, sein Geist betäubt, sein Selbstvertrauen, ja seine gesamte »Realität« erschüttert. Zugleich gerät der Neuling in euphorische Zustände, die an Hysterie grenzen können. Da das ganze Programm fast ausschließlich in Gruppen abgespult wird, kann der einzelne niemals zu sich kommen und Zeit zum Nachdenken finden. »Ich befand mich in einem Zustand pulsierender Benommenheit, einer Mischung aus Erschöpfung, Eifer und emotionalem Überschwang«, schreibt Steven Hassan über seine eigene Zeit bei den *Munies*.[35]

Am modernsten ging es wohl bei den *Sonnentemplern* zu: Die »kosmischen Klänge«, »außerirdischen Vibrationen« und »Erscheinungen« eines ägyptischen Gottes namens Manatanus entpuppten sich später als raffinierte Multimedia-Shows, die auf Anordnung der Sektenchefs Joseph di Mambro und Luc Jouret mit einem gewaltigen technischen Aufwand in Szene gesetzt wurden. Sie hatten eine unvergleichliche Wirkung, schreibt Thierry Huguenin: »Nachdem die Riten vollzogen waren, kam die Zeremonie zu ihrem Ende, und wir verließen hintereinander den Raum, schweigend und aufgewühlt.«[36]

Was in Joseph di Mambros Golden-Way-Stiftung mit den Menschen geschah, was im Dianetik-Zentrum, im Ashram oder im Mobilen Fundraising Team des Reverend Mun mit ihnen geschieht, ist für Außenstehende schwer zu begreifen. Zweifellos ist oftmals ein große Prise Unbedarftheit, ein Tick Neugier, grenzenlose Naivität oder auch einfach zu großes Vertrauen mit im Spiel. Wer sich aber überreden läßt, der wird tatsächlich überwältigt. Er gerät in eine Situation, die er nicht mehr überschaut und noch viel weniger beherrscht – vergleichbar mit dem Einstieg in harte Drogen wie Heroin oder Kokain. »Manche totalitären Gruppen machen ihre Mitglieder praktisch zu Süchtigen«, bestätigt Steven Hassan. »Jemand, der darauf gedrillt ist, täglich exzessiv stundenlang zu meditieren oder zu chanten [Sprechgesang der Hare Krishnas – d. A.], kann geistig und körperlich süchtig nach dieser Psychotechnik werden.«[37]

Offenbar schüttet das Gehirn in der Trance, bei ständiger Übermüdung und in (zwangs-)hypnotischen Séancen chemische Stoffe aus, die ähnlich »high« machen wie illegale Drogen. Von einem »halluzinatorischen Zustand« spricht auch Thierry Huguenin.[38] In einem Aufsatz beschreibt der *Scientology*-Aussteiger Norbert Potthoff aus Krefeld die Wirkung des Auditings, eine stundenlange Übung am Lügendetektor (»E-Meter«), bei der sich zwei Personen gegenübersitzen. Der Auditor fragt auch nach intimsten Details, und der Proband darf dabei nicht lügen. Potthoff berichtet: »Während dieser Übung erfaßte mich zum ersten Mal das Gefühl, mich von meinem Körper zu lösen. Es begann meist mit einer Art innerem Rütteln, so als wolle man ein Bäumchen aus dem Boden reißen. Dann folgte ein Ruck, der in einen sanften Rauschzustand überging.«[39] Das Auditing soll von Traumata und Leiden der Vergangenheit (auch vor 10 000 Jahren) reinigen, ist in Wahrheit aber eine Mischung aus Hypnose, Verhör und okkulter »Rückführung«.

Der Journalist Oliver W. aus München, der das Auditing für eine Recherche selbst ausprobierte, erinnert sich: »Schon in der zweiten Sitzung verlor ich irgendwann jedes Gefühl für Zeit und Raum.« In einem lichten Moment merkte er, was mit ihm geschah, sprang auf und verließ fluchtartig das Dianetik-Center. Aussteiger berichten, daß sie schon nach wenigen Sitzungen den beglückenden Rausch immer wieder erleben wollten und bereit waren, dafür Tausende von Mark auf den Tisch zu blättern. »Plötzlich fühlte ich eine sehr deutliche Klarheit und Schwerelosigkeit in mir und um mich herum«, erzählt Jennifer Roth, ein Ex-Mitglied der Guru-Sekte *Ananada Marga* nach ihrem ersten sogenannten Retreat, einem exzessiven Tanzen mit anschließender Meditation. »Die Grenzen zwischen innen und außen flossen ineinander. Ich saß gerade und bewegungslos im Lotus-Sitz, den Tanzenden zugewandt, und hatte ein nie gekanntes Hochgefühl.«[40]

Sind die Leute erst einmal »aufgebrochen«, verwirrt und weich geworden, reden ihnen die meisten Sekten ein, sie seien schlimme Sünder oder psychisch angeknackst, hätten gravierende »Defizite« oder »Probleme mit der Kommunikation«. Steven Hassan urteilt: »Jedes Problem, das für den Betreffenden relevant ist, ob es nun schlechte Leistungen in der Schule oder im Beruf, Übergewicht oder Beziehungsprobleme sind, wird aufgeblasen und aus jeder Dimension gehoben, um zu beweisen, wie total kaputt derjenige sei.«[41] Thierry Huguenin schildert den Fall einer 40jährigen, die gerade von ihrem Mann, einem Juwelier geschieden, einsam und depressiv war, und die nun zum *Tempel der Sonne* fand. Joseph di Mambro machte ihr weis, der Grund für ihr Unglück sei ein schweres Verbrechen vor langer Zeit: »Sie war niemand anderes als dieser berühmte Soldat, der vor 2000 Jahren mit der Lanze die Brust Jesu durchbohrt hatte. (...) Lange hatte sie vergeblich nach ihren vergangenen Inkarnationen geforscht, und jetzt lieferte ihr di Mambro, indem er in ihrer Aura las, den Schlüssel zu ihrem Schicksal. Man kann sich vorstellen, mit welcher Hingabe sie von da an den Meister verehrte.«[42]

Verändern und Einbinden: Entfremdung von der Welt

Das ist der Zeitpunkt, von dem Experte Thomas Gandow sagt: »Schließlich werden die neuen Rekruten regelrecht eingezogen, ausgebildet und auf den Guru programmiert.« Die Persönlichkeit des Neulings ist ins Wanken gebracht, jetzt wird sie wieder neu zusammengesetzt. Die durch Schlafentzug, Meditation, Hypnose und Suggestion erzeugte Realitätsferne wird genutzt, um den Kopf des Aspiranten suggestiv mit neuen Verhaltensweisen, Denkweisen und Emotionen zu füllen. Jetzt erfährt er, wie jeder glücklich und erfolgreich werden kann. »Die Tiefe des Erlebnisses wird jedoch nicht von der Technik, sondern vom Glauben erzeugt«, erläutert der Sektenexperte Hansjörg Hemminger. »Die Gruppen müssen Deutungen von existentieller Kraft damit verbinden.« Beispielsweise: »Es ist vorherbestimmt, daß wir Dich getroffen haben.« Die »negative« Vergangenheit soll der Adept am besten völlig vergessen, sie wird abgestreift oder neu geschrieben. Auftretende Zweifel, so wird ihm eingepaukt, stünden nur seinem Glück im Wege. Möglicherweise hört er jetzt erstmals von der »wahren Familie«, dem »neuen Messias« oder dem »Zustand Clear«.[43]

Wohl kaum eine Psycho-Taktik ist so wirksam wie das Versprechen eines völlig neuen Lebens im »Hier und Jetzt« – der geistigen Gesundung, unbegrenzten Erfolgs im Berufsleben, der spirituellen Erleuchtung oder der himmlischen Glückseligkeit. Sekten verheißen Instant-Erleuchtung, und zwar genau passend für den jeweiligen Anwärter. Sie versetzen ihre Opfer dabei in einen verhängnisvollen Entscheidungszwang: »Wenn du nicht jetzt sofort einsteigst, kann es zu spät sein. Nutze Deine Chance, sie kehrt nicht wieder!« Wer beispielsweise bei *Scientology* den Fragebogen ausfüllt, bekommt zuverlässig einen »Ruinpunkt« oder sogar Selbstmordgefahr bescheinigt. Anschließend erfährt der Neuling von freundlichen, sehr überzeugend wirkenden Menschen, daß Hilfe nahe ist. Sehr nahe: Für praktisch jedes Problem hält *Scientology* einen Kurs bereit – und der fängt pünktlich »in einer halben Stunde« an. Jeder normale Verkäufer kennt diesen Trick – der Kunde bekommt Angst, die einmalige Chance könnte vorübergehen.

Um die Persönlichkeit dann zu verändern, setzen die Sektenführer erneut Methoden ein, die sie schon zum Aufbrechen benutzt haben: Atempraktiken und hypnotisierende Techniken in gruppendynamischen Prozessen.[44] Man trifft sich zu Seminaren, Ritualen, Gottesdiensten und Séancen; man sieht sich Videos an, hört Kassetten oder liest sich etwas vor; man tanzt und singt. Die Hyperventilationsübungen führen zu Schwindelgefühlen und Realitätsverlust; sogenannte Angstmeditationen versetzen die Jünger in Aufregung. Raffinierte Redner bringen die Mitglieder in Trance, indem sie das immer Gleiche mit geringfügigen Variationen ständig wiederholen – ein rhythmisierter, monotoner Vortragsstil, der durch amerikanische Fernsehprediger bekannt wurde. Oder sie führen ihre Jünger mit bilderreichen Geschichten geistig in eine andere Welt, in der diesen dann »neue Wahrheiten« enthüllt werden. Die Adepten hören von »Erleuchtung«, von »fantastischen Fortschritten« und »unglaublichen Durchbrüchen«; all dies sei möglich, wenn sie nur ihre alten Vorstellungen überwänden: »Gebt nach. Laßt los. Habt Vertrauen.«

Auch bestimmte körperliche Techniken haben sich als sehr erfolgreich erwiesen, um eine hypnotische Trance einzuleiten. Beispielsweise monotoner Singsang (Mantra-Chanten), In-die-Hände-Klatschen, Trommeln oder andauerndes, schwingendes Tanzen wie beim modischen Trance Dance. Während die meisten Sekten auf strikte Abstinenz achten, nutzen einige auch Drogen, um ihre Mitglieder gefügig zu machen. In bestimmten kalifornischen Sekten (beispielsweise der *Manson-Family*) war es üblich, halluzinogene Stoffe wie LSD einzunehmen; die dabei auftauchenden Halluzinationen und Gefühle können sehr leicht gesteuert werden.

Eine entscheidende Rolle im Prozeß der Veränderung übernehmen die eingesessenen Gruppenmitglieder. Sie legen »Zeugnis« davon ab, was für ein sündiges Leben sie früher führten und wie glücklich und harmonisch ihr neues Leben sei. Sie scheinen in sich gefestigt zu sein und genau zu wissen, was das Beste für den Neuling ist. Sie kümmern sich »liebevoll« um ihn und lassen niemals locker; auch wenn er kritische Fragen stellt, wissen sie stets eine Antwort. Sie laden den neuen Schüler sofort in zahlreiche Gruppensitzungen, in denen man sich frühere Sünden beichtet, euphorisch über »Erfolge« jubelt und die Worte des Gurus studiert. Wer sich herzlich aufgenommen fühlt, entwickelt Vertrauen. Wer in eine Gruppe gerät, deren Mitglieder sich in einer bestimmten Weise verhalten, fängt unmerklich an, die anderen nachzuahmen. Wer ehrfurchtsvoll auf das Erscheinen des Gurus vorbereitet wird, immer wieder Legenden über den großen Meister hört und dann beobachtet, wie er die Anwesenden tatsächlich in den Bann schlägt, wird in der Regel die überlegene Autorität akzeptieren.

Der Anpassungsprozeß wird forciert, indem die Gruppe bestimmte Verhaltensweisen mit Lob und Anerkennung belohnt, während sie »falsches« Verhalten mit eisigem Schweigen oder dem Einreden von Scham, Angst und Schuldgefühlen bestraft. Zu den üblichen Methoden der Verhaltens- und Gefühlskontrolle gehören die verbreiteten Bekenntnisrituale – etwa nach Art des »Heißen Stuhls«. Man erwartet von den Mitgliedern, daß sie ihre Vergangenheit in den schwärzesten Farben schildern: wie verbürgerlicht, lieblos oder sündig ihre Familie war, wie drogensüchtig, egozentrisch oder gewaltttätig sie selbst lebten. Nach und nach fangen sie an, ihre eigene Vergangenheit umzudeuten und die schönen Dinge zu vergessen. Schließlich beginnen sie zu glauben, was man ihnen immer und immer wieder – meist in freundlichem Ton – einbläut: Die Gruppe sei anders als die anderen »dort draußen«. Es lohne sich mitzumachen.

Oftmals sammelt die Sektenführung intime Informationen, die sie im richtigen Moment einsetzt, um ein »spirituelles Erlebnis« künstlich zu erzeugen. Beispielsweise erfuhr ein scientologischer Auditor in der Lügendetektor-Sitzung mit einer Scientologin Martina* vom Seitensprung einer anderen Sektenanhängerin Gudrun*. Da er Gudrun auch auditierte, ließ er die Information geschickt beim nächsten E-Meter-Ritual einfließen. Gudrun war überwältigt, weil sie dachte, der Auditor könne mittels Magie-Maschine ihre Gedanken lesen oder bezöge spirituelle Hinweise aus der außerirdischen Thetan-Welt.

Die Indoktrination beginnt zunächst in homöopathischen Dosen, um die Reste des kritischen Verstandes nicht herauszufordern, und steigert sich dann, bis sie sich gebetsmühlenartig wiederholt. Treten dabei Unstimmigkeiten auf, hat der Sektenjünger zwei Möglichkeiten, diese »kognitive Dissonanz« zu unterdrücken: Er kann sich von der Gruppe trennen, oder er kann nach einer Erklärung suchen, die die Harmonie wieder herstellt.

Als Thierry Huguenin erstmals die Wohnung von Jo di Mambro betrat und dort für einen Moment alleingelassen wurde, entdeckte er plötzlich ein seltsames Schwert. »Mein Blick glitt darüber hinweg, fiel jedoch ein wenig später darauf zurück, da das Schwert merkwürdigerweise an der Spitze mit einer Birne versehen war, deren Kabel sorgfältig an der Klinge entlanggeführt worden waren, als hätte man sie verbergen wollen. Ich betrachtete die elektrische Konstruktion genauer, und plötzlich traf mich die Erkenntnis wie ein Schlag: mein Gott, dieses Schwert! Sollte es das sein, das Manatanus benutzt hatte, um Elisabeth zu befruchten? Ein gewaltiger Blitz hatte das Sanktuarium in grelles Licht getaucht. (...) ›Nein, das ist unmöglich‹, sagte ich mir. ›Das nicht! Das ist nicht wahr.‹ Das Atmen fiel mir plötzlich schwer. (...). Am folgenden Tag zweifelte ich bereits daran, das Schwert tatsächlich gesehen zu haben.«[45]

Wer nicht wie der *Sonnentempler* reagiert und die Dissonanz verdrängt, sondern Fragen stellt, sich nicht an die Regeln hält und sein selbständiges

Wesen bewahrt, wird ausgesondert. Solche Querköpfe kann keine Sekte brauchen. Und natürlich erfährt der Neuling zu Beginn kein Wort über die offensichtlichsten Widersprüche der Doktrin und die verrücktesten Rituale der Gruppe. So etwas könnte ihn ja mißtrauisch machen. Aber das Schema ist von Anfang an klar: Die Außenwelt wird systematisch verteufelt, und als Gegenbild erscheint das rettende Konzept des Meisters und die Wärme der neuen »Familie«.

Die meisten Gruppen ziehen eine scharfe Trennlinie zwischen Mitgliedern und Außenstehenden, zwischen Gläubigen und Ungläubigen. Um ihren Jüngern die Trennung von Gut und Böse, Rein und Unrein immer wieder vor Augen zu führen, müssen diese nicht nur ständig Sünden bekennen, sondern auch bestimmte Reinigungsrituale ausführen. Bei *Scientology* gibt es dafür einen eigenen »Reinigungs-Rundown«: häufige Saunagänge mit bedenklich hohen Vitamingaben, die den Körper schwächen anstatt ihn aufzubauen. Vor allem aber impfen Sekten ihre Mitglieder so schnell wie möglich mit einem krassen Schwarz-Weiß-Denken, furchterregenden Feindbildern oder der Angst vor dem Ende aller Zeiten.

Als teuflische äußere Feinde kommen zum Beispiel »Vulgäranarchisten« *(VPM)*, Kommunisten (*Mun*-Bewegung), der deutsche »Dämonenstaat« *(Universelles Leben)*, die CIA (*Humana-Tvind*-Bewegung) oder Satan höchstpersönlich in Frage. Häufig gilt die gesamte Außenwelt als »Reich der Finsternis« – ähnlich wie bei den christlichen Fundmentalisten von der *Boston Church*: »Der Mensch ist entweder in der Finsternis oder im Licht – es gibt keine Grauzone dazwischen.«[46] Zum Beispiel fühlte sich die 23jährige Christina B. als Mitglied einer »charismatischen Erneuerungsbewegung« in der katholischen Kirche »draußen« von »Dämonen« umstellt. Dem Magazin »Stern« sagte sie: »Ich wurde zu einer religiösen Fanatikerin. Überall sah ich das Böse. Und wenn ich nachts aufwachte, habe ich sofort angefangen zu beten, weil ich dachte, Gott hätte mich geweckt und bräuchte jetzt seine Soldatin.«[47]

Scientologen wird eine abergläubische Furcht vor Supressive Persons (Unterdrückern), einer Potential Trouble Source (Unruhestiftern) und vor allem Psychiatern eingetrichtert. »Reinigt die Erde von der Psychiatrie«, lautete das Motto einer Jubelfeier in Pasadena bei Los Angeles im Juli 1995.[48] Der *Scientology*-Führer L. Ron Hubbard ging davon aus, daß 20 Prozent der Menschheit nie für seine Organisation zu gewinnen seien und insgeheim daran arbeiteten, *Scientology* zu vernichten; diese Widersacher nannte er »Antiscientologen« oder schlicht »Humanoide« (menschenähnliche Wesen): »Die antisoziale Persönlichkeit unterstützt ausschließlich destruktive Gruppen und wütet gegen jegliche Gruppe, die konstruktiv ist oder verbessern will und greift sie an.«[49]

Um den gerechten Kampf gegen alles Böse und das Leben in der guten Welt der Gruppe zu rechtfertigen, erhalten Kultmitglieder das Gefühl, zur

Elite der Menschheit zu gehören. *Zeugen Jehovas* glauben, daß sie zu den 144 000 »wahren Zeugen« zählen, die nach dem Harmageddon – dem Kampf am Ende der Zeit – im Himmel mit Christus vereint regieren werden. Auch bei den *Sonnentemplern* konzentrierten sich die Mitglieder auf den Weltuntergang; phantastische Erscheinungen enthüllten ihnen, daß nur »eine kleine Minderheit von Auserwählten« verschont bleiben würde – »jene, die die Lehren des Meisters exakt befolgt hätten«.[50] Als das Geistwesen Manatanus sich (per Zaubertrick) erstmals im Genfer Sanktuarium materialisierte, hatte der Sonnentempler Thierry Huguenin nur einen Gedanken: »Er hatte uns unter allen Sterblichen ausgezeichnet. Wir waren Privilegierte. Ich war ein Privilegierter.«[51] *Scientologen* wiederum sind davon überzeugt, daß sie beim Erreichen der Erleuchtungsstufe *Operierender Thetan* eine Art Superman werden: unsterblich, unverletzlich, Herrscher über Raum, Zeit, Materie und Energie. »Wir sind die goldenen Menschen. Wir sind die neuen Menschen. Die neuen spirituellen Führer dieser Erde«, eröffnete L. Ron Hubbard seinen Gefolgsleuten.[52]

Irgendwann werden ankommende Informationen von den Sektenmitgliedern völlig anders als bisher eingeordnet, zumal sie von den »normalen« Informationsquellen systematisch abgeschnitten werden. Zeitungen zu lesen und Fernsehen zu gucken sei schädlich, redet man ihnen ein, denn dort würden böse Menschen nur »falsche Informationen« über die Gruppe verbreiten. Werden nun nicht nur die Umgebung, sondern auch (per Lob und Schuldgefühl) das Verhalten und schließlich die ankommenden Informationen von der Sekte kontrolliert, kann es tatsächlich gelingen, die Persönlichkeit der Neulinge tiefgreifend zu verändern. Sie verlieren ihre Entscheidungsfähigkeit und glauben bald fest an die Deutungsmuster aus der Heilslehre der Gruppe.

Klassisches Beispiel sind die *Zeugen Jehovas*: Findet die Wiederkehr Christi zum gegebenen Datum, beispielsweise 1975, nicht statt, liegt es nicht etwa an der falschen Prophezeiung; nein, der Herr ist dann auf einer »unsichtbaren« Ebene erschienen – oder es heißt, übereifrige »Zeugen« hätten ganz einfach die Erwartungen aufgebauscht. Genau andersherum lief es im texanischen Waco. Der amerikanische Sekten-Chef David Koresh lehrte seine Anhänger, sie seien die auserkorenen Davidianer, würden nach einer »langen Belagerung« im Endkampf zwischen Gut und Böse die »Babylonier« besiegen und damit das Buch der Offenbarung erfüllen.[53] Als die amerikanische Bundesbehörde Bureau of Alcohol, Tobacco and Firearms ihre Razzia wegen illegaler Gewehre durchführte, fühlten sich die *Davidianer* berufen, zu den Waffen greifen. Denn der gewaltsame Angriff auf ihr Lager entsprach exakt ihrem Endzeitszenario.[54]

Die neuen Weltbilder entfalten aber nicht nur in Extremfällen ihre Wirkung, sondern durchziehen den gesamten Alltag des Gläubigen. Leidet ein Anhänger der charismatischen *Gemeinde auf dem Weg* in Berlin an Depressionen oder »offensichtlicher Naschsucht«, steckt kein wie auch immer geartetes Problem, sondern ein böser Geist dahinter. Hat ein Scientologe Angst vor Hunden, erklärt er sich das nicht mehr rational (zum Beispiel: »Ich bin eben ängstlich« oder »ich habe als Kind schlechte Erfahrungen mit Hunden gemacht«), sondern er ist überzeugt, daß er ein böses »Engramm« aus einem früheren Leben besitzt und dieses auf einer »Zeitspur« schleunigst »löschen« muß. Und vernimmt ein Anhänger des *VPM*, daß beispielsweise die Stadt Zürich eine liberalere Drogenpolitik plant, dann sieht er reflexartig »Exponenten neulinker Strategien« am Werk, und brave Schweizer Beamte werden zu »gestaltideologischen Schulreformern«.

Viele Kulte programmieren die Menschen nicht nur auf eine ganz neue Welt mit eigenen Regeln, sie lehren sie auch, wie schon erwähnt, eine neue Sprache, die es ihnen immer schwerer macht, sich mit der realen Welt zu verständigen. Ein *Scientology*-Text liest sich dann zum Beispiel wie die folgende Abhandlung L. Ron Hubbards über den »idealen Zustand des Menschen«: »Die Attribute von Selbstbestimmung sind mit den Attributen von Theta voll und ganz identisch. Aber wenn Sie Menschen diese Tonskala wirklich hinaufkatapultieren, dann werden sie an irgendeinem Punkt ihrer Kontrolle entgleiten. (...) Sie haben den ungefähren Toleranzbereich ihrer Randomität gefunden und so weiter; sie sind nicht mehr introvertiert. Sie extrovertieren.«[55]

Sondersprache, paranoide Ängste, Elitebewußtsein: Bald kommt der Jünger in der Außenwelt nicht mehr klar; eine unsichtbare Mauer türmt sich vor ihm auf. Als fatale Folge liefern sich viele der Gruppe immer stärker aus, geben ihren Beruf auf, gründen eine Firma im Auftrag ihres neuen Führers oder arbeiten ausschließlich für das Wohl des Gurus – oft für Hungerlöhne, ohne Kranken- und Rentenversicherung. »Im Laufe des Jahres 1983 wurde unser Leben ausschließlich von unserem spirituellen Engagement bestimmt«, erzählt der überlebende Sonnentempler Thierry Huguenin. »Unsere Berufe waren nur noch obligatorische und lästige Nebensache, der wir widerwillig und nur deshalb nachgingen, weil wir so der Gemeinschaft finanzielle Mittel zukommen lassen konnten, die sie für ihr Bestehen benötigte.«[56]

Fixieren und Versiegeln: Der neue Mensch

Schlägt die Indoktrination an, wird der Mensch sozusagen geistig versiegelt oder – so sagt es Steven Hassan – wie ein Foto im Labor »fixiert«. Am Ende der Persönlichkeitsveränderung steht der radikale Bruch mit der Vergangenheit. Gleichzeitig bekommt der tief verunsicherte Jünger eine neue Identität verpaßt. Diese Fixierung beginnt häufig mit einer »Erleuchtung« oder Taufe, kurz: einem Initiationserlebnis. Der »neue Mensch« wird geboren; man macht den Neuling glauben, daß er endlich zu sich selbst oder zu Gott gefunden habe. Man malt ihm unbegrenzte Möglichkeiten und Visionen aus. Man eröffnet ihm einen völlig neuen Sinn des Lebens.[57]

Sektenjünger wissen aber nicht, daß ihr Erweckungserlebnis oft auf subtilen Methoden beruht, ähnlich wie sie auch in den beiden ersten Phasen angewendet werden: Atemtechnik, Hypnose, rhythmisierte Bewegungen oder schlicht Übermüdung. Häufig folgt nach anstrengenden Übungen, nach Drei-Tage-Seminaren ohne richtigen Schlaf, nach enervierenden Therapiesitzungen und Encounter-Übungen eine Phase der Entspannung und Ruhe, die jeder als beglückend erlebt. Wird eine solche Stimmung nun mit einer Bedeutung versehen, etwa »Du hast den Durchbruch geschafft«, spürt der Jünger euphorische Glücksgefühle und ist gern bereit zu glauben, er habe eine spirituelle Schwelle überschritten oder sei vom Heiligen Geist erfüllt worden.

In vielen Gruppen bekommt er einen neuen Namen, legt eine bestimmte Kleidung an und verändert seine Frisur. Die Anhänger einer Sekte ähneln sich in ihrem Outfit, ihrer Art zu reden, zu lächeln und sich zu bewegen. Inzwischen beherrschen sie auch den neuen Jargon, der nun ihr Denken dominiert und steuert. Mitglieder der *Transzendentalen Meditation* erhalten außerdem ein persönliches Mantra, ein indisches Klangwort, das sie strikt geheimhalten sollen (sie ahnen dabei nicht, daß Tausenden anderer Menschen das gleiche Mantra verliehen wurde).

Bei einer mystischen »Wiedergeburt« bleibt es indessen nicht. Der »Kunde« erwartet, daß sich die euphorischen Schübe wiederholen und ständig steigern. Schon deshalb liefert jede Sekte das Heil scheibchenweise. Die versprochenen Geheimnisse und spirituellen Abenteuer werden nur Schritt für Schritt enthüllt und kosten den Adepten viel Zeit, Arbeit oder Geld. Dabei fungiert die Gruppe wie ein Drogendealer: Sie muß immer dafür sorgen, daß genug Stoff bereitsteht. Die unvermeidlichen Rückschläge gehören zu diesem Programm wie depressive Phasen für einen Drogensüchtigen. Sie steigern die Gier und geben den Chefs ein Mittel in die Hand, ihre Untergebenen noch stärker an sich zu binden. Denn nur die Anführer kennen den wahren Weg zum Heil.

Wer daran glaubt, verdoppelt nun seine Anstrengungen und entfremdet sich dadurch noch mehr von der wirklichen Welt. Sylvia Wolf, eine ehemalige Zeugin Jehovas, berichtet: »Es ist alles psychologisch geschickt durchdacht, man reitet sich selbst ja immer tiefer hinein. Je eifriger man ist, je besser vorbereitet, je öfter man in der Versammlung aufzeigen kann und je mehr Stunden man im Predigtdienst hat, je mehr Zeitschriften und Bücher man verkauft, umso höher steigt man vor Gott. Umso mehr darf man sich erwarten, daß man im Paradies ewig leben darf. Das bekommt man ununterbrochen eingeimpft. Alles ist auf einem freiwilligen Zwang aufgebaut.«[58]

Doch das ganze System ist ein gigantisches Täuschungsmanöver: Niemals und nirgends werden die Jünger das Ziel ihrer Sehnsucht erreichen. Denn wäre das möglich, verlöre die Sekte ihre Funktion als Zwischenhändler und Vermittler des Heils. Darin liegt zugleich eine große Gefahr. Viele Sektenführer kommen irgendwann an den Punkt, wo eine Steigerung des Programms nicht mehr möglich erscheint. Sie fühlen sich ausgebrannt, greifen deshalb zu Drogen oder verstärken den Druck auf die Jünger, weil sie spüren, daß sie ihnen nichts Neues mehr zu bieten haben. Der letzte Ausweg ist dann die Gewalt gegen andere oder sich selbst. Als das erhoffte Ufo endlich in Sichtweite kam, konnte Marshall Herff Applewhite um den Preis, seine Truppe aufzulösen, nicht mehr zurück. Er hatte die Erlösungshoffnung der Jünger an einen Punkt getrieben, wo ihm offenbar nur noch der Befehl zur finalen Himmelfahrt blieb.

Keine Kultgruppe hat ihren Heilsplan indessen in eine solch geniale Form gegossen wie *Scientology*. Ihr nach oben offenes Kurssystem, die »Brücke zur völligen geistigen Freiheit«, bietet auf jeder Ebene einmalige »Gipfelerlebnisse« und kosmische »Wiedergeburten«, die in farbigen Broschüren wie teure Kreuzfahrten angepriesen werden und phantastische Namen wie »die Feuerwand« tragen«. Die Idee des Kurssystems hat inzwischen einen einzigartigen Siegeszug in der Sekten-Szene angetreten. Sie wird nicht nur von vielen kleinen Gurus, sondern zunehmend auch von dubiosen Therapeuten, Seminartrainern und Strukturvertrieben kopiert.

Das scientologische Kurssystem ist eine Art Perpetuum mobile: Jeder Kurs auf der »Brücke« macht Appetit auf den nächsten; denn dort erwartet der »Kunde« das definitiv letzte Geheimnis und eine Lösung für all seine Probleme. Selbst wenn das (natürlich) nicht funktioniert, steigt niemand aus, denn im folgenden Kurs klappt es ja bestimmt – und es gibt immer einen Folgekurs. Die Schuld für den Mißerfolg sucht der Scientologe ausschließlich bei sich selbst – schließlich lächeln die anderen Probanden ja beglückt und schreiben begeisterte »Erfolgsberichte« (»Nach L 10 und L 12 waren meine Theta-Wahrnehmungen schier unglaublich!«[59]).

Da der nächste Kurs logischerweise auch teurer ist, spült dieses Prinzip ständig mehr Geld in die Kassen. Nach Auskunft einer Scientologin, die als Marketing-Sekretärin in der amerikanischen Zentrale tätig war, hat *Scientology*-Gründer L. Ron Hubbard das Verkaufskonzept höchstselbst konzipiert; er empfahl dazu folgende Methode: »Man nehme einen laufenden Scientology-Kurs und zerlege ihn in mehrere Teile. Dann verkaufe man jeden einzelnen Teil für mehr Geld, als der ursprüngliche Kurs kostet. Wenn wir einen Kurs erweitern, ohne jeglichen neuen Inhalt hinzuzufügen, dann machen wir mehr Geld. Wir verdreifachen die Einnahmen, ohne irgend etwas Zusätzliches zu bieten.«[60]

Doch trotz irrwitziger Preise – 37 750 Mark kostet allein der Hubbard-Organisationsführungskurs – führt dieses System ins Nichts, denn das

Versprechen uneingeschränkter »Super-Power« auf der Brücke ins Glück bleibt notwendigerweise ein frommer Traum. Immer wenn der Scientologe scheinbar kurz vor dem Ziel steht, gibt die Zentrale – das Religious Technology Center in Los Angeles – einen neuen Kurs frei; und ein Ende ist nicht absehbar. »Ich habe hunderte von Scientologen kennengelernt und selbst 24 Stufen erklommen«, sagt der englische *Scientology*-Aussteiger Jon Atack, »aber ich habe niemals übernatürliche Fähigkeiten gesehen.« Der ehemalige *Scientology*-Führungskader Larry D. Wollersheim urteilt: »Es handelt sich um eine sorgfältig ausgeführte und von der Sekte geschaffene Seifenblase.«[61] Kein Wunder, daß sich diese Geschäftsidee auf dem Markt durchgesetzt hat.

Während sie einerseits eine Märchenwelt voller spiritueller Geheimnisse und hoher Ideale errichten, schotten die meisten Sekten gleichzeitig ihre Anhänger rigide von der Umwelt ab und verbieten ihnen Kontakte zu Familienmitgliedern oder Freunden, wenn diese der Gruppe kritisch gegenüberstehen. »Wer Vater oder Mutter mehr liebt als mich, ist meiner nicht wert«, heißt es – nach Matthäus 10, 37 – in der katholischen Kaderorganisation *Opus Dei.*[62] Selbst Freundschaften innerhalb der Gruppe werden häufig argwöhnisch beäugt oder sogar untersagt (Tenor: »Du liebst den geliebten Führer nicht genug.«).

Und weil Kontrolle nach Lenin bekanntlich besser als Vertrauen ist, bekommt jeder Schüler in der Fixierungsphase einen älteren »Lehrer« zur Seite, der ihn in alle Grundsätze, Rituale und Geheimnisse der Gruppe einweiht. Dies verfolgt einen weiteren Zweck, so Steven Hassan: »Das ›ältere‹ Mitglied wird zu vorbildlichem Verhalten angehalten und gleichzeitig in seinem Ego befriedigt, und der Neuling wird motiviert, ebenfalls zu einem angesehenen Modell zu werden, um selbst Junioren schulen zu können.«[63]

Auch die häufigen Beichten geben den Anführern die Sicherheit, aufkommende Zweifel unter Kontrolle zu behalten; die Bekenntnisse dienen außerdem dazu, die Erlebnisse im »alten Leben« niederzumachen und die Fixierung auf die Gruppe immer wieder zu erneuern.[64] Als oberster »Gerichtsherr« muß der Guru sicherstellen, daß seine Schäfchen glaubensstark bleiben, auch wenn sie sich außerhalb der Sekte bewegen. Deshalb muß er sich darauf verlassen können, daß sie die neuen Regeln und Werte zutiefst verinnerlichen. Zu diesem Zweck schickt er sie auch so schnell wie möglich auf Missionsdienst, denn nichts vertieft die Identifikation mit einem Produkt so sehr, als wenn man es selber unter schwierigen Bedingungen – etwa im Regen an der Straßenecke – anpreist. Das Perfide an dieser Technik ist, daß sie die Opfer sehr schnell selbst zu Tätern macht.

Zugleich greifen Sekten tief in die emotionalen Beziehungen ihrer Jünger ein, denn jede Liebe zu einem anderen Menschen mindert den Einfluß der Gruppe. Einige Sekten-Chefs fordern sexuelle Abstinenz und sogar die Kastration, wie beispielsweise Marshall Applewhite. Andere nehmen sich das Recht heraus, zu bestimmen, wer mit wem ins Bett geht, wie Otto Mühl, der frühere Anführer des österreichischen Psycho-Kults *AAO*. Wieder andere veranstalten Massenhochzeiten; bekannt sind die bombastischen Zeremonien der *Mun*-Bewegung, bei denen Menschen verheiratet werden, die sich vorher oftmals noch nie gesehen haben. Auch Thierry Huguenin akzeptierte ohne Murren, daß ihm sein Ordensmeister Joseph di Mambro eine neue Frau zuteilte und von seinen Kindern trennte: »Letztendlich würde auch unseren Kindern das ewige Leben zuteil werden, und das war einige Opfer wert. Kurz, die Wege der Meister waren unergründlich, manchmal schmerzlich, scheinbar unlogisch, ja, vielleicht, aber letztendlich brachten sie nur Gutes.«[65]

Wer so denkt, für den bildet die Gruppe nun seine »wahre Familie«. Jetzt glaubt er, daß Jim Jones, David Koresh oder San Myung Mun der »neue Messias« ist und es nichts Wichtigeres gibt, als bei der Erlösung der Welt und der Errichtung des »neuen Königreichs« mitzuwirken. »Es gilt nicht mehr, was am besten für dich, sondern was am besten für die Familie ist«, hieß es im Regelbuch der *Boston Church*.[66] Eine Wahl gibt es nicht mehr. »Ich bin der Allgegenwärtige, der Allmächtige und Allwissende«, paukt der indische Guru Sai Baba seinen vielen Millionen Jüngern in aller Welt ein.[67]

Der Weg zum »Allwissenden«, ins »neue Königreich« oder zur »völligen geistigen Freiheit« ist allerdings wie bei *Scientology* nicht gerade billig – in vielen Kulten muß das Opfer seinen letzten Pfennig abgeben und gerät in erhebliche Schulden. »Als ich selbst Munie-Werber war, setzten wir die Sektenmitglieder psychologisch unter Druck, damit sie der Gruppe ihren gesamten persönlichen Besitz übereigneten«, schreibt der Psychologe Steven Hassan.[68] Für den *Scientology*-Gründer L. Ron Hubbard war das selbstverständlich: »Wieviel ist einem an die Finsternis dieser Erde gefesselten Wesen die Unsterblichkeit wert? Genau. Sie ist unbezahlbar. Es gibt gar nicht so viel Geld.«[69] Manche Gruppen gestatten überhaupt kein Privateigentum und fesseln ihre Mitglieder auch durch materielle Abhängigkeit.

Schließlich ist der Jünger total auf die Logik der Gruppe programmiert und wird zu einer Art Roboter oder »Klon« der Persönlichkeit des Kultführers. »Ich selbst war bei den Munies nicht länger Steve Hassan, der Sohn von Milton und Estelle Hassan, sondern wurde zu Steve Hassan, dem Sohn von San Myung Mun und Hak-Ja Han, den selbsternannten ›wahren Eltern‹ aller Schöpfung«, schreibt der amerikanische Sektenaussteiger. »Von früh bis spät wurde ich ermahnt, ein ›kleiner San Myung Mun‹ zu sein. Ich wollte so denken wie er, so fühlen wie er …«[70] Die Anhänger von Marshall Applewhite kleideten sich asexuell und wirkten insgesamt androgyn: perfekte Abbilder der Ängste ihres Anführers, der mit seiner Sexualität nicht zurechtkam und deshalb auch die eigenständige Entwicklung seiner Anhänger blockierte. Viele Jünger verlieren irgendwann die

Fähigkeit, sich in der Welt außerhalb der Gruppe selbständig zu bewegen; müssen sie eine wichtige Entscheidung treffen, rufen sie vorher bei der Sekte an. »Es ist so peinlich«, sagte der Frankfurter *Scientology*-Aussteiger Herbert Knack dem »Spiegel«. »Man denkt, man ist selbständig, und dann wird man auf den Stand eines Halbwüchsigen zurückgeworfen.«[71]

Es werden nicht nur Erwachsene derart deformiert; Kinder in Sekten sind die bedauernswertesten Opfer. Sie haben nie etwas anderes kennengelernt als das Leben im vermeintlichen Paradies. Sie durften nicht mit anderen Kindern spielen, man hat ihnen Bildungschancen verstellt und eine normale Beziehung zu den Eltern verweigert. Weil sie mit der finsteren Außenwelt nie Kontakt hatten, gelten sie in vielen Kulten als besonders »rein« und sollen bereits früh Aufgaben im Apparat übernehmen. Der Frankfurter Sektenexperte Kurt-Helmuth Eimuth schätzt, daß weit über 80 000 deutsche Kinder und Jugendliche in Sekten groß werden.[72] Schon Achtjährige müssen stundenlang schuften, werden ausgebeutet und diszipliniert, oder – wie im Fall der »Ohrenstöpsel-Sekte« *Takhar Singh* geschehen – körperlich mißhandelt.

Bei *Scientology* gibt es per Definition überhaupt keine Kinder; sie gelten dort als »kleine Erwachsene« und werden mit den gleichen Methoden behandelt wie diese. In seiner »Einführung in die Kinder-Dianetik« schreibt der Sektengründer Hubbard: »Ein Kind ist nicht eine besondere Art von Tier, die sich vom Menschen unterscheidet. Ein Kind ist ein Mann oder eine Frau, der oder die noch nicht zur vollen Größe herangewachsen ist. Jedes Gesetz, das für das Verhalten von Männern und Frauen gilt, gilt auch für Kinder.«[73] Und bei den *Zeugen Jehovas* heißt es unter Berufung auf die Bibel: »Wer seine Rute schont, der haßt seinen Sohn, wer ihn aber liebhat, der züchtigt ihn beizeiten.«[74]

»Es war ganz und gar nicht komisch, in der Sekte der Zeugen Jehovas aufzuwachsen. Kinder werden dort regelrecht dressiert«, berichtet der ehemalige »Zeuge« Ralf-Alexander Raabe aus Petersberg.[75] Inzwischen ist in den harten Kultgruppen eine ganze Generation von Jugendlichen herangewachsen, die um ihre Kindheit betrogen wurde. Anders als erwachsene Sektenmitglieder besitzen sie keine »alte Identität«, auf die sie zurückgreifen können. Unter Psychodruck zerbrechen Kinderseelen: In ihrem Kopf spukt nur das Kollektiv. Frage an die neunjährige Vilasamanjari, die bei den *Hare Krishnas* aufwächst: »Warum ist die Karmi-Schule nicht gut für Gottgeweihte?« Antwort: »Weil da nur Karmis drin sind, und weil sie die ganze Zeit Fleisch essen und nichts von Krishna lernen.«[76] Der Sektenfachmann Kurt-Helmuth Eimuth folgert: »Sekten-Kinder dürfen sich nicht zu autonomen Persönlichkeiten entwickeln. Sie werden behindert, manipuliert und kontrolliert. Dieses System ist als ›Psychische Kindesmißhandlung‹ zu bezeichnen.«[77]

Unterordnen und Gehorchen: Das Verbot eigener Gedanken

Da autoritäre Sekten ähnlich wie eine Militärdiktatur funktionieren, wird selbstredend über Preise, Glaubenssätze oder Organisationsfragen nicht diskutiert. Kein Komtur der *Sonnentempler*, kein *Sea-Org*-Offizier der Scientologen, kein Anführer wird demokratisch gewählt; Gemeinderäte wie in den großen christlichen Kirchen sind weder vorgesehen noch erwünscht. Die Mitglieder werden vor allem auf eines programmiert: bedingungslos zu gehorchen und alle Erklärungen des Meisters oder der kollektiven Leitung kritiklos zu akzeptieren. Denn diese verkünden nicht nur die Lehre und damit Wahrheit und Gerechtigkeit – sie verkörpern sie zugleich. Nicht nur die *Boston Church of Christ* verkauft ihren Jüngern das »Aufgeben der eigenen Interessen« und »Aufgeben der persönlichen Rechte« als »Segen der Unterordnung«.[78]

In den Jahren 1960 bis 1963 führte der New Yorker Sozialpsychologe Stanley Milgram ein berühmtes Experiment zum Obrigkeitsgehorsam durch. Drei Viertel seiner Versuchspersonen – ganz normale Durchschnittsmenschen – waren bereit, auf Befehl des Versuchsleiters eine Versuchsperson mit Elektroschocks zu quälen und zu foltern, einige sogar, sie zu liquidieren. Ohne zu protestieren führten sie die Befehle der Autorität aus. Milgram schreibt: »Moralische Faktoren lassen sich durch eine kalkulierte Umstrukturierung des informativen und sozialen Feldes relativ leicht beiseitedrängen.«[79] Wie zum Beispiel in einer Sekte. Um wieviel stärker wirkt die Autoritätsstruktur, wenn man fest davon überzeugt ist, daß der Anführer Gott ist oder zumindest dessen Prophet!

Die Macht des Gurus entsteht vor allem daraus, daß sich der einzelne in der Gruppe als isoliert und ohnmächtig erlebt.[80] Andererseits empfindet er die allgegenwärtige Kontrolle nicht als Unterordnung unter Personen, sondern als notwendige Anpassung an die auch von ihm ja verinnerlichten und erwünschten Ideale und Ziele – den »neuen Menschen« oder die »Rettung vor der Hölle«. Spricht man ein Sektenmitglied auf das Zwangssystem an, wird es stets antworten: »Sehe ich etwa aus, als ob ich unter Gehirnwäsche stehe? Ich handle aus freiem Willen.« Daß der Jünger dies wirklich glaubt, ist der beste Beweis für die Macht und Raffinesse der mentalen Kontrolle.

Zweifel, die auch bei Sektenanhängern immer wieder vorkommen, werden den höchsten Idealen untergeordnet, denn sonst geriete ja ihr gesamter Glaube, ihre ganze Existenz in Gefahr. Da sie die Sekte als Familie empfinden, ist der totale Gehorsam gegenüber dem »Vater« auch nichts Falsches, sondern normal und legitim. Und weil der Meister seine Jünger in die Rolle hilfloser Kindern zurückstößt, braucht er für plötzliche Änderungen der Ideologie, willkürliche Versetzungen oder den Befehl zu Straftaten nicht einmal eine besondere Begründung. Doch wer sich zu illegalen Handlungen verleiten läßt, wird erpreßbar und verstrickt sich dadurch noch stärker im Netz der Kult-Gruppe.

Berichte über Folterungen, Vergewaltigungen und regelrechte Straflager werden aus Extrem-Sekten immer wieder bekannt. In der berüchtigten Sekte *Colonia Dignidad* in Südchile wurden Kinder sexuell mißbraucht und Gegner des Pinochet-Regimes brutal gefoltert; die Mitglieder deckten alles.[81] Anhänger der japanischen *Aum Shinrikyo* waren bereit, auf Befehl ihres Gurus terroristische Anschläge zu verüben und zu morden. Sektenanhänger akzeptieren aber auch Vorschriften, die ihre eigene Gesundheit und möglicherweise ihr Leben gefährden – beispielsweise sind den getauften *Zeugen Jehovas* Bluttransfusionen selbst bei lebensbedrohlichen Zuständen untersagt. In einigen Gruppen wie der *Colonia Dignidad*, der paramilitärischen *Sea Organization* von *Scientology* oder der fundamentalchristlichen Sekte des ehemaligen russischen Polizisten Wissarion in Sibirien werden die »hauptamtlichen« Mitarbeiter wie Sklaven gehalten und müssen rund um die Uhr schuften – billige »Arbeitskräfte Gottes«. Die Mitglieder einer Kultgruppe fragen jedoch nicht mehr nach dem Sinn eines Befehls, und sie greifen meist nicht ein, wenn andere gequält werden. Selbst dafür haben sie eine Erklärung: »Der Meister will ja nur sein Bestes.«

Damit der Knecht auch ein gehorsamer Knecht bleibt, reglementiert ein strenger Kodex von Ge- und Verboten nach Art der schwarzen Pädagogen den gesamten Alltag: *Zeugen Jehovas* dürfen nicht in die Disco oder zu Geburtstagsfeiern, denn die gelten als unzulässige »Menschenverehrung«. Auf dem Index der charismatischen Berliner *Gemeinde auf dem Weg* stehen »dämonische« Rockmusik, Masturbation und außerehelicher Sex. Scientologen leben in der ständigen Furcht, daß ihre »Statistiken« sinken könnten (zu wenig Erfolg beim Verkauf von Büchern und Kursen) und sie auf der zehnstufigen »Ethik-Skala« beispielsweise in den Zustand Emergency (Notstand) oder Danger (Gefahr) versetzt werden. Mitarbeiter aus dem *Scientology*-Apparat werden etwa im Zustand Non-Existence (Nicht-Existenz) laut Strafkatalog auf karge Kost gesetzt: »Minimale Essenspausen. Keine Unterhaltungen, Parties, Gruppenveranstaltungen. Einfache Arbeitsuniform oder Kleidung.«[82]

In extremen Sekten und Psycho-Kulten kontrolliert der einzelne nicht nur sich selbst, sondern auch jeden anderen in der Gemeinschaft. Aus diesem Grund sind Aufstände oder auch nur Koalitionen der Unterdrückten extrem selten. Zudem besitzt fast jede Gruppe eigene Aufseher, die ihre Untergebenen genau im Auge behalten und gegebenenfalls bestrafen. In kleineren Kultgruppen greift der Boß schon mal selbst zur Rute. Um »Dämonen zu verjagen«, nahm sich Josef Zanker, der Chef der katholizistischen *Marienkinder*-Sekte im schwäbischen Mindelheim, das Recht, seine Jünger nach Bedarf zu prügeln und zu würgen (der gelernte Maurer wurde 1996 wegen gefährlicher Körperverletzung zu drei Jahren Haft verurteilt).[83]

Die größeren Organisationen haben eigene Kontroll-, Gerichts- und Bestrafungsinstanzen installiert, beispielsweise die WISE-Charter-Committees der *Scientologen*. Die *Scientology*-Organisation besitzt auch das ausgeklügelste Überwachungssystem. Ein interner Geheimdienst bespitzelt Freund und Feind; in Straflagern müssen sich unbotsame Scientologen ständig im Laufschritt bewegen und außerdem schwere Arbeiten verrichten; zudem muß jedes Mitglied ständig »Wissensberichte« abliefern, die fleißige Mitarbeiter dann akribisch in sogenannte Ethik-Akten heften.

Auch »Captain« Do Applewhite hatte seiner Selbstmörder-Sekte *Heaven's Gate* ein rigoroses Strafsystem verordnet. Während die meisten Kulte ihre »Strafgesetzbücher« streng geheim halten, stellte der Meister-Manipulator aus Alabama seinen Delikt-Katalog selbstbewußt ins Internet. Auf der *Heaven's Gate*-Website veröffentlichte die Gruppe ihre internen Lebensregeln, die dazu dienen sollten, das »Vehikel« – ihren irdischen Körper – rein zu erhalten. Diese Leitsätze sind eine Paradebeispiel für antidemokratisches Denken. Sie unterteilen sich in »schwere« und »weniger schwere Vergehen«.

Als »schwere Vergehen« galten: »1. Betrug: a) etwas klammheimlich zu tun, b) zu lügen gegenüber meinem Lehrer oder einem meiner Klassenkameraden, c) ein Vergehen für mich zu behalten und nicht am gleichen Tag offenzulegen. 2. Sinnlichkeit: ihre Entfaltung in Gedanken oder Tat zu erlauben. 3. Irgendeine Regel oder Vorschrift wissentlich zu verletzen.« Zu den »weniger schweren Vergehen«, die gleichwohl streng bestraft wurden, zählten unter anderem: »Irgendetwas tun ohne meinen Check-Partner. – Meinem eigenen Urteil vertrauen; oder meinen eigenen Kopf benutzen [!]. – Meine Kameraden oder Lehrer kritisieren. – In meinem eigenen Kopf sein und private Gedanken haben. – Meinen eigenen Weg gehen wollen. – Unpassenderweise Vorschläge machen. – Vorlieben oder Abneigungen haben. – Aufmerksamkeit oder Verbesserung ersehnen; als gut angesehen werden wollen. – Vertrautheit, Lässigkeit, Klatsch. – Zu wenig Kontrolle der Gedanken ausüben, die durch meinen Kopf schwirren.«[84]

Kontrolle der Gedanken, des Verhaltens, der Gefühle und Informationen – gelingt es einer Gruppe, diese Komponenten in ihrem Sinn zu verändern, bleibt vom Individuum wenig übrig. Zwar wendet keine Sekte sämtliche hier beschriebenen Methoden an, aber jede nutzt einige davon. Hat der Sektenjünger erst einmal eine neue, künstliche Identität angenommen, neue Werte und eine neue Sprache gelernt, sieht er die Umwelt nur noch mit den Augen der Sekte. Er hat krankhafte Ängste vor dem Verlassen der Gruppe, bekommt sogar Herzklopfen und Schweißausbrüche, wenn er nur an den Ausstieg denkt, weil er dafür die Strafe Gottes, einen Autounfall oder den Weltuntergang befürchtet. Zugleich wurde er darauf trainiert, jede kritische Information über die Gruppe für unwahr zu halten und rigoros abzublocken – mit sogenannten Gedankenstop-Techniken. Beispielsweise fangen *Hare Krishnas* oft unwillkürlich an zu chanten, wenn ihnen ein »falscher« Gedanke durch den Kopf fährt. Sektenjünger haben eine panische Furcht vor Kritikern, Sektenberatern und sogenannten Deprogrammierern, die sie als eine Art Dämonen betrachten.

Das gesamte Programm der mentalen Kontrolle wäre trotz ausgeklügelter Techniken nicht so erfolgreich, wenn die Sektenführer nicht selbst mehr oder minder stark von ihren Ideen besessen wären oder genügend Charisma besäßen, um ihre Anhänger geistig daran zu fesseln. Häufig halten sie sich für vollkommen, unfehlbar und für die absoluten Meister ihres Schicksals, sind eitel und geltungssüchtig. Ihr Ziel ist die Macht in ihrer absoluten Form. Ist sie erreicht, maßen sich einige an, sogar über die Existenzberechtigung ihrer Untergebenen zu entscheiden – wie Jim Jones, wie Shoko Asahara, wie Joseph di Mambro und Luc Jouret.

Reine Zyniker sind für die (spirituelle) Leitung einer Sekte dagegen eher ungeeignet; sie werden früher oder später durchschaut. Nur weil Marshall Herff Applewhite selbst an Ufos glaubte und zugleich Menschen zu manipulieren verstand, ließen die Himmelspförtner alles hinter sich: ihre Familie, ihren Besitz, ihre Sexualität, und schließlich ihr Leben. Auf einer Computerdiskette, die der Überlebende Rio DiAngelo bekam, schreibt eine Frau, die sich als »Goldenody« bezeichnet, in der Annahme, ihr Guru sei unheilbar an Krebs erkrankt: »Wenn Er gegangen ist, bleibt nichts mehr auf der Erde, wofür es sich lohnt zu leben.«[85]

Einem Sektenmitglied wird man jedoch nie anmerken, was ihn möglicherweise an Ängsten, Schuldgefühlen und Selbstvorwürfen plagt. Nach innen versuchen die Jünger, sich durch Beichten oder immer neue Anstrengungen wieder »nach vorn« zu bringen. Nach außen präsentieren sie stets ihr glückliches Gesicht – weil man es ihnen so befiehlt oder um für ihre Gruppe zu werben. Das »Sendungsbewußtsein ist immer auch die Bewältigung des leidvollen Alltags«, sagt Andreas Schlothauer, ehemaliges Mitglied der *AAO*-Sekte. »Leidvoll deshalb, weil die gestellten Ansprüche bzw. die angestrebten Ideale prinzipiell niemals erreichbar sind.«[86]

Chancen des Ausstiegs

Zettel, Kinderbilder, eine »Brückenkarte« der Scientologen und eine Wand voller Ordner von A wie *Ananda Marga* bis Z wie *Zentrum für experimentelle Gesellschaftsgestaltung*. In dem kleinen Büro direkt gegenüber der Großbaustelle Potsdamer Platz arbeitet Anne Rühle, die Sektenbeauftragte des Berliner Senats. Gemeinsam mit einer Mitarbeiterin »kümmert« sie sich um die etwa 600 Sekten, Kulte und sektenartigen Gruppen, die

Berlin zum Dreh- und Angelpunkt der Sektenszene in Europa machen. »Der Job macht totalen Spaß«, sagt sie, »aber die unzureichende personelle und finanzielle Ausstattung nervt.«

Unter den deutschen Sektenbeauftragten ist Anne Rühle der Paradiesvogel. Die kleine, blonde Frau aus dem ehemaligen Ostberlin redet nicht nur über die Szene, sie geht hinein. Sie besucht Rebirthing-Kurse, Balancing-Massagen, Psycho-Trainings und kennt die großen und viele der kleineren Kult-Führer der Stadt. Ihr Büro ist der Anlaufpunkt für verzweifelte Eltern, Sektenaussteiger, ratsuchende Firmenchefs und für Senatsbeamte, die in einer gerade engagierten Softwarefirma eine Tarnorganisation der *Scientology* vermuten. »Wir haben zwischen 2000 und 3000 Anfragen im Jahr, 20 bis 40 Anrufe täglich«, sagt Anne Rühle. »Die meisten wollen Informationen zu Scientology; häufig wird aber auch wegen christlicher Fundamentalisten und wegen Psycho-Gruppen angefragt.«

Die Senatsbeauftragte sieht besonders bei den harten Kulten ein Gefährdungspotential, das sich deutlich benennen läßt. Aber sie mahnt, jeden Einzelfall zu prüfen, und findet keineswegs alles schlimm, was der Psycho-Markt so an Kuriosem bietet: »Man muß sich davor hüten, andere Lebensentwürfe zu verteufeln.« Sie betont die persönliche Verantwortung der Opfer. Weil immer von »Gehirnwäsche« die Rede sei, vergleicht sie den Einstieg in eine Kultgruppe mit der Kopfwäsche beim Friseur. »Da hat einer ein schönes Bild im Schaufenster gesehen und sagt sich: So will ich auch werden. Also geht er hinein und legt sich wie ein Käfer auf den Rükken.« Für Anne Rühle ist es »in erster Linie ein Symptom für Probleme, wenn Leute in eine Sekte geraten, nicht die Ursache. Es nützt gar nichts, sie von außen herauszulösen, weil sie dann möglicherweise vier Wochen später in der nächsten Gruppe landen.«

Rühle verweist Angehörige und Sektenopfer normalerweise an psychosoziale Dienste und professionelle Therapeuten. »Man muß an die Ursachen heran: Wieso läßt sich jemand einfangen.« Was vor dem Einstieg quälte, drängt wieder empor; vielen geht es nach dem Ausstieg erst einmal schlechter. »Es ist wichtig, ein anderes Gefühl zum Leben zu bekommen«, sagt die Expertin. »Es gilt, Spannungen als Chance zu begreifen – es ist eben nicht so wie in der Werbung.«

Der Weg in persönliche Freiheit ist steinig, doch es ist jederzeit – auch nach vielen Jahren – möglich, eine Kultgruppe wieder zu verlassen. Die alte Persönlichkeit des Mitglieds wurde zwar von der »Kultidentität« überlagert, aber nicht wirklich zerstört. Steven Hassan spricht deshalb von der »zweifachen Identität« der Kult-Opfer, die sich »in einem ständigen Krieg mit sich selbst« befänden: »Im einen Moment spricht der Betreffende im Sektenjargon mit feindseliger oder elitärer Rechthaberattitüde. Im nächsten Moment scheint er plötzlich, ohne Vorwarnung, wieder er selbst zu werden, mit seinen alten Einstellungen und Verhaltensweisen. Ebenso unvermittelt schnappt er wieder zurück.«[87] Den Schlüssel zur Befreiung hält aber nur das »echte« Ich in den Händen; deshalb, so Hassan, komme alles darauf an, dieses »echte« Selbst anzusprechen, an seine Erfahrungen zu appellieren und es zu ermuntern, »die Stimme zu erheben«.[88]

Die Chancen für Hilfe von außen stehen in den ersten Tagen, Wochen oder Monaten am besten, wenn noch Bindungen nach »draußen« bestehen. Voraussetzung ist allerdings, daß die Angehörigen überhaupt erkennen, was mit ihrem Kind oder Partner los ist. Oftmals sehen sie es ja mit Wohlgefallen, wenn ihre Tochter, statt im Einkaufszentrum herumzulungern, nun fleißig die Bibel liest. »Am Anfang keine Zeit verlieren!« mahnt deshalb der Berliner Sektenpfarrer Thomas Gandow. »Je schneller man eingreift, desto besser.« Wie das am besten geschieht, darüber gibt es unterschiedliche Ansichten. Eine handfeste Eifersuchtsszene (»Wenn Du bei diesen Leuten bleibst, ziehe ich aus!«) kann Wunder wirken, aber auch Trotz auslösen. Dagegen ist es vollkommen nutzlos, zu diskutieren, ob Wasser nun bergauf oder bergab fließt; und im Zweifelsfall ist der Sektenjünger ohnehin der bessere Bibelkenner.

Gandow rät, sich mit guten Freunden zu beraten und vor einem Gespräch möglichst viele Informationen über die jeweilige Kultgruppe einzuholen. Wie der evangelische Sektenkenner empfiehlt auch Anne Rühle vor allem Besonnenheit: »Ich halte nichts von Gegenmanipulation. Ich finde es aber sinnvoll, wenn man das Mitglied sachlich über die Gruppe und ihre Methoden informiert und wenn man beim Gespräch möglichst noch einen Aussteiger hinzuzieht.« Der kann dann zum Beispiel bei einem Familienfest als neuer Freund der Familie vorgestellt werden. Er kennt die Sprache, die Rituale und die Kontrollmechanismen der Sekte und kann den Jünger daher viel gezielter anreden. Nach diesem Schema gehen auch professionelle »Ausstiegsberater« vor. Der »Spiegel« nannte ihren Job einen »jungen Berufsstand mit Zukunft«.[89] Für oft erhebliche Summen führen sie gemeinsam mit den Verwandten »Interventionen« herbei. Professionelle Ausstiegsberater, von denen es in Deutschland bisher nicht mehr als ein Dutzend gibt, sind oft die letzte Hoffnung für verzweifelte Eltern.

Wenn alle Versuche scheitern, sollten Angehörige die Konten sperren und Wertgegenstände sichern, aber unbedingt auch den Kontakt zum Sektenmitglied halten – selbst wenn sie ihren Sohn oder Partner kaum noch wiedererkennen. Frau Müller* aus Zürich versuchte, mit ihrer Tochter Doris, die ins katholische *Opus Dei* geraten war, über deren merkwürdigen Fanatismus zu reden – es war schon zu spät. Die Mutter berichtet: »Die Argumente, die sie auf meine Einwendungen vorbrachte, waren wie gelernt, als ob ein Dritter spreche. Es kam mir vor, als ob ich nicht mit meinem Kind, sondern mit einer Attrappe rede.«[90] Frau K. aus Süddeutschland, deren Sohn 1992 vom *Universellen Leben* rekrutiert wurde, erzählt: »Wir sind

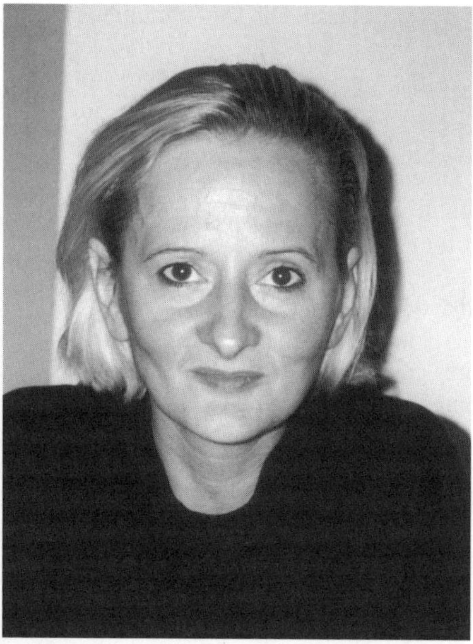

Anne Rühle, Sekten-beauftragte des Berliner Senats

überhaupt nicht mehr an ihn herangekommen. Kritik an den Lehren der Prophetin ließ er nicht gelten. Er war wie verhext.«[91]

»Geduld haben«, rät Anne Rühle in solchen Fällen. Geht ein Sektenanhänger durch Phasen des Zweifels, kann er die Unterstützung von außen dringend brauchen. Steven Hassan verließ die *Mun*-Sekte, als er nach einem Autounfall endlich einmal zum Schlafen kam und von seinen Eltern mit kritischen Informationen über den »Messias« aus Korea versorgt wurde. Zum ersten Mal seit zwei Jahren hatte er Zeit zum Nachdenken, und glücklicherweise waren Leute in der Nähe, die ihn dabei unterstützten. Am fünften Tag erlebte er plötzlich »die unbeschreibliche Erfahrung, daß sich mein Geist mit einem Schlag öffnete, so, als hätte jemand plötzlich das Licht angemacht«.[92]

Häufig scheitert der Ausstieg, weil einfach niemand da ist, um zu helfen. Denn abgesehen von den Ängsten, die man ihm einjagt, spricht aus der Sicht des Sektenjüngers vieles dagegen, die Gruppe zu verlassen. Er fragt sich, ob nicht eher er sich irrt als seine 10 000 Sekten-Genossen.[93] Er hängt an den »guten Seiten« der Ideologie oder der Gruppe und hofft, daß »alles wieder besser wird«. Wie jedem Menschen fällt es ihm schwer, den gewohnten Alltag für eine ungewisse Zukunft zu verlassen. Und die Rückkehr in die Gesellschaft, von der er sich einst abwandte, empfindet er als eigenes Scheitern – das hat man ihm ja auch tausendmal eingebleut.

Verzweifelte Eltern ziehen manchmal sogenannte »Deprogrammierer«

hinzu, um ihre Kinder aus der Sekte zu lösen. Die Deprogrammierung ist ein äußerst rabiates und illegales Verfahren. Dabei wird die Zielperson meist auf offener Straße gepackt, ins Auto gezerrt und entführt. Anschließend bringt man sie an einen abgeschirmten Ort, beispielsweise ein Hotel, sperrt sie ein und bewacht sie rund um die Uhr. Fenster, Spiegel und Steckdosen werden abgeklebt, um einen Selbstmordversuch zu verhindern. Nun bombardieren Deprogrammierer, Aussteiger und Familienangehörige das Mitglied tagelang mit Informationen, bis es der Sekte abschwört. Angeblich hat die brutale Praktik eine Erfolgsquote von 80 Prozent[94], doch diese Angaben kann niemand überprüfen.

Die rüde Methode stammt aus den USA; ob es in Deutschland überhaupt professionelle Deprogrammierer gibt, ist zweifelhaft. In einzelnen Fällen haben Detektive das Kidnapping übernommen und es sich, schon wegen des enormen strafrechtlichen Risikos, teuer bezahlen lassen. Das Nachrichtenmagazin »Der Spiegel« präsentierte eine Schweizer Krankenschwester namens Petra als eine von drei illegalen Deprogrammierern in Europa. Die Frau, die bis 1995 sieben Fälle übernahm, war selbst fünf Jahre Mitglied der *Mun*-Sekte. Sie ist davon überzeugt, daß in »bestimmten Härtefällen« nur Brutalität zum Erfolg führe, und sagt: »Wenn einer gesund ist, schafft er das. Mir geht es ja heute auch wieder gut.«[95] Der Berliner Sektenexperte Thomas Gandow urteilt dagegen: »Deprogramming ist kriminell. Das ist genau das gleiche, was wir den Sekten vorwerfen – die totale Entmündigung.«

Die meisten Sektenjünger brauchen gar keinen Deprogrammierer. Sie schaffen den Absprung aus eigener Kraft – in der Regel, wenn die Euphorie der Anfangsphase abgeklungen ist. Andere stolpern plötzlich über einen Widerspruch in der Ideologie, ringen wochenlang mit sich selbst und ziehen dann einen Schlußstrich. Die Scientologin Jeanette Schweitzer aus dem Saarland konnte nicht verstehen, warum »ethisch« bei der Organisation nicht »ethisch« war. Als kaufmännische Leiterin im Betrieb eines Scientologen sollte sie schwarze Kassen, fingierte Werkverträge und andere illegale Praktiken decken; als sie dagegen protestierte, wurde sie zu Strafarbeiten nach England beordert. Das verstärkte ihre Zweifel, und trotz heftigen Drucks stieg sie aus.[96]

Wer das Sanktuarium, die Org oder den Ashram verläßt, muß nicht nur mit Zweifeln und Ängsten fertig werden. Da es aus der Sicht eines destruktiven Kultes keinen legitimen Grund gibt, die Gruppe jemals wieder zu verlassen, lassen die meisten Sekten sofort ihre »Rückholmaschine« anlaufen, um den verlorenen Sohn oder die abtrünnige Tochter wieder einzufangen: Telefonate, Besuche, Einladungen zum Kaffee; da wird geschmeichelt, gelockt und gedroht. »Wir sind so traurig, die Gemeinde ist so notwendig für dich, willst du denn in der Hölle landen …« Wenn niemand hilft und Schutz bietet, geht es durch die Drehtür gleich wieder zurück in die Sekte. Doch auch wenn der Ausstieg gelingt, werden Ex-Mitglieder häufig mit den psychischen, aber auch den körperlichen Folgen nicht so leicht fertig. Sie entwickeln Depressionen, werden von Krämpfen, Wutanfällen, Schlafstörungen und Migräne geplagt. Wenn sie nach jahrelanger Intensiv-Meditation und Hyperventilation damit aufhören oder sich plötzlich wieder normal ernähren, können tatsächlich schwere Krankheitssymptome auftreten, weil der Körper sich auf die veränderte Lebensweise umstellen muß. Viele entwickeln zudem Schuldgefühle, weil sie selbst Menschen geworben oder den Kult finanziell unterstützt haben.

Einiges deutet darauf hin, daß der »Durchlauf« auch in den harten Sekten weitaus größer ist als bisher angenommen; am größten ist die Fluktuation innerhalb der ersten Monate. Beim *Universellen Leben* sollen neunzig Prozent der früheren Mitglieder nicht mehr dabei sein, schätzt Anne Rühle. Vor allem wenn nach liberaleren Phasen die Kontrolle wieder verschärft wird, kommt es zu Auszugswellen. Aber Sekten verändern sich auch, insbesondere wenn sie über Jahrzehnte existieren. Aus Jugendlichen werden Ehepaare mit Kindern, und die Gruppe paßt sich – wie zum Beispiel die *Pfingstler* – in gewissem Maße an die Umwelt an; der frühere Schwung ist dahin, die Kontrolle läßt nach, Leute steigen aus.

Wenn der charismatische Führer stirbt, kommt es auf die Funktionäre an, ob sich die Gruppe auflöst, auf ihrem Mitgliederstand stagniert (wie die *Kinder Gottes*) oder in neuer Form weiterbesteht. Besitzt die Lehre genug Substanz oder sind die Funktionäre clever genug, die Mitglieder bei der Stange zu halten – wie bei *Scientology* –, kann die Sekte nach einer Umbruchphase neu organisiert sogar wieder zur Mission übergehen. Der verstorbene Guru wird nun als Prophet vergöttlicht, die Erinnerung an seine Großtaten hält die Gemeinde zusammen, die Funktionäre interpretieren seine Worte und gießen sie in Dogmen und ein Lehrgebäude. In jedem Fall steigen in einer solchen Phase Mitglieder aus oder spalten sich mit eigenen Sekten ab. Vor allem in alten, komplexen Gruppen können Nischen entstehen, in die sich Leute zurückziehen und dann leichter abspringen – die *Zeugen Jehovas* haben beispielsweise ungeheure Missionserfolge, wachsen aber in der Gesamtzahl kaum noch. Und die Kultgruppen selbst stoßen Leute ab, die sie nicht mehr gebrauchen können. »Wer zu alt oder krank ist, der fliegt«, sagt Experte Thomas Gandow aus jahrelanger Erfahrung mit Kultopfern.

Genaue statistische Untersuchungen über Austritte erwachsener Sektenmitglieder fehlen jedoch. Ebensowenig ist erforscht, wie vielen der Sekten-Kinder es gelingt, in der Außenwelt Fuß zu fassen, und wie viele bei einem Versuch scheitern. Einigen glückt offenbar der Ausstieg aus dem Kult, weil sie sich in jemanden »von außen« verlieben. Doch es ist schwer, sich auf einem fremden Planeten zurechtzufinden. Die 18jährige Tanya floh 1996 unter abenteuerlichen Umständen aus der englischen *Sciento-*

logy-Kaderschmiede Saint Hill, in der sie fast ihr ganzes Leben verbracht hatte. In einem bewegenden Bericht schildert sie die Verheerungen, die das scientologische Zwangssystem in ihrer Seele anrichtete: »Manchmal glaube ich, daß ich niemals normal werde leben können. Beispielsweise fühle ich mich bei Gleichaltrigen unwohl. Zu Jugendlichen habe ich kaum Kontakt. Ich hatte nie Freundschaften zu Jungen, ich war nie in einer Disko oder auf Partys. Selbst meinen 18. Geburtstag habe ich nur mit Erwachsenen gefeiert.«[97]

Ob sich Aussteiger aus der »zweiten Generation« in der Freiheit stabilisieren, hat ebenfalls noch niemand ermittelt. Bei den *Zeugen Jehovas*, einer Gruppe, in die man zu etwa 60 Prozent hineingeboren wird, soll die Rückfallquote 90 Prozent betragen.[98] Der Grund: Häufig alleingelassen, müssen sich die Sekten-Kinder wie jeder Aussteiger quasi aus dem Nichts ein neues Leben aufbauen, eine Wohnung, einen Job, neue Freunde suchen. »Was für andere selbstverständlich ist, mußte ich erst lernen«, sagt die 22jährige Julia, die dem Brutalo-Kult des schwäbischen *Marienkinder*-Chefs Josef Zanker entkam: »Wie miete ich mir eine Wohnung? Wie eröffne ich ein Girokonto? Wie finde ich Arbeit?«[99] Viele berichten von Alpträumen, panischen Ängsten und tiefen Depressionen.

Nach den Forschungen der amerikanischen Psychologen Flo Conway und Jim Siegelman benötigen Sekten-Aussteiger im Durchschnitt zwei Jahre, um in die Gesellschaft zurückzufinden.[100] 22 Prozent der von den beiden Psychologen befragten Sektenopfer litten an sexuellen Störungen, 28 Prozent an Wahnvorstellungen und Sinnestäuschungen. Zahlreiche Aussteiger unternahmen Selbsttötungs- und Selbstverstümmelungsversuche. Am höchsten – 44 Prozent – war diese Quote bei ehemaligen Scientologen.[101] Allerdings gibt es keine Vergleichszahlen, also Daten über Suizidversuche *innerhalb* von Sekten. Es existieren aber Hinweise, daß es sich um ernstzunehmende Größen handelt. Eine wissenschaftliche Untersuchung über die *Zeugen Jehovas* kommt anhand repräsentativer Erhebungen zu dem Ergebnis, daß es unter den Mitgliedern offenbar viele Fälle psychischer Erkrankungen gibt: psychosomatische Krankheiten (wie Asthma, Bluthochdruck, Geschwüre), Depressionen, auch Selbstmorde.[102] Im Raum Stuttgart kam es in den 80er Jahren nach Polizeiangaben zu fünfzehn Psychiatrie- und zehn Selbstmordfällen im Umkreis der *Scientology*-Organisation.[103]

Wie ein ehemaliger Alkohol- oder Heroinabhängiger müssen die meisten Sektenaussteiger ganz langsam wieder an die normale Umwelt gewöhnt werden. Vieles weist darauf hin, daß sie sich lebenslang mit ihrer »Sektensucht« auseinandersetzen müssen. Es ist schwer, sich einzugestehen, daß man einen kapitalen Fehler gemacht, viel Geld für Unsinn ausgegeben und wertvolle Lebensjahre einem Guru geschenkt hat. Wenn es gut geht, gewinnen die Ehemaligen so etwas wie Freiheit, und sei es nur die

Freiheit, sich auch einmal schlecht zu fühlen. »Ich bin sehr froh, daß ich von den Zeugen Jehovas weg bin«, erzählt die ehemalige »Zeugin« Beate Frauendörfer. »Ich atme durch und atme auf. (...) Ich habe mich oft gefragt, wer ich wirklich bin, wenn ich einmal nicht nur funktioniere. Inzwischen weiß ich, wer ich bin.«[104]

Absprung in letzter Sekunde: Der Sonnentempler

Thierry Huguenin brauchte drei Anläufe, um dem tödlichen *Sonnentempler*-Kult zu entkommen. Das erste Mal faßte er den Entschluß auszusteigen, als er 1984 plötzlich die Röteln bekam, deshalb eine wichtige Rede auf einem »Konvent der Meister« nicht halten konnte und plötzlich in Ungnade fiel. Er stand vor dem Nichts und dachte sogar an Selbstmord. »Fünf Jahre lang hatte ich alles gegeben, alles, bis hin zum Erlös aus dem Verkauf meines eigenen Labors; ich hatte Nathalie [die Ehefrau – d. A.] verloren, mein gesamtes Hab und Gut verkauft, die Verbindung zu all unseren Freunden abgebrochen, und das alles, um jetzt auf der Straße zu sitzen.«[105] Doch offenbar war das ganze Theater nur ein Manöver gewesen, um ihn noch enger an den Orden zu binden; Großmeister Joseph di Mambro, im Hauptberuf ein betrügerischer Häusermakler, lenkte schon einen Tag später ein und ernannte Huguenin zum Komtur der Sekte. »Hierauf begann für mich eine großartige Zeit, ich erlebte traumhafte Monate«, schreibt der Aussteiger.[106] Er stürzte sich noch mehr in die Arbeit, widmete seine gesamte Energie einer neuen Organisationsstruktur des Ordens, pendelte ständig zwischen den Sektenzentren in Genf, Zürich und Quebec.

Im Jahr 1989 rückte die Apokalypse und damit das vom zweiten Sektenchef Luc Jouret prophezeite »Zeitalter des Wassermanns« näher. Die *Sonnentempler* kauften einen Hof bei Carpentras in Südfrankreich (»Hügel des Heiligen Grals«), um dort eine »Überlebensfarm« für die auserwählten Tempelritter einzurichten. Ein Jahr später erwarb Huguenin im Auftrag di Mambros außerdem einen alten Bauernhof mit elf Hektar Land und einem Waldstück in Chairy im Schweizer Kanton Fribourg. Es war jenes Sanktuarium, wo man am 5. Oktober 1994 bei Tagesanbruch 23 Tote fand, in ihren rituellen Gewändern und mit Müllsäcken über dem Kopf. Davon konnte Huguenin noch nichts ahnen, als im Winter 1990 die Welt über ihm zusammenbrach.

Nach einem Krankenhausaufenthalt zog ihn ein Ordensbruder namens Bertrand ins Vertrauen und eröffnete ihm, daß einige Mitglieder »alles durchschaut« hätten: »Die Erscheinungen sind Betrug.«[107] Wenn das Wesen Manatanus und der Heilige Gral geisterhaft auftauchten, wenn Blitze durch das Sanktuarium zuckten, wenn sich Türen gespenstisch von selbst öffneten – das alles war raffinierte Technik: Hologramme, Laser, Elektronik, aber keineswegs das Werk göttlicher »Meister«. Joseph di Mambro, so mußte Huguenin bestürzt vernehmen, habe das ganze Brimborium mit Hilfe einer simplen Fernbedienung ausgelöst. »Ich wußte, daß er die Wahrheit gesagt hatte«, schreibt Huguenin. »Ich war damals 40. Konnte man sich von einem solchen Schlag überhaupt erholen?« Man konnte.

Den Sektenchefs gelang es, Huguenins Zweifel mit hektischen Aktivitäten und einer Art spirituellen »Beförderung« zu ersticken. Sektenchef di Mambro beorderte den Zweifler umgehend nach Kanada. Im dortigen Sanktuarium wurde eilends eine erbauliche Zeremonie anberaumt. Kaum hatten sich die Mitglieder versammelt, erschien vor ihnen auch schon der Heilige Gral – der Kelch, in dem angeblich das Blut Christi aufgefangen worden war – und schwebte mystisch in der Dunkelheit. Di Mambro sank auf die Knie und rief »Heiliger Bernhard«. Huguenin beschreibt die Reaktion der Gläubigen: »Eine Art synkopierter Schrei erhob sich von den hinter uns knienden Ordensmitgliedern. Nie zuvor hatten wir gemeinsam einen so emotionsgeladenen Augenblick erlebt. All meine Zweifel waren wie weggewischt. Ich war wieder zu Hause, innerhalb des Wahrheitszirkels, dessen ich so sehr bedurfte.«[108] Als ihm di Mambro eröffnete, soeben hätten ihn die Meister persönlich zum Ritter geschlagen, verflog der letzte Rest von Skepsis, und Huguenin fühlte sich »wie neugeboren«.

Voll frischem Elan und blindem Vertrauen tauchte er wieder in die Arbeit ein und leitete die Umbauten an den »Überlebenshäusern« des Ordens in Südfrankreich und der Schweiz. Mit viel Schweiß und Mühe wurde unterirdisch ein neues »Sanktuarium der hundert Spiegel« im französischen Carpentras errichtet. Joseph di Mambro erklärte feierlich, dies sei das »letzte Sanktuarium«: »Von dort aus werden eines Tages alle via Jupiter unsere Reise zum Sirius antreten.«[109] Bei der Einweihung zeigten sich die mystischen Geister-Meister von ihrer besten (holographischen) Seite, aber wenige Woche später lag das Sanktuarium plötzlich in Schutt und Asche – angeblich von den »Meistern« zur Implosion gebracht. Doch Thierry Huguenin, der die Aufräumarbeiten leitete, wußte es besser. »Und dann sah ich es auch: Das Holz wies Spuren von Schlägen auf. Es bestand kein Zweifel: Das Sanktuarium war mit einem Hammer zertrümmert worden.«[110]

Nun waren keine Ausflüchte mehr möglich; das neuerliche Betrugsmanöver brachte das Faß zum Überlaufen. »Es war alles gesagt«, schreibt Huguenin, »es gab keinen Winkel mehr, in den der Zweifel hätte verdrängt werden können. (...) Wir standen unter Schock, waren wie betäubt.«[111] Außer sich vor Wut stellte er den Sektenboß zur Rede, konfrontierte ihn mit seinem gesamten Wissen. Da gab di Mambro alles zu und brach unter Tränen zusammen. »Er weinte. Nie hätte ich sowas für möglich gehalten. Der Meister war also auch nur ein Mensch, ein ganz gewöhnlicher Mensch. Und als ob er mich endgültig hiervon überzeugen wollte, stammelte er: ›Ich habe Krebs, Thierry, ich bin am Ende, am Ende ... ‹«[112] Huguenin war jedoch auch am Ende – mit di Mambro –, widerstand allen Bestechungsversuchen und stieg im April 1993 nach 15 Jahren Mitgliedschaft aus. Im Orden hielt man ihn mittlerweile für »schlimmer als Satan persönlich«, alles, was er je angefaßt hatte, wurde verbrannt und desinfiziert. Huguenin drohte der Sekte mit einem Prozeß vor dem Arbeitsgericht und bekam schließlich vier Schecks überreicht; er konnte sie aber nicht einlösen, da der superreiche di Mambro angeblich kein Geld mehr auf seinem Konto hatte.

Inzwischen brauten sich dunkle Wolken über den *Sonnentemplern* zusammen; andere Mitglieder hatten Anzeige erstattet, die Polizei ermittelte unter anderem wegen illegalen Waffenhandels. Am 4. Oktober 1994 bekam Thierry Huguenin um elf Uhr vormittags einen Anruf: »Thierry, du kannst kommen und dir dein Geld abholen; Jo ist da, er erwartet dich ...«[113] In seinem Buch schildert der Aussteiger dramatische Szenen, als er den Ort Salvan in den Schweizer Bergen erreichte. Die Sektenchefs Joseph di Mambro und Luc Jouret versuchten, ihn in eines ihrer Chalets zu locken; beide waren unrasiert und wirkten irgendwie verstört. Huguenin spürte, daß etwas nicht stimmte. »Abrupt stieg eine Welle unerträglicher Panik in mir auf. Eine Furcht, wie ich sie noch nie zuvor empfunden hatte.« Als die beiden selbsternannten Tempelritter die Tür öffneten und er plötzlich Benzingeruch wahrnahm, wußte er, was er zu tun hatte. »Ich lief die Treppe zur Straße hinunter und setzte mich eilig ans Steuer meines Autos ...«[114]

Am nächsten Tag erfuhr er, wie knapp er dem Tod entgangen war. An jenem Tag kannten Funk und Fernsehen in der Schweiz kein anderes Thema. In den Ski-Chalets von Salvan hatte man 25 verkohlte Leichen gefunden, in Cheiry 23 Tote: von Kugeln zersiebt, vergiftet, mit Knüppeln erschlagen und angezündet. Gleichzeitig wurden in Kanada fünf weitere Opfer entdeckt; man hatte sie mit Messern und Baseballschlägern regelrecht massakriert. Auch sieben Kinder starben für den obskuren Wahn zweier Sektenführer, die das Ende der Welt gekommen sahen. Di Mambro und Jouret befanden sich unter den zur Unkenntlichkeit verbrannten Leichen von Salvan.

Zwei Tage nach den Massakern erhielten zahlreiche Zeitungen ein »Testament des Tempelordens«. Darin begründete Joseph di Mambro den »Transit zum Sirius«: »Wir verlassen diese Erde, um in völliger geistiger Klarheit und Freiheit eine Dimension der Wahrheit und des Absoluten wiederzufinden. (...) Manche werden an einen Selbstmord oder an Flucht vor irdischen Problemen denken, andere an eine Depression angesichts der Prüfungen, die jedem auferlegt wurden. Sie irren sich: Wir hinterlassen den Beweis dafür, daß unser Transit in der Glückseligkeit der Vollkommenheit erfolgt, in völliger Diskretion, und in dem erlebten Bewußtsein einer exakten Wissenschaft und in Übereinstimmung mit den natürlichen Gesetzen der Materie und des Geistes, die in Wahrheit ›EINS‹ sind.«[115]

Die *Sonnentempler* sahen sich als Nachfahren der historischen Tempelherren, die im 14. Jahrhundert wegen ihres Glaubens verfolgt wurden. Ganz besonders verehrten sie das Andenken der 54 Tempelritter von Saint-Antoine, die man am 12. Mai 1310 auf dem Scheiterhaufen verbrannt hatte. Um es ihnen gleich zu tun, wollten Joseph di Mambro und Luc Jouret, daß auch diesmal 54 Templer starben; und als das 54. Opfer hatten sie Thierry Huguenin vorgesehen.[116]

»In der schwelenden Asche der angezündeten Chalets endete ein Abenteuer, das ein göttliches hatte sein sollen«, schreibt Thierry Huguenin. Über seine Schwierigkeiten, sich von der Sekte zu lösen, sagt der Überlebende: »Man muß einen Teil seiner eigenen Persönlichkeit zerstören, einen Teil der für einen selbst über Jahre die Grundlage des Seins gewesen ist, man muß sich unerträgliche Gewalt antun und die panische Angst vor der Rückkehr in ein normales Leben besiegen. (...) Ich bin diesen Weg gegangen und gehe ihn noch, da man niemals unbeschadet aus einem solchen Abenteuer hervorgeht.«[117]

Doch so schmerzhaft der Weg aus der Sekte auch war, der Genfer hat letztlich noch Glück gehabt. Bis heute sind viele Umstände des *Sonnentempler*-Dramas ungeklärt. Als die französische Gendarmerie am 23. Dezember 1995 in einem Waldstück bei Grenoble erneut sechzehn verkohlte Leichen von Ordensanhängern entdeckte, wurden weitere Nachforschungen angestellt, deren Ergebnisse bisher nicht bekannt wurden. Vierzehn der sechzehn Opfer lagen damals sternförmig um einen Scheiterhaufen, alle waren mit Medikamenten betäubt, erschossen und mit Brennspiritus übergossen worden. Es gab Spuren, die zu dem rechtsradikalen Orden des französischen Neonazi Julien Origas führten, zu dem rechten französischen Geheimbund *Service d'Action Civique* und sogar zur italienischen Freimaurer-Loge *P2*.[118] Die Verbindungen ins Geheimdienst- und Neonazi-Milieu wurden jedoch bislang nicht aufgeklärt.

Kampf gegen Kritiker

Nichts fürchten die Sektenbosse so sehr, wie öffentliche Kritik von Dissidenten. »Es ist ein Schwerbrechen, die Scientology öffentlich zu verlassen«, drohte L. Ron Hubbard abtrünnigen Jüngern.[119] Wer aus der *Scientology* aussteigt und sich an die Presse wendet, muß nicht nur damit rechnen, als »Unterdrücker« in einem internen »Ethik«-Verfahren zum »Freiwild« erklärt zu werden. Der scientologische Geheimdienst *Office of Special Affairs (OSA)* läßt sofort eine gut geölte Maschine anlaufen, die den Verräter zum Schweigen bringen soll. Der hochrangige *Scientology*-Aussteiger Robert Vaughn Young aus Seattle berichtet: »Da werden dann sofort die Akten herausgeholt.« Die Ethik-Akten enthalten die Protokolle aus den Auditing-Verhören, in denen alles – von Jugendsünden bis zu intimsten Offenbarungen gesammelt wird; diese Dokumente hätten auf ihn »fast wie Pornos« gewirkt, erklärt ein ehemaliger deutscher *OSA*-Mitarbeiter.

In einer ARD-Reportage über die »dunkle Seite von Scientology« wirkte der frühere amerikanische *OSA*-Agent Garry Scarff mit.[120] Er behauptet, nach seinem Ausstieg 1992 hätten Scientologen versucht, ihn zu kidnappen. Im Fernsehen erzählte er: »Ich sah eine Hand an der Seitentür eines Lieferwagens und ein Gesicht, das in meine Richtung guckte. Ich sagte, ich würde sofort die Polizei alarmieren, ging ans Telefon und hörte im selben Moment den Lieferwagen davonpreschen. Ich sah dann, daß ihm ein zweites Fahrzeug folgte.« Frage des Reporters: »Was glaubst Du, was sie vorhatten?« Scarff: »Ich weiß, was sie vorhatten. Sie wollten mich entführen. Ich glaube, sie hätten mich nach Hemet gebracht – das Zentrum für die Strafgefangenen. Und ich glaube, ich wäre da nicht wieder rausgekommen. Mein Leben wäre zu Ende gewesen.« Das deutsche Fernsehteam wurde während der Dreharbeiten in Los Angeles von *Scientology*-Kameraleuten und dann auch von mehreren Autos verfolgt, so daß die Journalisten schließlich Bodyguards zu ihrem Schutz anheuerten. Doch Garry Scarff fühlte sich dermaßen bedroht, daß er einen totalen Nervenzusammenbruch erlitt, der *Scientology*-Zentrale Einzelheiten über die Filmarbeiten rapportierte und sich schließlich völlig zurückzog.

Auch andere harte Sekten greifen zu schlimmen Mitteln, um Abtrünnige mundtot zu machen. Den Mitgliedern von *Aum Shinrikyo* wurde eingetrichtert, daß niemand, absolut niemand, die Sekte verlassen dürfe – wer die Regel brach, wurde Opfer eines »Verkehrsunfalls«, kam in die »Thermotherapie« (fünfzig Grad heißes Wasser) oder verschwand ganz einfach.[121] Ausstiegswillige Mitglieder der Folter-Sekte *Colonia Dignidad*, die der wegen Kindesmißbrauchs international mit Haftbefehl gesuchte Deutsche Paul Schäfer seit 1961 leitet, wurden unter mysteriösen Umständen zurückgeholt. Im Dezember 1996 berichtete die Berliner »Tageszeitung«: »Der jüngste Fluchtversuch stammt vom Februar dieses Jahres: Mit einem LKW gelang es dem 59jährigen Karl Albrecht Stricker, bis nach San Carlos in der Provinz Chillan zu flüchten. Er suchte eine Polizeistation auf und gab an, mißhandelt und zu übermäßiger Arbeit gezwungen worden zu sein. Die Beamten, angeblich für den Fall nicht zuständig, übergaben ihn der Polizei in Parral. Dort widerrief er laut Angaben der Beamten alle seine Aussagen und wurde in die Colonia zurückgebracht.«[122]

Japan und Chile sind (noch) weit. In Deutschland müssen Sekten-Dissidenten vor allem mit Verleumdungen, Telefonterror, Erpressung und – bei fortgesetzter Renitenz – mit Gerichtsverfahren rechnen. Die Hotelbesitzerin Betty Käferstein aus Altfeld in Franken hatte drei Millionen Mark in ein Immobilienprojekt der christlichen Ufo-Sekte *Universelles Lebens (UL)* investiert.[123] Als man sie ständig drängte, das Geld doch endlich ganz

»loszulassen«, begann sie immer stärker, an den Offenbarungen der »Prophetin Gabi« Wittek und den Machenschaften ihres Clans zu zweifeln. Betty Käferstein verließ die »Urchristen« 1994 nach zwölf Jahren Mitgliedschaft und forderte ihr Geld zurück. Zugleich wandte sich an die Presse und nahm dabei kein Blatt vor den Mund. Die Folge: Sie wurde öffentlich verleumdet, beleidigt und als »geldgierig« beschimpft; ehemalige »Brüder« und »Schwestern« schrieben ihr seltsame Briefe. In einem Schreiben stand: »Erinnere Dich an Judas und sein Schicksal. Die einzige Lösung aus diesem Dilemma ist die Schenkung, so hat er es mir für Dich durchgeben heißen. Eine Schenkung löscht die Sühne.«[124] Zur Erinnerung: Judas war jener Jünger Jesu, der seinen Herrn an die römischen Machthaber verriet, den Verrat wenig später bereute und sich erhängte. Betty Käferstein ließ sich dadurch nicht beirren, stimmte aber vor Gericht einem Vergleich zu, um ihr Geld zurückzubekommen. Dafür verpflichtete sie sich, künftig nichts mehr »über den Vertrag und ihre Mitgliedschaft im *Universellen Leben*« zu äußern.[125]

Doch es geht nicht nur um Kritiker aus den eigenen Reihen. In einem Buch beschreibt Hans-Walter Jungen, was ihm geschah, seit er es wagt, das *Universelle Leben* zu kritisieren.[126] Der Ingenieur aus Hettstadt in Unterfranken wollte es nicht klaglos hinnehmen, daß die Sekte offenbar eine ganze Region zu dominieren versucht und gründete eine Bürgerinitiative. In der Folge wurde er tagelang von Personen mit Funkgeräten überwacht; man verfolgte ihn mit dem Auto; auf großen Plakaten, in Zeitschriften und auf Flugblättern diffamierte man ihn; mit Strafanzeigen und Prozessen versuchte man, ihn ruhigzustellen. Häufig bekam er telefonische Drohungen – vorzugsweise abends. So erhielt er am 13. November 1993 einen Anruf, den er auf Band aufzeichnete: »Ihre Schonzeit ist doch jetzt um.« Jungen: »Ihr Name bitte?« Anrufer: »Der Jäger wird zum Gejagten. Wir werden Sie abschießen. Die letzte Aktion, das war net gut. Jetzt sind Sie dran, Sie alter Nazi.«[127]

Wie die *Scientologen* oder der *VPM*, so greifen auch die »Urchristen« gern zur Nazikeule, um ihre Gegner zu verleumden. In ihrer Zeitung *Christusstaat* unterstellten sie Hans-Walter Jungen »Arbeitsweisen der SS aus der Zeit der Judenverfolgung«, und man bezeichnete ihn als »Scherge des Bischofs von Würzburg«.[128] Doch Jungen war nie Angestellter irgendeiner Diözese und hat den Würzburger Bischof noch nie persönlich gesprochen. Ihn treibt einfach die Sorge um »die ganz konkrete Gefährdung demokratischer Grundrechte« durch »totalitäre und destruktive Gruppen«.[129] Der Kritiker schreibt: »Das UL dachte wahrscheinlich, es könnte mich mit Diffamierungen einschüchtern und zum Aufgeben zwingen. Doch es kannte mich nicht: Die direkten Angriffe weckten mein Rechtsbewußtsein immer mehr.«[130]

Einzelkämpfer wie Hans-Walter Jungen hätten keine Chance gegen den

Propagandaapparat und die versierten Anwälte einer mächtigen Sekte, wenn sie nicht das Interesse der Medien weckten. Kein Wunder, daß Journalisten in den meisten Gruppen als »Verbrecher« oder »Dämonen« gelten. Als die TV-Journalisten Ulrike Bremer und Kamil Taylan 1993 eine Reportage über das *Universelle Leben* drehten[131], wurden sie häufig von Autos verfolgt; wie sich in einem Fall herausstellte, handelte es sich dabei um den *UL*-Anwalt Gert-Joachim Hetzel, einen ehemaligen Richter.[132] Einem Kamerateam des Privatsenders Pro 7 wurde der Weg zum abgeschirmten Sekten-Gut Greußenheim auf öffentlicher Straße mit einem Traktor versperrt, und blaffende Schäferhunde erschienen auf der Szene.[133] Die entsprechenden Bilder liefen dann jeweils im Fernsehen. Das *Universelle Leben* sieht in all dem eine riesige Verschwörung gegen »Urchristen«: »Am Weihnachtsbaume die großen Lichter brennen: Die Urheber der Lügen: Sektenbeauftragte und Bischöfe; die sie erlauben: Richter; die sie verbreiten: Journalisten; die sie glauben: blinde Kirchenchristen.«[134]

Wer über destruktive Kulte aufklärt, gerät ins Fadenkreuz. Wohl keine Gruppe hat für den Kampf gegen Kritiker so detaillierte Strategien entwickelt wie die *Scientology*-Organisation. Die Sekte unterhält eine 80 Millionen Dollar schwere »Kriegskasse« (war chest), um ihre Feinde und Kritiker zu bekämpfen. Wer dafür beispielsweise 250 000 Dollar spendet, bekommt den Titel Patron Meritorius, wird in exklusiven Patron-Listen aufgeführt und zu noblen Patron-Dinners eingeladen. Das Geld fließt dann in teure Propagandakampagnen oder um »Schnüffler« zu bezahlen, die das Privatleben sogenannter »Unterdrücker« ausspionieren. L. Ron Hubbard empfahl seinen Agenten: »Stellen Sie Privatdetektive an, wenn es sein muß, und zur Hölle mit den Kosten!«[135] Die Zentrale in Los Angeles gibt den Einsatz von privaten Schlapphüten sogar offen zu: »Ich habe kein Problem damit« sagt Marthy Rathburn vom Religious Technology Center.[136]

Das gesamte Programm zur Abwehr von Kritikern hat der vom Secret Service faszinierte *Scientology*-Gründer L. Ron Hubbard auf vielen hundert Seiten detailliert ausgearbeitet. Sie lesen sich zum Teil wie *CIA*-Instruktionen für verdeckte Desinformationskampagnen. So schreibt Hubbard in seinem »Handbuch der Justiz«: »Wenn irgendwo eine Kampagne gegen Scientology beginnt, sehen wir uns die beteiligten Personen an und sondern sie aus. Die Kampagne löst sich auf.« Wie das zu geschehen habe, teilt er auch gleich mit: »Wenn es erforderlich ist, daß jemandem zugesetzt wird, dann ermitteln wir.«[137] In dem Geheimpapier »Attacken auf Scientology« erläutert er, welche »Ermittlungen« gegen Kritiker er sich dabei vorstellt, zum Beispiel »laut und aufdringlich Nachforschungen über die Angreifer anstellen« (noisy investigations): »Gruppen, die uns angreifen sind, um es milde auszudrücken, nicht vernünftig. Nach unserer Technologie bedeutet das, daß es bei ihnen verborgene Bereiche und anrüchige Dinge gibt. Sobald wir danach zu suchen beginnen, verflüchtigt sich ein

Teil der Unvernunft.« Denn »diese Leute, die angreifen, haben Geheimnisse. Und verborgene Verbrechen.«[138] Welche »Verbrechen« er konkret damit meint, teilt der »Gründer« an anderer Stelle mit: »Bestechungsgelder, moralische Fehltritte, Begierde nach kleinen Knaben – schmutziges Zeug«.[139]

In einem Geheimpapier namens »Der Schlag« (»The Strike«) empfiehlt der »Vater aller Thetanen« klassische Geheimdienstmethoden, um »Informationen auf verdeckter Basis« zum Beispiel in einer Behörde zu erhalten.[140] Beim »Eindringen« solle der Agent die »Identität eines Journalisten« annehmen, sich eine Geschichte bereitlegen, »die plausibel klingt«, und im »Zielgebiet« dann ein »Xerox-Gerät suchen« (»Anmerkung: Es gibt immer die Alternative, die Akte zum Kopieren mit aus dem Gebäude zu nehmen«). Wo keine Vorstrafen, Vergehen oder sexuelle Perversionen zu finden seien, empfiehlt Hubbard, Gerüchte zu streuen (black propaganda), oder »Prozesse gegen die Urheber von Verleumdungen« anzustrengen, bis die Delinquenten »um Frieden betteln«[141]. Er faßt zusammen: »Als Kurzleitsatz haben wir also Sehen, Nachforschen, Verteidigen. Und während der ganzen Zeit müssen wir ein Bild der totalen Freiheit hochhalten und selber saubere Hände haben.«[142]

Das sind ganz ernstgemeinte Leitsätze einer Organisation, die auch hierzulande manch Religionswissenschaftler noch für eine »Kirche« hält. Hubbards seltsame »Justiz« ist auch kein Schnee von gestern. Die aktuellen Propagandaattacken der *Scientology* gegen deutsche Politiker, Sektenbeauftragte und Journalisten folgen exakt den Anweisungen des verblichenen »Gründers«: Sehen – Nachforschen – Verteidigen. Die Sekte gibt in hoher Auflage regelmäßig ein Hochglanz-Hetzblatt heraus, in der sie gegen ihre gerade aktuellen Gegner wütet: gegen die *Scientology*-Beauftragte Ursula Caberta, Bundesarbeitsminister Norbert Blüm, Bundesfamilienministerin Claudia Nolte oder die Bundestags-Enquete-Kommission über »sogenannte Sekten und Psychogruppen«.

In einer Titelgeschichte über den »Rasputin von Bonn« outete die »Freiheit« Norbert Blüm 1997 als »katholischen Theologen« auf einem »Kreuzzug gegen imaginäre Häretiker« und befand: »Wiederholt von Blüm getätigte Äußerungen und diskriminierende, von ihm vorgeschlagene Aktionen erinnern in ihrer Systematik, ihrer Zielsetzung und oft auch im Wortlaut an faschistoide Vorläufer.« Im gleichen Heft begründen deutsche Scientologen ihre Auswanderung in die USA mit einem angeblich unerträglichen »Klima der Intoleranz« und mit »staatlich geförderten Propaganda-Kampagnen« gegen »religiöse Minderheiten«; Überschrift: »Aus der Unterdrükkung in die Freiheit«. Und wie es L. Ron Hubbard propagierte, bringt die »Freiheit« »die Leichen aus den Kellern der CDU/CSU ans Tageslicht«[143] – nämlich »hohe Arbeitslosenzahlen« und »Firmenpleiten«.

Aber man sollte wirklich keine Leichen im Keller haben, wenn man sich

Scientology-Zeitschrift »Freiheit«: Kampf gegen Kritikerin Ursula Caberta

mit *Scientology* anlegt. Mit unendlicher Akribie stellt die Organisation dicke Dossiers zusammen und verschickt sie an Interessenten. Darin werden dann beispielsweise intime Auditing-Bekenntnisse des Aussteigers Robert Vaughn Young aufgeführt sowie Einzelheiten aus seiner Konkurserklärung. Im Fadenkreuz steht aber vor allem Ursula Caberta aus Hamburg. »Ich wußte, worauf ich mich einlasse, als ich den Job übernahm«, sagt sie über ihre Arbeit als *Scientology*-Beauftragte des Senats. Exakt nach Hubbards Handbuch zieht die Sekte seit Jahren alle Register, um ihre gefährlichste Gegnerin abzuschießen. Da erscheinen Flugblätter, die ihr ein Verhältnis mit einem *Scientology*-Aussteiger unterstellen. Da taucht die anonyme Collage einer »Zyankali-Bande« auf, die »Sterbehilfe für Caberta« ankündigt. Da klingelt ein Privatdetektiv eines Sonntagmorgens 1996 an der Tür ihres Bruders und behauptet, er arbeite an einer »Untersuchung zur Diskriminierung von Minderheiten in Deutschland«. Schnell kommt er zur Sache: »Haben Sie ein gutes Verhältnis zu Ihrer Schwester?«[144]

Der Detektiv geht ganz offen vor. Er schnüffelte bei Cabertas Vermieter, beim Ring Deutscher Makler, bei einer Schulfreundin. »Ich will mich nach Frau Caberta erkundigen«, erklärt er auch den verblüfften Beamten beim Hamburger Landeskriminalamt und stellt sich ihnen als Rolf Hör vor, tätig im Auftrag der Anwaltskanzlei *Moxon & Bartelson* aus Los Angeles – einer Kanzlei, die häufig Aufträge der *Scientology* übernimmt. »Seit wann ist es in Deutschland verboten, Fragen zu stellen?«, verteidigt die Hamburger *Scientology*-Sprecherin Gisela Hackenjos die »lautstarke Untersuchung«. Dazu erläutert Ursula Caberta im Mai 1997, der Detektiv sei immer noch hinter ihr her: »Die versuchen krampfhaft, etwas zu finden, womit sie mich diskreditieren können.« Bisher bleibt das Unternehmen jedoch erfolglos: »Cabertas geheime Aktivitäten« entpuppen sich trotz dickleibiger *Scientology*-»Dokumentationen« als heiße Luft – außer Spesen nichts gewesen.[145] Das treibt die Oberscientologen in Los Angeles offenbar so zur Weißglut, daß der *OSA*-Offizier Mike Rinder die Hamburger Beauftragte vor laufenden Kameras als einen »neuen Goebbels« bezeichnete.[146]

Zwar sind solche rabiaten Praktiken eher die Ausnahme als die Regel. Aber ein Mittel zum Kampf gegen Kritiker setzt sich zunehmend in der gesamten Szene durch: Einschüchterungsversuche durch Gerichtsverfahren.

Angriffsziel Journalisten

»Nachrichtenmedien leben wie Parasiten von denen, die Nachrichten machen. Es stimmt nicht, daß diejenigen, die die Nachrichten machen, diese Nachrichten überhaupt brauchen«, schrieb L. Ron Hubbard. »Wer braucht schon Krebs?«[147]

Am 15. Februar 1993 lud die *Scientology*-Organisation »weltweit simultan« zu einer Pressekonferenz in ihre Filialen. Die Journalisten mußten sich zuerst ein schmalziges Werbevideo anschauen und bekamen dann eine Broschüre mit dem Titel »Hass und Propaganda – Dokumentation der Hetzkampagne gegen die Scientology-Gemeinschaft« in die Hand gedrückt.[148] Seitenweise wurden darin antisemitische Karikaturen und Schmähschriften aus dem Nazi-»Stürmer« mit aktuellen bundesdeutschen Zeitungsberichten verglichen. Der massive Angriff auf die Medien kam nicht von ungefähr – er war eine Reaktion auf zahlreiche kritische Berichte über die Machenschaften des Psycho-Konzerns.

Mit infamen Broschüren läßt sich eine kritische Berichterstattung jedoch nicht unterbinden. Zu diesem Zweck gibt es andere Mittel. Bei einem »schlechten Zeitungsartikel« ordnete L. Ron Hubbard folgendes Vorgehen an: »1. Fordern Sie die Zeitschrift brieflich auf, ihn sofort in der nächsten Ausgabe zu widerrufen. 2. Nehmen Sie einen Privatdetektiv …, um Ermittlungen gegen den Autor durchzuführen. 3. Veranlassen Sie Ihre Rechtsberater und Anwälte, die Zeitschrift anzuschreiben und mit einer Klage zu drohen.«[149] Das Rezept hat sich durchgesetzt. Regelmäßig werden Redaktionen von *Scientologen* und ihren Anwälten mit häufig absurden Begehren auf Gegendarstellung und Unterlassung, mit Schadenersatzforderungen, Beleidigungs- und Verleumdungsklagen überzogen. Das bleibt zwar in mehr als 90 Prozent der Fälle erfolglos, führt aber dazu, daß viele Re-

Nach erfolgreichem Prozeß gegen den Scientologen Peter-Uwe Krumholz (v. l. n. r.: die Autoren Liane v. Billerbeck und Frank Nordhausen sowie Rechtsanwalt Dr. Benedikt Bräutigam und Verleger Christoph Links)

daktionen das Thema nur mit spitzen Fingern anfassen, weil es vor allem Ärger und Streß einbringt.

Wir selbst hatten in mehr als einem Dutzend Fällen Gelegenheit, die scientologische Klagemanie mitzuerleben. Das Schema ist im Prinzip immer das gleiche. Wir berichteten zum Beispiel in der »Wochenpost« über ein dubioses ABM-Projekt des Berliner Scientologen Peter-Uwe Krumholz auf der Ostseeinsel Usedom. Krumholz versuchte bereits vor dem Erscheinen, den Artikel zu verhindern, indem er die Verlagsleitung anrief und sich über unsere angeblich »unseriöse Recherche« beschwerte und die Druckfahnen anforderte. Kaum war der Beitrag erschienen, meldete er sich beim zuständigen Redakteur, drohte mit Gegendarstellung und forderte 3,5 Millionen Mark Schadenersatz. Leere Drohgebärden: Ein Gegendarstellung mußte nie gedruckt werden.

Trotzdem strengte Krumholz einen Prozeß vor dem Landgericht Berlin an, nachdem wir in unserem Buch »Der Sekten-Konzern« die Ergebnisse der Recherchen noch einmal ausführlich dargelegt hatten. Elf Aussagen sollten verboten werden. Doch kaum hatte die Verhandlung begonnen, zog seine Anwältin die Klage plötzlich zurück. Sie hatten angesichts der vorgelegten Materialien offensichtlich eingesehen, daß ihr Unterfangen aussichtslos war. (Verlag und Autoren waren auf diese Weise aber zumindest einige Wochen beschäftigt worden.) Einen ähnlich absurden Prozeß veranlaßte die Frau des Pop-Künstlers und Scientologen Gottfried Helnwein. Sie forderte die »Vernichtung aller noch im Besitz des Verlages befindlichen Exemplare«. Ihr ging es aber nicht etwa um das Engagement des Malers für die Sekte, sondern um die Tatsache, daß wir in unserem Buch eine Werbeseite von *Scientology* abgebildet hatten. Darauf befand sich auch ein kleines Foto ihres Mannes, das angeblich von ihr stammte und das wir ohne ihre Zustimmung benutzt hätten. Doch das Kölner Landgericht entschied am 11. August 1993, daß es sich bei der Veröffentlichung um ein »klassisches, absolut zulässiges Bildzitat« handele.

Die Absicht ist klar: In den Redaktionen soll ein Klima entstehen, sich mit dem Thema besser nicht zu befassen. »Erhebt bei jeder Gelegenheit Verleumdungsklagen, um die Presse davon abzuschrecken, über die Scientology-Kirche zu schreiben«, schrieb L. Ron Hubbard. »Es geht nicht darum, die Verhandlungen zu gewinnen. Der Zweck einer Klage ist es, den Gegner zu zermürben und zu entmutigen. Falls möglich, sollte sie ihn auch vollständig ruinieren.«[150] Die *Scientology* gab laut »Time Magazin« allein in den USA im Jahr 1991 insgesamt 20 Millionen Dollar nur für Prozesse aus.[151]

Natürlich ist das gute Recht jeder Gruppierung im demokratischen Staat, sich gegen Angriffe mit den gebotenen Mitteln zur Wehr zu setzen. Problematisch wird es allerdings, wenn das erklärte Ziel darin besteht, Kritiker mundtot zu machen und zu erreichen, daß Redaktionen sich mit der betreffenden Gruppe nicht mehr befassen, selbst wenn es an dem konkreten Beitrag nichts Substantielles auszusetzen gibt. Trotz der Versuche, kritische Berichte zu unterbinden, existiert heute in der Bundesrepublik eine vergleichsweise gute Informationslage über Sekten und Psychogruppen. Doch nach wie vor gehen Journalisten dabei ein erhebliches Risiko ein. Der Züricher Sektenexperte und Redakteur des »Tages-Anzeigers«, Hugo Stamm, schreibt seit fünfzehn Jahren über die verschiedensten Kulte. Er resümiert: »Sie haben Privatdetektive auf mich gehetzt, Demonstrationen gegen mich veranstaltet, mich als Mörder bezeichnet und unzählige Male verklagt.« In vielen Redaktionen sind Beiträge über Sekten schon wegen des enormen Prozeßrisikos daher Chefsache.

Die Hubbard-Devise »klagen, um den Gegner zu zermürben« fand offenbar Anklang auch bei anderen Kultgruppen und verbreitete sich in der Sekten-Szene wie ein Virus. Hans-Walter Jungen berichtet über die Prozeßfreudigkeit des *Universellen Lebens*: »Damals wußte ich noch nicht, daß die Sekte unter einer Art krankhafter Klagesucht leidet, daß sie eine Überwachung sämtlicher Medien betreibt, daß fast jede kritische Äußerung in Zeitungen, Zeitschriften, Büchern, Rundfunksendungen und Vorträgen sofort Anlaß zur Klage gibt. Das UL versucht, Maulkörbe zu verteilen.«[152] Ob die *Boston Church of Christ*, das *Forum* oder die *Zeugen Jehovas* –

sobald sich Kritik rührt, setzen sie umgehend ihre Anwälte in Marsch. Gegen eine Aufklärungsbroschüre des Berliner Senats klagten der *VPM*, die Psycho-Gruppe *Landmark Education* und die charismatische *Gemeinde auf dem Weg*. Die Prozeßwut führt auch dazu, daß viele Aussteiger keinen Mut mehr aufbringen, sich öffentlich zu äußern. Das ist leider nur zu verständlich: Kleine Leute werden mit hohen Streitwertsummen eingeschüchtert, und ein verlorenes Verfahren kann verdammt teuer kommen. Meister aller Klassen ist wohl die Psycho-Sekte *VPM*, der seit Anfang der 90er Jahre ein juristisches Trommelfeuer von mehr als 200 Klagen gegen Kritiker nachgesagt wird.

Zeitungen und Zeitschriften kommen im Fall des Falles meist mit dem Abdruck einer Gegendarstellung oder eines Leserbriefs davon. Anders ist es bei Buchverlagen; kleinere Verlagshäuser können derartige Prozesse existentiell bedrohen. Wer in einem Buch über Sekten Namen, Daten und konkrete Fakten nennt, muß auch damit rechnen, daß Kultanhänger vor Gericht die weitere Verbreitung untersagen lassen. Die Gerichte urteilen dabei höchst unterschiedlich. An Hugo Stamms Buch »VPM – Die Seelenfalle« mißfielen dem *VPM* 26 Textpassagen; in der Schweiz wiesen die Richter die Klagen zurück, in Deutschland gaben sie den Klägern teilweise Recht. Das Buch mußte in der Bundesrepublik schließlich an acht Stellen geschwärzt werden. »Ich habe zum Beispiel über Interna einer Vorstandssitzung des VPM geschrieben«, erzählt Hugo Stamm. »Ich hatte dafür die eidesstattlichen Aussagen von zwei Aussteigern. Da ließ der VPM einfach dreizehn Zeugen aufmarschieren, die behaupteten: Das stimmt nicht. Ich bin aber davon überzeugt, daß es stimmt.«

Ähnliche Erfahrungen machten die Verleger kritischer Bücher über *Scientology*, das *Universelle Leben*, die *Zeugen Jehovas* und die Psycho-Gruppe *Landmark Education*. Unter dem Titel »Das Forum – Protokoll einer Gehirnwäsche – Der Psycho-Konzern Landmark Education« schildert der Heidelberger Physikstudent Martin Lell einen Horrortrip in die Psycho-Szene. »Schon zwei Tage nach Verschicken unseres Buchprogramms bekamen wir Post eines Landmark-Anwalts«, sagt die Lektorin Ulrike Ostermeyer vom *dtv*-Verlag. »Wir dürften die Vorschau nicht weiter verschicken. Wir sollten auch die Begriffe Gehirnwäsche und Psycho-Konzern vom Titel nehmen. Man drohte mit einer Einstweiligen Verfügung. Wohlgemerkt: Landmark kannte das Manuskript nicht!« *Landmark* ging vor Gericht, das den Antrag auf Erlaß einer Einstweiligen Verfügung zunächst ablehnte und ein Anhörung anberaumte. Am 16. April 1997, inzwischen war das Buch erschienen, gab es eine Verhandlung vor dem Landgericht München I. Der Psycho-Konzern unterlag, denn der Richter stellte fest, daß es im Rahmen der Meinungsfreiheit zulässig sei, etwas als Gehirnwäsche zu empfinden. Das Buch darf seitdem unbehelligt erscheinen. Ulrike Ostermeyer sagt: »Wir haben inzwischen mehrere Anrufe von Landmark-Absolventen bekommen, die von ähnlichen Erfahrungen berichteten. Das beweist, daß Martin Lells Erlebnisse nichts Einmaliges sind.«

Wie im Fall des »Forums« geht es häufig gar nicht um »falsche Tatsachenbehauptungen«, wenn Sektierer gegen Kritiker vor Gericht ziehen. Beklagt werden meist sogar nur Nebensächlichkeiten, nach dem Motto: »Das Auto war nicht blau, sondern rot.« Erscheint dann eine Gegendarstellung oder müssen Passagen geschwärzt werden, kann die Sekte damit hausieren gehen und vor allem ihre eigenen Jünger beeindrucken: »Seht her, wir haben recht. Die haben falsch berichtet und mußten es selbst zugeben!« Doch vielen Richtern fehlt das Hintergrundwissen über die sekteninternen Strategien und Verflechtungen, um deren Vorgehen richtig beurteilen zu können. Natürlich kann eine Sekte jederzeit zwanzig Zeugen aufbieten. Und natürlich wird ungeniert gelogen. Der Künstler Gottfried Helnwein behauptete jahrelang, er sei überhaupt kein *Scientologe* und jeder, der das schreibe, ein übler Verleumder. Manche Richter glaubten ihm, andere nicht. 1996 hat das Oberlandesgericht Frankfurt/Main dann letztinstanzlich Klarheit geschaffen: »Diese Behauptung ist wahr, denn Gottfried Helnwein ist Scientologe. Er bekennt sich jedenfalls zu dieser Organisation. Dies ergibt sich aus zahlreichen Umständen.«[153]

Viele Sekten nehmen ihrerseits das Recht auf freie Meinungsäußerung exzessiv in Anspruch, um ihre Kritiker in übler Manier zu diffamieren und beispielsweise als »Medienterroristen«, »Filmintriganten« oder sogar »Schreibtischmörder« zu beschimpfen. Besonders massiv werden die Angriffe immer dann, wenn es um Berichte über wirtschaftliche Aktivitäten geht – schließlich ist das Geld die empfindlichste Stelle eines jeden Sekten-Konzerns. Sektenmitglieder wollen ungern als solche bezeichnet werden; das könnte ja die Geschäfte schädigen. Vor Gericht berufen sie sich dann häufig auf das Recht der negativen Bekenntnisfreiheit nach Artikel 4 des Grundgesetzes (niemanden geht meine Religion etwas an) und konnten sich auch oft damit durchsetzen. Doch wirtschaftliche Aktivitäten und die angebliche Religion sind bei Kultgruppen untrennbar verbunden. Es gibt keine »zwei Welten« für ein Sektenmitglied.

Immerhin: Neuere Gerichtsurteile verschieben langsam die Gewichte. Wenn einem Scientologen beispielsweise nachgewiesen werden kann, daß er sich auch öffentlich zu *Scientology* bekannt hat, verneinen die Richter immer häufiger den Anspruch auf die »negative Bekenntnisfreiheit«. So erreichte die Berliner »Tageszeitung« im Oktober 1994 einen echten Durchbruch vor Gericht.[154] Sie hatte in ihrer Hamburger Lokalausgabe über Scientologen-Firmen berichtet, die mit »teilweise rüden Methoden« auf dem Immobilienmarkt tätig waren, und dabei Roß und Reiter genannt. Die Richter urteilten, daß die scientologisch geführten Unternehmen *Breitling & Partner GmbH* sowie *HG Grundstücksgesellschaft Harlaching* die kritische Berichterstattung »zu dulden« hätten, denn »Angehörige der Scien-

Was sagen Künstler über Scientology?

"Scientology ist der größte Durchbruch in der Geschichte der Erforschung menschlichen Denkens und Verhaltens. L. Ron Hubbards Erkenntnisse und Methoden waren nicht nur 1950, sondern sind auch heute noch der Zeit weit voraus. Galileo Galilei hatte recht, als er behauptete, daß die Erde eine Kugel sei, auch wenn er mit dieser Behauptung an den Grundfesten des damaligen Weltbildes rüttelte und die gesamte geistige Elite seiner Zeit gegen sich hatte. Dr. Ignaz Semmelweis, der Entdecker des Kindbettfiebers, hatte sich die gesamte berühmte Wiener Ärzteschaft zu Todfeinden gemacht. Warum? Weil seine Lösung zu einfach, zu 'unwissenschaftlich' war. Er hatte verfügt, daß sich die Ärzte und Schwestern in seinem Krankenhaus die Hände waschen mußten, und hatte mit dieser simplen Maßnahme das Kindbettfieber besiegt und Millionen Frauen das Leben gerettet. Scientology ist imstande, die Welt zu verändern. Es könnte eine Welt ohne Geisteskrankheit, ohne Kriminalität und ohne Krieg sein."

Gottfried Helnwein, Maler

"Ich bekenne mich dazu, weil Scientology mich gelehrt hat, meine Fähigkeiten als geistiges Wesen voll zu entwickeln. Weil sie mir Kraft gibt und die Gewißheit, mehr aus mir herausholen zu können. Aber auch, weil ich dadurch gelernt habe, mehr Verantwortung für meine Mitmenschen zu zeigen. Man lebt einfach viel bewußter. Auch ich war zunächst voller Mißtrauen. Doch nach einiger Zeit stellte ich fest, daß ich lernte, das Leben positiver zu sehen, daß ich stärker, selbstbewußter wurde, daß ich lernte, auch etwas zu wagen."

Julia Migenes, Sopranistin

Schock-Maler und Scientologe Gottfried Helnwein
Werbung mit Prominenz: Helnwein u. a. in einer Scientology-Broschüre

tology-Organisation sind nach ihrem eigenen Anspruch gehalten, die ideologischen und wirtschaftlichen Interessen der Organisation in jeder Lebenslage zu fördern, insbesondere deren Ideen und Managementprinzipien in Gesellschaft und Wirtschaft durchzusetzen«. Die »Konzentration und offensichtliche Konzernierung« von scientologischen Firmen auf dem Immobilienmarkt erwecke in der Öffentlichkeit »berechtigten Argwohn«. Das Recht »auf unternehmerische Selbstbestimmung«, so urteilte das Gericht, »ist deshalb vorliegend geringer zu werten als die Pressefreiheit.«[155]

Tatsächlich entspringt das Verwirrspiel mit der »negativen Bekenntnisfreiheit« den taktischen Winkelzügen der *Scientology*-Organisation, die deren Gründer L. Ron Hubbard mit seinem genialen Schachzug eröffnete, als er *Scientology* 1954 kurzerhand zur Religion erklärte. Für Hubbard ging es dabei nämlich nicht um Spiritualität, wie all jene glauben, die im Streit um *Scientology* immer noch eine »religiöse« Auseinandersetzung sehen. L. Ron Hubbard ging es nur darum, mit der Bezeichnung »Religionsgemeinschaft« steuerliche Vorteile zu erlangen: »Wir müssen der Art und dem Körperschaftsstatus nach religiös sein.«[156]

Ganz entspannt im Hier und Jetzt

Die Bhagwan-Osho-Bewegung (Neo-Sannyas-Bewegung)

Ein Hauch von Faschismus

Antelope im US-Bundesstaat Oregon, 14. November 1985. Hunderte ganz in Rot gekleideter Menschen stehen schon an der Rollbahn, hunderte drängen nach, von allen Seiten strömen Leute herbei. Rings um die zweimotorige Convair ist die Peace Force aufgezogen – weibliche Sicherheitskräfte mit Maschinenpistolen. Das Stakkato von Trommeln rückt näher. »Ein hochachsiger Geländewagen rollte auf die Piste, das erste Begleitfahrzeug der Sicherheitsleute«, berichtet der Augenzeuge Jörg Andrees Elten. »Am Steuer saß ein blondes Mädchen mit Schirmmütze. Hinter den Seitenscheiben waren automatische Gewehre aufgehängt. Der Hubschrauber hing über uns, zog enge Kreise, überdröhnte die Musik, die jetzt von allen Seiten kam. Sicherheitsleute zu Fuß, Uzi-Maschinenpistolen an der Hüfte – schließlich der Rolls Royce. Hinter dem Auto lief ein Haufen von Musikanten, voran die Trommler. (...) Bhagwan saß hinter Glas im schimmernden Märchenkleid und mit der hohen Mütze auf dem Kopf. Die zarte Linke bewegte sich, mechanisch grüßend, auf und ab, wie von einer Marionettenschnur gezogen. Er wirkte distanziert in diesem kunstvoll gestylten Ambiente von Maschinenpistolen, glitzerndem Luxus, Märchenromantik, Funkbefehlen, Hubschraubergeschepper, Jubelschrei und Trommelschlag.«[1]

Jörg Elten erzählt, was geschah, nachdem der Rolly Royce mit dem Guru am Flugzeug stoppte: »Wir grüßten nach indischer Art, falteten die Hände vor dem Gesicht. Bhagwan stieg aus dem Wagen, ging ein paar Schritte auf die Gangway zu, hob die Hände zum Gruß, lächelte. (...) Dann ging er die Gangway hinauf, drehte sich noch einmal um, hob beide Hände hoch über den Kopf, machte das ›V‹-Zeichen für ›Victory‹ und strahlte, als hätte er tatsächlich einen großen Sieg errungen. Die Luke wurde von innen geschlossen. Sekunden später warf Cliff die Propellermotoren an. Die Maschine setzte sich in Bewegung, Schnee wirbelte auf, die Absperrung brach zusammen, die Sannyasins überrannten die Sicherheitsleute, umschwärmten das Flugzeug, das langsam zur Startbahn rollte. Zwei Minuten später war es in der Luft ... Noch lange standen die rotgekleideten Sannyasins mit erhobenen Köpfen auf der Startbahn und streckten wie Sonnenanbeter die Arme in den leeren Himmel ...«

Was dem Sannyasin Jörg Andrees Elten als »das Ende eines Traums« erschien, war in Wirklichkeit das Ende eines Alptraums: der Abflug Bhagwan Shree Rajneeshs aus Oregon. Die amerikanische Regierung hatte den bekanntesten Guru der Neuzeit des Landes verwiesen und damit vermutlich ein Sektendrama wie in Waco oder Guayana verhindert. Für alle Beobachter, aber auch für die wacheren Sannyasins (hinduistisch: Entsagende) war damals klar, daß sich die Lage im Sektencamp zugespitzt hatte. »Ich hatte ständig das Gefühl, mit einem Bein im Gefängnis und mit dem anderen im Irrenhaus zu stehen«, berichtet Elten.[2] Bhagwan Shree Rajneesh hatte zuletzt häufig über seinen Tod gesprochen und in Gegenwart des ehemaligen »Stern«-Reporters sein Testament dargelegt. Er hatte zudem angekündigt, daß er bei Verlassen seines Körpers nicht allein gehen würde. Plante er einen Massenselbstmord?[3] »Daß es keine Toten gab, grenzt fast an ein Wunder«, schreibt Jörg Elten.[4]

Vier Jahre zuvor hatte der graubärtige Inder mit den schwarzen Augen auf der Flucht vor dem Finanzamt seinen Ashram (Meditationszentrum) im indischen Poona verlassen, war drei Monate verschwunden und dann in den Vereinigten Staaten von Amerika wieder aufgetaucht. Für sechs Millionen Dollar hatte der Guru die 30 000 Hektar große Big Muddy Ranch bei dem Vierzig-Seelen-Nest Antelope im US-Staat Oregon gekauft. In der menschenleeren Gegend errichtete er sein Privatreich, worin die amerikanischen Gesetze praktisch außer Kraft gesetzt waren. Da Neuankömmlinge in Oregon schon nach zwanzig Tagen das Wahlrecht ausüben können, hatten die *Sannyasin*s schnell die Mehrheit im Gemeinderat und nutzten sie, um Antelope in Rajneeshpuram umzubenennen. Aus der öden Farm wurde in wenigen Monaten eine komplette Stadt, aus einem vertrockneten Stück Wüste ein blühender Landstrich mit bewässerten Gärten und Plantagen. Rotgekleidete Cowboys ritten durch die Steppe, gigantische gelbe Bulldozer ebneten Hügel ein.

Bhagwan hatte kurzerhand Arbeit zur »Andacht« erhoben, und Tausende Sannyasins schufteten sieben Tage die Woche, jahrein, jahraus, um die Sektenmetropole aus dem Boden zu stampfen. Sie errichteten Wohngebäude, Lagerhäuser, Post, Rathaus, Krankenhaus, Schule, Boutiquen, Eisdiele, Juweliergeschäft, Frisiersalon, ein 100-Betten-Hotel und einen riesigen Glaspalast. Sie legten einen Stausee und Äcker an, konstruierten ein Elektrizitätswerk, asphaltierten Straßen und bauten einen veritablen Flugplatz für die fünf Jets der Rajneesh Air. Das Geld dafür mußten die Anhänger in aller Welt heranschaffen – mit ihren Meditations- und Therapiezentren, Computerfirmen, Bhagwan-Diskotheken und Dienstleistungsbetrieben. Sie folgten damit dem aktuellen Gebot ihres Meisters: »Kapitalismus ist ein Zustand der Freiheit, Geldverdienen macht Spaß.«[5] Natürlich war Rajneeshpuram selbst auch ein riesiges Meditationszentrum für wohlhabende Sannysins, die dort ihr Scherflein für die Erleuchtung einzahlten.

Der neue Ashram des Inders erlangte Weltruhm aber vor allem wegen des eindrucksvollen täglichen Drive-Bys des Gurus zur »B-Time« (Bhag-

Der Inder Rajneesh Shandra Mohan alias Bhagwan alias Osho

wan-Time), wenn er – flankiert von bewaffneten Wächtern – mit einem seiner 93 Rolls Royce die Front der enthusiastischen Anhänger abfuhr und dabei majestätisch zu winken pflegte. In Rajneeshpuram lebten zeitweilig 5000 Bhagwan-Jünger; zu den alljährlichen Festivals reisten bis zu 15 000 Besucher an. Der Guru selbst wohnte in einem Haus, das von Uniformierten bewacht wurde. »Sie waren mit Schnellfeuergewehren bewaffnet und mit Funk, Telefon und Geländewagen ausgerüstet«, berichtet Jörg Elten.

Seit der Übersiedlung nach Amerika hatte sich Bhagwan (»der Erleuchtete«) entschlossen, nicht mehr zu reden. Er verzichtete zur Enttäuschung seiner Jünger von 1981 bis 1984 daher auch auf seine beliebten täglichen Vorträge. Stattdessen übernahm seine engste Vertraute Ma Anand Sheela das Kommando in der weltweiten *Rajneesh Foundation International*, dem Wirtschaftszweig der Sekte. Mit eiserner Hand errichtete sie in Rajneeshpuram ein Regime, das Jörg Elten an eine Kolchose erinnerte, das tatächlich aber weit schlimmer war: eine Art Sekten-Gulag. Sheela führte den 14-Stunden-Arbeitstag ein und kümmerte sich nicht um die Klagen der Jünger, nun bleibe gar keine Zeit für die Liebe mehr. Kritische Sannyasins und Nonkonformisten wurden bespitzelt, verfolgt und bestraft. Was zunächst als spirituell-ökologische Musterkommune gedacht war, endete im Terror eines totalitären Regimes, das an George Orwells Roman »1984« erinnerte.

Angeblich zum »Schutz« vor den »Feindseligkeiten der Oregoner« wurde das weitläufige Gelände aus Türmen »wie in Dachau« bewacht, schreibt eine ehemalige Insassin.[6] Die »Friedenstruppe« patroullierte mit automatischen Waffen, unterirdische Bunker, geheime Fluchttunnel und mysteriöse Labors wurden angelegt. Heute schieben die Sannyasins alle Schuld an dem gescheiterten Experiment auf Sheela, die »Hexe«. Doch Elten enthüllt in seinem Buch, daß Bhagwan genau im Bilde war, was seine Vasallin anrichtete – und es billigte. »I gave you a taste of fascism«, habe der Guru in einem Vortrag ganz beiläufig gesagt, als es mit der Stadt zu Ende ging: »Ich gab euch einen Geschmack von Faschismus«.[7]

1985 wurde klar, daß die amerikanischen Behörden die faschistoide Kommune in Oregon nicht mehr dulden würden. Bhagwans Aufenthaltsgenehmigung sollte nicht verlängert werden. Außerdem waren die meisten Bauten in Rajneeshpuram ohne Baugenehmigung errichtet worden, und die Ämter machten klar, daß es auch keine nachträgliche Erlaubnis geben würde. Deshalb ging Sheela dazu über, Bhagwans »Vision« mit kriminellen Methoden durchzusetzen. Mit Greyhound-Bussen ließ sie im Herbst 1984 Tausende von Obdachlosen heranschaffen und ansiedeln, um mit ihrer Stimmenmehrheit die politischen Verhältnisse im Landkreis The Dalles zu kippen und sich dann die Baugenehmigungen selbst auszustellen.

Gemeinsam mit Krishna Deva, dem »Bürgermeister« von Rajneeshpuram plante sie aber nicht nur politische Intrigen, sondern auch terroristische Verbrechen, die heute wie eine Vorwegnahme der Anschläge von *Aum Shinrikyo* in Japan wirken.[8] »Sie wollten am Tag vor der Landtagswahl das Trinkwasser von The Dalles mit Salmonellen vergiften und auf diese Weise Tausende von Wählern mit Magenbeschwerden ans Bett fesseln«, schreibt Elten. »Die Salmonellen wurden in einem Geheimlabor auf der Ranch gezüchtet.« Als Generalprobe ging der »Bürgermeister«, als Zivilist verkleidet, in verschiedene Restaurants von The Dalles und infizierte dort die Salatbüffets mit Salmonellen. Hunderte von Menschen erkrankten. Das kriminelle Manöver erwies sich aber als vergebliche Müh', denn der Staat Oregon erließ eilends ein Sondergesetz, das den Obdachlosen von Rajneeshpuram das Wahlrecht verweigerte. Daraufhin orderte Sheela an, die Sozialfälle wieder unter ihren Brücken abzuladen. Um Rajneeshpuram zu retten, ließ Sheela außerdem Behördenmitarbeiter von The Dalles bedrohen. Es gab sogar Pläne, den damaligen Staatsanwalt Charles Turner zu ermorden, der die Ermittlungen gegen die Rajneesh-Kommune leitete. Die Verschwörer – hochrangige Sannyasins aus der unmittelbaren Umgebung Bhagwans – sollen bereits Mitarbeiter zum Kauf von Pistolen mit Schalldämpfern losgeschickt haben; der Mord wurde aber nicht ausgeführt.[9]

Ma Anand Sheela spürte wohl, daß ihre Tage gezählt waren. Im September 1985 setzte sich die 35jährige Königin des Ashrams zusammen mit zwanzig Getreuen aus Rajneeshpuram ab und floh in die Bundesrepublik Deutschland.[10] Daraufhin begann Bhagwan, ihre Missetaten zu enthüllen. Seine Anschuldigungen waren ungeheuerlich: Sheela habe mindestens 55 Millionen US-Dollar veruntreut. Sie habe seine Wohnräume mit elektronischen »Wanzen« versehen. Sie habe versucht, ihn zu vergiften und seinen Leibarzt zu töten. Sie sei für die Salmonellen-Anschläge und für die »KZ-Zustände« in Rajneeshpuram verantwortlich. Sheela, so der Meister, gehöre in »eine psychiatrische Anstalt«.

Bhagwan ließ Sheelas gesamte Habe ins Feuer werfen und verkündete am 28. September 1985 das Ende des *Rajneeshismus*: »Dies ist ein historisches Ereignis. Zum ersten Mal in der Geschichte ist eine Religion gestorben.«[11] Bhagwan behauptete, wenig glaubhaft, er habe nie eine Religion errichten wollen: »Aber weil ich geschwiegen habe und isoliert war, hat eine Bande von Faschisten sie geschaffen.« Der Guru ordnete an, weltweit das »Buch des Rajneeshismus« (Rajneesh: »Ich habe es nie gelesen«) zu verbrennen und die typischen roten Kleider sowie die Mala, eine Holzperlenkette mit seinem Bildnis, abzulegen.

Nun überstürzten sich die Ereignisse. Staatsanwälte, FBI-Beamte und CIA-Agenten erschienen auf der Ranch, um Rajneesh und achtzig weitere Zeugen zu vernehmen. Der Guru bestand aber darauf, daß Presse und Fernsehen beim Verhör dabei sein sollten. »Es war ein Spiel mit dem Feuer, denn die Geduld der Staatsgewalt ist begrenzt«, schreibt Jörg Elten. Die

Atmosphäre auf der Sekten-Farm erinnerte an das *Davidianer*-Drama in Waco: »Das Gerücht, Nationalgardisten rüsteten sich zum Einmarsch in die Ranch, verdichtete sich von Tag zu Tag. Fernsehteams aus aller Welt landeten mit Privatflugzeugen auf dem Ranchflugplatz.«[12] Aber die Soldaten erschienen nicht, denn plötzlich war Bhagwan verschwunden.

Der große Meister wurde wenig später auf dem Flughafen von Charlotte in North Carolina festgenommen, wo er angeblich »ein paar Tage ausspannen«, in Wahrheit aber wohl der drohenden Inhaftierung entgehen wollte. Am selben Abend verhaftete die deutsche Polizei Sheela Silverman, wie seine Vertraute bürgerlich hieß, und lieferte sie in die USA aus. Bhagwans Anhänger stellten eine Kaution von 1,3 Millionen Dollar, um ihren Propheten wenige Tage später aus dem Gefängnis zu holen. Trotzdem wurde der Meister kurz darauf zu zehn Jahren Haft verurteilt. Unter der Auflage, das Land sofort zu verlassen, wurde er mit Bewährung begünstigt – deshalb der überstürzte Abflug im November 1985. Rajneeshpuram brach zusammen; die Anhänger zerstreuten sich in alle Winde. Bhagwan versuchte, eine neue Heimat zu finden – auch in der Bundesrepublik –, aber kein Land wollte den seltsamen Heiligen aufnehmen. Nach einer Odyssee durch 21 Länder kehrte der Guru 1987 nach Poona in Indien zurück, wo sein alter Ashram noch existierte. In seiner Hauspostille »Rajneesh Times« erklärte er, Sheela und ihre Gruppe hätten versucht, »eine sehr zentralisierte Hierarchie zu erschaffen, damit alles von oben geregelt wird«.[13] Das hätte die Jünger zu »Sklaven« gemacht.

Bhagwan Shree Rajneesh behauptete immer wieder, das Unheil erst viel zu spät erkannt zu haben: »Als ich das sah, mußte ich mein Schweigen brechen, denn es richtete sich völlig gegen meine Arbeit. Und das versuche ich jetzt: Alles ungeschehen zu machen, was mit euch in jenen vier Jahren, als ich geschwiegen habe, gemacht worden ist. Und es ist keine schwierige Aufgabe.« Er rechnete wohl damit, daß seine Jünger ihm die Lügen glauben und weiter blind folgen würden, wie sie es seit je getan hatten. Und so geschah es auch. Zwar wandten sich viele schockiert und enttäuscht von ihm ab, aber ebenso viele vertrauten ihm. Es erwies sich als hilfreich, einen Sündenbock zu haben, auf den man alle Schuld abladen konnte. Ma Anand Sheela wurde zu viereinhalb Jahren Haft verurteilt, von denen sie 39 Monate in US-Gefängnissen absaß. Dann wurde sie wegen guter Führung entlassen und ging in die Schweiz, wo sie seitdem Alte und Behinderte pflegt. Über ihre Beziehung zu Bhagwan sagt sie: »Wir haben niemals Sex gehabt«, und weiter: »Die Sannyasins müssen begreifen, daß er ein ganz normaler Mann war, ein schöner Mann, aber nur ein Mann.«[14]

Absender:

Alter:

Beruf:

Unter den Einsendern der Karten verlosen wir jährlich signierte Bücher unseres Verlages.

Bitte
ausreichend
frankieren

Ch. Links Verlag
Abteilung Werbung
Zehdenicker Straße 1

D–10119 Berlin

Instant-Erleuchtung durch Therapie

Bhagwan Shree Rajneesh hieß bürgerlich Rajneesh Chandra Mohan, wurde am 11. Dezember 1931 in Mittelindien geboren und stammte aus einer Kaufmannsfamilie. Er studierte Philosophie und Psychologie, wurde Philosophieprofessor und fiel durch seine provozierenden Reden auf; beispielsweise bezeichnete er diverse Hindu-Heilige als »gottlose Heuchler«. In den 60er Jahren experimentierte der brillante Intellektuelle mit eigenwilligen Meditationen und sammelte die ersten Jünger um sich. Er erklärte sich für »erleuchtet« und verlieh 1970 erstmals sechs Gläubigen die Mala mit seinem Porträt.

1974 zog der Wanderprediger mit seinen Anhängern in die Metropole Poona fünf Autostunden südlich von Bombay, um dort »das größte Therapiezentrum der Welt« zu errichten. Bhagwans Geheimnis waren nicht nur sein Charisma und die Gabe, druckreif unterhaltsame Aphorismen à la Friedrich Nietzsche von sich zu geben. Der eigentliche Geniestreich bestand darin, westliche Psycho-Techniken mit östlicher Religiosität zu verbinden. Der langbärtige Prophet hatte mit seiner New-Age-Synthese einen Riesenerfolg bei spirituellen Suchern in Europa und Amerika – Strandgut der Studentenrevolte, Zivilisationsmüde und Streßopfer. An indischen Jüngern war er im übrigen nicht interessiert.

Rajneesh verschmolz Methoden aus der Humanistischen Psychologie (Reichs sexuelle Urenergie) und der Primärtherapie (Janovs »Urschrei«) mit seiner unorthodoxen Auslegung des indischen Zen-Buddhismus und Tantrismus (Erleuchtung durch sexuelle Energie) zu einem brisanten Therapie-Cocktail. Es ging weniger darum, psychisch Kranke zu heilen, als vielmehr, entsprechend der Grundidee der Humanistischen Psychologie (und natürlich des New Age) gesunde Menschen zur »Selbstverwirklichung« zu führen. Laut Bhagwan ist der Mensch selbst von göttlicher Natur wie alles um ihn herum, aber durch Erziehung und gesellschaftlichen Leistungsdruck mißbildet worden. Doch jedes Kind sei bereits »als Buddha geboren« und könne daher leicht ein »Homo novus« werden: »Ich lehre einen neuen Menschen, eine neue Menschheit, einen neuen Weg in der Welt zu sein.«[15] Um ihre entfremdete Natur zu heilen, müßten die Jünger aber aufhören, sich »vom Kopf« leiten zu lassen und mit ihrer Vergangenheit aufräumen. »Bevor ich euch erschaffen kann, muß ich euch zerstören«, verkündete ihr Meister.[16] Diese »Zertrümmerung des Ego« sollte die Anhänger dann zum »höheren Bewußtsein« führen. »Gib mir deinen Hammer, Bhagwan, hau ihn mir über den Kopf«, flehte ein deutscher Adept.[17]

Wer in Poona Bhagwans täglichen Lectures (Vorträgen) in der strohgedeckten Buddhahalle beiwohnen wollte, mußte Eintritt zahlen, sich gründlich duschen (laut Merkblatt am besten mit Rexona-Seife) und am Eingang von zwei weiblichen Sannyasins beschnuppern lassen. Der allergische Guru hatte nämlich einen »unheimlich starken« Geruchssinn und vertrug nicht einmal Spuren von Rasierwasser, Deodorant oder Parfüm. Eine zweite Kontrolle nach Art der »Sicherheitsanforderungen eines Großflughafens« wurde von kräftigen, bärtigen Männern ausgeübt – Tascheninspektion, Metalldetektoren.[18] Denn Rajneesh hatte auch große Angst vor Attentätern.

Der deutsche Journalist Carlos Widmann passierte im September 1977 die Geruchs- und Sicherheitsschleusen, lauschte dem Vortrag des Meisters und beschrieb, wie die Ansprache auf die Zuhörer wirkte: »Wildfremde Männer und Frauen gehen wie Schlafwandler aufeinander zu, umschlingen sich, sinken gemeinsam zu Boden; die Paare führen sich auf, als hätten sie nicht die Weisheiten des Gurus geschlürft, sondern einen milden aphrodisischen Trank. Meine Nachbarin war schon mitten im Vortrag von der Magie des Meisters befallen worden: Mit offenem Mund und gespreizten Beinen saß sie da, lautlos schluchzend, selig lächelnd, willenlos einer Verzückung hingegeben, die ihr Gesicht mit Tränen und Speichel benetzte.«[19]

Ein anderer Reporter schilderte 1978 eine Audienz beim Guru, der zu diesem Anlaß im »wallend-weißen, knöchellangen Hemd« erschien: »An der obersten Treppenstufe verharrt er, wendet sich langsam im Halbkreis, jeden von uns mit einem Intensiv-Blick mild durchbohrend. Dann läßt er die Hände sinken, nimmt im lederbezogenen Chefsessel Platz und rückt das Mikrophon zurecht.«[20] Eine hübsche Lehrerin aus München kauert sich demütig auf den Boden und klagt über einen schlechten Traum. »Bhagwan diagnostiziert eine Kluft zwischen ihrem Körper und ihrem Bewußtsein, verschreibt ihr eine Sechs-Monats-Therapie und befiehlt: ›Raise your arms!‹ Gehorsam winkelt die junge Bayerin die Arme hoch. Zwei Meter trennen sie vom Guru. Plötzlich beginnt ihr Körper zu zucken, wie durch Stromstöße zu schwanken. Ein düsterer Bartträger tritt hinzu, um sie zu stützen. Noch einmal bäumt sich der Mädchenkörper auf. Dann fällt er wie leblos zu Boden. ›So geht es jedem, der bei Bhagwan die Arme hebt‹, flüstert hinter mir der ehemalige Rechtsanwalt und FDP-Aktivist Jobst von Hanstein, 38, ein Neffe des früheren Porsche-Rennleiters.«

Der Auto-Neffe hatte dem Guru sein gesamtes Vermögen übergeben und fühlte sich seitdem »befreit und glücklich wie nie«. Eine attraktive Hamburger Werbedesignerin sagte: »In den ersten Monaten habe ich hier die Klos gereinigt. Es hat mir Spaß gemacht.« Denn schließlich sei »alles Meditation«.[21] Wie die schöne Hanseatin brachen die meisten Bhagwan-Anhänger alle Brücken daheim ab, gaben ihre Arbeit oder ihr Studium auf und ließen in der Regel auch ihr gesamtes Geld in Poona.

Rajneesh fühlte sich selbst als Meister-Mystiker, der die Wahrheiten anderer Propheten von Buddha bis Arthur Janov, von Jesus bis Wilhelm Reich, von Mohammed bis Henry Miller zur letzten großen Weisheit vereinigte: »Durch mich spricht das Universum.«[22] Zugleich erklärte er: »Ich bin Anarchist, ich gebe euch keine Überzeugung. Ich werde es nicht zulas-

Zentralorgan der Esoterik-Szene: die Zeitschrift »Connection«

sen, daß ihr um mich eine Kirche errichtet.«[23] Doch seine Botschaft – ob religiös oder nicht – war den meisten *Sannyasins* wohl ziemlich egal. Für sie zählte vor allem sein Therapieversprechen: Instant-Erleuchtung ohne große Mühen und zu sphärischer Discomusik. Bhagwan befand, zwanzig oder dreißig Jahre Meditation seien heute niemandem mehr zuzumuten; mit seiner Methode lande man auch ohne Entsagung »ganz entspannt im Hier und Jetzt«. Der Guru sagte: »Seit Jahren hämmere ich meinen Leuten ein, daß Erleuchtung etwas ganz Normales ist, die einfachste Sache von der Welt.«[24] Einen festgelegten Weg dahin gebe es nicht, was zähle, sei nur die eigene »Bewußtheit« – und natürlich das nötige Kleingeld. »I am a rich man's guru«, erklärte der Meister süffisant.[25]

»Nicht was er redet, sondern was er an ›Therapien‹ zu bieten hat, macht seinen Erfolg aus«, beobachtete der Journalist Carlos Widmann. »Erst in den Gruppen von 12 bis 15 Leuten, die in ihren Übungen an die Grenzen des bisher von der Psychotherapie Erlaubten gehen, gelingt Bhagwan die totale Gehirnwäsche, die geistige Unterwerfung seiner Jünger.«[26] Der Guru nutzte vor allem Psycho-Techniken aus der Gruppentherapie und Gruppendynamik. Blockierte Energien sollten durch »Körperarbeit« gelockert, die festgefahrene Psyche »aufgebrochen« werden. Seine schrillen Schock- und Sex-Therapien (Encounter und Tantra), oft von dilettierenden »Therapeuten« aus Amerika angeleitet, entwickelten eine ungeahnte Anziehungskraft vor allem auf Pädagogen, Studenten und Prominente: Models, Schauspieler, Playboys.

Bhagwan predigte, die Sexualkraft (»der unterste Nenner der Energie, die wir Gott nennen«[27]) müsse frei fließen, um ein neues Bewußtsein zu erlangen: »Im Orgasmus erlebst du deine Vereinigung mit dem Kosmos.«[28] Bei seinem Besuch in Poona registrierte der Reporter Carlos Widmann eine »eigentümliche Mischung aus Kloster und Club Mediterranée, aus Nervenklinik und Spiritistenzirkel, mit einem alles überlagernden und verklärenden Hauch von Bordell«. Sex, meinte Widmann, sei denn auch ohne Zweifel »die Hauptattraktion« in Poona – »Sex, und das Charisma eines Propheten, der den verstörten Kindern des Westens die Freiheit von allen Ängsten und Zwängen verheißt.«[29] Die frühere Sannyasin Sonya Triendl aus München bestätigt: »Bhagwan trieb uns geradezu in den Sex hinein, um uns für Meditation reif zu machen. Wir haben es bei unseren Versuchen, Eros und Spiritualität zu verbinden, alle ganz schön bunt getrieben.« Doch der verordnete Sex hatte wohl auch etwas Zwanghaftes. »Auch wenn ich Routine bekam, mich sexuell einzulassen, war ich im Grunde doch lange noch nicht frei«, sagt Triendl, »ob es die anderen waren oder nur so taten?«[30]

Die Sex-Therapien von Poona, aber auch die harten Encounter-Gruppen, bei denen es oft sehr gewalttätig zuging, prägten bald das Bild der Bewegung in den Medien. Vom Geist des Erleuchteten erfüllt, duldeten die

Anhänger sogar Vergewaltigungen und Schlägereien, bei denen keinesfalls »Ganzheitlichkeit« oder der »neue Mensch«, sondern die Kraft des Stärkeren siegte.[31] Der Bhagwan-Jünger Jobst von Hanstein bekannte später, er selber habe in Poona eine Frau »vermöbelt«, weil sie ihn an die »Passivität« seiner Mutter erinnerte. Er sagte: »Weil ich das getan habe, kann ich heute meiner Mutter offener gegenübertreten.«[32]

Auf die Gruppengewalt angesprochen, lautete Bhagwans lauer Kommentar: »Sexualität, Habsucht, Gewalttätigkeiten, du hast sie nicht geschaffen, sie sind gegebene Tatsachen; durch Bewußtheit fallen sie ab.«[33] Und ein Gruppenleiter erklärte, daß die harten Therapien in Europa nicht möglich wären, weil es dort »diesen Bullshit namens Berufsethik« gebe und »weil wir die Verantwortung für diese Experimente nie persönlich übernehmen könnten. Das kann nur Bhagwan. Ohne ihn sind wir nichts.«[34]

Totale Hingabe an den Meister

»Totale Freiheit bedeutet totale Disziplin«, donnerte der *Scientology*-Chef L. Ron Hubbard.[35] »Totales Vertrauen« forderte Rajneesh und meinte damit das gleiche wie der Ur-Scientologe – die vollkommene Unterwerfung. Bhagwans eigentliche Botschaft hieß schlicht »Bhagwan«. Selbst der Rajneesh-Fan Jörg Elten schreibt: »Wer in einer spirituellen Kommune lebt, vertraut dem Meister, baut sein Ego ab, gibt sich hin. (…) Er übergibt die Verantwortung für sich selbst dem Meister, der zum Ersatzvater wird. Die Bhagwan-Kommune ist dieser Gefahr völlig erlegen.«[36] Alle »Therapien« waren auf den Guru ausgerichtet.

Wer nach Poona kam, erhielt in einer Initiationszeremonie einen neuen Namen und nahm dankbar die Mala entgegen. Als Zeichen ihrer Unterordnung trugen die Jünger ein orangefarbenes, später rotes Gewand und durften ihrem Meister die Füße küssen. Die Ex-Bhagwanesin Sonya Triendl schreibt: »Im Ashram-Alltag fand ich vieles so süßlich-verlogen-subaltern, daß ich manchmal das Gefühl hatte, man werde zum Leisetreter und Karrieristen konditioniert.«[37] Aber sie blieb trotzdem, was sie sich mit den magischen Vorträgen des Meisters erklärt: »Dort wurde man von Bhagwan am Dritten Auge berührt und der Verstand wirklich außer Kraft gesetzt.« Besucher hatten den Eindruck, daß die Jünger »unter dem Einfluß von Hypnose und schweren Drogen« standen.[38]

Rajneeshs Mind-Control-Techniken wirkten so stark, daß die *Sannyasins* schließlich auch die verrücktesten Lehren ihres Meisters ohne Murren akzeptierten. Der Sektenboß hatte zweifellos einen eigenartigen Humor und war dafür berüchtigt, heute dies und morgen das Gegenteil zu verkünden, um dann ganz und gar New-Age-mäßig die Vereinigung der Gegensätze zu predigen. Die Anhänger, darunter viele ehemalige Linke, hatten aber im Ashram neben ihrem kritischen Geist offenbar auch ihre Moral abgegeben, denn sie tolerierten selbst Bhagwans spätpubertäre, um nicht zu sagen rassistische Witze. Wie zum Beispiel jenen, wo der Guru auf die selbstgestellte Frage, wie man eine Kreuzung aus Polen und Menschenaffen nenne, antwortete: »Einen retardierten Menschenaffen.«[39]

Während viele den Ashram in Poona dennoch als »großes Fest« empfanden, zeigte die Sekte spätestens in Oregon ein anderes Gesicht. Dort gab es vor allem Arbeit und wenig Schlaf. »Seit Jahren hatte es keine Ferien gegeben, nicht einmal einen freien Tag. Brütende Hitze im Sommer, Temperaturen bis 30 Grad unter Null im Winter«, berichtet Jörg Elten, der auch nach dem Ende von Rajneeshpuram noch an seinen Führer glaubte. »Aber die Arbeit ging unaufhörlich weiter, immer weiter, ohne Pause.«[40] Sonya Triendl bestätigt: »Viele hatten Bandscheibenschäden, wie sie nicht nur bei harter Arbeit, sondern auch bei großem Streß vorkommen.«[41]

Eine Privatsphäre existierte nicht; die Sannyasins mußten zu acht in ihren Zimmern oder Zelten leben; ihre Telefone wurden überwacht. Schon in Poona hatte Bhagwan wegen seiner Paranoia eine Leibgarde um sich versammelt, die karategeübten »Samurai«. In Rajneeshpuram kontrollierten uniformierte weibliche Scharfschützen die Kolonie. Bei den Ansprachen, die Rajneesh nach dem Ende seines Schweigens hielt, standen sie neben dem Podium und musterten »mit weitaufgerissenen Augen die friedliche Menge der Sannyasins – schußbereite Maschinenpistolen in verkrampften Fäusten«.[42] Mit Lautsprecherdurchsagen wurden die Jünger auf die Tagesparolen eingeschworen, und sie mußten Gelöbnisse ablegen, die Sonya Triendl an »die Selbstverpflichtungen etwa in der DDR« erinnerten. »Dennoch, wir sahen alles ein«, schreibt sie.[43] Auf die Frage nach ihrer eigenen Verantwortung erwiderten Bhagwan-Jünger stets mit seligem Lächeln: »Der Meister weiß, was für mich gut ist.«[44]

Währenddessen schwelgte Bhagwan ebenso wie die Clique um Ma Anand Sheela im Luxus. Aber vom Mahagoniparkett, der modernen Unterhaltungselektronik und dem Swimmingpool hinterm Maschendraht wußten die einfachen Jünger nichts. Wenn Rajneesh im Schrittempo mit dem Rolls Royce durch seine Kolonie glitt, strömten die Jünger von der Feldarbeit oder dem Häuserbau herbei, fielen beim bloßen Anblick ihres Meisters in Ekstase und malochten dann umso williger weiter.

Jörg Elten betrachtet die Oregoner Diktatur als »Charaktertest«, mit dem Bhagwan seine Anhänger habe auf die Probe stellen wollen. Er behauptet: »Aber Rajneesh wollte keine Gefolgsleute heranziehen. Er will seinen Leuten zur Erleuchtung verhelfen.«[45] Ob Elten es ernst meint oder nur zynisch – in Wirklichkeit hatte der Guru seine Jünger so perfekt unter Kontrolle, daß sie selbst ideologische Volten von 180 Grad widerstandslos mitmachten. Wurde zuerst exzessiver Sex und »freie Liebe« befohlen, diktierte der Guru in Oregon plötzlich aus Angst vor Aids das Gegenteil. Er erlaubte Sex nur noch mit Kondom und Gummihandschuhen. »Homosexuelle haben die Krankheit Aids geschaffen, denn sie sind verdorben«, dozierte der Prophet, »und die an Aids erkrankten Menschen müssen ausgesondert werden.«[46] Kommentar der »Rajneesh Times«: »Die Rajneeshis empfinden es als Segen, daß ihr Meister sie rechtzeitig auf die Möglichkeiten der Vorbeugung hingewiesen hat und nehmen seinen Rat mit Dankbarkeit an.«[47]

Hatte er jahrelang verkündet, jede ausgeformte Religion sei out, so entstand in Oregon 1981 plötzlich der *Rajneeshismus*: »Unsere Religion ist die einzige, die erste Religion überhaupt in der Geschichte der Welt«, verkündete der Guru.[48] Mit einemmal gab es Priester, religiöse Zeremonien und »kirchliche« Feiertage. Offenbar willenlos akzeptierten seine Jünger den Umschwung, hinter dem wahrscheinlich – analog zu einem ähnlichen Manöver der *Scientology* 1954 – fiskalische Gründe standen, denn Religionsgemeinschaften sind in den USA von Steuern befreit.[49] Auch die erneute Kehrtwende am Ende von Rajneeshpuram traf auf keinen Widerstand – seitdem wird die Bewegung als *Multiversity*, eine Art Universität, deklariert.

Wieder nach Poona zurückgekehrt, begann Rajneesh erneut mit einem umfangreichen Meditations- und Therapiezirkus. Er hielt hof wie ehedem und verwirrte die Anhänger mit den üblichen Kehrtwenden: Mal änderte er die Kleiderordnung, dann die Kleiderfarbe, er etablierte ein »globales Buddhafeld«, führte eine »Weißroben-Bruderschaft« ein und eine Meditationspraktik, die an bestimmte Mind-Control-Techniken von *Scientology* erinnerte. Bei der »Mystic Rose« mußten die Jünger eine Woche lang drei Stunden täglich lachen, in der nächsten Woche drei Stunden täglich weinen, dann sieben Tage drei Stunden täglich schweigen – grundlos und planmäßig nach Uhrzeit.[50] Schließlich wechselte der Prophet ähnlich wie später der Rockmusiker Prince ein paarmal seinen Namen. Am Schluß einigte er sich auf Osho, die japanische Bezeichnung für einen buddhistischen Priester. Fortan hieß seine Bewegung *Osho Foundation*, das Zentralorgan wurde in »Osho-Times« umbenannt und die Therapiezentren weltweit in Osho-Zentren.

Seit dem Herbst 1987 bereitete Bhagwan die Jünger auf seinen Tod vor. Er erklärte immer wieder, die Regierung Reagan habe ihn vorsätzlich mit Thallium vergiftet und radioaktiv verstrahlt. Einen Nachfolger bestimmte er nicht, setzte aber einen »inneren Kreis« von 21 Personen – zumeist »Therapeuten« – zur Verwaltung des Sektenimperiums ein. Ein ähnliches Testament hatte er schon in Rajneeshpuram verkündet; damals war Jörg Andrees Elten noch ausersehen, zum »Rat der 21 Erleuchteten« zu gehören. Der ehemalige Reporter berichtet, was geschehen war, nachdem sie die Sicherheitssperren passiert und Bhagwans Haus betreten hatten: »Wir setzten uns vor den Ledersessel auf das blanke Parkett. Ein paar Minuten später betrat Bhagwan den Raum durch eine Glasschiebetür, die zu seinem Eßzimmer führte. Wie immer grüßte er nach indischer Namaste-Art, indem er die Hände vor dem Gesicht faltete. Er wirkte ungewöhnlich ernst, beinahe feierlich. (...) Unvermittelt sprach Rajneesh von seinem Tod. Von seinem Tod! Es sei an der Zeit, das Haus zu bestellen. Wir, die einundzwanzig Leute, die da einigermaßen verwirrt vor ihm saßen, seien dazu ausersehen, die spirituelle Essenz der Kommune zu bewahren. (...) ›Für euch wird es keine Ämter und Würden in der Organisation geben‹, sagte Rajneesh. ›Für diesen ganzen Hokuspokus sind andere zuständig. Aber ihr werdet die eigentliche Macht ausüben.‹«[51]

Am 19. Januar 1990 starb Bhagwan Shree Rajneesh an Krebs; er »verließ seinen Körper«, wie die Getreuen sagen. Der Leichnam wurde umgehend verbrannt. Leiter des neuen »21er-Rates« wurde sein früherer Leibarzt Swami Amrito, der Hauptbelastungszeuge gegen Ma Anand Sheela.[52] Zu Bhagwans zweitem Todestag versammelten sich, wie der Meister es bestimmt hatte, zehntausend Menschen in Poona zu einem riesigen Karnevalsfest.

Die Bewegung nach Bhagwans Tod

Die Bewegung hat das Oregon-Desaster und sogar – wie *Scientology* – den Tod ihres Gurus überlebt. Doch während *Scientology* sich militarisierte, hatte die Implosion des Bhagwan-Imperiums insofern einen reinigenden Effekt, als die *Sannyasins* zur Zeit keine streng-autoritäre Organisation mehr besitzen. »Wir missionieren nicht«, behaupten sie. Das allerdings brauchen sie auch nicht; es geht auch ohne die klassischen Marketingstrategien. Die *Sannyasins* präsentieren sich in den zahllosen Magazinen und Prospekten der New-Age-Szene, sie werben im Inseratenteil von Stadtzeitschriften, und sie haben fast jede Woche Auftrittsmöglichkeiten im deutschen Fernsehen. Die heißen zum Beispiel »Wahre Liebe« und »Liebe Sünde«; und darin rühren Tantra- und andere Sex-Therapeuten aus der *Neo-Sannyas*-Bewegung kostenlos die Werbetrommel. Diese Ausstrahlungen dürften wesentlich dazu beigetragen haben, daß ihr schlechter Ruf wieder aufpoliert wurde.

Die *Neo-Sannyas*-Bewegung setzt Millionen um und dürfte selbst die *Scientologen* in punkto »mache Geld« locker überflügeln. Allerdings mit einem gravierenden Unterschied: »Es sieht nicht so aus, als würden sie noch irgendwelche Gelder an die Zentrale abführen, ganz anders als früher«, sagt die Berliner Sektenbeauftragte Anne Rühle. Für Rühle gehören die *Sannyasins* heute zum »weichen Ganzheitlichkeitsmarkt«. Sie sind zwar die wahren Herrscher auf dem Handelsplatz der Esoterik, aber sie betrachten die »Therapien« vor allem als ihren persönlichen Broterwerb. Der Markt ist riesig, die Zuwachsrate enorm. Der vermutlich einflußreichste Psycho-Kult in der Bundesrepublik findet seine Kunden unter gut verdienenden Akademikern und Freiberuflern.

Die Mitglieder der *Neo-Sannyas*-Bewegung bieten eine unendliche Auswahl an Psycho-Kicks, spirituellen Abenteuern sowie harmlosen und auch weniger harmlosen »Therapien«. Ihre Offerten wirken wie ein Kuriositätenkabinett postmoderner Spiritualität und sind in der Regel ohne »Dolmetscher« nicht zu verstehen; darunter findet sich vieles, was auch andere im Programm haben. Eine Auswahl aus dem Annoncenteil ihres Zentralorgans, der Zeitschrift »Connection«, Ausgabe Mai 1997: Making Love – Tantra für Paare, Sannyas-Reiki, Aura-Soma Tiefstpreise, Osho Rebalancing Advanced mit Suda, Aikinomichi, Aquatantra in München, CranioSacral Balancing, Qi Gong, Kriya-Loco, Live Tarot, Osho-Törn-Hochseesegeln.[53]

Wer dann den Weg ins Tantra-Seminar findet, der landet auch leicht in der Sekte; Sex ist noch immer das zugkräftigste Lockmittel. In einem Werbeblatt der Berliner *Osho Multiversity* beschreibt eine Carola aus Magdeburg, wie sie 1994 zu *Osho* fand: »Es fing alles so harmlos an – dieses Tantra-Wochenende in Berlin. Ich war mit zwei Tai-Chi-Freundinnen aus Magdeburg angereist und erlebte zum ersten Mal, wie weit Menschen sich öffnen können. Dies löste widersprüchliche Gefühle in mir aus: Ich war entsetzt, empört über den ›Schweinekram‹, gleichzeitig war da so ein Ziehen in der Venushügelgegend, und das Herz schlug mir bis zum Hals. Mir wurde heiß und kalt zugleich.« Sie habe »große Angst« gehabt, »die schützenden Hüllen fallen zu lassen«, schreibt Carola. Aber dann fand sie, wonach ihr »Inneres schon sehr lange insgeheim suchte und sich sehnte«: »mit dem Herzen zu fühlen, meinen Körper zu lieben und die Seele sprechen zu lassen«.[54]

Zwar hatte Carola anfangs »stellenweise den Verdacht, z. B. beim Abspielen ständig gleicher Musikkassetten, manipuliert oder eingelullt zu werden«.[55] Aber nach ein paar weiteren Seminaren hatte sie sich »mit den Verdachtsmomenten« längst »ausgesöhnt« und erahnte sie nun »als ganz wichtiges Mittel einer erfolgreichen Therapie«. Sie schildert typische Merkmale von Bewußtseinskontrolle, ohne dies selbst zu bemerken: »Der Unterschied zum früheren Leben in der DDR besteht für mich darin, daß ich lernte, zu jeder für mich anfangs verdächtigen oder undurchsichtigen Aktion trotzdem Vertrauen zu haben, da im Hintergrund an den Fäden ziehend Menschen = Therapeuten standen, die ich liebe und denen ich vertraue.« Dem Love-Bombing (»noch nie in meinem Leben habe ich so viele Freunde gefunden«) folgte die Einweihung bei einer Weißroben-Meditation à la Bhagwan (»ich spürte das Verlangen, dazu zu gehören«) und schließlich in einem Wochenend-Training die Übergabe an den »Meister«: »Mein Entschluß steht fest: Ich nehme Sannyas! Plötzlich fühle ich mich daheim.«

Auf die düsteren Seiten der Sekte wies ein Urteil des Oberverwaltungsgerichtes Münster vom 22. Mai 1990 hin. Die Richter urteilten zwar, daß die *Bhagwan-Osho*-Bewegung unter den Schutz von Artikel 4 des Grundgesetzes (Religionsfreiheit) falle, aber sie erklärten auch, daß Bhagwans Lehren zu den Themen Ehe, Familie und menschliche Würde »im Gegensatz zur Wertordnung des Grundgesetzes« stünden. Als Beispiel führt das Gericht an: »Die Juden werden nicht als bemitleidenswert angesehen, denn sie seien für ihre Leiden selbst verantwortlich. Durch die Erklärung zum ›auserwählten Volk‹ hätten sie die lange Reihe von Leiden, Elend, Mord, Konzentrationslagern und Gaskammern herbeigeführt (›Rajneesh-Bible‹, S. 301). Eine Verantwortung für den Schutz des Lebens von Bedrohten wird damit ebenso in Abrede gestellt wie die Verantwortung für die Zukunft der ›eigenen Leute‹.«[56]

Doch die *Neo-Sannyas*-Bewegung floriert. Woche für Woche werden im Osho Uta Institut, dem größten deutschen Zentrum des Psycho-Kults in Köln, zwei bis fünf Sannyasins neu initiiert.[57] 40 000 *Sannyasins* soll es in der Bundesrepublik geben, weltweit 500 000 mit (wieder) steigender Tendenz. Und schon entwickeln sich auch wieder straffere Strukturen unter der Leitung des 21er-Gremiums, das von Poona aus Bhagwans Lehre verwaltet und die Ableger in der ganzen Welt dirigiert. Der profitable Ashram hat sich zu einem gigantischen Meditationszentrum für wohlhabende Sinnsucher aus der ganzen Welt gemausert. Er heißt seit 1992 modisch-schick Club Meditation und erlebt eine eigenartige Renaissance. Die Zahl der Besucher hat sich von 1992 bis 1996 vervierfacht; ein Drittel der jährlich etwa 50 000 Gäste sind Deutsche, meist in den besten Jahren zwischen dreißig und vierzig.[58] Dort herrschen jetzt zivilere Sitten als zu Bhagwans Zeiten. Alles ist ordentlich und sauber, wilde Sex-Orgien wurden vom Erleuchtungsplan gestrichen. *Osho Multiversity* wirbt als »Ferienanlage mit internationalem Standard in Küche und Hygiene« und als Platz für »Ferien und Selbsterfahrung«. Die Journalistin Ulla Schickling beschreibt das Meditationszentrum als eine Art »Freizeitpark, so groß wie die Fraueninsel im Chiemsee, wo sich gutsituierte Leute erholen von den Strapazen ihrer Karriere, dem ermüdenden Familienleben und anderer Seelenpein«.[59]

Hinter dem Palisadenzaun liegen pyramidenförmige Häuser zwischen üppigem tropischen Grün, in denen die altbekannten und viele neue Psycho-Techniken von tibetanischer Heilkunst bis zur Managementberatung gelehrt werden, dazu Hypnose und Massage, Meditationen rund um die Uhr, Schwimmen, Tennis, Volleyball, Malen, Töpfern.[60] Es geht freundlich zu, professionell und gesund. »Hier wird die Seele durchgepustet, werden die Scheiben blankgeputzt für eine bessere Innensicht«, behauptet ein Proband aus Neuseeland. Noch immer arbeiten in dieser Meditationsfabrik alle umsonst. »Selbst die Prominenz der Therapeuten gibt sich mit fünf Essensmärkchen für die fünf Restaurants zufrieden«, schreibt Ulla Schickling, »Corporate Identity, der Traum eines jeden Unternehmers.« Was Poona praktiziert, erreicht umgehend die Gemeinde im Westen und fließt von dort in den New-Age-Markt: Living Utopia, Path of Love, Tai Chi Chúan, Kundalini-Yoga, Nadabrahma, Rebalancing, Counselling, Encounter, Tantra-Massage, Sufi-Tanz, Afrodance, Rebirthing, Tarot, Numerologie, Edelsteintherapie, Reiki, Astralreisen, Channeling und vieles vieles mehr.

Pünktlich um 19.00 Uhr versammeln sich die glaubensstarken Sannyasins und viele Neugierige in Poona vor einer riesigen Leinwand, um sich eines der 8000 alten Bhagwan-Videos anzuschauen. Auch in den siebzig deutschen Zentren wie auf der ganzen Welt meditieren dann Sannyasins im Angedenken an ihren geliebten Propheten, der um diese Zeit seine zweistündigen Ansprachen zu halten pflegte. Ihre rote Kleidung holen sie aber nur noch zu besonderen Gelegenheiten aus dem Schrank, zum Beispiel beim Meditationsurlaub in Poona. Dann schwebt wieder über allem der Geist des »genialen Meisters«. Auch ein toter Guru ist ein guter Guru – vielleicht sogar der bessere, denn neue Verrücktheiten sind von ihm nicht mehr zu erwarten.

Der kleine Bhagwan

Das Natale-Institut

Horrortrip mit »heiligem Tee«

Neulich, beim Umzug, hätten wir es fast übersehen. Zwischen Aktenordnern und Papierbergen liegt in unserem Archiv ein unscheinbares braunes Holzstück. Ein Stück Holz, das eine Geschichte erzählen könnte. Die Geschichte führt in die bizarre neue Welt der Psycho-Gurus – und ihrer Kunden, die sich auf der Jagd nach spirituellen Abenteuern mitunter auch freiwillig in gefährliche Experimente stürzen.

Das Telefon klingelte. Es war Freitag, der 18. Februar 1994, elf Uhr abends. Der Mann am anderen Ende der Leitung war so erregt, daß wir ihn nicht abweisen konnten. »Ich habe schon die Kripo in Stuttgart eingeschaltet und das Landeskriminalamt«, sagte der Anrufer, der sich als Jochen Pigot* vorstellte. Atemlos fuhr er fort: »Es geht um *TNI*, Frank Natale. Santo-Daime. Die Brasilianer. Daran habe ich letztes Wochenende teilgenommen.« Pigot war nicht zu bremsen. »Die Leute müssen alle weiße Kleidung tragen«, stieß er hervor, »die Frauen weiße Röcke, und sie sitzen nach Geschlechtern getrennt. Auf dem Tisch vorne, wo die Brasilianer sitzen, stehen auch die Kanister mit dem Daime. Man kann rein- und rausgehen, das ist auch nötig, weil viele Durchfall bekommen. Die Brasilianer singen dann, von Gitarren begleitet, christliche Lieder. Die Wirkung des Daime ist ähnlich wie von LSD, Ecstasy, Designer-Drogen oder auch bestimmter Pilze.«

Nach und nach ordneten sich die Dinge. Jochen Pigot war von Beruf Journalist und hatte vor kurzem eine geheimnisvolle Séance in einer vornehmen Stuttgarter Villa besucht. Und je mehr er davon erzählte, desto deutlicher erschien vor unserem Geist eine wunderliche Szenerie …

Padrinho Paolo schaut seinen Gästen tief in die Augen. Kerzen flackern, Räucherstäbchen glimmen auf dem Tisch. Dann schenkt der kleine Brasilianer jedem eine Tasse zäher, bitterer Flüssigkeit ein. »Ich gebe euch den heiligen Daime«, murmelt der Mann in der blauen Phantasieuniform. Knapp hundert Frauen und Männer, zwischen 25 und 50 Jahren alt, haben diesem Augenblick entgegengefiebert. 500 Mark hat jeder bezahlt, um in der Stuttgarter Villa zu erleben, was ihnen ein Werbezettel verhieß: ein Wochenende mit »schamanischem Curriculum« und, als Höhepunkt, das »legendäre Ritual des Amazonas« – der Genuß des »heiligen Tees«. Der Prospekt versprach »die zauberhafteste und kraftvollste spirituelle Erfahrung, an der Du jemals teilgenommen hast«.

Zwar muß sich mancher nach der ersten Tasse des Gebräus übergeben, doch spätestens nach dem zweiten Becher Santo Daime fallen die meisten in Trance. Stöhnend, lachend, weinend windet sich die »Teegesellschaft« auf dem Parkett. »Concentration, transformation«, beschwört der Schamane (sein Name bedeutet »Paul, der Pate«) mit monotoner Stimme die weiß gekleideten Männer und Frauen. Ein Chor stimmt christlich-brasilianische Weisen an oder intoniert einfach »Daime, oh Daime«. Manche singen mit, andere taumeln verzückt mit geschlossenen Augen umher und sind für Stunden vom »magischen Geist des heiligen Tees« erfüllt.

»Es ist ein Element dieser Religion, daß sich jeder nur um sich selber kümmert«, erzählte Jochen Pigot. Allerdings sei »Chanelling mit den anderen« erlaubt gewesen, also Psi-Kontakt über Geistwellen. Die aus Brasilien importierte Zeremonie stieß vor allem bei esoterisch gesinnten Großstadtfreaks aus der Trance-Dance-Szene auf großes Interesse. Wie Pigot, so waren auch die meisten anderen Besucher Trance-Dancer – das sind Leute, die mindestens einmal die Woche zwei Stunden lang mit Augenbinden exzessiv tanzen. »Die Teilnehmerschaft rekrutierte sich außerdem aus Sannyasins«, bemerkte Pigot – aus Anhängern des verblichenen indischen Sex-Gurus Bhagwan Shree Rajneesh. Pigot sagte: »Das Gemeine ist, daß die harmlosen Tänzer, wenn sie an dem Ritual teilnehmen, hinterher nicht mehr wiederzuerkennen sind.«

Der Journalist fand sich nach der Begegnung mit dem »psychoaktiven Pflanzentee« in ziemlich desolatem Zustand wieder. Sein Ausflug ins esoterische Wochenendvergnügen endete als Horrortrip. »Am ersten Tag erschienen mir bei geschlossenen Augen herrliche Bilder«, schwärmte er, »prächtige Ornamente, Gold, Silber, Edelsteine in unendlicher Vielfalt. Ich bekam das Gefühl, über herrliche grüne Landschaften zu fliegen.« Tags darauf sah er allerdings, wie andere der benebelten Mystiker immer wieder »heftig weinten, schrien, stöhnten oder völlig fertig auf dem Boden lagen«. Padrinho Paolo nannte sie »Brüder und Schwestern im Schmerz«. Er behandelte sie mit »Fingerschnippen« und forderte die übrigen auf, mit ihnen eine »telepathische Verbindung« aufzunehmen.

Da schnürte es Pigot plötzlich die Kehle zu. »Ich bekam Atemnot. Mein Brustkorb fühlte sich wie gelähmt an. Ich rang nach Luft, und mir wurde sterbenselend. An diesem Abend sah ich noch häufiger, wie andere Teilnehmer sich auch an die Kehle griffen.« Das sei der »Reinigungsprozeß«, beschied ihnen der Schamane, »das kann auch schon mal länger dauern«. Die ganze Woche über litt Pigot unter Halluzinationen; die Köpfe von Freunden schienen nicht mehr auf deren Hälsen zu sitzen, sondern wirkten auf bizarre Weise verschoben. Sein Verdacht: »Die haben mir eine Droge gegeben.« Doch von Drogen war nie die Rede. Ein »Heiltee aus Lianen« sei der Daime, erklärten ihm die Organisatoren – gut für Körper und Geist, hilfreich gegen Aids und andere Gebrechen. Aber ganz einig schienen sich die Veranstalter nicht zu sein. Fragte einer: »Macht es high?« – so hieß es: »Klar, so bist du noch nie geflogen.« Fragte aber jemand: »Ist es eine Droge?« – so sagten Paolos Adjutanten: »Nein, nein, es ist heiliger Aufguß.« Nur in Andeutungen äußerten sie sich über die Rezeptur des Gebräus – »Stillschweigen gehört zum Ritual«, wurde der Journalist ermahnt.

Viel mehr erfuhr Jochen Pigot denn auch nicht über die spirituellen Hintergründe des Rituals. »Sie haben keine heiligen Schriften – nichts!« berichtete er. »Ich vermute, daß es bei dem ganzen Schamanismus vor allem um Geldmacherei mit einer gefährlichen Droge geht. Deshalb war die Einladung wohl auch auf dunkelrotem Papier gedruckt, so daß man sie nicht kopieren kann. Mir wurde gesagt, es sind Heilpflanzen, und warum soll man keine Heilpflanzen zu sich nehmen? Niemand hat mich auf schädliche Wirkungen aufmerksam gemacht oder gar nach meiner Krankengeschichte gefragt!« Umso merkwürdiger: Alle Teilnehmer mußten ein Papier unterschreiben, daß sie »selbstverantwortlich teilnehmen« und das Ritual »kein Ersatz für eine Therapie« sei.

Aus dem Santo-Daime-Programm ging eindeutig hervor, daß der Veranstalter eine Firma namens *TNI* war, das *Natale-Institut* im »Haus am See« in Berlin, bekannt für seine Trance-Dance-Veranstaltungen. Für Jochen Pigot zählte jetzt nur eines: Er wollte die Organisatoren des Rituals vor den Kadi bringen und ihnen das Handwerk legen. Und dazu brauchte er Hilfe. Er hatte sich auch schon gut überlegt, wie die »Operation Santo Daime« strategisch ablaufen sollte, und wir waren offenbar ein Teil seines Plans. Pigot nannte uns die Telefonnummer des *Natale-Instituts* und sagte: »Stuttgart war nur der Anfang. Morgen beginnt das nächste Ritual in Berlin, dann geht es weiter in Lützelflüh in der Schweiz.« Wir sollten uns für die Berliner Veranstaltung telefonisch anmelden, befand er. »Erzählen Sie denen einfach, daß Sie Trance-Dancer sind, dann wird's schon klappen. Aber nehmen Sie sich in acht. In Stuttgart haben Aufpasser in Uniform alle Ausgänge bewacht. Die Leiter trinken keinen Daime. Sie halten die Augen offen.«

Na prima! Die Story klang ja gut, aber sollten wir uns deswegen selbst den obskuren Medizinmännern ausliefern? Doch nun ging alles sehr schnell. Pigot sagte: »Morgen kommt ein Detektiv in meinem Auftrag nach Berlin. Er heißt Luigi Leone* und stammt aus Sizilien. Er kommt morgen früh mit dem Flieger und nimmt dann Kontakt mit Ihnen auf. Es wäre gut, wenn Sie bis dahin die Adresse des Instituts herausgefunden haben. Der Sizilianer ist groß, hat lange Haare und Locken, Sie werden ihn gleich erkennen.«

Jagd nach dem Zaubertrank

Am nächsten Morgen machten wir uns sofort an die Arbeit. Im Telefonbuch war kein »Haus am See« verzeichnet. Unter der angegebenen Telefonnummer lief ein Anrufbeantworter, der auf die »normalen Bürozeiten« verwies. Die Touristeninformation Berlin kannte nur das »Haus am Waldsee«. Und das nette Fräulein von der Telekom nannte uns ein »Haus Dannenberg am See«. Doch dann half uns ein Kollege, der die Recherche fortan begleitete. Das *Natale-Institut* residierte im Haus am See in der Bettinastraße in Berlin-Grunewald. Damit hatten wir die Adresse.

Zwar wußten wir, daß Südamerika- und Amazonas-Rituale der letzte Schrei in der New-Age-Szene waren. Trotzdem hatten wir noch nie von dem ominösen »Teerunden«-Veranstalter gehört. Wir starteten einen Rundruf bei Sektenexperten. Das psychoaktive *Natale-Institut* war in der Szene nicht unbekannt. Es wurde von dem 52jährigen Amerikaner Frank Natale geleitet. »Das ist ein Ami, der sich hier als Guru aufführt«, sagte uns Markus Wende vom Religionswissenschaftlichen Institut der FU Berlin, »der macht Trance-Dance und veranstaltet schamanische Rituale; sie machen auch Vollmondrituale und afrikanisches Trommeln.«

Über Fax liefen bei uns Prospekte auf. Demnach nannte sich Natale mal »Meister«, mal »Energizer« und zählte sich selbstbewußt »zu den erfahrensten zeitgenössischen Therapeuten und Lehrern«. Als »Professor Trance« inserierte er für seine »neue, leidenschaftliche Spiritualität« auch in »Connection« und »Esotera«, den führenden Bättern der deutschen Esoterik-Szene. Er bezeichnete sich selbst als Schamanen. Also war er laut »Brockhaus« ein Geisterbeschwörer, »der mit Dämonen oder Seelen Verstorbener in Verbindung treten soll«. Allgemein galt er als Psycho-Guru von der harmloseren Sorte. »Der gehört zum organisierten Esoterikmarkt«, sagte der Experte Markus Wende. Gegen elf Uhr versuchten wir erneut, das *Natale-Institut* zu erreichen. Das Telefon klingelte nur zweimal, dann nahm schon jemand ab:

»Natale-Institut.«

»Ich habe von einer Freundin erfahren, daß heute das Santo-Daime-Ritual stattfindet. Gibt es denn noch eine Möglichkeit, daran teilzunehmen?«

»Leider nein. Wir haben 130 Leute im Haus, wir sind voll. Die Warteliste haben wir schon Anfang Februar geschlossen. Aber Du kannst Dich für das nächste Santo-Daime-Ritual anmelden. Du mußt 200 Mark Anzahlung leisten, ganz formlos mit Adresse und Telefonnummer. Etwa so: Ich melde mich für das Santo-Daime-Ritual an. Mach das aber bald, denn die Plätze sind sehr begehrt.«

»Ist denn das das erste Santo-Daime-Ritual, das Ihr durchführt?«

»Nein, wir machen das jetzt schon zum dritten Mal. Gestern war der erste Abend. Also, Du legst dann einfach 200 Mark in einen Briefumschlag, meldest Dich an und wirst dann genommen, ganz formlos. In diesem Sinne also. Tschüs!«

Wenig später rief der von Pigot angekündigte Detektiv Luigi Leone an. Im fließenden Schwäbisch teilte er uns mit, er wäre gegen fünfzehn Uhr in Berlin. Da die Brasilianer stets pünktlich um achtzehn Uhr mit dem Ritus begannen, verabredeten wir uns eine Stunde vorher am Kurfürstendamm. Leone bestand nämlich auf einem Ort, »wo viel Verkehr herrscht«. Der Detektiv sagte: »Ich trage unauffällige Kleidung – das Übliche eben: Jeans und Trenchcoat.« Wurde es etwa ernst? Für alle Fälle verständigten wir einen kräftigen Freund, der uns schon oft bei ähnlichen Gelegenheiten zur Seite gestanden hatte. Gegen vierzehn Uhr läutete wieder das Telefon. Es war Jochen Pigot. Er eröffnete uns: »Ich habe Blut- und Urinproben nehmen lassen, das Ergebnis bekomme ich demnächst. Wir brauchen unbedingt den Daime.«

Darauf lief es also hinaus: den Daime zu stehlen. Das »konspirative Treffen« klappte gut. Der Sizilianer war etwa 25 Jahre alt, 1,80 Meter groß und trug mittellange schwarze Locken. Eigentlich sah er ziemlich durchschnittlich aus. Er entsprach so gar nicht dem Bild des Private Eye aus den Romanen Raymond Chandlers oder Dashiell Hammetts. Aber das mußte ja nichts besagen. Er gab sich jedenfalls hartgesotten. Sein Konzept sah vor, daß wir trotz der Absage versuchen sollten, an der »Teezeremonie« teilzunehmen. »Ich habe schon viele Aufträge erledigt«, sagte der Sizilianer aus Stuttgart, »laßt uns an die Arbeit gehen.«

Im Auto besprachen wir die weiteren Schritte, während der Detektiv in seinen Akten wühlte. »Bei einem solchen Einsatz gibt es ein paar Grundregeln«, klärte er uns auf. »Punkt eins: unauffällige Kleidung. Punkt zwei: Wir parken den Wagen weitab vom Einsatzort.« Piep-piep. Das Handy. Luigi Leone machte uns Zeichen: Pigot! »Ja, wir sind unterwegs.« – »Ja, notfalls die Polizei.« Dann kam er wieder zur Sache. »Ich habe folgenden Plan: Einer sichert den Einsatzort, zwei gehen rein. Wir schauen uns die Sache an, und wenn der Tee verteilt wird – schwupp! ab damit in die Hose.« In die Hose? »Ich habe an alles gedacht. Ich habe einen Behälter in meiner Jeans, wo ich den Daime hineingieße. Dann verschwinden wir wieder.«

Der Plan hörte sich einfach an. Als wir den »Einsatzort« erreichten, war es dunkel. Es schneite. Die Villa lag in einer noblen Gegend, wo die Häuser sich hinter Zäunen und Hecken verstecken. Unseren Bodyguard postierten wir strategisch geschickt an einer Straßenkreuzung. Wenn wir innerhalb einer halben Stunde nicht wieder auftauchten, sollte er die Polizei verständigen. Denn ungefährlich war die Aktion offenbar nicht. »Die haben da jemanden, der fix zuschlägt«, erklärte uns Luigi Leone.

Wir stellten fest, daß die Garten- aber auch die Haustür auf dem Hammergrundstück Bettinastraße 2a offenstanden. Ohne zu klingeln betraten wir die Residenz der Schamanen. Warme Luft schwallte uns entgegen.

Bleiche Gestalten in weißen Gewändern und ohne Schuhe drängten sich in der Diele und zogen hektisch an ihren Zigaretten. Das grelle Licht ließ die Gesichter der »Teetrinker« noch geisterhafter erscheinen. Leises Gemurmel. Geruch von Weihrauch und Marihuana. Auf einer Ablage Trance-Dance-Kassetten und ein Video »Begegnung mit Frank Natale«.

Wir betraten den Nebenraum, wo hinter einem Tresen ein Registrar seines Amtes waltete, auch er ganz in Weiß. Leone wirkte plötzlich verstört. Auch uns war mulmig. Wir traten an den Schalter: »Gibt es noch eine Chance, am Ritual teilzunehmen?« – »I'm sorry«, erwiderte der Typ namens Alfredo, tippte irgendwas in seinen Computer und blickte uns mißtrauisch an. »Wir haben nicht genug Daime für euch. Und wenn Ihr nur drinsitzt, stört Ihr das Ritual.« Ein anderes Bleichgesicht im weißen Kittel trat hinzu: »Die Leute würden sich nicht gut fühlen, tut uns leid.« In diesem Moment ging eine Tür auf, und ein winziger schnurrbärtiger Mann marschierte stracks durch den Raum. An der Schulterklappe seiner blauen Uniformjacke sahen wir ein Wappen, das drei Buchstaben und ein Hanfblatt zeigte. Leone flüsterte erregt: »Es riecht stark nach Marihuana! Gehen wir!«

Enttäuscht, aber erleichtert schlichen wir zum Auto. Es wurde uns klar, daß der sizilianische »Philipp Marlowe« keinen Ersatzplan hatte. Er war ziemlich kleinlaut geworden und erstattete per Funk Meldung bei Jochen Pigot. Wir setzten Leone an dem kleinen Hotel Meineke in der City ab und hielten den Einsatz für beendet. Aber weit gefehlt! Gegen 22.30 Uhr meldete er sich erneut bei uns: »Ihr müßt sofort kommen, ich habe die Polizei hier im Hotel.« Als wir dort eintrafen, saß er im Foyer seiner Herberge, zitterte vor Aufregung und wurde von zwei Polizisten vernommen. »Nachdem Ihr mich abgesetzt hattet, rief ich Pigot an«, erzählte er, »und der sagte, ich soll sofort die Polizei holen. Jetzt sind sie hier, aber sie wollen nichts unternehmen.«

Wir blickten den Kommissar fragend an. Der sagte mit sächsischem Akzent: »Die ganze Sache ist höher angebunden, das wissen Sie ja auch. Wir können da gar nichts machen. Der in Stuttgart, der Auftraggeber, hat Angst, das ist klar, aber wovor, das ist uns nicht klargeworden.« Die zwei Beamten schauten erst uns an, dann sich und sagten dann: »Ja, tschüs auch.« Zum Abschied fragten wir den schwäbischen Sizilianer, wie viele solcher Einsätze er denn schon absolviert habe. Da murmelte Luigi Leone: »Ich habe untreue Ehefrauen observiert. Das hier ist mein erster großer Auftrag.«

Ein Ritual aus dem Amazonas

»Der heilige Ayahuasca-Drink«, ließen die selbsternannten Schamanen in ihrem Prospekt durchblicken, werde »aus einer Liane aus dem Regenwald des Amazonas in einem komplizierten Ritual destilliert«, dann »von der

Santo Daime Gemeinde in Rio de Janeiro gemischt und nach Rezepten, denen eine mehrere Tausend Jahre alte Tradition zugrunde liegt, verfeinert«.[1] Das komplette Ritual sei ursprünglich von den Inkas entwickelt worden, werde »seit Tausenden von Jahren im Amazonas praktiziert« und gelte von »allen schamanischen Ritualen, um das Bewußtsein zu erweitern und die Grenzen des Ego zu überschreiten«, bei weitem als das »wichtigste, kraftvollste und legendärste«.

»Totaler Unfug, völlig falsch«, schimpfte der Freiburger Ethnologe Bruno Illius, als wir ihm aus dem Schamanen-Programm vorlasen. Er hat viele Jahre lang immer wieder mit Amazonas-Indianern zusammengelebt und über die Verwendung von Ayahuasca (»Ranke der Seele«) im Schamanismus promoviert. Er sagte: »Die Inkas leben ein paar Tausend Meter höher und haben Ayahuasca gar nicht selbst verwendet.« Der brasilianische Santo-Daime-Kult, erläuterte Illius, sei kaum dreißig Jahre alt und nicht von Indianern, sondern von Mestizen begründet worden. In brasilianischen Metropolen wie Rio de Janeiro wird er als wilde Mischung aus indianischen, christlichen und spiritistischen Elementen zelebriert. Zu den Sektierern, die neben König Salomon und dem Inka Huascar eben jenes magische Getränk Ayahuasca verehren, gehören auch zahlreiche Angehörige des Militärs.

Der Forscher hat die Droge selbst in Amazonien probiert. »Die Indianer machen das ohne jedes Brimborium«, sagte er, »die sitzen einfach nur da.« Mehr als siebzig Indianerstämme verwendeten das Gebräu für kultische Handlungen, um beispielsweise Kontakt mit übermenschlichen Wesen aufzunehmen. Ein typischer Effekt seien die bunten Ornamente und »das Gefühl, fliegen zu können«. Zum religiösen Gebrauch ist Ayahuasca in Brasilien legal. Illius warnte aber davor, es außerhalb des kulturellen Rahmens zu genießen: »Zahlreiche Abenteurer in Brasilien sind dabei furchtbar ausgeklinkt und haben es nicht bewältigt.«

Der Stoff aus dem Dschungel mache zwar nicht süchtig und werde vom Körper gut abgebaut, sei aber, wie LSD, wegen seiner psychischen Nebenwirkungen berüchtigt. Die meisten Indianer nähmen Ayahuasca nur ein einziges Mal – zu abschreckend seien die Wahnvorstellungen, zu scheußlich der Kater am Tag danach. »Die können den Leuten doch hier nicht im Ernst Ayahuasca verabreichen!« entsetzte sich Bruno Illius. Da Ayahuasca in Brasilien »fast nichts kostet«, vermutete der Forscher, daß die Santo-Daime-Schamanen vor allem »ein gutes Geschäft« machen wollten.

Echter Ayahuasca nach brasilianischer Art wird aus diversen Lianen gebraut. Die Recherche ergab, daß die wichtigste dieser Pflanzen – botanisch Banisteriopsis caapi – ein Rauschmittel enthält, das mit LSD verwandt ist und Dimethyltriptamin (DMT) heißt. Und das gehört laut Betäubungsmittelgesetz in der Bundesrepublik zu den »nicht verkehrsfähigen«, illegalen Stoffen. »Wer es verbreitet, macht sich strafbar«, erfuhren wir bei der

Bundesopiumstelle in Berlin. »Das kann psychotische Reaktionen bis hin zu Panikattacken geben«, sagte uns der Berliner Pharmakologe Helmut Loper, »besonders bei unerwartetem Genuß«.

Am dritten und letzten Tag der Berliner Santo-Daime-Runde hatten wir uns wieder im Grunewald eingefunden. Es war kalt, auf den Wegen im Villenviertel lag der Schnee kniehoch. Wir hatten vor, die Teilnehmer des Rituals anzusprechen und nach ihren Erfahrungen mit dem »Geist des Regenwaldes« zu befragen. Vor der Tür der Schamanen-Herberge wartete eine junge Frau auf ihren Freund. Sie sagte, er habe sich durch das Ritual »total verändert«: »Er wehrt mich immer ab, er will keine Berührung.« Selbstverständlich wüßten alle Teilnehmer, daß der Daime eine Droge sei, »wie Magic Mushrooms oder Mescalin«. Sie sagte: »Ich bezweifle aber stark, daß dort kompetente Psychologen sind, die bei einer akuten Psychose helfen können.« Einen »tiefen Zustand von Ekstase und Glück, frei von allen negativen Nebeneffekten auf den Körper oder deinen Verstand«, versprach hingegen das *Natale-Institut*.

Gegen Mitternacht verließen die ersten der 130 »Teetrinker« das Daime-Haus, meist in Gruppen zu zweit oder zu dritt. Die meisten stiegen fröhlich-ausgeklinkt in ihre Autos und schwebten unbekümmert auf den spiegelglatten Straßen davon. Wir sprachen einige an, aber zu einem ausführlichen Plausch hatte niemand Lust. Viele empfahlen uns, »das Ritual doch selbst auszuprobieren«. Zwei Teilnehmer versprachen, sich telefonisch zu melden. Tatsächlich rief wenige Tage später eine »Teefreundin« an, die »schon andere Trance-Arbeit kennengelernt« hatte und auch auf der »Internationalen Trance-Konferenz 1992 in Marokko« war.

»Schamanen haben ein weit größeres Wissen über die menschliche Psyche als die westlichen Therapeuten«, sagte sie. »Ich sah plötzlich Zusammenhänge in einem Ausmaß, wie ich es nie für möglich gehalten hätte.« Sie habe sich beim Ritual gefühlt »wie in der indianischen Schwitzhütte, eng, dunkel, heiß«. Ayahuasca sei »ja sozusagen die weibliche Energie des Amazonas«. »Guck sie dir doch an, wie sie alle nach einer Rückbindung an das Ganze suchen«, sagte sie am Schluß unseres langen Telefonats. »Die christliche Kirche hat diese Möglichkeit aus dem Leben geschafft, und jetzt stolpern alle herum und wissen nicht, wo sie hingehören. Ich möchte noch mal sagen, wie wichtig ich diese Rituale finde, die die Rückbindung wieder möglich machen.«

Da sich unser Interesse an der »Teezeremonie« inzwischen weit herumgesprochen hatte, meldete sich sogar ein Natale-Adept aus Frankfurt und schickte einen Erlebnisbericht. David Luczyn, der bei der Stuttgarter Séance dabei war, hatte das »klassische Setting, wie bei den Inkas« gereizt. Er genoß und spürte zunächst »neue Dimensionen« und »reichlich Stoff für Aha-Momente«. »Bei mir rieseln die Einsichten in lichtvollen Kaskaden in und durch mein Herz«, protokollierte er. Doch er notierte auch Bedrohliches: »Zwei Teilnehmer verlieren kurzzeitig das Bewußtsein, der eine davon bin ich.« Der Brasilianer Padrinho Paolo habe ihn aber »aufgefangen« und ihm erklärt, das sei »wie ein kleiner Tod – die Seele verläßt wie im Schlaf kurz den Körper«. Als Luczyn wieder zu sich kam, erwischte es einen benachbarten Teefreak: »Neben mir beginnt einer ›zu sterben‹. Mein Nachbar hat Angst, sein Herz würde stehenbleiben.« Am Telefon resümierte der Teefreund: »Oft wird leichtfertig mit bewußtseinserweiternden Drogen gearbeitet, doch hier war das anders. Die haben sich um jeden einzelnen gekümmert, der in Ohnmacht fiel.«

Besuch im Berliner Sanctuary

Nun hielten wir die Zeit für gekommen, mit Frank Natale Kontakt aufzunehmen. Die Schamanen wußten inzwischen auch schon Bescheid, daß Journalisten auf ihre Rituale aufmerksam geworden waren. Als wir am Dienstag nach der Berliner Zeremonie im Sanctuary (Heiligtum) anriefen, sagte Frank Natale: »Ich bin noch nicht vorbereitet. Aber morgen um 20.00 Uhr haben wir eine Pressekonferenz.«

Diesmal wirkte die Atmosphäre im Haus am See nicht so fiebrig und erregt, sondern eher ruhig und ausgeglichen. Wir wurden in ein großes Zimmer geführt, das mit Trockenblumen und einem Porzellantiger geschmückt war; durch den Raum waberte der süßliche Geruch von Räucherstäbchen. Etwa vierzig Leute hatten auf weißen Plastikstühlen Platz genommen – Leute aus der Generation »Wir um 40«, sanft und ganzheitlich, Typ Heilpraktiker oder Bioladen.

Im Fernseher lief gerade ein »Mitschnitt vom Retreat 1993 auf Ibiza«. Zu Trommeln und rhythmischen Computerklängen sah man junge und weniger junge Leute mit verbundenen Augen beim Trance Dance, beim Bullshit Dance und beim Dance of Life. Zum Teil wurde nackt getanzt, zwischendurch erschien immer mal wieder Frank Natale auf der Mattscheibe und monologisierte mit dezenter Stimme über »fließende Energien«, »Transformation«, »Mandalas« und die »Heilaspekte meiner Arbeit«. In einer besonders pikanten Szene wurden hübsche junge Menschen intim, während Natale sie mit einer Art Staubwedel bearbeitete. Später Blick in einen großen hellen Raum. Etwa hundert Leute, mehr oder weniger unbekleidet, verrenkten sich auf dem Boden. Natale beugte sich mal über den einen, mal über die andere und drückte vergnügt auf ihre Oberkörper.

Etwa zwanzig Minuten waren vergangen. Plötzlich ging ein Raunen durch den Saal – der Meister höchstpersönlich. Er nahm auf einem Sofa Platz. Frank Natale trug Stirnband und Poncho nach Hippie-Art und wirkte leicht out-spaced, wie man das in der Szene nennt. Der Guru ähnelte dem

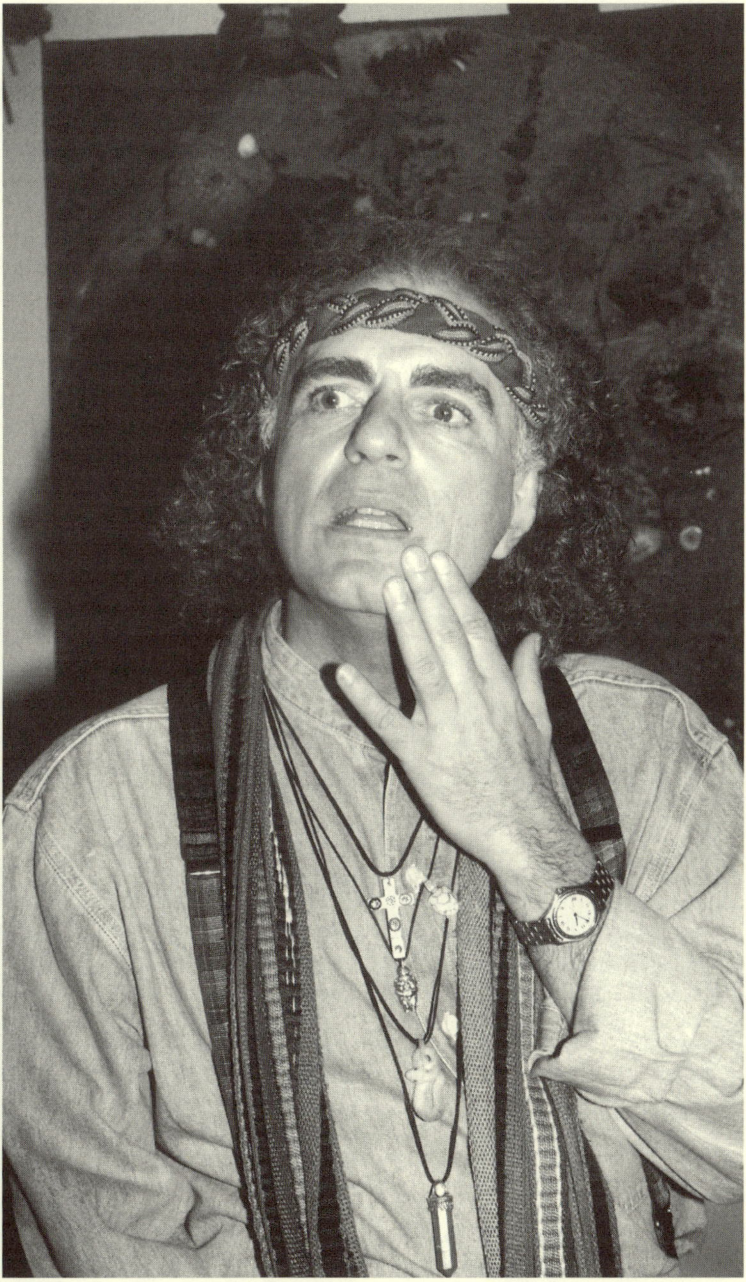

Prophet des sanften Rausches: Frank Natale

Schauspieler Dennis Hopper. Er setzte sich in Positur und begann mit seiner sich leicht überschlagenden Stimme und heftigen Gesten zu reden. Ein Adjutant übersetzte seine Worte ins Deutsche. »Guten Abend. Wir haben heute die Presse eingeladen, weil man uns sagte, vor unserem Haus würden Interviews gemacht, und wir dachten, es wäre besser, wenn ihr direkt mit uns redet.«

Und dann ließ Frank Natale seine Sätze fließen wie die Heilenergien im Trance-Video. »Wir machen neo-schamanische Arbeit. Vor fünf Jahren wurde mir bewußt, daß sich dieser Planet weit von der Natur entfernt hatte. Mir wurde klar, daß der Zugang mit Büchern und Wochenendseminaren nicht ausreicht, das Ausmaß an Entfremdung zu heilen. Seit langer Zeit schon hatte ich Erfahrungen mit Trance-Dance, Soul-Hunting und Trommel-Kreisen gemacht. Dann bin ich herumgereist, zum Beispiel im Amazonas und auf Ibiza, um Kontakte zu Schamanen zu finden und Plätze, um den Schamanismus auszuüben. Die Erde ist eine weibliche Kraft, Energie, die einfach da ist. Wir glauben an die Kraft des Weiblichen und nennen uns selbst Energizer.«

Die Zuhörer hatten das alles bestimmt schon hundertmal gehört, aber sie klebten wie gebannt an den Lippen ihres Meisters. Sie hielten so still, daß man die blauen Kringel der Räucherstäbchen förmlich durch die Luft ziehen hören konnte. Natale sagte, er gehöre zu einer ganzen Gruppe von Energizern, die in fünfzehn Ländern der Erde »sichere Orte« – Sanctuaries – eingerichtet hätten, »in Miami Beach, Ibiza, Amsterdam, Berlin ...« Sie suchten auf der ganzen Welt nach uralten rituellen Praktiken. »Trance-Dance gibt es schon seit 40 000 Jahren« dozierte der Mann im Poncho, »das war die Zeit, wo die weibliche Ur-Kultur herrschte.«[2]

Schließlich kam der Meister zur Sache. »Von Kanada bis Südamerika arbeiten die Leute mit Teacher Plants (Lehrerpflanzen) und haben keine Angst vor der Berührung mit ihnen«, sagte er. Nach einigen abschließenden Worten eröffnete Frank Natale die Fragerunde. Wir erkundigten uns nach dem Santo-Daime-Ritual. Der Meister antwortete, er sei vor drei Jahren nach Brasilien gefahren, um »eingeborene Stämme« zu suchen, die »esoterische Rituale« veranstalteten. Dabei sei er auch in Kontakt mit der Santo-Daime-Bewegung gekommen. »Ich mochte sie gleich«, sagte er, »weil sie unsere Sprache sprechen und bereit sind, in andere Teile der Welt zu fahren und ihr Ritual hier anzubieten.« Nachdem er »sieben- bis achtmal« an der Zeremonie teilgenommen haben, habe er die Padrinhos eingeladen, nach Europa zu kommen.

Mit der nächsten Frage zogen wir uns die vernichtenden Blicke aller Sanftmütigen im Saal zu. »Es gibt Leute, die von gefährlichen Experimenten mit Drogen sprechen – was sagen Sie dazu?« Frank Natale erhob sich, hielt ein kleines, knorriges Stück Holz in die Luft und ließ es zu uns durchreichen. »Ayahuasca ist eine Liane aus dem Urwald, die kann man hier in

Deutschland kaufen«, sagte er. »Pflanzen werden erst illegal, wenn Menschen sie mißbrauchen. Ich als spiritueller Führer benutze nichts, was nicht im Zusammenhang mit echten Ritualen benutzt wird.« Es sei indessen immer schwieriger geworden, Ayahuasca zu finden, klagte er. »Die Santo-Daime-Leute machen uns ein tolles Geschenk, daß sie in den Urwald gehen, die Lianen schlagen und dann drei Tage in aller Stille das Getränk destillieren.«

Nach der »Pressekonferenz« kamen wir mit Frank Natale ins Gespräch. Aus der Nähe wirkte er nett und ziemlich bekifft. Er habe, behauptete er, »die größte drogentherapeutische Einrichtung der Welt« in New York gegründet und sei von der »New York Times« damals als »Drogenpapst« gefeiert worden. Er habe als Sonderberater für Drogen sogar für Robert Kennedy und die Westpoint-Militärakademie gearbeitet. »Vor zehn Jahren habe ich dann beschlossen, Schamane zu werden«, sagte er. Selbstbewußt erzählte er, daß er seitdem mehr als 50 000 Menschen »unterrichtet« habe. Zum »engeren Kreis« gehörten allerdings nur etwa 500 Leute: »Kreative Menschen, Musiker, Maler, Heiler und Psychologen.« Auch *Sannyasins*? »Ja, wir arbeiten mit vielen Sannyasins zusammen.« Auch sein engster Mitarbeiter Markus Klepper war ein Anhänger des indischen Psycho-Gurus Bhagwan Shree Rajneesh, bis er 1987 zu Natale fand.

Fitness-Programm für die Psyche

Frank Natale tauchte nach unseren Recherchen erstmals Ende der 80er Jahre in Deutschland auf, um sein *TNI*-Training zu verkaufen. In kurzer Zeit mauserte er sich zu einem der bekanntesten Anbieter von Psycho-Kursen auf dem Esoterik-Markt. »Nun wäre Natale nicht weiter der Rede wert, wäre er nicht in der vorwiegend von Post-Rajneeshisten dominierten Psychoszene zu einer Art neuer Kultfigur hochstilisiert worden«, schrieb die Zeitschrift »Psychologie Heute« im November 1990.[3] Seit dem Tod Bhagwans im Jahr 1991 splittere sich die Szene zunehmend auf. Um dem entgegenzuwirken, versuchten die *Sannyasins*, so das Blatt, »nun schon seit geraumer Zeit, Natale auf den vakanten Thron zu heben«.[4]

Obwohl dieses Hemd doch ein bißchen zu groß für ihn war und er selbst öffentlich das »Ende der Meister«[5] verkündete, gab Frank Natale sein Bestes, um die Rolle wenigstens ein bißchen auszufüllen. Er tingelte mit seinen »metaphysischen Seminaren« durch die Lande, erteilte in Workshops wie »Affen in Engel« Anleitungen zur »Evolution unseres Bewußtseins« (ab 550 Mark) und warb in Schriften der Berliner *Sannyasins* für seinen »Weg der Energetisierer«[6]. Natales Credo lautet: »*TNI* verfolgt ein ganzheitlich orientiertes Konzept. Es stellt psychologisches Basiswissen in den Rahmen eines spirituell orientierten Menschenbildes, frei von ideologischen oder religiösen Grundannahmen.«[7] Konkreter: »Das, was die Psychoanalyse in sechs Jahren schafft, erreichen wir in sechs Wochen.«[8]

Der kleine Bhagwan aus der New-Age-Bewegung beruft sich wie der große Meister auf humanistisch-psychologische Traditionen – »völlig zu Unrecht«, wie »Psychologie Heute« meint.[9] Natale schmückt sich jedoch gern mit den Namen von Pionieren der Humanistischen Psychologie wie Abraham Maslow, Jacob Moreno, Fritz Perls und Carl Rodgers, mit denen er zusammengearbeitet haben will; und die Werbung hat Erfolg. Das *Natale-Institut* besitzt als *TNI*-Netzwerk inzwischen weltweit Dependancen. Der Guru verkauft nicht nur Seminare wie »erfolgreiche Kommunikation«, »würdevolle Sexualität« oder »Feuermänner des Herzens«, sondern auch Trance-Dance-CDs (»Shaman's Breath«), Bücher und Videos.

Einiges davon ist ausgesprochen billig, wie die Trance-Dance-Kurse für zehn oder zwanzig Mark, für andere Spezialitäten aus der Zauberkiste des »Schamanen« muß der Kunde aber tief in die Tasche greifen. »Die Kraft dieser Arbeit hat meinem Leben eine neue Perspektive verliehen«, sagt der Student Alexander Sterzel über den neuntägigen »Initiations«-Kurs »The One Experience« für 1950 Mark[10]. Den Absolventen dieser »Reise zu deinem Ursprung« wird anschließend das »*TNI* Jahrestraining« namens Life Skills empfohlen, zehn zweitägige Seminare für 4500 Mark. Und so weiter, und so weiter.

Wer so viel Geld ausgibt, hegt wohl die Erwartung, auch etwas ganz Besonderes geliefert zu bekommen. Das sportiv-spirituelle Life-Skills-Curriculum verheißt denn auch ein »Fitnessprogramm für die Psyche«: »Wer Mut hat zu fliegen, landet in einem leidenschaftlichen, kreativen Leben«.[11] In seinen flotten Prospekten verquirlt Natale die »Fit for Life«-Versprechen von Persönlichkeitstrainern mit verschwommenen »Power-Prinzipien« und utopischen New-Age-Verheißungen von einem »Neuen Zeitalter«, das er ähnlich wie Bhagwan »Zeitalter der Bewußtheit« nennt: »Das Neue Zeitalter erschafft Realität bewußt. Dadurch ist es möglich, die Zukunft zielgerichtet und willentlich zu verändern. Je bewußter du wirst, umso realer wird das Neue Zeitalter für dich. Mach den ersten Schritt – jetzt!«[12]

Solch magische Allmachtsphantasien lassen sich vermutlich nie einlösen und haben insofern für den Anbieter den angenehmen Effekt, daß die Kunden immer wieder neue Seminare buchen, um das Trainingsziel irgendwann einmal zu erreichen – wie bei *Scientology*. Der Berliner Sektenexperte Michael Nüchtern von der Evangelischen Zentralstelle für Weltanschauungsfragen schreibt über Natale: »Nicht ein utopisches Heilsversprechen, sondern ein begrenztes, realistisches und überprüfbares Angebot ist demgegenüber ein entscheidendes Merkmal vertrauenswürdiger Seminare.«[13] Mag sein, daß der Energizer deshalb den Begriff Therapie für sein Curriculum so sorgsam vermeidet.

Werbung für Veranstaltungen des Natale-Instituts

Doch wer auf die »Suche nach dem Krafttier« geht und sich mit Kristallen »energetisieren« will, der will ja gerade mehr als ein realistisches Angebot. Er hofft auf ungekannte Abenteuer, spirituelle Erlebnisse, »Lebendigkeit, Leidenschaft und Kreativität«, wie es eine Teilnehmerin ausdrückt. »Es war wie eine Wiedergeburt«, schreibt eine andere Adeptin. »Im Abschnitt ›kreative Kommunikation‹ stellte ich betroffen fest, daß meine persönliche Kommunikation schon an der Wurzel krankte – an meiner dürftigen Intention aufgrund eines Selbstwert-Defizits. Der Knoten platzte dann im Selbstwert-Kurs.«[14] Es ist sicher von Nutzen, wenn Trainer mit wissenschaftlichen Abschlüssen – wie der Natale-Vertraute Markus Klepper – beim Selbstwert-Lifting helfen, aber für die Teilnehmer spielt fachliche Kompetenz wohl keine besondere Rolle. Denn genauso willig vertrauen sie sich einem Vincenco Bianco beim *TNI*-Seminar »Kraftobjekte im Schamanismus« an, dessen Qualifikation offenbar allein darin besteht, daß er

»in Kontakt mit verschiedenen Heilern, Schamanen und Heilerinnen aus aller Welt« steht.[15]

Der Kontakt mit den Santo-Daime-Padrinhos hatte sich nach Ansicht unseres Informanten Jochen Pigot für Natale jedenfalls ausgezahlt. »Die haben mindestens 250 000 Mark mit ihrer Tee-Tournee verdient«, meinte er. Das bestritt Markus Klepper am Telefon vehement. »Es war kein profitables Geschäft«, erklärte er. »Das Geld ist im wesentlichen an die Santo-Daime-Gemeinde zurückgeflossen.« Die Reisekosten und Abgaben für die Schamanen-Kirche in Brasilien hätten leider alle Profite aufgefressen. »Wir verdienen unser Geld mit anderen Dingen«, sagte Klepper. Er schickte am Tag nach der Berliner »Pressekonferenz« ein Telefax, in dem er uns »einige Informationen« über Pigot zukommen ließ, um diesen unglaubwürdig zu machen: »Offenbar hat er versucht, unter falschem Namen eine Anzeige bei der Kriminalpolizei in Berlin zu erstatten« (gemeint war wohl der Detektiv Luigi Leone). Frank Natale übersandte uns ebenfalls ein Fax und erklärte darin, er habe den heiligen Tee kanisterweise aus Brasilien über Paris und Amsterdam eingeführt – »auf dem rituellen Weg«, wie er voller Stolz vermerkte. Als Gewinn seien gerade mal 7000 Dollar hängengeblieben.

Kurz zuvor hatte »Teetrinker« Pigot den Befund für seine Urinprobe vom Stuttgarter Labor erhalten. Die Analyse ergab hohe Dosen von Amphetaminen – möglicherweise ein Indiz dafür, daß die Schamanen ihr seltsames Gesöff mit synthetischem Rauschgift versetzt hatten. Auf Pigots Initiative interessierte sich nun auch die Stuttgarter Staatsanwaltschaft für die Teekränzchen. Da jedoch kein Corpus delicti mehr vorlag – der Daime war bei einem weiteren Ritual in der Schweiz restlos verbraucht worden –, verliefen die Ermittlungen im Sande.

Als unser Artikel schließlich erschien, worin wir die gefährlichen Rituale beschrieben, rief dies heftige Reaktionen in der Eso- und *Sannyasin*-Szene hervor.[16] Die Zeitschrift »Connection« ließ Natale mehrfach ausführlich zu Wort kommen. Er nannte halluzinogene »Lehrerpflanzen« wie Ayahuasca »religiöse Sakramente« und schwadronierte über den »schnelleren Weg zur Erkenntnis«.[17] Ganz wohl war ihm aber wohl doch nicht in seiner Haut, denn er sagte auch: »Ich muß zugeben, daß bei der Stuttgarter Veranstaltung, bei der ich selbst nicht anwesend war, offenbar vorher nicht mit den Teilnehmern ausreichend darüber gesprochen wurde. Normalerweise gibt es vor jedem Ritual einen Eröffnungsabend, wo den Leuten gesagt wird, daß sie sich möglicherweise übergeben müssen und körperlich krank werden können, oder daß ihr Ego ihnen, wie gesagt, direkt ins Gesicht springt.«

Während im Ayahuasca-Prospekt noch vom »sorgfältig strukturierten Ritual« und einem »Team hochqualifizierter Ritual-Leiter« die Rede war, erklärte der Guru jetzt: »Niemand sollte unbeschwerte Erfahrungen voller

Tanz und Glückseligkeit erwarten« – bei vielen Dschungel-Stämmen sei das Ritual nämlich »keine erfreuliche Erfahrung«. Die Schuld am schlechten Trip schob der »erfahrene Therapeut« kurzerhand auf die Teilnehmer: »Ich weiß nicht, was die Leute brauchen, um das Licht zu sehen – einige von ihnen trinken Mengen, bei denen ich schon Stunden vorher umgefallen wäre.«

Seine Rituale hielt Professor Trance ab 1994 aber vorsichtshalber in Amsterdam ab. Da seine Sanctuaries »massiv expandieren«, ernannte er mittlerweile »einen inneren Zirkel von Vertrauten« die er »The Close Ones« nennt. »Die Zeit ist reif dafür ...«[18] Will er eine »richtige« Sekte gründen? Sehr wahrscheinlich ist das nicht; auch kritische Teilnehmer empfinden seine Seminare durchaus als »offen« und »angenehm«. Im Juni 1996 wanderte er für einen Tag ins Gefängnis, weil die Polizei halluzinogene Pilze bei ihm entdeckt hatte. Danach erklärte er, Europa sei »noch nicht reif« für seine Teacher Plants und stellte die entsprechenden Kurse ein. Er rückte sogar von Ayahuasca ab und sagte: »Meine Erfahrung ist, daß diese Substanz nicht gut für den Körper ist, wenn du sie ständig nimmst.«[19] Dafür sprangen andere in die Bresche. Gegen das für seine exzessiven Tantra-Übungen aus dem Fernsehen bekannte *Antinous-Institut* in Berlin ermittelte die Staatsanwaltschaft, weil dort sogar einem Kind der »heilige Tee« verabreicht worden sei. Das Verfahren versickerte jedoch genauso im Nirgendwo wie die Ermittlungen gegen Frank Natale.

Viele Wochen nach den Tee-Séancen erreichte uns ein Brief von Charles Stephen Grob, Professor für Psychiatrie an der University of California in Los Angeles. »Mit großer Besorgnis«, so der Professor, habe er gelesen, wie die Veranstalter der »angeblichen Ayahuasca-Sitzungen« sich »höchst unverantwortlich und gefährlich« verhielten. Der Psychologe hatte 1993 ein biomedizinisches Forschungsprojekt über Psychosen im Amazonasgebiet Brasiliens geleitet und die Einnahme von Ayahuasca bei einer religiösen Sekte untersucht. Er stellte fest: »Falls diese Mischung aus angeblichen Amazonas-Pflanzen tatsächlich mit anderen Drogen gepanscht wurde, gibt es ein ernsthaftes Risiko mit sehr gefährlichen Nebenwirkungen.« Denn mit Amphetaminen gemischt, würden die Ayahuasca-Bestandteile »starke blutdrucksteigernde Reaktionen (bewirken), die in anfälligen Personen lebensbedrohlich sein können.«

Die Diktatur der freien Liebe

Zentrum für experimentelle Gesellschaftsgestaltung (ZEGG)/Aktions-Analytische Organisation (AAO)

Sekten im Aufschwung Ost

Es war in den Tagen der Wende, und Kathrin Müller* schrieb voller Hoffnung in ihr Tagebuch: »Wir vertrauen so aufeinander, daß es beinahe besser als in einer großen Familie ist.«[1] Doch schon wenige Wochen später später notierte die junge Frau anderes: »Es ist erschreckend, wie schnell Jugendliche, die in diese Gruppe geraten, ihre Persönlichkeit verlieren.« Kathrin Müller war einer aggressiven Täufersekte in die Hände gefallen, die schon 1989 in Sachsen junge Ostdeutsche mit einem Leben nach »biblischen Maßstäben« köderte, ähnlich wie die *Boston Church of Christ*. Der Österreicher Gottfried Holič (geboren 1943) fordert von seinen Jüngern absolute Askese, verbietet ihnen jeglichen Sex und befiehlt den totalen Bruch mit der Familie und alten Freunden. »Ich halte diese Sekte für besonders gefährlich«, sagt Kaplan Gerald Kluge, katholischer Sektenbeauftragter aus Pirna, über die sogenannte *Holič*-Gruppe. »Die totale Abschottung, das ist schlimm.«

Gefährlich ist nicht nur die *Holič*-Gruppe. *Scientologen*-Firmen in Leipzig, *Sri-Chinmoy*-Missionare in Potsdam, eine Niederlassung der *Transzendentalen Meditation* in Schwerin – Sekten, Psychokulte und Propheten haben sich seit der Wende überall in den neuen Bundesländern festgesetzt. Kaum eine größere Stadt, die keinen Esoterik-Buchladen besitzt, keine Zeitung, in der nicht Reiki-Heiler oder andere »Therapeuten« ihre Dienste feilbieten. »Die westliche Entwicklung wurde in kurzer Zeit nachgeholt«, resümiert die Sektenexpertin Monika Schipmann aus der Berliner Senatsverwaltung. Kein Wunder, daß zahlreiche Menschen auch schon bittere Erfahrungen gemacht haben. Die Leipzigerin Solveig Prass fiel 1990 auf Werber der *Mun*-Bewegung herein, sie opferte bald ihr gesamtes Privatleben und viel Geld für den Kult. Nach einem Jahr schaffte sie den Ausstieg. Heute arbeitet sie bei der Eltern- und Betroffeneninitiative gegen psychische Abhängigkeit in Leipzig und sagt: »Wir machen inzwischen mit vier Personen aktive Ausstiegsberatung.«

In der DDR gehörte die Kirche für die meisten Menschen nicht mehr zum täglichen Leben. Während die großen Kirchen im Westen noch etwa 54 Prozent der Bevölkerung zu ihren Mitgliedern zählen, sind es im Osten gerade 17 Prozent, und ihre Zahl geht immer weiter zurück. In diesem geistlichen Freiraum breiten sich Sekten und Psycho-Kulte aus. *Mun*-Bewegung und *Scientology*, aber auch die *Zeugen Jehovas* knüpfen in Ostdeutschland geschickt an die DDR-Ideologie an, indem sie sich als »wissenschaftliche Weltanschauung« ausgeben. Überspitzt gesagt: Für eine Reihe von Menschen folgte auf den Kommunismus der Munismus, auf die sozialistische Ethik die »Ethik« der *Scientology* und auf die FDJ die straffe Pädagogik des *Vereins zur Förderung der Psychologischen Menschenkenntnis*. Als die Kali-Kumpels in Bischofferode 1992 mit einem wochenlangen Hungerstreik um ihre Arbeitsplätze kämpften, standen Missionskommandos der rechtsextremen Psycho-Sekte *EAP* vor dem Werktor und boten ihr Zentralorgan »Neue Solidarität« feil.

Im sächsischen »Bermuda-Dreieck« zwischen Dresden, Leipzig und Chemnitz, erläutert der Berliner Pfarrer Thomas Gandow, »gibt es eine ungeheure eigene Dynamik«. Dort haben nicht nur evangelikale Christen, sondern sogar exotische Gurus wie Sai Baba, Yamagishi oder Thakar Singh Zulauf. Fast verschwundene »Jugendreligionen« wie die *Hare-Krishnas* feierten in Leipzig und Weimar fröhliche Auferstehung. Im November 1996 schmückte ein riesiges Bhagwan-Foto eine Plakatwand am Dresdner Hauptbahnhof mit der Aufschrift: »Osho grüßt Dresden in Stille«. Im Norden wirkt dagegen der »mecklenburgische Filter« – die unterkühlte Mentalität an der Waterkant – wie eine Art geistiger Schutzschild. Eine Veranstaltung der Guru-Bewegung *Transzendentale Meditation* in Greifswald mußte im Dezember 1995 ausfallen, weil sich kein Mensch dafür interessierte.

Insgesamt aber bescheinigt Thomas Gandow der *Scientology*, der *Mun*-Bewegung und der *Transzendentalen Meditation* »erhebliche Erfolge«, weil sie Idealisten und qualifizierte Fachleute als »Kader und Kämpfer« für ihr Programm einer »schönen neuen Welt« rekrutieren. »Die haben im Osten wieder auf Methoden zurückgegriffen, mit denen sie in Westdeutschland in den 70ern gearbeitet haben«, sagt Gandow, »vor allem die Straßenwerbung.« Auch den politischen Ablegern wie der *Naturgesetzpartei (Transzendentale Meditation)* und der *Bürgerrechtsbewegung Solidarität*, einem Werkzeug der *EAP*, geht es weniger um Wählerstimmen, als vielmehr um neue Anhänger. Immerhin haben bereits Tausende von Ostdeutschen seit 1990 die Werbetreffen der Sekten besucht. Ebenso wichtig aber sind verdeckte Operationen, mit denen diese Gruppen per Tarnorganisationen ahnungslose »Kunden« an ihr Gedankengut binden: über Immobilienhandel, Managementseminare, Unternehmensberatung.

Die Experten erkennen inzwischen eine Konsolidierung in den neuen Bundesländern. »Die Zeit der hektischen Aktivitäten ist vorbei«, berichtet Kaplan Gerald Kluge aus Pirna. »Die Gruppen haben nun feste Häuser und Zentren.« Die *Mun*-Bewegung betreibt beispielsweise einen Club Regenbogen in Dresden, die *Transzendentale Meditation* hat ein Maharishi Veda Lehrzentrum in Schwerin, und die *Osho*-Bewegung unterhält in Höckendorf bei Freital (Sachsen) »eine Art Zentrum für die esoterische Laufkundschaft«, wie Kluge berichtet. Bei seiner Beratungsstelle in Pirna häuften sich seit 1995 besonders Anfragen zur Esoterik- und Psychoszene sowie zu den Zeugen Jehovas.

Die großen Gewinner beim Spiel um die ostdeutschen Seelen sind vor allem christliche Fundamentalisten, deren Missionare von Haustür zu Haustür ziehen. Vor allem die *Zeugen Jehovas*, die *Mormonen* und die *Neuapostolische Kirche* zählen bereits tausende von Mitgliedern, eröffnen Kirchen oder Königreichsäle. Die *Mormonen* schicken amerikanische Missionare bis in die letzten Winkel von Vorpommern, und die *Zeugen Jehovas* errichteten 1994 ein riesiges Kongreßzentrum im sächsischen Glauchau. Aber auch charismatische Gruppen wie das *Missionswerk Josua*, die aus Christen »wahre Christen« formen wollen, haben – besonders im Berliner Umland – bereits einige Gemeinden gegründet. »Jede Gruppe, die Hausbesuche macht, hat Erfolg, weil sie menschliche Nähe vermittelt«, erläutert Friedrich von Kymmel, der evangelische Sektenbeauftragte in Vorpommern.

Wenn dabei auch noch Geld als Lockmittel im Spiel ist, wirkt die hohe Arbeitslosigkeit im Osten wie ein Katalysator. Davon profitieren wiederum vor allem die harten Psycho-Gruppen. Von Kymmel berichtet: »Wir beobachten enorme Zuwächse bei Strukturvertrieben, die sektenartige Züge tragen; da wird die Sehnsucht nach Geld und Erfolg religiös überhöht.« *Amway* (Haushaltschemikalien), *NSA* (Wasserfilter) oder *Liberty Finanz Service* (Finanzdienstleistungen), aber auch sektenähnliche Gewinnspiele wie *Life*, *Jump* oder *Titan* haben besonders in Mecklenburg-Vorpommern und Brandenburg schon zahlreiche Menschen an sich gebunden.

Doch die eigentliche Drehscheibe und logistische Basis ist die deutsche Hauptstadt mit ihrem pulsierenden Psycho-Markt. Hunderte von New-Age-Gurus, Psycho-Gruppen und Sekten werben von Berlin aus aktiv um Jünger; etwa fünfzig davon hält Sektenexperte Gandow für gefährlich, weil sie »das Führer-Prinzip, den absoluten Gehorsam und die totale Abschottung gegenüber der Außenwelt« praktizieren. Viel Staub wirbelte im November 1995 eine »Friedensuniversität Potsdam auf«, die das bisher größte Spektakel der deutschen New-Age- und *Sannyasin*-Szene inszenierte – ein Seminar- und Diskussionsfestival über Gott und die Welt in Berlin und Potsdam. Zugpferd waren hochkarätige Prominente wie die Schriftstellerin Luise Rinser, der Schriftsteller Walter Kempowski und die Theologin Dorothee Sölle.

Schon vorher verwiesen Kritiker allerdings auf dubiose Verbindungen der Organisatoren zu rechtsextremen Esoterik-Kreisen in Österreich und ein zweifelhaftes Finanzgebaren; die Veranstalter dementierten.[2] Thomas Gandow sprach von einem »kommerziell-esoterischen Projekt«; er kritisierte

Wahlplakat der Bürgerrechtsbewegung Solidarität, hinter der sich Anhänger der rechten Politsekte EAP verbergen

Esoterik-Schmus mit großen Namen: Plakat für eine Friedensuniversität Potsdam

die Teilnahme des Religionswissenschaftlers Huston Smith und des Metropoliten von Delhi, Paulos Mar Gregorius. »Beide haben jahrelang die faschistoide Mun-Sekte unterstützt, Gregorius sitzt noch heute im Mun Council of World Religions.« Unterstützer des Projekts war die esoterische schottische *Findhorn Foundation*, deren Vordenker George Trevelyan die Erlösung der Menschheit durch den atomaren Holocaust predigt. Als sie von den Vorgängen hörten, sagten namhafte Teilnehmer ab, darunter die Politiker Antje Vollmer, Gregor Gysi und Rita Süssmuth sowie der Fernsehjournalist Klaus Bednarz.

Dem Gründer der seltsamen »Universität«, Uwe Morawetz, gelang trotzdem gleich zu Beginn ein handfester Reklamegag. Weil der Dalai Lama als Schirmherr der Veranstaltung fungierte, mußte er von Berlins Regierenden Bürgermeister empfangen werden; an seiner Seite Morawetz. Das New-Age-Spektakel ging dann über die Bühne mit Kursen über »Wolfsweiber und Katzenmänner«, »planetarischen Tanz« oder »Sinn der Leidenschaft«, aber auch mit hochkarätig besetzten Diskussionsforen über das Ende des Ost-West-Konfliktes. Dort diskutierten nicht nur bekannte Schriftsteller, Theologen und Zen-Buddhisten – auch international bekannte Politiker wie Robert McNamara, Henry Kissinger und Valentin Falin reisten zum Eso-Meeting an. Offenbar hatten sie von den Hintergründen keine Kenntnis. Die Veranstalter wiesen Kritik an ihren teuren Festspielen (1470.– Mark für die Sammelkarte) als »blödes Gequatsche von einer Sekte« zurück.

Der »Friedensuni«-Gründer Morawetz, Betreiber eines Astro-Shops und mit einer dubiosen *Astra Data GmbH* verfilzt, residierte damals in einem Haus in Berlin-Schöneberg, das unter dem Namen »Zeitlos« als Zentrum der Berliner *Sannyasins* bekannt ist.[3] Dort hat auch der Energizer Frank Natale inzwischen Räume für seine Trance- und Life-Skills-Seminare gefunden. Ein lockeres Netz verbindet die Berliner New-Age-Szene, und ihr Aushängeschild ist der inzwischen schwer erkrankte frühere DDR-Dissident Rudolf Bahro. Nachdem er wegen »nachrichtendienstlicher Tätigkeit« und zwei Jahren Gefängnis 1979 in die Bundesrepublik abgeschoben wurde, unterstützte Bahro die Gründung der Grünen Partei, gehörte von 1982 bis 1984 zu deren Bundesvorstand, wandte sich danach aber enttäuscht von der realen Politik der Esoterik zu. Er wurde zu einem Ökologie- und New-Age-Propheten, der nach einem »neuen Menschen« und – wie Bhagwan – nach einer »anderen Bewußtseinsstruktur« ruft, um die »Apokalypse aufzuhalten«.[4] 1991 überredete er den sächsischen Ministerpräsidenten Biedenkopf, ihm ein ehemaliges DDR-Staatsgut in Pommritz bei Bautzen zur Verfügung zu stellen, wo seitdem eine Öko-Kommune seine Thesen in die Tat umzusetzen versucht.

Inzwischen kaufen viele Kulte – wie die linke Psycho-Sekte *Longo Mai*, die *Scientologen* und zahlreiche *Sannyasins* – Immobilien im Berliner Umland. Sie bauen auf die gestreßten Manager und Beamten der Metropole und erwarten weitere Kundschaft beim Zustrom der Beamten aus Bonn. Das werde, hoffen sie, die Nachfrage nach Meditationen, Psycho-Trainings und »Therapien« noch erhöhen. Den bislang größten Coup landete eine Psycho-Gruppe in Belzig, etwa hundert Kilometer von Berlin entfernt.

Das ZEGG: Sex und Politik

In Belzig geht es geruhsam zu. Das verträumte Städtchen im Fläming hat 8000 Einwohner und eine Umgebung, wie man sie sich idyllischer kaum denken kann: Wälder, Felder und Wiesen, soweit das Auge reicht. Und das tausendjährige Belzig könnte weiter vor sich hin träumen – vor allem von mehr Arbeitsplätzen –, wäre da nicht das ehemalige Stasi-Lager, gut abgeschirmt am nördlichen Stadtrand. Wo einst Markus Wolfs Agenten alles übers »Kundschaften« lernten, sind kurz nach der Wende Agenten eines »neuen Zeitalters« eingezogen, die die kleine Stadt in die großen Schlagzeilen brachten. Von einer »Sekten GmbH« ist die Rede, vom »Mekka der Sextouristen« und einem »alternativen Bordell«. Die Berliner Boulevard-Zeitung »BZ« titelte: »Im Sex-Camp: Freie Liebe ohne Rücksicht«.[5]

Titel der Zeitschrift »ZEGG«

Belzig im Juni 1997: Von Berlin geht es über die Autobahn Richtung Leipzig, dann ein Stück auf der Bundesstraße 102. Das angebliche Sex-Camp liegt versteckt hinter hohen Kiefern und einem Maschendrahtzaun. Das Tor steht offen, Besucher sind willkommen. Zwischen Bäumen und Büschen liegen mehr als ein Dutzend größere und kleinere Gebäude aus DDR-Zeiten, einige bunt mit farbigen Mustern bemalt. Es herrscht Ruhe, Natur pur. Vorbei an Karnickelgehegen und Schrottskulpturen (abstrakt, nicht erotisch), steht der Besucher bald staunend vor einem riesigen gepflasterten Rundplatz. Ringsum gruppieren sich eine Art Zirkuszelt, ein kleineres Zelt mit der Aufschrift »Oase-Platz der Frauen«, ein »Volumen-Tragluftpavillon« und eine riesige, etwas verwitterte Tafel mit Losungen wie aus DDR-Zeiten. »Zwölf Thesen für eine gewaltfreie Erde« steht dort geschrieben, zum Beispiel: »Schafft die sittlichen und sozialen Voraussetzungen für eine freie Sexualität« und »Schafft einen freien religiösen Geist ohne Gesetz und Dogma«. Das weitläufige Stasi-Gelände von 150 000 Quadratmetern hatte die Berliner Treuhandanstalt 1991 für 1,9 Millionen Mark an eine Gruppe verkauft, deren Anhänger unter vielen Namen für die »Rettung der Liebe« auftreten. Mal nennen sie sich *Projekt Meiga – Experiment für eine humane Erde*, mal *Sexpeace*, mal *Aktion Perestroika*, mal *Jetzt e. V.*, mal *Zentrum für experimentelle Gesellschaftsgestaltung*, kurz *ZEGG*.

»Was steckt dahinter?« rätselten viele Berliner, als im Jahr nach der Wende überall in der Stadt riesige Plakate mit dem Zitat Michail Gorbatschows auf schwarzem Grund auftauchten: »Die Angst muß von der Erde verschwinden.« Der eine oder die andere spendete wohl auch für »den guten Zweck«, denn die Organisatoren der Aktion erläuterten, das Geld komme Müttern mit Kindern zugute, die in russischen Gefängnissen schmachteten; die Spenden dienten außerdem dem Bau einer Sumpf- und Pflanzenkläranlage am Aralsee. »Sumpfig aber scheint eben nicht nur der Aralsee zu sein«, urteilte die Berliner »Tageszeitung«.[6] Es blieb nämlich unklar, ob die Spenden wirklich die genannten Empfänger erreichten; der deutsche Städtetag warnte nachdrücklich davor, sich dort zu engagieren.[7] Hinter der »Aktion Perestroika« stand unter anderem ein Mann, der sich – etwa bei der Stuttgarter Stadtverwaltung – als »Sozialwissenschaftler« vorstellte, um für das Projekt zu werben: Dieter Duhm.

Dieter Duhm, geboren 1942, ist ein altbekannter Apostel der deutschen New-Age-Szene mit schillernder Vergangenheit. Sein Credo lautet: »An unerlöster Liebe sterben täglich mehr Menschen als an Autounfällen.«[8] Sein Rezept gegen Verkehrsunfälle, Gewalt und überhaupt alle Gebrechen heißt schlicht: Sex – denn »die sexuelle Energie ist eine Heilungsenergie par excellence«.[9] 1978 gründete er im Schwarzwalddorf Schwand mit vierzig Anhängern eine Kommune unter dem Namen Bauhütte, um »die Grundthemen des menschlichen Zusammenlebens zu verstehen und zu lösen«. Die Schwarzwälder jedoch gewannen einen anderen Eindruck. Die Bauhütte sei eine »Sexklinik«, schrieb die Lokalpresse, dort fänden »Puffspiele und ölige Fummelaktionen« statt.[10] Zweifelhafte Sado-Maso-Praktiken und eine angeblich selbstgeheilte Tripper-Epidemie brachten das Projekt in Verruf. Schließlich mußten »Didi« Duhm und seine Anhänger das Feld räumen. Die Bauhütte ging in Konkurs.

Da dem charismatischen Prediger der »freien Liebe« außer einem harten Kern von zwanzig Aktivisten inzwischen rund zweihundert Jünger folgten, steuerte er 1988 die nächste Etappe an. In Radolfzell am Bodensee entstand das *Projekt Meiga*, in dem neben Dieter Duhm vor allem ehemalige Prostituierte das Wort führten. In einem »Manifest für einen neuen sexuellen Humanismus« namens »Rettet den Sex« forderten zehn Frauen, darunter die Duhm-Vertraute Sabine Lichtenfels, ein »transformatorisches Bordell«: »Einige Frauen, die an unserer Thematik mitdenken, arbeiten an der Vorbereitung eines alternativen Bordells.« Denn: »Das Bordell ist die andere Seite der Ehe. Das Thema Sexualität kann weder hier noch dort gelöst werden.«[11] Das Liebesnest für die »reine Sexualität« sollte den Namen *Haus Meiga* tragen.

Die theoretische Basis für *Meiga* beschreibt Sabine Lichtenfels so: »Um es pathetisch zu sagen, im Sex erst liegt meine eigentliche Würde als Frau. (…) Die Würde der Frau hat immer ein Loch. Hier liegt nicht meine Entwürdigung, sondern meine Würdigung.«[12] Was das im einzelnen bedeuten könne, legte die einstige Theologin und Prostituierte an einem Beispiel dar: »Manchmal verstehe ich die Männer, die nicht mehr fragen, sondern einfach handeln. Man nennt das Vergewaltigung. Ich beschwöre es bei allem, was ich gesehen und erfahren habe: Nicht an jeder Vergewaltigung trägt der Mann die Mitschuld. O dieser ganze Wahnsinn! Natürlich muß die Gewalt verschwinden, aber das geht nur, wenn sich eine vollkommen neue und radikal positive Denkweise über Sex verbreitet.«[13] Die kruden Thesen zum Thema sexueller Gewalt ergänzten abenteuerliche Aussagen über Aids. Da die Krankheit »wie Krebs und vieles andere« nicht auf »etwas Objektivierbares wie zum Beispiel einen Virus zurückgeführt werden kann«, sondern »ein Spezialfall des allgemeinen sexuellen Elends« sei, sei »der beste und dauerhafteste Schutz« die »freie, vollgelebte Sexualität«. Denn merke: »Aids ist natürlich heilbar« – durch Sex.[14]

Mit solchem Speck fängt man Mäuse, dachten sich wohl »Didi« Duhm und seine »neuen Hetären«. Wie andere Sekten witterte auch der Sex-Guru vom Bodensee Morgenluft beim Fall der Mauer und setzte alles auf den Aufschwung Ost. Seine Jünger pilgerten nach Berlin und zu den Leipziger Montagsdemos, um dort ihr ominöses Schriftgut unter die Leute zu bringen. Den in puncto Sex angeblich rückständigen Ossis verkündeten sie, nur die »freie Liebe« könne die Welt retten, und selbst die Umweltverschmutzung werde dadurch gelöst: »Auf der Suche nach erotischen Kontakten wird täglich dermaßen viel Benzin verfahren, daß die Befreiung und Verwirklichung der sinnlichen Liebe schon aus ökologischen Gründen gefordert werden muß.«[15]

Geschickt auf der Gorbatschow-Welle reitend, schwadronierten die Sex-Propheten von »äußerer und innerer Perestroika« und traten an, um die DDR-Körper vor Entfremdung, Intrigen und Krieg zu bewahren. Den Flugblättern folgten Werbeveranstaltungen, zum Beispiel beim Festival des politischen Liedes im Februar 1990 in Ostberlin.[16] »Jede soll nun jedem und jeder jeder zwischen die Schenkel greifen dürfen«, notierte eine Ost-Berliner Journalistin verblüfft. Anhand farbiger Dias wurde die Kleinfamilie als »Gefahrenzone Nummer eins« entlarvt, denn darin herrsche nur Angst, Gewalt und Haß. »Die Zweierbeziehung als Inbegriff des Kalten Krieges muß aufgegeben werden«, dozierten die Duhm-Jünger, die sich unter dem Namen *Sexpeace* vorstellten. Als Rettung aus dem »sexuellen Elend« stellten die Vortragenden ein »Forschungsprojekt« mit »erotischer Akademie« vor: das *Zentrum für experimentelle Gesellschaftsgestaltung*.

Die Generalprobe für das *ZEGG* fand im August 1990 auf einem Zeltplatz in der Lüneburger Heide statt, wo immerhin 600 Menschen den »Aufstand der Vögelfreien« (»Tageszeitung«) probten, um ein »neues Konzept der Liebe« zu erfahren.[17] Sie lernten zunächst, daß freie Liebe harte Arbeit bedeutet. Ein strenger Stundenplan regelte den Ablauf im Liebes-Camp.

Vom Aufstehen um acht Uhr morgens über Vollversammlungen, Workshops zur »Körpererfahrung«, die mögliche Einnahme »selbstgemachter Aphrodisiaka« bis zum Gemeinschaftssport.[18] Vor allem aber gab es in den Zelten *ein* wichtiges Thema, so berichtete ein »Taz«-Reporter – und das hieß Dieter Duhm.[19] Der Meister im Jeanshemd – laut Veranstalter »unser immer noch genialster Denker, Maler und Schriftsteller« – wetterte beim obligaten »Plenum« gegen die Presse. Denn die hatte gewissenlos von einem »Umerziehungslager« geschrieben. Der »Taz«-Reporter schilderte seine Eindrücke aus dem »Basar-Zelt«: »Duhm-Vorträge auf Video-Kassette, Duhm-Vorträge auf Ton-Kassette, Duhm-Vorträge broschiert, Duhm-Vorträge gebunden, Duhm-Ölgemälde im Postkartenformat, Duhm-Gemälde im Bildbandformat, Duhm-Fotos. Duhm vögelt mit einer Frau, Duhm vögelt mit zwei Frauen, Duhm vögelt mit drei Frauen. Duhm vögelt von hinten, Duhm vögelt von vorn, Duhm vögelt doch lieber von hinten.«

Zu den Duhm-Festspielen pilgerten neben vielen ehemaligen *Sannyasins* vor allem »Beziehungsopfer« und einsame Singles, hauptsächlich Männer. Laut Bericht der Illustrierten »Extra« erklärte ein 42jähriger auf einer der Versammlungen, er habe seine »Beziehungsprobleme« im Camp glücklich überwunden: »Ich fühle mich wie neugeboren.« Fürs Liebeswohl im Liebeszelt sorgten laut Presseberichten vor allem *Meiga*-Aktivistinnen mit einschlägigen Erfahrungen im Rotlichtmilieu. Sie gaben den Gästen einen Geschmack vom »Transformatorischen Bordell«. »Extra« schrieb: »Es geschieht dasselbe wie in gewöhnlichen Etablissements, aber angeblich ist die Lust beidseitig.«

Andere Besucher waren enttäuscht. Die 35jährige Diplompädagogin Jenny hatte sich im Camp mit einem 22jährigen Studenten »zum Vögeln« verabredet, doch der habe sie weder gestreichelt noch geküßt. »Kümmerlich und arm« fand sie den »Instant-Sex«; unter befreiter Erotik hatte sie sich etwas anderes vorgestellt. Jörg aus Hamburg hatte gehofft, etwas über seine Fehler zu erfahren, denn er hatte gerade eine »ziemlich häßliche Trennung« hinter sich. Betrübt sagte er: »Die suchen hier nur unsere Achillesferse, um uns dann fertigzumachen. Ich hab' keine Ahnung, warum.« Er meinte wohl eine Veranstaltung namens »Forum«: Um 19.00 Uhr wurden die Teilnehmer zum Psycho-Meeting gerufen, um vor den anderen ihre Seelenpein darzustellen. Die Arbeitsgemeinschaft Sekten an der Freien Universität Berlin warnte in diesem Zusammenhang vor »Werbung durch Sex« und »Bewußtseinskontrolle«.

Im Herbst 1991 war es dann soweit: Die erotischen Akademiker aus Schwaben zogen nach Belzig. Sechzig Prozent des Grundstückspreises kratzten die 200 Duhm-Jünger angeblich durch Spenden, Seminareinnahmen und den Verkauf eines Gutshofes zusammen, der Rest sei über eine Hypothek finanziert worden. Ein paar Projekte, die diffus am *ZEGG* hängen, wurden nun ebenfalls auf das Stasi-Gelände transferiert: eine Zeitschrift, der Buchverlag *Meiga*, drei Ökofirmen. Von Belzig, so tönten die Sex-Missionare, sollte nichts Geringeres als das Pilotmodell für eine »neue Gesellschaft« ausgehen. In klingenden »Manifesten« forderten sie wortreich »eine Gesamttheorie ökologischen Wissens«, eine »globale Transformation«, die »Neukonditionierung des Menschen« und so weiter – typische, ein bißchen angestaubte New-Age-Floskeln. »Unverkennbar tönt aus solchen Formeln der totalitäre Schlachtruf der Weltverbesserer«, befand die Berliner Wochenzeitung »Freitag«.[20]

Dieter Duhms Heilslehre vom Glück durch die »Befreiung der Sexualität« rührt tatsächlich nach Bhagwan-Art alles zusammen, was irgendwie gerade passend erscheint: Herbert Marcuse und Wilhelm Reich, Rudolf Steiner und Rudolf Bahro, diverse Öko-Philosophen, dazu indianische Schamanen, verschiedene Mystiker und Bhagwan höchstselbst. In Duhms Theologie der »freien Liebe« wird die erotische Erfahrung zum »Sakrament«, der Eros »zum Anfang aller Dinge« und der Mensch erst durch die Überwindung der »Zweierliebe« zum »Mitglied des Lebens und der Schöpfung«.[21] Denn: »Der Mensch ist aus Gründen seiner geistigen Natur tausendmal geiler als jedes Tier.«[22] Dem »Freitag«-Reporter Bernhard Pörksen erschienen die geistigen Ahnen der Duhmschen Patchwork-Ideologie denn auch »als Flakhelfer der großen Vision, die sich jedoch bei genauerer Betrachtung der hochgradig armseligen Praxis immer wieder auf drei Buchstaben reduziert: SEX«.[23]

Unter dem Signum der Drei-Buchstaben-Vision fanden sich, wie Pörksen vor Ort beobachtete, »Bhagwan-Jünger und Kommunekundige« zusammen, »Sextouristen« sowie »Mitglieder aus verschiedenen Sekten und Projekten, die die Reise in die Innerlichkeit angetreten haben«.[24] Bei den Belziger Bürgern stießen die Kommunarden zunächst auf allgemeines Wohlwollen, denn ihr Konzept klang seriös und modern. Eine »Forschungsstätte für ökologischen Humanismus« sollte im Stasi-Lager entstehen, eine ökologische Modellsiedlung mit neuartigen Anlagen zur Abwasserreinigung, Energiegewinnung und dem Recycling von Rohstoffen. »Wir brauchen solche Menschen, die vorausdenken«, freute sich der damalige stellvertretende Landrat Franz Mokrzki (CDU), »besonders auch hier in den neuen Bundesländern«.[25] Vor allem aber überzeugte das *ZEGG* mit dem Argument, fünfzig neue Arbeitsplätze zu schaffen – und das kann im Osten kein Politiker ignorieren. Der Stadtrat stimmte zu; die Treuhandanstalt verkaufte.[26]

Doch bald war man in Belzig gar nicht mehr so glücklich über die neuen Nachbarn. Die Öko-Technik ließ zunächst – abgesehen von ein paar kleinen Firmen und einer »Sumpfpflanzenkläranlage« – auf sich warten. Die Forschung erstreckte sich unter anderem auf den »Empfang kosmischer Mana-Energie« durch Tomaten und die »Einflüsse von Musik auf das Wachstum der Pflanzen«, was mit Hilfe eines Lügendetektors gemessen wurde.[27] Und von Jobs war zwar immer noch die Rede – aber nicht mehr für die Belziger. »Arbeitsplätze schaffen sie nur für sich selbst«, erkannte Bürgermeister Peter Kiep und äußerte, man sei wohl »Pfiffikussen« auf den Leim gegangen.[28] Die werkelten derweil an einer Tagungsstätte samt Hotel für die Kundschaft aus der New-Age-Hauptstadt Berlin und den neuen Bundesländern.

Ein geschicktes Marketing, bunte Plakate und farbige Prospekte (»Haremsleben und Liebeskünste«) lockten schon bald Hunderte von Touristen mit der Aussicht auf einen »neuen Stand der Liebe und Treue« zum esoterischen Sex-Vergnügen. Für Gebühren zwischen 65 und 80 Mark am Tag durften sie dann bei Niedrigtemperaturen im Zelt schlafen, pseudo-wissenschaftlichen Vorträgen lauschen und bei den Bauarbeiten anpacken.[29] Von »völlig apathischen« Campern sprach der entsetzte Bürgermeister: »Sie blickten ständig ins Leere, als hätten sie einen Heiligenschein.«[30] Auf der jährlichen »Sommeruniversität« in Belzig mit »Studium generale« (drei Wochen für 1400 Mark) traten Prominente wie Ernest Bornemann und Rudolf Bahro auf, dazu Geistesgrößen wie der Schamane Frank Natale, Bhagwans einstiger Cheftherapeut aus Poona, Paul Lowe, und Domenica, die Mutter aller Huren. Wohl um die Nachbarn nicht zu sehr zu irritieren, heißt es im Gäste-Merkblatt: »Es gilt ohne Ausnahme: Kein Sex in der Öffentlichkeit (z. B. am Pool).«[31]

Etwas spät kamen die Brandenburger auf die Idee, im Schwarzwald und am Bodensee Erkundigungen einzuholen über die »finanzstarken Investoren« und »potenten Arbeitsplatzbeschaffer«. Das niederschmetternde Ergebnis der Recherchen gab Dieter Hummel, der Leiter des Belziger Hauptamtes, so wieder: »Für mich ist das 'ne Sekte mit saftigem Anspruch.«[32] Die Berliner Sektenbeauftragte warnte damals ebenso vor dem *ZEGG* wie der Allgemeine Studentenausschuß (ASTA) der Freien Universität. In einer Broschüre der Berliner Senatsverwaltung heißt es, im *ZEGG* sei die »sogenannte Freie Liebe eine Pflicht zur Sexualität mit mehreren Personen«, der man sich nur schwer entziehen könne: »Eine Verweigerung wird als schädliche Panzerung und Krankheit definiert, die nur mit Sex zu heilen ist.«[33] Das »Errettungsmodell« des *ZEGG* – die »freie Liebe« – werde auf jeden einzelnen übertragen.

In ihrem wuchernden Schrifttum versprechen die *Meiga*-Propheten tatsächlich Rettung durch den »erlösten Eros« – nicht nur des Individuums, sondern gleich in »globaler Perspektive«.[34] Im *ZEGG*, auch als Sanktuarium bezeichnet, solle der Mensch gar »einen Ort finden, wo er von Schuld und Strafe erlöst ist«. Dazu würden die Menschen zunächst bewußtseinsmäßig auf Null gestellt: »Das Sanktuarium ist ein Ort für eine kontrollierte und genußvolle Dekonditionierung des Bewußtseins.« Wie genau das vonstatten geht, wird zwar nicht erläutert, aber da das Sanktuarium eine »Heilstätte« sei – ähnlich wie »Lourdes«, könnten dort »geistige Energien«

die Heilung von Krebs, Aids und Eifersucht ermöglichen. »Die Energie kann wieder fließen, der Alptraum verschwindet.« Über den Ort dieser Magie wird nur mitgeteilt, das *ZEGG* sei eine Art »Kloster«, wo »das Thema Eros in ganzer Bandbreite behandelt wird«.

Im Frühsommer 1997 strahlt das Sanktuarium in Belzig eine entspannte, friedliche, aber irgendwie auch lethargische Atmosphäre aus. Erotik versprühen nicht einmal die Nacktfotos im kleinen Buchladen; das Gebot der »freien Liebe« scheint genau das Gegenteil zu bewirken. Im kleinen Café sitzen acht Leute, vor dem Café noch einmal so viele in der Sonne. Die späten Jungs und Mädchen – wohl meist zwischen 35 und 45 Jahren alt – machen einen sanften, jedoch nicht sehr gesunden Eindruck; ihre Kleidung wirkt wie aus dem Secondhand-Laden. Sie erscheinen wie Althippies aus dem Kollektiv von anno '70, die vielleicht ein bißchen zu lange geträumt haben. Ein paar Kinder tollen herum.

Die 34jährige Lee Voosen ist »seit zehn Jahren mit dem Projekt verbunden« und hat das Manifest »Rettet den Sex« mitverfaßt. Die Frau mit den langen blonden Locken ist mißtrauisch, gibt aber auf die meisten Fragen bereitwillig Auskunft. Obwohl man in New-Age-Zeitungen wie der »Connection« inseriere, »sind wir eindeutig kein Esoterik-Projekt«, sagt sie, sondern »politisch«. Sie seien »keine Sekte«, niemand werde im *ZEGG* zu irgendwas gezwungen: »Mit dem Sekten-Vorwurf sollen Projekte mit einem anderen Ansatz abgewertet und aus dem Verkehr gezogen werden.« Dieter Duhm sei auch kein Guru, sondern ein »Inspirator« und eine »sehr anerkannte Person«. Und das »Transformatorische Bordell«? Das sei nichts als eine »Utopie«, versichert die *ZEGG*-Mitarbeiterin. Es sei weder verwirklicht worden, »noch ist abzusehen, daß es mal verwirklicht wird«. Es fallen Worte wie »innere Libido«, »neues Lebensmodell«, »Visionen, an denen gearbeitet wird« – eine Mischung aus Sendungsbewußtsein und in sich kreisendem New-Age-Jargon, hübsch anzuhören, aber auch nichtssagend. Wieso überhaupt soviel Aufheben um den Sex?

Viele der Frauen, die im *ZEGG* das Wort führen, waren, wie Lee Voosen bestätigt, Prostituierte, aber, wie sie sofort hinzufügt, »absolut selbstbestimmt, keine Milieuopfer«. Und damit schließt sich wohl der Kreis zwischen den *ZEGG*-Frauen und ihrem »Inspirator«. Denn Dieter Duhm kommt aus jener Ecke der 68er-Bewegung, die unter dem Signum »Sexpool« bekannt wurde. Ihre Anhänger versuchten, die damals aktuelle Forderung nach einer freieren Sexualität zum Teil einer alternativen Politik zu machen. »Wer zweimal mit der gleichen pennt, gehört schon zum Establishment«, dichteten die rebellischen Studenten. »Wir schätzen die Kraft, die in der Liebe steckt und sehen auch ihre politische Bedeutung«, sagt Lee Voosen. Das hat eine Kursabsolventin auf sehr spezielle Art erlebt.

Terror der Sanftheit

»Es war die totale Gehirnwäsche«, sagt die ehemalige *ZEGG*-Teilnehmerin Katrin P.* »Ich bin 1992 über eine Freundin in der Wohngemeinschaft zum ZEGG gekommen.« Katrin war damals 22 Jahre alt und studierte in einer westdeutschen Stadt. Die Freundin hatte einen großen Bekanntenkreis, wozu auch ein junger Mann aus Berlin gehörte. Der Jüngling gefiel Katrin und ebenso, was er von seiner Kommune erzählte. Sie würden dort viel experimentieren, »neue Lebensformen« ausprobieren und sogar »Workshops« anbieten. Ob sie nicht Lust hätte, an einem Wochenendkurs teilzunehmen? Katrin hatte Interesse, füllte die Anmeldung aus und machte sich mit zwei Kommilitoninnen auf nach Berlin.

Doch merkwürdig: Berlin war nicht Berlin, sondern entpuppte sich als Belzig. »Wir sind gemeinsam angekommen und wollten auch gemeinsam in ein Zimmer«, erzählt Katrin, »aber wir sind sofort aufgeteilt worden«. Jede kam in einen Raum mit einem anderen *ZEGG*-Besucher. Die jungen Frauen erwartete ein deftiges Tagesprogramm. Wecken um halb acht, Morgenandacht, Frühstück, Vorträge, Kleingruppen. Nach dem Essen Vorträge und Kleingruppen. Nach dem Kaffee Vorträge und Kleingruppen. Und auch nach dem Abendbrot »ständige Kommunikation« – keine Zeit zum Luftholen.

»Schon die Morgenandacht war völlig abartig«, berichtet Katrin. Die *ZEGG*-Ideologin Sahra Vollmer stellte sich in die Mitte der rund hundert Kursteilnehmer und erklärte, sie sei mit dem Kosmos verbunden. Daraufhin mußten alle singen und tanzen. Nach einer kurzen New-Age-Belehrung (Natur, Kosmos, Mensch – alles hängt zusammen), kamen die Referenten zur Sache. Ihr Credo lautete: »Jeder ist mit jedem verbunden, deshalb kann auch jeder jeden lieben.« Zur Einstimmung auf dieses Thema dienten Tierfilme, die sexuelle Aktivitäten von Walen und Delphinen zeigten. Katrin sagt: »Die freie Sexualität ist ihre Ideologie, darauf wird den ganzen Tag rumgehackt, da kommen sie nicht mehr von runter.«

Zwanghaft wirkten auch die anschließenden Kleingruppen mit je zwölf Teilnehmern. Da sollte jeder »sein Innerstes ganz und gar« offenlegen. »Das war so psychomäßig«, sagt Katrin. »Man konnte nicht einfach dasitzen und zuhören, sondern jeder *mußte* von sich erzählen.« Wer das nicht wollte, dem wurde unterstellt, er habe »psychische Probleme«. Der Gruppendruck, vor die anderen zu treten und im »Forum« alles von sich preiszugeben, sei »enorm« gewesen. Katrin erläutert: »Dabei geht es nur um Sexualität, zum Beispiel, was einer in der letzten Nacht erlebt hat.« Als Lösung für alle Probleme sei »ununterbrochen« die »freie Liebe« propagiert worden. Wer sich trotzdem nicht seelisch entblättern mochte, dem wurde geraten, sich doch anderweitig freizumachen. »Für die Frauen gäbe es da die Möglichkeit, sich zu entblößen – zum Beispiel beim Stripteasetanz, danach fühle man sich total gut«, hätten die *ZEGG*-Leiterinnen erwähnt. Katrin sagt:

Losungen, fast wie in der DDR: Verwitterte Thesen auf dem Belziger ZEGG-Gelände

»Da sind ganz viele Frauen, die grad' in Frankfurt, im Rotlichtviertel, auf den Strich gehen oder Striptease tanzen. Das weiß ich ganz sicher.«

Nach dem abendlichen Film sollten sich die Teilnehmer in einem der beiden Cafés auf dem *ZEGG*-Gelände treffen, um Kontakte für die Nacht zu knüpfen. Im *ZEGG*-Merkblatt heißt es: »Im ZEGG geht es um Kontakt, d. h. ›Nein‹ sagen, wenn man nein meint, ›ja‹ sagen, wenn man es wünscht. Freie Sexualität ist frei von äußerem Druck ...«[35] Das hat Katrin anders in Erinnerung. Sie konnte zwar »Nein« sagen, aber ohne viel Wirkung. Im Gegenteil, es seien endlose »Attacken« gefolgt, um das Ziel doch noch zu erreichen. Katrin ging ins Bett. Ihre Freundin nahm noch am nächtlichen Malkurs teil. »Der ging wohl bis um drei Uhr nachts, und um halb sieben wurden wir wieder geweckt«, sagt Katrin. Beim Frühstück war die erste Frage: »Na, mit wem hast Du denn die Nacht verbracht?« So sei eine Atmosphäre künstlicher Offenheit entstanden, in der auch die intimsten Dinge zur Sprache kamen.

Katrin war schon am zweiten Tag »total übermüdet«, hatte das ständige Gefühl, »überwacht zu werden« und fühlte sich »fast wie durchgedreht«. Als sie über »regelrechte Halluzinationen« klagte, gaben ihr die *ZEGG*-Leute nicht etwa den Rat, sich auszuruhen. Statt dessen hieß es: »Erzähl mal Deine Bilder!« Über die *ZEGG*-Bewohner sagt Katrin: »Ich finde jedenfalls, daß die Leute psychische Wracks sind – die sehen auch so krank aus, als würden sie irgendetwas mit sich herumtragen.« Da die Ernährung gut und reichhaltig gewesen sei, könne das eigentlich nur am »Schlafentzug und diesem Nie-zur-Ruhe-Kommen« liegen. Niemand habe ein Zimmer für sich selbst, es gebe kein Privateigentum. Außerdem lebten die Insassen »wie auf einer Insel«, denn sie hätten weder Zeitungen noch Radios oder Fernseher. Die *ZEGG*-Leute bestreiten dies alles und behaupten, jeder dürfe eigene Sachen besitzen. »Einige wohnen sogar ganz alleine«, betont die *ZEGG*-Frau Lee Voosen.

Höhepunkt des Tages war ein Auftritt von Dieter Duhm. Katrin hatte vorher weder von Duhm noch vom *ZEGG* jemals etwas gehört, aber da alle so andächtig von »unserem Didi« sprachen »und so verrückt nach ihm waren«, übertrug sich die allgemeine Spannung auch auf sie. Der Didi, hieß es, habe ein Haus auf Lanzarote und komme nur ab und an im *ZEGG* vorbei. »Alles saß dann da und wartete, und ich dachte an nichts«, berichtet sie. »Und dann ist er reingekommen und hatte eine Ausstrahlung – ich dachte, das gibt's ja gar nicht! Faszinierend!«

Der Guru merkte wohl, daß sie Feuer gefangen hatte, sprach sie nach dem Vortrag an und fragte, ob sie nicht Lust auf einen kleinen Spaziergang habe. Unterwegs machte Katrin wohl einen etwas abgespannten Eindruck. Da habe sich Didi erboten, auf der Stelle mit ihr zu »vögeln«, natürlich ungeschützt, denn nur so könnten »die Energien frei fließen«. Katrin: »Ich sagte, nee, nee, das wäre mir alles suspekt und zu schnell.« Didi lud sie daraufhin zum Kaffee ein und erteilte ihr einen Schnellkurs in *ZEGG*-Philosophie. »Da hat er mir erzählt, Aids wäre rein psychisch.« Sollte sie mal an Aids erkranken, wäre Rettung möglich. »Ich sollte dann einfach zu ihm gehen, er würde mit mir schlafen, und schon würde ich wieder gesund.« So hätte er bereits viele Frauen geheilt, habe der Sex-Meister behauptet. Katrins Kommentar: »Die glauben das dort alle, die sind völlig durchgedreht.«

Ein Ergebnis des freien Verkehrs seien offenbar die vielen Kinder im *ZEGG*. Katrin berichtet: »Fragte man die Kinder: Wer ist denn deine Mama? dann sagten sie: Na, die Sabine [Lichtenfels – d. A.]. Und wer ist dein Papa? Na, der Didi. Nächstes Kind: Wer ist denn deine Mama? Die Sarah. Und dein Papa? Der Didi. So ging's ein paarmal.« Dieter Duhm sei »eigentlich der Vater« der Sekte, »er spielt ja auch den Allwissenden«. Die »Mutter« dagegen sei Sabine Lichtenfels. »Die werden ja fast angebetet, ganz extrem«, sagt Katrin.

Den Kursabsolventen wurde schließlich nahegelegt, ihre Adressen auszutauschen, »damit in ganz Deutschland diese Stadtgruppen entstehen«. Das *ZEGG*, weiß Katrin, versuche überall Ableger zu gründen, und einige bekämen sogar eine Visite von der »Zentrale« – auch von »Didi« Duhm persönlich. Die *ZEGG*-Mitarbeiterin Lee Voosen behauptet jedoch, es handele sich bei den Wohngemeinschaften nicht um Filialen, sondern um »Freundeskreise, die sich mit dem ZEGG verbunden fühlen und Liebe als politisches Thema sehen«.

Katrin war zunächst froh, daß der »Alptraum« nach zwei Tagen vorbei war. Zurück in der Wohngemeinschaft, erzählte sie ihren Mitbewohnern voller Abscheu, was sie erlebt hatte. Sie nannte das *ZEGG* eine »Sekte«. »Da ging's dann los mit dem Psychoterror, da sind plötzlich die intimsten Dinge über mich erzählt worden«, sagt Katrin. »Und ständig die Fragen: Na, wie läuft's denn mit dem Sexualleben?« Schlagartig wurde ihr klar, daß die Wohngruppe als eine Art *ZEGG*-Filiale fungierte. Sie habe in der Folgezeit »eine Menge mitgekriegt«. Zum Beispiel, daß im *ZEGG* Tagungen für 400 oder 500 Mark stattfanden, wo nur gearbeitet wurde, um zum Beispiel das Schwimmbad zu renovieren. »Das wurde dann Workcamp genannt, aber ich nenne es Ausbeutung«, meint die junge Frau. Sie erinnert sich: »Die kamen dann völlig fertig aus Belzig zurück und haben noch erzählt, daß die Arbeit der Selbstverwirklichung dient. Ist es nicht traurig, daß sie das mit sich machen lassen?« Ihr kamen die Mitbewohner vor wie »Marionetten«: »Die sind nicht mehr sie selber.« Die Leute aus ihrer Wohngemeinschaft seien stets dann zum *ZEGG* gefahren, wenn es im Studium Probleme gab, im Praktikum oder mit der Freundin. »Sie flüchten in eine scheinbar heile Welt«, sagt Katrin.

Da Katrin trotz aller Kritik am *ZEGG* den »Didi« nicht vergessen konnte, traf sie sich mit dem Guru noch einmal in einer westdeutschen Stadt. »Da gab es dann auch ein Forum«, sagt sie, »auch dort sollten die Leute das Intimste von sich erzählen.« Katrin nahm selbst an dem Psycho-Treffen teil. »Vor allem ging es dabei um Eifersuchtsgeschichten«, berichtet sie. Das sei in allen Details durchgekaut worden, denn Eifersucht sei laut *ZEGG* gegen die Natur. »Oder es ging darum, daß sich eine Frau verweigert hatte, und der Mann erzählte dann, wie er sich dabei gefühlt hatte.« Anschließend »wurde auf der Frau rumgehackt, was mit ihr alles nicht stimmt«. Katrin faßt zusammen: »Das passiert in diesem ZEGG jeden Tag. Ich fand das völlig abstoßend, über alle Grenzen hinwegschreitend.« Die *ZEGG*-Mitarbeiterin Lee Voosen aber sagt: »Es ist klar, daß man so denkt, denn im normalgepanzerten Zustand ist es eine scheußliche Vorstellung, die Dinge mitzuteilen, die einen bewegen.« Sie bestreitet jeden Zwang. »Aber wenn man hier längerfristig mitarbeiten will«, fügt sie hinzu, »ist es im eigenen Interesse, sich mit seinen Fragen und Konflikten auszubreiten.«

Dieter Duhm erläuterte Katrin etwas genauer, wie das *ZEGG* funktioniert. Sie gewann den Eindruck, daß es einen »inneren Kreis« von etwa zwanzig Leuten gebe, die in der Hierarchie direkt unter Duhm ständen und auch als »Stadtgruppenleiter« fungierten. »Das sind diejenigen, die nach außen hin für die Expansion arbeiten«, sagt sie. Alle etwa achtzig *ZEGG*-Bewohner müßten einen Tagessatz von bis zu dreißig Mark zahlen, obwohl sie unermüdlich und häufig umsonst für das Projekt malochten; das nötige Kleingeld würden sie zum Beispiel durch Striptease oder Brezelverkauf verdienen.

Katrin verbrachte einen Tag mit Dieter Duhm in der Stadtgruppe. Sie konnte sich seiner persönlichen Magie nicht entziehen. »Ich war völlig fasziniert von ihm. Wir haben uns aber nie allein gesehen, sondern nur in der Gruppe. Dann war dort Mittagspause, und jeder hat sich mit irgendwem zurückgezogen. Wir auch. Seine Lebensgefährtin saß im Wohnzimmer, und Didi ist mit mir ins Kinderzimmer gegangen. Da war aber ein zweijähriges Kind. Na, da sind bei mir alle Gefühle abgestorben.« Anschließend war »Forum«, und Didi erzählte brühwarm, daß Katrin sich ihm »verweigert« habe. »Und ich sollte dann darüber reden«, berichtet sie. »Habe ich aber nicht. Das war wahnsinnig unangenehm.« Nach dem »Forum« machte Sabine Lichtenfels ihr unmißverständlich klar, daß sie ihren Didi nicht »freigeben« würde. »Aber einen Liebesurlaub mit ihm würde sie mir gestatten«, erinnert sich Katrin. »Seitdem habe ich Didi nicht mehr gesehen. Er ließ mir aber später noch einmal Grüße aus Lanzarote ausrichten. Er würde jetzt das transformatorische Bordell eröffnen. Ich könne kommen.«

Dieter Duhm, ein promovierter Psychologe, war 1968 ein Vordenker der westdeutschen Studentenrevolte und erlangte eine gewisse Berühmtheit mit seinem Buch »Angst im Kapitalismus«. Wie viele seiner Genossen wollte er nicht nur den Kapitalismus überwinden, sondern mit dem Schwung der Gesellschaftskritik auch das »private« Leben von Grund auf verändern.

Als größtes Hindernis einer neuen Gesellschaft galt die biedere »Kleinfamilie«, die als Hort von Verklemmtheit, Zwang und Doppelmoral angesehen wurde. Den Königsweg zur politischen und zugleich persönlichen Befreiung sollten Wohngemeinschaften, Kommunen und Kooperativen weisen. Als die Studentenrevolte abebbte, pilgerte Duhm unerlöst zu »über 50 Gruppen«, darunter auch Bhagwans Ashram in Poona.[36] Seinen ersten wahren Meister fand er in einer Sekte, die sich *Aktions-Analytische Organisation (AAO)* nannte und auf einem Bauernhof in Niederösterreich residierte. Über das spätere *ZEGG* sagte Dieter Duhm: »Womit diese Idee hauptsächlich zu tun hat: Mit der ehemaligen AAO, von deren Konzepten der Selbstdarstellung, der freien Sexualität und der kommunitären Lebensweise wir uns befruchten lassen ...«[37]

Die AAO: Ein gescheitertes Experiment

Am 13. November 1991 stand in Eisenstadt im österreichischen Burgenland der 66jährige Otto Mühl vor Gericht. Eine Sensation: Es war das erste Mal, daß einem Sektenführer in Europa der Prozeß gemacht wurde. »Leicht gebeugt, fast untertänig präsentierte sich Otto Mühl in seinem taubengrauen Anzug mit dezent gestreifter Krawatte dem Gericht«, schreibt Andreas Schlothauer, ehemaliger Mühl-Jünger und Autor eines Buches über die *AAO*-Sekte. »Devot und höflich-unbeteiligt antwortete er dem Gericht, wenn er gefragt wurde. Kaum vorstellbar, daß dieser unscheinbare ältere Herr charismatischer Führer oder gar totalitärer Herrscher einiger hundert Erwachsener gewesen sein soll.«[38]

Unter Ausschluß der Öffentlichkeit wurde dem Gericht ein Video-Zusammenschnitt vorgeführt, in dem brutale Gewalttätigkeiten zu sehen waren. Es waren Szenen, in denen Mühls Frau Claudia minderjährige Jungen – darunter einen von Mühls eigenen Söhnen – vor Publikum zum Oralverkehr nötigte. Sieben von Mühl mißbrauchte Mädchen schilderten in bewegenden Worten die erlittenen Qualen. Der Staatsanwalt sagte in seinem Plädoyer: »Ich habe schon viele große Prozesse erlebt, aber noch in keinem hat mich das Schicksal der Opfer so bedrückt wie in diesem. Mühl hat Terror ausgeübt. Was ein KZ ist, wissen wir aus der Geschichte. Was die Mädchen am Friedrichshof mitmachen mußten, war genauso schrecklich. Otto Mühl hat mit Menschen experimentiert ...«[39]

Währenddessen saß Otto Mühl unbewegt auf seinem Platz und fühlte sich offenbar zu Unrecht beschuldigt; er habe sich vor den Gelüsten der Teenager kaum retten können, gab er zu Protokoll. Angesichts der erdrükkenden Beweise gestand er jedoch fast alle ihm zur Last gelegten Verbrechen: Unzucht mit Minderjährigen, Beischlaf mit Unmündigen, Mißbrauch eines Autoritätsverhältnisses, diverse Drogendelikte. Schließlich wurde der

Sektenboß zu sieben Jahren Haft wegen sexuellen Mißbrauchs von Kindern verurteilt. »Gefühllosigkeit und fehlendes Mitleid« seien es auch gewesen, schreibt der Aussteiger Andreas Schlothauer, die »ein System psychischen Terrors, wie es in der Kommune jahrelang bestand«, erst ermöglicht habe.[40]

»Psychisch war ich ein Wrack«, erzählte der langjährige Mühl-Jünger Michael* 1988 dem Magazin »Stern«. »Ich hatte keine Freundin und keinen Sex, weil ich mich immer völlig impotent und minderwertig fühlte. Als ich dann in die Kommune kam, war ich zuerst entsetzt über Ottos übermächtige Autorität. Doch nach drei Tagen war er für mich wie eine Offenbarung, plötzlich hatte ich einen neuen Vater. Außerdem bot mir die Gruppe per Beschluß den sexuellen Zugriff auf viele Frauen.«[41] Als Michael ausstieg, machte Otto Mühls bizarre Gemeinschaft in Spanien Schlagzeilen. Zwei Jahre zuvor war der Sex-Guru mit 200 Anhängern auf die kanarische Insel La Gomera gezogen, die damals noch als Geheimtip für Rucksacktouristen galt. In der paradiesischen Bucht El Cabrito hatte er einen abgeschotteten Sektenstaat errichtet: 320 Hektar Land, nur vom Meer oder mit stundenlangem Fußmarsch durch ein angrenzendes Naturschutzgebiet zu erreichen. 7,8 Millionen Mark hatte die idyllische Finca mit Orangenhainen, Palmen- und Bananenplantagen gekostet. Die spanische Presse schrieb von »gewaltigen Grundstücksspekulationen« und »Korruption«, mit deren Hilfe der Österreicher an das Gelände für sein »Jahrtausend-Experiment«gelangt sei.

Die Zeitungen berichteten auch über unglaubliche Zustände auf der Sekten-Farm mit ihren hübschen weißgetünchten Gutshäusern. Was die Kommunarden eine Großfamilie ohne Privateigentum, frei von den Tabus und Zwängen der bürgerlichen Gesellschaft, nannten, sei in Wahrheit ein kriminelles Experiment. Mühl wolle »perfekte Menschen« züchten – wie das »Nazi-Regime mit seiner Theorie vom Übermenschen«.[42] Von Sex mit Minderjährigen war die Rede, von verordnetem Partnertausch, von einem »Recht der ersten Nacht«, das der brutale Anführer bei den jungen Kommunardinnen ausübe. Die spanische Justiz begann zu ermitteln.

Währenddessen errichteten die Mühl-Jünger in El Cabrito ihre eigene Stromversorgung, Süßwasser-Staubecken und eine Hafenmole. Mit modernster Technik ausgerüstet, standen sie per Fax und Funk in ständiger Verbindung mit ihren Außenstellen in ganz Europa. Die sorgten dafür, daß unaufhörlich Geld in die Kassen strömte. Otto Mühl steuerte damals einen Sekten-Konzern, dessen Vermögen Insider auf 40 Millionen Mark schätzten. Seine »smarten Business-Yuppies« (»Stern«) schafften mit Warentermin-Geschäften, Immobilien-Deals und dem Verkauf von Lebensversicherungen das Geld heran. Zugleich kassierte die Sekte in Österreich Millionen Kronen staatlicher Förderung als »Gemeinnützige Siedlungsgesellschaft« mit angeschlossener Privatschule. »Wir benutzen den Kapita-

Sektenchef vor Gericht: AAO-Gründer Otto Mühl

lismus als Bergwerk und holen aus dem Schutt noch das Letzte heraus«, höhnte der Guru.[43]

Auch aus seinen Jüngern hatte Otto Mühl zwei Jahrzehnte lang »das letzte herausgeholt«. Doch ab 1988 schlug das Pendel zurück. In jenem Jahr gründeten ehemalige Mitglieder eine Interessengemeinschaft, um den Diktator vor Gericht zu bringen. Abtrünnige gaben erschütternde Dinge zu Protokoll. Zum Beispiel Anna W. Die junge Frau kam mit neun Jahren in die Obhut ihrer Tante auf den Friedrichshof, ein abgelegenes Gehöft am Neusiedler See in Österreich, das die Sekte 1972 erworben hatte.[44] Sie fühlte sich zunächst »geborgen wie in einer schönen Familie, und Otto war für mich mein Vater«. Doch als sie dreizehn wurde, begann Mühl, ihr nachzustellen. »Eigentlich war uns Mädchen allen klar, daß wir früher oder später mit Otto ins Bett gehen müssen«, sagte Anna dem Nachrichtenmagazin »Der Spiegel«. Die ganze Gruppe habe Druck auf sie ausgeübt, endlich nachzugeben; schließlich sei Otto Mühl »der beste und geilste Mann auf der ganzen Welt«. Außerdem würde sie bei Vollzug in der Kommune-Hierarchie steigen.

Als der Sektenchef erfuhr, daß Anna »abhauen« wollte, jagte er ihr Angst ein: »Draußen« würde sie vergewaltigt und drogenabhängig, bekäme Aids – »und dann stirbst du«.[45] Das Mädchen hielt den Druck nicht aus und ließ sich zwei Tage nach ihrem vierzehnten Geburtstag von Mühl entjungfern. Plötzlich waren alle wieder nett zu ihr. »Es hieß, ich hätte damit nicht nur den Otto, sondern die ganze Gemeinschaft glücklich gemacht«, berichtete sie. Als sie ein Jahr später von Mühl schwanger wurde, war sie »völlig verzweifelt« und trieb das Kind ohne fremde Hilfe ab. Mit sechzehn verließ sie schließlich den Friedrichshof und ging zu ihrer Mutter zurück. »Was er mit mir gemacht hat, das hat er ja auch mit anderen jungen Mädchen gemacht, und das ist schweinisch«, sagte sie über Otto Mühl. »Er ist ein kranker und völlig kaputter Typ.«

Otto Mühl, ursprünglich Hauptschullehrer aus dem Burgenland, machte erstmals in den 60er Jahren als Bürgerschreck von sich reden. Unter dem Etikett »Wiener Aktionismus« rebellierte er mit blutigen Kunst-Happenings gegen die herrschende Szene. Wie er sich im einzelnen dabei aufführte, beschrieb das Magazin »Stern«: »Nackt deklamiert er Gedichte gegen den Vietnamkrieg, er kackt und kotzt auf die Bühne, läßt Schweine schlachten, zerfleischt Gänse, köpft Hühner, schleudert Würmer ins Publikum, dekoriert Nackedeis mit Kot, Blut und pinkelt ihnen – finale furioso – auf die Brüste.«[46] Damit wollte der Aktionist »Milliarden pervertierter Wichteln kräftig in den Arsch treten«. Doch 1970 war der ungeschlachte Kot-Künstler nicht mehr so obenauf, denn da verließ ihn seine Frau nach sechs Jahren Ehe und nahm auch den gemeinsamen Sohn mit. »Ich war am Nullpunkt angelangt«, schrieb Mühl später, alles »hatte sich als sinnlos erwiesen, trotz Kunst, trotz Psychoanalyse, trotz Ehe.«[47]

Um mit dem »Alleinsein« und den »Depressionen« fertigzuwerden, lud er ein paar Leute ein, mit ihm in seiner Wohnung zu leben.[48] Es kamen Ausgeflippte, Obdachlose, gescheiterte 68er Rebellen; sie wohnten im Chaos, im Müll und konsumierten jede Menge Drogen. Die langhaarigen Kommunarden lungerten arbeitslos und -unwillig herum, lamentierten über die »Abschaffung des Privateigentums« und beschäftigten sich viel mit Sex. Wie konnte aus dieser Anarcho-Truppe von acht Leuten ein totalitärer Psycho-Kult werden? »Niemand dachte auch nur annähernd daran, eine autoritär geführte ›Sekte‹ zu bilden, auch Otto Mühl selbst hatte nicht die Absicht, ›Sektenführer‹ oder ›Guru‹ zu werden«, schreibt der langjährige Mühl-Jünger Andreas Schlothauer.

Doch mit einem feinen Gespür für Macht nutzte der beruflich und privat gescheiterte »Aktionskünstler« die unverhoffte Chance und begann, seine Triebe und Vorstellungen in der Gruppe durchzusetzen. Er gab die Richtung vor, sein Einfluß wuchs. Auf Widerstand stieß er dabei kaum. Wem sein Gehabe nicht gefiel, den warf er raus. Dafür kamen neue Leute aus der linken Wiener »Szene«, die den derben Selbstdarsteller bewunderten; er hatte ohne Zweifel einen gewissen Humor und verstand es, Leute zu begeistern. Ab 1972 hielt er für seine etwa dreißig jungen Kommunarden pseudotherapeutische »Sprechstunden« ab, die laut Mühl vor allem »anerkanntes

Ficken« waren. Als »Befähigung« für derlei Behandlung diente ihm seine abgebrochene Psychoanalyse. Wer jetzt noch mitmachte, akzeptierte Mühl als Autorität und ordnete sich ihm unter.

Als ihn 1973 seine damalige Freundin verließ, verkündete der fast fünfzigjährige »Therapeut« das »Ende der Zweierbeziehung« (»die Pest«) und der »verbrecherischen« Kleinfamilie (KF). Er verdammte Liebe, Zärtlichkeit und Schwärmerei: »Ich denke, wer eine Zweierbeziehung hat oder haben will, ist von vornherein schwer geschädigt.«[49] Statt dessen rief er die »freie Sexualität« aus und dozierte fortan über seine Lieblingsthemen »Scheißen, Pissen, Kotzen, Ficken«. Begeistert nahmen die Kommunarden seine Botschaft und die tägliche Ration Haschisch entgegen; bei ihren Freunden und Bekannten fielen sie durch Rüpeleien auf: »Geh, was wüist denn? Wie lebst'n überhaupt? Host a Zwarerbeziehung? Geh scheißen, du KF-Wicht!«[50]

Bereits 1972 hatten die Mühl-Anhänger irgendwie Geld zusammengekratzt und ein verfallenes Gehöft am Neusiedler See erworben. Der abgelegene Friedrichshof wurde ab 1974 zum Hauptquartier der bald bis zu hundert Kommunarden, die sich nun *Aktions-Analytische Organisation* nannten. Sie lebten anfangs auf einem großen Matratzenlager, urinierten in Eimer, nachts trappelten die Mäuse durchs Zimmer. Im Schmuddel-Camp wurde nicht nur die Kleinfamilie revolutionär abgeschafft, es sollten auch alle genau gleich sein. Otto Mühls Vulgär-Anarchisten fielen damals durch ihr extrem-uniformierte Outfit auf: kahlgeschorene Köpfe (»AA-Glatze«) und blaue Latzhosen. Ihr Ziel war die Rückkehr zur unverfälschten Natur des Menschen, eine Utopie, die an Jean-Jacques Rousseau erinnert, dazu eine Art sexueller Sozialismus, den Mühl aus Karl Marx, Wilhelm Reichs »Charakterpanzer-Theorie«, der Urschrei-Therapie Arthur Janovs und den »Vögelt-euch-frei«-Parolen der Studentenbewegung zusammenkochte.[51] Für Otto Mühl teilte sich die Welt in den »Kleinfamilienstaat« (»kaputt und fertig«) und die *AA*-Menschen (»gut und geil«). In einem Pamphlet der *AAO* hieß es: »Asozialität, Kriminalität, Geisteskrankheiten sind Produkte, die sich ausschließlich aus der gesellschaftlichen Struktur der Kleinfamilie ergeben. (...) Wer den Krieg abschaffen will, muß zuerst die Kleinfamilie beseitigen.«[52]

Mit dieser Ideologie gewappnet, sahen sich die Mühl-Jünger als die »Elite der Menschheit« mit dem »höchsten Bewußtsein der Welt«. Sie waren – kaum faßbar – davon überzeugt, auf dem Friedrichshof »das bedeutendste gegenwärtig existierende Gesellschaftsmodell« auszuprobieren und »schon jetzt ein Leben zu führen, das sonst mit den Worten Utopie, Paradies, Himmel auf Erden usw. belegt wird«.[53] Deshalb wurde auch radikal alles sozialisiert: Frauen, Männer, Eigentum, selbst Unterhosen und Socken. Dieser »neue Humanismus« sollte eine »Weltbewegung« werden, um die Menschen »über alle trennenden Grenzen hinweg zu verbinden«. Wie der

»neue Humanismus« konkret aussah, schilderte ein Vater, der seinen Sohn auf dem Friedrichshof besuchte:

»Als wir in Eis und Schnee 1975 im Hauptquartier der Kommune eintrafen, die damals nur aus einem verkommenen Bauernhof und einer Scheune bestand, hatte Otto Mühl für meine Frau das blumige Kompliment: ›Du, mit deinen von Geilheit triefenden Augen, gäbest für uns die beste Puffmutter ab‹, während ich von einer Kommunardin mit den Worten: ›Hast du keine Lust auf junges Gemüse‹ in einer gewissen Körpergegend betastet wurde. Ein gewisser Otmar kniete vor meiner Frau nieder, fuhr ihr unter den Rock, mit der Hand einen Oberschenkel hinauf und leckte ihr das Gesicht ab. Anschließend wurde ein großes ›Happening‹ der zu jener Zeit kahlköpfigen Bande veranstaltet, das mit einem wilden Trommelkonzert eingeleitet wurde. Vorher hatten wir bereits Wandtafeln entnommen, daß die Kleinfamilie (KF) das größte aller Übel sei. Auch hatten wir gehört, daß der Haß gegen die Eltern, die für das gestörte Verhalten der Kommunarden verantwortlich seien, geschürt werden müsse und zwar bis zum symbolischen Vater- oder Muttermord. Nach einer langen musikalischen Trommeleinleitung wurde unser Sohn aufgefordert, in die Mitte des Kreises zu treten und ›es seinen Eltern zu zeigen‹. Obwohl er zunächst nicht wollte, waren doch das Geschrei der Kommunarden und die autoritäre Stimme Mühls stärker als seine Hemmungen. Nach monatelanger Gehirnwäsche versetzte sich Werner in eine Art Trance-Zustand, während dessen er sich den Pullover vom Leib riß und in Schweiß ausbrach. Er beschimpfte uns höhnisch und wild und rief mir schließlich zu: ›Ich fick dich in den Arsch, du schwules Schwein‹, während meine Frau mit den Worten ›Ich fick dich in den Arsch, du Sau‹ bedacht wurde. Während mir vor Schreck die Pfeife aus dem Mund fiel, brach meine Frau in einen Weinkrampf aus, der von starkem Kniezittern begleitet wurde. Die Glatzköpfigen aber klatschten begeistert und riefen im Chor: ›Bravo, bravo‹. (...) Die Nacht verbrachten wir auf Brettern im Schweinestall, da wir im Schneesturm über den verwehten Feldweg steckengeblieben wären. Am nächsten Morgen vor unserer Rückfahrt ließ man uns keinen Moment mit unserem Sohn allein. Das ›Happening‹ hatte uns gezeigt, daß er völlig unter dem Bann Mühls stand. Nach seinem großen Auftritt trottete er wie ein verlorenes Schaf hinter den anderen her und wagte es nicht, sich uns zuzuwenden.«[54]

In der Schafsherde hatte der Wahnsinn Methode. Eine Art ritualisierter Exorzismus sollte den »Kleinfamilienwichtel« ein für allemal austreiben. Otto Mühls Gehirnwäscheprogramm hieß »Aktionsanalyse« und später »Selbstdarstellung«. Im täglichen Psycho-Meeting mußten einzelne oder Gruppen – häufig nackt – in die Mitte der Horde treten und brüllend, jammernd, kotzend ihr »Kleinfamilienelend« bekennen. Dabei sollten sie symbolisch ihre Eltern vergewaltigen und töten (»Urmord«), die »finstere Kindheit« besiegen und in einem ekstatischen »Geburtserlebnis« wieder zum

Baby werden, das »Mama« und Papa« winselte. »Höllischer kann es in Dantes Inferno nicht zugehen«, schrieb der »Spiegel« 1977. »Nackte, geschorene Menschen winden sich in offenbar gräßlichen Qualen, heulen, schreien, grunzen und wimmern nach der Mami: ›Hilf mir Mami, ich hab' Angst.‹ ›Bring's um, das Mutterl‹, befiehlt ein Gulag-Kopf mit Latzhose, ›Reiß ihr die Dutteln ab, zerbeiß ihr die Fut.‹ Unter teuflischen Verwünschungen zerfetzt sodann das Opfer seine Mami und kotzt erlöst in einen Eimer. Irrenhaus? KZ? Exorzisten-Schmiere? Wir sind im ›Europäischen Zentrum‹ der ›Aktions-Analytischen Organisation Bewußter Lebenspraxis‹.«[55]

»Hot Seat« (»Heißer Stuhl«), »Psychodrama« und »Urschrei« hießen die therapeutischen Techniken, die Otto Mühl zu einem schauspielähnlichen Unterwerfungsakt »verfeinert« hatte, in dem sämtliche Scham- und Tabugrenzen – die »Inzestschranke« – radikal durchbrochen wurden. Ziel des infernalischen Ritus war ein »psychophysischer Orgasmus«, der zu einer »echten Wiedergeburt« führen sollte. Dazu klimperte der Grobian auf dem Klavier oder knetete und prügelte auf den armen Probanden herum, wobei auch mal eine Rippe zu Bruch ging (»Watschenanalyse«). Am Ende stand die zerstörte Identität – um eine neue zu bekommen. Otto Mühl: »Das AA-Bewußtsein ist eine Qualität, über die auch der fortschrittlichste und tüchtigste Kleinfamilienmensch nicht verfügt. Er steht, sobald er mit der Lebenspraxis der AA beginnt, hilflos da und merkt seine existentielle Impotenz. Er beginnt mit der Bewußtseinsstufe Null.«[56] Wie die Opfer auf Null gestellt wurden, schilderte die Berliner Zeitschrift »Zitty« im Jahr 1981. Ihr Reporter berichtete von einem Selbstdarstellungsabend, bei dem eine Abgesandte vom Friedrichshof in Berlin neue Jünger selektierte:

»Willkürlich werden einzelne in die Mitte zitiert, ausgefragt und nach allen Regeln der Kunst beschimpft. ›Gib's zu, Du willst doch nur die Weiber ficken!‹ brüllt Therese die hochroten Gesichter an. Dann müssen sie nachbrüllen, lauter, noch lauter. (...) In das Spektakel werden Musik, Tanz und Menschen so geschickt einbezogen, daß die ›Opfer‹ in Trance-ähnliche Zustände verfallen. Und noch etwas anderes geschieht: Niemand aus der Gruppe wagt mehr, Therese den leisesten Widerstand entgegenzusetzen. Nur die ›Langhaarigen‹ unter den Männern, am heftigsten beschimpft und zum Haareschneiden genötigt, bleiben in diesem Punkt noch ›trotzig‹ – nicht mehr lange. Bald fallen bei den ersten die Haare, sie halten dem Druck nicht mehr stand.«[57]

»Man gab das selbständige Denken auf«, sagte eine Ex-Kommunardin über die Totaltherapie.[58] Und man lernte, dem Leiter zu gehorchen. Die wimmernden »Dreckhaufen« behandelte Mühl nach seinem Gusto. Er bestimmte, wer »geschädigt« war oder schon ein »Mensch«. Mit Kritik oder Lob legte er fest, wer in der Gruppe oben und wer unten stand. Der schlaue Guru selbst ging so gut wie nie in die Mitte, denn er war ja durch »jahrelange Selbsttherapie als Aktionist« bereits »gesünder« als die anderen und brauchte demnach »kein Geburtserlebnis« mehr.[59] Für alle anderen aber galt: Das Licht am Ende des Geburtskanals hieß Otto Mühl. Nur er zählte. Und seine Predigt von der »spannungsfreien« Genitalität. In einem nie abreißenden Redeschwall ließ sich der besessene Erotomane vorzugsweise über sein Lieblingsthema aus: »Ich habe Weiber gerne, die naß werden durch bloßes Anschauen. Hier gibt es dann nicht mehr das ermüdende Vorspiel, das ein kalter Dieselmotor braucht, um fickreif zu sein.«[60] Wie aus einem Mund antworteten die Jünger: »Toll! Supi! Irre doll! Wow!«

Mühls obszöne Macho-Sprüche galten als Hochamt der »freien Sexualität« und wurden von den Anhängern willig nachgebetet. Damit keine »schädliche Zweierbeziehung« entstand, mußten die Kommunarden jeden Tag den Partner wechseln. Der Erfolg wurde dann in einem Tribunal namens »Sexpalaver« überprüft. »Alle paar Wochen wurde in einer gemeinsamen Gruppensitzung die sexuellen Verhaltensweisen jedes einzelnen untersucht und auf Linientreue abgeklopft«, schreibt Andreas Schlothauser. Wer den Koitus länger als dreißig Minuten ausübte, war schon verdächtig, eine »intime Zweierbeziehung« zu unterhalten; wer sich der »freien Sexualität« entzog, galt als krank und kam aufs »Palaver«, denn »Geilheit« war das wichtigste Kennzeichen des »neuen Menschen«.

»Diese Palaver waren häufig wie Hexenprozesse«, bezeugt eine ehemalige Kommunardin. »Das Intimste und Privateste wurde hervorgepreßt. Versagen und Fehlverhalten öffentlich verurteilt. Eine Hierarchie der geilsten Männer und Frauen eingeteilt. Nach den Palavern gaben die meisten ihr Bestes, um die neu unterrichteten Praktiken, Sätze, Geräusche und Stellungen umzusetzen.«[61] Der Leistungsdruck der »freien Liebe« ließ jedoch häufig die Schwellkörper erschlaffen. Und die Frauen konkurrierten vor allem darum, mit »Otto«, nach eigenen Worten »der einzige echte Mann der Bewegung«[62], ins Bett gehen zu dürfen.

Die zwanzig Jahre von Sodom

Nach und nach entstand hinter Wachtürmen und elektrischen Toren aus einer wilden »Horde« Otto Mühls Psycho-KZ mit Sauna, Bäckerei, Druckerei, Wäscherei, Großküche, Müllverbrennungsanlage, eigenem Friedhof – und einer staatlich anerkannten Schule. Möglich wurde das nur, weil Aktien, Häuser oder Stipendien der Anhänger als »Darlehen« einbehalten oder – unter dem Signum »Auflösung des Privateigentums« – enorme Einzugsgelder erhoben wurden. In Ottos Reich galten Diskussionen als »intellektuelle Hirnwichserei«, wer Kritik übte, war ein »kaputter Kleinfamilientrottel«. Er wurde vom Meister verprügelt, in der »Selbstdarstellung« gedemütigt oder zum Beispiel so zurechtgewiesen: »Du bist ein mieser Dummkopf. Alles, was du redest, ist Blödsinn, du kannst überhaupt nicht denken, deine Überlegungen sind deshalb falsch.«[63] Zeitungen, Radio und

Fernsehen gab es selbstredend nicht. Dafür gab es ja Otto. »Ich verstehe mich als Medizinmann der AA, sag Schamane, Guru, Meister, Diktator, König, Kaiser, oder einfach Otto, mir ist es egal«, verkündete er. »Versuch nicht, deine eigenen Gedanken zu realisieren, denn du hast keine. Lerne folgen. Verzichte auf deine Persönlichkeit und auf deine Individualität, du hast nämlich keine.«[64] Jedes Wort des Endlosquasslers – selbst auf dem Klo – wurde von den Getreuen auf Tonband und meist auch auf Video aufgenommen, abgetippt und in mehrseitigen »Dokumentationen« dem Fußvolk überreicht.

Seltsamerweise hatte die schräge Kommune vom Neusiedler See erheblichen Erfolg bei »undogmatischen« Linken in ganz Europa. Ihre teuren »Kurse« lockten Hunderte zum Friedrichshof; in Städten wie Berlin, Zürich, Paris, Amsterdam oder Oslo entstanden *AAO*-Filialen. Die Neu-Kommunarden lebten in kargen Räumen, ohne Privateigentum, Kino oder Theaterbesuche, auf gemeinsamen Matratzenlagern. Gestattet waren nur Arbeit, Therapie und Geschlechtsverkehr.[65] Für den Lebensunterhalt sorgten zunächst kleine Dienstleistungsbetriebe und »Kulturzentren«. Die jungen Leute aus der Mittelschicht, darunter viele Studenten, begeisterte vor allem die neue, radikale »Lebensform« der Österreicher, das Gefühl: »Die tun was« – und die Aussicht auf zahlreiche Sexualpartner.[66] Allerdings waren die weitaus meisten schnell wieder vom Paradies der »freien Liebe« geheilt, wenn sie einmal den Friedrichshof besucht hatten.

Andreas Schlothauer war achtzehn Jahre alt, als er 1976 in München mit der Kommune in Berührung kam.[67] Seine Jugendclique kriselte, dazu kamen »Schwierigkeiten mit dem Einstieg in die Liebe und mit der alles dominierenden Sexualität«. Der Ausbruch aus der Familie bot ihm wenig neue Orientierung. Er schreibt: »Die Sinnlosigkeit des Daseins, die politische Resignation der 68er Generation, die Brüchigkeit und Unbeständigkeit der Wohngemeinschaftsszene, mißglückte Drogenerfahrungen; all dies hatte einen Teil unserer Clique mit der Therapie- und Psychoszene in näheren Kontakt gebracht.« Je mehr er Arthur Janov, Wilhelm Reich und Dieter Duhm las, desto mehr spürte er, »daß dieses diffuse brennende Gefühl – zwischen einsam und rastlos – in mir ›aus der Kindheit kommen mußte‹«. Ostern 1976 lernten zwei Mädchen aus seiner Clique im englischen Garten einen Ulli kennen, der ihnen vom Friedrichshof erzählte und damit scheinbar »all unsere jahrelang keimenden Jugendträume wahr werden« ließ – eine Kommune mit »Gemeinschaftseigentum« und »freier Sexualität«. Staunend hörten sie, daß die Therapie »uns innerhalb von ein bis zwei Jahren gesund machen« könne, »wir würden neue Menschen sein«.

Mit anderen gründete Schlothauer im Sommer 1976 eine Kommune, die bald nachahmte, was sie in den Friedrichshofer »AA-Nachrichten« las. Mit ihren »Knobelbechern, Stoppelhaaren, Latzhosen und den zwei verschiedenen Socken« fühlten sie sich »als Elite der linken Avantgarde«.

Der erste Besuch im Friedrichshof wurde jedoch zum Desaster. Schlothauers Eindruck von der Selbstdarstellung war »schaurig«, der Umgangston erschien ihm »ideologisch und ›weanerisch‹ brutal« (»Ge, du bewußtlosa Trottl! Du bleda Hund!«), und die sexuelle Freiheit beschränkte sich für die meisten Kursgäste »auf die Zeit der (schützenden) nächtlichen Dunkelheit im 40-Betten-Schlafraum«. Es wurde »wenig gelacht«, und wie die meisten Gäste wurde der junge Münchner nach wenigen Tagen krank. Otto Mühl und die übrige »Bewußtseinselite« blieben stets »unnahbar fern«, standen erst um zwölf Uhr auf und zeigten, wenn man sie doch mal traf, die distanzierte Arroganz »des bewußten AA-Menschen zum unbewußten Kleinfamilientrottel«. Schlothauer hielt es nicht lange am Friedrichshof aus; trotzdem zweifelte er nicht an den »gemeinsamen Idealen« und band sich insgesamt fast neun Jahre an den wüsten Mühl-Kult. Seine Zweifel erklärte er sich damit, daß er »negative Erlebnisse« seiner Kindheit »auf den Friedrichshof projeziert« habe.

Es stießen aber nicht nur Freiwillige wie Schlothauer zur *AAO*; Rekrutierungskommandos vom Friedrichshof suchten mit verdeckten Werbeaktionen damals gezielt in der alternativen Szene von Großstädten wie Berlin nach neuen Untertanen.[68] Die Sekte wuchs explosionsartig an und zählte 1976 bereits 500 Mitglieder; etwa 10 000 Leute besuchten den Friedrichshof als Kursteilnehmer.[69] Um die Filialen besser zu kontrollieren, führte Otto Mühl sogenannte »Gruppenleiter« ein, die die Ortsgruppen zentralistisch auf den Friedrichshof ausrichteten und dort exakt die gleichen Methoden der mentalen Kontrolle installierten wie in Österreich. Als die Sekte Ende der 70er Jahre in eine Finanzkrise geriet und wegen der autoritären Strukturen Probleme hatte, neue »Trottel« zu rekrutieren, lockerte Mühl für eine paar Jahre die Zügel, erlaubte den Stadtkommunen eine gewisse Autonomie, ließ weltliche Kleidung und Privateigentum zu. Doch nachdem immer wieder kritische Presseartikel erschienen und einige Kommunarden seine Machtposition in Frage stellten, kehrte er ab 1982 zum alten Zwangssystem, zur »AA-Glatze« und zum Gemeinschaftseigentum zurück. Die Werbung wurde eingestellt und durch die »Kinderproduktion« auf natürlichem Wege ersetzt.

Otto Mühl verfolgte die Abweichler gnadenlos, löste die vielen kleinen Kommunen zugunsten weniger großer auf und schuf einen perfektionierten Ameisenstaat mit strenger gegenseitiger Kontrolle. Er befahl alle Mitglieder der Stadtgruppen in neu gegründete Firmen, steckte sie in Kostüme und Flanellanzüge und schickte sie zum Geldmachen in die »Kleinfamilienwelt«: als Börsenspekulanten, Versicherungsagenten und Immobilienmakler, auch für illegale Geschäfte. Zu diesem Zweck gab es Schwindel- und Scheinfirmen in Zypern und Luxemburg. Die Gewinne landeten oft an der Steuer vorbei auf Mühl-Konten in Luxemburg und der Schweiz. Laut Andreas Schlothauer verdienten rund zweihundert hart arbeitende Kommunarden aus den Stadtkommunen, »mit monatlichem Durchschnittseinkommen zwischen zehn- und hunderttausend Mark (brutto) und Durchschnittsausgaben von ca. achthundert Mark« unter »scharf kontrolliertem Konsumverzicht«, was Mühl und seine »Führungselite« auf dem Friedrichshof bedenkenlos verpulverten (für die Immobilien auf Gomera, Haschisch und Alkohol). Lohn, Altersvorsorge und Krankenversicherungen waren Fremdwörter.

Im Friedrichshof und ab 1986 in Gomera herrschte Otto Mühl wie ein absolutistischer Fürst, bewundert und gefürchtet, umgeben von unterwürfigen Hofschranzen. Er war nicht nur König, er war Gott. »Die Demokratie ist auch so eine Scheiße«, verkündete er ganz offen, »im Staat entscheidet die Mehrheit, und die ist idiotisch.«[70] In seinem Menschenversuchslabor, einer infernalischen Mischung von Pasolinis »120 Tagen von Sodom« und dem Täuferreich zu Münster, sprang der »Oberbulle« mit seinen Kälbern um, wie ihm gerade beliebte: Er ohrfeigte sie, beutete sie aus und mißbrauchte sie sexuell. Mühl allein hatte das Recht, minderjährige Mädchen zu deflorieren und mit den jungen Frauen zu schlafen. Ein Aussteiger namens Peter berichtete dem »Stern«: »Zur Rechtfertigung sagt Otto, daß er allein in der Lage ist, Sex nicht in eine perverse Zweierbeziehung ausarten zu lassen. Gleichzeitig versucht er, die Mädchen so früh wie möglich zu schwängern, damit sie auf ihn und die Gruppe fixiert sind.«[71] Als der Sex-Pascha 1987 eine Prostataentzündung bekam, mußten alle Kommunarden ein Medikament einnehmen, das bei einigen schwere Nebenwirkungen auslöste.

Seine Herrschaft sicherte der Wüstling mit einer weiblichen Führungsgruppe, dem 12er-Rat und durch ein lückenloses Kontrollsystem, der sogenannten Struktur. Jeder Kommunarde erhielt eine Nummer, die seine Position in der Hierarchie markierte und auf einer Tafel mit Namenskärtchen jederzeit abzulesen war. Je nach erzieltem Umsatz oder Willfährigkeit wurden die Jünger auf- oder abgewertet, manchmal auch nach Lust und Drogen-Laune. War Otto eine Frau im Bett genehm, stieg sie in der Hierarchie, bekam Vergünstigungen wie bessere Kleidung oder ein Einzelzimmer. Die »Struktur«, von Mühls »Erster« Frau Claudia entwickelt, bestimmte das Leben der Untergebenen, von der Obstzuteilung über die Haschischration bis zum Recht auf Telefonate. Geschickt stachelte der eitle Pascha die Angst und Eifersucht der Haremsfrauen an, die – inzwischen fast alle Mütter mit Kindern – sich haßerfüllt bekämpften und unterwürfig um seine Gunst konkurrierten.

Hinter dem »Führungsadel« (Mühl) kämpften die »Posis«, die ihre »Kleinfamilien-Schädigung« am besten überwunden hatten, um den Aufstieg. Wencke, kurzzeitig »Erste Frau« und begehrtes Objekt der »unteren Männer«, gab zu Protokoll: »Es galt als richtig, daß dir jederzeit dreißig Männer hinterherlaufen. Hast du geduscht, kamen zehn Männer mit Handtüchern angelaufen.«[72] Nach oben wurde gebuckelt, nach unten getreten. »Nicht-strukturgerechtes Verhalten« durfte durch kurze Schläge bestraft werden; Rangniedere hatten das Rückgrat zu beugen. Selbst die verrücktesten Erniedrigungen nahmen die Kommunarden jubilierend entgegen. »Lieber Otto!« schrieb eine *AAO*-Frau aus Zürich. »Ich war so begeistert von Deiner Idee, eine Computer-Fickliste einzurichten. Dann zu Hause haben wir die Liste realisiert. Zweimal am Tag ist das Ficken eingeteilt, mit wem man geht, darüber hinaus sind keine Grenzen gesetzt. Viele, viele geile Bussis an Dich von Deiner D.«[73]

Doch schon kleinste Vergehen – der falsche Putzlappen, ein Blatt im Kopierer vergessen – konnten in diesem abgefeimten System zur Degradierung führen. Solche Delinquenten demütigte Otto der Große auf dem täglichen »Palaver«: »Wo sind die Tränen? Nur Nässe überzeugt mich.«[74] Kam ihm ein männlicher Konkurrent zu nahe, versetzte ihn der Guru in einen der »Händlergulags« (»Profil«) nach Deutschland. Die Kommunarden mußten sich gegenseitig belauern und bespitzeln und dann in den »Bewußtseinsarbeitsgruppen« (Bags) jeden denunzieren, der zum Beispiel heimlich auf dem Klo rauchte oder beim Verkehr »keinen hochkriegte«. Ein »stählernes Disziplinierungsinstrument« nennt Andreas Schlothauer die Hierarchie der Sekte: »Je weiter unten man eingestuft wurde, desto schrecklicher war es. Auf den Letzten durfte jeder herumtrampeln.« Deshalb habe jeder »alles« versucht, um in der Hierarchie wieder hinaufzuklettern. »Man trat entschieden gegen ›alten Beziehungsschleim‹ an, kritisierte noch erbarmungsloser, sprang abends panisch-hektisch in die Mitte der Kommune, um eine ›emotionelle Selbstdarstellung abzureißen‹ und ›puderte‹ mehrmals täglich, denn ›über die Geilheit entwickelte man sich‹.«[75]

Groteske Rituale prägten das Leben in Ottos dämonischem Operettenstaat. Wenn er über den Hof lief, hasteten dreißig Gestalten devot-gebückt hinter ihm her. Beim gemeinsamen Essen durften nur die Ranghöchsten mit am Tisch sitzen, die Parias – oft bis zu hundert – mußten um den Tisch stehen. »Gebannt lauschen sie dem steten Redefluß Otto Mühls, lachen hysterisch bei seinen im breiten Dialekt vorgetragenene Schmähs und verharren schweigend, wenn er kaut oder trinkt«, schilderte der »Spiegel« die bizarre Szenerie. Neben Themen wie »Ikeastühle – gutes Design«, »Gold und Dollars« und »Hitlers Führerstaat« plapperte der meist von Haschisch, Wein oder Kokain benebelte Maestro vor allem über sein Lieblingsthema. »Er hält lange Ansprachen, wie potent er ist, wie oft er fickt und daß er ›das beste Erbmaterial‹ hat«, sagte ein Aussteiger dem Magazin »Stern«.[76]

Der Nachwuchs seiner Kommune lag dem Sex-Maniac denn auch besonders am Herzen. »Wir brauchen 20 Kinder nächstes Jahr, damit wir nicht aussterben«, befahl er laut kommuneinterner »Doku« 1984. Die »Kinderproduktion« stand allein in seinem Ermessen. Gemeinsam mit dem 12er-Rat prüfte er die schriftlich eingereichten Anträge und entschied dann, wel-

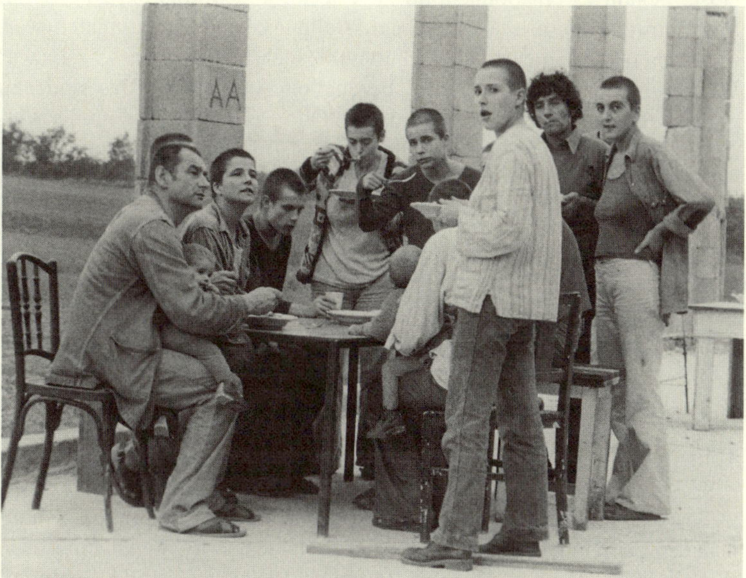

Otto Mühl auf dem Friedrichshof
Mühl mit jungen »Kommunarden« der AAO

cher von den aufgelisteten Wunsch-Männern als Erzeuger in Frage kam. Der »Spiegel« zitierte den Dankesbrief einer Berliner Kommunardin: »Ich bin sehr glücklich, weil ich gerade ein Kind machen darf. Zwei Männer habe ich mir ausgesucht, P. und O. Ich bin wirklich nur nach Körperbau und Gesicht gegangen. Der Charakter vererbt sich ja nicht, Gott sei Dank.« P. S.: »Schade, daß es nicht von Dir sein kann.« PPS.: »Vielleicht das nächste.«[77] War eine Frau jedoch ungenehmigt schwanger, drängte Mühl auf Abtreibung – Kinder gab es nur mit seiner Zustimmung. »Ich schätze, daß 60 Prozent der Frauen mindestens einmal unter Druck abgetrieben haben«, sagt eine Ehemalige.[78]

Die etwa 120 Kommunekinder durften niemals spielen, denn die »Erste Frau« Claudia hatte festgestellt, daß »Spielstunden, Liebe, Verständnis zu nichts anderem führen als zu größenwahnsinnigen, unzufriedenen Kindern ... Jetzt gibt es Arbeitseinsatz«.[79] Für Otto Mühl war der Nachwuchs genauso »Material« wie alle Menschen – beliebig formbar. »Kinder müssen gebrochen werden« lautete der pädagogische Grundsatz des einstigen Hauptschullehrers. Beim täglichen »Kinderpalaver« wurde ihre Arbeitsleistung bewertet. Ab dem Alter von zwölf Monaten wurden sie zu Reinlichkeit und »Bitte«-Sagen dressiert: Machte ein Baby nicht mehr in die Hose, bekam es ein Sonnenbild angesteckt, andernfalls ein Regenbild. Eine Fünfjährige, die beim Selbstdarstellungsabend eingeschlafen war, zog Mühl in die Mitte und überschüttete sie mehrfach mit Wasser. »Es war Winter und der Raum bitterkalt«, bezeugt ein Aussteiger. »Das Mädchen mußte sein Hemd ausziehen, wurde von Otto geschlagen und immer wieder mit Wasser übergossen.«[80] Und niemand griff ein – wie immer.

Der Brutal-Pädagoge hielt alle Mütter dazu an, ihre Kinder nicht durch »Überfürsorge und schleimige Freundlichkeit zu schädigen«, weil er das offenbar seiner eigenen Mutter nie verziehen hatte. Demgemäß mußten Liebe und Zärtlichkeiten heimlich ausgetauscht werden, denn sie konnten furchtbare Folgen haben. Bereits wenige Wochen alte Säuglinge wurden ihren Müttern auf Befehl des 12er-Rates entrissen und einer »Ersatzmutter« übergeben.[81] Eine Frau, die deshalb einen Weinkrampf bekam, herrschte Mühl an: »Du öde Muttersau du. Laß doch deine Zweierbeziehung!«[82] Der Sekten-Diktator nahm aber auch »ungezogene« Kinder ihren Müttern weg, gab sie einer »Ersatzmutter« und schickte die echte Mutter zum Arbeiten in eine der auswärtigen Filialen. »Die Frauen gehorchten, wenn auch oft fassungslos und innerlich zerrissen«, schreibt Andreas Schlothauer.[83] Lediglich eine Mutter stieg aus. »Ich habe nie in meinem Leben mehr gelitten«, sagt sie über ihre Zeit in der Sekte, »es war das Schlimmste, was ich je erlebt habe.«[84] Die Väter spielten, wenn sie überhaupt bekannt waren, keine Rolle. Dafür hatte Otto Mühl den Anspruch, der »Vater aller Kinder« zu sein.

Der Nachwuchs sollten nicht nur frei von der »Krankheit der Zweierbeziehung« aufwachsen, sondern natürlich auch von der »Pest der Kleinfamiliengesellschaft« ferngehalten werden. Deshalb war Kino genauso verboten wie Fernsehen, Literatur oder Musik, und deshalb gab es »Sexualkunde« sowie die schockierende »Einführung in die freie Sexualität« vom Meister und seiner Frau persönlich. Die Außenwelt schilderte Otto den Kindern als Drogen-, Aids- und Gewalthölle. Mit dieser Gehirnwäsche wollte er »blind gehorchende Business-Roboter« (»Stern«) züchten: »Wenn unsere Kinder erst einmal in die Firmen kommen, dann wird das die Zukunft! Das beste Material! Sie sind wie Japaner, die das schon von klein auf lernen. Es ist Fleisch und Blut, ohne zu denken.«[85] In Wirklichkeit machte der Sekten-Boß die Kinder zu seelischen Krüppeln mit Eß- und Schlafstörungen sowie Selbstmordphantasien.

Ähnlich wie der Schneider Jan Bockelson im Täuferreich zu Münster 1534, so erklärte auch Otto Mühl zum Schluß seiner Herrschaft die Monarchie zur vorbildlichen Staatsform. 1988 heiratete er seine »Erste Frau« Claudia Weissensteiner, denn »wir sind vielleicht das einzige Liebespaar, das ideal wäre«.[86] Während viele Kommune-Frauen die Nerven verloren und fassungslos heulten, behauptete Königin Claudia: »Das sehen alle sehr gern. Die haben gejubelt bei der Hochzeit.«[87] Mühl benötigte die königliche Kleinfamilie, um die dynastischen Nachfolge zu klären. Der gemeinsame Sohn Attila, damals drei Jahre alt, wurde umgehend zum »Thronfolger« ernannt. »Bis jetzt sehe ich weit und breit keinen, der Chef sein könnte«, erklärte Mühl, »er ist der erste Lichtstrahl.«[88] »Atti« wurde zum »Führer« verzogen und hatte das Recht, andere, auch ältere Kinder, zu verprügeln. In den Filialen wurden nun Fotos der heiligen »Herrscherfamilie« aufgehängt.

Die meisten Jünger blieben über Jahre in der Sekte, weil ihnen die Gruppe trotz allem ein Gefühl von Sicherheit vermittelte und weil sie glaubten, daß sich vielleicht doch noch etwas ändert. Außerdem quälten sie massive Ängste vor der Außenwelt. Trotzdem flüchteten während der letzten Jahre viele der sechs- bis siebenhundert Kommunarden aus dem Reich des Sex-Despoten. Andreas Schlothauer berichtet, daß ihm die Münchner Kommune oft wie »eine schreckliche Kaserne oder ein Gefängnis« vorkam und er immer wieder ans Weglaufen dachte.[89] »Aber das ging ja nicht, meine besten Freunde waren mit mir in die AAO gegangen, mein Bruder, meine Freundin. Nur durchhalten, bald würde alles besser werden.« Schlothauer hatte aber das Glück oder die Gabe, nie völlig in der Sekte aufzugehen; er pflegte Kontakte nach draußen. Statt einen hohen Platz in der »Struktur« anzustreben, war ihm sein Studium wichtiger. Er lavierte zwischen den Ansprüchen der Friedrichshofer Zentrale und seinen Freiräumen.

Als die Zügel angezogen wurden und die Zentrale 1983 alle Komunarden in den Filialen aufforderte, »kleine Wirtschaftsbosse zu werden«, glaubte er, daß der große Otto Mühl von all diesen Veränderungen nichts wisse.[90]

Aber es war klar, Ideal und Wirklichkeit klafften immer mehr auseinander. »Der Friedrichshof ist fern der Wirklichkeit«, notierte Schlothauer in seinem Tagebuch. »Da, wo es ideologisch wird, wo alle hin- und mitrennen, weigere ich mich, und wenn mir keiner sagen kann, warum sie dorthin gehen, dann bleibe ich stehen und gehe langsam weiter in eine andere Richtung.« Den verordneten Urlaub am Friedrichshof empfand er stets als »Umerziehungsaufenthalt« und versuchte, ihn so kurz wie möglich zu halten.

Der wichtigste Grund zu bleiben, war – ausgerechnet! – eine Zweierbeziehung. Er hatte sich in eine Mit-Kommunardin verliebt, das schlimmste Verbrechen im Reich der »freien Sexualität«. Schlothauer schreibt: »Mühl lehnte die Zweierbeziehung vor allem deswegen ab, weil jede Beziehung – und gerade diese tiefe Bindung zweier Menschen – die Betroffenen aus seinem Machtbereich heraussaugte.« Otto Mühl wußte das genau. »Du sollst keine Zweierbeziehung haben«, dekretierte er im Stil des Alten Testaments. »Bei denen, die eine Zweierbeziehung haben, greift die Struktur nicht mehr. Wer eine Zweierbeziehung hat, hat eine Lücke gefunden in unserem Strukturnetz.«[91]

Als die verbotene Liebe herauskam, tobte Mühl und befahl die beiden Dissidenten mehrfach zum »Palaver« auf den Friedrichshof. Er schmeichelte, bot beiden eine Beförderung an und drohte zugleich: »Das Wohl des Kollektivs geht vor das Wohl jedes Einzelnen.« Ihre Trennung sei beschlossene Sache. »Das ist nämlich Freiheit, eine andere gibt's nicht, habe ich noch nie gesehen.« Als die Münchner sich weigerten, wurde der Guru, unter beifälligem Raunen der achtzig Zuhörer, vulgär: »Ich bin nicht bös auf euch, ich steh auf dich, Andreas, auf die S. naturgemäß natürlich noch mehr ...« Andreas Schlothauer schreibt: »In dieser direkten Auseinandersetzung mit Otto Mühl um ein mir existentiell wichtiges Gefühl lernte ich mehr über diesen Menschen, seine Führungsdamen und die Bewunderung blökende Anhängerschar als in den achteinhalb vorherigen Jahren. Für mich war nun klar, daß ich soviel Willkür nicht mehr mitmachen wollte.« Für seine Freundin auch. Beide verließen im Oktober 1984 die Sekte. Schlothauer: »So wurde meine seelische Odyssee, die Suche nach mir und nach neuen Lebensformen, durch die älteste Geschichte der Welt beendet: Die Liebe entzog mich Mühls Klauen.«

Für Otto Mühl waren Aussteiger »kaputte Typen«, die »es nicht geschafft« hatten. Doch wer blieb, wurde häufig krank, impotent, depressiv oder wahnsinnig. Am Ende litt der Guru selbst unter seinem System, das statt befreiter Menschen beziehungslose Zombies produziert hatte. Im engen Kreis der Vertrauten gestand er: »Ich habe eigentlich mit niemandem Kontakt ... Ich schlage die Zeit tot mit Malen und Herumquatschen. Ich bin ein total einsamer Typ, weil mich eigentlich alles gar nicht interessiert.«[92] In einem imaginären Interview sagte er 1983 auf die selbstgestellte Frage, ob die Gesellschaft sein Experiment noch lange dulden würde:

»Ich warte jede Sekunde darauf, daß der Gegenschlag kommt – aber es kommt nichts. Ich warte schon zwölf Jahre vergebens.«[93]

Wie war es möglich, daß diese faschistoide Sektendikatur sogar zwanzig Jahre funktionierte und auch noch vom Staat mit erheblichen Mitteln subventioniert wurde? Otto Mühl hatte einflußreiche Freunde in der österreichischen Kunstszene, aber auch in der Politik.[94] In der Linken galt der Friedrichshof als »sozialistisches Modell«, und Mühl verstand es, hohen Gästen eine glänzende, freundliche Fassade vorzuführen oder sie schlicht zu »schmieren«. Hochrangige Politiker hielten die Hand über den »schlitzäugigen Unhold« (»Spiegel«), darunter der burgenländische Landeshauptmann und der österreichische Bundeskanzler Bruno Kreisky. Selbst als die Justiz bereits ermittelte, sagte Kreisky 1989 noch in einer Fernsehsendung über Mühl: »Als Mensch hat er eine große intensive Entwicklung durchgemacht und hat in der Tat neue menschliche Qualitäten ins Leben der Gemeinschaft eingebracht.«[95] Otto Mühl bemerkte 1983 voller Stolz: »Wir haben ganz oben angesetzt, der Bundeskanzler Kreisky ist begeistert von uns. Wir haben zum Glück früh bemerkt, daß man mit den höchsten Leuten Kontakt aufnehmen muß.«[96]

Doch nachdem der »Stern« im Juni 1988 die Nötigung Unmündiger, den Zwang zur Abtreibung und die brutalen Erziehungsmethoden mit Hilfe Ehemaliger, darunter Andreas Schlothauer, aufgedeckt hatte, begann nach der spanischen auch die österreichische Justiz zu ermitteln. Um der drohenden Ausweisung aus Spanien zu entgehen, flüchtete Otto Mühl im Juni 1989 aus Gomera und kehrte auf den Friedrichshof zurück. Aber auch dort hatte er nur noch eine Gnadenfrist. Zahlreiche Aussteiger fanden den Mut, gegen ihren früheren Peiniger auszusagen. Und erstmals sorgten Abtrünnige dafür, daß eine Sekte »geordnet« aufgelöst wurde.

Mit Gesprächskreisen auf dem Friedrichshof und in einzelnen Stadt-Kommunen gelang es Schlothauer und einigen anderen – gegen massives Mißtrauen der Kommunarden und gegen die Anfeindungen des Hofstaates um Otto Mühl – das kontrollierte Denken vieler Jünger behutsam aufzubrechen. Die Folge war eine demokratische Öffnung: Mühl und seine Frau Claudia mußten sich zurückziehen, die Gruppe öffnete sich nach außen, wählte eine neue Leitung und schaffte den Zentralismus ab. »Glücklicherweise fand der von uns befürchtete schnelle Zusammenbruch nicht statt«, schreibt Schlothauer, »so blieb Zeit, um die Vaterschaften und Familienverhältnisse wenigstens teilweise zu klären und soziale Härten für die große Zahl alleinerziehender Mütter und ihre Kinder möglichst zu lindern …«[97]

Am 17. Juni 1991 wurde der Sektenführer auf dem Friedrichshof verhaftet. Die Stadtgruppen lösten sich auf, von zuletzt etwa 350 Sektenmitgliedern blieb ein Kern von zwanzig bis dreißig Leuten auf dem Gehöft und bewirtschaftet es weiter. »Wir, die wir anfänglich gegen die autoritäre Vatergesellschaft protestierten, endeten mit einem faschistoiden Erziehungsideal«, sagt Wencke, zeitweilig »Erste Frau« am Friedrichshof. »Wir glaubten, daß wir eine revolutionäre Lebens- und Arbeitsgemeinschaft mit Gemeinschaftseigentum und freier Sexualität seien, tatsächlich war es ein Experiment mit dem Prinzip ›Gehorsam‹.«[98]

Die Erotische Akademie

Als die *AAO* Ende der 70er Jahre in die finanzielle Krise rutschte, versuchte Otto Mühl, ihr einen freundlicheren Anstrich zu geben. Plötzlich war viel davon die Rede, »die Struktur einer zukünftigen Gesellschaft schrittweise zu erforschen«.[99] Zwei Intellektuelle an seinem Hof, Dieter Duhm und Aike Blechschmidt, entwarfen das Konzept eines »Zentrums für experimentelle Gesellschaftsgestaltung (ZEGG)«. Es sollte die *AAO* in Verbindung mit der internationalen Alternativbewegung bringen, eine »alternative Uni« und ein »Forschungszentrum« aufbauen. »Es war der Versuch, die AAO gesellschaftsfähig zu machen, ihr den anrüchigen Ruf einer Sekte zu nehmen«, urteilt Andreas Schlothauer. Jedoch: »Das ZEGG-Konzept wurde nie realisiert.« Hier irrt der Autor.

Brandenburg im Sommer 1997. Im *ZEGG*-Café liegen Zettel aus, die behaupten: »Das ZEGG ist keine Nachfolgeorganisation der AAO.« Mit Otto Mühl habe man nichts zu tun. Dieter Duhm, der von 1976 bis 1979 immer wieder am Friedrichshof weilte und dort begeistert mitarbeitete, begründet in einem langen Artikel, warum er sich von Otto Mühl abwandte.[100] Er kritisiert an der *AAO* unter anderem die »hierarchische Struktur«, den »Untertanengeist« und die »fatalen Sexualgesetze«. Otto Mühl, für Duhm ein »brillianter, aber absolutistischer Fürst«, sei gescheitert, weil die »neuen Ideen mit den alten Strukturen einer absolutistischen Kirche« kollidiert seien – wie später bei Bhagwan. Dennoch: »Es waren die beiden größten und wichtigsten Gemeinschaftsexperimente unserer Zeit.« Über Mühl sagt Dieter Duhm: »Ich kann ihn nicht an seinen persönlichen Fehlern messen, dazu hat er einfach zu viel geleistet.« Zu viel geleistet! Er selbst habe, schreibt Duhm, später einige Begriffe des Friedrichshofs wie »freie Sexualität, »Gemeinschaft« und »Selbstdarstellung« übernommen, aber mit »anderem Inhalt« gefüllt.

Und wirklich: Das *ZEGG* ist sozusagen die New-Age-Variante von Otto Mühls Brutal-Kult. Statt vom »Kleinfamilienelend« ist im *ZEGG* vom »debilen Monsterdasein« des »domestizierten Eros« die Rede.[101] Aus der »energetischen Entladung« wurden »Heilungsenergien«, aus der »globalen Sexualität« die »globale Netzwerkbildung« und aus der »Selbstdarstellung« das »Forum«. Kein sabbernder, kotzender »Urmord« mehr, aber immer noch der Seelenstriptease pur. »Das Forum ist das gleiche wie die Selbstdarstellung, aber nicht dasselbe«, sagt der Sektenexperte Thomas

Gandow. »Es werden innerpsychische Konflikte vorgetragen und durch Rückkopplung mit der Gruppe ausagiert. Schon eine Psychoanalyse ist manipulativ – um wieviel mehr, wenn kein Therapeut, sondern eine Gruppe mit so einer Ideologie um mich herumsitzt und meine Konflikte deutet.«

Die Belziger Psycho-Truppe versucht vor allem, in den neuen Bundesländern Jünger zu gewinnen, beispielsweise in Zittau, Dresden und Leipzig. In einem Zittauer Jugendzentrum sollten Jugendliche 1995 bei Psychospielen intimste Gefühle preisgeben; einige seien danach »völlig fertig« gewesen, berichteten die Medien.[102] Mitglieder der Begegnungsstätte besaßen Kontakte zum *ZEGG*. Immer wieder hat auch die Beratungsstelle der *Eltern- und Betroffeneninitiative (EBI)* in Leipzig mit dem *ZEGG*-Netzwerk zu tun. »Es wird über persönliche Kontakte oder Sommercamps geworben«, sagt Elke Nietsche von der *EBI*. »Wir bekommen Anfragen, weil junge Leute dort hineingeraten. Für uns ist das ein Psycho-Kult.« Die Gruppendynamik im *ZEGG* sei enorm, meint ein Beamter des brandenburgischen Landeskriminalamtes, »man kann sich ihr kaum entziehen«.

Auch Ökologie-Projekte, die dem *ZEGG* im Prinzip positiv gegenüberstehen, übten harsche Kritik. Eva Stützel vom »Ökodorf« aus Sachsen-Anhalt kritisierte nach einem Wochenende im *ZEGG* die Energieverschwendung durch »hemmungsloses Heizen«, »Festbeleuchtung« und »starke Auto-Orientierung« – »nicht gerade das, was ich unter »anders leben« verstehe«.[103] Homosexualität sei dort verpönt, die »freie Liebe« offenbar nur etwas für Heterosexuelle. »Schwul ist im *ZEGG* auch immer noch ein Schimpfwort.« Vor allem aber stießen sie die »autoritären und direktiven« Methoden der Seminarleiter beim »Forum« ab. In den vielen Spielchen, in denen es um Gehorsam gehe (»Herr und Sklaven«), würden die Menschen bloßgestellt, erniedrigt und durch Gruppendruck zum Gehorchen gezwungen. »Mir wurde richtig übel«, schreibt Stützel. Einen sensiblen Umgang mit Macht konnte die Ökologin nicht entdecken, »eher das Gegenteil«.

Doch der zuständige Landrat Lothar Koch sieht das *ZEGG* inzwischen gelassen. »Mir hat imponiert, daß da ein paar Verrückte sind, die echte Fragen stellen«, sagt er. »Das sind Suchende, die sind aus meiner Sicht nicht gefährlich.« Er verweist darauf, daß mittlerweile diverse kleine Öko-Firmen ausgegründet wurden, daß tatsächlich mit alternativen Energien und einer Schilfkläranlage experimentiert werde. »Außerdem haben sie die erste Holzhackschnitzelanlage im Kreis Potsdam-Mittelmark gebaut.« Die Kinder aus dem *ZEGG* seien in der Schule nicht auffällig, und die Belziger hätten sich mit den seltsamen Nachbarn arrangiert. »Die Leute in der Region«, sagt der Landrat, »sind so schnell nicht zu erschüttern«. Harmlose spirituelle Sucher oder Sekte?

»Sie sind zweifellos eine Psycho-Organisation«, erklärt Thomas Gandow. Dieter Duhm ist jedoch kein Otto Mühl. Er wollte seine eigene Kommune, und er hat sie gekriegt. Im *ZEGG* sind sogar Zweierbeziehungen erlaubt, auch »Kleinfamilienmenschen« dürfen dort geküßt werden. Die schlechte Presse hatte Umsatzeinbußen zur Folge, man ist daher um Offenheit bemüht und bemerkt inzwischen mit Entsetzen eine gewisse »Rückverbürgerlichung« unter den Getreuen[104]. Trotzdem hat auch das *ZEGG* wie andere Psycho-Gruppen eine Zukunftsvision entwickelt, in der die eigene Organisation zur Avantgarde des neuen (hier: »sexuell befreiten«) Menschen wird. Mehr noch: Das *ZEGG*-Netzwerk soll sogar den drohenden Weltuntergang abwenden. Wie andere New-Age-Propheten (und übrigens auch Otto Mühl) sieht Dieter Duhm auf Schritt und Tritt die Reiter der Apokalypse nahen.

»Wir leben in einer realen vorapokalyptischen Situation«, schreibt der »Visionär«. Er zeichnet wüst ausgemalte Horrorszenarien von »alltäglichen Massakern«, Hungerkatastrophen, »ökologischer Verwüstung, Aids und anderen Seuchen« sowie »libyschen Giftgasproduzenten«.[105] 1992 befand er: »Wir stehen zum ersten Mal in der Geschichte real vor einem globalen Inferno.« Einzige Rettung sei »die vollkommene Befreiung der Sexualität«, um die ursprüngliche »humane Idee des Sozialismus« zu erreichen: »Jeder wirkliche Sozialismus ist auch ein Sozialismus der Liebe, jeder wirkliche Humanismus ist auch ein sexueller Humanismus.«

Praktisch sieht das so aus, daß Didi autarke »Überlebensdörfer« mit »schöpferischem Sex«, »eigener Energieversorgung« und »eigenen Nachrichtensystemen« errichten will, um die »nötigen Technologien des Überlebens vorzubereiten«. Vieles hänge davon ab, »was wir in der noch verbleibenden Zeit unternehmen«. Rettung vor der Apokalypse – das soll nun Sinn und Zweck des *ZEGG* sein. Duhm schreibt: »Wir werden uns in apokalyptischen Zeiten nicht auf Ölgesellschaften, öffentliche Tankstellen und Benzin verlassen können. Wir müssen rechtzeitig beginnen, in der ZEGG-Universität die neuen Möglichkeiten für Energieerzeugung, Wassererzeugung, Nahrungsmittelproduktion … vorzubereiten, damit sie uns in fünf bis zehn Jahren real zur Verfügung stehen.« Duhm weiter: »Wir wollen entsprechende Parzellen aufbauen an verschiedenen ausgewählten Orten der Erde.«

Das Programm läuft auf Hochtouren. Während sich das Belziger Fußvolk mit Journalisten und Sektenpfarrern herumplagt, hat sich die *ZEGG*-Elite längst in eine ihrer »Überlebensparzellen« abgesetzt. Hundert Leute um das Gründer- und Gurupaar Dieter Duhm und Sabine Lichtenfels bauen in Südportugal am »Heilungsbiotop 1«, auch »Meiga 3000« genannt, für das 1994 schon mal 200 000 Mark gesammelt wurden. In Tamera, zwanzig Kilometer vom Meer entfernt, bohren sie auf einem 134-Hektar-Gelände Brunnen, legen künstliche Seen an, Obstgärten, Häuser, Büros, »Labors« und lümmeln nackt in der Sonne. Derweil fahndet Sabine Lichtenfels im portugiesischen Sand munter nach »Steinkreisen« und »matriarchalen Quellen«.[106]

In südlichen Gefilden taucht auch das »Transformatorische Bordell« wie-

ZEGG-Flyer für die Veranstaltung »Eros und Religion« von und mit Sabine Lichtenfels, Theologin, Prostituierte und Vordenkerin der sexuellen Befreiung gemeinsam mit dem Ex-68er und Propheten Dieter Duhm

der auf. Die »Transformationsvorgänge« leiten die vielen Ex-Prostituierten um Didi Duhm, die in den *ZEGG*-Schriften als »Theologin«, »Forscherin« oder »einfach Frau« unermüdlich über die »tiefe freie Liebe« philosophieren. Die eigentliche »erotische Akademie« hält ihr Curriculum in La Massilia auf Lanzarote ab, einer Appartmentanlage direkt am Meer. Ein Ort, wo laut Sabine Lichtenfels die »freie Liebe real erfahrbar wird«. Die Reize des »Treffpunkts für Eros und Kultur« beschreibt die »Theologin« so: »Ein schönes Arrangement, aphrodisiakische kleine Tapas, speziell dafür eingerichtete Liebeszimmer stehen uns zur Verfügung und machen manches möglich, von dem man sonst nur träumt. Frauen und Männer, die

›es‹ gerne tun, werden für Liebesdienste bereit stehen. Das Meer, die Sonne, die Schönheit der Insel und die Barabende tun ihr Übriges dazu.«[107]

Eine Besucherin wurde vor Ort über den tieferen Sinn des Wortes »erotische Akademie« unterrichtet: »Frauen und Männer treffen sich und sprechen zum Beispiel über die griechische Götterwelt, kommen ins Philosophieren, tun ›es‹ und beteiligen sich trotzdem weiter am Gespräch – eine Verbindung von Geist und Eros.«[108] Nach anfänglicher Langeweile im »Serail« gefiel es der Eros-Touristin in La Massilia, und als am Tag vor der Abreise »zum letzten Mal Liebesdienste angeboten« wurden, hatte sie »endlich den Mut, Pascal zu buchen« – den Koch. Inzwischen sind die Freuden der freien Liebe wohl nicht mehr ohne Arbeit zu haben. 1997 wurden »Workcamp und Haremskurs« kurzerhand zusammengelegt. »Morgens arbeiten wir am Umbau unserer Bar, und die Nachmittage sind dann frei für unsere gemeinsamen Veranstaltungen …«[109]

Die »apokalyptische und vorapokalyptische Situation« erfordert laut Dieter Duhm weitere »Forschungsprojekte«, die im Endeffekt aber wohl alle auf das gleiche hinauslaufen. Da gab es zum Beispiel einen »Wüstenpuff«, ein »Wüstencamp« mit Erforschung der »Rätsel des Eros im Lichte des Sternenhimmels« und ein »Delphinforschungsschiff« namens Kairos. Wie es auf dem Segelschiff bei der Delphinforschung zuging, erfuhr ein »Taz«-Reporter, der einen 14-Tage-Törn für 1600 Mark gebucht hatte, weil er wirklich an Sport und Delphine glaubte.[110] Schon beim Beschwören der Wale am zweiten Tag flüsterte ihm die süße Jessica aus der Küche ins Ohr: »Willibald, du hast so schöne braune Augen, wenn du willst, mach' ich es auch ohne Präser.« Bald stellte er fest, daß von 22 Leuten an Bord 15 zum *ZEGG* gehörten. Beim Essen habe immer einer »der oberen Gruppenleiter« versucht, das Gespräch »zentral zu lenken«; Unterhaltungen mit den Tischnachbarn seien »nicht erwünscht« gewesen.

Als das Boot die kleine Bucht El Cabrito auf Gomera passierte, wo Otto Mühl einst »neue Menschen« züchtete und nun ein paar Ehemalige aus der *AAO* die Plantagen bewirtschaften, gab dies dem Reporter Anlaß zu einer kleinen Betrachtung: »Mühl sitzt im Gefängnis wegen sexuellen Mißbrauchs von Jugendlichen. Naja, alte Geschichten. Doch spannend, weil in diesen Tagen die ›Kairos‹ vor dieser Bucht ankert. Und wieder missionieren Eingeweihte die dummen Spießer, die Frustrierten und versuchen, sie an ihre Gruppe zu binden. Ahnungslose Kursgäste, die Delphine und Sport suchten, werden sexuell angemacht und eingelullt in das New-Age-Gebimmel.«

Flirty Fishing im New-Age-Gewand, »erotische Akademie« als PR-Gag eines Hetären-Kultes und »Wüstenpuff« als Hochamt der »freien Liebe«? Das wäre dann wohl die ironische Variante von Otto Mühls totalitärem Experiment: Die Erschaffung des »neuen Menschen« im ältesten Gewerbe der Welt – das Bordell als Rekrutierungs- und Bildungsanstalt für die »globale Transformation«.

Imperium der Kleidersammler

Die Humana-Tvind-Bewegung

Plantagen in der Karibik

Nach Belmopan kommt nur, wer gar nicht anders kann. Dieses Nest ist also die Hauptstadt von Belize: Ein Busbahnhof, klapprige Imbißbuden und ein paar Betonklötze. Ringsum brütet der Dschungel, die Luft flirrt vor Hitze, und die wenigen Menschen drücken sich apathisch in den Schatten. Träge verscheucht George Sosa eine Fliege, legt den Hörer aus der Hand und grinst. »Leider wieder nichts«, sagt er, »der Minister hat sehr, sehr dringende Termine.« Aber vielleicht klappt es ja »mañana«, vielleicht kann der Minister, sein »guter Freund«, ja morgen ein Quentchen seiner kostbaren Zeit entbehren. George Sosa führt das »beste« Hotel in Belmopan. »Sie suchen Mister Sørensen?« grient der beleibte Hotelier. »Das ist auch ein guter Freund von mir.«

Es ist der 13. März 1996. Wir sind nach Belmopan gefahren, um Auskunft über einen Dänen zu erhalten, der sich Søren Hofdahl Sørensen nennt. Vor zwei Tagen erst haben wir den Rio Hondo und damit die Grenze zwischen Mexiko und Belize überquert. In Mittelamerika vermuten wir die Hintermänner einer undurchsichtigen Organisation: der *Tvind-Humana*-Bewegung.[1] Wir reisen auf den Spuren einer Psycho-Gruppe aus Dänemark, die seit ihrer Gründung vor 26 Jahren zu enormem Reichtum gelangte. Ihre Chefs, so hatten wir erfahren, seien vor Jahren verschwunden; jetzt sollten sie luxuriös in Steueroasen der Karibik leben. Nach unseren Erkenntnissen war *Tvind-Humana* ein Sekten-Konzern, der seine Mitglieder ausbeutet und das so »erwirtschaftete« Geld in Finanzfonds und Plantagen investiert.

In der Karibik, so schrieben dänische Journalisten, besäßen die Schattenmänner riesige Ländereien, und einer der wichtigsten Manager sei Søren Sørensen, ein Mann, von dem bisher kein Foto existiert. Kurt Simonsen, ein Reporter der Boulevardzeitung »Ekstra-Bladet« aus Århus, hatte 1991 im kleinen Belize (200 000 Einwohner) recherchiert. Er entdeckte damals die Plantagen einer Sørensen-Firma namens *Tropical Produce Limited*, aber an den Mystery Man kam er nicht heran. Vor der Reise hatte uns Simonsen eine detaillierte Karte gefaxt und gewarnt: »Vorsicht – die *Tvind*-Leute arbeiten mit den Behörden zusammen!« Er hatte uns aber auch einen Ansprechpartner empfohlen: Dean Barrow, den Vizepremier von Belize.

Im Belmopan Conventional Hotel gibt es nur ein Telefon, und das steht im Büro von Mister Sosa. Als wir es zum Anruf im Ministerium benutzen, kommen wir nicht umhin, die *Tropical Produce Limited* zu erwähnen. Da wird der Hotelier sehr hellhörig. »Tropical Produce? Sie suchen Søren Sørensen?« Uns schießt das Blut in den Kopf. Der Hotelbesitzer ist sehr neugierig, und so tischen wir ihm eine Legende für den Fall der Fälle auf: Wir schreiben einen »Reiseführer«. Ob er das geschluckt hat oder nicht, George Sosa lächelt vielsagend und beginnt zu erzählen: von Søren Sørensen, dessen Privatflugzeug und dem 100 000-Dollar-Lamborghini (»der einzige in Belize«), von den riesigen, viele hunderte Hektar großen Plantagen tief unten im Süden des Landes. Ganz unvermittelt fragt er dann: »Das ist wohl ein ziemlich gefährlicher Job, den Sie machen?« Und als wir ihn überrascht angucken, sagt er grinsend: »Es wird ja immer wieder über Journalisten berichtet, die man tot aufgefunden hat.«

In der Nacht schlafen wir trotz der Moskitonetze recht unruhig, und als wir am Morgen wieder keinen Termin beim Minister bekommen, beschließen wir, die Dinge direkter anzupacken. Belmopan ist eine Retortenstadt wie Brasília. Nachdem der Hurrikan Hattie 1961 die alte Hauptstadt Belize City verwüstet hatte, rodete man ein Stück Urwald und verlegte die Kapitale vom Meer ins Landesinnere. Es gibt 4000 Einwohner, eine richtig asphaltierte Straße und sogar Gärtner. Mit Gemütsruhe hegen sie den Rasen vor jenen Bauten aus rohem Beton, die sich stolz Parlament oder Ministerien nennen. Im größten Gebäude residieren das Außenministerium und das Ministerium zur Entwicklung der Wirtschaft. Ein paar Angestellte schlurfen über die Gänge. Eine dicke Sekretärin sieht uns mißtrauisch an, weil wir ihr zweites Frühstück stören, verweist uns dann aber an Carlos Ramirez, den Chef der Konzessionsabteilung für private Unternehmen in Belize.

Ramirez, ein agiler bärtiger Schwarzer, der in seinem Büro Räucherstäbchen abbrennt, kennt die *Tropical Produce Limited* und hat auch von Sørensen schon gehört. »Das sind Dänen, und wir sind hier froh über jeden Investor«, sagt er im breiten Karibik-Slang. »Die produzieren Mangos, Bananen und Orangen.« Es stimmt, ihnen gehöre viel Land – »wahrscheinlich die größte Mangoplantage Amerikas« –, und sie hätten drei Jahre keine Steuern zahlen müssen. »Aber sie schaffen Arbeit und geben ihren Arbeitern den Mindeststundenlohn von zwei Belize-Dollars«, was dem Wert eines US-Dollars entspricht. Entwicklungshilfe sei dabei »natürlich« nicht im Spiel: »Nein, das ist einfach Business.« Woher die Investoren ihr Geld haben, weiß Ramirez nicht, aber es interessiert ihn auch nicht. »Hören Sie, Mister«, sagt der Bürochef, »die Dänen sitzen da unten in Mango Creek – das ist so abgelegen, da haben wir eben nicht die besten Informationen. Soviel wir wissen, machen sie ihre Sache aber gut.«

Flughafen Belize City, 15. März 1996. In der Baracke der Tropic Air warten ein paar Passagiere auf die Cessna in den Süden: Mulatten, Mestizen, ein hellhäutiger Mennonite und Touristen. Die Klimaanlage dröhnt, Funkgeräte quäken, eine hübsche Farbige füllt Flugscheine aus. An der Wand locken Plakate, die fürs Schnorcheln auf Ambergris Caye oder für Tauchferien in »Captain Morgan's Resort« werben. Kleine Maschinen lassen ihre Motoren dröhnen und starten aufs Meer hinaus. Wir haben noch etwas Zeit und lassen uns durch den Kopf gehen, was wir bisher erfahren haben. Viel ist es nicht. Sørensen soll etwa 45 Jahre alt sein, er gilt als verschlossener Typ, und er hat unverkennbar Einfluß. »Ich kenne Sørensen schon lange, aber wir reden nur über Mangos. Die dänische Botschaft in Costa Rica wollte ihn mal wegen *Tvind* sprechen, doch darauf hat er nie reagiert«, hatte uns gestern James Murphy, der dänische Honorarkonsul in Belize City gesagt.

Unglücklich sind wir nicht darüber, Belize City zu verlassen. In einer versumpften Lagune gelegen, ist die ehemalige Hauptstadt von British Honduras mit ihren verkommenen Holzhäusern als Schmuggler- und Drogennest berüchtigt. Reisende stoppen hier meist nur auf ihrem Weg in die Tauchparadiese am großen Barriereriff, um das Flugzeug oder den Bus zu wechseln. Was würde uns im Süden erwarten? Würden wir auch Bekanntschaft mit der Polizei machen wie der dänische Kollege Simonsen, als er sich 1991 zu weit in die Plantagen vorwagte? Simonsen hatte damals von untragbaren Zuständen unter dem Regiment der »Dänen« berichtet: Menschen, die in armseligen Bretterbuden hausten, brutal ausgebeutet und dafür mit Hungerlöhnen abgespeist wurden. Simonsen schrieb von »Plantagen-Sklaven« und nannte Søren Sørensen einen »Kolonialherren«.[2]

Auf dem Flug entlang der Küste muß der Pilot immer wieder durch wahre Wolkengebirge hüpfen. Über das tiefgrüne Wasser kreuzen Segelboote, hinter den Mangrovensümpfen der Küste dehnt sich rechter Hand der Dschungel bis zum Horizont, nur hier und da durch eine rostbraune Autopiste unterbrochen. In der Ferne erheben sich majestätisch die Maya Mountains an der Grenze zu Guatemala. Unsere Maschine landet auf einer einfachen Schotterbahn im Busch.

»Placencia ist das Paradies«, werben farbige Broschüren der belizischen Regierung. Der kleine Ort liegt auf einer Landzunge im karibischen Meer und ist noch immer ein Geheimtip für erlebnishungrige Touristen. Wir buchen die Monkey-River-Tour für den nächsten Tag. Mit dem Motorboot tuckern wir tief in den Urwald, sehen Affen, seltene Vögel und Alligatoren. In der nur per Schiff erreichbaren Siedlung Monkey River Village erzählt uns der vierzigjährige Deryl Willeby vom Niedergang seines Dorfes. »Das begann, als sie die Bananen in Cowpen bei Mango Creek pflanzten«, sagt er. »Seitdem fangen wir nicht mehr so viele Fische. Das Wasser ist krank.« Willeby erwähnt auch Søren Sørensen: »Dort werden die Leute wie Sklaven gehalten. Aber wenn du einen Schlips trägst wie Sørensen, dann kannst du in diesem Land alles machen. Yeah man.« Wie es scheint, sind wir auf der richtigen Spur.

Placencia, 17. März 1997. Mit Vollgas rast das kleine Boot quer über die Lagune durch die ausgedehnten Mangrovensümpfe. Der Tag ist frisch, noch klebt die Sonne als ferne rosa Scheibe am Horizont; sie schickt ein klares weißes Licht über das Wasser. Hinter einer kleinen Mangroveninsel erblicken wir einen riesigen Dampfer, der als eisernes Monster aus dem flachen grünen Einerlei ragt. Wir sind in Big Creek, dem einzige Hafen in Belize, wo größere Schiffe anlanden können. Ohne Big Creek gäbe es hier wohl keine großen Bananen-, Mango- oder Orangenplantagen. Wir bezahlen den Bootsmann und klettern auf die Hafenmole.

Der Hafen erwacht zum Leben. Arbeiter tauchen aus dem Schatten einer Lagerhalle auf, ein Gabelstapler brummt los. Wir laufen zum Schiff und fragen die Leute, ob wir sie beim Stauen fotografieren dürfen. »No problem«, antwortet ein breitschultriger Schwarzer. Der Dampfer, so erfahren wir, fährt nach England; halb ist er schon mit Bananen und Fässern voller Orangenkonzentrat beladen. Als wir den Hafen gerade verlassen wollen, kurvt ein Jeep heran, stoppt hart vor uns. Ein Mann springt heraus – Mestize, vielleicht 35 Jahre alt, die Augen hinter der Sonnenbrille verborgen, Pistole im Halfter. »Das ist Privatgelände, Sir«, sagt er drohend. »Wir mögen das hier gar nicht, wenn Leute herumschnüffeln.« Wir spielen ihm die nichtsahnenden Touristen vor; das verwirrt ihn ein bißchen. »Es gibt hier Probleme mit der Gewerkschaft, die immer wieder Spione schickt«, erklärt der Pistolero nach kurzem Nachdenken, »und wenn Sie nicht sofort verschwinden, haben Sie auch ein Problem.«

Wir nehmen seinen Ratschlag ernst und trollen uns. Ein Pickup-Truck nimmt uns bis Mango Creek mit, einer ausgedehnten Siedlung, deren Ränder sich im Busch verlieren. Dort mieten wir ein Zimmer und chartern dann ein »Taxi« zu den Plantagen von Cowpen. Während wir durch Pinienwälder, dichten Urwald und Savanne fahren, dröhnen uns immer wieder Zwanzigtonner voller Bananen entgegen. Nach etwa zwanzig Kilometern hält unser Fahrer an. »Cowpen, Mister.« Er wendet, und wir stehen mitten in der Pampa. Weit und breit keine Menschenseele. Der bleierne Himmel hängt über uns, und Bananenplantagen dehnen sich beidseits der Straße. Nur das Tack-Tack-Tack der Wasserdüsen unterbricht die Stille.

Nach zehnminütigem Fußmarsch tauchen am Rand der Piste klapprige Hütten auf, dürftig zusammengenagelt aus Kartons, Teerpappe und dünnen Brettern. Unter einem großen Wellblechdach stehen Frauen mit Handschuhen und tauchen Stauden in eine Flüssigkeit. Wir ziehen sofort alle Blicke auf uns. Um irgend etwas zu tun, sprechen wir ein paar ältere Männer an, die neben einem Lehmhaus hocken. Wir fragen nach »los Daneses«, den Dänen. »Darüber weiß ich nichts«, sagt ein Arbeiter, »am besten sprechen Sie mit Señor Molina«.

In den Bananenplantagen von Cowpen, Belize: Hungerlöhne für Sklavenarbeit, Giftwolken über Wohnbaracken

Marco Antonio Molina lebt schon seit über zehn Jahren in Cowpen. Der fünfzigjährige Arbeiter aus Gutatemala macht einen aufgeweckten Eindruck und beantwortet bereitwillig unsere Fragen. »Hier arbeiten keine Leute aus Belize«, sagt er, »der Verdienst ist ihnen zu gering.« Die meisten Arbeiter kommen aus El Salvador, Guatemala oder Honduras. Mit einem US-Dollar pro Stunde verdienen sie mehr als doppelt so viel wie in ihrer Heimat; viele sind illegal im Land. Molina bietet sich an, uns durch die ausgedehnten Pflanzungen zu führen. Der Weg kommt uns endlos vor, endlos auch die Reihe der schäbigen Hütten. Frauen klopfen Tortillas, Arbeiter schleppen Bananen. In einem Fluß aalen sich Kinder, während ihre Mütter darin die Wäsche waschen. Fluß? Es ist das trübe Drainagewasser, das in Gräben aus den Pflanzungen läuft.

Plötzlich ein Brummen in der Luft, dann weiße Punkte überall. Einige flüchten unter ein Dach; die Kinder plantschen, ihre Mütter waschen weiter. Da röhrt das Flugzeug noch einmal heran und läßt Gift schneien – Pestizide, um die Pflanzen vor Schädlingen zu schützen. »Der Pilot sieht die Menschen, aber es kümmert ihn nicht«, seufzt Molina, »so geht das dreimal die Woche.« Uns sitzt der Schreck in den Knochen. Eine Frau berichtet: »Neulich flogen sie über uns, während die Arbeiter beim Frühstück saßen. Mein Mann bekam einen schlimmen Ausschlag.«

Wer ist dafür verantwortlich? Sind es »die Dänen«? »No Señor«, antwortet Molina. »Die Dänen sind vor fünf Jahren gegangen und haben die Plantagen an Fyffes verpachtet; jetzt sind die Iren hier.« Der Dubliner Fruchtmulti *Fyffes* (Werbespruch »Fyffe times better«) ist der viertgrößte Bananenkonzern der Welt nach den »großen Drei« *Chiquita, Dole* und *Del Monte*; er hat sich auf Bananen aus der Karibik spezialisiert.[3] »Da hinten hatten die Dänen ihr Hauptquartier«, sagt Molina und weist auf die Schranke an einer Wegkreuzung, die ein bewaffneter Posten bewacht. Es ist die Zufahrt zur Finca Nummer drei. Dort hatte Kurt Simonsen 1991 in der Bürobaracke ein Poster gesehen, das, wie er schrieb, »auf deutsch erklärt, daß *Humana* in Mittelamerika bedürftigen Menschen mit Arbeit, Unterkunft und Gratis-Medizin hilft«.[4] Wir wollen wissen, wo die Dänen geblieben sind? »Sie sind bei Señor Sørensen, bei den Mangos.« Waren denn die Lebensumstände der Arbeiter unter dem dänischen Regiment besser, gab es Unterkünfte und Gratis-Medizin? »No Señor«, sagt Marco Antonio Molina, »es war genau das gleiche: die miesen Löhne, die elenden Hütten, das Gift.«

Der Schattenmann in Belize

Die Sonne geht, und das Gift kommt. Ein dumpfer Geruch steigt aus dem Boden, muffiger Pesthauch kriecht in alle Winkel und benebelt die Menschen. Ab und an donnert ein Laster durch die Allee der Bretterbuden und wirbelt Staub in die Kochtöpfe. Frauen schöpfen Wasser aus den Brunnen, die direkt unter die Bananen führen. »Hier ist alles vergiftet«, klagt Marciana Funez. Sie führt die unabhängige Gewerkschaft der Arbeiter von Cowpen. »Es begann mit den Dänen und hat sich seither nicht gebessert«, erzählt die 38jährige. »Ekzeme, Augenkrankheiten und Vergiftungen – Leute sind sogar an Durchfall gestorben. Die Gefahr, krank zu werden, wächst noch, weil es keine Latrinen gibt. Wer mal muß, schlägt sich in die Bananen, und die Malaria grassiert. Es ist die Hölle!«

Über 2000 Menschen wohnen mitten in den Farmen. 1986 kaufte die Firma *Cowpen Farms Limited*, eine Tochter der *Tropical Farming Limited* mit Sitz auf den Cayman Islands, rund 150 Hektar Land von der belizischen Regierung, um Bananen anzubauen. Da Unterkünfte fehlten, entstand eine wilde Siedlung entlang der Plantagenstraße; Händler kamen hinzu, sie betreiben Garküchen und kleine Läden. Bis heute gibt es keinen Schutz vor den chemischen Attacken, keine Medizin, keine Elektrizität. Viele schöpfen ihr Trinkwasser aus den verseuchten Gräben. Die Dänen hatten die Plantagen nicht im Griff und wirtschafteten sie herunter. Auf Wunsch der belizischen Regierung übernahm *Fyffes* 1991 drei der bankrotten Farmen; Eigentümer und daher mitverantwortlich blieb aber die *Tropical Farming Limited*, die auf Grand Cayman unter der gleichen Adresse firmiert wie die *Tropical Produce Limited*: Gesellschafter und leitender Funktionär beider Firmen ist – Søren Sørensen.[5]

Hilferufe aus Cowpen haben inzwischen internationale Proteste ausgelöst; der US-Menschenrechtsbericht von 1996 warf Belize vor, in Cowpen die Menschenrechte zu verletzen. Daß es so weit kam, hat viel mit Marciana Funez zu tun. Sie half den Arbeitern, eine Gewerkschaft zu gründen und legte sich mit der mächtigen *Growers Association* an, dem Verband der Plantagenbesitzer. »Ich bin arm«, sagt sie, »aber diese Leute sind noch ärmer. Irgend jemand muß ihnen doch helfen.« Als Belizerin spricht sie die Landessprache Englisch, sie kennt Anwälte und wird von der katholischen Kirche unterstützt. Prompt bekam sie Probleme. Man schüttete Zucker in den Tank ihres Autos; man verklagte sie; man legte einen Beutel Marihuana in ihren Garten, und die Polizei bekam einen anonymen Tip …

Mango Creek, 21. März 1996. Drei Tage sind vergangen, seitdem wir Marciana Funez kennengelernt haben. Jetzt drängt die Zeit; wir können nicht mehr lange in Mango Creek bleiben. Am heutigen Nachmittag war Militär aufgefahren, um, wie man uns sagte, Proteste bei der Auszahlung der Wochenlöhne zu verhindern. Als wir fotografieren wollten, bedrohten uns Soldaten mit dem Gewehr. Peter Neville, der Sicherheitschef der Firma *Fyffes*, hatte uns abgefangen und unmißverständlich klargemacht, daß wir in den Plantagen nichts zu suchen hätten: »Was für eine Untersuchung führen Sie hier durch? Dies ist Privatgelände.«

Jetzt sitzen wir in Marcianas kleinem Haus in Mango Creek, trinken Kaffee und löffeln Bohnensuppe. Es ist Abend und noch immer schwül. Die Tochter liegt im Bett, der Sohn und ihr Lebensgefährte Don Chilo lachen über eine Soap Opera im Fernsehen. Marciana zeigt uns wichtige Unterlagen, dann beraten wir über das weitere Vorgehen. Inzwischen haben wir mehrfach bei Sørensen angerufen; wir verhandeln um einen Gesprächstermin. Mit unseren Recherchen sind wir ein großes Stück vorangekommen.

»Es ist nicht ganz ungefährlich«, hatte Don Chilo gesagt, »aber wenn ihr wollt, fahre ich euch nach Mango Walk«. Mango Walk ist der gängige Name für die Farm Monkey River Estate, den riesigen Besitz der Dänen. »Privatbesitz – Kein Eintritt für Unbefugte«, warnt ein rostiges Schild an der Landstraße. Einen Zaun gibt es nicht, aber wir haben von Sørensens fünf großen Rottweilern gehört. Die Finca besitzt mit ihren 5000 Hektar Ausmaße wie die eines deutschen Landkreis. Endlich kommen Pflanzungen in Sicht: Orangenfelder, endlose Mangowälder; auch Bananenplantagen. Unterwegs gabeln wir ein paar Arbeiter auf, die zur Siesta nach Hause laufen; wir bringen sie zu ihren Unterkünften.

In der Broschüre »Humana Kinderhilfe« verkündet die Organisation hochtrabend, daß sie den Menschen in Mittelamerika hilft, »ein erfülltes Leben zu führen«.[6] Was wir nun sehen und hören, erinnert uns eher an die schlimmsten Zeiten des Kolonialismus. Zwölf Arbeiter wohnen in einer primitiven Holzbaracke ohne Moskitonetze; in jedem der etwa zehn Quadratmeter großen Zimmer steht ein klappriges selbstgezimmertes Bett, auf dem Lehmfußboden marschieren die Kakerlaken. Mehr Kleidung, als sie auf dem Leib tragen, besitzen die Männer nicht. Wir verteilen Zigaretten und kommen ins Gespräch.

»Unser Patron ist Däne«, sagt der 41jährige Antolín Bouilla. Dem Farmarbeiter fuhr ein Auto übers Bein, als er Mangos aus der Plantage schleppte. Er muß einen Gipsverband tragen und klagt: »Der Patron bezahlt mir nicht einmal die Medizin.« Rufino Corto Rodriguez aus Honduras nickt: »Manchmal kriegen wir Ausschlag von dem Gift, aber niemand hilft uns.« Ihren Reis mit Bohnen bereiten sie auf einem kleinen Feuer zu; Hühnchen können sie sich nur einmal im Monat leisten. Rufino Rodriguez führt uns hinter die Hütte und zeigt auf die Latrine: Ein Loch im Boden, daneben schwelt der Müll. Es stinkt bestialisch, große Stechfliegen und Moskitos umkreisen uns. Und die Bezahlung? »Es reicht nie«, antwortet ein anderer Mann, der Patron schulde ihm noch den Lohn für zwei Monate. Aber lächelnd sagt er: »Wenn wir einkaufen, dürfen wir im Laden anschreiben.«

Einen Großteil ihres Lohns lassen die Arbeiter wieder im Geschäft des

»Kolonialherren« – Schuldknechtschaft wie im 19. Jahrhundert. Acht US-Dollar verdient ein Arbeiter am Tag, und manchmal, wenn keine Arbeit da ist, gar nichts. Wir wollen wissen, was man für acht Dollar kaufen kann und schauen uns in der Tienda, dem farmeigenen Laden, um. Bereitwillig gibt der Verkäufer Auskunft. Eine Flasche Orangenkonzentrat kostet drei US-Dollar, eine Büchse Sardinen einen halben Dollar. Für eine Rolle Klopapier müssen die Tagelöhner eine halbe Stunde malochen. Es gibt sogar Lebensmittel aus Dänemark, doch kein Arbeiter kann sie bezahlen: eine Salami für fünfzehn Dollar, eine 900-Gramm-Milchpulverbüchse »Dano« für sechs Dollar. »Ich brauche Milch für meine Töchter«, sagt die 37jährige Irma Pais, »aber ich kann sie mir nicht leisten.« Irma Pais wohnt mit ihren Kindern in einer etwas größeren Hütte; aber auch ihr fehlt das Nötigste: Strom, Wasser, Medizin.

Don Chilo ist unruhig geworden und macht Zeichen, daß es Zeit wird zu verschwinden. Aber nun wollen wir alles sehen. Auf dem Rückweg biegen wir in einen Seitenpfad ab. Unser Fahrer drosselt die Geschwindigkeit, als endlich das Herrenhaus auftaucht. »Hier wohnt Sørensen«, sagt er. So also lebt der Herr über Monkey River Estate: Eine großzügige Auffahrt, eine riesige Satellitenschüssel, eine weißgetünchte, elegante 1000-Quadratmeter-Villa. Die Rottweiler dösen anscheinend im Zwinger. Wir steigen aus dem Auto; Don Chilo läßt vorsichtshalber den Motor laufen. Wir klopfen. Keine Reaktion. Wir versuchen es an einer anderen Tür, irgend jemand ruft etwas, und wir treten ein. Vier Leute sind mit Schreibarbeiten beschäftigt. »Ob Mister Sørensen wohl zu sprechen ist?« Nein, der Patron sei unterwegs, heißt es.

In diesem Moment öffnet eine sehr weißhäutige Frau die Tür und fragt in schlechtem Englisch mit unverkennbar dänischem Akzent: »Ja, bitte, was wünschen Sie?« Wir erzählen ihr von unserem »Reiseführer« – wie sonst sollten wir an Sørensen herankommen? – und daß wir natürlich auch die »größte Mangoplantage Amerikas« beschreiben wollten. Okay, sagt die Frau verblüfft, wir sollten einfach abends noch mal anrufen, dann sei »Søren« gewiß da. Nachdem wir uns artig verabschiedet haben, fotografieren wir das Haus; da stürmt die Dänin aus der Tür und ruft: »Tun Sie das nie wieder!«

Auf dem Rückweg legen wir noch einen Stop bei Ramón Puck ein, dem Chef der Arbeitsbehörde im Stann Creek District. »Als ich den Job hier übernahm«, sagt der stämmige Mulatte, »hatten wir unzählige Eingaben gegen die Tropical Produce Limited. Die Leute klagten, daß ihnen sechs Monate und länger kein Lohn gezahlt wurde.« Bei Buchprüfungen stellte sich dann heraus, daß Sørensen den Arbeitern wirklich enorme Summen schuldete. »Doch es ist wie ein Wunder«, erläutert Puck. »Wenn er in Schwierigkeiten steckt, kommt auf geheimnisvolle Weise wieder Geld.«

Wie die Dänen in die abgelegene Region kamen, erzählt uns schließlich

Dennis Morey, ein Kaufmann aus Mango Creek. »Sørensen tauchte erstmals 1985 hier auf und schaute sich um; mein Bruder zeigte ihm die Gegend. Zwei oder drei Jahre später kaufte er die Farm von Dr. McClarry.« McClarry war ein reicher Unternehmer aus Louisiana, der die Finca in den 50er Jahren erworben hatte. »Sørensen bezahlte fünf oder sechs Millionen Dollar; das Geld kam von den Cayman Islands«, berichtet Morey. »Damals verkaufte die Regierung auch die Bananenplantagen, und die Dänen griffen zu.« Noch immer kämen »ganze Gruppen von Dänen« zu Besuch. Der Kaufmann sagt, er sei »oft mit Sørensen aneinandergeraten«. »Meine Meinung ist: Der Mann glaubt nicht an Gott, er glaubt nur ans Geld.«

Mango Walk, Stann Creek District, 22. März 1996. Es hat geklappt. Um zehn Uhr morgens sind wir mit Søren Hofdahl Sørensen verabredet. Natürlich sind wir aufgeregt. Endlich werden wir den Mann sehen, den in Belize so viele Legenden umwittern. Don Chilo parkt den Wagen etwas abseits, um nicht erkannt zu werden; Gewerkschaftler sind hier nicht gut gelitten. Ein Hausmädchen bittet uns hinein, der Patron sei noch unterwegs. Zeit, um sich ein bißchen umzuschauen. Der große Raum hat einen Steinfußboden und ist in hellen Farben gehalten; durch die geöffneten Fenster zieht angenehm kühlende Luft. Um einen kleinen Tisch gruppieren sich Korbsessel, an den Wänden hängen naive Blumenbilder, in einem Regal stehen Bücher – die meisten englisch und dänisch, einige sogar auf Deutsch. Der Chef von Monkey River Estate liest Karl Marx, aber vor allem liebt er Thriller; er besitzt Werke von John LeCarré, Frederick Forsyth und Eric Ambler. Für Belizer Verhältnisse ist das Haus von unvorstellbarem Luxus, aber wirklichen Reichtum strahlt es nicht aus.

Nach etwa fünf Minuten geht die Tür auf, und ein etwa 1,70 Meter großer, kräftiger Mann mit gedrungener Figur und einem breiten, braungebrannten Gesicht steht in der Tür: Søren Sørensen. Den Rottweiler hält er an kurzer Leine und kettet ihn dann draußen an. Sørensen hat nichts Mysteriöses an sich. Er trägt einfache Farmerkleidung, ein Basecap, schwere Schuhe. Er läßt Kaffee bringen und stellt dann erst einmal selbst Fragen. Er will wissen, ob wir wirklich nur ein Buch über Belize schreiben und nichts anderes? Aber dann taut er auf. »Ist das wirklich die größte Mangoplantage Amerikas?« – »Ich glaube ja«, sagt der Plantagenboß, »zumindest wurde das in einer BBC-Reportage mal behauptet.« – »Wäre es nicht gut, wenn aufgrund eines Reiseführers Touristen herkämen?« Sørensen muß lachen. »Ich bin Mangofarmer. Touristen kann ich hier nicht brauchen. Kürzlich waren zwei Chinesen hier, dubiose Typen, das waren gar keine Touristen, die wollten irgendwas anderes.«

Von seinen 5000 Hektar Land seien nur 2000 kultiviert, der Rest Sumpf, Busch und Dschungel. Der Mango-Mann redet langsam und verschränkt dabei die Arme. Er spricht über die Marktchancen für frische und getrocknete Mangos, über die Schwierigkeiten durch Handelshemmnisse in den

USA, über den Kampf gegen die Fruchtfliege und über die »gemeinsamen Investitionen« mit *Fyffes*. Seit einem Jahr hätten sie endlich eine direkte Verbindung von Big Creek nach Europa; dort sei der Markt viel besser als in den Vereinigten Staaten. »Ich komme aus Dänemark«, sagt er, »da war ich auch schon Farmer, und ich habe Erfahrungen aus Aufenthalten in Afrika und auf den westindischen Inseln. Ich besaß Allround-Kenntnisse, als wir die Farm 1986 kauften. Ich genieße die Herausforderung in Belize, deshalb bin ich hergekommen.«

Wir fragen, ob wir ihn fotografieren dürfen. Sørensen wird ungehalten: »Auf keinen Fall. Wozu soll das denn gut sein?« Wir spüren, wie sein Mißtrauen steigt. Sollen wir *Humana* und *Tvind* jetzt ansprechen? Dann würde er uns wohl augenblicklich aus dem Haus werfen. Also fragen wir nach den unwürdigen Lebensumständen der Arbeiter: »Warum werden sie nicht verbessert?« Der Plantagenboß blickt uns scharf an. »Woher haben Sie denn Ihre Informationen?« Wir hätten wohl auch »diese üblen Gerüchte« gehört, die die »angebliche Gewerkschaft« ausstreue: »Die schaffen nur Unruhe.« Er zuckt die Schultern und sagt: »Die Bedingungen sind nicht gut, aber das ist hier eben ein Entwicklungsland.« Und fügt hinzu: »Ohne die Plantagen und den Hafen gäbe es überhaupt keine Arbeit für die Leute. Immerhin halte ich vierhundert Menschen in Brot und Lohn. Das ist ein neues Land; hier sieht man vieles, was es in Europa nicht gibt. Wir haben Millionen investiert und alles durch schlechte Ernten verloren. Jetzt investieren wir wieder.«

Als wir vor die Tür treten, bindet Søren Hofdahl Sørensen den Rottweiler los. Wir verabschieden uns und stellen ihm eine letzte Frage. »Was haben Sie denn mit der Organisation Humana zu tun?« Sørensen reagiert überrascht und fragt: »Wer hat Ihnen denn das erzählt?« Dann sagt er: »Humana ist eine Hilfsorganisation wie die *UNHCR*. Sie unterstützen Projekte in der Dritten Welt und haben uns auch geholfen. Aber das ist einige Jahre her.«

Revolution durch Geld

Ihr schlechtes Gewissen beruhigt Anja Steputat aus Berlin beim Einkauf im Secondhand-Laden. »Ich weiß eben, daß mein Geld hier in die Dritte Welt geht«, sagt die junge Lehrerin. Die Altkleiderkette *Humana* hat in Berlin einen guten Namen. Elf Läden, darunter ein riesiges Kaufhaus an der Frankfurter Allee, werben mit bunter Reklame von kleinen schwarzen Kindern und dem Slogan: »Kleidung und Entwicklungshilfe«. Wer seine alten Hemden, Hosen und Mäntel in einen der vierhundert *Humana*-Container in Berlin wirft, so verspricht die Organisation in farbigen Broschüren, fördert damit Entwicklungsprojekte und »Kinderhilfe« in Afrika und Mittelamerika. Und *Humana* expandiert. Im Frühjahr 1997 eröffnete die Firma mit großem Tamtam zwei neue Geschäfte in Berlin und ein riesiges Kaufhaus in bester Leipziger Citylage: »Riesenauswahl zu günstigen Preisen!«

Drei Jahre zuvor hatten wir erstmals davon gehört, daß *Humana* nicht nur das sei, wofür es gehalten wird. Am 16. Februar 1994 meldete sich ein Thomas am Telefon. Er berichtete von einem seltsamen Lehrerseminar in dem Ort Tvind bei Ulfborg in Dänemark. Er sagte: »Nach meiner Meinung ist Tvind eine profitorientierte Sekte, die sich hinter der Wohltätigkeitsorganisation Humana verbirgt.« Thomas war 32 Jahre alt, Student, ein großer, schlanker Mann mit Brille, der ein bißchen weltfern wirkte. Zu unserem Treffen in einer Charlottenburger Altbauwohnung hatte er einen ganzen Ordner voller Papiere und Kopien mitgebracht. Thomas, dachten wir, geht aufs Ganze. »Ich will mein Geld zurück und die Sekte hochgehen lassen«, erklärte der Student. Vier Stunden hörten wir ihm gespannt zu, bis die Konzentration trotz Kaffee und Zigaretten nachließ.

»Es ist ziemlich kompliziert«, begann Thomas. »ich bin durch Zufall da reingekommen.« An der Universität Augsburg hatte er einen Aushang »Lehrerausbildung für Afrika« entdeckt. Da er mit dem eigenen Studium unzufrieden war und etwas anderes machen wollte, rief er unter der angegebenen Nummer an. Man lud ihn nach Tvind in Westjütland ein. Es war Anfang 1993, als Thomas nach Dänemark fuhr; dort erfuhr er, daß *Tvind* eine Schulkooperative sei, die in verschiedenen Ländern zahlreiche Schulen betreibe. »Alles wirkte seriös«, sagte er. »Ich interessierte mich für die internationale Lehrerausbildung. Wer dort eintritt, sollte eine vierjährige Ausbildung zum internationalen Lehrer mit Busreise nach Indien, Arbeitspraxis in einer Fabrik und einem Referendariat in Afrika absolvieren. Das klang alles recht vielversprechend.« Thomas schrieb sich zum 1. September 1993 ein.

»Ich war gerade drei Wochen dabei«, fuhr Thomas fort, »da wurde es mir sehr suspekt. Ich wunderte mich nicht nur über den Unterricht, der praktisch nicht stattfand, es gab auch Probleme mit den Schulgebühren. Einige hatten 6000 Mark eingezahlt, andere nur 3000 Mark oder fast gar nichts, aber alle zusammen sollten wir das fehlende Geld jetzt gemeinsam erarbeiten. Zum Beispiel durch Aushilfe in den *Humana*-Läden. Weil viele Studenten mit dieser Art von Gemeinschaft nicht einverstanden waren, protestierten sie. Ich war der Wortführer der Kritiker. Warum sollte ich arbeiten, wenn ich bezahlt hatte?« Als er stur blieb, kam er auf die Abschußliste. »Kritik ist ein Zeichen, daß du uns mißtraust«, hieß es. Thomas dazu: »Mir kam vieles vor wie bei einer Sekte.« Er stieg aus und begann einen langen Kampf, um sein Geld zurückzubekommen.

Thomas hatte begonnen, über *Tvind* zu recherchieren. Eine Unmenge an Material war zusammengekommen. Material, das auch die Verbindung von *Tvind* zu *Humana* belegt. Wir beschlossen, im April 1994 nach Dänemark zu fahren. Zwischen Kopenhagen und Viborg, Århus und Løgstør

Die legendäre Windmühle im dänischen Tvind

trafen wir uns mit zahlreichen Menschen. Es entstand ein Mosaik von Informationen. Von Jørn Østergård, dem damaligen Präsidenten der dänischen Lehrergewerkschaft erfuhren wir, wie das Imperium der *Tvind*-Schulen funktioniert. Gerhard Jaspersen, Ministerialrat im Kopenhagener Bildungsministerium, klärte uns dagegen über das dänische Schulsystem auf. Einen ganzen Tag verbrachten wir mit Bent Johannesen und Heinz Behncke, die eine Organisation namens *Movement against Tvind* (Bewegung gegen Tvind) leiten; sie versorgten uns mit zahlreichen Dokumenten und Informationen über die Geschichte von *Tvind*. Der 56jährige Bent Johannesen, ein Schriftsteller und Historiker aus Viborg, hatte den Verein gegründet, um über *Tvind* aufzuklären. Sein Motiv? »Ich bin einfach gegen jede Form von Totalitarismus«, sagte er, »deshalb ist es unser Ziel, Tvind zu schließen.«

Ein dänischer Bauernhof namens Tvind lieh seinen Namen einem alternativen Bildungsprojekt, das Anfang der 70er Jahre Weltruhm erlangte. 1972 errichteten Hunderte Freiwillige aus ganz Europa in der Grassteppe bei Ulfborg die ersten Baracken und 1977 das damals größte Windrad der Welt zur Stromerzeugung. Die Windmühle wurde zum Symbol einer Reformpädagogik, die Leben, Lernen und Arbeiten (Kochen, Putzen, Gartenarbeiten) »ganzheitlich« verband. Die pädagogische Welt war entzückt, und bald stand Tvind in dem Ruf, das Summerhill Dänemarks zu sein. Berühmt wurden auch die *Reisende Hochschule* und das *Notwendige Seminarium* – Erwachsenenbildung inklusive Engagement für die Dritte Welt. Zu deren Programmen gehörten monatelange Reisen mit klapprigen Bussen in ferne Kontinente wie Indien oder Afrika, um die dortigen Verhältnisse mit eigenen Augen zu sehen. 1979 schrieb die Hamburger »Zeit« euphorisch: »Tvind ist, über Dänemarks Grenzen hinaus, zum Synonym geworden für Schule, die Spaß macht.«[7]

Tvind war ein Kind der 68er-Bewegung: links, progressiv, basisdemokratisch. Jedenfalls schien es so. Die wenigsten aber wußten, daß die Gründer glaubensstarke Maoisten waren; sie lehnten jedes Privateigentum, aber auch »Zweierbeziehungen« strikt ab. Das Projekt *Tvind* begann im Kopf eines jungen Volksschullehrers, den die dänische Presse heute »unseren kleinen Fidel Castro« nennt. Mogens Amdi Petersen, 1939 geboren, glaubte an die Weltrevolution und das revolutionäre Potential der Dritten Welt. In den Endsechzigern organisierte er unzählige Demonstrationen, wurde in Flensburg wegen eines Steinwurfs zu sechs Monaten Haft verurteilt[8] und verlor wegen seiner langen Haare den Job als Lehrer.

Auf der dänischen Nordseeinsel Fanø startete, was schließlich in einem weltumspannenden Imperium enden sollte. Petersen hatte eine kleine Gruppe von Lehrern um sich geschart. Sie kauften 1969 auf dem Eiland vor Esbjerg ein heruntergekommenes Hotel und bauten es zu einer privaten »freien« Grundschule um. Tagsüber unterrichteten sie, nachts spielten sie »Partisanen« in den Dünen, und am ersten Mai nahmen sie rote Fahnen und gingen nach Esbjerg zum Demonstrieren. Petersen und seine Mannen wurden als »die roten Verrückten« belächelt. Fanø gilt daher auch als die Geburtsstunde der sogenannten Lehrergruppe, jener sektenartigen Vereinigung, die heute das *Tvind*-Imperium betreibt. Nachdem die Petersen-Jünger die Tvind-Farm bei Ulfborg mit siebzig Hektar Land gekauft hatten und dort auch Schulen eröffneten, wuchs die Lehrergruppe sehr schnell und zählte bald mehrere hundert Personen. Die »Tvindies« lebten in Kommunen zusammen. Sie teilten Geld und Zeit.

Seinen Anhängern predigte »Amdi« die Revolution durch Erziehung. In einem Theoriepapier schrieb der *Tvind*-Gründer im damals beliebten Rudi-Dutschke-Stil: »Das Ziel der Schule, der Arbeit der Schulen ist folglich, Menschen auszubilden, die im Stande sein werden, teilzunehmen an der Erfüllung der großen historischen Aufgabe unserer Generation: Die Vorbereitung und Durchführung eines Gesellschaftsumsturzes, der den Beginn einer Gesellschaft repräsentiert, wo die Arbeiterklasse und deren Verbündete die Richtlinien für Produktion und Kultur festlegen.«[9] Auftretende Probleme bezeichnete Petersen als »Geburtswehen auf dem Weg zu einer neuen Welt, zu einem neuen Menschen«.[10] Namen wie *Frontline Institute* oder *Reisende Hochschule auf dem Weg des Sieges* erinnern noch heute an die revolutionäre Euphorie der Gründerzeit.

Doch der Erfolg von *Tvind*, meint die dänische Journalistin Kirsten Risgaard, sei nicht den sozialistischen Idealen, sondern »der totalen Unterwerfung der Jünger, einem knochenharten Kapitalismus und dem aggressiven Gebrauch der dänischen Schulgesetzgebung« zu verdanken.[11] In Dänemark kann jeder eine »freie Schule« eröffnen, der das nötige Startkapital auftreibt und genügend Schüler und Lehrer findet. Wer die gesetzlichen Mindestforderungen erfüllt, hat sofort Anspruch auf staatliche Förderung. Etwa 10 000 Mark zahlt der Staat jährlich pro Schüler, hinzu kommen die Beiträge der Eltern. Besondere Vorschriften für die Ausbildung der Lehrer gibt es nicht; in Ideologie und Lehrpläne mischen sich die Behörden nicht ein. Auch der Unterricht kann im wesentlichen frei definiert werden: zum Beispiel Fahrräder reparieren statt Physik. Und die staatlichen Prüfungen werden lax gehandhabt. Sie erstrecken sich im wesentlichen auf die Frage, ob überhaupt Unterricht stattfindet. Mit dem Wind der »liberalsten Schulgesetze der Welt« kam das *Tvind*-Schiff mächtig in Fahrt. Vom Reformprojekt angezogen, strömten Lehrer und Schüler nach *Tvind*, und mit ihnen strömten die Subventionen.

»Es ist dem Tvind-Imperium gelungen, ein Saugrohr in die dänische Staatskasse zu bohren und sich fettzumästen«, schreibt Kirsten Risgaard. Denn niemand spielte so souverän auf der Klaviatur der Subventions-Gesetze wie die Tvind-Juristen. Jørn Østergård, der Chef der Lehrergewerkschaft klagt, daß *Tvind* das gesamte System der freien Schulen in Verruf gebracht habe, das bisher gut funktionierte und Freischulen aller politischen und religiösen Couleur ermöglichte: »Es wurde doch niemals für einen multinationalen Konzern geschaffen!« Aber gerade weil die Gesetze so liberal sind, konnten sie leicht mißbraucht werden. »Wir mischen uns nicht ein, wie man in Tvind die freien Schulen betreibt«, sagt uns der Ministerialrat Gerhard Jaspersen. »Das ist eben die Freiheit, die wir gewähren.« Es hatte nur keiner damit gerechnet, daß jemand die Absichten der Gesetze auf den Kopf stellen könnte.

Der Schlüssel zum Erfolg wurde die »Common Economy«. In einem speziellen Vertrag verpflichteten sich alle *Tvind*-Lehrer, achtzig Prozent ihrer Löhne in eine Gemeinschaftskasse zu spenden. Diese Kasse verwaltet ein offiziell gemeinnütziger Fonds namens »Spareforeningen« (Sparverein). Durch karge Kost, unglaubliche Selbstausbeutung, Verzicht auf Ferien und eisernes Sparen häuften die *Tvindies* genügend Geld an, um immer mehr Land und Häuser zu kaufen, Schulen zu bauen und Schiffe zu erwerben. Das Imperium betreibt inzwischen Forschungsinstitute, Autovermietungen, Immobilienfirmen und vergibt sogar Kredite.

»Das Tvind-System ist eine Geldmaschine, mit der sie doppelt vom Staat kassieren«, sagt der Gewerkschaftler Jørn Østergård. »Weil sie ihre Gehälter spenden, zahlen sie auch keine Steuern.« Der Sparverein verleiht seine Millionen an die ebenfalls gemeinnützigen und damit steuerlich begünstigten *Tvind*-Fonds *Fælleseje* (Gemeineigentum), *Estate* und *Thomas Brocklebank*. Den Fonds gehören fast alle Grundstücke, Schulen und Fahrzeuge des Konzerns; sie vermieten diese dann aus Steuergründen wiederum an die jeweiligen *Tvind*-Schulen. Die Stiftungen mit Grundbesitz, Immobilien und anderen Aktiva im Wert von mehr als 90 Millionen Mark[12] leitet der langjährige *Tvind*-Sprecher Poul Jørgensen zusammen mit einigen Frauen, die alle zum harten Kern der *Tvind*-Veteranen zählen.

Das Staubsaugersystem konnte aber nur funktionieren, weil der Staat und die Gemeinden aktiv mitwirkten. Wohl wissend, was dort vor sich ging, schicken die Kommunen bis heute ihre unlösbaren Sozialfälle in die *Tvind*-Ganztagsschulen. »Man muß zugeben, daß sie sozial schwer geschädigte Kinder aufnehmen, die andere Schulen nicht haben wollen«, sagt Jørn Østergård, »nur leider unter den Bedingungen einer Erziehung, die an Bewußtseinskontrolle grenzt.« Mit der schwierigen Schülerschaft erklären *Tvind*-Lehrer die schlechten Leistungen der Kinder, die nach Angaben externer Zensoren weit unter dem Landesdurchschnitt liegen. Doch jedes Problemkind, das die Gemeinden scheinbar elegant loswurden, bedeutete für *Tvind* einen neuen monatlichen Scheck.

1994 besaß *Tvind* fast fünfzig Schulen in aller Welt, davon 42 in Dänemark, weitere in Norwegen, England und den Vereinigten Staaten. Die *Tvindies* betrieben Grundschulen, weiterführende Schulen und Bildungsinstitute für Erwachsene. Mit ihrem perfekten Propagandaapparat warben sie Schüler vom Kleinkind bis zum Rentner und schleusten Jahr für Jahr bis zu 2000 Menschen durch das System. Mehr als zehn Jahre lang galt *Tvind* als Musterbeispiel für ein modernes Schulmodell. Viele Dänen waren stolz darauf, und die zuständigen Minister ließen sich gern mit *Tvind*-Managern fotografieren. Umso größer war der Schock, als sich Ende der 70er ehemalige *Tvind*-Lehrer und -Schüler an die Öffentlichkeit wandten und bestürzende Interna preisgaben. In dem Buch »Bavianer« (Paviane) von Kåre B. Johannesen wurde Amdi Petersen als ein Gott beschrieben, der einen Harem sexuell höriger *Tvind*-Frauen leitete. Erstmals wurde nun auch die streng hierarchische innere Struktur bekannt.

Nach außen gibt sich *Tvind* nach wie vor basisdemokratisch. Chefs existieren angeblich nicht – alle seien gleich. »Doch einige sind gleicher als die anderen«, sagt Bent Johannesen von der *Bewegung gegen Tvind*. Das größte private Schulkonglomerat Dänemarks wird von Managern – zumeist Frauen – geleitet, die aus der Lehrergruppe stammen. Der Name Lehrergruppe führt allerdings in die Irre, weil nicht alle Mitglieder wirklich Lehrer sind; viele übernehmen andere Aufgaben im Konzern. Der Lehrergruppe gehörten nach Schätzungen in den 70er Jahren bis zu achthundert Personen an, heute sind es vermutlich rund fünfhundert; zwei Drittel davon sind Frauen. Die Lehrergruppe entscheidet immer im »Konsens«. Nach endlosen Diskussionen wird gefragt: »Ist jemand dagegen?« Kein Wort. »Dann ist es so.« Und hunderte rufen »Ja«. »An der Spitze stehen etwa zehn Leute, sie regieren über den inneren Zirkel, diese wiederum über den Rest, und die Lehrer über die Schüler«, erläutert Bent Johannesen, »dabei ist die Führung anonym und unsichtbar; ihre Tagesbefehle kommen über Telefax, und niemand kann sich dagegen wehren.«

Fassungslos hörten viele Dänen damals von einer schwarzen Pädagogik, bei der es offenbar darum ging, die Schüler niederzumachen, gleichzuschalten und mit einer totalitären Ideologie anzufüttern. Der *Tvind*-Verlag *Skipper Klement* gab bis 1994 etwa 90 Bücher heraus, von denen viele vom Guerrillakrieg und Partisanenbewegungen auf der ganzen Erde handeln. 1982 veröffentlichte der *Tvind*-Manager Mikael Norling das Protokoll einer Reise aus Kambodscha, in dem er das kriminelle Pol-Pot-Regime rechtfertigte: »Ihr Kampf verdient unsere Unterstützung.«[13] Das Frontline-Institute in Ulfborg verzeichnete noch 1993 in seinem Curriculum den »Kampf um den neuen Menschen«.

Der Kampf um den neuen Menschen führte durch eine Schule der Angst. »Ich habe Angst gehabt«, schrieb ein Aussteiger 1977. »Ich hatte mich so daran gewöhnt, daß einem Lächeln stets eine Ohrfeige folgt.«[14] In den endlosen, manchmal tagelangen Versammlungen ist Seelenstriptease für Lehrer und Schüler Pflicht. »Dabei muß man sich vor hundert Leute total seelisch entblößen«, berichtet Bent Johannesen. Amdi Petersen inszenierte wahre Psycho-Schauspiele, wenn er tobend oder weinend auf einem Tisch stand, sich die Haare raufte und im Stil der chinesischen Kommunisten »liberale Freundlichkeit« oder »lügnerische Harmonie« geißelte.[15] Das Vorbild der Psycho-Sitzungen nach dem Muster des berüchtigten »Heißen Stuhls« war die verordnete »Selbstkritik« aus der Zeit der Kulturrevolution in China.

»In der Gruppe war ich auf mehrfache Weise beherrschend und unterdrückend … ich bin liberal und konfliktscheu gewesen«[16], gestand beispielsweise ein Schüler, nachdem er die »korrekte Linie« verletzt hatte. Jeder kontrolliert jeden, und wer die vorgegebene Linie übertritt, muß Abbitte leisten oder so lange diskutieren, bis der »Konsens« wiederhergestellt ist. Zuweilen werden Widersprüche aber auch einfacher gelöst. »Sie klatschen manchmal fünf Minuten lang, wenn ein Problem auftaucht, um nicht mehr darüber zu reden«, sagt der Anti-*Tvind*-Aktivist Heinz Behncke – eine typische Methode der Gedankenkontrolle. In allen *Tvind*-Schulen geht es sehr spartanisch zu: kein Alkohol, ungesundes Essen, heimlicher Sex. Sex gelte als schädlich, weil er Kraft verbraucht, die dann im Kampf gegen den Kapitalismus fehle, erläutert die ehemalige Tvind-Frau Britta Rasmussen. Der Schriftsteller Bent Johannesen meint, viel wichtiger als Sex sei es zu arbeiten: »Sie wollen nicht Mann oder Frau sein, sondern Lehrer.«

Doch nicht nur die Berichte über den subtilen Terror mentaler Kontrolle kosteten *Tvind* viele Sympathien. Massive Kritik wurde laut, als sich Unglücksfälle aufgrund grober Fahrlässigkeit häuften: alte Busse, die verunglückten; eine Schiffskatastrophe im englischen Kanal, bei der 1983 acht junge Leute ums Leben kamen; zwei junge Mädchen, die allein von Simbabwe nach Hause trampen sollten und dabei einen schweren Unfall erlitten, wobei die eine starb.

Die *Tvind*-Chefs verstanden es aber jahrelang, geschickt die Gegensätze zwischen den politischen Parteien in Dänemark für sich zu nutzen. Die Konservativen wetterten gegen linke Lehrer, folglich verteidigten Sozialdemokraten und Sozialisten sie, auch wenn diese so links gar nicht waren. Niemand wollte sich im liberalen Dänemark dem Vorwurf des Gesinnungsterrors aussetzen. *Tvind* erfreute sich stets auch der Protektion durch das Bildungsministerium; die Verbindungen reichten bis in höchste Regierungsstellen. Hin und wieder wurden zwar Prüfungen durchgeführt, »aber wir haben nie gravierende Mängel gefunden«, erklärt der Ministerialrat Gerhard Jaspersen. *Tvind* war ein Mythos, den keine Regierung anzutasten wagte. »Die ursprünglichen Ideen waren gut«, sagt auch der Gewerkschaftler Jørn Østergård, »aber die Methoden sind falsch.«

Weil aber in den dänischen Medien immer mehr kritische Berichte über die inneren Zustände erschienen, gelang es den Sektierern etwa ab Mitte der 80er Jahre nicht mehr, genügend Schüler und Lehrer im Land selbst zu finden. Sie begannen, ihre Adepten im Ausland zu rekrutieren – nach dem Ende des Kommunismus auch im ehemaligen Ostblock.

Erfahrungen in Tvind: Ein kleines China

Løgstør am Limfjord, 10. April 1994. Das Leben im freien Westen hatten sich Lena* und Dimitri*, zwei Lehrer aus Bulgarien, irgendwie anders vorgestellt. »Es erinnerte uns sehr an das totalitäre kommunistische System«, sagt Lena, »mit einem Unterschied: In Bulgarien hatte ich immer mein Privatleben – so etwas gibt es in Tvind nicht.« Sie bezeichnet das *Tvind*-System als »viel totalitärer als den Kommunismus – denn es ist perfekter«. In Bulgarien hätte sie einmal die Woche zur Parteiversammlung gemußt. »Dagegen ist in Tvind immer Parteiversammlung. Sie nennen es ›Common Time‹ – gemeinsame Zeit –, aber in Wahrheit bedeutet es: keine Zeit!«

Im norddänischen Ort Løgstør sitzen wir in der hellen Wohnung der beiden Bulgaren und trinken Kaffee; die kleine Tochter spielt am Computer. Lena und Dimitri haben vor einiger Zeit die Lehrergruppe in *Tvind* verlassen. Lena, eine blonde, selbstsichere Frau mit wachen Augen, erzählt uns ihre Geschichte, während ihr Mann nur hin und wieder ein Wort einwirft. Das Lehrerehepaar war nach der Wende über eine Anzeige in bulgarischen Zeitungen an die *Tvind*-Leute geraten: »Lehrer für Dänemark gesucht.« Lena erinnert sich: »Eure Kenntnisse sind nicht wichtig, sagten sie, es ist nur wichtig, daß ihr mit uns kommt.« Die *Tvindies* versprachen Bett und Essen, 500 Dollar sollten ihnen bar ausgezahlt werden. »Es klang alles ganz normal. Merkwürdig war nur, daß wir zwei Verträge unterschreiben mußten, einen normalen Arbeitsvertrag und eine ›Vollmacht‹ mit der Lehrergruppe. Darin verpflichteten wir uns ›für immer‹ auf ›gemeinsame Zeit‹, ›gemeinsame Wirtschaft‹ und ein ›gemeinsames Leben‹.«[17]

Im Klartext bedeutete das: Ihr Gehalt wurde einbehalten, dafür sollten sie bei Bedarf einfach ihre Bedürfnisse anmelden; die würden dann schon erfüllt. »Das Problem ist nur«, sagt Lena, »was sind meine Bedürfnisse? Darüber gibt es dann Diskussionen, bis man sagt: Das ist nicht mein Bedürfnis, ich habe gar keine Bedürfnisse.« Konsterniert vernahmen die Bulgaren bei ihrer Ankunft in Dänemark, daß für sie »ein Taschengeld von 800 Kronen im Monat« (200 Mark) vollkommen ausreiche. Als sie sich darüber beschwerten, erklärte man ihnen, sie hätten ein »Diskussionsproblem«: »Wir haben euch vorher gesagt, daß wir stolz darauf sind, ohne Geld zu leben. Wir wissen, daß das System nicht perfekt ist, aber wir versprechen euch, darüber zu diskutieren.«

Es war eine seltsame Welt, in die sie eintauchten, als sie an der *Tvind*-Schule in Roskilde anfingen; und vieles kam ihnen sehr bekannt vor. So wurde bei den regelmäßigen Versammlungen ein Raum geöffnet, in dem jede Menge Kleider hingen – sie wurden in einer *Tvind* nahestehenden Fabrik in Marokko produziert. »Eine Wahl gibt es nicht, man muß einstecken, was da ist. Braucht man ein Jacket, aber es gibt nur Schuhe, muß man eben

Schuhe nehmen.« Die beiden Osteuropäer registrierten schockiert, daß Zigaretten und Alkohol strikt verboten waren. Lippenstifte galten als Luxus. »Wenn du das brauchst, hieß es, mußt du es selbst bezahlen.«

In der ersten Zeit fühlten sie sich trotzdem wohl, weil alle Menschen freundlich waren und immerzu lächelten. »Die Realität lernt man später kennen. Es ist ein leeres Lächeln. Niemand ist mit irgend jemand befreundet, denn dazu ist ja gar keine Zeit.« Sie selbst hätten jeden Tag nur fünf bis sechs Stunden Schlaf gefunden. Ständig würden die Lehrer und Schüler in bestimmte Gruppen eingeteilt – zum Einkaufen, Kochen, Putzen. »Sie sagen immer: Wir sind eine große Familie.« Was die anderen Lehrer anging, so seien etwa 80 Prozent Singles gewesen. »Da können sie mehr arbeiten«, sagt Lena ironisch. Man habe ihnen erklärt, die Kleinfamilie sei völlig veraltet. Kinder – wie ihr eigenes – seien regelrecht verpönt gewesen. »Wenn ein Baby schrie, zogen sie die Stirn in Falten.«

Während Familien wie den Bulgaren immerhin ein freies Wochenende im Monat zugestanden wurde, hätten die normalen Lehrer überhaupt keine Freizeit gehabt. »Wenn man die Vollmacht unterschreibt, unterschreibt man auch die ›gemeinsame Zeit‹. Ich glaube, sie versuchen, alle Verbindungen der Leute nach außen zu unterbrechen.« Doch selbst das eine freie Wochenende war so frei nicht. »Einmal im Monat versammeln sich alle Lehrer zum Bauwochenende. Das ist so etwas ähnliches wie ein Subotnik. Es wird natürlich erwartet, daß jeder mitmacht. Wir wunderten uns, wie hart die Leute schufteten und dabei noch glücklich zu sein schienen. Ich jedenfalls fühlte mich wie eine Ameise.«

Bald fragten sich die beiden Bulgaren, wieso sich die zwanzig Lehrer an den *Tvind*-Schulen in Ulfborg überhaupt Lehrer nennen konnten, obwohl sie doch »so wenig Kenntnisse« gehabt hätten. Das Geheimnis wurde bald gelüftet. »Man sagte uns: Es ist nicht so wichtig, was ihr unterrichtet, Hauptsache ihr verbringt die Zeit mit den Schülern.« Der Unterricht habe dann im wesentlichen aus Singen, Sport, Putzen und Kochen bestanden. Lediglich in den vier Wochen vor einem der offiziellen Tests hätten sie mit ihren Schülern (im Alter bis siebzehn Jahren) wirklich Schulstunden abgehalten, um die »alten Testaufgaben mit den richtigen Antworten einzupauken«. Nach ihrer Ansicht ging es nur darum, die Staatsgelder zu kassieren, ihre Arbeitskraft zu nutzen und Steuern zu sparen. »Stellt eine nette Atmosphäre her, sagten sie uns, aber es darf kein Geld kosten.« Immer wieder sollten sie mit den Schülern gemeinsam auf der Straße Postkarten oder auf einem Flohmarkt Altkleider verkaufen. Das sei ein Teil des Unterrichts, habe man ihnen bedeutet: »Ihr arbeitet, um den Menschen in Afrika zu helfen, das ist Bildung. Kann man das so sagen? Ja, das kann man so sagen.«

Nach dem Frühstück um 9.00 Uhr sei zunächst Singen verordnet gewesen (»What a wonderful world«), anschließend habe es stets eine Art politisches »Special« gegeben. Lena erinnert sich beispielsweise an den Film

»Kulturrevolution in China«, ein Video über die Großtaten Mao Tse Tungs. »Wir hörten viel Gutes über China und die Kulturrevolution«, sagt die Bulgarin. Sie erläutert, daß alle Lektionen irgendwie politisch links gewesen seien, aber irgendwie auch nicht genau faßbar, nicht wirklich konkret. »Sie sagten immer, wir sind unpolitisch, aber wir müssen humanistisch sein, wir müssen den Menschen helfen.« Zeitungen habe es überhaupt nie gegeben. »Es hieß, Journalisten lügen und kosten nur Geld – sie sind gegen Tvind.« Kritik war nicht vorgesehen. »Spätestens nach einem Monat lernt man, daß es in Tvind keine Diskussionen gibt.« Das heißt: keine *wirklichen* Diskussionen. Denn eigentlich habe es bei jeder Gelegenheit geheißen: »Wir müssen das diskutieren.« »Aber wenn man wirklich diskutieren will, geben sie einem das Gefühl, man sei der einzige, der sich beklagt. Und dann fühlt man sich plötzlich sehr, sehr schuldig.«

Nach ein paar Monaten erkundigten sich die *Tvindies*, wie es den beiden Bulgaren denn in Dänemark so gefiele. »Ich sagte, ich hätte Dänemark überhaupt noch nicht gesehen, sondern nur Tvind«, erinnert sich Lena. »Die Antwort war: Okay, das ist gut, Dänemark ist sehr schlecht – Tvind ist die wahre Welt.« Außerhalb von *Tvind*, sagt die Bulgarin, habe es für die Ulfborger Lehrer »nur Feinde, Drogensüchtige und Kriminelle« gegeben. »Nach einigen Wochen veränderte sich unser Denken«, faßt sie zusammen. »Man wird so vereinnahmt, daß man aufhört, über normale Leute und ein normales Leben nachzudenken.«

Nach und nach lernten die zwei Osteuropäer die inneren Strukturen im Verband der vierzig *Tvind*-Schulen besser kennen, zum Beispiel die »Agitationsgruppe« – dreißig Leute, die vor allem eines tun: neue Schüler werben. Sie entdeckten die Macht bestimmter *Tvind*-Frauen in der informellen Hierarchie. »Es ist die Art, wie sie reden«, sagt Dimitri. Diese kurzhaarigen Frauen hätten im wahrsten Sinne des Wortes die Hosen angehabt. Ihre Herrschaft befestigten die starken Frauen durch die ständigen Versammlungen. »Sie wirken wie chinesische Parteisoldaten, ohne eine Uniform zu haben«, sagt Lena.

»Die ersten kritischen Informationen über Tvind erhielten wir von Passanten, als wir auf der Straße Geld sammelten«, erinnert sich Dimitri. Und Lena sagt: »Ich habe gelernt, daß die Demokratie Monster hervorbringen kann. Die dänischen Gesetze sind so liberal, daß niemand Leute davon abhalten kann, furchtbare Dinge zu tun.« Als sie immer häufiger renitente Ansichten vorbrachten, hieß es: »Es ist besser, jemand geht, als daß er das System zerstört.« Nach einem Jahr stiegen Lena und Dimitri aus. Um ihre Gehälter ausbezahlt zu bekommen, führen sie seitdem einen Prozeß gegen *Tvind*; und mit Unterstützung der Lehrergewerkschaft erhielten sie eine unbefristete Aufenthaltsberechtigung in Dänemark.

Amdi Peterson: Guru mit Verfolgungswahn

Der dänische *Tvind*-Sozialismus wird von den Stützpunkten Vejle und Grindsted aus regiert. Im mitteljütländischen Grindsted steht das Haus wie eine Festung. Dutzende von Bäumen versperren die Sicht, eiserne Tore, Stacheldraht und Videokameras sollen Eindringlinge abschrecken, Rottweiler laufen frei auf dem Gelände. Das Haus am Pleiborgvej 8 gehört Amdi Petersen; hier residieren seine engsten Gefolgsleute.

Petersen gilt noch immer als ideologischer Kopf des Schulkonzerns. Als er Ende der 70er Jahre plötzlich ins Kreuzfeuer der Kritik geriet, zog er es vor, die Koffer zu packen und zu verschwinden. Der *Tvind*-Boß fühlte sich unter anderem vom dänischen Geheimdienst bedroht, der tatsächlich eine Zeitlang die *Tvind*-Telefonate belauschte. Doch ob Petersen sich in den Amazonasdschungel zurückgezogen hat, ob er in Venezuela, Malaysia oder Grindsted lebt – sein treuer Vasall Poul Jørgensen schweigt zu diesem Thema wie auch die *Tvind*-Chefinnen. Als Petersen untertauchte, wurde Jørgensen der Öffentlichkeit als neuer Sprecher präsentiert; der Bürokrat im Trenchcoat, mit Handy und Aktenkoffer wurde Geschäftsführer der Immobilienfonds und zahlreicher Schulen. Angesprochen auf Finanzfragen, die Verflechtungen des Konzerns und die Rolle, die Amdi dabei spielt, gibt er sich stets zugeknöpft. Aussteiger berichten aber, daß Amdi Petersen bis heute an allen wichtigen Entscheidungen beteiligt ist, die in *Tvind* getroffen werden. Doch nur die Getreuesten aus der Lehrergruppe haben Kontakt zu ihm.

Es ist nicht einfach, ehemalige Sektierer zu finden, die über ihre Jahre in der Lehrergruppe öffentlich reden wollen. Von Bent Johannesen bekommen wir eine ganze Liste von Namen, aber die meisten winken ab. »Ich will nicht alles wieder aufwühlen«, sagt einer, »und ich will meine Familie nicht gefährden.« Nach einigen Telefonaten stoßen wir schließlich auf einen Aussteiger, der sich über unseren Anruf freut; er verließ *Tvind* zwar schon vor vielen Jahren, aber das macht ihn gerade interessant. »Ja, es stimmt«, sagt er am Telefon, »ich habe Amdi Petersen persönlich gekannt.« Frank Bornakke ist ein etwas scheuer Computerspezialist im Norwegerpulli, der am Stadtrand von Silkeborg in Mitteljütland wohnt. Der 36jährige war von 1978 bis 1980 Jahre Mitglied der Lehrergruppe und veröffentlichte 1993 einen Erzählung, in der er seine Erlebnisse in *Tvind* verarbeitete.[18] Bornakke erzählt uns zuerst, wie er dem *Tvind*-Führer 1979 unter abenteuerlichen Umständen das erste Mal begegnet war:

»Zusammen mit dreißig anderen Leuten sollte ich in die Lehrergruppe aufgenommen werden. Wir trampten nach Südspanien, und auf einem sehr schönen alten Segelschiff wurden wir Amdi Petersen vorgestellt. Das Schiff hatte einen richtigen Salon, alles Plüsch und feines Holz. Dieses Treffen war eine makellose Inszenierung. Amdi redete und redete – drei

Seit Ende der siebziger Jahre im Untergrund: Tvind-Guru Amdi Petersen

Tage lang. Es ist fantastisch, ihm zuzuhören; man vergißt dabei völlig, wo man ist. Er redete über die Schulen, über das Leben an den Schulen und wie die Schulen die Welt verändern würden. Amdi erzählte uns, er hätte Angst, daß ihn Faschisten und die CIA umbringen wollten – das wurde später auch als Grund genannt, warum er in den Untergrund ging. Ich glaube, er litt einfach unter Verfolgungswahn. Amdi redete auch über die IRA und die RAF und sagte, er hätte persönliche Kontakte mit ihnen gehabt, bevor Tvind gegründet wurde. Doch später hätte er herausgefunden, daß die RAF von der CIA infiltriert war.

Amdi sagte zu uns: ›Folgt nicht den Gesetzen in Dänemark! Wir nehmen das Geld aus dem System und benutzen es für unsere Ideen.‹ Wörtlich erklärte er: ›Das ist eine geheime Information.‹ Vor allem redete er aber über die Idee der gemeinsamen Wirtschaft – sie war die Grundlage, um die Schulen bauen zu können. Wir mußten dann laut und im Chor ›Ja‹ sagen: ›Ja, wir werden gemeinsames Geld haben. Ja, wir werden gemeinsame Zeit haben. Ja, wir werden dahin gehen, wohin Du uns sendest.‹ Dann befahl er uns, einzeln in einen abgetrennten Raum zu kommen, in dem er und Kirsten Ambrosius Larsen – seine engste Vertraute – wohnten. Amdi fragte jeden: ›Bist du sicher, daß du gemeinsames Geld haben willst? Gemeinsame Zeit? Daß du mir folgen willst?‹ Dann sagte er: ›Okay, willkommen in der Lehrergruppe.‹ Es war sehr beeindruckend, und ich fühlte mich ihm gegenüber sehr klein – er ist ja auch ungefähr zwei Meter groß. Er redete mit uns darüber, wohin in der Welt wir gehen wollten, und ich sagte, ich würde gern nach Dänemark in eine Schule gehen. Er sagte ›Okay‹ zu allen Wünschen, die man äußerte. Aber ich bin sicher, wenn er eines Tages gesagt hätte, ich sollte nach Simbabwe, dann hätte ich nach Simbabwe gehen müssen. Seine Ausstrahlung grenzte an hypnotische Kraft.

Es war verboten, mit irgend jemandem über Amdi zu reden, der nicht in der Lehrergruppe war. Erst mit Eintritt in die Lehrergruppe wurde das Geheimnis der Existenz von Amdi Petersen überhaupt enthüllt. Falls jemand nach ihm frage, befahl er uns, sollten wir immer sagen, er sei ›keine wichtige Person‹. Es gab viele Geheimnisse in der Lehrergruppe. Amdi erzählte uns, daß etwa fünfhundert Leute zur Lehrergruppe gehörten, über die ganze Welt verteilt. Falls wir danach gefragt würden, sollten wir aber lügen und sagen: ›Zur Lehrergruppe gehören etwa zweihundert Leute.‹ Es war auch verboten, sich irgend etwas aufzuschreiben, weil Journalisten diese Papiere in die Hände bekommen könnten.

Amdi war ein Guru wie David Koresh in Waco. Alle, vor allem die Frauen, liebten ihn und versuchten, genauso zu reden wie er. Er stammte von der Insel Fynen, und die meisten Leute in der Lehrergruppe redeten schließlich in diesem Akzent. Aber es gab auch eine eigene Sprache in den Tvind-Schulen; sie redeten sich zum Beispiel immer mit ›Kamerad‹ an. Sie benutzten viele Wörter aus den Schriften von Mao Tse Tung, denn von niemandem war Amdi so stark beeinflußt wie von Mao. Doch heute glauben sie, daß Tvind das beste System ist und daß sie keine anderen Bücher mehr brauchen. Ich hatte damals das Gefühl, Mitglied einer sehr wichtigen und guten Organisation zu sein; man bekommt dort den Eindruck, daß das eigene Leben eine besondere Bedeutung hat. Die Ausbildung spielte dabei keine wichtige Rolle. Amdi war nur daran interessiert, daß die Leute an ihn und an Tvind glaubten.

Es war ein Gehirnwäscheprogramm. Der wesentlichste Zug bei Tvind überhaupt ist ihre Kontrolle über Menschen. Es ist schwer zu verstehen, was Gehirnwäsche ist, wenn man es nicht selbst erlebt hat. Es waren verschiedene Dinge: Keinen Kontakt zur übrigen Gesellschaft. Zu viel Arbeit, zu wenig Schlaf. Kein Geld, keine Zeit. Die Sprache, die Lieder. Die Geheimnisse. Der Kampf gegen die Feinde. Man ist so leicht zu verführen, wenn man sich als junger und von etwas überzeugter Mensch freiwillig in eine solche Struktur begibt. Tvind setzt auf den Aufbau der Gruppenidentität. Die gesamte Persönlichkeit wird zerstört zugunsten einer kollektiven Einsicht, und man ist nicht sanft im Gebrauch der Mittel. In den Versammlungen wurden die Leute kritisiert, bis sie weinten. Diese Versammlungen fanden jeden Tag statt und gingen über Stunden; sie existieren immer noch. Wer keine Selbstkritik übte, wurde auseinandergenommen. Eines Tages stand ich vor einer Gruppe von zweihundert Leuten und sollte fünfzehn Minuten lang meine Fehler gestehen, die intimsten Dinge, aber auch zum Beispiel, daß ich eine Zeitung haben wollte.

Wenn Amdi jemanden in der Lehrergruppe kritisierte, nahm er sich normalerweise einen Mann vor. Manchmal, wenn zwei sich liebten und zusammenlebten, diskutierte die ganze Gruppe darüber, und oft fand man heraus, daß der Mann einen schlechten Einfluß auf die Frau hatte. Meine Beziehung ging kaputt, weil die Gruppe entschied, daß wir uns trennen sollten – wir würden uns von der Gruppe absondern. Meine Freundin akzeptierte die Entscheidung. Im Prinzip wird Tvind beherrscht durch die Angst seiner Anhänger, beim nächsten Mal geopfert zu werden. Jeder mißtraute dem anderem. Wer länger dabei war, hatte mehr Macht in den Versammlungen. Aber niemand hatte soviel Macht wie Amdi Petersen.

Damals waren viele meiner Freunde in Tvind, und sie waren glücklich dabei. Ich glaubte ja auch daran. Die ganze Inszenierung um Tvind trug dazu bei, daß ich mich einfangen ließ. Vor 1978 dachten alle Leute in Dänemark, die Tvind-Schulen seien gute Schulen, weil sie keinen Alkohol und keine Drogen erlaubten. Vor 1978 konnte man auch Amdi in Tvind treffen, er war der Schulleiter und redete mit Journalisten. Als die kritischen Artikel erschienen, änderten sich auch die Schüler. Vor 1978 sandten Eltern ihre Kinder nach Tvind, die eine progressive Erziehung wünschten. Nach 1978 kamen vor allem Problemkinder. Es gab Gewalt, es gab Diebstähle. Aber die Tvind-Ideen waren sehr idealistisch, und wir arbeiteten hart dafür, siebzehn Stunden am Tag.

Ich glaube bis heute, daß es in Tvind gute Prinzipien gab, zum Beispiel den Leuten in der Dritten Welt zu helfen. Aber niemand stellte Fragen, was irgendwo vor sich ging. Von einem Mitglied der Lehrergruppe erfuhr ich, daß Amdi sich mit bekannten Revolutionären aus der ganzen Welt traf: Mit dem Leuchtenden Pfad aus Peru, mit Palästinenserführern, mit Leuten vom ANC. Wir hatten sehr gute Kontakte zu Robert Mugabe, dem Rebellenführer in Rhodesien (Simbabwe). 1979 kam der Guerrillachef Sam Nyoma aus Mosambik nach Tvind, mit drei großen Autos – es war ein Empfang wie für einen Präsidenten. Alle Lehrer versammelten sich und klatschten ungefähr fünfzehn Minuten lang, dann hielt Amdi eine Rede. Später wurde mir klar, daß Amdi ein Guru sein wollte, ein Mann mit Macht. Er *ist* Tvind, und Tvind gehört ihm.

1980 war ich eine Woche alleine, weil ich ausgesandt wurde, ein paar neue Schüler für die Schule zu werben. Plötzlich hatte ich Zeit, über die ganze Situation nachzudenken. Ich wurde damals sehr oft in den Versammlungen kritisiert. Ich sei ein Rebell, hieß es, zu faul, ich hätte zuviele eigene Ideen. Mir wurde auf einmal klar, daß ich nicht mehr dableiben wollte. Hals über Kopf lief ich weg und schickte ihnen eine Postkarte, daß ich nicht zurückkommen würde. Die erste Zeit hatte ich keinen festen Wohnsitz, weil ich befürchtete, daß sie mich finden würden. Es ist verboten, draußen über Tvind zu reden, deshalb hatte ich zuerst auch davor Angst. Einige Tvind-Lehrer kontaktierten meine Eltern, aber sie entdeckten mich nicht. Ich ging dann durch einen schmerzhaften Ablöseprozeß, der noch Jahre dauerte.«

Als Frank Bornakke mit seiner Geschichte zum Ende kommt, ist es bereits nach Mitternacht. Er lädt uns ein, in seinem Haus zu übernachten. Vieles ist uns noch nicht klar. Wie hängt *Tvind* eigentlich mit *Humana* zusammen? Was genau tut *Tvind* in der Dritten Welt? Und welche Rolle spielen dabei Leute wie Søren Sørensen in Belize? Sicher scheint uns, daß es sich bei *Tvind* um eine Sekte handelt, wenn auch nicht mit einem religiösem Programm. Die Rolle der Religion hat offenbar eine politische Ideologie eingenommen. Aber sonst ist alles da, was eine Sekte auszeichnet: ein charismatischer Führer, ein Weltrettungskonzept, die totale Abschottung nach außen, die autoritäre Struktur und subtile Methoden der Bewußtseinskontrolle. Diese »Gehirnwäsche«-Praktiken dominieren den dänischen Polit-Kult offenbar in einem Maße, daß man mit Fug und Recht von einer Psycho-Sekte sprechen kann.

Aber wir fragen uns: Wie war es möglich, daß der dänische Staat die Sektierer mehr als 20 Jahre gewähren ließ und ihnen ständig Geld überwies? Wieso konnten sie über 40 Schulen im Land betreiben, ohne daß ihre Methoden gründlich überprüft wurden? Warum wurde nichts unternommen, nachdem Insider kritische Informationen über die brutalen Praktiken preisgaben? Auf diese Fragen bekamen wir auch später oft die Antwort: »Wir sind eben so liberal – das könnt ihr Deutschen nicht verstehen.« Oder man sagte uns: »Das System der freien Schulen funktioniert gut – sollen wir es denn nur wegen *einer* Gruppe aufgeben, die es mißbraucht?«

Statt Unterricht – Arbeit und Kreuzverhör

Frühjahr 1996. »Nimm ein Jahr an einer spannenden Schule in Dänemark«, locken Anzeigen in der »Berliner Zeitung«. An der Freien Universität in Berlin hängen bunte Plakate, die den Studenten auf Englisch einen »Internationale alternative Lehrerausbildung« anpreisen, inklusive »study trip to India« und einem achtmonatigen Praktikum in Afrika. Am 24. April lädt das *Notwendige Seminarium* aus Ulfborg zu einem »Info-Treff« ins Berolinahaus am Alexanderplatz. Wir mischen uns unter die 25 jungen Leute, die am späten Nachmittag in die Geheimnisse der »modernen und visionären Methoden« eingeweiht werden wollen. Etwas unwillig akzeptieren die zwei Referentinnen, daß zwei Journalisten ihrer Darbietung lauschen; Fotos wollen sie lieber nicht erlauben. In ihrem routiniert aufgesagten Diavortrag verspricht Else Marie Pedersen, eine kurzhaarige Dänin in grauem Rock und Pulli, eine »ganz ungewöhnliche« Ausbildung: »Ihr

Arbeit statt Schule: Tvind-Aussteiger Niina und Erik

Mogelpackung: Werbung für Tvind-Schulen

lernt Sprachen, ihr reist vier Monate mit dem Bus nach Indien, ihr arbeitet als Lehrer in Angola oder Mosambik, und all das gibt euch ein tiefes Gefühl der Toleranz.« Während die bunten Bilder aus Indien und Afrika den Zuhörern Lust auf Abenteuer und Ferne machen, verheißt Else Pedersen: »Wenn ihr am ersten September zu den 75 Anfängern gehört, werdet ihr auch viel über Finanzen lernen.«

Kopenhagen, 26. April 1996. »Wir haben sehr viel über die Tvind-Finanzen gelernt«, sagt der 23jährige Erik Weile. »Wir wurden dort in Kursen eingeschrieben, die wir nie besuchten, um Regierungsgelder zu erschwindeln.« Erik Weile und seine Freundin Niina Kinnunen haben es in Dänemark zu Berühmtheit gebracht, denn ihre Aussagen versetzten Minister in Verlegenheit, beschäftigten das dänische Parlament und brachten das *Tvind*-Imperium fast ins Wanken.

Das staatsgeschützte Kollektiv hatte noch jeden Sturm überlebt, obwohl es seit fünfzehn Jahren des Psychoterrors, der Gehirnwäsche und internationaler Geldschiebereien bezichtigt wurde. Zwar hatte es immer wieder Versuche gegeben, die Geldmaschine der Polit-Sektierer anzuhalten. Es gab den Vorschlag, das Unternehmen einfach durch ein Gesetz zu schließen, doch das hätte das gesamte System der freien Schulen getroffen. Man versuchte es über die Steuergesetzgebung, doch findige Steuerberater fanden immer einen Weg durch die neuen Paragraphen. Offenbar war die Gier irgendwann so groß geworden, daß die *Tvind*-Führer den Bogen überspannten. 1995 wurden sie des Mißbrauchs der vergleichsweise geringen Summe von 300 000 Kronen (75 000 Mark) öffentlicher Gelder beschuldigt. Diesmal verlangte das dänische Parlament eine genaue Untersuchung, was im Schulkonzern eigentlich los sei. Der staatliche Rechnungshof wurde beauftragt, erstmals eine detaillierte Analyse des gesamten *Tvind*-Imperiums vorzulegen. Ein Skandal bahnte sich an, der Dänemark wochenlang in Atem halten und *Tvind* fast zur Implosion bringen sollte. Die Lunte brannte seit dem ersten Februar 1995. Eine Anzeige bei der Polizei von Holstebro hatte sie entzündet – eine Anzeige von Niina Kunninen und Erik Weile.

Die beiden jungen Leute wohnen in einer Studentenstadt fünfzehn Kilometer vom Stadtzentrum von Kopenhagen entfernt. Sie sind sich in *Tvind* begegnet und haben *Tvind* auch gemeinsam verlassen. Jetzt sitzen sie wieder auf gepackten Kisten, weil sie endlich eine billige Wohnung in der Innenstadt gefunden haben. Erik ist groß und kräftig, mit blondem Zopf und goldenem Ohrring. Niina stammt aus Helsinki, ist vier Jahre älter als ihr Freund und strahlt gelassene Energie aus.

»Ich war so glücklich«, sagt Niina. »Ich hatte noch nie so freundliche Menschen wie die Tvind-Frauen kennengelernt.« Im Juli 1993 hatte sie eine Anzeige in der Zeitung entdeckt: »Freiwillige für den größten Flohmarkt der Welt in Stockholm gesucht – zum Wohl der Dritten Welt.« Niina berichtet: »Ich fand das gut und fuhr mit ein paar anderen Leuten dorthin. Ich sortierte alte Kleider, die wir dann verkauften.« Sie wurden in einer Schule am Stadtrand untergebracht und jeder bekam ein rotes T-Shirt, wie alle anderen der tausend freiwilligen Helfer. Während der zehn Tage auf dem »glücklichsten Flohmarkt der Welt«. arbeitete Niina elf Stunden täglich und fühlte sich wohl dabei, weil sie das Gefühl hatte, »etwas für die Armen zu tun«. Sie war überrascht, wie nett die Leute waren.

Die Flohmarkt-Chefs erzählten ihr viel von *Tvind* und dem *Notwendigen Seminarium*, und Niina ließ sich begeistern. »Es war immer mein Traum, Entwicklungshilfe zu leisten«, erzählt sie. »Außerdem fand ich an der Uni alles viel zu theoretisch.« Für den nächsten Kurs der »alternativen Lehrerausbildung« seien noch Plätze frei, erfuhr sie; die Kosten für das erste Jahr betrügen 25 000 Kronen (6000 Mark). Da sie so viel Geld nicht hatte, bot man ihr an, es in einem Altkleider-Sortiercenter bei Helsinki zu verdienen, das *UFF*[19], einer Schwesterorganisation von *Humana* gehörte. Im August fuhr Niina zu einem einwöchigen Meeting nach Ulfborg; dort gab es den ganzen Tag »irgendein Programm«; und am Ende wurde jeder der Interessenten zu einer *Tvind*-Lehrerin namens Anne Høiholdt gebeten. »Ich fragte sie, ob die Ausbildung auch in Finnland anerkannt sei, und sie sagte: ›Ja, ja, natürlich.‹« Niina fragte auch, ob sie Sprachen lernen würde, und die Antwort war: »Ja, ja, natürlich, du kannst alles mit deiner Gruppe machen.« Beides, sagt Niina, »war falsch, wie sich später herausstellte.« Niina unterschrieb einige Papiere, gab die Wohnung in Helsinki auf und brachte ihre Möbel zu ihrer Mutter – alles innerhalb von zwei Wochen. Niina erinnert sich: »Sie sagten zu mir, sie würden nur zwei oder drei Leute aus Finnland aufnehmen, deshalb sollte ich mich beeilen. Aber am Schluß waren wir neun Leute aus Finnland!«

Erik war damals 21 Jahre alt, lebte in Nyborg in Dänemark und war seit fünf Monaten arbeitslos, als ihm ein Plakat des *Notwendigen Seminariums* auffiel. Mit einem Kumpel beriet er sich, und die beiden beschlossen, Lehrer zu werden. Erik sagt: »Ich dachte auch, es ist gut, die Welt zu sehen; außerdem stand da, man habe keine Schulden hinterher.« Sie riefen also in *Tvind* an und wurden eingeladen. Weil sie wie Niina das Startkapital nicht besaßen, sollten sie nach Deutschland gehen und das Geld dort erarbeiten. »Mich schickten sie mit acht anderen nach Holland«, erzählt Erik, »meinen Freund nach Deutschland, obwohl wir eigentlich zusammenbleiben wollten.« In Holland baute Erik für *Humana* Altkleidercontainer; vier Wochen später versetzten ihn die *Humana*-Chefs nach Köln und anschließend nach Berlin, wo er Container reparierte und in einem *Humana*-Laden arbeitete. Nach zwei Monaten hatte er die 25 000 Kronen zusammen und war wie Niina bereit zum Studieren.

Am ersten September 1993 begann das 16. Notwendige Seminarium in der Geschichte von *Tvind*, kurz DNS 16. Erik und Niina, aber auch die

Tvind-Chefs werden DNS 16 sicher nie vergessen. 47 idealistische junge Menschen aus ganz Europa genossen den ersten Tag mit Lagerfeuer, Gitarre und Gesang. Sie waren voller Erwartung: Wo sonst konnte man eine vierjährige »internationale, herausragende Ausbildung« mit Kost und Logis und mit Erfahrungen in fernen Ländern erhalten? Sie alle hatten die klingenden Worte der *Tvind*-Prospekte über die »aufregendsten europäischen Internatsschulen« in den Ohren: »An den Schulen gehst Du aber nicht nur zur Schule. Du wohnst dort – und die Lehrer wohnen auch dort. Wir werden Freunde, und wir sind alle dafür verantwortlich, daß die Schule ein Ort ist, wo alle sich wohl fühlen.«[20] Am Lagerfeuer saß auch Thomas, jener Student aus Berlin, der unsere Recherche in Gang gebracht hatte.

Doch schon am zweiten Tag wurde Thomas, Niina und vielen anderen klar, daß in *Tvind* irgend etwas nicht stimmte. Es kam ihnen merkwürdig vor, daß sie »Solidarität« mit denen üben sollten, die nicht wie sie hart gearbeitet hatten, um die Aufnahmegebühr zu entrichten. Ein 23jähriger Deutscher packte sofort seine Koffer und ging. »Aber die meisten blieben, weil sie ihr Geld nicht verlieren wollten«, sagt Niina. Endlose Diskussionen über die Finanzen raubten ihnen die Zeit, alles wurde um und und um gewendet, bis niemand mehr richtig wußte, was eigentlich Sache war. Seltsam auch: Einen Klassenraum sahen die Studenten höchstens dann von innen, wenn sie ihn putzen sollten. Erik erzählt: »Wir haben in Tvind überhaupt nichts gelernt. In sieben Monaten hatten wir vielleicht fünf Stunden Unterricht!« Und die Arbeit nahm nie ein Ende; im Prinzip, so Niina, sei es nur darum gegangen, »Geld für die Schule« aufzutreiben.

»Sie rekrutieren die Leute unter völlig falschen Voraussetzungen«, sagt Niina. »Niemand hatte uns zum Beispiel erzählt, daß wir Postkarten verkaufen sollten.« Die Studenten sollten ihre späteren Studiengebühren, Essen und Unterkunft durch Kredite der dänischen *Humana*-Schwester *UFF* finanzieren; pro Jahr 60000 Kronen (15000 Mark). Doch die *Tvind*-Ökonomie drehte sich im Kreis: Das Geld für die *UFF*-Kredite mußten sie selbst erst erwirtschaften. Dafür reisten sie nach Deutschland, England oder Norwegen, um Postkarten mit den Bildern schwarzer Kinder feilzubieten. »Es war die reine Ausbeutung«, berichtet Erik vom stundenlangen Fundraising (Geldsammeln) im strömenden Berliner Regen, »und immer der Ärger, weil wir natürlich keine Sammelerlaubnis hatten«. Fundraising wurde als Methode der Bewußtseinskontrolle durch die *Mun*-Bewegung bekannt. Denn abgesehen davon, daß Geld in die Kasse kommt, zwingt es die Sekten-Jünger dazu, das jeweilige Produkt zu verkaufen – und nichts erhöht die Identifikation mit einer Ideologie so, als wenn man sie stunden- und tagelang anderen vorbetet. Doch Niina und Erik und ein paar andere Studenten waren rebellisch; bei ihnen schlug das Fundraising nicht an. Im Gegenteil – es verstärkte nur ihre Vorbehalte.

Niina erzählt: »Wir sagten den Leuten: Wir sammeln Geld für eine Schule in Afrika. Aber in Wirklichkeit ging das Geld nicht in die Entwicklungshilfe, sondern es war für unseren Afrika-Kredit bestimmt.« Den Kredit sollten sie dann am Ende ihres Studiums als »Solidaritätsarbeiter« in Afrika ein zweites Mal abtragen. »Das war wirklich clever«, sagt Erik. »Man arbeitete zweimal für das gleiche Geld.« Als sie die Direktoren Mikael Norling und Jytte Martinussen deswegen zur Rede stellten, hätten diese aber nur knapp geantwortet: »Nein, das stimmt nicht, glaubt uns das, Ende der Diskussion.«

Die beiden jungen Leute stellten bald fest, daß auch das Leben in *Tvind* nicht ganz dem entsprach, was sie sich vorgestellt hatten. »Die Zimmer waren mies, kalt und feucht«, sagt Erik, »die Wände wackelten, man hörte die Nachbarn schnarchen, und aus den Duschen kam nur kaltes Wasser.« Nie habe es genug zu essen gegeben; meist nur Nudeln mit Tomatensoße, und Fleisch sei »sehr, sehr selten« auf den Teller gekommen. Da die Zimmertüren keine Schlösser hatten, sei viel gestohlen worden: »Geld, Briefmarken, Bücher«. Die Lehrer hätten sogar »kontrolliert«, wer mit wem ins Bett ging: »Sie guckten morgens in die Zimmer, ohne anzuklopfen.« Und dann das Alkoholproblem. Obwohl es in *Tvind* streng verboten ist zu trinken, schmuggelten die Studenten Bier und Wein in ihre Zimmer. Wer dann betrunken erwischt wurde, kam aufs »Alkohol-Meeting«.

Auch Niina und Erik hatten die berüchtigten Kreuzverhöre zu erdulden, in denen die Schüler sich gegenseitig kritisierten. »Wir mußten morgens aufstehen und unsere Sünden bekennen«, erzählt Erik, »wir kamen uns vor wie in einem Sektencamp. Es war eine Art Gehirnwäsche.« Auf den Meetings in der Turnhalle hätten sie immer gegen eine geschlossene Front von *Tvindies* gestanden. Niina sagt: »Sie erzählten uns, wir müssen Regeln haben; wer Alkohol trinkt, kann das ganze Team infizieren. Wir haben es dann schon aus Rache gemacht.«

Viele Studenten klammerten sich nur noch an die Busreise nach Indien. Dafür mußten sie in harter Arbeit vier alte Busse umrüsten, mußten Doppelbetten und Küchen einbauen. »Wir arbeiteten manchmal bis 5.00 Uhr morgens«, erinnert sich Niina. Am ersten Dezember 1993 starteten die Busse auf eine Reise voller Pannen, Pleiten und Katastrophen. Der erste Bus machte schon in Dänemark schlapp. »Und ständig blieben wir stehen, weil kein Diesel mehr im Tank war!« seuft Erik; das Essen habe meist nur aus Reis mit Bohnen und Büchsenerbsen bestanden. Als sie am 10. Januar 1994 in Indien eintrafen, sollten sich die Schüler trennen, in kleinen Gruppen das Land erkunden und sich im März wieder treffen. Doch Niina, Erik und zehn weitere Studenten beschlossen, *Tvind Tvind* sein zu lassen: Sie kamen nicht zum Treffpunkt zurück und atmeten statt dessen die frische Luft außerhalb der »Lehrerschule der Zukunft«.[21]

Zurück in Dänemark, schrieben Niina und Erik dem Bildungsminister einen bitteren Brief: Die *Tvind*-Ausbildung sei nach ihrer Meinung »Betrug«; es habe überhaupt kein Seminarium gegeben, das Ganze sei mehr wie ein Sekten-Arbeitslager gewesen; Motto: »Viel reinbekommen, wenig rausgeben«. Niemand habe ihnen anfangs klar gesagt, daß die Ausbildung nirgends anerkannt werde. Die Folge: Mit einem *DNS*-Diplom könne man nur an einer *Tvind*-Schule unterrichten. »Das ist auch das Ziel des Ganzen«, meint Niina, »mit DNS wollen sie Lehrer für ihr System rekrutieren«. Deshalb wohl hat die Lehrerausbildung im *Notwendigen Seminarium* auch *Tvind*-intern den höchsten Stellenwert – es ist die Kaderschmiede für die Lehrergruppe.

Die beiden forderten das Ministerium auf, das *Tvind*-Marketing radikal zu stoppen und dafür zu sorgen, daß sie ihr Geld zurückbekämen. Als sie viele Monate lang keine Reaktion bemerkten, entschlossen sie sich zur Anzeige wegen Betrugs. Sie machten die Polizei darauf aufmerksam, daß Erik während seiner Zeit bei *DNS* auch an der *Reisenden Hochschule* eingeschrieben war, die in Wirklichkeit keine Universität, sondern eine Art Dritte-Welt-Praktikum ist. Erik berichtet: »Ich habe aber nur ein einziges Mal meine Füße in die Reisende Hochschule gesetzt, weil ich ein Fußballspiel sehen wollte und der DNS-Fernseher kaputt war. An einem Seminar habe ich dort nie teilgenommen.«

Erik hatte aber wie viele andere unterschrieben, daß er vierwöchige Hochschulkurse besuchte; um die Unterschrift hatte ihn die Direktorin Jytte Martinussen persönlich gebeten. Sie habe zu ihm gesagt: ›Wo du eingeschrieben bist, ist doch egal, denn der Unterricht ist genau der gleiche, und so bekommen wir wenigstens Geld für die Common Economy.« Für Erik war es zunächst »nur irgendeins der vielen Papiere, die wir unterschreiben sollten«. Doch selbst als ihm klar wurde, daß es darum ging, illegal staatliche Gelder abzuzocken, unterzeichnete er die Dokumente. Der Hintergrund des Manövers ist einfach zu durchschauen: Das *Notwendige Seminarium* ist nicht als Hochschule anerkannt und erhält schon seit 1988 keine öffentliche Unterstützung mehr. Anders die *Reisende Hochschule*: Für jeden dort eingeschriebenen Studenten konnte *Tvind* beim Staat kassieren.

Ganz sachte, aber unaufhaltsam entwickelte sich der Fall Niina und Erik zu einem Politikum. Monatelang wechselten Briefe zwischen dem Bildungsministerium und der *Tvind*-Leitung. *Tvind* behauptete, die Hochschulkurse seien in die *DNS*-Ausbildung integriert und der Unterricht in beiden Schulen sei total identisch. Andere *DNS*-16-Schüler äußerten daraufhin öffentlich, daß es sich ihres Wissens um ein geplantes Betrugsmanöver gehandelt habe.[22] Damit konfrontiert, dementierte die *DNS*-Leiterin Jytte Martinussen sämtliche Vorwürfe.

Das Ministerium forderte am ersten Februar 1996 die zuviel gezahlten Zuschüsse zurück; *Tvind* akzeptierte. »Es war das erste Mal, daß es einen Beweis für den Schwindel gab«, sagt der Anti-*Tvind*-Aktivist Bent Johannesen. »Wir würden nun gern wissen: Wie war es in den Jahren davor?« Trotzdem war der Fall noch nicht ausgestanden; im Gegenteil – der Sturm gegen *Tvind* blies mit immer stärkerer Gewalt. Und das nicht nur in Dänemark. Die Sekten-Enquete-Kommission des französischen Parlaments führte die *Humana-Tvind*-Gruppe in ihrem Schlußbericht unter »sektiererischen Bewegungen mit mehr als fünfzig Mitgliedern« offiziell auf.[23] Und in ganz Europa geriet jetzt auch *UFF-Humana* ins Blickfeld von Inspektoren und Aufsichtsbehörden.

Humana: Der Secondhand-Konzern

»Ich würde sagen, es gibt Unregelmäßigkeiten. Wir haben den Verdacht, daß Geld in dubiosen Kanälen verschwindet«, sagte Phillippa Holmes von der englischen Aufsichtsbehörde für Wohlfahrtsvereine (Charity Commission) im Januar 1996. Ihr Amt übernahm damals die Kontrolle bei *Humana UK* und setzte einen staatlichen Verwalter ein. Im gleichen Jahr durchleuchteten Kommissare europaweit das Netz »wohltätiger« Altkleiderfirmen aus der *Humana*-Gruppe. Sie gingen der Frage nach, wo die Gelder aus dem Secondhand-Business eigentlich landeten. Die belgische Polizei beschlagnahmte einen Millionenbetrag in einem Verdachtsfall illegaler Geldtransfers, dessen Spuren zu *Humana* und *UFF* führten.[24] In Oslo, Bergen und einigen dänischen Gemeinden hatte die Organisation ihre Container schon vor Jahren von öffentlichen Straßen entfernen müssen, weil Zweifel an ihrer Seriosität entstanden waren.[25] Nun geriet die Lumpensammler-GmbH auch in Deutschland unter Verdacht, wo sie zahlreiche Läden in guten Lagen von Köln und Berlin betrieb. Der Geschäftsführer von *Humana Berlin*, Per Knudsen, wies den Mißbrauch von Geldern allerdings weit von sich: »Wir unterstützen Projekte in Angola und Mosambik – Kinderhilfe, Schulen, Aufforstung.«

Die Fahnder der Charity Commission reisten bis nach Sambia, um herauszufinden, wie die *Humana*-Spenden tatsächlich angelegt wurden. *Humana* war als »wohltätige Organisation« in England von der Steuer befreit und hatte erklärt, rund ein Drittel der jährlich erwirtschafteten 1,5 Millionen Pfund (vier Millionen Mark) in die Entwicklungshilfe zu leiten. Doch die Inspektoren fanden heraus, daß die Projekte der Wohltäter oftmals gar nicht oder nur zum Teil von ihnen selbst finanziert wurden; die Gelder kamen häufig von der Regierung des jeweiligen Landes.

Unklar war vor allem, ob die Profite in Entwicklungsprojekten landeten oder sich in der undurchschaubaren *Tvind*-Ökonomie verloren. Im Mai 1997 standen die Untersuchungen kurz vor dem Abschluß. Philippa Holmes von der *Charity Commission* sagte, man habe zwar »keine nachweisbaren Verstöße gefunden«, aber die Kommission habe »weiterhin Vorbehalte und Verdachtsmomente«: »Deshalb werden wir jetzt vorschlagen, drei unabhängige Treuhänder einzusetzen und die Einnahmen in Zukunft an Projekte zu leiten, die nichts mit Humana zu tun haben.« Merkwürdiges hatten auch schon frühere Recherchen zutage gefördert: So gehörten die charakteristischen gelben Sammelcontainer bis 1990 nicht *Humana UK* selbst, sondern einer Firma im Steuerparadies Jersey. Diese Gesellschaft vermietete die Behälter zu horrenden Preisen an *Humana*[26] – aber wohin flossen die Einnahmen? Und was steckt eigentlich hinter *Humana*?

Die Spur weist nach *Tvind*. »Es war für mich völlig klar, daß Tvind und Humana das gleiche war«, bezeugt die frühere *Tvind*-Schülerin Niina Kinnunen, »denn wir trafen überall die gleichen Leute, auf dem Flohmarkt in Stockholm, in den Humana-Läden und in Tvind.«

Merkwürdigerweise bestreiten *Tvind* und *Humana* jedoch jeden engeren Zusammenhang. Um diese Frage zu klären, wollten wir ein Interview mit Jytte Nielsen führen, der Vizechefin einer Organisation namens *Federation*[27] in der dänischen Kleinstadt Vejle. Die *Federation* ist der Verbund aller *Humana*-Gesellschaften und ihrer Schwestern, die in Skandinavien *UFF* heißen und in Afrika *DAPP* (Development Aid from People for People – Entwicklungshilfe von Volk zu Volk). Obwohl kein Zweifel daran besteht, daß die einzelnen Firmen und Vereine über die *Federation* miteinander verknüpft sind, legt die Organisation viel Wert darauf, daß es sich um jeweils selbständige Gesellschaften handelt. Hält sich ein Journalist nicht an dieses Verwirrspiel, muß er mit juristischen Schritten rechnen.[28]

Jytte Nielsen verlangte zunächst eine schriftliche Liste unserer Fragen, die wir ihr auch brav zufaxten. Doch dann wollte sie sich trotz oder wegen der Fragen nicht mehr mit uns treffen. Am Telefon sagte sie: »Ich fürchte, ich bin an einem Treffen nicht interessiert. Ich möchte erst wissen, was Sie schreiben.« Gesprächiger war der Berliner *Humana*-Boß Per Knudsen, ein weicher Typ mit hartem Geschäftssinn. In seinem Büro am Alexanderplatz erläuterte er erwartungsgemäß: »Humana hat im Prinzip nichts mit den Tvind-Schulen in Dänemark zu tun.« Warum leugnen sie das Offensichtliche? Wenn *Tvind* und *Humana* wirklich nicht zusammenhängen, warum arbeiten dann *Tvind*-Studenten ihre Studiengebühren bei *Humana* ab? Warum leiten *Tvind*-Veteranen die *Humana*-Gesellschaften in ganz Europa? Wieso war der *Tvind*-Vorsteher Poul Jørgensen lange Jahre Geschäftsführer von *Humana* Deutschland? Und weshalb stimmte die Adresse von Jytte Nielsen mit der Adresse von *Tvind* in Ulfborg überein?

Für den dänischen Rechnungshof jedenfalls ist die Sache klar. Er listete 1996 in einer umfangreichen »Übersicht über die Tvind-Institutionen« selbstverständlich auch sämtliche *UFF*- und *Humana*-Gesellschaften auf, darunter sogar die *Humana Kleiderhandel GmbH*, Deutschland.[29] Ein Report der schwedischen Entwicklungshilfebehörde *SIDA* kam 1990 zu dem gleichen Schluß: »Es wäre falsch, Tvind und UFF als zwei getrennte Orga-

Humana-Broschüre: Profitabsichten statt Hilfe für die Dritte Welt?

nisationen zu betrachten. … Die informelle Organisation, die die Verbindung zwischen den Organisationen herstellt (inklusive Humana), ist eine Gruppe innerhalb von Tvind, die ‹Lehrergruppe‹ genannt wird.«[30]

Die *Tvind*-Führung suchte Ende der 70er Jahre offenbar nach einem zweiten wirtschaftlichen Standbein. Wer konnte schon wissen, ob das staatliche Füllhorn ewig sprudeln würde? Der Altkleiderhandel, in den Mitglieder der Lehrergruppe ab 1978 einstiegen, versprach satte zusätzliche Profite. Alte Kleidungsstücke sind ein Riesengeschäft. Wohl in keinem anderen Land fällt mehr hochwertige Alt-Ware an als in der Bundesrepublik, insgesamt rund 400 000 Tonnen pro Jahr – macht pro Einwohner fünf Kilo oder fünf Jeans oder zehn Röcke. Auf dem freien Markt bringt eine Tonne Altkleider mindestens 600 Mark, Top-Qualität sogar bis zu 10 000 Mark.[31] Neben altbekannten Hilfsorganisationen wie der Arbeiterwohlfahrt tummeln sich auf dem Markt auch eine ganze Reihe dubioser Abzocker.

Tvind fand auch für das Lumpensammeln eine ideologische Maske, wohl um die eigenen Leute darauf einzuschwören. Im Vorspann des Pol-Pot-Buches aus *Tvind* heißt es über die »Volksbewegungen, die sich auf der ganzen Welt erheben«: »Es sind diese Völker und Volksbewegungen, die UFF unterstützen will.«[32] Ihren Kunden – beispielsweise in Ostberlin – können die Secondhand-Moguln mit solchen Sprüchen nicht kommen; dort bietet *Humana* die Klamotten unter dem Signum »Nothilfe« an. Dank ihres geschickten Marketings stiegen die Volksbewegten in wenigen

Jahren zum größten Altkleiderkonzern Skandinaviens auf, und auch im übrigen Europa brummt das Geschäft. *Humana* ist heute in den meisten Ländern des Kontinents vertreten, häufig steuersparend als Wohltätigkeitsorganisation registriert. Nach Schätzungen erwirtschaftet *UFF-Humana* pro Jahr einen Überschuß von etwa 25 Millionen Mark.

Dabei zahlten sich für die Pädagogenclique offenbar auch die langjährigen Kontakte zu den Rebellen in Afrika aus, denn viele Guerrilleros wurden bald wichtige Politiker in Mosambik, Simbabwe, Sambia, Namibia oder Angola. Jedenfalls gelang es, die nötige Infrastruktur zu errichten, um die Secondhand-Ware auch dort zu verscherbeln. »Wir fanden in Sambia elf große DAPP-Läden«, sagt Philippa Holmes von der englischen Charity Commission, »Altkleider sind dort ein enormes Business.« Der Berliner *Humana*-Chef Per Knudsen bestätigt, daß die meisten Kleider in Afrika nicht verschenkt, sondern zu Cash gemacht würden – »aber für einen guten Zweck«. Er behauptet, die Erlöse würden *DAPP*-Hilfsprojekten zur Verfügung gestellt, und einige solcher Projekte gibt es auch wirklich; zum Beleg legte uns der Geschäftsmann sogar ein Referenzschreiben des deutschen Botschafters in Angola vor.

Knudsen behauptet aber auch, die angehäuften Gelder würden »Hilfe zur Selbsthilfe« bieten. Er sagt: »Wir schaffen damit Arbeitsplätze.« Doch bereits 1993 klagte die *Internationale Textilarbeitervereinigung*: »Der Handel mit gebrauchter Kleidung vernichtet die einheimischen Textilindustrien in Afrika.« Namentlich aufgeführt: *DAPP/Humana*.[33] »Wir haben 1985 alle Mittel gestrichen, denn die Tvind-Leute haben nur sich selbst geholfen«, sagt Ilse Teufel von der europäischen Gemeinschaft in Brüssel. Die EU hatte *DAPP*-Projekte in Afrika und der Karibik mit etwa drei Millionen Mark gefördert. In einem EU-Report über *DAPP-Humana* von 1986 steht: »Die Einheimischen sind keine Partner, sondern Untergebene in einer rigiden Kommandokette.«[34]

Der Bericht ist vertraulich, liegt uns aber in Auszügen vor; er bewertet *DAPP* als »große Nicht-Regierungs-Organisation«, deren Freiwillige »diszipliniert, organisiert, stoisch, hartnäckig und hartarbeitend« seien. Die EU-Prüfer würdigten zwar den Idealismus der *Tvindies*, kommt im Ergebnis aber zu einem vernichtenden Urteil: »Die enthusiastischen Versuche und Anstrengungen der Bevölkerung werden verschwendet, Hoffnungen und Erwartungen enttäuscht. (...) DAPP experimentiert mit eigenen Konzepten anstatt auf die dringenden Bedürfnisse und Nöte der lokalen Bevölkerung einzugehen. (...) Die vorherrschende Beziehung zwischen DAPP und den Einheimischen ist die eines Unternehmers zu seinen Angestellten. (...)Wir haben es mit einer Organisation zu tun, die Abhängigkeitsstrukturen reproduziert, die sehr wenig mit dem Prozeß einer autonomen und selbstbewußten Entwicklung ... zu tun haben.«[35]

Eine eigenartige Form von Hilfe zur Selbsthilfe konstatierten auch die schwedischen Inspektoren in ihrem SIDA-Report: »Es wurde festgestellt, daß – seit der offiziellen Entstehung von UFF – nur zwei Prozent des Überschusses direkt an Empfänger in den Entwicklungsländern gehen.«[36] Der Rest der erzielten Gewinne verbleibe »innerhalb der Bewegung Tvind-UFF«[37] – in einem geschlossenen Kreislauf zwischen *UFF, DAPP, Tvind* und vielen anderen Firmen. Schweden stoppte daraufhin die staatliche Unterstützung. *UFF* Schweden erklärt jedoch, es sei »unwahr«, daß von ihrem Gewinn nur zwei Prozent die Armen erreichten.[38]

Als billige Helfer wirbt *Humana* in ihren Läden immer wieder junge Idealisten als »Solidaritätsarbeiter« an.[39] Doch was ist das für eine Solidarität? Schüler, die mit der *Reisenden Hochschule* nach Afrika fuhren, berichteten über unglaubliches Chaos, schlimme hygienische Zustände und wenig Essen. »Der Zweck von UFF war es immer, Tvinds Ideologie und Einfluß auszubreiten«, erzählt der langjährige *Tvind*-Lehrer Thorsten Dahl Larsen. »Von den Tvind-Schulen werden kostenlos Arbeiter nach Afrika geschickt, um dort etwas aufzubauen, das am ehesten ihren Schulen in Dänemark gleicht.«[40] Der Däne war 1986 beim ersten Team, das *Tvind* nach Angola schickte. Er schreibt in einem Erfahrungsbericht über einen »Alptraum« in dem vom Bürgerkrieg verwüsteten Land:

»Als wir ankamen, richteten wir uns in alten Häusern ein, die die angolanische Regierung für uns gefunden hatte. Plötzlich bekamen wir von UFF jede Menge Schiffscontainer mit Altkleidern aus Skandinavien. Nach kurzer Zeit standen fünfzehn Container auf dem Platz, wo wir die Schule bauen sollten. Wir hatten viel Zeit und unser weniges Geld gebraucht, um den Bauplatz in der sengenden Sonne einzurichten. Jetzt befahl man uns, die Kleider in den kleinen Dörfern und auf dem Bauplatz zu verkaufen. Doch UFF hatte uns nichts vom Kleiderhandel gesagt, bevor wir abfuhren. (...) Wenn wir und die zehn Afrikaner in dem Projekt selbst etwas von den UFF-Klamotten brauchten, mußten wir dafür bezahlen. UFF gab uns nichts umsonst. Und wir arbeiteten in verschlissenen Sachen wie Sklaven. (...) Mir wurde klar, daß die Millionen, die UFF mit den Flohmärkten und Secondhand-Läden verdiente, nicht den Projekten zugute kamen. Im Gegenteil, das Geld verschwand in der riesigen Geldmaschine von Tvind.«[41]

Inzwischen geht es für *Humana* in Afrika längst nicht mehr nur um Kleidercontainer. Der Secondhand-Konzern ist eine Wirtschaftsmacht geworden, die im südlichen Afrika unaufhörlich expandiert. Mit welchen Methoden die Wohlfahrts-Manager dabei vorgingen, deckte 1996 die dänische Zeitung »Jyllands-Posten« auf.[42] Nach dem Frieden in Mosambik von 1992 sollten in der vom Bürgerkrieg zerstörten Tete-Provinz Millionen investiert werden, um 43 Schulen zu errichten. Das Projekt wurde als Paket nach internationalen Regeln ausgeschrieben. Zum Ablauf der Frist hatten sich sechs Firmen mit versiegelten Briefumschlägen gemeldet. Drei mosambikanische, ein portugiesisches und ein südafrikanisches Unternehmen gaben Gebote von 3,1 Millionen bis 5,2 Millionen Dollar ab. Doch niemand konnte es mit dem Siegesgebot von nur 2,58 Millionen Dollar aufnehmen, das die vor Ort registrierte kommerzielle Baufirma *ADPP Proyectas* abgab. *ADPP* ist aber auch die portugiesische Abkürzung für *DAPP* – die Entwicklungshilfe-Abteilung des *Tvind*-Imperiums. Am 2. November 1993 wurde der Bauvertrag unterzeichnet. Später wurde klar, wieso *ADPP* so billig sein konnte. Zwei Monate nach Vertragsunterzeichnung erschienen in dänischen Zeitungen Anzeigen von *UFF* und der *Reisenden Hochschule*. Man suchte arbeitslose Dänen, die »freiwillig« für eine »Baubrigade in Mosambik« arbeiteten: »Jung, alt, gelernt, ungelernt – du wirst gebraucht.« Sie sollten für die kommerzielle Firma *ADPP* arbeiten und einfach weiter Arbeitslosengeld beziehen. Als die Behörden von den wahren Hintergründen erfuhren, befanden sie, daß die Freiwilligen ihre Stütze zurückzahlen müßten. Die Gelackmeierten waren die Arbeitslosen.

In Afrika haben die selbstlosen Helfer aus *Tvind* einen guten Ruf und gelten als effektiv, billig und pflegeleicht – was wohl vor allem damit zu tun hat, daß sie bis zum Umfallen arbeiten. »Doch das Resultat ist, daß man mit Hilfe des dänischen Staats die Kosten niedrig hält und lokale Baufirmen aus dem Feld schlägt«, schreibt »Jyllands-Posten«. »Das ist ein Widerspruch zur Idee der Entwicklungspolitik.«[43] In Mosambik unterhielt die Organisation 1995/96 zwei Baufirmen, eine Möbelfabrik, zwei Plantagen, eine Nähfabrik, ein Sortiercenter, vierzehn Kleidergeschäfte, ein Managementcenter und insgesamt fünfzehn Schulen.[44] Was Wunder, daß auch die kommerzielle Sørensen-Gesellschaft *Tropical Produce Limited* in Belize 1989 noch als unterstütztes Entwicklungshilfe-Projekt von *UFF* benannt wurde![45]

»Jedesmal, wenn Sie Kleidung in die Humana-Container einwerfen oder wenn Sie Kleidung in den Humana Secondhand-Läden kaufen, unterstützen Sie die Entwicklungshilfe-Arbeit von Humana zugunsten von Menschen in der Dritten Welt«, schreibt *Humana* in einem Info-Blatt.[46] Die Organisation sammelte 1995 insgesamt 3000 Tonnen Altkleider in Deutschland. Ein erheblicher Teil der Kleidung wird an Großhändler verkauft, die die alten Klamotten dann beispielsweise in Polen verscherbeln. Die besten Stücke – zwölf Prozent – landen in den *Humana*-Läden, und mit ihren Gewinnen werden die Läden und Sortierzentren finanziert. Aber 62 Prozent der Kleider, sagt Per Knudsen, würden zur wohltätigen Verwendung nach Afrika verschickt. Doch die *Humana*-Angaben hat in Deutschland bisher offenbar niemand kontrolliert. »Wer sollte das auch tun?« fragt Burkhard Wilke vom Deutschen Zentralinstitut für soziale Fragen (DZI) in Berlin. »Ein kommerzielles Unternehmen kann mit seinem Eigentum machen, was es will, wenn es die steuerrechtlichen Bestimmungen einhält.« In Deutschland ist *Humana* nicht als gemeinnützig anerkannt und deshalb auch keiner Aufsicht durch Wohlfahrtskontrolleure unterworfen.

Allen Anfechtungen zum Trotz berief sich der Berliner *Humana*-Chef Per Knudsen noch 1996 auf eine angebliche Kooperation mit der UN-Hilfsorganisation *Unicef* in Afrika. Auch in *Humana-DAPP*-Broschüren spukt die *Unicef* häufig herum.[47] Doch die Genfer *Unicef*-Zentrale wies alle ihre Vor-Ort-Büros schon 1991 an, nicht mit *Humana* zusammenzuarbeiten; in dem internen Rundbrief heißt es, es gebe »seit 1990 nicht den geringsten Kontakt oder eine Kooperation in Afrika oder sonstwo zwischen Humana und Unicef«[48]. Der deutsche *Unicef*-Sprecher Rudi Tarneden erläutert, das betreffe logischerweise auch Unter- und Nebenorganisationen: »Wir haben Humana 1994 abgemahnt, den Namen Unicef nicht mehr für ihre Werbung zu benutzen. Humana gilt insgesamt als unseriös.«

So war das also: Die Psycho-Gruppe aus Ulfborg verband offenbar Kleiderhandel, Dritte-Welt-Aktivitäten und ihre Schulen in einem großen und undurchsichtigen Steuer- und Subventionszirkus. Es war nicht von der Hand zu weisen, daß sie wirtschaftlichen und scheinbar auch politischen Einfluß in Dänemark und Afrika besaß. Wir wußten, daß ein *Tvind*-Veteran in Belize die größte Mangoplantage Amerikas betrieb und dort wie ein Kolonialherr herrschte. Und man versuchte, junge Leute aus ganz Europa für das *Tvind*-System zu rekrutieren. Aber was war das Ziel des Ganzen? Als Britta Rasmussen, eine Aussteigerin aus der Lehrergruppe, von unseren Recherchen erfuhr, schrieb sie uns: »Es ist sehr wichtig hervorzuheben, daß das einzelne Mitglied der Sekte fest daran glaubt, für eine bessere Welt zu kämpfen, und daß es absolut notwendig ist, dafür alle Kräfte einzusetzen.«[49] Und wer profitierte davon?

Ein Insider erzählt

So konspirativ *Tvind-Humana* auch aufgebaut sein mag – die Organisation existiert schon zu lange und ist zu groß, als daß keine Interna nach außen dringen würden. Immer wieder springen Insider aus der Lehrergruppe ab und entschließen sich, meist erst nach Jahren, ihr Wissen preiszugeben. In Flensburg hatten wir uns mit Niels Ole Krogh verabredet, einem langjährigen *Tvind*-Mitglied. Der gebürtige Däne gehörte zu den Pionieren, die *Humana* in Deutschland aufbauten; er ist der bisher hochrangigste Aussteiger, der mit der Presse redet. Krogh wohnt in der Flensburger Altstadt. Die Sonne schien durchs Fenster auf einen Globus und auf eine große Weltkarte an der Wand. Niels Ole Krogh ist viel herumgekommen – dank *Tvind*.

»Tvind war ein Traum, viel interessanter als das Gymnasium. Die redeten nicht nur, die machten was! Tausende gingen da hin. Ich kam 1977 zu Tvind, machte dort mein Abitur und trat ein Jahr danach in die Lehrergruppe ein. Wenn man sagte: ›Ich mache mit‹, hat man sich eben auf die gemeinsame Zeit und die gemeinsame Ökonomie eingelassen. Ich komme aus einem kleinen Dorf in Dänemark, und Tvind war einfach spannend. Aber es war auch ein Kulturschock. Es war hart. Die Emanzipation der Frauen wurde durch und durchgekaut – der weiche Mann war das Ziel, und die Frauen hatten große Macht.

Amdi Petersen bin ich erstmals an dem Tag begegnet, als ich in die Lehrergruppe eintrat. Amdi und Kirsten Ambrosius Larsen waren diejenigen, die die Jobs verteilten. Wenn jemand zum Beispiel zur Entwicklungshilfe wollte, dann ging er zu Amdi. Amdi hat dann mit ihm geschnackt und gesagt: ›Ich brauche Leute in der Karibik oder in Mosambik oder in Simbabwe.‹ Oder es wurde angerufen: ›Wir brauchen Niels da und dort, das wäre vielleicht was für ihn.‹ Man hat dann fast immer ›Ja‹ gesagt, denn das war wie eine Beförderung. Es war ja auch fantastisch – welche Möglichkeiten! Du konntest dich wirklich bewähren.

1977 gab es schon einige Schulprojekte in der Dritten Welt. Damals begann Tvind, mehr als Schule zu werden. Sie waren ja nicht so dumm wie die anderen Bewegungen nach 1968, die meinten, es ginge ohne Geld. Nachdem sie 1972 den Bauernhof in Tvind gekauft hatten, expandierten sie sehr schnell, kauften Land, alte Gutshöfe und Sanatorien. In den Sommerferien ging man nicht in die Ferien, sondern es wurde geschuftet, um die Schulen zu bauen. Ein Insider sagte mal im kleinen Kreis: ›Leute, wir praktizieren eigentlich den Kommunismus, merkt euch das – man tut, was man kann und genießt, was man braucht.‹ Man hat jedenfalls gesehen: Alles andere geht kaputt, Tvind bleibt und wächst. Wenn die Jugendlichen schliefen, haben wir oft zusammengesessen und gesagt: ›Ist das nicht toll, was wir machen?‹ Die Windmühle bauten wir, um zu verhindern, daß Dänemark Kernkraft bekommt. Wir wollten zeigen, daß es auch anders geht. Dänemark hat bis heute kein einziges Kernkraftwerk.

Aber es ist ein sehr geschlossenes System. Man ist niemals allein, man kommt nicht zum Nachdenken. Man erlebt nichts wirklich Neues. Und die Gesellschaft hat man als Feind angesehen. Es hieß: Je weniger man aufschreibt und je weniger Statistiken und Berichte es gibt, desto besser, denn der Feind lauert überall. Deshalb wurde auch alles verbrannt, was in der Lehrergruppe geschrieben wurde; man wollte nicht den Fehler wie andere Revolutionäre machen. Heute schreiben sie gar nichts mehr auf. Natürlich gab es die Selbstkritik. Es ging für viele nicht darum zu gestehen, sondern so zu gestehen, daß es glaubhaft war. ›Es fällt mir sehr schwer, aber ich sehe langsam ein, mein Verhalten ist ganz reaktionär … ‹ Ich kenne keine anderen Sekten von innen, aber es ist mir heute klar, daß Tvind zumindest eine sektenähnliche Organisation ist.

Jedes Jahr fand am 1. Mai eine große Versammlung statt, wo alle aus der Lehrergruppe kommen sollten. Fünfhundert Lehrer in der großen Turnhalle von Tvind – das war beeindruckend! Auf dem Podium stand Amdi und hat Vorschläge gemacht. Es gab immer eine Regie im Vorhinein, und keiner konnte ›Nein‹ sagen. Da hing eine Karte von Dänemark mit roten Punkten, wo wir schon überall waren, und es hieß: »Jetzt wollen wir auch da und da mitmischen, denn Dänemark braucht das.‹ Anschließend wurden die Leute berufen, um zum Beispiel als Lehrer irgendwohin zu gehen.

Im inneren Kreis um Amdi waren ungefähr zehn Leute, die besondere Aufgaben hatten und neue Projekte vorbereiteten. Beispielsweise wurde gesagt: ›Wir müssen aufhören, mit den alten Autos rumzufahren.‹ Dann flog man zur Fabrik in England, hat sich als Bevollmächtigter vorgestellt und vierzig Landrover gekauft. Die Insidergruppe war auch in Frankreich, um sich Mode anzugucken; sie haben dann verschiedene Modelle gekauft. Ich war schon immer dagegen, daß wir so arm waren und so abgerissen herumliefen. Anfang der 80er kam dann der Umschwung, und heute siehst du auf der Straße keinen Unterschied mehr.

1979 ist Amdi mehr oder weniger verschwunden, aber er tauchte immer wieder auf, wenn eine wichtige Sitzung war. Die Lehrergruppe wußte anfangs, wo er lebt – es wurde erst später geheimgehalten. 1979 wurde auf der Nordseeinsel Rømø ein Hotel in den Dünen als Hauptquartier gekauft. Dort gab es schon einen Tennisplatz, gut für ihn, denn er hatte immer Probleme mit dem Rücken. In Grindsted ist später sofort ein Tennisplatz angelegt worden. In Grindsted war die Verwaltung der Schulen, und dort liegt auch die Villa von Amdi. Als wir einmal daran vorbeifuhren, sagte einer: ›Diese Villa gehört uns jetzt, und dort soll Amdi leben.‹ Niemand wußte, ob das stimmt. Da haben sie sich auch eine elektronische Tür und die Rottweiler angeschafft. Die Villa war aber ein Tabu. Ich konnte nicht laut sagen: ›Warum hat er das, und ich nicht?‹ Da hätte man ja im Kopf falsche Gedanken gehabt. Es wurde nur zwischen den Zeilen darüber geredet: ›Amdi ist ein ganz seltener Mensch, auf ihn müssen wir aufpassen.‹

Manchmal hat aber doch jemand ein Fragezeichen aufgeworfen. Ein paarmal kam jemand in die Lehrergruppe, der eigentlich nicht hineinsollte. Die Lehrer stammen zu 80 Prozent aus der Mittelklasse, und wenn da welche aus der Arbeiterklasse auftauchten und den Kodex nicht verstanden, kam alles durcheinander. Da sagte Amdi mal zu mir: ›Weißt du, was der braucht: eine Tracht Prügel.‹ Wir hatten mehrmals solche Fälle, die wurden dann irgendwie beschäftigt, und ihnen wurde nicht alles gesagt. Ich hatte mehr Wissen als diese Leute, aber oben in der Hierarchie gab es andere, die noch viel mehr wußten als ich.

Ich übernahm 1982 die Leitung eines Hotels; damit stieg ich in der Hierarchie. Dann kam diese Zeit, als Tvind sich geschäftlich ausbreitete. Da ich einer von denen war, die geschäftliche Erfahrungen hatten, sollte ich weitere Aufgaben übernehmen. Ich habe dann als Hotelratgeber für die Frelimo in Mosambik gearbeitet.

Die Idee mit der Entwicklungshilfe war schon 1978 aufgekommen; ich war selbst in Afghanistan und Afrika, um Brunnen zu bauen und ähnliches. Damals hat die Lehrergruppe auch die Gründung von UFF beschlossen. Das Ziel von Tvind, den Sozialismus zu erreichen, spiegelte sich auch in den Staaten, mit denen UFF zusammenarbeitete, ob Südjemen, Mosambik oder Nicaragua. Zu den späteren Regierungen hatten wir dann sehr gute Beziehungen. In Simbabwe war Tvind höher angesehen als die dänische Regierung! Von dort kamen in den 80er Jahren Diplomaten nach Tvind, um die Genossen zu besuchen. Es kamen aber auch Soldaten nach Tvind, bevor Simbabwe, Angola und Mosambik frei waren. Die haben Schweißen gelernt, praktische Sachen. Aber es gab kein Guerrillatraining. Es gab meines Wissens auch keine Waffen in Tvind. Amdi hat jedenfalls nicht über Waffen gesprochen. Aber man hat von der ›Revolution im Jahr 2000‹ geredet – von der Weltrevolution. ›Wenn die Revolution kommt, werden wir diejenigen sein, die sie managen können‹, hieß es, ›wir haben Geld, wir können organisieren.‹

Es ist ganz klar, daß Tvind, Humana, UFF und DAPP eine Einheit sind. Es gab aber eine interne Richtlinie, den Zusammenhang zu leugnen. Wenn dann Tvind kritisiert wurde, konnte man immer sagen: ›Was geht mich das an, ich arbeite ja für UFF.‹ Humana ist 1986 gegründet worden, um Gelder für Projekte bereitzustellen, die dann weiterexpandieren konnten. Es ging nur ums Geschäft. Damals hatte ich mich schon entschlossen auszusteigen. In Tvind gab es Verträge fürs Leben oder zweijährige Verträge; ich habe immer das letzte gewählt. Und 1986 habe ich gekündigt. Da sagte Amdi zu mir: ›Du kannst nach England, eine neue Schule entwickeln, oder du kannst Humana mit aufbauen.‹ Die Stimmung war nicht gut, es hörte sich eher an wie ein Ultimatum. Ich habe Humana gewählt.

Man hat dann zwanzig Leute eingeteilt für Frankreich, Dänemark, Österreich, Italien, Holland, Belgien, Großbritannien und die Schweiz. Alle haben 25 000 Mark Startkapital gekriegt und sind losgefahren. Ich ging zusammen mit einem anderen Tvind-Lehrer nach Berlin. Wir kauften einen LKW, bekamen fünfzig Kleidercontainer, die in einer Tvind-Fabrik gebaut worden waren und machten den ersten Laden auf. Sehr schnell haben wir 30 000 Mark Umsatz im Monat geschafft, zu zweit! Es war klar, wenn das gut läuft, kann man viel Geld damit verdienen. Unsere Kisten standen zum Beispiel in den wohlhabenden Quartieren, und aus dem Grunewald kamen Pelze, Smokings, Ledersachen – moderne Kleidung, die sofort gut verkauft werden konnte. Wir warben damit: ›Tun Sie etwas für die Dritte Welt!‹

Die Gewinne wurden über London nach Belize geschickt. Ich war zweimal dabei, als wir das Geld bei der Volksbank Berlin überwiesen haben. Empfänger war Søren Hofdahl Sørensen. Wir haben schätzungsweise 40 000 Mark in einem halben Jahr nach Belize geschickt. Damals wurde gesagt: ›Da ist eine Farm gekauft worden.‹ Es hieß auch: ›Søren braucht das Geld jetzt – sofort überweisen!‹ Ich kenne Søren Sørensen. Er kam ungefähr 1972/74 zur Lehrergruppe und war in einer mittleren Position. Sein Vater war Pfarrer in Nyborg. Søren war ausgebildeter Maurer und hat in Tvind unterrichtet. Er war pragmatisch. Hat nicht viel gesagt, hat viel getan, und was er machte, war gründlich. Später hat er für Tvind tatsächlich Landwirtschaft betrieben. Er ist ein Typ, der an verschiedenen Orten eingesetzt wurde, weil man wußte, er ist treu.

Die Zustände in Belize würde der einzelne Tvind-Mensch nicht verstehen, aber davon erfährt er auch nichts. Sie sind in Belize, um Geld zu verdienen. Sie sehen die Welt als *eine* Welt, wo man überall Geld einsetzen kann. Über den Kauf der Ländereien in Belize und anderswo wurde auch nicht diskutiert. Tvind war inzwischen riesig geworden, es gab eine kleine Werft, einen Zoo, Hotels, wir besaßen das größte Hotel Norwegens im Hochgebirge und große Ländereien. Damals hatte Tvind auch große Schiffe. Wir besaßen eines der größten Holzschiffe der Welt, die ›Creole‹, ein wunderschönes Segelschiff.

Und es ging immer weiter. ›Kameraden‹, sagte Amdi auf einer Sitzung, ›wir wollen jetzt beim Feind selber etwas pflanzen, daß er stirbt, jetzt wird's ernst‹. Dann wurden zwei Leute in die USA geschickt, um eine Schule aufzubauen. Oder es kam ein Anruf: ›In Nordjütland gibt es jetzt einen Gutshof da und da, ein Hotel, was haltet ihr davon?‹ Ich sagte: ›Das geht nicht, wir sind nicht genug Leute!‹ Aber es wurde Geld verdient, und das Geld mußte auch ausgegeben werden. Es war alles sehr chaotisch, sie expandierten immer weiter, und irgendwann wollte ich da nur noch raus.

Mit uns waren sie unzufrieden, daß wir bei Humana in Berlin so viele Steuern zahlen mußten. Es hieß: ›Entweder ihr findet eine andere Lösung oder ihr geht woanders hin.‹ Aber mein Entschluß stand fest. Es war klar, daß ich im Frühjahr 1987 aufhören würde. Das habe ich dann auch wirklich getan.

Als ich weg war, ging es aber erst richtig los. Das Geld wird hin- und hergeschoben, keiner blickt da durch. Schon 1979 wurde auf einer großen Versammlung in der Sporthalle beschlossen: ›Ab jetzt ist die Ökonomie geheim. Es ist zu gefährlich, da Einblick zu haben. Aber wir können euch sagen …‹ Dann wurde eine Plastiktüte hochgehoben, und einer sagte: ›Wir haben für alle Fälle immer eine Million Kronen in bar hier.‹ Ich meine, es war dieselbe Sitzung, als Sam Nyoma mit zwanzig Rebellen in den Saal marschierte. Es war ganz klar: Amdi wollte den Kapitalismus mit seinen eigenen Mitteln stürzen.«

Das weltweite Imperium

Amdis Millionenspiel begann, sich immer schneller zu drehen. Immer mehr Gelder standen dafür zur Verfügung. Allein 1995 flossen etwa 140 Millionen dänische Kronen (35 Millionen Mark) staatlicher Zuschüsse in die Kassen der Polit-Sekte. Bis 1996 hatte *Tvind* vom dänischen Staat insgesamt rund 300 Millionen Mark für die Schulen kassiert. Nicht umsonst führt *Humana* die Erdkugel im Logo: Das Aktionsgebiet ist der gesamte Globus.

Aufgeschreckt durch die öffentliche Kritik, startete der dänische Rechnungshof 1995 erstmals eine Tiefenprüfung des gesamten *Tvind*-Imperiums. 25 Jahre nach der Gründung von *Tvind* stellten die Inspektoren 1996 in einem streng vertraulichen Papier zusammen, was ihnen an wirtschaftlichen Aktivitäten bekannt war.[50] Demzufolge beruht die *Tvind*-Ökonomie auf vier wesentlichen Prinzipien: 1. Alles ist soweit wie möglich gestreut und verteilt. 2. Die einzelnen Teile sind soweit wie möglich selbständige Einheiten, aber »real« ein Teil des *Tvind*-Imperiums. 3. Wirtschaftliche Aktivitäten von erheblichem Umfang werden in hohem Maße durch steuerfreie Einnahmen finanziert. 4. Die gesamte Konstruktion wird nicht juristisch verknüpft, sondern durch Personalunion auf der Leitungsebene. Deshalb spricht die dänische Steuerbehörde auch ohne Zögern vom »Tvind-Konzern«.[51] Der Schlüssel sind die Personen: Die Geschäftsführer und Manager der Fonds, Firmen und Vereine stammen fast ohne Ausnahme aus der Lehrergruppe.

Die Inspektoren aus Kopenhagen hätten ihr Papier nicht so detailliert gestalten können, wenn nicht Journalisten aus vielen verschiedenen Ländern das *Tvind*-Imperium hartnäckig angebohrt hätten. Einer der beharrlichsten Rechercheure ist Mikkel Hertz, Redakteur der konservativen dänischen Zeitung »Jyllands-Posten«. Als wir ihn in seinem Kopenhagener Büro treffen, erzählt er uns von seinen Recherchen auf den Spuren der *Tvindies*; immer wieder entdeckt er neue, noch unbekannte Firmen, die sich dem Imperium zuordnen lassen. Er sagt: »Wir kennen etwa fünfzig Firmen. Wir können aufdecken, wem sie gehören, aber das Entscheidende bleibt oft im Dunkeln: Wofür sind sie eigentlich alle da?«

Die *Tvind*-Millionen rotieren unermüdlich um den Globus, und sie verschwinden in einem vernetzten System von Gemeinschaftskassen, Tarnorganisationen und Briefkastenfirmen. Viele Firmen sind mit Namen, Adresse und Statut bekannt, aber ebenso viele sind anonyme Gesellschaften mit anonymen Namen, die ihren Sitz weit außerhalb der dänischen Grenzen haben. Sie residieren an Orten, wo die Behörden keine Fragen stellen und keine Rechenschaftsberichte fordern. So unterhält der *Tvind*-Konzern mindestens vierzehn kommerzielle Gesellschaften auf den englischen Kanalinseln Guernsey und Jersey, drei in Hongkong, weitere auf den Britischen

Jungferninseln und auf Fidschi. Andere Firmen sind in England, Holland, Gibraltar, Marokko oder Rußland registriert. Im Malaysia besitzt *Tvind* Schulen, Farmen und Handwerksbetriebe. Das Imperium umfaßt außerdem Plantagen und Immobilien in der Karibik – auf den Cayman Islands wie in Belize. Und es wächst unaufhörlich weiter.

In einem großen Artikel beschreibt Mikkel Hertz, wie das mysteriöse Firmenkonglomerat funktioniert.[52] In St. Peter Port auf der Insel Guernsey entdeckte er 1996 beispielsweise sieben *Tvind*-nahe Briefkastenfirmen unter der Adresse einer Revisions- und Anwaltskanzlei. Eine der dort registrierten Firmen hieß *Radmoor Limited*; ihre Geschäftsführung bestand aus zwei weiteren Guernsey-Firmen: *Camberley Limited* und *Chatswood Limited*. Die Geschäftsführung der Firma *Camberley Limited* bestand ihrerseits aus den Unternehmen *Radmoor Limited* und *Chatswood Limited*; die Leitung der *Chatswood Limited* wiederum aus *Radmoor* und *Camberley*. Alle drei zusammen besaßen eine vierte Firma namens *Transco Shipping Limited*; *Radmoor* und *Camberley* waren außerdem die Eigentümer einer Hongkong-Gesellschaft namens *Jambalaya*; drei weiteren Guernsey-Firmen gehörte die *Bahia Farming* in Jersey.

»Der Aufbau ist charakteristisch für die Tvind-Unternehmen«, schreibt Mikkel Hertz. »Die Dinge drehen sich im Kreis. Nichts dringt nach außen, und alles ist hinter den anonymen Fassaden irgendwelcher Anwaltsfirmen versteckt. Die wirklichen Aktivitäten der Gesellschaften, was sie auch sein mögen, geschehen andernorts; wem sie wirklich gehören, geht aus den offiziellen Dokumenten nicht hervor.« Aber der Journalist besitzt Informationen, die zeigen, daß die Personen hinter den anonymen Gesellschaften in Verbindung mit *Tvind* standen. Nach seinen Unterlagen verbargen sich hinter den Guernsey-Firmen die Dänen Anne Hansen, Elke Jensen, Svend Sørensen, Anne Nielsen und Birgit Ring sowie der Holländer Jop Nagel – allesamt *Tvind*-Veteranen aus der Lehrergruppe. Anne Nielsen war beispielsweise Leiterin der *Reisenden Hochschule auf dem Weg des Sieges*, Jop Nagel, Anne Hansen gehörten zum engeren Kreis um Amdi Petersen ebenso wie der frühere *Tvind*-Vorsteher Svend Sørensen.

Mikkel Hertz präsentiert ein weiteres Beispiel, das noch deutlicher zeigt, wie die Mitglieder der Lehrergruppe kreuz und quer durch die verschiedensten Firmen auf der ganzen Erde spuken. Die Firma *Procurement White Hall Agency* mit Sitz in Amsterdam, deren Zweck laut Register darin besteht, »Projekte« für Entwicklungsländer zu liefern, gehörte einer Gesellschaft in London mit dem Namen *Agence Notre Dame Limited*. Gesellschafter dieser Firma war 1996 ein Däne namens Flemming Gustafsson, ein Ingenieur, der laut Hertz »viele Jahre lang ein glaubensstarkes Mitglied der Lehrergruppe war«. Gustafson wirkte bis 1995 zugleich als Direktor einer Amsterdamer Gesellschaft mit der gleichen Adresse, die sich *Textile Transformation/E. C. Trading* nennt.[53] Die *Textile Transformation* betrieb unter anderem den »Export gebrauchter Kleidung nach Osteuropa«, die *Humana* einsammelte.

Direktor der *Textile Transformation* war 1996 Annicken Grønvold, ein in Norwegen geborener dänischer Staatsbürger, der laut holländischem Handelsregister seinen Wohnsitz in Bakinskikh Kommissarow, zirka hundert Kilometer südlich von Baku hatte, der Hauptstadt von Aserbaidschan. Grønvold hatte bis 1994 in der *Tvind*-Schule bei Ulfborg gewohnt. Als Mikkel Hertz bei der Textilfirma anrief, erklärte man ihm jedoch, die Geschäftsführerin heiße Kirsten Christiansen. »Auch sie gehört zur *Tvind*-Gruppe und tritt als Direktorin anderer Gesellschaften auf, zum Beispiel auf Jersey«, schreibt der Journalist.[54] Er fand noch einiges mehr heraus: Gustafson, ein früherer *Tvind*-Lehrer, war nicht nur in Amsterdam, sondern auch in Hongkong als Firmendirektor registriert, zusammen mit Else Jensen und Birgit Ring, zwei Mitgliedern der Lehrergruppe. An anderer Stelle tritt Flemming Gustafsson gemeinsam mit dem Holländer Jop Nagel und Svend Sørensen auf, der wie Søren Sørensen jahrelang eine der Plantagen des Konzerns in der Karibik bewirtschaftete und 1987 Gründungsmitglied von *Humana* Barcelona war.

Obwohl er den Finanzjongleuren so dicht wie kein anderer auf den Fersen war, faßt Mikkel Hertz das Ergebnis seiner Recherchen ziemlich desillusioniert zusammen: »So kann man den Spuren von Namen wie Annicken Grønvold, Kirsten Christiansen oder Flemming Gustafsson durch die ganze Welt folgen, kann versuchen, die Mosaiksteine zu sammeln, die zusammen ein Bild von dem weltumgreifenden finanziellen *Tvind*-Puzzlespiel ergeben. (...) Aber viel klüger wird man dadurch nicht. Denn nirgends erfährt man, was der Zweck der geheimen *Tvind*-Gesellschaften ist. Es ist unbestreitbar, daß sie ein Teil des *Tvind*-Finanzimperiums sind, es ist auch unbestreitbar, daß erhebliche Summen zwischen den Gesellschaften und den dänischen Fonds des *Tvind*-Imperiums transferiert werden, wie zum Beispiel des ›Kontovereins vom 15. Juli 1992‹. Aber wo die Gelder herkommen, wo sie landen, was das Ziel der Geldverschiebungen in Steuerparadiese ist, dazu will sich keiner äußern.«[55]

Immerhin: In einigen wenigen Fällen tauchten die *Tvind*-Millionen aus den Nebelschwaden des internationalen Finanzdickichts wieder auf. 1985 verwies der Premierminister der Karibik-Insel Saint Vincent, John Mitchell, führende Mitglieder der Lehrergruppe des Landes und erwog sogar, die diplomatischen Beziehungen mit Dänemark abzubrechen.[56] Die Sektierer hatten gegen alle Gesetze verstoßen, als sie über Strohmänner die größte Plantage des Landes, *Orange Hill Estates*, für 2,1 Millionen Dollar erwarben; das Geld kam per Kredit vom *Tvind*-Fonds *Fælleseje*.[57] Zwei Monate später ließ der Inselstaat die Farm beschlagnahmen. Dänischen Fernsehjournalisten sagte der Premier damals: »Sie sind eine subversive Gruppe. Ich fürchte, daß sie sich wie Jonestown in Guayana entwickeln.«[58]

Einen Sturm der Entrüstung riefen *Tvind*-Aquisiteure 1986 auch auf der benachbarten Antilleninsel Saint Lucia hervor. Dort waren sie drauf und dran, drei große Bananen-, Tabak- und Kokosnußplantagen zu kaufen; besonderes Interesse zeigten sie an den Flächen um den Flughafen der Insel. Alles in allem hätten sie mit ihren Firmen *United We Stand, Windward Properties Limited* und *River Doree Holding Limited* etwa 1500 Hektar und damit rund ein Drittel der landwirtschaftlich genutzten Fläche Saint Lucias kassiert. Als die Pläne ruchbar wurden, schrieben aufgebrachte Parlamentsabgeordnete an die dänische Regierung, um die Wahrheit über *Tvind* zu erfahren; und schließlich veräußerte man den Dänen lediglich eine der Farmen. Offizieller Käufer war die *River Doree Holding*, deren Aktien damals der *Tvind*-Fonds *Fælleseje* hielt.[59]

Wollten sich die *Tvindies* wie die *Volkstempler* um Jim Jones an einen abgelegenen Ort im Dschungel zurückziehen? Oder wollten sie lediglich ihre Millionen irgendwo profitabel anlegen? Der Name und die Statuten ihrer Gesellschaft *United We Stand* (Wir stehen zusammen) mit Adresse in Richmond auf Saint Vincent weisen in eine andere Richtung: Die Mao-Tse-Tung-Kapitalisten aus Ulfborg glaubten offenbar unverdrossen, sie seien die wahren Erlöser aller Geknechteten und Unterdrückten. In der Firmensatzung versprachen sie »ewigen Wohlstand, Freundschaft und Freiheit für alle Menschen in der Karibik«, Ausbildungs- und Gesundheitsprogramme, »künstlerische Auftritte« und »gegenseitiges Verständnis zwischen dem Volk der Karibik und dem Volk im Rest der Welt«. Kernsatz: »Diese Farm wird in der ersten Frontlinie stehen.«[60]

Doch *Tvind* errichtete weder auf Saint Lucia noch in Belize ein zweites Kuba. Im Gegenteil. Als sich Arbeiter über die niedrigen Löhne beschwerten, brach auf den Plantagen der Volkswohltäter in Saint Lucia sogar ein gewaltsamer Streik aus.[61] Die geheimen Herrscher des Altkleider-Imperiums disponierten um. Sie lenkten ihre Millionen in die Steueroase Grand Cayman; eine kleine Insel zwischen Kuba und Mittelamerika, auf der 22 000 steuerfreie Firmen registriert sind und die ein höheres Bruttoinlandsprodukt als zum Beispiel Dänemark besitzt. Die Secondhand-Manager ließen in der britischen Kronkolonie zahlreiche Gesellschaften registrieren, mit klingenden Namen wie *B & B Shipping Limited, Tropical Farming Limited* oder *Tropical Produce Limited*; letztere beiden Töchter des *Tvind*-Immobilienfonds *Estate*.[62] Die *Tropical Produce* begann unter anderem in Gestalt eines gewissen Søren Hofdahl Sørensen umgehend mit Aquisitionen in Belize; von »ewigem Wohlstand, Freundschaft und Freiheit für alle Menschen in der Karibik« war auch dort nicht mehr die Rede; man beschäftigte nun lieber unterbezahlte Arbeiter aus den mittelamerikanischen Nachbarländern.

Die Adressen der mysteriösen Firmen kreuzten sich an einer Stelle: Postfach 103, Bodden Town, Grand Cayman. Unter dieser Adresse firmierte auch ein Mann namens Henning Henning, der am 1. Dezember 1988 zusammen mit der Petersen-Freundin Kirsten Ambrosius Larsen vor dem Lands Officer der Cayman Islands erschien und namens der Firma *Tropical Farming* 170 000 Dollar für ein großes Stück Land im High Rock District hinlegte[63]; für insgesamt mindestens fünf Millionen Dollar kauften die *Tvind*-Manager Plantagen, Mercedes-Jeeps, Yachten und eine luxuriöse Villa mit Tennisplatz und Swimmingpool am Palmenstrand der Old Man Bay.[64] Wie der Reporter Rick Catlin vom »Caymanian Compass« herausfand, hatte Henning Henning 1988 seinen Namen geändert und hieß in Wirklichkeit Henning Bjørnlund – ein *Tvind*-Kader und enger Freund von Amdi Petersen, den die dänische Presse als das »Finanzgenie des *Tvind*-Konzerns« bezeichnete.

Tatsächlich liefen alle Finanzfäden bei Bjørnlund zusammen. Offenbar hatten die *Tvind*-Bosse ihr Hauptquartier inzwischen nach Grand Cayman verlegt. 1989 nahm die holländische Polizei Kontakt zu den Behörden auf der Karibikinsel auf, weil sie in Sachen *Humana* recherchierte. Es bestand der Verdacht, daß die »wohltätige Organisation« in Wirklichkeit ein profitträchtiges Wirtschaftsunternehmen sei, das seine Gewinne in steuerfreie Gefilde transferierte.[65] *DAPP-Humana* dementierte umgehend, und der *Tvind*-Sprecher Poul Jørgensen behauptete, die Besitzungen in der Karibik seien sämtlich »an ausländische Firmen« verkauft worden. »Soviel ich weiß, stimmt das aber nicht«, erklärte der »Cayman«-Reporter Rick Catlin im März 1996. »Sie haben nichts verkauft, sondern nur die Firmennamen geändert.«[66]

Für die revolutionären Großkapitalisten waren all die Recherchen mehr als unangenehm, ließen sie doch ihre sorgsam gepflegte Tarnung auffliegen. Rick Catlin heftete sich damals hartnäckig an die Fersen der einstigen Maoisten und konnte Mogens Amdi Petersen im Dezember 1990 auf dem Gelände seiner Villa identifizieren – eine Sensation. Catlin wußte, daß der *Tvind*-Guru am 13. Dezember mit dem Flugzeug erster Klasse von Miami nach Grand Cayman gereist war, in seinem Schlepptau fast die gesamte Führungscrew der Polit-Sekte: zehn Dänen und drei Holländer, darunter Kirsten Ambrosius Larsen, Søren Hofdahl Sørensen, Svend Sørensen und Henning Bjørnlund.[67] Sie trafen sich zu der einzigen geschäftlichen Verpflichtung, die Amdi in seinem Leben hat: Die Cayman Islands verlangen von den bei ihnen registrierten Firmen, daß diese einmal im Jahr eine Leitungssitzung auf der Insel abhalten.

Am 14. Dezember 1990 klingelte Rick Catlin einfach an der Luxusvilla der Dänen, um mit ihnen ein paar Worte über die wirtschaftlichen Verhältnisse der *Tvind*-Bewegung zu wechseln. Man ließ ihn nicht hinein; drei Tage lang versteckten sich die Manager des Konzerns in ihrem Haus. Amdi Petersen bestellte für jeden Tag der folgenden Woche ein Flugticket, obwohl er bereits einen Rückflugschein nach Miami für den 19. Dezember besaß. Am 17. Dezember öffnete sich plötzlich die Tür. Amdi und Kirsten Larsen rannten, unter Decken versteckt, in ein bereitstehendes Auto, während der verblüffte Journalist sie fotografierte. In rasendem Tempo fuhren die *Tvind*-Führer zum Flughafen und nahmen sofort den Flug mit der North West nach Miami; von dort ging es weiter nach Belize, wo sie Weihnachten und Neujahr bei Søren Sørensen auf Monkey River Estate verbrachten. Dann verlieren sich ihre Spuren.[68]

Seitdem wurde Amdi Petersen nicht mehr gesichtet. Dänische Polizeiquellen wollen wissen, daß der *Tvind*-Boß ab und an mit einem Luxusboot in der Karibik herumsegelt. Doch was in jenem geheimen Zirkel um den Guru vor sich ging, wußte niemand. Es schien, daß nie Licht in die geheimsten Geheimnisse fallen würde – bis eines Tages ein cleverer Journalist auf eine Goldader stieß.

Der überlistete Finanzchef

Es ist ein später Nachmittag im April 1996, als wir durch die Hügel an der Bucht von Århus kurven und das Auto schließlich im Hof eines ehemaligen Bauerngehöfts abstellen. Das weißgetünchte Anwesen in dem Dorf Uglebølle gehört Kurt Simonsen, dem »Ekstra-Bladet«-Reporter, der als erster die *Tvind*-Plantagen in Belize besucht hatte. Wir unterhalten uns über die aktuelle Entwicklung. *Tvind* ist zu diesem Zeitpunkt in Dänemark mächtig unter Druck geraten. Simonsen sagt: »Jetzt nennt sogar das Ministerium sie einen Konzern, was Tvind immer bestritten hat.«

Der Reporter überrascht uns damit, daß er selbst von 1972 bis 1973 *Tvind*-Schüler in der *Reisenden Hochschule* war und dabei sogar Amdi Petersen getroffen habe. Er merkt gar nicht, daß er beim Erzählen plötzlich in die Gegenwartsform fällt. »Amdi ist ein Genie – ihn zu treffen und nichts dabei zu fühlen, ist unmöglich. Er gibt einem das Gefühl, daß alles, was man macht, sehr wichtig ist.« Simonsen war dabei, als in Ulfborg die ersten Häuser errichtet wurden. »Wir lasen das kleine rote Buch von Mao«, erinnert er sich. Viele *Tvindies* der ersten Stunde hätten sich später revolutionären Gruppen angeschlossen. »Aber für Amdi und seine Leute waren alle anderen revolutionären Gruppen Unsinn – nur *Tvind* zählte.«

Als Journalist versuchte Kurt Simonsen später mit allen Mitteln, Amdi Petersen wiederzufinden. »Ich habe es über die Polizei probiert, über Europol – aber sie haben nichts. Es ist schließlich nicht verboten, einen Konzern zu gründen.« Der Reporter vertritt die Theorie, daß Amdi schwerkrank sei; das habe ihm dessen Mutter angedeutet. »Sie ist die einzige aus der Familie, die mit ihm Kontakt hat. Amdi brach 1971 total mit seinem Vater, und das war auch die *Tvind*-Ideologie – total mit der Familie zu brechen.« Der *Tvind*-Guru sei, erläutert der Reporter, noch immer offiziell in

Grindsted gemeldet. Das Finanzamt erhalte jedes Jahr seine Steuererklärung, aber nicht von ihm selbst unterschrieben, sondern mit Vollmacht, wie es bei *Tvind* normal sei. »Sie haben eine Vollmachtsgruppe, die für die Mitglieder unterzeichnet.«

Für ihn sei die Beschäftigung mit *Tvind* eine »große journalistische Herausforderung«: »Zehntausende von jungen Dänen waren in diesem System, und wurden von *Tvind* beeinflußt.« In vielerlei Hinsicht, meint Simonsen, funktioniere *Tvind* wie *Scientology.* »Man arbeitet dort zwölf, vierzehn oder sogar zwanzig Stunden am Tag für ein Taschengeld; jeder Kapitalist würde sich darüber freuen!« Trotzdem hätten alle das Gefühl, ein erfülltes Leben zu haben, denn sie besäßen schließlich eine große Aufgabe: nicht mehr und nicht weniger, als die ganze Welt zu retten. Über die vielen *Tvind*-Frauen und ihr besonderes Verhältnis zu Amdi Petersen sagt der Reporter: »Amdi schlief mit den Frauen, und es war eine Ehre, mit ihm zu schlafen. Er gab ihnen Bedeutung – und anschließend bekamen sie die Möglichkeit, nach Afrika oder auf die Plantagen zu gehen.«

Vielleicht weiß kein Außenstehender mehr über die dänischen »Chinesen« als Kurt Simonsen. Seit über zehn Jahren schreibt er über *Tvind*, und zahlreiche Aussteiger nehmen mit ihm Kontakt auf. »Nach siebzehn oder zwanzig Jahren fühlen viele, daß sie ihr Leben hingegeben haben, ihre gesamte Karriere und Familie«, erläutert er, »dann fangen sie an, sich plötzlich Fragen zu stellen.« Aber *Tvind* habe auch dafür eine Lösung gefunden. »Wer wirklich einen Liebhaber oder eine Familie haben will, der wird auf eine Plantage abgeschoben und kann dort gemeinsam leben. Wie zum Beispiel Henning und Vibeke Bjørnlund.«

Henning und Vibeke Bjørnlund. Henning Bjørnlund alias Henning Henning. Um diese Geschichte zu hören, sind wir zu Kurt Simonsen gefahren. Der Journalist erzählt: »Die Tvind-Leute sind die einzigen Sozialisten in Westeuropa, die gut darin sind, Geld zu machen, und ihr ökonomischer Zauberer hieß Henning Bjørnlund. Es war schon eine Weile bekannt, daß er ausgestiegen war, als ich von Aussteigern einen heißen Tip bekam: Bjørnlund sollte sich in Australien aufhalten. Ich nahm also Kontakt mit der dänischen Botschaft in Canberra auf; die Botschaft kannte seinen Wohnsitz und leitete meinen Namen und meine Telefonnummer an ihn weiter. Wenig später bekam ich einen Anruf: ›Bjørnlund möchte nicht mit Ihnen reden; wir können Ihnen deshalb seine Adresse nicht geben.‹

Jetzt halfen keine gewöhnlichen journalistischen Mittel mehr, es blieb nur die Wallraff-Methode. Ich schrieb an viele Ämter und öffentliche Register in Australien – und bingo! Im April 1995 stieß ich auf Henning Bjørnlund in Adelaide, Südaustralien. Also sagte ich zu meinem Boß: ›Ich habe die Adresse von Bjørnlund, ich kann Dir nichts versprechen, aber wenn ich den Mann finde, ist es eine Top-Story.‹ Okay, sagte mein Chef, ›das klingt gut‹.

»Extrabladet«-Journalist Kurt Simonsen (r.) spürte den Tvind-Finanzchef und dessen Frau in Australien auf

Kurz darauf saß ich zusammen mit meiner Frau im Flugzeug nach Australien. Es war ein aufregender Moment, als ich anfing, mich in Adelaide nach Bjørnlund zu erkundigen. Meine Frau klingelte dann an der prachtvollen Villa und sagte: ›Guten Tag, wir haben gehört, ihr seid Dänen.‹ Sie waren ziemlich überrascht und erwiderten: ›Ach, wie schön, ihr seid Dänen, kommt doch herein.‹ Wir erzählten ihnen, wir seien auf Hochzeitsreise, und kamen richtig gut ins Gespräch. Wir verbrachten drei Abende mit ihnen und freundeten uns an. Vibeke und Henning Bjørnlund haben ein nettes Haus, groß, aber nicht riesig. Henning, das Finanzgenie, unterrichtet als Dozent an der Universität von Adelaide Eigentumsrecht. Er bringt den Studenten bei, wie man Geld macht und ein Vermögen erwirtschaftet.

Die beiden hatten viel zu erzählen. Sie hatten schon lange mit keinem Dänen mehr geredet und freuten sich darüber. Sie waren die Sorte Menschen, die denken, anderer Leute Leben sei nicht so spannend wie ihr eigenes. Deshalb wohl fragten sie mich die ganze Zeit nie nach meinem Beruf. Sie sagten, sie hätten für eine große multinationale Gesellschaft auf den Cayman Islands gearbeitet und als sie dort weggingen, hätten sie eine halbe Million dänische Kronen als Abfindung bekommen, etwa 125 000 Mark.

Schon am zweiten Tag aber sagten sie: ›In Wirklichkeit haben wir für Tvind gearbeitet.‹ Bjørnlund hatte 1970 bei der Reisenden Hochschule angefangen und war 1972 erstmals Lehrer in Tvind; Vibeke begann im Notwendigen Seminarium im September 1972. Seitdem war das Leben dieser beiden Menschen Tvind geweiht. Es ist bezeichnend, daß sie ein Startkapital erhielten, als sie Tvind verließen; denn normalerweise kann man froh sein, wenn man ohne einen Riesenberg an Schulden rauskommt. Viel Geld war es ja eigentlich nicht, aber genug, um in Australien neu anzufangen. Es war offenbar der Preis, den die Tvind-Bosse dafür bezahlte, daß der Mann den Mund hielt, der ihre wirtschaftlichen Spekulationen geleitet hatte. Und er hatte ja bis dahin auch geschwiegen.

Sie ahnten nicht, wem sie gegenübersaßen. Ich nannte ihnen zwar meinen richtigen Namen – zuerst nur Kurt, später auch den Nachnamen –, aber sie schalteten nicht. Irgendwann sagte Henning aber zu mir: ›Du hast etwas Bekanntes an dir, habe ich dich nicht schon mal gesehen?‹ Ich bekam einen Schreck und antwortete: ›Oh, ich war 1972 Tvind-Schüler.‹ Bjørnlund sagte: ›Aha, dann muß es daher sein, daß ich mich an dich erinnere.‹ In Wirklichkeit hatten sie schon viele Artikel von mir gelesen und mein Porträt in der Zeitung gesehen. Aber ihre Vorurteile gegenüber Journalisten im allgemeinen ließen es wohl nicht zu, einen Zusammenhang herzustellen. Bjørnlund sagte: ›Ich hasse Journalisten, denn sie schreiben nie, was man ihnen sagt.« Ein anderes Mal erwähnte er mit einem ziemlich stolzen Klang in der Stimme: ‹Das »Ekstra-Bladet« hat versucht, uns hier unten zu finden, das ist ihnen aber nicht gelungen. Ich glaube, ich habe sogar noch Artikel da, willst du sie sehen?› Ich war eigentlich nicht so scharf darauf, jetzt meine eigenen Artikel anzuschauen. Aber Vibeke fing auch schon wieder an, von etwas anderem zu reden.

Sie hatten wohl das Bedürfnis, einmal über Tvind und Hennings Job als Finanzchef zu reden; und sie hielten uns ja für harmlose Urlauber. Wenn sie auch vor Jahren ausgestiegen sind, sind sie doch zutiefst loyal gegenüber dem Tvind-Imperium und stehen noch in Kontakt mit Amdi Petersen und Poul Jørgensen. Bjørnlund sagte: ›Ich war der Finanzmann hinter Tvind. Alle Tvind-Plantagen in der Karibik und Malaysia sind meine Kinder, ich habe sie gekauft und die ganze übergeordnete Ökonomie verantwortet, bis ich die Firma vor fünf Jahren verließ.‹ Seit 1986 lebten er und Vibeke auf Grand Cayman. Damals reisten die beiden mehrfach rund um den Globus, um Plantagen zu besichtigen und einzuschätzen, welche Investitionen lohnend seien. Mit Entwicklungshilfe hatte das alles nichts zu tun. Die Plantagen sollten in erster Linie profitabel sein, denn sie wollten das Tvind-Geld ja nicht verschleudern. ›Es ist Kapitalismus pur‹, erklärte Bjørnlund uns ganz offenherzig.

Ich fragte ihn, ob es stimmt, daß Tvind ein Multi-Millionen-Imperium sei. Er bestätigte mir das. Er sagte sogar, Tvind sei heute nicht nur Millionen, sondern Milliarden Kronen wert. Ich fragte ihn, wer davon profitiert, und er sagte: ›Die Eigentümer der Gesellschaften.‹ Bjørnlund war es, der die Luxusvilla für Amdi Petersen auf Grand Cayman kaufte. Henning bestätigte mir auch, daß die ›Tropical Produce‹ in Belize zum Tvind-Imperium gehörte, ja, er erwähnte sie sogar speziell: ›Ich kaufte die Plantagen, und ich entschied, dort Tvind-Geld zu investieren.‹ Ich fragte ihn nach den Äußerungen Poul Jørgensens, wonach alle Farmen in Übersee verkauft worden seien. Da wurde er richtig wütend und sagte: ›Das ist undenkbar! Poul Jørgensen ist mein Freund. Würde er mich nicht sofort anrufen, wenn sie die Plantagen abgestoßen hätten? Das ist ein Bluff.‹ Er fügte hinzu: ›Wir haben einfach eine neue Gesellschaftsstruktur geschaffen und die Plantagen an uns selbst verkauft.‹

Henning Bjørnlund erklärte: ›Die Behörden werden Tvind niemals wirklich treffen. Wir machen keine Betrügereien, wir übertreten nur ein kleines bißchen die Linie.‹ Wirkliche Details über die finanziellen Transaktionen enthüllte er uns aber nicht. Sie schwärmten von ihrem Leben in den Tropen und auf Reisen: ›Wir hatten zwanzig fantastische Jahre in Tvind; wir haben die ganze Welt gesehen.‹ Und doch waren sie am Ende desillusioniert. Auf die Frage, warum sie überhaupt in den Untergrund gegangen seien, behaupteten sie, der dänische Verfassungsschutz habe versucht, Amdi Petersen und andere Tvind-Leute zu ermorden. Das ist ein typischer Tvind-Mythos. Der Mythos ist aber wichtig, denn er schweißte die Lehrergruppe noch stärker zusammen. Vibeke und Henning waren an diesem Punkt wie die meisten Tvindies: Sie beschützten ihren Führer auch nach dem Ausstieg. Sie verrieten uns nicht, wo Amdi Petersen lebte.

Wir waren vier Tage mit ihnen zusammen; dann fuhren wir nach Ayers Rock und flogen nach Dänemark zurück. Ich muß zugeben, daß ich mich schlecht dabei fühlte, über sie zu schreiben. Ich mochte sie. Aber auf der anderen Seite – all die Jahre hatten sie gelogen, hatten dem dänischen Staat so viel Geld gestohlen. Die Öffentlichkeit hatte ein Recht darauf zu erfahren, was in Tvind wirklich vor sich geht. Als ich wieder in Dänemark war, rief ich als erstes bei Henning Bjørnlund an. Ich sagte zu ihm: ›Erinnerst du dich, daß du mich nie gefragt hast, was ich beruflich mache? Ich bin Journalist.‹ Da gab es ein nervöses Lachen am anderen Ende. Er fragte: ›Wo?‹ Ich sagte: ›Beim Ekstra-Bladet.‹ Darauf sagte er mit seiner Fistelstimme: ›Dann haben wir nichts mehr miteinander zu tun.‹ Ich faxte ihm aber meinen Artikel und bot ihm an, alles zu kommentieren. Doch sie schwiegen.« Die *Tvind* -Leitung bestreitet Simonsens Informationen; vor allem, was er von Bjørnlund über die Reichtümer des Konzerns erfuhr.

Am 14. Mai 1995 erschien im »Ekstra-Bladet« Kurt Simonsens Artikel mit der Schlagzeile: »Jetzt redet Tvinds Finanzgenie«: »Tvind besitzt Milliarden, sagt Henning Bjørnlund. Hier ist er, der Mann, der mit Tvinds Milliarden über den ganzen Globus jongliert hat. Fast alles Geld kam ursprünglich vom dänischen Steuerzahler. Der 45jährige Mann lebt heute luxuriös in Adelaide ...«[69]

Besuch in Ulfborg

Jütland, 27. April 1996. Unser letzter Tag in Dänemark. Wenn alles gut geht, werden wir um elf Uhr vormittags in *Tvind* sein. Dort sind wir mit Jytte Martinussen verabredet, der Direktorin des *Notwendigen Seminariums*. Eigentlich wollten wir uns ja auch mit dem *Tvind*-Sprecher Poul Jørgensen treffen, doch der hatte am Telefon abgewunken – er sei gar nicht zuständig. »Ich habe keine wichtige Position. Wenn Sie etwas über *Humana* wissen wollen, dann reden Sie mit Frau Nielsen. Wollen Sie über die Schulen sprechen, müssen Sie sich an die Schulen wenden.« Und natürlich hatte auch Jytte Martinussen wie die *UFF*-Chefin Jytte Nielsen unsere Fragen vorher per Fax angefordert, »um meinen Zeitplan darauf einzustellen«.

Der Tag ist grau, es nieselt – ein Vormittag im April wie ein Nachmittag im November. Unser Weg über die kleinen Dörfer zieht sich länger hin als erwartet; erst gegen zwölf erreichen wir Ulfborg. Der Ort besitzt nur eine Hauptstraße, eine Kirche und zwei Kneipen. Wir müssen trotzdem ein paarmal wenden, bis wir den Abzweig Richtung Tvind entdecken. Die Gegend ist flach, ein paar Erdhügel, verstreute Tannen und Kiefern, noch kein Grün. Von weitem schon sehen wir die Mühle, das einzige, was hier irgendwie emporragt. Schließlich weist ein Schild zum »Nødwendigen Seminarium«. Nun holpern wir noch ein paar hundert Meter über Betonplatten und halten dann vor einer von mehreren Baracken, die sich flach in die Ebene ducken: Tvind.

Die einstige Wallfahrtsstätte progressiver Pädagogen sieht aus wie eine ostdeutsche LPG im Stadium der Abwicklung. Als wir aussteigen, rührt sich erstmal gar nichts, nur die Flügel der Mühle rotieren mit scharfem Sirren durchs dänische Grau. Dann erscheint Jytte Martinussen und führt uns in einen – gottlob geheizten – Holzbau. In dem großen weißen Büro nehmen wir Platz auf einem Ledersofa mit Blick auf ein Kitschbild aus Indien: Ochsen mit Karren auf dem Weg zur Arbeit. Aufmerksam registrieren wir die »International Herald Tribune«, die so dekorativ auf einer Anrichte liegt. Es riecht nach Katze.

Wie nicht anders zu erwarten, hat Jytte Martinussen noch jemanden mitgebracht: einen 23jährigen Studenten, der sich als »Tobias aus dem Ruhrgebiet« vorstellt und hin und wieder linientreue Einwürfe macht. »Meine Erfahrungen mit Journalisten sind nicht so angenehm«, erklärt uns Jytte Martinussen. »Man führt die Leute herum, und dann wird doch alles verdreht. Aber ich finde es gut, daß Sie hergekommen sind.« Die 43jährige Direktorin des *Notwendigen Seminariums* serviert Tee und selbstgemachte Gemüsepizza. Jytte Martinussen ist eine *Tvind*-Veteranin der ersten Stunde. Zehn Jahre leitete sie die *Reisende Hochschule*. Zusammen mit Amdi Petersen, Kirsten Ambrosius Larsen, Svend Sørensen, Søren Hofdahl Sørensen und vielen anderen *Tvindies* gehörte sie beispielsweise zu den Grün-

Jytte Martinussen, Chefin des »Notwendigen Seminariums«
Tvind-Schüler mit Vorbild Fidel Castro

dern des Immobilienfonds *Fælleseje*. Sie hat kurze graue Haare, trägt Jeans und goldene Ohrringe. Sie macht einen taffen Eindruck. Sicher keine angenehme Chefin, aber mit netten Grübchen um den Mund. Jedenfalls ist sie gut vorbereitet und weiß auf jede Frage eine Antwort, manchmal schon, bevor wir sie überhaupt gestellt haben.

Als unsere Fotografin Ann-Christine Jansson ihre Kamera auspackt, runzelt die Direktorin die Stirn, setzt sich dann aber in Positur; sie versucht, die Situation unter Kontrolle zu behalten. Wir fragen sie nach der Windmühle, und sie erzählt, daß das *Tvind*-Monument 1977 fertig wurde, »als gerade die große Hetze gegen uns begann«. Die Mühle produziere 85 Prozent des in *Tvind* verbrauchten Stroms. »Aber wir haben sie vor allem als Symbol für alternative Energie gebaut. Wenn man eine Idee verbreiten will, ist es wichtig, ein Beispiel zu geben.« Über die *Tvind*-Schulen sagt sie: »Die Schule sollte den Studenten ermöglichen, rauszugehen und die Welt selbst zu entdecken.«

Die Seminariums-Leiterin lädt uns ein, rauszugehen und das weitläufige Schulgelände mit ihr zu besichtigen. Von der Nordsee her weht eine steife Brise, als wir über Sandwege zu dem kleinen Hügel stapfen, auf dem die Windmühle steht. In deren Innern zeigt eine Fotoausstellung, wie Hunderte von Freiwilligen den riesigen Bau errichteten und viele Arme gemeinsam die gewaltigen Rotorblätter schleppten. Die Direktorin führt uns dann zur Handarbeitsschule, zur *Reisenden Hochschule*, zum Schwimmbad und zur legendären Turnhalle, in der ein paar Jugendliche Fußball spielen. Die gesamte Anlage ist größer, als wir zunächst dachten. Wir passieren zehn niedrige Holzhäuser – die Unterkünfte der Schüler und Studenten. Anschließend erreichen wir einen größeren Flachbau, in dem, wie wir hören, Videostudio, Musikraum, Kino und die Kantine untergebracht seien. Etwa zwanzig Leute machen sich über Rohkost her, unter ihnen auch ein paar Afrikaner im Blaumann. An der Wand hängt ein großer Stundenplan, der Lektionen über »Summerhill«, »marxistische Pädagogik« und »Kuba« ankündigt.

Im Kinosaal proben sechs Leute Shakespeares »Kaufmann von Venedig«; eine Inszenierung nur für uns? Wir sehen Studenten, die Räume verputzen, andere streichen Wände. Alle, die wir danach fragen, sagen, daß sie es in *Tvind* »very nice« finden, weil alles so »practical« sei; aber die Direktorin steht ja auch stets dabei. Dann zeigt uns Jytte Martinussen einen gut geheizten Klassenraum mit Parkett und gemütlichen Sesseln. »Hier wird über Summerhill unterrichtet«, erläutert sie. Oh, an der Wand hängt ein Poster von Fidel Castro! Der Direktorin ist das peinlich; das habe ein Student nur für den heutigen Unterricht angebracht, sagt sie. Jytte Martinussen hat zunehmend Probleme, den Tatendrang der Fotografin zu bremsen und uns gleichzeitig im Auge zu behalten.

Zurück in ihrem Büro, erklärt uns die Direktorin: »Hier kannst du als Student entscheiden, was du lernen willst. Wir denken, jeder sollte Zugang zum gesamten Wissen der Welt haben.« Wie das konkret geschieht, das erzählt sie uns aber nicht. Ihr Vortrag erschöpft sich in Leerformeln, die im Kreis laufen wie die Flügel der berühmten Mühle: »Wir sind beeinflußt von der Entwicklung in der ganzen Welt«, »die Schule muß Fragen von existentieller Bedeutung behandeln« oder »die Zukunft birgt viele Herausforderungen – man muß kreativ sein«.

So parlieren wir eine Stunde und haben am Ende doch nichts erfahren; der pathetische *Tvind*-Jargon ist wie ein großer weicher Gummi, amorph und dehnbar. Unsere Fragen bleiben im Nebel stecken wie manche Recherchen im Netz der *Tvind*-Firmen. »Wir haben keine theoretische Basis«, sagt Martinussen. »Wir haben auch keine politische Beziehungen. Blockpolitik, Parteipolitik – das hat nichts mit der Welt von morgen zu tun.« Nicht einmal zum Sozialismus mag sie sich mehr bekennen. »Wir haben hier Sozialisten, Muslime, Katholiken und Leute, die gegen jede Art von Religion sind.« Ähnlich würde auch ein *Scientologe* seine »Gruppe« beschreiben. Was uns Jytte Martinussen in Wirklichkeit mitteilt, wird uns erst viel später bewußt: Das ganze Leben ist Schule, und die Rettung der Welt ist natürlich auch – die Schule. Aber nicht irgendeine Schule, nein: die *Tvind*-Schule. »Lehren ist eine Möglichkeit, Lösungen für die Probleme der Welt zu finden«, sagt die *Tvind*-Veteranin.

Wir fragen nach den konkreten Vorwürfen. Jytte Martinussen hat sich und ihren Studenten gut präpariert. Ja, Schüler hätten sich über die Ausbildung beklagt, antwortet sie, »aber das ist ja auch kein Programm für jedermann – man kann doch nicht einen Piloten mit einem Radfahrer vergleichen!« Ja, die Anforderungen seien »früher ein bißchen zu hart« gewesen, deshalb habe man das Programm jetzt auch »total geändert«. Stimmt, Alkohol sei nicht erlaubt, denn »wer Alkohol trinkt, kann das ganze Team infizieren«. Und, ja, die Studenten müßten wirklich Postkarten verkaufen, aber das sei ein Teil des Unterrichts, nämlich »Fundraising für die Dritte Welt«. Tobias nimmt das Stichwort auf: »Das Fundraising gibt dir Stärke, es gibt dir Selbstvertrauen.« Aha. »Und was sagen Sie zum Vorwurf der Gehirnwäsche?« – »Ich weiß nicht einmal, was Gehirnwäsche ist«, antwortet Jytte Martinussen. »Das sagen die Leute, weil sie nicht verstehen, wieso sich Dinge entwickeln und bewegen.«

Dann erwähnen wir Amdi Petersen, und mit einem Mal wird Jytte Martinussen rot und verlegen. Mit schnellen Sätzen redet sie sich wieder in Fassung: »Amdi Petersen war mein Lehrer. Er hat keine Verbindung zu irgendeiner Tvind-Schule. Er startete die DNS und war Lehrer und Direktor in den ersten acht Jahren. Aber dann zog er sich aus dem öffentlichen Leben zurück.« Und wo hält sich Amdi auf? »Wir wissen es nicht«, sagt Jytte Martinussen.

Zum Schluß gehen wir noch einmal zur Mühle. Während die einen mit den Millionen jonglieren und sich am Swimmingpool unter Palmen entspannen, halten sich die anderen an ihren Illusionen fest … Es ist eisig geworden. Singend und röhrend zischen die riesigen Rotoren durch den Wind. Ein grauer Himmel liegt über der dänischen Erde. Fünf, sechs Jugendliche schleppen Möbel und Holzbalken in einen Schuppen. Wir fragen Jytte, ob sie nach zwanzig Jahren *Tvind* noch glücklich sei, und sie sagt: »Ja, sehr.« Dann leuchten ihre Augen zum ersten Mal auf: »Ich war lange in Afrika. Ich liebe Afrika, und ich fahre jedes Jahr dorthin!«

Eine eigenartige Melancholie liegt über unserer Begegnung. So als wäre *Tvind* schon ferne Geschichte – ein zersplitterter Spiegel, dessen einst glitzernde Stücke niemals wieder zu kitten sind. Als wären all die schönen Worte nur mehr Selbstschutz, um nicht ins Bodenlose zu stürzen. Worte, die mit viel Nachdruck etwas benennen, das sie wohl noch nie wirklich gefüllt haben; das ins Triviale gerutschte Pathos der Endsechziger, ein hoffnungsloser Anachronismus. Die *Tvindies* sind die Überbleibsel eines wilden Traums, der längst an den Klippen zerschellt ist, die zu überwinden er einmal geträumt wurde. Uns fröstelt.

Sturm über Tvind

»Schließt Tvind!« forderte die dänische Schrifstellerin Ulla Dahlerup schon im Dezember 1992. »Mitten in Dänemark liegt ein Stück Ostblock. Es heißt Tvind. Aber die Mauer ist bis jetzt nicht gefallen.«[70]

Im Frühjahr 1996 begann ein Sturm auf die Mauer, wie ihn *Tvind* noch nie erlebt hatte. Niinas und Eriks Enthüllungen hatten wie ein Zeitzünder gewirkt. Der dänische Staat, der so lange die Hand über die »alternativen Lehrer« gehalten hatte, mußte endlich handeln. Abgeordnete des dänischen Parlaments begannen, offizielle Anfragen zu stellen. Um einem möglichen Handeln des Folketings zuvorzukommen, ergriff der radikalliberale Bildungsminister Ole Vig Jensen Maßnahmen, die das *Tvind*-Imperium in seinen Grundfesten erschütterten. Bereits am 26. Januar 1996 hatte der Minister von »systematischem und massivem Mißbrauch von öffentlichen Geldern« gesprochen und angekündigt, den »Schulkonzern« zu dezentralisieren. Die *Tvind*-Schulen waren nämlich in einem sogenannten Skolesamvirket, der Schulkooperative Tvind mit gemeinsamer Verwaltung zusammengeschlossen. Das Prinzip der freien dänischen Schulen beruht aber gerade darauf, daß sie selbständige Einheiten sind.

Im März 1996 entzog das Unterrichtsministerium zunächst sieben Schulen wegen undurchsichtiger Manipulationen die staatliche Unterstützung und ordnete an, weitere achtzehn Schulen zu überprüfen. »Es gab so viele lose Enden, so viele offene Fragen«, sagte uns der Leiter der Schulabteilung im Kopenhagener Ministerium, Hendrik Køber. Sein Minister war in Zugzwang geraten, weil durch Vorberichte klar wurde, daß der Rechnungshof in seinem Report scharfe Maßnahmen gegen *Tvind* fordern würde. Die Staatsanwaltschaft bereitete Ermittlungen wegen Dokumentenfälschung und Subventionsbetrugs vor. Diese Ankündigungen erhöhten den Druck auf die Regierung in Kopenhagen, nun auch den Rest des Imperiums unter Kontrolle zu bringen.

Mit immer neuen Enthüllungen heizte auch die Presse dem Minister ein. Am 11. März 1996 veröffentlichte Mikkel Hertz in der Zeitung »Jyllands-Posten« einen Artikel, der hohe Wellen schlug.[71] Die Studentin Louise Baldo hatte mit 18 Jahren als Schülerin bei der Reisenden Hochschule in Tvind angefangen und jobbte dann einige Monate als Sekretärin der Schule; Baldo hatte Einblick in viele Unterlagen und vor allem in die EDV. In ihren Aussagen, die sie auch gegenüber der Polizei in Holstebro wiederholte, sagte sie, ihre Arbeit habe vor allem darin bestanden, an einem »massiven Schwindel« gegenüber dem Bildungsministerium mitzuwirken. Die meisten Namen auf den Listen, die zwecks Förderung ans Ministerium geschickt wurden, seien »Karteileichen« gewesen – Lehrer und Schüler –, um höhere Zuschüsse zu kassieren, als die realen Zahlen eingebracht hätten.

Louise Baldo sagte, sie habe aus alten Unterlagen der 80er Jahre die Unterschriften früherer Schüler auf neue Anträge kopieren müssen, »so daß das ganz korrekt aussah, als ob sie heute noch da wären, und das machte ich dann in vielen, sicher ein paar hundert Fällen.« Als »Jyllands-Posten« die damalige Direktorin der Reisenden Hochschule, Anne Larsen, mit den Vorwürfen konfrontierte, erklärte diese: »Sowas geht gar nicht«. Eine solche Form von Betrug sei schon wegen der staatlichen Kontrollen nicht möglich. Louise Baldo hielt jedoch daran fest, daß ihre Aussagen »zu 200 Prozent stimmen«. Der Zeitung sagte die junge Frau: »Erst langsam ging mir auf, wie grundlegend verkehrt dort alles war, nicht nur der Betrug, sondern das Ganze.«

Am 7. Mai 1996 veröffentlichte der Rechnungshof seinen lang erwarteten Untersuchungsbericht.[72] Darin kam die Behörde zu dem Ergebnis, daß die *Tvind*-Schulen »systematischen Mißbrauch von öffentlichen Mitteln« betrieben hätten. Der Rechnungshof forderte 3,5 Millionen Mark zuviel gezahlter Subventionen zurück. Am gleichen Tag beraumte Minister Ole Vig Jensen eine Pressekonferenz an. Er nannte die Schulen »reine Geldmaschinen für den Tvind-Konzern«.[73] Statt zu lernen, hätten Schüler »in vielen Fällen« für den Konzern arbeiten müssen, der gleichzeitig öffentliche Zuschüsse kassierte. »Alles läuft darauf hinaus, das Geld aus den Schulen zu melken und in alles mögliche andere zu überführen, das mit Unterricht nichts zu tun hat«, erklärte der Minister. Jensen kündigte für den nächsten Tag einen Gesetzentwurf an und sagte: »Es ist Zeit, mit dem Tvind-Imperium aufzuräumen.«

Einen Tag später stand *Tvind* auf der Tagesordnung des dänischen Parlaments. Während vor der Tür Lehrer und Schüler demonstrierten und sogar

Zelte aufschlugen, verbot der Folketing mit einer »Lex Tvind« die weitere Förderung aller *Tvind*-Schulen, die nicht unter die Zuständigkeit der lokalen Gemeinden fielen. Das erste Sondergesetz Dänemarks seit dem Zweiten Weltkrieg bestimmte, daß freie Schulen unabhängig sein müßten, nicht von Außenstehenden geleitet werden dürften und ihre Mittel ausschließlich für Schulzwecke verwenden müßten. 32 Schulen wurde die staatliche Unterstützung zum Jahresende 1996 komplett gestrichen. Das Schulkonglomerat mußte aufgelöst und dezentralisiert werden. Nun könnte jede Schule für sich einen neuen Antrag auf Förderung stellen. Das Gesetz stieß allerdings auch bei Konservativen auf Kritik, weil es *Tvind* die Möglichkeit nahm, sich vor Gericht gegen die Maßnahmen zu wehren.

Während die Manager der Polit-Sekte von einem »Berufsverbot« sprachen und fieberhaft nach einer Lösung für all die neuen Probleme suchten, fand der »Ekstra-Bladet«-Reporter Kurt Simonsen wieder einmal verborgene Quellen. Im November 1996 enthüllte der Journalist, daß *Tvind* mit verschiedenen Tochtergesellschaften in den letzten Jahren mindestens 24 neue Plantagen in Lateinamerika erworben hatte.[74] In Ecuador fungierte der *Tvind*-Konzern mit verschiedenen Firmen als *Grupo Danes* (dänische Gruppe) und beschäftigte 2000 Arbeiter und 58 Angestellte. Letztere verwalten von einem mehrstöckigen Verwaltungsgebäude in Guayaquíl aus die Plantagen, auf denen vor allem Bananen angebaut werden. Als Bevollmächtigte für die Verkaufsverhandlungen trat Kirsten Fuglsbjerg auf, eine *Tvind*-Veteranin und Mitbegründerin des *Tvind*-Fonds *Fælleseje*, mit der zusammen Simonsen in seiner *Tvind*-Zeit noch gemeinsam Gräben ausgehoben hatte.

In Brasilien verhandelte Kirsten Fuglsbjerg direkt mit dem Landwirtschaftsministerium über den Kauf der Musterfarm Floryl (heute Jatobá), mit 104 000 Hektar fast so groß wie Berlin. Die dänischen Unterhändler kauften die Eukalyptus-Plantage am 22. September 1994 für fast zehn Millionen Dollar über einen brasilianischen Strohmann, der die erste Rate von 3,2 Millionen Dollar bar auf den Tisch legte. Zahlreiche *Tvind*-Veteranen wie Thomas Vaeth, Kirsten Fuglsbjerg und Anne Nielsen hielten sich in Floryl auf oder leiten die riesige Farm vor Ort. Kurt Simonsen schreibt: »Überall bezahlt Tvind seinen Kolonialsklaven denselben Lohn wie alle anderen Kapitalisten, es ist keine Rede davon, den Landarbeitern bessere Wohnungen, Medizin oder Unterricht zu verschaffen« – wie bei Søren Sørensen in Belize. Der *Tvind*-Sprecher Poul Jorgensen äußerte sich dazu wie üblich: »Ich weiß, daß es ein Projekt in Brasilien gibt mit dem Namen Floryl, habe aber keine nähere Kenntnis von Entwicklung und Organisation und worauf das Ganze hinausläuft.«

Im Januar 1997 kam Kurt Simonsen mit einer weiteren Sensation heraus. Er deckte auf, daß *Tvind* im Kalenderjahr 1996 fast 32 Millionen Dollar (rund 50 Millionen Mark) aus Dänemark in die Schweiz transferiert hatte.[75]

Ein Informant, der die Überweisungszettel kannte, hatte ihm Einblick in Bankverbindungen gewährt. »Meine Quelle ist sicher«, sagte uns der Journalist am Telefon. Demnach existieren rund hundert verschiedene Konten bei der dänischen *Bikuben-Giro-Bank*, auf die regelmäßig kleinere und größere Beträge von Lehrern und von Altkleiderläden eingezahlt werden. Der Informant erklärte: »Alle diese Gelder werden, wie aus den Überweisungen klar hervorgeht, am Ende jeden Monats auf ein Sammelkonto abgeführt und dann in die Schweiz geschickt.«

Das Sammelkonto Nr. 0213218 88 28 628 bei der *Bikuben-Bank* in Kopenhagen gehörte einer bisher unbekannten Organisation namens *Kontoverein vom 1. Januar 1996* mit der bekannten Adresse in Ulfborg. Verantwortlich für die Überweisungen zeichneten laut »Ekstra-Bladet« zwei altgediente *Tvind*-Kader, Marlene Gunst und Jytte Nielsen. Jytte Nielsen war inzwischen zur Weltpräsidentin der *Humana*-Dachorganisation *Federation* aufgestiegen; Marlene Gunst ist Leitungsmitglied in den wichtigsten Finanzfonds des *Tvind*-Konzerns, *Fælleseje, Estate* und *Thomas Brocklebank*. Die Millionen landeten auf dem Konto A 208324 B der holländischen Bank *ABN AMRO*, Abteilung Zürich, auf den Namen *United Savings* (gemeinsame Kasse)/*Sterling Development Company Limited*. Nach Kurt Simonsens Informationen überwiesen Jytte Nielsen und Marlene Gunst oft an fünf hintereinanderfolgenden Banktagen exakt den gleichen Betrag, und zwar täglich je zweimal 267 000 Dollar.

Was in der Schweiz mit den Geldern passiert und wohin sie von dort fließen, konnte Simonsen nicht aufklären. Als er Jytte Nielsen und Poul Jørgensen nach den seltsamen Transfers fragte, erklärten beide, sie wüßten von nichts. Poul Jørgensen sagte: »Kontoverein vom 1. Januar 1996? ... Das glaube ich nicht, daß es sowas gibt.« Jytte Nielsen gab an, sie kenne weder den Verein, der die Gelder (mit ihrer Unterschrift) losschicke, noch den anderen Verein, beidem sie schließlich landeten. Auf die Frage nach dem *Kontoverein* sagte sie am Telefon, nach einer langen Pause: »Davon weiß ich nichts. Das hat im übrigen nichts mit der Federation zu tun. Sie sind also gewissermaßen falsch verbunden ... Ich kann Ihnen nicht helfen.«

Auch den *Tvind*-Schulen war offenbar nicht zu helfen. Im Frühsommer 1997 hatte noch keine der Bildungsstätten eine neue Subventionsregelung erreicht. Zwar hatten die Manager offiziell das Konglomerat entkoppelt und Besserung gelobt, aber das Bildungsministerium verlangte weitergehende Garantien. Zum ersten August 1997 wollten achtzehn *Tvind*-Schulen, die sich inzwischen mühsam ohne die staatlichen Millionen durchschlugen, einen erneuten Förderungsantrag stellen; den Rest der Schulen hatte man dichtgemacht. Wie der Schriftsteller Bent Johannesen mitteilte, versuchten die *Tvind*-Leiter außerdem, statt vom Staat lieber von den Kommunen gefördert zu werden, so wie es schon lange mit ihren acht »Kleinschulen« geschieht.

Doch welche Pläne die einzelnen Schulen auch vorlegten, sie wurden offenbar noch immer zentral gesteuert. Um seine Schule in Kopenhagen vor dem endgültigen Aus zu retten, stieg der *Tvind*-Schulleiter Steen Højstrøm im März 1997 aus der Lehrergruppe aus und übergab dem Bildungsminister brisante interne Papiere. Minister Ole Vig Jensen erklärte daraufhin, jetzt lägen »unumstößliche Beweise« vor, daß alle *Tvind*-Schulen entgegen dem Parlamentsbeschluß »weiterhin eng zusammenarbeiten und mit eiserner Hand von oben gelenkt werden«.[76]

Die geheimen Strategiepapiere tauchten wenig später in der dänischen Presse auf und wurden auch uns zugespielt. Überschrieben mit »Liebe Kameraden« handelt es sich zum einen um das Protokoll einer dramatischen Sitzung der Lehrergruppe an jenem Tag, als das dänische Parlament das Sondergesetz verabschiedete. Die Verfasser bezeichneten das parlamentarische Verfahren als »mittelalterlichen Schauprozeß« und »Schande für die Demokratie«. Doch die »250 Kameraden der Lehrergruppe« hätten »sehr beredt« der »Zukunft gehuldigt« und »wie aus einem Mund« die Wirkungen des Gesetzes »für null und nichtig« erklärt, heißt es im Politjargon der 70er Jahre. »Man kann eine Kulturbewegung nicht schließen«, befanden die Autoren. »Die Lehrergruppe stand noch nie so stark da wie jetzt. Es lebe die Lehrergruppe!« Mit »vollständiger Übereinstimmung und vulkanartigen Ausbrüchen« hätten sich die Kameraden »dem Sieg« verschrieben – und zwar dem Programm »Schließt und öffnet die Schulen«. Gegen 4.30 Uhr seien sie dann gemeinsam ins Freie getreten und hätten dabei »ein Lehrergruppenerlebnis« gehabt – was immer das auch sein mag.

Ein zweites Papier an die »lieben Kameraden« lud zum »Hochsommerbrunch« am 29. Juni 1996 in die Sporthalle von Tvind. Die Autoren kündigten an, das »ganze Konzept« vorzustellen: »Schulen, die schließen, um nie wieder zu öffnen, Schulen, die weitermachen, um nie zu schließen, arbeitslose Lehrer mit massenhaft neuer Arbeit, abgewickelte Schulleiter mit leuchtenden Augen ...« Sie versprachen den »Keim neuer Institutionen, Schleier, die gelüftet werden, Decken, die gesenkt werden und eine sehr nahe Zukunft voll prallem Leben«. Die Verfasser unterzeichneten mit einem geheimnisvollen Kürzel von vier Buchstaben, das sich zunächst niemand erklären konnte. Es lautete KLAP. Die Lösung lag natürlich auf der Hand – KLAP stand für »Kirsten Larsen« und »Amdi Petersen«.

Ganz offensichtlich hängen Amdi und seine Jünger noch immer einer Weltverschwörungstheorie an, sammeln ihre Kräfte und versuchen, ein großes Netzwerk aufzubauen, um irgendwann doch noch einmal die Revolution zu starten. Zu diesem weltweiten Netz gehören nicht nur die Schulen und *Humana*-Läden, sondern auch die Stützpunkte in Brasilien, Ecuador und Afrika – und in den entlegensten Urwaldregionen Mittelamerikas wie bei Søren Sørensen. »Sie klammern sich noch immer an den großen gemeinsamen Traum«, sagt der Aussteiger Niels Ole Krogh.

Der verdeckte Kampf

Der Verein zur Förderung der Psychologischen Menschenkenntnis (VPM)

Ein rabiater »Fachverband« aus Zürich

Als wir Hugo Stamm kennenlernten, hatte er sich eingebunkert, hatte Türen und Fenster gesichert. »Ich wurde regelmäßig und offen beschattet«, erzählte er. »Ein Unbekannter hat mich direkt nach einem VPM-Vortrag auf dem Weg zusammengeschlagen. Ich muß mich schützen.« Hugo Stamm ist Redakteur beim »Tages-Anzeiger« in Zürich. Sein Spezialgebiet sind Sekten und Weltanschauungsgemeinschaften wie etwa die *Scientology*-Organisation. Doch eine Gruppe setzte ihm zu wie keine andere: der *Verein zur Förderung der Psychologischen Menschenkenntnis (VPM)*.[1]

Hinter dem so fachlich-neutral klingenden Namen verbirgt sich eine rechte Psychosekte, die auch in Deutschland für einiges Aufsehen sorgte. Der *VPM* bezeichnet sich als »psychologischer Fachverband« und vertritt eine Heilslehre vom besseren Leben durch Sauberkeit und Ordnung. Seine Mitglieder halten sich für eine wissenschaftliche Elite, die durch »bewährte Methoden der Psychologie« eine bessere Welt erkämpft. Doch Kritiker warnen vor »fanatischem Eifer«, »Abhängigkeit erzeugenden Strukturen« und »rabiaten Psycho-Methoden«.

Tatsächlich macht der »psychologische Fachverband« aus Zürich seit Jahren weniger mit Psychologie als vielmehr mit haarsträubenden Eskapaden von sich reden: rüde Auftritte, Diffamierungen und eine schier unglaubliche Prozeßwut. Seit einiger Zeit wird das Kürzel *VPM* auch in Deutschland gefürchtet. Ins Fadenkreuz einer häßlichen Rufmordkampagne geriet im Sommer 1993 Monika Schipmann, zu jener Zeit Sektenbeauftragte des Berliner Senats. »Einen solchen Fanatismus habe ich noch nie erlebt«, erinnert sie sich, »ich sollte mundtot gemacht und eingeschüchtert werden.« Die Regierung in Bonn hatte seinerzeit vor, eine zentrale Dokumentationsstelle über Sekten in Köln einzurichten, als deren Leiterin Schipmann im Gespräch war. Dem *VPM* war Monika Schipmann ein Dorn im Auge, weil sie sich damals mit Nachdruck dafür einsetzte, den Psycho-Verein in eine geplante Broschüre des Bundesjugendministeriums über Sekten und deren Gefahren aufzunehmen.

Kaum wurden diese Pläne bekannt, erhielten Bundestagsabgeordnete bündelweise »Informationsmaterial« zugeschickt. Eine bislang unbekannte *Konservative Sammlung* veranstaltete Pressekonferenzen in Kölner und Berliner Nobelhotels und versprach »hochbrisante Enthüllungen«. Die ominöse Organisation nannte Frau Schipmann eine »RAF-Sympathisantin« und verschickte eine anonyme Broschüre, in der die Sektenexpertin – ohne den Schatten eines Beweises – in die Nähe von Terroristen gerückt wurde. Hochtrabender Titel: *Der marxistische Betrug mit dem Sektenbegriff.* Konservative Wissenschaftler wie der Kölner Staatsrechts-Professor Martin Kriele assistierten der *Konservativen Sammlung*: »Der Angriff ist prinzipieller Art. Er richtet sich nicht nur gegen die Sekten, sondern gegen Institutionen überhaupt.«[2]

Die Vorgänge um Stamm und Schipmann sind keine Einzelfälle. Wenn Politiker, Psychologen oder Sektenbeauftragte vor den »Menschenkennern« aus Zürich warnen, tönt es von diesen zurück: »eiskalter Stratege«, »Drogenbefürworter« oder gar »Gestaltpädagoge«. So wurde der Stuttgarter Sekten-Experte Hansjörg Hemminger als »Linksradikaler« verleumdet, nachdem er den *VPM* in einer Broschüre eine »Weltanschauungsgemeinschaft mit psychologistischer Ideologie« genannt hatte.[3] »Wer kritisch über den VPM redet oder schreibt, wird verklagt«, sagt Hugo Stamm. Mehr als ein Dutzend Prozesse mußte er allein bewältigen. Weit über 200 Verfahren haben der *VPM* und seine Anhänger gegen Kritiker insgesamt angestrengt. Medien werden mit Gegendarstellungsbegehren überzogen, Gerichte mit Beweisanträgen zugeschüttet und mit Prozeßverzögerungsstrategien lahmgelegt. Nicht weniger als 1800 Zeugen wurden im Prozeß um die Züricher Selbsthilfegruppe *Psychostroika* aufgelistet, die sich um Aufklärung über den *VPM* bemüht.

Die Prozeßflut hat auch vor Deutschland nicht halt gemacht. Ins Visier der *VPM*-Advokaten gerieten beispielsweise der Süddeutsche Rundfunk, Sat 1, RTL, der»Spiegel«, die »Zeit«, »Psychologie Heute«, das »Hamburger Abendblatt«, die »Tageszeitung«, der *Herder Verlag*, der *Rowohlt Verlag*, der Asta der FU Berlin, der *Berufsverband Deutscher Psychologen*, die Fachschaft Medizin der Universität Köln und viele andere mehr. Gegen Hugo Stamms Buch »VPM – Die Seelenfalle«, das in der Schweiz juristisch unbehelligt blieb, konnte der *VPM* vor dem Kölner Landgericht Schwärzungen erreichen und zunächst sogar den Verkauf des kritischen Werks blockieren. »Ich bin baß erstaunt, welche an sich harmlosen Aussagen mir verboten worden sind«, erklärte uns der Journalist, kurz nachdem er die Hiobsbotschaft erfahren hatte.

Oft klagen die »Vereinspsychologen« sogar schon im Vorfeld kritischer Veröffentlichungen. Meistens verlieren sie dann zwar vor Gericht, aber Prozesse zermürben und kosten Geld. Die Folge: Zeitungsredaktionen scheuen das Thema, Aussteiger haben Angst, sich zu äußern, Informanten verstummen. Als wir mit Monika Schipmann über die Vorgänge sprachen, sagte sie: »Niemand hätte vom VPM Notiz genommen, wenn er sich nicht selbst so produzieren würde.« So empfindlich der Verein auf die leiseste Kritik reagiert, so wenig zimperlich gibt er sich selbst. Kaum war Hugo

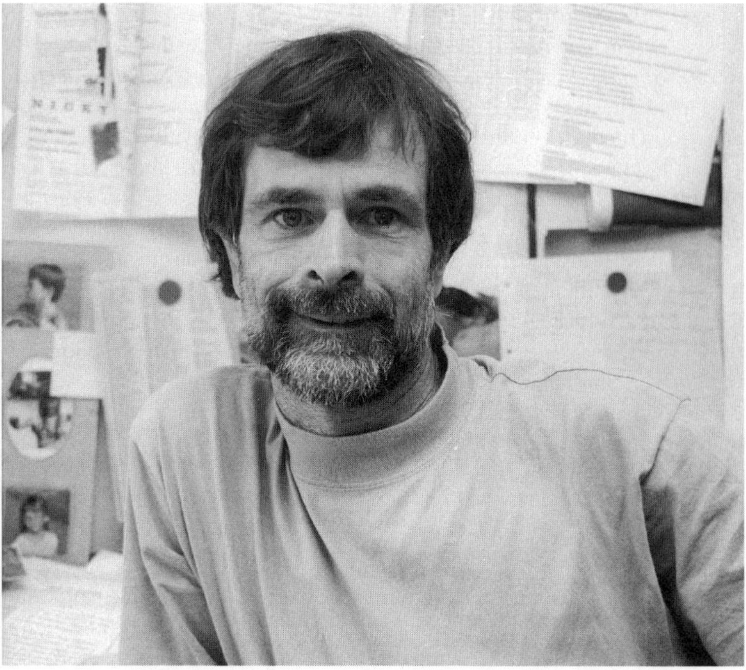

Im Visier des VPM: Hugo Stamm, Redakteur des Zürcher »Tagesanzeiger«

Stamms Buch in der Schweiz erschienen, versetzte dies die Vereinspsychologen in heftige Erregung. »Sie haben hier auf der Bahnhofstraße sogar eine illegale Demonstration veranstaltet«, erinnert sich der Journalist, »auf einem Transparent stand: Auch Schreibtischmörder sind Verbrecher.« Er zeigt uns ein Flugblatt mit dem Titel »Killer-Medien!«, das *VPM* -Aktivisten damals verteilten. Darin wird Stamm als »Mediensöldner« bezeichnet, der mit »Dum-Dum-Geschossen aus der Schreibmaschine« auf »integre Privatpersonen« feuere. Sein Arbeitgeber, der »Tages-Anzeiger«, wird gar mit dem »Volksempfänger« und der »Prawda« verglichen. Es folgt der Appell: »Wir fordern alle auf ..., mit uns Widerstand zu leisten, wenn der Medienfaschismus ein Exempel statuieren will.«[4]

Die Lautstärke des zänkischen Vereins steht in krassem Gegensatz zu seiner tatsächlichen Größe. Auf zirka 3000 wird die Anhängerschaft des *VPM* geschätzt, davon 1000 in Deutschland und Österreich, wo seine Sympathisanten vor allem in Wien, Berlin, Köln, Hannover, Hamburg und Stuttgart, inzwischen auch in Dresden, Leipzig und Chemnitz aktiv sind. Etwa zwanzig Schwestervereine treten mit verschiedenen Namen auf, so der *Arbeitskreis zur Förderung der Psychologischen Menschenkenntnis (AFPM)* in Villingen-Schwenningen, die Berliner *Gesellschaft für Psychologische*

Menschenkenntnis (GFPM) oder der *Europäische Verein für Psychologische Menschenkenntnis (EVPM)*. Einige, wie die *Elternvereinigung für werterhaltende Erziehung* oder der Tübinger *Arbeitskreis Suchtprophylaxe* sind nicht gleich als *VPM*-nah erkennbar und arbeiten als eine Art Tarnorganisation für die »Vereinspsychologen«. Das Zentrum der Sekte ist Zürich.

Dort liegt in der Susenbergstraße am vornehmen Zürichberg mit seinen blitzblanken Straßen und noblen Villen das Hauptquartier. Am Haus patrouillieren Wachleute, die jede Bewegung mißtrauisch beäugen. Fotografen und Kamerateams haben nichts zu lachen, wenn sie – ganz legal – Aufnahmen vom öffentlichen Straßenland aus machen. Der ehemalige »Focus«-Redakteur Axel Kintzinger erzählt: »Als ein Bildreporter für unser Magazin fotografierte, wurde er angegriffen und abgedrängt.« Andere Reporter berichten von ähnlichen Erfahrungen. Ein Fernsehteam des Südwestfunks wurde mit kaltem Wasser überschüttet, als es im Spätsommer 1993 die Kommandozentrale filmen wollte.[5]

Von der Susenbergstraße ist es nicht weit bis zum Toblerplatz. In der vornehmen Gründerzeitvilla, die auch dem *VPM* gehört, hat man sich gut auf unseren Besuch vorbereitet. Ein tagelanger Nervenkrieg war dem Treffen vorausgegangen. Es war nicht leicht, ein Interview mit den »Vereinspsychologen« zu vereinbaren. Termine für den damaligen Präsidenten Ralph Kaiser machte der Vereins-Anwalt Dr. Eisenbarth in Köln. Am Telefon teilte er uns mit: »Wir werden natürlich nicht jeden an den Herrn Kaiser heranlassen. Wir würden dann aufgrund des Eindrucks, den wir haben, entscheiden, ob Sie überhaupt einen Termin bekommen. Der VPM hat kein Interesse, daß in unseriöser Weise berichtet wird.« Wir könnten aber per Fax Fragen einreichen »und damit zu erkennen geben, in welche Richtung das Interesse geht«. Einen Tag später hieß es dann: »Ihre Fragen sind relativ vernünftig.« Und es gab grünes Licht.

Sechs Augenpaare blicken uns mit einer Mischung aus Abscheu, Furcht und Aggression an. Wie Sektierer sehen die »Menschenkenner« nicht aus. Es sind ordentliche, biedere Leute im Anzug, mit weißen Söckchen und akademischen Titeln. Da sitzen sie im Kreis und führen erst einmal eine Art Inquisition durch; ein Rekorder zeichnet jedes Wort auf. Sie wollen wissen, mit wem sie es zu tun haben, und das machen sie gründlich. Eine halbe Stunde vergeht. Anschließend dürfen auch wir ein paar Fragen stellen. Doch jede Diskussion erstickt in litaneihaften Wiederholungen, die sich auf eine Aussage reduzieren lassen: »Der VPM ist ein psychologisch orientierter, interdisziplinär arbeitender wissenschaftlicher Fachverein. Und genau das ist es, was seine ideologiebesessenen Gegner stört: sein konsequent wissenschaftlich, empirisch-pragmatisch begründeter Standpunkt.« Unentwegt stimmt die Versammlung ein großes Klagelied an: »Der VPM ist einer beinahe einzigartigen Desinformationskampagne ausgesetzt.« Doch von der »Neuen Linken«, den »Grassroot-Revolutionären« und »Vulgäranarchisten« lasse man sich nicht in die Knie zwingen. »Wir müssen das Zitierkarussel stoppen«, sagt der »Vereinspsychologe« und Jurist Andreas Mylaeus mit sanfter Stimme. Zum Schluß dürfen wir noch den Präsidenten fotografieren und werden dann entlassen.

Nicht nur für uns war es zunächst schwer zu begreifen, warum der *VPM* eine Sekte sein soll. Laut Eigenwerbung setzt man sich für »bewährte bürgerliche Werte« ein, beruft sich auf »hohes humanistisches Ethos« und wähnt sich im Besitz der »neuesten Erkenntnisse der Wissenschaft«.[6] Die Broschüre »Zum Wohle der Jugend« nennt als Erziehungsziele der *VPM*-Pädagogik die »Förderung von Werten wie Mitgefühl, Einfühlungsvermögen und gegenseitiger Achtung, von echter Kooperationsfähigkeit und der Kompetenz, Konflikte friedlich zu lösen«.[7] Die Vereinsschriften bestehen zum großen Teil aus solchen wohlklingenden Phrasen, die jeder unterschreiben könnte.

Wie »wissenschaftlich« das alles ist, steht auf einem anderen Blatt; die *VPM*-Wissenschaft erinnert oft an das Niveau des Kinderliedes »Die Wissenschaft hat festgestellt, festgestellt …« als an eine seriöse wissenschaftliche Auseinandersetzung. Das Problem beim *VPM* seien jedoch »weniger die Inhalte als vor allem die Methoden«, meint der CDU-Abgeordnete Horst Eylmann, Vorsitzender des Bundestags-Rechtsausschusses. Diese Meinung vertritt auch der *Berufsverband Deutscher Psychologen (BDP).* Er distanzierte sich scharf von den Praktiken des *VPM*, die »mit der Psychologie als Wissenschaft und Beruf nicht vereinbar« seien.[8] Und der Psychologe Yigal Blumenberg kam in einer Stellungnahme für die Berliner Gesundheitsverwaltung zu dem Schluß, in einem psychologischen Standardwerk des *VPM* werde »unmißverständlich das Individuum auf Kosten eines irrationalen Gemeinschaftsgefühls entwertet«. Dabei dränge sich ein »Zusammenhang zur nationalsozialistischen Ideologie« auf.[9]

VPM-Aussteiger berichten von regelrechten Psycho-Exzessen in den abgeschlossenen Gruppen und Wohngemeinschaften des Vereins. Die *VPM*-üblichen Einzel- und Gruppentherapien, Gesprächsrunden und Arbeitskreisen erzeugten »Abhängigkeit und Realitätsverlust«, sagt Rudolf Isler aus Zürich, der bis 1990 zum inneren Kreis des *VPM* gehörte. In Berlin trafen wir Roland Beyer*, einen ehemaligen *VPM*-Jünger, der aus Furcht vor seinen einstigen Genossen nicht mit seinem richtigen Namen genannt werden möchte. Beyer bezeugte: »Ich hatte Schwierigkeiten in der Schule. Ein Mitschüler, der beim VPM war, versprach mir Hilfe und vermittelte mir Nachhilfestunden bei VPM-Lehrern, die an anderen Schulen unterrichteten. Mit Beginn des Studiums fragte jemand, ob ich in eine Wohngemeinschaft des VPM ziehen wollte. Das habe ich dann auch gemacht. Von da an habe ich kaum noch andere Leute gesehen. Ich war rund um die Uhr mit Leuten vom VPM zusammen, in der Wohnung, in der Nachhilfe, in den Pausen an der Uni und natürlich in den Gruppen.«

Wie andere Aussteiger berichtete auch Roland Beyer von einer Art Totaltherapie in den Gesprächskreisen, Lese- und Themengruppen, in denen es zum Beispiel um Minderwertigkeitsgefühle ging. »Ich habe praktisch jeden Tag eine Gruppe besucht. Die soziale Kontrolle war sehr stark. Jeder wußte vom anderen im Prinzip alles. In den Therapiegesprächen sind sehr intime Details zur Sprache gekommen. Eigentlich wurde dort Verhaltenstherapie gemacht, aber es wurde auch oft darauf abgezielt, wie das in der Kindheit war. Eine scharfe Trennlinie zwischen Beratung und Therapie gab es nicht.« Einmal in der Woche trafen sich zudem alle Berliner *VPM*ler zu einer Art Gesprächsritual. »Meist hat am Anfang einer der Alteingesessenen etwas gesagt. Dann hat jemand ein Problem aus den Gruppensitzungen der Woche vorgelegt, und die älteren Mitglieder haben dann ihren Kommentar dazu abgegeben. Tatsächlich wurde dort ein Verhalten eingeübt, das viel mit Kontrolle und Obrigkeitsdenken zu tun hatte. Je öfter jemand nach Zürich fuhr, desto höher stieg er in der Hierarchie. Und es war klar: Wer in der Hierarchie höher stand, dem durfte man nicht widersprechen. So hat man versucht, die Jugendlichen zu verbiegen. Es wurde auch viel mit Schuldgefühlen gearbeitet und mit der Angst, ausgeschlossen zu werden.«

Von jedem Mitglied erwartete man außerdem, daß es entsprechend seinem Einkommen für die Therapiesitzungen in die Vereinskasse zahlte und ehrenamtliche Arbeit leistete. Mit der Zeit ging Roland völlig in der abgeschotteten Gruppe auf. Aber ihm fehlte eigentlich nichts, denn er fühlte sich in der Gemeinschaft geborgen und glaubte fest an die großen Ziele »der Psychologie«. Den Ausstieg schaffte er, als er eine neue Freundin fand, die mit Psychologie »nichts am Hut« hatte. »Die Zeit danach war sehr problematisch, weil ich mit einem Schlag meinen ganzen Bekanntenkreis los wurde«, erzählt Roland.

Als wir in Zürich den ehemaligen *VPM*-Insider Rudolf Isler besuchten, bestätigte er Rolands Bericht: »Das Hauptproblem ist, daß man den Kontakt zur Außenwelt verliert und durch diese soziale Isolation stark an die Gruppe gebunden wird. Von daher besteht ein gewisser Zwang, daß man dort weiterleben muß. Und man weiß genau: Wenn ich gehe, dann habe ich ab morgen keine Freunde mehr.«

Vom »Neurosegärtli« zur *Zürcher Schule*

Die Geschichte des *VPM* weist zurück in die 50er Jahre. »Ordensgründer« war der Kaufmann Friedrich Liebling, ein Emigrant aus Wien, der anarchistisch dachte und sich autodidaktisch mit Psychologie beschäftigte. Seine Biographie war lange von Mysterien umwittert, weil keiner der Jünger sich jemals traute, genau nachzufragen. Er sei in Wahrheit der revolu-

Friedrich Liebling, Therapie-Guru und Chef der sogenannten Zürcher Schule

tionäre Schriftsteller Ernst Toller, der seinen Selbstmord in New York 1939 nur vorgetäuscht habe, hieß es.[10] Eine andere Legende besagte, er sei der geheimnisvolle Schriftsteller B. Traven alias Ret Marut, dessen wahre Identität bis heute nicht geklärt werden konnte. Wie Traven vertrat Friedrich Liebling einen Individualanarchismus, der von dem deutschen Philosophen Max Stirner beeinflußt war. »Liebling war alles zuzutrauen; für seine SchülerInnen war er der Held, der Abgott, ein anarchistischer Christus«, schreibt Eugen Sorg, der zusammen mit Mario König in dem Buch »Lieblings-Geschichten« als erster Licht ins Dunkel der Biographie brachte.[11]

Sorg urteilt: »Einem Heroen zu huldigen, war erhebender, als einem gewöhnlich Sterblichen zuzudienern«.[12] Wohl deshalb nimmt man *VPM*-intern die biographischen Recherchen bis heute nicht zur Kenntnis. Sie gelten im Verein als »völlig absurdes und widerliches Konstrukt« und als antisemitische »Phantastereien«.[13]

In der *VPM*-Kampfschrift »Gestatten … VPM« erfährt man über die Lebensgeschichte des Gurus nicht viel mehr als folgendes: »Friedrich Liebling war ein Psychologe aus der Wiener Schule für Tiefenpsychologie.«[14] Mythos und Realität haben jedoch nicht viel miteinander zu tun. Salomon Liebling wurde als Sproß einer jüdischen Familie am 25. Oktober 1893 im damals zu Österreich gehörenden Galizien geboren, im Dorf Augustowka unweit der russischen Grenze. Nach dem Tod seines Vaters ging der junge Mann 1913 nach Wien, angeblich, um dort Medizin zu studieren. Doch in den Registern der Wiener Universität ist er nicht verzeichnet; bis heute gibt es nicht einmal einen Nachweis, daß er überhaupt das Abitur ablegte.

Nach dem Ersten Weltkrieg, den Liebling als Soldat an der Ostfront verbrachte, kehrte er nach Wien zurück, legte seinen jüdischen Vornamen Salomon ab und nannte sich fortan Friedrich. Zum Pazifisten geläutert, soll er sich damals vor allem in sozialistischen und kommunistischen Kreisen bewegt haben. Er heiratete die Katholikin Maria Ulbl; zwei Töchter wurden geboren. Im Wien der Nachkriegszeit schlug sich Liebling als Vertreter, Inkassant und Kleinkrämer durch. Damals soll der Kaufmann, so will es die *VPM*-Legende, ein überzeugter Schüler des berühmten Individualpsychologen Alfred Adler gewesen sein, auf den sich der *VPM* bis heute beruft. Doch einen Beleg dafür konnte bislang weder Eugen Sorg noch sonst jemand auftreiben.

Kurz nachdem die Deutschen 1938 in Österreich einmarschiert waren, floh Liebling mit seiner Frau und den beiden Töchtern in die Schweiz; seine Mutter und zwei seiner Geschwister wurden von den Nazis deportiert und ermordet. In ständiger Furcht, ausgewiesen zu werden, überstand die Familie den Zweiten Weltkrieg in der Kleinstadt Schaffhausen. Friedrich Liebling besuchte damals häufig die Stadtbibliothek und beschäftigte sich vor allem mit psychologischer Literatur. Er stand in Kontakt mit Schweizer Sozialisten und schrieb mehrfach für die »Schaffhauser Arbeiterzeitung«. Nach dem Krieg wanderten seine Töchter in die USA aus. Friedrich und Maria Liebling blieben jedoch in der Schweiz, bekamen 1950 die endgültige Aufenthaltserlaubnis und zogen ein Jahr später nach Zürich.

Dort verwirklichte sich der fast 60jährige den Traum seines Lebens: Er wurde freischaffender Psychologe. 1955 gründete Liebling gemeinsam mit seinem Ziehsohn Josef Rattner eine »Psychologische Lehr- und Beratungsstelle«. Ein ideales Paar: Friedrich Liebling beeindruckte mit Charisma und ideologischer Kraft; der junge Rattner, diplomierter Psychologe und promovierter Philosoph, glänzte mit intellektueller Schärfe. Ab Ende der 50er Jahre sammelte sich um die beiden ein Kreis von Jüngern, denen Liebling anfangs in seiner Privatwohnung im Kleinbürgerviertel Wiedikon seine staats- und religionskritischen Thesen nahebrachte, etwa: »Wenn einmal die Kirche die Hand im Spiel hat, dann ist Gefahr, dann ist Tod und Verderben.«[15]

Der Gesprächskreis übte eine enorme Anziehungskraft auf progressive junge Menschen aus, die bald zu Dutzenden in die »Beratungsstelle« strömten. Spötter nannten den Kreis »Neurosegärtli«, aber Liebling verstand es, seine Zuhörer mit einer ganz unerhörten Vermischung von politischer Theorie und Psychotherapie zu fesseln. Wie es dort 1960 zuging, schildert die bekannte Journalistin Klara Obermüller, die zu Anfangszeiten an einigen Gesprächen teilnahm: »Man traf sich im Hinterzimmer einer Beiz [Kneipe – d. A.] an der Schmiede Wiedikon, wo man in stickiger Luft eng aneinandergedrängt saß und über antiautoritäre Erziehung, den Irrtum der Vererbungstheorie und die politischen Auswirkungen des Kalten Krieges diskutierte. Es lag etwas von Umsturz und Anarchie in der Luft, und ich dachte, genauso habe ich mir die subversiven Treffen sozialrevolutionärer Gruppen im zaristischen Rußland vorgestellt. (...) Wann genau ich anfing, mich eingeengt zu fühlen, ab wann mir auffiel, daß hier nicht die eigene Meinung, sondern das Wiederkäuen des Gehörten gefragt war, weiß ich nicht mehr. Ich erinnere mich nur noch, daß ich vom harten Kern der Gruppe nach meinem Abgang als für die gute Sache verloren und psychisch gestört abqualifiziert wurde.«[16]

Wie die *Tvind*-Bewegung entwickelten die »Lieblinge« eine konspirative Gruppenkultur.[17] Da Friedrich Liebling dem Nachkriegsfrieden nicht traute und damit rechnete, daß Andersdenkende und Juden erneut verfolgt würden, vermittelte er seinen Jüngern das Gefühl, in einer feindlichen Umgebung zu leben. »Unauffälligkeit und genaues Abwägen der Worte waren angezeigt; der wahre Charakter der Gruppentätigkeit durfte nicht laut hinausposaunt werden«, schreibt Eugen Sorg. Deshalb habe man für die Außenwelt ein »bereinigtes Vokabular« verwendet und beispielsweise statt von »Ausbeutung« vom »sozialen Problem« geredet; anarchistische Bücher wie Bakunins »Gott und der Staat« wurden in neutrale Schutzumschläge gewickelt; an Demonstrationen linker Kreise nahm man nicht teil. Verstellung und Camouflage wurden »zur zweiten Natur«, so Sorg. »Die subversive Selbststilisierung wurde zum gut gehüteten Geheimnis, zum verschwörerischen Band, das die Teilnehmer zusammenhielt.«

Aus dem subversiven Gesprächskreis entstand eine Therapiegruppe, die Liebling 1967 in maßloser Selbstüberschätzung zur *Zürcher Schule* erhob. Seinen Jüngern predigte der Charismatiker eine utopische Heilsbotschaft: Errettung der Welt durch psychologische Menschenkenntnis. Liebling lehrte, der Mensch sei von Natur aus gut, aber durch Erziehung, Kirche und Gesellschaft verformt worden. »Irritationen« wie Homosexualität und Erziehungsdefizite seien jedoch durch das therapeutische Gespräch heilbar, denn »die Psychologie« als solche sei ein »unumstößliches Naturgesetz« und der Fortschritt schlechthin. Vor allem gab er seinen Anhängern das Gefühl mitzuerleben, wie aus dem Geist der »wissenschaftlichen Psychologie« ein neuer Typus Mensch entstand. »Es gibt auf der ganzen Welt keinen Psychologen, der sich mit uns messen könnte«, sagte er, »keinen, der die Weltanschauung in die Arbeit einbezieht«.[18]

Erlösung durch Totaltherapie

In den Jahren nach 1968 verbreitete sich der Ruf des Therapie-Gurus auch in Deutschland wie ein Lauffeuer. Ähnlich wie später Bhagwan in Poona und Otto Mühl auf dem Friedrichshof zog Liebling heimatlose Linke an, die nach dem Niedergang der Studentenbewegung vor der Alternative standen, »entweder in eine dogmatische K-Gruppe einzutreten, in den Untergrund zu gehen oder aber sich auf sich selbst zurückzuziehen«, so Peter Ott*, ein ehemaliger Top-Mann des *VPM*. Ott sagt: »Für jene, die mit diesem Angebot nichts anfangen konnten, war die ›Zürcher Schule‹ eine Art Auffangbecken.«[19]

Als nicht mehr Dutzende, sondern bald Hunderte junger Leute nach Zürich pilgerten, ging der Amateur-Psychologe immer mehr dazu über, die Kleingruppengespräche durch eine Therapieform zu ersetzen, die an die Psycho-Technik des »Hot Seat« erinnerte und in der Fachwelt auf allgemeines Kopfschütteln traf. Der Züricher Journalist Kurt Emil Merki berichtet: »Rat- und Hilfesuchende wurden in Großgruppen eingegliedert, wo sie am Mikrophon vor 50 und mehr Menschen über persönlichste Probleme reden mußten. Nicht selten übertrug man diese Beichten direkt in weitere Räume mit Hunderten von weiteren Zuhörern. Die Tonbandaufzeichnungen solcher Selbstdarstellungen wurden jahrelang aufbewahrt.«[20] Der ehemalige *VPM*-Vizepräsident Henry Goldmann stellt fest: »Es ging darum, Therapie öffentlich zu machen, offene Therapiesitzungen, hörbar im ganzen Haus. In diesem Zusammenhang gab es den geschützten psychotherapeutischen Rahmen nicht mehr.«

Obwohl sich die Massentherapie in großen Sälen abspielte, nahm die Öffentlichkeit kaum von den »Lieblingen« Notiz; die Turbulenzen der ausgehenden Studentenrebellion überdeckten das Treiben der »Therapeuten«. Kaum jemand bemerkte, wie der kleine, zerbrechlich wirkende Psycho-Guru seine schöne neue Welt erbaute. »Mit der Errichtung der Massengruppe wurde die Macht Lieblings beinahe total«, schreibt Eugen Sorg; sie habe jeden Rest von Privatheit liquidiert. »Mit dem therapeutischen Großkollektiv bekam Liebling ein Mittel in die Hand, mit dem er die Kontrolle der einzelnen umfassend betreiben konnte.«[21] Sein System mentaler Kontrolle funktionierte nach geradezu klassischem Muster: Aufbrechen – Einbinden – Fixieren. »Liebling verfügte über die Gabe der Verführung«, urteilt Sorg. Er habe jedem das in Aussicht gestellt, was derjenige sich gerade erträumte. »Dem Vaterlosen versprach er, Vater zu sein; dem Einsamen stellte er Partner und Familie in Aussicht, dem Verstörten Sicherheit und innere Ordnung, dem durch Streit zermürbten Paar Harmonie, dem Hoffnungslosen Trost und neuen Sinn.«[22] Sie sollten nur Vertrauen zu ihm haben, dann sei psychische Entfaltung gewiß.

Der Weg dorthin führte über die Austreibung der durch Kultur und Erziehung erworbenen »Irritationen«. Eugen Sorg: »Da ging es um nichts weniger als um die Umgestaltung des Seelischen, um die Demontage des alten Menschen, des ›Alten‹ im Menschen, um dort Platz zu machen für das ›Neue‹, den neuen Menschen.«[23] Was Bhagwan Shree Rajneesh die »Zertrümmerung des Ego« nannte, hieß bei Friedrich Liebling: »Kein Stein bleibt auf dem anderen.« Sein psychologisches Verfahren wird von Aussteigern als direktiv und absolutistisch geschildert. »Mit wenigen gezielten Fragen kreiste er die Person des Patienten ein, hörte ihn aus und klopfte ihn ab, um diesen nach kurzer Zeit zu definieren: Er sagte ihm, wer er sei, wie er sich fühle, warum er sich so fühle und was sein Problem sei. Er bestimmte, was dessen Text sei und las ihn gleich noch selber vor. Dem Patienten blieb die Aufgabe des Nickens, dem Publikum die des Staunens. Darauf folgte die Aufklärung darüber, wie der Patient sein Problem, von dem er vielleicht zum ersten Mal etwas hörte, zu ändern, was er zu tun und was zu lassen habe.«

Widerstand gegen solche Ad-Hoc-Analyse habe Liebling nicht geduldet, sondern mit eindringlichen Gesten, herrischer Haltung und ernstem Gesicht vom Tisch gewischt. Wer seine Predigt auch nach wiederholtem Vortrag nicht annahm, dem, so habe er verkündet, müsse man dann wohl »die Türe weisen«. Die Aufgabe des Psychologen beschrieb der kleine Guru mit den Worten »am Krawattel ziehen«, »einen Eingriff machen« oder gar »alle Knochen brechen«. Wer, auf diese Weise gedemütigt, nicht den Saal verließ, sondern weiter an den Lippen des Meisters hing, der war endgültig reif für die Annahme des »psychologischen Gedankens«. Einsicht belohnte der Ober-Therapeut mit Zuneigung. »Sein Lob über die schöne Entwicklung entschädigte mehr als genug für die erlittene Qual. Es bestätigte, daß der alte Meister wieder einmal genau das Richtige getan hatte.«

Doch der Preis für die Gunst des »Übervaters« und das Eintauchen in die Gruppe der Therapierten war hoch. Eine genormte Sprache sickerte in die Köpfe und ersetzte die individuelle Identität. Die Kommunikation der »Lieblinge«, so Eugen Sorg, mutierte zum »Psychogebabbel«, der einzelne Jünger zum »Sprechapparat«. Der Jargon – eine Mischung aus wissenschaftlich gemeinten Banalitäten, Amtsdeutsch und populärpsychologischem Vokabular – schob sich zwischen die Anhänger und die Außenwelt. Man verstand sich nicht mehr. »Bestehende Ehen und Partnerschaften hatten keine Zukunft, nahmen nicht beide Partner an den Therapien und Gruppenveranstaltungen teil«, berichtet Sorg. Ob die Beziehung dann scheiterte oder der Partner sich ebenfalls »psychologisch abklären« ließ, in jedem Fall wurde die Gruppe zur neuen Familie – mit Friedrich Liebling als dem verehrten »Übervater«. Und alle waren stolz darauf, »zum größten aller Therapeuten gehen zu dürfen«.

So wie die Jünger die Sprache ihres Idols kopierten, so ahmten sie jede seiner Lebensäußerungen nach. »Jeder versuchte so wie Liebling zu sprechen, zu denken, zu urteilen, zu fühlen«, berichtet Sorg. »Handbewegungen, Mimik, Tonfall, Wortwahl, Kopfhaltung und Pfeife im Mund, die allerdings sofort wieder verschwand, als der Meister aus Gesundheitsgründen mit dem Rauchen aufhören mußte.« Um aus dem übermächtigen Schatten zu treten, hatte sich Lieblings Ziehsohn Josef Rattner bereits Ende der 60er Jahre nach Berlin abgesetzt; er folgte einem Lehrauftrag der Freien Universität und experimentierte dort ebenfalls mit der Großgruppentherapie. Die Verbliebenen aber huldigten ihrem Guru mit einem immer absurderen Personenkult, was Liebling wiederum in der Überzeugung bestärkte, im Besitz der allein gültigen psychologischen Erkenntnis zu sein. Dies umso mehr, nachdem seine Frau Maria 1971 gestorben war; sie hatte sich stets gegen die völlige Verschmelzung mit der Gruppe gestellt und ihrem Mann auch mal »Verrücktheit« vorgeworfen.

Wie andere Sektenführer *hatte* Friedrich Liebling keine Lehre, sondern *verkörperte* sie; er war fest davon überzeugt, »Theorie und Methode der Psychotherapie in seiner Person zu vereinen«.[24] Neben ihm hatte niemand Bestand; im monotonen Plauderton fegte er die sogenannten Geistesgrößen von ihrem Thron. »Freud? Großes geleistet, aber ein Kleinbürger, hat beim Individuum gegrübelt. (…) Marcuse? War noch nicht so weit. Adler? War schon weit, aber politisch schwach und ebenso schwach in der religiösen Frage. Marx? Ökonomisches Problem gesehen, groß. Aber: War autoritär …«[25] Wenn er mit seiner leisen Stimme das Wort ergriff, wurde es still im Saal. Was er dann murmelte, war oft dunkel und orakelhaft, sei aber von den ergeben lauschenden Anhängern so lange gedreht und gewendet worden, »bis sich ein Sinn dahinter erkennen ließ«, schreibt Klara Obermüller.[26] Wer seine Utopie nicht guthieß, galt als »irritiert«, wer die Gruppe kritisierte, war »verwahrlost«, wer sie verließ, dem rief Liebling manchmal hinterher: »Er ist gestorben.«[27]

Was Liebling in der Großgruppe und den Einzeltherapiesitzungen begann, vollendeten die von ihm instruierten Therapeuten in den unzähligen Gesprächskreisen. Jeder sollte jeden therapieren, egal ob Krankenschwester, Lehrer oder ausgebildeter Psychologe. »Nehmen Sie sich einen Patienten vor, der am selben Problem wie Sie leidet«, empfahl Liebling, »und erklären Sie es ihm. Indem Sie es ihm erklären, werden Sie selber gesund.«[28] Wie bei *Tvind-Humana* griff die Gruppe in jegliche emotionale Beziehung ein, um die Macht des Kollektivs zu sichern. So war man in der *Zürcher Schule* stolz darauf, eine »vorurteilslose Sexualität« zu pflegen. In Wahrheit wurde streng reglementiert. Der Geschlechtsverkehr sei »auf eine bestimmte Dramaturgie mit zeitlich und räumlich festgelegtem Handlungsablauf festgeschrieben« worden, schreibt Eugen Sorg. »Die Spielregeln waren vorgegeben, ... die Gruppe lag mit im Bett«, sozusagen.[29] Alles habe der Vorlage des Meisters gefolgt: Wo man sich wie anfaßte und wo nicht, welche Stellung man einnahm, ja sogar, was man sich beim Verkehr zuflüsterte. Es waren Sätze, aus denen nach Auskunft von Eugen Sorg alles »Anstößige, Sexuell-Sinnliche entfernt worden war«. Etwa: »Er ist sehr zugewandt«, »man führt das Glied ein« oder »man stirbt zusammen«. Die Gruppe bestimmte aber nicht nur das Liebesgeflüster, sondern mischte sich auch massiv in die Partnerwahl und bestehende Beziehungen ein. Die Therapeuten in dieser Psychokratie waren über alles, auch die intimsten Vorgänge, genauestens informiert – und sie nutzten ihre Macht, so Eugen Sorg. »Tat beispielsweise ein Mann in der Gruppenarbeit nicht richtig mit, wurde seine Frau unter Umständen von ihm getrennt.«

Auch die Kinder, soweit vorhanden, wurden zum Opfer des Therapiewahns.[30] Häufig seien Kinder von ihren leiblichen Eltern getrennt und bei anderen Gruppenteilnehmern plaziert worden, schreibt Eugen Sorg. Zur Begründung hieß es, die leiblichen Eltern würden die Kinder verderben, weil sie »ohne Distanz« und durch »elterliche Pseudoliebe« gefühlsmäßig zu sehr verstrickt seien. Ihre wahre Familie sollte die Gruppe sein. Im Kreis der anarchistischen »Lieblinge« herrschte damals wie heute im *VPM* große Angst, die Jugend könne »verwahrlosen«, den Drogen und dem Schulversagen in der Außenwelt anheimfallen. Nach dem Motto »Leben ist lernen« wurden die Gruppenkinder daher rund um die Uhr betreut, bekamen psychologische Lernhilfe, schulische Nachhilfe und gemeinsame Ferien. Eugen Sorg urteilt, den Kindern und Jugendlichen sei ihre »Jugend gestohlen« und der nötige Ablösungsprozeß zum Erwachsenwerden verhindert worden.

Eigentlich aber war Nachwuchs gar nicht erwünscht. »Besser war es, im Sinne einer totalen Prophylaxe, erst gar keine Kinder in die Welt zu setzen«, urteilt der Aussteiger.[31] Sich Kinder zu wünschen, galt als Ausdruck geringen Selbstwertgefühls und als reaktionär. Friedrich Liebling kombinierte die Austreibung des Kinderwunsches mit einem seltsamen »Initiationsritus«. Er legte seinen männlichen Schülern nahe, sich sterilisieren zu lassen, da es nicht mehr verantwortbar sei, Kinder in die Welt zu setzen. Liebling, der zwei eigene Töchter gezeugt hatte, erklärte: »Der junge Mann, der sich vasektomieren läßt, will einen Beitrag leisten zum allgemeinen Wohl der Menschheit.«[32]

Die Vasektomie war eines der bestgehüteten Gruppengeheimnisse, das dem Neuling erst nach einiger Zeit eröffnet wurde. Nach den Angaben von Eugen Sorg und Rudolf Isler ließen sich bis zu 90 Prozent der Männer sterilisieren, darunter sogar Achtzehn- und Neunzehnjährige.[33] Der Gruppendruck auf diejenigen, die noch zögerten, sei enorm gewesen, denn erst die Vasektomie habe den Jünger zum »Vollmitglied« gemacht. Wer sich die Samenleiter durchtrennen ließ, sei wie ein Held gefeiert worden. »Keiner wurde gezwungen«, schreibt Sorg. »Es gab welche, die den Verlockungen einer Vollmitgliedschaft jahrelang und beharrlich widerstanden. Aber es waren wenige, und man wußte, wer es war. (...) Sie standen im Ruf, sich nicht wirklich ›gefunden‹ zu haben.«[34] Nur Friedrich Liebling sollte »neue Menschen« zeugen können – mit seinem allmächtigen Wort. Viele, die später ausstiegen, litten unter ihrer damaligen Entscheidung. »Ich stehe als verstümmelter Mann da«, klagt einer, dessen Frau sich ein Kind von ihm wünscht.[35]

Wer aber »Vollmitglied« geworden war, der zog häufig auch in eine Wohngemeinschaft, um in der Gruppe der Gleichgesinnten die Utopie des totaltherapierten Menschen zu leben. Die »Lieblinge« fühlten sich als auserwählte Elite, auch wenn sie eher die geklonte Mittelmäßigkeit von biederen Angestellten ausstrahlten. Als Unverschämtheit empfanden es viele, daß ihr Meister im August 1981 zu einer hohen Geldbuße verurteilt wurde. Das Bezirksgericht Zürich erkannte, er habe Menschen psychotherapeutisch behandelt, ohne über die notwendige Genehmigung zu verfügen.[36] Als Friedrich Liebling 1982 fast neunzigjährig starb, zitierten die Jünger in einer Festschrift seine Zukunftsvision: »Ihr seid der Vorposten der neuen Gesellschaft, des Fortschritts. Eine Umwälzung werdet ihr vollziehen. Eine schönere und humanere Welt.«[37]

Machtkampf um das Erbe des Meisters

Die schönere und humanere Welt ließ jedoch auf sich warten. Nach dem Tode Lieblings brachen Diadochenkämpfe um das inzwischen millionenschwere Erbe der *Zürcher Schule* aus. Der greise Therapiegott hatte nie besonderes Interesse an Geld gezeigt. Einerseits war er geizig und »überwachte jedes Kohlenpapier, das im Sekretariat gebraucht wurde«, so Eugen Sorg. »Andererseits schenkte er einer Teilnehmerin spontan 1000 Franken, weil sie ein Votum gehalten hatte, das ihm gefiel. (...) Kapitalistische Gesinnung lag ihm fern.«[38] Trotzdem diente der Umgang mit Geld in der *Zürcher Schule* als subtiles Unterdrückungsinstrument. Zwar sollten niedrige Tarife für die Therapien jedem ermöglichen, daran teilzunehmen; auch wer gar kein Geld hatte, konnte kommen. Aber es wurde penibel Buch geführt, wieviel der einzelne Klient der Institution schuldete. Viele Klienten

Die »fachliche Leiterin« des VPM in Rosa-Luxemburg-Pose: Annemarie Buchholz-Kaiser
Ex-Präsident der »Vereinspsychologen«: Buchholz-Cousin Ralph Kaiser

häuften enorme Rückstände an. Schulden von 100 000 Franken, berichtet Sorg, seien nach einigen Jahren Dauertherapie »keine Seltenheit« gewesen. Das Geld wurde bei Säumigkeit zwar nicht mit juristischen Mitteln eingetrieben; aber es sei als moralisches Druckmittel benutzt worden, um jeden Schuldner noch intensiver in die Gruppe einzubinden. Das geflügelte Wort der »Ehrenschuld« bürgerte sich ein.

Da viele Therapeuten unentgeltlich arbeiteten (einige erhielten ein geringfügiges Honorar), floß der Großteil der Einnahmen an Friedrich Liebling und in eine Stiftung, die er 1974 gegründet hatte, um sein Lebenswerk abzusichern. Das Psycho-Unternehmen florierte so gut, daß es beim Tod des Meisters fünf wertvolle Liegenschaften in bester Züricher Wohnlage und ein Vermögen von fünf Millionen Franken umfaßte. Weil Liebling es jedoch versäumt hatte, eine sinnvolle Erbregelung zu treffen, fiel das Vermögen an seine Töchter in den USA. Lillian Rattner und Erna Grob nahmen das Geld erfreut entgegen, verzichteten aber auf die Stiftung und die *Psychologische Lehr- und Beratungsstelle*, auf deren Konten auch weiterhin hohe Honorarzahlungen eingingen. Die *Beratungsstelle* wurde in eine Aktiengesellschaft überführt, deren Leitung drei treue Weggefährten des verblichenen Gurus übernahmen: Ernst Frei, Antonio Cho und die damals 43jährige Annemarie Buchholz-Kaiser.

Nun rächte es sich, daß Friedrich Liebling keinen Nachfolger erkoren hatte. Ein jahrelanger Grabenkampf um die teure Hinterlassenschaft begann. Ernst Frei und Antonio Cho wollten die *Zürcher Schule* nach außen öffnen, um sie aus der fachlichen Isolierung zu führen. Dies empfanden die meisten »Lieblinge« mit Annemarie Buchholz-Kaiser an der Spitze als Verrat am Werk ihres Meisters; sie witterten dahinter eine Verschwörung der Liebling-Töchter (»Machenschaften der Erbinnen«).[39] Als der Streit 1986 in heftigen Auseinandersetzungen eskalierte, gelang es Annemarie Buchholz-Kaiser, die übergroße Mehrheit der »Lieblinge« auf ihre Seite zu ziehen, ihre Gegner zu überrumpeln und aus dem Stiftungsrat zu drängen. »Nun stand Annemarie Buchholz-Kaiser unangefochten an der Spitze der Therapiegemeinschaft, ihr Führungsanspruch war unbestritten. Es war ein Sieg auf der ganzen Linie«, resümiert der Journalist Hugo Stamm.[40] Die starke Frau räumte gnadenlos auf. Wer ihre Autorität nicht bedingungslos anerkannte, wurde regelrecht geächtet und ihm wurde mit dem Ausschluß gedroht. Mißliebige Therapeuten verloren ihre Klienten, unliebsame Klienten ihre sozialen Kontakte; die Spaltung reichte bis in Familien hinein und entzweite Freunde und Lebenspartner.

Am 24. August 1986 gründeten die Sieger um Annemarie Buchholz-Kaiser den *Verein zur Förderung der Psychologischen Menschenkenntnis*. In einem längeren Rechtsstreit mit den unterlegenen Dissidenten konnten die *VPM*-Leute nachweisen, daß nur sie das Erbe Friedrich Lieblings bewahrten – 1988 wurden ihnen gerichtlich die Nutzungsrechte am Stiftungsvermögen zugesprochen. Das eigentliche Erbe trat Annemarie Buchholz-Kaiser an. Sie stammt aus einer gutbürgerlichen Familie im Schweizer Thurgau, studierte in Zürich Geschichte, Philosophie und Psychologie und verbrachte rund zwanzig Jahre in der »Zürcher Schule«. Eine klinisch-therapeutische Ausbildung besitzt sie nicht. Aber sie hatte es verstanden, sich die Gunst Friedrich Lieblings zu dessen Lebzeiten zu sichern. Er soll einmal gesagt haben: »Annemarie ist soweit.«[41] Annemarie Buchholz-Kaiser wird seit ihrem Triumph über Frei und Cho als legitime Nachfolgerin des Verstorbenen verehrt. In dem 672-Seiten-Wälzer »Der VPM – Was er wirklich ist« singen die Autoren das Loblied ihrer großen Mitmenschlichkeit und preisen ihr »hohes Maß an Wissen, Erfahrung und Besonnenheit«. Sie wird im Nachhinein sogar zur rechten Hand des Idols verklärt: »Es war eine einzigartige Tat von Herrn Liebling und seiner Mitarbeiterin Frau Dr. Buchholz-Kaiser, uns aus dieser Unwissenheit im Fühlen, Denken und Handeln im menschlichen Zusammenleben herauszuholen. Es wird niemals gelingen, diese Arbeit zu zerstören …«[42]

Die »fachliche Leiterin« führt den *VPM* mit straffer Hand. Von Anfang an leitete sie die Supervision der übrigen Therapeuten und Berater – die Grundlage ihrer Macht; offizieller Präsident des Vereins wurde zunächst ihr Cousin Ralph Kaiser. Ehemalige »Lieblinge« schildern sie als »geniale Intrigantin« und »graue Eminenz«. Da sie über keine Spur von Charisma verfügt, sichert sie ihren Einfluß durch eine geschickte Bündnis- und Hinterzimmerpolitik. Kritiker berichten, daß sie auch nicht davor zurückschreckt, Gegner persönlich herabzusetzen; selbst vorsichtige Kritik an ihrer Führung werde nicht geduldet. »Was sie sagt, ist ehernes Gesetz«, erklärte uns der Psychologe Henry Goldmann aus Zürich, der von 1988 bis 1990 Vizepräsident des *VPM* war. »Faktisch ist es eine Ein-Personen-Führung.«

Öffentlich hält sich die neue Chefin stets im Hintergrund. Sie regiert die 3000 *VPM*-Anhänger mit einem subtilen Hierarchie-Modell. Je mehr »Erfahrung« die Vereinspsychologen im Sinne der »fachlichen Leiterin« haben, desto höher stehen sie in der Hierarchie – ganz oben die Psychologen in Zürich, darunter die Gruppenleiter in anderen Städten, schließlich die einfachen Mitglieder. Die Mitglieder, so der Aussteiger Rudolf Isler, versuchten, ihre Stellung zu verbessern, indem sie immer näher an Frau Buchholz-Kaiser heranrückten. Isler sagt: »Dadurch gewinnen sie Sozialprestige, verlieren aber ihre Unabhängigkeit.«

Anders als in den bekannteren Psycho-Kulten geht es beim *VPM* nicht ums Geld – es geht um Kopf und Seele. Wer von der Linie abweicht, dem werden eine »falsche Haltung« oder »Irritationen« vorgehalten. Ehemalige *VPM*-Genossen erzählen sogar von »verordneter Selbstkritik« und »Kaderprozessen in stalinistischer Manier«. Der *VPM*-Aussteiger Rudolf Isler erinnert sich: »Es gab große Veranstaltungen, wo einzelne sehr aggressiv aufgefordert wurden, sich selbst zu kritisieren. Sie haben dann wirklich zum Teil Dinge zugegeben, die sie gar nicht gemacht hatten.« Der *VPM* bestreitet dies. Doch es tauchten schriftliche Dokumente auf, die die Aussagen der Aussteiger bestätigen.

So schrieb ein Akademiker in einer erschütternden Selbstbezichtigung, er habe im *VPM* »der Größte« werden wollen; sein Machtstreben sei so weit gegangen, daß er »massiv« mit Frau Buchholz-Kaiser »konkurriert« habe: »Dadurch daß ich mitgeholfen habe, diese Wahnvorstellungen in unsere Gemeinschaft hineinzutragen und in die Tat umzusetzen, habe ich seit langem die Arbeitsgrundlage von Frau Kaiser unterminiert, demontiert und zerstört und damit die ganze Arbeit, die Herr Liebling uns hinterlassen hat, von innen her aufs Schwerste zersetzt. (...) Daß das möglich war, ohne daß ich gefühlsmäßig davor zurückgeschreckt wäre, zeigt einen Zustand von seelischer Verrohung, vor dem ich heute fassungslos stehe. Soviel Inhumanität, Ignoranz und Gewalt ist enthalten, daß ich fast nicht hinsehen kann ... Wenn ich das nicht aufgebe, werde ich ein armseliges Leben außerhalb der menschlichen Gemeinschaft führen und weiterhin viel Unglück anrichten.«[43]

Friedrich Liebling hatte zeitlebens darauf geachtet, die *Zürcher Schule* aus politischen Auseinandersetzungen herauszuhalten; subversives Verhalten war Pflicht. Verdutzt rieben sich viele Schweizer daher die Augen, als der *VPM* sich ab 1988/89 massiv in die Gesellschaftspolitik einmischte – mit der ganzen Kraft einer hierarchisch organisierten Kadertruppe, die über scheinbar unbegrenzte Finanzmittel verfügte. Ebenso erstaunlich wirkte, auf welcher Seite der Politik der *VPM* aktiv wurde. Der Verein beruft sich zwar auf das »Bewährte aus der Praxis Friedrich Lieblings« – etwa die Milieutheorie und Lieblings Dogma, daß die »Psychologie eine Wissenschaft ist, die exakt arbeitet«.[44] Aber er rückte unter der eisernen Lady 1988 scharf nach rechts.

Die Alt-Achtundsechziger wandelten sich von heute auf morgen in Wertkonservative, warnten plötzlich vor der subversiven »Zerstörung von Staat und Gesellschaft« durch die »Neue Linke«, durch New Ager, Schulreformer und »Gestalttherapeuten«. Laut *VPM* werden Lehrer und Schüler per Gestaltpädagogik mit Rollenspielen und der Abschaffung des Frontalunterrichts gehirngewaschen und für den Umsturz eingespannt. Mit der Hilfe von Homosexuellen, Obdachlosen und Drogensüchtigen wolle die »Neue Linke« Staat und Gesellschaft destabilisieren. Vom verhängnisvollen »Prinzip von Religion und Mystik«[45] war jetzt keine Rede mehr. Im Gegenteil: Seit dem Kurswechsel huldigen die »Lieblinge« den hehren Werten von Familie und Religion, von Sauberkeit und Ordnung: »Grundlage der Arbeit des VPM bilden die christlich-humanistischen Werte.«[46] Annemarie Buchholz-Kaiser entdeckte plötzlich ihre katholischen Ursprünge, und auf großen *VPM*-Kongressen liest ein Priester die Messe. Der Umschwung kam so unvermutet, daß Kritiker bis heute über die Hintergründe spekulieren.

Möglicherweise spielt die gutbürgerlich-konservative Herkunft von Annemarie Buchholz-Kaiser eine wichtige Rolle, die sie wohl nie wirklich abgelegt hat, auch wenn sie in ihrer Lizentiatsarbeit noch den Frühsozialisten Joseph Proudhon (»Eigentum ist Diebstahl«) als »Vater des Anarchismus« anschwärmte.[47] »Das anarchistische Gedankengut entsprach vermutlich nie ihrem Naturell«, meint Hugo Stamm. Ein entscheidender Faktor dürfte auch gewesen sein, daß Presse, Funk und Fernsehen zunehmend die autoritären Strukturen der Sekte kritisierten. Der Imagewechsel sollte den Verein wohl aus der zunehmenden Isolation führen. »Man wollte die gutbürgerlichen Kreise hinter sich bringen«, sagt ein Ehemaliger.[48] Dabei half den »Lieblingen« sogar ein waschechter PR- und Verkaufsstratege, der eigens für gutes Geld angeheuert wurde.[49]

»Der VPM ist eine kuriose Mischung aus Achtundsechziger-Stil und Konservativismus«, urteilt der Stuttgarter Sektenexperte Hansjörg Hemminger. »Nur eine Sektenstruktur kann so Gegensätzliches zusammenhalten.« Nur so ist auch zu erklären, daß die Mitglieder die radikale Wende widerspruchslos mitmachten. Eine Vielzahl von »unabhängigen« Organisationen mit Tarncharakter entstand, um honorige Bündnispartner zu finden. Solche Vereine wie die *VPM*-nahe *AIDS Aufklärung Schweiz* mischten sich bald aktiv in die Stadt- und Landespolitik ein; zum bevorzugten Verbündeten wurde die konservative Schweizerische Volkspartei, die sich wie der *VPM* den Kampf gegen die Liberalisierung der Drogen auf die Fahnen geschrieben hat.

Abhängigkeit durch Vereinspsychologie

Ins Zentrum der Vereinsideologie trat die Drogen- und Aids-Frage. Der Therapieverein vertritt eine restriktive Drogenpolitik bis hin zum »fürsorgerischen Freiheitsentzug«.[50] Aids, so behaupten die »Lieblinge«, könne auch durch Speichel übertragen werden, Kondome könnten reißen. Seine Anhänger ersehnen eine keimfreie Gesellschaft, frei von Drogen und freizügigem Sex. *VPM*-intern gelten daher strenge Hygieneregeln. Aussteiger berichten, daß in ihren Wohngemeinschaften getrennte Besteck-Sets verwendet werden, außerdem separate Buttermesser und Marmeladenlöffel. Seifenspender stehen bereit, um die Toiletten keimfrei zu halten.[51] Frischverliebten Paaren wird empfohlen, ein halbes Jahr auf intime Kontakte zu verzichten. »Nach der allgemeinen Lebenserfahrung ist die Verliebtheit dann verflogen und das Problem erledigt sich von selbst«, belustigte sich die Berliner »Tageszeitung«.[52]

Das Drogenthema eignet sich aber gut, um Mitglieder und Unterstützer zu fischen. Neulinge werden häufig durch ein Liebesverhältnis oder über Kontakte in der Schule und am Arbeitsplatz rekrutiert; inzwischen auch mit Fernkursen für »Tiefenpsychologie«. »Anfällig für die schlichten Weisheiten und Rezepte des VPM sind meines Erachtens meist unsichere Leute, etwa Lehrer, die mit ihren eigenen pädagogischen Lösungen nicht klarkommen«, erklärt der Experte Hansjörg Hemminger, »und der VPM hat für alle Probleme Lösungen.« Vor allem Pädagogen, Psychologen und Ärzte – überwiegend Frauen – verschreiben sich der Vereins-Psychologie. Doch die Wärme einer Gruppe und die Sicherheit eines geschlossenen Weltbildes werden teuer erkauft. Da die Umwelt verseucht ist, garantiert nur die Gruppe und ihre »psychologische Menschenkenntnis« ein klinisch reines Leben.

In den Gesprächsrunden und Wohngemeinschaften geht es noch immer ähnlich zu wie zu Friedrich Lieblings Zeiten. Zwar wurde die Massentherapie eingestellt, aber das Leben im Verein dreht sich nach wie vor um die täglichen Therapie- und Gesprächskreise, Seminare und Kongresse. In den Gruppensitzungen heißt das Schlüsselwort wie früher »vorlegen«.[53] Das Ritual lief folgendermaßen ab: Ein Anwesender ergriff das Mikrophon und legte teilweise vor Dutzenden von Zuhörern ein persönliches oder berufliches Problem »vor«. Anschließend konnten sich alle Anwesenden zu Wort melden, munter drauflospsychologisieren und Ratschläge ableiten. War Annemarie-Buchholz-Kaiser anwesend, griff sie zwar meist nicht direkt ein, aber alle Augen richteten sich auf sie. Hugo Stamm schreibt: »Ein wohlwollendes Nicken nach einem Votum bringt dem Betroffenen Anerkennung in der Gruppe. Verdüstert sich allerdings ihr Gesicht oder senkt sie den Kopf, dann wissen alle Anwesenden und der Klient, daß er sich noch nicht ›gefunden‹ hat und noch weit von der Umsetzung der ›psychologischen Menschenkenntnis‹ entfernt ist.«[54] Seit Kritik an den Gruppensitzungen aufkam, hütet sich der *VPM* allerdings davor, den Eindruck zu erwecken, als gäbe es die Mikrophon-Therapie noch immer.

Rettung vor der inneren »Irritation«, aber auch vor äußeren Feinden – etwa »Gestaltpädagogen«, die ein »ganzheitliches«, offenes Erziehungsmodell vertreten – verspricht »die Gemeinschaft«. Das Leben im und mit dem *VPM* gilt als Gegenmodell zur Gesellschaft. Daher sind die meisten *VPM*-Aktivisten so oft wie möglich ehrenamtlich für ihre Truppe im Einsatz. Sie betreuen Nachhilfegruppen für Kinder, bereiten Tagungen vor oder betreiben Seelenmassage. »Die Therapie ist meist auf Lebenszeit angelegt«, meint der *VPM*-Aussteiger Rudolf Isler. »Letztlich sind alle VPM-Mitglieder, außer Annemarie Buchholz-Kaiser, Therapie-Patienten«, so Hugo Stamm im Gespräch. »Der Mensch wird durch die Erziehung«, lehrte Friedrich Liebling – und die Erziehung hört niemals auf.[55] Die immerwährende Therapie aber birgt die Gefahr totaler Abhängigkeit, denn an die notwendige Ablösung vom Therapeuten ist dabei nicht zu denken. Treten Probleme im Alltag auf, konsultieren die Mitglieder ihren Seelenmasseur, bei schwierigen Fragen sogar mitten in der Nacht.[56] »Mit der Zeit war ich nicht mehr fähig, auch kleine Schwierigkeiten auszuhalten und selbst zu lösen. Plötzlich wurde mir bewußt, daß ich keine Entscheide mehr fällen konnte ohne Rücksprache mit meiner Gesprächspartnerin. Ich war damals von ihr abhängig«, bezeugt eine ehemalige *VPM*-Anhängerin.[57]

Familien und Ehepartner bleiben dabei oft auf der Strecke. Können die Angehörigen nicht missioniert werden, kommt es häufig zu Streit oder einem Zerwürfnis. Äußern sie Kritik an totalitären Methoden, vermuten die »Lieblinge«, daß die »Neue Linke« schon die eigene Familie unterwandert habe. Für eine »familienzerstörende Einrichtung« hält ein schleswig-holsteinischer Staatssekretär den *VPM*, dessen Tochter, eine Grundschullehrerin, unter den Einfluß des Vereins geriet.[58] Der *VPM* bestreitet, daß er familiäre Konflikte auslöst und hält derartige Vorwürfe für einen »Zynismus macchiavellistischer Art«.[59] Er behauptet pauschal: »Der VPM weist auch keine abhängigmachenden oder totalitären Strukturen auf und vertritt auch keinerlei Ideologien.«[60]

Doch Betroffene äußern sich eindeutig. »Seit mehreren Jahren versuchen wir (leider vergeblich) unsere erwachsene Tochter aus ihrer Abhängigkeit von der Liebling-Schule zu lösen«, sagt eine Mutter aus Zürich; die Tochter habe sich völlig von den Eltern abgewandt. »Sie ist seither verändert, hat ihre natürliche Spontaneität, ihre frühere Fröhlichkeit verloren. Sie spricht in stereotypen, ›vorfabrizierten‹ Sätzen und sieht in jedem Gegenargument einen persönlichen Affront. Das menschenverachtende, herzlose und sture … Verhalten des VPM ist für Angehörige erschreckend.«[61]

Zugleich entstehen wahnhafte Feindbilder. In einem *VPM*-Flugblatt heißt es: »Weil der VPM das Netzwerk der Drogenlegalisierer und die Politisierung der Aids-Frage, u. a. durch militante Homosexuelle aufgedeckt hat, wird er nun nach Strich und Faden verleumdet.«[62] Hintergrund: Zwischen 1989 und 1991 erschienen in der Schweiz etwa 900 Zeitungsartikel, die sich kritisch mit Annemarie Buchholz-Kaiser und dem *VPM* beschäftigten. »Die nach Anerkennung und Einfluß strebende Leiterin des VPM geriet unter Druck«, schreibt Hugo Stamm. »In der Überzeugung, ihre therapeutischen Konzepte sowie die Drogen- und Aids-Präventionsmodelle wissenschaftlich unumstößlich abgesichert zu haben, interpretierte sie die Konflikte als Verschwörungskampagne.«[63]

Die Bedrohungsängste sind offenbar so real, daß die Vereinspsychologen ähnlich wie *Scientology* oder das *Universelle Leben* sogar vor dem Vergleich zur Judenverfolgung im Dritten Reich nicht zurückschrecken. Im Buch »Der VPM – Was er wirklich ist« heißt es: »Noch gibt es gegen den VPM keine systematisch organisierten Ausschreitungen. Die Hetzstimmung jedoch wird immer beängstigender, und erste Anzeichen einer Volksjustiz werden deutlich.«[64] Hansjörg Hemminger vermutet hinter der Verzweiflungs-Rhetorik auch psychische Gründe: »Das sind die irrealen Ängste der Frau Buchholz-Kaiser selbst.« Dafür spricht, daß sie nicht nur die *VPM*-Häuser von Patrouillen mit Funkgerät und Kamera bewachen ließ, sondern auch Bodyguards engagierte, die sie selbst auf Schritt und Tritt begleiteten.[65]

Die Paranoia bliebe ein individuelles Problem, wenn *VPM*-Anhänger nicht mit missionarischem Eifer in die Gesellschaft ausschwärmten. Ausgerechnet der oberste Suchtbeauftragte Baden-Württembergs, Horst Giepen (SPD), fungierte als eine Art Verbindungsmann zum Schweizer »Therapie-Orden«, wie Eugen Sorg den *VPM* bezeichnet. Giepen genoß das Privileg, sich mehrfach mit der Psycho-Chefin Annemarie Buchholz-Kaiser treffen zu dürfen, empfing diese sogar im Stuttgarter Sozialministerium und bescheinigte dem *VPM* im Frühjahr 1992 offiziell: »In seinen Zielen, keine ›Liberalisierung‹ oder Freigabe von illegalen Drogen und Ablehnung von breit angelegten Substitutionsprogrammen, stimmt er mit grundlegenden Positionen der Suchtpolitik des Landes Baden-Württemberg überein.«[66] Nachdem die *VPM*-Verbindung bekannt geworden war, wurde Giepen von seinen Vorgesetzten auf einen anderen Posten versetzt. Doch der Skandal um Giepen war nur der spektakulärste Fall von Einflußnahme. Vor allem hat es die Psycho-Sekte auf Bildungseinrichtungen abgesehen.

Die »seelische Not des heutigen Menschen« macht nach *VPM*-Lehre »psychologische Menschenkenntnis« für jeden nötig: »Sie alle brauchen Hilfe und Unterstützung.«[67] An Schulen und Universitäten bieten die »Lieblinge« meist unter großem Einsatz Lernhilfen, Freizeitangebote und Fortbildung an. Aber bei Nachhilfestunden bleibt es nicht. Studenten aus dem *VPM*-nahen *Arbeitskreis Qualifiziertes Studium (AQS)* drängen in Fachschaften und Universitätsgremien. Die Universitäten sind ihr wichtigstes Rekrutierungsfeld geworden. Ein Mitglied der Arbeitsgruppe Sekten an der Freien Universität Berlin erläutert uns: »Sie stören Sitzungen und gebärden sich wie früher die K-Gruppen.«

Immer wieder tauchen auch an Schulen, etwa in Berlin und Dresden, Werbematerialien des *VPM* auf. In dem »wissenschaftlichen« Werk »Standort Schule« hat der *VPM* auf über 1000 Seiten sein schulisches Glaubensbekenntnis abgelegt, eine Suada gegen »gefährliche persönlichkeitszersetzende Psychotechniken« der Gestalttherapie: »Der gestaltpädagogisch geschulte Lehrer … vergeht sich am Schüler, indem er sich verantwortungslos, distanzlos, gewalttätig und autoritär gegen ihn verhält.«[68] Möglicherweise ist es genau umgekehrt: Kollegen berichten über »dogmatisches« und »maßloses« Auftreten von *VPM*-Lehrern. Eltern befürchten, daß ihre Kinder mit altertümlichen Unterrichtsmethoden und kruden Lebensweisheiten traktiert werden.

Virulent ist das Problem in der Bundesrepublik vor allem im Großraum Köln; dort haben sich über hundert Pädagogen und Erzieher selbst als *VPM*-Sympathisanten zu erkennen gegeben. An einer Sonderschule in Kerpen (Rheinland) gehörten sieben von 25 Lehrern dem Therapie-Orden an; sie versuchten, auch ihre Kollegen zu missionieren. »Ich fühlte mich von denen so unter Druck gesetzt«, sagte ein Lehrer dem »Spiegel«, »da hatte ich ständig die Schere im Kopf.«[69] Die *VPM*-Lehrer seien zwar eifrig bei der Sache, das Elitäre ihrer Arbeit sei aber, daß meist nur »angepaßte, stets fröhliche Schüler gefördert« würden. Nach den Presseberichten wurden die *VPM*-Lehrer an andere Schulen versetzt.

Häufig, so berichten Betroffene, versuchten die *VPM*-Pädagogen in Vertrauensstellungen wie die des Vertrauens- und Drogeninformationslehrers zu gelangen. Die deutschen Kultusbehörden haben sich inzwischen aber deutlich von den »Lieblingen« distanziert. Der Berliner Schulsenator stellte jeden Kontakt mit der dortigen *GFPM* ein; das Tübinger Oberschulamt verbot jede weitere Zusammenarbeit mit dem *VPM*-nahen *Arbeitskreis Suchtprophylaxe*. Der nordrhein-westfälische Kultusminister Hans Schwier erklärte vor dem Landtag: »Lehrer, die dem VPM angehören, ... arbeiten in der Sucht- und Drogenprävention mit Mitteln der Schwarzweißmalerei, die bei Schülern leicht zu Irritationen, Verängstigung und Vertrauensverlust führen kann.«[70]

In der Schweiz weigerten sich Eltern wiederholt, ihre Kinder in den Unterricht von *VPM*-Lehrern zu schicken, weil sie massive Indoktrination befürchteten. »In der Zürcher Volksschule hat sich der VPM zu einem schwerwiegenden Problem entwickelt«, erläutert uns Gerhard Keller, Leiter der Abteilung Volksschule der Erziehungsdirektion im Kanton Zürich. »Es gibt Berichte über fast manisches Gesprächsverhalten von VPM-Kollegen, über eine missionarische Art, ständig die selben Dogmen zu wiederholen, über unkollegiales Auftreten. Sie müssen so handeln, wie der VPM will, und wenn's die Existenz kostet.« Sogar aus vertraulichen Notenkonferenzen wurde an die *VPM*-Spitze berichtet.[71] Keller fügt hinzu: »Es liegen Klagen vor, daß einzelne Schüler bloßgestellt und ausgegrenzt würden, z. B. durch Anweisungen an Kinder, nicht mehr mit bestimmten anderen Kindern zu verkehren.«

Kinder wurden auch mit rigiden Verhaltensregeln erschreckt, wie der »Tages-Anzeiger« berichtete; zu Hause hätten sich einige nicht mehr getraut, vom gleichen Geschirr wie ihre Eltern oder Geschwister zu essen und hätten sogar den Gutenachtkuß verweigert.[72] Ein Kindergarten-Lernmittel, das eine *VPM*-Anhängerin verfaßte, warnte vor winzigen »Tierchen«, die »überall sein« könnten: »Aus einem Tierchen können mehrere, viele werden. (...) Es gibt Kinder, die beißen andere. Diese müssen damit sofort aufhören. (...) Willst du einem Freund zu trinken geben, gieße ihm das Getränk in einen zweiten Becher.«[73] Inzwischen leiteten die Züricher Behörden bereits mehrfach Disziplinarverfahren ein. Auf die staatlichen Maßnahmen reagierte der *VPM* mit Flugblättern, die in hohen Auflagen verteilt wurden: »Linke Apartheid im Schulwesen. Heute trifft es den VPM. Und morgen?«[74]

Abhöranlagen, Einbruch, Verfolgung

Es ist immer das gleiche Schema. 1990 versuchten eine Handvoll *VPM*-Lehrer an der Handelsschule des Kaufmännischen Verbands Zürich, das Rektorat und die Kollegen davon zu überzeugen, daß die Einrichtung zu einer wahren Drogenhölle geworden sei. Litaneiartig trugen sie Schreckensbotschaften vor; sie deckten das Kollegium mit »Dokumentationen« ein; sie machten die Drogendiskussion zum wichtigsten Thema an der Schule. Und sie forderten ein Durchgreifen nach *VPM*-Art. Als der Schulleitung der Kragen platzte und sie sechs Lehrbeauftragte von der Schule wies, gefiel sich der *VPM* in der Märtyrerrolle. Der Journalist Kurt Emil Merki schreibt: »Die VPM-Agitatoren, die den Schulbetrieb mit ihrer wohlinszenierten Kampagne massiv gestört hatten, stellten sich der Öffentlichkeit als bemitleidenswerte Opfer eines Rektorats dar, das von Drogenverherrlichern unterwandert und beeinflußt sei.«[75]

Nach dieser Masche bedrängte der *VPM* zahlreiche Institutionen im Kanton Zürich und auch in Deutschland. Die Vereinsmitglieder setzen viel Zeit und Geld ein, um den Kampf »neolinker« Verschwörer zu bremsen und sich selbst zu Märtyrern zu stilisieren. »Wahr ist, was der Gruppe dient, Lüge ist, was ihr schadet«, erläutert der *VPM*-Kritiker Eugen Sorg.[76] Sind »Drogenbefürworter«, »Gesellschaftszersetzer« oder »Antipädagogen« erst einmal erkannt, läuft eine absurde Propagandamaschinerie an. Zum Hauptfeind in Deutschland avancierte Anfang der 90er Jahre der Stuttgarter Sektenexperte Hansjörg Hemminger. Er geriet ins Schußfeld der »Menschenkenner«, weil er die schon erwähnte Werkmappe über den *VPM* verfaßt hatte, in der er dem Verein »sektenähnliches Verhalten« vorhielt.[77]

Ende 1991 wurden in 150 000 Hausbriefkästen in Hannover diffamierende Flugschriften über den Kritiker und seinen Hannoveraner Kollegen Wilhelm Knackstedt verteilt. Kirchenleitungen, Pfarrämter, Behörden und Ämter wurden mit Briefen und »Dokumentationen« eingedeckt. *VPM*-Flugblätter bezeichneten Hemminger als »Anhänger der Graswurzel-Revolution« und »Feind jeglicher Tiefenpsychologie«, der einen »mit wahrlich faschistischen Mitteln geführten Kampf« gegen den *VPM* begonnen habe.[78] In einer Hemminger gewidmeten Schmähschrift hieß es: »Hemminger läßt keinen Zweifel daran, daß er gegen den VPM einen Vernichtungskrieg eingeleitet hat und ihn bis zur letzten Konsequenz durchzusetzen gedenkt. In faschistischer Manier und mit grauenhaften Bildern heizt er die Pogromstimmung gegen den VPM und seine Teilnehmer an. (...) Allein das Ziel, einen Gottesstaat (einen kommunistischen?) zu errichten, heiligt Hemminger jedes Mittel.«[79]

Selbst im unmittelbarem Wohnumfeld des Kritikers wurde solches Material gestreut – zum Beispiel an Schulen. »Diese Rufmordkampagnen haben mir zugesetzt. Das waren zwar Rohrkrepierer, aber bei einigen bleibt eben doch etwas hängen«, sagt Hansjörg Hemminger. Auf dem Höhepunkt der Kampagne verschickte der *VPM* sogar eine von Unbekannt gefälschte Pressemitteilung der *Evangelischen Zentralstelle für Weltanschauungsfragen*. Darin hieß es, Hemminger habe »in grober Weise Gottes Gebot gebrochen«; gegen ihn sei ein internes Disziplinarverfahren eingeleitet worden.[80] Das eigentliche Ziel, die Verbreitung der Werkmappe zu stoppen, erreichte der *VPM* trotz Diffamierung und gerichtlicher Klagen nicht. Im Gegenteil: Hemminger hat sie inzwischen überarbeitet und als Broschüre publiziert.[81]

Geradezu fanatischer Haß trifft so gut wie alle, die es wagen, den *VPM* zu kritisieren. In Deutschland sind dies vor allem kirchliche und staatliche Sektenexperten. Der Berliner Sektenbeauftragte Thomas Gandow wurde als »linksideologisch motivierter Sektologe« bezeichnet, der Hannoveraner Wilhelm Knackstedt zum »eiskalten Strategen« ernannt, Wolfgang Behnk aus München als »Trittbrettfahrer Hemmingers« beschimpft.[82] In der Schweiz kamen Journalisten, Drogenberater, Obdachlosenpfarrer, bekannte Züricher Persönlichkeiten und Behörden auf die Feindesliste (»Zürcher Erziehungsdirektion Mekka schwuler militärischer Dienstverweigerer«[83]). Nicht einmal die Töchter Friedrich Lieblings blieben von persönlichen Attacken verschont.

Häufig richtet sich der wahnhafte Zorn der Vereinspsychologen auch auf Ehemalige und Abtrünnige. Eugen Sorg, der Verfasser des Buches »Lieblings-Geschichten«, wurde in einem *VPM*-Machwerk auf 44 Seiten in übelster Weise diffamiert; man schreckte nicht einmal davor zurück, über seine Familienverhältnisse und persönliche Gewohnheiten herzuziehen.[84] Renegaten und Abtrünnige wurden unter anderem als Nieten und Brunnenvergifter beschimpft, wie uns Rudolf Isler und Eugen Sorg berichteten. Der *VPM* bestreitet dies und erklärt, derartige Beleidigungen habe es nicht gegeben. Doch Aussteiger müssen nicht nur mit der Ächtung durch ihre früheren Freunde, mit Depressionen und »Entzugserscheinungen« zurechtkommen, der Ausstieg kann auch beruflich einer Katastrophe gleichkommen. Psychologe Goldmann sagt: »Ich verlor 95 Prozent meiner Patienten.«

Ehemalige *VPM*-Anhänger denken voller Sorge an das frühere riesige Tonbandarchiv, in dem die routinemäßigen Aufzeichnungen aus Hunderten von Gruppensitzungen lagerten. Sie enthielten intime Bekenntnisse von »Lieblingen« über sich und ihre Angehörigen. Mehrfach schon sind kompromitierende Aufnahmen benutzt worden, um Abtrünnige öffentlich bloßzustellen.[85] Der ehemalige *VPM*-Vizepräsident Henry Goldmann, der 1990 ausstieg und den Verein seitdem öffentlich kritisiert, bezeugt: »Unter anderem werden Gespräche oder intimes Wissen verwendet, um Ehemalige, die man jetzt als Feinde einstuft, schlecht und unglaubwürdig zu machen.«

Diesen Tatbestand kritisierte der *Berufsverband Deutscher Psycholo-*

gen 1992 mit aller Schärfe: »Die sogenannte psychotherapeutische Betätigung des VPM entbehrt jedweder fachlichen Grundlage; die Art ihrer Ausübung ist weder mit der Berufsordnung für Psychologen noch mit den allgemein geltenden Gesetzen vereinbar. Wenn zum Beispiel Tonbandmitschnitte von Gruppensitzungen, in denen Mitglieder ihr Innerstes offenbaren, mißbraucht werden, um Abweichler zu disziplinieren, mundtot zu machen oder gar zu erpressen, dann ist dies ein eindeutiger Verstoß gegen die strafrechtlich sanktionierte Schweigepflicht und außerdem ein Beleg für das menschenverachtende Verhalten des VPM.«[86]

Der Psycho-Klub geriet noch durch ganz andere Vorfälle ins Gerede – Begebenheiten wie aus einem Spionagefilm. Am 3. November 1992 funktionierte bei dem Aussteiger Rudolf Isler das Telefon nicht mehr. Ein Installateur suchte die Störung und stieß auf eine Abzweigung der Leitung. Als die Polizei wenig später die darunterliegende Wohnung filzte, entdeckten die Beamten nicht nur eine Telefon-Abhöranlage, sondern auch ein Loch in der Zimmerdecke, durch das ein hochempfindliches Mikrophon geführt worden war, das zu einer Tonbandanlage führte. »Die Installation war professionell und zweckmäßig«, protokollierte die Kantonspolizei Zürich. Urheber der Abhöraktion waren *VPM*-Mitglieder. Die später geständigen »Lieblinge«, ein Lehrer und ein Psychologe, hatten außerdem Dokumente aus dem Briefkasten Islers entwendet, kopiert und beim *VPM* abgegeben. Als Motiv gab ein Mitbewohner des Haupttäters – ebenfalls *VPM*-Mitglied – zu Protokoll, Isler verbreite »Unwahrheiten über den VPM, die dieser Organisation sehr schaden, ja sogar existenzgefährdend sind«. Zwar distanzierte sich der *VPM* offiziell von der »Tat eines Einzelnen«, aber Rudolf Isler stellt fest: »Bei mir hat sich bisher niemand entschuldigt.«

Im Januar 1992 wurde in die Wohnung des Buchautors Eugen Sorg eingebrochen. Verschwunden waren ausschließlich Briefe, Fotos, Notizbücher, Bankbelege und brisantes *VPM*-Material, darunter vertrauliche Gesprächsprotokolle, die Sorg für sein aufsehenerregendes Buch über die »Lieblinge« verwendet hatte. Geld und Wertsachen blieben dagegen unangetastet. Die Täter konnten nicht ermittelt werden. Ebenfalls Unbekannte brachen am 30. September 1992 in die Räume der Erziehungsdirektion (Schulbehörde) des Kantons Zürich ein. »Damals wurden aus meinem Büro zehn Kilo Akten gestohlen«, erinnert sich Gerhard Keller, Abteilungsleiter der Erziehungsdirektion und wegen seiner kritischen Haltung ein rotes Tuch für *VPM*-Anhänger. »Es handelte sich vorwiegend um Akten zum VPM und Unterlagen zu einem Buch, das wir herausgegeben haben. Die gestohlenen Akten wurden dann einem VPM-Sympathisanten aus der Schweizerischen Volkspartei zugeschickt, der damit an die Presse ging.«

Gerhard Keller berichtete uns außerdem, wie er am 19. November 1992 nach einem Restaurantbesuch Kratzer an seinem Auto feststellte. Man hatte versucht, den Kofferraum seines Autos aufzubrechen, worin er seinen Aktenkoffer deponiert hatte. Als der Beamte anschließend mit seinem Begleiter wegfuhr, folgten ihm zwei Fahrzeuge. »Wir haben die Nummern aufgeschrieben. Es stellte sich heraus, daß die Wagen führenden VPM-Mitgliedern gehörten.« Die betreffenden Personen bestritten jede Beteiligung an Diebstahlsversuch und Verfolgung; ein Ermittlungsverfahren wurde eingestellt. Am 9. Oktober 1993 drangen Unbekannte in Kellers Privatwohnung ein, entwendeten Fotos und private Korrespondenz, rührten aber Wertgegenstände und Geld nicht an. Es gibt viele solcher Geschichten; doch nie hat der *VPM* damit zu tun. »Der VPM hat sich an diesen Vorgängen nicht beteiligt und lehnt sie ab«, verlautbart die Vereinsführung stereotyp.

Sicher ist: Die Mitglieder verwenden viel Zeit darauf, gegen die »Gesellschaftszersetzer« und die »neulinke Journalistengilde« zu kämpfen. Selbst Fernsehmoderator Ulrich Wickert gelangte auf die *VPM*-Schmähliste. Nachdem die »Tagesthemen« Ende 1991 über den Therapie-Verein informiert hatten, erschien ein Flugblatt, das Wickert als gefährlichen Unterwanderer bezeichnete: »Moderator Wickert machte schon früh durch seine politischen Aktivitäten in der linken Studentenszene auf sich aufmerksam und bekundete öffentlich seine Sympathie für den Terrorismus der RAF und den ›phantasievollen Anarchismus‹ der Alternativen; er hat den ›Marsch durch die Institutionen‹ geschafft und bestimmt heute in seiner Position die Meinung des Volkes mit – und zwar ganz in seinem Sinne!«[87]

»Der VPM beansprucht ein Definitionsmonopol«, meint Sekten-Fachmann Hemminger, »und niemand sonst soll über ihn urteilen«. Mehr noch: die Berichterstattung über den *VPM* soll endlich ganz aufhören. So mußte die Fernsehstation Sat 1 eine geplante Diskussionssendung wieder absagen. Der *VPM*, so der zuständige Redakteur, habe »tausend Bedingungen gestellt« und den Fernsehmachern vorschreiben wollen, welche Kritiker sie einladen dürften. Die Züricher »Weltwoche« sollte gezwungen werden, nie wieder über den *VPM* zu informieren. Doch derlei Kampagnen und Prozesse stoppen das »Zitierkarussel« nicht – im Gegenteil. Tatsächlich hat der *VPM* die meisten Prozesse verloren und dafür vermutlich bereits Millionen verpulvert – Geld, das sich die meist mittelmäßig verdienenden Mitglieder absparen. So urteilte das Landgericht Rottweil, der Ausdruck »wahnhaft-paranoide Gruppenfantasie« sei durch das Recht der Meinungsäußerung gedeckt. Denn wer wie der *VPM* »im geistigen Meinungskampf schwerwiegende Vorwürfe erhebt, muß sich gefallen lassen, daß drastisch zurückgeschlagen wird«.[88]

Weil das ewige Prozessieren die Vereinskasse wohl übermäßig strapazierte, ließ die Klagewut ab etwa 1995 erkennbar nach. Klagen wurden zurückgenommen; zunehmend schloß man gerichtliche Vergleiche ab, wie etwa im Mammutverfahren gegen den Züricher Verein *Psychostroika*.

»Das Vermögen des VPM ist innerhalb von vier Jahren restlos weggeschmolzen«, stellte Hugo Stamm 1997 fest. »Die Prozesse dürften einen Großteil verschlungen haben. Vermögend ist dagegen heute die fachliche Leiterin Annemarie Buchholz-Kaiser.« Statt der juristischen Keule rückte die Bündnispolitik noch stärker ins Zentrum der Sektenstrategie.

Rückkehr der Kalten Krieger

Wenn Angela Merkel im Sommer 1993 öffentlich auftrat, mußte sie sich warm anziehen. »Diese Leute kommen in Gruppen, umringen sie, reden mit Händen und Füßen auf sie ein«, klagte ihr Pressesprecher Martin Dopychai. Penetrant rückten die *VPM*-Anhänger der damaligen Bonner Jugendministerin auf den Pelz. Der Grund: Angela Merkel bereitete eine Broschüre über Sekten und Psychogruppen vor, und ein Kapitel sollte vor dem *VPM* warnen. Die Law-and-Order-Sekte aus der Schweiz griff in ihrem Kampf gegen Frau Merkel aber auch zu drastischeren Mitteln. So verschaffte sie sich über dunkle Kanäle den Entwurf der Broschüre und reichte umgehend Klage dagegen ein.[89]

Dem Verein mißfielen vor allem Passagen, die ihm bescheinigten, er binde »seine Anhänger ausgesprochen eng an sich«, lasse »Widerspruch kaum zu« und greife »im Kampf gegen seine Gegner zu Mitteln, die als ›Psychoterror‹ bezeichnet werden können.«[90] Der Tenor der Klage lautete: »Der VPM hat nicht das Geringste mit einer Sekte zu tun.«[91] Allgemeines Entsetzen herrschte unter Sektenexperten, als das Verwaltungsgericht Köln den Vereinspsychologen im Dezember 1993 per einstweiliger Anordnung recht gab und damit die staatliche Aufklärung über repressive Strukturen beim *VPM* blockierte. »Außerordentlich bestürzt« zeigte sich die damalige Berliner Sektenbeauftragte Monika Schipmann.

Einige Monate zuvor hatte der totalitäre Therapie-Orden massive Schützenhilfe von eingefleischten Antikommunisten bekommen, die mit dem Fall der Mauer ihren Hauptfeind und damit die Beachtung der Medien eingebüßt hatten. Mit seinen schlichten Parolen gegen Drogen, Aids und Homosexuelle traf der *VPM* offenbar den Nerv all derer, die Helmut Kohls nie eingelösten Versprechungen von der »geistig-moralischen Wende« nachtrauern. Schließlich werden die *VPM*-Anhänger nicht müde, die »Neue Linke«, den »Medienfaschismus« und allerlei »Schulreformer« wortreich anzuklagen: »Geht man den Quellen nach, aus denen sie schöpfen, so stößt man auf radikale Gesellschaftskritiker, die klar und deutlich formulieren, worum es ihnen wirklich geht: um nichts Geringeres als den Zusammenbruch der demokratischen Gesellschaftsordnung.«[92]

Solch wohlfeile Rhetorik findet ihre Liebhaber. Die neuen Bundesgenossen attackierten die *VPM*-Gegner – vor allem Sektenbeauftragte – nun mit der gleichen Schärfe, mit der sie einst den Ostblock bekriegten. CDU-Rechtsaußen Claus Jäger, bis 1994 Bundestagsabgeordneter, schrieb an die Abgeordneten seiner Fraktion, das Vorgehen von Ministerin Merkel sei »zutiefst rechtsstaatswidrig«. Alle Vorwürfe gegen den *VPM* seien »Erfindungen«. Gerhard Löwenthal, der frühere Moderator des »ZDF-Magazins«, sprach in einem Schreiben an den damaligen Berliner Jugendsenator Thomas Krüger gar von »rattenhafter Wut« der *VPM*-Kritiker, die nach seiner Meinung »Verwahrlosung« sowie »Drogenfreigabe und zügellose Promiskuität« propagierten.[93]

»Wo bleibt ihr Mut zur Ethik, Frau Dr. Merkel?« fragten am 2. Oktober 1993 per Annonce in der »FAZ« über hundert Abgeordnete, Politiker und Professoren. Die geplante »Sektenliste« sei »rechtsstaatswidrig«; der *VPM* ein »interdisziplinär arbeitender Fachverein mit demokratischen Strukturen«: »Wir erwarten, daß Sie Ihre skandalöse Fehlentscheidung revidieren.« Die Unterzeichner nannten den *VPM* sogar »einen unserer wesentlichen Verbündeten«. Unter ihnen fanden sich Gerhard Löwenthal, Claus Jäger, der baden-württembergische Ministerpräsident a. D. Hans Filbinger, die CDU-Skandalpolitiker Heinrich Lummer und Wilfried Hasselmann, der Schriftsteller Ludek Pachmann und die Professoren Klaus Hornung (Reutlingen), Hans-Bernhard Wuermeling (Erlangen) und Konrad Löw (Bayreuth). Sogar der Vizepräsident des deutschen Städtetages, Sigmund Wimmer (CSU), protestierte – ohne dafür autorisiert zu sein – »seitens des Deutschen Städtetages« beim Jugendministerium dagegen, den *VPM* »mit dem Etikett Psychosekte zu versehen«.[94]

Kurz nach Erscheinen der »FAZ«-Anzeige wurde Sektenbeauftragten und Journalisten eine geheime Unterstützerliste des *VPM* mit 42 Namen von Persönlichkeiten zugespielt, »die sich beim Bundesministerium für Frauen und Jugend und/oder beim Kanzleramt dafür eingesetzt haben, daß der VPM nicht in die geplante Broschüre aufgenommen wird«.[95] Auf der Liste tauchten weitere Prominente und Professoren auf: neben Löw, Löwenthal, Lummer und Hornung auch Manfred Carstens (CDU), parlamentarischer Staatssekretär im Verkehrsministerium, der ehemalige bayrische Kultusminister Hans Maier (CSU), die bekannte Autorin und »Lebensschützerin« Christa Mewes und die Unternehmensberaterin Gertrud Höhler.

Viele der *VPM*-Sympathisanten repräsentieren ein Milieu, das der Extremismus-Experte Rainer Fromm als »Grauzone zwischen CDU und Rechtsradikalismus« beschreibt. Rechtskonservative Intellektuelle, denen die Union zu links, die »Republikaner« zu chaotisch und noch weiter rechts stehende Gruppen zu ungesittet sind. Viele Namen sind aus alten Frontkämpfer-Zeiten bekannt.[96] Etwa Dieter von Glahn, eine schillernde Figur aus Zeiten des Kalten Krieges, der 1989 nach seinem Austritt bei der CDU sogar zeitweise Funktionär bei Schönhubers REPs war und Kontakte zum Front National des französischen Rechtsauslegers Jean-Marie LePen knüpfte.[97] Dieter von Glahn, auf beiden Unterstützerlisten aufgeführt, stellte sich am 16. September 1993 in Berlin als Vorsitzender einer *Konservativen Sammlung* der Presse vor.

»Es wird Ihnen«, kündigte er an, »eine explosive Dokumentation zugänglich gemacht – über linke Gruppierungen, die sich anschicken, bundesweiten Einfluß zu nehmen.«[98] Im noblen Berliner Hotel Esplanade präsentierte er dann jene knallrote 180-Seiten-Broschüre, in der bekannte *VPM*-Kritiker als Linksradikale diffamiert wurden, darunter Monika Schipmann und Thomas Gandow. Die Publikation enthielt eine wirre Zusammenstellung von Seminarprotokollen und Flugblättern aus den Jahren nach 1968, die »marxistische« Bezüge konstruieren sollten, ohne sie aber beweisen zu können. Es wurden private Unterlagen zitiert, die nur durch geheimdienstähnliche Methoden in den Besitz der Autoren gelangt sein konnten.

Auf der Pressekonferenz referierte von Glahn mit schnarrender Stimme seine früheren Triumphe über den »linksextremen Sumpf«. Seine *Konservative Sammlung* sei eine politische »Pressure Group mit einem großen Freundeskreis« und fühle sich angesprochen, »wenn konservative Kräfte bedroht« würden, habe aber nichts mit dem *VPM* zu tun. Merkwürdig nur: Der *VPM*-Präsident Ralph Kaiser beaufsichtigte die Veranstaltung und gab Hilfestellungen; ein stummer Adjutant filmte das gesamte Geschehen. Doch Dieter von Glahn liefert dem *VPM* nicht nur ideologische Schützenhilfe. Er fungiert offenbar auch als Scharnier zwischen der rechten Psycho-Sekte und der ominösen »Grauzone« – bis hin zu Rechtsextremisten.

Von Glahn kennt dieses Milieu aus langjähriger Erfahrung. Der ehemalige Abwehroffizier der Wehrmacht *(Fremde Heere Ost)* mischte nach dem Krieg in militant-antikommunistischen Organisationen wie dem *Bund Deutscher Jugend (BDJ)* mit. Der *BDJ* diente als Deckung für eine bewaffnete Partisanentruppe *(Technischer Dienst)*, die sich mit CIA-Dollars auf den Einmarsch der Roten Armee in Deutschland vorbereitete – ein Vorläufer der geheimen, der Nato unterstellten Sabotageorganisation *Gladio* (auch bekannt als *Stay Behind*).[99] Von Glahn und seine Partisanen legten damals schwarze Listen von Personen an, die »aus dem Verkehr gezogen« werden sollten, vor allem Kommunisten und Sozialdemokraten. Was damit gemeint war, bleibt ungewiß. Als die »Partisanenaffäre« 1952 ans Licht kam, bahnte sich ein großer politischer Skandal an.[100] Ein Ermittlungsverfahren wurde 1955 jedoch eingestellt, weil die Existenz derartiger Listen angeblich noch keine Tötungsabsicht belege.

Auch heute denkt der frühere Agent nicht anders. »Jeder Linke muß der Öffentlichkeit kenntlich gemacht werden«, erklärte er unmißverständlich auf dem *VPM*-Sommerkongreß am 29. Juli 1993.[101] Dort hielt der Geheimdienstmann eine vielbeachtete Ansprache zum Thema »Der verdeckte Kampf«. Kernsätze: »Wir dürfen uns in keinem Fall dem roten Terror beugen. Wir müssen wachsam sein und uns endlich auch vernetzen. Alle kon-

Am rechten Rand: Geheimdienstmann und kalter Krieger Dieter von Glahn

servativen Kräfte sind dazu aufgerufen.« Der *VPM*, so von Glahn, sei »in das Schußfeld der linken Polit-Terroristen geraten«, weil er »gute Arbeit leistet und sich den volksvergiftenden Theorien und Strategien der Linken entgegenstellt«, die aus Europa ein »drogensüchtiges, antiautoritäres, pornographisches Irrenhaus« machen wollten.

Zum Kampf gegen »links-chaotische« Feinde der Demokratie bläst auch der Psychologe Hans-Eberhard von Zahn aus Berlin, der von Glahn auf dessen »hochbrisanter« Pressekonferenz assistierte. Von Zahn und andere Berliner Professoren wurden in den 70er Jahren durch schwarze Listen á la McCarthy bekannt, die ihre *Notgemeinschaft für eine Freie Universität (Nofu)* über 1600 »linke« Studenten, *ÖTV*-Mitglieder und politische Gegner angelegt hatte. Die Listen wurden damals an 11 000 Adressen verschickt, um das »unerkannte Eindringen« dieser »Verfassungsfeinde« in »wichtige Bereiche des Staates, der Gesellschaft und der Wirtschaft« zu verhindern.[102] Heute soll der *VPM* wohl dabei helfen – und man selbst hilft dem *VPM*. »Der VPM wird unfair behandelt«, sagte von Zahn, der inzwischen als Bundesvorsitzender für die *Nofu*-Nachfolgeorganisation *Bund Freiheit der Wissenschaft* wirkte.

Offenbar spielt der *VPM* in dem entstehenden Netzwerk rechts von der Christenunion eine wichtige Rolle – als kultureller Arm mit der ganzen Power einer straff geführten Organisation. Dabei treten die Vereinspsychologen an die Stelle der totalitären *Mun*-Sekte, die früher derartige Sammlungskongresse veranstaltete und ebensoviel Resonanz bei rechten Intellektuellen fand. Auch Dieter von Glahn trat noch 1988 auf Veranstaltungen von *CAUSA* auf, einer Tarnorganisation der *Mun*-Sekte, die er als »demokratisch orientiert« bezeichnet; er leitete damals eine Organisation namens *Forum für geistige Führung*, die mit *CAUSA* kooperierte.[103] Im übrigen sei die Tätigkeit des *VPM*, so von Glahn auf seiner Pressekonferenz, »politisch in etwa deckungsgleich mit der Arbeit der Konservativen Sammlung«. Diese Organisation wiederum ging aus der *Konservativen Aktion* hervor, einem ultrarechten Verband, den der aus Tschechien stammende Schachgroßmeister Ludek Pachmann 1982 »zur entscheidenden Abwehr gegen linke Ideologen, Chaoten, gegen den roten Pöbel, gegen Aussteiger« gegründet hatte.[104] Pachmann, der schon mal Ehrengast auf Parteiversammlungen der Republikaner war, tauchte hin und wieder in Gerhard Löwenthals »ZDF-Magazin« und nun in zahlreichen Listen und auf Kongressen als *VPM*-Sympathisant auf.

In der *Konservativen Aktion* wirkten neben Pachmann, Glahn und Löwenthal eine Reihe weiterer rechtsgewirkter Gestalten, die heute allesamt zum *VPM*-Unterstützerkreis zählen, darunter die Professoren Konrad Löw, Klaus Hornung (Freiburg) und Klaus Motschmann (Hohenheim). Erklärtes Ziel der *Konservativen Aktion* war es, von der CDU/CSU Enttäuschte zu versammeln und vehement die »geistig-moralische Wende« einzufordern; ein von dem Politikwissenschaftler Hornung herausgegebenes Sammelwerk hieß »Mut zur Wende«.[105] Als sich die *Konservative Aktion* 1986 über Geldfragen heillos zerstritt und schließlich auflöste, behielt Dieter von Glahn eine Version der internen Adressenliste mit den Namen nationalgesinnter Bundesbürger, die ihm bei seinen neuen politischen Aktionen hilfreich sein sollte. »In meinen Dateien befinden sich 104 087 treue konservative Wähler aus dem gesamten Bundesgebiet, die enttäuscht sind von der CDU und denen ich leider nicht mehr empfehlen kann, diese Partei noch weiterhin zu unterstützen«, schreibt er in seiner Autobiographie »Patriot und Partisan«.[106]

Ein Teil der Namen hatte sich vermutlich noch zu früheren Zeiten angesammelt, als von Glahn gemeinsam mit den bereits genannten Aktivisten der *Konservativen Aktion* bei einer anderen Vereinigung am rechten Rand mitmischte – der *Internationalen Gesellschaft für Menschenrechte (IGFM)* in Frankfurt a.M., die einige Berührungspunkte mit der *Konservativen Aktion* aufwies.[107] Die *IGFM* engagierte sich in der Ausschleusung von DDR-Bürgern und pflegte Verbindungen zu Rechtsextremisten, speziell zur NPD und zur russischen Pamjat-Bewegung; selbst eine *IGFM*-Verbindung zur ehemaligen *Contra*-Guerilla in Nicaragua ist nachgewiesen.[108] Zahlreiche *IGFM*-Förderer erscheinen heute als *VPM*-Helfer. So etwa der Kölner Professor Martin Kriele, der – höchst ungewöhnlich – im Eilverfahren gegen die Bundesregierung dem Verwaltungsgericht ein 55seitiges Gutachten für den *VPM* vorlegte. Dort schreibt er unter Berufung auf die *Konservative Sammlung* von »Sektenverfolgern« und einer »linken Medienkampagne«.[109] Kriele, der laut Vorwort seines Gutachtens angeblich »in keiner wie auch immer gearteten Beziehung zum VPM« steht, hatte sich in Wahrheit schon im Juni 1993 an die Bonner Ministerin Angela Merkel gewandt, um bei ihr pro *VPM* zu intervenieren.[110]

Martin Kriele saß früher im *IGFM*-Kuratorium gemeinsam mit den *VPM*-Unterstützern Gerhard Löwenthal, Klaus Motschmann, Klaus Hornung, Erik von Kuehnelt-Leddihn, Günter Rohrmoser (Hohenheim) und dem Bayreuther Politologen Konrad Löw.[111] CSU-Mitglied Löw hatte ebenso wie Dieter von Glahn, Klaus Hornung oder der ehemalige Strauß-Berater Professor Günter Rohrmoser keinerlei Bedenken, Kontakte zur totalitären *Mun*-Sekte zu unterhalten und bei Tagungen des von der Tarnorganisation *CAUSA* initiierten *Forums für geistige Führung* Vorträge zu halten.[112] Mit dem Sektenführer San Myung Mun verband sie alle ihr eingefleischter Antikommunismus und die apokalyptische Vision vom »Untergang des Abendlandes«. Und *CAUSA* nutzte in den 80er Jahren wie heute der *VPM* die Seriosität von Professorentiteln und die Namen abgehalfterter Politiker, um sich den Anschein einer honorigen Gruppe zu verschaffen. *CAUSA* zahlte üppige Vortragshonorare und flog die Herren Akademiker beispielsweise umsonst nach Korea.

In seinem Buch »Von Hexen und Hexenjägern« verteidigte Konrad Löw noch 1994 die *Mun*-Bewegung (»freundlich, höflich, gepflegt«) und klagte mit »j'accuse«-Geste alle diejenigen an, die »im Geist der Hexenjäger mit mehr als fragwürdigen Methoden mißliebige ›Sekten‹ zur Strecke zu bringen versuchen« (was wohl auch den *VPM* einschließen sollte).[113] Professor Löw setzte sich in einer Zeitungsannonce sogar für Lyndon LaRouche, den Chef der rechtsextremen Psycho-Sekte *Europäische Arbeiterpartei (EAP)* ein, der von 1989 bis 1994 eine Gefängnisstrafe wegen Steuerhinterziehung, Scheckbetrug und »Verschwörung« in den USA absitzen mußte.[114]

Enge Kontakte mit totalitären Sekten pflegte auch ein weiterer *VPM*-Unterstützer aus dem Kuratorium der *IGFM*: Soziologieprofessor Lothar Bossle, dessen Würzburger Institut für Demokratieforschung diverse Geheimdienstverbindungen nachgesagt wurden.[115] Der ehemalige Berater und Schützling von Franz Josef Strauß machte sich einen Namen in rechten Kreisen, indem er die chilenische Pinochet-Diktatur beharrlich in Schutz nahm. Bossle besuchte zwischen 1980 und 1984 viermal die rechte Foltersekte *Colonia Dignidad* in Chile und reiste auch zu einem *Mun*-Kongreß in Südkorea.[116] Wie seine Kollegen Hornung und Löw engagiert sich der Professor seit etwa 1993 als Referent und Unterstützer für den *VPM*. Der Politologieprofessor Klaus Hornung, laut »Die Zeit« ein »Unterzeichner jedweden neurechten Aufrufs«, referiert nicht nur beim *VPM*, sondern sitzt auch im Kuratorium des Studienzentrums Weikersheim, der rechtskonservativen Sammlungsakademie, das der ehemalige Ministerpräsidenten Hans Filbinger an der Romantischen Straße betreibt.[117] Das Studienzentrum, zu dessen Freunden auch die Professoren Bossle und Rohrmoser zählen, arbeitet laut einem Mitgliederrundschreiben »mit dem VPM seit Mai 1993 lose zusammen«.[118] Von welch rechtem Schrot und Korn einige der *VPM*-Unterstützer sind, illustriert der Spruch des Tiroler Monarchisten und *IGFM*-Mitglieds Erik von Kuehnelt-Leddin, »daß bei uns nur die allerwenigsten den Mut haben, die Demokratie öffentlich anzuzweifeln oder gar abzulehnen«.[119]

Überraschenderweise distanzierte sich die *IGFM* in einem Rundbrief vom April 1994 offiziell vom *VPM*: Man sei über das aggressive Auftreten des Züricher Vereins befremdet und verbitte sich jeden weiteren Kontakt.[120] Offenbar war der Therapie-Orden einen Schritt zu weit gegangen. Der *VPM*, so erklärte die rechte Gemeinschaft, habe versucht, in die »IGFM einzudringen, um diese für die weiteren Ziele des VPM zu instrumentalisieren«.[121] Konsterniert über Unterwanderungsversuche von *VPM*-Mitgliedern zeigten sich auch ehemalige DDR-Dissidenten wie der Schriftsteller Jürgen Fuchs aus Berlin. *VPM*- und *Mun*-Aktivisten hatten sich seit etwa 1994 in der Berliner Gedenkbibliothek zu Ehren der Opfer des Stalinismus engagiert, die nach der Wende von DDR-Bürgerrechtlern gegründet worden war und vom Berliner Senat mit Fördergeldern unterstützt wurde. Die Gedenkbibliothek rutschte seit etwa der gleichen Zeit ideologisch immer weiter nach rechts. Im August 1995 wurden in ihrem Bestand Schriften mit rechtsextremem Inhalt entdeckt, die auch verliehen worden waren. Damals befürchtete der Sektenexperte Thomas Gandow, daß die Bibliothek zum Sammelbecken »orientierungsloser Rechtsextremisten« werden könnte. Der ehemalige Vorsitzende der Gedenkbibliothek und langjährige *IGFM*-Aktivist Sigmar Faust bestätigte der »Berliner Zeitung« im August 1996, daß Mitglieder der *VPM*- und der *Mun*-Sekte in dem Verein mitmischten. Faust, mittlerweile zum sächsischen Landesbeauftragten für die Stasi-Unterlagen aufgestiegen, sah darin jedoch einen »Ausdruck von demokratischem Pluralismus«; schließlich seien »VPM und Mun doch nicht verboten«.[122]

»Mut zur Ethik«: Schulterschluß mit dem rechten Lager

»Der VPM ist in der Lage, Wertkonservative einzuwickeln, indem er ihnen ihre Lieblingsthesen vorträgt«, sagt die ehemalige CDU-Bundestagsabgeordnete Susanne Rahardt-Vahldieck aus Hamburg, die wegen ihrer Kritik an der Psycho-Sekte unter Beschuß durch Löwenthal, Jäger und von Glahn geriet. Lang und schillernd ist die Liste der *VPM*-Sympathisanten in rechtskonservativen Kreisen. Nicht nur der altgediente Klüngel aus den Tagen der *Konservativen Aktion*, der *Nofu* oder der *IGFM* läßt sich vom Psycho-Klub umarmen. Mit Erfolg fischt der *VPM* auch bei fundamentalistischen Protestanten und katholischen Ultras. Heinz Mathias, ein Berufsschullehrer und Aktivist des der charismatisch-evangelikalen Bewegung nahestehenden Arbeitskreises Christlicher Publizisten e.V. (ACP) aus Kassel, machte sein »ACP-Magazin« zum Sprachrohr von *VPM*-Unterstützern wie Gerhard Löwenthal und Martin Kriele. Er ließ darin auch den *VPM* selbst seitenweise zu Wort kommen und blies 1993 zum Kampf gegen die Bundes-Sektenbroschüre. Auch der Bremer evangelikale Theologe Georg Huntemann, ein »Don Quijote im Kampf gegen den Werteverfall« (»Sonntagsblatt«), sieht im *VPM* Verbündete für seinen Kampf gegen die »Emanzipation der Frau«, gegen »Päderastie und Inzest«.123

Auf rechtskatholischer Seite erhält der *VPM* Schützenhilfe von dem österreichischen Blatt »Der 13. Zeitschrift für Glaubenstreue Katholiken«, das Feindbilder wie die »Linken«, die »Freimaurer« und die »Grünen« pflegt und inzwischen genauso regelmäßig über die Aktivitäten des *VPM* berichtet wie über seine eigentliche Klientel, die ominösen katholischen Kadergruppen *Opus Dei* und *Opus Angelorum* (Engelwerk).[124] In Österreich findet der *VPM* zudem Freunde in den Reihen der Freiheitlichen Partei (FPÖ) des rechten Populisten Jörg Haider. Zum Sympathisantenfeld der Psycho-Sekte gehört zum Beispiel Kriemhild Trattnig, die Vorsitzende der FPÖ-Wertekommission (Slogan: »Das Volk muß sich wiederfinden«). Jörg Haider, Anführer der größten Rechtspartei in der Europäischen Gemeinschaft, gilt auch in der rechten Szene der Schweiz und der Bundesrepublik – wo sich die Republikaner inzwischen selbst zerfleischt haben – als politischer Hoffnungsträger; sein kometenhafter Aufstieg macht alten wie neuen Rechten Hoffnung auf die ersehnte »Wende«.

In Haiders Heimat Österreich findet Jahr für Jahr ein merkwürdiges Spektakel statt, das diese Wende befördern soll. Am letzten Septemberwochenende 1993 gaben sich erstmals Hunderte von *VPM*-Sympathisanten ein Stelldichein in Bregenz am Bodensee, wo der Therapie-Verein einen teuren Kongreß mit dem hehren Motto »Mut zur Ethik« veranstaltete, um dem »Wertezerfall« entgegenzuwirken und »dem verheerenden Erziehungsabbau nach 1968 zu begegnen«.[125] Einen seltsamen Mut zur Ethik zeigten *VPM*-Genossen, die die sich gleich am ersten Tag anwesende Journalisten zur Brust nahmen. »Dicke Luft herrschte gestern vor dem Kongreßhaus in Bregenz. Auch mit Gewalt versuchten die Veranstalter der bis Sonntag dauernden Tagung ›Mut zur Ethik‹, Filmaufnahmen zu verhindern. Gibt es etwas zu verbergen?« fragte am nächsten Tag die Bregenzer Zeitung »Die Neue«.[126]

Den Zweck des ganzen Unternehmens benannte ein Teilnehmer folgendermaßen: »Ich hatte den Eindruck, daß hier eine Legitimierung des VPM erfolgen sollte. Seht, wieviel Leute wir haben, wie gut wir sind!« Zahlreiche Freunde aus der »Grauzone« dienten als Staffage für eine mäßig originelle Inszenierung, denn Beifall brandete stets dann auf, wenn der *VPM* gelobt oder seine Gegner angegriffen wurden. Zum Eklat kam es, als die Kongreßmehrheit sich weigerte, den Grundsatz der »christlichen Ethik« und das Wort »Gott« ins Abschlußpapier zu schreiben. Kongreßpräsident Professor Peter Beyerhaus aus Tübingen verweigerte seine Unterschrift und verließ enttäuscht den Saal. Er klagt: »Der VPM vertritt ein letztlich unbiblisches, nämlich tiefenpsychologisches Menschenbild sowie eine rein humanistische Begründung der Ethik, welche dem biblischen Verständnis der Sündigkeit und Vergebungsbedürftigkeit des Menschen nicht gerecht wird.«[127]

Ähnliche Pannen waren in den Folgejahren nicht mehr zu verzeichnen. Für den Berliner *VPM*-Freund und CDU-Politiker Heinrich Lummer, der als regelmäßiger Teilnehmer beim »Mut zur Ethik« glänzt, sind die Kongresse eine »solide Sache«, wo man sich lediglich mit »wertkonservativen Politikansätzen und Antidrogenkonzepten« befasse.[128] In Wirklichkeit stehen dort politische Aufrufe und verschwörungstheoretische Vorträge im Vordergrund – seltsam genug für einen »psychologischen Fachverband«, der sich angeblich nicht mit Politik befaßt. Auf den Mammutversammlungen in Bregenz und später in Feldkirch gaben sich die rechten Haudegen wie Gerhard Löwenthal, Heinrich Lummer, Hans-Eberhard von Zahn, Ludek Pachmann, Dieter von Glahn, Hans-Bernhard Wuermeling, Claus Jäger, Lothar Bossle, Günter Rohrmoser, Konrad Löw und Otto von Habsburg regelmäßig ein Stelldichein mit den *VPM*-Größen Annemarie Buchholz-Kaiser, Ralph Kaiser oder Franziska Haller.[129] Ein gerngesehener Kongreßgast ist der selbsternannte schwedische Aids-Experte Michael Koch, der jede Gelegenheit ergreift, für einen harten seuchenrechtlichen Kurs (»Restriktivität versus Permissivität«) und gegen den »homosexuellen, promiskuitiven und permissiven Lebensstil« zu Felde zu ziehen. Der aktive *VPM*-Unterstützer durfte seine krausen Thesen im August 1994 sogar auf drei Seiten im Magazin »Der Spiegel« ausbreiten, das den *VPM* sonst kritisch sieht.[130]

Die jährlichen Mammutkongresse dienen *VPM*-intern als Demonstration, welche Bedeutung der Verein inzwischen in akademischen und politischen Kreisen genießt. Den häufig im wissenschaftlichen und politischen

Abseits operierenden Gastreferenten bieten sie eine beeindruckende Plattform, wenn sie vor tausend und mehr Zuhörern ihre angestaubten Thesen vortragen können. Die weitere Zusammenarbeit wirkt als eine Art Bluttransfusion in beide Richtungen. Die altgedienten Polit-Kämpfer erhalten nicht nur ein dankbares Podium, sondern können auch die Resonanzmaschine eines straff geführten Multiplikatoren-Apparates mit rund 3000 Lehrern, Psychologen und Ärzten nutzen, dessen finanzielle Mittel man sicher genauso wenig verschmäht. Experte Rainer Fromm erklärt: »Was wir hier erleben, ist die Rückkehr der kalten Krieger auf die öffentliche Bühne.«

Dabei fungiert der *VPM* offenbar als eine Art Scharnier der neu- und altrechten Politszene, ähnlich wie das Studienzentrum Weikersheim. Zudem eint die Psychosekte und die rechten Sektierer ein apokalyptisch geprägtes Weltbild; beide haben das Gefühl, ständig »ausgegrenzt« und »verketzert« zu werden. Sie behaupten, daß Politik, Gesellschaft und Medien von »der Linken« absolutistisch beherrscht werden. »Eine große Gruppe von Publizisten übt Kritik an der freiheitlich-demokratischen Ordnung, will sie gar zerstören und durch eine sozialistische Un-Ordnung ersetzen«, sagte beispielsweise Gerhard Löwenthal auf dem Kongreß »Mut zur Ethik«.[131]

VPM und Rechtskonservative glauben, die »Neue Linke« habe den Marsch durch die Institutionen abgeschlossen und halte Justiz, Parteien, Behörden und Medien fest im Griff. Ihr erklärtes Ziel sei die Vernichtung der abendländischen Werte, die Abschaffung von Familie, Ehe und Erziehung, die Zerstörung der Jugend durch Drogen und ganz allgemein das Chaos. Rettung im Angesicht des Untergangs verspricht da nur die Sammlung aller »werterhaltenden« Kräfte, die Besinnung auf die »Familie in ihrer christlich-tradierten Form als humane Lebenszelle unserer Gesellschaft« – und die Opposition gegen den »totalitären Feminismus«, die angeblichen Denkverbote der Political Correctness und den »Multikulturalismus«.[132] Kurzum: »Der VPM hält an denjenigen Werten fest, die bisher den Fortschritt der Menschheit insgesamt gesichert haben.«[133]

Doch in Wirklichkeit, meint der Berliner Sektenexperte Thomas Gandow, »interessiert die VPM-Leute die Wertediskussion gar nicht – die ist nur aufgesetzt, um politischen Einfluß zu gewinnen«. Eine »politische Pressure Group« nennt der Züricher Journalist Hugo Stamm den *VPM*. Beim Schulterschluß mit der Alten und Neuen Rechten achtet man jedoch sorgfältig darauf, nicht mit der Neonazi-Szene zu fraternisieren, die den Vormarsch des *VPM* offenbar mit Interesse beobachtet. Sektenexperte Hansjörg Hemminger berichtet von einem Meeting in Hessen 1996, an dem sich *VPM*-Mitglieder und ihr Mentor Dieter von Glahn beteiligten. Als dort der Rechtsterrorist Manfred Roeder auftauchte, wurde er von Ordnern aus dem Saal geworfen. Mit organisierten deutschen Rechtsradikalen wollen die »Lieblinge« nichts zu tun haben. »Das wäre auch ihr Tod in der Schweiz«, sagt Hemminger.

In der Alpenrepublik dient die Drogenpolitik als Hebel, um sich als Law-and-Order-Kraft zu profilieren und politische Bündnisse zu schließen.[134] Für die Volksinitiative »Jugend ohne Drogen«, an der sich der *VPM* wesentlich beteiligte, gelang es, innerhalb von nur vier Monaten 140 000 Unterschriften zusammenzubringen – genug, um eine Abstimmung einzuleiten, die im Herbst 1997 stattfinden soll. Anfang der 90er Jahre wurden zahlreiche Kontakte mit der konservativen Schweizerische Volkspartei (SVP) bekannt, deren Drogenprogramm dem des *VPM* verblüffend ähnelt. »Wenn sie im Kampf gegen die Drogenliberalisierung auf unserer Seite stehen, mag uns das recht sein«, sagte dazu der Züricher SVP-Chef Christoph Blocher. Nicht nur Blocher, auch andere führende SVP-Politiker machten sich für den *VPM* stark. Doch als die Medien immer häufiger den Flirt mit der Sekte kritisierten, gingen einzelne Vertreter der Rechtspartei – auch Blocher – auf Distanz. »Der VPM geht sehr ins Sektenhafte hinein, wir haben kein Interesse an ihm«, zitiert Hugo Stamm eine Parteifunktionärin.[135] In der Schweiz existieren aber eine Reihe nationalkonservativer Kleinparteien, denen sich der *VPM* seitdem verstärkt anzudienen versucht; in einzelnen Fällen schaffte es die Sekte, ihre Leute auf den Wahllisten für kommunale Posten unterzubringen, wo sie allerdings niederschmetternde Wahlergebnisse hinnehmen mußten.

In Deutschland deckt noch immer die CDU/CSU das nationalkonservative Feld ab; deshalb richtet der *VPM* seine Bemühungen nach wie vor auf den rechten Rand der Christenunion. Die Nähe einiger ihrer Mitglieder zu der Psycho-Sekte bleibt für die Union ein dauerndes Ärgernis. Während man sich mit Unvereinbarkeitsbeschlüssen gegenüber *Scientology* profiliert und *Scientologen* sogar aus der Partei wirft, wurde beispielsweise der *VPM*-Anhänger und Lehrer Karl-Jürgen Müller 1997 trotz Protesten der Jungen Union zum zweiten Mal in den Vorstand der CDU Tübingen gewählt.[136] Dort halten nicht wenige Mitglieder die Psycho-Sektierer für »ehrenwerte Leute, die konservative Positionen vertreten«. *VPM*-Mann Müller wehrte sich per Leserbrief in der Lokalpresse gegen »die substanzlose Sekten-Polemik« und riet den »jungen Leuten« in der Partei, »weniger aufs Stimmungsbarometer politisch motivierter Kampagnen« als vielmehr auf »Recht und Unrecht« zu achten. Er sieht zwischen dem *VPM* und der Union »in den Grundwerten viele Gemeinsamkeiten«.

Auch die Berliner CDU brachte es trotz mehrfacher Dringlichkeitsanträge nicht fertig, eine Doppelmitgliedschaft im *VPM* und der Partei zu untersagen; die innerparteilichen Widerstände waren zu stark. Als der CDU-Kreisverband Wilmersdorf die Doppelmitgliedschaft 1993 verbot, mußte er sich heftige Angriffe von Parteigenossen gefallen lassen. Mitglieder der Berliner Jungen Union berichteten noch 1996 über die Teilnahme von *VPM*-Aktivisten an Landesausschußsitzungen der Partei.[137] Und im Februar 1997 wurde bekannt, daß die schleswig-holsteinische CDU die Argumente für ihre Drogenpolitik offenbar aus einer jahrealten *VPM*-Publikation bezog.[138] Wohl keine andere Psycho-Sekte kann in Deutschland derartige Erfolge als politische Lobby aufweisen. Der ehemalige Berliner Jugendsenator und heutige Bundestagsabgeordnete Thomas Krüger (SPD) nannte es denn auch »sehr bedenklich«, daß es »innerhalb demokratischer Parteien Unterstützung für absolutistische und repressive Vereine wie den VPM gibt. Solche Allianzen gefährden die gesellschaftliche Mitte.«

Immerhin: Zahlreiche Institutionen und Einzelpersonen haben sich inzwischen eindeutig kritisch zum *VPM* geäußert. Die Kirchenleitungen der deutschsprachigen Länder gingen ebenso deutlich auf Distanz wie führende CDU-Politiker und der *Berufsverband Deutscher Psychologen*, der schon im Juni 1992 erklärt hatte, im *VPM* herrsche »ein Freund-Feind-Denken vor, das sich zur Verschwörungstheorie steigert«.[139] Einige konservative *VPM*-Unterstützer wie der Soziologe Erwin K. Scheuch oder der Theologe Peter Beyerhaus rückten öffentlich vom *VPM* ab, andere taten dies hinter den Kulissen. Sie erkannten, daß ernsthafte konservative Anliegen durch Bündnisse mit dem VPM nicht gefördert, sondern diskreditiert werden, wie es die katholische Zeitschrift »Communio« formulierte: »Im Kampf gegen drohenden Zerfall von Werten und Institutionen muß nicht jeder Bündnispartner gleich willkommen sein!«[140]

Die ehemalige Berliner Sektenbeauftragte Monika Schipmann erreichte vor Gericht, daß Dieter von Glahn seine Schmähschrift über sie und andere in der bisherigen Form nicht mehr verbreiten durfte; das Landgericht Berlin charakterisierte wesentliche Inhalte der »Dokumentation« als »ehrverletzende und unwahre Tatsachenbehauptungen«.[141] Keiner der Herren *VPM*-Unterstützer, die so viel von »Ethik« und »Moral« halten, hatte jedoch die Courage, sich bei Frau Schipmann für die Verbreitung der Diffamierungen zu entschuldigen.

In der Affäre um die Bundes-Sektenbroschüre nahm das Bonner Jugendministerium den juristischen Fehdehandschuh auf, den ihm der *VPM* hingeworfen hatte. Im Mai 1996 wies das Oberverwaltungsgericht Münster die Klage des *VPM* letztinstanzlich ab und entschied, daß das Ministerium vor dem Verein warnen dürfe.[142] Die Charakterisierung als »Psychogruppe mit Ausschließlichkeits- und Heilsanspruch« sei ebensowenig zu beanstanden wie die Kritik an »Dogmatismus«, »Sendungsbewußtsein« und einer »autoritären bis totalitären Struktur«. Durch die Aussagen von Aussteigern und Beratungsstellen sei hinreichend belegt, daß der *VPM* gegen Andersdenkende, auch solche aus den eigenen Reihen, mit einem »psychologischen Unterdrückungsinstrumentarium« vorgeht, das an »Psychoterror« grenzt. Damit wäre nun der Weg frei für die geplante Veröffentlichung – wenn der *VPM* nicht Verfassungsbeschwerde eingelegt und das Ministerium zugesichert hätte, die Broschüre bis zu einer Entscheidung nicht zu veröffentlichen. »Die Verfahren können noch Jahre dauern«, sagte uns Referatsleiter Norbert Reinke vom Jugendministerium im August 1997.

In Berlin konnten die »Lieblinge« dagegen die Aufklärung über ihre Machenschaften nicht abwehren. Die Berliner Senatsverwaltung verteilt seit 1994 eine Informationsschrift über neureligiöse Bewegungen und Psychokulte, die auch vor dem *VPM* warnt. Zwar hatte die Psycho-Sekte versucht, auch dieses Heft per Eilverfahren zu stoppen, sie zog ihren Antrag aber kurz vor der entscheidenden Verhandlung zurück. Monika Schipmann resümiert: »Sein Ziel, eine kritische Veröffentlichung seitens staatlicher Stellen zu verhindern, hat der VPM nicht erreicht.«

Erfolg, Erfolg, Erfolg

Erhard Seminar Training/
Landmark Education/Kontext GmbH

»Wenn Du gehst, drehst Du ab« – Die Kontext GmbH

Reinhild Drögsler ist eine erfolgreiche Seminartrainerin in Berlin. Ihr gehört, gemeinsam mit ihrem Ehemann Ekkehard Drögsler, die Firma *Kontext GmbH.* Wir planten eine Reportage über die Karrierefrau, die neben ihrem Job scheinbar mühelos noch vier Kinder erzieht. Lange mußten wir nicht suchen, um ehemalige *Kontext*-Absolventen zu finden. Je mehr sie uns berichteten, desto interessanter wurde die Trainerin mit den vier Kindern – und desto ominöser erschienen ihre Seminare. Von Gruppendruck, Psychoterror und »Gehirnwäsche« war die Rede, von Machtmißbrauch, Fanatismus und sehr viel Geld.

Schon die Andeutung, wir hätten mit Kursabsolventen gesprochen, machte die Mitarbeiter der Firma sehr mißtrauisch: »95 Prozent unserer Kunden sind zufrieden«, hieß es am Telefon. Postwendend erhielten wir ein Fax von Ekkehard Drögsler: »Da wir Wert auf eine seriöse Berichterstattung legen, möchten wir an das Interview drei Bedingungen stellen: Sie nennen uns das Thema/den Anlaß Ihrer Reportage. Sie stellen uns vorab die beabsichtigten Fragen zur Verfügung. Sie nennen uns die Namen der anderen in dieser Reportage zu Wort kommenden Personen.« Die scharfe Reaktion überraschte uns nicht. Sie paßte zu dem, was die Absolventen berichtet hatten. Da wir nicht vorhatten, unsere Gesprächspartner zu verraten, beschränkten wir uns darauf, Fragen zu übermitteln.

Doch die *Kontext*-Chefin bleibt ein Phantom. Ein erstes, fest vereinbartes Interview kommt nicht zustande. Zweiter Termin bei der Firma *Kontext* in Berlin-Schöneberg. Im Parterre des Vorderhauses öffnet eine hochschwangere Frau. »Ja, haben Sie denn unser Fax nicht bekommen?« fragt sie mit gespieltem Erstaunen. »Wir haben den Termin abgesagt. Die Familie hat Dringendes zu tun.« Nun beschließen wir, zum Haus der Karrierefrau in Berlin-Tempelhof zu fahren. Eine Siedlung von Einfamilienhäusern, bescheidener Wohlstand. Zu etwas mehr Wohlstand als ihre Nachbarn haben es offenbar die Drögslers gebracht. Vor ihrer zweistöckigen Villa mit Mauer parkt ein nagelneuer schwarzer Jaguar. Als wir klingeln, rührt sich nichts. Wir versuchen es mit dem Handy. »Bei Drögsler«, meldet sich eine männliche Stimme. Wir erwähnen unseren Termin; wo denn Familie Drögsler sei? Antwort: »Die schlafen noch.« Zurück im Büro, teilt uns der Anrufbeantworter knapp mit: »Hier Drögsler. Den Termin möchte ich absagen mit der Begründung, daß ich kein Interview mache mit Ihnen, wenn ich nicht weiß, wer die angeblichen Informanten sind.« Ende der Kommunikation.

Auf der Suche nach einer geeigneten Therapie fällt der Angestellten Louise* im Stadtmagazin »Tip« 1992 unter der Rubrik »Psycho« eine Anzeige auf: »Beziehung und Kommunikation – ein Seminar für alle, die Beziehungsprobleme haben«. Veranstalter: *Kontext Gesellschaft für Persönlichkeitsbildung und Managementberatung mbH*. Louise stellt sich daraufhin bei Reinhild Drögsler vor, einer großen blonden Frau, etwa dreißig Jahre alt. »Sie hat gleich gesagt, daß ich wohl meinen Körper verstecken wollte. Ich war damals von so viel Psychologie beeindruckt. Es war aber nicht schwer zu erkennen, was mit mir los war – ich trug ja eine dicke Brille und kleidete mich in lange weite Röcke.« Louise freut sich über die verständnisvolle Aufnahme und schreibt sich ein. Wie viele andere junge Frauen bekommt sie im Seminar den Rat zu heiraten und Kinder zu gebären. »Ich habe dann jemanden geheiratet, von dem ich nicht hundertprozentig überzeugt war. Bei der Hochzeit stand ich völlig neben mir und dachte nur: Augen zu und durch. Aber Reinhild Drögsler meinte, das sei normal; der Partner entwickle sich erst im Lauf der Jahre zum Traummann.«

Die Architektin Angela* ist eine schöne, selbstbewußt wirkende Frau. Nach der Trennung von ihrem Mann gerät sie jedoch in eine tiefe Lebenskrise. Eine Freundin empfiehlt ihr Reinhild Drögsler. Wie Louise fühlt sich auch Angela sofort im Seminar aufgehoben und bucht den billigen Einführungskurs »Beziehung und Kommunikation« – zwölf Gruppenabende und Wochenendkurse für 360 Mark. Nun würde sie endlich lernen, selbstbestimmt zu leben. Angela erinnert sich: »Frau Drögsler hatte immer einfache Erklärungen für jedes Problem, und sie versprach uns Besserung auf dem einfachsten Weg. Im Seminar sollte jeder über seine Probleme reden – vor allen anderen. Nach den ersten Sitzungen fühlte ich mich tatsächlich besser und war erfreut über so viel Verständnis.«

Reinhild Drögslers Credo lautet: »Erfolg, Erfolg, Erfolg!« Und eine ihrer Erfolgsformeln ist: »Vergeßt die Vergangenheit!« Angela bekommt daher den Auftrag, ihre Tagebücher zu vernichten. Hilfe sei nur dann möglich, wenn sie sich »hundertprozentig einlasse«. Schweren Herzens wirft sie ihre Aufzeichnungen in die Mülltonne. Und Frau Drögsler kommentiert: »Gib doch zu, daß du jetzt erleichtert bist. Du hast dein altes trauriges Leben weggeworfen und kannst jetzt neu beginnen.«

»Aber ich war nicht erleichtert. Im Gegenteil – ich fühlte mich schlecht. Denn ich tat Dinge, die ich nicht wollte und ich merkte, wie sehr ich schon bald von Reinhild Drögsler abhängig war.« Angela leidet nach der Trennung von ihrem Partner unter »hochängstlichen Reaktionen« im Alltag: Angst vor Krankheiten, Angst vor Kontrollverlust, Angst, anderen nicht gerecht zu werden. »Aber Frau Drögsler lachte immer nur, wenn jemand

Immer »straight«: Kontext-Chefin Reinhild Drögsler

über Angst sprach. Sie sagte: Angst gibt es nicht! Sie ist nur eine Ausrede für diejenigen, die nicht vorwärts wollen.«

Die »Psychologin« Reinhild Drögsler, Geschäftsführerin der *Kontext GmbH*, hat tatsächlich ein paar Semester Psychologie studiert, aber kein Diplom erworben. Psychologe darf sich in Deutschland jedoch nur nennen, wer ein Hochschulstudium mit Diplom oder Promotion abgeschlossen hat. Drögsler-Ehemann Ekkehard, der Seminare für »Fortgeschrittene« abhält, besitzt überhaupt keine psychologische Ausbildung. Trotzdem behauptet auch er gegenüber einer Schülerin, »Psychologe« zu sein. Auf viele Teilnehmer wirkte der Seminarbetrieb insgesamt wie »Marke Eigenbau«. Einige fühlten sich sogar an *Scientology* erinnert.

Ebenso dubios wie die Drögslersche Qualifikation erscheinen die strengen Seminarregeln. »Ich verspreche, während der Zeit des Seminars auch bei Unwohlsein, starken Kopfschmerzen und bei Fieber zu erscheinen«, heißt der erste Leitsatz.[1] Die Seminaristen sollen außerdem zusichern, weder Kaugummis zu kauen noch sonst etwas zu sich zu nehmen (außer in den Pausen), »keine Seitengespräche zu führen« und »während der Zeit des Seminars und darüber hinaus im Zustand der Begeisterung zu leben«. Sie dürfen nichts über die Inhalte und Abläufe Dritten mitteilen und sollen stets »die Trainerin und den Trainer ins Recht setzen«. Zweifel sind per Seminargesetz verboten: »Ich verspreche, daß das Seminar für mich und mein Leben *die* Möglichkeit ist.«[2]

Diese Regeln nennt die Berliner Sektenbeauftragte Anne Rühle »dramatisch und absurd«: »Damit kann man jede Kritik ausschließen, wenn man es will.« Rühle fügt hinzu: »Wir haben zahlreiche Anfragen zu Psychotrainings, darunter auch zu Kontext. Berichte von Aussteigern verweisen deutlich auf eine psychische und finanzielle Abhängigkeit.« Viele, die sich mehr Selbstsicherheit, mehr Zufriedenheit im Job oder bessere Beziehungen wünschten, sind Reinhild Drögsler auf den Leim gegangen.

Aber die meisten Seminarteilnehmer fragen gar nicht nach dem Sinn und Zweck der Leitsätze – sie akzeptieren sie. Sie akzeptieren auch, daß sie ein Papier unterschreiben sollen, in dem sie versichern, daß der Kurs kein Ersatz für eine Therapie sei, daß jeder selbst die »volle Verantwortung« übernehme und daß bei vorzeitigem Abbruch des Seminars kein Geld erstattet würde – die übliche rechtliche Absicherung von Psycho-Gurus.[3] Trotzdem brauchen viele therapeutische Hilfe und glauben auch an therapeutische Hilfe; und sie werden mit subtilen und weniger subtilen Mitteln in diesem Glauben bestärkt. Angela berichtet: »Als ich Zweifel bekam und keine weiteren Seminare buchen wollte, war die Reaktion: ›Wenn du gehst, drehst du ab.‹« Die Leiterin deutet an, daß Ehemalige, die sich zu früh von Kontext getrennt hätten, zum Teil »völlig abgerutscht« oder »durchgedreht« seien.

Stundenlange Erniedrigung

Weil sie natürlich »nicht abdrehen« will, bucht Angela nun den fünfmonatigen Folgekurs »Love and Success« für 5100 Mark. Auch Louise schreibt sich ein, um »erfolgreicher« zu werden. Drögslers Erfolgsmodell fürs Leben nennt sich »Das Ei«. Jeder Mensch, so lernen die Teilnehmer, habe in der Kindheit ein »Versprechen« abgegeben, das aber kein Versprechen im üblichen Sinn, sondern ein Handicap sei, etwa: »unwichtig sein«. Genauso schlimm sei die daraus folgende »Haltung« (etwa: »stark sein müssen«). Nun sollen alle ihre »Schleimspur« erkennen, Lebensziele mit Datum formulieren, dann quasi aus dem Ei der Vergangenheit kriechen und à la Drögsler zu neuen Denk- und Verhaltensweisen vorstoßen.

Louises »Versprechen« heißt: »mich hat keiner lieb« und eines ihrer Ziele: »Ich will ab sofort Männer kennenlernen und aufregenden Sex haben«. Sie erklärt, bald zu heiraten und »das erste Kind« zu gebären. »Es

LandS VEREINBARUNGEN

01. Ich verspreche, während d.Z.d.S., auch bei Unwohlsein, bei starken Kopfschmerzen, Übelkeit und bei Fieber zu erscheinen.

02. Ich verspreche, während d.Z.d.S., keine bewußtseinsverändernde Mittel (Alkohol, Tabletten und Drogen) einzunehmen, außer bei medizinischer Indikation.

03. Ich verspreche, während d.Z.d.S., keine körperliche Gewalt gegen andere SeminarteilnehmerInnen sowie gegen die Trainerin und den Trainer anzuwenden.

04. Ich verspreche, während d.Z.d.S., weder Kaugummi, noch Bonbons oder andere Speisen und Getränke zu mir zu nehmen.

05. Ich verspreche, während d.Z.d.S., keine Seitengespräche zu führen, niemanden zu unterbrechen und nicht dazwischen zu reden.

06. Ich verspreche, während d.Z.d.S., und darüber hinaus in keinerlei Zusammenhang Namen und Inhalte sowie Übungen Dritten mitzuteilen.

07. Ich verspreche, während d.Z.d.S., alle anderen Menschen 100%ig zu unterstützen.

08. Ich verspreche, während d.Z.d.S., und darüber hinaus, in dem Zustand der Begeisterung zu leben.

09. Ich verspreche, während d.Z.d.S., an allen Übungen teilzunehmen.

10. Ich verspreche, während d.Z.d.S., mich, die Trainerin und den Trainer ins Recht zu setzen.

Regeln für einen Kontext-Kurs (inzwischen angeblich ungültig) ging eigentlich immer nur um heiraten und Kinder kriegen«, faßt Louise zusammen; der Erfolg im Beruf sei dann »sowieso gesichert«. Wer noch keine funktionierende Beziehung hat, gilt als »Versager«. Um endlich auch »erfolgreich« zu sein, geben viele nach. Eine Frau klagt, daß sie in ihren Freund eigentlich gar nicht mehr verliebt sei. Sie bekommt zu hören: »Willst du einen Ehemann, oder willst du verliebt sein?«

Nicht nur Louise heiratet überstürzt und wird schwanger, viele andere folgen, Frauen wie Männer. Jede neue »*Kontext*-Ehe« wird begeistert bejubelt und jedes neue »*Kontext*-Kind« euphorisch gefeiert. Paare, die viele Kinder zeugen, steigen in der Anerkennung der Leiterin, denn sie haben »es gebacken gekriegt«. Und als Vorbild strahlt Reinhild Drögsler mitsamt »Musterfamilie« – viele Kinder und trotzdem »straight«. Zum Beweis reicht sie ihr Neugeborenes im Seminar herum.

»Es war im Grunde genommen eine Gedankenkontrolle«, sagt Angela. »Nur so ist es zu erklären, daß erwachsene Menschen, die durchaus lebenstüchtig waren, sich wie Schafe der Seminarleiterin und ihrem extremen Personenkult unterwarfen.« Wie in einer Sekte lassen sich die etwa dreißig Teilnehmer nach und nach entmündigen. Das wichtigste Instrument dafür ist eine Art »Selbstdarstellung«. In der Manier des »Heißen Stuhls« muß jemand vortreten und seine Probleme darlegen. Da die Psycho-Sitzungen bis zu fünfzehn Stunden dauern, hat die Seminarleiterin genug Zeit, um den Betreffenden auseinanderzunehmen. Durch die endlosen Kurse erschöpft und fertig, akzeptieren die Teilnehmer schließlich alles, was Reinhild Drögsler ihnen verordnet. Denn es herrscht die Vorstellung, daß die Seminarleiterin allen hilft.

An den Problemen der Teilnehmer sind laut Trainerin in der Regel »Partnergeschichten« schuld. Was Drögsler als Lösung anbietet, wird wie eine Offenbarung aufgesogen. Drögslers Konzept heißt stets: »Ziele setzen«. Im *Kontext*-Jargon liest sich das so: »Erfolg ist die Grundlage für Erfüllung – Erfüllung ist die Grundlage für Sinn.«[4] Die hohlen Phrasen nehmen alle widerspruchslos hin, zumal sie mit intensiven Gruppenerfahrungen und körperlichen Übungen ausgeglichen werden. Auf ihrer Suche nach einem Halt im Leben akzeptieren die Teilnehmer auch die unsinnigsten Kursmethoden.

Bei einer Übung müssen sie immer wieder aufspringen und »Ich bin begeistert!« brüllen. Hört die Leiterin dabei einen »falschen Ton«, beginnt das Spiel von vorn. Bei anderen Exerzitien müssen alle mit geschlossenen Augen in die Luft hüpfen, bis sie völlig erschöpft sind. Dann sollen sie sich schweißnaß umarmen und dabei »Ich liebe dich« schreien. Wer das nicht will, dem wird intensiv »zugeredet«. Am sogenannten Sex-Wochenende sollen Männer wie Frauen einen Strip hinlegen und anschließend eine Sex-Bar besuchen, um sich dort Pornos anzuschauen. Das würde ihnen »eine andere Sicht auf den Sex« eröffnen. Gemeinsames Trampolinspringen und

»Kniehebeläufe« dienen schließlich dazu, den »Erfolgsprozeß« zu beschleunigen.

Als die Gruppe einmal nicht ordnungsgemäß funktioniert, ist von einer »Motivationssau« die Rede, die das »Seminar untergräbt«. Widerspruch, so die Abtrünnigen, habe die Seminarleiterin nicht geduldet. Wer es doch einmal wagt, Kritik zu üben, kommt aufs Psycho-Meeting. Angela schildert den Ablauf solcher Sitzungen, die entfernt an das »Forum« eines Dieter Duhm erinnern: »Man wurde dann in die Mitte des Stuhlkreises berufen, spürte den Gruppendruck und mußte seine ›Vorbehalte‹ klären. Oft vergingen Stunden, die fanatischsten Anhänger brüllten einen an, und in der Mitte stand man wie ein Sonderling. Man wurde beschimpft und zutiefst erniedrigt – so lange, bis Frau Drögsler einverstanden war und derjenige um Entschuldigung bat. Was blieb ihm übrig, oft nach stundenlangem Psychoterror, als zitternd zuzugeben, er sei in Wahrheit nur neidisch auf ihr Konzept, auf ihren Erfolg und gemeinhin ihr Leben? Wie ferngesteuert plapperte man das, was gewünscht war. Dann wurde man von jedem in der Runde umarmt und damit wieder in die Gruppe aufgenommen.«

Heute kann Angela selbst nicht mehr verstehen, wieso sie sich derartig entwürdigen ließ: »Manchmal ist es mir peinlich, wie dumm ich doch gewesen sein muß. Aber ich war nicht dumm, ich suchte Hilfe, und das wurde ausgenutzt.« Von Beginn an entsteht im Seminar eine ungeheure Gruppendynamik. Da alle das gleiche Interesse haben – nämlich ihr Leben »besser in den Griff zu kriegen« –, und Drögsler ständig betont, wie lebenswichtig die Kontakte zu anderen Teilnehmern wären, verbringen sie bald viel Freizeit miteinander. Auf Parties oder Hochzeiten treffen sie fast nur noch *Kontext*-Leute. Sie werden außerdem motiviert, ihre Lebenspartner mit ins Seminar zu bringen, da es ohne *Kontext* keine richtigen Beziehungen geben könne. »Freundschaften außerhalb des Seminars wurden immer seltener«, sagt Angela. Beziehungen gehen kaputt, alte Freunde werden aufgegeben. »Dafür hatte man auch gar keine Zeit mehr«, erinnert sich Louise. Gleichzeitig schleicht sich eine neue Sprache ein. In einem »Leitfaden für Zielgespräche« werden wie bei *Scientology* »Unworte« definiert, »die immer wieder auftauchen, obwohl sie es nicht sollen«. Verpönt sind zum Beispiel »nicht«, »nein«, »oder« und »mindestens«. »Diese Sprache war intern«, berichtet Angela. »Wenn ich mal Leuten von außerhalb das Prinzip Kontext erklären wollte, haben sie mich nicht mehr verstanden – umso mehr fühlte ich mich innerhalb des Seminars geborgen.«

Eines Seminarabends erwähnt jemand aus der Gruppe seine Angst vor einer gewissen Abhängigkeit. Da habe, erzählt Angela, Reinhild Drögsler »vor Lachen losgeprustet« und gesagt: »So eine Abhängigkeit kann es gar nicht geben. Ich sage euch: Habt Vertrauen, und ihr werdet zufrieden sein.« Angela berichtet: »Irgendwann war ich soweit, zu glauben, diese Reinhild hätte immer recht. Ich traute mich nicht mehr zu zweifeln.« Und immer wieder werden alle an ihr Versprechen erinnert, die Seminarleiter stets »ins Recht zu setzen«.

Die *Kontext*-Chefin bestritt dagegen im Gespräch mit Dritten, daß ihre Seminarteilnehmer in psychische und finanzielle Abhängigkeit geraten. Es habe im Seminar auch keinerlei Zwang gegeben.

Machtspiel im Psycho-Kurs

Was sich bei vielen Sekten bewährt hat, gilt auch bei *Kontext* als Organisationsprinzip: Die Schüler sollen neue Schüler werben. »Viele Teilnehmer bekehrten ihren Freundes- und Bekanntenkreis, dort ebenfalls einzusteigen«, sagt Angela. »Auch ich habe Leute dort hineinempfohlen.« Kein Wunder, daß Reinhild Drögsler nun immer »erfolgreicher« wird. Ende 1996 bringt sie es schon fertig, mit mehreren hundert Personen zu »arbeiten«. Akademiker, Erzieherinnen, Journalisten und Schauspieler lassen sich per »Schleimspur« und »Ei« einseifen.

Guru zu sein macht offenbar Spaß, und es spült immer mehr Geld in die Kassen. »Sie haben sehr, sehr viel verdient, und sehr schnell«, berichtet Angela. »Ich weiß gar nicht mehr, wieviel ich dorthin trug, aber es waren mindestens 30 000 Mark.« Je mehr das Unternehmen expandiert, umso hochtrabender werden Drögslers Pläne. Sie wolle ein »globales Seminar-Zentrum« aufbauen, verkündet sie ihren Jüngern, und sie würde es »sehr begrüßen, wenn alle Menschen ihre Ratschläge befolgen würden«. Da sie irgendwann das Programm wegen des Ansturms neuer Opfer allein nicht bewältigen kann, muß sich auch ihr treuer Ekkehard als Trainer beweisen.

Die Drögslers haben offenbar sehr schnell die Vorteile eines gut funktionierenden Kurssystems à la *Scientology* begriffen. »Um den letzten Schliff rauszubekommen«, wird den »Love and Success«-Absolventen empfohlen, auch die thematischen Kurzprogramme zu buchen, beispielsweise »Basische Ernährung«, »Glücklichsein mit Kindern«, »Partner sein«, »Sexualität« oder »Abenteuer Beziehung«. Billig ist das alles nicht. Das Seminar »Fun and Commitment« kostete schon über 6000 Mark, und für die »Aus- und Weiterbildung für Seminarleiter und Führungskräfte« sollte man etwa 30 000 Mark hinblättern, sagen die Aussteiger. Wer schon 15 000 Mark in andere Kurse investiert hat, bekommt dafür großzügig einen Rabatt von bis zu fünfzig Prozent eingeräumt. In der vagen Hoffnung, einmal selbst Kursleiter zu werden, hätten sich viele »jämmerlich verschuldet«, erzählt eine Teilnehmerin. Schulden von 25 000 Mark und mehr seien bei *Kontext* »keine Seltenheit«. Wer nicht flüssig ist, dem wird Ratenzahlung angeboten. Mit den hohen Preisen hat Reinhild Drögsler kein Problem. »Wenn Du es dir wert bist, dann ist dir das auch nicht zu teuer«, erklärt sie. Lächelnd gibt sie die Geldscheffelei auf Kosten Hilfesuchender als Beispiel für ihren »Erfolg« aus.

Wer da nicht umgehend »Adieu« sagt, bindet sich immer fester an die

Kontext GmbH. Weil trotz Ehemann der Seminarbetrieb allein nicht mehr zu schaffen ist, dürfen die Getreuen ein »Assistentenprogramm« für tausend Mark (später 1800 Mark) absolvieren. Als »Assistent« sollen sie dann Stühle aufbauen, putzen, einkaufen oder Plätze im Restaurant reservieren. Ehrenamtlich, versteht sich. Viele Teilnehmer seien kaum mehr zum Schlafen gekommen, seien nur noch zwischen Familie, Beruf und *Kontext* hin- und hergehetzt und hätten sich gegenüber den Leitern »absolut willfährig« verhalten, berichten die Abtrünnigen. Trotzdem schweben die meisten »auf Wolke sieben«, denn sie haben ja das Gefühl, »weiterzukommen«.

Eigentlich gibt es nur ein Problem, und das heißt Ekkehard Drögsler. Wenn die Ehemaligen das Trainerpaar beschreiben, fallen ihnen Worte ein wie »rhetorisch geübt« und »von sich selbst überzeugt«, aber nicht etwa »charismatisch«. Ekkehard Drögsler, ein dunkelhaariger Mann mit Bauchansatz, gilt sogar als »blaß« und »wenig attraktiv«. Den Männern im Seminar wird er jedoch als »Sexsymbol« vorgeführt. Deshalb wohl hat die Seminarleiterin immer öfter das Gefühl, daß sich ihre weiblichen Schäfchen heimlich in den »taffen« Gatten vergucken. »War eine Frau attraktiv, schleuderte ihr Reinhild Drögsler früher oder später den Verdacht um die Ohren, sie würde ihren Ekkehard ›anbaggern‹«, erinnert sich Angela. Wie in einem Schauprozeß hätten die Frauen dann »nach harter Bearbeitung« ihre »geheimen Phantasien« zugegeben.

In der »Abschlußrunde« am Ende des Seminarabends, wenn alle wie gewohnt ihre »Begeisterung und Dankbarkeit« darlegen, macht Reinhild Drögsler stets unmißverständlich klar, daß ihre Ehe »unzerstörbar« sei. Nur eine »graue Maus« wie Louise gerät nie in den Verdacht, Ekkehard »anzubaggern«. »Gott sei Dank«, sagt sie. Doch Angela kommt eines Tages an die Reihe. Die Seminarleiterin fragt sie vor versammelter Runde, was sie denn »mit Ekkehard zu laufen« habe. Als Angela schweigt, weil sie sich keiner Schuld bewußt ist, hackt die ganze Gruppe auf ihr herum – sie solle keine Zeit verschwenden und lieber gleich gestehen. »Reinhild Drögsler wurde in ihrem Ton immer aggressiver«, sagt Angela. »Ich solle endlich über meinen Schatten springen. Wenn ich es ausspräche, würde ich freier, und sie könne auch wieder mit mir arbeiten.« Aber Angela bleibt stur und fährt »nach fünf Stunden Psychoterror, mit den Nerven völlig am Ende« nach Hause. Nach dieser Prozedur hat sie extreme Kopfschmerzen und leidet plötzlich unter einem »permanenten Rauschen« im Kopf. »Ich war wie benebelt, wie in einem Schockzustand, und ich dachte, es seien die ersten Anzeichen, um ›abzudrehen‹«, erinnert sich die junge Frau.

In den Folgetagen rufen zwei Seminarteilnehmerinnen bei ihr an und blasen ins gleiche Horn wie Reinhild Drögsler. Angela sei angeblich auch an ihren »Kerlen« interessiert. Angela sagt: »Ich verstand die Welt nicht mehr. Ich sollte also gleichzeitig drei verschiedene Typen ›angebaggert‹

haben, die mich noch nicht mal interessierten!« Gleichzeitig hört das Rauschen in ihrem Kopf nicht mehr auf, es kommen sogar ein »lautes Klingeln« und »qualvoll unangenehme« Geräusche hinzu, die sich »wie Sirenen anhörten«. Angela verliert Appetit und Gewicht und hat das Gefühl, sie sei kurz vor dem Verrücktwerden. Doch aus Angst, man würde sie wegen der Geräusche »einweisen«, spricht sie mit niemandem darüber, sondern bucht in ihrer Not ein persönliches Coaching für 150 Mark. Drögsler diagnostiziert »Unintegrität« und gibt Angela die »Chance«, auf dem nächsten Seminarabend »alles zu klären«.

Wieder muß sich die junge Frau in die Mitte stellen. »Ich durfte mich nicht hinsetzen und nicht zur Toilette gehen«, berichtet sie. Nach »vier Stunden Psychoterror« habe ihr die Leiterin drei Minuten Zeit gegeben, um ihre Liebe zu Ekkehard zu gestehen, andernfalls »würde sie mich von ihren Assistenten raustragen lassen und ich solle sehen, wie ich draußen alleine zurechtkomme«. Angela schildert, wie ihr Widerstand zusammenbrach: »Ich konnte kaum noch stehen, es drehte sich alles in mir, und ich konnte das Brüllen der Leute nicht mehr hören. Dann lachte Frau Drögsler ganz süffisant und sagte in der Gruppe: ›Sie hört ja auch schon Stimmen, soweit ist es mit ihr.‹ Als ich das hörte, konnte ich nicht mehr, ich fing wirklich an zu winseln. Ich bat sie, mich nicht rauszuschmeißen, denn ich könnte mir nicht vorstellen, ohne Kontext zu leben. Voller Haß gab ich zu, den Ekkehard ›angebaggert‹ zu haben und durfte mich dann setzen.«

Nach dem Unterwerfungsritual fühlt sich Angela »zerschmettert und erschöpft«, sie ist entsetzt über Reinhild Drögsler, weil diese ihr »Vertrauen mißbraucht« habe. Nun vertraut sie sich ihrer Schwester an, und die empfiehlt ihr einen Hals-Nasen-Ohren-Arzt. »Es stellte sich heraus, daß ich einen streßbedingten Hörsturz erlitten hatte«, berichtet Angela. »Ich hatte mir die Dauergeräusche nicht eingebildet und mußte vier Wochen lang schwere Medikamente nehmen. Trotzdem hatte der Hörsturz einen beidseitigen irreparablen Hörverlust zur Folge, denn die Behandlung kam zu spät. Auch der Tinnitus (die Dauergeräusche) hätte sofort behandelt werden müssen, sonst bleibt er bestehen, wie leider in meinem Fall.« Nun endlich faßt Angela den Mut, *Kontext* zu verlassen. Rückblickend sagt sie: »Frau Drögsler kannte meine Schwachstellen. Ich hatte den Eindruck, es befriedige sie, jemanden so abhängig, hilflos und ihr ausgeliefert zu erleben.«

Die Aussteigerin Louise bestätigt: »Viele bei Kontext haben Angst.« Reinhild Drögsler sei »eine sehr harte Person«. Warum die Seminarleiterin trotzdem genügend Jünger finde, erklärt sich Louise so: »Viele Leute suchen ja jemanden, der sie leitet und führt. Aber der Preis ist, eine Marionette zu werden.« Eine Teilnehmerin trennte sich sogar von ihrem Freund, als der sie vor die Alternative stellte: »Die Seminare oder ich.« Louise geriet in eine ähnliche Situation. Als die *Kontext*-Chefin mitbekam, daß

Louises Mann deren beste Freundin nicht »abkonnte«, bekam sie den Ratschlag: »Wenn dein Mann sie nicht mag, mußt du dich von deiner Freundin trennen.« »Dieser und ähnliche eheerhaltende Ratschläge waren total verletzend für mich«, sagt Louise. »Ich hatte das Gefühl, daß meine Persönlichkeit manipuliert wird. Das war der Punkt, wo ich ausgestiegen bin.«

Nach zwei Jahren verließ sie *Kontext* im Juni 1994, etwa zur gleichen Zeit wie Angela. Zur Begründung erklärte sie den anderen, sie habe glücklich ihr Ziel erreicht – endlich schwanger zu sein. Deshalb wohl ließ man sie auch in Ruhe; andere Aussteiger berichten von ständigen Anrufen: Ob sie denn ernsthaft glaubten, das Leben könne ohne *Kontext* gelingen? Louise besucht inzwischen eine seriöse Therapie. »Das ist ein Unterschied wie Tag und Nacht«, sagt sie. Denn auf jedes echte Problem habe Reinhild Drögsler hilflos, mit Phrasen oder zynisch reagiert. Als ein Ehepaar ein behindertes Kind bekam, habe die Trainerin beispielsweise erklärt, das sei »kein Zufall«; da sei wohl »mental« einiges »schiefgelaufen«. Als eine junge Frau aus dem Seminar Selbstmord verübte und zwei Kinder hinterließ, habe die Leiterin befunden: »Sie ist den bequemen Weg gegangen« – und sei zur Tagesordnung übergegangen.

Die Aussteigerin Angela sagt: »Mich wundert, daß Leute wie Reinhild und Ekkehard Drögsler ihre Praktiken und Ideen grenzenlos ausprobieren dürfen und damit auch noch eine Menge Geld verdienen.« Grenzenlos ausprobieren dürfen sie inzwischen nicht mehr. Der *Kontext*-Kindergarten *Sonnenschein* für den seminareigenen Nachwuchs mußte zum Jahresbeginn 1997 geschlossen werden; die Kita-Aufsicht hatte die Genehmigung verweigert, und das Verwaltungsgericht Berlin bestätigte die Entscheidung im Juni 1997: Die »Gefahr der Abschottung« sei nicht von der Hand zu weisen, und es könne »nicht positiv festgestellt werden«, daß dort »das Kindeswohl gewährleistet ist«.[5] Auch der Antrag, eine eigene Privatschule zu gründen, lag im Sommer 1997 noch auf Eis.

Einige Ehemalige, darunter Louise, haben inzwischen eine »Aussteigergruppe« gegründet. Sie versuchen, sich innerlich von den »philosophisch-psychologischen Seminaren« zu lösen. Viele sind stark verschuldet und suchen einen Ausweg aus ihrer Geldnot. Sie alle fühlen sich mißbraucht und ausgenutzt; dabei hatten sie doch »glücklich und erfolgreich« werden wollen.

Als einige Aussteiger per Klage ihr Geld zurückforderten und auch die Medien auf die ominöse Psycho-Gruppe aufmerksam wurden, schaffte Reinhild Drögsler 1996 die strengen Seminarregeln ab und zahlte ihren Kunden seitdem bei Seminarabbruch sogar die Kursgebühr zurück. Gleichzeitig weitete sie aber ihr Tätigkeitsfeld aus und bot ihre Kurse auch in Bielefeld an. Offenbar nach dem Motto »Qualität hat ihren Preis« drehte sie dabei kräftig an der Preisschraube. »Beziehung und Kommunikation« hieß nun »Mann-Frau-Seminar« und kostete 975 Mark statt früher 360

Mark. »Love and Success« hatte sich in »Liebe und Erfolg« verwandelt, der Preis war dabei von einst 5100 auf 7670 Mark gestiegen.

Bielefeld wurde wohl nicht ohne Grund zum neuen Drögsler-Schwerpunkt. Die Pseudotherapeutin kooperierte dort mit einem schon lange bestehenden Trainingszentrum, das sich *LifeCoaching* nennt. Die Chefin dieser Firma heißt Maria Craemer und ist die Schwester von Reinhild Drögsler. Reinhild und Ekkehard Drögsler haben nach eigenen Angaben bei Maria Craemer eine Ausbildung nach Art der rational-emotiven Therapie (RET) absolviert. RET ist eine seriöse Therapie, die vor allem die Denkweise ihrer Patienten »umstrukturieren« will, um ihnen damit ihre Ängste zu nehmen. Sie ist keinesfalls darauf gerichtet, reine Erfolgsmenschen zu produzieren. Über *LifeCoaching* sagt Anne Rühle: »Die arbeiten mit ähnlichen Begriffen und Methoden wie Kontext, sind aber vergleichsweise harmlos. Sie machen sich aber angreifbar, weil sie mit Kontext kooperieren.« Das fiel wohl auch den Trainern von *LifeCoaching* auf; im Sommer 1997 brachen sie die Kontakte zu *Kontext* ab.

Die *LifeCoaching*-Leiterin Maria Craemer hat – laut Eigenwerbung im Internet – ebenso wie ihr Mann nicht nur eine rational-emotive, sondern auch eine »ontologische Ausbildung« in den USA genossen.[6] Der philosophische Begriff Ontologie (Lehre vom Sein) führt möglicherweise zu den Wurzeln der Craemer- und Drögsler-Trainings, so unterschiedlich sie auch sein mögen. Auf die Ontologie beruft sich nämlich auch ein mächtiger Psycho-Konzern, dessen »Philosophie« der von *LifeCoaching* und *Kontext* sehr ähnelt: *Landmark Education*, vormals bekannt als *Erhard Seminar Training*.

»Vom Idiot zum Boss«: Das Erhard Seminar Training (EST)

Wer sich in Deutschland beruflich mit Sekten befaßt, hat seit ein paar Jahren mit einem merkwürdigen Phänomen zu tun. Fast täglich melden sich Teilnehmer von Persönlichkeitsseminaren, die felsenfest davon überzeugt sind, Scientologen in die Hände gefallen zu sein und die nun Hilfe suchen. »Meistens muß ich denen sagen: Es handelt sich gar nicht um Scientology«, erklärt Anne Rühle. Da die geschilderten Seminar-Praktiken aber häufig identisch oder ähnlich sind, läßt dies zwei Schlüsse zu: Entweder haben die dubiosen Seminaranbieter von *Scientology* gelernt, oder ihre fragwürdigen Methoden fallen erst jetzt auf, weil sich ein allgemeines Bewußtsein dafür entwickelt.

»Wir leben in einem Zeitalter von Durchbrüchen, in einer Zeit unglaublicher Entwicklungen in Wissenschaft, Technologie und unserem Verständnis der Welt«, informiert der ansprechend gemachte Prospekt eines »internationalen Bildungsinstituts« seine Kunden in Berlin, Hamburg, Frankfurt und München. »Das Landmark Forum ist ein solcher Durchbruch. Es ist ein Durchbruch in dem, was für Menschen möglich ist.«[7] Das verheißungsvolle Angebot zur »Erwachsenenbildung« zieht in Deutschland immer mehr Menschen an. Wer will nicht »mehr Freude und Befriedigung im Beruf«, »mehr Zuversicht und Selbstachtung« und ganz einfach »mehr Spaß am Leben« erreichen? Oder gar seine »Effektivität erweitern« und eine »merkbare Steigerung der Produktivität« entwickeln? Das und noch viel mehr – sogar speziell zugeschnitten auf die »individuellen Anliegen« der Teilnehmer – verspricht das Unternehmen *Landmark Education.*

Vom »Bildungsangebot« dieser Firma für Persönlichkeitstrainings erfährt man nicht aus der Zeitung, sondern einzig durch einen Freund, Arbeitskollegen oder Familienangehörigen. Es wird wie ein kostbares Geheimnis nicht auf dem offenen Markt gehandelt, aber das macht es für viele nur umso anziehender. *Landmark Education* verkauft ein vierteiliges »Curriculum des Lebens«, in dessen Mittelpunkt das »Forum« (oder »Landmark Forum«) steht – eine dreitägige Marathonsitzung, die in großen Hotels stattfindet und an der bis zu zweihundert Menschen teilnehmen. 850 Mark kostet ein solches Wochenende zur grundlegenden »Transformation« des Lebens.[8] Das Angebot wirkt seriös und wissenschaftlich: Während der Sitzungen wird laut Veranstalter »eine philosophische Untersuchung über die ontologische Natur des Menschen geführt«.[9]

Wie leicht man dabei entgleisen kann, hat der Münchner Student Martin Lell 1997 in einem aufsehenerregenden Buch beschrieben.[10] Sein »Protokoll einer Gehirnwäsche« schildert, wie er aus Neugier ein »Forum« mitmachte, dort in die »ontologische Philosophie« eingeführt wurde und dabei lernte: Die Vergangenheit habe keine Bedeutung, das Sein sei Gegenwart, die Zukunft das Reich der unbegrenzten Möglichkeiten. Euphorisiert, mit dem Gefühl der »absoluten Freiheit« fuhr er nach dem dreitägigen »Forum« nach Hause und brach dort, »physisch und psychisch total erschöpft«, zusammen. Noch Monate später quälte ihn nachts die Angst, »im nächsten Moment den Verstand zu verlieren«. Lell hatte keine Ahnung, worauf er sich einließ, als er das Psycho-Training buchte. Er wußte nicht, auf welchen Methoden das Seminar ursprünglich beruhte. Er hatte – weil man es im »Forum« tunlichst verschweigt – noch nie zuvor vom *Erhard Seminar Training* gehört.

Das »Landmark Forum« fußt auf den Psycho-Techniken des Amerikaners Werner Erhard. Der Erfinder des »ontologischen Trainings« ist eine der schillernsten und umstrittensten Figuren der modernen Sektenszene; viele Seminar-Gurus berufen sich auf ihn. Werner Erhard machte Mitte der 70er Jahre mit seinen Psycho-Kursen Furore wie noch kaum jemand zuvor. Im März 1976 berichtete der »Spiegel« von einem makabren Schauspiel im Hotel Barbazon Plaza, New York:

»Auf dem abgewetzten, staubigen Teppich unter blätterndem Putz wälzen sich wie in kollektiver Tobsucht rund 300 Menschen, aufschreiend in inneren Qualen, schluchzend, wimmernd, dann wieder geschüttelt von irrem Gelächter. Ohnmachtsanfälle, der Geruch von Urin mischt sich mit dem von Erbrochenem, mit unbeteiligten Gesichtern verteilen junge Helfer Papiertaschentücher und Spucktüten. Dann ein Kommando vom Podium. Wie Zombies erheben sich die noch eben Geschüttelten, holen sich Stühle, die zu dicht geschlossenen Reihen formiert werden; apathische Stille. Der Trainer, lässig an einen hochbeinigen Stuhl gelehnt, nippt an einem Becher aus Edelstahl; dann, plötzlich, mit hochgeschraubter Stimme, attackiert er die Menge in verbalem Stackato, mit monoton wiederholten Beschimpfungen: ›Arschlöcher, Trottel, Idioten.‹«[11]

Tausende drängten damals in den USA in die Psycho-Kurse, um sich zwei Wochenenden lang anschreien, herumkommandieren und beleidigen zu lassen. Sie bezahlten jeweils 250 Dollar, um am Ende zu lernen, daß sie »mechanische Ärsche« und »Maschinen« seien. Das sollte ihnen verdeutlichen, »was das Leben wirklich ist« und sie in die Lage versetzen, es einfach »funktionieren zu lassen«. Das obskure Psycho-Spektakel nannte sich *Erhard Seminar Training (EST)*, war damals der letzte Schrei auf dem Psycho-Markt und machte seinen Erfinder zum Millionär.

Der *EST*-Gründer Werner Erhard hieß ursprünglich Jack Rosenberg und wurde am 5. September 1935 in Philadelphia geboren.[12] Im Flugzeug blätterte Rosenberg 1960 zufällig in einem »Esquire«-Artikel über berühmte Deutsche und blieb an drei Prominenten hängen, die für wissenschaftliche, religiöse und politische Macht standen: Werner Heisenberg, der Physiker, Hans Lilje, der Bischof und Ludwig Erhard, der spätere Bundeskanzler. Wohl im Vertrauen auf die Magie der Namen taufte er sich kurzerhand Werner Hans Erhard und erfüllte sich damit den geheimen Wunsch von Millionen: plötzlich ein *ganz anderer* zu sein. Eine nicht unwesentliche Rolle dürfte allerdings auch der Umstand gespielt haben, daß er seine Frau und die vier Kinder über Nacht verlassen hatte, um mit einer Geliebten noch einmal neu anzufangen.

Der hochtalentierte und intellektuell begabte junge Mann zog damit einen Schlußstrich unter ein Leben im Kleinstadtmief, daß ihn wohl für immer an eine Durchschnitts-Existenz als Gebrauchtwagenverkäufer und Familienvater gefesselt hätte. Erhard hatte den größten Teil seiner Jugend in einer Kleinstadt in Pennsylvania verbracht, wo sein Vater, ein jüdischer Gastwirt, nach dem Übertritt zum christlichen Glauben nebenbei als Prediger der *Episcopalian Church* wirkte. Mit siebzehn schwängerte der Sohn aus Versehen seine Freundin Pat, hielt eine Heirat für unausweichlich und begann, Autos zu verkaufen. Studium und akademische Karriere konnte er abschreiben, und als weitere Kinder kamen, war sein Leben im Grunde gelaufen. Da machte er sich plötzlich auf und davon.

Nach der geglückten Flucht tauchte Werner Erhard in Kalifornien wieder auf und arbeitete zunächst unter einem weiteren Falschnamen (»Jack Frost«) als Vertreter für Enzyklopädien. Weil er ein sicheres Gespür für Verkaufstechniken hatte, durfte er bald die Schulung und Motivierung von Vertretern einer Vertriebsfirma für Lexika leiten. Zugleich kam er in Kalifornien auch mit der aufblühenden Psycho-Szene in Berührung. Er besuchte *Scientology*-Kurse und *Mind Dynamics*, eine Art Selbst-Hypnose, die später verboten wurde. 1963 erlebte er seine erste »Erleuchtung« und ging fortan auf die Suche nach spirituellen Abenteuern und neuartigen Psycho-Techniken. Laut eigenen Angaben beschäftigte er sich unter anderem mit Muktananda-Yoga, Hinduismus, Zen-Buddhismus, Silva Mind Control und »Positivem Denken« nach Dale Carnegie. Erhard studierte die Werke des Gestalttherapeuten Fritz Perls und fand Gefallen an der Transpersonalen Psychologie, jener psychologischen Richtung, die Therapie mit religiös-mystischen Elementen vermischt, um beispielsweise »Erleuchtung« zu erreichen.[13]

Vielleicht brachte ihn der *Scientology*-Boß L. Ron Hubbard auf die Idee – jedenfalls erkannte auch Werner Erhard irgendwann, daß die schönen Techniken der Psychologen und Religionsführer statt für hehre Ziele auch ganz schlicht zum Geldmachen genutzt werden könnten. Warum nicht Verkaufsschulung mit Spiritualität verbinden? Erfolg als Selbstverwirklichung, und Selbstverwirklichung als Erfolg? Im März 1971 war es dann soweit. Auf der Autobahn nördlich von San Francisco, auf dem Weg in sein Büro erlangte Werner Erhard die »endgültige Erleuchtung«. Er berichtete später, daß ihm mit einemmal klar wurde, »daß ich nichts wußte«, aber einen Moment darauf schon, »daß ich bereits alles wußte«.[14] Das gesamte Erlebnis gipfelte in der Erkenntnis: »Was ist, das ist, und was nicht ist, das ist nicht.«[15]

Auf diese Weise spirituell gerüstet, bot er im Oktober des gleichen Jahres erstmals öffentlich Kurse an, die er *Erhard Seminar Training (EST)* nannte. Die »Transformation«, die er selbst erlebt hatte, sollten andere Menschen nun auch erfahren können. »EST benutzt die besten Techniken vieler verschiedener traditioneller religiöser und psychotherapeutischer Disziplinen«, verkündete das »Buch EST«, eine Art Propagandaschrift. »Sein Zweck ist, Menschen innerhalb von zwei Wochenenden zu einer einzigartigen Erfahrung zu bringen, die ihr Leben verwandelt.«[16] Lange vor L. Ron Hubbard erkannte der frisch erleuchtete Erhard die Marktlücke in der Wirtschaft. Viele Firmen, die nach einer besseren Motivation ihrer Mitarbeiter suchten, griffen begeistert nach dem neuen »Erfolgstraining«. Prominente Mediziner und Psychologen erteilten *EST* mit öffentlicher Fürsprache den akademischen Segen. Langsam, aber unaufhaltsam entwickelten sich die Kurse zu einem regelrechten »Steppenbrand« (»Spiegel«). 1974 gab es schon 35 000 Absolventen, 40 000 im Jahr darauf, und bis 1984 strömten nahezu 500 000 Menschen in den Erhard-Kult. Darunter Hollywood-Schauspieler und die Pop-Künstler John Denver und Yoko Ono.

»60 Stunden, die Dein Leben verändern«, hieß Erhards Lockruf für alle, die sich Instant-Erleuchtung quasi im Nullkommanichts erhofften. Sein Versprechen lautete, in kürzester Zeit vom »Idioten« zum »Boß« zu werden. Der Erhard-Lehrmeister Hubbard hatte das gleiche einst »Meister deines Schicksals« genannt und wollte damit Operierende Thetanen erzeugen. Erhard und seine Jünger bestritten zwar stets, von *Scientology* inspiriert worden zu sein. Doch viele Ideen und Methoden wirken wie Kopien aus dem anderen Psycho-Konzern. Von Hubbard übernahm Erhard möglicherweise auch die Idee, daß der menschliche Verstand wie eine kybernetische Maschine funktioniert. Genauer: Wie ein Computer, der die Erfahrungen gleichsam auf einer Festplatte speichert. Um unangenehme Situationen in Zukunft zu vermeiden, soll man im scientologischen Auditing schlechte Erlebnisse (»Engramme«) auf einer »Zeitspur löschen«, wie Dateien im Computer. Mit dem *EST*-Training sollte man die negativen Spuren der Vergangenheit ebenfalls beseitigen, indem man sie praktisch »transformierte«.

Wie bei *Scientology* lernten die Erhard-Jünger auch, daß »sich jeder seine Erfahrungen selbst erschafft«: Nur der eigene Wille zählt. Buchstäblich *alles* – also auch Lottogewinne, Brustkrebs oder ein Verkehrsunfall seien »selbst geschaffen«. Ein *EST*-Trainer befand: »Wer sich gefesselt auf den Schienen findet, wenn der Fünf-Uhr-zwanzig-Zug vorbeikommt, der ist das Arschloch, das sich selbst da hingepackt hat.«[17] Zu dieser »einzigartigen Erfahrung« könne man es durch seine Hilfe bringen, erklärte der Meister, denn: »Du bist Gott in deinem Universum. Du hast es hervorgebracht.«[18] Allmächtig zu werden, nur für sich verantwortlich zu sein, und das alles innerhalb von zwei Wochen – das hatte nicht einmal *Scientology* ihren Kunden zu bieten. Kein Wunder, daß es im Kult-Brevier »Das Buch EST« heißt: »EST ist Scientology ohne den Hokuspokus.«[19] Der Hubbard-Konzern reagierte auf seine Art. *Scientology* bot ihren Kunden ab 1988 einen Kurs »EST Reparatur Rundown« an, denn mit *EST* bleibe der »wahre Weg zur Freiheit« versperrt.[20]

Großgruppentraining bis zur Ekstase

Um zur »Erleuchtung« à la Werner Erhard zu gelangen, unterwarfen sich Hunderttausende einem rigiden Seminar-Drill und machten sich, weil niemand den Saal während des Beschimpfungsmarathons verlassen durfte, notfalls sogar in die Hose.[21] Die Trainings fanden wie in den USA, so auch in Deutschland meist in großen Hotels statt, an zwei aufeinander folgenden Wochenenden jeweils drei Tage lang. Zahlreiche Assistenten standen bereit, die die Teilnehmer empfingen und sie in einen Raum mit geschlossenen Vorhängen und Wächtern an den Türen sperrten. Alle mußten ihre

Uhren abgeben, erfuhren, daß sie während zehn Tagen nicht rauchen, trinken oder kiffen dürften, und wurden dann stundenlang als »nutzlose Arschlöcher« angepöbelt, die ja offenbar zum Training kämen, weil ihr »Leben hoffnungslos Scheiße« und völlig schwachsinnig sei. Die Trainer machten ihnen klar, daß ihr Verstand erst »weggeblasen« werden müsse, bevor er neu zusammengesetzt werden könne. Zu diesem Zweck wurden mit äußerster Überzeugungskraft die größten Banalitäten verkündet, weswegen sie einer Teilnehmerin auch »als die neuesten Wahrheiten erschienen« – Sprüche wie: »Wenn ein Gefäß voll ist, paßt nichts mehr hinein, also muß es erst einmal geleert werden.«

Zuweilen durften sich die Probanden während der Prozedur auch einmal zu Wort melden, aber nur, um dann erneut niedergemacht zu werden. Da es im Lauf der je 16 bis 18 Stunden nur eine Essenspause gab und drei kurze Unterbrechungen, um auszutreten, beschwerten sich regelmäßig einige Teilnehmer, weil sie kaum noch sitzen konnten oder auf die Toilette mußten. Solche Kritiker wurden verhöhnt: Das sei der Fluchtimpuls, sie sollten sich zur Abwehr gezielt etwas vorstellen, »Langeweile« zum Beispiel oder einen »Hohlraum im Bauch«. Man unterstellte ihnen, sie brächten »kindische Argumente« vor. Und wer wollte sich das schon sagen lassen, zumal fast alle anderen gläubig an den Lippen des Trainers hingen?

Bei speziellen Übungen wurden die Teilnehmer animiert, »ihren Schmerz loszulassen«, zu schreien oder zu weinen. Wer nicht mitmachte, wurde als »Versager« betitelt. Am Schluß des ersten Tages mußten alle gemeinschaftlich singen und dem Vortrag des »EST-Gedichtes« lauschen, einer Art Treuegelöbnis zu *EST* (à la »Ich bin begeistert«). Das Gedicht wurde drei- bis viermal rezitiert, um sich tief im Geist zu verankern. Nach fünfzehn Stunden, manchmal erst im Morgengrauen, wurden die Gequälten völlig erschöpft für ein paar Stunden nach Hause oder in ihre Hotelzimmer entlassen.

Am zweiten Tag ging der »Hexensabbat« (»Spiegel«[22]) früh um acht Uhr weiter. Erst einmal passierte das gleiche wie am Vortag. Dann sollten die Teilnehmer ihre Erlebnisse den anderen mitteilen. Nach einiger Zeit klagten meist ein paar Leute über Kopf- oder Rückenschmerzen oder erlitten sogar Ohnmachtsanfälle. Das war durchaus erwünscht, aber Ratschläge oder gar Hilfe gab es nicht. Denn jeder sollte ja lernen, daß auch Krankheitssymptome seine eigene Entscheidung seien und er sich selbst helfen müsse. Insbesondere die quälende Langeweile führte bei den total übermüdeten Teilnehmern regelmäßig zu »rebellischer Wut« (Friedrich Hacker). Dann beschimpfte der Trainer seine Schüler, sie seien nicht in der Lage, »die Realität auszuhalten«.

Im zweiten Teil des Tages mußten je zwanzig bis dreißig Adepten auf der Bühne strammstehen und durch den Fear Process (Angstprozess) gehen. Konkret sah das so aus, daß bei dieser offenbar von *Scientology* geborgten Übung (TR-0) jeder dem anderen eine Viertelstunde lang starr in die Augen blicken sollte. Nach einer Weile marschierten auch die Assistenten nach vorn und starrten die Leute auf der Bühne ebenfalls minutenlang aus zwanzig Zentimeter Nähe an. Wer dabei lächelte oder sich sonstwie undiszipliniert verhielt, wurde scharf zurechtgewiesen. Diese Psycho-Praktik durchbricht die natürliche Distanz zwischen Fremden und führt zu starkem Adrenalinausstoß. Gleichzeitig sollte jeder Teilnehmer intensive Atemübungen durchführen. Kein Wunder, daß spätestens zu diesem Zeitpunkt die meisten Leute anfingen, zu schreien, sich zu erbrechen, sich auf den Boden zu werfen oder in Ohnmacht zu fallen. Bei einer weiteren Übung sollten sich dann alle etwas vorstellen, das ihnen »furchtbare Angst« machte und laut losbrüllen. Im tosenden Geschrei verteilten die Helfer dann ihre Spucktüten.

Schlug das Training gut an, wanden sich alle 250 Teilnehmer weinend, wimmernd, grölend auf dem Boden. Hatten sie sich aber erst einmal stundenlang selbst erniedrigt, alle psychischen Barrieren durchbrochen und die erstaunliche Wirkung der Hyperventilation erlebt, fühlten sich die meisten tatsächlich erleichtert. Sie waren davon überzeugt, an einer mysteriösen und zutiefst reinigenden Zeremonie teilgenommen zu haben. Man sagte ihnen anschließend, sie sollten nicht weiter über das nachdenken, was sie erlebt hätten, sondern vielmehr »den anderen Arschlöchern, denen sie begegnen, zeigen, daß sie tatsächlich emanzipiert seien«. In Wahrheit wurden sie zutiefst verwirrt, emotional schwer belastet, in ihrer »Realität« erschüttert und ständig subtil mit suggestiven Botschaften vollgepumpt, nach dem Muster der mentalen Kontrolle: Verwirren, Verändern – und schließlich Versiegeln.

Zu diesem Zweck folgte der Erniedrigung ganz am Schluß des vierten Marathons gleich einem Wunder der Ausweg aus allen Schwierigkeiten – die Erkenntnis nämlich, daß man zwar selber »an allem schuld« und ein »maschinenartiges Arschloch« sei, sich aber durch die *EST*-Meditation sofort und für immer ändern könne. Eine deutsche Teilnehmerin berichtet, daß sie, obwohl ihr Geist noch immer rebellierte, sich der Macht der psychischen Suggestion und dem Gruppendruck nicht mehr entziehen konnte: »Der Trainer fragte uns: ›Wollt ihr wissen, was die Wahrheit ist? Sie ist nichts! Alles ist nichts!‹ Und er streckte uns die Zunge raus und lachte uns kräftig aus, wobei er immer wieder versicherte: ›Sie ist nichts!‹ So verarscht war ich mir selten vorgekommen. Etwa die Hälfte der Teilnehmer/innen hatte ›es kapiert‹, die anderen haderten noch, ließen sich aber davon überzeugen, daß sie es auch kapiert hätten. Zu diesen gehörte auch ich. Ich fühlte mich plötzlich ungeheuer erleuchtet. In der nächsten Pause schaute ich mich im Spiegel auf dem Klo ganz verliebt an und fand mich wunderschön …«[23]

Viele Probanden bekannten mehr oder weniger enthusiastisch, daß sie nun endlich verstünden, »was sie sind« und ein »Gefühl der Vollkommenheit« hätten. Damit das auch so blieb, empfahl ihnen der Trainer, regelmäßig die *EST*-Folgeseminare zu besuchen. Die meisten Absolventen hielten sich nach der ausgeklügelten Schocktherapie offenbar tatsächlich für glücklicher als vorher und für »transformiert«. Das US-Fachblatt »Psychology Today« erklärte die verblüffende Wirkung mit dem »meisterhaften Amalgam sämtlicher bewußtseinsverändernden Techniken« bei *EST*.[24] Doch auf die deutsche *EST*-Adeptin wirkte der »Durchbruch« lediglich wie ein Strohfeuer. »Danach fühlte ich mich erleichtert«, berichtet sie über die Zeremonie. »Aber wenn ich jetzt daran zurückdenke, frage ich mich, wieso eigentlich. Meine Ängste sind kein bißchen kleiner geworden, allerdings ist mein Mißtrauen gegenüber Heilsversprechen noch gewachsen.«[25]

Werner Erhard nutzte die Begeisterung seiner euphorisierten Absolventen geschickt dafür, das Training weiterzuverbreiten, ohne einen einzigen Cent für Werbung auszugeben. Denn jeder Absolvent des »Erziehungsprogramms«[26] sollte möglichst umgehend *EST* seinen Verwandten und Bekannten aufschwatzen. Schließlich gab es für die besonders Getreuen die Chance, am *EST*-Trainerprogramm teilzunehmen und Assistent oder selbst Trainer zu werden. Dieses System funktionierte so gut, daß der Meister schon 1976 ein Multi-Millionen-Dollar-Imperium leitete.

Der Psycho-Guru entwickelte nun auch spezielle Programme für Kinder, Eltern, Professoren, Geistliche, Gefängnisinsassen und Homosexuelle. Immer mehr Zeitungsartikel und sogar Bücher feierten den Erfolgstrainer, der daraufhin erklärte: »Wenn Buddha ohne Fernsehen über 400 Millionen Menschen erreicht hat, können wir gewiß vierzig Millionen schaffen.«[27] Im Mai 1977 startete das erste *EST*-Seminar in London, wenig später ging es auch im übrigen Europa los. Nach und nach wurde, was als eine Art Training zur Selbstverwirklichung begonnen hatte, zu einer Organisation, die mit Fug und Recht als Erhard-Sekte bezeichnet werden kann. Der stets gut gekleidete Guru schuf einen Apparat mit dutzenden von Zweigstellen, die von der Zentrale in San Francisco straff hierarchisch geleitet wurden. Als Präsident von *EST Incorporated* fungierte Don Cox, der ehemalige Direktor von *Coca Cola* in Kalifornien. Hunderte Mitarbeiter, darunter weitere Ex-Industriekapitäne, schufteten laut »Psychology Today« »wie die Ameisen, gegen niedrige Bezahlung oder umsonst«.[28]

Die Erhard-Mönche verpflichteten sich in einer »Vereinbarung«, alles »haargenau so zu machen, wie Werner es will«. Deshalb wirkten die »Transformierten« auf Außenstehende auch wie »Blaupapier-Durchschläge« von »Werner«, so die Zeitschrift »Psychology Today«. Wie der »Spiegel« beobachtete, kleideten sie sich wie ihr Guru in »messerscharf gebügelte Hosen und sportliche Sakkos mit übergeschlagenen offenen Hemdkragen«, sie bewegten sich und gestikulieren genauso wie ihr Meister. Außerdem redeten sie »ein EST-spezifisches Kauderwelsch« mit »festgelegtem Vokabularium«. Zum Beispiel war ein »Arschloch« laut Definition »was jeder ist, bevor sie oder er weiß, was er wirklich ist«. Um keine »unnötigen Gegensätze zu schaffen« wurde das Wort »oder« durch »und« ersetzt – *Kontext* läßt schön grüßen.

Das interne Vokabular stammt – abgesehen von den Kraftausdrücken – vor allem von dem deutschen Philosophen Martin Heidegger (1889–1976), der zunächst ein Anhänger Hitlers war.[29] Erhard übernahm aus Heideggers Ontologie die Idee, daß der Mensch ungefragt und ungewollt ins Leben gestellt sei und darin sich selbst überlassen, also für sich selbst verantwortlich. Der alltägliche Normalzustand (»uneigentliches Dasein«) ist laut Heidegger ein passives Mitschwimmen mit dem Leben, wie es sich sowieso, quasi von selbst ergibt. Nur durch einen abrupten Sprung könne der Mensch zum »eigentlichen Sein« vorstoßen – der selbstbestimmten Existenz, die er sich aber jeden Tag aufs Neue erkämpfen müsse.

Unklar ist zwar, ob Werner Erhard den deutschen Philosophen überhaupt verstanden hat – aber er nutzte jedenfalls äußerst geschickt Heideggers Gedanken, um sie mit seiner Erfolgsphilosophie zu verbinden. Denn wenn der Mensch jeden Tag um die bewußte Existenz ringen muß, dann könnte er doch eigentlich auch immer wieder ein *EST*-Training benötigen. Um die Jünger an das System zu binden, erfand der Psycho-Guru daher nach *Scientology*-Art immer neue Aufbaukurse und versuchte, ein internationales Netzwerk aufzubauen. Dazu gehörten Gruppen wie die *Breakthrough Foundation, SHARE India, The Education Network* und das *Hunger Project*. Das 1977 in San Francisco gegründete *Hunger Project* hat angeblich schon mehr als fünf Millionen Menschen in aller Welt erreicht und ist auch in Deutschland aktiv. Es wollte aber nicht etwa den Hungernden in der Dritten Welt konkret helfen, sondern das »Bewußtsein« dafür schaffen, »daß Hunger beendet werden kann«. Gesammelte Gelder flossen laut Berichten in der deutschen Presse denn auch vor allem in die eigenen Kassen.[30]

Im allgemeinen, so heißt es im »Buch EST«, sei das Geld fürs Seelenheil durch *EST* aber sehr gut angelegt: »Wenn man andere Programme betrachtet, die Menschen suchen, um ihr Leben neu zu beleben – Psychiater, Wachstums-Zentren, Arica, Scientology, ein Zen-Kloster, ein Trappisten-Kloster – kann man nur zu dem Schluß kommen, daß für die meisten Verbraucher EST ein ›guter Kauf‹ ist. Verglichen mit anderen, scheinbar ähnlichen Angeboten wird mehr Lebendigkeit zu geringeren Kosten erreicht.«[31] Diese Meinung mochten jedoch nicht alle *EST*-Absolventen teilen. Die rigiden Erhard-Methoden stießen schon frühzeitig auf scharfe Kritik. Eine Reporterin der New Yorker »Village Voice« urteilte: »EST bringt uns bei, in einem totalitären System zu leben und zu funktionieren – »wie ›1984‹«[32] Von »faschistischer Atmosphäre« war die Rede; der bekannte Psychologe Friedrich Hacker sprach von »nach militärischer Routine strukturierten

Seminarübungen«.[33] Und bei der Sekten-Informationsgruppe *Council of Mind Abuse* in Toronto gingen noch Ende der 80er Jahre über keine andere Gruppe soviele Beschwerden ein wie über *EST* oder dessen Nachfolger.[34]

Auf die Kritik, er produziere eine Armee von uniform Gleichgesinnten, die im Chor jubilierten, endlich freie Individuen zu sein, antwortete Werner Erhard: Niemand könne das *EST*-Erlebnis beurteilen, der es nicht selbst erfahren habe; Abertausende seien durch *EST* »frei und glücklich« geworden.[35] Trotzdem sah sich der Psycho-Konzern offenbar veranlaßt, sein Image aufzupolieren. Ironischerweise im Jahr 1984 wurde das Erhard-Imperium grundlegend umgebaut. Die Bezeichnung *EST* wurde als »irreführend« aufgegeben; fortan hieß das Kursangebot *Forum*; und die Organisation firmierte als *Werner Erhard & Associates* oder *Centers Network*. Doch schon wenige Jahre später wurde wieder massive Kritik laut. Enge Mitarbeiter klagten gegen die autoritären Methoden, außerdem gab es Probleme mit der amerikanischen Steuerbehörde IRS.[36] Da änderte der Psycho-Konzern erneut sein Gesicht.

Am 31. Januar 1991 verkaufte Werner Erhard die Rechte an seiner »Technologie« für drei Millionen Dollar an seine Mitarbeiter. Sie gründeten eine neue Firma mit Hauptsitz in San Francisco, um die Kurse nun in eigener Regie zu vermarkten: *Landmark Education*.[37] *Landmark* deswegen, weil das Wort im Englischen einen »Wendepunkt in der Geschichte« bezeichne; das unübliche Wort »Technologie« für Psycho-Methoden findet sich übrigens auch im *Scientology*-Sprachgebrauch. Nach Angaben der Journalistin Bärbel Schwertfeger verpflichtete sich *Landmark*, in den folgenden achtzehn Jahren bis zu fünfzehn Millionen Dollar Lizenzgebühren an Werner Erhard zu zahlen.[38] Als *Landmark*-Chef fungiert seitdem Erhards Bruder und langjähriger *EST*-Begleiter Harry Rosenberg.

Werner Erhard zog sich zurück, und über seinen weiteren Weg ist wenig bekannt. *Landmark*-intern wird er andächtig als »Source« (Quelle) bezeichnet. Seine Nachfolger haben einen riesigen Psycho-Konzern errichtet, der das »Erfolgstraining« inzwischen in siebzehn Ländern, darunter auch in Indien, Brasilien und Simbabwe anbietet und sogar an die Börse gehen will.[39] Allein 1995 sollen weltweit 100 000 Menschen die »Forum«-Kurse besucht haben. Die Betreiber erklären, das *EST*-Training sei »völlig überarbeitet« worden. Anders als *EST* sei das »Forum« nicht mehr vom New Age geprägt, sondern stärker »philosophisch« orientiert; das spiegele sich auch bei den Teilnehmern wieder, die nun vorzugsweise aus akademischen Kreisen kämen. Doch die Berliner Senatsverwaltung warnt vor dem »Forum«, denn es umfasse »rigide Gruppenregeln«, die »Aufhebung von Privatheit« und eine »an die persönlichen Grenzen reichende psychische und physische Belastung«.

Landmark Education: Das Forum

Die Berliner Sektenbeauftragte Anne Rühle hat selbst am »Forum« teilgenommen. Sie urteilt: »Für Menschen, die starke persönliche Probleme haben oder sich in einer Krisensituation befinden, ist das Forum bedenklich. Aber gerade um Leute mit Problemen wird ja geworben.« So wurden zwar per Fragebogen Leute ausgesiebt, die schon mal in psychotherapeutischer Behandlung waren; für diese sei das »Forum« ungeeignet. Doch wer gar keine Probleme hatte, war ebenso ungelitten. Dann hieß es: »Wenn du keine Probleme benennst, kannst Du nicht teilnehmen.« Rühle sagt: »Ich mußte mir dann irgendwelche intimen Probleme abquetschen.«

Die Sektenbeauftragte erlebte das »Forum« 1995 im Ostberliner Schloß Niederschönhausen, das in der DDR zum Empfang von Staatsgästen gedient hatte. Wie bei *EST* war pünktliches Erscheinen erste Pflicht. Es herrschte eine geschäftige Atmosphäre, die an eine straff organisierte Managertagung erinnerte, hektisch wuselten die Assistenten herum. Einer fragte: »Freuen Sie sich schon auf das Forum?« Antwort: »Weiß nicht.« Assistent: »Es erwartet Sie ein neues Leben!«

Auf der Bühne des Saales standen große Lautsprecher und zwei Schreibtafeln, auf denen die »Forum«-Regeln zu lesen waren. Links: Für den Erfolg des Forums sei es absolut notwendig, ständig anwesend zu sein und den Saal während der Sitzung nicht zu verlassen. Rechts: Wer auf ärztlichen Rat zu bestimmten Zeiten essen oder zur Toilette müsse, solle sich am Assistententisch melden. Wörtlich stand dort: »Sie, und nur Sie allein, sind verantwortlich für Ihr Wohlergehen.« Für die achtzig Teilnehmer hielten sich etwa dreißig Assistenten bereit. Die Probanden sollten in drei durch Gänge geteilten Blöcken mit akkurat ausgerichteten Stühlen Platz nehmen. Jeder bekam ein Namensschild und sollte es stets »gut sichtbar« tragen.

»Sind Sie bereit für die Zukunft?« rief die amerikanische Kursleiterin Grace Pampus. Sie stellte das Motto des Seminars vor: »Kühn geliebt, grenzenlos Wunder vollbracht und das Leben begeistert gefeiert«. Diesen Verheißungen zum Trotz wurde die Zeit zunächst mehr oder weniger mit allgemeinem Blabla über die Ursprünge und Erfolge des »Forums« sowie mit Formalien verbracht. Während die Assistenten beflissen herumschwirrten oder gebückt mit ihren Mikros am Boden kauerten, um bei Bedarf zum jeweiligen Redner zu sprinten, erläuterte Grace Pampus die Seminarrichtlinien. Sie entsprachen im wesentlichen den *EST*-Regeln – nicht rauchen, nicht essen, keine Drogen oder Medikamente, nicht mit den Nachbarn reden … Das diene dazu, die »Würde« der anderen zu wahren. Anschließend hieß es: »Wer gehen will, kann dies nun tun und bekommt sein Geld zurück.« Niemand ging. Danach besiegelten alle ihre »Verpflichtung«, indem sie sich gemeinsam erhoben.

LandmarkEducation

Das Landmark Forum

Eine aussergewöhnliche Gelegenheit

Wir leben in einem Zeitalter von Durchbrüchen, in einer Zeit unglaublicher Entwicklungen in Wissenschaft, Technologie und unserem Verständnis der Welt. Entwicklungen, die die Qualität unseres Lebens entscheidend beeinflusst haben.

Das Landmark Forum ist ein solcher Durchbruch. Es ist ein Durchbruch in dem, was für Menschen möglich ist. Mit Hilfe des Forums gewinnen Menschen Einsichten in die fundamentalen Ideen und Vorstellungen, die unser Leben bestimmen und formen. Das Forum ist eine aussergewöhnliche Gelegenheit, die verborgenen Strukturen zu untersuchen, die unser Denken, unsere Wertvorstellungen, Handlungen und Lebensmöglichkeiten bestimmen.

> Alles, was uns gegeben ist, sind Möglichkeiten, aus uns das eine oder andere zu machen.
> Jose Ortega y Gasset

Auf dieser Untersuchung aufbauend, schafft das Forum eine ausserordentliche Erweiterung unserer Entscheidungsfreiheit und vermehrt ganz erheblich, was in unseren Beziehungen, bei der Arbeit und im Leben überhaupt erreichbar ist. Das Forum vergrössert die Bandbreite, welche Art von Mensch wir sein können.

Werbung für den »Durchbruch«: das Landmark Forum

»Was bedeutet es, ein Mensch zu sein?« fragte Grace Pampus. Die kräftig gebaute Trainerin saß auf einer Art Regiestuhl. Pampus warf ein paar »ontologische« Schlagworte in den Raum. Sie knüpfte damit an Alltagserfahrungen an. Solange der Mensch nicht bewußt sei, sagte sie, lebe er nicht, sondern »werde gelebt« – und wer hat sich schließlich noch nicht unfrei und fremdbestimmt gefühlt? Im »Forum«, so hieß es dann, würden die Teilnehmer ihre »Vergangenheit abschließen« und »einen Durchbruch haben in dem, was es heißt, Mensch zu sein.« Genau deswegen waren die

Besucher gekommen, gut gebildete Frauen und Männer, darunter Studenten, Lehrer, Ärzte, Architekten und Künstler.

Die Teilnehmer hatten Gelegenheit, sich zu melden, ihre Hoffnungen zu äußern und Fragen zu stellen. Es wurde klar, daß sich viele eine positive »Verbesserung« im Leben erhofften, sei es in der Liebe oder im Beruf. Vereinzelte Kritik wurden mit Hinweis auf die Seminarregeln abgebügelt. »Vielen Dank für die offenen Worte.« Applaus. Als eine Besucherin äußerte, sie sei gewohnt, sich stets etwas aufzuschreiben, hieß es: Das Verbot mitzuschreiben sei »eine Vereinbarung, die hier alle gemeinsam treffen – das verstehst Du doch?« Sie verstand. Nach der zweiten Pause gegen 16.00 Uhr konnte die Leiterin relativ sicher sein, nicht mehr gestört zu werden. »Jetzt sind wir unter uns«, sagte sie.

Nun wurde das Training intensiver. Einzelne Teilnehmer, die sich schon gemeldet hatten, sollten ihre »Ziele« definieren. Grace Pampus baute sich vor ihnen auf und »coachte« sie. Harte Nachfragen führten immer wieder zu Weinkrämpfen; für diesen Fall hielten die Assistenten Taschentücher parat. Viele Besucher gerieten durch das Frage- und Antwortspiel in eine starke Erregung; andererseits waren sie auch regelrecht wild darauf, dranzukommen. Wer dann »richtig« reagierte, wurde belobigt, die anderen so lange befragt und »konfrontiert«, bis sie die »Lösung« akzeptierten. »Wer sagt Ja?« – »Wer sagt nein?« – »Ist das die Lösung?« – »Ein sehr wertvoller Beitrag« – Applaus – und alle lernten daraus für sich, worauf es ankommt. Der Psychologe Norbert Nedopil nennt den Seminarstil »rigide, direktiv, leiterzentriert«.[40] Als eine Teilnehmerin beim Reden nicht aufstehen wollte, herrschte Pampus sie an: »Du stehst jetzt auf und redest.« Die Trainerin erklärte, auch sie besitze zwar nicht »die Wahrheit«, aber alles, was sie sage, habe »Hand und Fuß«.

»Wir könnten uns das, was sie sagt, anziehen wie eine neue Jacke, dann eröffneten sich neue Möglichkeiten«, erinnert sich Anne Rühle. Doch um darüber nachzudenken, blieb nicht eine Minute. Selbst in den Pausen, die etwa alle drei Stunden stattfanden, sollte jeder Teilnehmer nicht etwa ausruhen, sondern zum Beispiel drei andere Leute ansprechen, um mit ihnen das gerade Gehörte zu »vertiefen«. Und nach jeder Pause sollte die Sitzordnung verändert werden. Im Seminar verbreitete sich eine gespannte Unruhe, die sich durch die enorme Gruppendynamik und die Übermüdung im Laufe der fünfzehnstündigen Kurs-Tage noch steigerte. Die Teilnehmer lernten, daß sie alle von »Nummern« aus der Kindheit gequält würden (»ich bin schwach«), die zu störendem Verhalten führten – ganz ähnlich wie bei *Kontext*. Um die Vergangenheit zu löschen, sollten die Teilnehmer aufstehen und ihre »Nummern« vortragen; dann wurden sie »gecoacht«. »Eigentlich wurde wild herumpsychologisiert«, meint die Sektenbeauftragte Rühle.

Ein Teilnehmer schilderte, daß er in früher Kindheit bei einem Verkehrsunfall seinen Bruder verlor und sich seitdem schuldig fühlte. Grace Pampus sagte: »Kann ein kleines Kind da helfen? Nein, kann es nicht. Also hak's ab und nimm Dein Leben in die Hand.« Der junge Mann begann zu weinen, bekam ein Kleenex, und Pampus rief den nächsten auf. »Es wurde viel geschluchzt und gewürgt«, erzählt Anne Rühle. Die Sektenbeauftragte bewahrte sich ihre Distanz, aber die Schilderungen der persönlichen Schicksale berührten sie. »Wir saßen alle da wie gebannt. Auch ich konnte mich nicht mehr entziehen.«

Auch bei der »Angst-Meditation« flossen die Tränen literweise. In dieser Übung sollten sich die Besucher (wie bei *EST*) intensiv vorstellen, daß sie ungeheure Angst hätten – vor allen im Saal, vor allen Berlinern und vor allen Menschen; anschließend sollten sie in ihre »ganz persönliche Angst gehen«. Dabei wurde einigen schlecht. Andere weinten. Es war – wie im Programm angekündigt – eine »Achterbahnfahrt der Gefühle.« Und der »ontologische« Sinn? »Das Leben ist leer und bedeutungslos, aber es bedeutet nichts, daß es nichts bedeutet. Man muß etwas daraus machen!«

Vom Stakkato der rätselhaft-»philosophischen« Botschaften überwältigt und von den Psycho-Exerzitien erschöpft, waren die Besucher bald von der »Bedeutung« dessen überzeugt, was sie da überflutete. Einzelne meldeten sich, lobten die Veranstaltung und priesen die Trainerin. Wer Zweifel äußerte, hatte »persönliche Defizite« und war »selber schuld« – er suchte dann wie der Buchautor Martin Lell verzweifelt nach dem Grund – und verstand schließlich. Lell sagt: »Im Forum gibt es einen bestimmten Punkt, bis zu dem man freiwillig mitmacht, dann gibt es keine freie Entscheidung mehr. Man gerät in einen Strudel, aus dem man nicht mehr herauskommt. Das ist wie eine Massenhypnose.«[41]

Nach und nach wurden die Teilnehmer mit einem neuen Jargon geimpft, der ein in sich geschlossenes Netz bedeutungsschwangerer, »umdefinierter«, aber hohler Worthülsen bildet: »Du hast Gefühle – Du bist sie nicht!« – »Wenn Du Druck empfindest, ist das nur eine Interpretation!« – »Deine Gewinnformel ist Deine Identität!« Eine Frau gab sogar an, sie besuche das Seminar, weil sie ihren Mann nicht mehr verstand. Der behaupte nun zwar, die Ursache für alle Eheprobleme zu kennen, aber er rede darüber in einem unverständlichen Kauderwelsch, was die Probleme eher noch verschlimmere. Daher habe sie sich entschlossen, das »Forum«zu besuchen. Die neuen Ausdrücke fanden schnell ihren Weg in die Köpfe. Bald gaben die Besucher »Versprechen« ab wie: »Ich ehre mein Wort für mich selbst.«

Viele saßen bis spät in die Nacht, um als Hausaufgabe noch »Briefe« über ihre tagsüber gewonnen »Einsichten« zu schreiben. Mit subtilen Suggestionen und Selbstsuggestionen wurden alle darauf vorbereitet, das »Tor zur Freiheit zu öffnen«, »voll und ganz Mensch zu sein« und mit einer neuen »Gewinnformel« eine Zukunft zu erschaffen, »die von der Vergangenheit unabhängig ist«. Doch wie bei *EST* bestand der »Durchbruch« am

Ende des Seminars in einem »Nichts«. »Was habt Ihr für Euer Geld gekriegt? Ihr habt nichts gekriegt!« rief die Seminarleiterin.

Nachdem die verwirrten Teilnehmer erfahren hatten, daß ihr Leben leer sei, quasi auf Null gestellt, folgte die Erlösung. Da nun alles gelöscht sei, sei auch alles möglich. Die Vergangenheit sei ohne Bedeutung und jeder absoluter Herr seines Schicksals. Rühle sagt: »Die Botschaft war: Walze alles nieder, und wenn Du Dich für etwas entschieden hast, zieh's durch«. In den Worten von Grace Pampus: »Ihr seid im Land der unbegrenzten Möglichkeiten!« Gegen 23.00 Uhr erhoben sich die Teilnehmer einzeln und leisteten einen Schwur im Seminar-Jargon: »Ich bin mein Wort, ich nehme die Haltung ein, die Möglichkeit zu sein für … ein Leben voller Liebe.« Rauschender Applaus. »Ihr wart ein Superpublikum«, schallte es von der Bühne. Beim Hinausgehen sollten dann alle, die sich für die ehrenamtliche Assistentätigkeit interessierten, ihr Namenschild in einen Korb werfen. Viele hätten das auch wirklich getan, erinnert sich Anne Rühle.

Doch die Folgen dieses »Durchbruchs« können dramatisch sein. »Die These von Landmark ist ja, daß jeder so etwas wie Gott ist und seine eigene Welt schafft«, sagt Martin Lell.[42] Er fühlte sich zunächst wie ein »Außerirdischer«, strotzend vor Selbstbewußtsein und »Erleuchtung«: »Das Wesentliche an diesem Zustand ist ein berauschendes Gefühl der absoluten Freiheit …«[43] Der Preis aber sei die Zerrüttung aller Gefühle, weil den Teilnehmern eingeredet werde, sie seien selbst an allem schuld, was im Leben bisher schiefgelaufen ist – auch wenn sie gar nicht schuld seien. »Irgendwann wird das alles zuviel, und es entsteht eine totale Leere. Dann klammert man sich an die neue Definition der Wirklichkeit, die das Forum bietet. Für mich war das wie eine Gehirnwäsche.«[44] Als die neue Scheinwelt mit der echten Welt zusammenprallte, kamen die Ängste – vor dem Verlust der Identität und vor dem Verrücktwerden.

Martin Lell ist kein Einzelfall. Bei Anne Rühle meldete sich eine Berliner Teilnehmerin, die in der auf das »Forum« folgenden Woche in extreme Gefühlsschwankungen zwischen Euphorie und Depression verfiel und am fünften Tag einen totalen psychischen Kollaps erlitt. »Sie berichtete über Selbstmordgedanken«, sagt die Sektenbeauftragte. Rühle erklärt: »Man wird existentiell in Frage gestellt, das macht das Seminar interessant. Aber wer es nicht als ein Angebot unter anderen sieht, der sitzt in der Falle.«

Bei *Landmark* heißt es wörtlich: »Nach diesen drei Tagen wißt ihr nicht mehr, wer ihr seid.«[45] Eine Haftung für die Folgen wird aber ausdrücklich nicht übernommen. Die Teilnehmer unterschreiben bei Kursbeginn ein Papier, in dem es heißt: »Ich übernehme bereitwillig und wissentlich alle Risiken körperlicher Verletzung und psychischer Belastung, die während oder nach dem Kurs auftauchen könnten.«[46] Wer anschließend wirklich nicht mehr weiß, wer er ist, kann, wenn er will, ganz in die Scheinwelt eintauchen. Zum Schluß des Berliner »Forums« hörten die begeisterten Adepten von den »Fortbildungsmöglichkeiten« im »Curriculum des Lebens«, denn »das Forum ist erst der Anfang«. Die beste Möglichkeit sei, gleich den »Fortgeschrittenenkurs« zu buchen – mit einmaligem Rabatt für 1200 statt für 1500 Mark. Erst einige und dann immer mehr Leute sprangen auf, um das Anmeldeformular auszufüllen. »Da wachsen wieder Gruppenstrukturen«, befürchtet Anne Rühle.

Berthold Meier*, der ebenfalls an einem »Landmark Forum« in Berlin teilnahm, berichtet, daß 76 von 80 Kursbesuchern für das nächste Seminar unterschrieben. Er selbst tat es nicht und wurde daraufhin täglich angerufen; der Höhepunkt waren zwölf Anrufe an einem Tag! Zum Abschlußabend am folgenden Dienstag sollten dann alle ihre Freunde, Verwandten und Bekannten mitbringen – wo die begeisterten Teilnehmer und Assistenten den Gästen von ihren »unglaublichen Durchbrüchen« erzählen. »Es ist das Beste, was du für dich tun kannst!« sagen sie glücklich lächelnd. »Aber was das Forum wirklich ist, kannst Du erst sagen, wenn Du einen Kurs besucht hast.«[47]

Landmark Education beruft sich darauf, daß jeder freiwillig teilnehme, keine Therapiebedürftigen mitmachen dürften und niemand gezwungen werde, Freunde zum Gästeabend mitzubringen.[48] Da *Landmark* weder ein Dogma, noch einen Glauben oder gar einen Guru besitze, sei die Organisation auch keine Sekte. Die »Falschinformationen« in den Medien seien vielmehr das Ergebnis einer ferngesteuerten Verleumdungsaktion. »Wir glauben, daß einer der Hauptgründe eine von Scientology organisierte Kampagne ist, um Werner Erhards Ruf und seine Arbeit zu zerstören«, schreibt David Norris, der Europa-Chef von *Landmark Education*. L. Ron Hubbard habe nämlich geglaubt, daß Werner Erhard *Scientology*-Material gestohlen, es selbst benutzt und damit der *Scientology* potentielle Kunden geraubt habe.

Einiges spricht für diese Version; und Hubbard hatte durchaus Grund, neidisch zu sein. Denn jedes *Forum* bedeutet tatsächlich einen »Durchbruch« – für das Unternehmen *Landmark Education*. Bei 80 Teilnehmern kommen immerhin 68 000 Mark zusammen. Da bleibt, weil die meisten Assistenten wie bei *Kontext* umsonst arbeiten, ein erkleckliches Sümmchen bei der Psycho-Firma hängen. »Landmark ist vor allem deshalb so gefährlich, weil die Teilnehmer nicht mitkriegen, wie sie manipuliert werden«, urteilt der amerikanische Sektenkritiker Steven Hassan.[49] Warum aber fallen so viele Menschen auf *Landmark* herein? »Landmark paßt zum Zeitgeist«, sagt Martin Lell. »Es verkörpert ein Erfolgsdenken, daß in unserer Gesellschaft längst zu einem wichtigen Wert geworden ist. Nur daß bei Landmark der Lebenssinn auf das Erfolgsdenken reduziert wird.«[50]

»Ihr werdet sein wie die Götter«

PET-Seminare/Block-Training/Hannes Scholl Gesellschaft

Persönlichkeitsseminare – nicht nur für Manager

Teure Veranstaltungen, in denen der einzelne zu sich selbst finden und seinen »inneren Giganten entfesseln« soll, haben seit Jahren Hochkonjunktur.[1] »Wie schnell kann man sein Leben verändern?« ruft der 36jährige US-Amerikaner Anthony Robbins seinen 1300 Zuhörern in einer riesigen Brüsseler Halle zu. Antwort: »In einem Herzschlag!« Jubelnd erheben sich die Leute und schreien rhythmisch »Yes! Yes! Yes!« Auch 400 Deutsche zahlten 1900 Mark, um 1996 die Show des kommerziell erfolgreichsten Persönlichkeitstrainers der Welt zu erleben. Vor allem aber kamen sie, um zu lernen, wie man schnell reich wird – so reich wie Anthony Robbins, der Firmen wie *AT&T* und *IBM* berät und jedes seiner drei Bücher weltweit eine Million mal verkaufte. Robbins, der sich selbst den »weltbesten Erfolgstrainer« nennt, stellt seinen Jüngern in Aussicht, daß ihr Leben nach dem Seminar »nicht mehr dasselbe« sein werde. Das verheißen auch die vielen kleinen Anthony Robbins', die in Deutschland mit unzähligen Seminaren zur Persönlichkeitsstärkung Kasse machen.

»Sie erreichen einen Durchbruch in Denken, Effektivität und Kommunikation« verspricht zum Beispiel der Management-Trainer Michael Walleczek den Zuhörern in seinem Drei-Tage-Intensivkurs »Dialog-Management«.[2] Walleczek hat nach einem Bericht des Magazins »Stern« schon Mitarbeiter so bedeutender Firmen wie des Mode-Unternehmens *Escada* oder der *Daimler-Benz*-Tochter *Dasa* trainiert. Doch viele Jahre, bevor er sich selbständig machte, war der ehemalige Mode-Unternehmer ein Anhänger von Werner Erhard; er hat nach eigenen Angaben »zwanzig Jahre Ontologie studiert«.[3] Auf dem Psycho-Markt rangeln in Deutschland rund 2000 Seminaranbieter und Personalberater um ein Branchenvolumen von fast zwei Milliarden Mark: Pädagogen, Psychologen, Verkaufstrainer, aber auch windige Therapeuten und Sektierer. Sogenannte Top-Trainer kassieren zum Teil Honorare bis zu 10 000 Mark täglich. »Solche Seminare füllen einfach eine Marktlücke«, sagt Klaus Reiter aus dem Bereich Unternehmenskommunikation bei der *Siemens AG* in München, »denn viele Menschen suchen nach neuen Erfahrungen und einem Halt im Leben.« Sie wollen sich von ihren Ängsten und Sorgen befreien, wünschen sich mehr Glück, mehr Erfolg, mehr Geld.

Zahlreiche Firmen fördern und unterstützen den Seminarboom; sie geben trotz Rezession noch immer ein Heidengeld für Kurse aus, um ihre Angestellten und Manager zur geistigen Stärkung über heiße Kohlen laufen oder sich von Bäumen abseilen zu lassen. Der Hintergrund ist ernsthafter Natur: Da die großen Konzerne inzwischen über die gleiche moderne Technik und gute Organisationsstrukturen verfügen, sind die Kreativität und die geistigen Potentiale ihrer Mitarbeiter zu einem wichtigen Mittel der Konkurrenz geworden; deshalb wird in diesen Bereich investiert. Klaus Reiter erläutert: »Der Sinn solcher Trainings ist es, daß man sich immer mal wieder in Frage stellt und einen Anstoß bekommt, über die eigenen Grenzen hinauszuschauen. Es geht auch darum, den Teamgedanken zu fördern – sich auf die Mannschaft zu verlassen und ihr nicht immer nur mit Mißtrauen zu begegnen. Es ist für die Führungskraft eine wichtige Erfahrung, wenn sie sieht: Die Mannschaft hält einen ja!«

Die »Stern«-Reporterin Uschi Neuhauser nahm an einem Outdoor-Persönlichkeitsseminar namens »Lifepurpose« in der Schweiz teil – ein Kurs, wie er besonders bei Managern beliebt ist. Über ihre Gefühle nach drei Tagen Quälerei schreibt sie: »Dem euphorischen »Uns gehört die Welt«-Gefühl waren, weiß Gott, physische Plackerei, seelisches Auskotzen, kalter Angstschweiß und vor allem Tränen, Tränen, Tränen, frustrierte, fracksausige oder freudig-erleichterte, vorangegangen. Aber wir haben es geschafft: die Hochseil-Übungen, den sturzsteilen Staudamm, den Feuerlauf über 900 Grad heiße Kohlen.«[4] Bei der Autorin hat es gewirkt: »Bei mir jedenfalls sind seltsame kleine Veränderungen nicht zu übersehen: Neue Ziele locken plötzlich. Die Angst vor Ungesichertsein und Mißerfolg schwindet. Es muß was dran sein: Wer über glühende Kohlen gelaufen ist, kann auch den großen Schritt tun. Und noch viel mehr!«

Ob »Lifepurpose« oder Dale Carnegie (»Positiv denken«), ob »Mental-Positivismus« und »Alpha-Training« oder – weil englische Titel immer gut ziehen – »Life Management« und »Emotional Training«; die Moden für das mentale Doping wechseln, der Inhalt bleibt: »Sie wollen Ihr Leben verändern – was hält Sie noch auf?« Der evangelische Sektenbeauftragte für Bayern, Wolfgang Behnk, hält die weltlichen Lebenshilfen aus Psycho-Trainings »in einer gesellschaftlichen Situation, wo nicht mehr alle Menschen zum Seelsorger laufen, grundsätzlich für hilfreich« – solange sie fachlich seriös sind. »In der Praxis«, so Behnk, »stoße ich allerdings auf sehr viel Bedenkliches.«

Die meisten Angebote sind zwar seriös, doch niemand weiß, wie viele obskure Trainer in Deutschland auf dem Markt agieren. »Aber es tauchen fast täglich neue Namen auf«, erklärt der Psychologe und Sektenexperte Steven Goldner aus Mühlheim (Main). Er sagt: »Sie können in drei Tagen keine Persönlichkeit positiv verändern, wie viele es versprechen. Das ist Humbug.« Jeder weiß: Nach einem Englischkurs kann man besser Englisch. Aber nach einem Psycho-Kurs? Auf die Frage, was ihnen das Training denn genutzt habe, antworten Teilnehmer häufig: »Es hat mir sehr geholfen.« Will man aber etwas genauer wissen, was das konkret bedeuten soll, kommt häufig – nichts. Der rheinische evangelische Sektenbeauftragte Joachim Keden sagt: »Fehlendes psychotherapeutisches Geschick wird in fragwürdigen Seminaren durch suggestive Beeinflussungen, gruppendynamische Spielchen und manipulative Psychotechniken ersetzt. Durch sie werden Persönlichkeitsmerkmale nicht wachstümlich verändert, sondern für gewisse Zeit rüde überspielt.«

Wie seriös ein Training ist, läßt sich aus den Broschüren der Anbieter jedoch meist nicht erkennen. Die darin dargelegten »Erfolgsgesetze« stimmen aber oft mit der Ideologie und den Versprechungen harter Psycho-Sekten punktgenau überein – Stereotype wie »Jeder kann Gewinner sein«. Beispielsweise verspricht das umstrittene *Institut für berufsfördernde Individualpsychologie (IIP)* des Neusser Trainers und Individualpsychologen Karlheinz Wolfgang seinen Kunden die »professionelle Optimierung des Lebenserfolgs« für »Menschen, die leistungsorientiert denken«.[5] Seine »ganzheitliche« Methode nach »tiefenpsychologischer Analytik« nennt der ehemalige *IBM*-Manager »eine genial einfache, lernbare, übertragbare und befreiend anstrengende Zukunftsstrategie«. Einfache Lösungen verkündet auch *Scientology* ihren Klienten in der Hochglanzbroschüre »Seminare für ein besseres Leben«: »Möchten Sie die Zustände in Ihrem Leben verbessern? Hätten Sie gern größeren Erfolg bei Ihrer Arbeit oder in Ihrer Karriere? Möchten Sie die einfachen Geheimnisse erfahren, wie man mehr Geld verdient – und wie dieses Wissen angewandt werden kann?«[6]

Jeder beliebige Vergleich zwischen Broschüren und Seminarunterlagen zeigt auffallende Parallelen – auch wenn die einzelnen Anbieter nichts miteinander zu tun haben. So verheißen die umstrittenen *Block*-Seminare des Münchner Trainers und gelernten Volkswirts Walter Kauffmann, der sich auf die Humanistische Psychologie beruft und schon Manager von *BMW, Boehringer* und *Bertelsmann* schulte: »Sie haben einfach mehr Persönlichkeit. Mehr innere Stärke. Mehr Lebensenergie. (...) Wenn Sie an einem Block-Training teilnehmen, vergessen Sie alles, was Sie über Seminare wissen. Alles ist anders.«[7] Ganz anders als die anderen zu sein, das verkündet freilich auch *Scientology*: »Das Seminar »Erfolg durch Kommunikation« ist das wirksamste, das im Bereich der Kommunikationsfertigkeiten jemals angeboten wurde.«[8] *Block* verspricht seinen Kunden einen »Durchbruch zum Ich« und »eine bewußtere Einstellung zu seiner Umwelt und ein besseres Kommunikationsvermögen«.[9] Der Schweizer Trainer Ernst Lemmer erklärte den Interessenten seines *PET*-Trainings: »So können Sie Meister über Ihre Schwächen werden und Ihre Stärken sich mehr bewußt machen.«[10] Im *Scientology*-Seminar »Wie man die Beziehung zu anderen verbessert« gewinnt man laut Prospekt »das Geheimnis selbstsicheren Auftretens, ganz gleich, in welchen Kreisen Sie sich bewegen«.[11]

Es ist offensichtlich: Viele Anbieter aus der Trainer-Szene vermitteln ihren Kunden genau wie *Scientology* oder *EST* das Gefühl, der erfolgreichere Mensch sei durch Psycho-Technik herstellbar. »Zielstrebig gehe ich meinen Weg zum Erfolg. Phantasie, Liebe, Glaube und Verlangen sind meine neuen Eigenschaften, die mir die Gewißheit geben: Ich bin ein außergewöhnlicher Mensch«, heißt es im Seminarpapier des »TEM-Erfolgstrainings für Führungskräfte«.[12] Mit dieser Power-Ideologie werden Allmachtsphantasien produziert, die an okkulte Traditionen erinnern – an die Lehre vom Übermenschen. Das eigentliche Versprechen vieler Seminartrainer lautet denn auch: »Ihr werdet sein wie die Götter«. So urteilt das »Lexikon der Sekten, Sondergruppen und Weltanschauungen« über *EST*: »In einer Verknüpfung von Psychotraining und Selbsterlösungsdenken wird der Mensch zum vollkommenen Herrn seiner Möglichkeiten, er besitzt die Kraft, sich von Grund auf zu erneuern und tritt so faktisch an die Stelle Gottes.«[13]

Scientology: Aus dem Training in die Sekte

»Der Mensch hat Erfolg, weil er seine Umgebung *sich* anpaßt, nicht indem er sich der Umgebung anpaßt«, stellte der *Scientology*-Chef L. Ron Hubbard klar.[14] Mit ihren Sprüchen vom »optimalen Überleben« wendet sich *Scientology* prinzipiell an jedermann. Aus ihren teuren Seminar-Prospekten lächeln selbstbewußte, gut gekleidete Erfolgsmenschen, die zum Beispiel folgendes sagen: »Bevor ich das Seminar begann, war ich oft deprimiert – jetzt habe ich wieder Freude am Leben gewonnen!«[15] Das technisierte Drumherum mit Statistiken, Kommunikationstrainings und per »Elektrometer« angeblich meßbaren »Engrammen« wirkt wissenschaftlich und modern. Kurz: Marketing und Sortiment befinden sich im perfekten Gleichklang mit anderen Produkten auf dem Psychomarkt.

Doch bei *Scientology* bekommt der Kunde nicht nur die übliche Erfolgsphilosophie, sondern auch Rechtfertigung und Ziele für den Drang zu Geld und Erfolg geliefert: das Versprechen unbegrenzter Macht, die Teilhabe an der Rettung der Welt – und zwar schnell. »Wir sind die Elite des Planeten Erde«, schrieb L. Ron Hubbard, und als »unsere grundlegende Mission« deklarierte er die »Verbreitung der Scientology mit dem Endziel, der Erde eine neue und bessere Kultur zu bringen«.[16] In der Ideologie der *Scientology* ist die Verheißung, gottgleich zu werden, zu einer Art »Theologie« des Übermenschen geronnen, der – nach Absolvierung des teuren Kurssystems – mit seiner »Thetan-Power« einfach alles in den Griff bekommt. Verknüpft mit Psycho-Techniken für die persönliche »Befreiung« und dem Eintritt in einen internationalen Großkonzern erklärt sich daraus die Attraktion der Sekte besonders auf Selfmademen und Unternehmer.

»Ein gutes Team ist wie eine runde stählerne Kanonenkugel«, beschreibt der scientologische *Verband Engagierter Manager* seine Aufgabe, »sie durchschlägt jeden Widerstand.«[17] Zugleich liefert *Scientology* ihren Kunden eine angeblich »funktionierende« Wirtschaftsphilosophie – die Hubbard-Managementtechnologie. Sie soll jedes Unternehmen mit »vorhersagbaren Resultaten« und »stabilen Daten« zur »Power führen«.[18]

Der Unternehmensberater Reinhold Stricker hat mit seinem Unternehmen *CCI* in Dreieich die »spektakuläre Technologie« in die Tat umgesetzt. Stricker, ein hochtrainierter *Scientologe* und Top-Stratege der Sekte, behauptet: »Sie können damit Unternehmen aufbauen. Sie können Unternehmen vor dem Abrund retten ... Und Sie können Unternehmen, denen es gut geht, zu noch höheren Zonen tragen.«[19] Um à la Stricker in die Gewinnzone zu fahren, propagiert *Scientology* jedoch ungehemmt das Recht des Stärkeren: Nur wer radikal die Ellenbogen gebraucht, setzt sich durch. Wer dagegen Skrupel zeigt, wer mal krank wird oder psychische Probleme bekommt, der gilt als Verlierer, hat eine »fallende Statistik« und muß »gehandhabt« werden. »Ein Manager, der scientologisch trainiert ist, kennt nur noch das Gesetz der freien Wildbahn«, urteilt der *Scientology*-Aussteiger Norbert Potthoff aus Krefeld. »Der Stärkere setzt sich durch, der Schwächere stirbt ab.« Für den Sektenkritiker Ralf-Dietmar Mucha ist *Scientology* »ein Zerrspiegel unserer erfolgsorientierten Gesellschaft«.

Weil auch andere wie ein solcher Zerrspiegel wirken, fallen scientologische Seminaranbieter im Umfeld der wuchernden Psycho-Szene nicht weiter auf. Um ihre Marktposition zu halten, gehen die scientologischen Trainer zudem äußerst raffiniert vor. Ihre Kunden lernen anfangs meist Binsenweisheiten wie auch in anderen Seminaren (»Das einzige, was zählt, sind Resultate«). Dann werden sie unmerklich mit dem *Scientology*-Jargon vertraut gemacht und in die Geheimnisse einer »neuartigen Management-Technologie« eingeführt. Von Hubbard oder gar *Scientology* ist nicht die Rede. Beispiel *Akademie für Management und Kommunikation (AMK)* aus Wiesloch. Sie wird von den Top-*Scientologen* Martin Kolb und Dirk Braun geleitet. Braun und Kolb bieten ein weitgefächertes Kursprogramm von »Kommunikation« über »Selbstmanagement« bis zu »Führung« an, mit Preisen zwischen 1390 und 12 900 Mark.[20] Sie behaupten, die »ganz Großen des Marktes« zu trainieren: »Versicherungsgesellschaften, Allfinanzvertriebe, Chemiekonzerne, große Autohersteller«.[21]

Ein junger Frankfurter Banker besuchte im Januar 1995 den Kommunikationskurs der *AMK*. In einem Brief an die Staatsanwaltschaft schildert er, wie man ihn neugierig machte.[22] »Ich wurde Ende 1994 auf der ›Freßgass‹ von einer jungen Dame angesprochen. Ich wurde gefragt, welche zwei von etwa zehn vorgegebenen Seminarthemen mich interessieren ... und ob ich an einem für mich kostenlosen Seminar teilnehmen wollte.« Er hatte Interesse, wurde wenig später von der *AMK* angerufen und besuchte dann gemeinsam mit zwanzig anderen Interessenten den Schnupperkurs. Dort erfuhr er, daß »Spaß an der Arbeit« und »gute Beziehungen« die wesentlichen Erfolgsgrundlagen für »fast jeden Beruf« seien. Anschließend konnten die Teilnehmer einen 200-Fragen-Test ausfüllen, der (wie bei *Scientology* üblich) »Schwächen im kommunikativen Bereich« und ein »geringes Selbstwertgefühl« zu Tage förderte. Nachdem der Banker von der Trainerin aufgefordert wurde, »in diesem Bereich« an sich »zu arbeiten«, buchte er das Wochenend-Seminar der *AMK* in Wiesloch.

Dort machte man ihn zunächst mit einigen technisch klingenden Begriffen bekannt, die sämtlich aus der Dianetik-»Philosophie« L. Ron Hubbards stammen, was den Teilnehmern anfangs aber tunlichst verschwiegen wurde. Der Trainer dozierte zum Beispiel über das sogenannte »ARK-Dreieck«, eine Hubbard-Erfindung, die die Kommunikation zwischen Menschen schematisiert. Er beschrieb auch einige »Tonlagen« des Hubbardschen Stimmungsbarometers, das achtzig Stufen umfaßt von »totales Versagen« über »Apathie« bis zur »Fröhlichkeit«; das soll helfen, Menschen zu bewerten und beispielsweise auch »versteckte Feindseligkeit« ausfindig zu machen. Die höchsten Grade wie MEST-Clear (unsterblicher Supermann) ließ der Trainer jedoch wohlweislich aus.[23] Schließlich ließ er seine Klienten die sogenannten »Trainingsroutinen« praktizieren, Exerzitien mit dem starren »Indianerblick«. Wer dabei blinzelte, zuckte oder schwankte, wurde mit einem »Flunk« (Fehler) bestraft – *Scientology* pur.

Am nächsten Tag wurden die Teilnehmer in Hubbards darwinistische Lehre vom »Drang zum Überleben« eingeführt, die »Dynamiken« des Lebens. Vom »Drang zum Dasein« als »höchstes Wesen« (achte Dynamik) war dabei selbstverständlich nicht die Rede. In der abschließenden »Konfrontation« sollten die Seminaristen ihr jeweiliges Gegenüber mit wahllosen Vorwürfen aus der Ruhe bringen und bei »Erfolg« heftig nachbohren – eine Totalitarismus-Übung, die Macht verspricht und Unterwerfung einübt. Weil dem Banker dabei »mulmig« wurde, verließ er den Raum.

Als er zurückkam, nahm ihn der Trainer beiseite. »In diesem Gespräch hat Herr K. nochmals massiv versucht, mich zum Besuch der beiden Seminare ›Persönliche Integrität‹ und ›Bewältigung der Aufs und Abs im Leben‹ zu überreden. Ich hätte in diesen Bereichen meine besonderen Probleme und müßte dringend etwas dagegen tun.« Er solle nur eben den Scheck unterschreiben, dann könne er das gesamte Kursangebot zum Sonderpreis von lächerlichen 40 000 Mark bekommen. Doch der Banker sagte dankend ab, erkundigte sich tags darauf genauer über die *AMK* und wandte sich wegen der Seminarmethoden, die er als »Nötigung« empfand, an die Staatsanwaltschaft. Zu einem Verfahren kam es jedoch nicht. Immerhin: Zahlreiche Presseberichte brachten die *AMK* in die Negativschlagzeilen, und Anfang 1997 mußte sie wegen hoher Mietschulden ihre Zentrale in Eschborn schließen.

Große Berliner Autohändler fielen 1994 auf eine andere *Scientology*-Masche herein.[24] Viele Unternehmen suchen nach einfachen und effektiven Methoden, neues Personal zu finden. So ging es auch dem Betrieb *CSB Car Service* in Berlin-Hohenschönhausen mit 150 Mitarbeitern. Da kam der *Wagner & Krebs (W&K) Unternehmerservice* des Berliner *Scientologen* Peter Krebs gerade recht. *W&K* bot den Autohändlern der Hauptstadt einen »neuartigen« Persönlichkeitstest an, der zuverlässig »die beste Person für einen bestimmten Job« auszuwählen versprach – den »computergestützten« »U-Test«. Wozu sonst Headhunter und zeitraubende Auswahlverfahren nötig sind, funktionierte mit dem »U-Test« wie ein Wunder. Schon »innerhalb einer Stunde«, erinnert sich die Personalleiterin der Autofirma, Petra Schmidt, habe *W&K* ein vorläufiges Ergebnis geliefert; sie ließ damit einen Personalleiter und vier LKW-Verkäufer prüfen. Was sie nicht wußte: Der 600 Mark teure Analysebogen ist weitgehend identisch mit jenem ominösen »Persönlichkeitstest«, den *Scientology* nutzt, um neue Mitglieder anzulocken. Häufig präsentiert man den Unternehmen dabei als Testsieger einen Bewerber mit überlegenem »Persönlichkeitsprofil«, wie es nur Hubbard-Jünger erreichen können. Als die Berliner Firmen vom *Scientology*-Hintergrund erfuhren, beendeten sie die Zusammenarbeit mit dem *W&K Unternehmerservice*.

Hatte Peter Krebs erst einmal Kunden mit dem Test geangelt, bot er ihnen umgehend auch »Weiterbildung« an. Krebs veranstaltete nämlich auch Persönlichkeitsseminare. Michael Müller* aus Berlin hat 1992 einen solchen Kurs besucht, weil ihn sein Chef dorthin beorderte. Er empfand die Atmosphäre als »modern«, aber auch »gefährlich«. Müller sagt: »Es ging darum, die Leute unter Kontrolle zu bringen und zu beeinflussen. Mir wurde das sehr schnell klar, und ich habe mich dann zurückgezogen.« Der Angestellte hat Glück gehabt. Denn Managementkurse nach *Scientology*-Art führen aufgrund ihrer inneren Logik – dem stufenweisen Aufbau – unweigerlich in die nächste Sektenfiliale. Michael Müller arbeitete damals in der *Werbeagentur Luck*. Sein Boß Egon Luck, Operierender Thetan Stufe VI, schickte schließlich rund dreißig Mitarbeiter zu Kursen in die Berliner *Scientology*.[25] Einige, so Müller, seien in der Sekte hängengeblieben.

Wie im Fall Luck agieren scientologisch geleitete Unternehmen, auch wenn sie nicht direkt der Sekte unterstellt sind, häufig als Rekrutierungsanstalten für den Psycho-Konzern. »Es ist leicht, mit dieser Technologie die richtigen Wege für die Behandlung von Mitarbeitern und Kunden … zu finden«, schreibt der scientologische *Verband Engagierter Manager* in einem Informationsblättchen.[26] Publizistischen Beistand liefert dazu der ehemalige ZDF-Journalist und *Scientologe* Horst Adolf Mehler mit seinem *Möwe-Verlag* im Taunus, hochstaplerisch gepriesen als der »am schnellsten expandierende Verlag in der Bundesrepublik«.[27] Mit sogenannten Image-Büchern im Glanzformat macht Mehler scientologische Manager, Seminar-

Möwe-Verlag aus dem Taunus: Forum für Scientologen

trainer und Immobilienmakler gesellschaftsfähig. Bücher wie »Selfmademen und Millionäre«, »Top Know How um den Immobilienstandort«, »Spitzenkönner in der Werbung« oder »Exclusive Marken« stellen prominente Unternehmer und hochkarätige Unternehmen der deutschen und internationalen Wirtschaft vor. Etwa *Parker, Bang & Olufsen, Daimler Benz, Cartier, Jones Lang Wootton* oder die Werbeagentur *Springer & Jacoby*.[28]

In diesem noblen Umfeld wird dann gleichzeitig die erste Reihe der deutschen Scientologen mit ausführlichen Biographien, Interviews oder pseudo-journalistischen »Reportagen« präsentiert. So finden sich in einem Buch gemeinsam mit Nichtscientologen wie dem Filmproduzenten Bernd Eichinger (»Independence Day«) zahlreiche Patrons, also Sektenleute, die viel Geld in die scientologische »Kriegskasse« spenden: Klaus Kempe, Adelheid Rech-Gesche, Bretislav Josef Mrkos, Reinhold Stricker, Farhad Raschidi, Ernst Haible und Axel Fehling.[29] In anderen Werken tauchen die Top-Scientologen Gerhard Haag, Peter Talkenberger, Thomas Frigge, Marietta Kempe, Elke Conradi, Dirk Braun, Martin Kolb, Gerald Peissl, Gerhard Benneck, Hermann Keppler, Heimo Bucerius und viele, viele andere auf.

Der Trick ist so simpel wie genial. Die in der Regel unbekannten Scientologen erscheinen plötzlich als Makler, Manager oder Seminartrainer auf gleichem Niveau wie die Größen der jeweiligen Branche. Mit den teuren Werken können sie dann Eindruck bei ihren Kunden und Geschäftspartnern schinden. »Es geht darum, attraktive Zielgruppen für sich zu gewinnen«, sagt Reinhard Fleurkens, Geschäftsführer der Firma *Eureal* in Düsseldorf, der zu einem Interview für das *Möwe*-Buch »Top Know How um den Immobilienstandort« überredet wurde.[30] Und Mehler macht Kasse, denn wer in seinen Büchern mit Foto auftauchen will, der muß dafür bis zu 25 000 Mark zahlen und einige hundert Bücher abnehmen.[31] Horst Mehler wird im Mitgliederverzeichnis des Dachverbandes scientologischer Unternehmen aufgeführt, des *World Institute of Scientology Enterprises (WISE)*.[32] Wer zu *WISE* gehört, ist laut Vertrag verpflichtet, bis zu fünfzehn Prozent seines Umsatzes an die Organisation abzuführen.[33]

Daimler Benz, Lacoste oder Bernd Eichinger wissen wohl kaum, daß Anhänger der totalitären Sekte sie als Türöffner mißbrauchen. Sie ahnen nicht, daß ihre Namen letztlich dabei helfen, neue Kunden in Sektenseminare zu locken und gutgläubige Leser mit der Hubbard-Ideologie zu impfen. Die Mehler-Bücher empfehlen als »Top-Firmen« im Adressenverzeichnis häufig scientologische Anbieter wie zum Beispiel die Trainingsfirmen *AMK, Business Success* oder *Advanced Management*. Auf vielen hundert Seiten propagieren sie zugleich die scientologische Power-Ideologie. So sagt zum Beispiel der millionenschwere Düsseldorfer Immobilienhändler und Seminartrainer Klaus Kempe: »Leben bedeutet Veränderung. Wenn man nicht zu neuen Ufern drängt, bleibt man stehen. Ich habe eine Philosophie kennengelernt, die mir diese Einstellung vermittelt hat … Ich ziehe es vor, auf einem hohen Niveau zu überleben.«[34]

PET-Seminare: Erfolgstraining im Nobelhotel

Wenn Unternehmen ihre Mitarbeiter in Seminare für »Kommunikation« oder »Selbstmanagement« schicken, wissen sie häufig ebensowenig wie ihre Angestellten, was dort eigentlich geschieht. Sie haben keine Ahnung, daß einige Seminaranbieter direkt aus der Sektenszene kommen und die dort erlernten Techniken in ihren Kursen anwenden: Isolation, Schlafentzug, Druck, Streß, Verwirrung –, um die Klienten anschließend mit dem neuen Glaubenssystem zu impfen: Wir haben die Lösung für deine Probleme, mit uns wirst du zufrieden und erfolgreich!

Aber auch Teilnehmer von Seminaren, deren Trainer nichts mit *Scientology* oder *EST* zu tun haben, fühlen sich immer häufiger an deren Techniken und Ideologie erinnert. Könnte es sein, daß diese im Lauf der Jahre in die »Seminar-Szene« eingesickert sind? Da müssen sich die Besucher eines Outdoor-Kurses wie bei *Scientology* minutenlang starr in die Augen blicken. Da verpflichten sich Besucher von Persönlichkeitstrainings ähnlich wie bei *EST* oder *Landmark Education*, während der Übungen nicht den Raum zu verlassen, nichts zu essen, sich nicht mit anderen zu unterhalten. Und da wirbt der Management-Trainer Nikolaus B. Enkelmann aus Königstein (Taunus) mit einem Spruch, der auch zum Standardrepertoir der Hubbard-Jünger gehört: »Immer wieder habe ich erklärt, daß der normale Mensch nur ein Zehntel seiner Fähigkeiten nutzt. 90 Prozent liegen brach.«[35]

Viele Psycho-Trainer verhüllen das Seminargeschehen wie ein Staatsgeheimnis. Nichts soll nach draußen dringen. Das soll die Teilnehmer davor schützen, daß Details intimer Bekenntnisse bekannt werden. »Der eigentliche Effekt aber ist, daß niemand weiß, was ihn in solch einem Seminar erwartet«, erläutert der Mühlheimer Psychologe und Sektenexperte Steven Goldner. »Keiner rechnet mit einem extremen Härtetest. Wären diese Methoden bekannt, würde natürlich auch keiner mehr kommen.« Doch inzwischen halten sich nicht mehr alle Teilnehmer an das ihnen auferlegte Schweigegebot. Im »Materialdienst der EZW« berichtete ein anonymer Besucher – nennen wir ihn Martin Schmidt* – über das *Persönliche Erfolgs-Training (PET)* des Schweizer Psycho-Trainers Ernst Lemmer.

Wie beim »Landmark Forum« wurden die Besucher nicht öffentlich geworben, sondern durch sogenannte Paten angelockt – Freunde, Arbeitskollegen, Vorgesetzte.[36] Das Training mit siebzig Interessierten fand in einem ansprechenden Schweizer Hotel statt, im Gegensatz zum »Forum« jedoch ohne Frauen. Die Seminarregeln waren äußerst streng: Kein Alkohol, kein Verlassen des Saals ohne Erlaubnis, gemeinsames Essen. Nach *EST*-Manier wurden die Vorhänge zugezogen und mußten die Sitzplätze ständig gewechselt werden, damit kein »Klüngeln« entstand. Und wie bei Seelen-Manipulateuren üblich, wurden die Teilnehmer durch endlose Sitzungen bis weit nach Mitternacht, durch »Hausaufgaben« und wenig Schlaf systematisch ermüdet.

Zu Beginn des »Trainings« versprach der *PET*-Chef Ernst Lemmer den Besuchern eine »mentale Osmose«; damit meinte er einen »Wandel der geistigen Einstellung«. Zu plätschernder Musik sollten alle zunächst einen »positiven Text« auswendig lernen, der Sätze enthielt wie: »Denn es ist mein Verlangen, daß aus meinen Träumen Wirklichkeit wird.« Diese Weisheiten sollten dann wohl tief ins Unterbewußtsein eindringen – ebenso wie die ständig laut deklamierten Selbstsuggestionen. Beispielsweise: »Ich fühle mich wohl in meiner Haut, ich fühle mich phantastisch, ich bin der phantastischste Mann der Welt.« Immer wieder fragte Lemmer seine Schäfchen: »Wie geht's?« Und alle mußten antworten: »Phantastisch!« Frage: »Wirklich?« Antwort: »Ja!« Martin Schmidt erinnert sich: »Mein Eindruck war, daß dabei eine Art Gruppenhysterie entstand.« Zwischendurch gab es Entspannungsübungen, dann mußten immer wieder einzelne, auch ältere Teilnehmer, ihren »positiven Text« deklamieren. Abgefragt wurde, so Schmidt, »zum Teil im Kasernenhofstil«. Wer Mätzchen machte, wurde »rigide« abgefertigt.

Am dritten Tag des Vier-Tage-Seminars rief der Trainer einzelne auf, um sie vor der Gruppe über persönlichste und intimste Bereiche zu befragen, vor allem, sagt Schmidt, über »Eheprobleme und Fremdgehen des Ehepartners«. Sie mußten sich bei der äußerst peinlichen Prozedur vor eine angestrahlte Projektionswand stellen; das Kreuzverhör konnte anderthalb Stunden dauern. »Mein Nachbar und ich fragten uns, ob wir hier auf der richtigen Veranstaltung seien«, erinnert sich Martin Schmidt. »Wir hatten das Gefühl, der jeweilige Teilnehmer werde vor der Gruppe bloßgestellt.« Bei anderen Übungen wurden Texte vorgelesen und »Schlagwörter« gebrüllt wie »Konzentration«, »Selbstvertrauen« oder »Selbstsucht«. Jeder bekam dann ein persönliches Schlagwort zugeordnet, wohl zur Selbstmotivation nach Art des »Positiven Denkens«. Am letzten Tag passierte mehr oder weniger das Gleiche: auswendiges Aufsagen, Durchleuchtung von Familienproblemen, Bearbeitung eines Textes (»Womit Liebe zu tun hat«) und allgemeine »Phantastisch«-Rufe. Gemeinsames Summen der Hintergrundmusik und das Lied »Nehmt Abschied Brüder« beendeten die letzten Seminartage.

Kurz vor Schluß des Trainings mußten die Teilnehmer einen Kreis bilden. Wie bei einer religiösen Zeremonie wurden dann, so berichtet Martin Müller, »die sogenannte PET-Hymne abgespielt und anschließend das PET-Credo angehört.« Das »Credo« hörte sich folgendermaßen an (Auszug): »Niemand kann mich dazu zwingen, die Knie zu beugen vor einem anderen, und ich werde nie vor einer Bedrohung zurückweichen. Rechtschaffen! Stolz! Unerschrocken! So bin ich! Um der Herr und Meister meiner Gedanken zu bleiben, gründe ich mich auf meine Erfolge. Ich werde die Welt abgeklärt anschauen und sagen: Das habe ich getan! Das ist Mensch sein!«[37] Der Sektenexperte Joachim Keden vergleicht dieses Omnipotenzdenken mit dem »Ehrenkodex« der *Scientology*, wo es fast identisch heißt: »Setze Dich nie selbst herab oder stelle Deine Kraft oder Fähigkeit als gering dar! Mach Dich nie abhängig von Lob, Anerkennung oder Mitleid!«[38]

Martin Müller schreibt: »Die Teilnehmer waren durchweg in einer euphorischen Stimmung.« Auf einem Fragebogen sollten sie schließlich noch Fragen beantworten wie: »Würden Sie alles tun, was PET von Ihnen verlangt?« und: »Kennen Sie schon Namen und Adressen von Menschen, die Sie für PET-Seminare gewinnen wollen?« Dann traten die Führungskräfte fröhlich die Heimreise an; jeder um 3000 Mark ärmer (plus Unterkunft und Verpflegung); macht unter dem Strich 210000 Mark für den Veranstalter.

Für Menschen mit psychischen Problemen könnten die *PET*-Kurse »zur ernsten Gefahr werden«, warnt Joachim Keden – auch wenn man sich dort abzusichern versuche, indem jeder Teilnehmer vor Seminarbeginn unterschreibt, daß er »seelisch, geistig und körperlich völlig gesund« sei.[39] Die riskanten Gruppentechniken und Mind-Control-Praktiken könnten bei den Teilnehmern zu verminderter Selbstbehauptung und Angstzuständen führen – also dem Gegenteil des propagierten Zwecks.

Vor dem Seminar gehörte man laut Trainer zu den 95 Prozent Erfolglosen, die nur zehn Prozent ihres Gehirns nutzen. Nach dem Seminar ist man angeblich besser dran. Doch schon bald stellen die Klienten fest, daß sich in Wahrheit in ihrem Alltag nichts geändert hat. Statt dessen taucht ein unerwartetes Problem auf. Nach Kedens Erfahrung spüren die *PET*-Adepten nach etwa drei Wochen, daß die neuen Problemlösungen nicht funktionieren. Weil sie aber versuchten, das *PET*-Ziel »Erfolg« ohne Rücksicht durchzusetzen, entstünden immer häufiger Konflikte mit Freunden, Verwandten und Ehepartnern. Keden: »Aufgrund der erlebten Mißerfolge kommt es nicht selten bei Teilnehmern zu dem Gefühl, ausgebrannt zu sein.« Genau dann melde sich *PET* wieder bei ihnen. Der Experte schreibt: »Der Katzenjammer oder die anhaltende Euphorie des Teilnehmers kann benutzt werden, für neue, fortgeschrittene Seminare zu werben. So wird es verständlich, daß Teilnehmer in kürzester Zeit wieder ein Seminar buchen. Damit besteigen sie erneut das Karussell dieser Kurse, in der Hoffnung, doch noch eine positive Persönlichkeitsentwicklung in Gang zu setzen.« Der *PET*-Chef Ernst Lemmer verstarb 1996, aber das Training ist nicht vom Markt verschwunden. Diverse Nachfolgeorganisationen führen das Konzept unter anderen Namen und nach ähnlichem Schema fort.

Der Seminarablauf in sektenähnlichen Persönlichkeitsseminaren ist im Grunde immer der gleiche. Zunächst werden die Menschen mit eisernen Regeln wie im Strafvollzug in ihrer persönlichen Freiheit eingeschränkt. Mit autoritärem Gehabe nach Art der schwarzen Pädagogik werden sie brutal erniedrigt und per »Du« in ihrer Würde verletzt. Schlafentzug und der forcierte Terror der Gruppendynamik machen sie fix und fertig. Dann wird das neue Erfolgs-Ich durch Selbst- und Fremdsuggestionen aufgebaut. Simple Gruppenerfahrungen und allgemeine Plattheiten werden mit Bedeutung aufgeladen und das Seminar zum Wendepunkt des Lebens erklärt. Am Schluß gibt es noch zwei bis drei »schöne« Übungen, woraufhin alle in Tränen ausbrechen. Schließlich sagt der Trainer: »Jetzt habt ihr den Durchbruch geschafft.«

Ein Großteil der teuer bezahlten Seminarzeit vergeht mit Psycho-Tricks, ausgeführt von meist therapeutisch dilettierenden Autodidakten. Ihre Methoden sind häufig eine wirre Mischung aus »positivem Denken« und diversen Therapieformen etwa aus dem Repertoire der Gestaltpsychologie – immer beliebt: der »Heiße Stuhl«, jene Psycho-Technik, bei der jemand vor die Gruppe tritt und »auseinandergenommen« wird. Der Bankkaufmann Hans Schuster verwendet in seinem *UPT*-Training beispielsweise Gruppendynamik, Bioenergetik, Psychodrama, Meditation und Atemtechniken. In einem Fragebogen forscht er die Teilnehmer über ihre intimen

Gewohnheiten aus (»Geräusche – lachen, reden, schreien, stöhnen – beim Sex bedeuten mir ...«; »Meine Einstellung zur Selbstbefriedigung ist ...«).[40] »Das war für mich wie die totale Diktatur«, sagte eine Teilnehmerin dem Magazin »Stern« über ein solches Seminar. »Ich fühlte mich wie in einer Sekte.«[41]

Auch die darwinistische Wolfsmoral harter Psycho-Sekten scheint ansteckend zu sein. Es liegt ja eigentlich auf der Hand: Wer Elitemenschen produziert, landet schnell bei extremen Ansichten, wie sie etwa *Scientology* vertritt. In einem Seminartext aus dem *PET*-Training erhalten die »Führungskräfte« Ratschläge im Stil von L. Ron Hubbard: »Stell Dich auf, sichtbar für Deine Feinde. Deine feste Entschlossenheit wird ihnen Angst einflößen, und sie werden aufgeben. Es ist ein Gesetz des Lebens!«[42] Denn, so heißt es im Text »Der Preis des Erfolges«, »was verdient zu leben, wird leben!« Der *Scientology*-Chef formulierte einst ähnlich: »Es ist ein hartes Universum ... nur die Tiger überleben!«[43]

Block-Training: Drill wie beim Militär

Es gibt Firmenchefs, die aus lauter Begeisterung über erfolgversprechende Führungskurse ihre Arbeitnehmer auf Betriebskosten in die fragwürdigsten Seminare beordern. Dubiose Seminar-Gurus wären nicht so erfolgreich, wenn sie nicht auf Bedürfnisse vieler Konzerne träfen, weil sie mehr Effizienz und Motivation »im Handumdrehen« versprechen. »Aber wenn ich im Seminar nur Seelenstriptease erlebt habe, was lerne ich daraus für meinen Betrieb? Wie soll ich besser mit Kunden umgehen oder mehr Eigenverantwortung zeigen, wenn ich im Seminar nur zur Sau gemacht werde?« fragt der Psychologe Steven Goldner, der auch selbst Manager trainiert. Er hatte im Dezember 1996 einen Prozeß am Hals, weil er es wagte, das Münchener Trainings-Unternehmen *Block* zu kritisieren; die Richter wiesen die Klage der Psycho-Firma jedoch ab. Goldner hatte in einer Diskussion unter Trainern die Erlebnisse eines *Block*-Teilnehmers als »absolut autoritär und totalitär« bezeichnet. Er sagt: »Für mich ist das eine Mogelpackung, wenn die Werbung ›humanistische Psychologie‹ verspricht und im Seminar kommt dann jede Menge Menschenverachtung.«

Block zitiert in seinem Prospekt stolz das Magazin »Playboy«, das den Kurs so charakterisierte: »Dagegen sind 30 Tage Einzelhaft ein Honigschlecken«[44]. Selbstironisch ist das nicht gemeint. Das Unternehmen verlangt von den Teilnehmern seiner teuren Vier-Tage-Seminare (3300 Mark) allen Ernstes, daß sie zu Beginn persönliche Dinge wie Brieftasche, Wagenschlüssel, Uhren, Schmuck (»bis auf den Ehering«), Make Up, Zigaretten abgeben und den Rest »ordentlich« aufs Bett legen, damit »alles gut sichtbar ist«.[45] Auch bei *Block* bekommen die Seminaristen wenig Schlaf,

Werbeblatt für Block-Seminare

werden auf karge Kost gesetzt, dürfen weder rauchen noch Alkohol trinken oder Kaugummis kauen. »Sei immer pünktlich!«, heißt es im Leitfaden, und: »Folge den Anweisungen der Mitarbeiter des Seminars!« Wie katholische Internatsschüler sollen die Klienten beim Essen »aufrecht und nicht aufgestützt« sitzen und im Verlauf des Kurses auf keinen Fall masturbieren. »Sexuelle Aktivitäten, inklusive Selbstbefriedigung, sind während des Seminars nicht erlaubt«, schreibt Regel 4 vor. Um als »Gewinner« aus dem Training zu gehen, sollen sich die Probanden »ganz wörtlich« an die Anweisungen des Trainers halten, auch wenn sie »evtl. den Sinn noch nicht erkannt« hätten.

»Das sind keine Regeln, das sind Befehle«, stellt Steven Goldner fest. Der Psychologe kritisiert besonders, daß die Teilnehmer »außer in Notfällen« nicht miteinander kommunizieren dürfen. »Das heißt, daß sie sich nicht austauschen können, wenn ihnen etwas negativ aufstößt. Jegliche Meinungsbildung untereinander ist ausgeschaltet.« Da niemand eine Uhr tragen dürfe, würden die Führungskräfte wie beim Kommiß mit der Trillerpfeife geweckt; ein »verknapptes Duschangebot« setze sie zusätzlich unter Streß. Der *Block*-Drill, so Goldner, sei bestenfalls ein Angebot für Militärfreunde oder harte Masochisten. »Im Seminar werden sie erst klein gemacht. Anschließend sind sie für jeden Strohhalm dankbar und geraten in Euphorie.« Zum Beispiel müsse jeder vor die Gruppe treten und irgendwelche schrecklichen Dinge, vorzugsweise aus seiner Kindheit berichten. Da kämen intimste Dinge zur Sprache; die Führungskräfte heulten »Rotz und Wasser«. Zum Schluß folge eine Übung namens »Wiedergeburt« – und anschließend lägen sich die Herren in den Armen. »Die sind dann nur noch ein Bündel ausgesaugter Leute. Psychologisch gesehen, werden alte Narben aus der Kindheit aufgerissen und die Leute mit den offenen Wunden dann aus dem Seminar entlassen. Das finde ich skandalös. Ein Teilnehmer war nach dem Seminar fix und alle – der hatte einen regelrechten Zusammenbruch. Aber diese Leute verwenden Methoden aus der Psychotherapie, ohne dafür eine Qualifikation zu haben. Das ist, als ob Sie dem Bäcker an der Ecke ein Chirurgenmesser in die Hand drücken und ihn dann in den OP stellen.«

In den *Block*-Richtlinien heißt es: »Ich nehme an diesem ›Spiel‹ teil, als ob die Lösung meines Lebens allein davon abhinge.« Das soll dann ihre »blockierten Energien aufbrechen« und »Excellenz/Glanz ins Leben bringen«. Auch *Block* will aber keine Leute mit psychischen Problemen trainieren. Offenbar sind schon mal welche »ausgeflippt«. Warum sonst müssen die Besucher in einem Fragebogen vor dem Training detailliert Auskunft über ihre »seelische Gesundheit« geben? Gefragt wird zum Beispiel: »Haben Sie in der Vergangenheit regelmäßig Psychopharmaka eingenommen?« Oder: »Haben Sie in der Vergangenheit psychiatrische oder psychotherapeutische Hilfe in Anspruch genommen?« Steven Goldner kommentiert: »Viele Leute wissen doch gar nicht, welche Probleme sie haben.« Zu der *Block*-Frage, ob der Teilnehmer sich für »psychisch durchschnittlich belastbar« hält, sagt der Psychologe: »Wie soll das jemand beurteilen, dem die Information darüber vorenthalten wird, was man im Seminar von ihm verlangt?«

Als *Block* und das ähnlich strukturierte Psycho-Training *UPT Hans Schuster* aus Pöttmes bei Augsburg (Seminarpreis: 3967,50 Mark) im Jahr 1996 wegen ihrer Methoden ins Gerede kamen, äußerten sie sich nicht etwa zu den umstrittenen Praktiken. Der *Block*-Boß Walter Kauffmann erklärte die Kritik Goldners statt dessen mit »Futterneid«. Mehr noch, beide Unternehmen besorgten sich sogar Persilscheine von Sektenberatern und stellten fest: »Wir sind keine Scientologen.« Das hatte jedoch niemand behauptet. Steven Goldner sagt: »Das ist der Scientology-Trick. Die schwarzen Pädagogen lassen sich bescheinigen, nichts mit Scientology zu tun zu haben, um von ihren eigenen Praktiken abzulenken. Aber wenn jemand kein Aids hat, kann man ja auch nicht sagen, der ist rundum gesund. Die Kernfrage ist: Wird mit den Menschen in Würde und mit Respekt umgegangen oder nicht? Es ist mit Sicherheit unwürdig, wenn sie ausgepowert werden, um ihren Widerstand zu brechen. Es ist ebenso unwürdig, wenn in ihre Persönlichkeit bis hin zum Sexualleben eingegriffen wird.«

Kampfmanagement statt Teamarbeit

Presseberichte über die Methoden von *Scientology, Landmark, PET, Block* und *UPT* haben inzwischen dazu geführt, daß auch gutwillige Persönlichkeitstrainer immer wieder in *Scientology*-Verdacht geraten. »Ich sage der Trainerseite: Die Methoden sind entscheidender als die Inhalte«, erläutert Steven Goldner. »Die Trainer müssen sich klar von den Gehirnwäschemethoden der schwarzen Pädagogen abgrenzen.« Doch nicht nur die Trainer, auch ihre Auftraggeber sind in ein schiefes Licht geraten. Einige Kritiker erklären den Erfolg der autoritären »Weiterbilder« mit einem beklemmenden Trend in der Wirtschaft. Vor einer schleichenden »Orwellisierung« warnt beispielsweise der Münchner Richter Jürgen Keltsch und spricht von »Kampfmanagern«, wie sie viele Unternehmen am liebsten hätten. »Es paßt einfach perfekt«, urteilt auch der bayrische Sektenexperte Wolfgang Behnk. »Einige Arbeitgeber wollen offenbar, daß ihre Mitarbeiter die Betriebsphilosophie wie eine Religion inhalieren, um sie besser unter Kontrolle zu bekommen.« Keine Frage: Solche Unternehmer gibt es. Doch für die Anforderungen des modernen Marktes sind gerade sie nicht angemessen gerüstet.

»Es kommt heute darauf an, intern und im Umgang mit den Kunden Eigenverantwortung zu zeigen, Bedürfnisse abzuwägen, in angenehmer Weise zu kommunizieren«, sagt Steven Goldner. »Was bei Block und anderen abläuft, ist aber genau das Gegenteil. Dort dürfen Sie ja eben nicht kommunizieren. Wer aber heute noch im Ernst glaubt, er könne mit einem totalitären Stil Mitarbeiter motivieren oder seine Kunden für blöd verkaufen, wird seinen Laden in Grund und Boden fahren – erfolgreiche Unternehmen benötigen keine Kampfmanager.« Das bestätigt Klaus Reiter von der *Siemens AG*: »Angebote, die stark direktiv und manipulativ angelegt sind, haben bei uns keine Chance. Wir wollen den selbständigen, mündigen Menschen, und nicht den, der zu einem funktionierenden Roboter geworden ist. Befehlsempfänger brauchen wir nicht. Solche Systeme lehnen wir ab.«

Der Psychologe Goldner glaubt allerdings auch, daß es einen Trend zur »Orwellisierung« gibt – »aber nicht in den großen Unternehmen, sondern bei einem Teil der Trainer«. Er sagt: »Wer keinen erkennbaren Nutzen herstellt, bekommt den Erstauftrag durch großartige Versprechen. Wer um Anschlußaufträge bangen muß, für den sind die Methoden der schwarzen Pädagogik ein Geschenk des Himmels. Diese Methoden führen zur psychischen Abhängigkeit und damit, ersatzweise für den Nutzen, zu Anschlußaufträgen. Unter allen Unternehmen, die ich kenne, ist aber keines dabei, das in den Methoden der Gehirnwäsche einen Nutzen für seine zukünftige Entwicklung sieht. Es ist ja wohl ein Unterschied, ob Leute auf bestimmte Versprechungen hereinfallen oder ob sie die Entwürdigungen gut finden.«

Nicht nur für den Laien ist längst unüberschaubar, welches Seminar unbedenklich und seriös, welche Managementberatung empfehlenswert ist. Da es einen TÜV weder für Unternehmensberater noch für Persönlichkeitstrainer gibt, finden nicht nur »Psycho-Offiziere«, sondern auch dubiose Gurus aus der harten Sektenszene ohne große Mühen eine Einflugschneise. »Das sind alles unregulierte Berufe«, sagt Wilfried Domke vom *Bundesverband der Unternehmensberater* in Bonn, der seine Mitgliedsfirmen genau überprüft. »Jeder kann sich ein Schild nehmen, Personalberater draufschreiben und es an die Tür schrauben.« Das gleiche gilt für Psycho-Trainer. Die Firmennamen sind meist geschickt gewählt und verraten ihre wahren Urheber nicht; wird ein Unternehmen in der Presse »geoutet«, wechselt es flugs den Titel. Wer vermutet hinter den *Excellence Seminaren*, der *Gesellschaft für Management-Technologie (GMT)* oder der Firma *Business Success* Mitglieder der *Scientology*-Organisation?

»Natürlich können wir es nur schwer verhindern, wenn ein Abteilungsleiter irgendwelche Kurse gut findet und dann den Leuten sagt, da müßten sie mal hingehen«, gibt der *Siemens*-Mann Klaus Reiter zu. »Das erfährt man oft zentral nicht.« Häufig wird dann aber auch nach den Methoden nicht mehr so genau gefragt. Das erscheint besonders bedenklich, wenn die Unternehmen ihre Mitarbeiter mit »freiwilligem« Zwang in Psycho-Trainings beordern. So klagten 1993 zahlreiche Mitarbeiter des Automobil-Zulieferers *Webasto AG Fahrzeugtechnik* aus Stockdorf bei München, daß die Psycho-Kurse des Neusser *Instituts für berufsfördernde Individual-Psychologie* de facto zu Pflichtveranstaltungen für die Führungskräfte und sogar für Sachbearbeiter geworden seien. »Jeder muß da durch. Jeder«, zitierte das Magazin »Top-Business« den ehemaligen Personalchef Hans-Peter Moser.[46] Die »Therapierung« des Unternehmens führte zu erheblicher Unruhe im Betrieb. Teilnehmer beklagten »Seelenstrips« im Seminar, einige seien während der neuntägigen Prozedur in völliger Abgeschiedenheit weinend zusammengebrochen. Die Berliner Sektenbeauftragte Anne Rühle sieht in dieser Praxis einen bedenklichen Trend: »Bei uns melden sich viele Arbeitnehmer, die von ihren Firmen zu Persönlichkeitsseminaren in entlegene Orte gekarrt werden, wo sie nicht wieder wegkommen.«

Immerhin: Um sich vor obskuren Trainern zu schützen, haben große Firmen in den letzten Jahren interne Check-Verfahren entwickelt, mit denen sie die Kursangebote durchleuchten. Klaus Reiter von der *Siemens AG* sagt: »Bei den Kursen, die wir selbst durchführen, richten wir uns nach Referenzen und führen eine Supervision durch. Wir sind außerdem dabei, ein Qualitätsmanagement aufzubauen, wo institutionalisiert Teilnehmerbefragungen stattfinden. Wenn Mitarbeiter zu Kursen außerhalb des Unternehmens gehen, fordere ich einen Bericht und möchte auch mal die Unterlagen sehen.« Auch zwischen den Großunternehmen würden inzwischen Erfahrungen und Erkenntnisse ausgetauscht, »gerade wenn es um Psychosekten geht.«

Ebenso wie *Siemens* läßt sich der Autohersteller *BMW* detaillierte Auskunft geben über das methodische und didaktische Konzept, den Seminarablauf und die einzelnen Übungen. An der Aufmerksamkeit der *BMW*-Kontrolleure scheiterte denn auch der ehemalige *EST*-Jünger Michael Walleczek. Nach einem Seminar mußte er seine Folienmappe wieder einpacken. »Der konnte nicht glaubhaft darstellen, was er da macht«, erläuterte Maximilian Neumeier, zuständig für Bildungsmaßnahmen im *BWM*-Zentralbereich.[47]

Was tun, wenn man trotzdem in ein obskures Training beordert wird? Gegen die »Orwellisierung« hilft im Normalfall nur »Abtauchen«. Steven Goldner rät: »Wer angewidert ist, sollte rausgehen, wenn das ohne Sanktionen möglich ist. Andernfalls: die Übungen zum Schein mitmachen, nicht auffallen, sich geistig abschotten. Innerhalb des Seminars Kritik oder Widerstand zu üben, das hält keiner aus. Die Trainer beherrschen es exzellent, denjenigen niederzumachen. Etwa so: ›Das ist ja wirklich interessant, was Du sagst, da könnte was in Deiner Biographie vorliegen, damit sollten wir uns jetzt beschäftigen.‹ Und bei einigen dieser schwarzen Pädagogen muß man damit rechnen, daß sie Informationen aus dem Kurs an das höhere Management weitergeben.«

Manchmal hilft auch die gute alte Solidarität. Viele arbeitslose Akademiker besuchen Fortbildungskurse, die das Arbeitsamt bezahlt. In Karlsruhe rebellierten 1995 neun von neunzehn Teilnehmern eines Personalführungskurses gegen die diktatorischen Methoden einer Weiterbildungsfirma, die bundesweit inseriert. Wie scheinbar inzwischen üblich, hatten die Trainer ihren Adepten verboten, im privaten Umfeld darüber zu reden, was im Seminar ablief; sie sollten sich auch nicht privat verabreden. Im Kurs waren »Seitengespräche« untersagt, und bestimmte Wörter (»wir« und »man«) durften nicht benutzt werden. Der Gruppendruck, bezeugen Teilnehmer, sei »enorm« gewesen. Immer wieder brachen Seminaristen während exzessiver Gruppensitzungen in Tränen aus; einige klagten anschließend über Appetit- und Schlaflosigkeit, Übelkeit, Hautausschläge, Kopfschmerzen und Angstzustände. Die Teilnehmerin Martina Behr* aus Ulm sagt: »Angstfreies Lernen war nicht möglich. Die Integrität der Teilnehmer wurde nicht gewahrt und die freie Meinungsäußerung eingeschränkt.« Übereinstimmend berichten Kursbesucher, daß sie die Inhalte von Gesprächen der Kursleitung »petzen« sollten und sogar gefragt wurden: »Mit wem hast du telefoniert?«

Als ein Teilnehmer von »Gehirnwäsche« sprach und die Trainingsmethoden mit den Praktiken der Psycho-Sekte *VPM* verglich, kam es zum offenen Konflikt. »Dem Dissidenten wurde gekündigt, und er sollte sich sogar verpflichten, den Mund zu halten«, erinnert sich Martina Behr. »Zu den konkreten Vorwürfen sagte der Kursleiter gar nichts. Er lehnte jede Stellungnahme ab.« Anstatt die Methoden zu ändern, nannte der Co-Referent die Gruppe nun einen »Organismus, der von Krebs befallen« sei und befand: »Diese Krebs- und Metastasenzellen müssen herausgeschnitten werden.« Als sich daraufhin das Klima weiter verschlechterte, wandten sich neun Schüler mit einer »Persönlichen Erklärung« an das Arbeitsamt, das den Kurs als Fortbildung finanzierte (pro Teilnehmer 20000 Mark). Sie erklärten, daß die Gruppenprozesse sie »in unzumutbarer Weise psychisch und körperlich« belasteten und »Manipulationstechniken« sie in ihrer Menschenwürde verletzten. Im Mai 1995 verließen sie den Kurs. Das Arbeitsamt ordnete schließlich eine psychologische Untersuchung des Seminars an und akzeptierte die Entscheidung der Schüler. »Weitere Kurse machen wir mit dieser Firma nicht«, teilte uns die Behörde mit.

Der Karlsruher Fall ist eine Ausnahme. Die meisten Teilnehmer totalitärer Seminare halten die Machtspiele der Psycho-Gurus offenbar für ganz normal. Über 7000 Menschen haben nach Angaben des Veranstalters schon *Block*-Seminare besucht; Kritik wurde kaum je laut. Im Gegenteil, die Fachpresse schrieb begeistert von »wertvollen Ergebnissen« (»Managementwissen«) und »zusätzlichem Energiegewinn« (»Wirtschaftswoche«).[48] In einem *Block*-Prospekt jubelte Roland Böhler, stellvertretender Vorstand für Marketing und Vertrieb der *Hugo Boss AG*: »Es ist wirklich erstaunlich, welche spürbare und anhaltende Stärkung der Persönlichkeit in nur wenigen Tagen möglich ist.«[49]

Wer den Menschen als eine biokybernetische Maschine ansieht, wie es viele »Weiterbilder«, die *Scientologen*, aber offenbar auch einige Unternehmer tun –, der glaubt auch, daß man ihn durch Psycho-Techniken »optimieren« könne. Das Arsenal hochwirksamer Methoden steht bereit – und sie können von gerissenen »Trainern« mühelos zur Menschenmanipulation verwendet werden. »Wenn ich akzeptiere, daß der Meister mehr weiß als ich, dann akzeptiere ich auch, daß er mich besser kennt als ich mich selbst«, erläutert der Sektenexperte Hansjörg Hemminger. Betriebswirtschaftlich ausgedrückt: Wer seine Kunden bei der Stange halten will, um Leistungen auf Dauer abzusetzen, muß massive und subtile Steuerungstechniken anwenden, die den einzelnen fest einbinden und seine Kritikfähigkeit ausschalten. »Er muß davon abgehalten werden, seine subjektive Kosten-Ertragskalkulation vornehmen zu können«, sagt der Wirtschaftsprofessor Peter Conrad aus Bernau.[50]

Einige Chefs von Psycho-Gruppen und »Kulten der zweiten Generation« haben lange Karrieren in der Seminar- oder Sekten-Szene hinter sich. Hemminger: »Sie haben hier etwas aufgeschnappt, dort etwas mitgenommen.« Das Kurssystem der *Scientologen*, die strengen Seminarregeln von *Landmark Education*, die Motivationsschübe eines Anthony Robbins oder die »Ganzheitlichkeit« des New Age. Während aber *Scientology* im Mittelpunkt der Kritik steht und zunehmend unter Druck gerät, entstehen ihn ihrem Windschatten kleine Psycho-Kulte, die nicht weniger totalitär sind.

Hannes Scholl: Der Westentaschen-Guru

Eine »neue Sumpfblüte unter den Psycho-Sekten« nannte das Nachrichtenmagazin »Focus« den Schlager der Münchner Psycho-Saison 1994/95: eine Newcomer-Sekte, die sich als *Hannes Scholl – Ontologische Trainings* bezeichnete. Von ihrem Guru Hannes Scholl kann man lernen, wie man sich eine moderne Sekte zimmert, dabei reich wird – und wie man alles wieder verspielt.

Doch das Wort Guru will zu Hannes Scholl eigentlich so wenig passen wie zu David Miscavige, dem smarten Boß der *Scientology*. Scholl, 1959 geboren, sieht ausgesprochen gut aus, trägt Maßanzüge und residiert in pastellfarbenen Räumen und Designermöbeln. Er ist der Prototyp des modernen Sekten-Chefs. 1991 tauchte er in München auf und eröffnete das »ontologische« Schulungszentrum »Möglichkeit«, den Vorläufer seiner späteren »Einweihungsschule«. Der elegante Beau stellte sich auf »Esoterik-Tagen« vor, warb mit ganzseitigen Anzeigen im Eso-Fachblatt »Connection« und wurde im Nu szenebekannt. Scholl, ein Mann mit unbestreitbarem Charisma, wußte, was die Schwabinger Schickeria brauchte: spirituelle Leerformeln, die alles und nichts bedeuten.

In seinen hübschen, sehr gediegen wirkenden Katalogen mit ausgesuchten Titeln wie »Der nächste Schritt« oder »Umbruch ins Licht« verspricht er die »Freisetzung des Bewußtseins«, den »fundamentalen Durchbruch zur eigenen Großartigkeit« und die »Steigerung von Intelligenz und Fähigkeiten«. Er versteht sich perfekt auf eine zeitgeistige Psycho-Sprache von nebulöser Größe: »Nur durch die *conjunctio oppositorum*, die Vereinigung der Gegensätze, erreicht ein menschliches Bewußtsein die Freiheit. Für diesen Schritt ist es unerheblich, wie weit ein Bewußtsein schon erweitert ist; das Überschreiten der Grenze, das Verlassen der Höhle ist für jeden Menschen immer und überall der gleiche Schritt: Die Meisterung der Angst vor dem Unbekannten. Es ist ein Abenteuer ohne Beispiel.«[51]

Zu seinen Acht-Tage-Seminaren strömten Zahnärzte, Ingenieure und Studenten, vor allem aber Yuppies aus der PR- und Werbebranche sowie Angestellte von privaten Fernsehsendern. Sie erwartete ein Abenteuer der ominösen Art. Scholl ließ seine Jünger wenig schlafen und erschöpfte sie zusätzlich mit bizarren Übungen, die an *EST* und *Scientology* erinnerten.[52] So mußten sich die Adepten drei Stunden lang immer wieder vom Stuhl erheben und auf ein knappes »Danke« vom Übungsleiter wieder setzen. In Gruppenübungen, die den Hyperventilationspraktiken aus Schrei-Therapien ähnelten, sollten Schlüsselerlebnisse aus der Kindheit aufbrechen und »Stopper aufgearbeitet« werden – Hindernisse auf dem Weg zur »vollendeten Freiheit«. Kritik war indessen nicht erwünscht, berichtete das Magazin »Focus«. Weil es bei den Trainings »nichts zu verstehen« gebe, so Scholl, werde auch »nicht diskutiert«, und es würden »keine Meinungen ausgetauscht«. Die Seminartrainer paukten den Teilnehmern ein: »Was immer du denkst, kommt nicht wirklich von dir.« Alle Kunden müßten ein gewisses »Es« – ihre Selbstzweifel – erst aus dem Weg räumen, um ihr »Bewußtsein zu befreien«, sprich: Sie sollten ihre alte Identität begraben. Der Weg dahin führte – kaum verwunderlich – auch über glühende Kohlen und in tiefe Wälder. Der Münchner evangelische Sektenbeauftragte Wolfgang Behnk nennt Scholl wegen seiner dubiosen Seminar-Methoden einen »gefährlichen Psycho-Guru mit totalitärer Tendenz«.

Billig war das alles nicht. Schon die »Einweihungsstufe I« kostete schlappe 890 Mark, für Stufe II berechnete Scholl 2500 Mark. Kunden, die noch nicht über die nötige Mittel verfügten, konnten im »Geld-Training« für 250 Mark lernen, wie man sie beschafft. Richtig teuer wurde es dann ab »Einweihungsstufe III« für 8500 Mark. Dort sollten die Adepten schließlich zur Persönlichkeits-»Transformation« geführt werden und die »wirkliche Selbstfindung« erreichen, in Wahrheit aber auf den Guru gepolt werden. Jedenfalls bezeichneten Aussteiger die im Kult verbliebenen Jünger als »gehirngewaschen«.[53] Scholl-Schüler selbst gaben Worte von sich wie: »Ein Mensch wie Hannes Scholl steht außerhalb jeglicher Norm.« Bis 1996 buchten mehr als 1500 Probanden das Programm zur »unendlichen Erfüllung« – und füllten dabei ihrem Guru das Konto mit etwa drei Millionen Mark, wie Abtrünnige errechneten.[54]

Hannes Scholl aber reichte das noch nicht. Als die ersten Schüler seine Erleuchtungsstufe III erreicht hatten, borgte er sich den ebenso simplen wie begnadeten Trick des *Scientology*-Gründers L. Ron Hubbard und stockte sein Programm kurzerhand auf sieben Stufen auf. In einem persönlichen Werbeschreiben formulierte der Guru: »Die Grundlage unseres siebenstufigen Trainingsprogramms zur Bewußtseinsbefreiung ist das Möglichwerdenlassen von etwas, was bisher nicht da war«, nämlich »das freie, uneingeschränkte Erschaffen Ihrer Zukunft«.[55] Es war nicht die einzige Anleihe bei den Meistern des Fachs. Scholl kreierte beispielsweise einen eigenen Initiationsritus in Form des Shaktipak – der Kraftübertragung vom Guru auf den Jünger mittels Berührung. Kurz: Das Kursprogramm der *Hannes-Scholl-Gesellschaft* wirkt »wie das einer im Reagenzglas gezüchteten Retortensekte« (»Die Woche«)[56], es ist – so urteilt der Sektenexperte Hansjörg Hemminger – ein »wilder Mix« aus *Scientology, EST*, Hinduismus, Psychotherapie und Motivationstraining.

Kein Wunder: Wie seine »ontologische Gesellschaft« aus dem Reagenzglas stammt, so ist Hannes Scholl eine Art Retortenguru, der sich aus dem Fundus der verschiedensten Erleuchtungsfabriken bediente. Der smarte Meister aus München absolvierte eine Lehre als Modellschreiner bei *BMW*, bis er in »existentielle Sinnzweifel« geriet, wie er in seiner Kurzbiographie schreibt.[57] Mit autogenem Training und einer Reinkarnationstherapie versuchte er, Abhilfe zu schaffen. Nach der Lehre wurde er Vermögensberater, ab 1981 arbeitete er als Fotomodell und für die Fernsehwerbung, doch er fand »im finanziellen Wohlstand keinen Frieden«. 1983/84 widerfuhr ihm ein »einschneidendes Erlebnis« im Ashram des Inders Swami Muktananda in Ganeshpuri: »Es ist, als wäre ich aus einer finsteren Höhle zum ersten Mal ins Freie getreten.« Gleichzeitig wurde er Anhänger der Lehre des indischen Gurus Jiddu Krishnamurtis, nahm an Rebirthing-Kursen in der Schweiz teil, beschäftigte sich in Japan mit Zen-Buddhismus und besuchte in New York von 1987 bis 1989 Seminare von Werner Erhard und den *EST*-Ablegern *Lifespring* und *The Course*.

1984 widerfuhr ihm angeblich die Begegnung mit einer »geistigen Bruderschaft«: »Von dort erhält er die altägyptische Einweihung und den Auftrag, sich für sein Lebenswerk als spiritueller Lehrer vorzubereiten«. Diese »Bruderschaft« entstammt bekanntlich der Geheimlehre der Theosophie und geistert seitdem durch okkulte Kreise: Die Rede ist von jener ehrwürdigen Runde aus Krishna, Buddha, Jesus, Franz von Assisi, Leonardo da Vinci und Johann Wolfgang von Goethe, die auf den Gipfeln des Himalaya-Gebirges ihre Sitzungen abhält; es ist eine Lehre vom Übermenschen, die auch die Nazis hellauf begeisterte. Auf »Weisung der Bruderschaft« ging Scholl nach Amerika, nahm Schauspielunterricht in New York und gründete 1989 in Los Angeles sein erstes eigenes Trainingszentrum *Light-Life Seminar.* Als sein Geist plötzlich »in kosmisches Bewußtsein« einging, zog es ihn zurück nach München. »Bevor der wachsende Erfolg ihn in Kalifornien unabkömmlich werden läßt, trifft Hannes Scholl seine Wahl für das heimische Europa«, schreibt er in seiner Biographie. Er begann, sein Buch »Wort – die vergessene Macht« zu verfassen und gründet einen Verein, der nach mehren Namenswechseln schließlich als *Hannes-Scholl-Gesellschaft* firmierte.

Sein Erfolg war überwältigend. In Scholls Mitgliederzeitschrift »News und Transformation« schrieb die beglückte Teilnehmerin Josefine H.: »Die Trainings haben mich in eine Seins-Qualität gebracht, die ich nie für möglich gehalten hätte. Meine Arbeitskollegen sprechen jetzt zu mir, ich sei das Licht. Ich bin das Licht.«[58] Solch überströmende Dankbarkeit nutzte der »Westentaschen-Guru«, wie ihn Hemminger nennt, um seinen Jüngern auch noch den »Zehnten« ihres Einkommens abzuknöpfen. Mit dem Geld wollte er auf einer Insel im Ionischen Meer einen Tempel errichten (Kostenpunkt 1,5 Millionen) und dort gemeinsam mit den Auserwählten in »Aufrichtigkeit und Integrität« zusammenleben. »Es ist ganz einfach«, so Scholl, »du gibst von allem, was du verdienst, ein Zehntel in die Tempelkasse – auch wenn du dich vielleicht manchmal gar nicht danach fühlst.« Das Geschäft brummte; die Bewegung expandierte sogar nach Berlin, wo Scholl-Vertraute bereits eigene Trainings abhielten.

Dann plötzlich kam der Absturz. Auf einer Gruppenreise nach Ägypten machte sich Scholl zu Weihnachten 1995 an eine seiner Schülerinnen heran, was seine Lebensgefährtin Janin T. zur Weißglut trieb. Sie flog zurück nach München, durchwühlte seine Räume und fand dabei genügend Material, um den untreuen Guru hochgehen zu lassen. 14 von 16 freien Mitarbeitern kündigten zu Beginn des neuen Jahres, und am 15. Januar 1996 um 19.30 Uhr machten die Dissidenten ihrem Führer vor achtzig Anhängern in der Münchner »Einweihungsschule« öffentlich den Prozeß.

Hannes Scholl hatte stets von sich behauptet: »Ich bin der Weg und ich lebe, was ich lehre – 24 Stunden am Tag.« Jetzt wurde klar, daß er Wasser gepredigt und Wein getrunken hatte. Die Abtrünnigen verlasen abwechselnd ein Papier, um die Gründe für ihren Ausstieg offenzulegen. Ilse Kroll hat die Veranstaltung miterlebt. Die Mitarbeiterin des evangelischen Sektenbeauftragten Wolfgang Behnk berichtet: »Es war eine sehr emotional vorgetragene Abrechnung mit einem Mann, der die Vortragenden zutiefst enttäuscht haben muß. So wie der Vortrag, war die gesamte Situation äußerst emotional. Durch ständige Umarmungen vor der Veranstaltung unter den meisten Anwesenden wurde Solidarität und Einheit kundgetan.«[59]

Die Hamburger Wochenzeitung »Die Woche« zählte einige der Fragen auf, die der Sekten-Chef sich anhören mußte: »Warum hatte Scholl ihnen von Versicherungen, diesem ›irdischen Unsinn‹ abgeraten – selber aber 9000 Mark für eine eigene Lebensversicherung aus dem Konto der Hannes-Scholl-Gesellschaft entnommen? Wenn er erleuchtet war, warum hat er dann ein Fortbildungsseminar bei einer anderen Sekte besucht? Wie konnte er von offiziell 300 Mark netto leben – dem Hungerlohn, den er auch seinen Angestellten bezahlte, aber auf Schloß Eurasburg einen aufwendigen Lebensstil zelebrieren? Und warum behauptete er, der Erleuchtete, ohne körperliche Liebe auszukommen, während er zugleich nach Aussage diverser Anhängerinnen sexuelle Beziehungen mit ihnen pflegte, über die sie ein Schweigegelöbnis ›über den Tod hinaus‹ ablegen mußten?«[60]

Ilse Kroll resümiert: »Was an den gemachten Vorwürfen der Realität entspricht und was nicht, kann nicht festgestellt werden.« Die Zuhörer schwiegen, schauten betreten auf den Boden, während die Ankläger den Raum verließen, denn eine Diskussion wollten sie nicht führen. Ein Anwesender rief: »Das ist das Material, aus dem Kriege gemacht werden! Geht den Weg der Verzeihung und Vergebung!« Ein anderer hielt ein Transparent hoch: »Liebe, die da endet, wo der Schmerz beginnt, bleibt profan.« Doch es war schon zu spät. Es fehlten Gelder; niemand wußte, wo sie abgeblieben waren. Hannes Scholl schob die Schuld später auf »die Geschäftsführung«: »Mein Fehler war, sie Laien statt Profis in die Hand zu geben.« Die *Hannes-Scholl-Gesellschaft* mußte Konkurs anmelden.

Ilse Kroll hatte nach dem Ende der Veranstaltung kurz die Gelegenheit, mit Hannes Scholl zu sprechen. Der gestürzte Sektenmeister erklärte zerknirscht, er habe eigentlich nie vorgehabt, ein Guru zu werden, sei aber »von einigen seiner Mitglieder als Guru betrachtet und zu einem Guru ge-

32 WISSENSCHAFT & GESELLSCHAFT

DIE WOCHE · 1. März 1996

Der schöne Guru

HANNES SCHOLL, *der Chef eines lukrativen Erleuchtungs-Betriebs, scheiterte an der Eifersucht seiner Jüngerinnen*

VON BARBARA WENDT

Tagsüber geht Amalie F. einem bürgerlichen Beruf nach: Sie ist Unternehmensberaterin für die EDV-Branche. Nach Feierabend aber verwandelt sich die Heidelbergerin in „Frau Domestos" – dann reinigt sie im Nebenjob verstopfte Kraftzentren und bringt blockierte Energie wieder zum Fließen. In jüngster Zeit bekommt Frau Domestos viel Zulauf aus dem Münchner Raum. Dort ist gerade eine der vielen Sumpfblüten verendet, die im Psychomarkt wuchern: die Hannes-Scholl-Gesellschaft, benannt nach ihrem charismatischen Guru. Und ein Teil der verwirrten Scholl-Jünger ist jetzt bei Frau Domestos in Behandlung. Begründung: „Hannes hat unsere Energien abgezogen."

Wenn's das nur wäre. Hannes Scholl, Ex-Model, Ex-Schauspieler und Ex-Modellbauer bei BMW, hat seinen Anhängern vor allem eine Menge Geld abgenommen. Seit der selbsternannte Guru 1991 in München sein „ontologisches Schulungszentrum" eröffnete – das seither x-fach umgetauft wurde –, haben mindestens 1200 „Schüler" seine „Trainings" absolviert. Lernziele: „Wirkliche Selbstfindung", „unendliche Erfüllung", „Steigerung von Intelligenz und Fähigkeiten". Kostenpunkt: 890 Mark für Trainingsstufe I, 2500 Mark für Stufe II, 8500 Mark für Stufe III. Die Angaben über den Umsatz des Erleuchtungsunternehmens schwanken: Abtrünnige haben 3 Millionen Mark errechnet, Scholl selber spricht von 850 000 Mark im vergangenen Jahr. Auf jeden Fall boomte das Geschäft.

Doch plötzlich brach alles zusammen. Ganz wie bei Meiers nebenan

[…]

höchsten Bewußtseinsstufe zu führen. „Es ist ganz einfach", so der Guru, „du gibst von allem, was du verdienst, ein Zehntel in die Tempelkasse – auch wenn du dich vielleicht manchmal gar nicht danach fühlst."

Kursgebühren, Tempelspenden – wo ist das ganze Geld geblieben? Scholl zur *WOCHE*: „Das wüßte ich auch gern." Der Guru gibt sich als Geschäftsmann: „Die Geschäftsführung war hanebüchen. Mein Fehler war, sie Laien statt Profis in die Hand zu geben!" Wie auch immer: Die Hannes-Scholl-Gesellschaft mußte Konkurs anmelden.

Vom Fotomodell zum Großstadtheiligen: HANNES SCHOLL

Und die Jünger? Ein Teil nimmt Zuflucht bei Frau Domestos. Andere werden von Krämpfen und Zittern geplagt, finden keinen Schlaf: aus Angst, der Guru könne „feinstofflich über sie kommen". Sekten-Spezialist Hemminger kennt solche Phänomene: „Es können nach dem Verlust der Gemeinschaft depressive, aber auch fast psychotische Symptome auftreten, die ihre Zeit brauchen, bis sie abklingen."

Andere Scholl-Jünger finden Unterstützung bei einem professionellen Ausstiegsberater, der ihnen zurück in den Alltag hilft. Zum Beispiel Ute M.: Die 20jährige Auszubildende war über die Empfehlung ihrer Schwester in den Bann des Gurus geraten. Weil sie den Versprechungen des Erleuchteten und seiner Gehilfen glaubte, daß Studium oder Berufswahl überflüssig würden („in zwei Jahren bist du auch so ekstatisch glücklich"), hatte sie ihre Lehre hingeworfen und war gleich nach München gezogen. Ute, samt Schwester inzwischen wieder zurück in der Familie, will jetzt ihre Ausbildung wiederaufnehmen. Heute ist sie hin- und hergerissen zwischen Ungläubigkeit

Eifersucht stürzte den Guru: »Die Woche« über Sektenchef Hannes Scholl

macht« worden. Damit sei jetzt Schluß, wie überhaupt »mit einigen Punkten aus der Vergangenheit«. Es gehe in erster Linie darum, »den Schaden so gering wie möglich zu halten«.

Ob Hannes Scholl dabei wohl an seine Jünger dachte? Sie hatten zum Teil erhebliche Probleme, mit dem abrupten Ende ihrer Erleuchtungshoffnungen zurechtzukommen. Einige wurden depressiv, litten unter Schlaflosigkeit oder fixen Ängsten. Andere fanden Hilfe bei einem Ausstiegsberater. Die 20jährige Ute M., die auf Empfehlung ihrer Schwester an Scholl geraten war und deshalb sogar ihre Lehre hingeworfen hatte, wundert sich heute selbst, warum sie den hohlen Worten des schicken Gurus aufgesessen war. Sie sagt: »Ich komme mir vor wie nach einer schweren Krankheit – das Leben hat neue Qualitäten.«[61]

Wieder andere konnten von ihrem verehrten Meister nicht lassen und folgten ihm auf dem Bhaktiweg – dem »Weg der Liebe« – zur weiteren Erleuchtung. Seit Januar 1996 nennt sich Hannes Scholl Ayura und bietet den Getreuen seine erhellenden Dienste auf Schloß Eurasburg zu Schnäppchenpreisen von 250 Mark an. Er hat auch einen neuen Verein namens *Durchbruch e. V.* gegründet und besaß im Frühjahr 1997 schon wieder eine ansehnliche Anhängerschar.

Alchemisten der Marktwirtschaft

Strukturvertriebe: DVAG, HMI, OVB, AWD, Amway, Quorum, NSA, Herbalife

Drücker, Klopper, Bauernfänger

»Früh wenn der Bock schreit, schreit auch die Ziege, mäh, mäh, mäh – mäh, mäh, mäh.«[1] Hunderte von gestandenen Männer und Frauen werfen die Arme in die Luft und singen ein Kinderlied bis zur Bewußtlosigkeit. Sie fassen sich an den Händen und bewegen die Oberkörper leicht hin und her. Ein Redner heizt die Stimmung an. »Seid Ihr für den Erfolg geboren?« ruft er. Antwort der Menge: »Ja!« Die Leute springen von ihren Stühlen, stampfen mit den Füßen, johlen und pfeifen. Immer wieder stehen einzelne auf und deklamieren lauthals und pathetisch: »Ich bin großartig. Ich habe großartige Partner. Gemeinsam erreichen wir Spitzenleistungen.«

Psycho-Seminar oder Sekte? Nichts von beidem. Es ist die Großveranstaltung einer »beruflichen Familiengemeinschaft«, wie es der Chef der Truppe formuliert. Der Mann heißt Reinfried Pohl, ist promovierter Jurist und leitet einen der größten und mächtigsten Strukturvertriebe in Europa, die *Deutsche Vermögensberatungs AG (DVAG)*, einen sogenannten Allfinanzvertrieb. 12 000 Versicherungsvertreter stehen in Reinfried Pohls Diensten, dem fünfzig Prozent der Aktien gehören. Allein 1995 verkauften sie für über 25 Milliarden Mark Versicherungen, Bausparverträge und Investmentfonds. Auf den Versammlungen ruft Pohl seinen Leuten zu: »Wir sind die Nummer Eins! Gemeinsam sind wir stark!«[2]

Die Seelenmassage ist bitter nötig. Um den Ruf der Branche steht es nicht zum besten. Struktur- oder Direktvertriebe produzieren nichts, sondern sind reine Vertriebsorganisationen, zum Beispiel für Versicherungen, Geldanlagen, Immobilien, Unterhaltungselektronik, Kosmetika, Haushaltsartikel, Tierfutter, Wasserfilter und vieles andere mehr. Ihre Außendienstler gelten als Drücker, Klopper, Bauernfänger. Um möglichen Selbstzweifeln vorzubeugen, wird den »Strukkis«, wie sie branchenintern heißen, in Versammlungen und Seminaren die Unternehmensphilosophie wieder und wieder eingehämmert. Und weil sich besser einprägt, was man selbst lernt und laut ausspricht, müssen sie brüllen. Immer wieder, immer lauter. »Wir sind Sieger! Wir sind die Größten!« und »Uns gehört die Welt!«

»Die Massen werden nach allen Regeln der Kunst regelrecht aufgepeitscht«, schreibt der ehemalige *DVAG*-Verkäufer Wolfgang Dahm über die Jubelparties. »Der einzelne Teilnehmer wird nicht gefragt, ob er mitmachen möchte. Und wenn er den vorgebeteten Unsinn lange genug nachplappert, ist er irgendwann selbst davon überzeugt, dafür sorgt sein Unterbewußtsein automatisch.«[3] Dahm vergleicht die Psycho-Spiele der Manipulateure im Strukturvertrieb mit den Praktiken totalitärer Sekten: »Es werden auffällig viele Methoden von den Sekten übernommen.«[4] Von regelrechter »Gehirnwäsche« spricht auch Peter Weghorn, bis Juli 1992 »Generalrepräsentant« der *HMI*-Organisation *(Hamburg-Mannheimer International)*, einem Strukturvertrieb der *Hamburg-Mannheimer Versicherung*.[5] Weghorn urteilt: »Bei Strukturvertrieben handelt es sich fast immer um menschenverachtende umsatzorientierte Systeme, denen Leute vorstehen, die Hunderttausende von Menschen schlicht und einfach hinters Licht führen.«[6]

Wolfgang Dahm und Peter Weghorn waren die ersten Strukturvertriebs-Profis, die es wagten, öffentlich die Verkaufs- und Psycho-Tricks der umstrittensten deutschen Firmen zu kritisieren. Ihre Bücher über die »abgebrühten Geldgeier« (Dahm) und »kranken Gehirne« (Weghorn) erschienen fast zeitgleich im Frühjahr 1996. Erstaunlich ist, daß es mehr als zwanzig Jahre dauerte – so lange sind Strukturvertriebe in Deutschland aktiv –, bis Insider den Mut fanden auszupacken. Die drastischen Schilderungen der Autoren gleichen sich oft bis aufs Haar: wie Leute geworben und Kunden das Blaue vom Himmel herunterversprochen werde. Vor allem aber: Beide Aussteiger beschreiben sektenähnliche Strukturen in diesen Network-Marketing-Firmen, wie sie beschönigend auf Amerikanisch heißen.

Während uns Peter Weghorn am Telefon mitteilte, daß die *HMI* auf sein Buch mit »absolutem Stillschweigen« reagiert habe, ergriff die *DVAG* rechtliche Schritte, um zu erreichen, daß der *Gabler-Verlag* Wolfgang Dahms Bericht »Beraten und Verkauft« nicht mehr verbreiten dürfe. In einem Schriftsatz heißt es: »Wir vertreten nämlich die Auffassung, daß Inhalt und Darstellungsweisen des streitgegenständlichen Buches es rechtfertigen, ein Gesamtverbot zur Veröffentlichung und Verbreitung zu erlassen.« Es handele sich bei dem Buch durchgängig um eine »böswillige Schmähkritik« mit »pauschalen Aburteilungen«. Falls das Werk nicht als ganzes verboten würde, sollten ersatzweise 97 (!) Textstellen untersagt werden, die »wettbewerbswidrig«, »herabsetzend« und »beleidigend« seien. In erster Instanz unterlag die *DVAG* vor Gericht; die Berufungsverhandlung hatte bis zum September 1997 noch nicht stattgefunden. »Beraten und Verkauft« war im Buchhandel bis dahin frei erhältlich. Wir haben uns entschlossen, über die persönlichen Eindrücke und Wertungen Wolfgang Dahms zu berichten, da sie denen anderer Ex-Strukkis ähneln. Auf die Meinung der *DVAG* weisen wir jeweils hin.

»Doktor Pohl heißt dieser Denker, der die Allfinanz erfand. Wir sind ihm alle dafür dankbar, er reicht uns allen seine Hand«, singen Vasallen auf einer Jubelfeier der *DVAG*.[7] Bei derartigen Veranstaltungen werde dem *DVAG*-Boß Reinfried Pohl wie einem Guru gehuldigt, schreibt Wolfgang Dahm;

ein absurder Personenkult ranke sich um den »Geldmessias«.[8] Verkündet beispielsweise der Chefeinheizer auf der Bühne, daß der »Big Boß« eine Runde belegter Brötchen spendiert, dann tobt die Menge. »Die Jungs sind eben wirklich gut dressiert«, meint Dahm.[9] Und wo ein Messias ist, ist auch eine Heilslehre nicht fern. Zwei Ratschläge, so Dahm, würden den Pohl-Jüngern imer wieder eingepaukt: »Mache Geld und helfe (sic!) anderen, Geld zu machen« und »Frage nicht, was bringt es mir. Frage immer, was bringt es der Gemeinschaft«.[10] Verblüffend: Die Slogans stimmen fast wörtlich mit berüchtigten *Scientology*-Richtlinien überein (»Mache Geld, mache mehr Geld, sorge dafür, daß andere Geld machen.«[11]). Mit diesem geistigen Rüstzeug sollen die Mitarbeiter dann sozusagen auf »Mission« im Dienst der Firma ziehen. »Es ist die Pflicht jedermanns, der eine Lehre als wahr, wichtig und hilfreich erkannt hat, sein Möglichstes zu tun, um sie zu verbreiten«, heißt es laut Wolfgang Dahm bei der *DVAG*.[12]

Die Berliner Sektenbeauftragte Anne Rühle betreut auch Opfer von Strukturvertrieben. Sie fühlt sich an die Ideologie von Persönlichkeitsseminaren wie *Kontext* erinnert: »Es sind im Grunde ähnliche Mechanismen. Die Leute werden mit der Vision gelockt: Du kannst alles erreichen, egal ob Du Professor oder Straßenfeger bist.« Wie in den Erfolgstrainings eines Werner Erhard, Ernst Lemmer oder Walter Kauffmann werden die Mitarbeiter mit Omnipotenzphantasien aufgepumpt. Es ist viel von Stolz, Erfolg und Selbstbewußtsein die Rede. »Ein Strukki bekommt als oberstes Gebot das Streben nach Erfolg eingetrichtert«[13], stellt Wolfgang Dahm fest. Und das nicht nur bei der *DVAG*, sondern in jedem Strukturvertrieb, wie der *HMI*-Aussteiger Peter Weghorn bestätigt: »Strukturvertriebe sind Systeme, die keinen Mißerfolg zulassen und akzeptieren können. (…) Mitarbeiter, die in Strukturvertrieben beginnen, pflegen ihren Traum, in kurzer Zeit Millionär zu werden und nichts mehr arbeiten zu müssen.«[14] Weghorn faßt zusammen: »Den Mitarbeitern in Strukturvertrieben wird das Gefühl vermittelt, daß sie etwas Besonderes seien, Auserlesene, die die Chance haben, von normalen Menschen zu Göttern zu werden – und Götter können und dürfen alles tun, was ihnen beliebt.«[15]

Da wundert es kaum, wenn der Amerikaner John Kalench, ein intern hochverehrter Prophet des Strukturvertriebswesens, seinen persönlichen Weg wie eine religiöse Erleuchtung schildert: »Freunde, es gibt einen besseren Weg des Lebens und Arbeitens! Es gibt einen Weg, diesen ewigen Überlebenskampf hinter sich zu lassen und so die Kontrolle über das eigene Leben zurückzugewinnen. Es gibt einen Weg, frei zu sein!«[16] Die Erlösung à la Kalench heißt: Multilevel Marketing oder Network Marketing.

Ein revolutionäres Vertriebssystem: *Amway*

Der vermutlich erste Strukturvertrieb war die US-Firma *California Vitamins*, die Anfang der 40er Jahre damit begann, Multivitaminpräparate nach einem ganz neuartigen Prinzip unter die Leute zu bringen.[17] Die Mitarbeiter waren keine Angestellten mehr, sondern jeder tingelte als sein eigener Handelsherr durch die Lande, baute eine eigene Verkaufsorganisation auf und gab Provisionen ab, wie er auch selbst von seinen Mitarbeitern Provisionen kassierte – nach verschiedenen Vergütungsstufen (daher der Name Multilevel Marketing). Die Spitzenverkäufer Richard de Voss und Jay van Andel verließen 1959 das Unternehmen, das inzwischen *Nutrilite* hieß, um ihren eigenen Strukturvertrieb aufzubauen. Sie nannten ihre Firma *Amway Corporation*. Die Firma *Amway* – eine Abkürzung für »American Way« – handelt mit Kosmetik, Waschmitteln und Vitaminprodukten und wuchs über die Jahre zum größten weltweit operierenden Strukturvertrieb heran. Sie hat heute etwa eine Million Repräsentanten, erzielte 1996 einen Umsatz von weltweit 6,8 Milliarden US-Dollar und ist rund zwei Milliarden Dollar wert.[18]

Den großen Durchbruch für das neue Vertriebssystem brachte jedoch der Tycoon Glen W. Turner, ein Betrüger und Hyper-Pleitier, zustande. Sein Unternehmen *Turner Enterprises* verkaufte zahlreiche Billigprodukte wie Lederkoffer, Bücher, Kosmetik, aber auch Motivations- und Persönlichkeitstrainings. Turner war ein Prophet des Erfolgsdenkens wie später Anthony Robbins. Seinen zweifelhaften Ruhm erwarb er mit einem *illegalen* Schneeballsystem, wobei er die Tatsache nutzte, daß das Network Marketing prinzipiell immer nach dem Schneeballsystem funktioniert. Die Grenze zum Betrug ist dabei schnell überschritten.

Strukturvertriebe sind pyramidenartig aufgebaut. Man fängt unten an und dient sich hoch. Strukkis müssen einen Teil ihrer Provisionen – zum Beispiel beim Verkauf von Versicherungen – an die Ranghöheren abliefern. Wer reichlich Umsatz macht und viele Leute anwirbt, die wieder Leute anwerben (Schneeballeffekt), der verdient besser und steigt auf; er betreut die Neulinge und verdient an deren Provisionen mit. Erklimmt ein Rangniederer eine höhere Stufe, drückt er auch seinen eigenen Betreuer hoch. Ein herausragendes Merkmal aller Strukturvertriebe ist daher wie bei einer Sekte das Anwerben frischer Adepten. Wer ganz oben landet, kann fünf- oder gar sechsstellige Summen im Monat verdienen. An der Basis der Pyramide sammeln sich dagegen die Verlierer, weil jedes Schneeballsystem irgendwann an seine Grenzen stößt. Anders gesagt: Die letzten beißen die Hunde.

In einem legalen Vertrieb werden wirkliche Dienstleistungen oder Waren verscherbelt, seien es Versicherungen, Wasserfilter oder »Tupperware« (Plastikgeschirr). Glen W. Turner fing jedoch irgendwann damit an, »Produkte« zu verkaufen, die gar nicht existierten. In Wirklichkeit ging es nur darum, neue Leute anzuwerben und Provisionen abzukassieren – er betrieb ein Kettenspiel. Als sein millionenschweres Schneeball-Imperium in den späten 60ern zusammenbrach, zog dies zahllose Menschen in den finanziellen Ruin. Turners Debakel ließ auch alle übrigen Strukturvertriebe ins Zwielicht geraten; es gab damals ungefähr dreißig solcher Unternehmen in den USA. Die staatliche amerikanische Federal Trade Commission – eine Art FBI für die Wirtschaft – nahm 1975 umfassende Ermittlungen gegen den Marktführer *Amway* auf. Die Kommission berief sich dabei auf die Pyramid Laws (Pyramidengesetze), die ähnlich wie in Deutschland »progressive Kundenwerbung« untersagen. Das Verfahren dauerte vier Jahre, verschlang vier Millionen Dollar und endete 1979 mit einem Triumph für *Amway*. In dem als *Amway*-Entscheidung bekannten Beschluß entschied das Gericht, daß *Amway* keine illegale Pyramide und seine Vertriebsmethode legal sei.[19]

Mit dieser Grundsatzentscheidung begann der Siegeszug der Strukturvertriebe. Hunderte von Network-Marketing-Anbieter drängten auf den Markt. Heute arbeiten allein in den Vereinigten Staaten etwa zehn bis zwölf Millionen Menschen für die Drückerkolonnen. In der Vertriebsbranche lösten sie das schwerfälligere Franchising ab, wo man ein Unternehmenskonzept übernimmt und dafür eine Franchisegebühr bezahlt – wie zum Beispiel bei *McDonald's*. Vor allem aber gibt es anders als in Franchisebetrieben im Network Marketing keine Angestellten mehr; das reduziert die Betriebskosten enorm. Außerdem fallen hohe Ausgaben für die Werbung weg, weil die Berater ihre Kunden selbst mit den Produkten bekanntmachen. Angeblich beziehen schon über die Hälfte aller Haushalte in den USA Güter und Dienstleistungen über die Klinkenputzer-Branche.

»Alchemisten der Marktwirtschaft« nennt der Berliner »Tagesspiegel« die Strukturvertriebe, denn sie verwandeln noch den letzten Ladenhüter in harte Mark.[20] Sie sind auch die vermutlich billigste Form, Produkte in einen Markt zu drücken. Der *HMI*-Aussteiger Peter Weghorn stellt fest: »Wenn es gilt, neue Märkte zu erobern (z. B. die ehemalige DDR), werden Strukturvertriebe sehr häufig eingesetzt. Deren Mitarbeiter fallen dann heuschreckenschwarmartig über das Land her. Ist nach einer gewissen Zeit nicht mehr genug Nahrung vorhanden, kollabieren diese Systeme und spucken ihre ehemaligen Mitarbeiter als dem Markt neu zur Verfügung stehende Arbeitskräfte aus.«[21]

Das *Amway*-Urteil gab dem ebenso genialen wie kompromißlosen System weltweit ungeheuren Auftrieb. Multilevel-Marketing-Firmen, die Kosmetika, Modeschmuck oder Mobilfunk-Handys verkauften, erreichten schwindelerregende Umsatzsteigerungen. Beispielsweise erzielte die 1990 gegründete Modeschmuckfirma *Cabouchon* schon drei Jahre nach dem Start einen Umsatz von 73 Millionen Mark.[22] Auch multinationale Konzerne haben den Nutzen der Multilevel-Firmen inzwischen erkannt. *Colgate-Palmolive, Gillette* und der Kosmetik-Riese *Avon* verkloppen ihre Waren ebenso über die professionellen Bauernfänger wie *IBM* oder große Versicherungen. In Deutschland sind große Versicherer wie die *Aachener und Münchener Versicherung*, die *Hamburg-Mannheimer*, die *Colonia*, der *Deutsche Ring*, der *Nordstern* und der *Deutsche Herold* Eigentümer oder Miteigentümer eines Strukturvertriebs. Am Strukturvertrieb *Bonnfinanz* ist die *Deutsche Bank* beteiligt, und die *Aachener und Münchener Versicherung* setzt 65 Prozent ihrer Lebensversicherungen und über 80 Prozent ihrer Sachversicherungen über die Drückertruppen der *DVAG* ab.[23]

Explosionsartig wie die legalen Strukturvertriebe entstanden in der Folge des *Amway*-Urteils auch viele zweifelhafte Unternehmen, die ihre Leute für das bloße Anwerben bezahlen. Diese Kettenspiele werden in den USA als Pyramid Scam (Pyramidenbetrug) bezeichnet, »Straßenraub in legaler Verkleidung« nennt das der Buchautor John Kalench.[24] Viele Strukturvertriebe bemühen sich durchaus um Seriosität, aber auch in der Bundesrepublik machte die Branche zunächst vor allem durch Negativ-Schlagzeilen auf sich aufmerksam. Die erste große Network-Marketing-Firma in Deutschland war die *IOS (Investors Overseas Services)* von Bernie Cornfeld, bei der Reinfried Pohl seine Vertriebstricks lernte. Die Organisation mit dem Slogan »Unser Geschäft ist es, armen Leuten zu Reichtum zu verhelfen« verkaufte über hunderttausend Deutschen Investment-Zertifikate. Sie brach 1969 zusammen und vernichtete mit ihrem Untergang das Vermögen der Anleger.[25]

»Aus Cornfelds knallharter Verkäuferschmiede stammen die meisten der heutigen Bosse von Strukturvertrieben. An dem erfolgreichen System des Herrn Cornfeld hat sich bis heute nichts geändert«, schreibt Wolfgang Dahm.[26] Er nennt insbesondere die Werbung mit dem »Traum vom großen Geld«, die Rekrutierung nach dem Schneeballprinzip und »das Geschrei von der phantastischen Gemeinschaft«. Und wie es Cornfeld damals gelang, den früheren FDP-Vorsitzenden Erich Mende als Gallionsfigur für seinen Laden anzuheuern, so spielen auch heute bekannte Politiker, Journalisten und Künstler das Aushängeschild für die umstrittenen Organisationen – in der Regel nicht umsonst. Der bekannte TV-Moderator Günther Jauch trat zum Beispiel als PR-Mann nicht nur für die *DVAG*, sondern auch für *Amway* auf, angebliches Abendhonorar: 20000 Mark.[27] Für die *DVAG* kletterten außerdem Udo Jürgens, Ute Lemper und Otto Waalkes auf die Showbühne.[28]

Besonders befremdlich wirkt das Engagement prominenter Politiker, deren Parteien ansonsten wortreich gegen *Scientology* zu Felde ziehen. Der *DVAG*-Guru Reinfried Pohl engagierte seinen Studienfreund Walter Wallmann, den ehemaligen CDU-Oberbürgermeister von Frankfurt, als Generalbevollmächtigten.[29] Auf Pohls Gehaltsliste stand auch der FDP-Vorsitzende Wolfgang Gerhard (20 000 Mark pro Jahr) und der ehemalige Chefredakteur der »Welt«, Manfred Schell. In einem *DVAG*-Werbefilm äußerten sich der einstige Verteidigungsminister Gerhard Stoltenberg (CDU) und die Fernsehmoderatorin Birgit Schrowange positiv über Pohls Firma. Und sogar Bundeskanzler Helmut Kohl war Festredner auf einer *DVAG*-Jubiläumsveranstaltung.

Vielleicht haben sie alle keine Ahnung, was in Strukturvertrieben firmenintern vor sich geht. Aber jeder, der es wissen will, kann es inzwischen auch wissen, denn die Medien haben immer wieder darüber berichtet. »Mindestens 80 Prozent aller Verkäufer im Strukturvertrieb arbeiten wissentlich oder unwissentlich mit unseriösen oder sogar kriminellen Methoden«, befand zum Beispiel der bekannte Anlegerschützer Heinz Gerlach in aller Öffentlichkeit.[30] Die *DVAG* distanziert sich zwar öffentlich von den Methoden anderer Direktvertriebe wie der von Otto Wittschier gegründeten *Objektiven Vermögensberatung (OVD)*, dem *Allgemeinen Wirtschaftsdienst (AWD)* des Ex-*OVB*-Mitarbeiters Carsten Maschmeyer oder der *HMI*. Doch offenbar unterscheiden sich die Praktiken in der Branche kaum. Ihre wohl größte Legende ist die Erfolgsgeschichte vom freien Handelsvertreter. »Wer in Strukturvertrieben arbeitet oder arbeiten will, muß sich darüber im klaren sein, daß er in Abhängigkeiten getrieben werden soll«, warnt Peter Weghorn; wie in einer Sekte würden die Strukkis an ziemlich kurzer Leine geführt.[31] »Das sind für mich Kommerz-Sekten«, urteilt der Sektenkritiker Roland Walter von der Berliner Umweltbibliothek.

Der Club der Erfolgreichen: *DVAG, HMI*

Wolfgang Dahm war unzufrieden mit seinem Studium des Bauwesens, als ihn ein entfernter Bekannter auf einem Weinfest in ein Gespräch verwikkelte. Der Mann, ein ehemaliger Werkzeugmacher, erzählte, wie er ganz klein anfing und dann eine steile Karriere im Finanzwesen schaffte. Er schwärmte von seinem hohen Einkommen und der selbständigen Arbeit, und er bot dem Studenten die gleiche Chance an, die er selbst einst bekommen hatte.[32] Wenige Wochen später fand sich Dahm auf einem »Berufsinformationsabend« wieder. Dort wurde er mit fünf anderen Interessenten in die Geheimnisse des Erfolgs eingeweiht und erfuhr, warum die Masse der Bevölkerung nicht erfolgreich ist. Staunend nahm er zur Kenntnis, welch enorme Summen man verdienen kann, einfach, indem man anderen Menschen hilft – als »Vermögensberater«. Vom Vortrag angetan, besuchte er einige Tage später eine zweite Veranstaltung, die schon in größerem Rahmen stattfand. »Uns Teilnehmern wurden viele erfolgreiche Mitarbeiter vorgestellt. Wir waren fasziniert von deren Natürlichkeit trotz ihres hohen Einkommens. Diese Mitarbeiter waren trotz ihres Erfolges auffallend freundlich, hilfsbereit und aufgeschlossen.« Der Student ließ sich mitreißen, brach sein Fachhochschulstudium ab und trat als Berater bei der *DVAG* ein. Erst Jahre später erfuhr er, daß er auf der ersten Veranstaltung offenbar der einzige Neuling war; die anderen waren Statisten, um ihn mit ihrer Begeisterung zu beeindrucken. Viel später erst merkte Dahm auch, »daß jeder Mitarbeiter eines Strukturvertriebs als erfolgreiche Persönlichkeit vorgestellt wird, unabhängig davon, ob dies nun stimmt oder nicht«.[33]

Für den Nürnberger Peter Weghorn begann die Struktur-Karriere mit einem Telefonanruf. Er studierte Chemie, bekam wenig Bafög und war daher gewohnt, »jeden Job anzunehmen, wenn er nur Geld einbrachte«.[34] Am Telefon erfuhr Weghorn noch nicht, worum es sich handelte, aber er ließ sich zu einem Treffen überreden. Eine Woche später traf er sich mit Herrn W. K. in Regensburg. Der erschien im BMW und gut gekleidet. »27 Jahre alt, ein dickes Auto, Goldketten und teure Klamotten – der mußte gewaltig Kohle verdienen«, dachte Weghorn. Über zwei Stunden hörte er sich an, was der Mann ihm zu bieten hatte: Chancen auf das große Geld, Aufstiegs- und Karrieremöglichkeiten bis zum »Topmanager«. Obwohl er noch skeptisch war, besuchte er bald darauf das sogenannte Grundseminar (Kostenpunkt 200 Mark).

Wie Weghorn und Dahm werden die meisten »Struckis« offenbar nicht aus nüchternen Kosten-Nutzungen-Rechnungen Mitglied im Vertrieb, sondern weil sie mit raffinierten psychologischen Tricks, mit »teilweise absurden Lügen und Falschdarstellungen«[35] geworben und emotional manipuliert werden. Einige der von Aussteigern geschilderten Rekrutierungstricks könnten aus der Schule der *Mun*-Bewegung oder bestimmter Psycho-Sekten stammen, sie wirken fast identisch. Üblich ist neben der telefonischen Kontaktaufnahme und der Zeitungsannonce (»Stop! Sie suchen *die* Gelegenheit? Sie sind top drauf?«[36]) auch die Straßenwerbung.[37] Etwa mit dem Spruch: »Ich glaube, Sie verdienen zu wenig Geld.« Wird man neugierig, so heißt es: »Wenn ich Ihnen eine Möglichkeit zeige, wie Sie in der Hälfte der Zeit das Doppelte verdienen, sind Sie dann bereit, eine Stunde Ihres Lebens zu investieren?« Viele fallen auf den Trick herein. Peter Weghorn schreibt: »Die gesamte Kontaktaufnahme hat System und ist durchtrainiert (zum Teil jedes Wort, genauso wie der Satzbau). Der Rekrutierer weiß genau, was Sie antworten werden. Sie haben überhaupt keine Chance, einem Termin zu entkommen.« Ziel des Gesprächs ist es, den Kandidaten in ein Grundseminar zu lotsen. Dort springen dann Mitarbeiter auf und sagen: »Ich war Bauarbeiter, jetzt verdiene ich 4000 die Woche, und vor der Tür steht mein BMW!« Und die Redner verheißen: »Wir haben ein Produkt, das jeder brauchen kann. Wir geben euch die Chance, reich zu werden! Es ist ganz einfach!«

Eine typische Karriere als Strukki beginnt im Nebenberuf. Wer dann in seinem Bekanntenkreis ein paar Lebensversicherungen und Bausparverträge, Wasserfilter oder Kosmetika verkauft, verdient tatsächlich in wenigen Stunden einige hundert Mark. Er beginnt zu glauben, daß in dieser Firma viel Geld zu machen sei. Und wird in diesem Glauben ständig bestärkt. »Der Beruf des Vermögensberaters ist der sicherste, schönste und lukrativste Beruf der Welt«, hämmert man ihm in den Seminaren ein.[38] Der Club der Erfolgreichen lockt ihn mit Luxus und Nestwärme. Gleichzeitig wird sein normales Leben niedergemacht: »Willst Du denn ewig so leben?«

Der Nebenberufler bringt neben seiner Arbeitskraft ein unbezahlbares Kapital ein: die sogenannte 6x6-Liste, intern als »Diamantenmine« bekannt. Die Liste enthält eine Aufstellung der Namen, Adressen und Telefonnummern von 36 Bekannten und Verwandten. »Ohne diese Liste ist ein Start unmöglich«, so Wolfgang Dahm; auch dies, meint er, »erinnert bei Strukturvertrieben an Sekten«.[39] Es liegt in der Logik des Systems, daß die Ranghöheren den Nebenberufler zu einem Hauptberufler machen wollen. Dann erwirtschaftet er mehr Umsatz, und das bedeutet mehr Geld und einen möglichen Aufstieg für den Betreuer.

Wohl nichts ist so wirksam wie der Appell an die Gier. Geld, so lernen *DVAG*-Rekruten laut Wolfgang Dahm, sei »geprägte Freiheit« und der Vertrieb die »Chance ihres Lebens«. Eine Traumwelt erscheine vor ihren Augen – ein sorgenfreies Leben mit fünfstelligem Monatsverdienst, wie es angeblich der Betreuer führt, der ja auch mal ganz unten angefangen hat. »Die Geldgier wird systematisch angeheizt«, schreibt Dahm. »Der Besitz von schicken Autos, luxuriösen Villen sowie aufregenden Urlauben mit schönen Frauen und Männern ist plötzlich möglich. Er ist nicht nur möglich, er ist Pflicht. Die Büros der Strukkis hängen voll mit schlauen Sprüchen und motivierenden Bildern. Selbst auf den Toiletten hängen Bilder und Collagen von teuren Autos, Traumstränden und ähnlich exklusiven Dingen.«[40]

Es hört sich einfach an. Der Einsteiger muß nur fleißig neue Mitarbeiter anwerben, die er dann betreut und an deren Vertragsabschlüssen er mitverdient. Je mehr Leute seine eigenen Untergebenen dann rekrutieren, desto höher steigt er selbst – bis er nur noch die anderen für sich arbeiten läßt und dem Luxus frönen kann.[41] »Das ist die Pyramide in der Pyramide. Irgendwann braucht ihr nichts mehr zu tun, denn das System schafft für euch die Kohle heran!« locken die Einpeitscher in vielen Vertrieben. Die Neulinge halten der ständigen Indoktrination häufig nicht stand und steigen nach kurzer Zeit hauptberuflich ein. Als »Indianer«, wie die Rangniederen heißen, merken sie aber schnell, daß auf den unteren Stufen wenig Geld zu verdienen ist – denn die »Drohnen« auf den höheren Etagen kassieren immer mit.

Ersatzfamilie Strukturvertrieb: *Quorum, OVB*

Anita Krüger* aus Berlin trat Ende 1994 in den Strukturvertrieb *Quorum* ein, als die US-Firma in Deutschland startete. »Das ist ein sehr restriktiver Strukturvertrieb mit Jubelklatschen, Singen, Lachen und Selbstdarstellung auf der Bühne«, sagt sie. Die Firma mit Sitz in Phoenix (Arizona) vertreibt Sicherheits- und Unterhaltungselektronik sowie Kosmetika. Das Geschäft läuft ähnlich wie in vergleichbar organisierten Vertrieben, etwa *NSA* oder *Amway*. Die Strukkis kaufen der Firma Produkte ab, die sie teurer weiterverkaufen; außerdem werben sie andere als Unterverkäufer. Weil Anita Krüger zu den ersten *Quorum*-Strukkis in Deutschland gehörte und erfolgreich neue »Indianer« warb, erreichte sie innerhalb kurzer Zeit eine attraktive Strukturstufe. »Ich habe zwischen 10 000 und 15 000 Mark monatlich gemacht«, erzählte sie uns. »Derjenige, der mich in den Vertrieb holte, lag schon kurz darauf bei etwa 80 000 Mark im Monat!«

Bei *Quorum* verdient der Mitarbeiter an der Ware, die seine Untergebenen dem Vertrieb abnehmen. Je nach Strukturstufe erhält er davon zwischen drei und sechs Prozent Provision. »Es ist eigentlich ein verkappter Innenverkauf«, erläutert Anita Krüger. »Jeder Mitarbeiter muß eine bestimmte Menge Ware im Monat abnehmen. Ich habe die Sachen gar nicht mehr verkauft. Ich habe so gerechnet: Ich bekomme von meiner Struktur 15 000 Mark rein, da kann ich eben jeden Monat für 1800 Mark Ware kaufen und mache trotzdem einen guten Schnitt. Am Schluß hatte ich den ganzen Keller voll mit dem Zeug. Die letzten sind arm dran, sie müssen den Kram wirklich verkaufen und werden ihn oft nicht los!«

Rein theoretisch ist jeder Strukki ein selbständiger Unternehmer. Doch in Wahrheit dient er in der Firmenhierarchie wie ein Angestellter. Mit dem allerdings gravierenden Unterschied, daß für Strukkis keine Kündigungsfristen gelten und sie keinerlei soziale Leistungen vom Unternehmen beziehen. Ihr Verdienst reicht oft nicht einmal für eine ordentliche Altersvorsorge. Da werde ein »riesiges Heer von Sozialfällen herangezüchtet«, kritisiert Wolfgang Dahm.[42] Die Mitarbeiter kämpfen jeden Tag neu ums Überleben, denn wer nichts »produziert«, verdient auch nichts. »Es geht knallhart um Profit, heraus kommen finanziell zerstörte Existenzen. Viele verschulden sich erst einmal kräftig, zum Beispiel für die Verkaufsseminare«, berichtet Anita Krüger. »Die kosten oft 200 Mark plus Unterkunft und Verpflegung. Man hat das Gefühl: Wenn ich das Seminar jetzt nicht mache, verpasse ich was Wesentliches. Es heißt dann auch: Wenn Du nicht erfolgreich bist, liegt es daran, daß Du das Seminar nicht gemacht hast. So wird man locker im Monat 1500 bis 2000 Mark los, ohne etwas verdient zu haben.«

Wer in der Branche etwas werden will, muß nicht nur Seminare besuchen, er muß auch so tun, als habe er Geld. In seinem R 4 könne er beim Kunden nicht auftauchen, machte man Wolfgang Dahm unmißverständlich klar. Ein nobler Anzug und eine teure Armbanduhr sind Pflicht – schließlich achtet die meist kleinbürgerliche Kundschaft sehr auf Statussymbole. So nehmen viele Strukkis erst einmal Kredite auf, um die notwendigen Accessoires zu erwerben. Viele Kollegen, schreibt Dahm, seien in Wahrheit arme Schlucker, die sich und der Umgebung ständig vorspiegeln müßten, daß sie erfolgreich sind: »Fixe Jungs, die echte Geldprobleme haben.«[43]

Wenn dann alle Bekannten und Verwandten mit Wasserfiltern oder Versicherungspolicen eingedeckt sind, schlägt die Stunde der Wahrheit. Um die Kreditraten, die Miete oder das Benzin zu bezahlen, beginnen die Strukkis nach Aussage der Aussteiger, auf Teufel komm raus Provisionen zu schinden und Kunden zu keilen. Sie drängten ihnen mitunter teure Lebensversicherungen und Bausparverträge mit überhöhten Summen auf oder praktizierten das berüchtigte »Umdecken« von Versicherungen. Dabei überredet der Drücker den Kunden, eine bestehende Lebensversicherung zugunsten der von ihm angebotenen Versicherung zu kündigen; die Kunden setzen bei diesem Spiel ein bis zwei Jahresbeiträge in den Sand.[44] Den Außendienstlern ist diese Art der Werbung zwar verboten, doch Dahm behauptet, daß Provisionsjäger sie immer wieder praktizieren – auch bei der *DVAG*. Die Konzernleitung der *DVAG* in Frankfurt erklärt jedoch, daß die Mitarbeiter ausschließlich eine Palette seriöser Geldanlagen anbieten. Und das Werben neuer Mitglieder stehe nicht im Vordergrund.[45]

In der Praxis sieht letzteres wohl etwas anders aus. Auf einer *DVAG*-Veranstaltung brüllt einer ins Mikro: »Was machen wir montags?« Die Menge schreit: »An-wer-bung!« Frage: »Dienstags?« »An-wer-bung!« Und so weiter bis zum Sonntag – jeder Tag ist ein guter Werbetag.[46] Es regiert das Spaghetti-Prinzip: Möglichst viele rekrutieren, ein paar werden schon hängenbleiben. »Nimm Dir vor, 14 Tage lang täglich fünf neue Mitarbeiter zu finden – dann geht alles wie von selbst«, lehrt der *DVAG*-Direktionsleiter Günter B. laut »Spiegel« die Rangniederen.[47] Sicher ist: Der Weg aus dem Jammertal des »Indianers« führt in allen Strukturvertrieben vor allem übers Rekrutieren neuer Mitarbeiter.

Jeder Strukki träumt davon, die Strukturstufe sechs oder eine der Leitungspositionen im Management zu erreichen – die Spitze der Pyramide. Ein Mitarbeiter der Stufe sechs führt 300 bis 600 Untergebene oder sogar mehr; er lebt recht angenehm von den Provisionen. Einziges Problem: Auf einer Pyramide finden nur ganz wenige oben Platz. Achtzig Prozent der Mitarbeiter verweilen auf den beiden untersten Rängen; der Durchschnittsverdienst in der *DVAG* habe 1994 ganze 3900 Mark brutto betragen, so Wolfgang Dahm, und viele hätten weit weniger erhalten.[48] Die stürmischen Zeiten nach dem Ende der DDR, als 80 000 Strukkis die neuen Bundesländer durchkämmten und es einigen dabei gelang, in wenigen Wochen von Stufe eins auf Stufe fünf oder sechs zu steigen, sind längst vorbei. Um Stufe sechs zu erklimmen, schreibt Peter Weghorn, brauche man eine »enorme psychische Kondition« und müsse etwa sechs Jahre lang täglich sechzehn bis achtzehn Stunden rackern – auch am Wochenende. »Dabei ist die Wahrscheinlichkeit, ganz oben mitzuspielen, fast gleich Null.«[49]

Weil kaum jemand eine solche Hochleistungsform besitzt, geht vielen schon bald die Puste aus. Die Fluktuation in allen Strukturvertrieben ist erheblich. Bei der *DVAG* ebenso wie bei der *OVB* oder dem *AWD* stagniert die Mitgliederzahl offenbar seit langer Zeit, obwohl Jahr für Jahr einige hundert Neue geworben werden.[50] Um dem ständigen Exodus entgegenzuwirken, versuchen die Vertriebe, ihre Repräsentanten so eng wie möglich an ihr System zu fesseln. »Sie sollen an das Unternehmen gebunden und wie bei den Sekten vom Unternehmen abhängig gemacht werden«, meint Wolfgang Dahm.[51]

Im Juli 1997 berichtete der Kölner »Sonntags-Expreß« über sektenartige Riten bei einem der größten deutschen Finanzunternehmen, dem in Köln ansässigen Strukturvertrieb *OVB-Allfinanz* (Netto-Bestands-Summe: 33 Milliarden Mark).[52] Der Zeitung lag ein äußerst pikantes Video vor, das Szenen aus der Mitarbeiterschulung zeigt. Teile des Videos wurden am 27. Juli 1997 vom Fernsehmagazin »Focus TV« ausgestrahlt. Die Mitarbeiter stellen sich um den Trainer im Kreis auf. Im Hintergrund der Szene ist so etwas wie ein Altar zu sehen. Dann muß jeder seine Bereitschaft zum Treueschwur auf die *OVB* bekunden und vor dem Schulungsleiter niederknien. Während meditative Musik ertönt, sprechen die Strukkis, darunter auch ältere Herrschaften, gemeinsam einen Text nach, worin sie versichern, ihr ganzes Leben nur den Zielen der Firma unterzuordnen. Zum Schluß erklären alle: »Ich schwöre, die Interessen meiner Firma Objektive Vermögensberatung zu verwirklichen. Sollte ich jemals diesen meinen feierlichen Schwur verletzen, so möge mich moralische Mißachtung sowie die Schmach meiner Familie und meiner Freunde treffen.« Als Höhepunkt des Psycho-Rituals küßt der Trainer jeden Mitarbeiter auf die Wange – das äußere Zeichen der Aufnahme in die *OVB*-Bruderschaft.

In einer anderen Szene agiert Olaf Torsten Krop, der Berliner Landesdirektor der *OVB*. Mit heftigen Gesten und lauter Stimme fordert er rangniedere Mitarbeiter auf: »Ihr müßt immer denken: Du Kunde hast meine Kohle in Deiner Tasche. Du Schwein Kunde hast meine Provision in Deiner Tasche, und die hole ich mir jetzt. Denn darum, und nur darum fahren wir zum Kunden nach Hause – oder nicht?«[53] Seinen Untergebenen teilt der *OVB*-Trainer außerdem mit: »Es gibt keinen gelernten Kaufmann in der OVB – keinen!« Und er empfiehlt ihnen: »Versuchen Sie, wenn es geht, so wenig Fachwissen wie möglich zu haben – am besten gar nichts.«[54]

Als der Hauptgeschäftsführer der *OVB*, Helmut Maier, von dem Skandalvideo erfuhr, bestritt er nicht dessen Wahrheitsgehalt.[55] Wie der »Sonntags-Expreß« berichtete, reagierte Maier aber mit »Entsetzen« und kündigte eine »lückenlose Aufklärung« und »Konsequenzen« an. Es habe sich um eine »regionale Veranstaltung« im April 1995 gehandelt, an der »nur eine Handvoll« der insgesamt 18 000 Mitarbeiter teilgenommen habe, überwiegend »OVB-Berater unterer Rangstufen«. Verbindungen zu *Scientology* oder anderen Sekten wies Maier zurück. Die Verbreitung des Videos sei vielmehr eine »Kampagne von interessierter Seite«; dahinter stehe die Absicht, *OVB*-Mitarbeiter zu verunsichern und abzuwerben. Die Äußerungen des Landesdirektors bezeichnete er als »Entgleisungen«; die Trainer seien schon lange nicht mehr für den *OVB* tätig. Pech für Maier, daß er bald darauf zugeben mußte, daß die beiden sehr wohl noch aktive Mitarbeiter der *OVB* waren; da nutzte es wenig, daß sie aufgrund des Skandals suspendiert wurden.

Helmut Maier ist nach Angaben des Wirtschaftsdienstes »Gerlach-Report« ehrlich darum bemüht, die harten Kloppermethoden und Psycho-Rituale in der *OVB* zurückzudrängen. Ein Sisyphos-Werk, wie das Blatt urteilt: »Da wurde einer mit dem Schlauchboot losgeschickt, um einen Öltanker von seiner Fahrtroute abzubringen ... Nach unserer Überzeugung weht der alte Geist des harten, kompromißlosen Vertriebsverhaltens, das ausschließlich auf Motivation und kaum auf Fachkenntnis beruht, immer noch durch die Strukturen. Es erscheint uns fraglich, ob große Strukturen ohne diesen Geist überhaupt überlebensfähig sind.«[56] Zur Motivation dienen vor allem die Jubelveranstaltungen mit ihren Tricks der Massenpsychologie, den Wunderkerzen und den ständig wiederholten Botschaften nach der Art des »positiven Denkens«: »Ich bin ein erfolgreicher Verkäufer. Das Verkaufen macht mir Spaß. Meine Verkaufsfähigkeiten sind Spitze.«[57]

»Um die Leute zu motivieren, werden alle möglichen Psycho-Techniken eingesetzt, zum Beispiel auch das Neurolinguistische Programmieren. Das alles greift massiv in die Persönlichkeit ein«, sagt die Berliner *Quorum*-Aussteigerin Anita Krüger. Im Seminar reißen die alten Hasen ihre neuen Kollegen durch übertriebenen Applaus und fanatische Begeisterung mit; wenn dann alle beispielsweise über glühende Kohlen gelaufen sind, fühlen sie sich als starke Macher in einer starken Gemeinschaft. »Zum Schluß hat niemand mehr eine echte Chance, nicht mitzumachen. Das ist der perfekte Gruppenzwang«, stellt Dahm fest.[58] Das Ziel sei es, jedem »Indianer« das Gefühl zu vermitteln: »Das ist eine tolle Gemeinschaft, so etwas habe ich schon immer gesucht.«

Doch die tolle Gemeinschaft fordert den »Karrieristen mit Haut und Haar«, und das ist Gift für jede bestehende Partnerschaft. Gut geht das nur, wenn der Partner die Karriere unterstützt. »Ist dies nicht der Fall, gibt es nur zwei Lösungen. Entweder erfolgt die Trennung vom Partner oder vom Strukturvertrieb«, schreibt Peter Weghorn.[59] Überhaupt ist der bisherige Bekanntenkreis des Neu-Strukkis ein ständiger Risikofaktor. Denn von dort könnte ja Kritik kommen. Deshalb würden, so Wolfgang Dahm, Lebenspartner und Freunde entweder geschickt eingebunden oder aber mies gemacht; die Außenwelt gelte allgemein als »negativ, erfolglos und brutal«.[60]

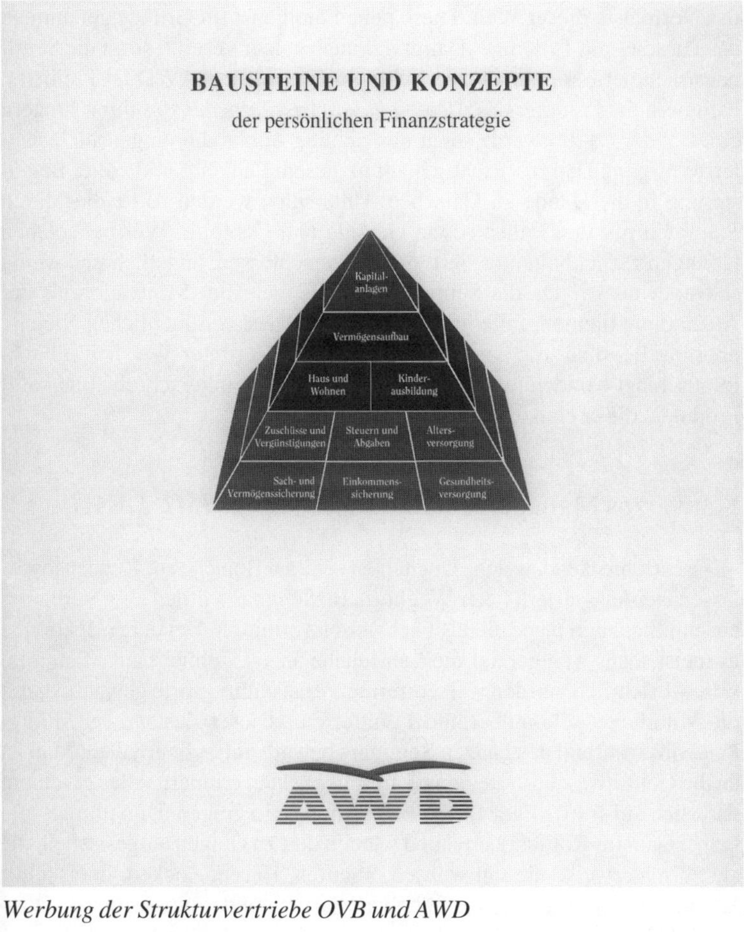

Werbung der Strukturvertriebe OVB und AWD

Immer wieder hämmert man den Strukkis ein, daß erfolgreiche Menschen von zahllosen Neidern umgeben sind – Versager und Nieten, befangen im »negativen Denken«. Das System selbst sorgt dafür, daß sich die Welt streng aufteilt: in Strukkis und Kunden auf der einen, in »Nieten« und »Looser« auf der anderen Seite. Anita Krüger sagt: »Um zu überleben, wirbt und verkauft man immer und überall: in der Familie, bei Freunden, beim Postboten, Bäcker, Friseur, den Schulkollegen. Das sind die Sachen, die verbrannte Erde hinterlassen, wo man sich hinterher nicht mehr sehen lassen kann. Der Strukturvertrieb zerstört Freundschaften.«

Aber wozu auch alte Freunde, wenn es doch die Gemeinschaft der Großen und Erfolgreichen gibt? Die Firma werde zur »Ersatzfamilie«, erklärt Peter Weghorn – wie in einer Sekte.[61] »Diese neue Familie ist absolut perfekt«, meint auch Wolfgang Dahm. »Reichtum und Glück sind plötzlich das Normalste dieser Welt. Diese neue Familie ist im Grunde genommen das Paradies auf Erden.«[62] Damit das auch keiner vergißt, sorgt die Seminarmaschinerie immer für die richtigen Gedanken. »AWD ist Freiheit«, hämmern die Prediger des *Allgemeinen Wirtschaftsdienstes* ihren Jüngern ein. Bei der *DVAG* werde sogar das richtige Applaudieren gedrillt, erläutert Wolfgang Dahm. »Richtig heißt in diesem Fall, laut und voller Begeisterung in die Hände zu klatschen. Unterstützt werden sollte dies durch Stampfen mit den Füßen sowie Gejohle und Gepfeife. Wer bei solchen Übungen zurückhaltend agiert, gilt als verschlossen, ängstlich und wenig selbstbewußt.«[63] Da die Seminare oftmals mehr der Motivation als der Ausbildung dienten, falle im Ergebnis »ein Heer von fachlichen Nieten« über die Bevölkerung her.[64] Es gelte die alte Vertreter-Weisheit: »Fachidiot schlägt Kunden tot«. Hauptsache, der Kunde unterschreibt und kauft Produkte, die er eigentlich gar nicht braucht.

Schwarzes Management und Motivation: *HMI, DVAG*

»Es ist erschreckend, welche Dilettanten in dieser Branche auf Kunden losgelassen werden«, urteilt Peter Weghorn. Im Seminar würden eher Verkaufsabschlußtechniken gedrillt als Fachwissen vermittelt. Bei der *HMI* komme es meist sogar weniger auf die Lehrinhalte an als vielmehr auf Manipulation. Absichtlich würden weit entfernte Veranstaltungsorte gewählt, damit die Mitarbeiter schon übermüdet eintreffen. »Dieser Zustand der Müdigkeit wird während des ganzen Seminars bewußt aufrecht erhalten. Man ist an die Gehirnwäschestrategien bestimmter Sekten erinnert. Alles geschieht natürlich auf freiwilliger Basis …«[65] Am Abend gingen dann oftmals alle gemeinsam ins Rotlichtviertel und würden dort zu Dingen aufgestachelt, die sie normalerweise nie tun würden. »Saufen, Huren, Zocken, in eiskaltes Wasser im Anzug springen und ähnliche Scherze sind Beweise für die außergewöhnlichen Qualitäten von Mitarbeitern in Strukturvertrieben.« Das Wissen darüber würde dann, so Weghorn, bei Bedarf entsprechend verwendet.

Als »schwarzes Management« bezeichnet der *HMI*-Aussteiger das subtile System von Belohnung, Strafen und Schuldgefühlen, das den Strukki an die Firma fesselt. Ganz ähnlich äußert sich Wolfgang Dahm. Wer nicht ausreichend Umsatz bringt oder nicht genug neue Opfer wirbt, werde daran erinnert, wie undankbar er doch sei. Die Gemeinschaft biete ihm unglaubliche Chancen – wie könne er sie nur derartig ausnutzen und enttäuschen? Dahm: »Mit solchen und ähnlichen Kommentaren werden den Mitarbeitern, die nicht im Sinne des Unternehmens spuren, permanent von allen Seiten Schuldgefühle untergejubelt.«[66]

Alarmstufe Rot herrscht im Strukturvertrieb, wenn Mitarbeiter weggehen und hohe Stornoquoten auflaufen. Solche Havarien gefährden das Bestehen ganzer Strukturen, das heißt die Verdienste der Höherrangigen. Tritt der Ernstfall ein, wird oft mit allen Mitteln versucht, die Untergebenen unter Druck zu setzen. Peter Weghorn nennt dies die »Ausquetschmethode«. Dazu würden die Provisionen nicht nur gekürzt, sondern manchmal völlig gestrichen, bis der Umsatz wieder stimmt. Oder es würden harte Auflagen erteilt, zum Beispiel eine bestimmte Zahl von neuen Anwerbungen – bei fehlendem Vollzug droht die Kündigung. Oder es werde bei einem der häufigen Meetings »vor der Gruppe knallhart die ›Faulheit‹ des schlechten Mitarbeiters offengelegt«.[67] Weitere Maßnahmen seien Telefonterror oder der Ausschluß von sozialen Aktivitäten – die Folge ist die totale Isolation. Schon die Androhung von Strafen erzeugt Angst, und das Spiel mit der Angst sei, schreibt Wolfgang Dahm, »eines der wichtigsten Psycho-Instrumente, sowohl in Sekten als auch der Strukturvertriebe«.[68]

Damit der Ernstfall gar nicht erst eintritt, versuchen Strukturvertriebe, ihre Mitarbeiter ständig in Bestform zu halten. Das Mittel zum Zweck sind vor allem sogenannte Incentive- oder Anerkennungsveranstaltungen. Den Erfolgreichen winken Urkunden und Tinnef wie der große *DVAG*-Adler in Gold, Silber und Bronze, aber auch wertvolle Sachpreise (Silberbarren, Lederkoffer, Videokameras) oder Traumreisen (eine Woche Karibik mit Partner). Der Einsteiger sei zunächst ein »Nobody und Noname«, sagt Peter Weghorn. »Gerade deshalb ist es enorm wichtig, diesen neuen Leuten eine Identität, Identifikation und Zugehörigkeit zugänglich zu machen. (...) Incentivereisen sind die wohl beste Methode, um zum richtigen Zeitpunkt für unvergeßliche Erlebnisse, gedanklich verbunden mit der Tätigkeit in einem Strukturvertrieb, zu sorgen.«[69] Anders als die *HMI* besitzt die *DVAG* sogar eigene attraktive Ferienanlagen in Deutschland, Österreich, Portugal und den USA. Sie belohnt Mitarbeiter anläßlich von Beförderungen mit dem Aufenthalt in einer dieser Siedlungen. Den »Allerbesten« wolle Reinfried Pohl überdies ein Haus in der firmeneigenen Fünf-Sterne-Residenz Vila Vita Parc in Portugal schenken, behauptet Wolfgang Dahm.[70]

Und beim *AWD* werden auf Jubelfeiern die Erfolgreichen schon mal in Sänften in den Saal getragen.

Die Strukkis tauchen ganz in die Welt des schönen Scheins ein. Sie nehmen die Veränderung ihrer Persönlichkeit meist selbst nicht mehr wahr.[71] Peter Weghorn schildert den Anpassungsmechanismus: »Damit ist gemeint, daß Mitarbeiter in diesen Strukturen nicht nur ein ähnliches Verhalten bezüglich der Sprache (Satzbau, Grammatik, Verwenden von Fremdwörtern etc.), Mimik oder Körpersprache aufweisen. Sie haben gleiche oder ähnliche Frisuren, tragen die gleichen oder ähnliche Anzüge, Krawatten, Schuhe, fahren einen bestimmten Autotyp oder suchen sich ähnliche Frauentypen. Die Auffälligkeit ist so groß, daß man getrost von Kopien oder Abziehbildern sprechen kann.«[72] Strukkis begegnen sich gegenseitig bald nur noch mit positiven Floskeln wie »prima, toll, hervorragend, super«, ohne weiter darüber nachzudenken, was sie da eigentlich sagen. Sie sind der Optimismus in Person und schwärmen dauernd von ihrer »Firma«, selbst wenn sie nicht mehr wissen, wie sie eigentlich ihre Miete bezahlen sollen.[73]

Zum sichtbaren Beweis des Selbstbewußtseins werden Statussymbole, »da das ganze System vom Glauben an die große Welt lebt«, so Peter Weghorn.[74] Das Auto und die Kleidung drücken exakt das jeweilige Strukturniveau aus. Designerkleidung ist ab höheren Stufen »Pflicht«, ebenso wie das Handy, die goldene Rolex, der Straußenlederkoffer, die Ray-Ban-Brille, der Ferrari, Porsche oder Jaguar. Informelle Regeln bestimmen, zu welcher Stufe welche Statussymbole gehören. Mit goldenen Ketten und attraktiven Frauen zu protzen, ist Ausweis des Erfolgs; Strukturniedere versuchen, mit Imitaten Eindruck zu schinden. »Das Leben eines Mitarbeiters im Strukturvertrieb ist von morgens bis abends vom Statusdenken dermaßen stark geprägt, daß er nach und nach seine Identität verliert«, urteilt Weghorn. Der Strukki verliere aber nicht nur seine Identität, sondern zunehmend auch den Kontakt zur Wirklichkeit. Weghorn: »Tatsächlich sind die Realität und dieses in sich geschlossene System nicht vereinbar. (...) So wird in den sozialen Beziehungen meist nur der Kontakt zu ›Kollegen‹ gepflegt.«[75] Wolfgang Dahm kommt zu einem ähnlichen Schluß: »Das gesamte Leben in einem Strukturvertrieb dreht sich um ›die Firma‹. Scientology läßt herzlich grüßen.«[76]

Scientology läßt grüßen: *Herbalife*

Sie vermehren sich vor allem auf Autos der Marken Hyundai und Mazda: die Aufkleber mit dem roten Herz und dem Spruch »I love Herbalife«. Herba-was? fragt sich da wohl mancher. Des Rätsels Lösung erfahren Interessenten, die auf Annoncen ansprechen wie etwa in der »Berliner Zeitung« vom 29. November 1994: »Herbalife sucht haupt/nebenberufliche

Mitarbeiter/innen. Gesundheit und Spitzenverdienst – Infotreffen Dienstag 19.00 Uhr«. Dort erwarten sie dann frisch gefönte Herren, die vor einer Pyramide aus Blechdosen Begeisterung verströmen. Der »Spiegel« berichtete, wie im Leverkusener Ramada-Hotel ein Frank das Mikro ergriff und von seiner traurigen Vergangenheit als Erzieher mit 1900 Mark netto im Monat erzählte – bis er *Herbalife* kennenlernte. Jetzt sei er »fit und aktiv« und schwimme im Geld: »Mein letzter Scheck war 20000 Mark.« Nach gebührendem »Yeah, yeah, yeah«-Jubel legten weitere Anwesende Zeugnis ab: »Ich fühle mich fit, und ich mach' weiter.«[77]

Was da in Blechdosen an den Mann und besonders die Frau gebracht werden soll, enthält Kräuter, Vitamine und Ballaststoffe und ist ein Schlankheitsmittel, wie es Dutzende gibt – nicht weiter schädlich, aber auch nichts aufregend Neues. Trotzdem wird *Herbalife*, spottete der »Spiegel«, wie eine »göttliche Offenbarung« angepriesen, die »reich und glücklich macht«. Die göttliche Diät namens »Formula 1« und »Formula 2« kostet 180 Mark im Paket und soll laut Prospekt ermöglichen, »10 Kilo in 10 Tagen« abzunehmen.[78] Verbraucherschützer sind skeptisch und verweisen darauf, daß die Inhaltsstoffe in jeder Apotheke für weniger als zwanzig Mark zu bekommen seien.[79]

So zweifelhaft wie das Produkt sind die Vertriebsmethoden. *Herbalife* ist ein typischer Strukturvertrieb, der mit dem Spruch wirbt: »Das Geld liegt wirklich auf der Straße – man muß sich nur bücken und es aufheben.«[80] Wer gleich 84 Packungen des teuren Tinneff für 7500 Mark abnahm, übersprang zeitweilig die erste Stufe des »Beraters« und rückte stehenden Fußes zum »Vertriebsleiter« auf, der neue Berater werben durfte. Doch nur einige wenige kommen wirklich an die versprochenen Tausender. Die letzten schauen wie üblich in die Röhre. Als das amerikanische Unternehmen *Herbalife* 1991 nach Deutschland expandierte, war es international gesehen bereits am Ausbrennen – ein typisches Syndrom von Schneeballsystemen, wenn nicht mehr genug Berater nachströmen. In den USA sackte der Umsatz von 400 Millionen 1985 auf 85 Millionen Dollar 1992 ab, in England fiel er von 22 auf sechs Millionen Dollar. Die einzige Rettung in der Not hieß: neue Märkte erschließen. In der Bundesrepublik ließ sich das Geschäft recht erfolgversprechend an. In nur drei Jahren konnten 40000 Mitarbeiter geworben werden.[81] Da war, ähnlich wie bei *Quorum*, für flinke Einsteiger ein Vermögen zu verdienen. Diese Chance nahmen auch Rekrutierungs-Profis in die Hand.

Quer über die Republik waren Mitglieder der *Scientology*-Organisation beim Start von *Herbalife* dabei und setzten das Schlankheitsmittel auf den Speiseplan ihrer Angestellten, Geschäftspartner und Sektengenossen. Auf wundersame Art vermengten und befruchteten sich die zwei Vertriebsorganisationen. Sie sind offenbar in hohem Maße kompatibel. In der Werbefirma des Operierenden Thetans Egon Luck in Berlin fanden 1991 regelmäßig *Herbalife*-Schulungen statt. »Wir wurden gedrängt, bei Herbalife einzusteigen. Ich bin über Sektenmitglieder daran gekommen. In der Firma hingen Zettel: Das ist ein extrem ethisches und erfolgreiches Produkt«, sagt der ehemalige Luck-Mitarbeiter Michael Müller*. Als *Herbalife*-Propagandisten fungierten neben dem Firmenboß Egon Luck die Scientologen Peter Krebs aus Berlin und Helmut May aus München. Müller bezeugt: »May hat mir selbst gesagt, daß auch in München Scientologen Herbalife eingeführt haben. Er erzählte mir voller Begeisterung, daß ›Kollegen‹ das Produkt aus Amerika mitgebracht hätten.«

In Stuttgart war es der scientologische Patron Silvio Markus Vogel, in Hamburg der *Scientology*-Großspender Detlef Foullois, der *Herbalife* unter die Leute brachte und »den Vertrieb nach scientologischen Grundsätzen strukturierte«, wie der Stuttgarter Sektenkritiker Eberhard Kleinmann erklärt.[82] Nach Kleinmanns Informationen erhielten verschiedene *Herbalife*-Kunden zusammen mit den Diätmittelchen das Dianetik-Buch des *Scientology*-Gründers L. Ron Hubbard oder *Scientology*-Flugblätter. Kleinmann sieht darin ein Indiz, daß »einige Scientologen den Herbalife-Vertrieb als Transportmittel für Propagandamaterial nutzen und sich obendrein als Diät-Berater ein Zusatzeinkommen verschaffen, mit dem sie die teuren Psycho-Kurse bezahlen können«. Eine polizeiliche Durchsuchung der Hamburger *Scientology*-Zentrale am Steindamm förderte Anfang 1993 auch *Herbalife*-Produkte zutage. Der *Scientology*-Pressesprecher Franz Riedl bestritt, daß die Diät-Artikel von seiner Organisation verkauft würden; es sei aber möglich, daß einige Mitglieder privat damit handelten.[83]

Via Strukturvertrieb können die Sektierer in Hunderte, wenn nicht Tausende von Haushalten gelangen – ideale Voraussetzungen, nicht nur für *Herbalife*, sondern auch für *Scientology* zu werben. Angesichts der engen Zusammenarbeit kommen manche auch auf den Gedanken, *Herbalife* habe die im Rekrutieren geübte *Scientology*-Organisation als Medium benutzt, um den deutschen Markt zu erobern. Solchen Vermutungen trat *Herbalife* entschieden entgegen. Firmenboß Mark Hughes, der das Network-Marketing-Unternehmen 1980 in Los Angeles gründete, bestreitet jede Beziehung zu *Scientology*. Es gebe, schrieb er in einem Brief an seine Repräsentanten in Deutschland, keinerlei Verbindung, »weder zwischen der Scientology Kirche und Herbalife als Unternehmen noch dem Firmenmanagement«.[84] Man könne aber nicht ausschließen, daß der eine oder andere Berater *Scientologe* sei.

Als die Kritik an der merkwürdigen Allianz trotzdem nicht verstummen wollte, setzte sich *Herbalife* nicht etwa mit *Scientology* und deren Methoden auseinander, sondern schaltete im Oktober 1994 halbseitige Anzeigen in der »Welt« und der »Frankfurter Allgemeinen Zeitung« mit dem Statement von Mark Hughes: »Herbalife weist alle Anschuldigungen und Unterstellungen zurück, in Verbindung mit Scientology oder irgendeiner anderen Sekte oder Gruppe zu stehen.«[85] War der Umsatz ins Rutschen geraten?

HERBALIFE®

> ”Herbalife weist alle Anschuldigungen und Unterstellungen zurück, in Verbindung mit Scientology oder irgendeiner anderen Sekte oder Gruppe zu stehen”
>
> MARK HUGHES
> President Herbalife International Inc
> Berlin, 22. Oktober 1994

Dubiose Verbindungen? Herbalife wehrt sich in der FAZ

Über den Drang der *Scientologen* zum Multilevel-Marketing erzählen auch immer wieder Mitarbeiter des amerikanischen Strukturvertriebs *NSA (National Safety Association)*, der Rauchmelder, Wasser- und Luftfilter sowie fragwürdige Nährstoffkapseln namens Juice Plus verkauft. Auch bei *NSA* – weltweiter Umsatz fünf Milliarden Mark – würden *Scientologen* arbeiten und Schulungen abhalten. Kein Wunder: Strukturvertriebe versprechen, viel Geld in kurzer Zeit zu verdienen. Für die Hamburger *Scientology*-Beauftragte Ursula Caberta sind Strukturvertriebe wie *Herbalife* oder *NSA* denn auch »eine ideale Einflugschneise für Scientologen«.

Zerstörte Existenzen

In den »alten« Strukturvertrieben wie der *DVAG* oder dem *AWD* lohnt sich der Einstieg für *Scientologen* offenbar nicht; von einer Unterwanderung wie bei *Herbalife* ist dort nichts bekannt. Aber ehemalige Mitarbeiter klagen über ähnliche Methoden. »Vieles erinnert an Scientology«, meint Marion Hermann*, eine Ostberliner Mitarbeiterin des *AWD*. »Ich finde es unglaublich, wie mit den Schwachen und Kritikern umgegangen wird – wie in einem totalitären System.«

Wer Zweifel äußert, bezeugen auch die Ex-Strukkis Wolfgang Dahm und Peter Weghorn, werde meist abgebügelt und zur Kontrolle der eigenen Gedanken angehalten. »Sieger erreichen ihre Ziele. Verlierer suchen nach

Ausreden«, sagt man den Skeptikern.[86] Oder: »Das System klappt auf jeden Fall, wenn es im Einzelfall nicht klappt, dann liegt's an Euch!« Aus der *DVAG* berichtet Wolfgang Dahm: »Sobald ein Mitarbeiter Kritik äußert, wird er sofort an das positive Denken erinnert. Er wird darauf hingewiesen, daß er noch an sich arbeiten muß, wenn er erfolgreich sein möchte. Auf diese Weise erreichen die Strukkis im Laufe der Zeit, daß nichts mehr in Frage gestellt und alles blind gefressen wird. Ein solches Verhalten kann nur noch mit Hörigkeit, mit blindem Gehorsam oder positivem Wahnsinn bezeichnet werden.«[87]

Unzufriedene Mitarbeiter eines Strukturvertriebs können sich in der Regel mit niemandem aussprechen, da ja alle ständig jubeln und außerdem in harter Konkurrenz zueinander stehen. Sinkt ihr Umsatz, zweifeln sie oft nicht am System, sondern an sich selbst. Zugleich würden ihnen panische Ängste vor dem Ausstieg eingejagt, erklären Aussteiger. »Ich habe versucht, ohne die DVAG zu leben. Das waren die schlimmsten Minuten meines Lebens«, laute ein gängiger Spruch bei der *DVAG*, schreibt Wolfgang Dahm.[88] Den Mitarbeitern werde permanent eingeredet, daß niemand, der die *DVAG* verlassen habe, jemals erfolgreich wurde. Viele verlassen einen Vertrieb bereits in den ersten Wochen, weil sie den brutalen Anforderungen nicht gewachsen sind. Wer dableibt und später mit dem Gedanken an einen Ausstieg spielt, schreckt oft davor zurück, weil er »draußen« keine Perspektive mehr für sich sieht. Mitarbeiter von Strukturvertrieben sind häufig einfache Menschen, Studienabbrecher, verkrachte Existenzen. »Das ist eine Sache für Leute, wo schon Türen zugeklappt sind, wo keine Karriere mehr winkt«, sagt die Berliner Sektenbeauftragte Anne Rühle.

Nach einiger Zeit seien die Strukkis psychisch und finanziell vom Vertrieb abhängig und ihren Oberen auf »Gedeih und Verderb ausgeliefert«, schreibt Peter Weghorn. Viele seien bald dermaßen verschuldet, daß sie keine andere Möglichkeit als den Strukturvertrieb sehen, um ihre Schulden irgendwann einmal zurückzuzahlen. Weghorn: »Nur so ist für den Außenstehenden zu begreifen, warum immer wieder Mitarbeiter wider jegliche Vernunft bis hin zum totalen Ruin in Strukturvertrieben verbleiben.«[89] Nicht zuletzt fühlen sich langjährige Strukkis an den Vertrieb gekettet, weil sie dort immerhin Geld verdienen und nicht über die nötige Ausbildung verfügen, um in einer anderen Firma eine ähnliche Position zu erreichen. »Will man allerdings nicht der Sektiererei verfallen, ist ein Ausstieg unumgänglich«, urteilt der ehemalige Generalrepräsentant.[90]

Nach acht Jahren, im Jahre 1992, kehrte Peter Weghorn der *HMI* den Rücken. Zu jener Zeit, nach dem Ende des Booms im Ost-Geschäft, hatte sich der Geschäftsverlauf wieder normalisiert, und in der *HMI* brachen massive Machtkämpfe aus.[91] Rangniedere versuchten, ihn mit Hilfe eines ihm übergeordneten Generalrepräsentanten hinauszudrängen, um seine Strukturen zu übernehmen. Weghorn, damals ebenfalls zum »General« aufgestiegen, stand vor der Entscheidung, »entweder auszusteigen oder alles durchzustehen«. Als sein Bruder an Krebs erkrankte, entschloß er sich, zu gehen, um Zeit für den Todkranken zu haben.

Wolfgang Dahm verließ die *DVAG* nach zwölf Jahren im März 1995.[92] Immer wieder habe er die Frankfurter Konzernzentrale und den »Übervater« Reinfried Pohl auf unseriöse Werbemethoden, unzulängliche Ausbildung und falsche Beratung hingewiesen. Weil sich jedoch nichts geändert habe, so Dahm, habe er schließlich seinen Abschied genommen. Er resümiert: »Die Strukturvertriebe haben sich in den vergangenen Jahren still und heimlich zu gigantischen Geldmaschinen entwickelt. Die Medien haben darauf erst reagiert, als die Vertriebe schon zu groß waren und zuviel Einfluß hatten.«[93] Bei der *DVAG*, meint der Aussteiger, gehe es längst nicht mehr nur um die Gewinnmaximierung. Der »Messias« Reinfried Pohl, inzwischen Träger des Bundesverdienstkreuzes, habe ganz etwas anderes im Sinn. »Das Ziel heißt Macht und Einfluß, erreichbar durch einen höchstmöglichen Marktanteil, notfalls auch mit zweifelhaften Geschäften.«[94]

Es ist jedoch zweifelhaft, ob die Geschäfte weiterhin so gut gehen werden. Die Großen der Branche mußten in den vergangenen Jahren offenbar starke Verluste von Mitarbeitern und im Neugeschäft hinnehmen.[95] Ihre rüden Methoden haben sich herumgesprochen. Viele Gebiete wurden schon mehrfach von Strukturwerbern durchkämmt, sie sind daher »abgegrast« oder »verbrannt«. Zahllose Kunden sind nach negativen Erlebnissen wieder abgesprungen. Und Zehntausende von Strukkis haben teils schlimme Erfahrungen gemacht. »Einen Strukturvertrieb unbeschadet zu durchlaufen gleicht einem Sprung aus dem Flugzeug aus 5000 Meter Höhe«, schreibt Peter Weghorn – »mit einem angerissenen Fallschirm.«[96]

Sex, Geld und Magie

Die Kaizen-Bewegung

Im Zeichen der Pyramide

Sie klatschen immer lauter und trampeln im Rythmus der Musik. »Wahnsinn!« ruft Thomas Gretz, ein großer Blonder Anfang vierzig. »Wir haben das größte Instrument aller Zeiten in der Hand – wir können Millionen von Menschen reich machen!« Etwa hundert gut gekleidete Leute, Fleischermeister, Anwälte, Heilpraktikerinnen und Studenten, sind in den Spreewald gepilgert, um mehr darüber zu erfahren. Im Konferenzraum des Hotels wird ein Bild an die Wand projeziert. Es zeigt Onkel Dagobert, der seinen Bürzel mit Gold bestäubt. Nun müssen die Teilnehmer einen neuen Fünfmarkschein anpusten und in ihren Slip stecken. »Und jetzt greift alle an euren Hundert-Millionen-Dollar-Punkt«, fordert Gretz. Das soll das Geld zum Fließen bringen, unermeßlichen Reichtum für jeden. Da hält es keinen mehr: Die Leute springen auf, klopfen auf ihre Stühle und kreischen.

Wie im Spreewald, so trafen sich 1996 immer wieder Hunderte von Interessenten besonders in Berlin und Umgebung zu Kursen wie »Fit for Cash – fit for Sex«. Sie lockte das Versprechen, schon zur Jahrtausendwende mehrfacher Millionär zu sein. Darunter auch Thomas Sack aus Jena. Der Jungunternehmer betreibt in Thüringen eine Firma zur Herstellung von CDs. Er erfuhr im April 1996, daß es in Berlin »eine sehr interessante Anlagemöglichkeit« geben sollte. Auf einem Informationsabend trat Thomas Gretz auf. Er stellte Thomas Sack und anderen Interessenten ein »Weltunternehmen« mit »ungeheuren Renditen« vor: *Kaizen*. Das sei eine Geldmaschine, versprach Gretz. Wer sofort einsteige, könne bald mit einer Dividende von mindestens 50 000 Mark rechnen. Der Redner rief den Anwesenden zu: »Noch sind einige der begehrten Anteilsscheine zu haben! Es ist eine Chance, die nur wenige Menschen bekommen!«

Die Aussteigerin Silvia Bäcker* aus Berlin erinnert sich, welch goldene Perspektive der Redner in Aussicht stellte: »Du kaufst einen Anteil an einem Weltunternehmen. Ein Weltkonzern gründet sich und das ist so wie 'ne Aktie. Denk Dir, Du hättest damals, als Coca Cola auf den Markt kam, gleich die Möglichkeit gehabt, für wenig Geld 'ne Aktie zu kaufen und stell Dir vor, was die Aktie heute wert ist. Da kannst Du gut von leben.« Wie Silvia Bäcker, so war auch Thomas Sack damals vom *Coca-Cola*-Vergleich beeindruckt. »Das klang plausibel«, sagt der Jenaer, »und ich dachte: Ja, der Mann hat Recht mit dem, was er sagt.« Thomas Sack griff zu. Für 7500

Mark kaufte er eine »Aktie« an dem »Weltunternehmen«, das als Symbol eine Pyramide im Logo führt – die Pyramide aus der amerikanischen Ein-Dollar-Note. Wie alle anderen Käufer durfte Sack sich nun Founder (Gründer) nennen. Founder sind Teilhaber an der *Kaizen Academy AG* oder deren Tochter *Kaizen Development AG* mit Briefkastensitz in Liechtenstein.

Kaizen ist der japanische Name für Verbesserung und bezeichnet eine seriöse Management-Methode, mit der zum Beispiel *Porsche* wieder zu einem profitablen Unternehmen wurde. Damit hatten die *Kaizen*-Unternehmen des Thomas Gretz freilich nicht das Geringste zu tun. Ihr Grundprinzip war »Vertrauen«. Öffentliche Reklame gab es nicht, an einen Anteilsschein kam man nur über persönliche Vermittlung – einen Bekannten, Freund oder Verwandten. »Dem Gastgeber vertraut man, weil man ihn ja kennt«, sagt Thomas Sack. Für jedes Land der Welt, so die *Kaizen*-Idee, würden je 200 Anteilsscheine ausgegeben; im Frühjahr 1997 waren bereits elf Länder »gestartet«. Ein Deutscher konnte beispielsweise auch italienische »Aktien« kaufen. Die 7500 Mark Einlage sollten sich dann vor allem im Devisenhandel vermehren; eine jährliche Dividende wurde garantiert. »Es sah so aus, als ob man eine Anlage tätigt, und dann nur noch das Geld arbeiten läßt«, erinnert sich Thomas Sack. »Man sagte uns: Im Frühjahr 1997 werden die ersten Millionäre rausgeangelt!«

Das Instrument für die unglaublichen Gewinne befindet sich in Rapperswil in der Schweiz und heißt *Disque d'Or AG* – eine Brokerfirma mit zweifelhaftem Ruf. In dieses Unternehmen sollte das Geld der *Kaizen*-Founder geschaufelt werden. Doch merkwürdig, als ein Fernsehteam des Ostdeutschen Rundfunks Brandenburg die *Disque d'Or* (Goldscheibe) im Mai 1997 besuchte, hieß es dort: Dies sei ein ganz normales Devisenbüro; besondere Geschäftsbeziehungen zur *Kaizen AG* hätten nie bestanden.[1] Richtig ist: *Kaizen* vermittelte durchaus Anlagegeschäfte, und sie liefen erwiesenermaßen auch und vor allem über die *Disque d'Or*. Aber sie waren nur ein Ausschnitt vielfältiger anderer Aktivitäten. Ein Teil der eingezahlten Tausender ging zum Beispiel für Erlebnis- und Erfolgsseminare drauf.

Wie Anfang Juli 1996 in Isny am Bodensee. Die Sonne scheint, wolkenloser Himmel, grüne Baumwipfel. Vorsichtig balanciert eine junge Frau über ein straff gespanntes Seil zwischen zwei Baumkronen, hält sich an einem anderen Tau fest. Rufe schallen durch den Forst. »Tief durchatmen! Schau auf Dein Ziel! Ja, ja, Du schaffst es!« Und tatsächlich – glücklich erreicht sie die andere Seite. »Jawohl! Schön! Toll!« brüllen die anderen. Nun wird die Frau vorsichtig abgeseilt. Umarmung. Küßchen. Der Trainer Mirko Ribul drückt ihr einen Tannenzapfen in die Hand: »Das ist Dein Anker«, sagt er.

»Wir waren ungefähr sechzig Teilnehmer im Outdoor-Seminar«, erinnert sich Thomas Sack. »Es ging darum, den inneren Schweinehund zu überwinden.« Vor allem aber lernten die Adepten, blind zu vertrauen. Wer balancierte, mußte darauf hoffen, daß die Gruppe das Seil hielt, das er um den Körper trug. Die wenigsten ahnten, daß Mirko Ribul sie mit Methoden des Neurolinguistischen Programmierens (NLP) geschickt manipulierte: sich mit einem »Anker« zu versehen, soll Kraft und Selbstbewußtsein spenden. Thomas Sack erläutert: »Normalerweise müßte sich jemand oben am Baum einen Zweig abbrechen als Zeichen, daß er's selbst geschafft hat. Hier war's genau umgekehrt: Es wurde ihm erst vom Gruppenleiter in die Hand gedrückt. Das Ziel war klar: Alleine bist Du nichts, sondern nur mit der Gruppe.«

Der NLP-Trainer Mirko Ribul, angeblich ein Schüler des US-Trainers Anthony Robbins und des NLP-Erfinders Richard Bandler, leitete das sogenannte »Delphin-Strategieseminar« im Auftrag von *Kaizen*. »Wir wurden geschickt in dieses System hineingesogen«, sagte uns Silvia Bäcker. Lockmittel Nummer eins war Geld. Lockmittel Nummer zwei: Sex und Magie. Bis ins Frühjahr 1997 fanden jedes Wochenende in Berliner, Münchener und Stuttgarter Hotels, am Bodensee oder im Spreewald Seminare statt wie Business-, Success- oder Opportunity-Training. Anzug oder Kostüm waren dort Pflicht. In den Kursen war viel vom Erfolg auf internationalen Finanzmärkten die Rede, aber auch von Aura, Mental-Ebene, Tantra und vor allem: Sex.

Im zweitägigen Spreewaldseminar »Fit for Cash – fit for Sex« machte Thomas Gretz die Teilnehmer mit der erotischen Philosophie von *Kaizen* bekannt. Laut Tonbandaufzeichnung sagte er: »Überall tapsen sie 'rum, gucken Pornofilme, peitschen ihre Frauen aus und meinen, das wär' gut. Was kann man machen mit Sex, und wie geht's?« Publikum: »Kontrolle verlieren.« Gretz: »Angst davor, Kontrolle zu verlieren. Eine Frau im Bett, die Angst hat, Kontrolle zu verlieren, kann keinen Orgasmus haben. Das wissen wir seit Jahren.« Um die Kontrolle zu verlieren und wieder Schwung ins private Liebesleben zu bringen, empfahl Gretz seinen Kunden das Spiel »Hure und Gigolo«. »Im Sex öfter mal was Neues wagen, auch wenn ihr dagegen eine Abneigung habt«, diktierte der *Kaizen*-Guru – zum Beispiel einen Spiegel im Schlafzimmer aufhängen.

»Geld ist Sex, und Sex ist Geld«, lautete die griffige *Kaizen*-Formel. Deshalb sollten die Founder einen Fünfmarkschein mit schneller, heftiger Atmung »imprägnieren« und dann in ihre Unterhose stopfen. Das würde nach Tantra-Art seine Wirkung auf der »Astralebene« entfalten; die finanzielle würde mit der sexuellen Energie zusammenfließen und dadurch das Geld vermehren. »Da haben sich im Seminar unglaubliche Szenen abgespielt, die Leute hatten sich wegen der Hyperventilation nicht mehr unter Kontrolle«, sagt Thomas Sack. Die Seminargäste wurden mit weiteren Psychotechniken traktiert. Wie im »Landmark Forum« durften sie während der Seminare nicht »klüngeln«. Thomas Sack berichtet: »Nach der Pause sollen alle den Platz wechseln. Gesagt wird: Man soll die Dinge auch mal

Spiel mit der Gier: Die Geld-Sekte Kaizen
Gelinkt: Aussteiger Thomas Sack

von einem anderen Standort betrachten. Vorne steht ein Redner, hinten sitzt der Rest der Bande und paßt auf, daß sich die Leute auch richtig verhalten.« Als Kontrolleure fungierten meist die *Kaizen*-Führungskräfte Alain Porcedda, Arek Rutkowski und Claudio de Giorgi.

Übungen nach Art des Neurolinguistischen Programmierens lösten sich mit Vorträgen im Marktschreier-Stil ab. In den Referaten ein Kuddelmuddel von »Mache Geld«- und »Wir retten die Welt«-Sprüchen, ominösen medizinischen Ratschlägen und einer Pseudopsychologie wie bei Werner Erhard. So erfuhren die Teilnehmer, sie sollten, um »150 Jahre alt zu werden«, wie ein Orang-Utan regelmäßig ihre Thymusdrüse beklopfen. Damit sie auch psychisch zum »Durchbruch« kämen, müßten seelische Blockaden gelöst werden. Jeder Mensch habe, dozierte Gretz, »Muster« aus der Kindheit, die ihn negativ beeinflussen. Doch wenn man sie mit anderen Mustern »verdünne«, sei Rettung gewiß – und unermeßlicher Reichtum in Reichweite.

Konkret bedeutete das: Seelenstriptease vor den anderen. »Die Leute erzählen so gut wie alles von sich«, berichtet Silvia Bäcker. »Die Seminare sind außerdem sehr ereignisgeladen. Da passieren Dinge, die einen total durcheinanderbringen, zum Beispiel das Seillaufen, das Rebirthing oder wie man das Geld imprägniert. Die Leute kriegen Weinkrämpfe, brechen zusammen, halluzinieren. Das wird dann sofort wieder umgesetzt: Wieso hast du geweint? Was ist passiert? Deine Reaktion zeigt, daß du auf dem richtigen Weg bist! Der Reinigungsprozeß beginnt zu wirken!« Thomas Sack bestätigt: »Diese Psychoseminare gehen ans Eingemachte.«

Waren die zukünftigen Founder nach dem Rebirthing oder dem »Imprägnieren« der Geldscheine fix und fertig, wurden sie mit Erfolgsversprechen und rhythmischem Klatschen wieder »hochgepowert«. Dann predigten die Trainer: »Wir sind eine große Gemeinschaft! Wir bleiben zusammen! Mit uns werdet Ihr zum Gewinner!« Silvia berichtet über das »Fit for Sex«-Seminar: »Da war gute Stimmung. Die Leute waren alle am Strahlen, und ich muß ehrlich sagen, ich war dann auch irgendwie richtig – klatschgeil. Es hat unheimlichen Spaß gemacht.« Zum Abschluß des Seminars wurden die Teilnehmer feierlich in die *Kaizen*-Gemeinschaft eingeführt. Zu diesem Zweck fand um Mitternacht im Spreewald bei Lübben ein »Vollmondritual« statt. Dazu sollten sich alle im Kreis auf einen Waldweg stellen. Ein Teilnehmer filmte mit der Videokamera.

Schwankende Bilder im Dunkel der Nacht. Leute laufen hin und her. Dann flammen Kerzen auf. Der Trainer versucht, eine mystische Atmosphäre zu erzeugen: »Ihr holt euch jetzt alle die Teelichter ab bei Jens-Uwe und geht wieder dahin, wo ihr steht. Und jetzt ha'm wa's ganz dicht. Ich mach' jetzt mal symbolisch eine Kerze an.« Nun gruppieren sich zwölf Gäste um den Trainer. Kerzenlicht flammt auf. Gemurmel. Der Coach bittet um Ruhe. »Was ihr jetzt macht, ist sehr wichtig«, sagt er. »Es ist eine Art Appell, es geht um sehr viel mehr. Ich geb' jetzt einfach mal das Licht weiter. Und jetzt schau'n wir uns in die Augen.« Die Teilnehmer reichen die Lichter herum. Es herrscht eine andächtige, fast religiöse Atmosphäre. Ein Käuzchen ruft. Trainer: »Wir lesen jetzt gemeinsam im Chor ›Desiderata‹. Dabei entsteht was ganz Verrücktes. Und ich hole mir zwischendrin wieder vier neue Leute in den Kreis. Das ist sehr energievoll!«

Während die Kreise leise wechseln, stehen die anderen im angemessenen Abstand und repetieren ununterbrochen eine Art Vaterunser des Erfolgsstrebens, das der Trainer als »geheimes Wissen der Freimaurer« ausgibt: »Desiderata – Frieden – sag nur die Wahrheit, ruhig und besonnen, sei stolz auf deinen Erfolg. Sei vorsichtig in deinen Geschäften, aber laß dich nicht von deinem Weg ablenken. Bleibe du selbst und heuchle nicht Mitgefühl. Laß dir nicht Tag und Nacht deine Ideale zerbrechen.« Murmel, murmel. »Wir traten dann in den inneren Kreis, immer vier in einer Gruppe, und mußten einen Zettel verbrennen, auf dem jeder aufgeschrieben hatte, was ihm das Leben schwermacht. Wer fertig war, trat hinter die anderen und betete.« So beschreibt Sabine Steiner*, eine berufstätige Frau aus Berlin, das Einweihungsritual. Sie erinnert sich: »Der Trainer sagte: ›Und jetzt schicken wir alles Negative auf die Astralebene. Damit verschwinden die Sorgen für immer.‹ Mir kam das sehr dubios vor.«

Einige Wochen später. Am 12. November 1996 läuft im Sat-1-Magazin »Akte 96« ein aufsehenerregender Film über *Kaizen*. Anschließend erscheint der Moderator Ulrich Meier wieder auf dem Bildschirm. Neben ihm im Studio sitzt Sabine Steiner. Meier stellt ihr Fragen über die Seminare der Organisation:

Meier: »Sie haben an mehreren dieser Veranstaltungen teilgenommen. Was ist Ihnen denn besonders aufgefallen?«

Steiner: »Daß es eine sehr gefährliche Mischung ist zwischen Abzocken und sektenähnlichem Verhalten, die praktisch eine Art Gehirnwäsche bei den Menschen auslöst, daß sie gar nicht mehr klar denken können. Ich hab' das immer so salopp gesagt: Sie haben nur noch die Dollarscheine auf der Brille.«

Meier: »Wir haben hier mal einen Dollarschein. Den kann man auch mal sehen in der Kamera. Da ist ja in der Tat diese komische Pyramide drauf. Und die Sektenmitglieder werden angehalten, diese Fünfmarkscheine ...«

Steiner: »Imprägnieren, wenn ich einhängen darf.«

Meier: »Imprägnieren, was meinen Sie denn mit imprägnieren? Wie geht das?«

Steiner: »Ja, ich imprägniere sie mit Positivem, so daß sie zu mir zurückkommen.«

Meier: »Sagen Sie, das ist doch völliger Quatsch.«

Steiner: »Natürlich ist das Quatsch. Man muß sie anpusten. Sie machen das ungefähr so.« (Sie pustet)

Meier: »Aber warum muß man sich die denn ins Höschen stecken? Also, ich verstehe das überhaupt nicht.«

Steiner: »Weil Sex eine unserer größten, also die größte Power in unserem Leben eigentlich ist. Das, was uns am meisten antreibt. Kennt jeder, und so wird es verquickt. Dadurch haben wir auch Power, um Geld zu machen.«

Sabine Steiner hatte von einer Kollegin von der Sex- und Geld-Bewegung erfahren. Wie Steiner, so hatten auch andere Teilnehmer zunächst Bedenken, sie könnten einer Sekte auf den Leim gehen. Solche Vermutungen versuchte der Gretz-Kompagnon Alain Porcedda schon im Ansatz zu zerstreuen: »Wir haben nichts mit Scientology zu tun. Ich gehe noch einen Schritt weiter, wir lehnen diese Art von Manipulation ab.«

Doch bei der Berliner Sektenbeauftragten Anne Rühle meldeten sich bis zum Sommer 1997 etwa zwanzig *Kaizen*-Opfer oder deren Angehörige. Rühle sagt: »Sie waren zum Teil in einer hochgradig desolaten Verfassung, suizidgefährdet und gesellschaftlich völlig ruiniert. Ich halte Kaizen für äußerst problematisch, weil es zu psychischer und finanzieller Abhängigkeit führen kann.« Der Fernseh-Mann Ulrich Meier bezeichnete *Kaizen* deshalb als »eine neue Psycho-Sekte«. Tatsächlich hatten die *Kaizen*-Erfinder ein völlig neuartiges Produkt auf den Psycho-Markt geworfen. Aus der Verlockung, reich zu werden, Sekten-Know-How, psychischer Grenzerfahrung und mystisch-religiösen Elementen schufen sie ein Gebilde, das der Mühlheimer Psychologe und Sektenexperte Steven Goldner »ein teuflisches Gebräu« nennt. Die Mischung erinnert zunächst an *Scientology*. Aber die *Kaizen*-Bosse fügten noch ein wichtiges Element hinzu.

Falle Schneeballsystem

»Am Anfang war nur von Geldanlage die Rede«, erinnert sich Thomas Sack. »Man hat uns nicht erzählt, daß es darum geht, neue Founder zu keulen.« Doch die *Kaizen*-Aktie war nur das Lockmittel, um die Adepten in eine Organisation zu ziehen, die von ihnen den vollen Einsatz forderte. Bevor Sabine Steiner ihren Anteilsschein als Internationaler Founder für 7500 Mark kaufte, fragte sie vorsichtshalber nach, ob es sich um ein illegales Kettenspiel handele. Der *Kaizen*-Boß Thomas Gretz erwiderte: »Damit haben wir nichts zu tun.«

Kettenspiele sind die ungesetzlichen Schwestern der Strukturvertriebe; wie diese arbeiten sie mit dem Schneeballsystem. Sie funktionieren nach dem Motto: Hoffnung ohne Chance. Jeder Spieler zahlt Geld ein und wirbt neue Spieler – dafür erhält er Provision. Er bekommt auch Provision, wenn die von ihm Geworbenen wieder andere rekrutieren. Für jedes neue Mitglied wird ein bestimmter Prozentsatz des Eintrittsgeldes nach oben weitergereicht. Gewinner sind die Spitzen der Pyramide – jene Leute, die das Spiel angefangen haben; die letzten gehen leer aus. Kommerzielle Kettenspiele nach dem Schneeballsystem (»progressive Kundenwerbung« im Juristendeutsch) sind in Deutschland verboten, was aber kaum jemanden davon abhält, einen neuen Versuch zu starten.

Silvia Bäcker war arbeitslos, als sie im Frühjahr 1996 von einem Kettenspiel namens *Logo* erfuhr. »Komm mal mit, das sind gute Leute, das macht Spaß, sagte ein Freund zu mir. Und da geht man mal hin und guckt sich das an«, berichtet die gelernte Versicherungsverkäuferin. »Zuerst dachte ich: Wieder mal so ein Typ im Anzug, der irgendwas zum Besten gibt. Aber es ist schon eine Faszination davon ausgegangen.« Der »Typ« hieß Alain Porcedda und stammte aus Luxemburg. Wenn der bärtige Verkaufs-Profi in Berlin für das neue Geldspiel die Werbetrommel rührte, kamen bis zu 300 Leute, um sich bei bester Stimmung und viel Musik für »riesige Gewinnchancen« begeistern zu lassen. Silvia ließ sich mitreißen und legte 4500 Mark für den Einstieg auf den Tisch. »Ich war nicht nur neugierig, sondern sogar geldgierig geworden«, gesteht sie inzwischen ein. Doch kaum hatte sie selbst damit begonnen, neue »Untertanen« zu rekrutieren, als Alain Porcedda seinen Leuten plötzlich etwas »ganz Neues, Tolles« vorstellte: *Kaizen*.

Silvia Bäcker nahm an einem der ersten Verkaufsmeetings teil. Sie erinnert sich, wie der Kompagnon von Thomas Gretz über »ungeheure Ge-

Kosmologe und Kaizen-Guru: Thomas Gretz
Der »neue Führer«: Alain Porcedda

winne«, die *Disque d'Or* und den »Milliarden-Dollar-Markt« schwadronierte: »Da herrschte zwei Minuten Totenstille. Dann sprang die erste Frau auf, und es brach der Damm. Keine zehn Minuten, und Porcedda war seine dreißig Anteilsscheine los.« In der allgemeinen Euphorie lieh sich Silvia 7500 Mark, um Founder zu werden; auch Thomas Sack ließ sich zu jener Zeit entflammen. »Ich war naiv«, sagt er heute. Silvia Bäcker und Thomas Sack glaubten fest daran, bald 50 000 Mark Dividende zu erhalten. Erst später wurde den beiden klar, daß der Schein lediglich einen Nominalwert von 150 Schweizer Franken besaß. Mit dem Rest des Geldes hatten sie die Teilnahme an den diversen Seminaren erkauft. In Wirklichkeit verdiente an all den Anlagescheinen nur die Sekte. »Echte« Aktien der *Kaizen*-Firmen mit einem Wert von jeweils 1000 Franken besaßen nur die Bosse.

Um ihre Schulden bezahlen zu können, begann Silvia, neue Mitglieder für *Kaizen* zu werben. Denn wer sechs Founder anschleppte, bekam 7000 Franken Provision ausgezahlt; zum Zweck vollendeter Kundenwerbung fanden Verkaufsschulungen statt. Das sei aber kein *illegales* Schneeballsystem, erklärten die *Kaizen*-Gründer, denn die Anteilsscheine seien ja streng limitiert. Um die Geldmaschine trotzdem am Laufen zu halten, wurden bei Bedarf einfach ausländische Tochterfirmen gegründet – und schon konnten wieder neue »Aktien« unters Volk gebracht werden.

Bald wußte Silvia Bäcker nicht mehr, wo ihr der Kopf stand: ständig neue Opfer suchen, dazu Büroarbeiten, Seminare, Workshops und Success Trainings. »Die Gruppe sorgt dafür, daß man rund um die Uhr eingebunden ist. Jeden Morgen um acht Uhr muß man sich telefonisch melden: Wieviele Termine man hat, welche Gespräche, wie die Tagesplanung aussieht. Dann ist die Woche 'rum, und man hat nichts anderes getan, als für diesen Verein zu arbeiten.« Nach kurzer Zeit bestand ihr gesamter Freundeskreis nur noch aus *Kaizen*-Leuten; sie zog sogar in die Randgemeinde Waltersdorf bei Berlin, wo die meisten anderen »Hauptamtlichen« wohnten. Zweifel konnte sie sich nicht erlauben, denn ihr Lebensunterhalt hing nun davon ab, wie gut sie *Kaizen* verkaufte; irgendein Honorar gab es ebensowenig wie Arbeitsverträge. Obwohl sie fast nichts verdiente, ging es ihr aber gut dabei, denn sie fand anfangs menschliche Wärme und glaubte ja auch fest an den versprochenen Reichtum. »Ich konnte nicht mehr klar denken«, sagt sie.

Thomas Sack schildert einen ähnlichen Fall. »Mit Argumenten erreicht man den nicht mehr«, sagt er über den ehemaligen Geschäftsführer einer großen Computerfirma in Jena. »Der hat seinen Betrieb aufgegeben und arbeitet für Kaizen im Raum Frankfurt/Main. Für jeden, den er keult, kriegt er tausend Franken, aber er schafft meines Wissens im Monat nicht mehr als zwei bis drei Abschlüsse.« Da Thomas Sack bei *Kaizen* ziemlich zu Beginn eingestiegen war, gehörte er zur sogenannten Führungsstruktur. »Die sagten dann: Wer bei uns vorwärts kommen will, muß das hauptberuflich machen, nebenberuflich geht das nicht«, erinnert sich der junge Mann. »Ich war aber nicht so blöd, meinen Job aufzugeben. Deshalb wurde ich auch bald aus der Führungsstruktur entfernt.«

Auch Thomas Sack zweifelte anfangs nicht am Erfolg des »Weltunternehmens«. Möglicher Skepsis ihrer Gefolgschaft beugten die Chefs von Anfang an geschickt vor. Ihre Seminare dienten nicht nur als Verkaufstraining, sondern auch zur Kontrolle der Jünger. Da jeder Founder mit seinem Anteilsschein für die Traings bezahlt hatte, strömten die Leute freiwillig in die Gehirnwäsche (man will ja kein Geld wegwerfen). Wie bei *Scientology* folgte dann ein Kurs auf den nächsten. »Da offenbarst du dich und gerätst so in Abhängigkeit«, erläutert Silvia. Gruppenleiter Porcedda sagte zu Thomas Sack: »Es darf keine Geheimnisse in der Gruppe geben. Das schweißt die Leute richtig zusammen.« Bald hatten die Anführer die Lebensgeschichte jedes Einzelnen erfahren und spielten geschickt auf der Klaviatur der Gefühle. Unter Druck gesetzt und in ihrem Willen manipuliert, machten die Teilnehmer Dinge, die sie unter normalen Umständen nie tun würden. Wie zum Beispiel die Lebensgefährtin von Thomas Sack. Sie bezeugt: »Ich mußte dann etwas tun, woran ich jetzt immer noch zu knabbern habe: Ich sollte meinen Busen entblößen. Und das habe ich nach dreißig Minuten auch getan. Porcedda hat mir das regelrecht eingeredet. Er sagte, wenn ich das nicht mache, werde ich nie hochkommen, dann werde ich immer nur ganz unten und ganz schüchtern bleiben.«

Alain Porcedda bekämpfte nicht nur die Schüchternheit, er sorgte auch dafür, daß niemand aus der Reihe tanzte. Wie in anderen Sekten wurden die Founder gedrängt, sich von ihren Partnern zu trennen, wenn diese *Kaizen* kritisch gegenüberstanden. »Man hat versucht, Keile zwischen Lebenspartner zu treiben«, erzählt Thomas Sack. »Es hieß, wenn nur ein Partner bei Kaizen ist, geht die Beziehung kaputt, weil sich der andere nicht weiterentwickelt.« Ein Ehepaar aus Cottbus brachte man auseinander, als der Mann anfing, sich despektierlich über Kaizen zu äußern. »Da hat man mit der Frau regelrecht die Scheidung geprobt«, erzählt Silvia Bäcker. »Sie ist nach Hause gefahren und hat am nächsten Tag Vollzugsmeldung gegeben. Der Mann ging dann raus aus Kaizen, und sie sind geschieden. Zwanzig Jahre verheiratet, erwachsene Kinder!«

Wagte es trotzdem jemand, im Seminar eine kritische Frage zu stellen, wurde er abgeblockt. Es hieß dann: »Spar' Dir das für die Pause auf.« Oder: »Hast Du denn kein Vertrauen?« Manchmal beschwerte sich ein Jünger, weil noch immer kein Geld gekommen sei. Er bekam dann zu hören: »Das liegt nur an dir, du hast zuwenig getan.« Doch im allgemeinen Taumel zwischen Geldgier, Euphorie und Erlebnis-Kursen kam zunächst kaum Kritik auf. Noch regierte das Vertrauen, und die Founder fühlten sich als Mitglieder einer verschworenen Elite.

Der neue Welterlöser

Alain Porcedda lebte recht angenehm in Waltersdorf bei Berlin. Der stämmige, stets gut gekleidete Manager residierte dort in einem hübschen Reihenhaus mit Gärtchen. Als »Generalmanager für Deutschland und Österreich« der *Kaizen Academy* ließ er seine Untergebenen malochen und sorgte selbst mit seinen professionell inszenierten Info-Veranstaltungen im Berliner »Haus am Köllnischen Park« dafür, daß der Zustrom an neuen Opfern nie abriß. Nur manchmal fiel der selbstbewußte Sekten-Manager in Depressionen. Dann nämlich, wenn die Ängste kamen – die Ängste, der »großen Aufgabe« nicht gewachsen zu sein. Oft klagte er darüber, daß gerade er eine so schwere Bürde tragen müsse. Denn Alain Porcedda war intern für höhere Aufgaben vorgesehen.

»In den nächsten Jahren bricht das internationale Geldsystem zusammen – und wißt ihr, wer am meisten Geld verdient, wenn der Crash kommt?«, fragte Thomas Gretz seine Jünger im Spreewald-Hotel. »Die Banken! Es werden Gewinne gemacht, das ist unvorstellbar! Der Crash ist das Abschiedsgeschenk dieser Typen.« Mit »diesen Typen« meinte Gretz die Manager der internationalen Hochfinanz. Der *Kaizen*-Guru hielt ein Buch in die Luft. »Es gibt jetzt Bücher, da steht es drin.« Das Kapital der Welt, so Gretz, werde zur Zeit von einem Geheimbund kontrolliert, der alle Menschen unterjochen wolle: »Freimaurer, Illuminati, Eingeweihte«. Gretz: »Aber es ist vorhergesagt: Sie müssen untergehen. Sie haben abgewirtschaftet und bringen sich gegenseitig um.« Seine Verschwörungstheorie bezog der *Kaizen*-Boß aus dem Buch »Geheimgesellschaften und ihre Macht im 20. Jahrhundert«. Thomas Sack berichtet: »Das hat man uns wärmstens empfohlen. Ich war selbst dabei, wie wir die Bücher aus dem Hinterzimmer einer Berliner Buchhandlung abholten.«

Das dreibändige Werk war Mitte der 90er Jahre ein Bestseller in deutschen New-Age-Kreisen, bis es im Juni 1996 vom Amtsgericht Mannheim wegen antisemitischer Inhalte und Volksverhetzung bundesweit beschlagnahmt und verboten wurde.[2] Es wärmt die faschistische Parole von einer jüdischen Weltverschwörung auf und konstruiert ein gigantisches Komplott des »jüdischen« Finanzkapitals mit dem Schwarzen Adel, dem *Club of Rome* und »jüdischen Ufos«. Der rechtsradikale Autor Jan van Helsing, ein Pseudonym für Jan Udo Holey aus Fichtenau in Württemberg[3], lügt die Geschichte kurzerhand um: Die Juden seien schuld am Zweiten Weltkrieg; Ausrottungslager habe es nie gegeben. Nach dem Zweiten Weltkrieg habe eine kleine Gruppe jüdischer Illuminati insgeheim die Weltherrschaft an sich gerissen und kontrolliere seitdem die UNO wie den Vatikan, die russische wie die US-Regierung und sämtliche Medien; ihr wichtigster Agent sei der ehemalige US-Präsident George Bush. Im Auftrag der Illuminati arbeiteten Amerikaner und Russen gemeinsam mit jüdisch gesinnten Außerirdischen an der »Neuen Weltordnung«. Ihr Ziel sei unter anderem die Zerstörung der USA und Deutschlands. Konkrete Pläne sähen vor, Menschen als Sklavenarbeiter in außerirdische Kolonien zu schicken. Und ähnliches mehr.

Dieses faschistoide Werk sollten alle *Kaizen*-Adepten aufmerksam studieren. Zwar werde der von den Illuminati angezettelte Bankenkrach das kapitalistische System um die Jahrtausendwende zusammenbrechen lassen, aber dann beginne, versprach Thomas Gretz, das »Zeitalter des Wassermanns« – und das von *Kaizen*. Sie, die kommende Elite, könnten gerade noch rechtzeitig den Kampf aufnehmen. Nur *Kaizen* sei in der Lage, aus entmündigten Menschen wieder finanziell unabhängige Bürger zu machen. Nur *Kaizen* sei in der Lage, das Weltkapital umzuschichten und eine neue Weltordnung zu errichten. »Wir werden die Welt übernehmen«, rief Gretz. »Nur Kaizen wird überleben!« Die Aussteiger erinnern sich, wie der Guru ihnen damals die Zukunft ausmalte: »Deutschland wird Europa beherrschen, und Berlin wird die Hauptstadt sein. Das gab es schon einmal – und damals gab es hier einen hochspirituellen Mann. Aber er kam zu früh.« Gemeint war Adolf Hitler. Gretz sagte: »Jetzt stehen die Zeiten günstiger. Wir werden hier im Zentrum die stärkste Gruppe sein. Und den kommenden Mann haben wir auch schon – den Mann, der das Ding hier hochreißt. Er heißt Alain Porcedda.«

»Die Leute reagierten erschreckend«, erzählt Thomas Sack. »Als Porcedda nach vorne ging, gab es Standing Ovations. Nur wenige sind zusammengezuckt und wurden blaß. Als ich das hörte, war ich entschlossen auszusteigen.« Der neue »Führer« aus Luxemburg machte sich nicht nur dadurch einen Namen, daß er seinen Jüngerinnen befahl, sich »freizumachen«, er behauptete auch, er habe eine »strahlendweiße Aura« und könne deshalb »alles Böse« aus den Menschen ziehen. Er wußte viel über den Kosmos und »frühere Leben« und bezeichnete sich selbst als den »Auserwählten«. Ansonsten wird Porcedda als »rücksichtsloser Machtmensch« beschrieben. »Wer mich plattmachen will, den mache ich vorher platt«, sagte er zu Thomas Sack. Der Jenaer bezeugt: »Porcedda hat mal zu mir gesagt: Mit ein paar Anrufen in seinem Umfeld kann man jeden Menschen innerhalb von drei Wochen psychisch und finanziell ruinieren. Er hat sich als Übermenschen hingestellt und als Gott aufgespielt.«

Als Operationsbasis wollte Porcedda in den Kiefernwäldern um Waltersdorf Kaizen City errichten. Er träumte von Ökodörfern mit eigenem Stromnetz und sagte: »Bald ist Waltersdorf in unserer Hand.« Nach und nach zogen vierzehn der etwa dreißig deutschen Top-Manager der Geld-Sekte in die Berliner Randgemeinde. Um die Illuminati mit deren eigenen Waffen aus dem Feld zu schlagen, wollten Porcedda und sein Chef Thomas Gretz den Einfluß von *Kaizen* rechtzeitig mit Devisenspekulationen im »Interbankenhandel nach vorne bringen«. Ihre Abzockerei verkauften sie den verblüfften Zuhörern als »Beginn des Umbruchs«. »Wenn der Dollar runterdonnert, wißt ihr, wer dann verdient?« brüllte Thomas Gretz. »Wir sind drin! Kurs- und Devisenhandel – genau da gehen wir jetzt mit Kaizen rein. Wir werden hunderttausende von Kunden haben! Wir werden das jüdische Bankensystem mit der Disque d'Or zerschlagen. Gigantisch!«

Vorbild: Das Bewußtseins-Erweiterungs-Programm (BEP)

»Gretz hat die radikalen Sprüche geschickt in mystische Geschichten von Pyramiden und Pharaonen eingewebt«, sagt Thomas Sack. Doch für den Jenaer zählte vor allem »der geschäftliche Aspekt«. Mit seiner Einlage von 7500 Mark, so glaubte Sack wie alle anderen Jünger, sei er finanziell auf der sicheren Seite. Denn Gretz und Porcedda erläuterten immer wieder im Brustton vollendeter Seriosität, daß die Brokerfirma *Disque d'Or AG* eng mit den drei größten Schweizer Banken zusammenarbeite, darunter dem renommierten *Schweizer Bankverein*. Die *Kaizen*-Founder seien in diesem Sinne sogar »Repräsentanten« der Schweizer Banken. Niemand zweifelte daran; niemand fragte nach. In Wahrheit wußten die Banken weder von einer Kooperation mit der *Disque d'Or* noch mit *Kaizen*. Irgendwelche Garantien seien nie ausgeteilt worden, erklärten sie auf Nachfrage. Doch davon erfuhren die gutgläubigen Anleger nichts, die in Scharen auf den Schwindel hereinfielen.

In einem »Geschäftsbericht« peilten die Sekten-Chefs für 1997 einen Umsatz von mehr als 500 Millionen Mark an. »Den hatten die wohl auch schon 1996«, vermutet ein Schweizer Rechtsanwalt, der für die *Kaizen*

Academy als Treuhänder tätig war, bevor ihm die Geschäfte seiner Mandantschaft zu heiß wurden.[4] Trotz der gigantischen Umsätze erhielten die Founder bis zum Sommer 1997 weder die zugesagte Dividende noch gar die versprochenen Millionenrenditen. Kein Founder konnte überschauen, wohin die eingesammelten Millionen aus dem Verkauf der »Aktien« sowie dem Devisenhandel wirklich flossen. Die Hintermänner blieben im halbdunkel, weil die Besitzverhältnisse der diversen *Kaizen*-AGs mit Sitz in Vaduz/Liechtenstein bewußt verschleiert wurden. Aber nicht alles ließ sich verbergen.

Der deutsche Arzt Thomas Gretz, geboren 1956 in Weingarten bei Heidelberg, gilt als Erfinder von *Kaizen*. Ihm gehört das Unternehmen *Kosmo Tech AG* aus Safnern (Schweiz), das den Vertrieb der Anteilsscheine und Seminare leitete. Zahlreiche andere Firmen waren in das *Kaizen*-System eingebunden. Die wichtigste war die *Disque d'Or AG* mit einem Aktienkapital von gerade mal 100 000 Franken, die das Geld im »Interbankenhandel« anlegen sollte. Der *Disque-d'Or*-Trader Adrian Ludwig, ein ehemaliger Matrose und Absolvent der Financial-Seminare von *Kaizen*, bestätigte der Züricher »Sonntagszeitung« im Dezember 1996, daß die *Kaizen*-Leute über ihn Anlagen tätigten[5] – wovon man später dort offenbar nichts mehr wissen wollte.

Mit Hilfe einer Dreieckskonstruktion wollten die *Kaizen*-Macher das finanzielle Risiko vermindern. Zwischen die *Disque d'Or* und die *Kaizen*-Struktur wurde als Puffer der Strukturvertrieb *Vita-Lex AG* mit Gerichtsstand in Panama geschaltet. Auf die Frage, warum ausgerechnet Panama, antwortete Gretz laut Thomas Sack: »Wir haben nichts gefunden, was weiter weg ist.« Die *Vita-Lex* verkaufte auch Anlagen, und zwar solche, die im »Interbankenhandel« über die *Disque d'Or* plaziert werden sollten; angebliche Rendite: bis zu siebzig Prozent. Diese Geldanlagen hatten nichts mit den Anteilsscheinen für *Kaizen* zu tun und erforderten eine Mindesteinlage von 10 000 US-Dollar; aber die Founder sollten sie ebenso weiterverscherbeln wie die *Kaizen*-»Aktien«. Der renommierte Wirtschaftsdienst »Gerlach-Report« vergleicht das verschachtelte *Kaizen*-System inzwischen mit dem betrügerischen Strukturvertrieb *European Kings Club (EKC)*: »Der Vergleich mit dem EKC ergibt sich auch aus dem Aufbau, der Parallelen zu diesem bisher größten Anlegerschadensfall der Bundesrepublik zeigt.«[6]

Der *Kaizen*-Boß Thomas Gretz ist eine der schillerndsten Figuren der deutschen Psycho-Szene. Er verbindet seit Jahren äußerst geschäftstüchtig Esoterik und Profit. Gretz lebt inzwischen bei Biel in der Schweiz und leitete dort eine *Kosmologen-Akademie*, in der er seine Kunden per »ganzheitlichem Geldtraining«, »Emotionaltraining«, Life-Style-Beratung und Astrologie zu »diplomierten Kosmologen« ausbildete.[7] Diese »Akademie« – Slogan: »Der moderne Esoterikerberuf mit Zukunft!« – war in Wahrheit ein Strukturvertrieb, bei dem Leute geworben, Seminarpakete und Bücher verkauft werden. Gretz, der sich in einem Infoblatt als »Mann mit hohen Idealen« vorstellt, war außerdem mit verschiedenen anderen Strukturvertrieben wie *Pro Invest, Oeko Success* oder einer *Conix Invest* verbunden.[8] Letztere köderte bereits 1993 Anleger für den »Interbankenhandel« und vertrieb außerdem »angereichertes Sauerstoffwasser«.[9] Gegen *Conix* ermittelte damals die Salzburger Staatsanwaltschaft wegen gewerbsmäßigen Betrugs.[10]

Seine Verkaufs-, aber auch seine Psycho-Tricks hat Thomas Gretz offenbar bei *BEP (Bewußtseins-Erweiterungs-Programm)* gelernt, einem sektenartigen Multilevel-Marketing-Unternehmen, bei dem er noch als Student 1984 zum Spitzenverkäufer aufstieg.[11] »Ich weiß, daß Gretz bei Ament in die Schule gegangen ist«, sagt Peter Huth vom Sat-1-Magazin »Akte 97«, der als erster auf diese Verbindung stieß. Der *BEP*-Gründer Helmut Josef Ament aus Österreich, wie Gretz ein Verkünder des Übermenschen, leitet heute ein riesiges Esoterik-Imperium.[12] Als Ament seine Karriere Anfang der 80er Jahre startete, lieferte der gerade 24jährige Industriekaufmann den Beweis, daß man nur genügend Chuzpe, mystisches Brimborium und eingängige Sprüche braucht, um Scharen von Menschen einzuwickeln. In großen Hotels predigte der fesche Guru seinen begeisterten Kunden von »kosmischen Gesetzen« und verhieß ihnen »Glück, Erfolg und Reichtum« auf denkbar einfachstem Weg: »Will man zum Beispiel Millionär werden, dann denkt man so, spricht so, kleidet sich so, geht so.«

Plattheiten von ähnlicher Qualität stehen dutzendweise in Aments Fernlehrkurs zur »Bewußtseinserweiterung«, den der clevere Esoteriker über einen Verlag in Neu-Ulm ab 1981 in Form von Büchern und Kassetten zehntausendfach verkaufte (Kurspreis 1000 Mark). *BEP* war ein okkultes Sammelsurium aus Astrologie, Managementphilosophie und Telepathie. Das Programm machte seinen Schöpfer zum Multimillionär. Da schmerzte es wohl nicht weiter, jene 48 000 Mark Geldstrafe wegzustecken, die ihm 1986 das Oberlandesgericht Frankfurt aufbrummte. Ament sei damals verurteilt, worden weil er mit einer »besonders raffinierten Variante des sittenwidrigen Schneeballsystems« versucht habe, an das Geld von Leuten zu kommen und dabei »mit einem raffiniert ausgedachten Plan« auch Dritte betrogen habe, berichtete der »Spiegel«.[13] Helmut Ament bestreitet heute, daß es ein solches Urteil gegeben habe; der »Spiegel«-Bericht sei eine »Falschmeldung« gewesen: »Alle Prozesse wurden gewonnen – oder am Schluß, um die Angelegenheit schnellstmöglich zu beenden – im Vergleich beendet.«[14]

Wie auch immer es wirklich war – Ament disponierte um und führte ein Franchise-System ein.[15] Seitdem arbeiten seine Untergebenen als selbständige Kaufleute für seine Firma *Cosmotronics* und zahlen Lizenzgebühren, um die okkulte Ideologie unters Volk zu bringen. Per Ament-Kurs sollen die Kunden ihren »göttlichen Funken« freilegen, eine neue Sicht der Wirklichkeit gewinnen und schließlich – ähnlich wie bei *Scientology* – zum Herrscher über sich und den Kosmos werden. Das weitgefächerte Programm umfaßt unter anderem Körperübungen aus Yoga, Superlearning, Pendeln und Channeling und kostet mehrere tausend Mark. Wie die *Kaizen*-Führer wollte auch Ament die Welt mit einer Modellsiedlung neuer Weltbürger beglücken. Seine Pyramidenstadt Terrania City, geplant in der Schweiz, scheiterte jedoch schlicht an Geldmangel.

Mit dem unüberschaubaren Okkult-Imperium sind Firmen verbunden wie *Profimade Institute zur Entwicklung ganzheitlicher Unternehmenskonzepte, United Human Foundation, Humanpower AG, Rainbow Team SA, Andromeda BV, Optimisten-Club* (Slogan: »Optimist? – Na klar!«) und *Cosmotronics Software*. Das Ament-Reich umfaßt zahlreiche New-Age-Verlage wie *Gemini AG, BEP Verlag, Sirius-Verlag* oder *New Age Edition*. Der *Aquila-Verlag* vertreibt das *neue BEP*-Programm, zwölf in Leder gebundene Bände mit dem Titel »Das Geheimnis der Großen«. Die Ament-Firma *Pegastar* verkauft das alte *BEP*, aber auch persönliche Kinderbücher, in die der Name des Kindes eingedruckt wird.

Hat Gretz sich von Ament anregen lassen? Einiges spricht dafür. Ament bot seinen Kunden schon 1986 eine Ausbildung zum »Diplom-Kosmologen« an; die *Kosmologen-Akademie* des Thomas Gretz setzte *BEP* in Seminare um. Vieles, was später *Kaizen* auszeichnete, war bei *BEP* bereits vorhanden: Eine undurchschaubare Firmenstruktur, Anteilsscheine, Esoterik-Seminare. Sogar die Werbesprüche von *BEP*, der *Kosmologen-Akademie* und *Kaizen* sind teilweise identisch. Unisono versprechen sie: »Sie erreichen Ihre Ziele in kürzester Zeit. Ihr Wille wird stärker, Ihr Gedächtnis wird besser. Ihr Verstand wird klarer und schärfer.«[16]

Helmut Ament distanziert sich heute allerdings in scharfer Form von seinem ehemaligen Schüler: »Es ist richtig, daß Dr. Gretz ein Lizenznehmer beim BEP Verlag war. Es ist auch richtig, daß Dr. Gretz später die Kosmologen-Ausbildung übernommen hat. Und es ist auch eine Tatsache, daß *ich* Dr. Gretz 1993 diese Ausbildungserlaubnis wieder entzogen habe. Aus diesem Grunde mußte sich Dr. Gretz neu orientieren. Der Grund für meine Maßnahme ist einfach und schnell erklärt: Dr. Gretz begann immer sektiererischer zu werden. Es war nahezu unmöglich geworden, mit ihm ein vernünftiges Wort zu sprechen. (…) So kam es schon vor vier Jahren zur Trennung. (…) Ich werde mich nicht in Verbindung mit einem Chaoten wie Dr. Gretz bringen lassen! Das kann und will ich mir nicht leisten!«[17]

Im Frühjahr 1996 tat sich Thomas Gretz mit dem gebürtigen Italiener Claudio de Giorgi und dem Verkaufs-Profi Alain Porcedda zusammen. Die »glorreichen Drei« posierten auf Fotos gern vor Hubschraubern oder teuren Autos der Marke Jaguar; Geld spiele für sie »keine Rolle«, behaupteten sie. De Giorgi ist eine undurchsichtige Figur mit Erfahrungen aus Strukturvertrieben wie *Vanilla* und *Golden Eagle*, letzteres eine Art Founder-System mit Goldmünzen statt Devisenhandel. Er kümmerte sich bei *Kaizen* um den Vertrieb, während Gretz für die Ideologie und Porcedda fürs Geldeintreiben zuständig waren.

Alain Porcedda stammt aus einer Familie, die zu den *Zeugen Jehovas* gehörte und besitzt eine langjährige Vergangenheit am grauen Kapitalmarkt. Der 1952 geborene »kommende Mann« ist Verbraucherschützern als Vermittler von Time-Sharing-Geschäften mit Ferienwohnungen und als Organisator von dubiosen Strukturvertrieben bekannt. »Bei uns haben sich eine Vielzahl von Anwälten und Gläubigern aus Deutschland und Österreich gemeldet, die seit Jahren vergeblich nach Porcedda suchen«, bezeugt Thomas Sack. Porcedda und Gretz kennen sich aus gemeinsamen Zeiten beim Strukturvertrieb *Fun World* aus der Schweiz, wo Gretz schon 1995 sein Seminar »Fit for Cash – Fit for Sex« anbot. Porcedda verkaufte für *Fun World* die sogenannte Waschkarte, ein teures Stück Plastik mit zwei Magneten, das angeblich neunzig Prozent Waschmittel einspart, in Wahrheit aber völlig nutzlos ist.

Im September 1995 stieg Porcedda als Seminarleiter bei einem neuen Kettenspiel ein und baute innerhalb kurzer Zeit eine Struktur von über 600 Leuten auf: *Logo*. Er prahlte, damals habe er über 350 000 Mark verdient. Anfang 1996 wurde *Logo* auch in Berlin gestartet. Doch es war schon zu diesem Zeitpunkt kein sicheres Geschäft mehr. Die ersten Anzeigen wegen Betrugs lagen vor; die Stuttgarter Staatsanwaltschaft begann zu ermitteln. Porcedda tat also gut daran, sich nach etwas anderem umzusehen. Da lief dem Luxemburger offenbar sein alter Kumpel Thomas Gretz über den Weg. Der *Kaizen*-Aussteiger Thomas Sack vermutet, daß sich die beiden Struktur-Profis im Februar 1996 trafen und neue Geschäftsideen ventilierten.

Gretz war damals an einem Strukturvertrieb beteiligt, der ursprünglich *ACCE* hieß und Kapitalanlagen in der Schweiz vermarktete. Als die Staatsanwaltschaft sich auch für diese Firma interessierte, wurde sie kurzerhand in *Lila Challenge* umbenannt. Ende 1995 tauchte *Lila Challenge* in Berlin auf. Im Februar 1996 wurde die Firma plötzlich erneut umgetauft und hieß nun *Kaizen Academy AG*. Als Top-Verkäufer erschien Alain Porcedda auf der Bildfläche. Bis zum Sommer 1996 transferierte Porcedda dann zahlreiche *Logo*-Leute zu *Kaizen*; der innere Führungskreis der späteren Psycho-Sekte stammte aus dem vormaligen Kettenspiel. »Geben ist sicherlich seliger denn nehmen. Aber wer nicht nehmen kann, bietet keinem anderen die Möglichkeit zu geben«, hatte Helmut Ament einst in sein *BEP*-Programm geschrieben. Er riet dazu, »mit vollen Händen« zu nehmen.[18] Die goldenen Worte des Altvorderen beherzigten auch Thomas Gretz, Alain Porcedda und Claudio de Giorgi.

Offenburg, 7. September 1996. In der riesigen Messehalle sitzen 1300 *Kaizen*-Founder aus Deutschland, Frankreich, Italien, Österreich und der Schweiz. Sie warten auf den Kick-Off, das Signal zum internationalen Start des Systems. Auch Thomas Sack fiebert dem Moment entgegen, wo erstmals Geld fließen soll. »Von 50 000 und 100 000 Mark war die Rede«, erzählt er, »wir hatten den Eindruck, beim Kick-Off kriegen die internationalen Founder als Belohnung große Summen.« Doch zunächst quält sich eine billige Imitation von Michael Jackson über die Bühne. Anschließend tritt noch ein Double von Gorbatschow auf; dann erst werden unter großem Tamtam sechzehn Leute nach vorn gebeten. »Die haben 7000 Franken Provision gekriegt, weil sie jeweils sechs Leute geworben hatten«, berichtet Thomas Sack. »Das war wie ein Ritual. Jeder bekam einen Umschlag mit dem Geld. Die Massen im Saal tobten vor Begeisterung. Im allgemeinen Taumel fragte keiner mehr nach den versprochenen Millionen.«

Tatsächlich flossen zu jenem Zeitpunkt schon riesige Summen, bloß nicht in die Taschen der Founder. *Kaizen* war in knapp einem halben Jahr immens gewachsen. Etwa neunzig Leute arbeiteten vollzeit für die Psycho-Sekte, und monatlich wurden es mehr. In Deutschland, Italien, Schweiz, Frankreich, Spanien, Polen und Österreich wurden bereits Founder geangelt. Weil ihnen das aber offenbar noch nicht reichte, boten die *Kaizen*-Bosse ständig neue Anlageformen an. »In Europa findet eine explosionsartige Ausweitung unseres Founder-Programmes statt«, schrieb die Gretz-Firma *Kosmo Tech* im Oktober 1996. »Dabei dürfen nur die aktivsten Founder teilnehmen.« Geplant war, 22 Länder neu zu »starten«, pro Land würden wieder 200 Anteilsscheine ausgegeben. Im Dezember flogen zwei Mitarbeiter in die USA, um *Kaizen* dort in Gang zu bringen. Alles in allem wären durch die neuen Anteilsscheine weit mehr als dreißig Millionen Mark in die *Kaizen*-Kassen geflossen.

Zugleich nutzten Gretz, Porcedda und de Giorgi die straffe Sektenstruktur, um ihren Jüngern ständig neue Anlageformen anzudrehen und sie massiv zu weiteren Investitionen zu drängen. Sie offerierten zum Beispiel 15 000-Mark-Anlagen bei der *Disque d'Or* oder Beteiligungen an einem »Schloß« in Frankreich. Vor allem aber versuchten sie, den Foundern zahlreiche Strukturvertriebsprodukte aufzuschwatzen. Da tauchte die Waschkarte wieder auf, das ominöse »Vorteilssystem Reisen-Urlaub-Freizeit« (»VS Ruf«; Reisen und Billigferienzimmer) oder das Unternehmen *United World* aus dem Gretz-Wohnort Biel. Diese Firma, geleitet von dem »Diplom-Kosmologen« Ruedi Schultheiss, wirbt mit dem Slogan: »Wir schützen Sie & Sie schützen die Welt«.[19] Das obskure Unternehmen verspricht seinen Kunden, für den Betrag von rund hundert Mark 3000 Quadratmeter Regenwald in Belize vor der Zerstörung zu bewahren. Zugleich wird eine

Krankenversicherung mit dem angeblich »weltweit besten Preis/Leistungsverhältnis« angeboten – aber normale Zahnbehandlung ist nicht inbegriffen.

Um all diese Produkte zu vertreiben, wurden immer mehr Mitglieder gedrängt, hauptberuflich für *Kaizen* zu arbeiten. In allen Bundesländern suchte man nach neuen Käufern für die Anteilsscheine und anderen Anlageformen – »das größte Geschäft des Jahrhunderts«. Doch im Rausch von Geldgier und Macht begingen die *Kaizen*-Führer einen folgenschweren Fehler. Sie unterschätzten die Widerstandskraft ihrer Untertanen.

Nachdem Silvia Bäcker fünf Monate für *Kaizen* gearbeitet hatte, keinen Pfennig dafür bekam und schließlich auf insgesamt 60 000 Mark Schulden saß, begann sie, kritische Fragen zu stellen. Sie berichtet: »Wenn Du nicht mehr funktionierst und Dich gehorsam unterordnest, bist Du nur noch Dreck. Ich wurde plötzlich von heute auf morgen ausgeschlossen und bekam Hausverbot für sämtliche Veranstaltungen. Alain Porcedda bezeichnete mich als ›Hexe‹ mit einer ›bösen Aura‹.« Silvia wurde am Telefon bedroht und von ihren bisherigen »Freunden« in Waltersdorf geächtet; ein »Medium« behauptete, seit hunderten von Jahren und durch viele Inkarnationen läge ein Fluch auf ihr. Bald glaubte sie selbst, was man ihr ständig einredete. »Porcedda persönlich sagte zu mir: Du bist die Inkarnation des Bösen, der ewige Judas, das Zentrum des Hasses. Du bist als abschreckendes Beispiel für die gesamte Menschheit auf die Welt gekommen. Wenn Du nicht selbst die Welt von Dir befreist, werden es andere tun.« Schließlich war sie so verängstigt, daß sie im August 1996 ernsthaft an Selbstmord dachte. Doch als Silvia ständig weiter verteufelt wurde, wurden auch andere mißtrauisch.

»Am Anfang hatte ich nicht den Eindruck, daß es sich bei Kaizen um Betrug handelt«, erzählt Thomas Sack. »Ich kam erst ins Nachdenken, als man die Aktion mit Frau Bäcker durchgezogen hat, weil es doch sonst immer hieß: Wir wollen die Welt verbessern.« Als Porcedda merkte, daß der Jenaer auch weiterhin Kontakt zu Frau Bäcker hielt, wurde er ungehalten und sagte: »Du mußt Dich für eine der beiden Seiten entscheiden – entweder die Gewinner oder die Verlierer.« Thomas Sack berichtet: »Es gab Drohungen. Dann nötigte Porcedda meine Lebenspartnerin zu besagtem ›Striptease‹. Als ich Gretz und de Giorgi davon informierte, nahmen sie Porcedda sogar in Schutz! Das alles war für mich der Grund, Kaizen zu verlassen.«

Als Silvia Bäcker sich einigermaßen gefangen hatte, stellte sie Strafanzeige wegen Betrugs bei der Staatsanwaltschaft in Berlin, in der Schweiz und in Liechtenstein. Und gemeinsam mit Thomas Sack wandte sie sich an die Medien. Auch Sabine Steiner aus Berlin hatte damals den Eindruck gewonnen, daß *Kaizen* »nur Abzocke und Betrug« sei. Sie tauchte in einem Seminar auf, forderte ihre 7500 Mark zurück und rief: »Wenn ich nicht sofort mein Geld bekomme, packe ich aus!« Da erschien Alain Porcedda, zückte seine Brieftasche und zählte ihr die Tausender bar auf die Hand.

Kurz darauf, am 11. November 1996, berichtete das Sat-1-Magazin »Akte 96« erstmals über die *Kaizen*-Sekte. »Damit haben wir ihnen einen Schlag versetzt, von dem sie sich nicht mehr erholt haben«, freut sich der Berliner »Akte«-Redakteur Peter Huth. Zahlreiche Presse- und Fernsehberichte folgten. Die *Kaizen*-Führer wollten sich damals zu den Vorwürfen lieber nicht äußern. Alain Porcedda sagte im Fernsehen: »Ich gebe dazu keinen Kommentar.« Später erklärte er, Silvia Bäcker habe durch »Intrigen« Unruhe verbreitet, daher habe man sich von ihr getrennt. Sie sei jedoch nie »im Auftrag« von *Kaizen* observiert oder terrorisiert worden. Thomas Gretz war für Journalisten nicht erreichbar. Der Züricher »Sonntagszeitung »erklärte er: »Kaizen ist keine Sekte. Die Firmen bieten Kurse an. Das ist alles.«[20] Als die Macher dem Fernsehmagazin »Akte 96« untersagen wollten, sie eine Sekte zu nennen, unterlagen sie jedoch vor Gericht. Das Landgericht Berlin entschied, daß *Kaizen* als Sekte bezeichnet werden dürfe.

Mittlerweile wachten immer mehr Founder auf, verlangten ihr Geld zurück und stellten Strafanzeige. Aber das System war so raffiniert konstruiert, daß die Fahnder in Deutschland und der Schweiz in Schwierigkeiten gerieten. »Wir müssen nämlich nachweisen, daß es sich bei Kaizen um ein verbotenes Schneeballsystem handelt, und das ist schwer«, sagte uns Kriminalrat Michael Schulze vom Berliner LKA. Wie bereits erwähnt, waren die Scheine offiziell limitiert, und es gab einen – wenn auch nicht meßbaren – Gegenwert in Form von Seminaren. Auf den Dreh, ein Kettenspiel mit Persönlichkeitsseminaren zu koppeln, waren 1995 erstmals die jungdynamischen Abzocker einer Firma namens *Incentive Management (I. M.)* in München verfallen.[21] Der Trick schützt perfekt vor staatsanwaltlicher Verfolgung. Deshalb wurden die Ermittlungen gegen *Kaizen* schon bald wieder eingestellt.

Trotzdem hatten die Sektenführer an ihrer Geldmaschine nicht mehr viel Freude. Als die *Kaizen*-Chefs am 16. Dezember 1996 wie üblich Neulinge in Berlin ködern wollten, platzte ein Gerichtsbote in die Versammlung. Er überreichte Alain Porcedda eine Einstweilige Verfügung des Landgerichts Berlin. Das renommierte »echte« *Kaizen Institute* mit Sitz in Frankfurt am Main, das die seriöse japanische Management-Methode anwendet, hatte gegen den dubiosen Doppelgänger geklagt und Recht bekommen. Seitdem dürfen die Sekten-Chefs weder den Namen noch das Zeichen *Kaizen* weiter benutzen. Tun sie es trotzdem, droht ihnen ein Ordnungsgeld bis zu 500 000 Mark. Und es rappelte weiter im Gebälk. Die Treuhänder der *Kaizen Academy*, Markus Hassler und Friedhelm Gruber aus Liechtenstein, bekamen nach den Medienberichten kalte Füße und traten schon im November 1996 von ihrem Amt zurück. Mirko Ribul, jener Seminartrainer, der die Founder mit Hilfe des Neurolinguistischen Programmierens an *Kaizen* fesseln sollte, distanzierte sich im Januar 1997 von dem »zweifelhaf-

Schloß in Frankreich und teure Wagen: Kaizen-Boß Claudio de Giorgi

ten Geschäftsgebahren der Firma Kaizen AG« und behauptete, er habe die Zusammenarbeit beendet.[22]

Offenbar in heller Panik, versuchten die *Kaizen*-Führer, die Reihen wieder fest zu schließen. Sie traten nun unter dem Namen *Leadership Academy* auf und beriefen am 11. Januar 1997 eine »Founderversammlung« nach Braunschweig ein. Dort schimpften sie auf »haßerfüllte Journalisten«, ließen ihre Jünger über glühende Kohlen laufen und machten sie mit hochfliegenden Plänen bekannt. Im Versammlungsprotokoll heißt es: »1997 ist ein wichtiges Jahr – es wird eine Evolution sein für den Aufbau neuer Länder!«[23] Der *Kaizen*-Boß Gretz fabulierte sogar von einem »eigenen Satellitensender«, »hochtechnisierten Telefonkonferenzen« und dem »Gang zur Weltbörse«. Das Protokoll schließt: »Alle anwesenden Founder waren begeistert von den gemeinsamen Zielen und wurden durch den Feuerlauf zusätzlich auch noch in ihren persönlichen Zielen bestärkt! Gemeinsam sind wir stark!« Man vergaß jedoch zu erwähnen, daß sich einige Teilnehmer auf den Kohlen gewaltig die Füße versengt hatten.

Um die Öffentlichkeit zu »informieren«, kündigte der *Kaizen*-Guru Thomas Gretz damals eine spezielle »Aufklärungskampagne bezüglich unserer Firmenphilosophie« an. Dieser Kampagne fiel er offenbar selbst zum Opfer. Seine Kumpels servierten ihn kurzerhand ab und teilten den »lieben Foundern« am 7. Mai 1997 mit, daß sich die »Kaizen-Firmengruppe« von Gretz getrennt habe; der Grund: »unterschiedliche Einstellungen und Ansichten über die Firmenphilosophie«.[24] Am 15. April lud der nun amtierende Sekten-Boß Claudio de Giorgi zwei Journalisten in das Büro seines Kölner Anwalts und eröffnete ihnen, daß er die Anteile von Thomas Gretz übernommen habe. Er sagte, jeder Founder könne problemlos seine »Aktie« zurückgeben und sein Geld zurückbekommen. De Giorgi fügte, etwas wirr, hinzu: »Jeder Aussteiger ist informiert, kann telefonieren und seinen Schein deponieren. Er kann ihn sogar weiterverkaufen, ohne Psychodruck, ohne Druck auf Sekte, wie es genannt wird, ohne daß irgendeiner Amok läuft. Leute haben das gemacht, und jetzt verkaufen wir diesen Schein weiter an Leute, die diesen Schein kaufen wollen.«[25]

Das nahm Thomas Sack wörtlich. Zu Pfingsten 1997 machte er sich auf die Reise von Jena nach Frankreich, um sich seine 7500 Mark persönlich bei de Giorgi abzuholen. Nicht weit hinter der Schweizer Grenze, im französischen Jura, liegt das Dorf Saint Lupicin. Nach einigen Serpentinen erreicht man den ehemaligen Gutshof, der als Chateau de Buclans bezeichnet wird und jetzt als Hauptquartier der Sekte dient. In idyllischer Umgebung finden dort die Outdoor-Seminare und wichtige Strategietreffen statt; sogar ein Hubschrauberlandeplatz ist geplant. Eine hohe Steinmauer umgibt das weitläufige Anwesen. Das schmiedeeiserne Tor stand offen, und Thomas Sack stoppte seinen Wagen im Innenhof. Dort parkten ein Mercedes und ein GMC-Geländewagen. Der Jenaer erinnert sich: »Es herrschte eine merkwürdige Atmosphäre; ich dachte nur: Mafia!«

Claudio de Giorgi empfing seinen Gast in Arbeitskleidung mit laufender Kettensäge in der Hand; er war sichtlich ungehalten. Das mitreisende Kamerateam schickte er gleich wieder vom Gelände. Doch Thomas Sack ließ sich nicht so leicht abweisen. Er sagte: »Ich gehe hier nicht weg ohne etwas in der Hand, einen Scheck oder dergleichen.« Widerwillig bat ihn Claudio de Giorgi in die Schloßstube. Vier Stunden diskutieren die beiden. »Giorgi behauptete, Gretz sei an allem schuld mit seinen Sektengeschichten«, berichtet Thomas Sack. »Als ich sagte, er soll aufhören mit dem Gesülze, wurde er ausfallend und beschimpfte mich. Er meinte dann, ich und Frau Bäcker, wir hätten Kaizen zerstört. Deshalb wäre ich auch der letzte, der sein Geld bekommt. Es war zwecklos. Für mich sind das Abzocker, die sich mit Hilfe betrügerischer Mittel bereichern und Menschen hochgradig manipulieren.«

Thomas Sack mußte den Hof unverrichteterdinge verlassen. Im Dorf ergab sich anschließend noch ein Treffen mit der örtlichen Polizei. Dort erfuhr der Jenaer, daß man das Anwesen der Sektierer schon länger im Auge habe. Seitdem die *Sonnentempler* in derselben Gegend Mord und Selbstmord verübten, sind die Behörden alarmiert. Eine Sonderkommission der französischen Polizei beobachtet landesweit die Aktivitäten von Sekten und anderen Kultgruppen, um ähnliche Katastrophen in Zukunft zu verhindern. Für Thomas Sack nur ein halber Trost, denn auf sein Geld wartet er noch immer vergeblich.

Auch Silvia Bäcker hatte im Sommer 1997 ihre Einlagen noch nicht zurückbekommen. Als die bedrohlichen Anrufe nicht aufhörten und sie eine erhängte Maus mit Schlinge um den Hals in ihrem Hausbriefkasten fand, wechselte sie den Wohnort und zog ins Ausland. Sie stellt fest: »Selbst für andere Aussteiger sind Thomas und ich jetzt Feinde. Die sagen: Wenn wir beide nicht gewesen wären, hätte es ja geklappt!« Als sie nach langer Zeit wieder einmal ihre Schwester besuchte, war diese entsetzt und fragte: »Was ist nur mit Dir passiert? Wer hat Dich so zerbrochen?« Silvia sagt: »Ich merke jetzt erst, was die mit mir gemacht haben. Ich bin nur froh, daß ich noch Menschen habe, die mich akzeptieren, auch wenn ich manchmal einfach so in Tränen ausbreche.«

Kulte der Gier

European Kings Club (EKC)/Kettenspiele

Die Geld-Sekte: *EKC*

Als der Jahrhundertprozeß in Frankfurt am Main begann, reisten die Anhänger sogar aus Österreich an. »Wir wollen den Angeklagten den Rücken stärken«, sagte eine Besucherin. »Die Damara hat uns nicht betrogen.«[1] Das sahen die Richter der 26. Großen Strafkammer jedoch anders. Am 30. Januar 1997 erging das Urteil gegen die »Präsidentin« des *European Kings Club*, Damara Bertges. Wegen Betrugs und Gründung einer kriminellen Vereinigung mußte sie für acht Jahre ins Gefängnis. Im Dezember 1996 waren bereits ihre Komplizen Hans-Günther Spachtholz, Andreas Rast und Damara-Ehemann Harald zu Haftstrafen zwischen viereinhalb und sieben Jahren verurteilt worden. Es ging um den größten Anlagebetrug in der Nachkriegszeit.

Den Mitgliedern in vierzig Ländern hatten Damara Bertges und ihre Kumpane rund zwei Milliarden Mark abgeknöpft, bevor das ungesetzliche Strukturspiel Ende 1994 zusammenbrach. Fassungslos nahmen Wirtschaftsfahnder und Staatsanwälte zur Kenntnis, daß über 94 000 Menschen den hohlen Versprechen der Täter gefolgt waren. Auch die Öffentlichkeit war schockiert und suchte nach Erklärungen. »Das ist eine sektenähnliche Organisation«, hatte der Schweizer Richter Markus Züst bereits im September 1994 erläutert.[2] Und tatsächlich wirkt der *European Kings Club* wie ein Vorläufer der *Kaizen*-Bewegung, mit dem Unterschied, daß Damara Bertges & Co. ihre Geldsekte juristisch längst nicht so geschickt abgesichert hatten wie Thomas Gretz, Alain Porcedda und Claudio de Giorgi.

Beim *European Kings Club* war nicht nur der Name königlich, auch seine Verheißungen hatten es in sich. »Geht raus und sammelt die Millionen ein«, rief die Präsidentin ihren Anhängern zu, »die vielen, vielen Millionen!«[3] Tausende folgten Damaras Befehl, weil sie der »Philosophie« ihrer Prophetin glaubten. Verblüfft erfuhren Journalisten, die sich 1994 im Münchner Löwenbräukeller unter die Bertges-Fans mischten, daß eine miese Clique – die Bankmafia, die Hochfinanz – die Weltherrschaft anstrebe, gigantische Gewinne abzocke und »uns kleinen Anlegern« nur ein winziges Brosamen an Zinsen lasse.[4] Das wollte der Königsklub ändern. Wie später Thomas Gretz trat Damara Bertges an, um gegen das Schlechte in der Welt zu kämpfen und für die Unterdrückten Partei zu ergreifen. Getreu der Klub-Parole »Freiheit, Selbständigkeit, Unabhängigkeit« verhieß sie den Geknechteten: Wenn Du heute beim *European Kings Club* eintrittst, bist Du bald sagenhaft reich!

Den staunenden Zuhörern machten die Redner weis, daß sie beim Klub mit dem Kürzel *EKC* traumhafte Gewinne ohne jegliches Risiko erwarteten. Statt etwa sieben Prozent Zinsen wie bei einer normalen Bank würden ihnen sage und schreibe 71 Prozent Rendite im Jahr zufließen. Die *EKC*-Anleger müßten sich nur für 1200 Mark plus 200 Mark »Verwaltungsgebühr« ein angebliches Wertpapier kaufen, den sogenannten Letter. Für jeden Letter würden sie dann innerhalb eines Jahres 2400 Mark »garantiert« zurückerhalten, monatlich 200 Mark. Wer beispielsweise zehn Letters für 14 000 Mark kaufe, hätte bereits nach zwölf Monaten 24 000 Mark in der Tasche.

Zauberei? Mitnichten! In jeder Versammlung standen zufriedene Klubmitglieder auf und beschworen, daß sie Monat für Monat die versprochenen Renditen erhalten hätten. Jeder Besucher konnte mit eigenen Augen sehen, daß *EKC*-Mitglieder in den Saal kamen, ihre 200 Mark auf die Hand bekamen und wieder verschwanden. Wie der magische Geldfluß eigentlich funktionierte, das wollten die meisten Kunden dann offenbar nicht mehr so genau wissen. Klub-Königin Damara erklärte ihnen die wundersame Geldvermehrung mit Hilfe der »nichtlinearen Dynamik«.[5] »Fragen Sie uns bitte nicht, wie wir das bewerkstelligen. Gehen Sie einfach davon aus, daß wir das können – zu unserem und Ihrem Vorteil«, hieß es in einer *EKC*-Broschüre.[6] Angeblich würde das Geld in Firmen investiert, die »in den nächsten Jahren tausend Prozent Rendite bringen«.[7] Wer wollte da noch kleinlich nach Fakten, Buchhaltung oder Bilanzen fragen?

Der phänomenale Erfolg der korpulenten Prophetin und Mutter von fünf Kindern beruhte vor allem darauf, daß sie Menschen mitreißen konnte. Damara Bertges wurde 1956 in Hessen als Tochter eines farbigen GIs geboren, den sie nie zu Gesicht bekam; sie stammte wie die meisten ihrer Gaunerfreunde aus kleinen Verhältnissen. Nachdem ihr Mann als Fenstermonteur in die Pleite gesegelt war, gründete Damara 1991 einen Verein zur »Freizeitgestaltung«, den *German Kings Club*. Als Mitstreiter gewann sie den Kettenspielprofi Hans Günther Spachtholz, einen ehemaligen Stabsarzt und erfahrenen Spezi für »spektakuläre Finanzierungen«. Umgehend begann der angeblich nicht gewinnorientierte Verein damit, die ominösen blauen Letters für 1400 Mark zu verkaufen. Als das Bundesaufsichtsamt für das Kreditwesen 1992 den illegalen Wertpapierhandel verbot, wurde der Klub lediglich in *EKC* umbenannt, sammelte aber weiter Geld ein wie bisher.

Geködert wurden vor allem »kleine Leute« aus der Unterschicht, gezielt sprach man Ausländer und Aussiedler an. Aber auch veritable Stadträte, ehemalige Banker und wohlhabende Mittelständler ließen sich einwickeln. Wie bei *Kaizen* verschuldeten sich viele *EKC*-Anleger bis über beide Ohren; einige verkauften Grundstücke oder nahmen sogar Kredite auf. Andere übergaben den Klubkönigen mitunter eine Million Mark – und mehr – in bar. »Die meisten sind so gutgläubig und dumm – so etwas habe ich noch nie erlebt«, sagte ein Kripo-Fahnder dem Magazin »Focus«.[8] Aber es waren nicht nur Geldgier und guter Glaube, die ganze Freundeskreise und halbe Ortschaften zum Klub zogen.

Damara Bertges und ihre Komplizen waren Meister der Massenpsychologie. Mit allen erdenklichen Psychotricks klopften sie die Anleger weich und verlockten sie zu immer neuen Letter-Käufen. In den Werbeveranstaltungen heizten Einpeitscher tausenden potentieller Kunden mit raffinierten Verkaufsstrategien ein. Im Stakkato von Musik, suggestiven Botschaften und unermüdlichem Klatschen trieben sie ihr Publikum in die schiere Hysterie. Damara war die Königin auch solcher Abende. Sie hüllte sich gern in wallende Kleider und beherrschte die Kunst, ihre Jünger nach Art amerikanischer Fernsehprediger zu fanatisieren. Letzte Zweifel beseitigten die Auftritte von prominenten Künstlern wie Udo Jürgens und Jennifer Rush. Von der ausgetüftelten Saalregie überwältigt, zeichneten die Besucher dann scharenweise die ominösen »Wertbriefe«. Der Klub schmückte sich sogar mit dem ehemaligen Sowjet-Chef Michail Gorbatschow. Damara Bertges ernannte ihn zum *EKC*-Ehrenpräsidenten und spendete seiner Moskauer Stiftung 200 000 Mark. Erst als der »Spiegel« über die *EKC*-Praktiken berichtete, distanzierte sich Gorbatschow und erklärte, er sei »unfreiwillig Opfer falscher Informationen« geworden.[9]

Einmal rekrutiert, sollten die Clubmitglieder wie bei *Kaizen* ihr Leben in den Dienst der Organisation stellen, die mit ihren General-Managern, Gebietsdirektoren und Bezirksleitern straff wie eine Sekte oder ein Strukturvertrieb aufgebaut war. Um sie eng an den »Kult der Gier« zu binden, gab es Seminare, Verkaufsschulungen und häufige Meetings. Viel Symbolik, eine eigene Hymne und teure Werbegeschenke wie zum Beispiel Schampus mit dem edlen Königs-Wappen beförderten die Corporate Identity. Nach Ansicht der Frankfurter Staatsanwaltschaft war das sektenartige Vereinsleben des *EKC* der wichtigste Antrieb für den starken Zulauf. Dies habe bei den Opfern »Gemeinschaftsgefühle hervorgerufen« und den Grundstein für das große Vertrauen in die *EKC*-Führer gelegt. Teure Jubelfeiern schweißten die Anhänger zusätzlich zusammen; bei einem Fest im Kölner Hotel Maritim verpulverten die Klubkönige gewaltige zwei Millionen Mark.

Doch ohne das überwältigende Charisma von Damara Bertges hätte der großangelegte Betrug wohl nicht so lange funktioniert. Sie wurde intern wie eine Heilige verehrt und glaubte offenbar selbst an ihre Berufung, den »kleinen Leuten« ein Stück »vom großen Kuchen« zu verschaffen. Die Prophetin und ihre Apostel impften die Jünger mit einer »Klub-Philosophie«, die ihnen eine Alternative zum Kapitalismus und eine bessere Welt durch »evolutionäre Veränderung« verhieß. Ihr Kampf galt der »Willkür der Banken«, der Europäischen Gemeinschaft und – wie bei *Kaizen* – den Freimaurern. Zuständig für die Hau-Drauf-Ideologie war vor allem die Redaktion der Vereinszeitschrift »Civilcourage«, die an mehr als 90 000 Mitglieder verschickt wurde; das Magazin diente außerdem dazu, die wirtschaftlichen Interessen des Vereins zu tarnen. Der Schweizer Untersuchungsrichter Josef Dettling nannte das nobel gemachte Vereinsblatt »eines der wichtigsten Tatwerkzeuge, um das Lügengebäude des EKC aufzubauen«.[10] Kamen gelegentlich doch einmal Zweifel auf, sollten die Mitglieder wie bei anderen Sekten Gedankenstop-Techniken anwenden. »Wenn Sie Schlechtes über uns hören oder lesen, glauben Sie es einfach nicht«, empfahl man ihnen.[11]

Technisch gesehen, handelte es sich bei der Kommerz-Sekte um einen jener Pyramid Scams, mit denen Glen Turner die Strukturvertriebe in den USA in Verruf gebracht hatten. Wie bei *Kaizen* lauteten die eigentlichen Grundprinzipien: blindes Vertrauen und die Hoffnung auf unbegrenzten Reichtum. »In mir steigt die Gier«, bekannte eine junge Frau im Münchener Löwenbräukeller.[12] Seine 200 000 Mark, so meinte ein Anleger laut »Spiegel«, würden ihn innerhalb von drei Jahren zum Millonär machen. Sicher: Wer frühzeitig eingestiegen war und damit weit oben in der Pyramide stand, konnte nach kurzer Zeit tatsächlich ins Plus fahren; neben den »Renditen« gab es für jedes neu geworbene Königskind zusätzlich eine Provision von 110 Mark. Doch im großen Maßstab kassierten nur Damara und ihre Bande. Die Königin des Königsklubs erhielt pro »Wertbrief« zehn Mark – bei 1,4 Millionen abgesetzten Letters eine schöne Summe. Wie ihre Mitstreiter griff sie stets mit beiden Händen in die *EKC*-Kasse und leistete sich beispielsweise für zwei Millionen Mark Schmuck von *Cartier*.

Zusammenbruch der Pyramide

Das gigantische Schneeballsystem konnte aber nur so lange funktionieren, wie immer neue Anleger 1400 Mark ablieferten und mit ihren Einzahlungen die Ausschüttungen für die Altmitglieder finanzierten. Drei Jahre lang lief alles nach Wunsch. Bis zu 100 000 Letters – das entspricht 140 Millionen Mark – wurden monatlich abgesetzt. Klub-intern spielten sich unglaubliche Szenen ab: Die Mitarbeiter trugen das Geld meist in Pappkartons oder Kleidersäcken herum. Ein- und ausgezahlt wurde in bar. Es roch nach Geld, und man sah viel Geld. Das System brach zwangsläufig in dem Moment zusammen, da die Pyramide an der Basis immer breiter wurde und nicht mehr genügend frische Scheine nachströmten. Außerdem begann die Justiz zu ermitteln.

Bereits 1992 waren Schweizer und deutsche Staatsanwälte auf den ominösen Klub aufmerksam geworden. Im April 1994 durchsuchte die eidgenössische Polizei mehrere *EKC*-Büros, nahm zehn Führungskräfte fest und beschlagnahmte kiloweise Akten sowie hohe Geldbeträge. 120 *EKC*-

Mitglieder gerieten nicht nur unter Betrugsverdacht, sondern wurden auch beschuldigt, eine kriminelle Vereinigung gebildet zu haben. Zuvor hatte die Eidgenössische Bankenkommission den *European Kings Club* bereits als »illegale Investment-Organisation« liquidieren lassen. Ein Proteststurm war die Folge. Der Untersuchungsrichter Josef Dettling fand Morddrohungen in seinem Briefkasten. Tausende aufgeschreckter Anleger demonstrierten mit *EKC*-Fahnen und Kuhglocken in Basel gegen die Justiz, gegen die Banken und sonstige »Raubritter in Glaspalästen«, weil sie um ihre Renditen fürchteten. Sie glaubten der Klub-Propaganda, wonach hinter der Aktion gegen den *EKC* die Großbanken stünden, die damit einen unliebsamen Konkurrenten vernichten und weiter ungestört Profit machen wollten.

Vor allem in den Bergkantonen der Innerschweiz, aber auch in Bern, Glarus und Zürich hatte sich der *EKC* metastasenartig ausgebreitet. Viele kleine Leute – Bäcker, Wirte, Mechaniker, Bauern – erhofften sich von Damaras Verein, endlich auch »auf der Sonnenseite des Lebens« zu stehen. Im Kanton Schwyz war sogar jeder zehnte Polizeibeamte Mitglied in der Geldsekte. »Die Philosophie vom EKC hat mich wahnsinnig mitgenommen«, sagte eine Friseuse aus dem Bergdorf Attinghausen, die ihren Frisiersalon verkauft hatte, um das Geld in Letters zu stecken.[13] Im Klub, so meinte sie, werde wenigstens den »sozial bedürftigen Leuten« geholfen; sie habe dort »viel erfahren«, was sonst nicht in den Zeitungen stehe. Etwa: »Die Banken sind es, die regieren.« Wie die Friseuse dachten offenbar viele. Selbst nach dem offiziellen Verbot kauften noch halbe Dörfer die *EKC*-Letters. Doch die Pyramide bröckelte bereits, denn immer weniger Anleger zahlten frisches Geld ein. Um die Löcher zu stopfen, ließ der *EKC* zunächst noch Devisen aus der Bundesrepublik heranschaffen. Als auch dort die Scheine knapp wurden, senkte man die Redite von 70 auf 40 Prozent. Aber im Oktober 1994 war Schluß. Damara konnte ihren Schweizer Jüngern die »Zinsen« nicht mehr auszahlen; bis zum Jahresende liefen über 100 Millionen Franken offene Renditen auf.

Die Aktivitäten konzentrierten sich fortan ganz auf Deutschland, wo der Klub von Leipzig aus operierte. Nach dem Vereinsverbot in der Schweiz hatten die *EKC*-Führer ihre Organisation kurzerhand in *EKC Re-Insurance* umbenannt und in der irischen Hauptstadt Dublin registrieren lassen; das haftende Eigenkapital der Firma betrug ganze zwei Pfund, also fünf deutsche Mark. In der Bundesrepublik liefen die Geschäfte damals noch weitgehend ungestört, denn dort kämpfte die Justiz mit dem Problem, daß es bislang keine Geschädigten und damit auch keine Anzeigen gab. Doch im September 1994 handelten auch die deutschen Behörden: Damara und Harald Bertges sowie ihr Komplize Hans-Günther Spachtholz wanderten in Frankfurt am Main in Untersuchungshaft. Gegen die Zahlung einer Kaution von 1,5 Millionen Mark kamen sie aber kurze Zeit später wieder frei.

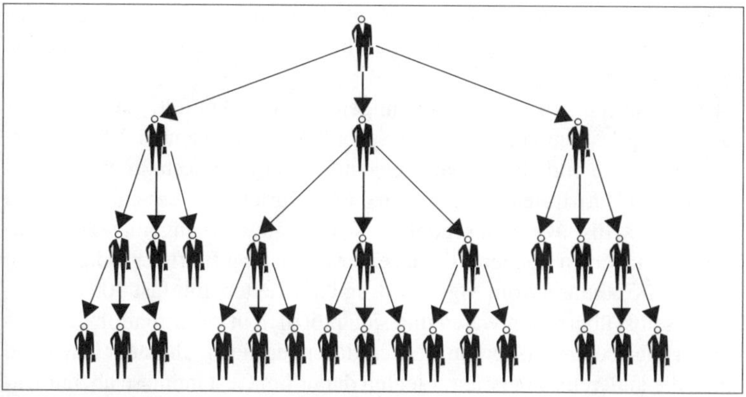

Hoffnung ohne Chance: Schneeballsystem

Obwohl das *EKC*-Schiff schon schwere Schlagseite hatte, gingen die Abzocker weiter auf Kundenfang; Veranstaltungen mit 2000 oder mehr Anhängern waren keine Seltenheit. Noch immer ließen sich die meisten Opfer willig an der Nase herumführen. Das Gaunerquartett hatte sie perfekt unter Kontrolle – und forderte bedingungsloses Vertrauen. Unter brausendem Beifall donnerten die *EKC*-Führer in vollen Sälen gegen die Banken, gegen Staat und Justiz. Vor 5000 Anhängern rief Damara Bertges im Oktober 1994 in Leipzig: »Glaubt es, und geht mit uns. Geht einfach den Weg mit. Wir haben noch soo einen kleinen Schritt. Und es passiert uns gar nichts mehr.«[14] Der fromme Wunsch erfüllte sich nicht. Im November 1994 wurde die selbsternannte Königin erneut verhaftet, diesmal im österreichischen Klagenfurt. 1995 wurde sie in die Schweiz und später nach Deutschland ausgeliefert.

Im März 1996 eröffnete der Sequester Gerhard Walther in Frankfurt am Main das Konkursverfahren. Täglich gingen bis zu 3000 Briefe ein, in denen geprellte Anleger ihre Ansprüche anmeldeten. Walther sagte, jeder Anleger habe wissen müssen, daß die Bertges-Versprechungen unrealistisch waren. Eine Rendite von siebzig Prozent könne »nur Betrug sein«.[15] Den Schaden für die Betrogenen schätzten Experten auf 500 bis 850 Millionen Mark – ein Rekord selbst für den grauen Kapitalmarkt. Die Staatsanwälte konnten gerade 3,5 Millionen Mark und einen wertvollen Rolls Royce sicherstellen. Sie hatten auch nicht viel Hoffnung, den Rest der Millionen noch zu entdecken. Wie sich nach und nach herausstellte, waren die Gelder zunächst im *EKC*-System umgeschichtet worden, wurden dann teilweise in Spielbanken in Las Vegas investiert oder verschwanden im Irgendwo des Gewirrs von über hundert Tarn- und Briefkastenfirmen mit Sitz in Liechtenstein, Gibraltar, den USA und den Bahamas. Im Prozeß kamen sogar zahlreiche Verbindungen zu einschlägig vorbestraften Betrügern zur Sprache; auch waren die Möglichkeiten des Klubs, riesige Geldmengen unkontrolliert hin- und herzuschieben, offenbar für die italienische Mafia von Interesse.

Die Ermittlungen hatten sich ungemein beschleunigt, nachdem der *EKC*-Vizepräsident Hans Günther Spachtholz im November 1995 umfassend auspackte und als »Kronzeuge« auftrat; er kam deshalb mit viereinhalb Jahren Haftstrafe davon. Vor den Frankfurter Richtern gab er zu, daß er für sich selbst »Geld abschöpfen« wollte, »um ein angemessenes Einkommen haben zu können«.[16] Zu seiner Entlastung führte er lediglich an, daß die *EKC*-Führer vom Massenerfolg ihrer Letters mit fast 100 000 Anlegern selbst überrascht waren und sich plötzlich in der Situation des Zauberlehrlings befanden, der die Geister, die er gerufen, nicht mehr loswurde. Auch die anderen Rädelsführer legten daraufhin Geständnisse ab, nur Damara Bertges sah sich nicht als Betrügerin; sie habe, meinte sie, die Massen »beglücken« wollen.

Zahlreiche Jünger glaubten ihrer gefallenen Prophetin auch nach dem Urteilsspruch. Sie traten speziellen Interessengemeinschaften bei, die häufig wieder von ehemals einflußreichen Mitarbeitern der Geldsekte geleitet wurden; Slogan: »Es geht nicht mehr um Recht, es geht um Macht.«[17] In der Schweiz gründete ein ehemaliger *EKC*-Mitarbeiter sogar eine *EKC Partei*. Als Pflichtlektüre verschenkte er das rechtsradikale Verschwörungsbuch »Geheimgesellschaften und ihre Macht im 20. Jahrhundert«.[18] Sehr gründlich hat er selbst darin wohl nicht gelesen. Genüßlich zitierte die »Süddeutsche Zeitung« aus dem ominösen Werk. Dort heißt es: »Der materielle Besitz war und wird immer eine Illusion sein ...«[19]

Vom Kettenbrief zum Kettenspiel: *Life*, *Jump*, *Titan*

Viele Zeitgenossen werden sich noch an jene seltsamen Briefe erinnern: darin ein Gebet oder irgendein anderer Sinnspruch und die Aufforderung, den Brief zu kopieren und mehrfach weiterzusenden. In den 80er Jahren tauchten plötzlich ganz andere Kettenbriefe auf: mit Anschriften und Kontonummern. Man sollte hundert Mark an die oberste Kontonummer schicken, sich selbst unten auf die Liste setzen und den Brief dreimal weitersenden. In der nächsten Runde waren es dann schon neun Menschen, die in der Hoffnung auf »Gewinne bis zu 100 000 Mark« ihre hundert Mark bezahlten – wenn sie es denn taten. Doch einen Reibach machte immer nur der Initiator, der die ersten Plätze mit Scheinadressen besetzt hatte. Bis ein neuer Spieler selbst in die Gewinnzone vorstieß, hatte sich das Spiel in der Regel wieder totgelaufen.

Kalter Kaffee. Über derartige Spielchen können heutige Kettenspielkönige nur müde lächeln. Ende der 80er Jahre schwappten zeitgemäßere Formen des

Pyramidenspiels aus den USA nach Deutschland, und Zehntausende bissen an. Es war, als hätte man ein Dreirad mit einem Ferrari vertauscht. Ab jetzt ging es nicht mehr um hundert Mark Einsatz und 100 000 Mark Gewinn, nun wurde um Millionen gepokert.

Zunächst kamen sogenannte Piloten- oder Generalsspiele in Mode. In Hinterzimmern von Kneipen und Bierstuben fanden Versammlungen statt, bei denen Leute dafür geworben wurden, je 1000 Mark einzuzahlen. Die Geworbenen warben selber neue Opfer, die auch wieder neue Opfer warben. Mit jeder Stufe, die unter ihnen besetzt wurde, rückten sie selber eine hoch, nach dem Schema: Soldat – Gefreiter – Feldwebel – General. Auf der Generalsstufe war Zahltag – dann sollten angeblich bis zu zwei Millionen Mark fließen, und der Spieler schied aus. Diese Spiele liefen sich aber schnell tot, weil viele nach vergeblichen Versuchen, ihren Freundeskreis zu rekrutieren, entnervt aufgaben. Einen Reibach machten nur jene, die das Ganze gestartet hatten – sie zahlten an niemanden, kassierten aber. Ihre Abzockerei war spätestens in jenem Moment zu Ende, als die wahren Profis auf der Bildfläche erschienen.

Es beginnt meist mit rhythmischem Klatschen und donnerndem Fußstampfen. Zugleich ertönen »hey, hey, hey«-Rufe. Ein Einpeitscher beweist am Projektor anhand von Diagrammen wortgewaltig »unfehlbare Gewinnchancen«. Dann folgen Rufe: »Sind wir die Erfolgreichen?« – »Ja, wir sind die Erfolgreichen!« So oder ähnlich geht es jedes Wochenende in Dutzenden von Hotels, Gasthöfen und Kneipen zwischen Nordsee und Alpen zu. Eine geschickte Regie wie beim *European Kings Club* treibt die Besucher in die totale Euphorie – mit nur einem Ziel: Sie sollen möglichst schnell Geld locker machen und in ein Kettenspiel investieren. Zum Beispiel bei *Titan*, einer reinen Geldmaschine, die früher unter dem Namen *Jump* arbeitete.

Das Prinzip erscheint zunächst verlockend. *Titan* kassiert von jedem neuen Einsteiger 5900 Mark.[20] Der Spieler darf sich nun »Gastgeber« nennen. Wie beim Pilotenspiel wirbt er andere Spieler, die ihrerseits weitere Opfer rekrutieren. Der Gastgeber erhält pro Neuzugang 1000 Mark Provision; die restlichen 4900 Mark reicht er nach oben weiter. Ab dem vierten Rekruten wird er zum »Großhändler«, und die Provision steigt auf 2700 Mark. Jetzt verdient er außerdem 1700 Mark Prämie, wenn die von ihm Geworbenen wieder andere werben, die ebenfalls 5900 Mark berappen. Rekrutiert er fleißig weiter und schaffen auch seine »Untergebenen« frische Einzahler heran, kann er die Karriereleiter emporsteigen: Marketing Manager, Marketing Direktor, Landesdirektor, Creativdirektor. Werben, kassieren, werben, kassieren – für clevere Spieler, so heißt es, sei ohne Arbeit viel Geld zu verdienen.

»Wie benebelt« sei sie nach den aufputschenden Reden gewesen, erzählte die 21jährige Katja Schwab aus Hessen dem »Stern«, deshalb habe sie nach der Versammlung sofort den Mitgliedsantrag unterzeichnet. Daß Kettenspiele nach dem Grundsatz »Die letzten beißen die Hunde« funktionieren, merkte sie erst, als es ihr nicht gelang, genügend Interessenten zu finden, um ihren Einsatz wieder herauszubekommen.[21] Wie Katja Schwab, so sehen die meisten der arglosen Gäste ihre Einlage niemals wieder. Denn es ist nun mal das Wesen einer Pyramide, daß nur wenige ganz oben stehen können. Je länger das Spiel dauert, desto schwerer wird es, neue Adepten zu finden – der Reinfall ist programmiert. Schon in der 14. Spielstufe nach etwa einem Vierteljahr, müßten 67 Millionen Menschen, also fast die gesamte Bevölkerung der Bundesrepublik mitmachen, damit alle Spieler wenigstens ihren Einsatz zurückerhalten. In der nächsten Stufe reicht die Bevölkerung Europas nicht mehr aus. Die meisten schaffen es denn auch nicht, mindestens vier Freunden und Bekannten das Spiel aufzuschwatzen – und zahlen drauf. »Gewinne machen nur die Initiatoren«, bemerkt Oberkommissar Mario Riemann von der Berliner Kriminalpolizei.

Die Polizei-Arbeitsgruppe Schneeball, der Mario Riemann vorsteht, wurde im Februar 1995 eingerichtet und ermittelt im Berliner Raum gegen etwa 3000 Kettenspieler. Der Ermittler schätzt, daß bis zum Sommer 1997 mehrere 100 000 Menschen bundesweit in die Pyramidenspiele eingestiegen sind – nicht nur in großen Städten wie Berlin. Über die Klientel der Kettenspiel-Bosse sagt er: »Die sprechen gezielt kleine Handwerker, Arbeiter und Angestellte an. In Brandenburg sind halbe Dörfer eingestiegen.« Die bevorzugte Zielgruppe sind Achtzehn- bis Fünfundzwanzigjährige, alt genug, um das nötige Geld aufzutreiben, und naiv genug, um sich einwikkeln zu lassen.

Ähnliches berichtet der Pfarrer Friedrich von Kymmel von der Ostseeinsel Usedom. »Auf den Dörfern geht denen ein großer Teil der berufstätigen Jugendlichen auf den Leim«, erklärt der Sektenbeauftragte der evangelischen Kirche in Vorpommern. Kymmel nennt *Jump* und *Titan* »ein übles Spiel mit der Geldgier der Leute« und fügt hinzu: »Das ist psychologisch alles sehr clever eingefädelt. Da kommt ein Bekannter vorbei und sagt denen: ›Komm doch mal mit, bei uns kannst du eine Menge nebenbei verdienen!‹ Und dem vertraut man ja. Dieses Spiel ist wie ein Virus.«

Der Infektionsherd aller neuen Kettenspiele in Deutschland hieß *Life* und wurde 1992 von Joachim Appel ins Leben gerufen, einem ehemaligen Versicherungsvertreter, der im niedersächsischen Eystrup in einer mit Videokameras, Stacheldraht und Bodyguards gesicherten Prachtvilla residiert. Der Macher mit Goldkettchen organisierte sein Abzocksystem wie eine Sekte und nutzte als erster die Motivationswerbung mit allen erdenklichen Psychotricks. Wie beim Psycho-Konzern *Landmark Education* wurden neue Opfer nur über Freunde, Bekannte und Verwandte rekrutiert – mit Techniken der Massenpsychologie. Von »sektenähnlichen Einschwörungsriten« sprach auch das Branchenblatt »Kapitalmarkt Intern«.[22] Bei *Life*

Wegen Steuerhinterziehung verurteilt: Joachim Appel, Ex-Chef von Life

kostete der Einstieg 6500 Mark. Mehr als 40 000 Mitspieler sollen durch das Spiel Geld verloren und den Pyramiden-Boß Appel um sechzig Millionen Mark reicher gemacht haben. Doch *Life* war nur der Anfang.

Sie heißen *Light, Time, Spring, Step, Champ, Cash, Run, Take Off, Sunshine, Genius, Clou, Logo* oder *Anyway*. Der *Life*-Virus hat sich epidemieartig verbreitet. Ehemalige Mitarbeiter Appels machten sich ab 1994 selbständig und gründeten seitdem mehr als vierzig Ableger des Ur-Geldspiels. »Verlierer gibt es bei uns nicht. Nur Versager verdienen hier nichts«, tönt der 28jährige *Jump*-Chef Andreas Metzler.[23] Metzler, Sohn eines Arbeiters, später Türsteher in gewissen Diskotheken und Absolvent von Rhetorikseminaren, hat es geschafft. Er wohnt in einer Hamburger Luxusvilla mit Blick auf die Alster, fährt ein Porsche-Cabrio und einen Lamborghini. Sechzig Millionen Mark soll er mit *Jump* und *Titan* innerhalb von zwei Jahren verdient haben. Im Jahr 1997 hatten schon mehr als 150 000 Menschen in achtzehn Ländern Europas – darunter Polen, Großbritannien, Dänemark, Holland und Portugal – ihren Einstand bezahlt. Aufgrund von Informationen hochrangiger Aussteiger schätzt der Berliner Journalist und Kettenspiel-Experte Alex Desselberger den Umsatz auf jährlich 750 Millionen Mark, davon 500 Millionen in Deutschland.

Der clevere Andy schuf ein fast undurchschaubares Firmengeflecht, baute die Organisation wie sein Vorbild Joachim Appel sektenartig auf und benutzte sektenähnliche Werbemethoden. So lernen die Mitglieder aus den *Jump*-internen »Notizen für Millionäre« Wort für Wort, wie neue Spieler zu ködern sind. »Das läuft genauso wie bei den Zeugen Jehovas«, bemerkt der Sektenbeauftragte Friedrich von Kymmel. Wer im Gespräch Neugier zeigt, der wird zur nächsten Einheiz-Versammlung im Gasthof geladen. Diese PR-Veranstaltungen nach Appel-Art verfeinerte Metzler zu einer »ausgeklügelten Präsentation in drei Akten« (»Focus«).[24] Alles wirkt höchst seriös und professionell. Die Gäste erscheinen im dunklen Anzug oder Kostüm und sind erst einmal von der gediegenen Atmosphäre beeindruckt. Häufig wissen sie noch gar nicht, was sie erwartet, sondern glauben an einen lukrativen Nebenjob. Meist sitzen 300 Leute im Saal, die »Manager« wuseln wichtig mit ihren Handys herum. »Jeder Neuling bekommt sofort ein oder zwei Aktivisten zur Seite, die ihn dann vier Stunden lang beballern und eine künstliche Euphorie erzeugen«, sagt Mario Riemann. »Dort laufen subtile gruppendynamische Prozesse ab.«

Die Veranstaltung startet mit lauter Musik, und sofort beginnen die Eingeweihten, rhythmisch zu klatschen. Sie schreien »hey, hey, hey« oder »Geld, Geld, Geld«. Ein Redner baut sich vorne auf und heizt die Stimmung an. Erst einmal nimmt er den Alltag eines Arbeiternehmers aufs Korn. Etwa so: »Was verdienst Du denn? 2500 Mark im Monat? Und dafür reißt du dir den Arsch auf?« Daraufhin deutet er an, daß es auch anders geht – wie genau, das sagt er aber noch nicht. Er ruft: »Wollt ihr erfolgreich sein?« Die Menge brüllt: »Ja«. In der Pause werden die Leute dann einzeln bearbeitet und zwar so, daß sie sich wohlfühlen. Anschließend verheißt ihnen der Redner etwas »ganz Tolles, eine neue Geschäftsidee«. Er malt ihnen ungeahnte Verdienstmöglichkeiten aus. Die seien aber so sensationell, daß sie erst enthüllt werden könnten, wenn alle eine Verpflichtung zur »absoluten Verschwiegenheit« unterschreiben; andernfalls drohten 10 000 Mark Konventionalstrafe. Es folgen wieder »Hey, hey, hey«-Rufe. Wer das Papier nicht unterzeichnet, muß nun gehen. Doch Mario Riemann bemerkt: »Dieser Vertrag ist sittenwidrig und nichtig – daran ist niemand gebunden.«

Nach der zweiten Pause wird dann die Katze aus dem Sack gelassen. »Ihr könnt im Monat 28 000 verdienen – mit nur 5900 Mark Einsatz!« Mit Diagrammen am Overheadprojektor macht der Redner den Leuten das Spielsystem schmackhaft und lügt ihnen vor, alles sei ganz legal. »Das ist die Chance eures Lebens«, tönt er. Nach nunmehr vier Stunden Gehirnwäsche sind die meisten Zuhörer reif für den großen Sprung. Je drei oder vier »Manager« kümmern sich um jeden einzelnen Gast und drängen ihn, den Antrag zu unterzeichnen. Hat er endlich die Unterschrift geleistet, ruft einer: »Wieder ein neues Mitglied bei Titan!« Und alle stehen auf und klatschen. »Der Neuling fühlt sich toll«, sagt Riemann. »Der größte Teil der Leute unterschreibt. Ich habe nur ganz wenige erlebt, die einen so starken Charakter hatten, sich diesem Druck zu entziehen.«

In den folgenden Tagen werden die Interessenten wie bei der *Mun*-Bewegung unter die Fittiche genommen und nicht mehr losgelassen. »Nur ein abkassierter Gast ist ein guter Gast«, lautet das *Titan*-Motto. »Am Montag geht einer mit Dir zur Bank und hilft Dir, wenn Du klamm bist, mit Tricks einen Kredit zu bekommen«, berichtet der Journalist Alex Desselberger. »Dann wird unermüdlich weitergepreßt, pausenlos telefoniert, und dauernd steht jemand bei Dir auf der Matte.« Die Spiel-Führer versuchen gezielt, die Neulinge fest in die Organisation einzubinden. »Regelmäßiges Erscheinen auf dem ›Geschäftstraining‹ ist wichtig!«[25] steht im »Glückwunsch«-Brief, den jeder Neue bekommt; ebenso wichtig seien »regelmäßige Anrufe bei Ihrem zuständigen Marketing-Manager«. Gleich am Montagabend findet das erste »Geschäftstraining« statt, wo die Rekruten lernen, wie man andere beschubst. Auf diesen Versammlungen werden auch die Provisionen ausgezahlt oder abgeliefert. Jeder sieht mit eigenen Augen: Es fließt viel Geld.

Und wie so oft, wenn viel Geld winkt, waren auch Sektenprofis mit von der Partie. »Bei Life haben zahlreiche Scientologen mitgemacht«, erinnert sich der *Life*-Spieler Günter Neumann* aus Hamburg. Für Mitglieder der *Scientology*-Organisation sind Kettenspiele nicht nur finanziell höchst interessant. Es winken auch Informationen, Adressen und neue Rekruten für die Sekte. Ihr höchsteigener Beitrag waren offensichtlich Psycho- und Verkaufstechniken, die den »Managern« der neuen Geldsekten nun ihrerseits helfen, die Kunden weichzuklopfen. Der Sektenbeauftragte Friedrich von Kymmel spricht von einem »üblen Vertrauensmißbrauch« durch die sektenähnlichen Werbetricks. »Die Leute werden ja von Freunden angesprochen, denen sie vertrauen. Die Folge ist: Alte Freundschaften gehen kaputt, weil immer irgendjemand auf dem Verlust sitzenbleibt.« Am schlimmsten sei das für Leute, die »hauptamtliche Manager« werden. »Für mich haben Jump und Titan Sektencharakter, weil das Spiel und die Gier nach Geld für viele zum einzigen Lebensinhalt wird. Das gesamte soziale Beziehungsgeflecht wird darauf aufgebaut. Das hat pseudoreligiöse Züge und birgt die Gefahr, daß die Leute nicht mehr in der Lage sind, woanders Fuß zu fassen.«

Die ehemalige *Jump*-Managerin Britta K.* bestätigte dem Magazin »Focus«: »Das Spiel ist ein Freundschaftskiller, sobald man Bekannte wirbt und die finden keine neuen Mitspieler. Aber es wird auch zur Droge und zum Familienersatz.«[26] Wie viele andere »Manager« verschuldete sich Britta für die teuren Präsentationen, das noble Auto, edle Klamotten und weiteren Schnickschnack. Denn die »Manager« sollen ihren Opfern ja den Eindruck vermitteln, daß sie reich sind.

Wer mal schüchtern nachfragt, wann er denn mit dem erhofften Geldsegen rechnen könne, wird beschieden: Er werbe zu wenig Mitspieler und gefährde so das Spiel und die Gewinne der fleißigen Kollegen. Nach Art harter Psycho-Kulte werden die Mitglieder außerdem unter Druck gesetzt, nichts nach außen dringen zu lassen. Friedrich von Kymmel sagt: »Mir sind Fälle bekannt, wo Leuten gedroht wurde: ›Wenn du Streß machst, gibt es Haue!‹ Da funktionieren massive Angstmechanismen.« Auch der Berliner Kripo-Mann Mario Riemann weiß von »massiven Drohungen«. Das bestätigen inwischen ehemalige Top-Kader. Wie der frühere *Titan*-Sicherheitschef Otto Schrader* dem Magazin »Focus« berichtete, ließ sein Boß Andreas Metzler potentielle Aussteiger observieren und zuweilen auch einen »Manager« vor sich hinknien, um ihn zu ohrfeigen.[27]

Schrader, ein Typ aus dem Frankfurter Rotlichtmilieu, wandte sich im April 1997 an die Polizei und den »Focus«-Journalisten Alex Desselberger, weil er Metzlers Aufträge nicht mehr ausführen wollte. Angeblich hatte der *Titan*-Pate ein Kopfgeld von einer halben Million Mark auf seinen Kopf ausgesetzt. Schrader bezeugte: »Metzler ist verrückt.« Einen »Manager«, der Geld unterschlagen habe, hätten *Titan*-Schläger ins Moor geschleppt und mit einer Waffe bedroht. Zwei Jahre lang agierte Schrader als Metzlers »Knüppel«, um mögliche Aussteiger abzuschrecken. »Observieren, einschüchtern, zusammenschlagen und einbrechen« – so beschreibt er seine Aufgabe in der Geldsekte. Er sollte sogar das Haus eines Abtrünnigen in Irland mit Sprengstoff in die Luft jagen. Schrader stieg aus, weil alles »immer schlimmer« wurde; mittlerweile läßt er sich von Leibwächtern bewachen.

Hilflose Strafjustiz

Andreas Metzlers Werbekommandos schreckten nicht einmal davor zurück, Behinderte zu rekrutieren. Neunzig Gehörlose wurden mit Hilfe eines *Jump*-Mannes angeworben, der die Gebärdensprache beherrschte. Als die Medien immer häufiger über die Machenschaften der Metzler-Jungs berichteten, lösten die *Jump*-Manager im Sommer 1995 ihre Zentrale in Hamburg auf, beschieden ihren Anhängern: »Jump ist tot« – und machten unter neuem Namen weiter.[28] Bei *Titan*, nun als Briefkastenfirma im niedersächsischen Drochtersen angesiedelt, führt seitdem der *Jump*-Manager Kirsten Ellmers die Geschäfte. »Wir haben aber Anhaltspunkte, daß Metzler weiter die Fäden in der Hand hat«, sagt Oberkommissar Mario Riemann.

Wer gegen die Abzocker klagte, weil er sich durch die hochtrabenden Versprechungen getäuscht sah, hatte zunächst schlechte Karten. Die Spieler seien selber schuld, wenn sie sich auf unseriöse Verheißungen einließen, entschieden die Zivilgerichte bei Regreßforderungen. Diese Art von Rechtsprechung änderte sich vor allem durch die Prozesse, die der Osnabrücker Rechtsanwalt Robert Seidler im Auftrag von Geschädigten gegen den *Life*-Gründer Joachim Appel führte. Seidler gewann das erste Verfahren im März 1994, hat seitdem hunderte von Klägern vertreten und berichtete am Telefon: »Insgesamt sind bisher 8000 Verfahren gegen Appel gelaufen, alle mit dem Ergebnis: Es handelt sich bei Life um ein sittenwidriges und nichtiges Schneeballsystem. Die Kläger haben Anspruch auf Rückzahlung.«

Beispielsweise stellte das Landgericht Hamburg im Februar 1996 fest, daß *Jump* die Gewinnchancen in unrealistischer Weise darstelle. Die Veranstalter hätten wie bei Warentermingeschäften »umfassende schriftliche Aufklärung gegenüber dem Spieler über die konkreten Risiken und Verlustgefahren« zu leisten. Der Hinweis, daß es sich um ein Glücksspiel handele, reiche nicht aus. Auch wenn Metzler den Kläger nicht selbst geworben habe, sei er wegen der »Durchgriffshaftung im Jump-Konzern« haftbar.[29] Zuvor hatte schon das Landgericht Gießen im Dezember 1995 »sogenannte Schneeballsysteme« für »sittenwidrig« erklärt, »weil die große lawinenartig ansteigende Masse der späteren Teilnehmer ihren Einsatz zwingend verliert«.

Im Juni 1996 erklärte das Landgericht Kiel *Jump* für rechtswidrig. Geschädigte könnten von dem *Jump*-Spieler ihren Einsatz zurückfordern, der sie rekrutiert habe. Dieser hafte persönlich als »Gesamtschuldner«. Er könne seinerseits den über ihm stehenden Kettenspieler verklagen – und so fort. Dem Magazin *Spiegel* sagte Rechtsanwalt Robert Seidler, der auch dieses Urteil erreichte: »Damit laufen die Schneeballsysteme nun rückwärts.«[30] Schließlich bestätigte der Bundesgerichtshof die Rechtsprechung der Zivilgerichte im April 1997. Er entschied im Fall des Computersystemspiels *World Trading System*, dieses Schneeballspiel sei »sittenwidrig«.[31] »Das Problem ist nur«, sagt Kripo-Fahnder Riemann, »daß die entscheidenden Leute versuchen, sich den Geldforderungen zu entziehen, indem sie ständig den Betriebssitz wechseln. Man muß sehr hartnäckig sein, um sein Geld zu bekommen.«

Anders als die Zivilgerichte gab sich die Strafjustiz zögerlich. Immerhin: 1994 klagte die Staatsanwaltschaft in Verden (Niedersachsen) den *Life*-Gründer Joachim Appel an. Appel mußte sich wegen Steuerhinterziehung in Millionenhöhe und »progressiver Kundenwerbung« in 40 000 Fällen verantworten. Nachdem er sich zwischenzeitlich nach Spanien und in die Schweiz abgesetzt hatte, wurde der *Life*-Prophet im November 1996 zu einer Haftstrafe von vier Jahren und einer Steuernachzahlung von zwei

Millionen Mark verurteilt. Appel blieb cool: Morgens ging er zum Prozeß, abends trat er bei Veranstaltungen des neuen Kettenspiels *Anyway* als »Berater« auf. Gegen das Verdener Urteil legte sein Anwalt Rechtsmittel beim Bundesgerichtshof ein, über die im Sommer 1997 noch nicht entschieden war.

»Im Grunde warten alle auf eine höchstrichterliche Entscheidung«, sagt Alex Desselberger. Solange die aber nicht gefallen ist, streiten sich die bundesdeutschen Länder, ob es überhaupt eine Gesetzesgrundlage gibt, gegen die sektenartigen Geldsammler einzuschreiten. Ein spezielles Gesetz gegen Kettenspiele existiert nämlich nicht. Einige Länder behelfen sich mit dem sogenannten »Schneeball-Paragraphen« 6c des Gesetzes gegen den unlauteren Wettbewerb (progressive Kundenwerbung). Danach ist es illegal, Kunden Vorteile zu versprechen, wenn diese als Gegenleistung nach der gleichen Masche neue Kunden anschleppen müssen. Auf der Grundlage des Schneeball-Gesetzes gehen Justiz und Polizei in Berlin, Hamburg und Niedersachsen seit Ende 1994 gegen die Kettenspiel-Veranstalter vor. Abzocker-Treffs in Nobelhotels wurden gesprengt, die Verantwortlichen vorübergehend festgenommen, die Spieler-Zentralen durchsucht.

Der spektakulärste Fund glückte den Berliner Schneeball-Fahndern. Sie beschlagnahmten 1996 bei einem *Titan*-Manager eine Kundenkartei-Diskette mit 23 000 Namen, darunter 2300 aus Berlin. Nicht nur den Anführern, auch den Mitspielern drohen nun Geldstrafen oder sogar Gefängnis bis zu zwei Jahren. »Grundsätzlich ist jeder aktive Mitspieler auch Beschuldigter«, sagt Oberkommissar Mario Riemann. »Es wird gegen etwa tausend Personen ermittelt, die im Verdacht stehen, daß sie Provisionen kassiert haben.« Im Sommer 1997 bereitete die Staatsanwaltschaft in der Hauptstadt zahlreiche Anklagen vor. »In Berlin finden keine Spieler-Treffs mehr statt, die uns bekannt werden«, erklärt Riemann.

Aus Berlin vertrieben, wanderten die Veranstalter einfach ein paar Kilometer weiter. In Brandenburg hält das Justizministerium die Spiele zwar für »moralisch bedenklich«, aber für »nicht strafwürdig«. In den Dorfgaststätten von Berliner Randgemeinden wie Hohen Neuendorf, Oranienburg, Borgsdorf und Klosterfelde versammeln sich regelmäßig Hunderte zu den Abzockertreffs. Riemann sind inzwischen etwa 200 solcher Finanzspiele bekannt. »In Berlin würden wir die Veranstaltungen sofort sprengen, aber in Brandenburg dürfen die Kollegen nichts unternehmen«, klagt der Beamte. Auf die Frage, ob es sich dabei um organisierte Kriminalität handele, antwortet Riemann: »Es ist eine organisierte Vorgehensweise. Das ergibt sich schon daraus, daß eine Firmenstruktur aufgebaut wurde.« Der *Titan*-Boß Andreas Metzler stellte 1996 selbst Strafanzeige, weil er sich bedroht fühlte; Unbekannte wollten mehr als eine Million Mark von ihm erpressen. Russische Clans, die den polnischen Markt kontrollieren, wünschen sich offenbar einen Anteil am *Titan*-Kuchen. Metzlers Geldboten wurden be-

Titan-Pate, Andreas Metzler (l.) und sein Adlatus Kirsten Ellmers beim paramilitärischen Gotcha-Spiel im Wald

reits mehrfach von Bewaffneten ausgeraubt. »Derartiges Geschäftsgebahren zieht eben an«, meint der Schneeball-Fahnder Mario Riemann.

Wie zur Bestätigung solcher Vermutungen verhöhnten die *Titan*-Bosse ihre staatlichen Verfolger mit gigantischen Jubelveranstaltungen im Mafia-Stil. Das Magazin »Focus« berichtete im November 1996 aus der Hansestadt Hamburg: »Die Türen der Mercedes-600-Limousinen, Version extralang, öffnen sich. Heraus steigen wichtige Herren, alle im feinen Smoking. Flankiert von muskelbepackten Bodyguards mit Zöpfen und Goldkettchen, schreiten sie zum Saal 2 des Hamburger Congress Centrums.«[32] 1500 meist junge Leute trafen sich in Abendkleidung, um die Expansion des Kettenspiels zu feiern, darunter zahlreiche Russen und Polen. Der Champagner floß in Strömen, als die Hamburger Mitglieder des Kettenspiels (»Orga«) sich mit »hey, hey, hey«-Rufen in Stimmung brachten. Diesmal fehlten zwar prominente Stars wie Dieter Bohlen oder Hans Herbert Frentzen, die solchen Feiern früher erst den rechten Glanz verliehen hatten. Dafür wurden an verdiente »Manager« »Oscars« für die beste Abzockerei vergeben.

Der Sonderpreis ging an den Polen Darius Krakowski, der *Titan* in seinem Heimatland aufbaut; er weinte vor Rührung, als er sich wortreich bedankte. Die »Besten der Besten« saßen währenddessen im Mittelgang und prosteten sich fleißig mit Schampus zu. »Andy, wir danken Dir, Du hast uns gezeigt, wo der Sinn des Lebens ist«, lallte ein »Manager«, während alle rhythmisch klatschten. Dann rief der *Jump*-Gründer und *Titan*-Pate

Andreas Metzler in den kochenden Saal: »Für uns gibt es keine Grenzen!« Auf der Bühne prangte riesengroß das *Titan*-Logo – es zeigt neben dem Schriftzug die Weltkugel. »Die ganze Veranstaltung hatte ganz klar einen Brainwash-Touch«, erinnert sich Alex Desselberger. »Anschließend bekam ich Anrufe von verzweifelten Teilnehmern, die geheult haben, während alle klatschten, weil sie nicht wußten, wie sie ihr Geld zurückbekommen sollten.«

Einige Monate später war Desselberger dabei, als Metzler ein schwerer Schlag versetzt wurde. »Wir hatten einen Tip gekriegt, wann und wo die Geldboten Metzler die Provisionsgelder übergeben würden«, sagt der Journalist. Das Szenario war filmreif. Es ist der 8. April 1997, ein Parkplatz in Hittfeld bei Hamburg. Gegen 6.30 Uhr morgens stoppen Polizeiautos ein rotes BMW-Cabrio und einen schwarzen VW Golf. Die Beamten umstellen die Autos. Blitzlichter gewittern, Fernsehleuchten flammen auf. Als der völlig verdatterte *Titan*-Mann und sein Personenschützer aus ihrem Wagen steigen, zeigt ihnen ein Gerichtsvollzieher seine Vollmacht und sagt: »Ich beschlagnahme hiermit diesen Aluminium-Koffer.« Der Koffer enthielt 412 000 Mark – die Provisionen für Metzler und ein paar andere Bosse aus den Einnahmen eines einzigen Wochenendes. Die riesige Summe sollte in einer geheimen Zentrale gegenüber dem Parkplatz in Hittfeld abgeliefert werden. Desselberger sagt: »Alle haben mitgespielt: Die Polizei, die Gerichte, der Gerichtsvollzieher. Es war ziemlich spannend – wir wußten ja nicht, ob sie bewaffnet waren.«

Hinter der Aktion stand der Würzburger Rechtsanwalt Roland Sternisko, der über 350 *Jump*- und *Titan*-Spieler vertritt und sich clevererweise einen sogenannten Arrestbeschluß gegen Metzler & Co besorgt hatte, um die Einnahmen zu beschlagnahmen. Seine Mandanten hatten zwar vor Gericht stets gewonnen, waren aber nie an ihr Geld gekommen. Immer wieder mußte der Gerichtsvollzieher ergebnislos abziehen, weil in der offiziellen *Titan*-Zentrale in Drochtersen nichts zu holen war: Dort existiert lediglich ein Briefkasten. Das Abzock-System wurde juristisch ständig verfeinert; Metzler selbst firmiert in der *Titan*-Mutter *Senator Hanseatische Verwaltungs GmbH* nicht einmal als Geschäftsführer. Nach der erfolgreichen Blitzaktion konnten die Sternisko-Mandanten hoffen, nun endlich ihr Recht zu bekommen. Die eingezogenen Tausender wurden zunächst auf ein Sperrkonto eingezahlt. Hoffnung besteht auch für die Mandanten des Osnabrücker Rechtsanwalts Robert Seidler. Er erreichte vor Gericht, daß viele Gläubiger Joachim Appels ausgezahlt werden können, sobald die Nobelvilla des Kettenspiel-Gurus zwangsversteigert wird. Seidler hat sogar bei *Titan* Geld für die Opfer herausgeholt: »Wenn ich einen Prozeß gewonnen habe, schreibe ich die Anwälte der Senator GmbH an – und bisher haben die immer sofort gezahlt.«

Dagegen wirkte eine Aktion der Hamburger Polizei am ersten Augustwochenende 1997 eher etwas hilflos. In einer gemieteten Gewerbehalle im Hamburger Viertel Rothenburgsort sollten neue *Titan*-Opfer eingeschworen werden; sie kamen vor allem aus den neuen Bundesländern, aber auch aus Polen und sogar Rußland.[33] Die Polizei war mit einer einzigartigen Aktion dabei. Ein Dutzend Beamte drückten den Kunden Flugblätter in die Hand, als sie zum Abzockmeeting schritten. »Vorsicht Kettenspiel«, stand auf den Papieren. »In allen Bundesländern wird ermittelt, jeder, der teilnimmt, muß davon ausgehen, daß er kriminelle Handlungen fördert.« Die breitschultrigen *Titan*-Bodyguards grinsten nur; ein Schläger im Nadelstreifen prügelte auf einen Kameramann ein. Und die meisten Kunden ließen sich von den Warnungen nicht abhalten, schließlich waren sie von weither angereist. Ein smarter *Titan*-Jüngling sagte: »Keiner wird gezwungen, hier mitzumachen. Titan ist in 23 Ländern legal. Es ist Schwachsinn zu behaupten, von uns werde Druck ausgeübt.«[34]

Für Metzler stehen die Zeichen trotzdem auf Sturm. Die verlorenen Prozesse und der Verlust der 412 000 Mark waren nicht der einzige Rückschlag. Das Bundeskriminalamt begann 1996, Informationen zu »Geldwäsche« und »Bildung einer kriminellen Vereinigung« zu sammeln. Im Sommer 1997 ermittelten auch mehrere Steuerbehörden gegen ihn wegen Unterschlagung in Millionenhöhe. Offenbar läßt Metzler riesige Summen ins Ausland schaffen, um sie dort zu »waschen«. So geht aus einer Bestätigung der venezolanischen *Banco del Caribe* hervor, daß der *Titan*-Geschäftsführer Kirsten Ellmers im Oktober 1996 in Caracas 18,6 Millionen Mark einzahlte – in bar.

Von seinen bislang etwa sechzig Millionen Mark Gewinn kaufte Andreas Metzler unter anderem 400 000 Quadratmeter Land in der Dominikanischen Republik, wo er direkt am Meer eine Villenanlage namens Franky's Village errichtet. »Da hat Metzler sogar eine Bronzestatue seines verstorbenen Bruders Frank aufstellen lassen«, erzählt Desselberger. »Sie soll ihm selbst aber sehr ähnlich sehen.« Die Grundstücke am Palmenstrand verkauft der Sekten-Boß an seine rund dreißig »Direktoren« und bietet sie ansonsten über deutsche Immobilienzeitschriften an. Wie lange noch? In England wurde *Titan* durch ein Urteil letztinstanzlich verboten, Österreich erließ ein entsprechendes Verbotsgesetz, und in Polen ließ eine mutige Staatsanwältin fünf *Titan*-Manager am 6. März 1997 bei einer Jubelparty im Warschauer Kulturpalast festnehmen. Seitdem sitzen sie in Untersuchungshaft. Die Anklage lautet auf »Bildung einer kriminellen Vereinigung«.

Nicht nur in Polen, auch in anderen Ländern des ehemaligen Ostblocks wie Rumänien und Bulgarien lockten Kettenspiele viele tausend Menschen an, weil man ihnen das schnelle Geld versprach. Das bettelarme Balkanland Albanien stürzte im Januar 1997 in bürgerkriegsähnliche Zustände, als zwei Pyramidenspiele zusammenbrachen, in die Hunderttausende von Albanern alles investiert hatten, was sie besaßen. Nach Schätzungen hatte sich mehr als jede zweite Familie im Land an den Pyramidenspielen beteiligt. Die Leute vertrauten ihr mühsam Erspartes dubiosen Investmentgesellschaften an, die wie jedes Schneeballsystem in dem Moment kollabieren mußten, als nicht mehr genug neue Opfer zu finden waren. Die Menschen hatten für bare Münze genommen, was ihnen eine offensichtlich kriminelle Vereinigung von Mafiosi, Banken und staatlichen Behörden versprach: der Kapitalismus sei eine Art Zauberkunststück; wer seine Chance nicht nutze, den bestrafe das Leben.

Die Folgen der Katastrophe waren dramatisch. Viele Menschen standen plötzlich vor dem Nichts, und die Volkswirtschaft geriet an den Rand des Ruins; mehrere hundert Millionen Mark waren ins Ausland geschafft worden. Tausende von Demonstranten zogen vor die Bankfilialen. Der Regierung warfen sie vor, die Geschäfte zu lange geduldet und davon profitiert zu haben, und sie forderten Entschädigung. Aus Demonstrationen wurden Massenproteste, aus Massenprotesten blutige Zusammenstöße mit der Polizei und schließlich ein bewaffneter Aufstand, der zum Sturz der Regierung und zu Neuwahlen führte. Die Nachrichtenagentur AFP meldete Anfang März 1997, ein *Titan*-Ableger sei in die albanischen Pyramidenspiele verwickelt. Andreas Metzler ließ dies sofort vehement dementieren.

Der Sekten-Konzern

Scientology

Der Herr von Schloß Osterstein

Mit gesellschaftlichen Ereignissen ist die westsächsische Stadt Zwickau nicht allzu reich gesegnet. Doch wenn einmal im Jahr der städtische Architekturpreis vergeben wird, fehlt kaum einer der Honoratioren. So auch am Sonnabend, den 28. Juni 1997. In Gala erscheint die örtliche Prominenz im Vestibül der Industrie- und Handelskammer. Wie immer mit von der Partie: der Münchener Kaufmann Kurt Fliegerbauer. Er kommt mit Ehefrau und Töchtern und nimmt das Interesse der Medien huldvoll zur Kenntnis. Nur seine Augen, die unruhig flackernd jeden Anwesenden mustern, verraten eine gewisse Spannung. Als das Licht gedämpft wird, tritt feierliche Stille ein. »Ein gelungenes Beispiel vorbildlicher Rekonstruktion von Haus und Garten, die uns die Wertschätzung des Vorhandenen beibringt«, lobt ein Redner das Werk Fliegerbauers. Für seine Dienstvilla im italienischen Stil erhält der Kaufmann eine der fünf begehrten Architektur-Plaketten. Artig tritt er vor, eine elegante Erscheinung in Nadelstreifen, und nimmt Urkunde und Metall entgegen. Rauschender Beifall. Als wir der Hamburger *Scientology*-Beauftragten Ursula Caberta von dem Ereignis berichten, ist sie sprachlos. »Das ist ja unglaublich«, sagt sie, »dann ist der ja in Zwickau fest etabliert!«

Fest etabliert ist gar kein Ausdruck. »An Fliegerbauer kommt hier keiner mehr vorbei – er ist der heimliche König der Stadt«, meint ein Zwickauer Bauunternehmer. Die »echten« Stadtväter reagieren auf Anfragen ziemlich wortkarg. So wollte sich Oberbürgermeister Rainer Eichhorn bei der Preisverleihung »nicht dafür hergeben, über Kurt Fliegerbauer zu reden«. Der Mann, über den keiner offen sprechen möchte, gilt in Zwickau als Exzentriker. Er trägt gern feines Tuch und liebt Schockeffekte. Sein Sekretariat zieren Bilder von bleichen Frauen, mit Blut bespritzt. Ein Diagramm weist steil nach oben – seine Firma expandiert. Doch Kurt Fliegerbauer, den manche auch den »Paten von Zwickau« nennen, ist nervös. Eigentlich sollte er öffentliche Auftritte vermeiden. Denn sie bergen die Gefahr, daß die Medien wieder aufrühren, was schon lange kein Geheimnis mehr ist – das Wissen um die unheimliche Macht hinter der Fassade des eigenwilligen Investors: *Scientology*.

Rückblende. »Die haben doch hier die halbe Altstadt aufgekauft«, sagt ein Informant, der uns Ende Oktober 1995 den Tip gibt, in Zwickau zu recherchieren. »Fliegerbauer hat eine starke Lobby in der Stadt«, erzählt er, »aber die Arroganz, mit der er vorgeht, ist unbeschreiblich. Das ist die schlimmste Form des Kapitalismus.« Es ist leicht, Menschen zu finden, die den Münchner Unternehmer kennen. Nicht so leicht ist es, ihnen auch Informationen zu entlocken. Doch als sich herumspricht, daß wir uns für den »potenten Investor« interessieren, melden sich plötzlich Insider, die uns mit brisanten Dokumenten versorgen. Nach einigen Wochen Recherche überblicken wir immerhin einen Teil des imposanten Netzwerkes, das Fliegerbauer & Co. in Sachsen geknüpft haben.

Im Frühjahr 1992 taucht ein Mann im Vogtland auf. In der Kleinstadt Oelsnitz bei Chemnitz sticht dem 39jährigen BMW-Fahrer die Burg Voigtsberg aus dem 13. Jahrhundert ins Auge. Sie ist in bedauernswertem Zustand; das alte Gemäuer zerfällt. Der Herr zieht Erkundigungen ein. Man erzählt ihm, der Ort sei arm; es fehle Geld, um das wertvolle Baudenkmal zu retten. Der Fremde beschließt, dies zu ändern und stellt sich in der Stadt vor: Kurt Fliegerbauer, Kaufmann aus München. Er knüpft enge Bande mit dem Bürgermeister und legt bald ansprechende Baupläne auf den Tisch – ein Kunst- und Seminarzentrum will er in der Burg einrichten. »Das Schloß sollte zu einem symbolischen Preis an die Investoren gehen«, erinnert sich die Redakteurin Renate Woellner vom »Vogtland-Anzeiger« in Oelsnitz. »Auf das Burggut hatten sie sich schon ein Vorkaufsrecht gesichert; dort sollte ein Hotel gebaut werden.« Im Herbst 1992 scheint Fliegerbauer am Ziel seiner Wünsche; nicht nur der Bürgermeister, auch etliche Stadträte unterstützen sein Projekt.

Doch bei der entscheidenden Abstimmung im städtischen Parlament scheitert das Vorhaben – es fehlt genau eine Stimme. In Oelsnitz sind mittlerweile Zweifel an den Plänen des Münchners aufgekommen. Es hat sich herumgesprochen, daß er den zur Burg gehörenden Acker mit »Villen im spanischen Stil« bebauen will – eine Katastrophe für das mittelalterliche Stadtbild. »Wenn er das Schloß bekommen hätte, hätte er auch die 37 Hektar Land billig gekriegt«, erklärt uns der Investor Georg Kirchberger aus Bayern, dem das Grundstück inzwischen gehört und der das Schloß behutsam renovieren will. »Fliegerbauer sagte sich wohl: Wir schauen mal, daß wir das Schloß ein bissel herausputzen, dann macht die Stadt aus dem Acker Bauland. Er wollte dort für 400 bis 500 Leute Wohnungen errichten, gigantisch!«

Ein Palais reicht Fliegerbauer offenbar nicht. Während er in Oelsnitz antichambriert, versucht er den gleichen Trick auch in Zwickau. Dort gibt es ebenfalls ein morsches Bauwerk aus dem 13. Jahrhundert, das auf einen Retter wartet: Schloß Osterstein. Das eindrucksvolle Wahrzeichen der Stadt liegt in Agonie: eingestürzte Dächer, leere Fensterhöhlen, das Mauerwerk von Pflanzen überwuchert. Im Sommer 1992 erscheint der Münchner auf der Szene und führt sich auch dort als Industrieller ein, der ein Schloß in

Gehört in Zwickau zur besseren Gesellschaft: Architekturpreisträger und Scientologe Kurt Fliegerbauer

Sachsen kaufen will. »Da hätten wir doch was«, heißt es. Man verweist den Fremden an den renommierten bayerischen Architekten Hans Hofmann, der bereits einen vielgelobten Entwurf vorgelegt hat, um das historische Ensemble zu retten. Hofmann erinnert sich: »Schon am nächsten Tag war Herr Fliegerbauer bei mir in Freising.«

Fliegerbauer wittert seine Chance und verschickt am 16. Juli 1992 per Anwalt Briefe an die Stadt und an den sächsischen Landeskonservator. Man habe sich mit Hans Hofmann zusammengeschlossen, »um Schloß Osterstein in allerletzter Minute doch noch vor dem endgültigen Verfall zu bewahren«. Er schreibt: »So weit ersichtlich sind wir von allen Anbietern, die Vorstellungen zur Sanierung von Schloß Osterstein vorgetragen haben, die einzigen, die überhaupt noch die Rettung der Bausubstanz von Schloß

Osterstein wollen – es hat sich offenbar schon allgemeine Resignation breit gemacht. (…) Unsere Absicht, die Bausubstanz von Schloß Osterstein zu retten, steht absolut fest.«

Fliegerbauers Vorhaben ähnelt dem Plan von Oelsnitz. Aus dem Schloß will er ein »multifunktionales Zentrum« mit Kaufhaus, Boutiquen und Tiefgarage machen; im Dachgeschoß sind Appartmentwohnungen vorgesehen. Das historische Zellenhaus, direkt neben dem Schloß gelegen, soll zum Drei-Sterne-Hotel werden. Es ist das letzte noch bestehende deutsche Gefängnis aus der Zeit von 1840 bis 1870 und zu diesem Zeitpunkt »einzigartig gut erhalten«, wie uns der Architekt Hofmann versichert. Das Bauwerk atmet Geschichte: Karl May und August Bebel schmachteten hier im Kerker.

In kurzer Zeit gelingt es dem alerten Münchner, die Zwickauer Stadtväter für sein Projekt zu begeistern. »Er konnte die Leute um den Finger wikkeln«, sagt Lokalredakteur Jörg Thole vom »Zwickauer Tageblatt«. Auch die städtische Denkmalpflegerin Steffi Haupt gerät ins Schwärmen, als wir sie in ihrem kleinen Büro befragen: »Er tauchte hier auf und hatte Visionen. Er konnte die Faszination von Osterstein vermitteln, so daß alle sagten, das ist was Tolles.« Zwar ziehen sich die Verhandlungen lange hin, doch am 16. Dezember 1993 ist es soweit. Zum Vorzugspreis von vier Millionen Mark erwirbt die *Schloß Osterstein GmbH* das 17 232 Quadratmeter große Citygrundstück vom Bundesvermögensamt; Financier ist die Dresdner Bank. »Damit ist das letzte Hindernis gefallen, um das Gemäuer von Grund auf zu erneuern«, läßt sich der Münchner vernehmen.[1] Immer wieder verkündet er: »Schloß Osterstein wird zur Perle Zwickaus.« Er nennt sogar schon einen Termin für die Eröffnung des Hotels – den 30. Juni 1995. Die Presse huldigt dem Retter des Wahrzeichens und schreibt: »Schloß Osterstein erwacht«.[2]

In der allgemeinen Hochstimmung fragt kaum jemand, ob sich das Ganze denn überhaupt rechnet – immerhin 120 bis 150 Millionen Mark wird die Sanierung kosten. Im April 1994 rücken tatsächlich Bagger und Radlader an und beginnen mit ersten Abbrucharbeiten. Doch plötzlich demolieren sie nicht wie vorgesehen nur den Ostflügel des Karl-May-Gefängnisses, sondern zerschlagen auch dessen übrige Bausubstanz. Architekt Hans Hofmann ist noch heute fassungslos: »In niederträchtiger Weise wurde das Zellenhaus von diesem Fliegerbauer niedergerissen!« Als die städtischen Denkmalpfleger endlich protestieren, ist es zu spät. Fliegerbauer schiebt die Schuld auf den Abbruchunternehmer, der kann aber beweisen, daß er genau nach Vertrag gehandelt hat. Später verlautbart der Münchner: Alles halb so wild, der Abriß schaffe schließlich »Raum für lukrative Neubauten«.[3]

Als trotzdem negative Berichte in der Presse zunehmen, veranstaltet der große Zampano am 23. September 1994 ein Happening – die sogenannte

Grundsteinlegung von Schloß Osterstein. Vor fast hundert Gästen präsentiert er überraschend ein völlig neues Baukonzept, das unter anderem ein Kaufhaus vorsieht, wo einmal das Gefängnis stand. Bei Spanferkel und Schnittchen feiert man gemeinsam die goldene Zukunft, und Baubürgermeister Dieter Vettermann bekräftigt: »Herr Fliegerbauer, Sie finden bei uns immer offene Türen.«[4] Doch Bauarbeiter wurden bis heute nicht gesichtet. Das Schloß modert weiter vor sich hin; dort gehen nur Archäologen ihrer Arbeit nach. Nachträglich ärgert sich auch Dieter Vettermann: »Diese Grundsteinlegung war nur eine Publicity-Aktion – alles heiße Luft«. Und Architekt Hans Hofmann, dessen Pläne Fliegerbauer mir nichts, dir nichts vom Tisch wischte, wartet immer noch vergeblich auf sein Honorar von 400 000 Mark.

Kaum jemand weiß, daß der Münchner schon vor dem Abriß des Karl-May-Gefängnisses Kontakt mit der Firma *Holzmindener Fertigbau GmbH* aufgenommen hat, die als Bauträger und Co-Investor bei der *Schloß Osterstein GmbH* einsteigt und im Dezember 1994 sämtliche Gesellschafteranteile übernimmt. »Als finanzielle Engpässe auftauchten, wurden wir angefragt«, erläutert uns am Telefon *Holzminden*-Geschäftsführer Uwe Sprenger. Er will nicht nur das Zellenhaus, sondern sogar den Westflügel des Schlosses komplett wegreißen. Die Stadt stimmt schweren Herzens zu. »Jetzt spielen nur noch wirtschaftliche Erwägungen eine Rolle«, klagt die Denkmalschützerin Steffi Haupt.

Der »Pate« von Zwickau

Nur Kurt Fliegerbauer hat keinen Grund zur Klage. Er ist bekannt geworden, hat Kredit und gilt in Zwickau trotz des Debakels als absolut vertrauenswürdig. Denn er versteht es, das Desaster kleinzureden. »Ich bin und bleibe ein Kaufmann«, erklärt er dem »Zwickauer Tageblatt« im Januar 1995.[5] Der falsche »Retter von Schloß Osterstein« drückt der sächsischen Metropole tatsächlich seinen Stempel auf, allerdings anders als erwartet. Kurt Fliegerbauer hat umgesattelt. Bereits im April 1994 – kurz bevor die Bagger anfangen, das Gefängnis abzureißen – gründet er eine neue Firma und beginnt im großen Maßstab, Gründerzeithäuser zu kaufen. Bald sehen die Zwickauer immer öfter ein auffälliges Schild an den maroden Häusern ihrer Altstadt: »Hier entstehen moderne Wohnungen – ein Projekt der Schloß Osterstein Verwaltungs GmbH«. Die meisten der drei- bis vierstöckigen Bauten kosten um 300 000 Mark; saniert sind sie oft über eine Million wert.

Während Schloß Osterstein verkommt, blüht die *Schloß Osterstein Verwaltungs GmbH*. Ende 1994 besitzt Fliegerbauer bereits dreißig Sanierungsobjekte; eine Wirtschaftsauskunft gibt den fast unglaublichen Umsatz von 52 Millionen Mark an. Auch die Stadt verkauft ihm ein Schnäppchen in der Altstadt – ein Gründerzeithaus am Dr.-Friedrich-Ring. Offenbar wirkt der Name »Schloß Osterstein« Wunder. »Herr Fliegerbauer mußte nicht zu den Banken gehen«, erinnert sich ein Zeuge, »die Banker kamen zu ihm ins Haus.«

Mindestens 130 Häuser erwirbt das Unternehmen bis zum Winter 1996. Zeitweilig sind mehr als tausend Arbeiter auf den Fliegerbauer-Baustellen beschäftigt. »Die Anzahl der Objekte, die die Schloß Osterstein Verwaltungs GmbH hier macht, ist tatsächlich größer als normal«, gibt Baubürgermeister Dietmar Vettermann zu. Im Klartext: Fliegerbauer wird zum größten privaten Investor in Zwickau. In seiner Firma geht es zu wie im Bienenstock. »Käufer und Bauunternehmer gaben sich die Klinke in die Hand«, berichtet uns eine Angestellte. Eine Fotowand im Büro dokumentiert jedes einzelne Objekt; zeitweise kommt täglich ein neues Bild hinzu.

Fliegerbauers Spezialität ist die Altbausanierung für Kapitalanleger. Er nutzt die Sonderabschreibungsmöglichkeiten in den neuen Bundesländern. Seine Kunden lockt er ausweislich einer Denkschrift mit steuerfreien Profiten »ohne nennenswerten Arbeitsaufwand und ohne Einsatz eigenen Geldes«. Die Stadtväter sind hochzufrieden, denn Haus für Haus strahlen die Jugendstilbauten der Altstadt bald in frischem Glanz. Fliegerbauer nennt das seinen »bescheidenen Beitrag zur Realisierung des Aufschwungs Ost«. Bei den Firmen, die für ihn die Altbauten sanieren, gilt der »potente Investor« bald als »Verhandlungsprofi, hammerhart«, so der Zwickauer Bauunternehmer Thomas Müller*.

Doch je mehr Fliegerbauer-Schilder auftauchen, desto mehr Gerüchte schwirren auch durch Zwickau. Konkurrenten wundern sich, wie der Münchner so fix an die Adressen der Alteigentümer kommt, denen er die Häuser abkauft. Merkwürdig: Als im September 1994 bei der Stadtverwaltung Stasi-Überprüfungen stattfinden, löst Werner B., Mitarbeiter im Liegenschaftsamt, »im gegenseitigen Einvernehmen« seinen Arbeitsvertrag und wechselt zu Fliegerbauer. Der Investor überträgt ihm umgehend die Leitung der firmeninternen »Abteilung 4, Vollzug der Verträge«. Ebenso auffällig: Der Sachbearbeiter Klaus A. von der Münchner *Hypobank* – Fliegerbauers wichtigstem Kreditgeber – wechselt 1995 gleichfalls in die *Schloß Osterstein Verwaltungs GmbH*.

Die Fliegerbauer-Mitarbeiterin Regina Meier* berichtet uns von massivem Druck auf die 26 Angestellten: »Wir haben sehr viele Überstunden gemacht, die nicht bezahlt wurden. Beschwerden sind ignoriert worden.« Gearbeitet wird häufig bis um Mitternacht. An der Wand hängt ein sogenanntes »Org-Board», ein Organisationsschema, auf dem absurde Sätze stehen wie: »Kommunikation ohne Umstände akzeptiert und schnell geliefert.« Regelmäßig finden »Statistik-Treffen« statt. Da muß jeder seine persönliche »Arbeitsstatistik« vorlesen. Regina Meier: »Posteingang, Postausgang, Telefonate. Mein Gefühl dabei war: Eine sinnlose Angelegenheit.«

Zwickau, Villa Kolpingstr. 24: Sitz der Schloß Osterstein Verwaltungs GmbH
Große Worte – leere Versprechen: Ruine von Schloß Osterstein

Eine andere Mitarbeiterin meint, Fliegerbauer habe die Angestellten »gegeneinander ausgespielt«. Vielen kommt das komisch vor. Als Gerüchte die Runde machen, Fliegerbauer habe mit einer Sekte zu tun, hakt der Lokaljournalist Jörg Thole nach. Er erinnert sich: »Ich habe ihn auch nach Scientology gefragt. Seine Antwort war: Leute, die aktiv sind, stehen immer unter Kritik.«

Ursula Caberta, die *Scientology*-Expertin des Hamburger Senats, urteilt jedoch über Fliegerbauers Praktiken: »Das ist die Umsetzung der sogenannten Managementtechnologie von L. Ron Hubbard: Statistik, Überstunden, und wenn es Probleme gibt, das Gesetz der Dritten Partei.« Der *Scientology*-Gründer empfahl Arbeitsdruck, »Org-Board«, das Gegeneinander-Ausspielen (»Gesetz der Dritten Partei«) und das Prinzip der »steigenden Statistik« zur totalen Kontrolle von Unternehmen. Kurt Fliegerbauer hat jedoch mehrfach bestritten, *Scientology*-Methoden im Betrieb anzuwenden.

Hubbards Management-Technologie folgt angeblich »exakten Formeln«, die jeder scientologische Unternehmer wortgetreu zu befolgen hat. In *Scientology*-nahen Betrieben gilt das Prinzip von Befehl und Gehorsam. Ehemalige Scientologen und Mitarbeiter aus scientologisch geführten Firmen berichten immer wieder über gnadenlose Ausbeutung, starre Regeln, skrupelloses Verhalten gegenüber Kunden und Geschäftspartnern. »Man darf lügen und betrügen, wenn es nur der Sache dient«, sagt dazu der Ex-Scientologe Norbert Potthoff aus Krefeld.

Im Mittelpunkt der scientologischen »Betriebswirtschaft« steht das sogenannte Statistik-System. Das ist laut *Scientology* »ein genau organisiertes System zur Berichterstattung. Es ist so unterteilt, daß es praktisch jeden Aspekt der für eine einfühlende Managementkontrolle relevanten Arbeitsabläufe quantitäts- und qualitätsmäßig erfaßt«.[6] Konkret: Jeder Arbeitnehmer soll Woche für Woche seine Leistung steigern, was dann mit speziellen Prämien belohnt wird. Um die Leistungen zu kontrollieren, finden regelmäßige »Statistik-Treffen« statt, auf denen jeder Mitarbeiter seine persönliche »Arbeitsstatistik« vorlesen muß – darunter eben auch die Zahl seiner geführten Telefonate. »Ohne Statistik werden Sie zum Statisten«, formuliert der scientologische *Verband Engagierter Manager* in einem Rundbrief an seine Mitglieder. »Statistik ist die einzig vernünftige Messung jeglicher Produktion, Aufgabe oder Aktivität … Sie gibt die Produktion wieder, sie mißt, was getan wurde und zeigt an, was zu tun ist.«[7]

Dieses stupide System soll die Produktivität hochtreiben, garantiert aber vor allem eine bessere Überwachung der Mitarbeiter. »Ein guter Manager ignoriert Gerüchte und handelt nur aufgrund von Statistiken«, verkündete einst L. Ron Hubbard. »Es ist einfach, Mitarbeiter zu disziplinieren. (…) Ich habe niemals versucht, Mitarbeiter dazu zu bringen, ›gut zu sein‹. Ich habe nur versucht, sie dazu zu bringen, zu produzieren. (…) Für mich kann ein Mitarbeiter, dessen Statistiken oben sind, nichts Unrechtes tun.«[8] Wer eine steigende Statistik hat, gilt als gesund, wessen Statistik fällt, der ist krank und muß »gehandhabt« werden. Hubbard formulierte das folgendermaßen: »Wir haben dich lieber tot als unfähig.«[9]

Kurt Fliegerbauer sei ein »hundertprozentiger Scientologe«, sagt der *Scientology*-Aussteiger Tom Voltz aus Zürich, der den Münchner aus gemeinsamen Sekten-Zeiten kennt. Voltz fügt hinzu: »Er hat bei mir damals auch WISE-Material bestellt.« Das *World Institute of Scientology Enterprises (WISE)* ist der Wirtschaftszweig der totalitären Sekte (siehe Kapitel 10). Laut *WISE*-Vertrag ist jedes Mitglied verpflichtet, die Hubbard-Technologie in seinem Betrieb einzusetzen und neue Mitglieder für *Scientology* zu werben.[10] *WISE*-Unternehmer müssen die erstaunliche Summe von bis zu 15 Prozent des Umsatzes (nicht etwa des Gewinns!) für das sekteneigene Management und Fortbildungskurse an die Zentrale in Los Angeles abführen. Die Gebühren sind wöchentlich zu überweisen, und *WISE* hat gemäß Vertrag das Recht, die Buchhaltung der Lizenznehmer jederzeit zu kontrollieren. Aber *WISE* will nicht nur seine Mitglieder zur »Power führen«, es geht um weit mehr.

»WISE bietet Hoffnung auf Verbesserung in diesem Bereich der Gesellschaft. WISE-Mitglieder bringen Vernunft und Ordnung in ihre Umgebung«, heißt es in der Hochglanz-Selbstdarstellung »Was ist Scientology?«.[11] Eine Anweisung des »internationalen Managements« der *Scientology* verdeutlicht, was das praktisch bedeuten soll: »Die Übernahme der Wirtschaft auf der gesamten Welt durch die Scientology, indem die L.-Ron-Hubbard-Verwaltungstechnologie in jeder Firma der Welt vollständig eingeführt wird, ob es sich um Scientologen handelt oder nicht.«[12] Das Bundesjugendministerium kommt in einer Broschüre von 1996 zu dem Schluß: »Scientology verfolgt das Ziel, die Wirtschaft zu unterwandern.«[13]

Der Trick, um die Öffentlichkeit zu täuschen, ist dabei so subtil wie einfach: Nicht *Scientology* selbst übernimmt die Firmen, sondern linientreue Unternehmer, die im Franchise-System Lizenzen erwerben und ihre Betriebe nach der Hubbard-Technologie führen. Ein internes Adreßbuch von 1992 listet in der Bundesrepublik 135 Firmen und Einzelpersonen auf, die die Management-Technologie verwenden.[14] Vermutlich sind es inzwischen um die 2000 Unternehmen. 18 000 Firmen sollen weltweit mit der Hubbard-Lehre arbeiten.[15] Heute ist *WISE* der wichtigste Zweig der *Scientology*-Organisation, und nur, wer regelmäßig hohe Lizenzgebühren abführt, hat nach den internen Regeln der Organisation Erfolg. Aber viel Geld fließt auch in jene Kurse, die jeder Scientologe belegen muß, um Erleuchtungsgrade auf der »Brücke zur totalen Freiheit« zu erlangen.

Kurt Fliegerbauer ist nicht irgendwer. Er wird in einer Liste der *Scientology*-Zeitschrift »Source« schon 1989 als Absolvent von Kursen aufgelistet, um den Grad eines Operierenden Thetans der Stufe VII (OT-VII) zu erlangen, angeblich unsterblich, unverletzlich, Meister über Raum, Zeit, Materie und Energie.[16] Wer zum OT-VII aufsteigt, hat nach Angaben des Züricher Aussteigers Tom Voltz in der Regel bereits eine sechsstellige Summe in die Sektenkasse »gespendet«. Wie alle Thetanen fliegt auch Fliegerbauer immer wieder nach Florida in das luxuriöse Ausbildungszentrum FLAG, wo die Psychokurse bis zu 1000 Dollar die Stunde kosten. Aber der Münchner hat nicht nur viel Geld für seine »völlige geistige Freiheit« ausgegeben, sondern auch aktiv den Vormarsch der Sekte in Deutschland befördert. 1986 war er »Chairman« – also Vorsitzender – eines sogenannten *OT-Komitees* in München.[17] *OT-Komitees* sind geheime Bruderschaften, die an Strategien arbeiten, um das Hubbard-Gedankengut in der Gesellschaft zu verbreiten – nach dem Programm »Clear Germany« (Deutschland gleichschalten). »Eine sichere Umgebung zu schaffen, in der Dianetik und Scientology blühen und gedeihen«, nennt das *OT-Komitee Stuttgart* als sein wichtigstes Ziel.[18]

Fliegerbauers Ehefrau Veronika, Leiterin der »Abteilung 7, Bau« bei der *Schloß Osterstein Verwaltungs GmbH,* Operierender Thetan Stufe VIII und wie ihr Mann als »Lebenszeit-Mitglied« bei *Scientology* bezeichnet, hat als *Sponsor* auch in die »Kriegskasse« der Sekte gezahlt, mit der die Organisation ihre Feinde und Kritiker bekämpft.[19] In der *Scientology*-Schrift »Resultate und Erfolge« verkündete sie bereits 1984: »Durch die Anwendung von Scientology habe ich es geschafft, meinen Kindern eine aufmerksame Mutter zu sein und eine glücklichere Ehe zu führen.«[20]

Mit den Fliegerbauers ist offenbar eine ganze Gruppe von Sektenleuten in Zwickau tätig. Die *Osterstein*-Gesellschaften gründete der Zwickauer »Pate« gemeinsam mit dem Münchener Rechtsanwalt Günther von Jan, der in Sekten-Papieren ebenfalls als Lebenszeit-Scientologe aufgeführt wird. Auch von Jan ist regelmäßiger Gast in der *Scientology*-Basis *FLAG*, um dort Psychokurse zu absolvieren. Er gehört als Operierender Thetan wie Fliegerbauer offenbar zur strategischen Elite der Scientologen in Deutschland. So lädt ihn die amerikanische Zentrale im Oktober 1996 zu einer OT Committee Convention ins Hauptquartier FLAG in Florida ein: »Lieber Günther, durch die Teilnahme wirst Du alle Mittel in die Hand bekommen, um in Deiner Region und Deiner Org Scientology voranzubringen und jedermann ins Goldene Zeitalter der Tech (Hubbard-Technologie, d. A.) zu führen.«

Sektenkritikern ist der Münchner Advokat bekannt, seitdem er 1989 in München eine »multikonfessionelle Landschule« mit pädagogischem Konzept nach Hubbard einrichten wollte. Die »Süddeutsche Zeitung« informierte ihre Leser damals: »Sekte möchte Schule gründen. Scientology-Schulverein klagt gegen den Freistaat Bayern. (...) Rechtsanwalt des Vereins und engagierter Verfechter des Hubbard-Konzepts ist Günther von Jan.«[21]

Der Jurist führt 1995 noch seine Anwaltskanzlei am feinen Münchner Prinzregentenplatz. Viele seiner Mandanten, so erfahren wir, stammen aus der Sekte. Ausweislich eines Memorandums beriet er sie beispielsweise darin, wie sie scientologische Psychokurse (als »Fortbildungskosten« getarnt) von der Steuer absetzen könnten. Von Jan ist zugleich in Fliegerbauers Firma eingebunden. Laut »Org-Board« der *Schloß Osterstein Verwaltungs GmbH* leitet er dort die Unterabteilung »Spezielle Angelegenheiten«; im *Scientology*-Slang das Wort für geheimdienstliche und Spitzel-Aktivitäten.

Eine Faxmitteilung vom Juli 1995 belegt, daß der Anwalt tatsächlich in Verbindung mit dem scientologischen Geheimdienst *OSA* steht. Darin schreibt ein Freund: »Lieber Günther, wir sind von einem phantastischen Flagaufenthalt zurück. Besten Dank für die Zusendung der Zeitungsartikel, besonders auch für den positiven. Hast Du den auch an OSA gegeben?« Und von Jan notiert am Rand: »Klar.«

Scientologen sind auch im Vertrieb von Fliegerbauers Häusern engagiert; der Zwickauer Investor kann auf die verzweigte Struktur des Sekten-Konzerns zurückgreifen, um seine Immobilien zu verscherbeln. So bietet der Operierende Thetan Thomas Freitag aus Bamberg ebenso Fliegerbauer-Häuser feil wie sein Thetan-Kollege Klaus Koller aus Nürnberg; als hilfreich erweisen sich auch Top-Scientologen im Raum Köln-Düsseldorf-Krefeld. Martina Wallmann*, ehemalige Mitarbeiterin einer von Scientologen geführten Immobilienfirma aus Köln sagt: »Wir sollten 1995 etwa hundert Mehrfamilienhäuser aus Zwickau vermarkten.« Sie erinnert sich speziell an Telefonate mit dem Anwalt Günther von Jan. Und plötzlich tauchen in Zwickau auch scientologische Straßenwerber auf; die Stadtbibliothek bekommt einen ganzen Schwung *Scientology*-Bücher als »Spende«; in den Briefkästen führender Unternehmer der Stadt landen seit 1993 des öfteren *Scientology*-Prospekte.

Manchmal werden die Zwickauer Immobilien sogar innerhalb der Sekte verkauft. So erwirbt Thomas Freitag im Herbst 1995 von Fliegerbauer jene Villa, für die der Münchner später den Architekturpreis kassiert und die er inzwischen als Hauptquartier nutzt. Der Augsburger OT-V Reinhard Danne kauft Anfang 1995 das Haus Moritzstraße 50 aus dem Bestand der *Schloß Osterstein Verwaltungs GmbH*. Als Danne mit der Sanierung nicht zufrieden ist, wird eine *Scientology*-interne Gerichtsverhandlung anberaumt, denn Scientologen dürfen sich nicht vor ordentlichen Gerichten verklagen. Am 22. April 1995 findet in Göppingen das Verfahren vor dem *WISE-Charter-Committee Deutschland* statt, das der *Scientology*-Großspender und Unternehmensberater Silvio Markus Vogel leitet. Billig ist das nicht: Laut Rechnung Nr. 0009 W1/95 vom 24. April 1995 kostet die »Beratung in der Geschäftsangelegenheit Danne/Fliegerbauer« für eine Stunde inklusive Mehrwertsteuer 2156 Mark. Der scientologische »Zivilprozeß« ist laut Ursula Caberta ein »klares Zeichen, daß Kurt Fliegerbauer zu WISE gehört. Und wer zu WISE gehört, muß an die Zentrale zahlen«.[22]

Warum aber ausgerechnet Zwickau? »Ganz einfach«, sagt Caberta, »die gehen dahin, wo Kohle zu machen ist«. Zwickau gehört zum Raum Chemnitz, dem dritten sächsischen Boom-Zentrum neben Dresden und Leipzig. Vor den Toren der Stadt hat der *VW-Konzern* in Mosel ein großes Werk errichtet. Überall wird gebaut; Zwickau blüht auf. Doch die Aktivitäten der Investoren um Kurt Fliegerbauer sind nur ein Teil der wohl größten strategischen *Scientology*-Operation in den neuen Bundesländern. Getreu dem Motto des *Scientology*-Gründers L. Ron Hubbard »Mache Geld« spannt sich ein Netz der Sekte über den Immobilienmarkt, und zwar dort, wo die Konjunktur noch am besten läuft – in Sachsen und im Großraum Berlin. Mehr als drei Jahre lang agierte das Kartell der Scientologen so geschickt, daß nichts über seine Aktivitäten an die Öffentlichkeit drang.

Das Netzwerk in Sachsen

Am 9. September 1990 hält der scientologische *Verband Engagierter Manager (VEM)* im Düsseldorfer Ramada Renaissance Hotel seine Jahreskonferenz ab. Die hundert wichtigsten deutschen Scientologen aus Vorstandsetagen und Firmenleitungen treffen sich mit Harry Rostig, dem internationalen Boß des *World Institute of Scientology Enterprises*, um Details der Hubbard-Technologie zu besprechen; Thema »Ursache über Geld«. Rostig empfiehlt seinen Leuten, kräftig zu expandieren und fordert sie auf: »Think big – Denken Sie in großen Dimensionen!« Seine Vision heißt: »In 25 Jahren arbeiten alle Unternehmen mit der Hubbard-Management-Technologie!«

Der *Scientology*-Aussteiger Tom Voltz erinnert sich: »Am Rande der Tagung wurden zahlreiche informelle Gespräche geführt.« Prominente Personen aus der Teilnehmerliste von Düsseldorf tauchen später in Leipzig, Dresden, Zwickau und Chemnitz auf. Außer Kurt Fliegerbauer und Günther von Jan auch der Managertrainer Axel Fehling aus Düsseldorf, die Imobilienhändler Heinz Günther aus Offenbach und Klaus Koller aus Nürnberg sowie der Düsseldorfer Makler und damalige *VEM*-Präsident, Klaus Kempe.

Drei Jahre später, im Oktober 1993, liest der Unternehmer Ulrich Schulz aus Altenburg bei Leipzig eine Anzeige: »Barzahler sucht Mehrfamilienhaus«. Schulz, der gerade versucht, sich mit seinem Sohn Mirko eine neue Existenz als Immobilienmakler aufzubauen, gibt ein Angebot ab – und gerät damit in einen Strudel, der zwischenzeitlich droht, ihn in den Abgrund zu reißen. Als wir die beiden Neu-Unternehmer in ihrem Altenburger Büro besuchen, legen sie uns mehrere Ordner mit Dokumenten vor. Ulrich Schulz sagt: »Wir haben einen richtigen Krimi erlebt.«

Über die Annonce lernen die Altenburger einen Mario Herold aus Wuppertal kennen, der in Leipzig eine Unternehmensberatung betreibt und mit Immobilien handelt. Sie kommen ins Geschäft. Herold, ein massiger Mann Mitte vierzig, macht Vater und Sohn Schulz mit weiteren Geschäftspartnern bekannt, die den Eindruck soliden Reichtums verbreiten. Solche »Freunde«, erfährt Mirko Schulz, seien in ganz Sachsen aktiv, zum Beispiel der Herr Fliegerbauer, mit dem Herold in Zwickau eine Immobiliengesellschaft führt. Die Gruppe um Herold will einen der größten Gewerbekomplexe der Leipziger Innenstadt hochziehen, die sogenannte Gutenberg-Galerie. Bis 1995 bringt sie nach Aussagen von Mitarbeitern mindestens vierzig Immobilien in und um Leipzig in ihren Besitz.

Ulrich und Mirko Schulz gründen eine Baufirma, an der sich Herold beteiligt, und sanieren für die neuen Partner ein Haus in Leipzig. Zwar wundert sich Mirko Schulz manchmal über die »seltsame Sprache« und den »stechenden Blick« der Herrschaften, aber er hält das für Marotten. Doch Ende 1994 drückt ihm der 57jährige Herold-Adlatus Axel Fehling, der mit seiner Gesellschaft *On Top Managementtraining* Führungskräfte schult, einen dicken Wälzer in die Hand. Mit diesem Buch ließen sich alle Probleme lösen, Titel: »Was ist Scientology?« Schulz sagt: »Da wußte ich endlich, was los war.«

Nicht nur Schulz geht ein Licht auf. Auch die Leipziger Herold-Angestellten merken nach und nach, wer ihren Arbeitgeber steuert. »Es kam viel Post von Scientology; die durften wir nicht öffnen«, sagt der ehemalige Herold-Mitarbeiter Martin Böttcher*. Auch in Herolds Firma bekommen die Angestellten ihre Überstunden häufig nicht bezahlt, es gibt ein »Org-Board« und »Statistiken«; häufig finden Schulungen mit Axel Fehling statt. Machen Angestellte Fehler, müssen sie schon mal schriftlich Selbstkritik üben. Der Chef habe außerdem versucht, seine Mitarbeiter zu missionieren. Böttcher erinnert sich: »Fast alle machten den Persönlichkeitstest« – das gängige Mittel der Sekte, um neue Jünger zu ködern. Es kommt auch vor, daß eine Angestellte zu »Schulungen« nach England eingeladen wird. Mario Herold bestreitet dies alles; er habe weder missioniert noch den Persönlichkeitstest verwendet.

Doch Böttcher bezeugt: »Herold hatte zum Beispiel das Buch ›Was ist Scientology‹. Er sagte zu mir: Nimm's einfach mit, guck' mal rein. Er hat mir Scientology immer als toll dargestellt. Wenn ich nicht meine Freunde gehabt hätte, mit denen ich über alles reden konnte – dann weiß ich nicht, was aus mir geworden wäre.« Einmal sprach Böttcher seinen Chef auf die zunehmende öffentliche Kritik gegen *Scientology* an. Da habe Herold geantwortet: »Das sind Leute, die nicht erfolgreich sein wollen, besonders Politiker und Psychiater. Die haben Angst vor dieser erfolgreichen Sache. Aber wir werden immer mehr, und wir sitzen schon überall.«

Tatsächlich stand hinter Herold und seinem Management-Trainer Fehling ein großangelegtes Geflecht *Scientology*-naher Firmen, die im Großraum Leipzig Immobilien erwarben, um sie mit oder ohne Sanierung profitabel weiterzuverkaufen. Böttcher nennt die ominösen Investoren eine »Mafia mit sehr strengen Regeln«. Er berichtet, daß ständig auswärtige Scientologen auftauchten und sagt: »Herold war stolz darauf, daß Außenstehende die inneren Strukturen nie durchschauen werden.«

Mario Herold hat viele tausend Dollar an *Scientology* gezahlt, um als Thetan zu operieren; er ist Absolvent des Saint Hill Special Briefing Course, eines der teuersten *Scientology*-Seminare überhaupt. Sein Adlatus Axel Fehling, ebenfalls Operierender Thetan (Stufe VII), ist außerdem Mitglied von *WISE*. Fehling schulte in Leipzig Manager nach dem Schema der Hubbard-Technologie. Im März 1994 trainierte er sogar Schulz-Mitarbeiter und machte sie mit einer dubiosen »Richtlinie Div. IV: Technik« bekannt. Seine »geniale Trainingsmethode« beschreibt er in dem Buch »Selfmademen und Millionäre« aus dem *Scientology*-nahen *Möwe*-Verlag: »Man nimmt eine Sache in die Hand und erledigt sie sofort. Das Handicap in der Praxis liegt leider oft darin, daß eben ein großer Teil der anfallenden Arbeiten praktisch nicht sofort erledigt werden kann.«[23]

Als Kapitalanlage schätzen die Herren die bildende Kunst. Sie lieben teure Bilder des Düsseldorfer Pop-Künstlers und Scientologen Gottfried Helnwein. Helnwein erscheint sogar selbst in Leipzig. Böttcher: »Ein komischer Typ, mit Cowboystiefeln und Stirnband. Herold hat bestimmt Gemälde für eine Viertelmillion von ihm gekauft.« Mirko Schulz erinnert sich: »Der Fehling sagte ganz ergriffen zu mir: Wissen Sie, wem Sie gerade die Hand gegeben haben? Das war der Helnwein!« Herold besitzt eine der umfangreichsten Helnwein-Sammlungen im Wert von mehreren hunderttausend Mark und kauft 1994 weitere Werke an; am 12. Dezember schickt er dem »lieben Gottfried« einen Verrechnungsscheck über 80 000 Mark und schreibt: »Des weiteren dachte ich mir, daß in mein kleines Auswertungszimmer 9 Porträts von Philosophen passen würden, die mir die Power des Wissens geben. So, ich wünsche eine super Produktion.«[24] Nach Auskunft des Buchautors Peter Reichelt vermittelte Herold den Maler auch an die Gemeinde Sellin auf der Ostseeinsel Rügen, um dort auf der neuerrichteten Seebrücke für 500 000 Mark ein Kunstzentrum zu gestalten; das Projekt scheiterte, als der Selliner Bürgermeister mitten in den Verhandlungen im November 1995 von Helnweins *Scientology*-Verbindung erfuhr.[25]

Zu den Helnwein-Fans zählt sich auch der millionenschwere Thetan Klaus Kempe aus Düsseldorf (OT-VIII), der als Immobilienmakler angeblich 80 Millionen Mark Umsatz im Jahr erzielt.[26] Er besitzt wie Mario Herold »echte Helnweins«, wie das Buch »Selfmademen und Millionäre« zu berichten weiß – »das beste, was die Gegenwart zu bieten hat«.[27] In Leipzig ist der Düsseldorfer Top-Scientologe als Gesellschafter zweier Immobilienfirmen bis 1994 mit im Spiel. Kempe, der 1982 von Mario Herold für

Scientologen planten mit: Leipziger »Gutenberg-Galerie«
Erleuchtung für Tausende von Mark: Stundenlange Hubbard-Vorträge per Tonband im Ausbildungszentrum Saint Hill

Scientology geworben wurde, hat als sogenannter Patron mindestens 40 000 US-Dollar in die scientologische »Kriegskasse« gezahlt.[28] Über seinen Werdegang sagt er: »Ich ging durch eine der härtesten Schulen und manchmal barfuß durch die Hölle, bevor das Geschäft zu florieren begann.«[29] In seinem Buch »Manager-Geheimnisse« empfiehlt er als geeignete Methode, um das »geistige Potential« zu entwickeln, das scientologische Auditing: »Auditing ist das erste Präzisionsinstrument, das exakt und vorhersagbar geistig-mentale Hürden beiseite räumt! Tatsächlich gibt es für das Auditing, für die Anwendung dieser Verfahrensweise, keinen Ersatz, denn bestimmte Probleme im Management sind nicht durch ein paar Tips und Tricks zu lösen.«[30]

Mit »Management-Daten von L. Ron Hubbard« schulte Kempe auch seine Mitarbeiter, die er seit der Wende zunehmend in den neuen Bundesländern rekrutiert. »Mit Konzept erfolgreich – werden Sie Partner der Kempe-Immobilienbörse«, locken Kleinanzeigen in großen Zeitungen. Auf eine solche Annonce fiel zum Beispiel Wolfgang Möller aus Münchehofe bei Berlin herein, wie er uns bei einem langen Gespräch im Berliner Forum-Hotel berichtete. Der ehemalige Industriekaufmann traf sich im Januar 1995 mit Klaus Kempe in Düsseldorf. Er gewann den Eindruck, daß der Mann seriös sei, und unterschrieb einen Franchise-Vertrag, um per Kempe-Methode in den Immobilienmarkt einzusteigen. Für die »schlüsselfertige Existenz« als Makler legte er 25 000 Mark auf den Tisch; hinzu kamen monatliche Gebühren.

Als Möller bei seinem ersten Seminar in Düsseldorf einen Persönlichkeitstest ausfüllen mußte, ahnte er nicht, daß der Fragebogen bei *Scientology* dazu dient, neue Jünger zu ködern. Möller wurde auch nicht stutzig, als er in seinen teuren Franchise-Materialien die »Emotionsskala«, das »ARK-Dreieck« und einen »Kommunikationskurs« zur Vorbereitung auf die Maklertätigkeit studierte; Autor: *Scientology*-Gründer L. Ron Hubbard. Und er hatte keinen Schimmer davon, daß zu Kempes Vertragspartnern einige der prominentesten deutschen Scientologen zählen, etwa die Immobilienbüros *Lidl und Suplit* in München oder *Manthey und Partner* in Arensburg.

Wolfgang Möller wachte erst auf, als ihm im September 1995 das Geschäft seines Lebens platzte – ein Immobiliendeal über 66 Millionen Mark, das ihm eine Million Provision einbringen sollte. Ein Brief des Geschäftspartners, einer Wohnungsbaugenossenschaft, riß ihn aus allen Träumen: »Da wir es uns nicht leisten können, mit dieser Sekte in Verbindung gebracht zu werden, müssen wir unsere Geschäftsbeziehung fristlos kündigen.« Seitdem versucht der Brandenburger, sein Geld zurückzubekommen, weil er sich von Kempe getäuscht fühlt. »Der hat uns nichts davon erzählt, daß es sich bei seinem Programm um Scientology handelt«, klagt er.

Gemeinsam mit Leidensgenossen, darunter weiteren Existenzgründern aus Brandenburg und Sachsen, gründete Möller im Oktober 1995 eine Interessengemeinschaft, die inzwischen gerichtlich gegen Kempe vorgeht. Seinen Vertrag mit der *Immobilienbörse* hat er aufgelöst. Kempe schickte ihm daraufhin das *Scientology*-Zentralorgan »Freiheit« und einen persönlichen Brief. »Wenn Glaubensfragen ins Geschäft einspielen, sind wir wieder in totalitärem Regime«, lamentierte der Operierende Thetan. Da hat er wohl einiges durcheinandergebracht. »Hier werden über ein Franchise-Programm Leute für Scientology geworben«, warnt Ursula Caberta – die totalitäre Organisation wolle damit nur »Menschen und Geld fischen«. Kempes Anzeigen erschienen aber auch später noch in der »Berliner Morgenpost« und in Dresdener Tageszeitungen.

Klaus Kempe war bis 1994 Kompagnon des Diplomingenieurs Heinz Klaus Günther aus Offenbach, den Herold-Mitarbeiter für den eigentlichen Organisator der Leipziger Projekte halten. »Der war so 'ne Art Oberguru«, sagt der Aussteiger Martin Böttcher, »sogar Herold hat vor ihm gekuscht.« Böttcher hatte nie einen Zweifel, daß »Günther auch zu den Scientologen gehört«. Bentley-Fahrer Günther, der sich in einer Zeitungsanzeige stolz auf die Zusammenarbeit mit seinem »Geschäftspartner« Kempe berief und Mitglied der *Immobilien-Börse* war, herrscht seit 1992 im Osten von Frankfurt am Main über die Gewerbegalerie Obertshausen, einen festungsartigen vierstöckigen Gebäudekomplex mit postmodernem Glasfoyer, Galerie

Franchisenehmer stehen im Regen: »Operierender Thetan« und Makler Klaus Kempe aus Düsseldorf (l.)

und Bistro. Das Gebäude ist gut vermietet; die Briefkästen und Messingschilder weisen vor allem Software-, Computer- und Immobilienfirmen aus. Im ersten Stock sitzen eine Reihe von Unternehmen, die 1995 noch als *G + G Firmenverbund* firmierten. Dort regiert der Chef: Heinz Klaus Günther. Das Lieblingswort des »Vordenkers in Sachen Unternehmensstrategie« (Eigenwerbung) ist »exclusiv«. In einer Firmenreklame steht: »Exclusivität ist für uns in erster Linie eine Frage der Qualität.«[31]

Heinz Günther gründete 1993 zusammen mit Mario Herold die *GÜMA Projektentwicklungsgesellschaft* mit Sitz im feinen Leipziger Waldviertel, die im Großraum Leipzig alles kaufte, was Profit versprach – von der 450 Jahre alten Schloßmühle in Naunhof bis zum großen Mietshaus in Leipzig. In Leipzig bewarb sich die *GÜMA* bei Ausschreibungen um ganze Straßenzüge wie die Ernesti- oder Connewitzstraße. Die Aquisition erledigten die Leipziger um Mario Herold, bei den eigentlichen Hauskäufen wurde Frankfurt aktiv; laut dem obligatorischen »Org-Board« der Firma war Heinz Günther für die »Expansionsplanung« und die »Kontrolle der Richtlinien« zuständig. Auf der Organisationstafel war im typischen Sekten-Chinesisch von »gut kommunizierenden Verkaufsobjekten« die Rede. Als Ziel der Firma wurde in *Scientology*-Manier benannt: »Das Unternehmen ist in sehr hoher Kommunikation mit seinem Umfeld.«

Mit dem *WISE*-Manager Klaus Kempe gründete Günther zwei Immobilienfirmen, darunter die *GGK Exclusive Real Estate GmbH*, die wiederum eng mit der *Güma* verflochten war. Die *GGK* wickelte die Projektsteuerung und Architektur der achtgeschossigen Gutenberg-Galerie im Leipziger Grafischen Viertel ab. Günther besaß Optionsverträge für die Grundstücke, die er mit der Projektidee 1994 für einige Millionen an die *Bredero Bau GmbH* in Leipzig verkaufte. *Bredero*-Partner ist die Kölner *FUNDUS-Gruppe*; sie hatte den riesigen Gewerbeblock in bester Citylage – Bauvolumen 300 Millionen Mark – schon 1995 als Fonds Nr. 29 komplett an Kapitalanleger veräußert. Als wir den *FUNDUS*-Pressesprecher Michael Rabe über die Hintergründe informierten, reagierte er betroffen: »Wenn es Verbindungen von der Scientology zu der Aquisition vor Ort gibt, dann ist das für uns ein Anlaß zum Nachdenken. Ich bin ein massiver Feind dieser Organisation. Wir würden ja auch mit einem bekannten Waffenhändler keine Geschäfte machen.«

Heinz Günthers Aktivitäten im Osten beschränkten sich nicht auf Leipzig. Seine *ERB Exclusivbau auf Rügen* wollte auf der Ostseeinsel »zukunftsorientierte Ferienhaussiedlungen mit Jachthafen« anlegen; ein Gewährsmann aquirierte in der Gemeinde Göhren bereits Grundstücke.[32] Doch aus dem Projekt ist bis zum Sommer 1997 nichts geworden, denn aufgeschreckte Gemeinderäte informierten sich bei Sektenexperten und verhinderten bislang die Bauprojekte. Schließlich war Günthers *G + G-Gruppe* über Frank Sauer, den »Produktmanager« der *GÜMA*, mit Hamburger Immobilienfirmen um den berüchtigten *Scientology-Patron* Götz Brase verbunden. Günthers Mitgesellschafter Sauer unterhielt über eine gemeinsame Firma Beziehungen zur Hamburger *Gesellschaft für Projektentwicklung und Marketing mbH (GPM)* aus dem Brase-Umfeld, die 1995 in Altenburg eine Filiale gründete. Als wir über einen Freund bei der *GPM* nach günstigen Immobilien zur Kapitalanlage fragten, erhielten wir Angebote der Firma *EWI Immobilien Management*, die wiederum zum *G + G-Firmenverbund* gehörte. Sie bot uns »interessante Objekte« im Leipziger Waldstraßen- und Bach-Viertel an.

Die Geschäfte mit einigen der bedeutendsten deutschen Scientologen ließen uns Heinz Günthers *Scientology*-Verbindungen eindeutig erscheinen. Wir hatten erfahren, daß der Offenbacher seine eigenen Mitarbeiter nach der Hubbard-Technologie hatte schulen lassen; auch der Spitzenscientologe Axel Fehling führte bei ihm Seminare durch. Heinz Günther kam zudem regelmäßig in den Management-Büchern des Scientologen Horst Adolf Mehler zu Wort. In dem Mehler-Kempe-Werk »Immobilienprofis«, das scientologische Makler bejubelt, benennt er Klaus Kempe als sein großes berufliches Vorbild. An gleicher Stelle erklärt er in lupenreinem Hubbard-Jargon, sein persönliches Ziel sei es, »mehr Qualität und ein wirklich hohes Überlebensniveau zu schaffen«.[33]

Doch als wir den Projektentwickler nach einigem Hin und Her im Januar 1996 ans Telefon bekamen, wollte er von seinen scientologischen Freunden plötzlich nichts mehr wissen. »Ich habe mich von Kempe und Herold getrennt. Ich habe mit den Leuten nichts mehr zu tun.« – »Arbeiten Sie denn noch mit der Technologie von L. Ron Hubbard?« – »Ich kenne die Technologie, aber ich habe nichts damit zu tun.« – »Aber Sie waren doch Mitglied beim Verband Engagierter Manager?« – »Das war zur Zeit, als Kempe mein Geschäftspartner war. Seit ich mich von Kempe getrennt habe, habe ich damit nichts mehr zu tun.« – »Und was ist mit den anderen Scientologen: Frank Sauer, Axel Fehling ...?« – »Mit denen arbeite ich nicht mehr. Der Firmenverbund existiert nicht mehr.«

Die Distanzierung erscheint wenig glaubwürdig. Fernsehberichte enttarnten Heinz Günther 1996 als Mitglied eines scientologischen Firmennetzwerkes; noch 1997 führte er ein gemeinsames Unternehmen mit dem Frankfurter Scientologen Hans-Jürgen Flach, den die Sekte als Spender für ihre »Kriegskasse« ehrt. Günther bekam also kalte Füße und setzte sich (zumindest öffentlich) von der Sekte ab. Dagegen sind seine ehemaligen Kompagnons weiter auf *Scientology*-Kurs. Sie waren auch 1997 noch auf dem Leipziger Immobilienmarkt aktiv, wie uns ein Informant aus der Verwaltung der Messestadt versicherte. Unser Gewährsmann erklärte, bei der Eröffnungsparty der Gutenberg-Galerie im Sommer 1996 habe ihn ein komisches Gefühl beschlichen: »Die Show mit Lasern, Dreiecken, Weltraumgeschichten – das wirkte wie Scientology pur. Offensichtlicher ging es kaum noch.«

Während Herold und Fehling vorwiegend im Raum Leipzig wirken, haben Top-Scientologen aus Bayern und Baden-Württemberg die Landeshauptstadt Dresden ins Visier genommen. Der Bauunternehmer Klaus Koller, ein Operierender Thetan (Stufe VIII), bot 1995 mit seiner *efko Immobilien GmbH* aus Nürnberg sanierte Altbauten in Dresden-Laubegast und später Büros in Ost-Berlin an. Karl-Wilhelm Paar aus Filderstadt, ein Thetan der

Stufe V und Ehrenmitglied des Stuttgarter *OT-Komitees*, hatte sich gleich ganz nach Osten abgesetzt. Er residierte in Dresden-Plauen, wo er nicht nur seine altbekannte *Allhaus Wert Immobilien GmbH* betrieb, sondern bei zwei weiteren Immobilienfirmen mitmischte, die unter der gleichen Adresse zu finden waren: *Immotax* und *Modellhaus Bau Paar*. Im Angebot: Apartementhäuser und Eigentumswohnungen in Dresdner Altbaulagen. Geschäftliche Probleme besprach er mit dem Münchner Anwalt und Operierenden Thetan Günther von Jan, dessen Mandant er war.

Eine Verwaltungs-GmbH auf Expansionskurs

Der Jurist von Jan fungierte offenbar wie Mario Herold als Schaltstelle in der *Scientology*-Welt. »Über Herold kamen wir mit Günther von Jan zusammen«, erinnert sich Ulrich Schulz aus Altenburg, »und über von Jan gerieten wir an Herrn Fliegerbauer.« Sein Sohn Mirko ergänzt: »Als wir dann merkten, daß die auch dazugehörten, wurde es uns ziemlich ungemütlich, denn plötzlich haben wir festgestellt: Es sind ja nur noch Scientologen um uns herum.« Zu diesem Zeitpunkt hängt Familie Schulz schon fest im Netz der Scientologen. Heinz Günther hatte Mirko Schulz 1993 überredet, mit ihm eine Baufirma zu gründen, die flugs in den *G + G Firmenverbund* integriert wurde; im Gegenzug beschafft er Aufträge. Schulz unterschreibt Verträge, die er offenbar nicht bis ins letzte durchgelesen hat. Als Probleme mit unseriösen Subunternehmern auftauchen, muß ein Projekt abgebrochen werden; Schulz verliert viel Geld und liegt seitdem mit der *G + G-Gruppe* im Rechtsstreit.

Dann macht Herold die beiden Ostdeutschen mit Fliegerbauer bekannt, und der »Pate von Zwickau« steigt mit fünf Prozent bei einer weiteren Firma ein, die Vater und Sohn Schulz im Oktober 1994 gründen. Als Anwalt und Steuerberater fungiert Günther von Jan. Ulrich Schulz sagt heute: »Wir haben eine halbe Million Schaden erlitten. Für mich steht die Existenz auf dem Spiel, auch für meine fünfzehn Mitarbeiter.« Gegenüber den Generalunternehmern, die die Zwickauer Altbauten für seine *Schloß Osterstein Verwaltungs GmbH* sanieren, fährt Fliegerbauer einen harten Kurs. »Er hat die Preise so gedrückt, daß das jenseits von Gut und Böse war«, stellt Mirko Schulz fest. Der Unternehmer Stefan König aus Glauchau hat drei Objekte in Zwickau für Fliegerbauer bearbeitet. Auch er sagt: »Die Preise, die dabei herauskommen, decken gerade die Kosten.«

Der Baumarkt in Zwickau ist wie in ganz Sachsen hart umkämpft, Preisdumping ist die Regel. Die Fliegerbauer-Mitarbeiterin Regina Meier bestätigt: »Die Baufirmen sind darauf angewiesen, mit Herrn Fliegerbauer zusammenzuarbeiten, denn viele stehen mit dem Rücken an der Wand.« Jeder Auftrag zählt, und der »Pate von Zwickau« hat viele Aufträge zu vergeben. »Der Fliegerbauer kann die Preise bestimmen, wie er will«, bestätigt der Zwickauer Bauunternehmer Jürgen Weinert*. Er berichtet über Fliegerbauers Geschäftspraktiken und »Psycho-Methoden«: »Seit Herr Fliegerbauer in der Stadt ist, hat sich die Bau- und Immobilienbranche geändert. Es ist härter geworden. Es ging ein großes Gerangel und ein großer Kampf los.« Zahlreiche Firmen hätten schon Konkurs anmelden müssen. »Sie waren einfach nicht mehr in der Lage, zu diesen Preisen zu arbeiten. Herr Fliegerbauer weiß immer abzuschätzen, wie die finanzielle Situation seiner Vertragspartner ist, und nutzt das auch dementsprechend aus.«

Als Ulrich Schulz, der Fliegerbauers Villa und zwei Schloß-Osterstein-Bauprojekte in Zwickau saniert, im Sommer 1995 mit den Arbeiten etwas in Verzug gerät, weigert sich der »potente Investor« plötzlich, ausstehende Rechnungen zu bezahlen. Schulz beauftragt seinen Anwalt Günther von Jan. Der Scientologe diktiert ihm am 27. Juli 1995 einen Brief, in dem er unterwürfig statt der ausstehenden 92 000 nur 60 000 Mark fordert. Doch von Jan ist gleichzeitig der Anwalt Kurt Fliegerbauers und Teilhaber der *Osterstein Verwaltungs GmbH.* »Ein solches Verhalten könnte den Tatbestand des Parteiverrats erfüllen«, sagt Anwalt Ralf Burmester aus Hamburg, der Schulz seitdem vertritt.

Mittlerweile laufen weitere Rechnungen auf. Im Herbst 1995 fordert Schulz bereits 230 000 Mark und deutet an, er könne sich an die Medien wenden. Da lenkt Kurt Fliegerbauer überraschend ein und zahlt 161 100 Mark. Als Schulz nachbessern will, wird der Münchner hart. Er kündigt Schulz »Untersuchungshaft« an und warnt: »Erpressung wird mit Gefängnis bis zu 5 (fünf!) Jahren bestraft. Selbst fälligen und unbestrittenen Forderungen darf man nicht durch sachfremde Drohungen Nachdruck verleihen.«[34] Schulz-Anwalt Ralf Burmester nennt das Schreiben »eine Drohung mit nötigendem Charakter, inhaltlich gegenstandslos«.

Als wir Kurt Fliegerbauer im Auftrag des Magazins »Stern« auch dazu befragen wollten, ließ er drei fest vereinbarte Interviewtermine platzen. An die erste Verabredung konnte sich in seinem Büro plötzlich niemand mehr erinnern. Als wir dann am 8. Dezember 1995 wie abgemacht um elf Uhr vormittags dort erschienen, teilte uns die Sekretärin mit: »Herr Fliegerbauer ist außer Haus. Er hat heute wahrscheinlich keine Zeit.« Da wir uns aber so leicht nicht abwimmeln ließen, fiel ihr ein, daß ihr Boß eine Stunde später vorbeikommen wollte. Und tatsächlich – als wir um zwölf Uhr erneut vorsprachen, gab sich Herr Fliegerbauer persönlich die Ehre. Der angeblich »hochtrainierte« Scientologe wirkte ausgesprochen nervös, hatte »leider nur fünf Minuten« Zeit und murmelte etwas von »dringenden Terminen«. »Kommen sie um 18.00 Uhr wieder«, sagte er – ließ sich am Abend aber nicht blicken. Das gesamte Bürohaus an der Franz-Mehring-Straße war menschenleer und blieb dunkel. Per Fax teilte er der Redaktion eine Woche später zynisch mit: »Es tut mir leid, daß Ihre Mitarbeiter umsonst nach Zwickau gekommen sind. Ich darf Ihnen versichern, daß das nicht unsere Art ist.«

Der gescheiterte »Retter von Schloß Osterstein« muß kritische Berichte wegen seiner *Scientology*-Verbindung fürchten, weil die Sekte seit 1994 immer stärker in die öffentliche Kritik geriet. In perfekter Übereinstimmung mit dem *Scientology*-Ziel »ständiger Expansion« wurde dem Operierenden Thetan schon 1995 Zwickau zu klein. Er sah sich nach weiteren Aktionsräumen um. In Görlitz an der deutsch-polnischen Grenze mußte zwar kein Schloß gerettet werden, aber viele Häuser in der mittelalterlichen Altstadt sind noch für wenig Geld zu haben. Gemeinsam mit einem Unternehmer aus Wunstorf bei Hannover namens Hartmut Schmedes gründeten Fliegerbauer und von Jan im September 1995 eine *Advantus Bauträger GmbH*, die in Görlitz und Umgebung allein Anfang 1996 für 1,7 Millionen Mark zehn Altbauten erwarb. Als der scientologische Baulöwe auch zehn Häuser der *Karl-May-Stiftung* in Radebeul bei Dresden kaufen wollte, stieß er dort auf Granit. »Wir wollen seriöse Leute, deshalb haben wir nicht an Herrn Fliegerbauer verkauft«, teilte uns die Stiftung mit.

Auch in Zwickau waren Ende 1995 eine Reihe von Stadträten mißtrauisch geworden. Für viele galt der einstige Hoffnungsträger wegen der merkwürdigen Vorgänge um Schloß Osterstein inzwischen als »irgendwie zwielichtige Erscheinung«, so Jörg Thole vom »Zwickauer Tageblatt«. Der Stadtrat sah sich damals gezwungen, die Notbremse zu ziehen. Er stoppte den Verkauf von kommunalen Grundstücken an die *Schloß Osterstein Verwaltungs GmbH*.

Um verlorene Sympathien zurückzugewinnen, überraschte Fliegerbauer die Stadt immer wieder mit seinem Hang zu großen Gesten. Im August 1995 bot er an, ein Museum der Modernen Kunst zu errichten, wenn ihm Zwickau dafür ein Grundstück am Schwanenteich überlasse. Das Museum solle »potente Investoren« in die Stadt holen, gab der Münchner bekannt, als möglichen Sponsor ließ er den Namen des Elektronikkonzerns *Sanyo* fallen. Er präsentierte eine aufwendige Hochglanzmappe mit schicken Planskizzen und schrieb im Begleittext: »Das Museum der Modernen Kunst Zwickau, das wir in Zusammenarbeit mit der Stadt bauen wollen, wird alleine durch seine aufsehenerregende Architektur ... weltweit Aufmerksamkeit erhalten.«[35]

Was er in seinem Museum ausstellen wollte, verriet der Mäzen zwar nicht, aber immer wieder fiel zumindest der Name eines Malers – Gottfried Helnwein, dessen Bilder sogar in Fliegerbauers Firmenräumen hängen und mit dem er schon lange befreundet ist. Helnwein gilt unter deutschen Scientologen nicht ohne Grund als der »bedeutendste Künstler« der Gegenwart. Der Mann mit dem Stirnband war zwanzig Jahre lang der wichtigste Werbeträger der Organisation in Deutschland.[36] Immer wieder wurde er in *Scientology*-Publikationen abgebildet und zitiert. »Scientology hat bei mir eine Bewußtseinsexplosion ausgelöst«, sagte er schon 1975 in der Sektenpostille »College«.[37] Als der *Scientology*-Guru L. Ron Hubbard 1986 starb, kondolierte der Maler mit anderen in einer ganzseitigen Anzeige in der »FAZ«: »Hubbard hat nicht nur Künstler inspiriert, sondern auch das Leben vieler Menschen bereichert.«[38]

Helnwein-Bilder schmückten wiederholt die Titelbilder scientologischer Publikationen, beispielsweise der *Kommission für Verstöße der Psychiatrie gegen Menschenrechte*; das amerikanische Sekten-Blatt »Source« listete ihn und seine Frau jahrelang als regelmäßige Kursteilnehmer auf. Auch das »Impact«-Magazin der *International Association of Scientologists (IAS)* führte den Maler und seine Familienangehörigen lange Zeit in der exklusiven Patron-Liste der Spender für die »Kriegskasse«. 1989 bezeichnete ihn das scientologische Hochglanzblatt »Celebrity« als Operierenden Thetan der Stufe V und noch 1993 als Class-IV Auditor, also als trainierten Verhörspezialisten.

Angesichts solch enger Verbundenheit wundert es nicht, daß der Künstler 1990 in der Broschüre »L. Ron Hubbard – Der Autor und sein Werk« verkündete: »Scientology ist der größte Durchbruch in der Geschichte der Erforschung menschlichen Denkens und Verhaltens.« Die *Scientology*-Zentrale in Los Angeles warb 1996 mit einem Helnwein-Zitat und seinem Konterfei auf einer großen Leuchtreklame. Wenn es jemals einen deutschen *Scientology*-Prominenten gab, dann Gottfried Helnwein. Schon häufiger setzte er seine Kunst im Dienst der Sekte ein. Ein Gerichtsverfahren vor dem Oberlandesgericht Frankfurt am Main förderte im Juni 1996 ein internes Schreiben der Frankfurter *Scientology*-Filiale zutage, wonach der Maler »sich bereit erklärt« habe, 1992 die limitierte Auflage einer Lithographie »zum Zwecke der Unterstützung von Narconon und OSA« auf den Markt zu bringen – das eine ist eine *Scientology*-Tarnorganisation, das andere der sekteneigene Geheimdienst. Helnwein räumte vor Gericht ein, die Aktion (und damit *Scientology*) unterstützt zu haben – aber das Geld, so sagte er spitzfindig, sei nur für *Narconon* bestimmt gewesen. Es ging, bei Verkauf aller Bilder, um fast 900 000 Mark. Das Gericht entschied im übrigen, Helnwein dürfe sogar als »Geistlicher« der *Scientology* bezeichnet werden.[39]

Peter Reichelt, der ehemalige Berater des Künstlers, enthüllte 1997 in einem Buch, daß Helnwein viele Jahre lang unerkannt mit dem *Scientology*-Geheimdienst *OSA* zusammenarbeitete, mit vermutlich falschen eidesstattlichen Versicherungen (»Ich bin kein Scientologe«) seine Kritiker narrte und drei seiner vier Kinder in ein Internat der Sekte oder zu ihrer paramilitärischen Elitetruppe *Sea Org* in Clearwater steckte, wo sie schärfsten militärischen Drill erdulden müssen.[40] Helnwein besitzt seit 1988 ein Haus in der amerikanischen Stadt Clearwater, nur fünf Autominuten entfernt vom Sektenhauptquartier FLAG. Der amerikanische *Scientology*-Vorzeige-

Präsident Heber Jentzsch sah den Maler in einem persönlichen Brief sogar für »besondere Aufgaben« im Dienste der Organisation vor. Reichelt schätzt, daß die Familie Helnwein von 1972 bis 1995 etwa 1,6 Millionen Mark an die Sekte gespendet hat.[41] Wofür andere Gelder bestimmt waren, versuchten 1997 noch die Steuerfahnder in Koblenz herauszufinden, die in den Vorjahren zweimal das Maler-Domizil Burg Brohl durchsucht hatten und dabei brisante Dokumente entdeckt haben sollen, die angeblich ein umfangreiches Geflecht scientologischer Geschäftstätigkeit in Deutschland belegen.[42]

Wer bei Recherchen auf besserverdienende Scientologen stößt, stellt jedenfalls oft fest, daß sie auch Helnwein-Bilder kaufen – wie Kurt Fliegerbauer. Bei der Eröffnung von dessen Museum der Modernen Kunst in Zwickau sollte der Maler angeblich mit der Pistole durch ein Gemälde schießen – ein Schockeffekt, wie ihn der »Pate« von Zwickau liebt. Aus dem Museum ist nichts geworden, aber dafür präsentierte Fliegerbauer bei der Verleihung des städtischen Architekturpreises im Juni 1997 ein neues Projekt. »Ich habe kürzlich das Haus der Deutsch-Sowjetischen Freundschaft gekauft«, verkündete er. »Darin werden nicht nur ein Café, ein Friseur, eine Galerie und ein Kino entstehen, sondern auch ein Center-Management, das sich um junge Unternehmen kümmert, die hier angesiedelt werden sollen.« Die künstlerische Gestaltung, so war in Zwickau zu hören, solle ein bekannter Pop-Künstler übernehmen: Gottfried Helnwein.

Als der »Stern« unsere Recherchen im Januar 1996 veröffentlichte, herrschte offiziell Betroffenheit in Zwickau.[43] Lokalzeitungen griffen den Bericht auf. Die »Chemnitzer Morgenpost« titelte: »100 Häuser gekauft – Scientologen greifen nach Zwickau.«[44] Fliegerbauer konnte die Baupläne für sein Museum der modernen Kunst erst einmal wieder einpacken, was allerdings nicht wenige in Zwickau ernsthaft bedauerten. Beleidigt schrieb der Scientologe in einem »Rundschreiben bezüglich der letzten Presseberichte«: »Natürlich bestehen keinerlei Verbindungen zwischen der Schloß Osterstein Verwaltungs GmbH und irgendwelchen religiösen Organisationen, und insbesondere gibt es keinen Geldverkehr.« Fliegerbauer fügte hinzu: »Überwältigend ist die Flut von Solidaritätsbekundungen, Aufmunterungen und Freundschaftsbeweisen, die uns erreicht hat.«[45]

Als sich die Aufregung langsam legte, wurde alles wieder, wie es vorher war. »Man hat den Eindruck, daß Fliegerbauer die Stadtoberen in der Hand hat«, meint der Zwickauer Geschäftsmann Thomas Müller. Entgegen dem erklärten Beschluß stimmte das Stadtparlament 1997 mit großer Mehrheit dem Verkauf des ehemaligen Hauses der Deutsch-Sowjetischen Freundschaft an den Scientologen zu. Und Kurt Fliegerbauer dreht sein Millionenspiel immer schneller. Im Sommer 1997 hat sich die Zahl seiner Zwickauer Sanierungsobjekte weiter erhöht; er erwarb auch Gebäude in der Umgebung der Stadt und sogar im thüringischen Gera. »Zwickauer Baulöwe kauft

HTM-Rohbau«, titelte die »Freie Presse« in Plauen am 7. August 1997. Dort wurde der Münchner Besitzer eines Millionenobjektes mit 41 Wohnungen und Geschäftsräumen, dessen bisheriger Bauherr in Konkurs gegangen war.

Während Kurt Fliegerbauer immer wieder beteuert, er habe im Grunde gar nichts weiter mit *Scientology* zu tun und dort nur mal »ein paar Kurse« absolviert, bezeugt der Zwickauer Bauunternehmer Jürgen Weinert, daß ein Fliegerbauer-Bauleiter namens Ulrich Schwab aus Würzburg noch 1997 versucht habe, ihn für *Scientology*-Kurse zu werben. Fliegerbauer bestreitet jedoch Sektenaktivitäten, und der bekennende Scientologe Schwab, wie Fliegerbauer ein »Lebenszeit-Mitglied« der Sekte, versichert in einer Erklärung: »Ich, Ulrich Schwab, habe zu keiner Zeit in irgendeiner Form in Zwickau für Scientology geworben.« Weinert lehnte die Werbeversuche ab, bekam aber im Sommer 1997 noch immer »ganze Packen von Dianetik-Material von Scientology München«, die er stets zurückgehen ließ.

Der Unternehmer bekundet, er kenne die *Scientology*-Strukturen zwar nicht, »aber zumindest ist es bei Herrn Fliegerbauer ein völlig anderes Geschäftsgebahren und ein anderes Auftreten als bei anderen Firmen. Ich muß sagen, ich habe vor Herrn Fliegerbauer respektive vor seiner Frau und vor seiner Firma immer Angst gehabt.« Fliegerbauer habe inzwischen »in jeden Kreis und jede Branche Verbindungen«; viele Unternehmer in der Bau- und Immobilienbranche seien von ihm abhängig, kaum einer wage es noch, sich mit ihm anzulegen. »Ich vermute mal, wenn der Herr Fliegerbauer festlegt: Der kriegt nichts mehr, dann kriegt er auch nichts mehr.« Nicht nur Jürgen Weinert, auch andere Bauunternehmer aus Zwickau und Umgebung klagen, sie hätten durch Fliegerbauers Geschäftspraktiken Schaden erlitten.

Petra Metzner*, eine Geschäftsfrau aus Zwickau behauptet: »Ich habe von Fliegerbauer noch 480 000 Mark zu bekommen.« Kurt Fliegerbauer bestreitet dies. Doch Metzner sagt: »Viele Unternehmer zittern vor diesem Mann.« Sie hat sogar Landespolitiker auf ihren Fall aufmerksam gemacht und sich an den Bonner Arbeitsminister und bekannten *Scientology*-Kritiker Norbert Blüm gewandt: »Ein Angehöriger der vorgenannten Sekte kauft ... Patrizierhäuser auf, verteilt die entsprechenden Sanierungsaufträge und treibt durch Nichtbegleichen der anfallenden Rechnungen kleine bis mittelgroße Bauunternehmen in den Konkurs. Alleine im Raum Zwickau mußten aufgrund dieser Machenschaften im Jahre 1996 dreizehn kleinere Betriebe ihre Tätigkeit einstellen.«[46] Die Hamburger *Scientology*-Beauftragte Ursula Caberta betreute im Sommer 1997 eine ganze Gruppe von Bauunternehmern aus Sachsen, die sich von Fliegerbauer geschädigt fühlen. »Das geht so nicht weiter, da werden immer mehr Unternehmer in die Pleite getrieben«, erklärte sie.

Kurt Fliegerbauer kann dagegen nicht verstehen, wieso es überhaupt

Kritik an seinen Methoden gibt. »Baufirmen werden von uns nicht in den Ruin getrieben. Wir verhalten uns konsequent fair und marktgerecht«, schreibt er in einem Brief vom 8. August 1997, in dem er sich unter anderem über unsere Recherchen beschwert. Er beruft sich auf Erklärungen seiner Generalunternehmer, die ihm auf einem Vordruck unisono bestätigen: »Die Zusammenarbeit war fair und konstruktiv, sämtliche *korrekten* Forderungen wurden pünktlich bezahlt.« Der Thetan führt aus: »Meine Gesellschaft trägt im hohen Maß dazu bei, Arbeitsplätze und Fortschritt zu realisieren. Bei einer Arbeitslosenquote von 19,7 % ist dies auch sehr wichtig. Unsere Arbeit ist im Stadtbild sichtbar und völlig unumstritten. Nicht zuletzt deswegen wurde mir der Architekturpreis verliehen.« Im übrigen arbeite er gerade an einem »umfangreichen Bildband« über die Eigenheiten der Architektur im Zwickauer Norden.

Sein einstiges Renommierprojekt Schloß Osterstein hat im Dezember 1996 erneut den Eigentümer gewechselt. »Wir sind mit den Denkmalschützern nicht klargekommen«, sagt Uwe Sprenger von der *Holzmindener Fertigbau*, »die Gegensätze waren unüberbrückbar«. Die neuen Investoren, zwei Jungunternehmer aus Zwickau und Nürnberg, einigten sich dagegen mit der Stadt und dem Amt für Denkmalschutz. Sie haben Großes vor mit dem Gelände. Wo einst das Karl-May-Gefängnis stand, soll der Kinogigant *United Cinema Group International (UCI)*, ein Tochterunternehmen der amerikanischen Filmkonzerne *Paramount* und *Universal*, ein Multiplex-Kino mit 2300 Sitzplätzen errichten.[47] Was genau mit dem eigentlichen Schloß passieren wird, war im August 1997 noch unklar.

Klar ist dagegen: Der Schatten von Kurt Fliegerbauer liegt auch über dem Neuanfang. Nachdem Schloß Osterstein verkauft war, meldete Uwe Sprenger für die Eigentümergesellschaft *Schloß Osterstein GmbH* (nicht zu verwechseln mit der *Schloß Osterstein Verwaltungs GmbH*) im März 1997 die Gesamtvollstreckung an, die ostdeutsche Form des Konkurses. »Die Forderungen der Gläubiger ließen sich nicht darstellen«, sagt Sprenger im Geschäftsdeutsch – das Geld war nicht vorhanden. Es handele sich um Fliegerbauer-Altlasten. Architekt Hans Hofmann kann seine 400 000 Mark Honorar wohl in den Wind schreiben; andere Gläubiger haben laut Sprenger noch Ansprüche auf mehr als 850 000 Mark aus Fliegerbauer-Zeiten. Hinzu kommt: Fliegerbauers Starnberger Stahlarmierungs-Firma ging im Dezember 1995 in die Liquidation. Ein finanzielles Desaster hinterläßt der »erfolgreiche Unternehmer« auch in Görlitz. Die Firma *Advantus* mußte im Juli 1997 Konkurs anmelden; Mitgesellschafter Hartmut Schmedes machte sich aus dem Staub. Kurt Fliegerbauer verlor lediglich seine 16 000 Mark Stammeinlage, doch seine Geschäftspartner müssen weit höhere Verluste befürchten.

Angesichts der Vorgänge in Leipzig, Dresden und Zwickau spricht der Berliner Sektenexperte Thomas Gandow inzwischen von einer »scientologischen Landnahme in gewaltigem Maßstab«. Es ist unübersehbar: Die Methoden von Fliegerbauer, Herold, Fehling und all den übrigen Scientologen passen exakt zu den Parolen ihres verstorbenen Meisters L. Ron Hubbard. Der *Scientology*-Gründer befahl seinen Jüngern, Einfluß für die Sekte zu gewinnen, mit allen Mitteln: »Erobern Sie, egal wie, die Schlüsselpositionen, die Position als Vorsitzende des Frauenverbandes, als Personalchef einer Firma, als Leiter eines guten Orchesters, als Sekretärin des Direktors, als Berater einer Gewerkschaft – irgendeine Schlüsselposition. (...) Die Fabriken, die Zentren des Handels, die Gemeinden, das sind die Orte, wo wir ausgebildete Scientologen haben wollen.«[48] Was dann zu tun sei, formulierte der Guru so: »Versäumen Sie es nie, beim Umgang mit den Personen in der Gesellschaft jenseits unserer Bereiche Scientology-Verwaltungstechnik oder -Justiz einzusetzen. Klingt abenteuerlich. Ist es auch! Aber auch wirksam. *Wir* haben die Technik. Setzen Sie sie ein. Setzen Sie bei jeder Gelegenheit und in jeder Lage rücksichtslos unseren Verbreitungs-Leitsatz ein.«[49]

Lockruf der Hauptstadt

Als die DDR zusammenbrach, fanden in den deutschen *Scientology*-Zentralen strategische Treffen statt, um den neuen Markt zu erschließen. Scientologen tourten zwischen Zittau und Rostock mit ihrem gelben Dianetik-Bus und hielten öffentliche Vorträge über die »geistige Freiheit«. Die wirklich brisanten Operationen aber liefen verdeckt. Um sie in Szene zu setzen, wurden sogar ehemalige Stasi-Mitarbeiter als Informanten angeheuert.[50] Das wichtigste Feld, um Einfluß zu gewinnen, war die Wirtschaft. Der Ex-Scientologe Gunther Träger bestätigte uns im Gespräch, daß es Pläne gab, die ostdeutsche Nachrichtenagentur ADN zu erwerben. Dieses Vorhaben blieb jedoch eines von vielen, die nicht verwirklicht wurden.

Andere Projekte waren schon sehr weit gediehen, als sie aufgedeckt werden konnten.[51] So hatten die Top-Scientologen Detlef Foullois und Karl Erich Heilig 1991 eine Werbefirma bei Rostock aufgebaut, die nach kurzer Anlaufphase schon Millionen von Mark an *Scientology* überwies. In Riesa bei Dresden hatte der Operierende Thetan Gerhard Haag 1992 ein Stahlwerk erworben; er war drauf und dran, zum größten ostdeutschen Stahlbauunternehmer zu werden, als ihn die Treuhandanstalt wegen Verstößen gegen Arbeitsrechtsvorschriften schließlich stoppte.

Der *Scientology*-»Geistliche« Peter-Uwe Krumholz aus Berlin hatte auf der Ostseeinsel Usedom 1991 ein ABM-Projekt für 500 Menschen initiiert, »trainierte« dort Bauern mit *Scientology*-Methoden und wollte ein gigantisches Kongreßzentrum errichten. Als dieses Projekt scheiterte, organisierte er ein Jahr später im brandenburgischen Senftenberg ein Ferienlager für Tschernobyl-Kinder, das als Fassade für allerlei dubiose Geschäfte diente, bis hin zu Kontakten mit russischen Mafiosi. Als wir diese Pläne öffentlich machten, tauchte Krumholz eine Weile ab. Er versuchte sich anschließend nicht nur als Impresario einer bunten Werbezeitschrift, sondern stieg nach Angaben eines Informanten auch ins lukrative Immobiliengeschäft ein. Die Immobilienbranche hat sich zur vermutlich besten Einnahmequelle deutscher Scientologen entwickelt. Sie wurde auch zum wichtigsten Einfallstor der Sekte in die neuen Bundesländer. Neben den wirtschaftlich aufblühenden Zentren in Sachsen lockten vor allem Berlin und sein Umland.

Mai 1997. »Wir haben sogar an den Bundespräsidenten geschrieben«, sagt Marion Caspar. Die Bewohner fielen aus allen Wolken, als sie erfuhren, daß das Mietshaus, in dem sie lebten, im März 1997 den Eigentümer gewechselt hatte. Wenig später bekamen sie nämlich das Angebot, ihre eigenen Wohnungen zu kaufen. Sogenannte Umwandler waren am Werk, Immobilienhaie, die Miet- in Eigentumswohnungen »umwandeln« und sie dann gewinnbringend weiterverscherbeln. Als die Mieter sich beim zuständigen Bezirksamt schlau machten, erfuhren sie, daß die Angebote unredlich, wenn nicht illegal waren. Die neuen Besitzer waren gar zu forsch ans Werk gegangen. Sie besaßen noch gar keine »Abgeschlossenheitsbescheinigung«. Dieses Bürokratenwort bezeichnet ein Papier, das jeder braucht, der ehemalige Mietwohnungen an Kapitalanleger verkaufen will. Doch der zuständige Baustadtrat Horst Porath aus Berlin-Tiergarten sagt: »Der Antrag auf Abgeschlossenheit ist von mir abgelehnt worden. Einzelne Wohnungen dürfen nicht verkauft werden.«

Das scheint die Maklerfirma indessen nicht zu stören. Die seltsame Eile hat Methode. Denn die Firma *TCGG (Timmendorf Concept Grundstückshandel GmbH)* könnte fast ohne eigenes Geld Kasse machen, wenn sie genügend Wohnungen verkauft, bevor sie die Gesamtsumme von vier Millionen Mark an den Vorbesitzer überweisen muß. »Denken Sie daran, das hier ist Regierungsbezirk«, erläuterte der Verkaufsberater Peter Krebs einigen Hausbewohnern. »Bannmeile – da können Sie sicher sein, daß die Bodyguards von Roman Herzog auch für Ihren Schutz aufkommen.« Und in der Werbung der Firma heißt es: »Top-Lage – Regierungsviertel! Profitieren Sie jetzt von diesem Exclusivangebot für Sie! Rufen Sie jetzt an! Das Haus hat nur 18 Wohnungen!«

Das Gebäude liegt in Sichtweite zum Schloß Bellevue, dem Amtssitz des Bundespräsidenten. Daran wäre nichts weiter erwähnenswert, wenn nicht – ja, wenn nicht Peter Krebs als altgedienter Funktionär der *Scientology* und die *TCGG* als *Scientology*-nahe Firma berüchtigt wären. Nun haben die Mieter Angst, aus ihren Wohnungen vertrieben zu werden. »Da passieren ganz subtile Sachen«, sagt Marion Caspar. »Zum Beispiel sitzen Leute im Auto vor dem Haus und beobachten uns stundenlang. Da kann

Balkon, 56 m², gepflegte Neubauanlage, 127 500,- DM. Göpel Immobilien, 803 10 62

Neukölln, vermietete 2-Zimmer-Eigentumswohnung, ruhige Lage, 62,5 m², Kaufpreis 128 000,- DM, keine Käufercourtage, Lutz Immobilien, Tel.: 030-323 30 43, auch sonntags erreichbar

Vermietete 2-Zimmer-Eigentumswohnung am Landwehrkanal, U-Bahnnähe, 70,5 m², KP 126 000,- DM, keine Käufercourtage, Lutz Immobilien, Tel.: 030-323 30 43, auch sonntags erreichbar

Kreuzberg, 2-Zimer-Eigentumswohnung, 63 m², KP 113 400,- DM, keine Käufercourtage, direkt vom Eigentümer, Erber Immobilien, Tel.: 030-793 45 58

Tiergarten, Bestlage, 2 Zimmer, 2. OG, 73 m², Sonnenterrasse, Spreeblick, Tiefgarage, Kaltmiete 1190,- DM/monat, 285 000,- DM, Deiters Immobilien, 824 72 45

Spandau, Blumenstraße, Baujahr um 1973, 3.OG., ca. 66 m², 2 Zimmerwohnung, Loggia, Tiefgaragenstellplatz, Miete ca. 952,- DM warm, Wohngeld ca. 462,- DM warm, Kaufpreis 150 000,- DM. Erhart Immobilien, 214 10 54

Im Zentrum; Leibnizstraße, 1 Zi., EG, 35,6 m², ZH, 115 000,- DM, keine Maklerprovision - direkt vom Eigentümer, Brix Immobilien: Kennwort: 2 L, Tel.: 030-324 52 58 oder 0172-310 67 45

Citylage, Charlottenburg, Leibnizstraße, 2 Zi., 4. OG, 73,20 m², ZH, Balkon, 240 000,- DM, keine Maklerprovision, direkt vom Eigentümer, Brix Immobilien: Kennwort: 19 L, Tel.: 030-324 52 58 oder 0172-310 67 45

Weigandufer, sonnige 2 Zi. m. Balkon, 2. OG, Vorderhaus, ZH, 49,69 m², 105 000,-

Moabti, vermietete 1-Zimmer-ETW, 37 64 m², KP 73 000,- DM, keine Käufercourtage, direkt vom Eigentümer, Erber Immobilien, Tel.: 030-793 45 58

Zehlendorf, gepflegte Anlage im Grünen, 2 Zimmer, Küche, Bad, Balkon, ca. 47 m², 140 000,- DM. Schafft Immobilien KG, 815 15 16

Vermietete 1-Zimmer-Eigentumswohnung in Neukölln, am Landwehrkanal, 37,5 m², KP 68 000,- DM, keine Käufercourtage, Lutz Immobilien, Tel.: 030-323 30 43, auch sonntags erreichbar

2-Zimmer-Eigentumswohnung, vermietet, in Neukölln, Nähe U-Bahn Schönleinstraße, 62,5 m², KP 124 000,- DM, keine Käufercourtage, Lutz Immobilien, Tel.: 030-323 30 43, auch sonntags erreichbar

Mitte, modernisierter Altbau, 1 Zimmer, 37,52 m², JKM 2829,- DM, Kaufpreis 69 500,- DM, Ch. Wolf-Immobilien, Tel.: 661 12 77

Helga Werthmann - Maklerin - Telefon 217 67 43 bietet in Grünlage, Baujahr 1972:

1. Tegel, 2 Zimmer, 55,36 m², 256 000,- DM - 217 67 43

2. Tegel, 2 Zimmer, 55,36 m², 265 000,- DM - 217 67 43

3. Exposé-Anforderung, Tel.: 217 67 43 / Fax 214 27 40 (Makler)

KSI-Immobilien, Karin Seemüller & Partner, Telefon 885 48 77/78 bietet provisionspflichtig an:

1. Friedenau, 2 Zimmer, 48,5 m², 4. OG, Balkon, Aufzug, Bj. 1970, Vorderhaus mit Tiefgaragenplatz, 180 000,- DM, 885 48 77

2. Kreuzberg, Eisenbahnstr., 2 Zimmer, ca. 50 m², 4. OG, Vorderhaus, Altbau, 90 000,- DM, 885 48 77

Scientologen mischen mit: Anzeigen für Eigentumswohnungen in Berliner Sonntagszeitungen

man schon Angst bekommen.« Der Deal im Regierungsviertel ist der neueste Coup des scientologischen Immobilienkartells in Berlin. Im Regierungsviertel sind besondere Wertsteigerungen zu erwarten, wenn die Bonner Beamten erst einmal erscheinen und Wohnungen in der Nähe ihrer Arbeitsstelle suchen.

Rückblende. Als die zwei netten Leute im Januar 1995 an ihrer Wohnungstür klingelten, dachte sich Ayshe Özkulluk* nichts Böses. Kirsten Bringel und ein Kollege von der Firma *Phönix Immobilien* stellten sich als Mieterberater vor und lächelten. »Dann sagten die zu mir: Ihre Wohnung ist verkauft. Wann ziehen Sie aus?«, erinnert sich die 21jährige verheiratete Türkin aus Berlin-Neukölln. »Ich war entsetzt, ich wußte ja gar nichts davon!« Wie Ayshe Özkulluk ging es den meisten Mietern in der Allerstraße 4, einer ziemlich maroden Mietskaserne im Berliner Bezirk Neukölln. Sie fühlten sich unter Druck gesetzt und bedroht. Der langjährige Mieter Boris S.* sagte: »Ewig krauchen die bei uns rum und fragen die Leute aus. Praktisch wird einer gegen den andern ausgespielt.« Mieterin Sabine Müller* klagte: »Sechs angebliche Mieterberater schwirren von morgens bis abends durchs Haus. Wir sollen unterschreiben, daß wir die Wohnung kaufen – oder ausziehen. Dafür bieten sie auch Geld, bis zu 40 000 Mark.«

Die penetrant lächelnden Leute schickte der neue Hauseigentümer Kurt Robert Boehm aus Hamburg. Er wollte die Wohnungen umwandeln und drückte dabei aufs Tempo. Leere Wohnungen lassen sich bekanntlich teurer verkaufen als bewohnte; ihr Wert steigt um bis zu dreißig Prozent. Ein ganz normales Mietshaus kann nach der »Umwandlung« einen Gewinn in Millionenhöhe bringen. Solche Geschäfte sind Makleralltag, die selten Schlagzeilen machen. Die Branche lebt schließlich von ihrer Diskretion. Doch Kurt Robert Boehm geriet trotzdem in die Presse, und schuld daran waren die Mieter aus der Allerstraße. Anfang März 1995 schlugen sie Alarm und behängten ihre Balkone mit Transparenten wie »Aller 4 – wir bleiben hier« und »Sekte macht den Deal – wir machen mobil«.

Dazu sagte uns Sabine Müller: »Richtig rebellisch wurden wir, als wir hörten, daß hinter der Phönix die Scientology-Sekte steckt.« Auf die *Scientology*-Verbindung war die Berliner Stadtplanerin Ursula Dyckhoff aus der »echten« Mieterberatung *ASM* gestoßen. Sie hatte Nachforschungen angestellt, nachdem sich immer mehr Neuköllner Mieter bei ihr über die rüden Methoden der Umwandlungshaie beklagt hatten. Ein Anruf beim Hamburger Mieterverein brachte schließlich Klarheit – dort waren die handelnden Personen schon seit langem bekannt. »Immer mehr Firmen aus dem Umkreis der Scientology kaufen alte Mietshäuser und wandeln sie in großer Eile um«, erklärte uns Ursula Dyckhoff im Februar 1995. »Auch in anderen Bezirken mit einem hohen Altbaubestand sind Scientology-nahe Immobilienfirmen aktiv.«

Ins Blickfeld der Öffentlichkeit geriet zunächst die Gesellschaft *Phönix Immobilien*, in der eine Reihe »hochtrainierter« Scientologen ihren Dienst versahen. Verkaufsleiterin Kirsten Bringel hatte gerade ein Jahr zuvor teure Psycho-Seminare auf dem sekteneigenen Kreuzfahrtschiff »Freewinds« in der Karibik absolviert. Ihr Kollege Ulrich Mergelmeyer wurde im internationalen *WISE*-Adreßbuch als scientologischer Manager aufgeführt und hat in der englischen Kaderschmiede Saint Hill seinen Solo-II-Kurs absolviert. *Phönix Immobilien* spezialisierte sich auf das Altbauquartier am berühmten Flughafen Tempelhof, die sogenannte Schillerpromenade. Dort wohnen vor allem sozial Schwache, Studenten, Rentner und viele Ausländer. Wenn in einigen Jahren wie geplant keine Flieger mehr niederbrausen, wird das citynahe Viertel um einiges attraktiver werden.

»Mir gefällt die Schillerpromenade«, sagte uns Michael Gärtner*, ein Buchhändler aus Kreuzberg. Er suchte im Sommer 1995 nach einer kleinen und zugleich billigen Eigentumswohnung als Kapitalanlage. »Aus diesem Grund stieß ich bei meiner Suche immer wieder auf die gleichen Makler«, berichtete er. Wer wie Gärtner sonntags die Immobilienanzeigen im Berliner »Tagesspiegel« oder der »Morgenpost« studiert, kennt die »Schnäppchenangebote« der *Scientology*-nahen Immobilien-Discounter, die zum Beispiel *TCGG, Hamburg Immobilien Consulting (HIC), Lutz Immobilien, Erber Immobilien, B&B Immobilien, Richter Immobilien, Brix Immobilien, Ka De eN, PREWA, RiCasa Immobilien* oder *Phönix Immobilien* heißen. Sie bieten Eigentumswohnungen oft weit unter dem Marktpreis an, für 1800 bis 2000 Mark pro Quadratmeter statt der üblichen 3000 bis 3500 Mark.

Buchhändler Gärtner reagierte vor allem auf Inserate, die Verkauf »von privat« versprachen. Doch merkwürdig: Wo er auch anrief, immer wieder bekam er einen Walter Beyeler an die Leitung. »Der ist unter vielen verschiedenen Telefonnummern aufgetreten«, sagt Gärtner, »mal als Privatperson, mal für die HIC, mal für Erber Immobilien, aber eine Firmenadresse nannte er nicht.« Seltsam verlief auch der erste Besichtigungstermin in Neukölln. »Beyeler sagte: Die Mieter dürfen auf keinen Fall erfahren, daß ihre Wohnungen verkauft werden, also Ruhe.« Da verzichtete Gärtner lieber.

Was der Buchhändler zu jenem Zeitpunkt noch nicht wußte: Beyeler ist in Kreisen scientologischer Makler kein Unbekannter – ebensowenig wie die Mitarbeiter der Firma *Phönix Immobilien*. Die gingen noch einen Schritt weiter, um den Buchhändler für Wohnungen in der Allerstraße 4 zu interessieren. Als Kaufanreiz legten sie ihm detaillierte Dossiers über die Mieter vor. »Alte Dame, gebrechlich«, las Gärtner in einer Akte. Auf deutsch: Die Wohnung werde bald frei. So etwas gilt in Kreisen der *Scientology*-nahen Firmen als »interessantes Mietverhältnis«. Die Wohnung war deshalb auch gleich 30 000 Mark teurer.

Einige Monate zuvor hatte der Berliner Mieterverein erstmals Umwandler aus der berüchtigten Psycho-Sekte im Bezirk Kreuzberg entdeckt, wo sie durch besonders herbe Entmietungsmethoden auffielen. Die Recherchen ergaben: Ein ganzes Netzwerk von Maklern, Notaren und Verwaltern aus dem Dunstkreis der Organisation organisiert das Geschäft geradezu generalstabsmäßig. »Eine Firma kauft, andere vermakeln die Wohnungen dann – oft in Konkurrenz zueinander«, sagt Klaus Kießling vom Mieterverein. Und Ursula Dyckhoff ergänzt: »An fast jedem Umwandlungsobjekt hängen vier bis fünf Scientologen-Firmen – als Erwerber, Verkäufer, Hausverwalter, Architekten, Bauunternehmen.« Aus einem Grundbuchamt war zu hören, daß dort Gehilfen aus den Kanzleien der einschlägigen Scientologen-Notare gleich »straßenweise« die Grundbücher durchsahen, um die Eigentümer der Altbauten zu ermitteln.

Das ganze Ausmaß der Geschäfte wurde erst deutlich, als die ersten Artikel in der Presse erschienen und immer mehr betroffene Mieter bei Kießling und Dyckhoff Rat suchten. Mindestens dreißig große Mietshäuser wechselten 1994/95 in die Hand der Sektenleute; bis Ende 1996 erhöhte sich die Zahl auf etwa fünfzig mit über 1000 Wohnungen; im Sommer

1997 war sie kaum mehr zu überschauen. Mieter meldeten ständig neue Ankäufe; und die umgewandelten Wohnungen wurden bundesweit angeboten, vor allem in Bonn. »Wir kennen inzwischen 36 Scientology-nahe Immobilienfirmen«, stellte Ursula Dyckhoff im Juli 1997 fest. »Ihre Zahl hat sich innerhalb von drei Jahren verdreifacht. Gekauft wird alles, was schnellen Profit verspricht. Wir befürchten, daß es nur darum geht, Einnahmen für Scientology zu kassieren.«

Die Profite sind trotz Niedrigpreisen erheblich. Während andere Spekulanten die alten Gebäude zuerst entmieten, dann modernisieren und schließlich umso teurer anbieten, geht es bei den *Scientology*-Geschäften nur um die schnelle Mark. Da die Finanzdecke der sektennahen Firmen meist ziemlich dünn ist, zahlen sie häufig nur einen geringen Teil des Kaufpreises an. Sie stehen dann unter dem Zwang, die Häuser scheibchenweise eilig weiterzuverhökern, denn erst mit dem Geld der Wohnungskäufer können sie das jeweilige Haus bezahlen. Dieses System bringt es mit sich, daß häufig Wohnungen auf den Markt geworfen werden, ohne daß die scientologischen Verkäufer schon im Grundbuch eingetragen sind. »Das ist, als ob ich den BMW des Nachbarn verkaufe«, sagt Ursula Dyckhoff. Von einer »vampiristischen Teilnahme am Wirtschaftsleben« spricht der Sektenexperte Thomas Gandow.

Die Schnell-schnell-Methode bringt Kapitalanleger häufig in Schwierigkeiten, weil seriöse Banken als Kreditsicherung von ihnen einen Grundbucheintrag verlangen, bevor sie in die Finanzierung gehen. Doch woher diesen nehmen, wenn noch nicht einmal der Verkäufer selbst – die *Scientology*-nahe Firma – im Grundbuch steht? Bei dieser Art des Wirtschaftens gehen Kapitalanleger außerdem das Risiko ein, daß sie, falls die Scientologen den Kaufpreis nicht aufbringen können, ihr Geld verlieren. Genau das passierte in einem Hamburger Haus, das die Scientologen Thomas Frigge und Stephan Koenig 1995 erwarben und vermakelten. Sie hatten nur einen kleinen Teil der Kaufsumme von 6,4 Millionen Mark angezahlt. Weil der Rest fällig blieb, platzte das Geschäft. Einige Käufer waren schon eingezogen und hatten bis zu 60 000 Mark für Courtagen, Notar und Umzug bezahlt. Ihnen drohte die Räumungsklage. »Meine Mandanten haben den rechtlichen Status von Hausbesetzern«, sagte dazu ihr Anwalt Ralf Burmester.[52]

Den enormen Verkaufsdruck, unter dem die Makler aus den sektennahen Firmen stehen, geben diese postwendend an die Mieter weiter. »Die lassen nie locker«, berichtete Sabine Müller aus der Allerstraße 4. Ständige Anrufe und Gerüchte über drohende Mieterhöhungen verunsichern viele Bewohner, die sich mit dem Mietrecht nicht auskennen, das ihnen einen Kündigungsschutz von zehn Jahren garantiert. Häufig lassen sie sich dann unter Druck setzen, anstatt Hilfe beim Mieterverein zu suchen. Die »Umzugshilfen« von bis zu 40 000 Mark sind zudem ein starkes Lockmittel. Besonders ausländische Mieter, die noch nie so viel Geld gesehen haben, geben dafür oft leichtfertig ihr Mietrecht auf. So gelingt es den Scientologen immer wieder, die Häuser in relativ kurzer Zeit leerzuräumen.

Als Helfer bei der Wohnungssuche diente sich den Ex-Mietern dann eine *Scientology*-nahe Firma *Prowofi (Professionelles Wohnungsfinden)* an, die sich später *Hilfe und Service für Wohnungssuchende* nannte. Für 1500 Mark durften die meist wenig kapitalkräftigen Interessenten ein Seminar besuchen und bekamen einen »Leitfaden für Wohungssuchende« in die Hand gedrückt. Auszug: »Wie geht man zum Termin? Sauber und ordentlich, aber nicht gekünstelt.«[53]

Psychoterror gegen Mieter

Es sind vor allem Hamburger Makler, die in Berlin Monopoly spielen. Der Jurist Willy Lehmpfuhl vom Hamburger Mieterverein schätzt, daß in der Hansestadt bereits über fünfzig Prozent der umgewandelten Eigentumswohnungen durch die Hände des Scientologen-Kartells gehen: »Das sind Personen, die nach ihren eigenen Regeln handeln. Motto: Nach mir die Sintflut.« In Hamburg, wo Scientologen das Geschäft schon seit vielen Jahren betreiben, ist inzwischen ein fast undurchschaubares Geflecht von sektennahen Immobilienfirmen entstanden, die, so Lehmpfuhl, »metastasenartig den Umwandlungsmarkt befallen haben«.

Viele der Berliner Umwandler gehören zum Umfeld des Maklers und *Scientology*-Paten Götz Brase, der in Hamburg ein Imperium eng miteinander verschachtelter Firmen dirigiert. Dazu gehört beispielsweise die *Gesellschaft für Grundbesitz und Beteiligungen mbH (GGB)*, die nach Auskunft des Mietervereins in Berlin mindestens fünf Häuser besitzt. Brase gilt in Hamburg als Zentralfigur bei unsauberen Entmietungsgeschäften. In einem internen Schreiben des *WISE Charter Committees Hamburg* vom 16.2.1995 heißt es: »Der Chairman ist Götz Brase, der weiterhin alle Zyklen des Komitees koordinieren wird. (...) Wir möchten dafür sorgen, daß noch erfolgreicher die Admin- und Ethik-Tech von Ron angewendet und verbreitet wird.«[54] Brase leitet also die Hamburger Abteilung der internationalen *Scientology*-Wirtschaftsorganisation *WISE.* Er soll den Vormarsch der Sekte organisieren und ist als *WISE*-Mitglied zu den üblichen hohen Abgaben an den Psycho-Konzern verpflichtet.

Der *WISE*-Manager Brase ist mit dem Makler Kurt Robert Boehm und dessen Partner Waldemar Fred Anton schon länger bekannt. Der wohlhabende Kommunikationstrainer Anton war sein Kommilitone auf der Universität, mit dem vermögenden Immobilienkaufmann Boehm betrieb Brase früher in Hamburg die Immobilienfirma *Real-Wert.* Anton und Boehm gehörte eine Reihe von Unternehmen wie *Meta Real, EcoGrund, Mega-*

Real und *TransWert*. Sie bestreiten vehement, Scientologen zu sein, aber sie sind offenbar fest in deren geschäftliche Aktivitäten eingebunden.

So war Boehm, der in Berlin mit seiner *Meta Real* und der *TransWert* neben der Allerstraße 4 mindestens sechs weitere Häuser erwarb, eng mit dem scientologischen Makler Leif Böttcher verbandelt. Böttcher verschickte zum Beispiel Anschreiben mit dem Briefkopf von Boehms Firma *Meta Real*. Leif Böttcher taucht in exklusiven *Scientology*-Broschüren als Patron auf, er hat also mindestens 40 000 Mark für den Kampf gegen »Anti-Scientologen« gespendet. Außerdem absolvierte er im amerikanischen Hauptquartier FLAG kostspielige Kurse auf der »Brücke zur totalen Freiheit«, den sogenannten L-10-Rundown.

Böttcher gehörten 1995 mindestens sechs Mietshäuser in Berlin; er war zudem Geschäftsführer der Firma *TCG (Timmendorf Concept Grundstückshandel GmbH)*, die viele Eigentumswohnungen aus dem Bestand Boehms auf den Markt warf. Das ist die gleiche Firma, die sich heute *TCGG* nennt und in der Nachbarschaft von Roman Herzogs Amtssitz Wohnungen anbietet. 1995 waren einige Mitarbeiter gleichzeitig für Boehm und Böttcher tätig, darunter Scientologen wie die Hamburgerin Simone Reichert. Böttcher war auch der Verbindungsmann zur Hamburger *Gesellschaft für Grundbesitz und Beteiligungen (GGB)* Götz Brases, wo er ebenfalls als Geschäftsführer wirkte. Und die *GGB* firmierte unter der gleichen Geschäftsadresse wie die *Scientology*-nahen Firmen *HIC, Erber Immobilien* sowie *W&K Unternehmerservice*. So schließt sich der Kreis.

Wie im Fall Boehm, Böttcher oder *Phönix* läßt sich die direkte Verbindung der Firmen zur *Scientology*-Organisation juristisch meist nicht belegen. Aber Eigentümer, Geschäftsführer oder Mitarbeiter der fraglichen Immobilienfirmen sind oft ausgewiesene Scientologen oder Mitglieder des *WISE*-Kartells. Zum Beispiel die Böttcher-Mitarbeiter Peter Krebs, Farhad Raschidi, Christoph Maessen und Selma Erber. Oder der Boehm-Verwalter Alexander Gregoric, ein bekennender Sektenmann und scientologischer Multimanager, der in den verschiedensten *Scientology*-nahen Firmen in Hamburg und Berlin herumgeistert.

Wie Gregoric, so werden die Mitarbeiter der betreffenden Firmen häufig untereinander ausgetauscht. Es fällt auf, daß im wesentlichen nur vier bis fünf einschlägig bekannte Notariatskanzleien die nötigen Verkaufsurkunden für alle *Scientology*-nahen Makler abwickeln. Und die Abgeschlossenheitsbescheinigungen für die vielen hundert Wohnungen beantragte jahrelang vor allem ein einzelner Architekt (und Scientologe) aus Hamburg – klare Hinweise für eine kartellartige Zusammenarbeit.

Aus naheliegenden Gründen versuchen die Sekten-Makler allerdings häufig, ihre Verbindung zum Psycho-Konzern zu vernebeln. »Wenn eine Firma zu sehr aufgefallen ist, wird ganz schnell der Name und die Adresse geändert«, hat Ursula Dyckhoff beobachtet. Viele Mitarbeiter der *TCG*

Leif Böttchers machten sich selbständig und gründeten bis zum Sommer 1997 etwa ein Dutzend neuer *Scientology*-naher Firmen. Die *Phönix Immobilien* konnte man schon 1995 am angegebenen Firmensitz vergeblich suchen. Dort gab es nur die Firma *Service Line*. Inzwischen hat *Phönix* ihre Tätigkeit ganz eingestellt; die Beschäftigten arbeiteten 1997 bei anderen *Scientology*-nahen Maklerunternehmen wie beispielsweise *Richter Immobilien*.

Die angebliche »Mieterberaterin« Kirsten Bringel hatte sogar ihren Mädchennamen wieder angenommen – um bei wohlinformierten Kaufinteressenten nicht aufzufallen? Den Mietern in der Allerstraße schrieb sie, als diese immer heftiger gegen die Umwandlung ihrer Wohnungen und damit gegen die Vernichtung von preiswertem Wohnraum protestierten: »Die Umwandlung in Eigentumswohnungen ist ein zugelassenes Geschäft. Nicht nur, daß es erlaubt ist, sondern es hat auch sehr viele positive Seiten, sonst würden wir dieser Tätigkeit nicht nachgehen.«[55]

Nur wenige Mieter wehren sich gemeinsam wie in der Allerstraße 4 – was durchaus Erfolg haben kann. Zumindest eine Zeitlang hatte es die Maklerfirma *Phönix* schwer, Käufer für die Wohnungen zu finden. »Ich setze mich doch nicht in ein Wespennest«, sagte uns eine Interessentin aus Bremen. Thomas Gandow erklärt: »Wer dort eine Wohnung kauft, macht ein Geschäft, an dem möglicherweise Tränen kleben. Wer bei diesem Spiel mitmacht, der unterstützt Scientology.« Auf Versuche der Mieter, Kaufinteressenten aufzuklären, reagierte Kirsten Bringel wütend. In ihrem Brief an die aufmüpfigen Mieter steht in falschem Deutsch: »Wir können uns dem Gefühl nicht erwehren, daß gezielt das Thema Scientology benutzt wird, um möglichst effektiv zu diffamieren.«[56]

Das ist »schwarze Propaganda«, wie sie in der Sekte üblich ist, um Kritiker zu bekämpfen. Eine andere *Scientology*-Methode heißt »Dirty Tricks«. Zwei Stunden, nachdem die Mieterin Sabine Müller aus der Allerstraße 4 auf einer Pressekonferenz berichtet hatte, daß die Bewohner ihres Hauses über ihre Nachbarn »ausgehorcht« wurden, fand sie eine Morddrohung auf ihrem Anrufbeantworter: »Hallo Süße, wie geht's Dir? Ich komme Dich bald abholen, du Süße, ich töte Dich.« Eine ältere Mitbewohnerin wurde am Telefon beschimpft: »Du Sau, ich komme und mache dir deine Wohnung kaputt.« Derartige Drohgebärden passen zur »Ethik« der *Scientology*, die deren Gründer L. Ron Hubbard so definierte: »Lokalisiere die möglichen Ärgernisverursacher, indem Du nach Leuten Ausschau hältst, die Gerüchte verbreiten. Finde dann den Unterdrücker und ›drück ab‹. Ruhe wird eintreten. Tech ist drinnen. Und das ist eigentlich alles, was man erreichen möchte.«[57] Zur Erinnerung: Hubbard ist angeblich ein Religionsstifter.

Als der Neuköllner Baustadtrat Bodo Manegold von den ominösen Praktiken erfuhr, nannnte er sie öffentlich »Stasi-Methoden übelster Sorte«. Wir wollten über das seltsame Geschäftsgebahren mit Kirsten Bringel selber reden und warteten, da ein offizieller Termin nicht zustandekam, Ende März 1995 vor der Allerstraße 4 auf die Scientologin. Sie erschien zwar, ergriff aber sofort die Flucht. »Kein Kommentar«, fauchte sie. Dafür redeten andere. Am 6. Juni 1995 strahlte der Sender Freies Berlin seine Sendung »Berlin live« aus der Allerstraße aus. Vor den Kameras diskutierten neben Dyckhoff und Bezirkspolitikern auch die Scientologen Ulrich Mergelmeyer von *Phönix* und der *OSA*-Mann Franz Riedl aus Hamburg. Unter lautem Gelächter und Buhrufen beteuerte Riedl immer wieder: »Die Scientology-Kirche hat nichts mit Immobilien zu tun.« Und Mergelmeyer erklärte, von Mieterdossiers mit Persönlichkeitsprofilen sei ihm nichts bekannt: »Hier wird ein Klima geschaffen, aus dem Mietervereine Profit schlagen. Phönix ist eine Immobilienfirma wie andere auch!« Das sahen die Bewohner der Allerstraße 4 etwas anders. Eine junge Frau sagte in die Kamera über die Praktiken, Mieter einzuschüchtern: »Die arbeiten mit faschistoiden, totalitären Methoden.«

Sprung ins Berliner Umland

In den Mittelpunkt der öffentlichen Kritik gerieten vor allem Robert Boehm und dessen Partner Waldemar Fred Anton. Als der Mieterverein betroffene Bewohner mit einem Anschreiben vor den *Scientology*-nahen Umwandlern warnte, bekamen diese im Mai 1995 Post von der Boehm-Firma *TransWert*, unterzeichnet vom Boehm-Mitarbeiter und bekennenden Scientologen Martin Weissberg. Ganz im Stil der Sekten-Propaganda erklärte die Firma, *Scientology* werde von Sensationsjournalisten grundlos angegriffen. »Richtig ist, daß Scientology in den USA uneingeschränkt als Religion anerkannt und für gemeinnützig erklärt wurde. Richtig ist auch, daß die KSZE-Kommission mit Blick auf Scientology Deutschland vorwirft, Gruppen auszugrenzen und auszumerzen.« Das Unternehmen betreibe jedoch keine Gesinnungsschnüffelei oder Mitgliederwerbung.[58]

Für die Expertin Ursula Dyckhoff ist das Schreiben der »Beweis, daß Robert Boehms Firmen zum Scientologen-Kartell gehören«. Neben rein scientologisch strukturierten Gesellschaften gebe es andere, die nach außen unverdächtig seien, aber bevorzugt Mitarbeiter aus der Sekte beschäftigten und intensiv mit *Scientology*-nahen Firmen zusammenarbeiteten. Dyckhoff: »Dazu gehören auch Boehm und Anton.« Wir wollten es genauer wissen und verabredeten ein Gespräch. Als wir uns am Abend des 26. April 1995 in einem Charlottenburger Restaurant trafen, erschienen Waldemar Fred Anton und Kay Boehm, der etwa dreißigjährige Sohn des Firmenchefs; er war inzwischen auch ins Immobiliengeschäft eingestiegen. Offenbar erfolgreich, denn man sah seiner Kleidung den Preis an.

Mieter wehren sich gegen Scientology-nahe Immobilienfirmen in Berlin: Demonstration vom 24. Juni 1995
Mieterinnen bei der Anti-Scientology-Demo in Berlin-Neukölln

Fred Anton übernahm im wesentlichen die Gesprächsführung und erläuterte sein Geschäftsgebahren. »Wir sind Händler, keine Spekulanten«, sagte er. Seine Gewinne seien gar nicht so riesig, es würden auch keine Objekte in großer Eile umgewandelt. Der Mieterschutz sei selbstverständlich umfassend gewährleistet; die gesetzliche Kündigungsfrist betrage schließlich zehn Jahre. Falls Mieter »ausgehorcht« worden seien, so seien dies »Auswüchse«. »So etwas würde ich sofort abstellen. Ich möchte, daß das Umwandlungsgeschäft seriös betrieben wird.« Über die Morddrohungen sagte Anton: »Das können Leute sein, die Unruhe verbreiten wollen.«

Dann kamen wir zum Thema. »Umwandlung und Scientology haben ebensowenig miteinander zu tun wie Bundesbank und Kommunisten«, behauptete der Makler. Er habe verschiedene Bücher über *Scientology* studiert und sich auch mit Ursula Caberta in Hamburg unterhalten. Sein Eindruck: »Scientology ist ein sehr verkaufsaktiv arbeitendes Unternehmen.« Harte Fakten, daß es sich dabei um eine kriminelle Vereinigung handele, habe ihm bisher niemand nennen können. Offenbar hatte er der *Scientology*-Beauftragten nicht sehr genau zugehört.

»Wir sind keine Scientologen und haben mit Scientology nichts zu tun«, beteuerte der Makler. Brase und Böttcher seien normale Geschäftspartner, nur eben mit einer anderen »Ethik«. An dieser Stelle griff Kay Boehm in das Gespräch ein. »Es geht mit Brase und Böttcher nicht um Scientology. Sie animieren höchstens, einen Kursus zu besuchen. Wir nehmen das in Kauf, weil die Leute super arbeiten – fleißig wie die Ameisen.« Solange *Scientology* nicht verboten sei, werde man auch weiter mit Scientologen kooperieren und sie als Mitarbeiter beschäftigen. Fred Anton sagte: »Ich bin demokratischer Staatsbürger. Wenn ich die einfach rausschmeiße, handle ich doch opportunistisch!«

Eine Zeit lang sah es so aus, als ob die Geschäfte der Sekten-Makler schlechter und schlechter liefen. »Die stehen total unter Streß«, war der Eindruck eines Kunden. Betroffene Mieter organisierten eine Demonstration gegen die scientologischen Umwandler, an der im Juni 1995 immerhin 500 Menschen teilnahmen; Slogan: »Stoppt den Psycho-Konzern – schon über 30 Häuser in der Hand von Scientologen«. Der Berliner Mieterverein verteilte ebenso wie seine Kollegen in Hamburg eine sogenannte Giftliste der *Scientology*-nahen Firmen, und in Neukölln bildete sich ein »Bündnis gegen Scientology«, bei dem Makler-, Mieter- und Grundeigentümerverbände mit Bezirkspolitikern zusammensaßen.

Die rüden Methoden und die Nähe der Firmen zur totalitären *Scientology*-Organisation fanden ihr Echo auch bei den Maklerverbänden *RDM (Ring Deutscher Makler)* und *VDM (Verband Deutscher Makler)*. Beide faßten 1995 einen Unvereinbarkeitsbeschluß für Mitglieder von *Scientology*. Die Arbeitsweise der sektennahen Unternehmen, so erläuterte uns die *VDM*-Sprecherin Gabriele Ziegler in ihrem Hamburger Büro, »ist so, daß sie auf die ganze Maklerschaft zurückfällt und dem Ruf sehr schadet«. Die Kritik der Maklerverbände tat den Spekulanten aus der Sekte allerdings nicht wirklich weh – sie waren in der Regel sowieso nicht Mitglied. »Wenn man die wirklich stoppen will, muß man ihnen den Geldhahn zudrehen«, sagt Thomas Gandow, »denn das ist die einzige Sprache, die sie verstehen«.

Genau das geschah. Einige Banken baten die Mietervereine um Informationen über die *Scientology*-nahen Firmen. »Wenn unsere Immobilienspezialisten auf jemanden aufmerksam werden, der auf der Liste steht, sagen die: Ihnen werden wir kein Geld geben«, erläuterte uns Holger Kamp* von der *Vereins- und Westbank* in Hamburg. Auch in Berliner Banken kursieren die Verzeichnisse. Die Folge: Ein bekannter *Scientology*-Makler klopfte bei mindestens drei Geldinstituten vergeblich an, als er einen Kredit aufnehmen wollte. Ohne Darlehen aber geht es nicht, denn die *Scientology*-nahen Unternehmen zeichnen sich meist nicht gerade durch Solvenz aus. Die *TCGG* besitzt nach einem Bericht des Berliner Magazins »TIP« gerade mal einen Kreditrahmen von 10 000 Mark. »Eine Summe, mit der sich allenfalls eine Gartenlaube finanzieren ließe«, so das Blatt.[59]

Offenbar lavieren viele der betreffenden Firmen ständig am Rand des finanziellen Abgrunds, da sie ohne Eigenkapital ungeheure Summen bewegen und unglaublich hohe Gebühren und »Spenden« an *Scientology* abführen müssen. Die Doktrin der »ständig steigenden Statistik« verlangt von den Unternehmen auch ständig steigende Spenden. Als ihnen zunehmend Banker Kredite verweigerten, mußten sich die Sektierer teure Privatkredite besorgen. »Die pumpen sich gegenseitig Geld mit ordentlichen Zinsen«, meint Klaus Kießling vom Berliner Mieterverein.

So nahm Leif Böttcher am 30. November 1994 eine Million Mark von Robert Boehm auf, um das Haus Schillerpromenade 7 in Neukölln bezahlen zu können. Auch bei anderen Objekten *Scientology*-naher Firmen ließ Robert Boehm Grundschulden in Millionenhöhe auf seinen Namen eintragen. In ihrer Not wandten sich die Sekten-Makler sogar an einen Berliner Finanzhai, der für Kredite bis zu 24 Prozent Zinsen per annum verlangte.[60] Ein gefährliches Spiel. Denn wenn eine Firma die Zinsen nicht mehr aufbringen kann und zusammenbricht, kann das ganze System ins Wanken geraten. Eigentlich sollten sich Scientologen vor derlei Geschäften hüten – jedenfalls, wenn es nach ihrem Gründer Hubbard geht: »Es ist heutzutage eine Welt der Public Relations. Nicht bezahlte Schulden können Ihre PR in einer ganzen Stadt ruinieren.«[61]

Tatsächlich schreckten bald viele Kapitalanleger vor den »Schnäppchen« zurück; zu unseriös erschien ihnen das ganze Umfeld. Vielfach platzten den Scientologen schon sicher geglaubte Abschlüsse, weil sich potentielle Käufer zurückzogen. »Ich will doch die Sekte nicht finanzieren«, sagte ein Kunde aus Kreuzberg. Als jedoch das öffentliche Interesse an der Berliner

Scientology-Connection abflaute, wurden die Geschäfte wieder kräftig angekurbelt. »Wer von Entwarnung redet, verharmlost gewaltig«, urteilt Ursula Dyckhoff. »Die Scientology-nahen Firmen versuchen lediglich, sich zu tarnen und nehmen permanent Zellteilungen vor.«

Einige verlegten ihren Gesellschaftssitz. Die Firmen *TransPlan* und *MetaReal* residieren inzwischen in der friesischen Steueroase Norderfriedrichskoog. Andere änderten wie *Phönix* ihren Namen, sind aber nach wie vor aktiv. So trat die Hamburger *Scientology*-Spenderin Rosl Reddy (40 000 Mark für die scientologische »Kriegskasse«) schon 1996 nicht mehr unter *Reddy Immobilien*, sondern als *Burkhardt Immobilien* und inzwischen als *B&B Immobilien* mit Sitz am Kurfürstendamm auf. Wieder andere inserieren nicht mehr unter dem Firmennamen, sondern nur noch unter Telefonnummern (»Schäppchenangebot«). Ständig entdecken die Berliner Mietervertreter neue Makler aus dem *Scientology*-Umfeld, etwa eine bislang unbekannte Firma *Prisma Immobilien*; deren Geschäftsführer Jan Bentin auf Versammlungslisten der *Scientology*-Mission Eppendorf (Hamburg) geführt wurde. In der Neuköllner Allerstraße 4 ließ man die Mieter nach dem lauten Medienecho weitgehend in Ruhe, aber die 23 Wohnungen im Haus sind inzwischen zum größten Teil verkauft worden.

Schritt für Schritt versucht das Scientologen-Kartell, den Markt für Altbau-Eigentumswohnungen in der deutschen Hauptstadt unter seine Kontrolle zu bringen. Rund dreißig Prozent aller Anzeigen für Eigentumswohnungen, die in Berliner Tageszeitungen erscheinen, wurden im Sommer 1997 von *Scientology*-nahen Firmen wie *TCGG* oder *Erber Immobilien* aufgegeben. Klaus Kießling vom Mieterverein schätzt, daß sie bis 1997 etwa fünfzig bis hundert Millionen Mark mit der Umwandlung »eingestrichen« haben.

Bei ihrem Fischzug sind die Sektenleute wie üblich nicht nur auf Geld aus. Das erlebte Helmut Baumgärtel, Mathematik-Professor an der Universität Potsdam. Nachdem eine *Scientology*-nahe Firma das Haus im Ostberliner Bezirk Treptow gekauft hatte, in dem er lebt, fand er im Dezember 1996 einen braunen Umschlag in seinem Briefkasten – Post von der *Church of Scientology*. Darin ein Buch über L. Ron Hubbard und ein Brief: »Ich hoffe, daß es Ihnen von Nutzen dabei ist, Ihre Studenten … zu informieren.«[62] Ursula Dyckhoff kennt solche Missionierungsversuche. »Das ist eine übliche Vorgehensweise«, erläutert sie. »Mich erreichen viele Anrufe, die das bestätigen. Die Werbetätigkeit für Scientology bei Käufern und Mietern ist gut belegbar.«

Der Professor gehörte zu den ersten Ostberlinern, die Bekanntschaft mit den *Scientology*-Methoden machten. Im Herbst 1995 hatten die Spekulanten aus der Sekte auch zum Sprung nach Ostberlin und ins Berliner Umland angesetzt. Grund dafür war das neue Mietüberleitungsgesetz, das den Eigentümern steigende Mieten garantiert. *Burkhardt Immobilien* und *Lutz*

Immobilien, beide beim Mieterverein als *Scientology*-nah bekannt, boten per Annonce Eigentumswohnungen in noblen Potsdamer Altbaulagen nahe dem Schloß Sanssouci und einen ganzen Neubaukomplex in Potsdam-Eiche an.

B&B Immobilien verkaufte und vermietete sogar ein riesiges Neubauviertel in Dallgow nördlich von Berlin. »Die wollen jetzt auch in Brandenburg absahnen«, sagt Ursula Dyckhoff. Die Bundesvereinigung *Mieter gegen Scientology* in Berlin berichtet, daß scientologisch geführte Unternehmen gern auch in Bau- und Immobilienprojekte einsteigen, die aus Geldmangel oder durch den Ausstieg von Investoren ins Stocken geraten sind. Da alle Beteiligten sich freuen, daß es wieder weitergeht, stellt niemand zu viele Fragen; und die Objekte sind meist für Niedrigpreise zu bekommen. Dies sei gängige Praxis im Berliner Umland, wie sie nicht nur *B&B Immobilien*, sondern auch *Prisma Immobilien* und die Hamburger *Scientology*-nahe Firma *GGB* betrieben. Die *GGB* vermakelt zudem im Bezirk Berlin-Steglitz eine komplette Anlage mit über 100 Wohnungen aus dem sozialen Wonungsbau. Geschäftsführer ist der Hamburger Immobilienhändler und *Scientology*-Pate Götz Brase.

Das Brase-Imperium: Geldfluß zu Scientology

Sympathisch wirkt er nicht, aber er ist eloquent. Wenn 1995 über den Sekten-Konzern *Scientology* gestritten wurde, tauchte auf dem Bildschirm häufig ein großer Blonder mit stechendem Blick auf. Der Hamburger Immobilienhändler Götz Brase, mit dubiosen Methoden bei der Umwandlung von Miet- in Eigentumswohnungen reich geworden, gab sich bei solchen Gelegenheiten gern unbedarft: »Ich bin nur ein einfaches Scientology-Mitglied.« Doch Brase, mit Erleuchtungsgrad Operierender Thetan Stufe VII keineswegs ein kleines Licht im Psycho-Multi, gilt als Hintermann des größten sektennahen Immobilienimperiums in der Bundesrepublik. Als Leiter von *WISE Hamburg* ist er zuständig für die »Expansion« der Sekte in Norddeutschland – und offenbar auch weiter östlich. Brase hat dies im Fernsehen mehrfach geleugnet; was er nicht bestreitet, sind persönliche »Spenden« an *Scientology* – etwa für die scientologische »Kriegskasse«. Auch größere Beträge für »ideelle Ziele« hinzugeben, müsse sich »ein erfolgreicher Geschäftsmann leisten können«, erklärte er.[63]

Götz Brase wuchs in Dänemark auf und begann nach dem Abitur ein Psychologiestudium in Århus, das er in Hamburg fortsetzte. Neben dem Studium stieg er Anfang der 80er Jahre ins Immobiliengeschäft ein, 1983 stieß er dann zu *Scientology*. Sein ehemaliger Kommilitone Waldemar Fred Anton sagt: »Brase hatte immer eine Affinität zu esoterischen Gruppen. Er war damals für meine Firma Concilia im Verkauf von Wohnungen tätig.

Erfolgreichste Filiale der Welt: Scientology-Org. in Hamburg

Später hat er sich selbständig gemacht und war sehr erfolgreich. Bei ihm haben dann alle gelernt; auch Leif Böttcher war Verkäufer bei Brase.« Mit verschiedenen Firmen soll Brase allein in Hamburg mehrere hundert Altbauten umgewandelt haben. »Da war ein Kommen und Gehen«, erinnert sich Frank Michael*, ein *Scientology*-Aussteiger aus Hamburg.

Immobilienhändler Brase residiert mit seiner Firma *CKS Harvestehuder Grundstücksgesellschaft mbH* am feinen Hamburger Mittelweg. Er gilt persönlich als äußerst bescheiden, doch der fanatische Anhänger von *Scientology* soll bereits mehrere Millionen Mark an den Sekten-Konzern »gespendet« haben. Ihm hat es die Hamburger »Mission« wesentlich zu verdanken, daß sie in *Scientology*-Magazinen immer wieder als »erfolgreichste Org auf dem Planeten« bejubelt wird. Der *Scientology*-Großspender kaufte Anfang der 90er Jahre sogar ein Schloß in Hoisdorf bei Hamburg für 1,7 Millionen Mark, um dort ein scientologisches Kinderheim einzurichten, mußte es aber nach Protesten der Bevölkerung wieder abstoßen. Er erwarb auch einen Hof im dänischen Bjerndrup nahe der deutschen Grenze, wo seit 1994 eine *Scientology*-Schule vierzig Kinder deutscher Sektenmitglieder drillt.[64] Im November 1990 verkaufte er ein Haus am Steindamm in Hamburg an den Vorsitzenden des Zentralrats der Juden, Ignatz Bubis, der es dann an *Scientology* vermietete.[65] Brase war seit 1989 FDP-Mitglied und machte gute Geschäfte mit bedeutenden FDP-Politikern der Hansestadt wie dem ehemaligen Fraktionsvorsitzenden in der Bürgerschaft, Frank-Michael Wiegand, oder dem Multimillionär und einstigen Parteistrategen Kai Wünsche. Erst als die Presse aufmerksam wurde und vom »langen Arm der Scientology« schrieb, wurde Brase 1991 aus der Partei ausgeschlossen.

16 WIRTSCHAFT

DIE WOCHE · 24. November 1995

VON FRANK NORDHAUSEN

Sympathisch wirkt er nicht, aber durchaus eloquent. Wird über den Sekten-Konzern Scientology gestritten, taucht auf den Bildschirmen immer öfter ein großer Blonder mit stechendem Blick auf. Der Hamburger Immobilienhändler Götz Brase, mit dubiosen Methoden bei der Umwandlung von Miet- in Eigentumswohnungen ein reicher Mann geworden, gibt sich bei solchen Gelegenheiten gern harmlos: „Ich bin nur ein einfaches Scientology-Mitglied."

Doch Brase (38), mit internem Erleuchtungsgrad „Operierender Tethan" der Stufe VII kein kleines Licht beim Psycho-Multi, gilt als Hintermann des größten sektennahen Immobilienimperiums in Deutschland. Er leitet die Hamburger Abteilung der Scientology-Wirtschaftsorganisation Wise (World Institute of Scientology Enterprises) und ist damit zuständig für deren „Expansion" in Norddeutschland – und offenbar auch weiter östlich.

Die Berliner Mieterberaterin Ursula Dyckhoff kennt inzwischen „mehr als 20 Firmen" aus dem Umfeld Brases, die in der Hauptstadt marode Altbauten aufkaufen, sie in Eigentumswohnungen umwandeln und sofort veräußern. Die Profite sind

SCIENTOLO

Das Netz der Sekte

Interne Dokumente belegen: Viele Immobilienfirmen sind enger mit dem Scientology-Konzern verbunden als bisher bekannt

Makler GÖTZ BRASE *weitet seinen Aktionsradius auf Ostdeutschland aus*

Sekte handeln. Maklerin Rosl Reddy erklärt in einem Memorandum, mit dem sie Verkäufer schult: „Mein eigentliches Ziel ist es, jeden in Scientology zu bringen. Und wenn er bei uns eine Wohnung kauft, dann hat er indirekt schon etwas für Scientology getan." Die Verkäufer, in der Regel Sektenjünger, sollen ihre Kunden mit Scientology-Methoden unter Kontrolle bringen. „Der Kunde macht genau das, was ich will, und nicht umgekehrt", schreibt Reddy. Bis ins kleinste wird Mitarbeitern klargemacht, wie sie Käufer „handhaben" und Mieter beeindrucken sollen, damit diese ausziehen – leere Eigentumswohnungen lassen sich teurer verkaufen als vermietete.

Unverblümt schilderte Götz Brase in einer Rede, die er auf dem Sekten-Schiff „Freewinds" hielt, wie er einen jugoslawischen Mieter zum Kauf seiner Wohnung nötigte: „Da bin ich einfach zu seinem Arbeitsplatz hingefahren und habe gesagt, wir gehen jetzt hier raus, wir müssen was tun. Da ist er dann nach Hause gefahren, mit seiner Frau zusammen. Der hat dann geheult. Der hat also erst geschrieen, ich soll sein Haus verlassen, ich soll da rausgehen. Als ich es nicht gemacht

»Powervolles Team« für Scientology: Götz Brase und seine Immobilienfirmen (Bericht in der »Woche«)

Bei den zahlreichen Geschäften des scientologischen Immobilienkartells tritt Brase selbst nur selten in Erscheinung, zieht aber die Fäden – das jedenfalls legen interne Akten nahe. Im Herbst 1995 ließ man uns ein Dokumenten-Paket von etwa 1500 Seiten zukommen, das den persönlichen und beruflichen Werdegang der Scientologin Selma Erber, einer Türkin aus Berlin belegt. Selma Erber gehört seit 1989 zu *Scientology* und spendete auch für die scientologische »Kriegskasse«. Sie arbeitete zunächst in Hamburg für verschiedene Brase-Firmen, bevor sie 1993 wieder nach Berlin ging und dort zusammen mit dem bekennenden Scientologen Walter Beyeler diverse Immobilien-Unternehmen wie *Erber Immobilien* und *HIC* aufbaute.

Die Dokumente sind zum Teil erschütternd, weil sie zeigen, welchen Druck die Sekte ausübt, um ihre Mitglieder unter Kontrolle zu behalten und zu veranlassen, Geld für die Org aufzutreiben. Sie sind aufschlußreich, weil sie interne Intrigen und Machtkämpfe beschreiben. Und sie sind von äußerster Brisanz, weil sie Licht in viele Rätsel bringen, die das scientologische Immobilien-Kartell Außenstehenden aufgibt – beispielsweise die Verbindung zwischen Götz Brase und Kurt Robert Boehm.

Unser Gespräch mit Kay Boehm und Waldemar Fred Anton hatte uns den Eindruck vermittelt, daß die beiden Immobilienhändler im Gegensatz zu ihrem Mitarbeiter Leif Böttcher tatsächlich keine *Scientology*-Anhänger waren. Doch zumindest Robert Boehm ist mit dem Ober-Scientologen Brase offenbar weit enger verflochten, als er zugeben möchte. In einem vertraulichen Strategiepapier schreibt Brase am 11. Januar 1993 »an alle Mitarbeiter«, man habe auf dem Kreuzfahrtschiff »Freewinds« die neue

Firmenkonstellation besprochen: »Um zusätzliche Einkaufsmöglichkeiten zu haben, haben wir angefangen, mit Herrn Boehm zu arbeiten. Es ist wichtig, daß nach außen hin nicht erkennbar ist, daß ich etwas mit Herrn Boehm zu tun habe.« Zugleich wird der Scientologe Leif Böttcher zum Chef einer *Ostsee-Immobilien Commerz GmbH* eingesetzt. »Die ist gegründet worden, damit Herr Boehm nicht überall persönlich in Erscheinung tritt, d. h. diese Gesellschaft hält der Leif treuhänderisch für Herrn Boehm.«[66] Am 11. September 1994 findet sogar eine »Fete bei Herrn Boehm auf Fehmarn« statt, zu der Brase alle Mitarbeiter herzlich einlädt.[67]

Auch die vielen kleinen Einzelgesellschaften sind in Wahrheit nicht selbständig, sondern offensichtlich fest in das Brase-Imperium eingebunden. Das gilt genauso für den Vormarsch nach Berlin. So schreibt Götz Brase am 25. Januar 1994 in einem Rundbrief, der das scientologische Kürzel ED (Executive Director) trägt: »Ich habe mit der Selma besprochen, daß sie eine Maklerabteilung aufmacht innerhalb unserer Gruppe ... Sie arbeitet unter dem Namen Erber-Immobilien. Sie wird ab sofort auch Anzeigen schalten unter dem Namen Erber-Immobilien, die Anzeigen-Rechnungen werden aber von uns bezahlt, am besten die Rechnungen an CKS gehen lassen.«[68]

Während Brase seine Verbindungen verschleiert, gibt er sich in Talkshows gern als Gentleman-Makler, der stereotyp behauptet: »Das eine sind die Geschäfte, und das andere ist Scientology.« Beides habe nichts miteinander zu tun. Anhand der internen Papiere läßt sich das Gegenteil belegen. Als die Firmengruppe 1991 ähnlich wie 1995 in eine Krise geriet, klagte Brase in einem »Programm für die GEVA-Verkaufsabteilung« (eine seiner Firmen): »Die Angriffe auf Scientology und Brase KG sind stark. Das Spiel ist, uns kleiner zu machen und zu vernichten. Wir sollen uns zurückziehen, Ankerpunkte einziehen.« Dann folgt der entscheidende Satz: »Brase KG stellt einen festen, wichtigen Stützpunkt von Scientology in der Gesellschaft dar.«[69]

Kapitalanleger, die eine günstige Wohnung bei den Brase-Firmen erwerben, unterstützen damit nicht nur die demokratiefeindliche *Scientology*-Organisation und deren obskure Weltmachtpläne (Clear Planet), sondern gehen überdies ein großes persönliches Risiko ein. Die Akten zeigen, daß *Scientology*-nahe Immobilienhändler nicht nur Geld machen wollen, sondern auch als Agenten der Sekte handeln. Maklerin Rosl Reddy alias Rosl Burkhardt, die sich rühmt, sie habe von »Götz sehr viel gelernt«, behauptet zwar in der Öffentlichkeit, weder sie noch irgendwelche Mitarbeiter ihrer Berliner Firma *B&B Immobilien* würden Käufer oder Mieter für *Scientology* werben.[70] Doch in einem Memorandum, mit dem sie Verkäufer schult (»Verkäufer-Hut«), schreibt sie unmißverständlich: »Wenn ich so im Nachhinein meine Kunden Revue passieren lasse, merke ich, daß ich sie eigentlich alle wirklich liebe (...). Aber mein eigentliches Ziel ist es, jeden in

Scientology zu bringen. Und wenn er bei uns schon eine Wohnung kauft, dann hat er indirekt schon etwas für Scientology getan. (...) Ich als Verkäufer in der Brase-Firma repräsentiere auch Scientology.«[71] Selma Erber meldet ihrem Ethik-Offizier in der Org stolz, sie habe wieder einen Kunden für die Sekte an der Angel: »Ich habe einen Kunden, der im Februar '93 zwei Wohnungen bei mir gekauft hat ... Gleichzeitig bin ich in Comm mit ihm wg. Scientology.«[72]

Solche Missionierungsversuche kennt die westdeutsche Unternehmerin Gabriele Thiel* aus eigener Erfahrung. Die reiche Erbin suchte in Berlin nach Eigentumswohnungen als Kapitalanlage. Ohne es zu ahnen, erwarb sie Anfang 1995 bereits eine Wohnung von Maklern, die der *Scientology* nahestanden. Sie wunderte sich zunächst nicht über all die merkwürdigen Dinge, die in den Firmen vor sich gingen. Ein Herr von der Firma *Lutz Immobilien* empfahl ihr beispielsweise, kräftig Vitamine zu nehmen, um ihren »Körper zu reinigen«. Selma Erber von *Erber Immobilien* lud sie zu »Seminaren« nach Hamburg ein. Doch bei einem Besichtigungstermin erblickte sie an einem Berliner Altbau jede Menge Anti-*Scientology*-Plakate, die die Bewohnern aus Protest gegen die rüden Methoden der neuen Hauseigentümer aufgehängt hatten. Da fragte sie nach. »Frau Erber sagte dann ganz offen, sie sei Scientologin. Da hingen ja die Transparente, da mußte sie es zugeben. Auch bei Phönix haben sie es mir klar gesagt. Da wurde argumentiert: ›Würden Sie denn auch von Juden keine Immobilien kaufen?‹«

Schlagartig wurde ihr nun klar, warum sie ihren Namen auf einem »Line-Up-Board«, einer speziellen Tafel, in Selma Erbers Büro gelesen hatte. »Die wollten wohl eine Kommunikationslinie aufbauen, ein Line-Up. Man versucht, zwei Fliegen mit einer Klappe zu schlagen: erstens Verkauf einer Wohnung, zweitens Werbung für Scientology. Sie versuchten, viele Infos über meinen familiären Background herauszubringen. Ich bekam Einladungen nach Hamburg, da gebe es sehr interessante Schulungen, außerdem Sauna und Vitamine für die Gesundheit. Als ich das ablehnte, hörten sie damit auf; aber sie riefen mich dauernd an.« Gabriele Thiel erinnert sich auch an Mieterdossiers: »Über alle Mieter liegen relativ dicke Infos vor. Die Mieter sind in Kästchen unterteilt: Alter, Name, Krankheiten. Bei einer der Firmen stand auf einem Blatt: ›Alkoholikerin, Frau mehr oder weniger scheintot.‹ Mir wurde mehrfach sowas vorgelegt.« Schließlich wandte sie sich an uns, um mehr Informationen über *Scientology* zu erhalten.

In den internen Strategiepapieren ist auf vielen Seiten beschrieben, mit welchen Mitteln interessante Kunden wie Gabriele Thiel zu ködern seien. Äußerst detailliert regeln Anweisungen den Weg vom Erstgespräch mit dem Kunden bis zum Abschluß eines Kaufvertrages. Die Verkäufer, in der Regel Sektenjünger, sollen ihre Klienten mit *Scientology*-Methoden unter Kontrolle bringen. Eine »Comm-line« soll »etabliert« werden, die Firmenmitarbeiter sollen die »Origination handhaben«, »ARC und Theta« einsetzen. Das Kauderwelsch bedeutet: Zwingend kommunizieren, Schwachstellen des anderen erkennen und die Führung im Gespräch übernehmen. »Wenn ein hohes ARC aufgebaut ist, dann ist es überhaupt nicht schwierig, Kontrolle zu halten. Der Kunde macht genau das, was ich will und nicht umgekehrt«, schreibt Rosl Reddy im »Verkäufer-Hut«. »Generell merke ich, daß bei meinen Verkaufsgesprächen mir sehr zugute gekommen ist, die Auditingausbildung.«[73] In einem anderen Papier heißt es: »Das Geheimnis ist, den Kunden gar nicht merken zu lassen, daß man ihn so langsam, aber sicher einkreist«. Nachsatz: »Und wie Ron [Hubbard – d. A.] ja sagt, sollte man jede Sache professionell machen.«[74]

Bis ins kleinste wird den scientologischen Mitarbeitern deshalb eingebläut, wie sie Käufer »handhaben« und Mieter beeindrucken sollen, damit diese aus ihrer Wohnung ausziehen. Mieter hätten nun mal »Unsicherheiten«, stellt Selma Erber in einer anderen Denkschrift fest: »Jedem von uns würde es so gehen, wenn er seine Wohnung, sein stabiles Datum, seine Intimsphäre etc. von sich weggenommen fühlt.« Sie empfiehlt deshalb, mit dem Mieter »langsam zu sprechen«, »keinen pauschalen Text« zu benutzen, »den man runtersabbelt« und die »richtige Tonstufe« einzusetzen, denn »ARC und Theta hat schon manchen Eisblock zum Schmelzen gebracht«.[75]

Brase persönlich erläutert in einem fünfseitigen »Mieterberatungs-Hut«, wie man die störenden Mieter am besten zum Auszug bringt. Seine Empfehlungen entsprechen ziemlich genau dem, was die entsetzten Bewohner der Umwandlungshäuser in Berlin erlebten. »Bevor ich dem Mieter sage, daß ich in Eigentumswohnungen aufteile, ziehe ich erst einmal Daten ... über die Kommunikationsstrukturen, ihre Telefonnummern, wo sie arbeiten, was sie machen usw. ... locker, informativ einfach Daten einziehen.« Anschließend soll der »Mieterberater« die sogenannte Rauskaufsumme anbieten. »Und dann erkläre ich das auch immer so, wenn die Mieter Interesse haben auszuziehen, als Druckmittel, daß, wenn sie die Summe haben wollen, sie sich relativ bald entscheiden müssen (...) Er solle sich bloß beeilen, sonst wird die Wohnung verkauft, und er sieht dann keinen Pfennig. Das sage ich den Leuten immer, dann werden sie ängstlich und rufen bald an. Ist ja auch realistisch.«[76]

Das System ist psychologisch gut durchdacht. »Meine Erfahrung ist«, schreibt Brase, »daß Grüne etwas schwieriger sind, weil sie oft besser informiert sind und auch oft die Taktik haben, sich zu solidarisieren. Leute, von denen ich höre, daß sie schwierig sind oder daß sie grün sind, links sind, die nehme ich immer zuletzt ..., weil, je mehr ich erreiche, daß sie unterschreiben, desto wahrscheinlicher ist auch, daß der nächste unterschreibt, und so entsteht dann eine Stimmung im Haus, daß jeder auszieht. (...) Das habe ich z. B. in der Von-der-Tann-Straße 6 erreicht. Von 10 Wohnungen sind 2 Mieter nicht ausgezogen. Also 80 % haben unterschrieben.«[77] Ein

Rundschreiben an alle Mitarbeiter erläutert den Verkäufern außerdem, wie sie das Finanzamt ausmanövrieren können, um die »Rauskaufsumme« auch noch steuerlich abzusetzen: »Das kann man natürlich ganz geschickt tricksen – an Bekannte, für ein halbes Jahr oder Jahr maximal die Wohnung noch einmal vermieten, damit er beweisen kann, daß nach dem Auszug des Mieters eine erheblich höhere Miete zu erzielen ist, um praktisch die Rauskaufsumme zu rechtfertigen, dem Finanzamt gegenüber.«[78]

Genauso unverblümt schilderte Götz Brase in einer Rede, die er im August 1993 auf dem Sekten-Schiff »Freewinds« in der Karibik vor ausgewählten Maklern hielt, wie er einen jugoslawischen Mieter zum Kauf seiner Wohnung nötigte: »Dann habe ich ihn vom Arbeitsplatz abgeholt, da bin ich einfach zu seinem Arbeitsplatz hingefahren und habe gesagt, wir gehen jetzt hier raus, wir müssen was tun. Da ist er dann nach Hause gefahren, mit seiner Frau zusammen. Der hat dann geheult. Der hat also erst geschrien, ich soll sein Haus verlassen, ich soll da rausgehen. Als ich es nicht gemacht habe, da hat er angefangen zu heulen, weil er so verzweifelt war, ich ging einfach nicht weg. Und zwei Stunden später waren wir beim Notar.«

In der selbstgefälligen Ansprache erläuterte Brase auch seine politische Weltsicht. »Dadurch, daß praktisch Deutschland sozialistisch orientiert ist, versuchen sie, diese Mieter zu schützen (...). Der Mieterverein ist eine veraltete Idee, die Sozialdemokratie ist auch eine veraltete Idee. Also der Marx hatte irgendwo Recht, die Menschen im letzten Jahrhundert hatten einen katastrophalen Zustand. Ich meine, da mußte man die Gewerkschaften gründen, da mußte man gegen ankämpfen, die mußten sich wehren und da rausarbeiten. Aber das ist alles Schnee von gestern. Heute gibt es Scientology.«

Diese Worte sollen die Angestellten der Brase-Firmen (»Brasianer«) beherzigen. Sie laufen offenbar auch – was Brase stets bestritten hat – an der kurzen Leine von *Scientology*. So verpflichtete sich eine Mitarbeiterin bei ihrem Eintritt in die »Firmengruppe Brase KG, GEVA GmbH, CKS GmbH« per schriftlicher Erklärung, folgende rein scientologischen Kurse in der Hamburger Org zu belegen: »Überprüfung TR's, speziell bullbaiting und TR 4, Staff Status 0, I, II und HQS-Kurs«.[79] Der Hamburger Aussteiger Frank Michael bestätigt: »Es läuft nichts ohne die Org. Wer bei Brase arbeitet, ist grundsätzlich Scientologe; Mitarbeiter werden sogar über die Org an seine Firmen vermittelt. Letztlich haben die meisten Leute aus der Org auch bei Brase gearbeitet.« Im Klartext: Das Brase-Imperium funktioniert wie eine Außenstelle der *Scientology*-Zentrale. Firmenchefin Rosl Reddy erklärt in ihrer Anweisung: »Als Verkäufer fühle ich mich verpflichtet dafür, daß mein Terminleger in der Org regelmäßig studiert.« Ein Terminleger ist ein Firmenmitarbeiter, der Termine mit potentiellen Käufern organisiert. Spurt der Terminleger nicht oder sinken seine »Statistiken«, muß er zum Ethik-Offizier. »Wenn es bei ihm nicht läuft und die Condition nicht greift, nicht lange rumfummeln, sondern ab in die Org zu Christa.«[80]

Die Mitarbeiter kontrollieren sich gegenseitig und schwärzen sich mitunter auch bei der Ethik-Abteilung der Hamburger Org in »Wissensberichten« als »Potentielle Unruhequelle« an. Umgekehrt belobigte die Hamburger *Scientology*-Org am 27. August 1993 vierzehn Mitarbeiter der Brase-Firmen ausdrücklich für ihr Studium von Werken des Sektengründers L. Ron Hubbard: »Sie tragen so auch zur Expansion der Firma bei, die mittels dieser Daten möglich ist.« Verständliche Freude, denn das Geld, das die Verkäufer als Provision erhalten, wandert für ihre »Studien« umgehend wieder in die Kassen des Sekten-Konzerns. Wenn die Firmen expandieren, schreibt Brase, »bleibt die Brase KG eine powervolle Säule in der Gesellschaft, und den Mitarbeitern geht es finanziell gut, so daß sie auf der Brücke weiterkommen. Außerdem ist die Firma dann bald wieder in der Lage, Scientology auch finanziell mit PR-Kampagnen zu unterstützen.«[81] So zahlte Selma Erber einmal 15 740 Mark, ein andermal 27 116 Mark für Psychokurse wie »Auditing CCRD Int.« an die *Scientology*-Org Hamburg. Viele weitere Rechnungen belegen, welch enorme Summen auf diese Weise aus dem Immobilien-Geschäft an die Sekte fließen – als Entgelt für die »Studien« der brutal ausgebeuteten Mitarbeiter. »Uns wurde Brases Firma immer als Vorbild dargestellt«, sagt der Aussteiger Frank Michael. »Die Gewinne, hieß es, gingen postwendend in die Kasse der Org.«

Um das Geld zum Fließen zu bringen, sollen die Leute schuften bis zum Umfallen, sprich: unermüdlich Wohnungen verkaufen. »Liebe Verkäufer, ich habe gesehen, daß einige Verkäufer während der Woche nur bis 20.30 Uhr eingeschrieben sind«, mokiert sich Konzernboß Götz Brase. Er erwartet, daß bis 21.00 Uhr gearbeitet wird und auch am Wochenende, »z. B. Samstag 10.00 bis 20.00 Uhr«.[82] Bei Brase gelten natürlich die Regeln der Hubbard-Management-Technologie. Ein Punktesystem nach *Scientology*-Art regelt die »Statistik« jedes einzelnen Mitarbeiters in der Firma; für ein Erstgespräch mit einem Kaufinteressenten gibt es zehn Punkte, für den erfolgreichen Abschluß eines Vertrages dreißig Punkte. Brase diktiert: »Die Statistik muß entweder täglich oder wöchentlich geführt werden, so daß man den Fortschritt dieser einzelnen Statistik und den Fortschritt des Jobs sehen kann.«[83] Jeder Verkäufer bekommt strenge Vorgaben. »Lieber Leif«, schreibt ein Aufpasser an Böttcher. »Deine persönliche Produktionsquote zur Erreichung unseres Targets [Ziels, d. A.] liegt bei zwei WEs (Wohneinheiten) pro Woche. Du darfst gerne mehr machen.«[84] Da die Mitarbeiter in der Regel nicht angestellt sind, sondern »freiberuflich« arbeiten, können sie von normalen Arbeitnehmerrechten nur träumen. »Jeder stand richtig unter Druck«, erinnert sich Frank Michael. »Es gab keine Sozial- oder Krankenversicherung. Man durfte eben nicht krank werden.«

Im Grunde ist das gesamte Geschäft scientologisch durchstrukturiert; interne Firmenschreiben werden im *Scientology*-Chinesisch formuliert, eins fließt ins andere. »Liebe Selma«, schreibt der Makler Dieter Hansen am

9. Oktober 1992, »vielen Dank für Deinen hervorragenden Einsatz in dieser Woche. Du warst wiedermal an allen Zyklen beteiligt. Wir sind wieder ein Super-Team, und ich kann mir die Arbeit als Verkäufer ohne Dich gar nicht mehr vorstellen.« Mit »Zyklus« ist das Anbaggern eines Kunden gemeint. Hansen macht Druck – das Geld soll fließen. »Für nächste Woche brauche ich wieder alle Deine Postulate, damit wir mal wieder richtig abräumen und unser Geheim-Target erreichen.«[85]

Götz Brase höchstpersönlich beglückwünscht Selma Erber für ihre Werbe-Erfolge im lupenreinen *Scientology*-Slang: »Liebe Selma, wir möchten Dich hiermit für Deinen außerordentlichen Erfolg in dieser Woche als Terminleger bestätigen. Du hast das highest ever als Terminleger für diese Firma geschafft.«[86] Und mit Briefkopf der Firma *CKS Harvestehuder Grundstücksgesellschaft mbH* schickt Rosl Reddy am 21. September 1992 eine »Bestätigung«, wonach die »liebe Selma« mit scientologischen Psycho-Techniken half, ein Geschäft abzuschließen: »Du warst einfach super, mit ARC und 8c hast Du dazu beigetragen, daß noch ein Abschluß zustandekam. Das war ein wertvoller Beitrag für die Gruppe!«[87] Kein Wunder, daß die Mitarbeiterin am 30. Oktober 1992 von Brase höchstpersönlich zum »Terminleger des Monats« ernannt wird.

Die Verkaufserfolge in der kommerziellen Firma verhelfen ihr wiederum zum Aufstieg auf der scientologischen Ethik-Skala. Götz Brase, der als Thetan offenbar auch über die Erleuchtung seiner Untertanen bestimmt, weist der Angestellten am 27. November 1992 die scientologische Condition Power zu: »Du hast alles geleistet, was ein Terminleger leisten kann. Du hast im Monat Oktober eine mehr als extraordinäre, gute Statistik auf Deinem Posten zustande gebracht, so, wie es sie vorher noch nicht gegeben hatte.« Zur einer solchen Karriere gehört – ganz im Sinne des »Verkäufer-Huts« von Rosl Reddy – scheinbar auch das Anwerben neuer *Scientology*-Mitglieder (»auf der Brücke starten«). Die *Scientology Kirche Hamburg* verschickt am 19. August 1993 eine Commendation (Belobigung): »Selma ist commended für ihren ständigen Einsatz in bezug auf die Verbreitung. Sie arbeitet ständig an Personen, und heute ist wieder eine Person auf der Brücke gestartet. Damit hilft sie, den Planeten zu klären und gibt ein gutes Beispiel.«[88]

Die Akten zeigen: Was Brase in Talkshows verbreitet, soll die Öffentlichkeit täuschen. In Wahrheit arbeitet sein Immobilien-Imperium laut Rosl Reddy vor allem für das Ziel, »Scientology zu unterstützen«. Ein verzweigtes Netzwerk von Anlageberatern, Architekten und Vertriebsfirmen hilft dabei. Im März 1993 schreibt der Chef an »alle Mitarbeiter«: »Mit jeder Woche, die wir über 20 WE's verkaufen, kommen wir unserem Ziel, ein neues Orggebäude zu finanzieren, einen Schritt weiter.«[89] Etwa in Berlin? Dort errichtet der Brase-Freund Leif Böttcher im Bezirk Steglitz für 4,3 Millionen ein sechsstöckiges Haus mit Film- und Saunaräumen, wie sie für die obskuren *Scientology*-Kurse (beispielsweise den Reinigungs-Rundown) benötigt werden. Ohne Umschweife heißt es in einem weiteren Brase-Papier: »Die Brasianer sind ein powervolles Team, das nicht nur hier in Hamburg, sondern auch in ganz Deutschland und Europa aktiv Scientology unterstützt und sehr viel beiträgt für das Ziel Clear Deutschland.«[90]

Aber die Akten der Selma Erber enthielten noch viel mehr Sprengstoff. In dem Dokumentenberg versteckten sich Papiere in türkischer und arabischer Sprache, die wir zunächst nicht weiter beachteten. Erst als sich im Herbst 1996 der Kölner Journalist Ahmet Senyurt an uns wandte, erinnerten wir uns an sie. Senyurt war auf eine ziemlich heiße Spur gestoßen. Mit Hilfe der Erber-Akten konnten wir weiteres Licht in die Affäre bringen.

Zusammenspiel mit islamischen Fundamentalisten

Wie eine Festung liegt das Gelände im Kölner Stadtteil Nippes. Mannshohe Mauern, Spiegel, ein Wachtposten. Mauern, die schützen und abschotten. Eine fahrbare Stahltür ist der einzige Zugang. Sicherheit auch im Innern des Kölner Zentrums: Mit einer Chipkarte öffnet uns ein Angestellter die Tür zum Büro des dreißigjährigen Mehmet Sabri Erbakan. Er ist der Neffe des damaligen türkischen Ministerpräsidenten Necmettin Erbakan. Vor allem aber ist er der »Generalsekretär« der türkischen Fundamentalisten in der Bundesrepublik, die sich *Milli Görüs* nennen – auf Deutsch: »Nationale Sichtweise«. Der Ableger der bis 1997 am Bosporus regierenden Refah-Partei (Wohlfahrtspartei) wird seit Jahren vom Verfassungsschutz beobachtet und als »islamisch-extremistisch« eingestuft. Der Essener Türkei-Experten Faruk Sen nennt *Milli Görüs* die »gefährlichste und mächtigste religiös-islamistische Bewegung in Deutschland«.

Hinter Stapeln von Dokumenten sitzt der Chef von vielen tausend Türken in Deutschland. Ein rundlicher Typ mit Schnurrbart, Goldrandbrille und breiten Händen. Mehmet Erbakan, in Köln aufgewachsen, ist ein selbstzufriedener Mann mit sanfter Stimme. Aus seiner Abneigung gegenüber Journalisten macht er keinen Hehl. Während er mit uns redet, blättert er ständig in irgendwelchen Papieren. Er zieht den Verfassungsschutzbericht über seine Organisation hervor. »Eine Posse«, sagt er. »Das schlage ich ab und zu auf, schon aus Gründen der Belustigung. Da taucht die Frage auf, was diese Behörde eigentlich macht.« Denn *Milli Görüs* sei absolut staatstragend und betreue türkische Landsleute durch Korankurse, Gottesdienste, Jugend-, Frauen- und Studentenarbeit. »Wir bauen neue Moscheen mit Kuppel und Minarett. Wir publizieren religiöse Schriften und organisieren einen Gelehrtenrat. Wir errichten Schulen und Internate.« Erbakan blickt uns gewichtig an. »Unser Schwerpunkt«, betont er, »ist die religiöse Organisation.«

Für Ismael Kosan, türkischstämmigen Vertreter von Bündnis 90/Die Grünen im Berliner Abgeordnetenhaus, sind das »Nebelkerzen«. Doch der Nebel lichtet sich. In Köln treffen wir Ali Mohammed*, einen unzufriedenen Mitarbeiter aus der *Milli-Görüs*-Zentrale. Er ist der erste Insider, der über interne Vorgänge der Organisation redet. Mohammad erklärt uns: »Das ist eine Mafia. Nach meiner Meinung geht es nicht um den Islam, sondern nur darum, Einfluß zu gewinnen und sich zu bereichern.« Die meisten Gläubigen allerdings haben mit der Führung wenig zu tun und wollen vor allem ihre religiösen Bedürfnisse befriedigen. *Milli Görüs* kontrolliert 450 von 1000 Moscheen in Deutschland, dazu rund 1270 Vereine. Die Bewegung übt in fast allen wichtigen islamischen Gruppen erheblichen Einfluß aus. Wenige Funktionäre dirigieren die je nach Angabe 26000 (Verfassungsschutz) oder 70000 Mitglieder (Erbakan). Sie haben ein regelrechtes Wirtschaftsimperium aufgebaut; allein die freitäglichen Kollekten bringen Millionen ein. Ali Mohammad spricht von »schwarzen Kassen«, Geldwäsche und der Zweckentfremdung von Spendengeldern. Laut Mohammad ahnten die meisten *Milli-Görüs*-Anhänger nichts von diesen Praktiken.[91]

Auch von anderen Vorgängen haben die einfachen Mitglieder offenbar keinen blassen Schimmer. Sie wissen zwar, daß *Milli Görüs* regelmäßig Geldkuriere nach Ossetien und Tschetschenien schickt, um dort islamische Rebellen zu unterstützen; Plakate mit dem Bild des getöteten Tschetschenen-Führers Dudajew sind ein Renner bei *Milli-Görüs*-Anhängern. Immer wieder ruft die Organisation auch zu Spenden für die bosnischen Muslime auf. Doch sie wissen nicht, daß für den »gerechten Kampf« Bündnisse mit totalitären Psychosekten geschlossen werden. Auch in der Öffentlichkeit war davon nichts bekannt. Ali Mohammad aber sagt: »Milli Görüs hat enge Verbindungen mit der Scientology-Sekte.« Mohammads Aussagen werden durch die Erber-Akten untermauert. Danach kooperiert die *Milli-Görüs*-Führung bereits seit 1993 eng mit der *Scientology*-Organisation.

Am 17. Juli 1993 erregt eine bis dato unbekannte *Friedensbewegung Europa – Aktionsbüro Bosnien-Herzegowina* mit einer Demonstration in Bonn Aufsehen. 2500 Menschen ziehen durch die Stadt mit dem Slogan »Menschen für Menschen, Brüder für Brüder, Religion für Religion«. Mit dabei: Mitglieder von bosnischen Hilfsinitiativen und von *Milli Görüs*. Als Hauptrednerin tritt eine Rosy Mundl aus München auf; unter großem Beifall nennt sie die Kämpfe in Bosnien einen »Krieg der Psychiater« und die serbische Führung »Volksmörder im weißen Kittel«. Doch Rosy Mundl war nicht nur »Präsidentin« der *Friedensbewegung*, sondern auch Vorsitzende einer *Kommission für Verstöße der Psychiatrie gegen Menschenrechte e. V.* – einer ideologisch hundertprozentigen *Scientology*-Tochter. Mundl, im Hauptberuf »Musikclown«, hat nach *Scientology*-Angaben mindestens 20000 Mark in die »Kriegskasse« der Sekte eingezahlt. Ihre These vom »Psycho-Krieg« in Bosnien entspricht der abstrusen *Scientology*-

Ideologie, wonach Psychiater insgeheim die internationale Politik steuern. Tatsächlich waren der Kriegsherr Radovan Karadzic, Friedensvermittler Lord Owen und der ehemalige UNO-Generalsekretär Boutros-Ghali von Beruf Psychiater.

Die Verschwörungstheorie klang daher plausibel und kam bei vielen Moslems gut an. In kurzer Zeit wurde die *Friedensbewegung* mit Sitz in Hamburg zur Anlaufstelle für bosnische Flüchtlinge und ihre Unterstützer. Die Sektenleute erlangten erheblichen Einfluß auf die Bosnien-Solidaritätsbewegung. Das Protokoll eines »Koordinations-Meetings« der Scientologen vom 15. August 1993 in Hamburg verzeichnet Teilnehmer von neunzehn verschiedenen Hilfsorganisationen, darunter bosnische und türkische Vereine wie die rechtsextremen *Grauen Wölfe* sowie »verschiedene lokale Gruppen« von *Milli Görüs*.

Es gelang der *Friedensbewegung*, gutgläubigen Moslems viel Geld abzuknöpfen. Nach Informationen der bosnischen Exil-Zeitung »Bosna Press« sammelten die »Brüder für Brüder« bis August 1993 bereits 250 000 Mark. Sie hatten in Flüchtlingsheimen und islamischen Gemeindezentren gezielt um Spenden geworben – Spenden, die »letztlich nur Scientology dienten«, wie Ursula Caberta meint. Laut Caberta sind damals »Millionen« über »dubiose Konten« gelaufen. Doch im August 1993 flog die *Scientology*-Connection auf; die *Gesellschaft für bedrohte Völker* in Göttingen und verschiedene deutsche Politiker veröffentlichten eine Warnung: »Scientology-Tarnorganisation unterwandert Bosnien-Hilfsinitiativen«. Bosnier, die unentgeltlich und gutgläubig bei der Friedensbewegung Europa mitgearbeitet hätten, seien dazu gebracht worden, »an teuren Scientology-Ausbildungskursen zum Auditor teilzunehmen«. Kurz darauf gingen die wichtigsten bosnischen Gruppen auf Distanz. Nicht aber *Milli Görüs*.

Praktisch jeder, der bei *Milli Görüs* Rang und Namen hat, stand mit den Scientologen in Kontakt. Das zeigen umfangreiche Adressen- und Namenslisten aus dem Büro der *Friedensbewegung*, die sich in den Erber-Akten befinden. Selma Erber, die Vorsitzende des Vereins, verfügte über interne Telefonnummern der führenden *Milli-Görüs*-Funktionäre und deren Zentralorgan »Milli Gazete«. Aus anderen Dokumenten geht hervor, daß sogar Kontakte nach Istanbul geknüpft wurden, wo die Islamisten damals mit großen Demonstrationen für Aufregung sorgten. Als Wegbereiter auf Seiten der türkischen Organisation agierte Hasan Özdogan, die Nummer drei in der *Milli-Görüs*-Hierarchie. Ali Mohammad berichtet: »Eines Tages lagen sämtliche Bücher von Scientology auf seinem Tisch, und von da an monatelang.« In den folgenden Jahren seien die Kontakte immer intensiver geworden. »Ständig gingen Faxe hin und her; mit Rosy Mundl hat sich Özdogan sogar geduzt.« Schließlich habe Hasan Özdogan die Sektenleute, darunter Rosy Mundl, 1994/95 sogar zu wichtigen Strategietreffen in islamische Länder eingeladen.

In einem Interview mit dem unabhängigen türkischen Fernsehsender Aypa TV aus Berlin bekannte Özdogan am 17. Dezember 1996, er habe die Scientologen im September 1994 zu den Revolutionsfeierlichkeiten nach Libyen mitgenommen: »Wir sind dort ganz bewußt zusammen gewesen.« Später habe man dann gemerkt, daß diese Kontakte »nicht sehr nützlich« gewesen seien. Auch der *Milli-Görüs*-Vorsitzende Mehmet Erbakan bestätigte uns die Kontakte zu den Sektierern, versuchte aber, sie herunterzuspielen: »Wir kennen da etliche Leute. Wir wollten aus erster Hand wissen, um was es sich dabei handelt. Das war alles.«

Erbakan gestand zwar ein, daß die Ideologien eigentlich unvereinbar seien. Doch die Zusammenarbeit lohnte sich: Die Scientologen bekamen ein Sprungbrett in die islamische Welt, und die Islamisten profitierten von deren wirtschaftlichen Verbindungen. Mehrfach hätten Rosy Mundl und andere Sektenleute, so Ali Mohammad, Kurse über »Management und Administration« in der Kölner *Milli-Görüs*-Zentrale abgehalten. Die Scientologen hätten auch Rechtshilfe geleistet, »beispielsweise wie man sich verhält, wenn ein negativer Bericht im Fernsehen läuft«. Schließlich wurde in der *Milli-Görüs*-Zentrale ein Kontrollsystem eingeführt, das offenbar scientologischen Vorbildern ähnelt. Mohammad sagt: »Sie haben das Sicherheitsgehabe übernommen, wobei die Anschläge auf türkische Einrichtungen den Vorwand lieferten.«

Im April 1994 gründeten die *Milli-Görüs*-Funktionäre Hasan Özdogan, Ali Yüksel und Osman Yumakogullari gemeinsam mit der Kölner Scientologin Beate Töpfer die Firma *BAVG Beratungen, Anlagen, Verwaltungs- und Grundstücksverwertungs GmbH.* Beate Töpfer und ihr Mann Jochen hatten 1990 die schon erwähnten Strategie-Konferenz des scientologischen *Verbandes Engagierter Manager* in Düsseldorf besucht. Beate Töpfer, die in Köln einen Betrieb für Baumanagement betreibt, nahm laut Ali Mohammad sogar an *Milli Görüs*-Mitgliederversammlungen teil und trat dort als Rednerin auf. In der gemeinsamen Firma *BVAG* agierte die Scientologin offenbar als »Strohfrau«. Für zwei Millionen Mark erwarben die Partner das Hotel Forellenwirt bei Overath im Bergischen Land. Der Forellenwirt sollte ein »islamisches Hotel« für hohen Besuch aus der Türkei werden, doch seit dem 30. August 1996 ist er ebenso pleite wie die Firma *BAVG.*[92]

Ähnliche Beziehungen wie mit *Scientology* bestanden laut Ali Mohammad auch mit der rechten Psychosekte *Europäische Arbeiterpartei* des Amerikaners Lyndon LaRouche. Der Sektenführer besitzt Kontakte zum islamistischen Regime im Sudan und schreibt im übrigen ebenso krass antisemitische Artikel wie der *Milli-Görüs*-Theologe Ali Yüksel. Die *EAP*-Blätter »Neue Solidarität« und »CODE« kolportierten als erste die Legende vom »Krieg der Psychiater«. »CODE« schrieb im März 1993 unter der Überschrift »Die ethnische Säuberung durch serbische Psychiater« vom »psychiatrischen Holocaust« in Bosnien-Herzegowina. Wie Ali Mohammad bezeugt, habe der *Milli-Görüs*-Funktionär Hasan Özdogan Vorträge bei der *EAP* gehalten und sei gemeinsam mit Sektenleuten in den Sudan gereist.

Das Düsseldorfer Innenministerium bestätigte uns die Kooperation der drei extremistischen Organisationen. Im Mai 1997 stellte der Verfassungsschutz von Nordrhein-Westfalen in seinem Jahresbericht fest, daß *Scientology* unter den dort lebenden Türken »Fuß fassen« wolle. Dabei wurde offenbar Bezug auf unsere gemeinsamen Recherchen mit Ahmet Senyurt genommen, die wir als Artikelserie in der »Berliner Zeitung« veröffentlicht hatten.[93] Auch in der Türkei erregten die Berichte erhebliches Aufsehen. Türkische Tageszeitungen druckten die Serie auszugsweise nach; im Fernsehen wurde darüber diskutiert.

Inzwischen rekrutieren die Scientologen nach Informationen des Essener Türkei-Experten Faruk Sen auch Mitglieder an den Universitäten von Izmir und Istanbul. In Deutschland bestehen die Verbindungen von *Milli Görüs* zu *Scientology* fort. Noch im November 1996 wurden *Scientology*-Broschüren in der Kölner Fatigami-Moschee verteilt. Und im Frühjahr 1997 traten Scientologen erneut an verschiedene islamische Zentren – vor allem, aber nicht nur von *Milli Görüs* – heran, um das Feindbild, das es in der westlichen Welt gegenüber Moslems gibt, für ihre eigenen Zwecke zu nutzen.

Die ungleichen Partner eint nicht nur die Beobachtung durch den Verfassungsschutz und das Gefühl, in Deutschland zu einer verfolgten Minderheit zu gehören. Auch die internen Strukturen ähneln sich. Beide haben klare Feindbilder, eine strenge Hierarchie und das Gefühl einer ständigen Bedrohung durch die Außenwelt. Wie bei *Scientology* sind die jährlichen *Milli-Görüs*-Kongresse mit Tausenden von Teilnehmern reine Propagandaveranstaltungen. »Demokratisch ist da nichts. Es gibt keine Wahl, keine Diskussionen, keine Gegenkandidaten«, sagt Ali Mohammad. Der Hamburger Orientalist Udo Steinbach erläuterte uns am Telefon: »Ich halte Milli Görüs für sektenmäßig, weil die Organisation intern zutiefst undemokratisch ist.«

Die Journalistin Claudia Danschke vom Berliner Fernsehprogramm Aypa TV hat Kontakt zu vielen in Deutschland lebenden Türken und beobachtet die *Milli-Görüs*-Bewegung seit einigen Jahren. Sie sagt: »Die Milli-Görüs-Anhänger haben irgendwann keinen freien Willen mehr. Sie werden beeinflußt wie in einer Sekte.« Der wachsende Einfluß von *Milli-Görüs* auf die in Deutschland lebenden Türken und ihre Nähe zur *Scientology* beunruhigt mittlerweile nicht nur den Verfassungsschutz, sondern auch die CDU. Denn in keiner anderen deutschen Partei sammeln sich so viele türkische Islam-Fundamentalisten. Beide Gruppen – *Milli Görüs* und *Scientology* – kämpfen um Einfluß und Macht. »Eine alarmierende Entwicklung«, nennt der Berliner Sektenexperte Thomas Gandow ihre Zusammenarbeit.

Der Griff nach der Macht

Colonia Dignidad/Mun-Bewegung/ Scientology/Aum Shinrikyo

Colonia Dignidad: Partner der Diktatur

»Ich habe eine solche Wut gegen diesen Mann, die kann ich nicht in Worte fassen«, sagte Tobias Müller, nachdem es ihm und Salo Luna geglückt war, der berüchtigten *Colonia Dignidad* im Süden Chiles zu entkommen. Zuerst in Chile, dann in Deutschland berichteten sie in Interviews über ihre Flucht und die Erlebnisse in der berüchtigten Sekte des 76jährigen Paul Schäfer, der wegen Kindesmißbrauchs mit internationalem Haftbefehl gesucht wird.

Es war schon bekannt, daß die Kinder in der *Colonia* von ihren Eltern separiert wurden, die Männer getrennt von den Frauen lebten und keine Liebschaften geduldet wurden, daß strenge Beichtrituale und körperliche Mißhandlungen an der Tagesordnung waren und auf dem Gelände mindestens 150 Handfeuerwaffen gelagert wurden. Auch über die seltsame Kungelei mit den örtlichen Behörden hatten die Medien schon häufig berichtet. Doch die Aussagen der Abtrünnigen verstärkten den Druck auf die chilenische Staatsanwaltschaft, endlich effektiv gegen die Sekte vorzugehen. Zwar war im Dezember 1996 erstmals Polizei auf das Gelände vorgerückt, hatte die Gebäude durchsucht und Beweismittel sichergestellt. Weitere Razzien folgten im Frühjahr und Sommer 1997. Doch Paul Schäfer ging den Beamten nicht ins Netz. Kein Wunder: Vor jeder Aktion sickerte durch, daß die Polizei im Anmarsch war. »Der Polizeichef von Parral, der für die Ermittlungen zuständig ist, warnt die Kolonie, bevor er seine Leute losschickt«, bekundete Tobias Müller.[1]

Die *Colonia Dignidad* (Kolonie der Würde), die heute den Namen *Villa Baviera* (Bayerisches Dorf) trägt, ist eine Diktatur mit eigenen Gesetzen, abgeschirmt von der chilenischen Gesellschaft. Das weiträumige Gelände in der Nähe der Kleinstadt Parral, mit 15000 Hektar mehr als dreimal so groß wie das Bundesland Bremen, umfaßt Berge und Wälder und erstreckt sich am Rand der Kordilleren bis fast zur argentinischen Grenze. Es ist mit Zäunen, Stacheldraht und Eisentüren festungsartig gesichert. Mit eiserner Disziplin bauten die Kolonisten ein Wirtschaftsimperium auf, das Agrarprodukte von Geflügel bis Gemüse in ganz Chile verkauft. Es gibt ein eigenes Krankenhaus, ein Kraftwerk und sogar einen kleinen Flughafen.

Die 300 Insassen, meist Deutschstämmige, die 1961 mit dem evangelischen Laienprediger Schäfer nach Chile gingen oder später nachzogen, leben zwar für chilenische Verhältnisse vergleichsweise im Wohlstand. Aber sie werden wie Gefangene gehalten, müssen unermüdlich schuften und strenge Zucht und Ordnung einhalten. Die fromme Sklaverei wird Besuchern unter dem Etikett »deutsche Tugenden« präsentiert und bei Bedarf mit einem Knabenchor garniert. Doch hinter der deutschtümelnden Fassade verbergen sich die dunklen Obsessionen des Sektenchefs. Wie andere Aussteiger, so bezeugen auch Tobias Müller und Salo Luna, daß Paul Schäfer die Jungen in der Kolonie regelmäßig sexuell mißbrauchte. »Es hat keinen Sinn, sich Schäfer zu widersetzen«, sagt Müller. »Er hat immer eine Pistole griffbereit auf dem Nachtschrank.«[2] Fluchtversuche der Mißhandelten scheiterten oft schon an den geographischen Gegebenheiten – oder an der Polizei, die Abtrünnige wieder ins Sektenland zurückschaffte.

Über Jahrzehnte blieb das Reich des »Onkels«, wie sich Schäfer selbst nennen ließ, von Polizei und Staatsgewalt unangetastet. Der Anführer hatte in dreißig Jahren äußerst geschickt ein umfangreiches Netz von Beziehungen in Chile geknüpft, das bis in höchste Regierungskreise reichte. Als die *Colonia* gegründet wurde, konnte sie sich auf die Unterstützung deutscher Politiker und sogar der deutschen Botschaft stützen; auch in späteren Jahren erfreute sie sich der Protektion von deutschen Politikern – aus der bayrischen CSU. In Chile öffneten ihr Schmiergelder manche Tür bei Ämtern und Ministerien. Als »gemeinnützige Gesellschaft« anerkannt, wurden ihr Steuer- und Importvorteile gewährt. Nachdem der reaktionäre General Augusto Pinochet 1973 die demokratische Regierung Salvador Allendes mit einem blutigen Militärputsch gestürzt hatte, mutierte die Sekte zum Handlanger des brutalen Sicherheitsapparates – zu einer »Kolonie des Schreckens«.[3] Ein Bericht der chilenischen Menschenrechtskommission stellte fest, daß in der *Colonia Dignidad* politische Häftlinge gefoltert wurden und über hundert Personen »verschwanden«.

In Paul Schäfers Privatreich gaben sich während der Diktatur die Obristen und Folterknechte des Regimes die Tür in die Hand. Manuel Contreras, der heute inhaftierte Chef des berüchtigten früheren Geheimdienstes DINA, erschien am Wochenende ebenso zum Lunch beim Sektenboß wie hohe Funktionäre der Streitkräfte und der Ex-Diktator Pinochet, der 1997 noch immer Kommandeur des chilenischen Heeres war. Namhafte Politiker chilenischer Rechtsparteien bekundeten immer wieder öffentlich ihre Unterstützung für die *Colonia Dignidad*. In Chile ist es ein offenes Geheimnis, daß auch 1997 noch einflußreiche Kreise den gesuchten Verbrecher deckten – sie schulden ihm Dank für frühere Gefälligkeiten. »Übermächtige Kräfte in Politik, Wirtschaft und Justiz verteidigen und garantieren die Unangreifbarkeit der Colonia Dignidad«, schrieb die Zeitung »La Época« aus Santiago de Chile im Sommer 1997.[4]

Zwar entzog der demokratisch gewählte Präsident Patricio Aylwin der Sekte 1991 den Status der gemeinnützigen Gesellschaft, und die Justiz nahm

Ermittlungen wegen Steuerhinterziehung auf. Daß die Behörden 1997 überhaupt Maßnahmen ergriffen, hatte aber vermutlich weniger mit den unzähligen Berichten und Klagen über die *Colonia* zu tun als vielmehr damit, daß jenes Netzwerk allmählich Risse bekam, das Schäfer zuvor von aller Unbill abschirmte. Zugleich überwanden immer mehr Menschen ihre Angst und sprachen aus, was sie über die Machenschaften Paul Schäfers wußten. Die Behörden ermittelten nicht nur wegen Kindesmißbrauchs, sondern auch wegen Mord, Freiheitsberaubung, Widerstands gegen die Staatsgewalt und Steuerhinterziehung. Sogar von illegalen Organentnahmen bei Kindern war die Rede.[5]

Am 12. August 1997 wurde Schäfers Stellvertreter, der deutsche Arzt Hartmut Hopp, nach einer dramatischen Verfolgungsjagd festgenommen. Der 52jährige »Außenminister« der Sekte wollte sich der Verhaftung entziehen, durchbrach mit seinem Wagen eine Polizeisperre und fuhr mit hoher Geschwindigkeit von der *Colonia* Richtung Norden; nach sechs Kilometern wurde er gestoppt.[6] Drei Wochen später wurde er gegen eine geringe Kaution überraschend wieder entlassen. Währenddessen verdichteten sich Befürchtungen, daß die Sekte einen finalen Showdown inszenieren könnte, falls ihr Anführer den Ordnungskräften ins Netz gehen sollte. Waffen dafür gab es genug auf dem Gelände. »Einige Sektenmitglieder sagten mir, daß sie zu ihren Waffen greifen und auf Leben und Tod kämpfen wollen«, erklärte der Flüchtling Tobias Müller. »Auf den Fall X sind alle vorbereitet.«[7]

Was in Chile vor sich ging, ist beunruhigend: eine totalitäre Sekte als Hilfstruppe eines totalitären Regimes, Rückendeckung durch hohe Polizeioffiziere und Politiker, 35 Jahre lang ungestörter Aufbau eines abgeschotteten Sektenstaates. Doch die *Colonia Dignidad* ist nicht das einzige Beispiel für unheilvolle Allianzen zwischen politisch Mächtigen und den gedrillten Kadern von harten Sekten und Psycho-Kulten. Wenn sie politisch »paßten« oder nützliche Dienste leisteten, wurden selbst in demokratischen Gesellschaften autoritäre Kult-Gruppen unterstützt, gefördert oder ihre Dienste in Anspruch genommen. Wir haben in diesem Buch einige Beispiele genannt: Die *Aktions-Analytische Organisation* des Sex-Maniacs Otto Mühl erfreute sich in Österreich mehr als zwanzig Jahre lang nicht nur der Protektion durch lokale Gebietsfürsten, sondern sogar von Spitzenpolitikern bis hin zum langjährigen Ministerpräsidenten Bruno Kreisky. Die maoistische *Tvind*-Bewegung in Dänemark wurde über 25 Jahre von Sozialdemokraten und Sozialisten unterstützt, ihre ominösen Geschäfte gedeckt. Die rechte Psycho-Sekte *VPM* fand Freunde in konservativen Kreisen und sogar in der Bundestagsfraktion der in Bonn regierenden CDU.

Wer da wen benutzt, ist oft nicht genau zu trennen. Sicher ist: Mit autoritären Sekten dringen auch autoritäre Strukturen in die Gesellschaft vor. Da alle Sekten grundsätzlich Fundamentalisten sind, haben sie in der Regel auch den Anspruch, die Welt zu retten – was sich bei einigen Gruppen nicht nur auf die Missionierung neuer Jünger beschränkt. Manche haben ausgeklügelte Strategien entwickelt, um Macht in Wirtschaft, Gesellschaft und Politik zu gewinnen. Christliche Fundamentalisten verfügen über erheblichen Einfluß in der Republikanischen Partei der USA. Sie kämpfen allerdings mit demokratischen Mitteln um die politische Macht, ebenso wie die *Mormonen* im US-Staat Utah, die dort seit mehr als hundert Jahren das politische Establishment stellen. Der *Bhagwan-Osho*-Bewegung gelang es dagegen mit teils illegalen Tricks, eine Gemeinde im US-Staat Oregon unter ihre Kontrolle zu bringen; erst als sie auch den zugehörigen Landkreis dominieren wollte und dabei zu offen kriminellen Methoden griff, stieß sie auf staatlichen Widerstand.

Wohl nirgends sonst aber haben Sekten und neuartige Kulte einen derart starken Einfluß auf die Politik als in Japan.[8] Die buddhistisch geformte Sekte *Soka Gakkai* stieg nach dem Krieg wie ein Komet zur größten Religionsgemeinschaft des Landes auf. In nur knapp zehn Jahren sammelte die 1930 gegründete Organisation mehr als eine Million Anhänger. Heute folgen der »Studiengesellschaft zur Schaffung von Werten« bereits über acht Millionen Menschen in Japan, dazu zwei Millionen in 115 weiteren Ländern. *Soka Gakkai* ist eine straff organisierte, streng hierarchisch aufgebaute Sekte, die zielstrebig nach der politischen Macht greift. 1964 gründete sie eine eigene Partei namens Komeito (Partei für saubere Politik), die an Lokal- und Landeswahlen erfolgreich teilnahm und seit 1994 als Teil des Oppositionsbündnisses Shinshinto (Neue Fortschrittspartei) mit 45 Abgeordneten im nationalen Parlament sitzt. Die politische Partei mit dem Programm einer »buddhistischen Demokratie« ist zwar offiziell von der Sekte getrennt. Das hält Ulrich Dehn von der Evangelischen Zentralstelle für Weltanschauungsfragen in Berlin jedoch für »eine Farce«. Die Partei lehne zwar Gewalt ab, doch sei der »politische Arm der Soka Gakkai ein großer Machtfaktor für die Sekte, der bei Koalitionsverhandlungen entscheidend sein kann«, so Dehn.[9]

Die *Soka Gakkai* führt nicht nur eine politische Partei, sie hat in den letzten fünfzig Jahren auch ein gewaltiges Wirtschaftsimperium aufgebaut und verfügt über ein Vermögen von etwa 100 Milliarden Dollar. Die Bewegung besitzt eine Tageszeitung mit einer Fünf-Millionen-Auflage, Museen, Schulen und Kindergärten. Ihre inneren Strukturen sind jedoch alles andere als demokratisch. Sie erwarb einen zweifelhaften Ruf durch ihren aggressiven Umgang mit abtrünnigen Mitgliedern. »Denen ist alles zuzutrauen«, sagte Jusen Kashiwazaki von der 10 000 Mitglieder umfassenden Vereinigung der *Soka Gakkai*-Opfer dem »Spiegel«.[10] Dem Bericht des Nachrichtenmagazins zufolge wurde der buddhistische Priester 1991 von einem Schlägertrupp fast zu Tode geprügelt. Den Fachmann Ulrich Dehn erreichte der Bericht einer deutschen Aussteigerin, der den Vorgängen bei

Scientology ähnelt. Die Frau mußte wochenlangen Telefonterror und andere Belästigungen erdulden.

Wie *Scientology* läßt sich auch die *Soka Gakkai* nicht gern in die Karten schauen. Die Sekte, die in den 60er Jahren durch ihre fanatischen Rekrutierungsaktionen auffiel, schirmt sich heute nach außen ab und ist paramilitärisch organisiert; die Gläubigen sind nach Wohnbezirken gegliedert. Wie weit die *Soka Gakkai* bereits gesellschaftlich akzeptiert ist, zeigen jedoch die zahlreichen Ehrendoktorhüte und der Friedenspreis der Vereinten Nationen, der ihrem Chef Daisaku Ikeda 1983 verliehen wurde. Der charismatische Anführer ist bereits der zweite Nachfolger des Sektengründers Tsunesaburo Makiguchi, der 1944 im Gefängnis starb, als das Militärregime die noch junge Bewegung zerschlagen wollte. Für Ikeda ist die *Soka Gakkai* die »Sonne Japans und die Hoffnung der Welt«. In Deutschland hat die Bewegung etwa 2000 Anhänger – und seit neuestem einen unvermuteten Bewunderer. Der einstige Chef der DDR-Auslandsspionage, Markus Wolf, bezeichnet den Sektenboß Ikeda in seinen 1997 publizierten Memoiren als »japanischen Philosophen« und zitiert ihn ausführlich in einem Kapitel, wo er über »Glanz und Elend der Spionage« schreibt.[11]

Ähnlich wie Daisaku Ikeda sieht auch Hogen Fukanaga die Rettung vor dem Weltuntergang aus »Japan, dem Land der aufgehenden Sonne« kommen. Fukanaga, der sich den »letzten Erlöser nach Buddha und Christus« nennt, führt die Sekte *Ho no hana sampogyo*, der angeblich 300 000 Jünger angehören. Neben Ikeda und Fukanaga werben in Japan weitere 180 000 staatlich anerkannte Gurus und Religionsgemeinschaften um Mitglieder. Es sind vor allem junge Japaner, die Lebenshilfe und Trost bei den Seelenfängern suchen; Beobachter führen dies auf die Gruppenzwänge und die Gefühlskälte der japanischen Gesellschaft zurück.

Der Zulauf religiöser Meister und Scharlatane hat auch historische Gründe. Seitdem Kaiser Hirohito unter amerikanischem Druck 1946 seiner Göttlichkeit entsagte, gibt es in Japan keine Staatsreligion mehr. An den Schulen wurde der Religions- und Ethikunterricht abgeschafft; dort herrscht seitdem strenge Zucht zur Vorbereitung aufs Angestellten- oder Managerdasein. Es entstand eine Art spirituelles Vakuum, das Tausende von »neuen Religionen« nutzten, um Jünger zu rekrutieren. Japan wurde das Land mit den bei weitem meisten Religionsgemeinschaften und Sekten auf der Erde. Mindestens jeder zehnte Japaner folgt heute einem Sekten-Guru. Und immer mehr dubiose Kulte verkünden apokalyptisch-chauvinistische Lehren von einem Land Nippon, das nach dem Dritten Weltkrieg erneut zur Großmacht im pazifischen Raum aufsteigen werde. Anders als in Europa haben solche Gruppen erhebliche Erfolge, und ihre Ansichten treffen auf verbreitete Zustimmung – bis weit hinein in das Establishment.

Mun-Bewegung: »Sieg über den Kommunismus«

Der Endzeit-Glaube kommt nach Japan vor allem aus Südkorea, wo christlich-apokalyptische *Charismatiker*-Sekten seit Jahrzehnten enormen Zulauf haben. Aus Korea stammt auch die sogenannte *Vereinigungskirche* des selbsternannten »Messias« und »Reverend« San Myung Mun, die in Japan doppelt so viele Anhänger besitzt wie im Rest der Welt und dort angeblich schon über 300 kommerzielle Firmen kontrolliert. Nach Informationen des britischen Journalisten Peter McGill ist der rechte Flügel der in Japan regierenden Liberaldemokraten von »treu ergebenen Gefolgsleuten« Muns durchsetzt.[12]

Weltweit berüchtigt wurde die 1954 gegründete *Mun*-Bewegung durch ihre perfektionierten Methoden mentaler Kontrolle, durch Familientrennungen und die Ausbeutung ihrer rund 200 000 Mitglieder. Mun und seine Frau sehen sich als »die wahre Familie der gesamten Menschheit«. Bis zum Niedergang der Sowjetunion kämpfte der »Reverend« vor allem gegen den Kommunismus als satanischen Hauptfeind Gottes. Dagegen sollte der Munismus oder Gottismus eine »perfekte Menschheit« und eine »sozialistische Gesellschaft mit Gott als Mittelpunkt« schaffen – notfalls auch durch einen »Dritten Weltkrieg«, der, wie Mun mehrfach verkündete, »zwangsläufig kommen muß«.[13]

Seine Pläne waren zeitlebens hochgespannt und umfaßten nichts Geringeres als die Weltherrschaft; Rußland galt dabei als wichtigste Etappe. Im Jahr 1973 erklärte Mun: »Die Welt ist das Ziel. Unser Ziel ist jetzt Moskau, das Symbol des Kommunismus. Selbst der Name Moskau hört sich prima an, nicht?« Der Sektenführer schwadronierte: »Wenn die Kommunisten kommen, um die Vereinigungskirche mit Gewehren zu zerstören, dann müssen wir auch mit Gewehren kämpfen. (...) Wenn die Zeit kommt, um die satanischen Kräfte zu bekämpfen, dann werde ich nicht zögern, der Chefkommandant der himmlischen Armee zu werden.«[14] Heute hat der »himmlische Kommandant« den Weltkrieg aus seinem Programm gestrichen, aber alles andere behielt er bei. »Ziel ist eine von Korea regierte Welt unter Herrschaft der Mun-Familie«, urteilt der Berliner Experte Thomas Gandow.

Wohl keine andere Sekte mit Ausnahme von *Scientology* und der *Soka Gakkai* greift dermaßen massiv nach wirtschaftlicher und politischer Macht wie der Kult des einstigen Elektroingenieurs Mun. Und keine andere Sekte ist über Jahre so stark von ganz unterschiedlichen politischen Kräften, sogar von Regierungen unterstützt, gefördert und zum gegenseitigen Nutzen eingesetzt worden. Lang ist die Liste der Prominenten, die schon einmal vom Sektenboß oder einer seiner Tarnorganisationen Geld bekommen haben: George Bush, Michail Gorbatschow, der frühere britische Premierminister Edward Heath, Sambias ehemaliger Staatspräsident Kenneth Kaunda, der einstige US-Außenminister Alexander Haig, der frühere Verteidigungsminister Lee Aspin, die Hollywoodschauspieler Christopher Reeve und Charlton Heston.

Die Londoner Tageszeitung »Daily Mirror« bezeichnete die *Mun*-Bewegung als eine Sekte, die »unsere Gesellschaft aussaugt und dabei fett wird wie die Made im Speck«.[15] Immerhin: Mun darf seit Ende 1995 auf Anweisung des britischen Innenministers Großbritannien nicht mehr betreten. Auch in der Bundesrepublik wurde ihm im November 1995 die Einreise verweigert, als er »erstmals seit 23 Jahren wieder öffentlich in Deutschland eine Ansprache geben« wollte.[16] Begründung: »Beeinträchtigung für die öffentliche Sicherheit und Ordnung.« Die chilenische Regierung kündigte im Juli 1997 an, das Justizministerium werde die Aktivitäten der Sekte im Land untersuchen, denn diese habe mit der »Anwendung psychischer Gewalt die Menschenrechte verletzt« und gegen den Status als gemeinnützige Vereinigung verstoßen.[17] Mun investiert in großem Maßstab in chilenischen Bauunternehmen.

Die Macht San Myung Muns ist auf einem Wirtschaftsimperium aufgebaut, das unaufhörlich weiter wächst. Die Sekte unterhält in verschiedenen Ländern – auch der Bundesrepublik – Bau- und Werkzeugmaschinenfabriken, Druckereien, Reinigungs- und andere Dienstleistungsunternehmen. In den USA besitzt sie die einflußreiche Tageszeitung »Washington Times« (Auflage 300 000 Exemplare), die Ronald Reagan einmal als sein »Lieblingsblatt« bezeichnete. Der wirtschaftliche Schwerpunkt ist Südkorea, wo Mun rund dreißig Unternehmen gehören, darunter der Schwerindustriekonzern *Tong Il* (Vereinigung). Diese Firma bekam von den US-amerikanischen *Colt*-Werken die Exklusivlizenz, um M-16-Gewehre für die südkoreanische Armee herzustellen; des weiteren liefert sie vorgefertigte Bauteile an die Automobilkonzerne *Hyundai* und *Sangjong*. Außerdem soll San Myung Mun den Welthandel mit der Heilpflanze Ginseng weitgehend unter seine Kontrolle gebracht haben. Auf »weltweit zehn Milliarden Mark« schätzt Thomas Gandow den Umsatz des Machtkonglomerats.

An seiner Machtbasis Südkorea unterhielt Mun stets beste Kontakte mit den Regierungen, ob Diktatur oder Demokratie. Es ist kein Geheimnis, daß er jahrelang mit dem berüchtigten südkoreanischen Geheimdienst KCIA zusammenarbeitete. Regierung und Sekte einte stets der gemeinsame Antikommunismus, für den Mun mit seiner rechtsextremen *Internationalen Vereinigung für den Sieg über den Kommunismus (International Federation for Victory over Communism)* die Trommel rührte. Doch als sich der Sektenführer während des Watergate-Skandals in den Vereinigten Staaten demonstrativ hinter Präsident Richard Nixon stellte, hatte er die Grenze überschritten. Die CIA präsentierte dem Kongreß in Washington höchst brisante Berichte. Danach sei die *Vereinigungskirche* von General Kim Jong Pil, dem Gründer und ersten Leiter des Geheimdienstes KCIA »als ein Werkzeug seiner Politik« organisiert und auch dementsprechend eingesetzt worden. Kim wurde von 1971 bis 1975 Premierminister Südkoreas und ist heute der Führer der drittgrößten Partei des Landes.

Als Ronald Reagan zum Präsidenten der USA gewählt wurde, erhielt Mun wieder Zugang zum Weißen Haus – schließlich war der neue Mann ja wie er selbst angetreten, das »Reich des Bösen« auszulöschen. Der Flirt mit dem »Oval Office« endete zunächst 1982, als der »wahre Messias« wegen Verschwörung und Steuerhinterziehung in Millionenhöhe zu 18 Monaten Gefängnis verurteilt wurde. Seine Strafe trat er 1984 an, wurde aber wegen guter Führung vorzeitig aus der Haft entlassen und ging zunächst nach Japan. Erst im April 1990 erschien er wieder auf der politischen Bühne, als er nach einer von ihm gesponsorten World Media Conference in Moskau überraschend vom sowjetischen Präsidenten Michail Gorbatschow empfangen wurde.[18]

Verblüfft registrierten Beobachter die ideologische 180-Grad-Wende. Mun fand dafür eine griffige Begründung. Er erklärte den Kampf gegen das »Reich des Bösen« für beendet. Er verkündete, er habe nunmehr den Kommunismus besiegt und »das Wunder von Moskau« vollbracht. Seine World Media Conference bezeichnete er als den seit vierzig Jahren angekündigten »Marsch nach Moskau«; und um den Sieg auch symbolisch zu bekräftigen, dekorierte er hohe russische Funktionäre mit einem Phantasie-Orden. Darunter den Vizepräsidenten der Akademie der Wissenschaften und den Chef-Herausgeber der »Prawda«. Präsident Michail Gorbatschow bedankte sich anschließend »für die spirituelle und moralische Unterstützung, die Sie mir bis jetzt gegeben haben«.[19] Ob auch materielle Unterstützung gemeint war? Es gibt Stimmen, die beharrlich behaupten, daß die hohen Einnahmen der Moskauer Gorbatschow-Stiftung mit einem Spender namens Mun zusammenhängen könnten.[20]

An die Moskauer Verbindungen knüpfte der einstige Kommunistenfresser große Hoffnungen. So äußerte in dem amerikanischen Sektenblatt »Unification News« ein »Ostexperte« der *Mun*-Bewegung: »Irgend jemand wird die Posten des zusammenbrechenden kommunistischen Reiches erben. Und Führer sind hier ja Mangelware. Wir müssen uns darauf orientieren für die 90er Jahre.«[21] Mun schickte umgehend seine Rekrutierungskolonnen in die ehemalige Sowjetunion, veranstaltete Hunderte von Seminaren und knüpfte weitere Kontakte zu Regierungsstellen. Er fand viele offene Türen; beispielsweise unterstützte das russische Erziehungsministerium seine »Bildungsveranstaltungen«; Mun-Bücher werden nach Auskunft des Moskauer Sektenexperten Alexander Dworkin »in über 2000 Schulen« verwendet. Auch an Zulauf mangelte es nicht. Schon zu Beginn des Sommers 1992 gab es in Rußland etwa 5000 Anhänger der *Mun*-Bewegung. Die Missionierungserfolge verleiteten den »Reverend« zu der etwas voreiligen Erklärung, er werde in einer der vielen Republiken Rußlands den *Munismus*

Massenhochzeit von Mun-Anhängern in Südkorea

zur Staatsreligion machen – sprich: die politische Macht ergreifen. »Rußland ist ein Land, das dies ernsthaft überlegt«, behauptete er.[22]

Fast unbemerkt von der Öffentlichkeit, ging der inzwischen über siebzigjährige Sektenführer noch einen Schritt weiter und knüpfte sogar Kontakte zum kommunistischen Regime in Nordkorea – ein sensationeller Vorgang. Schon im Dezember 1991 stand San Myung Mun auf nordkoreanischem Boden. In der Hauptstadt Pjöngjang traf er sich mit seinem einstigen Erzfeind, dem Diktator Kim Il Sung. Der »wahre Messias« und der »große Führer« verstanden sich auf Anhieb, und Mun bekam die Erlaubnis, in der Nähe von Pjöngjang eine »Kirche« zu errichten – in jenem Zwanzig-Seelen-Nest, wo er 1920 geboren wurde. Er will dort 100 Millionen Dollar investieren und einen »Park des Friedens« errichten. Sein Adlatus Mark Barry, Forschungsleiter der Tarnorganisation *Gipfelrat für den Weltfrieden (Summit Council for World Peace)* in Washington, sagte, Ziel der Sekte sei es, an Muns geheiligtem Geburtsort »eine Art Kultstätte« aufzubauen.[23] Pak Bo Hi, der Stellvertreter Muns, früher Oberstleutnant der südkoreanischen Armee und zugleich Militärattaché in Washington, nahm 1994 sogar am Staatsbegräbnis für Kim Il Sung teil und erhielt eine Audienz bei dessen Sohn und Nachfolger Kim Jong Il.

Das Techtelmechtel zwischen der Sekte und dem kommunistischem Sektenstaat ist umso verblüffender, als Süd- und Nordkorea bis heute keine diplomatischen Beziehungen besitzen und immer wieder bewaffnete Scharmützel an der Grenze vorkommen. Doch der Sinneswandel San Myung Muns, so schreibt der Journalist Peter McGill, sei gar »nicht so erstaunlich, wie es scheint«.[24] Er vermutet, daß Mun immer noch eng mit der Regierung in Seoul kooperiert. Der Geheimdienst KCIA benötige die Verbindungen der *Vereinigungskirche*, um sich Informationen zu beschaffen: »Die großen Vorhaben der Vereinigungskirche am Geburtsort von Mun legen die Vermutung nahe, daß die Sekte als ein Trojanisches Pferd vorgeschickt wird, das die Entwicklung im Norden beeinflussen soll, wo ›Politik‹ und ›Religion‹ seit langem in dem einzigartigen Kult um Kim Il Sung vereint sind.« Der geplante Mun-Park weise zudem eine starke Ähnlichkeit mit einer ähnlichen Gedenkstätte für Kim Il Sung auf. »Eine ›Fusion‹ oder die Übernahme der Kontrolle über den Kult um Kim Il Sung durch die Mun-Sekte ist durchaus vorstellbar.«

Dann wäre der alternde Sekten-Chef endlich am Ende seiner Wünsche – dem eigenen Staat, einem Ziel, das er schon in den 60er Jahren verfolgte, als er Uruguay »umdrehen« wollte und man ihn dort des Landes verwies. Im Fall des Falles würde sich für die Bewohner Nordkoreas wohl nicht viel ändern. Sie müßten nur die Bilder wechseln: Statt Kim Il Sung und Kim Jong Il – Mun und Gattin. Ein neues Element ihres Alltags wären allerdings Massenhochzeiten mit Zwangsverheiratung und gemeinsame Ausflüge zum Fundraising.

Aber solange das Projekt Nordkorea noch in den Anfängen steckt, treibt Mun anderswo die Expansion voran. In Südchina ließ das Automobilunternehmen *Panda Motor Corporation*, dessen Präsident der Mun-Vize Pak Bo Hi ist, 1992 eine riesige Fabrikhalle errichten. Zwar liefen die geplanten *Panda*-Autos dort nie vom Band; das Vorhaben versandete aus ungeklärten Gründen. Dafür erwarb die Sekte in den USA von *General Motors* eine Zulieferfabrik, die nun Autoteile für den amerikanischen Markt produziert. Auch ein amerikanischer Kabelfernsehsender namens *Nostalgia* kam auf Muns Einkaufsliste – wohl um seine Predigten im ganzen Land zu verbreiten.

Der »Reverend« hat es stets verstanden, zur Imagepflege konservative Politiker und Professoren mit klingenden Namen an sich zu binden (siehe Kapitel 8). Als er im August 1995 im südkoreanischen Seoul 35 000 Paare bei einer Massenhochzeit segnete, trat als Hauptredner der ehemalige britische Premierminister Sir Edward Heath in Erscheinung. Doch San Myung Muns »bestes Pferd im Stall« ist George Bush. Der ehemalige US-Präsident und dessen Frau Barbara mußten 1995 in den USA viel Kritik hinnehmen, weil sie für die *Föderation der Frauen für den Weltfrieden (Women's Federation for World Peace)* eine Vortragsreise durch Japan unternahmen. Gründerin und Chefin der *Föderation* ist Muns Frau Hak Ja Han, die im Anschluß an die präsidialen Referate stets ein Loblied auf den Sektenchef sang. Ausschnitte aus den Vorträgen und andere Szenen mit der Bush-

Family wurden in einem Propagandafilm der *Mun*-Bewegung verwendet, der in Japan frische Anhänger locken und alte neu motivieren soll.

Schon die bisherige Kumpanei des ehemaligen US-Präsidenten mit dem Sekten-Tyrann erscheint mehr als befremdlich. Doch was im November 1996 im Sheraton-Hotel in Buenos Aires geschah, wirkt nahezu unfaßbar. Kurz zuvor hatte Mun eine neue Organisation gegründet, die *Familienföderation für den Weltfrieden (Family Federation for World Peace)*. Sie soll die »wahren Familienwerte« befördern und führt zu diesem Zweck das Blessing (Segnung) der *Mun*-Bewegung durch. Das Ritual beginnt mit der Holy Wine Ceremony, bei der die Jünger eine Flüssigkeit trinken, die mit Tropfen von Muns Blut und Samen angereichert wird. Anschließend folgen rituelle Hiebe mit dem Baseballschläger – eine Erniedrigungszeremonie.

Am 23. November 1996 versammelte Mun in Buenos Aires eine illustre Runde von ehemaligen und amtierenden Präsidenten, Politikern und hochrangigen Beamten, vor allem aus Lateinamerika, aber auch aus anderen Kontinenten. Anlaß war die Eröffnungsfeier seiner neuen Zeitung für Südamerika, der »Tiempos del Mundo«. Dabei ergriff auch Ex-Präsident George Bush als bezahlter Redner das Wort. Vor allem aber redete Mun. Er lud alle Anwesenden recht herzlich zum nächsten Blessing ein und hielt dann eine denkwürdige Rede, die er als »direkte Offenbarung von Gott speziell für dieses Zeitalter« bezeichnete und wörtlich in der Silvesterausgabe 1996 der »Washington Times« abdruckte, wohl als Neujahrsgeschenk für seine Leser.[25]

Mun sagte: »Wir stehen an der Schwelle des neuen Jahrtausends. Ich glaube darum, daß es Zeit ist, unsere althergebrachten Denkmuster zu überprüfen. (…) Alle von Ihnen Präsidenten und vornehmen Gästen sind berühmt, aber es gibt etwas, daß Sie nicht wissen. Sie wissen nämlich nicht, was einen Mann zum Manne macht und ein Weib zum Weib … Die Antwort ist: Die Geschlechtsorgane. (…) Zentriert auf die Stelle, wo Gatte und Gattin eins werden durch ihre Geschlechtsorgane, will Gott erscheinen und uns treffen. (…) Lassen Sie uns entdecken, was die Scheidelinie zwischen Himmel und Hölle ist … Es ist Ihr Geschlechtsorgan … Wer könnte das leugnen? Das ist erklärt in dem Kapitel über den menschlichen Sündenfall im Göttlichen Prinzip, der Lehre von Reverend Mun. Wenn Sie daran zweifeln, fragen Sie Gott. Sie können Reverend Muns Göttliches Prinzip nicht ablehnen.« Schließlich gab der Sektenchef seinen illustren Gästen noch einen Rat mit auf den Weg: »Ich wünsche, daß Sie sich auf das absolute Geschlechtsorgan, das einzige Geschlechtsorgan, das unwandelbare Geschlechtsorgan und das ewige Geschlechtsorgan ausrichten und dies als Fundament benutzen, Gott nachzujagen. (…) Wohin Sie immer gehen, versuchen Sie, Rev. Muns Botschaft durch das Fernsehen und andere Medien zu verbreiten. (…) Danke sehr. Amen.«

Fast noch interessanter als die Rede selbst, mit der Mun die Geschlechtsorgane in den Rang des Göttlichen erhebt, war die Reaktion der Gäste – all der Präsidenten, Politiker und Prominenten. Sie lauschten den bizarren Ausführungen des »Reverend«, ohne sich zu regen oder gar den Saal zu verlassen. »Man darf das nicht als Geschichten eines Dirty Old Man mißverstehen«, sagt Sektenexperte Thomas Gandow. »Es geht auch um Demütigung. Wer käuflich ist, muß nicht nur bei allem mitmachen, er muß sich eben auch alles anhören.«

Die vorzüglichen Verbindungen San Myung Muns zu den Mächtigen finden nur selten das Interesse der Medien. Anders steht es um die totalitäre *Scientology*-Organisation. Wohl keine Sekte hat in den letzten Jahren international derartiges Aufsehen erregt – und über keine andere ist ausführlicher berichtet worden. Trotzdem hat sich *Scientology* zu einer der reichsten, bestorganisierten und gefährlichsten Kulte der Welt entwickelt. Im folgenden wollen wir einen Überblick über die wichtigsten Entwicklungen im »Sonderfall Scientology« geben.

Scientology: Anerkennung in den USA

Während führende Repräsentanten der Republikanischen Partei in den USA immer wieder eine seltsame Nähe zur *Mun*-Sekte zeigten, haben die Demokraten offenbar ein *Scientology*-Problem. Die wiederholten Interventionen der Regierung Clinton in die deutsche Innenpolitik zugunsten von *Scientology* stimmen nachdenklich; auch der deutsche Botschafter in Washington wird immer wieder von amerikanischen Politikern aufgesucht, die sich über die Behandlung der Sekte in Deutschland beschweren. Als der Verfassungsschutz-Ausschuß des Berliner Abgeordnetenhauses am 24. Oktober 1996 über die Beobachtung von *Scientology* debattierte, verfolgten zwei amerikanische Botschaftsangehörige die Sitzung. »Unglaublich und erschreckend« nannte Renate Rennebach, die sektenpolitische Sprecherin der SPD, die Vorgänge. Parlamentarier aus der Demokratischen Partei brachten sogar eine Resolution in den Kongreß ein, um Deutschland wegen seiner Sekten-Politik offiziell zu verurteilen.[26]

Damit trägt eine langfristig angelegte Strategie der Sekte Früchte. *Scientology* schaltet seit Jahren teure Anzeigenkampagnen in führenden amerikanischen Zeitungen und betreibt in Washington massive Lobbyarbeit, um sich wahrheitswidrig als »verfolgte religiöse Minderheit« darzustellen. Vielen Amerikanern fehlen Informationen, um diese Propaganda richtig zu bewerten. Wie geschickt die *Scientologen* dabei vorgehen, mußte der SPD-Bundestagsabgeordnete Freimut Duwe erleben, als er während eines Besuchs in der amerikanischen Hauptstadt Anfang März 1996 im berühmten National Press Club eine Pressekonferenz gab. Er wollte auch die deutsche

Haltung zu *Scientology* erläutern und klarstellen, daß von einer Diskriminierung religiöser Gruppen in der Bundesrepublik keine Rede sein könne; allein in seiner Heimatstadt Hamburg seien 46 Religionsgemeinschaften tätig und keine einzige Sekte verboten. Plötzlich erhob sich ein Herr aus dem Publikum, zeigte einen dicken Aktenordner vor und erklärte, sein Name sei Gerhard Haag. Er sei Scientologe und habe bei »Nacht und Nebel« aus Deutschland emigrieren müssen, weil er dort verfolgt worden sei und seinen Beruf nicht mehr habe ausüben dürfen.

»Ich war völlig überrascht und konnte dazu nichts inhaltlich sagen, weil ich den Fall nicht kannte«, erinnert sich Duwe im Gespräch. In Wahrheit war Haag in die Sektenhochburg Clearwater in Florida gezogen, weil er rechtskräftig verurteilt worden war – wegen illegaler Beschäftigung ausländischer Arbeiter; außerdem hatten ehemalige Mitarbeiter seiner Stahlbaufirma in Eßlingen weitere illegale Handlungen bezeugt.[27] In diesem Fall verfehlte die Inszenierung allerdings ihren Zweck, denn im Publikum saß auch ein ehemaliger Scientologe namens Arnie Lerma, der aufstand und laut sagte: »Ich war lange Scientology-Mitglied in den USA. Nach dem Austritt ließ die Sekte meine Wohnung durchsuchen. Sie verklagten mich vor Gericht. Sie wollen mich fertigmachen. Ich bin ein Opfer von Scientology.«[28]

Wie sich herausstellte, hatte Lerma nach seinem Ausstieg im Internet über *Scientology* aufgeklärt und war daraufhin 1994 von der Sekte verklagt worden. Die Prozesse kosteten ihn 1,3 Millionen Dollar; er überstand sie nur, weil er glücklicherweise eine Rechtsschutzversicherung besaß. Die Organisation bekam trotz einer Millionenforderung nur 2 500 Dollar wegen fünf »Copyright-Verletzungen«. Lerma ist sich indessen sicher, daß *Scientology* vorhatte, ihn wirtschaftlich zu »vernichten«. Doch die Sekte nutzt juristische und andere Finessen nicht nur, um gegen Abtrünnige und Kritiker vorzugehen. Mit den gleichen Mitteln nimmt sie staatliche Organe ins Visier. »Jede Abteilung der US-Regierung ist infiltriert von Scientology-Mitgliedern. Scientology ist die subversivste Organisation der Welt«, erklärt Arnie Lerma.[29] Der ehemals hochrangige *Scientologe* Robert Vaughn Young aus Seattle hält es für »sehr wahrscheinlich«, daß *Scientology* den US-Präsidenten Bill Clinton mit Wahlkampfspenden unterstützt habe. Er fügt hinzu: »Wir haben uns bereits zu meiner Zeit über Washingtoner Anwälte in die US-Regierung eingekauft.«[30]

Mitte Oktober 1993 wurde eine gigantische Jubelfeier in der Sportarena von Los Angeles weltweit in die großen *Scientology*-Zentralen simultan übertragen. Im Hochgefühl eines fast unglaublichen Triumphes rief der damals 32jährige *Scientology*-Boß David Miscavige seinen Anhängern in aller Welt zu: »Zu keiner Zeit in der Geschichte dieses Landes ist eine Gemeinschaft je solchen Angriffen ausgesetzt gewesen. Dieser Krieg beendet alle Kriege.«[31] Die amerikanische Steuerbehörde Internal Revenue

Service (IRS) hatte nach dreijähriger Prüfung entschieden, *Scientology* sei eine gemeinnützige Religionsgemeinschaft und daher von allen Abgaben zu befreien; dies betraf sogar kommerzielle Unternehmen wie die Medienfirma *Golden Era Productions* und die Wirtschafts-Dachorganisation *WISE*. Für *Scientology* bedeutete die Entscheidung eine Steuerersparnis in zweistelliger Millionenhöhe pro Jahr; amerikanische Scientologen können ihre teuren Kurse seitdem von der Steuer absetzen.

Viele Kritiker trauten ihren Ohren nicht, als sie davon erfuhren. *Scientology* hatte vierzig Jahre lang einen erbitterten Kampf gegen den IRS geführt; die Sekte fühlte sich damals in den USA im gleichen Maße »verfolgt« wie heute in Deutschland. Bis 1993 hatten die Behörden auch in den Vereinigten Staaten *Scientology* als kommerzielles Unternehmen und keineswegs als Kirche eingestuft. 1984 befand das US-Steuergericht, der kalifornische *Scientology*-Zweig habe ein Geschäft aus der Religion gemacht und »fast ein Jahrzehnt dafür konspiriert, die Vereinigten Staaten zu betrügen«.[32] Die Sekte mußte damals 1,3 Millionen Dollar Steuern nachzahlen. Noch 1992 erklärte der US Claims Court, daß der »kommerzielle Charakter« von *Scientology* offensichtlich sei.[33]

Bis zu der mysteriösen Wende von 1993 galt *Scientology* in den USA ähnlich wie heute in Deutschland als eine gefährliche und verrückte Organisation; ihre Methoden beschrieb das »Time Magazine« 1991 als »ungeheuer gewinnträchtige Gaunerei im Weltmaßstab«, die durch eine »mafiaartige Einschüchterung von Mitgliedern und Kritikern« erreicht werde.[34] Doch der denkwürdige »Sieg« über das amerikanische Finanzamt änderte alles. Mit dem amtlichen Gütesiegel »Kirche« versehen, begannen Miscavige & Co umgehend mit ihrer Kampagne gegen die Bundesrepublik. Mit umwerfendem Erfolg: Schon vier Monate später bekrittelte der US-Menschenrechtsbericht erstmals, daß die »anerkannte Kirche« in Deutschland diskriminiert werde.

Doch schon kurz nach der mysteriösen Entscheidung gab es unübersehbare Hinweise auf eine fast unglaubliche Einflußnahme der Sekte auf den IRS – und dies war nur denkbar, wenn die Regierung selbst das Verfahren deckte.[35] Unsere eigenen Recherchen wurden am 9. März 1997 nachdrücklich bestätigt. An jenem Tag veröffentlichte die »New York Times« die Ergebnisse zweijähriger Untersuchungen ihres Reporters Douglas Frantz.[36] Der Journalist brachte Licht in eines der rätselhaftesten innenpolitischen Ereignisse der Clinton-Ära. Er schilderte, wie die *Scientologen* den IRS mit skrupellosen Tricks in die Enge trieben, um die Steuerbefreiung zu erreichen. Ihre Operation war offenbar die Fortsetzung jener kriminellen Aktion, die unter dem Codenamen Snow White (Schneewittchen) 1979 Schlagzeilen machte. Neun Scientologen, darunter Hubbards Ehefrau Mary Sue, wanderten damals wegen »Verschwörung« für viele Jahre ins Gefängnis, weil sie aus Regierungsgebäuden in Washington Zehntausende

RTC Organization

Religious Technology Center is not part of Church management, nor is it involved in the daily affairs of organizations or missions. It is a parallel policing body that ensures the trademarks, and the technology that they represent, are in good hands and are properly used over the world.

The Chairman of the Board is the most senior position in RTC. The Chairman of the Board also holds the position of "Inspector General." The duties and authority of the Inspector General are similar to those traditionally associated with the term in other organizations; namely inspecting and correcting instances of departure from standards, policy and ethics, and seeing that organizations are kept free from any internal or external subversion by keeping the ranks clean from within and without.

Chairman of the Board RTC is uniquely interested in the 100% standard application of LRH policy and tech. He is assisted by deputy Inspector Generals, including his second in command who is responsible for the day-to-day activities of RTC itself. Each function within RTC contributes to the product of: DIANETICS AND SCIENTOLOGY TECHNOLOGY SAFEGUARDED, IN GOOD HANDS, AND PROPERLY USED.

The organizing board on the facing pages shows the divisional structure of the organization, as well as a summary of the functions of each division within RTC.

Mr. David Miscavige, Chairman of the Board Religious Technology Center.

In Feldherrenpose: Scientology-Chef David Miscavige

von Akten gestohlen und kopiert sowie elektronische Wanzen in Konferenzräumen versteckt hatten. Eines der Ziele von Snow White war es, eine steuerrechtliche Prüfung von *Scientology* durch den IRS zu sabotieren.

Diesen Plan verlor die Sekte offenbar nie aus den Augen. Der junge David Miscavige nutzte den internen Aufruhr nach dem Debakel zunächst, um den alternden *Scientology*-Guru L. Ron Hubbard 1982/83 kaltzustellen. Dann kurbelte der neue Führer das geheime Programm wieder an. 1984 gründeten Sektenmitglieder eine »Nationale Koalition der IRS-Ankläger«, deren Verbindung zu *Scientology* sorgfältig verschleiert wurde.[37] Die angebliche Bürgerinitiative veröffentlichte landesweit in großen Zeitungen Aufrufe, Unkorrektheiten oder kriminelle Handlungen von Steuerbeamten zu melden; sie konnte dann tatsächlich einige Korruptionsfälle aufdecken. Frei nach der Hubbard-Devise »Der einzige Weg, sich zu verteidigen, ist der Angriff«[38], engagierte *Scientology* außerdem Privatdetektive und ließ sie im Privatleben wichtiger Steuerbeamter schnüffeln. Sie sollten herausfinden, wer Alkoholiker war, ob und wo Schulden oder Affären vorkamen. »Wenn Sie von irgend jemand an einem wunden Punkt angegriffen werden, dann finden oder schaffen Sie immer genügend Drohung gegen sie, um sie dazu zu bringen, daß sie um Frieden betteln«, hatte schon Hubbard dekretiert.[39]

»Ich suchte nach wunden Punkten«, bestätigte der Privatdetektiv Michael Shomers der »New York Times«.[40] Die Ergebnisse seiner achtzehnmonatigen Recherchen wurden an seriöse Zeitungen weitergereicht und von diesen auch veröffentlicht. Über die Erfolge der Wühlarbeit sagte David Miscavige: »Die öffentliche Aufdeckung von kriminellen Aktionen hatte den gewünschten Effekt. Die Church of Scientology wurde als einzige Organisation bekannt, die es mit dem IRS aufnimmt. (...) Unsere Attacke lähmt deutlich ihre Verteidigungskraft, und unsere Darstellung ihrer Verbrechen zeigt langsam politische Wirkung.«[41]

Das Finanzamt sah sich laut »New York Times« offenbar so in die Ecke gedrängt, daß Miscavige einen beispiellosen Auftritt inszenieren konnte. Er marschierte mit einigen Getreuen in die Washingtoner IRS-Zentrale und verlangte, ohne angemeldet zu sein, eine sofortige Audienz beim damaligen Behördenchef Fred Goldberg. Es funktionierte. Wenig später richtete die Steuerbehörde einen Ausschuß ein, um alle bestehenden Probleme unbürokratisch zu lösen – ein höchst unübliches Verfahren –, und am 13. Oktober 1993 ging das Amt vor *Scientology* in die Knie. Alle IRS-Angestellten wurden angewiesen, Informationen nicht mehr zu beachten, wonach *Scientology* als kommerzielles Unternehmen auftrete. Die Behörde verpflichtete sich sogar, ein Informationsblatt über *Scientology* zu verteilen, über dessen Inhalt Miscavige seinen jubelnden Anhängern in Los Angeles mitteilte: »Wir selbst haben es geschrieben, und der IRS wird es an jede Regierung der Welt schicken.«[42]

Auf die Enthüllungen der »New York Times« reagierte die Sekte mit

Sorgte für Kniefall von Interpol: Scientology-Veröffentlichung

Spott. Der *Scientology*-Alterspräsident Heber Jentzsch nannte die Vorwürfe »lächerlich« und eine »absurde Idee«: »Der IRS läßt sich von niemandem zu etwas drängen, von keiner Körperschaft, keinem Anwalt, keinem Steuerzahler.«[43] Doch die Zeitung war sich ihrer Recherchen so sicher, daß sie sogar den geforderten Abdruck einer Gegendarstellung ablehnte.[44] *Scientology* kaufte daraufhin eine Anzeigenseite für 75 850 Dollar, mokierte sich darin über den angeblichen »Boulevardjournalismus« des Traditionsblattes und behauptete, die Darstellung des IRS-Deals sei unrichtig.[45] Auf der folgenden Seite konterte die »New York Times«: Sie stehe voll und ganz hinter den Enthüllungen.

Nach dem gleichen Schema wie im »Krieg« mit dem IRS kochte *Scientology* offenbar auch Interpol weich. Schon Hubbard hatte die internationale Polizeiorganisation als einen seiner Hauptfeinde und Teil der weltweiten Verschwörung gegen *Scientology* angesehen, weil sie die Sekte immer wieder ins Visier genommen hatte. Ende 1994 kam es zu einem überraschenden Treffen zwischen David Miscavige und Raymond Kendall, dem Generalsekretär von Interpol.[46] Wenig später triumphierte die Sekten-Zeitung »Scientology Today«: »Die Scientology-Kirche und Interpol haben einen lange währenden Konflikt beigelegt.«[47] Kendall und die Führer der »Kirche« würden nun eine »Ära des Friedens« begründen. Wie zur Bestätigung des Kniefalls verschickte Kendall an alle 176 Interpol-

Mitgliedsländer das sekteneigene Hochglanzwerk »Was ist Scientology?« und Propagandamaterial über die Steuerbefreiung in den USA. Kritiker befürchten, daß Interpol seitdem in Sachen *Scientology* auf beiden Augen blind sei.

Wie im Fall des IRS hatte die Sekte jahrzehntelang Informationen über fragwürdige Ermittlungen, den Schutz von Nazi-Verbrechern und Verwicklungen von Interpol-Beamten in Drogengeschäfte gesammelt und in die Medien lanciert. *Scientology* landete einen Volltreffer, als sie 1991 eine Broschüre »Interpol – Private Vereinigung, öffentliche Bedrohung« veröffentlichte.[48] Auf der Titelseite druckte sie ein kompromittierendes Foto aus dem Jahr 1987: Kendall übergibt dem Diktator Manuel Noriega aus Panama eine Medaille für dessen Verdienste »in der Bekämpfung des internationalen Dogenhandels«. Doch Noriega wurde später in den USA verhaftet und zu einer langjährigen Haftstrafe verurteilt – wegen Drogenhandels. Kendall erklärte dem deutschen Magazin »Tango«, er habe Miscavige getroffen, um »die Position beider Seiten klarzustellen und dafür zu sorgen, daß die Church of Scientology ihre Angriffe gegen Interpol einstellt«.[49]

Raymond Kendall behauptete außerdem, zwischen Interpol und *Scientology* existiere keinerlei Vereinbarung. Was er wirklich mit Miscavige besprochen hatte, blieb daher ebenso ein Geheimnis wie die Einzelheiten des Vertrags zwischen *Scientology* und dem IRS. Anders als sonst üblich, wurde der Inhalt des Abkommens über die Steuerbefreiung nicht veröffentlicht. »Wir können keine Informationen über die eigentliche Abmachung freigeben«, schrieb uns der IRS auf Anfrage.[50]

Zwangsarbeit für Tom Cruise

Der Artikel der »New York Times« war nicht nur wegen der Enthüllungen eine handfeste Überraschung. Ebenso erstaunlich war die Tatsache, daß er überhaupt publiziert wurde. Denn damit endete eine lange Periode, in der die großen Medien des Landes – sonst so stolz auf ihre investigativen Traditionen – *Scientology* nur mit spitzen Fingern oder überhaupt nicht angefaßt hatten. Sie fürchteten die scientologische Prozeßflut und Schadenersatzforderungen ohne Ende. Diese Angst war wohlbegründet; und das Ende der Angst ist es offenbar auch. Beides hat mit einem Gerichtsverfahren zu tun, das als Fishman-Prozeß in die Annalen der US-Justizgeschichte eingehen wird. In dem denkwürdigen Verfahren vor dem District Court in Los Angeles enthüllten ehemalige *Scientologen* aus der Führungsspitze des Sekten-Konzerns 1994 unter Eid schaurige Interna aus dem Sekten-Konzern. Noch ist die Langzeitwirkung des Falls gar nicht abzuschätzen, da die amerikanische Öffentlichkeit bis 1997 so gut wie nichts darüber erfuhr. Die großen Medien schwiegen. Aber es gibt ja das Internet. Viele tausend Netz-Surfer haben sich die Hunderte von Seiten zählenden Zeugenaussagen schon aus dem virtuellen Diskussionsforum *alt.religion.scientology*

»heruntergeladen«. Dort verbreiten Sektenkritiker seit Anfang 1995 die Prozeßakten im Wortlaut – gegen alle Anfeindungen des Sektenimperiums.

Steven Fishman ist ein ehemaliger Scientologe aus Florida, der mit dem »Time Magazine« 1991 als ein Informant und Zeuge für die inzwischen legendäre und preisgekrönte Titelstory »Cult of Greed« (Kult der Gier) zusammenarbeitete.[51] Der »Time«-Bericht von Richard Behar deckte nicht nur die Gehirnwäschepraktiken der *Scientologen* auf, sondern enthüllte erstmals auch in den USA ihre wirtschaftlichen Machenschaften.[52] Um »Time« ein für allemal mundtot zu machen, verklagte die Sekte das Blatt wegen übler Nachrede auf Schadenersatz von gigantischen 416 Millionen Dollar. Gleichzeitig zettelte sie ein Verfahren gegen Fishman und dessen Psychiater Uwe Geertz an; beide sollten für ihre »verleumderischen« Aussagen je eine Million Dollar zahlen.[53]

Doch der Schuß ging nach hinten los. Denn Richter Harry L. Hupp ließ gegen die heftigen Proteste von *Scientology* umfangreiche Zeugenvernehmungen zu. Eine illustre Reihe ehemaliger Elite-Scientologen wurde – zum Teil unter Polizeischutz – über die Zustände in Hubbards Sonnenstaat befragt. Ihre eidlichen Aussagen ließen die Anwälte per Video dokumentieren und schriftlich niederlegen. Am Ende triumphierten die Angeklagten. »Time« gewann seinen Prozeß am 16. Juli 1997 in allen Punkten.[54] Im Verfahren gegen Steven Fishman und Uwe Geertz zog *Scientology* ihre Klage im Frühjahr 1994 zurück, und zwar in dem Moment, in dem Fishmans Verteidiger Graham Berry die *Scientology*-Prominenten Kelly Preston, Julliette Lewis, Maxine Nightingale und Isaac Hayes sowie den Sektenboß David Miscavige als Zeugen laden ließ. Das Risiko ausführlicher Vernehmungen wollte man wohl nicht eingehen.[55] Doch die Aussagen der Ex-Scientologen sprechen für sich.

Die frühere Hubbard-Vertraute Mary Tabayoyon war zwanzig Jahre lang Mitglied der paramilitärischen Eliteeinheit *Sea Organization (Sea Org)*, bevor sie im Dezember 1992 ausstieg.[56] Die letzten acht Jahre war sie in der *Scientology*-Basis Hemet beim Dorf Gilman Hotsprings in der kalifornischen Wüste stationiert, etwa sechzig Kilometer südöstlich von Los Angeles. Auf dem weiträumigen, abgezäunten Gelände – intern *Gold* genannt – befindet sich nach ihren Aussagen und denen anderer Top-Scientologen die eigentliche Machtzentrale der Sekte. Mary Tabayoyon bezeugt, daß sie dort wie alle Scientologen von neun Uhr morgens bis elf Uhr nachts arbeiten mußte. Regelmäßig seien die 300 in Hemet stationierten »Kadetten« angebrüllt und bei den täglichen Appellen vor allen anderen »demoralisiert« worden.[57]

Wer Kinder hatte, mußte sie einem scientologischen Erziehungslager übergeben und durfte sie nur alle zwei Wochen für einen Tag sehen. Mary Tabayoyon sagte unter Eid aus, daß es Mitgliedern der *Sea Org* seit 1986 per Befehl verboten war, weitere Kinder zu haben, »weil die Sea Org einfach nicht die Zeit, das Geld und die Ressourcen habe, um Kinder angemessen zu erziehen«.[58] Frauen, die trotzdem schwanger wurden, seien dazu angehalten worden, eine Abtreibung vorzunehmen; diese organisierten Abtreibungen seien in zahlreichen Fällen im Planned Parenthood Center im Ort Riverside durchgeführt worden. Als ein deutsches Fernsehteam der Sache 1997 nachging, bestätigte die stellvertretende Leiterin der Klinik: »Uns kam es tatsächlich sehr komisch vor, daß alle Frauen die gleiche Entscheidung trafen. Unabhängig von den Umständen der einzelnen Frauen hatten alle den Entschluß gefaßt abzutreiben.«[59]

Mary Tabayoyon und andere Zeugen erklärten, daß sich unweit der *Gold*-Basis Straflager für zweifelnde oder »degradierte« Scientologen befänden. Diese Umerziehungslager mit dem Titel Rehabilitation Project Force (RPF) liegen auf dem Gelände einer ehemaligen Farm namens Happy Valley (!) und seien »eine absolut unfreiwillige Art Gulag« gewesen, bezeugte André Tabayoyon, Marys Ehemann.[60] Dort müssen sich die Delinquenten oftmals den ganzen Tag im Laufschritt bewegen, bekommen häufig nur Reis und Bohnen und werden ständig am Lügendetektor (»E-Meter«) verhört.[61] Fluchtversuche würden vereitelt; immer wieder seien Selbstmorde vorgekommen. Die ehemalige Top-Scientologin Stacy Brooks Young gab zu Protokoll, das RPF sei ein Ort, »wo die entsetzlichsten Mißhandlungen stattfinden, vor der Öffentlichkeit geheimgehalten«: »Es gibt aus dem RPF kein Entkommen, es sei denn, man durchläuft und beendet die Strafprozedur ›erfolgreich‹, d. h. man ist das ›Produkt‹ eines Programms geworden, ein Mensch, der gegenüber seinen Vorgesetzten widerspruchslos, absolut unkritisch, unterwürfig und gehorsam ist ... Ich weiß, das das die Wahrheit ist. Ich habe es zusammen mit meinem Mann dort erlebt.«[62]

Die wichtigsten Enthüllungen stammen von André Tabayoyon, der insgesamt sechs Jahre in der RPF verbrachte. Der Vietnamveteran und ehemalige Sicherheitschef der Sekte beschrieb die engen Verbindungen zwischen David Miscavige und Tom Cruise, dem neuen Superstar am Himmel von Hollywood und Sex-Symbol der 90er Jahre.[63] Der Schauspieler ist bekennendes Mitglied von *Scientology* und das wichtigste Aushängeschild der Sekte, die in Hollywood heute erheblichen Einfluß besitzt. Berichte über innige Kontakte des Mimen mit *Scientology* machen seit Ende der 80er Jahre die Runde. Cruise zeigte sich auf Galadiners mit dem Sektenboß David Miscavige und nannte ihn in einem Interview »meinen guten Freund«.[64] Miscavige begleitete den Star sogar bei der Oscar-Verleihungsfeier 1992.

Auf Fragen nach seiner *Scientology*-Mitgliedschaft erklärt Tom Cruise, durch *Scientology* habe er beispielsweise seine Lernschwäche überwunden; und er behauptet stereotyp: »Meine Religion ist meine Privatsache.« Doch die Hamburger *Scientology*-Beauftragte Ursula Caberta ist anderer Ansicht: »Sein Verhalten macht die Privatsache zur öffentlichen Angelegenheit – mit seiner Prominenz wirbt er für dieses menschenverachtende

System.« André Tabayoyons eidliche Zeugenaussage läßt den Liebling der Frauen in einem seltsamen Licht erscheinen: tief verstrickt in die Machenschaften des Psycho-Konzerns.

Laut Tabayoyon verbringt Tom Cruise viel Zeit in der abgeschirmten *Scientology*-Basis Hemet. Tabayoyon erklärte vor Gericht, das Gelände sei mit halbautomatischen Waffen und sogar Sprengstoff für den Fall gesichert, daß das FBI es wie die Ranch der *Davidianer*-Sekte in Waco stürmen sollte. Tabayoyon: »Ich bildete die Sicherheitskräfte darin aus, diese Waffen und Sprengstoffe anzuwenden, ... und ich unterrichtete Scientologen darin, Menschen auf verschiedene Art und Weise zu erschießen.«[65] In Hemet zeigen Bodensensoren, versteckte Kameras und Bewegungsmelder jeden an, der sich unbefugt nähert.

Wie André Tabayoyon ausführt, wurde Tom Cruise bei seinen Besuchen in dem Camp von einem persönlichen Küchenchef betreut. Extra für Cruise hätten scientologische Zwangsarbeiter sogar eine Luxusvilla errichtet.[66] Außerdem stünden ihm ein Schwimmbad »von olympischen Ausmaßen« sowie Bar und »Offizierssalon« in einem Schiff zur Verfügung, das *Scientology* einst für L. Ron Hubbard in der Wüste bauen ließ. In einem eigens errichteten Kino habe sich Tom Cruise Kopien von Premierenfilmen vorführen lassen, »die ihm von seinen Bekannten in der Filmindustrie zur Verfügung gestellt wurden«.

Sein »Freund« Miscavige habe außerdem eine 150 000 Dollar teure Turnhalle für Tom Cruise einweihen lassen; auch ein Tennisplatz für 200 000 Dollar sei ausschließlich für den Schauspieler und einige weitere *Scientology*-Berühmtheiten angelegt worden. Die Gelder stammten aus vorgeblich gemeinnützigen Organisationen der Sekte, und die Bauten hätten *Scientology*-Gefangene errichtet. Tabayoyon spricht von »Zwangsarbeit zugunsten von Tom Cruise«. Wann immer der Schauspieler nach Gilman Hot Springs gekommen sei, habe er sich dort wie eine Diva aufgeführt, so Tabayoyon. Der Aussteiger bezeugt: »Wir mußten einmal einen Betonweg gießen, damit Tom Cruise nicht auf Wüstenboden gehen mußte.«

In einem Interview, das ein halbes Jahr vor Tabayoyons Aussagen erschien, erwähnte Tom Cruise lediglich einen kurzen Aufenthalt in Gilman Hot Springs, nicht jedoch »zur Erholung«.[67] Die Aussagen des ehemaligen Sicherheitschefs werden aber durch Recherchen der Zeitschrift »Premiere« gestützt. Danach ließ der Star beispielsweise den Produzenten Brian Grazer und den Drehbuchautor Bob Dolman per Helikopter in die Wüstenbasis fliegen, um Details eines Filmskripts zu besprechen; David Miscavige persönlich begrüßte die Gäste.[68]

Tom Cruise ist der bekannteste Scientologe in Hollywood, aber bei weitem nicht der einzige. Bereits Sektengründer Hubbard setzte auf Werbung durch Prominente – schließlich verbindet niemand sympathische Stars mit Gehirnwäsche. Im Gegenteil: Sie dienen scheinbar als Beweis, daß »Scientology funktioniert«. In den vergangenen Jahren rekrutierte die Organisation unter anderen John Travolta, Priscilla Presley, Lisa Marie Presley, Anne Archer, Kirstie Alley, Linda Blair (»Der Exorzist«) und Juliette Lewis (»Natural Born Killers«), dazu Dutzende weniger bekannte Schauspieler, Regisseure, Drehbuchautoren und Produzenten. Denn wer zum scientologischen Auditing geht – den horrend teuren Psychokursen –, der kommt offenbar leichter auf die Besetzungslisten.[69]

Das luxuriöse Celebrity Center (Prominentenzentrum) der Sekte in der Franklin Avenue von Hollywood gilt inzwischen als Dreh- und Angelpunkt vieler Abschlüsse im Film- und Musikgeschäft. Nicht nur der Musiker Prince beklagte sich, daß in der Branche ohne *Scientology* »nichts mehr läuft«.[70] Nach dem Bericht von »Premiere« muß, wer in Hollywood gegen *Scientology* aufmuckt, damit rechnen, bespitzelt und von Sektenjüngern bedrängt zu werden.

Die amerikanische Filmindustrie ist ein Multimilliarden-Dollar-Geschäft, und sie ist das ideale Medium, um Millionen von Menschen simultan auf der gesamten Erde zu erreichen. Die Hollywood-Filme wollen unterhalten, aber jeder weiß, daß sie auch Meinung und Ideologie transportieren. Tatsächlich nutzt die Sekte ihren Einfluß in den Studios nicht nur, um mit sympathischen Weltstars ihr Image zu polieren. Sie verwendet die Filmindustrie auch als Trojanisches Pferd, um *Scientology*-Botschaften um die ganze Welt zu schicken. So erschien in dem Streifen »Striptease« (1996) mit Demi Moore in einer spannenden Szene klar und deutlich ein Science-Fiction-Buch L. Ron Hubbards auf der Leinwand. In »Jerry Maguire« (1996) durften die Zuschauer miterleben, wie Tom Cruise frei nach Hubbard nach einem Erweckungserlebnis ein »neues Leben« fand. Und John Travolta verwandelte sich in »Phenomenon« (1996) per »geistiger Erleuchtung« in eine Intelligenzbestie, die Sätze wie aus der *Scientology*-Bibel »Dianetik« von sich gab. Sein nächstes Projekt, ließ sich der Schauspieler vernehmen, sei die Verfilmung des Hubbard-Romans »Battlefield Earth«: »Thetanische« Sternenritter gegen böse Aliens (»Psychlos«).

Die Metropole Los Angeles, in der Hollywood liegt, fühlt sich den Hubbard-Jüngern inzwischen so verbunden, daß sie im April 1997 eine Straße unweit des Celebrity Centers und des berühmten Sunset Boulevards feierlich nach L. Ron Hubbard benannte. Da wundert es kaum noch, daß es dem Prominentenanwalt Bertram Fields im Februar 1997 gelang, einige der bekanntesten Hollywoodgrößen zum »Offenen Brief an Helmut Kohl« zusammenzutrommeln, um beim deutschen Kanzler pro *Scientology* zu intervenieren. »Wir haben schon sehr früh versucht, Hollywood für unsere Zwecke zu nutzen«, bestätigt der ehemalige hochrangige *Scientologe* Robert Vaughn Young.[71] Immerhin sprangen einige Stars inzwischen wieder vom Sektenzug ab: Demi Moore, Sharon Stone, Brad Pitt, Emilio Estevez und sogar die Cruise-Ehefrau Nicole Kidman. »Ich würde mich nicht als Scientologin bezeichnen«, sagte Kidman der australischen Zeitung »Sidney Morning Herald«. »Mein Mann gehört dazu, ich aber nicht.«[72]

Anders als seine Frau ist der Superstar offenbar voll eingestiegen. Tom Cruise hat laut André Tabayoyon bereits den Erleuchtungsgrad eines Operierenden Thetan der Stufe III erreicht; damit ist er angeblich »Herrscher über Raum, Zeit, Materie und Energie«, ein Superheld also, wie er ihn auch in »Mission: Impossible« darstellt. Mehr noch: Der Schauspieler habe sich, so Tabayoyon, im Wüstencamp sogar an Auditing-Verhören anderer *Scientology*-Mitglieder beteiligt. Vielleicht reizt ihn das Versprechen unbegrenzter Macht, wie sie sein Freund David Miscavige ausübt. Doch wehe, wenn der Star irgendwann nicht mehr »richtig« funktioniert! Laut André Tabayoyon besitzt *Scientology* eine brisante Akte über Tom Cruise mit intimen Informationen aus Auditing-Sitzungen. Tabayoyon ist der Ansicht, daß die Sekte diese Informationen sammelt, »damit sie in der Lage ist, Personen wie Tom Cruise oder John Travolta zu lenken und zu beeinflussen, sollten sie je versuchen, die Scientology-Organisation zu verlassen.«[73]

Die Dominanz einer totalitären Gehirnwäsche-Organisation in der amerikanischen Bewußtseinsindustrie scheint die Regierung in Washington jedoch nicht sonderlich zu beunruhigen. Gegen die festungsartig gesicherte Wüstenbasis in Kalifornien sind staatliche Stellen bislang noch nie eingeschritten. Wie noch vor nicht allzu langer Zeit in Deutschland, besitzen die Opfer destruktiver Kulte in den Vereinigten Staaten keinerlei Lobby.

Angriff und Verteidigung

»Solche Haßgruppen haben in Amerika nicht das Recht, ungestraft zu operieren«, befand der *Scientology*-Präsident Heber Jentzsch über das *Cult Awareness Network (CAN)* aus der Nähe von Chicago.[74] André Tabayoyon beschrieb im Fishman-Prozeß, wie *Scientology* plante, das angesehenste Anti-Sekten-Zentrum der USA zu infiltrieren und zu zerstören.[75] Dazu setzte die Organisation das gesamte Instrumentarium an, daß Hubbard einst für die »Handhabung« von »Antiscientologen« empfohlen hatte. Die *CAN*-Vorsitzende Cynthia Kisser berichtete dem Magazin »Stern«, die Sekte habe mehrfach versucht, ihre Organisation zu unterwandern und zu diesem Zweck sogar eine eigene *CAN*-Gruppe gegründet.[76] Als diese Taktik nicht zum Erfolg führte, sei die Selbsthilfegruppe seit 1991 mit mehr als fünfzig Klagen überzogen worden. »Zum Schluß waren noch drei Verfahren offen, und wir hatten keines verloren«, sagt Cynthia Kisser.

Von den über 20 000 Anfragen, die ihre Gruppe pro Jahr erreichten, betrafen die meisten *Scientology*. Doch seit Oktober 1996 darf Cynthia Kisser niemanden mehr unter dem renommierten Titel *CAN* beraten. *CAN* ist bankrott – von *Scientology* mit einer raffinierten Operation in den Ruin getrieben. Es begann im US-Staat Washington an der Pazifikküste. 1991 hatte die Mutter des 18jährigen Jason Scott einen Deprogrammierer beauftragt, ihren Sohn zu kidnappen, um ihn aus einer christlichen *Pfingstler*-Sekte zu befreien. Das Manöver mißglückte, und Scott besorgte sich einen Anwalt, um gegen seine Mutter und den Deprogrammierer vorzugehen. Er geriet dabei an den Scientologen Kendrick Moxon, der zu den Verschwörern des Snow-White-Programms gehörte und dessen Kanzlei routinemäßig für die Sekte arbeitet. Moxon nutzte den Fall, um *CAN* anzugreifen, denn er entdeckte eine winzige Verbindung zum Entführungsfall Scott: Die Telefonistin einer Krisenberatung, die Scotts Mutter den Deprogrammierer vermittelt hatte, arbeitete in ihrer Freizeit ehrenamtlich für die Aufklärungsgruppe. Moxon verlangte daraufhin 1,8 Millionen Dollar Schadenersatz, und ein Geschworenengericht gab ihm recht. Zwar legte *CAN* Berufung ein, aber die Kosten des Verfahrens fraßen alle finanziellen Reserven der Hilfsorganisation auf. Im Oktober 1996 verkaufte der Treuhänder Philipp V. Martino den guten Namen der Initiative, ihr Logo und die in vielen Büchern und Artikeln angegebene Telefonnummer für 20 000 Dollar an einen gewissen Steven Hayes aus Kalifornien. Ein gerissener Winkelzug – denn Steven Hayes ist Scientologe. Aussteiger, die die Nummer von *CAN* anwählen, werden nun sozusagen von Scientologen »beraten«.

Anschließend drohte *CAN* noch Schlimmeres. Das gesamte Archiv der Selbsthilfegruppe sollte für die gerichtlichen Geldforderungen versteigert werden. Es umfaßt 150 Meter Akten, gefüllt mit vertraulichen Berichten von Sektenaussteigern und privaten Informationen, darunter auch Nummern von Konten und Kreditkarten. Scientologe Hayes kündigte an, er wolle beim Verkauf der Dokumente mitbieten. Damit bahnte sich eine weitere Katastrophe an – nicht auszudenken, was *Scientology* mit den Akten anstellen könnte. Cynthia Kisser sieht in dem Vorgehen der Psycho-Sekte den Beweis, »daß man hierzulande die Gerichte dazu benutzen kann, seinen Gegner zu zerstören, wenn man nur genug Geld hat«.[77] Doch der Verkauf der Akten scheiterte. Treuhänder Martino bekam Angst, selbst verklagt zu werden – von jenen Leuten, die in den Dokumenten vorkommen. Daher beschloß er im Januar 1997, sie vorerst nicht zu versteigern.[78]

Ihr Hauptziel hatte *Scientology* jedoch erreicht. Das *Cult Awareness Network*, über mehr als ein Jahrzehnt die wichtigste Adresse für Sektenopfer in den USA, wurde weitgehend ausgeschaltet. Dagegen gelang es der Sekte nicht, ihre Kritiker auch im weltweiten Internet mundtot zu machen, wo die Newsgruppe *alt.religion.scientology* sich zu einem der am häufigsten frequentierten Diskussionsforen entwickelte. Zwar ernannten die *Scientologen* einen eigenen »Internet-Offizier« und ließen kein Mittel unversucht, um die Betreiber von Webseiten und Servern zu belangen, weil diese angeblich »geheime Geschäftsunterlagen« wie etwa das Kursmaterial für die Erleuchtungsstufen zum Operierenden Thetan verbreiteten; bisher aber weitgehend erfolglos. Ebensowenig glückte es den versierten *Scientology*-Anwälten, den Informationsfluß über die »dunkle Seite« ihrer Organisation zu unterdrücken – die Verbreitung der Fishman-Akten etwa oder von Dokumenten über die mysteriösen Todesumstände einer jungen *Scientologin* in Clearwater (Florida). Konnte *Scientology* die Enthüllungen über ihren Deal mit dem IRS noch bespötteln, so geriet sie im Fall Lisa McPherson erstmals seit Jahren auch in den USA wieder unter öffentlichen Druck.

»Sie haben sie sterben lassen«, sagt Rita Garvey, die Bürgermeisterin der 100 000-Einwohner-Stadt Clearwater bei Tampa-St. Petersburg in Florida über den Tod der jungen Frau.[79] Garvey regiert eine Gemeinde, die sich zunehmend von *Scientology* umzingelt fühlt. In Clearwater am Golf von Mexiko gründete L. Ron Hubbard 1975 in dem ehemaligen Luxushotel Fort Harrison sein »Ausbildungszentrum« FLAG für die Mitglieder der Elitetruppe *Sea Org* und die »höheren Kurse« für Top-*Scientologen*. Seitdem hat sich der Ort in eine Art Scientology City verwandelt. Die Psycho-Sekte besitzt dort 21 teils riesige Grundstücke und wertvolle Immobilien, sie betreibt Hotels, Schulungszentren und einen Radiosender. Scientologen in hellblauen Uniformhemden bestimmen das Straßenbild; ein eigener Wachschutz patroulliert durch die Viertel. Viele Sektenmitglieder lassen sich in Clearwater nieder; auch Prominente wie Gottfried Helnwein und Lisa Marie Presley haben sich dort Villen gekauft.

Doch hinter der glitzernden Fassade von Prachtbauten und Hochglanzmagazinen verbergen sich Straflager für unbotmäßige Jünger und andere dubiose Aktivitäten.[80] Im Frühjahr 1997 ermittelte die Staatsanwaltschaft wegen fahrlässiger Tötung gegen *Scientology*-Mitglieder; die Polizei suchte weltweit im Internet nach drei möglichen Zeugen im Fall Lisa McPherson. Die 36jährige Frau wurde am 18. November 1995 nach einem kleineren Verkehrsunfall in ein Krankenhaus eingeliefert, wo man ein »psychiatrisches Problem« bei ihr diagnostizierte. Da *Scientology* jedoch alles bekämpft, was irgendwie mit der Psychiatrie zu tun hat, holten drei Sektengenossen Lisa wenig später ab und erklärten, sie würden sich selbst um ihre »geistige Gesundheit« kümmern. Der zuständige Arzt war machtlos und protokollierte: »Ich werde sie gegen meinen medizinischen Rat entlassen.«[81] Siebzehn Tage später brachten Sektenleute Lisa McPherson in das New Port Richey Hospital bei Clearwater – als Leiche. Die Ärzte stellten einen »schweren Wasserverlust« und zahlreiche Insektenbisse auf der Haut fest. Aus Aufzeichnungen von Scientologen, die Lisa McPherson kurz vor ihrem Tod betreuten, geht hervor, daß die Frau sich konstant weigerte, zu essen und zu trinken; die Scientologen schrieben darüber Protokolle, ergriffen aber offenbar keine Hilfsmaßnahmen.[82] Mußte Lisa McPherson sterben, weil man sie einsperrte und ihr qualifizierten medizinischen Beistand verweigerte?

»Es war ein natürlicher Tod. Alles andere ist Unsinn«, erklärte Sektenanwalt Elliot Abelson aus Los Angeles.[83] Doch der Fall, der wegen mangelnder Beweise schon zu den Akten gelegt worden war, hat nach neuen

Reporterrecherchen 1997 erheblichen Staub aufgewirbelt. »Wir brauchen eine strenge Untersuchung«, sagte der republikanische Kongreßabgeordnete Michael Bilirakis aus Clearwater.[84] Was auch immer in der Sektenzentrale mit Lisa McPherson geschah – es gibt Erklärungsbedarf. Und das nicht nur in ihrem Fall. Der deutsche Fernsehjournalist Egmont Koch stieß bei Recherchen in Clearwater auf eine ganze Reihe seltsamer Todesfälle, die sich unter den Gästen des scientologischen Hauptquartiers Fort Harrison ereigneten, wo Lisa McPherson zuletzt untergebracht war.[85] Unter den Opfern waren auch deutsche Scientologen; einem von ihnen hatte sein scientologischer Arzt wichtige Epilepsie-Medikamente entzogen und statt dessen nutzlose »Vitamine« verordnet.

In den USA könnten die toten Gäste von Fort Harrison zum Wendepunkt für das Ansehen von *Scientology* werden. Die Clinton-Regierung fand im Juni 1996 bereits zu moderateren Tönen gegenüber der deutschen *Scientology*-Politik. »Auch Deutschland muß vor den Angriffen durch die Scientoloogen in den USA beschützt werden«, sagte Regierungssprecher Nicolas Burns; die »vollkommen ungerechtfertigten Vergleiche« der Bundesrepublik mit Nazi-Deutschland seien »unfair gegenüber Kanzler Kohl und seiner Regierung«.[86] Offenbar sind der US-Regierung trotz aller Lobby-Arbeit der Scientologen die guten Beziehungen zu Deutschland wichtiger als ihr Einsatz für die »religiösen Rechte« der Sekte.

Anders als in den Vereinigten Staaten, stehen die Alarmsignale auswärts schon lange auf Rot. Im April 1997 wurden die *Scientology*-Organisation und einige ihrer Mitglieder in Kanada in letzter Instanz zu einer Strafe von 250 000 Dollar verurteilt.[87] Als die Strafverfolgungsbehörden dort gegen die Sekte ermittelten, hatten *Scientologen* die Polizei der Provinz Ontario gezielt infiltriert und waren illegal in das Büro der Staatsanwaltschaft von Toronto eingedrungen. Dann reichten sie hochgeheime Informationen an *Scientology* weiter. Wie in Kanada, so gab es auch in Europa Pläne, Untersuchungen zu sabotieren, Ämter und sogar Regierungen zu infiltrieren. Doch inzwischen schlägt das Pendel auch in der Alten Welt gegen *Scientology* aus.

Clear Deutschland

Anfang April 1995 stand die Hamburger *Scientology*-Zentrale kopf. Eine Einheit der Elitetruppe *Sea Org* aus Florida übernahm das Kommando am Hamburger Steindamm, zwanzig Offiziere in blauen Uniformen mit dem Abzeichen »Revenimus« (»Wir kommen wieder«); gemeint ist: im nächsten Leben. An ihrer Spitze Mark Yager, der internationale Chef des Wirtschaftszweiges *WISE* und Kurt Weiland, Vize-Chef des sekteninternen Geheimdienstes *OSA*. Durch schlechte Nachrichten aus Deutschland nervös geworden, hatte sich die Sektenleitung in Los Angeles entschieden, in Hamburg »aufzuräumen« und die Zügel selbst in die Hand zu nehmen.

In den folgenden Tagen wurde die Führung der Hamburger Org, einst gefeierter Spitzenreiter der *Scientology*-Expansion mit dem weltweit höchsten Spendenaufkommen, abgelöst und degradiert. Wie der Ex-Scientologe Vaughn Young aus Seattle im Gespräch mutmaßte, wurde sie in die Strafkompanie Rehabilitation Project Force in die kalifornische Wüste geschickt. Das Kommando in Hamburg übernahm der Amerikaner Mark Lizer aus dem Hauptquartier in Florida. Insider berichteten, der langjährigen Hamburger Chef-Scientologin Wiebke Hansen werde vorgeworfen, sie habe »Statistiken gefälscht«. Die Manager vom Steindamm sollen die wöchentlichen Erfolgsberichte und Bilanzen geschönt haben. Doch Bilanzfälschungen waren wohl kaum der wahre Grund für die überraschende Umbesetzung. Für *Scientology Deutschland* war eine bedrohliche Situation entstanden.

»Die sind in heller Aufregung, Westeuropa kippt ihnen weg«, urteilte Ursula Caberta, die *Scientology*-Beauftragte des Hamburger Senats. Das Beben hält an. Seit 1993 beschäftigten sich die deutsche Innenminister- und Justizministerkonferenz immer wieder mit *Scientology*. Aber nicht die Politik, sondern die dritte Gewalt, die Rechtssprechung, schuf zuerst Tatsachen. In wichtigen Prozessen bescheinigten höchste Gerichte, die Organisation sei rechtlich keine Kirche, sondern ein Wirtschaftskonzern. Zwei Richtersprüche taten ihr besonders weh: Am 16. Februar 1995 urteilte das Bundesverwaltungsgericht in Berlin, *Scientology* »nehme in Gewinnerzielungsabsicht am Wirtschaftsleben teil«. Folge: Die Sekte, die am liebsten unsichtbar und steuersparend Geld verdient, muß zukünftig alle offiziellen Filialen, die als Orgs, Missionen oder Celebrity Centers bezeichnet werden, als Gewerbe anmelden und die Profite aus ihren Buchverkäufen und teuren Psycho-Kursen versteuern. Ihre Einnahmen werden in Deutschland auf jährlich mehr als 150 Millionen Mark geschätzt.

Ebenso hart traf sie der Beschluß des Bundesarbeitsgerichtes vom 22. März 1995. Ein ehemaliger Mitarbeiter aus Hamburg hatte *Scientology* auf normale Gehaltszahlung verklagt. Solange er im Bann der Gruppe stand, hatte er in seiner Org bis zu hundert Stunden wöchentlich für ein Taschengeld geschuftet. Doch auch für *Scientology*, befanden die Kasseler Richter, gelte das deutsche Arbeitsrecht. Das bedeutet, daß die Sekte ihren Mitarbeitern übliche Gehälter und die Sozialversicherung bezahlen muß. »Niemand wird wegen seiner Religionszugehörigkeit verfolgt«, erläutert Professor Ralf-Bernd Abel aus Schleswig, auf dessen Hilfe der gewonnene Prozeß in Kassel zurückgeht, »sondern für Scientology gelten dieselben Gesetze wie für alle anderen auch.«

Kopfzerbrechen bereiteten *Scientology* aber nicht nur die Niederlagen vor Gericht. Die demokratischen Parteien faßten Unvereinbarkeitsbeschlüsse und setzten diese auch durch. Seit dem Beschluß der deutschen Innenminister vom Mai 1997, *Scientology* vom Verfassungsschutz beobachten zu lassen, muß die Organisation sogar mit einem Verbot rechnen. Gegenwind auch in der Wirtschaft: Große Unternehmen haben Arbeitsgruppen gebildet und sich untereinander vernetzt, um das Eindringen von Scientologen in ihre Betriebe zu verhindern. In der Wirtschaft sind die Hubbard-Jünger in einen dermaßen schlechten Ruf geraten, daß viele potentielle Opfer inzwischen gewarnt sind.

Zuweilen kippt die Aufklärung über *Scientology* allerdings in eine regelrechte Hysterie um, die hinter jedem Management-Kurs oder jedem Mobbing im Betrieb einen Sektierer wittert. Um einen wirtschaftlichen Konkurrenten zu schädigen, ist mittlerweile nichts wirksamer als ihm eine *Scientology*-Verbindung anzuhängen. In Berlin halten sich hartnäckig bösartige Gerüchte, wonach die Betreiber einiger Nobelrestaurants Scientologen seien; die Software-Firma *SAP* aus Walldorf geriet 1995 vollkommen unbegründet in *Scientology*-Verdacht, und die Brauerei *Warsteiner* sah sich im Oktober 1994 gezwungen, mit ganzseitigen Anzeigen in großen Zeitungen (»Wanted: Rufmörder gesucht«) gegen *Scientology*-Gerüchte vorzugehen, die sich zu einer ernsten Geschäftsschädigung auswuchsen. In der Anzeige hieß es: »Nie – jetzt und zu keiner Zeit – haben Kontakte zu solchen Konflikt-Sekten bestanden.«[88]

Der wachsende äußere Druck schweißt die *Scientology*-Anhänger zusammen, führt aber auch dazu, daß viele sich kritische Fragen stellen und aussteigen. Ihre Aussagen und die Recherchen von Journalisten brachten zunehmend Licht in die geheimen Unterwanderungsstrategien des Sekten-Konzerns, der in Deutschland vor allem auf Tarnorganisationen wie *WISE* oder *ABLE (Association for Better Living and Education)* setzt. Erklärtes Ziel von *Scientology* sei »die Kontrolle über die Regierungsgewalt in der Bundesrepublik«, befand die Justizministerkonferenz 1992. Das strategische Konzept dafür heißt Clear Deutschland; es ist ein Teil des Programms Clear Planet, um sich die Erde untertan zu machen. »Zur Hölle mit dieser Gesellschaft. Wir errichten eine neue«, hatte L. Ron Hubbard einst verkündet.[89] Nach seinem »Spezialbereichsplan« soll dieses Ziel nicht durch demokratische Wahlen erreicht werden; viel wirkungsvoller sei es, die »Schlüsselpositionen zu besetzen«. Der Guru drückte sich recht deutlich aus: »Sie hatten schon immer die Vorstellung, den Planeten zu klären, nicht wahr? Nun gut, wir werden es folgendermaßen machen. Zunächst säubern wir alle Mitarbeiter mit Super Power, und dann setzen wir es ein, um die Öffentlichkeit zu säubern. Und dann säubern wir die Regierung. Auf diese Weise klären wir den Planeten.«[90]

Hubbard selbst sei der Urheber des Clear-Deutschland-Programms, um die Bundesrepublik zu »unterwandern« und zugleich international in Mißkredit zu bringen, erklärt der ehemalige Leiter der scientologischen PR-Abteilung, Robert Vaughn Young aus Seattle.[91] Bevor Young *Scientology* 1989 verließ, hatte er der Sekte 21 Jahre auf wichtigen Posten gedient, darunter fünfzehn Jahre als Mitglied des Geheimdienstes *OSA*. Die antideutsche Kampagne, so der Aussteiger, sei Teil der Geheimaktion Snow White gewesen, die Hubbard 1973 startete. Der Sektengründer litt bekanntlich unter dem Wahn, daß Psychiater und Psychologen ihn ermorden wollten. Als Ziel der Verschwörung habe er deutsche Wissenschaftler identifiziert, die auch Hitler zur Macht verholfen hätten und noch immer aktiv seien. Zu Verbündeten im Kampf gegen die Psychiater sollten damals deutsche Journalisten gewonnen werden; die Erfolge waren allerdings zweifelhaft. Nachdem Snow White in den USA aufgeflogen war, wurden auch die Aktionen gegen Deutschland gestoppt. Doch beim Fall der Mauer erinnerte man sich dann wieder an das alte Programm. Young: »Schneewittchen mußte wiedererweckt werden.« Deutschland kam plötzlich eine Schlüsselrolle zu, um auf dem osteuropäischen Markt Fuß zu fassen. »Deutschland lag direkt vor der Tür, es sollte der Stützpunkt sein, um den Osten zu erobern.«

Derartige Pläne bestätigt der prominenteste deutsche Ex-*Scientologe* Gunther Träger aus Frankfurt am Main, der dort eine Werbeagentur führt und ehemals PR-Berater von Helmut Kohl war. Träger konnte darüber hinaus Details aus dem Innenleben jenes deutschen *Scientology*-Führungszirkels enthüllen, der das Ziel Clear Deutschland in die Tat umsetzen sollte. In dem Buch »Scientology greift an«, das er gemeinsam mit Ursula Caberta im Juli 1997 veröffentlichte, beschreibt der Werbefachmann konkrete Pläne führender deutscher Scientologen, mit einer Art Staatsstreich Mitte der 90er Jahre die Macht in Deutschland zu übernehmen.[92] Zu diesem Zweck wurde Anfang 1990 ein Clear Deutschland Komitee gegründet, das die wirtschaftlichen und politischen Aktionen koordinieren sollte und dem die Chefs der wichtigsten deutschen *Scientology*-Orgs angehörten. Die Führung übernahmen laut Träger die »erfolgreichsten« deutschen Scientologen mit den »höchsten Statistiken«: Wiebke Hansen und Götz Brase aus Hamburg.

In einer grotesken Überschätzung der tatsächlichen Verhältnisse begannen die Operierenden Thetanen mit Planspielen für den Tag X der Machtergreifung. In der künftigen *Scientology*-Regierung sollte die Düsseldorfer Scientologin Adelheid Rech-Gesche Bundeskanzlerin werden; die Stelle von Theo Waigel als Finanzminister sollte wohl Götz Brase einnehmen. »Als Anleitung diente das Handbuch der politischen Dianetik«, schreibt Träger – streng geheimes Material, das Hubbard schon in den 50er Jahren verfaßt hatte. Träger: »Die Kernthesen der politischen Dianetik sind, daß nur noch Clears das Wahlrecht haben dürfen und die Regierung nur aus Scientologen bestehen dürfe.«[93] Aus den hochfliegenden Plänen ist bekanntermaßen nichts geworden; Wiebke Hansen verschwand vermutlich in einem Straflager in den USA (was *Scientology* bestreitet), und Götz Brase geriet wegen seiner windigen Immobiliengeschäfte immer stärker in die öffentliche Kritik.

Gleichzeitig verstärkte die amerikanische Zentrale ihre Anstrengungen, Deutschland von außen zu einer Kursänderung zu zwingen. Die *Scientology*-

Leitung gründete 1994 eine Sondereinheit namens *Germany Task Force* und verpulverte horrende Summen für ihre ganzseitigen Anzeigenkampagnen gegen angebliche »religiöse Apartheid«, um die Bundesregierung international auf die Anklagebank zu bringen. Das hat auch damit zu tun, daß die Entwicklung in Deutschland sehr genau im ehemaligen Ostblock verfolgt wird; kann die Sekte weitere Kontrollmaßnahmen in Deutschland abwenden, dann wird dies auch die Gesetzgebung im Osten, vor allem in Rußland beeinflussen. Andererseits soll der Propagandafeldzug gegen Deutschland auch davon ablenken, daß im übrigen Westeuropa zum Teil viel weitergehendere Maßnahmen gegen die Sekte ergriffen wurden.

Gegenwind in Europa

»Halte mich nicht zurück, es gibt keine andere Lösung«, sagte Patrice Vic zu seiner Frau, bevor er am Abend des 24. März 1988 aus dem zwölften Stockwerk in den Tod sprang.[94] Kurz zuvor hatte der 31jährige technische Zeichner aus Lyon seine Frau gebeten, einen gemeinsamen Kredit über 30 000 Francs (9000 Mark) aufzunehmen. Er wollte mit dem Geld einen »Reinigungs-Rundown« mit Sauna, Dauerlauf und hohen Vitamingaben bei *Scientology* bezahlen und hatte sich bereits für den nächsten Tag mit dem Lyoner Sektenchef Jean-Jacques Mazier vor einer Bankfiliale verabredet. Als seine Frau sich weigerte, trat er ans Fenster und sprang.

Im Sommer 1990 fuhr Polizei vor den Wohnungen und Geschäftsstellen der führenden Scientologen in Lyon und Paris auf.[95] Es fanden Durchsuchungen wegen illegaler Ausübung des Medizinerberufs, wegen Betrugs und vorsätzlicher Gewaltanwendung statt. Die Witwe des Selbstmörders von Lyon, Nelly Vic, hatte Anzeige wegen fahrlässiger Tötung erstattet. Jetzt handelte die Justiz. Eine Reihe französischer Top-Scientologen wanderten in Untersuchungshaft, darunter Danièle Gounord, *Scientology*-Sprecherin aus Paris, Jean-Paul Chapellet vom Geheimdienst *OSA* und Jean-Jacques Mazier, der Leiter der *Scientology*-Org in Lyon. Auch die Konten der *Scientology*-Niederlassungen wurden gefilzt. Doch wenig später wurden die Scientologen überraschenderweise wieder aus der Haft entlassen.

1993 veröffentlichte der Pariser Journalist Serge Faubert sein aufsehenerregendes Buch »Une Secte au Coeur de la République« (Eine Sekte im Herzen der Republik). Faubert waren Dokumente aus dem scientologischen Geheimdienst *OSA* zugespielt worden, mit denen er rekonstruieren konnte, was im Juli 1990 hinter den Kulissen in Lyon und Paris geschah. Die Dokumente belegten eine gezielte Infiltration von Ministerien und anderen Regierungsstellen durch *Scientology*-Einflußagenten.

Laut Faubert schickte der scientologische Geheimdienst *OSA International* aus Los Angeles wenige Tage nach den Verhaftungen eine Sonderbeauftragte nach Paris, um die Krisensituation zu »handhaben«.[96] Ziel war es, die inhaftierten Scientologen zu befreien. Zu diesem Zweck wurden

Agenten aktiviert, die *Scientology* zuvor in strategischen Positionen in der französischen Regierung plaziert hatte. Einen dieser »Spione« konnte Faubert enttarnen. Er hieß Alain Brunet, arbeitete als technischer Berater im Kultusministerium und hatte Zugang zur Kabinetts-Chefin des Innenministeriums. Brunet berichtete in einem Memorandum vom 20. Juli 1993 an *OSA* detailliert, welche Aktionen die Justiz durchgeführt hatte und welche Ermittlungen sie gegenwärtig betrieb. Ein weiterer Agent mit dem Codenamen F1 lieferte ebenfalls Informationen aus dem Regierungsapparat. Von ihm erfuhr *Scientology*, daß das Innen- und Justizministerium planten, ihre Aktionen gegen die Sekte landesweit zu koordinieren.

Ein dritter Maulwurf arbeitete im engsten Umfeld des damaligen Staatspräsidenten François Mitterand im Elisée-Palast. In den internen Dokumenten wurde er als F10 bezeichnet. Faubert glaubt zwar zu wissen, wer sich dahinter verbirgt, konnte aber keine Beweise dafür auftreiben. Mit List und gezielter Einflußnahme ging F10 vor. Am 24. Juli beantragte der Staatsanwalt Francois Coste vor dem Gerichtshof in Lyon zur Verblüffung der Nebenkläger – einigen Ex-Scientologen und einer Anti-Sekten-Initiative – die Aussetzung der Untersuchungshaft; ein äußerst unüblicher Vorgang. Einen Tag später wurden die inhaftierten Scientologen Danièle Gounord, Jean-Paul Chapellet und Jean-Jacques Mazier freigelassen.

Die internen *OSA*-Papiere gaben Aufschluß, was vermutlich hinter den Kulissen geschehen war. Demnach hatte Agent F10 am 7. Juli dem Präsidenten Mitterand ein Memorandum über den Untersuchungsrichter George Fenech übergeben. Der sei Mitglied der *Association professionelle des magistrats (APM)*, eines »sehr rechts stehenden« Berufsverbandes, in dem zirka fünfzehn Prozent der Richter und Staatsanwälte Frankreichs organisiert sind. Der Verband stand der sozialistischen Regierung und speziell dem Präsidenten offen feindselig gegenüber. Faubert schreibt: »Im Bericht an den Präsidenten wird der Prozeß gegen die Scientologen so dargestellt, als sei er vom Karrierestreben des Richters motiviert – auf Kosten der Freiheit.«[97] F10 habe an die sozialistische Regierung als »Streiterin für die Freiheiten« appeliert, den rechten Richter Fenech zu stoppen. Der *Scientology*-Agent sprach in den Folgetagen immer wieder bei Mitterand persönlich oder bei dessen Rechtsberaterin Paule Dayan vor.

Die Scientologen nutzten mit ihrem Manöver den Umstand, daß Mitterand auch persönlichen Groll gegen George Fenech hegte. Denn im November 1987 hatte der Richter versucht, in einer Betrugssache unter anderem gegen Charles Hernu, den ehemaligen sozialistischen Verteidigungsminister (und *Greenpeace*-Schiffsversenker) zu ermitteln. Die Sozialistische Partei hatte sich heftig gegen die Ermittlungen gewehrt, und sie verliefen im Sande. Einen großen Skandal gab es nicht, weil auch die Politiker konservativer Parteien kein Interesse an der Aufklärung hatten – zu viele von ihnen waren selbst in die Affäre verwickelt. Der *Scientology*-Agent F10 empfahl dem Präsidenten der Republik nun folgendes Vorgehen: Da es zu große Proteste erregen könnte, wenn man dem Richter Fenech einfach den Fall entziehe, solle der Präsident »auf kurzem Wege« das Gerichtsverfahren beeinflussen, und zwar über die staatliche Direktion für Strafangelegenheiten.

Im internen *OSA*-Bericht heißt es: »Das Justizministerium wird oft durch den Präsidenten der Republik ausgeschaltet, dessen Befehle direkt an die Direktion für Strafangelegenheiten gehen, die über den Gerichten und Staatsanwaltschaften steht. Das ist eine direkte Verbindung, die jetzt für uns arbeitet.«[98] Aus weiteren Papieren geht hervor, daß F10 mit einem einflußreichen Mitarbeiter des Präsidenten kooperierte, der unter dem Codenamen 8CED aufgeführt wird. 8CED versorgte den Spion F10 mit Informationen und gab »diskret, aber wirksam« (Faubert) Weisungen zur »Mäßigung« an die Direktion für Strafangelegenheiten, die dann vom Staatsanwalt Francois Coste und dem Gericht in Lyon offenbar befolgt wurden. In einem Papier der *OSA* vom 10. Juli heißt es: »F10 ist sehr zuversichtlich hinsichtlich des Ablaufs der Operation.« Das gesamte Manöver dauerte zwei Wochen. Am 20. Juli schickte die *OSA*-Gesandte ein Telex nach Los Angeles: »Okay, es klappt, die Ampel steht auf Grün.« Ob es dann auch genauso ablief, läßt sich nicht beweisen. Nur eines ist sicher: Die Beschuldigten kamen auf wundersame Weise frei.

Ebenso seltsam: Es dauerte sechs Jahre, bis im Oktober 1996 das Gerichtsverfahren in Lyon eröffnet wurde. Obwohl die Ermittlungen schon 1994 abgeschlossen waren, setzte die Lyoner Staatsanwaltschaft den Prozeß erst an, als sie vom Pariser Justizministerium schriftlich dazu aufgefordert wurde; und das Ministerium drängte erst, nachdem im Dezember 1995 erneut Mitglieder des *Sonnentempler*-Ordens ermordet worden waren und die Medien begannen, kritische Fragen zu stellen. Die Anklage gegen insgesamt 23 Scientologen reichte von fahrlässiger Tötung und Unterschlagung bis hin zu Betrug. Sechzig Zeugen wurden geladen. Nach sieben aufregenden Verhandlungstagen forderte Staatsanwalt Thierry Ricard drei Jahre Haft mit Bewährung für den Lyoner *Scientology*-Boß Jean-Jacques Mazier, weil er Patrice Vic in den Suizid getrieben habe.[99]

Die lange Zeit bis zur Prozeßeröffnung hatten die Scientologen auf ihre Weise genutzt. Von ursprünglich dreißig Nebenklägern zogen sich 25 bis zum Prozeßbeginn zurück. »In alter Mafiatradition erkaufte Scientology ihr Schweigen«, kommentierte dies der Anwalt von Nelly Vic. Der Ermittlungsrichter Georges Fenech berichtete: »Ich hatte oft das Gefühl, verfolgt zu werden.« Scientologen hätten sich sogar als amerikanische Journalisten ausgegeben, um in seine Wohnung zu gelangen. Gleichzeitig wurde bekannt, daß der *Scientology*-Geheimdienst *OSA* einen Geheimdienst-Mann aus dem Elysée-Palast namens Pierre-Yves Gilleron für 150 000 Francs (48 000 Mark) angeheuert hatte, um den Richter zu bespitzeln.

Auch Jean-Marie Abgrall, der psychiatrische Gutachter im Lyoner Verfahren, klagte über schwere Belästigungen. *Scientology*-Anhänger hätten ihn auf Flugblättern diffamiert, mit anonymen Anrufen terrorisiert, mit Klagen überzogen und sein Auto beschädigt. Er nannte den Sektengründer Hubbard einen »gefährlichen Irren, einen Paranoiker im Delirium« und die *Scientology* eine »wahrhafte Gehirn-Amputation«. Ähnlich äußerte sich Staatsanwalt Ricard im Prozeß. Die Sekte wende Methoden an, die »die öffentliche Ordnung gefährden können«, sagte er. Sie habe 40 000 Anhänger in Frankreich und überweise jährlich viele Millionen Francs an die Zentrale in den USA.

Letztlich war es jedoch nur dem hartnäckigen Bohren der Witwe Nelly Vic zu verdanken, daß der Fall ihres Mannes überhaupt noch verhandelt wurde. Das traurige Schicksal von Patrice Vic begann mit einem *Scientology*-Fragebogen, den der Mann sechs Monate vor seinem Tod im Briefkasten fand. Er füllte ihn aus, wurde dann zu *Scientology*-Kursen gedrängt, ständig angerufen und immer mehr in das Sekten-System hineingezogen – bis er das Geld für die teuren Kurse nicht mehr aufbringen konnte. »Er kümmerte sich immer weniger um seine Arbeit und unsere beiden Kinder«, sagte seine Witwe. »Er vernachlässigte seine Freunde und schlug Stellenangebote aus.« Auf die hohen Preise für die Kurse angesprochen, entfuhr dem angeklagten Mazier der Satz: »Teurer als die katholische Kirche ist es vielleicht.« Tatsächlich wurden in dem Lyoner Verfahren erstmals genaue Zahlen über die scientologischen Geldflüsse bekannt. Demnach gingen von 1988 bis 1991 nachweislich 943 Millionen Francs (rund 285 Millionen Mark) über ein Luxemburger Konto von Europa in die USA. Die Lyoner Kriminalpolizei schätzt, daß von 1993 bis 1996 mehr als drei Milliarden Mark weltweit auf Konten von *Scientology* geflossen seien.

Die Angeklagten – darunter Bankangestellte, Informatiker, Buchhalter und Hausfrauen –, sahen das Verfahren als »Ketzerprozeß« an. »Ich bin ein Kirchenmann, ein Missionar, der anderen das Glück bringen will«, bekundete der Hauptangeklagte Jean-Jaques Mazier. Seine frommen Sprüche brachten ihm selbst jedoch kein Glück. Der erste große Prozeß in Frankreich, bei dem es um die dubiosen Methoden von *Scientology* ging, endete mit Schuldsprüchen. Mazier wurde zu drei Jahren Haft und einer Geldstrafe von 500 000 Francs (147 000 Mark) wegen fahrlässiger Tötung und Betruges verurteilt, fünfzehn Mitangeklagte erhielten ebenfalls Haft- und Geldstrafen. *Scientology* ziele darauf ab, Menschen »mit betrügerischen Methoden« Geld zu entlocken, indem sie ihnen die Willensfreiheit nehme, stellte das Gericht fest.[100] Die Scientologen legten daraufhin Berufung ein; diese Verhandlung endete mit einer handfesten Überraschung. Ende Juli 1997 wandelten die Berufungsrichter in Lyon das Hafturteil gegen Mazier in eine Bewährungsstrafe um.[101] Fünf weitere der fünfzehn Angeklagten kamen wegen Beihilfe zum Betrug ebenfalls mit Bewährungsstrafen zwischen acht Monaten und einem Jahr davon. Die übrigen wurden freigesprochen, darunter der französische *OSA*-Chef Jean-Paul Chapellet.

Die milden Strafen lösten bei der *Scientology*-Führung in Los Angeles helle Freude aus. Noch größeren Jubel rief das Gericht mit seiner erstaunlichen Feststellung hervor, die *Scientology*-Organisation sei eine religiöse Gemeinschaft und könne »in aller Freiheit ihre Aktivitäten entfalten«. Mit der »Anerkennung der religiösen Natur der Scientology-Kirche« in Frankreich sei dem »deutschen Menschenrechtsterrorismus ein harter Schlag versetzt« worden, frohlockte der Sekten-Präsident Heber Jentzsch. Dagegen herrschte bei *Scientology*-Kritikern blankes Entsetzen. Französische Sektenexperten, Juristen und Politiker übten scharfe Kritik an dem Urteil; schließlich hatte ein Ausschuß des französischen Parlaments die Organisation zuvor als »besonders aktive und schädliche Sekte« eingestuft. Die Generalstaatsanwaltschaft kündigte umgehend Revision an.

Das Urteil widerspricht mehreren Entscheidungen höchster Gerichte und Behörden, die ganz ähnlich wie in Deutschland ausfielen. 1995 hatte das Oberste Verwaltungsgericht, der Staatsrat, *Scientology* als Gewerbe eingestuft und der Steuer unterworfen. Die Pariser *Scientology*-Zentrale, eine der größten in Europa, mußte daraufhin schließen. Sie sollte nämlich etwa 90 Millionen Francs (30 Millionen Mark) Steuern nachzahlen und war dazu nicht in der Lage; allerdings wurde wenig später eine neue Org in Paris unter anderem Namen eröffnet. Auch in Frankreich sind zahlreiche *Scientology*-nahe Firmen aktiv, und sie arbeiten merkwürdig häufig im Umkreis von Regierungsstellen und hochsensiblen Behörden. 1990 wies die Spionageabwehr *DST* den Innenminister Joxe darauf hin, daß die Informatik-Firma, die die Computer der Anti-Terrorismus-Abteilung im Innenministerium überholt hatte, von Scientologen geleitet wurde.[102] Vermutlich bekam die Sekte Zugang zu streng geheimen Unterlagen. Eine andere Informatik-Firma, die für die Rüstungsindustrie arbeitete, war ebenfalls in der Hand von *Scientology*-Mitgliedern.[103]

Scientology gehört zu jenen 172 Gruppierungen, die die Enquete-Kommission der französischen Nationalversammlung in ihrem Abschlußbericht »Les Sectes en France« (1996) als besonders problematisch oder gefährlich bezeichnete.[104] Der Bericht fordert keine neuen Gesetze, empfiehlt aber konsequentes juristisches Handeln gegen Gesetzesverstöße durch fragwürdige Sekten. Zu diesem Zweck müsse die Justiz bessere Informationen über die Gefahren erhalten, die von derartigen Kultgruppen ausgehen. Als Konsequenz setzte die französische Regierung im Mai 1996 eine interministerielle Beobachtungsstelle für Sekten ein. Auch in der französischen Polizei arbeiten inzwischen Sektenspezialisten; man will Dramen wie in Lyon oder bei den *Sonnentemplern* künftig verhindern.

Nicht nur in Frankreich, auch im übrigen Westeuropa wird die Kritik an den Methoden der *Scientology*-Organisation immer schärfer. In Dänemark enthüllte die hochrangige *Scientology*-Aussteigerin Susanne Ellerby, daß es bei Kopenhagen ein Straflager für abtrünnige und ausstiegswillige Mitglieder gebe.[105] Sie würden zum Teil gegen ihren Willen festgehalten oder nach einer Flucht »mit Gewalt« zurückgeholt. Die Zeitung »Politiken« deckte im Januar 1997 auf, daß die Kopenhagener *WISE*-Zentrale für *Scientology*-Firmen in Europa insgesamt 2700 Unternehmen steuert. In Großbritannien stellte die Regierung fest: »Scientology ist keine Religion.« In Madrid bereitet die Staatsanwaltschaft ein Verfahren gegen 21 Scientologen wegen Betruges, Steuerhinterziehung und Freiheitsberaubung vor; ermittelt wird unter anderem gegen den amerikanischen Top-Scientologen Heber Jentzsch. Nach Auskunft eines Informanten aus Barcelona stuft die Staatsanwaltschaft *Scientology* als »außerordentlich gefährlich« ein; die Sekte arbeite mit Gehirnwäschemethoden und habe mißliebige Mitglieder tagelang ohne Essen und Trinken eingesperrt.

Zu klaren Worten fand ein Berufungsgericht in Mailand, das im Dezember 1996 insgesamt 29 Scientologen wegen Betruges und Bildung einer kriminellen Vereinigung zu Haftstrafen zwischen neun Monaten und zwei Jahren verurteilte.[106] Die Richter stellten fest, daß es sich bei *Scientology* nicht um ein religiöses Bekenntnis handele und daß der »einzige grundlegende Zweck des Dianetik-Zentrums und der Scientology in der Gewinnerzielung« bestehe. Die Angeklagten hätten einen »kriminellen Plan« besessen und diesen auch umgesetzt, um psychisch Kranken und solchen, denen sie psychische Krankheiten eingeredet hätten, das Geld aus der Tasche zu ziehen; die Opfer habe man nur als »zu rupfende Hühner« angesehen. Das Gericht zitierte aus Karteikarten über die Opfer, die bei Razzien sichergestellt worden waren. Darin fanden sich Ausdrücke wie »er hat 10 Kg Wertpapiere auf der Bank … er muß wie verrückt angetrieben werden«, »nicht lockerlassen bis zum Tod«, »nochmal vorsprechen und ihn nicht entkommen lassen«. Für ihr Geld habe man den Adepten »vollständige Heilung« versprochen, sie jedoch mit »völlig wertlosen Verfahren« wie Auditing und stundenlangen Saunagängen behandelt; dies sei betrügerisch. Das Gericht verurteilte die Angeklagten, weil nach seiner Auffassung »die gesamten Tätigkeiten der Vereinigung von Anfang an darauf gerichtet waren, Straftaten zu begehen«.

Projekt Bulgravia

Noch brisanter als die in Italien beschlagnahmten Dokumente waren Akten, die der Polizei in Griechenland in die Hände fielen.[107] Am Anfang stand eine Unterschriftensammlung. Im Oktober 1995 übergaben besorgte Bürger dem Athener Präfekten Dimitrios Efstathiadis eine Petition von mehr als 4200 Unterzeichnern. Darin forderten sie, die die *Scientology*-Zentrale *Griechisches Zentrum für angewandte Philosophie (KEFE)* sofort zu schließen. Sie klagten, ihre Angehörigen, die der Psycho-Kult rekrutiert hatte, seien ihnen absichtlich entfremdet worden; man habe sie sogar aufgefordert, kriminelle Handlungen zu begehen.

Die Aktion brachte eine Lawine ins Rollen. Offenbar gut vorbereitet drangen am 4. Juli 1996 Polizei und Staatsanwaltschaft in die Athener *Scientology*-Zentrale ein. Die Beamten beschlagnahmten zahlreiche Ordner mit explosivem Inhalt. Demnach hat der scientologische Geheimdienst *OSA* in Griechenland offenbar Politiker, Richter, Justizangestellte und Funktionäre der griechisch-orthodoxen Kirche systematisch bespitzelt und die Berichte dann an »ausländische Stellen« weitergereicht, wie ein Report der Athener Justizbehörden feststellt.[108] Im *KEFE*-Büro fanden die Ermittler auch einen internen Bericht, wonach es Scientologen gelungen war, Material des griechischen Geheimdienstes EYP in die Hände zu bekommen. Außerdem enthielten die Akten eine Liste des Europa-Büros der *Scientology*, in der griechische »Feinde« der Organisation aufgeführt wurden, darunter Minister, Erzbischöfe, Professoren und prominente Politiker wie der Oppositionsführer Miltiadis Evert. Über mehr als 2000 Personen seien Dossiers angelegt worden.

Ganz oben auf der Liste stand der Name Antonios Alevizopoulos. Der inzwischen verstorbene Priester und Sektenexperte der griechisch-orthodoxen Kirche hatte schon 1995 auf einer Berliner Tagung vor den Unterwanderungsstrategien der *Scientology* in Griechenland gewarnt. Er hatte berichtet, daß er ständig von Detektiven und Agenten beobachtet und belästigt wurde; man habe sogar seinen Müll durchwühlt. Der Athener Leitende Oberstaatsanwalt Tassos Canellopoulos sagt: »Die Scientologen beobachteten auch potentiell interessante Leute mit nachrichtendienstlichen Mitteln. Politiker wurden zum Teil rund um die Uhr beschattet.«[109] *Scientology* bestreitet die Vorwürfe und erklärt, es handele sich um »Falschmeldungen«.[110] Der Präfekt von Athen ließ jedoch nach Prüfung der Akten das *Scientology*-Zentrum schließen. Seine Entscheidung bestätigte das Landgericht Athen am 7. Oktober 1996. Begründung: *Scientology* sei eine »Organisation mit totalitären Strukturen«, breche den freien Willen ihrer Mitglieder mit »Gehirnwäsche« und übe Praktiken aus, die »medizinisch, sozial und moralisch gefährlich und schädlich sind«.[111]

Das Wort Griechenland hat für Scientologen einen ganz besonderen Klang. Zusammen mit Albanien, dem früheren Jugoslawien und Bulgarien gehört das Land zu einem Phantasiegebilde namens »Bulgravia«, das die Sekten-Leute allen Ernstes zum ersten scientologischen Land der Erde machen wollen.[112] Vorreiter war der deutsche Geschäftsmann Gerhard Haag aus Eßlingen, der als Patron meritorius (Patron mit Sternchen) mindestens 250 000 US-Dollar an die scientologische »Kriegskasse« gespendet hat und 1992 wegen seiner illegalen Geschäfte in Deutschland in Schwierigkeiten geriet. Vermittelt über eine Münchner Anwaltskanzlei tauchte Haag Ende 1992 in dem bettelarmen Balkanstaat Albanien auf. Wenig später entwik-

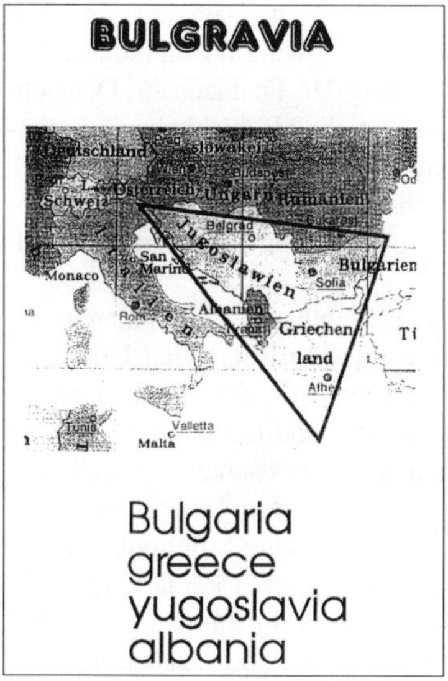

Von Albanien zur Weltherrschaft? Scientologen-Projekt »Bulgravia«

kelte er gemeinsam mit dem deutschen Top-Scientologen und *WISE*-Führer Reinhold Stricker einen Plan, um sozusagen Albanien zu »klären«.[113]

In einem geheimen Rundbrief an dreißig führende deutsche *Scientology*-Mitglieder stellte er mit Schreiben vom 4. Dezember 1992 sein Projekt A vor: »Ich freue mich, die Gelegenheit zu haben, Ihnen phantastische Good News von meinem kürzlichen Besuch in Albanien zu berichten. (...) Wir können dort mit bemerkenswerten Vorteilen Investitionen vornehmen oder Produktionsstätten errichten.«[114] Garniert mit einer Karte des zukünftigen scientologischen Balkan-Imperiums Bulgravia benannte Haag als die »Zielsetzung von Projekt A«: »das erste wirklich freie Land auf diesem Planeten ohne Krieg, Wahnsinn und Kriminalität, wo tüchtige Leute Rechte haben, Leute erfolgreich sein können und Leute die Freiheit haben, zu größeren Höhen aufzusteigen.«

Haag teilte seinen Konzern-Kollegen mit, daß »bedeutende Meinungsführer von Albanien bei *WISE International* Hilfe angefordert« hätten. Er führte aus: »Im nationalen Fernsehen von Albanien wurde versprochen, daß das Land mit Hilfe der LRH Admin-Tech [Hubbard Management-Technologie, d. A.] zu einer neuen Blüte geführt werden könne. Dies muß nun geliefert werden. (...) Einer der ersten Besucher waren Gerhard Haag ... und sein Partner Reinhold Stricker. Sie besuchten Ministerien und fanden überall sofortige Kooperation.« Die Kontakte zur albanischen Regierung zahlten sich aus. Haag gründete eine Gesellschaft *Albania Building and Trade AG*, die im Dezember 1992 offiziell registriert wurde. Er begann umgehend mit Bauprojekten, darunter einem Hotel am Dajti-Berg; geplant war auch ein zwölfstöckiges New Commercial Center mit Hotelkomplex in Tirana. In einer Elf-Punkte-Liste machte Haag den Thetanen aus Deutschland das Balkanland schmackhaft. »Umfangreiche Möglichkeiten« bestünden im Bau- und Transportwesen (einschließlich Schiffen und Fluglinien), in der Touristik-Industrie, der Landwirtschaft, der Ausbeutung von Bodenschätzen, der Telekommunikation und der Ausrüstung von Regierungsstellen mit »höherer Technologie«.

Der Scientologe, der in Deutschland seine Stahlbau-Unternehmen in den Konkurs trieb, spielte sich *Scientology*-intern als erfolgreicher Unternehmer auf. »Eine unserer nächsten Zielsetzungen ist es, eine private Bank in Tirana zu gründen«, verriet er seinen Genossen und lud sie im Dezember 1992 zu einer *WISE*-Konferenz in Tirana ein. Dort könnten sie auch »leitende Beamte und Meinungsführer« des Landes treffen. Haag fügte hinzu: »Wir als WISE-Mitglieder haben dort besonders gute Möglichkeiten, da wir bereits auf etablierte Verbindungen zurückgreifen können. Ein Jahr später enthüllte das ARD-Fernsehmagazin »Report« die geheimen Bulgravia-Pläne des Sekten-Konzerns. Recherchen der Journalisten in Albanien bestätigten den enormen Einfluß, den Haag und andere Scientologen auf Regierungsstellen gewonnen hatten. Uns wurden kurz danach kopierte Geschäftsbriefe von Gerhard Haag zugespielt, aus denen hervorgeht, daß der Scientologe im Sommer 1993 gemeinsam mit Sekten-Offizieren aus Clearwater in Albanien Verkäufe von Flugzeugen organisiert und über eine in Luxemburg registrierte Firma *Eurotra S. A.* Investment-Konzepte, die auch Devisenspekulationen beinhalteten, verschickt hatte. Die *WISE*-Firma *General Administration L. L. C.*, die unter derselben Geschäftsadresse wie Haag mit identischer Telefonnummer in Tirana residierte, hatte einem amerikanischen Interessenten Ende 1993 per Fax sogar zehn Kilogramm Platin angeboten. Haag besaß Bürgschaften amerikanischer, luxemburgischer und deutscher Banken *(Bayerische Vereinsbank)* über insgesamt mehr als dreißig Millionen Dollar.

Interne *Scientology*-Broschüren bejubelten damals den Vormarsch von *WISE* in Albanien, der dem Land »zum ersten Mal in seiner Geschichte Hoffnung und wirkliche Freiheit« beschere.[115] Ein undatiertes Rundschreiben aus der englischen *Scientology*-Zentrale *Advanced Organization Saint Hill United Kingdom* zitierte aus einer albanischen Regierungsmitteilung: »Wir denken, daß die hervorgehobenen Punkte die ersten konkreten Schritte sein werden, um in unserem Land LRH's Technologie für administrative, geschäftliche und Verbesserungs-Zwecke einzuführen.«[116] Konkret sei an eine »umfassende Beratung der albanischen Regierung bei der weiteren Durchführung der Privatisierung« gedacht. Tatsächlich ließen sich Mitarbeiter von albanischen Ministerien und Firmen von *WISE*-Managern schulen.

»Es ist ein schreckliches und tödliches Universum«, schrieb die englische *Scientology*-Zentrale in ihrer Albanien-Botschaft. »Nur die Starken überleben es, nur die Unbarmherzigen können es einnehmen.«[117] Die Thetanen von Tirana wollten Albanien (und Griechenland) offenbar als Sprungbrett zur Weltherrschaft nutzen. Es sei dahingestellt, wie realistisch solche Pläne sind. Immerhin hatte die unabhängige Zeitung »Dita-Informacion« den Mut, am 31. Oktober 1993 über die *Scientology*-Affäre zu berichten: »Steht die größte Katastrophe in der Geschichte Albaniens bevor?«[118] Sofort wurde sie von Haags Anwalt Krenar Loloci in die Mangel genommen, der auch Rechtsberater der Präsidenten Ramiz Alia und Sali Berisha war. »Dita-Informacion« hatte sich jedoch überkorrekt verhalten. Die Zeitung druckte in derselben Nummer ein Interview mit Haag ab, worin er die Angriffe gegen *Scientology* als Verschwörung der Psychiater bezeichnete. Haag bestätigte dem Blatt seine guten Kontakte zur Regierung, es sei aber absurd anzunehmen, daß *Scientology* eigene Leute in den Ministerien plaziert habe. Haag erklärte, er wolle demnächst ein Hubbard College of Administration als Schulungszentrum in Tirana eröffnen.

In der Folgezeit griffen albanische Publizisten die Regierung immer wieder wegen ihrer Untätigkeit an. Obwohl die Regierung Berisha angeblich Maßnahmen gegen die *Scientologen* ergriff, teilte uns der Athener Journalist Toni Bosnakoudis im Frühjahr 1997 mit, nach seinen Informationen sei die Sekte in Albanien weiterhin »sehr aktiv«. Nach Hinweisen in der albanischen Presse seien die *Scientologen* auch in jene verhängnisvollen Kettenspiele verwickelt, deren Zusammenbruch Albanien in im Frühjahr 1997 bürgerkriegsähnliche Zustände stürzte. Dies ließ sich jedoch nicht verifizieren. Sicher ist dagegen: Gerhard Haag zog sich aus dem Projekt A zurück, verließ Albanien 1995 und ging in die USA, wo er seitdem automatische Parkhaussysteme verkauft und sich als religiös Verfolgten hinstellt.

Seit sich die Völker Osteuropas von ihren Diktatoren befreit haben, hat nicht nur *Scientology* den gigantischen neuen Markt erschlossen. Sekten und Psycho-Kulte aller Art nutzten die neugewonnene Freiheit, um sich als Retter in schwerer Zeit anzudienen. Christlich-charismatische Sekten feiern Triumphe in der ehemaligen Sowjetunion, die *Zeugen Jehovas* beherrschen den Vertrieb von Bibeln in ganz Osteuropa, die Guru-Sekte *Ananda Marga* spannt staatliche Stellen in Rumänien für ihren Kampf gegen unbequeme Kritiker ein.

»Die osteuropäischen Länder sind von der Sekten-Invasion völlig überrascht worden«, erklärte der Berliner Sektenexperte Thomas Gandow auf einer Tagung des christlich-ökumenischen Dialog-Centers im Oktober 1996 in Berlin. Auf dem Seminar tauschten kirchliche und staatliche Sektenexperten aus ganz Osteuropa Erfahrungen aus. In vielen Ländern seien die gesetzlichen Hürden, um als Religionsgemeinschaft anerkannt und steuerlich begünstigt zu werden, bewußt niedrig gehängt worden, hieß es – man habe nicht erneut religiöse Minderheiten diskriminieren wollen. Das Risiko, die gerade gewonnene individuelle Freiheit im Namen irgendeines Gurus postwendend wieder zu verlieren, werde noch kaum erkannt.

»In Ungarn reichen hundert Mitarbeiter, ein Dogma und eine Organisation, um als Religion staatlich gefördert zu werden«, sagte Rita Petrekanits, Mitarbeiterin des ungarischen Parlaments. In einigen Ländern erstreckt sich der Einfluß totalitärer Kultgruppen inzwischen bis ins politische Establishment; dabei geriet vor allem Rußland ins Fadenkreuz der destruktiven Kulte. Auf dem Seminar wurde bekannt, daß Raissa Gorbatschowa kurz zuvor zur Vizepräsidentin einer Tarnorganisation der *Mun*-Sekte ernannt worden war. Neben der *Mun*-Bewegung war es in erster Linie die *Scientology*-Organisation, die dort sehr schnell und massiv Einfluß gewann.

Unter den in Athen beschlagnahmten *Scientology*-Dokumenten befindet sich auch ein Bericht aus Moskau. Ein russischer *OSA*-Agent rapportierte, wie geschickt er den Assistenten von Professor Alexander Dworkin aushorchte. Dworkin ist der Sektenbeauftragte der russisch-orthodoxen Kirche in Moskau und gilt in Rußland als Feind Nummer eins – nicht nur für *Scientology*, sondern für eine ganze Reihe destruktiver Kulte. »Sie beschimpfen mich als Fanatiker, ich sei haßerfüllt und ein Agent von CAN«, erzählt er. Der Professor an der Russisch-Orthodoxen Universität in Moskau gehört zu den wenigen Fachleuten in Rußland, die die rasant wachsende Sektenszene im Land beobachten. Die Mittel, die ihm dazu zur Verfügung stehen, sind bescheiden: ein kleines Büro unweit des Kreml, ein Faxgerät, ein Videorekorder und vier junge Mitarbeiter – lächerlich im Vergleich mit den Millionen, mit denen Kultgruppen bei ihrem Vormarsch hantieren.

Doch Professor Dworkin hat sich einen Namen gemacht. Er sprach bei Anhörungen in der Duma, dem russischen Parlament, und vor Abgeordneten der einzelnen Republiken über die Gefahren durch totalitäre Sekten und Psycho-Kulte. Er kam im Fernsehen zu Wort, und er hat das erste Buch in Rußland veröffentlicht, das die Gefahren mentaler Kontrolle beschreibt: »Zehn Fragen an einen aufdringlichen Fremden«.[119] Daraufhin wurde der Sektenkritiker am Telefon bedroht; Scientologen überschütteten Zeitungsredaktionen mit Schmähbriefen und lancierten eine diffamierende Sendung über ihn in das landesweite Fernsehprogramm »Wremjetschko« (Stündchen); schließlich verklagte ihn 1996 eine ungewöhnliche »Koalition der Kulte« aus 29 Mitgliedern von *Scientology, Hare Krishna, Mun*-Bewegung und *Zeugen Jehovas*, angeführt von dem ehemaligen Dissidenten und Duma-Abgeordneten Gleb Jakunin, der jetzt ein *Komitee für die Verteidigung der Gewissensfreiheit* leitet, das vor allem als Lobbyist für destruktive Kulte hervortritt.[120] Sie wollten mit ihrer Klage erreichen, daß Dworkins Buch vom Markt verschwindet; außerdem forderten sie von dem unbequemen Professor »Schadenersatz« in Höhe von umgerechnet 10 000 Dollar – viel

Geld in Rußland. »Sie wollen mich mundtot machen und wirtschaftlich ruinieren«, erklärte uns Alexander Dworkin im Frühjahr 1997.

Der Prozeß galt als Präzedenzfall für die Meinungsfreiheit. »Wenn ich verliere, kann nichts Kritisches über Sekten in Rußland mehr geschrieben werden«, befürchtete Dworkin. Richterin Ludmila Saltikowa verhandelte sieben Wochen täglich von zehn bis achtzehn Uhr und ließ 45 Zeugen anhören, darunter den Sektenexperten Thomas Gandow aus Berlin.[121] Für die Sekten traten neben zwanzig russischen Kultanhängern auch einige westliche Religionswissenschaftler auf, die sich immer wieder als Lobbyisten für autoritäre Kulte produzieren, etwa die britische Professorin Eileen Barker. Schließlich gab das Gericht am 21. Mai 1997 seine Entscheidung bekannt: Die Klage gegen Dworkin wurde abgewiesen, denn die Broschüre gebe seine »Meinung« wieder und beruhe auf »berechtigten Quellen«. In einem Editorial schrieb die »Moscow Times« daraufhin: »Redefreiheit ist der beste Schutz gegen Sekten ... Die Freiheit der Debatte über das Für und Wider der Sekten muß der wichtigste Grundsatz sein.«[122]

Der Moskauer Experte ist besonders den Scientologen ein Dorn im Auge, denn er trug viel dazu bei, die strategischen Aktivitäten der Sekte in Rußland aufzudecken. Ähnlich wie der *Mun*-Bewegung war es *Scientology* in erstaunlich kurzer Zeit gelungen, Kontakte zu höchsten Regierungsstellen zu knüpfen und Tausende von Mitgliedern zu rekrutieren. Dworkin erklärt: »Scientology ist unglaublich erfolgreich und macht in Rußland höhere Profite als irgendwo sonst auf der Erde.« Nur wenige wagen es jedoch, wie Professor Dworkin *Scientology* und andere Kulte öffentlich zu kritisieren. Am 9. Dezember 1995 starb der wohl bekannteste Sektenkritiker Rußlands, der Duma-Abgeordnete Witalij Sawitsky, bei einem Verkehrsunfall in St. Petersburg unter äußerst dubiosen Umständen. Dworkin erklärt: »Sawitsky stand als Kämpfer gegen totalitäre Sekten vielen im Weg.«

Mission nach Moskau

Den Lesesaal der renommierten Fakultät für Journalismus an der Moskauer Universität zierte einst die Büste Lenins. Heute glänzt an gleicher Stelle der Bronzekopf eines ausländischen Science-fiction-Autors. Kapriole der Geschichte: Hier ehrt man jetzt L. Ron Hubbard, den Gründer der totalitären *Scientology*-Organisation. Der Dekan der Fakultät, Jasen Zasursky, verlieh dem Sektenchef am 13. März 1992 sogar posthum noch einen Doktortitel, denn er habe »Werke von unschätzbarem Wert geschrieben, welche die Menschen von den Fesseln der Sklaverei befreien und ihnen helfen, Glück und ein besseres Leben zu finden«.[123] In den Regalen des Instituts stapeln sich Hubbard-Bücher wie »Der Weg zum Glücklichsein« oder »Dianetik«. Und das, obwohl der 1986 verstorbene *Scientology*-Boß von Journalisten wenig hielt und sie lebenslang als »Unterdrücker« oder »Chaoshändler« beschimpft hatte. Schwamm drüber. »Ich regte an, auch Hubbard-kritische Bücher in die Bibliothek zu stellen«, berichtet Alexander Dworkin, der 1992 noch Mitarbeiter der journalistischen Fakultät war, »das kostete mich den Job.«[124]

Besonders in den russischen Großstädten ist *Scientology* allgegenwärtig. Das Erfolgsrezept ist vergleichsweise simpel und beruht auf einer geschickten Reklamestrategie. Der Psycho-Konzern tritt in der Öffentlichkeit nicht als Religionsgemeinschaft, sondern als »wissenschaftliche Methode der Dianetik« auf, die als westlich, modern und karrierefördernd gepriesen wird; die meisten Interessenten ahnen nicht einmal, daß sich dahinter das System *Scientology* verbirgt. Die Organisation kauft ständig Werbezeiten in Funk und Fernsehen und verbreitet die Botschaft ihres »Gründers« millionenfach in farbigen Plakaten, Broschüren oder Zeitungsbeilagen (etwa in der Wochenzeitung »Sobesednik«). Das »Dianetik«-Buch wurde an sämtliche Abgeordnete der Duma verschickt.

Schon 1995 besaß der Psycho-Multi feste Niederlassungen in mindestens 45 russischen Großstädten, 1997 waren es fast hundert. Nirgendwo sonst auf der Welt expandiert *Scientology* derartig schnell und massiv; die Sekte hat ein regelrechtes Imperium von Missionen, Dianetik-Zentren und Hubbard-Colleges gegründet. Allein im Moskauer Dianetik-Zentrum absolvierten nach *Scientology*-Angaben 1994 über 14 000 Menschen teure Kurse zur »totalen geistigen Freiheit«. Möglicherweise reichen deutsche Thetanen eine helfende Hand.

Seit 1993 versucht *Scientology* auch, Einfluß auf Provinzregierungen, hohe Beamte und Wirtschaftsunternehmen zu gewinnen. Dabei konzentriert sich die Sekte neben Moskau und St. Petersburg vor allem auf Sibirien und die Ural-Region, wo große Industriekombinate Schwermaschinen und Rüstungsgüter produzieren. Der Bürgermeister der Millionenstadt Perm am westlichen Ural, Wladimir Fil, zeigte sich besonders zugänglich. Er stellte den *Scientologen* im März 1995 ein städtisches Gebäude zur Verfügung, um darin ein Hubbard College of Administration zu begründen.[125] Nach einem Bericht der Moskauer Zeitschrift »Ogonjok« wurden dort schon 1995 die Direktoren und Manager von 28 staatlichen oder halbstaatlichen Firmen mit Zehntausenden von Mitarbeitern auf die krude Sekten-Philosophie eingeschworen.[126] Der Verwaltungsdirektor des größten städtischen Industriegebiets, Valentin Sedinina, unterzog sich ebenso dem *Scientology*-Training wie Grigorij Woltschek, der Boß des örtlichen Fernsehsenders T-7.

Alexander Dworkin weiß von zwei Kombinaten aus Perm, die die bizarre Verwaltungstechnologie einführten und ebenfalls Hubbard-Colleges eingerichtet haben, um ihre Mitarbeiter direkt auf dem Fabrikgelände zu schulen. Sowohl bei der *Perm Maschinenfabrik* wie auch bei *Perm Motoren* handelt es sich um Rüstungsbetriebe mit der Klassifikation »geheim«. *Perm Motoren*, ein Staatsbetrieb mit 3000 Mitarbeitern, produziert unter anderem die Antriebe für die Iljuschin-76. »In beiden Firmen gehen Scientologen noch immer ein und aus«, sagte Dworkin im Frühjahr 1997. Die sogenannte »Verwaltungstechnologie« der *Scientologen* soll Unternehmen und Behörden angeblich für den kapitalistischen Konkurrenzkampf fit machen; doch wer sie benutzt, muß sich der Kontrolle des Sekten-Konzerns unterwerfen und Abgaben an *WISE* zahlen. Das scientologische Magazin »Prosperity« rühmt sie als »einzige Technologie, die Rußland ökonomische Stärke und Produktivität« bringen könne.[127]

In einem offenen Brief an den Bürgermeister von Perm warnten besorgte Bürger vor dem »gefährlichen Weg«, den die Stadt eingeschlagen habe. Wladimir Fil reagierte wütend und versicherte der Illustrierten »Ogonjok«: »Die Einwohner Perms werden nicht von der Sklaverei bedroht. Wir haben alles unter Kontrolle.«[128] Fil macht aber keinen Hehl daraus, daß er selber scientologische Kurse in Rußland und Amerika besucht hat. Laut »Ogonjok« war es sein erklärtes Ziel, »die gesamte Stadt« auf die Technologie L. Ron Hubbards umzupolen. Wie zur Bestätigung schlimmster Befürchtungen überreichte der Bürgermeister einem ranghohen *Scientology*-Funktionär aus den USA im Mai 1995 symbolisch die Schlüssel der Stadt. Sein Traum ist aber vorerst ausgeträumt. Fil verlor die Bürgermeisterwahl im Herbst 1996. »Doch die Hubbard-Colleges in den Fabriken arbeiten weiter«, stellt Professor Dworkin fest.

Nicht nur in Perm hat sich *Scientology* etabliert. In Jekaterinburg konnte ein großer deutscher Konzern 1996 in letzter Sekunde verhindern, daß seine Direktoren sich im örtlichen Hubbard-College schulen ließen. In der ostsibirischen Stadt Nowokusnezk wurden nach Informationen Alexander Dworkins alle Direktoren der großen staatlichen Firmen zum Hubbard-Seminar beordert; bezahlt wurde aus der Provinzkasse. Sogar der Gouverneur der sibirischen Provinz Nowgorod hat *Scientology*-Kurse absolviert. Das russische »Hubbard-College-Magazin« nennt über achtzig Firmen und Institutionen, die allein 1995 scientologisch trainiert wurden, darunter Banken, Zeitungen, riesige Kombinate der Schwerindustrie, Aktiengesellschaften und sogar die »Assoziation der russischen Presse« in Moskau.[129]

»Es gibt Hunderte teils bedeutender Firmen, die inzwischen mit der Hubbard-Technologie arbeiten«, bestätigt Experte Dworkin. Mehrere tausend Industriekapitäne hätten seit 1992 die verschiedensten Managementseminare besucht, deren fünf Basiskurse allein 500 US-Dollar kosten. Laut Alexander Dworkin wird das darauf folgende Kurspaket »Ethik fürs Überleben im Business« der russischen Geschäftselite zu Preisen zwischen 750 und 1720 Dollar angeboten. Anders als im Westen sind diese »Manager« nicht Inhaber kleiner Klitschen und mittlerer Betriebe, sondern häufig Leiter der industriellen Dinosaurier aus der Sowjetzeit. *Scientology* nutze die gewaltige Nachfrage nach modernem Management-Know-How, sagt der Fachmann. »Kursabsolventen erzählen uns, daß die Scientologen ihnen totale Kontrolle, unbegrenzte Profite und ungeheuren Reichtum versprechen.« Im Gegenzug verlange die Sekte, daß ihre Anweisungen strikt befolgt werden.

Die Folgen können katastrophal sein. Die Zeitschrift »Ogonjok« schilderte den Fall der Moskauer Ventilatorenfabrik *MOVEN AG* mit 600 Mitarbeitern.[130] Deren Präsident Alexander Mironow absolvierte 1993 *Scientology*-Kurse und führte anschließend die Hubbard-Technologie im Unternehmen ein. Zunächst wurden alle leitenden Angestellten und anschließend die Arbeiter auf »Kurse« geschickt. Wer sich weigerte, dem wurden die Prämien gestrichen. Sämtliche Arbeiter mußten »Wissensberichte« über ihre Kollegen schreiben. Als Folge der Maßnahmen sank die Produktivität, zugleich flossen erhebliche Summen als Kurs- und Lizenzgebühren in die *Scientology*-Kassen. Dann nahm die Geschichte eine überraschende Wendung. Am 25. Januar 1995 betraten Unbekannte das Büro des Fabrikchefs und erschossen ihn. Nach dem Mord wurde ein neuer Direktor eingesetzt; er stoppte umgehend das Hubbard-Programm. Ende 1995 mußte der ebenfalls von Scientologen geführte Moskauer Versicherungskonzern *Nalko* Konkurs anmelden. Auch diesen Betrieb hatten, so Dworkin, die enormen Abgaben an die Sekte finanziell erdrosselt. Doch in *Scientology*-Firmen werden nicht nur Gelder abgesaugt. Westliche Erfahrungen lehren, daß auch Personaldaten und geheime Produktionsunterlagen häufig an die Sekte weitergegeben werden.

Die scientologische Invasion begann 1990. Die Organisation forderte damals Mitglieder weltweit auf, für die Mission in Rußland zu spenden. Führende Scientologen machten sich auf den Weg nach Osten; ihr Motto lautete: »Wir haben die Technologie, um die Menschheit wirklich zu befreien.«[131] Nach Recherchen Alexander Dworkins besuchten bereits im gleichen Jahr russische Prominente die Londoner *Scientology*-Zentrale, darunter der Kosmonauten-General Pavel Popovich, der russische Drogenexperte Wladimir Iwanow und der stellvertretende Direktor der Regierungszeitung »Iswestija«, Igor Andrejew. Eingeladen hatte die vorgebliche Drogenrehabilitation *Narconon*, in Wahrheit eine *Scientology*-Tarnorganisation. Die Folge: *Narconon* durfte in Moskau eine Filiale eröffnen und kapitalkräftige Russen abkassieren, die über Alkoholprobleme klagten. Als Gegenmittel wurde ihnen der »Reinigungs-Rundown« empfohlen, die dubiose Roßkur mit stundenlangen Saunagängen und hochdosierten Vitamingaben. Die notwendigen staatlichen Lizenzen für die Anwendung des Reinigungs-Rundowns erhielten die *Scientologen* 1994 im Blitzdurchlauf von zehn Tagen vom Gesundheitsministerium.

Bald agierten *Scientology*-Ärzte auch in den exklusiven Kreml-Kliniken, wo sich hohe Beamte und Neureiche behandeln lassen. Nach einem Bericht der Zeitung »Twerskaja 13« verlangten sie bis zu 1000 US-Dollar pro Saunagang.[132] Zugleich nutzten Scientologen die Hilflosigkeit der russischen Medizin, um sich als Retter der Tschernobyl-Opfer aufzuspielen. Sie

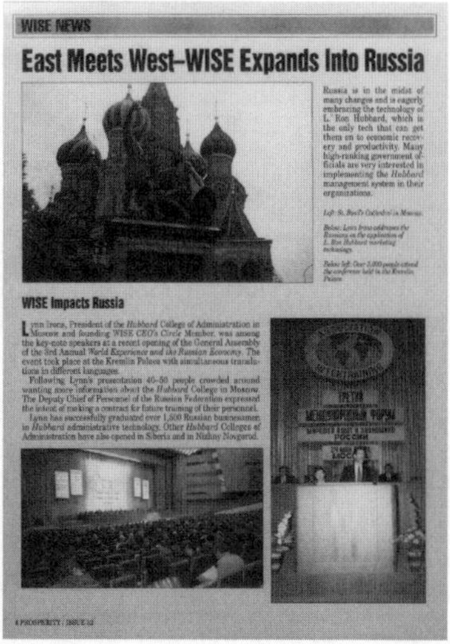
WISE NEWS

East Meets West–WISE Expands Into Russia

Russia is in the midst of many changes and is eagerly embracing the technology of L. Ron Hubbard, which is the only tech that can get them on to economic recovery and productivity. Many high-ranking government officials are very interested in implementing the *Hubbard* management system in their organizations.

Left: St. Basil's Cathedral in Moscow.

Below: Lynn Irons addresses the Russians on the application of L. Ron Hubbard marketing technology.

Below left: Over 3,000 people attend the conference held in the Kremlin Palace.

WISE Impacts Russia

Lynn Irons, President of the *Hubbard* College of Administration in Moscow and founding WISE *CEO's Circle* Member, was among the key-note speakers at a recent opening of the General Assembly of the 3rd Annual *World Experience and the Russian Economy*. The event took place at the Kremlin Palace with simultaneous translations in different languages.

Following Lynn's presentation 40–50 people crowded around wanting more information about the *Hubbard* College in Moscow. The Deputy Chief of Personnel of the Russian Federation expressed the intent of making a contract for future training of their personnel.

Lynn has successfully graduated over 1,500 Russian businessmen in *Hubbard* administrative technology. Other *Hubbard* Colleges of Administration have also opened in Siberia and in Nizhny Novgorod.

Expansion in Rußland: Scientologen auf dem Roten Platz
Verklagt von einer Koalition der Kulte: Prof. Alexander Dworkin

behaupteten, ihre Saunakuren würden »die Radioaktivität vollständig aus dem Körper spülen«. Wie »Twerskaja 13« schrieb, wurden in der Kinderklinik Wasilieskoje bei Moskau im Frühjahr 1995 insgesamt 27 Tschernobyl-Kinder mehr als zehn Tage mit dem kompletten Reinigungs-Rundown traktiert. Die kleinen Patienten klagten anschließend über Schwindelanfälle, beschleunigten Herzschlag und bedrohliche Furunkulose.

Die gefährlichen Experimente steuerte der englische Scientologe David Gaiman – kein Arzt, sondern ein Experte für Subversion, der jahrelang zum Stab des scientologischen Geheimdienstes *Guardian's Office* gehörte und in den 70er Jahren an der Operation Snow White beteiligt war. Seine Firma *G & G Vitamins* mit Sitz in London stellt die »Vitamine« her, die beim Reinigungs-Rundown verabreicht werden. Die seltsamen Medikamente waren in Rußland nicht lizensiert und wurden – als Folge kritischer Presseberichte und der Aufklärungsarbeit Alexander Dworkins – zwei Jahre nach Beginn der Experimente erstmals amtlich begutachtet. Ende 1995 mußten die Scientologen die Kinderklinik Wasilieskoje verlassen. Im Juni 1996 erklärte der neue russische Gesundheitsminister Alexander Tsaregorodsew die Lizenz für das scientologische »Reinigungsprogramm« für null und nichtig und verbot die Anwendung der Technologien L. Ron Hubbards im russischen Gesundheitswesen.[133]

Offiziell haben in Wasiljeskoje, Moskau oder Perm russische Scientologen agiert, doch im Hintergrund stehen die hochrangigen Offiziere des größten privaten Geheimdienstes der Welt, der heute nicht mehr *Guardi-*

an's Office, sondern *OSA* heißt; seine Agenturen in Rußland sind offenbar die Hubbard-Colleges. Obwohl der russische Geheimdienst Federalnaja Sluschba Kontrarazwietki (FSK) die seltsamen Akademien als Zentralen »ausländischer Spione« einstufte, gelang es den Scientologen, in sicherheitsrelevante Bereiche einzudringen. Bruce Wiseman, ein leitender *WISE*-Mann, wurde 1993 vom Moskauer Innenministerium eingeladen, um vor Polizeichefs aus der gesamten russischen Föderation die Hubbard-Technologie vorzustellen.[134] Die Moskauer Polizei bestätigte laut Dworkin Anfang 1995, daß ihre Kommissare regelmäßig von *Scientology*-Funktionären geschult wurden. Bedeutende russische Militärs trafen mehrfach mit Lynn Irons, dem Leiter des Hubbard-Colleges in Moskau und anderen führenden Scientologen aus den USA zusammen.[135] Der frühere russische Vizepräsident Alexander Ruzkoj schmückte 1993 ein Interview mit der »Literaturnaja Gazeta« ausführlich mit Zitaten aus dem »Dianetik«-Buch L. Ron Hubbards – kurz vor seinem Putsch gegen Präsident Jelzin.

Damals stand die Sekte schon mit einem Bein im Kreml. Im Frühjahr 1995 berichtete die »Nesawisimaja Gazeta«, daß Scientologen die Arbeiter eines Rüstungsbetriebes in der »Nuklearstadt« Obninsk (Klassifikation »Top Secret«) ausführlichen »psychologischen Testreihen« unterzogen hatten.[136] Der Direktor der großen *Optisch-Mechanischen Werke* in Jekaterinburg – auch eine Waffenschmiede der Geheimhaltungsstufe – gründete sogar ein Hubbard-College auf dem Firmengelände und kündigte im Juni 1995 an, er werde sämtliche Arbeiter auf die Hubbard-Technologie verpflichten. »Als ich die Fabrik besuchte, mußte ich durch fünf Sicherheitsschleusen«, berichtet Dworkin. »Die Hubbard-Leute brauchen angeblich nicht einmal einen Paß. Ich sah sie im renovierten Gebäude arbeiten – die Leiter trugen ihre Scientology-Uniform!« Der Firmenchef habe noch 1997 Warnungen vor *Scientology* zurückgewiesen und das College nach kritischen Zeitungsberichten lediglich umbenannt.

In den Moskauer Vororten Jubileiny und Kaliningrad liegen zwei abgeschirmte Wissenschaftszentren, die zivile, aber vor allem militärische Weltraumforschung betreiben. Unter dem Vorwand, Englisch zu unterrichten, verschafften sich Scientologen 1995 Adressenlisten der Mitarbeiter. Wie Recherchen des ARD-Magazins »Panorama« bestätigten, gelang es den Sektenleuten in Jubileiny, Mitglieder aus dem Zentralen Wissenschaftlichen Forschungsinstitut Nr. 4 für Scientology zu werben. Dort werden die strategischen Atomraketen Rußlands entwickelt. Leitende Militärs glauben, daß es im Institut inzwischen eine Reihe scientologischer »U-Boote« gibt. Alarmierende Nachrichten kommen auch aus Sibirien. Eine offizielle Broschüre der geheimen sibirischen »Atomstadt« Krasnojarsk-26 vom Dezember 1995 warb ausdrücklich für das dortige Hubbard-College.[137] In Krasnojarsk-26 wird waffenfähiges Plutonium hergestellt. »Sollten es Scientologen schaffen, in das russische Raumforschungsprogramm einzudringen, lassen sich die Gefahren für die ganze Welt nicht einmal annähernd abschätzen«, kommentiert der englische Ex-Scientologe Jon Atack diese Vorgänge. »Scientologen, ausgerüstet mit Nuklearwaffen – das ist ein Alptraum.«

Doch der Alptraum ist nicht so weit von der Realität entfernt, wie die Ereignisse um die japanische Sekte *Aum Shinrikyo* bewiesen. Der *Aum*-Schock rief in Rußland eine heftige öffentliche Diskussion über den Umgang mit destruktiven Kulten hervor. Eine ihrer Folgen war das restriktive Religionsgesetz, das beide Parlamentskammern – Duma und Föderationsrat – 1997 verabschiedeten, wogegen Präsident Jelzin sein Veto einlegte. Nach dem Gesetz hätten sich nur solche Gruppen offiziell als religiöse Gemeinschaft registrieren lassen können, die schon länger als fünfzehn Jahre in Rußland existierten. Kritiker bemängelten, dieses Gesetz schaffe einseitige Vorteile für die russisch-orthodoxe Kirche. Doch auch Jelzin betonte, das Land benötige ein Religionsgesetz, um seine Bürger vor »radikalen Sekten zu schützen«.[138]

Aum Shinrikyo: Die letzte Schlacht

Am 27. August 1997 meldete die Nachrichtenagentur DPA: »Die Aum-Shinrikyo-Sekte, deren Guru Shoko Asahara und andere Mitglieder wegen des tödlichen Giftgasanschlags auf Tokios U-Bahn und zahlreicher weiterer Verbrechen vor Gericht stehen, ist wieder aktiv. Nach Erkenntnissen der japanischen Behörde für öffentliche Sicherheit, die vergeblich das totale Verbot der Endzeitsekte als subversive Gruppe betrieb, sind frühere Anhänger, zum Teil offenbar auch unter Drohungen, zurückgekehrt. Die Sekte hat neue Einrichtungen eröffnet, zum Beispiel in Tokio eine Übungshalle. Die Ermittler halten die ›Höchste Wahrheit‹ für weiterhin höchst gefährlich und beobachten sie daher.«

Am Abend des 27. Juni 1994 fielen in der japanischen Stadt Matsumoto, drei Zugstunden von Tokio entfernt, die Vögel vom Himmel. Hunde und Katzen verendeten auf der Straße.[139] Viele Menschen wanden sich in Krämpfen und wurden bewußtlos, sieben Personen starben, 250 erlitten bleibende Schäden. Als Ursache des grausigen Vorfalls diagnostizierten Wissenschaftler das Nervengas Sarin, das als Kampfstoff für den II. Weltkrieg entwickelt worden war. Monatelang wurde ein harmloser Maschinenverkäufer verdächtigt, der den Anschlag selbst nur knapp überlebt hatte. Doch niemand kam auf die Idee, bei der seltsamen Sekte nachzufragen, die in der Nähe von Matsumoto ein Stück Land gekauft hatte. Auch als durch Kamikuishiki, einem 1700-Seelen-Dorf am Fuß des Fujiberges, immer häufiger üble Gerüche zogen und dort Ende 1994 ebenfalls Spuren von Phosphorverbindungen gefunden wurden, die auf Sarin schließen ließen, rührte sich die Polizei nicht. Dabei waren die Hinweise eigentlich nicht zu übersehen.

In Kamikuishiki hatte die staatlich registrierte und steuerlich begünstigte Sekte *Aum Shinrikyo* (»Höchste Wahrheit«) seit 1988 ihren Hauptsitz in einem heruntergekommenen Komplex von Fabrikgebäuden eingerichtet und dort nach und nach 1500 Menschen angesiedelt. Seitdem wurden immer wieder leere Chemiefässer in den Feldern der Bauern gefunden, nachts dröhnte Mantra-Singsang in gewaltiger Lautstärke durch die Luft, Tag und Nacht wurde gebaut. Eines Tages marschierten Hunderte von Sektenanhängern in weißen Kutten wie der *Ku-Klux-Klan* durch das Dorf und erschreckten alt wie jung zu Tode. Zwei Wochen nach dem Anschlag von Matsumoto heulten auf dem abgezäunten Sektengrundstück um Mitternacht die Sirenen, Arbeiter stürzten ins Freie; eine Giftwolke zog in das benachbarte Dorf. Die Bewohner klagten über Übelkeit, Krämpfe und Atemnot. Polizei und Feuerwehr suchten am nächsten Morgen das Gelände außerhalb der *Aum*-Gemeinde ab und fanden dabei Fässer mit dem Aufdruck »Schwefelsäure« sowie aufgerissene Beutel mit der Schrift »Natron«. Doch als sie sich der Sektensiedlung näherten, stießen sie auf Widerstand. Sechs Wächter versperrten ihnen den Weg: »Warum dringen Sie in unser Gelände ein? Wir haben mit der ganzen Sache nichts zu tun. Wir sind die Opfer.«[140]

Die Polizisten scheuten wohl die Konfrontation und machten kehrt. Mit *Aum Shinrikyo* legte sich niemand gern an, denn die Sekte war als gewalttätig und äußerst prozeßfreudig bekannt. Sie verklagte Kritiker sofort als »Verleumder«, die sie »religiös diskrimieren« wollten – der bekannte *Scientology*-Trick. David Kaplan und Andrew Marshall, zwei Journalisten aus den USA und England, haben 1996 ein minutiös recherchiertes und äußerst spannendes Buch über *Aum Shinrikyo* veröffentlicht. Sie schreiben: »Dennoch erscheint es im Rückblick unfaßbar, daß die Behörden nicht gegen die Sekte vorgingen. Die Liste ihrer Verbrechen wurde jeden Monat länger und erschreckender: betrügerische Geschäfte, Grundstücksschwindel, medizinische Fehlbehandlungen, Erpressung, Drogenmißbrauch, Verstoß gegen das Waffen- und Sprengstoffgesetz, Herstellung biochemischer Waffen, Kidnapping und Massenmord. Zusammen mit den sieben Opfern von Matsumoto hatte Aum mindestens zwölf Menschen ermordet, und Hunderte hatten unter ihren Taten grausam zu leiden.«[141] Die einzige Erklärung: Der Polizei fehlte es an Erfahrung bei der Aufklärung großer Verbrechen, und der japanische Verfassungsschutz hatte seine Erkenntnisse nicht weitergegeben. Niemand hielt kriminelle Taten eines solch monströsen Ausmaßes für möglich. Schließlich hatte ja auch der Dalai Lama den *Aum*-Guru Shoko Asahara Ende der 80er Jahre empfangen und ihm angeblich »den Geist eines Buddhas« bescheinigt.[142]

Im Januar 1995 konnte *Aum Shinrikyo* die Aufdeckung ihrer Verbrechen noch einmal knapp verhindern. Am Neujahrstag 1995 brachte Japans größte Tageszeitung »Yomiuri Shimbun« auf ihrer Titelseite einen Artikel, der die Sekte mit dem Giftgasanschlag von Matsumoto in Verbindung brachte. Doch der *Aum*-Guru Shoko Asahara ließ seine Todesfabrik in Windeseile in einen Tempel mit einer riesigen Buddhastatue umbauen. Die präsentierte er dann der Presse. Vor ausgewählten Journalisten beschuldigte er erneut die Medien, sie würden seine »Religionsgemeinschaft diskriminieren«. Seine abenteuerliche Erklärung lautete: Nicht *Aum* hantiere mit Giftgas, sondern »staatliche Behörden« Japans und der USA hätten die Sektengebäude regelmäßig von Hubschraubern und Militärjets aus eingesprüht. Asahara ließ zahlreiche Strafanzeigen gegen die »Verleumder« folgen.[143] Wieder faßten die Ermittlungsbehörden nicht nach.

Erst als vier stämmige Männer im Februar 1995 den Tokioter Notar Kiyoshi Kariya auf offener Straße kidnappten, wurde der Verdacht unabweisbar. Kariyas Schwester gehörte der Sekte an, war aber kurz zuvor geflohen; mit Hilfe ihres Bruders wollte Asahara sie wiederfinden. Seine Schergen verhörten den Juristen und spritzten ihm ein Wahrheitsserum; einen Tag später war er tot. Kariyas Verschwinden war der Tropfen, der das Faß zum Überlaufen brachte. Der Staatspolizei lagen inzwischen über hundert Beschwerden und Anzeigen gegen *Aum* vor – von Betrug über Einsatz von Abhörwanzen bis zum Menschenraub. Dutzende von Menschen, darunter der bekannte *Aum*-Kritiker Tsutsumi Sakamoto, waren im Umkreis der Sekte »verschwunden«. Die Presse wachte auf; die Polizei mußte handeln. Shoko Asahara war auf die finale Konfrontation gut vorbereitet. Vor über hundert Anhängern hielt er seine letzte große Rede: »Fürchtet euch nicht, euch selbst zu opfern. Ihr müßt wie ein Mann kämpfen. Selbst wenn ich gefangengenommen werde, werde ich sicherlich zurückkehren.«[144]

Am Montag, dem 20. März 1995, um acht Uhr fünfzehn morgens, verwandelte sich die Tokioter U-Bahn in eine Todesfalle. In fünf U-Bahnzügen entwich aus Plastikbeuteln mörderisches Nervengas. Als die Züge stoppten, bot sich Beobachtern ein apokalyptisches Bild: In Panik stürzten Menschen aus den Waggons, sackten mit glasigen Augen zusammen, erbrachen sich oder spuckten Blut. Sirenen heulten, Rettungswagen wurden alarmiert, Hubschrauber dröhnten. Der gesamte U-Bahnverkehr stand still, auf den Bahnhöfen spielten sich Szenen ab wie auf einem Kriegsschauplatz. Über 5 200 Menschen wurden zum Teil schwer verletzt, zwölf Menschen starben. Zwei Stunden später stellte ein Militärarzt die erste Diagnose: Es könne sich um Sarin handeln.

Nun trat die Polizei endlich in Aktion. Innerhalb einer Woche durchsuchte sie 25 *Aum*-Zentren in ganz Japan. Die Beamten führten Kanarienvögel mit sich, um Giftgas zu entdecken, und sie mußten nicht lange suchen. Sie fanden bizarre Laboratorien, in denen Hunderte von riesigen Kübeln mit scharf riechenden Chemikalien lagerten. Sie stießen auf mehr als 200 chemische Verbindungen an verschiedenen Orten, darunter auch Stoffe, die zur Herstellung von Sarin dienen konnten. Sie entdeckten biologische Waffen, Sprengstoff und automatische Gewehre. Jeden Tag wurde die Liste der Funde länger und grausiger. *Aum Shinrikyo*, so erfuhr die schockierte Öffentlichkeit, verfügte über ein Arsenal, um Millionen von Menschen zu töten.

Shoko Asahara war indessen verschwunden; er meldete sich mit diversen Presseerklärungen, in denen er behauptete, die Chemikalien hätten nur zu häuslichen, künstlerischen oder medizinischen Zwecken gedient. »Wir sind Buddhisten!« schrieb der Guru. »Wir töten keine lebenden Wesen, nicht einmal Insekten.«[145] Die Sekte hatte 48 Stunden Zeit gehabt, um in aller Eile wichtige Beweismittel verschwinden zu lassen; ihre bedeutendsten Führer waren wie Asahara untergetaucht. Der Sektenführer stand indessen über Mobilfunk weiter in Kontakt mit seinen Jüngern. Und nur wenige Stunden vor Beginn der Razzien hatte er sie über eine Sendung, die Radio Moskau von Wladiwostok ausstrahlte, dazu aufgerufen, sein tödliches Programm weiterzuführen: »Laßt uns die Erlösung der Menschheit fortsetzen und dem Tod ohne Bedauern ins Auge sehen.«[146]

Obwohl auch die Polizeiführung das ganze Ausmaß des *Aum*-Terrorismus zunächst nicht erkannte, machte sich die Fahndungsarbeit doch bald bezahlt. Zahlreiche Sektenmitglieder wurden festgenommen; die meisten gestanden und konnten wegen Mordes angeklagt werden. Andere wurden wegen des Verdachts auf Menschenraub, Erpressung, Fälschung und der Herstellung von Feuerwaffen, Biochemiewaffen und Sprengstoffen verhaftet. Aber erst am 16. Mai 1995 drangen Hunderte von Polizisten in Kampfausrüstung zu dem letzten Versteck vor, das Shoko Asahara geblieben war. Die stundenlange Operation am Fuß des Fujiberges wurde live im Fernsehen übertragen; auch vor riesigen Bildschirmen an Tokioter Gebäuden konnten Passanten die Aktion direkt mitverfolgen. Als man ihn schließlich aufspürte, saß Asahara in einer winzigen Kammer in einem Zwischenboden des Hauptquartiers in Kamikuishiki. »Ich bin der Guru«, sagte er. »Faßt mich nicht an.«[147] Die Anklage lautete auf Mord und mehrfachen versuchten Mord.

Als die Polizei in Kamikuishiki einrückte, fand sie dort auch etwa fünfzig Mitglieder der Sekte, die zum Teil im Koma lagen – lebende Tote, Opfer von Rauschgift- und Gehirnwäscheexperimenten. Diese Entdeckung paßte zu den erschreckenden Berichten aus dem Reich des halbblinden Gurus, die mittlerweile an die Öffentlichkeit gelangt waren. Asahara hatte in Japan etwa 10 000 Anhänger – nicht viel, wenn man die Zahlen anderer Kulte vergleicht. Doch selbst in Japan mit seinen zahlreichen exotischen Sekten fiel der Kult durch besonders bizarre Riten auf. Die Jünger befestigten Drahthelme an ihrem Kopf; diese batteriegetriebenen Helme (»Psi-Kappen«) versetzten ihnen regelmäßig Stromstöße, um ihre Gehirnwellen mit den Schwingungen des Meisters zu »synchronisieren«. Sie praktizierten stundenlange Meditationsübungen und exzessive Atemtechniken, die sie gegen Radioaktivität immunisieren sollten, tatsächlich aber zu intensiven Halluzinationen führten. »Ich fühlte mich, als sei ich zu einer höheren Ebene aufgestiegen«, sagte ein Ehemaliger. »Ein helles Licht fiel von oben auf mich und drang in mich ein.«[148]

Wer sich von den Reden und der charismatischen Persönlichkeit Asaharas einfangen ließ, wurde einem Programm der mentalen Kontrolle unterworfen, das es in dieser Form weltweit noch nie gegeben hatte. Bei speziellen Reinigungsübungen mußten die Anhänger gewaltige Mengen Wasser trinken und dann wieder erbrechen, um Magen und Speiseröhre freizuspülen. Asahara benutzte tagelangen Schlaf- und Lichtentzug, um seine Jünger »aufzubrechen«; mehr als drei oder vier Stunden Schlaf waren ihnen nicht gestattet; häufig trugen sie im Bett noch Kopfhörer, aus denen die Mantragesänge Asaharas schallten. In der Hoffnung auf den versprochenen »spirituellen Gewinn« mußten die Mitglieder unermüdlich und hart arbeiten. Asahara forcierte die Persönlichkeitsveränderung noch, indem er ihnen selbsthergestelltes LSD verabreichte, ein »Wahrheitsserum« injizierte und die Hyperventilationsübungen bis zum Koma trieb. Drogen und anschließende Bäder in bis zu 50 Grad heißem Wasser sowie massive Vitamingaben erzeugten fieberartige Zustände, die der Meister seinen Adepten später als »mystische Erfahrungen« deutete. *Aum*-Ärzte implantierten einigen Mitgliedern sogar Elektroden direkt ins Gehirn – Shoko Asahara wollte ferngesteuerte Roboter erzeugen.

Auch die eigentliche Indoktrination übertraf das meiste, was andere Sekten ihren Mitgliedern zumuten. Um den Guru spann sich ein absurder Personenkult. So mußten Neulinge sich im Einzelarrest Asahara-Videos anschauen, bis zu zwanzig Stunden lang. In den Sektenquartieren hingen neben Bildern der Hölle elektronisch erzeugte Asahara-Porträts. Die Jünger tranken Asaharas Badewasser und kauften für Tausende von Mark Ampullen, in denen seine Blutstropfen gelöst waren. Schließlich verbot der Guru seinen Anhängern jeden Kontakt zu Familienangehörigen. Ausstiegswilligen wurde das selbst produzierte Wahrheitsserum gespritzt, um sie anschließend auszuquetschen. Gelang einem Jünger die Flucht, schwärmten spezielle Rollkommandos aus und schafften ihn mit Gewalt in eine der abgeschotteten Sektenzentralen zurück. Eine bisher unbekannte Zahl von Kritikern und Aussteigern wurden stundenlang verhört, brutal gefoltert oder sogar ermordet; ihre Leichen ließ Asahara im Wald verscharren oder in einem Hochleistungs-Mikrowellenofen verbrennen.

Nicht nur für Ausländer war es eine Überraschung, daß die meisten Anhänger des »Giftgas-Gurus« intelligente Menschen zwischen zwanzig und vierzig Jahren waren, viele mit Universitätsabschlüssen. Tatsächlich galt *Aum Shinrikyo* zunächst nur als einer der vielen neuen Kulte, die buddhistische Traditionen mit okkult-apokalyptischen Lehren des Westens, vor allem des New Age und christlicher Charismatiker vermischen. Doch *Aum Shinrikyo* war nicht von Anfang an eine Endzeit-Sekte. Shoko Asahara (bürgerlich Chizuo Matsumoto) begann seine Guru-Laufbahn als Lehrer für chinesische Medizin, Yoga, Askese und Weltverzicht. Schon früh aber sah er sich als Messias, dazu auserkoren, die Menschheit vor dem drohenden Untergang zu retten und ins »Goldene Zeitalter« zu führen. Er wolle, so verkündete er 1988, »die geheiligte Sphäre Aums über die ganze Nation verbreiten, die Entwicklung zahlreicher Menschen befördern und damit Japan zur Basis für die Rettung der ganzen Welt machen«.[149]

Nach und nach wurde Asahara deutlicher. Seit Anfang der 90er Jahre predigte er seinen Jüngern den Weltuntergang für die Zeit nach 1995, ohne sich allerdings ganz genau festzulegen. Seine Lehre änderte und radikalisierte sich laufend. Der Guru glaubte, Japan werde in der Schlacht von Armageddon oder im Dritten Weltkrieg zu Asche verbrannt, und aus den Trümmern werde das neue Tausendjährige Reich mit ihm als Regenten und Meister hervorgehen. »Ich bin der letzte Messias dieses Jahrhunderts«, verkündete der erklärte Hitler-Fan.[150] In seinem Kopf spukten Buddha und Jesus, die Johannes-Offenbarung, die Prophezeiungen des Nostradamus und nicht zuletzt die Science-Fiction-Visionen von Isaac Asimov (»Foundation-Trilogie«) und William Gibson (»Neuromancer«).

Asaharas abstruse Ideologie aus archaischen Ängsten, Science-Fiction und einer Comic-Version der Wirklichkeit war vor allem jugendlichen Japanern der High-Tech-Generation nichts wirklich Fremdes. Manch junge Leute waren, so schreiben Kaplan und Marshall, »fasziniert von Asaharas geschickt inszenierten Berichten von übernatürlichen Kräften, seinen Prophezeiungen der kommenden Apokalypse und seinem esoterischen Spiritualismus«.[151] Der Sektenführer warb mit Seminaren, Yoga- und Meditationskursen, über das Internet und mit Comic-Heften. Es gelang ihm, einige der brillantesten jungen Akademiker des Landes um sich zu scharen: Chemiker, Biologen, Ärzte und Computerspezialisten.

Sein erklärtes Ziel – die Rettung der Welt und die Macht in Japan – versuchte der bärtige Guru zunächst auch auf politischen Weg zu erreichen, indem er 25 Jünger für die Wahlen zum japanischen Unterhaus 1990 aufstellte. Seine Wahlwerber marschierten damals wie ein surreales Ballett mit Asahara-Masken durch die Straßen, forderten Steuersenkungen und Sozialreformen – doch alle Kandidaten fielen jämmerlich durch. Der Meister selbst erhielt ganze 1783 Stimmen in seinem Wahlkreis. Das war der Wendepunkt. Von nun an wollte der Guru nicht mehr die Welt retten; jetzt erklärte er ihr den Krieg. Zu seiner Rechtfertigung sagte er einen atomaren Angriff der USA und der UNO auf Japan in den Jahren zwischen 1996 und 2001 voraus. Die USA hätten im übrigen bereits mit Angriffen begonnen – auf *Aum Shinrikyo*. Spätestens ab 1993 kannte die Sekte kein anderes Thema

Lob vom Dalai Lama: »Giftgas-Guru« Shoko Asahara (r.)

mehr als die nahende Katastrophe. Die Jünger bereiteten sich mit Atemübungen auf das Ende der Welt vor, um sich gegen nukleare, biologische und chemische Angriffe zu »immunisieren«.

»Wir brauchen viele Waffen, um Armageddon abwehren zu können«, erklärte Asahara im Frühjahr 1993. »Und wir müssen uns schnell darauf einstellen.« Im engsten Kreis seiner Techniker und Naturwissenschaftler sagte er: »Aum muß sich zu einer Militärmacht umwandeln.«[152] Dieses Ziel tatsächlich zu erreichen, war für den Endzeit-Kult ein Leichtes. Der Prophet des High-Tech-Terrorismus verlangte seit je von seinen Anhängern, daß sie ihm ihr gesamtes Vermögen überschrieben; damit hatte er *Aum Shinrikyo* in knapp fünf Jahren zu einer der reichsten Sekten der Welt gemacht. Freiwillig oder infolge von Erpressung brachten die Mitglieder etwa 140 Millionen Dollar auf. Unter dem Schutz von Gesetzen, die religiösen Vereinigungen Steuervergünstigungen gewähren, errichtete Asahara damit ein Wirtschaftsimperium aus mindestens 37 Firmen, darunter Nudelrestaurants, eine Computerdiscountkette, Fitneßzentren, Kaffeestuben, Export-Import-Gesellschaften, ein Krankenhaus (in dem Menschenversuche mit Drogen und heißem Wasser stattfanden) und eine Präzionsmaschinenfabrik. *Aum Shinrikyo* besaß mindestens 280 Grundstücke in Japan und Übersee. 1995 bezifferte ein Spitzenmanager der Sekte ihr gesamtes Vermögen auf eine Milliarde Dollar; die jährlichen Gewinne betrugen einige zehn Millionen Dollar.

Mit diesem Geld organisierte Shoko Asahara den Tod. Kein Horrorfilm kann übertreffen, was im Reich von *Aum Shinrikyo* Wirklichkeit wurde. In geheimen Labors stellten hundert vollkommen außer Kontrolle geratene Wissenschaftler Nervengifte in großen Mengen her: neben Sarin auch Botulinus-Bazillen, die das Nervensystem in einem Zeitraum von 18 bis 36 Stunden lahmlegen; man stirbt durch Ersticken oder Herzversagen. *Aum Shinrikyo* experimentierte aber auch mit dem hochinfektiösen Milzbranderreger, interessierte sich für den tödlichen Ebola-Virus aus Zaire und fabrizierte gewaltige Mengen LSD und Amphetamine. Die Sekte produzierte Sprengstoffe wie TNT und baute außerdem eine computergesteuerte Fabrik auf, um AK-47-Gewehre herzustellen, die Standardwaffe der russischen Armee; Blaupausen des Gewehrs sollten aus Rußland besorgt werden, wo *Aum* damals erstaunliche Erfolge zu verzeichnen hatte.

Im März 1992 hatte Shoko Asahara erstmals Moskau besucht und viele Geschenke im Gepäck. Radio Moskau spendete er 700 000 Dollar zur Erneuerung der technischen Ausrüstung, die staatliche Eliteuniversität MGU bekam Computer im Wert von 80 000 Dollar, das Moskauer Institut für Ingenieurwesen und Physik wurde ebenso großzügig bedacht wie russische Krankenhäuser. Fortan sendete Radio Moskau zweimal täglich auf Kurzwelle »Die absolute Wahrheit des Heiligen Himmels« direkt von Wladiwostok nach Japan. An den gesponsorten Forschungsinstituten fanden Treffen mit Physikern, Chemikern, Biologen und Atomwissenschaftlern statt; all diese Forscher litten nach dem Zusammenbruch der Sowjetunion unter mangelnder finanzieller Ausstattung und waren hocherfreut über die »wohltätigen« Gaben aus Japan. Asahara traf zudem mit einigen der mächtigsten Politiker des Landes zusammen: dem Vizepräsidenten Alexander Ruzkoj, dem Spitzenparlamentarier Ruslan Chasbulatow und vor allem mit Oleg Lobow, dem Vorsitzenden des russischen Sicherheitsrates, einem engen Vertrauten von Boris Jelzin; auch dabei flossen Geld- oder Sachspenden. Die Kontakte zu den Spitzenpolitikern zahlten sich aus. In Rußland standen der Sekte bald alle Türen offen. Innerhalb kurzer Zeit strömten Tausende in die Yoga- und Meditationskurse von *Aum Shinrikyo*. Der Asahara-Kult eröffnete zahlreiche Zweigstellen im ganzen Land; 1993 hatte er bereits 10 000 Mitglieder, 1995 waren es 30 000 – mehr Jünger, als *Aum* in Japan je gefolgt waren.

Rußland war für Shoko Asahara vor allem aus zwei Gründen interessant: Es gab viele unzufriedene Spezialisten für Massenvernichtungsmittel, und es gab hochentwickelte Waffensysteme, für die sich im Chaos der Umbruchzeit ein regelrechter Schwarzmarkt entwickelte. Tatsächlich gelang es *Aum Shinrikyo*, Experten und Studenten an den naturwissenschaftlichen und technischen Eliteuniversitäten anzuwerben und von deren Wissen zu profitieren. So begann der *Aum*-Chefchemiker Masami Tsuchiya unmittelbar nach einem dreiwöchigen Besuch in Rußland mit seinen Sarin-Versuchen. Die Aktivitäten der Sekte in Rußland wurden offenbar durch den KGB gedeckt, mit dessen Spitzen *Aum* nach Aussage mehrerer Zeugen freundschaftliche Beziehungen gepflegt haben soll. Die Buchautoren Kaplan und Marshall zitieren den ehemaligen KGB-Agenten und Journalisten Konstantin Preobraschenski mit den Worten, daß der »russische Verfassungsschutz seine Augen schloß und Aum tun ließ, was immer sie tun wollten«.[153]

Für die eigentlichen Waffenkäufe war Asaharas Adlatus Kiyohide Hayakawa zuständig, ein Science-Fiction-Fan und Mörder im Dienst des Gurus, der ab 1992 regelmäßig Rußland besuchte. Der Endzeit-Kult erwarb eine AK-74-Kalaschnikoff und einen Hubschrauber vom Typ Mil Mi-17. Hayakawa kaufte den Helikopter in Aserbaidschan und ließ ihn, in Teile zerlegt, über die Slowakei, Österreich und die Niederlande nach Japan verschiffen. Ein Großteil der Kaufsumme von 700 000 Dollar floß in die Taschen des Unterhändlers: Ruslan Chasbulatow, ehemals Sprecher des Volksdeputiertenkongresses. Ausweislich seines Notizbuches interessierte sich Hayakawa auch für einen gebrauchten Panzer T-72 und einen MiG-29-Jagdbomber, ebenso für Gewehre mit Laserlinsen, Minen und Handgranaten.[154]

In Hayakawas Büchlein steht noch eine kleine Notiz, die später zu wilden Spekulationen führte: »Nuklearsprengstoff. Kostet?« Tatsächlich hatte er auch Preise für Atomwaffen notiert – darunter ein Sonderangebot für fünfzehn Millionen Dollar. Gleichzeitig infiltrierten *Aum*-Leute das Kurtschatow-Institut, ein bedeutendes Laboratorium für Nuklearphysik, und beschäftigten sich auch in Japan mit der Herstellung einer Strahlenwaffe. Im September 1993 kaufte *Aum* eine 200 000-Hektar-Farm im staubtrockenen »Outback« Westaustraliens, um dort nach Uran zu schürfen. Das Vorhaben scheiterte zwar, aber die abgelegene Ranch war der Sekte dennoch nützlich: Im Frühjahr 1994 unternahm sie dort einen ersten Test ihrer neuen Sarin-Produktion. Mit »Erfolg«: Eine Herde Merinoschafe verendete unter heftigen Krämpfen. Wenige Monate später starben erstmals Menschen am Gas der Sekte – im japanischen Matsumoto. Dort ging es Asahara offenbar darum, drei Richter des Bezirksgerichts zu beseitigen, die darüber entscheiden sollten, ob die Sekte ihr Grundstück in der Stadt behalten könne oder zurückgeben müsse. »Das Gesetz in einer Notsituation besteht darin, den Widersacher mit einem einzigen Schlag zu töten«, hatte der Guru zwei Monate zuvor verkündet.[155]

Wann genau und warum sich Shoko Asahara dazu entschloß, die Apokalypse herbeizuführen, ist nicht genau festzustellen. Sicher ist, daß sich seine Rhetorik seit dem Sommer 1994 radikalisierte und gleichzeitig der Drogenkonsum in der High-Tech-Sekte rapide anstieg. Inzwischen verfügte der Chef der »Höchsten Wahrheit« über ein Waffenarsenal, das ausreichte, um ganze Landstriche zu entvölkern. Das Ende der Welt, verkündete er, stehe unmittelbar bevor. Da es unaufhaltsam näher rückte, wollte Shoko Asahara die Japaner mit Gewalt aus ihrem »dumpfen Schlaf« rütteln. Zu diesem Zweck beschloß er, in Kürze die Macht zu übernehmen.

Der Plan zum Staatsstreich trug den Namen »Tag X«. Ein Spezialistenteam von *Aum*-Kämpfern sollte von Rußland aus mit einem Kriegsschiff nach Japan fahren und in Tokio einmarschieren, das man zuvor durch einen verheerenden Luftangriff mit Sarin paralysiert hätte. Die Asahara-Truppe würde Militärstützpunkte besetzen, die Regierung umbringen, die Errichtung einer Theokratie verkünden und ihren Guru zum neuen Führer der Nation proklamieren. In seinem Notizbuch faßte Yoshihiro Inoue, der Geheimdienstchef der Sekte, den wahnsinnigen Plan zusammen: »Sarin in der Stadt versprühen, russische Marineeinheit landet in Japan, Aum übernimmt die Macht.« Für den Einsatz trainierten Dutzende von *Aum*-Rekruten im Gebirge den Nahkampf; mit der Hilfe junger Anhängerinnen warb Asahara Soldaten der Elite-Luftwaffeneinheit Japans an; er schloß sogar ein Bündnis mit dem größten Yakuza-Verbrechersyndikat in Japan, *Yamaguchi-gumi*. Ende 1994 schrieb Asaharas rechte Hand Kiyohide Hayakawa in sein Notizbuch: »November 1995 – Krieg«.

Ebenfalls Ende 1994 meldeten Spione, die *Aum* in staatlichen Behörden und der Polizei plaziert hatte, erste Regungen der staatlichen Ermittler: Die wachten langsam auf und dächten über Razzien nach. Daraufhin beschleunigte Asahara seinen apokalyptischen Countdown. Fieberhaft wurde an der Verfeinerung der biochemischen Waffen gearbeitet. Der Guru hetzte nun gegen Juden, Freimaurer und die Clinton-Regierung, die sich allesamt verschworen hätten, um Japan zu vernichten.

Doch das entscheidende Signal der Apokalypse kam unvorhergesehen und tief aus der Erde. Am 17. Januar 1995 erschütterte ein mächtiges Erdbeben die Stadt Kobe in Zentraljapan – 5500 Menschen starben. Shoko Asahara deutete die schlimmste Katastrophe in Japan seit dem Zweiten Weltkrieg als Angriff mit einer »Erdbebenwaffe« und erklärte, diese Waffe könne in den USA entwickelt worden sein. »Der Krieg hat bereits begonnen«, schrieb der Guru in einem Buch, das er kurz danach veröffentlichte. »Es bleibt uns keine andere Wahl als der Kampf.«[156] Als sie erfuhren, daß die Polizei am 21. März 1995 eine landesweite Razzia in allen Einrichtungen der Sekte plante, beschlossen die Sektenführer den Angriff. Am 18. März 1995 bekam der *Aum*-Chemiker Seiichi Endo den Befehl, frisches Sarin herzustellen. Als Ziel wurde der große U-Bahnknotenpunkt Kasumigaseki im Zentrum Tokios anvisiert. Dort steigen nicht nur Tausende täglich ein und aus, über dem Bahnhof befinden sich auch wichtige Verwaltungsgebäude der Stadt und zahlreiche Regierungsgebäude – Kasumigaseki ist das Herz des japanischen Staates. Zwei Tage später brach das Inferno aus.

Als der Prozeß gegen Asahara und seine Stellvertreter im Frühjahr 1996 begann, existierten hieb- und stichfeste Beweise dafür, daß *Aum Shinrikyo* biologische und chemische Waffen entwickelt hatte, Uran kaufen wollte, Feuerwaffen besaß und einer der weltweit größten Produzenten von LSD war. Da die meisten Täter gefaßt und auch geständig waren, konnten bis zum Sommer 1997 mehr als hundert von 138 angeklagten *Aum*-Mitgliedern zu Gefängnis- und Geldstrafen verurteilt werden. In den Hauptverfahren um die Giftgasanschläge und die Morde an Abtrünnigen und Kritikern waren die Urteile noch nicht gesprochen worden. Shoko Asahara drohte bei einem Schuldspruch die Todesstrafe. Doch der Guru schwieg vor Gericht und lehnte es sogar ab, sich mit seinen Anwälten zu beraten.

In Rußland wurden die Vermögenswerte der Sekte bereits fünf Tage vor dem U-Bahn-Anschlag von Tokio per Gerichtsbeschluß eingefroren; eine Gruppe russischer Eltern von *Aum*-Anhängern hatte wegen Verschleppung und Gehirnwäsche geklagt. Eine Woche nach dem Attentat wurde *Aum Shinrikyo* die Registrierung als religiöse Vereinigung entzogen und ihre Einrichtungen versiegelt. Die Sektenmitglieder hatten jedoch genug Zeit gehabt, belastende Dokumente zu verbrennen, Fässer mit Chemikalien verschwinden zu lassen und sich selber in unbekannte Verstecke abzusetzen. Führende japanische *Aum*-Funktionäre, darunter der zweite Mann Kiyohide Hayakawa, konnten ungehindert Rußland verlassen. Die *Aum* freundschaftlich verbundenen Spitzenpolitiker Chasbulatow und Lobow dementierten nun selbstredend jede engere Verbindung. Im April 1996 wurde *Aum Shinrikyo* offiziell verboten und später zu vier Millionen Dollar Schadenersatz an die Angehörigen verurteilt.

Als Folge des *Aum*-Skandals nahmen die russischen Behörden auch andere destruktive Kulte ins Visier. Am 30. Oktober 1996 durchsuchte die russische Steuerpolizei das scientologische Dianetik-Center in St. Petersburg. Nach Angaben der Behörden hatten die Scientologen keine Steuern für die Einnahmen aus Kursgebühren in Höhe von umgerechnet 180 000 Mark bezahlt. Auf den Konten befanden sich jedoch nur etwa 15 000 Mark, die eingefroren wurden. Die Fahnder beschlagnahmten Computer, Fernseher und Büromaschinen der Sekte, die als »totalitäre religiöse Organisation« bezeichnet wurde.

Aum Shinrikyo hielt in Japan die Menschen noch lange in Atem. Sie kündigte Anschläge an, verübte Attentate auf staatliche Ermittler und ihren Chef-Wissenschaftler Hideo Murai und verklagte ihre Kritiker. Zwar entzog ihr ein Bezirksgericht den Status als religiöse Vereinigung, aber ein gänzliches Verbot konnte nicht durchgesetzt werden. Noch 1997 wurden zahlreiche Personen vermißt; in ersten Zivilprozessen konnten Angehörige immerhin hohe Schadenersatzzahlungen erreichen. Die Zahl der verbliebenen *Aum*-Anhänger wurde im August 1997 auf 5000 geschätzt. Ihre Lehre rechtfertige weiterhin sogar Mord im Namen der Sekte, meldete die Nachrichtenagentur DPA.

Zehn Tage vor der Festnahme Asaharas, am 5. Mai 1995, als viele seiner der Unterführer bereits verhaftet waren, hatte die Sekte einen weiteren Giftgas-Anschlag im Tokioter Shinyuku-Bahnhof verübt. Nur weil Passanten rechtzeitig aufmerksam wurden, konnte das Ausströmen des tödlichen Gases Zyklon B verhindert werden, des Stoffs, mit dem die Nazis Millionen von Menschen in Auschwitz und anderen Todeslagern ermordet hatten. Es hätte gereicht, um 10 000 Menschen zu töten. Das neuerliche Attentat fand in den Medien weltweit wenig Beachtung, weil es im Schatten eines anderen furchtbaren Terroranschlags stand. Am 20. April 1995 war in Oklahoma City eine selbstgebaute Autobombe explodiert und hatte ein Bundesgebäude verwüstet, das Hunderte von Menschen unter sich begrub. Die letzten Worte, die der zum Tode verurteilte Attentäter Timothy McVeigh im August 1997 vor Gericht sprach – es waren zugleich seine ersten – deuten klar darauf hin, daß der Anschlag ein Racheakt für das Sektendrama in Waco 1993 sein sollte: »Ob für gut oder schlecht erzieht uns der Staat, indem er ein Beispiel setzt. Mehr habe ich nicht zu sagen.«[157]

Die professionellen Mahner haben sich geirrt. Sie hatten nach dem Ende des Kalten Krieges immer wieder vor der Gefahr gewarnt, daß politisch motivierte Attentäter sich – zum Beispiel in der ehemaligen Sowjetunion – Massenvernichtungswaffen besorgen und für ziellosen Terror einsetzen könnten. Der vorhergesagte Terror kam, aber die Täter waren von ganz anderem Zuschnitt als vorhergesehen. Ob in Japan, in Oklahoma oder bei dem verheerenden Bombenanschlag radikaler Islam-Fundamentalisten auf das World Trade Center in New York 1993 – es waren weltanschaulich motivierte Sektenanhänger, die als erste ohne staatlichen Auftrag Massenmord an völlig unbeteiligten Opfern begingen. So zynisch es klingt: Japan hat noch Glück gehabt. Shoko Asaharas Hubschrauber, von dem aus tödliche Botulinus-Bakterien über Tokio versprüht werden sollten, funktionierte ebensowenig wie einige seiner übrigen Massenvernichtungswaffen.

Politische Terroristen wollen Unterstützung erreichen und sind daher an Massenvernichtung nicht interessiert; die nordirische *IRA*, die baskische *ETA* oder korsische Separatisten bomben gegen klar definierte, symbolische Ziele und folgen einem strengen eigenen Wertekodex. Unkontrollierte Killergruppen, die an den »Heiligen Krieg« glauben, fühlen sich dagegen an weltliche Gesetze und Werte nicht gebunden. Diese verwirrten und fanatisierten »Retter der Menschheit« morden im Auftrag einer »höheren Macht« gegen das übermächtige »Böse«. »In diesem Sinne gehört *Aum* in die Reihe der islamischen Fundamentalisten, christlichen Apokalyptiker und messianischen Juden«, schreiben die Buchautoren Kaplan und Marshall. »Ihre Gewalt transzendiert diese Welt und wird zu einem Sakrament, einem Ritual göttlicher Pflichterfüllung. Ein solcher Glaube rechtfertigt Massenmord.«[158]

Die meisten Sekten werden sicherlich nicht zum Terror greifen. Doch die Zahl der Gruppen mit messianischem Endzeitglauben wächst, je näher das magische Jahr 2000 rückt. Eine amerikanische Studie führt allein in den USA etwa 1100 apokalyptische Sekten auf; es handelt sich überwiegend um christliche Fundamentalisten.[159] Auch in Deutschland gibt es Sekten, die die Apokalypse erwarten – wie das *Universelle Leben* in Würzburg. Höchste Gefahr droht, wenn ein Sektenführer in die selbstgestellte Falle läuft und der prophezeite Weltuntergang nicht eintrifft. Hat er sich in eine Situation manövriert, die ihm keinen Ausweg mehr läßt – etwa die Verschiebung von Armageddon auf einen späteren Termin – bleiben ihm nur zwei Möglichkeiten. Er kann »rechtzeitig« vor dem Ende der Zeiten mit seiner Gruppe in eine »bessere Welt« aufbrechen; dann befiehlt er den Massen(selbst)mord wie Jim Jones, Luc Jouret oder Marshall Herff Applewhite. Die Alternative heißt »Apokalypse now« – der Guru führt die Katastrophe selbst herbei, um seine Voraussagen zu bestätigen. Nichts anderes geschah in Tokio am 20. März 1995.

Epilog: Verbraucherschutz gegen mentale Kontrolle

In den letzten Wochen, bevor dieses Buch zur Druckerei ging, verstrich kein Tag, an dem die internationalen Nachrichtenagenturen nicht über Sekten und Psycho-Gruppen berichteten: Ausbruch aus der *Colonia Dignidad*, Anklage gegen die *Fiat-Lux*-Chefin Uriella wegen Steuerhinterziehung, Zunahme okkulter Praktiken unter Jugendlichen, eine geplante Großdemonstration von *Scientology* in Berlin. Und so weiter.

Sekten sind ein brennendes innen- wie außenpolitisches Thema geworden. Nichts verdeutlicht das mehr als die Propaganda-Offensive, mit der *Scientology* 1996/97 die heftigste Debatte über Sekten und deren staatliche »Aufsicht« entfesselte, die es in der Bundesrepublik jemals gegeben hat. *Scientology*, aber auch einige Kommentatoren in Deutschland sprachen von »Sektenhysterie«, »Hexenjagden« oder der »Abwesenheit jedweder Fairneß« bei der Behandlung von Sekten. Dabei kam es zu eigenartigen Koalitionen. So mokierte sich nicht nur der CDU-Rechtsaußen Heinrich Lummer über die »Sektenkeule«, die mittlerweile in Deutschland gegen Gruppen wie den *VPM* und *Scientology* geschwungen werde.[1] Auch die stellvertretende Präsidentin des Deutschen Bundestages und Grünen-Politikerin Antje Vollmer spielte eine merkwürdige Rolle, als sie am 8. Oktober 1996 in der Talk-Show »Boulevard Bio« den Top-Scientologen Gottfried Helnwein ein »gehetztes Wild« nannte und vor »hysterischen Sektenjägern« warnte, die den mit ihr befreundeten Künstler um seine Existenz bringen wollten. Wenig später tauchte sie überraschend in der Sekten-Enquete-Kommission des Bundestages auf, ausgerechnet, als es dort um *Scientology* ging und kritisierte in der Münchner Abendzeitung grundsätzlich die Entscheidung des Parlaments, die Sektenkommission einzurichten.[2]

Derlei Interventionen offenbar irregeleiteter Politiker sind Wasser auf die Mühlen destruktiver Kulte. Denn diese lassen nichts unversucht, um die öffentliche Meinung zu manipulieren. *Scientology* bestellte sich 1996 konfessionskundliche Gutachten, die sie dann verschickte, um ihre religiöse Seriosität zu belegen. Religionswissenschaftler wie die Britin Eileen Barker, der Italiener Massimo Introvigne und der Kalifornier Gordon Melton agieren seit Jahren als Lobbyisten der Kulte; Melton flog zusammen mit anderen Kult-Sympathisanten im Mai 1995 auf Kosten von *Aum Shinrikyo* nach Japan, um dann dort gegen die »religiöse Unterdrückung« der Sekte zu protestieren – knapp zwei Monate nach den Giftgas-Anschlägen![3] Einige »Wissenschaftler« haben sich von den Kulten sogar Urlaubsreisen oder Forschungsprojekte bezahlen lassen; kritische Ergebnisse sind von ihnen daher wohl kaum zu erwarten.

Immer häufiger auch schließen sich Sekten im Kampf gegen ihre Kritiker zusammen, veranstalten gemeinsame Konferenzen über »religiöse Intoleranz«, planen vereint Aktionen oder ziehen gemeinschaftlich vor Gericht.[4] Im Oktober 1992 trafen sich im 16. Pariser Arondissement die Vertreter verschiedener Kultgruppen, um eine Art Lobby zu bilden, die auf Entscheidungen des Europäischen Parlaments in Brüssel Einfluß nehmen soll. Mit dabei: *Scientology, Mun*-Bewegung, *Rael* (Licht Gottes, ein New-Age-Kult), *LaRouche*-Bewegung, *Transzendentale Meditation, Sri Chinmoy*, keltisch geprägte Kulte und satanistische Gruppen. Als Unterstützer sollen so unterschiedliche Gruppen wie die *Zeugen Jehovas* und die *Kinder Gottes* angeschlossen sein; Präsidentin der Interessenvertretung unter der Abkürzung *Firephim* wurde Danièle Gounord, die französische *Scientology*-Chefin; als Schatzmeister fungierte ein »Muni«. Die erste Aktion der Gruppe bestand darin, eine französische Parlamentskommission, die sich mit dem Sektenphänomen beschäftigte, mit Anträgen und Schriften einzudecken.[5] Viel Beifall gab es in der Sektenszene für den »Sieg« von *Scientology* über das renommierte amerikanische Anti-Kult-Zentrum *CAN*; unter den Gratulanten: die Sex-Sekte *Kinder Gottes* und der Ufo-Kult *Heaven's Gate*, der seine Glückwünsche per Internet versandte. Die *Kinder Gottes* schrieben über den gemeinsamen Kampf gegen die »Feinde« in den USA und in Frankreich: »Laßt uns wie verrückt zu Gott beten, um sie anzugreifen! Die USA löschten David Koresh und seine Leute aus, jetzt löscht Gott sie aus! Beten wir, daß es Frankreich genauso ergeht!«[6]

Trotz solch radikaler Botschaften – in Deutschland schützt das Grundgesetz die Freiheit des Glaubens und die Rechte von Minderheiten. Wohl niemand hat ernsthaft vor, irgendwem zu verbieten, was er denken und glauben soll. Der Staat bläst nicht zur Jagd auf unbequeme Minderheiten, sondern er reagiert auf eine beunruhigende Entwicklung, deren Brisanz seit Waco, Tokio und Oklahoma niemand mehr leugnen kann. Abgesehen vom Sonderfall *Scientology* fordern die Sektenkritiker in Deutschland lediglich mehr staatliche Information, Aufklärung in den Schulen und verbesserten Verbraucherschutz.

Bei aller Unsicherheit um den Religionsbegriff, die sich im Streit um *Scientology* offenbarte, rückte die Debatte ins öffentliche Bewußtsein, daß sich einige der neuen Sekten zu einer politischen Gefahr entwickeln. In der Sekten-Subkultur entsteht eine »neuartige Form des politischen Extremismus«, die »auf totalitären und mit einer demokratischen Verfassung unvereinbaren Grundprinzipien beruht«. Zu diesem Schluß kam der Frankfurter Politologe Hans-Gerd Jaschke 1995 in einem aufsehenerregenden

Gutachten über *Scientology*.[7] Die Organisation, so Jaschke, sei ein »antidemokratischer Führerkult« mit militanten Zügen und erheblichem Gewaltpotential.[8] Neu an *Scientology* und ähnlichen Organisationen sei, daß sie die Macht und die Veränderung des Denkens nicht auf dem klassischen Weg über eine politische Partei, sondern im religiösen Gewand und mit wirtschaftlichem Einfluß betrieben.

Jaschkes Urteil bestätigte der Schmalkaldener Jura-Professor Ralf-Bernd Abel 1996 in einer Untersuchung für die schleswig-holsteinische Landesregierung. *Scientology*, schreibt Abel, habe ein »nationalsozialistisches Rechtsverständnis« und würde Bekenntnis- und Meinungsfreiheit »faktisch kriminalisieren«.[9] Für Konzepte von Solidarität, Mitmenschlichkeit und die Achtung vor den Rechten des anderen sei kein Platz. Über das politische Konzept der Organisation sagt der Jurist: »Macht wird nicht gebändigt, begrenzt und austariert, sondern entfesselt.«[10] Die Parallelen zu *Aum Shinrikyo*, der *Colonia Dignidad*, der *Mun*-Bewegung und ähnlichen destruktiven Kulten liegen auf der Hand.

Anders als in den USA oder Japan ist es in Deutschland bis zum Sommer 1997 noch zu keinem »cult desaster« mit Toten und Verwundeten gekommen – sicher auch eine Folge der zunehmenden Aufklärung und besseren staatlichen Fürsorge. In den Vereinigten Staaten läßt man aus historischen Gründen auch extreme Gruppen gewähren, bis sie zu einer echten Bedrohung der öffentlichen Sicherheit werden – dann marschiert die Nationalgarde. Diese Methode kann sich niemand in Europa ernsthaft wünschen. Was also tun?

Auch Befürworter staatlicher Maßnahmen gegen die *Scientology*-Organisation äußerten die Befürchtung, daß der Staat sich anmaßen könnte, eine Art TÜV für zugelassene religiöse Gruppen einzuführen – und das kann sich in der Tat niemand wünschen, der die demokratischen Freiheiten bewahren will. Auch der Einsatz des Verfassungsschutzes löst keines der Probleme, die sich hinter dem Erfolg fragwürdiger Sekten und Psycho-Kulte verbergen und die vor allem mit der Kälte und Rationalität unserer Leistungsgesellschaft zu tun haben. Dennoch ist der Staat gefordert. Und zwar nicht nur im Fall von *Scientology*.

Im Dezember 1995 erwirkten die *Zeugen Jehovas* in Berlin ein Gerichtsurteil, das sie als Körperschaft öffentlichen Rechts anerkannte und den evangelischen und katholischen Kirchen gleichstellte.[11] Damit hätte die totalitäre Sekte, die den Staat als »Werkzeug des Satans« betrachtet, Steuern einziehen, als Träger freier Jugendarbeit auftreten und Religionsunterricht an Schulen erteilen können; sie wäre sogar von der Körperschafts-, Vermögens- und Grunderwerbssteuer befreit worden und säße in Rundfunkräten. Der Gerichtsentscheid beruhte auf dem Grundgesetz-Artikel 140, wonach eine Religionsgemeinschaft als Körperschaft des öffentlichen Rechts anerkannt werden muß, »wenn sie durch ihre Verfassung und die Zahl ihrer Mitglieder die Gewähr der Dauer bietet« – was bei den *Zeugen* zweifellos zutrifft. Doch das Gericht hätte auch die »Rechtstreue« – die Verfassungstreue – prüfen müssen; eine schwierige Frage, die tief in die Problematik führt, inwieweit Sekten die Menschen- und Bürgerrechte einschränken. Dies unterblieb.

Der Berliner Senat legte daher umgehend Berufung ein. Jeder wußte: Bei einem Sieg der *Zeugen Jehovas* wären alle Schranken gefallen. Die *Scientologen*, das *Universelle Leben*, die *Transzendentale Meditation* und andere destruktive Kulte standen ebenso ante portas wie die zahlreichen islamischen Organisationen in der Bundesrepublik. Schließlich wies das Berliner Oberverwaltungsgericht die Klage der *Zeugen* im September 1996 in zweiter Instanz ab, ließ aber eine Revision beim Bundesverwaltungsgericht zu.[12] Das Bundesverwaltungsgericht versagte schließlich am 26. Juni 1997 die Anerkennung. Es begründete sein Urteil im wesentlichen damit, daß der privilegierte Körperschaftsstatus ein Mindestmaß an Respekt vor dem Staat verlange.[13] Diese Voraussetzung sei bei den *Zeugen Jehovas* nicht gegeben, weil sie die Teilnahme an parlamentarischen Wahlen ablehnten und damit ein Grundprinzip des demokratischen Staates nicht anerkennen würden. Es sei dagegen unerheblich, ob die *Zeugen* intern demokratisch organisiert seien.

Diese Begründung zeigt, daß das Körperschaftsrecht dringend reformiert werden muß, um totalitären Gehirnwäscheorganisationen den Zugang zu staatlicher Förderung zu versperren. Aber es geht nicht nur um das Körperschaftsrecht. Auch Sekten und Psycho-Gruppen müssen sich am Artikel eins des Grundgesetzes messen lassen: »Die Würde des Menschen ist unantastbar.« Wer die Würde und Gesundheit der Menschen unter dem Etikett der Religionsausübung verletzt, kann sich nicht auf die Religionsfreiheit berufen. Insofern ist die Frage, wie religiös denn nun all die »neuen religiösen Bewegungen«, Psycho-Gruppen und Sekten-Konzerne sind, irrelevant. Niemand steht über dem Gesetz.

Die Lehren und Praktiken von Religions- und Weltanschauungsgemeinschaften dürfen daher, sagen Verfassungsrechtler, nicht von Intoleranz geprägt sein, das Gewinnstreben darf nicht religiös verbrämt werden, und Menschen dürfen nicht gegen ihre Eltern, Freunde und Bekannten fanatisiert und verhetzt werden.[14] In seinem Gutachten stellt der Jurist Ralf Bernd Abel zusammen, welche Praktiken generell gegen die Würde des Menschen verstoßen und daher illegal sind. Danach dürfen Menschen nicht als Objekte benutzt, durch körperlichen Zwang, Drogen und Psychotechniken abhängig gemacht werden. Sie dürfen nicht unverhältnismäßig bestraft werden. Man darf ihre Existenzgrundlage nicht zerstören, sie nicht willkürlich und verächtlich behandeln, ihre Würde nicht versklaven oder mißachten. Schließlich hat niemand das Recht, die Intimsphäre eines anderen Menschen zu verletzen.[15]

Wo Grund- und Freiheitsrechte in Gefahr sind, hat der Staat auch die Pflicht, schützend einzugreifen. Wer Zähne behandelt oder einen Herzkatheter legt, muß viele Jahre studieren und strenge Prüfungen ablegen. Wer aber in der Seele fremder Menschen herumfuhrwerkt, braucht dafür noch nicht einmal einen Heilpraktikerschein. Neben den 5000 niedergelassenen Nervenärzten, 3000 ärztlichen Psychotherapeuten und 9000 psychologischen Therapeuten dürfen in Deutschland etwa 10 000 bis 20 000 selbsternannte Heiler und Therapeuten ohne jede Kontrolle ihre Dienste anbieten.[16] Die Probleme der Klienten werden von solchen »Psychomeistern« nicht fachgerecht aufgearbeitet und häufig nicht einmal richtig verstanden.

Ende Juli 1997 meldete sich auch erstmals ein Sprecher der Krankenkassen zu Wort. »Die Zugehörigkeit zu Sekten kann Menschen krank machen und stellt eine nicht zu unterschätzende Gefahr für Leib und Seele dar«, erklärte Klaus Peter Betz, Sprecher der *Gmünder Ersatzkasse (GEK)*. Die *GEK* betrachte mit Sorge das Anwachsen von Sekten, Psycho-Gruppen und Psycho-Kulten sowie deren Tätigkeit im Gesundheitswesen; sogenannte Heiler verursachten oft »irreparable Schäden«. Viele der angeblichen Religionsgemeinschaften verhinderten eine ärztliche Betreuung ihrer Mitglieder und versprächen Heilung durch zweifelhafte Praktiken, etwa das *Universelle Leben* und *Scientology*.[17]

Die großen Sekten-Katastrophen der vergangenen zehn Jahre, die Aussteigerberichte und journalistischen Recherchen haben inzwischen Politiker quer durch Europa wachgerüttelt. Das europäische Parlament verabschiedete am 29. Februar 1996 eine besorgte Entschließung zum »Sektenphänomen«. Zwar seien viele Sekten völlig legal und hätten ein Anrecht auf den Schutz »ihrer individuellen und Glaubensfreiheit«. Doch einige Gruppen innerhalb der EU würden sich »illegalen und kriminellen Aktivitäten hingeben und laufend Menschenrechtsverletzungen begehen«; genannt werden unter anderem Mißhandlungen, Freiheitsberaubung, Menschenhandel, Steuerbetrug, Waffen- und Drogenhandel sowie die illegale Ausübung des Arztberufes. Das Parlament bekräftigte den Anspruch des einzelnen auf »Schutz vor unmenschlicher und unwürdiger Behandlung« und rief die Regierungen dazu auf, bestehende Gesetze wirksam anzuwenden, um gegen »Verletzungen der Grundrechte, deren sich die Sekten schuldig machen, vorzugehen«.[18]

In einigen europäischen Ländern wie Frankreich, Belgien, den Niederlanden und der Bundesrepublik haben Kommissionen der nationalen Parlamente über das Problem beraten. Sämtliche Parlamentsberichte kommen zu dem Urteil daß die bestehenden Gesetze ausreichen, um die Probleme zu bewältigen. Der belgische Bericht vom April 1997 schlägt darüber hinaus vor, ein Delikt »psychischer Zwang« einzuführen«, das mit einer Gefängnisstrafe bis zu fünf Jahren zu ahnden sei.[19] Am 27. Juni 1997 legte die Enquete-Kommission des deutschen Bundestages über »Sogenannte Sekten und Psychogruppen« ihren Zwischenbericht vor. Das Papier konstatiert, daß sowohl der Justiz, den Jugendämtern wie auch den Wirtschaftsverbänden Informationen fehlten; es beklagt zudem »erhebliche Forschungsdefizite«. Die Kommission stellte den Schutz der Opfer in den Mittelpunkt ihrer Beratungen und forderte gegen die Stimmen der Grünen, die keine generellen Gefahren durch Sekten erkennen konnten, gesetzliche Regelungen für den Psycho-Markt und verbesserte psychotherapeutische Angebote für Sektenaussteiger.[20]

Das Stichwort heißt Verbraucherschutz. Wenn *Scientology* ihren Kunden den letzten Pfennig für fragwürdige Kurse zur »geistigen Freiheit« abknöpft, muß der Wucherparagraph des bürgerlichen Gesetzbuches greifen. Wenn ein Seminarteilnehmer nach dem »Landmark Forum« psychiatrische Behandlung braucht, müssen die Veranstalter regreßpflichtig zu machen sein. Wenn das Mitglied einer charismatischen Gemeinde wahnhafte Ängste vor Dämonen entwickelt, muß es gegen die Urheber dieser psychischen Verletzung gerichtlich vorgehen können. Methoden und »Therapie«-Angebote auf dem Psycho-Markt müssen kritisch hinterfragt und überprüft werden können: Wer bietet was an? Wie teuer ist es? Nach welcher wissenschaftlichen Methode wird gearbeitet? Welche Ausbildung hat der Anbieter?

Bislang ist die Bezeichnung Therapeut ebensowenig geschützt wie der Titel Unternehmensberater oder Seminartrainer. Das seit nunmehr neunzehn Jahren heftig umkämpfte Psychotherapeutengesetz sollte eigentlich die Ausbildung, Zulassung und Berufsausübung von Psychotherapeuten einheitlich regeln, ist aber immer wieder in parlamentarischen Gremien steckengeblieben – unter anderem wegen des Widerstandes der Psychologen-Lobby. Experten basteln nun an einem Gesetz mit dem sperrigen Titel »Regelung der gewerblichen Lebensbewältigungshilfe«, um den gröbsten Psycho-Humbug zu begrenzen und zum Beispiel dafür zu sorgen, daß die Gruppen für psychische Schäden – etwa als Folge einer hypnotischen Trance – regreßpflichtig sein müssen. Schließlich haftet auch jeder Arzt für das, was er tut.

Im Dezember 1997 einigte sich die deutsche Ministerpräsidentenkonferenz darauf, den Verbraucherschutz auch auf den gewerblichen Psycho-Markt auszudehnen. Am 6. Mai 1997 wurde der erste derartige Gesetzentwurf vom Bundesland Hamburg in den Bundesrat eingebracht; ein »Riesenerfolg unserer Arbeitsgruppe«, sagt die *Scientology*-Beauftragte Ursula Caberta. Im Zentrum der Gesetzesinitiative stehen die Klauseln für einen Vertrag.[21] Danach müssen Anbieter wie *Scientology* ihre potentiellen Kunden detailliert über die »angewandte Methode und die theoretischen Grundlagen« aufklären und ob »begleitende Lehrmittel erworben werden müssen«. Ebenso müssen genaue Informationen über »den Preis von Folgeangeboten«, und die Qualifikation der Helfer gegeben werden. Bei Gesundheitsstörungen nach Psycho-Kursen soll in Zukunft eine Umkehr der Beweislast erfolgen. Psycho-Firmen müßten dann belegen, daß die gesundheitlichen Schäden nicht auf ihre Übungen zurückzuführen sind. Eine weitere Regelung trifft den empfindlichsten Punkt derartiger Unternehmen – den Geldbeutel. Innerhalb bestimmter Fristen sollen die Kunden vom Vertrag zurücktreten können, wie bei anderen Geschäftsverträgen auch. Auch wenn das Gesetz eindeutig auf *Scientology* und ähnliche Psycho-Gruppen zugeschnitten ist, so hätte es natürlich ebenso Folgen für religiöse Sekten und vergleichbare Organisationen. Die *Neuapostolische Kirche*, das *Opus Dei* und die christlichen *Charismatiker* würden wohl ihre Praktiken überprüfen müssen.

Doch manchmal weiß die Linke offenbar nicht, was die Rechte tut. Am 12. Juni 1997 sollte ein Gesetzentwurf den Bundestag passieren, der die Krankenkassen verpflichtet, auch »neue medizinische Verfahren« zu bezahlen, wenn deren Wirksamkeit »nach dem jeweiligen Stand der wissenschaftlichen Erkenntnisse« anerkannt ist.[22] Dazu würde es genügen, wenn sich ein paar selbsternannte Autoritäten in selbstverlegten Fachblättern gegenseitig bescheinigen, eine respektable Therapie anzuwenden. »Jedes Sektierertum«, erkannte der *Dachverband der Wissenschaftlichen Medizinischen Fachgesellschaften*, könne sich ab sofort »mit dem falschen Mantel der Wissenschaftlichkeit behängen«. Helles Entsetzen machte sich daher bei Experten und Krankenkassen breit, von einem »Rückfall ins Mittelalter« sprach Barbara Burkhard vom medizinischen Dienst der Krankenversicherung in Bayern. Denn konkret bedeutet dies, daß Pendeln, Aura-Soma, Eigenharn- oder Edelsteintherapie und sogar die Bioresonanztherapie des Scientologen Hermann Keppler künftig von den Kassen beglichen werden müßten.

Doch nicht alles läßt sich gesetzlich regeln, und es ist auch gar nicht wünschenswert. Der beste Schutz gegen totalitäre Sekten ist letztlich ein funktionierendes soziales Umfeld, auf Deutsch: gute Freunde, mit denen man über alles reden kann. Und die wirksamste Waffe, die die Demokratie anzubieten hat, um die Freiheit des einzelnen gegen die Manipulation in Sekten zu verteidigen, bleibt die Aufklärung. »Trotz Individualisierung und Orientierungskrise, trotz Verfall von Autoritäten und Institutionen, trotz Esoterikboom und kulturrelativistischer Anti-Aufklärung – die Macht des mit Vernunft gesprochenen Wortes ist noch groß«, sagt Hans-Peter Bartels, der Sektenbeauftragte Schleswig-Holsteins.[23] Er stellt aber die Frage, ob Aufklärung allein ausreicht, um gegen totalitäre Sekten anzugehen und fordert im Notfall auch Verbote. Toleranz hat Grenzen, gewiß. Gegenüber Esoterikern, die von einer »jüdisch-materialistischen Verschwörung der Illuminati« und »SS-Ufos« schwadronieren, würde Toleranz genauso wenig bewirken wie gegenüber dem *Clear-Planet*-Programm der *Scientologen*. Doch das Verbot muß das allerletzte Mittel sein.

Methoden der mentalen und sozialen Kontrolle dringen in viele Bereiche des täglichen Lebens vor, und immer mehr Menschen kommen mit Sekten und sektenartigen Organisationen in Berührung. Unsere Hochachtung gilt all denen, die es geschafft haben, den tyrannischen Systemen zu entkommen und die nun mit der bitteren Erfahrung leben müssen, oft jahrelang einem gewissenlosen Führer nachgelaufen und ihm die Geldbörse gefüllt zu haben. Aber es gibt ein Leben nach der Sekte, und viele Aussteiger, die wir kennengelernt haben, sind bewundernswert offene, hilfsbereite Menschen, die den meisten von uns eine wichtige Lektion voraushaben – wie Andreas Schlothauer, jener Aussteiger aus der *AAO*, den die Liebe aus dem Reich des österreichischen Tyrannen Otto Mühl führte und dem dann das wohl weltweit einzigartige Experiment gelang, eine gefährliche Sekte mit friedlichen Mitteln zu Fall zu bringen. Schlothauer schreibt: »Für jemand, der nie einen totalitären Alltag kennenlernte, mag es pathetisch klingen: Ich empfinde ein tiefes Gefühl der Dankbarkeit gegenüber all den Menschen, die dafür gekämpft haben, daß Menschenrechte und demokratische Gleichberechtigung in unserem Teil der Welt heute teilweise verwirklicht und öffentlich als Ideal anerkannt sind.«[24]

Anhang

Anmerkungen

Tödlicher Kult um den Kometen

1 Dieses Kapitel beruht im wesentlichen auf folgenden Quellen: Sendungen von CNN; Meldungen der Nachrichtenagenturen AFP, AP, DPA und Reuter; Achenbach, Joel; Goodstein, Laurie; Fisher, Marc: Cult Blended Computer Savvy With a Bizarre Ideology. In: International Herald Tribune, 29./30.3.1997; Gleick, Elizabeth: The Marker We've Been Waiting for. In: Time, 7.4.1997; Miller, Mark: Secrets of the Cult. In: Newsweek, 14.4.1997; Im Netz des Todes. In: Der Spiegel 15/1997; Rademacher, Horst: Das Ufo mit der Seele besteigen. In: FAZ, 1.4.1997. Zitate aus Agenturmeldungen werden in diesem Kapitel nicht eigens nachgewiesen.
2 Gespräch mit Thomas Gandow Anfang April 1997.
3 Zit. n. Focus 15/1997.
4 Hagen, Louis: High-Tech und Sektenwahn. In: Bild, 29.3.1997.
5 Sächsische Zeitung, 28.3.1997.
6 Schümer, Dirk: Digitale Himmelfahrt. In: FAZ, 29.3.1997.
7 Kling, Bernd: Netz des Himmels. In: Die Tageszeitung, 3.4.1997.
8 Gespräch mit Frank Rieger im Juni 1997.
9 Darstellung nach Daniel, David: The Beginning of the Journey. In: Newsweek, 14.4.1997.
10 Zit. n. Netz des Todes.
11 Gleick: Marker.
12 Ebenda.
13 Zit. n. Achenbach; Goodstein; Fisher: Cult.
14 Gleick: Marker.
15 Darstellung nach Miller: Secrets.
16 Vgl. »Heaven's Gate«: Arbeit an einem Film bis kurz vor den Selbstmorden. In: Berliner Morgenpost, 1.4.1997.
17 Gespräch mit Frank Rieger im Juni 1997.
18 Kling: Netz des Himmels.
19 Nach Gruber, Peter: Holt mich ab. In: Focus 15/1997.
20 Zit. n. Achenbach: Cult.
21 Zit. n. Quittner, Joshua: Life and Death On the Web. In: Time, 7.4.1997.
22 Alle Zitate aus: Our Position Against Suicide. 2 S. (Internet-Dokument).
23 Quittner: Life.
24 Alle Zitate aus: Do's Intro: Purpose – Belief. 5 S. (Internet-Dokument).
25 Alle Zitate aus: Crew from the Evolutionary Level Above Human Offers Last Chance to Advance beyond Human. 9 S. (Internet-Dokument).
26 Zit. n. Der Entdecker von Hale-Bopp ist berühmt und arbeitslos. In: FAZ, 10.4.1997.

27 Zitate aus Heaven's Gate – How and When It May Be Entered. 1 S. (Internet-Dokument).
28 Gruber: Holt mich ab.
29 Zit. n. Gleick: Marker.
30 The San Diego Tribune, 31.3.1997; vgl. Netz des Todes.

Im Supermarkt der Sinnanbieter

1 An Open Letter to Helmut Kohl. In: International Herald Tribune, 9.1.1997.
2 Dies und die folgenden Zitate: Meldungen der Nachrichtenagenturen AFP, AP, DPA und Reuter.
3 Blüm, Norbert: Scientology – Die Profit-Sekte. In: Die Woche, 20/1995.
4 Ebenda.
5 Vgl. Alle Augen auf Scientology gerichtet. In: Die Tageszeitung, 7.2.1997.
6 Krug, Christian: Sekten in Deutschland: Beten auf Teufel komm raus. In: Stern 19/1995.
7 Hubbard, L. Ron: Dianetik. Der Leitfaden für den menschlichen Verstand. Kopenhagen 1992.
8 HCO Policy Letter v. 31.1.1983: Der Grund, aus dem es Orgs gibt.
9 Thüringer Allgemeine, 12.2.1994.
10 Tagesspiegel, 7.5.1996.
11 Vgl. a. Deutscher Bundestag, 13. Wahlperiode, Zwischenbericht der Enquete-Kommission »Sogenannte Sekten und Psychogruppen«, 7.7.1997, S. 48.
12 Zitate aus direkten Gesprächen mit den Autoren sind im folgenden nicht extra ausgewiesen.
13 Vgl. Hirsh, Michael: Worldwide, It's the ›Rush Hour of the Gods‹. In: Newsweek, 14.4.1997.
14 Hallaschka, Andreas: Schlachtfeld Erde. In: Stern 4/1997.
15 Dieser und die zwei folgenden Absätze nach Thompson, Damian: Das Ende der Zeiten. Apokalyptik und Jahrtausendwende. Hildesheim 1997, S. 182–214.
16 Vgl. Netz des Todes.
17 Vgl. bes. Richardson, John: Catch A Rising Star. In: Premiere, 9/1993.
18 Die Überwindung der Spaltung von Glauben und Wissen erinnert an die frühchristlichen Gnostiker; ähnliches Gedankengut findet sich in der Theosophie, s. u.
19 Capra, Fritjof: Wendezeit. Bern-München-Wien 1984.
20 Thompson: Ende der Zeiten, S. 248. Dieser und der folgende Absatz folgen Thompson, S. 243–285.
21 Zit. n. Platta, Holdger: New-Age-Therapien Pro und Contra. Weinheim/Berlin 1994, S. 187. Zur Theosophie vgl. auch Freund, René: Braune Magie? Okkultismus, New Age und Nationalsozialismus. Wien 1995, S. 13 ff.
22 Darstellung nach Colin Goldner in Platta: New-Age-Therapien, S. 184 ff.
23 Ebenda.
24 Freund: Magie, S. 35.
25 Ebenda, S. 20 f.
26 Zit. n. Platta: New-Age-Therapien, S. 192. Zum Folgenden vgl. ebd. S. 191 ff.
27 Thompson: Ende der Zeiten, S. 248. Vgl. Freund: Magie, S. 127 ff.
28 Dies u. die zwei folgenden Zitate nach Goldner in Platta: New-Age-Therapien, S. 191 ff.

29 Vgl. Freund: Magie, S. 129.
30 Vgl. ebenda, S. 119 ff.
31 Thompson: Ende der Zeiten, S. 265.
32 Vgl. Freund: Magie, S. 111.
33 Helsing, Jan van: Geheimgesellschaften und ihre Macht im 20. Jahrhundert. Gran Canaria 1995. 3 Bde.
34 Zu den Davidianern vgl. ausführlich Linedecker, Clifford L.: Sektenführer des Todes. München 1994; Thompson: Ende der Zeiten, S. 351–357.
35 Vgl. Thompson: Ende der Zeiten, S. 205.
36 Scharna, Michael; Flamm, Wolfgang; Lux, Claudia: Berlin Okkult. Berlin 1986.
37 Vgl. Zinser, Hartmut: Jugendokkultismus in Ost und West. München 1993; Hellmeister, Gerhard; Wolfradt, Uwe: Affinität zu Okkultismus und Sekten. Jena 1996.
38 Infratest Burke Berlin: Neue religiöse und weltanschauliche Bewegungen. Ergebnisse einer repräsentativen Umfrage. Berlin, 24.4.1997. Die Umfrage erfolgte im Auftrag der Bundestags-Enquete-Kommission »Sogenannte Sekten und Psychogruppen«. Die Studie weist allerdings gravierende methodische Mängel auf, denn bei den Fragen zum Psychogruppenmarkt wurde nur nach der Selbstbezeichnung der Gruppen gefragt (»Sind Sie Mitglied einer neuen religiösen oder weltanschaulichen Bewegung …?«), nicht aber nach den angewandten *Methoden*. Einen Psycho-Konzern wie Landmark Education wird der normale Kunde weder als neue religiöse noch als weltanschauliche Bewegung empfinden, ein Seminartraining mit Scientology-Hintergrund in der Regel auch nicht. Insofern ist es erstaunlich, daß überhaupt Ergebnisse erzielt wurden.
39 Vgl. Hemminger, Hansjörg: Kein Erdrutsch bei den sogenannten Sekten. In: Materialdienst der EZW 7/1997.
40 Vgl. Infratest: Neue religiöse Bewegungen.
41 Die Darstellung bezüglich Hare Krishna folgt Haack, Friedrich-Wilhelm: Jugendsekten. Vorbeugen-Hilfe-Auswege. Weinheim 1991, S. 18.
42 Zit. n. Haack: Magie, S. 272.
43 AP-Meldung v. 2.11.1995.
44 Vgl. Thompson: Ende der Zeiten, S. 284 f.
45 Zit. n. Thompson: Ende der Zeiten, S. 285.
46 Martin, Hans-Peter; Schumann, Harald: Die Globalisierungsfalle. Reinbek bei Hamburg 1996, S. 241 ff.
47 Ebenda, S. 20.
48 Schlothauer, Andreas: Die Diktatur der freien Sexualität. Wien 1992. S. 201.
49 Eine Zusammenstellung von Originaltexten der schwarzen Pädagogik bietet Rutschky, Katharina (Hg.): Schwarze Pädagogik. Quellen zur Naturgeschichte der bürgerlichen Erziehung. Berlin 1977.
50 Zit. n. Kein Ersatz für Therapie. In: Test 9/1991.
51 Vgl. ebenda.
52 So die amerikanische Rebirtherin Eve Jones; zit. n. Platta: New-Age-Therapien, S. 28.
53 Freund: Magie, S. 123.
54 Hassan, Steven: Ausbruch aus dem Bann der Sekten. Hamburg 1993, S. 74.
55 Vgl. Haack, Friedrich Wilhelm: Jugendsekten. Weinheim/Basel 1991. S. 93.
56 Vgl. Schweer, Thomas: Die Heilsversprecher. München 1996.

57 Cammans, Heide-Marie: Die neuen Heilsbringer. Recklinghausen 1994.
58 Hassan: Ausbruch, S. 70.
59 Ott, Ursula: Jagdsaison der Gurus. In: Die Woche, 6. 10. 1995.
60 Vgl. Kraiker, Christoph; Peter, Burkhard: Psychotherapieführer. München 1994, S. 111 ff.
61 Vgl. ebenda, S. 152 ff.
62 Vgl. ebenda, S. 179 ff.
63 Vgl. ebenda, S. 161 ff.
64 Vgl. Perls, Fritz: Das Ich, der Hunger und die Aggression. Stuttgart 1978 (Original 1947); Perls, Fritz; Hefferline, R.; Goodman, Paul: Gestalt Therapy. New York 1957.
65 Hassan: Ausbruch, S. 70.
66 Zit. n. Platta: New-Age-Therapien, S. 25.
67 Zum Rebirthing vgl. ebenda, S. 23 ff.
68 Vgl. Hassan: Ausbruch, S. 70; Kraiker, Psychotherapieführer. S. 242 f.; Birkenbihl, Vera F.; Blickhan, Claus; Ulsamer, Bertold: Einstieg in das Neurolinguistische Programmieren. Bremen 1987.
69 Darstellung n. Platta: New-Age-Therapien, S. 118 ff.; Kraiker; Peter: Psychotherapieführer, S. 193 ff.
70 Darstellung n. Platta: New-Age-Therapien, S. 65 ff.
71 Rüdiger Dahlke zit. n. Platta: New-Age-Therapien, S. 81.
72 Platta: New-Age-Therapien, S. 70.
73 Dies u. die folgenden Zitate ebenda, S. 197 ff.
74 Bartels, Hans-Peter: Seele, ges. gesch. In: Die Woche, 1.3.1996.
75 Erstveröffentlichung in kürzerer Form (in Zusammenarbeit mit Peter Wensierski): Soldaten für Gott. In: Der Spiegel, 1/1994. Die Boston Church of Christ und die Gemeinde Jesu Christi Berlin reagierten mit einem Gegendarstellungsbegehren. Wir geben die gegensätzlichen Standpunkte im Text oder in Anmerkungen wieder. Der Einfachheit halber benutzen wir stets den Begriff Boston Church für die verschieden benannten Gemeinden der Bewegung. Dieser Begriff hat sich inzwischen auch eingebürgert.
76 Die Boston Church bestreitet, daß die Jünger »im Gottesdienst oder vor größeren Gruppen« ihre Sünden bekennen müssen; wir haben dies selbst beobachtet.
77 Die Boston Church gab 1994 an, daß sie weltweit »über ca. 50 000 Mitglieder und über ca. 75 000 Gottesdienstbesucher« verfüge.
78 Boston Church of Christ: God Almighty Reigns – 1988 World Missions Seminar. Dokument v. 3.7. 1988.
79 Boston Church of Christ: West Germany – Plans for the Blitzkrieg. 1988.
80 Die Boston Church gab bereits 1994 an, in Deutschland »ca. 270 Mitglieder und ca. 400 regelmäßige Gottesdienstbesucher« zu haben. Über Missionsteams nach Dresden berichtet Walter, Roland: Vom christlichen Blitzkrieg gegen den Satan. In: Die Tageszeitung, 17.7.1996.
81 Das Discipling ist auch unter dem Namen Shepherding oder Multiple Ministries bekannt und geht zurück auf ein Buch von Coleman, Robert: The Master Plan of Evangelism. 1963.
82 Boston Church of Christ, Gemeinde Jesu Christi: Machet zu Jüngern. Abschnitt »Sünde«, S. 15/4.
83 Dies und die folgenden Zitate nach Boston Church: Jünger, Abschnitt »Sünde«, S. 15/1 f.

84 Die Boston Church bestreitet dies und erklärt: »Richtig ist, daß sich sämtliche Gemeindemitglieder (Männer und Frauen) gemeinsam in der Regel mindestens zweimal wöchentlich treffen.«
85 ABC News, Sendung v. 15.10.1993, 21.00 Uhr (Transkript, Copyright ABC).
86 Vgl. Upside Down 11/1994.
87 McKean, Kip: Revolution Through Restoration. In: Upside Down 2/1992.
88 Vgl. Senatsverwaltung für Schule, Jugend und Sport: Informationen über neue religiöse und weltanschauliche Bewegungen und sogenannte Psychogruppen. Berlin 1994, S. 27 f.
89 ABC News 1993.
90 Vgl. Upside Down 11/1994.
91 L. A. Church of Christ: Breaking Away. Los Angeles 1995.
92 Boston Church: Jünger, Abschnitt »Die Gemeinde«. S. 12/2.
93 Die Boston Church bestreitet die Vorwürfe.
94 Vgl. Jones, Tom: Tiefe Überzeugungen. Boston 1991 (Übersetzung), S. 22.
95 Boston Church: Jünger, Abschnitt »Die Gemeinde«, S. 12/1.
96 Vgl. Jones: Überzeugungen, S. 23.
97 Boston Church, Jünger, S. 8/2.
98 Vgl. Jones: Überzeugungen, S. 14.
99 Boston Church, Jünger, Abschnitt »Jesus als Herr«, S. 18/3.
100 Vgl. Jones: Überzeugungen, S. 4.
101 Boston Church, Jünger, Abschnitt »Allgemeine Auflistung der Studien«, S. 3/1.
102 Ostling, Richard N.: Keepers of the Flock. In: Time, 18.5.1992.
103 Jacoby, Douglas (Hg.): Shining like Stars. London o. J., S. 234.
104 Boston Church: Jünger, Abschnitt »Jesus als Herr«. S. 18/2.
105 Die Boston Church erklärt, dies sei »unrichtig«.
106 ABC News 1993.
107 Dies und die folgenden Zitate n. Ostling: Keepers, S. 62; ABC News 1993.
108 Vgl. Walter: Blitzkrieg, S. 23.
109 ABC News 1993.
110 Kip McKean u. a.: Proklamation zur Weltevangelisation, Gute Nachrichten, 3/1994.
111 ABC News 1993.
112 Senatsverwaltung: Informationen, S. 27 f. Dort heißt es: »Das ›Prinzip der Unterordnung‹ unter die ›Zucht Gottes‹, die Aufgabe des ›unabhängigen Geistes‹ und ein rigides Strafsystem sind Elemente, die den einzelnen in große psychische, soziale und finanzielle Abhängigkeit zu der Boston Church of Christ führen können.«

Das System der Bewußtseinskontrolle

1 Huguenin, Thierry: Der 54. Köln 1995, S. 17 u. 19.
2 Zit. n. Massenselbstmorde bei Sekten. In: Frankfurter Allgemeine Zeitung, 27.12.1995.
3 Vgl. Quiring, Manfred: Der Weltuntergang fällt aus. In: Berliner Zeitung, 13./14.11.1993.
4 Berliner Zeitung, 21.3.1995.
5 Martenstein, Harald: Ein Gott des Geldes. In: Tagesspiegel, 12.11.1996.

6 Hassan: Ausbruch, S. 85.
7 Conway, Flo; Siegelman, Jim: Have Cults Created a New Mental Disease? 1981.
8 Dieses Beispiel und die Erklärung der kognitiven Dissonanz folgen Minhoff, Christoph; Müller, Martina: Scientology. Irrgarten der Illusionen. München 1994, S. 56–59.
9 Festinger, Leon: A Theory of Cognitive Dissonance. Evanston 1957.
10 Vgl. Hassan: Ausbruch, S. 74/75.
11 Ebenda, S. 75.
12 Mo-Brief 576: »The FF-Explosion«, zit. n. Eimuth, Kurt-Helmuth: Die Sekten-Kinder, Freiburg 1996, S. 34.
13 Spiegel-TV, Sat 1, Sendung v. 25.10.1994.
14 Die Familie: Unsere Stellungnahme zum Thema Sex. Zürich 1992; zit. n. Eimuth: Sekten-Kinder, S. 36.
15 Ebenda, S. 36.
16 Dieser Absatz folgt Stolz, Markus: Die Stunde der Mythen. In: Werben & Verkaufen 45/1994.
17 Dieser Absatz folgt ebenda.
18 WestLB-Werbung. In: Focus 15/1995.
19 Church of Scientology International: Was ist Scientology? Kopenhagen 1993. S. 573.
20 Huguenin: Der 54., S. 111.
21 Ebenda, S. 115.
22 Hassan: Ausbruch, S. 86.
23 Ebenda, S. 88.
24 Jones: Überzeugungen, S. 34.
25 Zit. n. Hassan: Ausbruch, S. 59; vgl. ebd. S. 315 ff. Das erwähnte Buch Liftons heißt: Thought Reform and the Psychology of Totalism.
26 Ebenda, S. 316.
27 Zit. n. Haack, Friedrich-Wilhelm: Scientology – Magie des 20. Jahrhunderts. München 1991, S. 221.
28 Vgl. Hassan: Ausbruch, S. 27 f.
29 Vgl. Kaufmann, Robert: Übermenschen unter uns. Frankfurt/Main 1972, S. 166.
30 Schein, Edgar H.: Coercive Persuasion. Massachusetts 1971.
31 Vgl. Hassan: Ausbruch, S. 112 ff.
32 Die Ausführungen zum »Aufbrechen« wurden angeregt durch Hassan: Ausbruch, S. 112–115.
33 Huguenin: Der 54., S. 117 f.
34 Ebenda, S. 114.
35 Ebenda, S. 46.
36 Huguenin: Der 54., S. 120.
37 Hassan: Ausbruch, S. 79 f.
38 Huguenin: Der 54., S. 151
39 Potthoff, Norbert: Vom Aufsteiger zum Aussteiger. In: Mission mit allen Mitteln. Der Scientology-Konzern auf Seelenfang. Reinbek bei Hamburg 1992, S. 17.
40 Roth, Jennifer: Der Weg der Glückseligkeit. Meine Jahre in einer totalitären Sekte. Frankfurt/Main 1992.
41 Hassan: Ausbruch, S. 115.
42 Huguenin: Der 54., S. 127.

43 Die Ausführungen zum »Verändern« wurden angeregt durch Hassan: Ausbruch, S. 116–119.
44 Vgl. zu diesem Absatz ebenda, S. 116 f.
45 Huguenin: Der 54., S. 211 f.
46 Boston Church: Jünger, Abschnitt »Sünde«. S. 15/3.
47 Krug, Christian: Die Krieger des Heiligen Geistes. In: Stern 25/1995.
48 Young, Robert Vaughn: Reich des Bösen. In: Der Spiegel 39/1995, S. 114.
49 Hubbard, L. Ron: Einführung in die Ethik der Scientology. Kopenhagen 1986, S. 7.
50 Huguenin: Der 54., S. 128.
51 Ebenda, S. 152.
52 Zit. n. Scientology News Magazine. Los Angeles 1996.
53 Vgl. Thompson: Ende der Zeiten, S. 373.
54 Vgl. ebenda.
55 Hubbard, L. Ron: Der ideale Zustand des Menschen. Vortrag v. 29.12.1951 (Scientology-Prospekt).
56 Huguenin: Der 54., S. 182.
57 Die Ausführungen zum »Fixieren« wurden angeregt durch Hassan: Ausbruch, S. 119–121.
58 Kaiser, Eva-Maria; Rausch, Ulrich: Die Zeugen Jehovas. Augsburg 1996, S. 60.
59 Resultate, Kopenhagen 1993, S. 6 (Scientology-Prospekt).
60 Zit. n. Haack: Magie, S. 118.
61 Eidesstattliche Erklärung des Larry D. Wollersheim (ABI 12–80–249), S. 249 f.
62 Vgl. Steigleider, Klaus: Das Opus Dei. Eine Innenansicht. München 1996, S. 247.
63 Hassan: Ausbruch, S. 120.
64 Vgl. Lifton in Hassan: Ausbruch, S. 319.
65 Huguenin: Der 54., S. 239.
66 Boston Church: Jünger, Abschnitt »Die Gemeinde«. S. 12/1.
67 Krug, Christian: Sekten in Deutschland: Beten auf Teufel komm raus. In: Stern 19/1995.
68 Vgl. Hassan: Ausbruch, S. 70; Kraiker, Peter: Psychotherapieführer, S. 242 f.; Birkenbihl; Blickhan; Ulsamer: Einstieg in das Neurolinguistische Programmieren.
69 Zit. n. Stamm, Hugo: Hochverschuldeter Scientologe spurlos verschwunden. In: Tages-Anzeiger, 23.10.1990.
70 Hassan: Ausbruch, S. 120.
71 »Der ganze Mist ist raus«. In: Der Spiegel 28/1995.
72 Eimuth: Sekten-Kinder, S. 9.
73 Zit. n. ebenda, S. 182.
74 Hubbard, L. Ron: Einführung in die Kinder-Dianetik. In: Kinder-Dianetik. Dianetik-Prozessing für Kinder. Kopenhagen 1983, S. 2.
75 Leserbrief. In: Der Spiegel 19/1997.
76 Zit. n. Eimuth: Sekten-Kinder, S. 223.
77 Ebenda, S. 224.
78 Jones: Überzeugungen, S. 18 f. Die Boston Church legt allerdings Wert darauf, daß man sich »manchmal Leuten nicht unterordnen« könne, »weil das, was sie von uns verlangen, Gott widerspricht« – gemeint sind aber vor allem »Nicht-Christen« (ebd.).

79 Milgram, Stanley: Das Milgram-Experiment. Zur Gehorsamsbereitschaft gegenüber Autorität. Reinbek bei Hamburg 1982, S. 23

80 Die folgenden Bemerkungen über den Gehorsam in Sekten wurden angeregt durch Schlothauer: Diktatur, S. 206 ff.

81 Vgl. Ulferts, Claudia: Polizeiaktion gegen die »Kolonie der Würde«. In: Taz, 4.12.1996; Karnovsky, Eva: Im Dorf der geilen Onkels. In: Süddeutsche Zeitung, 2.5.1997.

82 Zit. n. Haack: Magie, S. 222.

83 Vgl. Wittmann, Klaus: »Für meine Tochter bin ich ein Dämon«. In: Die Tageszeitung, 6.12.1995; Wittmann, Klaus: Hartes Urteil für dämonisches Werkzeug Mariens. In: Die Tageszeitung, 25.10.1996.

84 Zit. n. The Rules They Lived By. In: Newsweek, 14.4.1997.

85 Zit. n. Winkler, Herbert: Massenselbstmord lenkt Aufmerksamkeit auf Experimentierfeld USA, DPA-Meldung v. 31.3.1997.

86 Schlothauer: Diktatur, S. 204.

87 Hassan: Ausbruch, S. 120.

88 Vgl. ebenda, S. 121 f.

89 »Der ganze Mist ist raus«.

90 »Wir dachten, das sei sicher etwas Rechtes, solange es katholisch ist«. In: Tages-Anzeiger, 11.1.1980; zit. n. Steigleider: Opus Dei, S. 241.

91 Zit. n. Jungen, Hans-Walter: Universelles Leben: Die Prophetin und ihr Management. Augsburg 1996. S. 272.

92 Hassan: Ausbruch, S. 57.

93 Die folgenden Bemerkungen wurden angeregt durch Schlothauer: Diktatur, S. 205.

94 »Der ganze Mist ist raus«.

95 Ebenda.

96 Vgl. Billerbeck, Liane v.; Nordhausen, Frank: Der Sekten-Konzern. Scientology auf dem Vormarsch. Berlin 1994. S. 244–258.

97 »Dein Problem, löse es«. In: Der Spiegel 17/1997.

98 Vgl. Romberg, Johanna: Es ist so leicht, ein fremder Mensch zu werden. In: Geo 7/1995.

99 Wittmann: Dämon.

100 Angaben nach Steiden, H. P.; Hamernik, Christine: Einsteins falsche Erben. Die unheimliche Macht von Dianetik und Scientology. Wien 1992, S. 48.

101 Vgl. ebenda.

102 Bergman, Jerry: Jehovas Zeugen und das Problem der seelischen Gesundheit. München 1994; vgl. Kaiser; Rausch: Zeugen Jehovas, S. 59 f. Kaiser und Rausch weisen allerdings darauf hin, daß einerseits Menschen psychisch erkranken können, weil sie Zeugen Jehovas sind, andere sich den Zeugen anschließen, weil sie schon psychisch krank sind (ebd. S. 59).

103 Vgl. Billerbeck; Nordhausen: Sektenkonzern, S. 133 f.

104 Zit. n. Kaiser: Zeugen Jehovas, S. 269.

105 Huguenin: Der 54., S. 221 f.

106 Ebenda, S. 226.

107 Vgl. ebenda, S. 274 ff.

108 Ebenda, S. 281.

109 Zit. n. ebenda, S. 289.

110 Ebenda, S. 301.

111 Ebenda.

112 Ebenda, S. 304.
113 Ebenda, S. 312.
114 Ebenda, S. 26.
115 Zit. n. ebenda, S. 32.
116 Vgl. ebenda, S. 33.
117 Ebenda, S. 274 f.
118 Vgl. Bertschinger, Walter; Fasel, Christoph: »Die Hintermänner laufen frei herum«. In: Stern 2/1996.
119 HCO-Policybrief v. 23.12.1965 (rev. am 10.9.1983): Ethik. Unterdrückerische Handlungen. Unterdrückung von Scientology und Scientologen.
120 Botros, Mona, Koch, Egmont R.: Gesucht wird ... die dunkle Seite von Scientology, ARD, Sendung am 2.4.1997.
121 Vgl. Kaplan, David E.; Marshall, Andrew: Aum – Eine Sekte greift nach der Welt. München 1996. S. 150 ff.
122 Ulferts: Polizeiaktion.
123 Die Darstellung des Falles folgt Jungen: Universelles Leben, S. 210–232.
124 Zit. n. ebenda, S. 225.
125 Vgl. ebenda, S. 225 ff.
126 Darstellung und Zitate n. ebenda, S. 53 ff.
127 Zitat n. ebenda, S. 57.
128 Ebenda, S. 55.
129 Ebenda, S. 286 f.
130 Ebenda, S. 56.
131 ARD, Sendung v. 10.12.1993 (Hessischer Rundfunk).
132 Vgl. Jungen: Universelles Leben, S. 177–181.
133 Ebenda, S. 108–118.
134 Sonderdruck des Universellen Lebens nach der Sendung des Hessischen Rundfunks v. 10.12.1993, abgedruckt bei Jungen, Universelles Leben, S. 209.
135 Hubbard, L. Ron: HCO Handbuch der Justiz. London 1959, S. 3 f.
136 Zit. n. Richardson: Catch a Rising Star. Zum Kampf von Scientology gegen Kritiker vgl. die ausführliche Darstellung bei Billerbeck; Nordhausen: Sekten-Konzern, S. 75–81.
137 Hubbard: Handbuch, S. 8.
138 HCO Policy Letter: Attacks on Scientology (Continued) v. 18.2.1966.
139 Zit. n. Aktion Bildungsinformation e. V. (Hg.): Die Scientology-»Kirche«: »Kritiker sind Verbrecher« (ABI 122–82–23). Stuttgart 1982.
140 Hubbard, L. Ron: The Strike, 17.10.1971.
141 Hubbard, Handbuch; HCO Policy Letter v. 15.8.1960.
142 HCO Policy Letter: Attacks on Scientology (Continued) v. 18.2.1966.
143 Alle Zitate nach Freiheit: Der Rasputin von Bonn. Los Angeles 1997.
144 Vgl. Strittmatter, Judka: »Das war's, Frau Caberta!« In: Die Woche, 23.8.1996.
145 Vgl. Freiheit, Los Angeles 1995 (Scientology-Zeitschrift); Dokumentation über die Arbeitsgruppe Scientology in der Innenbehörde, Hamburg 1994 (Scientology-Material).
146 Zündstoff, ZDF, Sendung v. 23.10.1996.
147 HCO Policy Letter v. 28.2.1982.
148 Vgl. Church of Scientology International (Hg.): Hass und Propaganda. Dokumentation einer Hetzkampagne gegen die Scientology-Gemeinschaft, Hamburg 1993.
149 Hubbard: Handbuch (Kapitel: Vorgehen bei Entheta-Presse).

150 Zit. n. Hubbard, L. Ron: The Scientologist – a Manual of the Dissemination of Material. In: Ability – The Magazin of Dianetics and Scientology of Phoenix, Arizona, Nr. 1/1955.
151 Behar, Richard: Scientology – The Thriving Cult of Greed and Power. In: Time Magazin, 6.5.1991.
152 Jungen: Universelles Leben, S. 182.
153 Oberlandesgericht Frankfurt/Main, Urteil v. 20.6.1996, AZ 16 U 163/95.
154 Vgl. Abdruck der Urteilsbegründung: »Undurchsichtige Zielsetzung«. In: Die Tageszeitung v. 13.12.1994.
155 Ebenda.
156 HCO Policy Letter: Attacks on Scientology (Continued) v. 18.2.1966.

Ganz entspannt im Hier und Jetzt

1 Darstellung u. Zitate dieses und des folgenden Absatzes n. Elten, Jörg Andrees: Alles ganz easy in Santa Barbara. Hamburg 1990, S. 36 ff.
2 Ebenda, S. 21.
3 Vgl. Cammans, Heide-Marie: Die neuen Heilsbringer. Hamburg 1994, S. 216.
4 Elten: Santa Barbara, S. 24.
5 Krusenstiern, A. v.: Wie der Bhagwan von seiner Geliebten geleimt wurde. In: Die Welt, 19.9.1985.
6 Triendl, Sonya: Spiri-Kommune? Nein danke. In: Connection special: Spirituelle Gemeinschaften, II/1991.
7 Elten: Santa Barbara, S. 24 f.
8 Darstellung und Zitate nach Elten: Santa Barbara, S. 26 f.
9 Im Juli 1995 wurden Bhagwans ehemalige Finanzberaterin Sally Croft (Ma Prem Savita) und die Ex-Präsidentin der Rajneesh Investment Corporation, Susan Hagan (Ma Anand Su) im US-Staat Oregon wegen des Mordkomplotts schuldig gesprochen; vgl. Meldung der Nachrichtenagentur Reuters v. 22.6.1995.
10 Darstellung und Zitate nach Elten: Santa Barbara, S. 26 f.
11 Zitate nach: Bhagwans Religion endet im Krematorium. In: Süddeutsche Zeitung, 2.10.1985.
12 Elten: Santa Barbara, S. 29.
13 Dieses u. das folgende Zitat nach Cammans: Heilsbringer, S. 216.
14 Nur der Finger. In: Der Spiegel 40/1996.
15 Zit. n. Haack, Friedrich Wilhelm: Europas neue Religion. Freiburg 1993. S. 57.
16 Carlos Widmann: Gib mir deinen gnädigen Hammer, Bhagwan! In: Süddeutsche Zeitung, 20.9.1977.
17 Ebenda.
18 Ebenda.
19 Ebenda.
20 Baucken, Rudolf: So geht es zu bei Evas Guru. In: Die Welt, 20.8.1978.
21 Ebenda.
22 Ebenda.
23 Widmann: Hammer.
24 Elten: Santa Barbara, S. 33.
25 Zit. n. Schickling, Ulla: Die Reise nach innen. In: Frankfurter Rundschau, 16.3.1996.
26 Widmann: Hammer.

27 Zit. n. Baucken: Evas Guru.
28 Ebenda.
29 Widmann: Hammer.
30 Triendl: Spiri-Kommune.
31 Vgl. Spiegel-TV, Sendung v. 12.5.1996.
32 Cosshardt, Monica: Was schöne Frauen bei den Gurus suchen. In: Welt am Sonntag, 13.8.1978.
33 Zit. n. Baucken: Evas Guru.
34 Widmann: Hammer.
35 Original-Zitat: »Da Scientology jetzt totale Freiheit bringt, muß sie auch die Macht und Autorität haben, totale Disziplin zu fordern, oder sie wird nicht überleben«; zit. n. Haack: Magie, S. 184.
36 Elten: Santa Barbara, S. 27 f.
37 Triendl: Spiri-Kommune.
38 Cosshardt: Schöne Frauen.
39 Zit. n. Cammans: Heilsbringer, S. 212.
40 Elten: Santa Barbara, S. 51 f.
41 Triendl: Spiri-Kommune.
42 Elten: Santa Barbara, S. 53.
43 Triendl: Spiri-Kommune.
44 Cammans: Heilsbringer, S. 224 f.
45 Elten: Santa Barbara, S. 24.
46 Zit. n. Hörig, Rainer: Angeschlagener Guru. In: Die Tageszeitung, 9.7.1988.
47 Rajneesh Times v. 16.11.1984; zit. n. Cammans: Heilsbringer, S. 215.
48 Bhagwan-Diskurs v. 2.11.1984; zit. n. Cammans: Heilsbringer, S. 214.
49 Außerdem wollte Bhagwan wohl seine drohende Ausweisung verhindern – Religionsführer haben in den USA das Recht, bei ihren Anhängern zu verweilen.
50 Vgl. Cammans: Heilsbringer, S. 225 f.
51 Elten: Santa Barbara, S. 33.
52 Vgl. Cammans: Heilsbringer, S. 219.
53 Connection, 5/1997.
54 Carola: Plötzlich fühle ich mich daheim. In: Lebenslust, Februar 1994 (Zeitschrift der Osho Multiversity Berlin).
55 Alle Zitate ebenda.
56 Zit. n. Cammans: Heilsbringer, S. 228 f.
57 Süss, Joachim: Die Neo-Sannyas-Bewegung. In: Connection 10/1995.
58 Beschreibung des Ashrams nach Schickling: Reise.
59 Ebenda.
60 Darstellung u. alle Zitate n. ebenda.

Der kleine Bhagwan

1 TNI: Ayahuasca – Das legendäre schamanische Ritual des Amazonas. Berlin 1994 (Faltblatt).
2 Vgl. a. Pásztor, Susann M.: Ein Wanderer zwischen den Welten. In: Connection 6/1996.
3 Goldner, Colin: Bhagwan-Nachfolger. In: Psychologie Heute 11/1990.
4 Ebenda.

5 Natale, Frank: Das Ende der Meister. In: Connection 9/1990.
6 In: Lebenslust, Februar 1994.
7 TNI: The One Experience. Life Skills. Berlin o. J. (Faltblatt).
8 Zit. n. Klepper, Markus: Erfahrungsbericht: TNI Resultate Kurs. In: Connection, 2/1988.
9 Goldner: Bhagwan-Nachfolger.
10 Zusätzlich 500 Mark für Übernachtung und Verpflegung; Preise von 1997.
11 TNI: The One Experience. Life Skills. Berlin o. J. (Faltblatt).
12 Natale: Meister.
13 Nüchtern, Michael: The Natale Institute (TNI), Materialdienst der EZW, 3/1997.
14 Zit. n. Nüchtern: TNI.
15 TNI: Kraftobjekte im Schamanismus. Mit Vincento Bianco und Apurva Mastinu. Berlin 1995 (Faltblatt).
16 Brüder im Schmerz (in Zusammenarbeit mit Peter Wensierski). In: Der Spiegel 10/1994.
17 Pásztor, Susann M.: »... dein Ego wird dir direkt ins Gesicht geknallt!« In: Connection 7–8/1994.
18 TNI: Ein offener Brief von Frank. In: TNI Newsletter, Winter 93/94.
19 Pásztor: Wanderer.

Die Diktatur der freien Liebe

1 Vgl. Kluge, Gerald: Die Holič-Gruppe. Pirna 1994, S. 39 ff.; Nordhausen, Frank: Mission statt Marx. In: Stern 7/1996, Nielsen; Nordhausen, Frank: Invasion des Glaubens. In: Wochenpost 3/1995.
2 Zur Friedensuniversität vgl. Goldner, Colin: »Ein ganz besonderer Kraftort«. In: Die Tageszeitung, 28.7.1995; Wewetzer, Hartmut: Seriöser Dialog oder esoterischer Jahrmarkt? In: Tagesspiegel, 25.8.1995; Speicher, Stephan: Welterlösung im Tempodrom. In: Frankfurter Allgemeine, 5.9.1995; Steuber, Mathias: Abheben mit Aszendenten. In: Süddeutsche Zeitung, 16.9.1995; Neumann, Nicolaus: Falsche Freunde für den Frieden. In: Stern, 31.8.1995.
3 Vgl. ebenda.
4 Zit. n. Bahro, Rudolf: Axiome eines Rettungsweges. In: Bahro, Rudolf: Bleib mir der Erde treu! Berlin 1995, S. 9–29.
5 BZ, 3.4.1992.
6 Scheub, Ute: Freier Sex und Sumpfblüten. In: Die Tageszeitung, 28.7.1990.
7 Die Organisatoren erklären, sie hätten u. a. 20 000 Stück Kinderkleidung an armenische Flüchtlinge geliefert, medizinische Ausrüstung für die Betreuung von Stalin-Opfern, tragbare Eßgeschirre und 16 Krankenhausbetten für eine Moskauer Klinik; vgl. Bumb, Birger; Möller, Beate (Hg.): Sommercamp im Wilden Westen. Bleibt freie Liebe Utopie? Radolfzell 1990, S. 63 ff.
8 Projekt ZEGG. Radolfzell 1989, S. 13.
9 Duhm, Dieter: Der unerlöste Eros. Berlin 1991, S. 128.
10 Zit. n. Dee, Regine; Thäsler, Achim: Vom Stasilager zum Sexcamp. In: Extra 41/1991.
11 Kleinhammes, Sabine (=Sabine Lichtenfels, Hg.): Rettet den Sex – Ein Manifest von Frauen für einen neuen sexuellen Humanismus. Radolfzell 1988. S. 50.

12 Ebenda, S. 78.
13 Ebenda, S. 15 f.
14 Ebenda, S. 133 ff.
15 Bumb: Utopie, S. 59.
16 Die Darstellung folgt Beyer, Britt: Mit Sex zur Perestroika. In: Die Tageszeitung, 21.2.1990.
17 Die Darstellung des Sommercamps und Zitate nach Schloesser, Klaus: Aufstand der Vögelfreien: Die Sex-Revolution formiert sich. In: Die Tageszeitung, 20.8.1990; sowie Dee; Thäsler: Stasilager.
18 Die Organisatoren sprechen von »Verleumdungen und Mißverständnissen« in der Presse; vgl. Bumb: Utopie, S. 26 ff.
19 Schloesser: Aufstand.
20 Pörksen, Bernhard: »Mutti in den Gulli stopfen«. In: Freitag, 3.9.1993.
21 Duhm: Eros, S. 35 ff.
22 Ebenda, S. 128.
23 Pörksen: Gulli.
24 Ebenda.
25 Zit. n. Dee; Thäsler: Stasilager.
26 Wendel, Thomas: Argwohn gegenüber den schrillen Nachbarn. In: Neue Zeit, 11.7.1992.
27 Vgl. ebenda.
28 Zit. n. Müller-Münch, Ingrid: Janosch mit dem Plastikschwert und ein Kinderladen in Verdacht. In: Frankfurter Rundschau, 8.7.1992.
29 Vgl. Böttger, N.: Belzig: Wer steckt hinter ZEGG? In: Berliner Morgenpost, 1.11.1991.
30 Zit. n. Bürgermeister in großer Angst vor den Menschen hinter dem Stacheldraht. In: BZ, 28.10.1991.
31 Das ZEGG von A-Z. Belzig 1996.
32 Müller-Münch: Janosch.
33 Senatsverwaltung: Informationen, S. 41.
34 Alle Zitate dieses Absatzes aus Duhm, Dieter; Möller, Beate: Projekt Meiga – Experiment für eine humane Erde – ZEGG. Radolfzell 1989.
35 Kovats, Barbara: Offener Brief, ZEGG Forschungs- und Bildungszentrum GmbH. Belzig 1997 (Info-Blatt).
36 Duhm, Dieter: Mein Verhältnis zum Friedrichshof und zu Otto Mühl. In: ZEGG-Magazin 9/1993.
37 Zit. n. Senatsverwaltung: Informationen, S. 40.
38 Schlothauer: Diktatur, S. 173.
39 Zit. n. ebenda, S. 174.
40 Ebenda, S. 174.
41 Die Darstellung des Gomera-Experiments und sämtliche Zitate nach: Michaelsen, Sven; Praschl, Peter: Sodom und Gomera. In: Stern, 1.6.1988; »Wenn du ausziehst, wirst du eine Hure«. In: Der Spiegel 19/1989.
42 Zit. n. »Wenn du ausziehst«.
43 Zit. n. Michaelsen; Praschl: Sodom.
44 Darstellung u. sämtliche Zitate n. »Wenn du ausziehst«.
45 Darstellung u. sämtliche Zitate n. ebenda.
46 Michaelsen; Praschl: Sodom.
47 Die Zitate dieses Absatzes n. Schlothauer: Diktatur, S. 13.

48 Darstellung der Anfänge der AAO u. sämtliche Zitate dieses u. des folgenden Absatzes n. ebenda, S. 13ff. u. 178 ff.
49 Zit. n. ebenda, S. 17.
50 Zit. n. ebenda, S. 21.
51 Vgl. Michaelsen; Praschl: Sodom.
52 Zit. n. Horn, Klaus: Otto Muehl und die Linken. In: Psychologie Heute 12/1977.
53 Zit. n. Schlothauer: Diktatur, S. 67.
54 Zit. n. ebenda, S. 34.
55 Kinder des Väterchen Frust. In: Der Spiegel 20/1977.
56 Zit. n. Schlothauer: Diktatur, S. 70.
57 Böhm, Michael: Seelenschlamm. In: Zitty 16/1981.
58 Zit. n. Schlothauer: Diktatur, S. 190.
59 Zit. n. ebenda, S. 31.
60 Zit. n. »Wenn du ausziehst«.
61 Zit. n. Schlothauer: Diktatur, S. 100.
62 Zit. n. ebenda, S. 73.
63 Zit. n. ebenda, S. 58.
64 Zit. n. ebenda, S. 57.
65 Ebenda, S. 36
66 Ebenda, S. 188.
67 Vgl. zum folgenden ebenda, S. 43 ff.
68 Vgl. Böhm: Seelenschlamm.
69 Vgl. Schlothauer: Diktatur, S. 11.
70 Zit. n. ebenda, S. 139.
71 Zit. n. Michaelsen; Praschl: Sodom.
72 Zit. n. Schlothauer: Diktatur, S. 124
73 Zit. n. ebenda, S. 100.
74 Zit. n. Michaelsen; Praschl: Sodom.
75 Schlothauer; Diktatur, S. 53.
76 Michaelsen; Praschl: Sodom.
77 Zit. n. »Wenn du ausziehst«.
78 Zit. n. Schlothauer: Diktatur, S. 105.
79 Zit. n. Michaelsen; Praschl: Sodom.
80 Ebenda.
81 Zit. n. Schlothauer: Diktatur, S. 65.
82 Zit. n. ebenda, S. 108
83 Ebenda, S. 107.
84 Zit. n. ebenda, S. 107.
85 Zit. n. Michaelsen; Praschl: Sodom.
86 Don Ottos Paradies – die Mühl-Kommune in Spanien. In: Profil 16/1988.
87 Ebenda, S. 125.
88 Zit. n. Schlothauer; Diktatur, S. 125.
89 Ebenda, S. 52.
90 Die folgende Darstellung und alle Zitate nach ebenda, S. 86 ff.
91 Zit. n. ebenda, S. 91.
92 Zit. n. ebenda, S. 124.
93 Zit. n. ebenda S. 85 f.
94 Vgl. ebenda, S. 135 ff.
95 Zit. n. »Wenn du ausziehst«.

96 Zit. n. Schlothauer: Diktatur, S. 135.
97 Informationsdienst AGPF Aktuell. Bonn, 1/1992.
98 Zit. n. Schlothauer: Diktatur, S. 177.
99 Darstellung und Zitate n. ebenda, S. 63.
100 Duhm: Friedrichshof, S. 26–29.
101 Lichtenfels, Sabine: Rollenwechsel der Frau. In: ZEGG-Magazin 2/1992.
102 MDR-Info v. 7.3.1996; Sächsische Zeitung, 22.2.1996.
103 Alle Zitate aus Stützel, Eva: Das ZEGG und wir. In: Ökodorf-Rundbrief Nr. 28, Dez. 1993.
104 Alleweldt, Monika: 5 Jahre ZEGG. In: ZEGG-Magazin 32/1996.
105 Alle Zitate nach Duhm, Dieter: Globale Netzwerkbildung. In: ZEGG-Magazin 4/1992.
106 Lichtenfels, Sabine: An die FreundInnen von Tamera, Portugal. In: ZEGG-Magazin 33/1996.
107 Lichtenfels, Sabine: Ein Ort für Sex, Sinn und Sinnlichkeit. In: ZEGG-Magazin, 7/1993.
108 Zit. n. Kaminski, Monika: Ein Platz für freie Liebe. In: Connection 1/1995.
109 Informationsblatt La Massilia v. 22.4.1997.
110 Darstellung nach Büchi, Klaus: Missionare statt Delphine. In: Die Tageszeitung, 26.3.1994.

Imperium der Kleidersammler

1 Wir weisen aus gegebenem Anlaß ausdrücklich darauf hin, daß wir den Namen Humana im folgenden als Bezeichnung für die gesamte Humana-UFF-DAPP-Gruppe verwenden; sollte die Humana Kleidersammlung Berlin GmbH oder eine andere Einzelgesellschaft gemeint sein, wird dies ausdrücklich vermerkt.
2 Simonsen, Kurt: Må arbejde en halv time for toilet-papir. In: Ekstra-bladet, 6.4.1991.
3 Vgl. Nordhausen, Frank: »Hier ist alles vergiftet.« In: Berliner Zeitung, 23.7.1996.
4 Simonsen, Kurt: Hier geben wir den Bedürftigen Hilfe. In: Ekstra-Bladet, 8.4.1991 (Übersetzung).
5 Auskunft der Agentur Price Waterhouse Belize.
6 Humana Kinderhilfe. Hg. v. Humana International, Nieuwegein o. J., S. 8.
7 Szostak, Jutta: Schule, die Spaß macht. In: Die Zeit, 2.11.1979.
8 Ein bärtiger Däne und ein Stein. In: FAZ, 3.9.1969.
9 Petersen, Amdi: Über die Efterskole. 1974, Übersetzung v. Heinz Behncke (Typoskript). Tvind behauptete später, es habe sich bei dem Papier – einem der wenigen, die von Petersen überhaupt bekannt sind – nur um einen von vielen »Diskussionsbeiträgen« gehandelt.
10 Petersen, Amdi: Liebe Maigruppenveteranen. 1972, Übersetzung v. Heinz Behncke.
11 Risgaard, Kirsten: Tvind-imperiet belejrer Danmark. In: B. T., 5.6.1995.
12 Der Bericht des dänischen Rechnungshofs vom 7. Mai 1996 führt folgende Aktiva (in dänischen Kronen) auf: Fælleseje 266 Millionen, Estate 80,3 Millionen, Thomas Brocklebank 7 Millionen, Løvdal A/S 6,2 Millionen; vgl. Rigsrevisionen: Beretning til statsrevisorerne om Skolesamvirket Tvind, Kopenhagen, 7.5.1996, S. 131–133.

13 Norling, Michael: Kampucheas folk i kamp for livet (Kampucheas Volk und sein Kampf ums Überleben). Ulfborg 1982, S. 24. Norling und fünf weitere Tvind-Leute reisten auf Einladung der »Regierung des Demokratischen Kampuchea« – sprich der Pol-Pot-Truppen – zehn Tage durch das Land.
14 N. N.: Empfindungen. 1977, Übersetzung v. Heinz Behncke (Typoskript).
15 Vgl. Petersen: Maigruppenveteranen.
16 N. N.: Warum ich nicht länger in der Hjørringgruppe bin. 1975, Übersetzung v. Heinz Behncke (Typoskript).
17 Im Original: »common time, common economy, common life«.
18 Bornakke, Frank: Lyset fra Fyrø (Licht vom Leutturm). o. O. 1993.
19 UFF = U-landshjælp fra Folk til Folk (Entwicklungshilfe von Volk zu Volk)
20 Tvind of Denmark: Stop! Alle Teenager. Mach mit! (Tvind-Faltblatt o. J.)
21 Die DNS-Direktorin Jytte Martinussen erklärte uns gegenüber, diese Berichte seien »Horrorgeschichten früherer Schüler, die sich wichtig machen wollen«, gab aber zu, daß das Programm früher »zu hart« gewesen sei; man habe das geändert (s. u.).
22 Vgl. Hertz, Mikkel, Lars Roger Sørensen: Storm over Tvind. In: Jyllands-Posten, 10.3.1996.
23 Assemblée Nationale: Rapport fait au nom de la comission d'enquète sur les sectes, Prés. M. Alain Gest. Paris, 10.1.1996. S. 23.
24 Vgl. Hertz, Mikkel; Sørensen, Lars Roger: Tvind-millioner beslaglagt. In: Jyllands-Posten, 17.3.1996.
25 Der Berliner Humana-Chef Per Knudsen behauptet dagegen, daß man einfach andere Anbieter bevorzuge.
26 Vgl. Katz, Ian; Sharatt, Tom: Charity fails to account for funding gap. In Guardian, 8.7.1993; Dansk beklædnings- og textilarbejderforbund: Trade with second hand clothes in the third world. 1996. Die Firma hieß ursprünglich Goliath Services Limited und änderte den Namen 1990 in Cedex Pac Limited; die Gesellschafter waren Tvind-Veteranen der ersten Stunde.
27 Vollständiger Name: The Federation for the Pan-European Benevolent Organisations of UFF and Humana.
28 Deshalb können wir im folgenden nicht einfach nur Humana schreiben, sondern müssen auch mal UFF oder DAPP benutzen – obwohl es sich nach unserer Meinung um ein- und dieselbe Firma handelt.
29 Rigsrevisionen: Skolesamvirket Tvind, S. 133; vgl. auch Rigsrevisionen: Notat om Tvind. Bilag 1, Kopenhagen 1996 (internes Papier der Steuerbehörde).
30 SIDA: Fraktbidrag till föreningen u-landshjälp från folk till folk i Sverige. 18.12.1990, S. 14 f.
31 Vgl. Konzerne unterm Kreuz. In: Der Spiegel 52/1995; Jägeler, Franz: Die Lumpen, die Sammler und das große Geld. In: Die Woche, 10.11.1995.
32 Norling: Kampucheas folk, Vorspann.
33 Internationale Textil-, Bekleidungs- und Lederverarbeitungs-Vereinigung, Vorstandssitzung in Kapstadt v. 10. bis 13.11.1993. Vorlage zur Entschlußfassung: Handelsentwicklung, Handel mit gebrauchter Kleidung.
34 EU-Bericht, Brüssel 1996.
35 Ebenda.
36 SIDA-Report, S. 63.
37 Ebenda, S. 27 f.
38 Schreiben der Anwaltskanzlei Buchholz & Rüter an den Berliner Zeitungs Ver-

lag v. 26.6.1996. Der Berliner Humana-Chef Per Knudsen erklärte gegenüber dem Autor Frank Nordhausen am 15.5.1996, daß 98 Prozent der Erlöse von UFF Schweden an DAPP-Projekte in Afrika gingen.

39 Become a solidarity worker at DAPP's child aid projects in Mozambique. Tvind of Denmark 1995 (Prospektblatt, eingesammelt von den Autoren im Februar 1996 im Humana-Laden am Berliner Alexanderplatz).

40 Larsen, Thorsten Dahl: Entwicklungshilfe von Tvind-Mensch zu Tvind-Mensch (Typoskript).

41 Larsen, Thorsten Dahl: The Neo-Imperialism of Tvind. In: Kristeligt Dagblad, 21.7.1993 (engl. Übersetzung). DAPP bewertet den Bericht als »üble Nachrede«, vgl. Entwicklungsschwindel von Volk zu Volk. In: Umbrüche 13/1995.

42 Thomsen, Henrik; Hertz, Mikkel: Sort Bistand. In: Jyllands-Posten, 24.3.1996.

43 Ebenda.

44 Vgl. Entwicklungsschwindel; Thomsen; Hertz: Sort Bistand.

45 Humana Belgien gab 1989 an, eine Spende von 52 000 US-Dollar an die Tropical Produce abgeführt zu haben; vgl. Le Soir, 3.10.1989.

46 Humana Kleiderhandel GmbH: Humana und die Dritte Welt. o. O. o. J.

47 Beispielsweise: Humana Second-Hand Kundeninformation 9/96 (Berlin), S. 3: »ADPP Maputo kooperiert mit UNICEF Mozambique ...«

48 Unicef-Anweisung v. 15.6.1991.

49 Brief v. 21.6.1997.

50 Rigsrevisionen, Notat; daraus die folgenden Zitate.

51 Wir benutzen den Ausdruck Tvind-Konzern oder Tvind-Imperium im gleichen Sinne wie der dänische Rechnungshof, weil es auch nach unserer Meinung den Sachverhalt am besten trifft.

52 Die Darstellung folgt Hertz, Mikkel: Tvinds imperium. In: Jyllands-Posten, 28.4.1996.

53 Vgl. auch Brink, Rinke van den: 612 000 kilo Nederlandse kleding voor de Derde Wereld. Voor de Derde Wereld? In: Vry Nederland, 7.10.1989.

54 Hertz: Tvinds imperium.

55 Ebenda.

56 Dieser und der folgende Absatz stützen sich auf folgende Quellen: Brink: 612 000 kilo Nederlandse; Brink, Rinke van den: Humana en het duistere Deense netwerk van stichtingen en commerviele bedrijven. In: Vry Nederland, 6.1.1990; Katz; Sharatt: Charity fails; Informationen der dänischen Journalistin Kirsten Risgaard, die 1986 vor Ort recherchierte (Typoskript); Ellingsen, Anne: This is the Tvind sect. Oslo 1993 (Typoskript). Anne Ellingsen ist Leiterin des Movement against Tvind in Norwegen.

57 Jensen, Erik Rømer: Jahresrevisionsbericht Fælleseje 1992. Kopenhagen 1993. Offizieller Käufer war die Firma Windward Properties Limited mit Sitz in Kingston, St. Vincent and the Grenadines. Erik Rømer Jensen ist staatlicher dänischer Revisor.

58 Zit. n. Ellingsen: Tvind sect.

59 Erik Rømer Jensen: Jahresrevisionsberichte Fælleseje a) 1988, Odense 1989, b) 1992. Odense 1993.

60 Informationen der dänischen Journalistin Kirsten Risgaard, die selbst auf St. Lucia recherchierte (Typoskript).

61 Vgl. Katz; Sharatt: Charity fails.

62 Vgl. Lyndorff, Kurt: Tvinds skattely. In: Jyllands-Posten, 15.7.1990; Catlin, Rick: European police probe has Cayman connection. In: Cayman Compass, 5.12.1989.
63 Verkaufsdokument »Transfer of Land«. Lands Officer, Registration Section High Rock, Grand Cayman v. 5.6.1988 (Kopie).
64 Vgl. Brink, Humana; Lynforff, Tvinds skattely; Catlin, Cayman connection.
65 Catlin: Cayman connection.
66 Beispielsweise wurde die Tropical Farming am 9.2.1993 in Eastover Properties Limited umbenannt; das entsprechende Dokument aus Grand Cayman liegt uns als Kopie vor.
67 Die Darstellung folgt Simonsen, Kurt: En mand på evig flugt. In: Ekstra-bladet, 3.5.1991.
68 Kirsten Larsen reiste laut Einwanderungsbehörde noch einmal nach Grand Cayman, verschwand aber wieder im Oktober 1993 (persönliche Information von Rick Catlin).
69 Simonsen, Kurt: Her afsløres Tvinds finans-geni. In: Ekstra-bladet, 14.5.1995.
70 Dahlerup, Ulla: Luk Tvind. Artikel v. 6.12.1992.
71 Die zwei folgenden Absätze und alle Zitate nach Hertz, Mikkel: Eks-ansat i Tvind: Jeg deltog i svindel. In: Jyllands-Posten, 11.3.1996.
72 Rigsrevisionen: Skolesamvirket Tvind.
73 Alle Zitate nach Jensen, Ole Vig: Pressemeddelelse: Ny lov vil stoppe Tvind. Kopenhagen, 7.5.1996.
74 Die Darstellung folgt Simonsen, Kurt: Tvind på nye plantage-indkøb. In: Ekstra-Bladet, 22.11.1996.
75 Die Darstellung folgt Simonsen, Kurt: Tvind sender formue ud af Danmark. In: Ekstra-Bladet, 6.1.1997.
76 Simonsen, Kurt: Han dolkede sine gamle Tvind-kammerater. In: Ekstra-Bladet, 20.3.1997 u. ders.: Jeg har ikke ladet mig købe. In: Ekstra-Bladet, 21.2.1997.

Der verdeckte Kampf

1 Erstveröffentlichung in kürzerer Form in: Nordhausen, Frank: VPM — Warnung vor einer Psycho-Sekte. In: Die Zeit, 22.10.1993. Der VPM reagierte mit einer Gegendarstellung, welche die Zeit folgendermaßen kommentierte: »DIE ZEIT bleibt bei ihrer Darstellung«. Wir geben die gegensätzlichen Standpunkte im Text oder in Anmerkungen wieder. Zu den Aussagen Hugo Stamms erklärt der VPM: »Der VPM hat sich an diesen Vorgängen nicht beteiligt und lehnt sie ab.«
2 Kriele, Martin: Der marxistische Betrug mit dem Sektenbegriff. In: ACP-Magazin 4/1994.
3 Hemminger, Hansjörg: Werkmappe zum VPM. Wien 1991.
4 VPM: Killer-Medien! Zürich, 20.3.1993 (Flugblatt).
5 Vgl. Borkert, Stefan: Der Umgang des VPM mit Kritikern. In: Efler, Ingolf; Reile, Holger (Hg.): VPM – Die Psychosekte. Reinbek bei Hamburg 1995, S. 181; vgl. a. Stamm, Hugo: VPM – Die Seelenfalle. Zürich 1993, S. 125 f.
6 Vgl. VPM: Der VPM informiert – Schreibtischtaten (Flugblatt v. 1.7.1992).
7 VPM (Hg.): Zum Wohle der Jugend. Aspekte der Weiterbildung für pädagogisch Interessierte im VPM. Zürich 1992.

8 Berufsverband Deutscher Psychologen distanziert sich scharf vom »Verein zur Förderung psychologischer Menschenkenntnis« (3.6.1992). In: Informationen Deutscher Psychologen, 16.6.1992.
9 Zit. n. »Dieses seeligmachende Grinsen«. In: Der Spiegel 43/1992.
10 Vgl. Sorg, Eugen: Lieblings-Geschichten. Zürich 1991, S. 113 f.
11 Ebenda.
12 Ebenda, S. 114.
13 VPM (Hg.): Gestatten ... VPM. Zürich 1993, S. 31.
14 Ebenda, S. 25.
15 Liebling in einem Gruppengespräch von 1968; zit. n. Stamm: Seelenfalle, S. 143.
16 Obermüller, Klara: Vorwort. In: Sorg: Lieblings-Geschichten, S. 8.
17 Darstellung und Zitate n. Sorg: Lieblings-Geschichten, S. 21–24.
18 Zit. n. Stamm: Seelenfalle, S. 53.
19 Zit. n. Vontobel, Jacques; Stamm, Hugo; Gerber, Rosmarie u. a.: Das Paradies kann warten. Zürich 1993, S. 163.
20 Merki, Kurt Emil: VPM – entschieden für den rechten Weg. In: Vontobel: Paradies, S. 163.
21 Sorg: Lieblings-Geschichten, S. 79.
22 Ebenda, S. 46
23 Darstellung und Zitate dieses und der drei folgenden Absätze n. ebenda, S. 45–59.
24 Ebenda, S. 72.
25 Zit. n. ebenda, S. 73.
26 Obermüller: Vorwort, S. 8.
27 Vgl. Sorg: Lieblings-Geschichten, S. 27.
28 Zit. n. ebenda, S. 62.
29 Darstellung und Zitate n. ebenda, S. 83 ff.
30 Darstellung und Zitate n. ebenda, S. 88 ff.
31 Darstellung und Zitate n. ebenda, S. 94 ff.
32 Psychologische Menschenkenntnis. August 1977, S. 284 ff.; zit. n. Psychostroika: Psychostroika-Dossier 2/1990.
33 Gespräche mit Sorg und Isler; vgl. a. Sorg: Lieblings-Geschichten, S. 94 ff.
34 Sorg: Lieblings-Geschichten, S. 97.
35 Zit. n. Stamm: Seelenfalle, S. 84.
36 Vgl. ebenda, S. 57.
37 VPM (Hg.): Friedrich Liebling 1893–1982 zum Gedenken. Zürich 1982, S. 122.
38 Darstellung und Zitate n. Sorg: Lieblings-Geschichten, S. 64.
39 VPM (Hg.): Der VPM, was er wirklich ist. Zürich 1991, S. 278 u. 307; vgl. a. Gestatten ... VPM, S. 46.
40 Stamm: Seelenfalle, S. 27.
41 Zit. n. Sorg: Lieblings-Geschichten, S. 161.
42 Ebenda, S. 118.
43 Brief v. 14.3.1990, zit. n. Hemminger, Hansjörg: VPM. München 1994, S. 77.
44 Brief des VPM-Präsidenten an Frank Nordhausen v. 23.9.1993.
45 VPM: Friedrich Liebling 1893–1982, S. 113.
46 VPM: »Du sollst nicht falsches Zeugnis ablegen wider deinen Nächsten« (Flugblatt, 1992).
47 Dieses u. das folgende Zitat n. Stamm: Seelenfalle, S. 35.
48 Zit. n. Merki: Rechter Weg, S. 166.

49 Vgl. Sorg: Lieblings-Geschichten, S. 201.
50 Der VPM behauptet, »daß der VPM weder einen Zwangsentzug bei Drogensüchtigen befürwortet noch durchführt«; vgl. Gegendarstellung in: Der Spiegel 10/1993.
51 Vgl. Hemminger: VPM, S. 67. Der VPM erklärt dazu, dies habe »mit der Realität nichts gemeinsam«; vgl. VPM: Richtigstellung zum Artikel im Spiegel Nr. 43/92.
52 Panische Angst vor Schwulen, Drogen und Aids. In: Die Tageszeitung, 20.4.1993.
53 Vgl. Stamm: Seelenfalle, S. 61.
54 Ebenda, S. 61.
55 Zit. n. ebenda, S. 49.
56 Vgl. ebenda, S. 63 f.
57 Zit. n. ebenda, S. 64.
58 Vgl. »Dieses seeligmachende Grinsen«.
59 Zit. n. Stamm: Seelenfalle, S. 78.
60 VPM: Pressemitteilung v. 9.10.1994.
61 Zit. n. Stamm: Seelenfalle, S. 77.
62 Der VPM informiert: Schreibtischtaten.
63 Stamm: Seelenfalle, S. 44.
64 VPM, was er wirklich ist, S. 151.
65 Vgl. Stamm: Seelenfalle, S. 44 ff.
66 Zit. n. »Dieses seeligmachende Grinsen«.
67 Buchholz-Kaiser, Annemarie in: VPM Jahresbericht 1988. S. 14 ff.; zit. n. Senatsverwaltung: Informationen, S. 44.
68 VPM (Hg.): Standort Schule. Zürich 1991, Bd. 1, S. 266.
69 Zit. n. »Dieses seeligmachende Grinsen«; Tierli im Speichel. In: Der Spiegel 1/1993.
70 Landtag Nordrhein-Westfalen, Plenarprotokoll 11/71 v. 16.9.1992, S. 8709.
71 Der VPM bestreitet dies; das Nachrichtenmagazin Der Spiegel druckte jedoch entsprechende Spitzelberichte faksimiliert ab; vgl. »Dieses seeligmachende Grinsen«.
72 Vgl. Kälin, Adi: Schulpflege muß die Eltern ernst nehmen. In: Tages-Anzeiger, 27.6.1992.
73 Baumgartner, Marlies: Susanne und Andreas. Gesund sein – gesund bleiben. Zürich 1988.
74 VPM: Der VPM informiert – Schreibtischtaten.
75 Merki: Rechter Weg, S. 167.
76 Sorg: Lieblings-Geschichten, S. 254.
77 Hemminger, Hansjörg: Werkmappe zum VPM. Wien 1991.
78 VPM: Warum wird H. Gasper nicht objektiv über den VPM berichten können? (Flugblatt, 1992); EVPM: Graphische Darstellung der gegen den VPM geführten Kampagne. Köln, 23.1.1992 (Flugschrift).
79 VPM (Hg.): Eine Studie zu modernen Formen der Inquisition. Zürich 1992, S. 9–14; zit. n. Hemminger: VPM, S. 54.
80 »Pressemitteilung« v. 3.1.1992 (Fälschung); vgl. EZW: Presseerklärung v. 22.1.1992
81 Hansjörg Hemminger: VPM. München 1994.
82 Vgl. VPM: Pressemitteilung v. 9.10.1994 (Gandow); »Nehmet einander an« – Das gilt für alle! (VPM-Flugblatt; Knackstedt, Behnk).

83 Zürcher Regierungsrat Alfred Gilgen duldet, daß die ihm zum Schutz anempfohlenen Schulkinder durch seinen Adlatus Gerhard Keller zur schwulen und lesbischen Liebe verführt bzw. indoktriniert und verzogen werden. In: Der Falke, Nr. 4 v. 31.12.1992.

84 VPM, was er wirklich ist, S. 157–202. Nachdem Sorg gegen die Verbreitung des Buches geklagt hatte, wurde es gerichtlich verboten; der VPM brachte dann eine »bereinigte« Fassung heraus.

85 Dies berichtet auch Eugen Sorg; er nennt zwei Beispiele. Vgl. Sorg: Lieblings-Geschichten, S. 203 f. Der VPM behauptet: »Tonbandaufnahmen von Gruppensitzungen werden nur vereinzelt gemacht. (...) Nie ist ein Teilnehmer damit unter Druck gesetzt oder gar erpreßt worden.« (VPM: Der VPM informiert – Schreibtischtaten).

86 Berufsverband distanziert sich.

87 Die Allmacht Medien (VPM-Flugblatt 1992).

88 Zit. n. Borkert: Kritiker, S. 187.

89 Erstveröffentlichung in kürzerer Form in: Nordhausen, Frank: Der verdeckte Kampf. In: Die Woche, 22.12.1993.

90 Manuskript der Broschüre (unveröffentlicht), S. 107.

91 Wo ist Ihr Mut zur Ethik, Frau Dr. Merkel? Offener Brief an die Bundesministerin für Frauen und Jugend. In: Frankfurter Allgemeine Zeitung, 2.10.1993.

92 VPM, was er wirklich ist, S. 20.

93 Gerhard Löwenthal: Telefax – »Offener Brief« an den Senator für Jugend und Familie Thomas Krüger, Wiesbaden, 4.9.1993.

94 Vgl. Union im Sektenstreit. In: Der Spiegel, 35/1993.

95 VPM, Zürich 1.7.1993.

96 Über die verzweigten Verbindungen des VPM zur politischen Rechten vgl. a. die ausführliche Analyse von Efler, Ingolf: Bündnispolitik. Der VPM und die »Konservative Revolution«. In: Efler; Reile: VPM, S. 93–137.

97 Vgl. Schönhubers seltsame Vertraute. In: Quick, 23.1.1990. Von Glahn bestätigte diese Fakten in einem persönlichen Gespräch mit den Autoren am 16.9.1993.

98 Glahn, Dieter von: An alle Vertreter der Medien! Eilig! Hannover, 25.8.1993.

99 Zu Gladio vgl. Müller, Leo A.: Gladio – Das Erbe des Kalten Krieges. Reinbek 1991; Mecklenburg, Jens (Hg.): Gladio – Die geheime Terrororganisation der Nato. Berlin 1997.

100 Zur »Partisanenaffäre« vgl. Müller: Gladio, S. 72 ff.; Mecklenburg: Gladio, S. 50 ff.; Glahn, Dieter von: Patriot und Partisan. Tübingen 1994, S. 55 ff.

101 Alle Zitate: Glahn, Dieter von: Der verdeckte Kampf und die Desinformation der östlichen Dienste gestern und heute. Vortrag anläßlich des Sommerkongresses des VPM, Zürich 1993.

102 Vgl. Marvin, Heinrich; Hans-Joachim Theißen; Werner Voigt: Die Nofu: Zur Arbeitsweise der Rechtskräfte an der Universität. In: Das Argument 109/1978.

103 Vgl. CAUSA Deutschland e. V.: Einladung zum Vortragsabend: Gorbatschow, Perestroika, Glasnost, Referent: Dieter von Glahn, 28.1.1988 (Auftritt bei CAUSA); persönliches Gespräch mit Dieter von Glahn am 16.9.1993 (»demokratisch orientiert«); Glahn: Patriot, S. 153 ff. (Forum für geistige Führung/Verbindung mit CAUSA).

104 Zit. n. Farin, Klaus; Müller, Leo: Die Wende-Jugend. Hamburg 1984, S. 151.

105 Vgl. Bogner, Gerhard: Organisationsstrukturen und Verbindungslinien zwischen Rechtskonservatismus und der Neuen Rechten.In: Seeliger, Rolf (Hg.): Grauzone zwischen Union und der Neuen Rechten. München 1990, S. 108.

106 Glahn: Patriot, S. 160.

107 Vgl. Glahn: Patriot, S. 143. Zur IGFM vgl. Fromm, Rainer: Rechtsradikalismus in Wiesbaden. Referat zur Stadtverordnetenversammlung, Wiesbaden 1990, S. 86–114.

108 Vgl. Fromm: Rechtsradikalismus, S. 86–114 (NPD, Pamjat); »Seit ich anfing, Arbeitnehmerrechte auch für die IGFM zu fordern ...« In: Die Tageszeitung, 27.7.1989 (Contra); Gaby Gottwald, Barbara Lucas u. a.: Die Contra Connection. Hamburg 1988, S. 156 f. u. 234 ff. (Contra).

109 Kriele, Martin: Gutachtliche Stellungnahme im Verfahren Verein zur Förderung der psychologischen Menschenkenntnis gegen die Bundesrepublik Deutschland. Köln, 3.11.1993.

110 Information des damaligen Merkel-Pressesprechers Martin Dopychai.

111 Vgl. Efler: Bündnispolitik, S. 112.

112 Vgl. Forum für geistige Führung, 2/1987 (Tagungsprotokolle). Im Vorwort der Schrift heißt es: »Das Forum für geistige Führung ist eine Initiative der CAUSA Deutschland.«

113 Löw, Konrad: Von Hexen und Hexenjägern. Die Moonies und die Glaubensfreiheit. Bayreuth 1994, S. 10.

114 Vgl. Fromm: Rechtsradikalismus, S. 108; zur LaRouche-Organisation vgl. Fromm, Rainer; Kernbach, Barbara: Europas braune Saat. München 1994, S. 120–149.

115 Vgl. Müller, Ralf: SPD-Politiker sieht hinter Forschungsinstitut Geheimdienstsumpf. In: Frankfurter Rundschau, 16.9.1989. Lothar Bossle bestreitet dies.

116 Vgl. Fromm: Rechtsradikalismus, S. 112; Efler; Reile (Hg.): VPM, S. 114.

117 Gaschke, Susanne: Alles ganz harmlos? Die ›Neue Rechte‹ will Denkverbote aufheben und Tabus brechen. In: Die Zeit, 1.12.1995. Zum Studienzentrum vgl. Siegler, Bernd: »Der Schweigespirale entgegenwirken«. In: Die Tageszeitung, 9.10.1993.

118 Zit. n. Efler: Bündnispolitik, S. 122.

119 Kuehnelt-Leddihn, Erik von: Narrenschiff auf Linkskurs. Graz/Köln/Wien 1977, S. 179; zit. n. Fromm: Rechtsradikalismus, S. 109.

120 Materialdienst der EZW, 10/1994; zit. n. Efler: Bündnispolitik, S. 113.

121 Zit. n. ebenda.

122 Zit. n. Oschlies, Renate: Renger sieht ihren Namen durch Gedenkbibliothek mißbraucht. In: Berliner Zeitung, 21.8.1996.

123 Vgl. Birnstein, Uwe: Apokalyptische Schrecken. In: Deutsches Allgemeines Sonntagsblatt 34/1994.

124 Zur Zeitschrift Der 13. und den Verbindungen des VPM in Österreich vgl. Efler: Bündnispolitik, S. 122 ff.

125 Kongreßbüro c/o VPM Zürich: Einladung zum Kongreß »Mut zur Ethik«, 24. bis 26. September in Bregenz (Österreich).

126 In: Die Neue, 25.9.1993; zit. n. Efler: Bündnispolitik, S. 101.

127 Zit. n. Birnstein: Apokalyptische Schrecken.

128 Zit. n. Schuler, Ralf: Lummer und die ›Sektenkeule‹. In: Die Welt, 15.8.1996 (Lokalausgabe Berlin).

129 Vgl. die Kongreßbände Mut zur Ethik. Zürich: Verlag Menschenkenntnis 1993, 1994, 1995.

130 Koch, Michael: Ende der Schonfrist. In: Der Spiegel, 32/1994.
131 Löwenthal, Gerhard: Manipulation in den Medien. In: Mut zur Ethik (Kongreßband). Zürich 1994, S. 534.
132 VPM Zürich: Mut zur Ethik. Pressemitteilung v. 26.9.1994.
133 VPM, was er wirklich ist, S. 101.
134 Darstellung und Zitate n. Stamm, Hugo: Der VPM in der Schweiz. In: Efler; Reile: VPM, S. 147–159.
135 Ebenda, S. 151.
136 Darstellung und Zitate zum Tübinger Fall n. Angstmann-Koch, Renate: Tübinger CDU windet sich – ein Beisitzer im Vorstand ist Mitglied im VPM. In: Schwäbisches Tagblatt, 31.5.1997; Kreisverband soll helfen. In: Schwäbisches Tagblatt, 13.6.1997.
137 Vgl. Schuler: Lummer und die »Sektenkeule«.
138 Vgl. Macht die CDU gemeinsame Sache mit einer Psychosekte? In: Handelsblatt, 17.2.1997.
139 Berufsverband Deutscher Psychologen distanziert sich, Informationen, 16.6.1992
140 Zit. n. Suche nach Bündnispartnern: Der VPM und die kirchliche Rechte. In: Materialdienst der EZW 8/1993.
141 Vgl. ausführlich Schipmann, Monika: »Ist Ihnen der VPM bekannt?« In: Efler; Reile: VPM, S. 160–179.
142 Az. 5B 168/94; vgl. Abel, Ralf: Bundesregierung darf über VPM berichten. In: Berliner Dialog 3/1996.

Erfolg, Erfolg, Erfolg

1 Kontext Gesellschaft für Persönlichkeitsbildung und Managementberatung mbH: Allgemeine Vereinbarungen. Berlin o. J. (Seminarunterlagen).
2 Ebenda.
3 Kontext: Anmeldung für das Seminar Love and Success (Formular).
4 Kontext: Bedürfnisse sind die Grundlage für Werte (Seminarpapier).
5 Verwaltungsgericht Berlin, Beschluß v. 26.6.1997, Az. VG 17 A 193.97.
6 Vgl. Schröder, Burkhard: Die Psycho-Falle. In: Tip- Magazin 5/1997.
7 Dies und die folgenden Zitate aus Landmark Education: Das Landmark Forum. Eine außergewöhnliche Gelegenheit (Prospekt 1995); Landmark Education: Das Forum. Eine außergewöhnliche Gelegenheit (Prospekt 1992).
8 Ebenda (Prospekt 1995).
9 Norris, David (Programm Manager für Europa): Die Landmark Education Corporation (Typoskript 1994), S. 5.
10 Lell, Martin: Das Forum. Protokoll einer Gehirnwäsche. München 1997.
11 Wie Zombies. In: Der Spiegel 13/1976.
12 Die Darstellung der Biographie Rosenbergs/Erhards und der Entstehung von EST folgt: Werner, Kai: Zur Person: Werner Erhard. In: Psychologie Heute 8/1988; Wie Zombies; Art. EST in: Handbuch religiöse Gemeinschaften. Hg. v. Horst Reller u. a., Gütersloh 1993, S. 911–916; Art. EST in: Lexikon der Sekten, Sondergruppen und Weltanschauungen. Hg. v. Hans Gasper u. a., Freiburg 1994, Sp. 261–263; Cammans: Heilsbringer, S. 286–294.
13 Vgl. Kraiker; Peter: Psychotherapieführer, S. 193 ff.

14 Bartley, W. W.: Werner Erhard. The Transformation of a Man. New York 1978. Zit. n. Werner: Zur Person.
15 The Graduate Review 11/1976, S. 2; zit. n. Handbuch religiöse Gemeinschaften, S. 911.
16 Rhinehart, Luke: Das Buch EST. München 1983, S. 8.
17 Zit. n. Wie Zombies.
18 Zit. n. Handbuch religiöse Gemeinschaften, S. 916.
19 Rhinehart: Buch EST, S. 13.
20 In: Source 88/1988.
21 Die Schilderung des Trainings folgt: Rhinehart: Buch EST; Hacker, Friedrich: Freiheit, die sie meinen. Hamburg 1978, S. 143–148; Cammans: Heilsbringer, S. 286–294.
22 Wie Zombies.
23 Zit. n. Cammans: Heilsbringer, S. 286–294.
24 Zit. n. Wie Zombies.
25 Zit. n. Cammans: Heilsbringer, S. 286–94.
26 Rhinehart: Buch EST, S. 266.
27 Zit. n. Handbuch religiöse Gemeinschaften, S. 911.
28 Dies u. die folgenden Zitate n. Wie Zombies, S. 164.
29 Der Absatz folgt Werner, Kai: Heidegger – Der Vater von Erhards Gedanken. In: Psychologie Heute 8/1988.
30 Vgl. z. B. Ihr Dummerchen. In: Der Spiegel 12/1984; Spenden, die in den falschen Topf fließen? In: Düsseldorfer Nachrichten, 20.3.1985.
31 Rhinehart: Buch EST, S. 264.
32 Zit. n. Wie Zombies.
33 Hacker: Freiheit, S. 143.
34 Vgl. Hassan: Ausbruch, S. 139.
35 Vgl. Hacker: Freiheit, S. 148.
36 Vgl. Schwertfeger, Bärbel: Vorwort. In: Lell, Forum, S. 8.
37 Vgl. Norris: Landmark Education.
38 Vgl. Schwertfeger: Vorwort, S. 8.
39 Interne Angaben nach Norris: Landmark Education.
40 Nedopil, Norbert: Psychiatrisches Gutachten über das Landmark Forum v. 24.3.1995, S. 38 f.
41 Ich war total sicher, daß mir nichts passiert, Interview mit Martin Lell (Interviewerin: Bärbel Schwertfeger). In: Beilage zum Handelsblatt 21/1997 (im folgenden Interview Lell/Schwertfeger).
42 Ebenda.
43 Lell: Forum, S. 225.
44 Interview Lell/Schwertfeger.
45 Zit. n. Eggenberger, Oswald: Die Kirchen, Sondergruppen und religiösen Vereinigungen. Zürich 1990. S. 285.
46 Landmark Education GmbH: Vertraulicher Informationsbogen für Kursteilnehmer.
47 Zit. n. Lell, Forum, S. 27 u. 30.
48 Sämtliche Angaben in diesem Absatz nach Norris, Landmark Education.
49 Zit. n. Schwertfeger: Vorwort, S 9.
50 Interview Lell/Schwertfeger.

1 Dieser Absatz folgt »Kühles Moos, kühles Moos«. In: Der Spiegel 28/1996.
2 Vgl. Schwertfeger, Bärbel: »Ich fühlte mich wie in einer Sekte«. In: Stern 16/1996.
3 Vgl. Schröder: Psycho-Falle.
4 Dies und das folgende Zitat in: Neuhauser, Uschi: Du wirst es schaffen. In: Stern 42/1995.
5 Institut für berufsfördernde Individualpsychologie: Eine Einladung zur Sicherung der Zukunft (Prospekt Neuss 1995). Über die umstrittenen Methoden des Instituts vgl. Wiercks, Frank: Webasto auf der Couch. In: Top-Business 4/1993; Hemminger, Hansjörg: Stellungnahme der EZW Stuttgart v. 4.5.1993.
6 Scientology – Seminare für ein besseres Leben. o. O. 1992, S. 5.
7 Der Block. Das völlig andere Training zur Nutzung der eigenen Kräfte. Seminarprogramm (im folgenden BLOCK: Seminarprogramm).
8 Scientology – Seminare, S. 5.
9 Block: Seminarprogramm.
10 PET: Bildungstage für Führungskräfte, Murten (Schweiz) 1995.
11 Scientology – Seminare, S. 12.
12 TEM-Training: TEM Einstellung, 1997; TEM gilt als Ableger von PET.
13 Lexikon der Sekten, S. 263.
14 L. Ron Hubbard: Selbstanalyse. zit. n. Celebrity, Nr. 29/1990.
15 Scientology – Seminare, S. 10.
16 HCO-Policy Letter v. 30.7.1963: Current Planning. HCO Policy Letter v. 28.12.1978: Use of Big League Sales; zit. n. Voltz, Tom: Scientology und (k)ein Ende. Düsseldorf 1995, S. 229 u. S. 236.
17 VEM Newsletter Nr. 16 v. April 1991.
18 Vgl. Mehler, Horst Adolf: Selfmademen und Millionäre. Idstein 1990, S. 101 f.
19 Zit. n. ebenda, S. 105.
20 Vgl. Christ, Angelika; Goldner, Steven: Scientology im Management. Düsseldorf 1996. S. 146 ff.
21 Kempe, Klaus; Talkenberger, Peter: Karrieregeheimnisse in der Finanzdienstleistungsbranche. Idstein 1992. S. 524.
22 Der Brief ist abgedruckt in Christ; Goldner: Scientology, S. 36 ff. Dort entnahmen wir auch die wörtlichen Zitate.
23 Zu den Tonlagen vgl. Haack: Scientology, S. 85 ff.
24 Vgl. Nordhausen, Frank: Besetzen Sie die Schlüsselpositionen! KfZ-Betrieb Unternehmermagazin v. 7.12.1994.
25 Vgl. Nordhausen, Frank: »Absahnen und einpacken«. In: Werben & Verkaufen 32/1994.
26 VEM Management Letter Nr. 16, April 1991: Das Team überlebt.
27 Vogel, Werner; Mehler, Horst Adolf: Spitzenkönner in der Werbung. Hünstetten-Wallbach 1990, S. 17. Über Mehler und den Möwe-Verlag vgl. a. Angelus, Walter: Der Seelenhändler aus dem Taunus. In: Immobilien Manager, Januar/Februar 1996.
28 Vgl. Talkenberger, Peter; Mens-Schimann, Elfi: Exclusive Marken. Idstein 1993; Vogel, Spitzenkönner.
29 Mehler: Selfmademen.
30 Vgl. Angelus: Seelenhändler; Fromm, Rainer: Scientology im Rhein-Main-Gebiet. In: Forum Spezial 10: Sekten in der Wirtschaft, Frankfurt 1997.

31 Vgl. ebenda.
32 Vgl. WISE International Directory 1991 u. 1992.
33 Vgl. World Institute of Scientology Enterprises: License Agreement (Administrative Technology).
34 Mehler: Selfmademen, S. 66.
35 Enkelmann, Nikolaus B.: In sieben Jahren schreiben wir das Jahr 2000. In: Der erfolgreiche Weg 6/1992.
36 Darstellung des PET-Seminars und alle Zitate n. Anonym: Einstieg bei PET: Bericht eines Teilnehmers. In: Materialdienst der EZW 1/1996.
37 Zit. n. Keden, Joachim: Persönlichkeitsentwicklung bei PET: Erfolgsdenken im Psycho-Gewand. In: Materialdienst der EZW 1/1996.
38 Vgl. ebenda.
39 Alle Zitate der zwei folgenden Absätze: ebenda.
40 Fragebogen (Ausriß) abgedruckt in: Stern 16/1996.
41 Zit. n. Schwertfeger: Sekte.
42 Beide Zitate n. Keden: PET.
43 HCO-Policy Letter v. 7.2.1965 (27.8.1980).
44 Zit. n. Der Block – Das völlig andere Training zur richtigen Nutzung der eigenen Kräfte (Prospekt o. J.).
45 Dies und die folgenden Zitate aus: Der Block: Block-Leitfaden (Februar 1996). Diese Regeln galten zumindest noch bis Ende 1996.
46 Zitat u. Darstellung n. Wiercks: Webasto auf der Couch.
47 Zit. n. Schwertfeger: Sekte.
48 Zit. n. Block – Das völlig andere Training.
49 Ebenda.
50 Conrad, Peter: Der Psychokult als Unternehmen. Vortrag auf dem Colloquium Psychomarkt-Sekten-Destruktive Kulte des BDP, 20.1.1994 (Redemanuskript).
51 Scholl, Hannes: Der nächste Schritt. München o. J. (Broschüre).
52 Die Beschreibung der Kurse und die Zitate nach Kintzinger, Axel: Bitte nicht denken. In: Focus 45/1994.
53 Dieses und das folgende Zitat n. ebenda.
54 Angaben n. ebenda u. Wendt, Barbara: Der schöne Guru. In: Die Woche, 1.3.1996.
55 Werbebrief v. 29.11.1995.
56 Ott, Ursula: Jagdsaison der Gurus. In: Die Woche, 6. Oktober 1995.
57 Scholl, Hannes: Biographie (undatiertes Typoskript)
58 Darstellung u. Zitate nach Wendt: Der schöne Guru.
59 Kroll, Ilse; Dürholt, Peter: Das ist das Material, aus dem Kriege gemacht werden. Manuskript 1996.
60 Wendt: Der schöne Guru.
61 Zit. n. ebenda.

Alchemisten der Marktwirtschaft

1 Dieser und der folgende Absatz sowie sämtliche Zitate nach Dahm, Wolfgang: Beraten und Verkauft. Die Methoden der Strukturvertriebe. Wiesbaden 1996, S. 33–67.
2 Vgl. ebenda, S. 82 u. 84.
3 Ebenda, S. 38.

4 Ebenda, S. 33.
5 Weghorn, Peter; Lachner, Lothar: Rattenfänger in Designerklamotten. Wie Strukturvertriebe arbeiten. Wien 1996, S. 43.
6 Ebenda, S. 157.
7 Zit. n. Nichts als Nieten. In: Der Spiegel 6/1996.
8 Vgl. Dahm: Strukturvertriebe, S. 176 u. 189. Die DVAG bestreitet diese Darstellung und bezeichnet sie als »wettbewerbswidrig«, »herabsetzend« und »beleidigend«.
9 Zit. n. Dahm: Strukturvertriebe, S. 48.
10 Zit. n. ebenda, S. 50. Erstaunlicherweise werden diese Scientology-ähnlichen Slogans von der DVAG nicht bestritten.
11 HCO Policy Letter v. 9.3.1972: Income Flow and Pools Principles of Money Management.
12 Zit. n. Dahm: Strukturvertriebe, S. 50.
13 Ebenda, S. 41.
14 Weghorn; Lachner: Rattenfänger, S. 226 f.
15 Ebenda, S. 176.
16 Kalench, John: Die größte Gelegenheit in der Geschichte der Welt. Concord (California) 1991, S. 20.
17 Der geschichtliche Überblick folgt ebenda, S. 57 f.
18 Vgl. a. Direktvermarkter Amway legt kräftig zu. In: Frankfurter Allgemeine Zeitung, 30.10.1996.
19 Federal Trade Commission vs. Amway 93 FTC 618; vgl. Kalench: Die größte Gelegenheit, S. 61.
20 Ladenhüter zu Gold. In: Tagesspiegel, 5.1.1994.
21 Weghorn; Lachner: Rattenfänger, S. 13.
22 Vgl. Brügel, Silke: Heißer Draht zum Kunden. In: Frankfurter Allgemeine Zeitung, 27.8.1996.
23 Vgl. Dahm: Strukturvertriebe, S. 184; Moralische Fallhöhe. In: Der Spiegel 47/1995; Von Unabhängigkeit keine Spur. In: Die Welt, 11.7.1994.
24 Kalench: Die größte Gelegenheit, S. 64.
25 Zu Cornfeld vgl. Gürtler, Detlef: Das Kartell der Kassierer. In: Wochenpost, 10.3.1994.
26 Dahm: Strukturvertriebe, S. 173.
27 Vgl. Moralische Fallhöhe.
28 Vgl. Dahm: Strukturvertriebe, S. 188.
29 Zum Beistand der Prominenten vgl. ebenda, S. 15, 22, u. 173.
30 Zit. n. Gürtler: Kartell.
31 Weghorn; Lachner: Rattenfänger, S. 69f. u. 178.
32 Darstellung und Zitate n. Dahm: Strukturvertriebe, S. 17 f.
33 Zit. n. Dahm: Strukturvertriebe, S. 18. Die DVAG bestreitet diese Darstellung und bezeichnet sie als »wettbewerbswidrig«, »herabsetzend« und »beleidigend«.
34 Darstellung und Zitate n. Weghorn; Lachner: Rattenfänger, S. 69f. u. 86 f.
35 Kapferer, Helmut: Geleitwort, in: Dahm: Strukturvertriebe, S. 13 f.
36 Anzeige des Strukturvertriebs Liberty Finanz AG. In: Berliner Zeitung, 6.5.1995.
37 Darstellung und alle Zitate n. Weghorn; Lachner: Rattenfänger, S. 71 u. 87.
38 Zit. n. Dahm: Strukturvertriebe, S. 40.
39 Ebenda, S. 51. Die DVAG bezeichnet diese Wertung als »wettbewerbswidrig«,

»herabsetzend« und »beleidigend«; den Tatbestand (Diamantenmine) bestreitet sie aber offenbar nicht.

40 Ebenda, S. 63.

41 Die DVAG bezeichnet ähnliche Wertungen als »wettbewerbswidrig«, »herabsetzend« und »beleidigend«.

42 Dahm: Strukturvertriebe, S. 116.

43 Ebenda, S. 93. Die DVAG bezeichnet diese Wertung als »wettbewerbswidrig«, »herabsetzend« und »beleidigend«.

44 Vgl. ebenda, S. 140.

45 Vgl. Nichts als Nieten.

46 Dahm: Strukturvertriebe, S. 57/58.

47 Zit. n. Nichts als Nieten.

48 Vgl. Dahm: Strukturvertriebe, S. 116.

49 Weghorn; Lachner: Rattenfänger, S. 154.

50 Vgl. ebenda, S. 219 f.

51 Dahm: Strukturvertriebe, S. 36. Die DVAG bezeichnet diese Wertung als »wettbewerbswidrig«, »herabsetzend« und »beleidigend«.

52 Vgl. AP- und DDP/ADN-Meldungen v. 20. u. 21.7.1997.

53 Dieses u. das folgende Zitat n. Focus TV, Sendung v. 27.7.1997.

54 Zit. n. Gerlach-Report 30/1997.

55 Darstellung u. Zitate n. AP- und DDP/ADN-Meldungen v. 20. u. 21.7.1997; Gerlach-Report 30/1997.

56 Gerlach-Report 30/1997.

57 Zit. n. Dahm: Strukturvertriebe, S. 40.

58 Ebenda, S. 38. Die DVAG bezeichnet ähnliche Wertungen als »wettbewerbswidrig«, »herabsetzend« und »beleidigend«.

59 Weghorn; Lechner: Rattenfänger, S. 152.

60 Vgl. Dahm: Strukturvertriebe, S. 44f.

61 Weghorn; Lachner: Rattenfänger, S. 177.

62 Dahm: Strukturvertriebe, S. 47.

63 Ebenda, S. 48.

64 Ebenda, S. 100. Die DVAG bezeichnet diese und ähnliche Wertungen als »wettbewerbswidrig«, »herabsetzend« und »beleidigend«.

65 Dieses und das folgende Zitat: Weghorn; Lachner: Rattenfänger, S. 176 f.

66 Dahm: Strukturvertriebe, S. 50.

67 Weghorn; Lachner: Rattenfänger, S. 167.

68 Dahm: Strukturvertriebe, S. 42. Die DVAG bezeichnet diese Wertung als »wettbewerbswidrig«, »herabsetzend« und »beleidigend«.

69 Weghorn; Lachner: Rattenfänger, S. 135f. u. 139.

70 Vgl. Dahm: Strukturvertriebe, S. 117 u. 102.

71 Vgl. Weghorn; Lachner: Rattenfänger, S. 132 ff.

72 Ebenda, S. 126.

73 Vgl. Dahm: Strukturvertriebe, S. 46.

74 Dieser u. der folgende Absatz sowie alle Zitate nach Weghorn; Lachner: Rattenfänger, S. 132f. u. 123 ff.

75 Ebenda, S. 226.

76 Dahm: Strukturvertriebe, S. 58. Die DVAG bezeichnet den Vergleich mit Scientology als »wettbewerbswidrig«, »herabsetzend« und »beleidigend«; die vorhergehende Tatsachenbehauptung wird offenbar nicht angegriffen.

77 Ideale Schneise. In: Der Spiegel 40/1994.
78 Herbalife: 10 Kilo in 10 Tagen abnehmen (Prospekt).
79 Vgl. Ideale Schneise.
80 Herbalife Supervisor: Das Geld liegt wirklich auf der Straße! (Werbebrief, 1993).
81 Vgl. Lassak, Frank: Ernährungs-Cocktail à la Hubbard. In: Werben & Verkaufen 45/1994.
82 Dies u. das folgende Zitat n. ebenda. Vgl. a. Ideale Schneise.
83 Scientologen im Zwielicht. In: Hamburger Abendblatt, 6.4.1993.
84 Zit. n. Ideale Schneise.
85 Anzeige in: Frankfurter Allgemeine Zeitung, 28.10.1994.
86 Zit. n. Dahm: Strukturvertriebe, S. 42.
87 Ebenda, S. 45. Die DVAG bezeichnet diese Wertung als »wettbewerbswidrig«, »herabsetzend« und »beleidigend«.
88 Ebenda, S. 49.
89 Weghorn; Lachner: Rattenfänger, S. 177.
90 Ebenda, S. 154.
91 Zum Ausstieg Weghorns vgl. ebenda, S. 211 ff.
92 Zum Ausstieg Dahms vgl. Dahm: Strukturvertriebe, S. 195 ff.
93 Ebenda, S. 81.
94 Ebenda, S. 102. Die DVAG bezeichnet diese Wertung als »wettbewerbswidrig«, »herabsetzend« und »beleidigend«.
95 Vgl. ebenda, S. 173 f.; Weghorn; Lachner: Rattenfänger, S. 219 f.
96 Ebenda, S. 228.

Sex, Geld und Magie

1 Vgl. Wolter, Andreas: Kaizen. Magazin Klartext, ORB-Sendung v. 10.6.1997.
2 Zur Inhaltsübersicht vgl. Helsing, Jan van: Geheimgesellschaften und ihre Macht im 20. Jahrhundert, Rhede 1995, Bd. 2.
3 Vgl. Draculas Ufo. In: Der Spiegel 51/1996.
4 Die Information stammt von Nibbrig, Hans: Mix aus Religion, Magie und Betrug. In: Märkische Allgemeine, 10.4.1997.
5 Ellenberger, Urs: Leeres Portemonnaie statt erfülltes Sexleben. In: Sonntagszeitung, 17.11.1996.
6 Gerlach-Report 49/1996; vgl. auch Kapitel 13 dieses Buches.
7 Die Kosmologen-Akademie, Safnern (Prospekt o. J.).
8 Vgl. Conix Invest (Eberl Günther): Wichtige Mitteilung v. 1.3.1994.
9 Vgl. Conix Invest (Eberl Günther): Brief v. 2.6.1993; Conix Invest Programm.
10 Vgl. Investment-Berater unter Betrugsverdacht. In: Ober-Österreichische Nachrichten, 5.6.1993.
11 Vgl. Galler, Klaus: Schwimmbad, Auto und reiche Witwe inbegriffen. In: Weltwoche, 22.3.1984.
12 Informationen über BEP nach ebenda; Lexikon der Sekten, S. 106 f.; Kosmische Kräfte. In: Der Spiegel 31/1986.
13 Vgl. Kosmische Kräfte.
14 Telefax Helmut Aments an den Sekten-Informationsdienst Religio (Jena) v. 24.7.1997.

15 Dieser Absatz folgt Lexikon der Sekten, S. 106 f.; Kosmische Kräfte; Schweer, Thomas: Die Heilsversprecher. München 1996. S. 173 f.
16 Vgl. Übler, Hans: »Erfolg ist keine Glückssache mehr«. In: Idea Nr. 37, 10.9.1986. (Ament); Die Kosmologen-Akademie (Prospekt; Gretz).
17 Telefax Helmut Aments an den Sekten-Informationsdienst Religio (Jena) v. 24.7.1997.
18 Vgl. Kosmische Kräfte.
19 United-World-Prospekt, o. O. 1996.
20 Zit. n. Ellenberger: Leeres Portemonnaie. Auch wir konnten Thomas Gretz telefonisch nicht erreichen; vgl. Nordhausen, Frank: Fünf Mark anpusten und dann in den Slip. In: Berliner Zeitung, 6.1.1997.
21 Vgl. Wittlich, Susanne: »Immer mehr«. In: Focus 34/1995.
22 Ribul, Mirko: Leserbrief. In: Focus 4/1997.
23 Leadership Academy AG: Protokoll der Founderversammlung vom 11./12.Januar 1997.
24 Leadership Academy AG: Rundschreiben v. 7.5.1997.
25 Vgl. Wolter, Kaizen.

Kulte der Gier

1 Zit. n. Größter Fall von Anlagebetrug vor Gericht. In: Berliner Zeitung, 1.11.1996.
2 Doench, Uli: Gier, die Millionen kostet. In: Focus, 24.10.1994. Der Abschnitt über den European Kings Club beruht im wesentlichen auf folgenden Quellen: Doench, Gier; Millionen im Kleidersack. In: Der Spiegel 13/1996; »In mir steigt die Gier«. In: Märkische Allgemeine, 5.10.1994; Patentrezept für eine königliche Rendite. In: Süddeutsche Zeitung, 1.9.1994; Anklage wegen Betrugs. In: Handelsblatt, 4.4.1996; »Der European Kings Club war eine kriminelle Vereinigung«. In: Frankfurter Allgemeine Zeitung, 18.12.1996.
3 Zit. n. Millionen im Kleidersack.
4 Vgl. Patentrezept; »In mir steigt die Gier«.
5 Zit. n. Millionen im Kleidersack.
6 Zit. n. Vor den Helfern wird gewarnt. In: Handelsblatt, 4.4.1996.
7 Zit. n. »In mir steigt die Gier«.
8 Zit. n. Doench: Gier.
9 Damara Bertges – Urteil. In: Der Spiegel, 3.2.1997.
10 Zit. n. »In mir steigt die Gier«.
11 Zit. n. Patentrezept.
12 »In mir steigt die Gier«.
13 Zit. n. Teurer Traum der Königskinder. In: Süddeutsche Zeitung, 21.11.1994.
14 Zit. n. Doench: Gier.
15 Zit. n. European Kings Club: 500 Millionen verschwunden. In: Frankfurter Allgemeine Zeitung, 9.3.1996.
16 Einer der Angeklagten im EKC-Prozeß gesteht Betrug ein. In: Frankfurter Allgemeine Zeitung, 13.11.1996.
17 Zit. n. Vor den Helfern wird gewarnt.
18 Vgl. Teurer Traum.
19 Helsing, Geheimgesellschaften; vgl. Teurer Traum.

20 Vgl. Metzner, Wolfgang: »Nur Versager verdienen nichts«. In: Stern, 25.4.1996; Desselberger, Alex: Gigantische Abzocke. In: Focus, 26.6.1995.
21 Vgl. Metzner: »Nur Versager«.
22 Zit. n. Wetzel, Daniel: Neue Chance für Abzocker. In: Berliner Zeitung, 15.8.1995.
23 Zit. n. Metzner: »Nur Versager«.
24 Desselberger: Abzocke.
25 Jump: Herzlichen Glückwunsch zu Ihrem Entschluß, Jump-Mitglied zu werden (Brief 1994).
26 Zit. n. Desselberger: Abzocke.
27 Zu Schraders Aussagen vgl. Desselberger, Alex: Endstation Karibik? In: Focus 16/1997.
28 Vgl. Jump heißt jetzt Titan. In: Focus, 31.7.1995.
29 Zitat und Darstellung des Urteils nach Desselberger, Alex: Jetzt jubeln die Kläger. In: Focus, 6.4.1996.
30 Zitat und Darstellung des Urteils nach: Schneeball rückwärts. In: Der Spiegel, 1.7.1996.
31 Mitgeteilt von Mario Riemann, Juli 1997.
32 Zitate und Darstellung nach Desselberger, Alex: »Oscars« für Abzocker. In: Focus 44/1996.
33 Vgl. Vorsicht Kettenspiele! In: Hamburger Abendblatt, 4.8.1997; Hirschbiegel, Thomas: Das schmutzige Geld mit dem Schneeball. In: Hamburger Morgenpost, 4.8.1997; Garling, Gonne: Kripo mit Flugblättern gegen »Kettenspiele«. In: Die Welt, Hamburger Ausgabe, 4.8.1997.
34 Zit. n. Hirschbiegel: Das schmutzige Geld.

Der Sekten-Konzern

1 Leuckhardt, Rolf: Fliegerbauer hat es eilig: Schloßhotel im Sommer ’95. In: Zwickauer Tageblatt, 18.12.1993.
2 Leuckhardt, Rolf: Schloß Osterstein erwacht, bald dröhnen Betonmischer. In: Zwickauer Tageblatt, 7.10.1993.
3 Zit. n. Thole, Jörg: »Ich bin und bleibe ein Kaufmann«. In: Zwickauer Tageblatt, 28./29.1.1995.
4 Abriß beendet – Aufbau kann beginnen. In: Zwickauer Tageblatt, 26.9.1994.
5 Zit. n. Thole: Kaufmann.
6 Church of Scientology International (Hg.): Was ist Scientology? Kopenhagen 1993, S. 448.
7 VEM: Management Letter Nr. 8, Oktober 1987.
8 HCO Policy Letter v. 15.8.1967.
9 HCO Policy Letter v. 7.2.1965: Keeping Scientology Working, Series 1 (»We’d rather have you dead than incapable.«).
10 Vgl. World Institute of Scientology Enterprises: License Agreement (Administrative Technology); zu WISE vgl. a. Billerbeck; Nordhausen: Sekten-Konzern, S. 138 ff.
11 Scientology: Was ist Scientology? S. 449.
12 WISE-Richtlinie Nr. 2 v. 5.5.1986; zit. n. Voltz: Scientology, S. 139.
13 Bundesministerium für Familie, Senioren, Frauen und Jugend (Hg.): Die Scientology-Organisation. Gefahren, Ziele und Praktiken. Bonn 1996, S. 29.

14 Vgl. WISE International Directory 1992.
15 Vgl. International Scientology News 29/1993.
16 Flag-Abschlüsse. In: Source 66/1989.
17 Liebe Clears, liebe OTs. Rundbrief des OT-Komitees München v. 12.9.1996.
18 OT-Komitee Stuttgart e. V.: Admin-Scala. November 1989.
19 Vgl. Source, Nr. 72, 1990 (OT-VII); Wer garantiert die Zukunft der Scientology? In: Ursprung 220/1993 (Lebenszeit-Mitgliedschaft); Impact, Nr. 39, 1991 (Sponsor).
20 Scientology Kirche Deutschland (Hg.): Resultate und Erfolge. München 1984.
21 Sekte möchte Schule gründen. In: Süddeutsche Zeitung, 8.8.1989.
22 Trotz der deutlichen Belege bestreitet Kurt Fliegerbauer, Mitglied bei WISE zu sein und Abgaben abzuführen.
23 Zit. n. Mehler, Horst Adolf: Selfmademen und Millionäre. Hünstetten 1990, S. 184.
24 Zit. n. Reichelt, Peter: Helnwein und Scientology – Lüge und Verrat. Mannheim 1997, S. 164 (Faksimile-Abdruck des Briefes).
25 Vgl. ebenda, S. 167 f.
26 Vgl. Kempe, Klaus; Mehler, Horst Adolf: Manager-Geheimnisse. München 1988, Umschlagtext.
27 Mehler: Selfmademen, S. 64.
28 Vgl. Reichelt: Helnwein, S. 169 f.
29 Mehler: Selfmademen, S. 61.
30 Kempe; Mehler: Manager-Geheimnisse, S. 24.
31 G + G Firmenverbund Mainhausen – Lebensräume gestalten (Anzeige o. O. o. D.).
32 G + G Firmenverbund – Zukunftsorientierte Immobilien in ganz Deutschland. In: Offenbach-Post, 25./26.2.1995 (Anzeige); Aussagen von Herold-Mitarbeitern und der Gemeindeverwaltung Göhren.
33 Zit. n. Kempe, Klaus; Talkenberger, Peter; Mehler, Horst Adolf: Immobilienprofis. Hünstetten 1994, S. 101 u. 105.
34 Brief an Ulrich Schulz v. 1.11.1995.
35 Museum der Modernen Kunst Zwickau (Projektmappe).
36 Zu Gottfried Helnwein vgl. Nordhausen, Frank; Billerbeck, Liane v.: Die Hand, die ihn füttert. In: Berliner Dialog 4/1996; Hallaschka, Andreas: Der Maler und die Sekte. In: Stern 25/1997; Reichelt: Helnwein.
37 College Interview: Gottfried Helnwein. In: College. Zeitschrift des Stuttgarter Dianetic College e. V., Nr. 12, 1975.
38 In Memoriam L. Ron Hubbard (Anzeige). In: Frankfurter Allgemeine Zeitung, 22.2.1986.
39 Vgl. Oberlandesgericht Frankfurt/Main, Urteil v. 20.6.1996, AZ 16 U 163/95.
40 Vgl. Reichelt: Helnwein, S. 236 ff.
41 Vgl. ebenda, S. 213.
42 Vgl. ebenda, S. 150 ff.
43 Billerbeck, Liane v.; Nordhausen, Frank: Ihr Gott heißt Geld. In: Stern 7/1996, Nielsen.
44 100 Häuser gekauft – Scientologen greifen nach Zwickau. In: Chemnitzer Morgenpost, 9.2.1996.
45 Fliegerbauer, Kurt: Rundschreiben bezüglich der letzten Presseberichte. Zwickau, 9.2.1996.
46 Brief v. 7.5.1997.

47 Vgl. Räch, Rainer: Schloß Osterstein als Mekka für Kinofans. In: Freie Presse Zwickau, 28.7.1997.
48 HCO Policy Letter v. 10.6.1960: Die Funktionsfähigkeit der Scientology erhalten.
49 HCO Policy Letter v. 2.4.1965.
50 Vgl. Caberta, Ursula; Träger, Gunther: Scientology greift an. Düsseldorf/München 1997, S. 137 f.
51 Vgl. zum folgenden ausführlich Billerbeck; Nordhausen: Sekten-Konzern, S. 179 ff. (Foullois, Heilig, Haag), S. 215ff. u. 259 ff. (Krumholz).
52 Vgl. Absurder Handel. In: Der Spiegel 20/1995.
53 Hinz, Michael: Leitfaden für Wohnungssuchende. Esslingen 1994, S. 95.
54 WISE Charter Committee Hamburg: Lieber WISE-Interessent. Schreiben v. 16.2.1995.
55 Bringel, Kirsten: Sehr geehrter Herr ... Brief v. 7.3.1995.
56 Ebenda.
57 HCO Policy Letter v. 16.5.1965.
58 Weissberg, Martin: Schreiben des Mietervereins vom April 1995. Berlin, 19.5.1995 (Rundbrief).
59 Hermann, Karl: Monopoly in der Bannmeile. In: TIP 11/1997.
60 Vgl. Wie tausend Metastasen. In: Der Spiegel 20/1995.
61 HCO Policy Letter v. 11.11.1969: Buchhaltung und Public Relations.
62 Zit. n. Mieter fürchten sich vor Scientology-Sekte. In: Berliner Kurier, 11.12.1996.
63 Zit. n. Tausend Metastasen.
64 Vgl. Husumer Nachrichten, 3.2.1994.
65 Vgl. Die Welt, Ausgabe Hamburg, 27.9.1994.
66 Brase, Götz: An alle Mitarbeiter. Rundbrief v. 11.1.1993.
67 Brase, Götz: Liebe Mitarbeiter. Rundbrief v. 30.8.1994.
68 Brase, Götz: Liebe Mitarbeiter. Rundbrief v. 25.1.1994.
69 Brase, Götz: Programm für die GEVA-Verkaufsabteilung v. 25.4.1991.
70 Vgl. Nibbrig, Hans: Angriff statt Verteidigung. In: Märkische Allgemeine, 12.8.1997.
71 Reddy, Rosl: Verkäufer-Hut. o. O. o. J.
72 Erber, Selma: Liebe Christa. Brief v. 18.10.1993.
73 Reddy: Verkäufer-Hut.
74 Cyrus, Rainer: Der Abschluß (o. O. o. J.).
75 Erber, Selma: Hutniederschrift für Besichtigungsterminelegen.
76 Brase, Götz: Mieterberatungs-Hut v. 29.2.1988.
77 Ebenda.
78 An alle Mitarbeiter. Rundschreiben v. 4.12.1991.
79 Firmengruppe Brase KG, GEVA GmbH, CKS GmbH: Verpflichtungserklärung.
80 Reddy: Verkäufer-Hut Mit Christa ist nach Aussage des Aussteigers Frank Michael Christa Lehmann von der Ethik-Abteilung der Hamburger Scientology-Org gemeint.
81 Brase, Götz: Programm für die GEVA-Verkaufsabteilung.
82 Brase, Götz: An alle Verkäufer. Rundbrief v. 30.7.1991.
83 Brase, Götz: Liebe Terminleger. Rundbrief v. 17.5.1992.
84 Cyris, Rainer (Hucky): Lieber Leif. Brief v. 1.5.1992.
85 Hansen, Dieter: Liebe Selma. Brief v. 9.10.1992.
86 Brase, Götz: Liebe Selma. Brief v. 2.10.1992.

87 Reddy, Rosl: Liebe Selma. Brief v. 21.9.1992.
88 Scientology Kirche Hamburg: Commendation. Brief. v. 19.8.1993.
89 Brase, Götz: An alle Mitarbeiter. Rundbrief v. 15.3.1993.
90 Firmengruppe Brase KG, GEVA GmbH, CKS GmbH: Verpflichtungserklärung.
91 Vgl. Nordhausen, Frank; Senyurt, Ahmet: Die Welt der Milli Görüs. In: Berliner Zeitung, 16.12.1996; Nordhausen, Frank; Senyurt, Ahmet: Türkische Fundamentalisten umarmen Scientology. In: Berliner Zeitung, 17.12.1996; Frank Nordhausen: Milli Görüs und die PDS-Millionen. In: Berliner Zeitung, 18.12.1996.
92 Kurz vor Drucklegung dieses Buches erreichte uns die Information, daß Beate und Jochen Töpfer aus der Scientology-Organisation ausgestiegen seien.
93 Innenministerium des Landes Nordrhein-Westfalen: Verfassungsschutzbericht des Landes Nordrhein-Westfalen über das Jahr 1996. Düsseldorf 1997, S. 250.

Der Griff nach der Macht

1 »Die Pistole lag immer griffbereit«. In: Der Spiegel 33/1997. Die Schilderung der Colonia Dignidad folgt »Der Onkel ist gut«. In: Der Spiegel 22/1997; Simonsen, Elizabeth: Noch haben sie nur seine Fingerabdrücke. In: Berliner Zeitung, 9./10.8.1997; Ulferts, Claudia: Polizeiaktion gegen die »Kolonie der Würde«. In: Die Tageszeitung v. 4.12.1997.
2 »Die Pistole ...«.
3 Vgl. Heller, Friedrich Paul: Colonia Dignidad – Von der Psychosekte zum Folterlager. Stuttgart 1993.
4 Zit. n. »Der Onkel ist gut«.
5 Vgl. Simonsen, Elizabeth: Chiles Regierung verstärkt ihren Druck auf die »Colonia Dignidad«. In: Berliner Zeitung, 23./24.8.1997.
6 Sekten-Arzt Hartmut Hopp in Chile festgenommen, AFP-Bericht. In: Die Tageszeitung, 13.8.1997.
7 »Die Pistole ...«.
8 Die Ausführungen zur Soka Gakkai folgen Reichert, Birgit: Japans größte Sekte zwischen Lotussutra und Machtanspruch, DPA-Bericht v. 12.8.1997; Goldenes Zeitalter. In: Der Spiegel 26/1996; Thompson: Ende der Zeiten, S. 338ff.
9 Zit. n. Reichert: Größte Sekte.
10 Zit. n. Goldenes Zeitalter.
11 Vgl. Wolf, Markus: Spionagechef im geheimen Krieg. Düsseldorf/München 1997, S. 474.
12 Die Ausführungen über die Mun-Bewegung stützen sich auf McGill, Peter: Seltsame neue Verbindungen der Mun-Sekten: Le Monde Diplomatique/Die Tageszeitung/WoZ, April 1996; Gandow, Thomas: Mun-Bewegung. München 1993.
13 Gesellschaft zur Vereinigung des Weltchristentums: Die göttlichen Prinzipien, Frankfurt/Main 1973, S. 482, 529 f.; zit. n. Gandow: Mun-Bewegung, S. 97.
14 Zit. n. Gandow: Mun-Bewegung, S. 8.
15 Zit. n. McGill: Seltsame Verbindungen.
16 Vgl. Platen, Heide: Einreiseverbot für San Myung Moon. In: Die Tageszeitung, 10.11.1995.
17 Chiles Justiz will Mun-Sekte untersuchen. ADN-Meldung v. 23.7.1997.
18 Zu Mun/Gorbatschow vgl. Gandow: Mun-Bewegung, S. 104 ff.

19 Zit. n. ebenda, S. 104.
20 Vgl. ebenda, S. 105.
21 Unification News, 1/1990, S. 6; zit. n. ebenda, S. 9.
22 Gandow, Thomas: Statt Kommunismus jetzt Munismus als Staatsreligion? Berliner Dialog, 1/1995, Ostern 1995.
23 Zit. n. McGill: Seltsame Verbindungen.
24 Alle Zitate n. McGill: Seltsame Verbindungen.
25 Mun, San Myung: Eine besondere Botschaft für das Zeitalter; zit. n. Berliner Dialog 1/1997, Ostern 1997.
26 DPA-Meldung v. 30.2.1997.
27 Vgl. Billerbeck; Nordhausen: Sekten-Konzern, S. 228ff. u. S. 244 ff.
28 Vgl. Faltin, Cornel: »Ich heiße Arnie Lerma und bin ein Opfer von Scientology«. In: Berliner Morgenpost, 20.3.1997.
29 Zit. n. ebenda.
30 »Macht und Einfluß ausweiten«. In: Focus 6/1997.
31 Zit. n. International Scientology News, Los Angeles 1994.
32 Vgl. Washington Post, 27.9.1984.
33 Vgl. »Den Gegner ruinieren«, Der Spiegel v. 17.3.1997.
34 Behar: Cult of Greed.
35 Vgl. Billerbeck; Nordhausen: Sekten-Konzern, S. 81–86; Frank Nordhausen, Liane v. Billerbeck: Kirche des Mammon, Die Woche 45/1993; Nordhausen, Frank; Billerbeck, Liane v.: Superman im Finanzamt. In: Die Tageszeitung, 27.1.1994.
36 Vgl. Frantz, Douglas: The Shadowy Story Behind Scientology's Tax Exempt Status. In: The New York Times, 9.3.1997.
37 Vgl. Zeugenaussage von Stacey Brooks Young, Los Angeles, California, 4.4.1994 (Übersetzung), Abschnitt 32.
38 Hubbard, L. Ron: The Scientologist – a Manual of the Dissemination of Material. In: Ability – The Magazin of Dianetics and Scientology of Phoenix, Arizona 1/1955.
39 Scientology-Anweisung v. 15.8.1960, Führungs-Kurs Bd. 7, S. 483.
40 Zit. n. Frantz: The Shadowy Story.
41 Zit. n. International Scientology News, Los Angeles 1994.
42 Zit. n. ebenda.
43 Jentzsch, Heber: Leserbrief. In: Der Spiegel, 31.3.1997.
44 Vgl. The New York Times, 19.3.1997.
45 Vgl. Preute, Claus: Stehlen und abhören. In: Focus, 24.3.1997.
46 Vgl. Gläser, Volker; Kellner, Urs-Martin: Interpol küßt Scientology. In: Tango 9/1995.
47 Zit. n. ebenda.
48 Scientology Kirche (Hg.): Interpol – Private Vereinigung, öffentliche Bedrohung, Hamburg 1991.
49 Zit. n. Gläser; Kellner: Interpol.
50 Department of the Treasury, Internal Revenue Service, Washington, D.C., Telefax v. 26.10.1993.
51 Behar: Cult of Greed.
52 Ebenda.
53 Vgl. Morgan, Richard: When the Agency-Client Relationship Runs Out of (Damage) Control. In: Adweek Eastern Edition, 11.5.1992.

54 Vgl. Urteil des United States District Court, Southern District of New York v. 16.7.1997, Aktenzeichen 92 civ. 3024 (PKL); vgl. a. Berliner Dialog 3/1996, Michaelis 1996.
55 Vgl. Bericht der St. Petersburg Times, 25.2.1994.
56 Vgl. Zeugenaussage von Mary Tabayoyon, Los Angeles, California, 5.3.1994 (Übersetzung).
57 Ebenda, Abschnitt 90.
58 Ebenda, Abschnitt 8.
59 Vgl. Botros; Koch: Gesucht wird …
60 Zeugenaussage von André Tabayoyon, Los Angeles, California, 5.3.1994 (Übersetzung), Abschnitt 18.
61 Vgl. ebenda, Abschnitt 35 u. 56 ff.
62 Zeugenaussage von Stacey Brooks Young, Los Angeles, California, 4.4.1994 (Übersetzung).
63 Vgl. Nordhausen, Frank; Billerbeck, Liane v.: Der Scientology-Star. In: Berliner Zeitung, 7.8.1996.
64 Vgl. Richardson: Catch a Rising Star.
65 Zeugenaussage von André Tabayoyon, Abschnitt 33.
66 Die Ausführungen zu Tom Cruise u. sämtliche Zitate n. ebenda, Abschnitte 118–131.
67 Vgl. Richardson: Catch a Rising Star.
68 Vgl. ebenda.
69 Vgl. zum Einfluß von Scientology in Hollywood ebenda; Billerbeck; Nordhausen: Sekten-Konzern, S. 61–64; Nordhausen, Frank: Greuelmärchen aus Amerika. In: Berliner Zeitung, 14.1.1996; Angriff aus Scientollywood, Tip-Magazin, 21/1996.
70 Zit. n. Angriff aus Scientollywood.
71 »Macht und Einfluß ausweiten«.
72 Interview in: The Sidney Morning Herald, 1.2.1997.
73 Zeugenaussage von André Tabayoyon, Abschnitt 130.
74 Zit. n. Schwelien, Michael: Credo der Freiheit. In: Die Zeit, 7.2.1997.
75 Zeugenaussage von André Tabayoyon, Abschnitt 80.
76 Darstellung u. Zitate zum Fall Scientology gegen CAN n. Schaefer, Jürgen: Sieg für die Sekte. In: Stern 51/1996.
77 Zit. n. ebenda.
78 Vgl. Martino, Philipp V.: Notice of Intended Abandonment. Gerichtsdokument v. 7.1.1997.
79 Darstellung n. Clear in den Tod. In: Der Spiegel, 3.2.1997; Woodward, Kenneth L.; Katel, Peter: A Death in Clearwater. In: Newsweek, 21.7.1997; Mysteriöser Tod einer Frau. In: Hamburger Abendblatt, 28.1.1997.
80 Vgl. Billerbeck; Nordhausen: Sekten-Konzern, S. 22–26.
81 Zit. n. Clear in den Tod.
82 Vgl. Woodward; Katel: A Death in Clearwater.
83 Zit. n. Clear in den Tod; Mysteriöser Tod einer Frau.
84 Zit. n. Clear in den Tod.
85 Darstellung u. Zitate n. Botros; Koch: Gesucht wird …
86 Zit. n. Elfenbein, Stefan: »Unfair gegenüber Kanzler Kohl«. In: Berliner Zeitung, 10.6.1997.
87 Vgl. Bericht der Toronto Global Mail, 19.4.1997.

88 Wanted – Rufmörder gesucht (Anzeige). In: Focus 43/1994.
89 Hubbard-Aufsatz v. 26.5.1961; zit. n. Voltz: Scientology, S. 143.
90 Zit. n. The Auditor 284/1995.
91 Vgl. Codename Schneewittchen. In: Der Spiegel 39/1995.
92 Ursula Caberta, Gunther Träger: Scientology greift an, Düsseldorf/München 1997, S. 129 ff.
93 Caberta; Träger: Scientology, S. 136.
94 Zit. n. Münchhausen, Thankmar von: Die Ehefrau wegen eines Kredits angefleht. In: Frankfurter Allgemeine Zeitung, 11.10.1996.
95 Darstellung n. Faubert, Serge: Une Secte au Coeur de la République. Paris 1993, S. 15–26.
96 Darstellung der OSA-Aktion n. ebenda, S. 30–40.
97 Ebenda, S. 36 f.
98 Zit. n. ebenda, S. 38.
99 Darstellung des Mazier-Verfahrens u. sämtliche Zitate n. Münchhausen: Die Ehefrau; Chimelli, Rudolph: Persönlichkeitstest an der Franc-Saugmaschine. In: Süddeutsche Zeitung, 10.10.1996; Teurer als katholisch. In: Der Spiegel, 7.10.1996.
100 Nicht nur in Deutschland Streit um Scientology. DPA-Bericht v. 29.1.1997.
101 Alle Zitate n. Meldungen der Nachrichtenagenturen ADN, AFP u. DPA v. 28. bis 30.7.1997.
102 Vgl. Münchhausen, Thankmar von: Seit die Menschen an nichts mehr glauben, glauben sie an alles mögliche. In: Frankfurter Allgemeine Zeitung, 4.1.1996.
103 Vgl. Faubert: Une Secte, S. 103 ff.
104 Vgl. Assemblée Nationale: Rapport fait au nom de la comission d'enquète sur les sectes. Prés. M. Alain Gest. Paris, 10.1.1996.
105 Vgl. Nicht nur in Deutschland.
106 Alle Zitate n. dem Urteil des Corte d'Appello Mailand v. 2.12.1996 (Übersetzung).
107 Vgl. Nordhausen, Frank; Billerbeck, Liane v.: Scientology führt Dossiers über Feinde. In: Berliner Zeitung, 23.9.1996.
108 Der Report des Richters Angelis und Kopien von etwa hundert der beschlagnahmten Dokumente liegen uns vor.
109 Zit. n. Kintzinger, Axel: Dossiers aus Athen. In: Focus 39/1996.
110 Scientology Kirche Berlin e. V.: Presseverlautbarung v. 23.9.1996.
111 Landgericht Athen, Urteil Nr. 7380/1996 v. 7.10.1996.
112 Der Name Bulgravia stammt noch von Hubbard selbst, der das Wort in seiner »Einführung in die Ethik der Scientology« (S. 269) verwendet; er empfahl, dort Machtpositionen aufzubauen und die Polizei zu bestechen.
113 Zum Scientology-Vormarsch in Albanien vgl. Billerbeck; Nordhausen: Sekten-Konzern, S. 299 ff.
114 Sämtliche Zitate dieses u. der zwei folgenden Absätze n. Gerhard Haag: Project A. Rundschreiben v. 4.12.1992.
115 International Scientology News 29/1993.
116 Zit. n. Schmidt-Neke, Michael: Die Thetanen von Tirana: Scientology greift nach Albanien. In: Albanische Hefte 4/1993.
117 Zit. n. Schmidt-Neke: Thetanen; die Darstellung der Reaktionen in Albanien folgt der gleichen Quelle.
118 Zit. n. ebenda.

119 Dworkin, Alexander: Zehn Fragen an einen aufdringlichen Fremden, oder: Handbuch für diejenigen, die nicht für einen destruktiven Kult gewonnen werden wollen. Moskau 1995 (Titel aus dem Russischen übersetzt).
120 Vgl. Dworkin, Alexander: Verklagt von Koalition der Kulte. In: Berliner Dialog, 1/1997, Ostern 1997.
121 Zum Prozeßablauf vgl. Gandow, Thomas: Moskauer Prozeß. In: Berliner Dialog 2/1997, Johannis 1997.
122 Zit. n. ebenda.
123 Mitgeteilt v. Alexander Dworkin, Oktober 1995.
124 Zu Scientology in Rußland vgl. Dworkin, Alexander; Nordhausen, Frank: Die Tiger machen sich fit. In: Die Zeit, 3.11.1995; Dworkin, Alexander; Nordhausen, Frank: Scientology in Rußland. In: Berliner Dialog 1/1996.
125 Vgl. Ron Hubbard umel prejatatsch konzywodu (Hubbard mußte zum Schluß aufs Meer fliehen). In: Ogonjok, 19.5.1995.
126 Ebenda.
127 Prosperity 32/1993.
128 Dies u. das folgende Zitat n. Ron Hubbard umel prejatatsch konzywodu.
129 Vgl. Hubbard-College-Magazin. Moskau 1996.
130 Zit. n. Ron Hubbard umel prejatatsch konzywodu.
131 AOSHUK: Wichtige Unterweisung Rußland. Rundbrief v. Februar 1992.
132 Vgl. Kolosowskaja, Swedlana: Ostoroschno: Sektanstwo (Vorsicht: Sekten). In: Twerskaja 13, Nr. 35 v. 31.8.1995.
133 Vgl. Russischer Gesundheitsminister verbietet Scientology im Gesundheitswesen. In: Berliner Dialog 3/1996, Michaelis 1996.
134 Vgl. Prosperity, 32/1993.
135 Vgl. ebenda.
136 Nesawisimaja Gazeta, mitgeteilt von Alexander Dworkin im Oktober 1995,
137 Kopie liegt uns vor.
138 Fronten zwischen orthodoxer Kirche und Jelzin verschärft, DPA-Meldung v. 25.7.1997.
139 Die Ausführungen über Aum Shinrikyo folgen Kaplan; Marshall: Aum; Thompson: Ende der Zeiten, S. 311 bis 338.
140 Zit. n. Kaplan; Marshall: Aum, S. 205 f.
141 Ebenda, S. 206 f.
142 Zit. n. ebenda, S. 178.
143 Zitate n. ebenda, S. 288 ff.
144 Zit. n. ebenda, S. 306.
145 Zit. n. Thompson: Ende der Zeiten, S. 317.
146 Zit. n. Kaplan; Marshall: Aum, S. 341.
147 Zit. n. ebenda, S. 372.
148 Zit. n. Thompson: Ende der Zeiten, S. 325.
149 Zit. n. ebenda, S. 327.
150 Kaplan; Marshall: Aum, S. 92.
151 Ebenda,S. 44.
152 Ebenda, S. 114.
153 Ebenda, S. 147.
154 Angaben aus dem Notizbuch n. ebenda, S. 149 u. 258 ff.
155 Ebenda, S. 195.
156 Zit. n. ebenda, S. 298.

157 Thier, Peter de: McVeigh will das Todesurteil anfechten. In: Berliner Zeitung, 16.8.1997.
158 Kaplan; Marshall: Aum, S. 386.
159 Vgl. ebenda S. 386.

Epilog

1 Vgl. Schuler: Lummer und die »Sektenkeule«.
2 Münchner Abendzeitung, 18.11.1996.
3 Vgl. Kult-Lobby. In: Berliner Dialog 1/1996, Ostern 1996.
4 Vgl. z. B. Gandow, Thomas: Fünf Jahre »Konferenz über Religionsfreiheit und Menschenrechte«. In: Berliner Dialog 2/1996, Johannis 1996.
5 Vgl. Pile, Lawrence: How Cults Are Working Together against Their »Enemies«. In: Wellspring Messenger, Juli/August 1994. Vgl. a. Münchhausen: Seit die Menschen an nichts mehr glauben.
6 Zit. n. Pile: How Cults Are Working Together.
7 Jaschke, Hans-Gerd: Gutachten: Auswirkungen der Anwendung scientologischen Gedankenguts auf eine pluralistische Gesellschaft oder Teile von ihr in einem freiheitlich demokratisch verfaßten Rechtsstaat. Frankfurt/Main 1995, S. 54.
8 Ebenda, S. 37.
9 Abel, Ralf Bernd: Gutachtliche Stellungnahme zu der Frage »Ist das Menschen- und Gesellschaftsbild der Scientology-Organisation vereinbar mit der Werte- und Rechtsordnung des Grundgesetzes«. Schleswig, 15.4.1996, S. 36 f.
10 Ebenda, S. 39.
11 Darstellung u. Zitate n. Toeppen, Hans: Zeugen Jehovas als Prüfstein für alle Sekten? In: Der Tagesspiegel, 18.12.1995.
12 Vgl. Adam, Konrad: Die Fleischtöpfe Ägyptens. In: Frankfurter Allgemeine Zeitung, 12.9.1996.
13 Vgl. Zweifel am Kriterium der Rechtstreue. In: Frankfurter Allgemeine Zeitung, 27.6.1997.
14 Vgl. Abel: Gutachtliche Stellungnahme, S. 8 f.
15 Vgl. Abel: Gutachtliche Stellungnahme, S. 15 f.
16 Vgl. Sekten-Enquete-Komission des Bundestages: Zwischenbericht, S. 37.
17 Vgl. Krankenkasse warnt: Sekten machen krank. KNA-Meldung v. 30.7.1997.
18 Europäisches Parlament: Entschließung v. 29.2.1996. In: Amtsblatt der europäischen Gemeinschaften v. 18.3.1996, Nr. C 78/31.
19 Vgl. Vgl. Wettengel, Jutta: Geduldet, nicht anerkannt. In: Zeitpunkte, Nr. 4/1997.
20 Vgl. Sekten-Enquete-Komission des Bundestages: Zwischenbericht.
21 Darstellung des Hamburger Gesetzentwurfes n. Kintzinger, Axel: Gesetz soll Psychomarkt regeln. In: Berliner Zeitung, 7.5.1997.
22 Dieser Absatz und alle Zitate n. »Rückfall ins Mittelalter«, Der Spiegel 21/1997. Es ging um eine Neufassung des Paragraphen 135 im Sozialgesetzbuch (»Qualitätssicherung der vertragsärztlichen Versorgung«).
23 Bartels: Seele, ges. gesch.
24 Schlothauer: Diktatur, S. 211.

Ausgewählte Literatur

Überblicksdarstellungen

Beckers, Hermann-Josef; Kohle, Helmut: Kulte, Sekten, Religionen. Von Astrologie bis Zeugen Jehovas. Augsburg 1994.

Cammans, Heide-Marie: Die neuen Heilsbringer. Auswege oder Wege ins Aus? Recklinghausen 1994.

Eggenberger, Oswald: Die Kirchen, Sondergruppen und religiösen Vereinigungen. Ein Handbuch. Zürich 1994.

Eimuth, Kurt-Helmuth: Die Sekten-Kinder. Mißbraucht und betrogen – Erfahrungen und Ratschläge. Freiburg/Basel/Wien 1996.

Gasper, Hans; Müller, Joachim; Valentin, Friederike: Lexikon der Sekten, Sondergruppen und Weltanschauungen. Fakten, Hintergründe, Klärungen. Freiburg/Basel/Wien 1990.

Haack, Friedrich-Wilhelm: Europas neue Religion. Sekten – Gurus – Satanskult. Freiburg/Basel/Wien 1993.

Hassan, Steven: Ausbruch aus dem Bann der Sekten. Psychologische Beratung für Betroffene und Angehörige. Reinbek bei Hamburg 1993.

Hauth, Rüdiger (Hg.): ... neben den Kirchen. Gemeinschaften, die ihren Glauben auf besondere Weise leben wollen. Neukirchen-Vluyn 1995.

Hauth, Rüdiger: Kleiner Sektenkatechismus. Wuppertal/Zürich 1993.

Hemminger, Hansjörg: Was ist eine Sekte? Mainz 1995.

Klosinski, Gunther: Psychokulte. Was Sekten für Jugendliche so attraktiv macht. München 1996.

Langel, Helmut: Destruktive Kulte und Sekten. Eine kritische Einführung. München 1995.

Müller, Ulrich; Leimkühler, Anne Maria: Zwischen Allmacht und Ohnmacht. Untersuchungen zum Welt-, Gesellschafts- und Menschenbild von Neureligiösen Bewegungen. Regensburg 1993.

Reller, Horst; Kießig, Manfred; Tschoerner, Helmut (Hg.): Handbuch Religiöse Gemeinschaften. Gütersloh 1993.

Scholz, Rainer: Probleme mit Jugendsekten (Beck-Rechtsratgeber im dtv). München 1993.

Senatsverwaltung für Schule, Jugend und Sport: Informationen über neue religiöse und weltanschauliche Bewegungen und sogenannte Psychogruppen. Berlin 1994

Stamm, Hugo: Sekten. Im Bann von Sucht und Macht. Ausstiegshilfen für Betroffene und Angehörige. Zürich 1995.

Studentenrat der TU Sachsen, AG Sekten/Sondergemeinschaften (Hg.): Über die Brücke zum Wachtturm. Sekten und religiöse Sondergemeinschaften in Sachsen. Dresden 1992.

Thaler Singer, Margaret; Lalich, Janja: Sekten – Wie Menschen ihre Freiheit verlieren und wiedergewinnen können. Heidelberg 1997.

Thompson: Das Ende der Zeiten. Apokalyptik und Jahrtausendwende. Hildesheim 1997.

Vontobel, Jacques; Stamm, Hugo; Gerber, Rosmarie; Merki, Kurt-Emil; Beck, Klaus J.; Wicki, Maja: Das Paradies kann warten. Gruppierungen mit totalitärer Tendenz. Zürich 1993.

Darstellungen zu einzelnen Gruppen

Beyes-Corleis, Aglaja: Verirrt. Mein Leben in einer radikalen Politorganisation. Freiburg/Basel/Wien 1994 (LaRouche-Bewegung).

Birnstein, Uwe: »Gottes einzige Antwort ...« Christliche Fundamentalisten im Vormarsch. Wuppertal 1990.

Dahm, Wolfgang: Beraten und Verkauft. Die Methoden der Strukturvertriebe. Wiesbaden 1996.

Elten, Jörg Andrees (Satyananda): Alles easy in Santa Barbara. Wie ich das Ende der Rajneesh-Kommune in Oregon erlebte und was mir danach in Kalifornien widerfuhr. Hamburg 1990.

Gandow, Thomas: Guru Chinmoy und die Sri-Chinmoy-Bewegung. München 1993.

Gandow, Thomas: Mun-Bewegung. München 1993.

Haack, Friedrich-Wilhelm: Das Mun-Imperium. Beobachtungen – Informationen – Meinungen (Findungshilfe Mun-Bewegung). München 1991.

Haack, Friedrich-Wilhelm; Gandow, Thomas: Gabriele Witteks »Universelles Leben«. München 1992.

Hauth, Rüdiger: Die Mormonen. Sekte oder neue Kirche Jesu Christi? Freiburg/Basel/Wien 1995.

Heller, F. Paul: Colonia Dignidad. Von der Psychosekte zum Folterlager. Stuttgart 1993.

Huguenin, Thierry: Der 54. Köln 1995 (Sonnentempler).

Jungen, Hans-Walter: Universelles Leben: Die Prophetin und ihr Management. Augsburg 1996.

Kaplan, David E.; Marshall, Andrew: Aum – Eine Sekte greift nach der Welt. München 1996.

Kilduff, Marshall; Javers, Ron: Der Selbstmord-Kult. Die Hintergrundgeschichte der »Volkstempel«-Sekte und das Massaker von Guayana. München 1979.

Koch, Egmont; Schröm, Oliver: Das Geheimnis der Ritter vom Heiligen Grabe. Die fünfte Kolonne des Vatikan. Hamburg 1995.

Krause, Charles A.: Die Tragödie von Guayana. Der Massenselbstmord. Frankfurt a. M./Berlin/Wien 1978.

Lell, Martin: Das Forum. Protokoll einer Gehirnwäsche. Der Psycho-Konzern Landmark Education. München 1997.

Linedecker, Clifford L.: Sektenführer des Todes. David Koresh und das Waco-Massaker. München 1994.

Roth, Jennifer: Der Weg der Glückseligkeit. Meine Jahre in einer totalitären Sekte. Frankfurt a. M. 1992 (Ananda Marga).

Sanders, Ed: The Family. Die Geschichte von Charles Manson. Reinbek bei Hamburg 1995.

Schlothauer, Andreas: Die Diktatur der freien Sexualität. AAO, Mühl-Kommune, Friedrichshof. Wien 1992.

Weghorn, Peter; Lachner, Lothar: Rattenfänger in Designerklamotten. Wie Strukturvertriebe arbeiten. Wien 1996.

Urquhart, Gordon: Im Namen des Papstes. Die verschwiegenen Truppen des Papstes. München 1995.

New Age

Capra, Fritjof: Wendezeit. Bern/München/Wien 1984.

Ditfurth, Jutta: Entspannt in die Barbarei. Esoterik, (Öko-)Faschismus und Biozentrismus. Hamburg 1996.

Freund, René: Braune Magie? Okkultismus, New Age und Nationalsozialismus. Wien 1995.

Platta, Holdger: New-Age-Therapien. Pro und Contra. Weinheim/Berlin 1994.

Schnurbein, Stefanie von: Göttertrost in Wendezeiten. Neugermanisches Heldentum zwischen New Age und Rechtsradikalismus. München 1993.

Okkultismus/Satanismus

Billerbeck, Liane v.; Nordhausen, Frank: Satanskinder. Der Mordfall Sandro B. Berlin 1994.

Cammans, Heide-Marie: Okkultismus – Zwischen Suche und Sucht. Beschreibung und Hilfen zur Auseinandersetzung. Recklinghausen 1990.

Dvorak, Josef: Satanismus. Geschichte und Gegenwart. Frankfurt a. M. 1989.

Helsper, Werner: Okkultismus – Die neue Jugendreligion? Die Symbolik des Todes und des Bösen in der Jugendkultur. Opladen 1992.

Höhn, Michael: Sympathie für den Teufel. Kritischer Ratgeber Okkultismus. Köln 1993.

Hunfeld, Frauke; Dreger, Thomas: Weinheim/Basel 1990. Magische Zeiten. Jugendliche und Okkultismus.

Introvigne, Massimo; Türk, Eckhard: Satanismus. Zwischen Sensation und Wirklichkeit. Freiburg/Basel/Wien 1995.

Lucadou, Walter von; Poser, Manfred: Geister sind auch nur Menschen. Was steckt hinter okkulten Erlebnissen? Ein Aufklärungsbuch. Freiburg/Basel/Wien 1997.

Wenisch, Bernhard: Satanismus. Mainz 1988.

Wiesendanger, Harald: In Teufels Küche. Jugendokkultismus: Gründe, Folgen, Hilfen. Düsseldorf 1992.

Zinser, Hartmut: Jugendokkultismus in Ost und West. München 1993

Opus Dei

Hertel, Peter: Geheimnisse des Opus Dei. Geheimdokumente – Hintergründe – Strategien. Freiburg/Basel/Wien 1995.

Hertel, Peter: »Ich verspreche euch den Himmel«. Geistlicher Anspruch, gesellschaftliche Ziele und kirchliche Bedeutung des Opus Dei. Düsseldorf 1991.

Hutchison, Robert: Die heilige Mafia des Papstes. Der wachsende Einfluß des Opus Dei. München 1996.

Mettner, Matthias: Die katholische Mafia. Kirchliche Geheimbünde greifen nach der Macht. Hamburg 1993.

Steigleider, Klaus: Das Opus Dei. Eine Innenansicht. München 1996.

Scientology

Anonymus: Entkommen. Eine Ex-Scientologin erzählt. Reinbek bei Hamburg 1993.

Billerbeck, Liane v.; Nordhausen, Frank: Der Sekten-Konzern. Scientology auf dem Vormarsch. Berlin 1994.

Bundesministerium für Familie, Senioren, Frauen und Jugend (Hg.): Die Scientology-Organisation. Gefahren, Ziele und Praktiken. Bonn 1996.

Caberta, Ursula; Träger, Gunther: Scientology greift an. Der Inside-Report über die unheimliche Macht des L. Ron Hubbard. Düsseldorf/München 1997.
Christ, Angelika; Goldner, Steven: Scientology im Management. Düsseldorf 1996.
Haack, Friedrich Wilhelm: Scientology – Magie des 20. Jahrhunderts. München 1991.
Haack, Friedrich-Wilhelm; Gandow, Thomas: Scientology, Dianetik und andere Hubbardismen. München 1993.
Hemminger, Hansjörg: Scientology. Der Kult der Macht. Stuttgart 1997.
Herrmann, Jörg (Hg.): Mission mit allen Mitteln. Der Scientology-Konzern auf Seelenfang. Reinbek bei Hamburg 1992.
Köpf, Peter: Stichwort Scientology. München 1995.
Minhoff, Christoph; Müller, Martina: Scientology. Irrgarten der Illusionen. München/Dillingen 1994.
Nietsche, Elke: Alptraum Scientology. Ein Tagebuch aus Leipzig. Berlin 1995.
Potthoff, Norbert: Im Labyrinth der Scientology. Bergisch Gladbach 1997.
Potthoff, Norbert: Was ist Scientology? Die Zeitbombe in unserer Gesellschaft. Krefeld 1992.
Redhead, Silvia; Mucha, Ralf-Dietmar: Der teure Traum vom Übermenschen. Eine ehemalige Scientologin berichtet. München 1993.
Reichelt, Peter: Helnwein und Scientology. Lüge und Verrat. Eine Organisation und ihr Geheimdienst. Mannheim 1997.
Schneider, Karl H.: Der kosten- aber nicht folgenlose Scientology-Test. München 1993.
Steiden, Heinrich; Hamernik, Christine: Einsteins falsche Erben. Die unheimliche Macht und Magie von Dianetik und Scientology. Wien 1992.
Thiede, Werner: Scientology – Religion oder Geistesmagie? Konstanz 1992.
Valentin, Friederike, Knaup, Horand: Scientology – Der Griff nach Macht und Geld. Selbstbefreiung als Geschäft. Freiburg/Basel/Wien 1992.
Voltz, Tom: Scientology und (k)ein Ende. Ein Insider packt aus. Hintergründe – Fakten – Dokumente. Düsseldorf 1995.

VPM

Efler, Ingolf; Reile, Holger (Hg.): VPM – Die Psychosekte. Reinbek bei Hamburg 1995.
Hemminger, Hansjörg: VPM – Der »Verein zur Förderung der psychologischen Menschenkenntnis« und Friedrich Lieblings »Zürcher Schule«. München 1994.
Sorg, Eugen: Lieblings-Geschichten. Die »Zürcher Schule« oder Innenansichten eines Psycho-Unternehmens. Zürich 1991.
Stamm, Hugo: VPM – Die Seelenfalle. »Psychologische Menschenkenntnis« als Heilsprogramm. Zürich 1993.

Zeugen Jehovas

Kaiser, Eva-Maria; Rausch, Ulrich: Die Zeugen Jehovas. Ein Sektenreport. Augsburg 1996.
Pape, Günther: Ich war Zeuge Jehovas. Augsburg 1993.
Twisselmann, Hans-Jürgen: Der Wachtturm-Konzern der Zeugen Jehovas. Anspruch und Wirklichkeit. Gießen 1995.
Weber, Herbert; Valentin, Friederike: Die Zeugen Jehovas. Zwischen Bewunderung und Befremdung. Freiburg/Basel/Wien 1994.
Wunderlich, Gerd: Jehovas Zeugen. Die Paradies-Verkäufer. München 1994.

Woran erkennt man eine Psycho-Gruppe?

Seien Sie mißtrauisch und wach,

- wenn Ihnen einen Gruppe den definitiv einzigen Ausweg, die völlig neue Sicht auf alle Ihre Probleme bietet;
- wenn es sich dabei um »ganz einfache Lösungen« handelt;
- wenn eine Person an der Spitze der Gruppe als die Inkarnation aller Weisheit gilt;
- wenn alles auf einen bestimmten Endpunkt, eine Katastrophe hinausläuft;
- wenn Sie unbedingt zu dieser Gruppe gehören sollten, denn darin seien die Auserwählten;
- wenn Ihnen eingeredet werden soll, Zweifel seien »krank«, »unnormal« und dürfe man nicht haben;
- wenn Sie sich sofort für diese Gruppe entscheiden sollen;
- wenn behauptet wird, Kritik von Freunden oder Familienangehörigen bestätige nur, daß die Gruppe im Recht sei;
- wenn alle Kritiker als feindlich angesehen werden, zu denen Sie den Kontakt abbrechen sollten;
- wenn Ihnen detaillierte Vorschriften gemacht werden (z. B. für Verhalten, Sprache, oder Kleidung);
- wenn absolute Disziplin verlangt wird;
- wenn Ihnen keine Zeit zum Nachdenken gegeben wird und Sie kaum mehr allein sein können;
- wenn man Ihnen letztlich einredet, Sie seien selbst schuld, wenn Sie die gesteckten Ziele nicht erreichen.

Sollten einige der beschriebenen Umstände auf eine Gruppe zutreffen, mit der Sie oder Freunde, Kollegen, Verwandte in Kontakt kommen oder bereits sind, informieren Sie sich genauer. Lassen Sie sich zu nichts drängen. Verhalten Sie sich so, als wollten Sie einen teuren Gegenstand kaufen, ein Auto, ein Möbelstück: Überschlafen Sie Ihre Entscheidung und holen Sie Informationen über das »verlockende Angebot« ein. Beraten Sie sich mit Freunden und Vertrauenspersonen. Falls Sie fachkundige Hilfe suchen, finden sie nachfolgend eine Auswahl verschiedener Beratungs- und Informationsstellen. Wählen Sie die Ihnen genehme aus und informieren Sie sich. Erfahrungsgemäß wird man Ihnen weiterhelfen oder zumindest sagen können, wo sie Rat bekommen können. Natürlich gibt es gegen Psychogruppen keinen 100-prozentigen Schutz. Das Risiko wird jedoch geringer, wenn man alle Angebote kritisch hinterfragt und sich möglichst umfassend informiert.

Beratungs- und Informationsstellen

DEUTSCHLAND

Baden-Württemberg

- Aktion Bildungsinformation e. V. (ABI), Dr. Helga Lerchenmüller, Alte Poststr. 5. D – 70 173 Stuttgart, Tel: 0711/299335
- Aktion Jugendschutz, Landesarbeitsstelle Baden-Württemberg, Stafflenbergstr. 44, 70184 Stuttgart, Tel: 0711/23737–0, Fax: 0711/23723730
- Arbeitsstelle für Weltanschauungsfragen der Ev. Kirche in Württemberg, Dr. Hansjörg Hemminger, Walter Schmidt, Postfach 101352, 70012 Stuttgart, Tel: 0711/2068–236, 237, 276, Fax: 0711/2262946
- Bischöfliches Ordinariat, Referat Religions-und Weltanschauungsfragen, Postfach 9, 72101 Rottenburg/Neckar, Tel: 07472/169586–419
- EBIS, Eltern-und Betroffeneninitiative, Liselotte Wenzelburger-Mack, Hölderlinweg 10, 72663 Großbettlingen, Tel/Fax: 07022/42411
- Ministerium für Kultus, Jugend und Sport Baden-Württemberg, Interministerielle Arbeitsgruppe für Fragen sog. Jugendsekten u. Psychogruppen, Hans-Werner Carlhoff, Schloßplatz 4, 70173 Stuttgart, Tel: 0711/279–2872, Fax: 0711/2792877

Bayern

- Aktion Jugendschutz, Landesarbeitsstelle Bayern e. V., Fasaneriestr. 17, 80636 München, Tel: 089/121573–0, Fax: 089/1235642
- Bayerisches Staatsministerium für Unterricht, Kultus, Wissenschaft und Kunst, Dr. Friedrich Völkl, Walter Gremm, Salvatorstr. 2, 80333 München, Tel: 089/2186–2568, 2330
- Beauftragter für Sekten- und Weltanschauungsfragen der Diözesen Bamberg und Eichstätt, Ludwig Landhammer, Obstmarkt 28, 90403 Nürnberg, Tel. 0911/204337
- Beauftragter für Sekten-und Weltanschauungsfragen der Ev.-Luth. Kirche Bayern, Dr. Wolfgang Behnk, Marssstr. 19, 80334 München, Tel: 089/55980444, Fax: 089/5595613
- Elterninitiative zur Hilfe gegen seelische Anhängigkeit und religiösen Extremismus e. V., Postfach 100513, 80079 München, Fax: 0831/69306
- Sektenbeauftragter der Erzdiözese München und Freising, Hans Liebl, Dachauer Str. 5/V, 80335 München, Tel: 089/5458130

Berlin

- Beauftragter für Sekten- und Weltanschauungsfragen der Ev. Kirche Berlin-Brandenburg, Thomas Gandow, Heimat 27, 14165 Berlin, Tel: 030/8157040
- Eltern-und Betroffeneninitiative gegen psychische Abhängigkeit – für geistige Freiheit e. V., c/o Thomas Gandow, Heimat 27, 14165 Berlin, Tel: 030/8157040
- Evang. Zentralstelle für Weltanschauungsfragen (EZW), Auguststr. 80, 10117 Berlin, Tel: 030/28395–211, Fax: 030/28395–212
- Pater Klaus Funke, Dominikanerkloster St. Paulus, Oldenburger Str. 46, 10551 Berlin, Tel: 030/3957097
- Senatsverwaltung für Jugend und Familie, Sektenbeauftragte Anne Rühle, Ina Kunst, Am Karlsbad 8–10, 10785 Berlin, Tel: 030/2654–2619, -2678, Fax: 030/2654–2411

Brandenburg

- Landesarbeitsstelle für Kinder-und Jugendschutz Brandenburg, Schloßplatz 2, 16515 Oranienburg, Tel./Fax: 03301/598343
- Ministerium des Innern, Henning v. Treskow-Str. 9–13, 14467 Potsdam, Tel: 0331/ 866- 0
- Ministerium für Wissenschaft, Forschung und Kultur, Reinhold Kier, Friedrich-Ebert-Str. 4, 14467 Potsdam, Tel: 0331/8664960

Bremen

- Pastor Helmut Langel, (ev.), Heymelstr. 35, 28359 Bremen, Tel: 0421/231991
- Sektenberatung Bremen e. V., Bernhard Brünjes, Postfach 101543, 28015 Bremen, Tel/Fax: 04205/1609
- Senator für Frauen, Gesundheit, Jugend, Soziales und Umweltschutz – Anlaufstelle für Bürgerfragen zu Sekten und Psychogruppen, Marlene Lehmkuhl, Birkenstr. 34, 28195 Bremen, Tel: 0421/3619267, Fax: 0421/3619321

Hamburg

- Arbeitsgemeinschaft für Kinder-und Jugendschutz (AJS) Hamburg e. V., Dr. Rüdiger Schmidt, Margaretenstr. 41, 20357 Hamburg, Tel: 040/4395118
- Arbeitsgruppe Scientology, Ursula Caberta, Behörde für Inneres beim Senat der Freien und Hansestadt Hamburg, Hachmannplatz 2, 20099 Hamburg, Tel: 040/ 3286–4990,91,92,93, Fax: 040/3286–4995
- Beauftragte der Nordelbischen Evangelisch-Lutherischen Kirche für Hamburg, Gabriele Lademann-Priemer, Kreuslerstr. 6, 20095 Hamburg, Tel. 040/327848
- Behörde für Schule und Ausbildung, Amt für Jugend, Hamburger Str. 37, 22083 Hamburg, Tel: 040/2988–3901

Hessen

- Beauftragter des Bundes Deutscher Psychologen (BDP), Werner Gross, Bismarckstr. 98, 63065 Offenbach, Tel: 069/82369636, Fax: 069/82369637
- Beauftragter des Ev. Regionalverbandes Frankfurt a. M. für Religions- und Weltanschauungsfragen, Kurt-Helmuth Eimuth, Rechneigrabenstr. 10, 60311 Frankfurt am Main, Tel: 069/92105 630, Fax: 069/92105-632
- Beauftragter für Sekten- und Weltanschauungsfragender Evang. Kirche Kurhessen-Waldeck, Eduard Trenkel, Wilmelmshöher Allee 330, 34131 Kassel, Tel: 0561/9378243, Fax: 0561/9378424
- Hessisches Innenministerium, Arbeitsstelle Scientology, Bettina Macik, Friedrich-Ebert-Allee 12, 65185 Wiesbaden, Tel: 0611/353284
- Hessisches Ministerium für Umwelt, Energie, Familie und Gesundheit, Referat VIII C 2, Dostojewskistr. 4, 65187 Wiesbaden, Tel: 0611/8173339, 3615
- Referat für Weltanschauungsfragen (kath.), Ludwig Lemhöfer, Eschenheimer Anlage 21, 60318 Frankfurt am Main, Tel: 069/1501149, Fax: 069/5975503
- SINUS e. V., Angelika Christ, Rechneigrabenstr. 10, 60311 Frankfurt am Main, Tel: 069/92105634, Fax: 069/92105632

Mecklenburg-Vorpommern

- Amt für Gemeindedienst der Ev. Luth. Kirche Landeskirche Mecklenburgs, Dr. Matthias Kleiminger, Domplatz 12, 18273 Güstrow, Tel./Fax: 03843/685203

- Beauftragter der Ev. Landeskirche Pommerns, Friedrich v. Kymmel, Dorfstr. 50, 17406 Morgenitz/Usedom, Tel/Fax: 038372/70251
- Beauftragter für Sekten-und Weltanschauungsfragen für den Bereich des Erzbischöfl. Amtes Schwerin, Michael Sobania, Niels-Stensen-Weg 1, 23936 Grevesmühlen, Tel/Fax: 03881/2324
- Eltern- und Betroffeneninitiative (EBI), Astrid Hisserich, c/o Jugendamt, Anklamer Str. 15/16, 17489 Greifswald, Tel. 03834/68338
- Kultusministerium Mecklenburg-Vorpommern, Sekteninformationsstelle, Dr. Sigrid Hermes, Werderstr. 124, 19055 Schwerin, Tel: 0385/5887190
- Landesarbeitsgemeinschaft Kinder-und Jugendschutz Mecklenburg-Vorpommern, Landesjugendamt, Postfach 2108, 17011 Neubrandenburg, Tel: 0395/ 3802703, Fax: 0395/3802303

Niedersachsen
- Beauftragter für Sekten- und Weltanschauungsfragen der Ev.-Lutherischen Landeskirche Hannover, Wilhelm Knackstedt, Postfach, 30002 Hannover, Tel: 0511/ 1241414, Fax: 0511/1241499
- Beauftragter für Weltanschauungsfragen der Ev. Kirche Göttingen, Ingolf Christiansen, Albanikirchhof 1 A, 37073 Göttingen, Tel: 0551/59765, Fax: 0551/ 487175
- Bischöfliches Generalvikariat, Arbeitsstelle »Neue Religionen«, Franz Josef Tenambergen, Domhof 12, 49074 Osnabrück, Tel: 0541/318204
- Elterninitiative Neue religiöse Bewegungen, Anneliese Friedrichs, An der Blankenburg 14, 49078 Osnabrück, Tel: 0541/42191
- Niedersächsische Elterninitiative gegen Mißbrauch der Religion e. V. Archivstr. 3, c/o Wilhelm Knackstedt, 30169 Hannover, Tel: 0511/1241414, Fax: 0511/1241499
- Niedersächsisches Frauenministerium, Referat 23, Hamburger Allee 26–30, 30161 Hannover, Tel: 0511/1200

Nordrhein-Westfalen
- Aktion für geistige und psychische Freiheit (AGPF), Ingo Heineman, Vorgebirgsstr. 52–54, 53119 Bonn, Tel: 0228/631547 bzw. 02644/980130, Fax: 02644/980131
- Aktion Psychokultgefahren (APG), Ellerstr. 101, 40224 Düsseldorf, Tel: 0211–8995143, Fax: 0211–7882937
- Arbeitskreis Christlicher Sondergemeinschaften und Fundamentalismus, Westfalenstr. 28, 44651 Herne, Tel: 02325/60442
- Artikel 4, Initiative für Glaubensfreiheit e. V., Walter Krappatsch, Postfach 101202, 44712 Bochum, Tel: 02325/60442
- Beauftragter für Sekten-und Weltanschauungsfragen der Ev. Kirche von Westfalen, Dr. Rüdiger Hauth, Röhrchenstr. 10, 58452 Witten/Ruhr, Tel: 02302/910100, Fax: 02302/9101010
- Bundesarbeitsgemeinschaft Kinder- und Jugendschutz e. V., Haager Weg, 53127 Bonn, Tel: 0228/299421, Fax: 0228/282773
- Bundesministerium für Frauen und Jugend, Referat 413, Norbert Reinke, Rochusstr. 8–10, 53123 Bonn, Tel: 0228/3062259
- Elterninitiative zur Wahrung der geistigen Freiheit e. V., Ursula Zöpel, Geschwister-Scholl-Str. 28, 51377 Leverkusen, Tel: 0214/58372, Fax: 0214/506264
- Informations- und Dokumentationszentrum Sekten/Psychokulte bei der Arbeitsgemeinschaft Kinder- und Jugendschutz, Beate Roderigo, Poststr. 15–23, 50676 Köln

- KIDS, Kinder in destruktiven Sekten e. V., Jutta Birlenberg, Bogenstr. 11, 51375 Leverkusen, Tel: 0214/55760, Fax: 0214/55775
- Ministerium für Arbeit, Gesundheit und Soziales des Landes Nordrhein-Westfalen, Dr. Claus Eppen, Horionplatz 1, 40190 Düsseldorf, Tel: 0211/8553511, Fax: 0211/8553701
- Referat Sekten- und Weltanschauungsfragen beim Bischöflichen Generalvikariat der Diözese Aachen, Dr. Hermann-Josef Beckers, Klosterplatz 7, 52062 Aachen, Tel. 0241/452419
- Referat Sekten-und Weltanschauungsfragen der Evang. Kirche im Rheinland, Joachim Keden, Rochusstr. 44, 40479 Düsseldorf, Tel: 0211/3610246, Fax: 0211/3610223
- Sekten-Info Bochum Verein für Jugend- und Sozialarbeit, Alfred Labusch, Amtsstr. 4, 44809 Bochum, Tel: 0234/578156
- Sekten-Info Essen e. V., Heidemarie Cammans, Rottstr. 24, 45127 Essen, Tel: 0201/234646,47,48, Fax: 0201/207617
- Zentralstelle Pastoral der Deutschen Bischofskonferenz, Hans Gasper, Kaiserstr. 163, 53113 Bonn, Tel: 0228/103230, Fax: 0228/103334

Rheinland-Pfalz
- Ministerium für Kultur, Jugend, Familie und Frauen des Landes Rheinland-Pfalz, Brigitte Dewald-Koch, Bauhofstr. 9, 55116 Mainz, Tel: 06131/164382, Fax: 06131/162019
- Referat für Sekten- und Weltanschuungsfragen der Diözese Mainz, Eckard Türk, Grebenstr. 24–26, 55116 Mainz, Tel: 06131/253284
- Referent für Sekten- und Weltanschauungsfragen Diözese Speyer, Christoph Bussen, Kleine Pfaffengasse 16, 67346 Speyer, Tel: 06232/102218, Fax: 06232/ 102300

Saarland
- Ministerium für Frauen, Arbeit, Gesundheit und Soziales des Saarlandes, Walter Burgard, Franz-Josef-Röder-Str. 23, 66119 Saarbrücken, Tel: 0681/5013118, Fax: 0681/5013139
- VITEM e. V., Jeanette Schweitzer, Ensheimer Str. 125, 66386 St. Ingbert, Tel/Fax: 06894/870452

Sachsen
- Eltern- und Betroffeneninitiative gegen psychische Abhängigkeit Sachsen e. V., Heinrichstr. 11, 04317 Leipzig, Tel: 0341/6891590, Fax: 0341/6894859
- Ev. Kirche der Schlesischen Oberlausitz, Jörg Michel, Martin-Luther-King-Haus, Postfach 3344, 02965 Hoyerswerda, Tel: 03571/972073, Fax: 03571/ 414227
- Kath. Beauftragter für Sekten und Weltanschauungsfragen im Bistum Dresden-Meißen, Gerald Kluge, Wettinstr. 15, 01662 Meißen, Tel/Fax: 03521/469614
- Landesarbeitsstelle Aktion Jugendschutz Sachsen e. V., Albert-Köhler Str. 91, 09122 Chemnitz, Tel: 0371/211639, Fax: 0371/212232
- Sächsisches Staatsministerium für Kultus, Hedwig Deipenwisch, Carolaplatz 1, 01097 Dresden, Tel: 0351/5642715
- Sekten- und Weltanschauungsbeauftragte der Ev. Kirche, Ingrid Dietrich, Giordano-Bruno-Str. 1, 04249 Leipzig, Tel/Fax: 0341/4791168
- Sektenbeauftragter der Ev.-Lutherischen Landeskirche Sachsen, Ekkehart Zieglschmid, An der Heilandskirche 1, 01157 Dresden, Tel/Fax: 0351/4211664

- Studentenrat der TU Dresden, AG Sekten/Sondergemeinschaften, 01062 Dresden, Tel: 0351/4632042,43

Sachsen-Anhalt
- Beauftragter der Ev. Kirche Anhalts, Dr. Karl-Wilhelm Berenbruch, Allee 23, 06493 Ballenstedt/Harz, Tel: 03948/380318
- Landesstelle Kinder- und Jugendschutz Sachsen-Anhalt e. V., Leopoldstr. 115, 06366 Köthen, Tel/Fax: 03496/212132
- Ministerium für Arbeit, Soziales und Gesundheit des Landes Sachsen-Anhalt, Referat 52, Seepark 5–7, 39116 Magdeburg, Tel: 0391/5676970

Schleswig-Holstein
- Beauftragter der Nordelbischen Ev. Kirche, Detlef Bendrath, Westhoffstr. 80, 23554 Lübeck, Tel/Fax: 0451/44786
- Elterninitiative in Hamburg und Schleswig-Holstein gegen seelische Abhängigkeit und Mißbrauch der Religion, c/o Detlef Bendrath, Westhoffstr. 80, 23554 Lübeck, Tel/Fax: 0451/44786
- Informations- und Dokumentationsstelle »Sekten und sektenähnliche Vereinigungen« bei der Ministerpräsidentin des Landes Schleswig-Holstein, Adolfstr. 48, 24105 Kiel
- Kreis Nordfriesland, Kinder- und Jugendschutz, Hauke Brückner, Marktstr. 6, 25813 Husum

Thüringen
- Arbeitskreis »Sekten« in Thüringen, Albert Schröter, Marderweg 49, 07749 Jena, Tel/Fax: 036485/56233
- Beauftragter für Sekten-und Weltanschauungsfragen der Evang.-Lutherischen Kirche in Thüringen, Dr. Friedrich Büchner, Fritz-Koch-Str. 7, 99817 Eisenach, Tel./Fax: 03691/215572
- Eltern- und Betroffeneninitiative gegen psychische Abhängigkeit (EBI), Kontaktstelle Thüringen, Winfried Müller, Schaefferstr. 2, 07743 Jena
- Landesarbeitsgemeinschaft Kinder-und Jugendschutz Thüringen e. V., Ingo Weidenkaff, Johannesstr. 19, 99084 Erfurt, Tel: 0361/6442264
- Ministerium für Soziales und Gesundheit, Werner-Seelenbinder-Str. 16, 99096 Erfurt, Tel: 0361/37900

ÖSTERREICH

- Bundesministerium für Umwelt, Jugend, Familie Sektion Jugend, RL Rev. Robert Lender, Franz-Josefs-Kai 51, A – 1010 Wien, Tel: 01/53475218, Fax: 01/5350322
- Bundesministerium für Unterricht und kulturelle Angelegenheiten, Abteilung Schulpsychologie, Bildungsberatung, Dr. Harald Aigner, Feyung 1, A – 1014 Wien, Tel: 01/531202581, Fax: 01/531202599
- GSK, Gesellschaft gegen Sekten- und Kultgefahren, Obere Augartenstr. 26–28, A – 1020 Wien, Tel: 01/3327537, Fax: 01/3323513
- Pastoralamt der Erzdiözese Wien, Referat Weltanschauungsfragen, Sekten und religiöse Gemeinschaften, Dr. Friederike Valentin, Stephansplatz 6/VI/56, A – 1010 Wien, Tel: 01/51552367, Fax: 01/51552316

- Sektenberatungsstelle der Ev. Kirche, Mag. Sepp Lagerer, Thaliastr. 156, A – 1160 Wien, Tel: 01/4865297, Fax: 01/4865297
- Beratungsstelle für Sekten- und Weltanschauungsfragen der Diözese Linz, Andreas Girzikovsky, Kapuzinerstr. 84, A - 4020 Linz, Tel: 0732/7610295, Fax: 0732/7610262
- Referat für Sekten und Weltanschauungsfragen der Erzdiözese Salzburg, Dr. Stefan Djundja, Kapitelplatz 2, A – 5020 Salzburg, Tel: 0662/8047167, Fax: 0662/8047169
- Referat für Weltanschauungsfragen der Diözese Eisenstadt, Gerhard Grosinger, St. Rochus-Str. 21, A-7000 Eisenstadt, Tel: 02682/777203, Fax: 02682/777252
- Referat für Weltanschauungsfragen der Diözese Gurk-Klagenfurt, Klaus Masaniger, Tarviser Str. 30, A – 9020 Klagenfurth, Tel: 0463/5877110, Fax: 0463/5877109
- Sektenbeauftragter der Ev. Kirche, Bernhard Peternsen, Martin-Luther-Platz 1, A – 4600 Wels, Tel: 07242/47584
- Sektenbeauftragter der Ev. Kirche, Willi Thaler, Gutshofweg 8, A – 6020 Innsbruck, Tel: 0512/344411, Fax: 0512/344411
- Sektenberatungsstelle der Ev. Kirche, Hans Herwig Hohenberger, Kaiser-Josef-Platz 9, A – 8010 Graz, Tel: 0316/811025, Fax: 0316/324476

SCHWEIZ

- Arbeitstelle für Jugendseelsorge, Burgbühl, CH-1713 St. Antoni, Tel: 026/4351124
- Beratungsstelle für Ehe-, Familien- und Lebensfragen, Dr. Giosch Albrecht, Plessurquai 53, CH-7000 Chur, Tel: 081/2525658
- Beratungsstelle Wiesli, Urs Steiner, C/o Kantonsspital, CH-8750 Glarus, Tel: 055/6463114
- Don Giovanni Maria Colombo, Via S. Gottardo 58, CH-6500 Bellinzona, Tel: 091/6828632
- Ev. Arbeitsstelle für Jugendseelsorge und Jugendfragen, Jörg Weishaupt, Ausstellungsstr. 105, CH-8031 Zürich, Tel/Fax: 01/2718811
- Infosekta Zürich, Tel: 01/4548080
- Kath. Pfarramt Liebfrauen Zürich, Christian Betschart, Weinbergstr. 34. Postfach, CH-8006 Zürich, Tel: 01/2527474, Fax: 01/2524460
- Ökumenische Arbeitsgruppe der Schweizer Bischofskonferenz und des Ev. Kirchenbundes, »Neue religiöse Bewegungen in der Schweiz«, Joachim Müller, Wiesenstr. 2, CH-9436 Balgach, Tel: 071/7223317
- Ökumenische Beratungsstelle Religiöse Sondergruppen und Sekten, Martin Schegger, Matthofring 4, Postfach 3907, CH-6006 Luzern, Tel/Fax: 041/3607819
- Religionswissenschaftliche Dokumentationstelle NRB, Gabriella Loser-Friedli, Rte d'Englisberg 9, CH-1763 Granges-Paccot, Tel: 0264297448

Die Autoren haben zu danken

Angela Markert, Eva-Maria und Harald Nordhausen fürs Lesen; Rechtsanwalt Wolfgang Wieland für die juristische Prüfung, Anne Rühle, Ursula Dyckhoff, Thomas Gandow, Tilman Hausherr, Bent Johanneson, Britta Rasmussen, Niels Ole Krogh, Hugo Stamm, Rudolf Isler, Mario Riemann, Thomas Sack und Alex Desselberger für Auskünfte und Korrekturen; Eva Sah für die Übersetzungen aus dem Dänischen; Stefan Preuß für die Übersetzungen aus dem Französischen; Dr. Michael Maier für die Freistellung vom Redaktionsalltag; Prof. Dr. Ralf-Bernd Abel, Jon Atack, Dr. Wolfgang Behnk, Heinz Behncke, Eva Beisiegel, Thomas Boggatz, Frank Bornakke, Ralf Burmester, Christoph Bussen, Ursula Caberta, Claire Champollion, Angelika Christ, Ingolf Christiansen, Prof. Dr. Alexander Dworkin, Rainer Fromm, Marciana Funez, Klaus Funke, Dr. Henry Goldmann, Dr. Steven Goldner, Andreas Hallaschka, Ingo Heinemann, Dr. Hansjörg Hemminger, Mikkel Hertz, Peter Huth, Rudolf Isler, Ann-Christine Jansson, Joachim Keden, Klaus Kießling, Axel Kintzinger, Gerald Kluge, Ilse Kroll, Niina Kunninen, Friedrich von Kymmel, Daniela Leher, Willi Lehmpfuhl, Sabine Mierisch, Winfried Müller, Elke Nietsche, Norbert Potthoff, Renate Rennebach, Frank Rieger, Frank Sassenscheid, Monika Schipmann, Fabian Schmidt, Holger Schnaars, Burkhard Schröder, Kurt Simonsen, Michael Sobania, Eugen Sorg, Nikolaos Stavrianidis, Tom Voltz, Roland Walter, Daniela Weber, Ingo Weidenkaff, Erik Weile, Markus Wende, Peter Wensierski und allen anderen, die dabei geholfen haben, daß dieses Buch entstehen konnte.

Sachregister (Gruppen, Organisationen, Firmen)

Personenregister

Bildnachweis

Agentur Keystone: 273
Archiv der Autoren: 23, 29, 37, 45 o., 53, 73, 82, 85, 93, 125, 131 u., 135, 141, 163, 171, 203, 231 u., 239, 309, 311, 329, 341, 347, 357, 371, 377, 383 l., 387 l., 435, 437, 449, 463, 489, 491, 511, 519 l.
Archiv des Verlages: 127, 407
Archiv Berliner Dialog: 483, 527
Archiv Hugo Stamm: 281 o.
Liane von Billerbeck: 423, 427, 462
Ann-Christin Jansson: 217, 231 o., 259
Axel Köhler: 411
Frank Nordhausen: 45 u., 57, 131 o., 159, 169, 209, 269, 281 u., 297, 457, 519 r.
ORB, Magazin »Klartext«: 399
Privat: 113, 383 r., 417
Profil (Wien): 185, 195
SAT 1, Magazin »Akte 96«: 387 r.
Holger Schnaars: 179
Kurt Simonsen: 227, 255
Roland Walther: 77